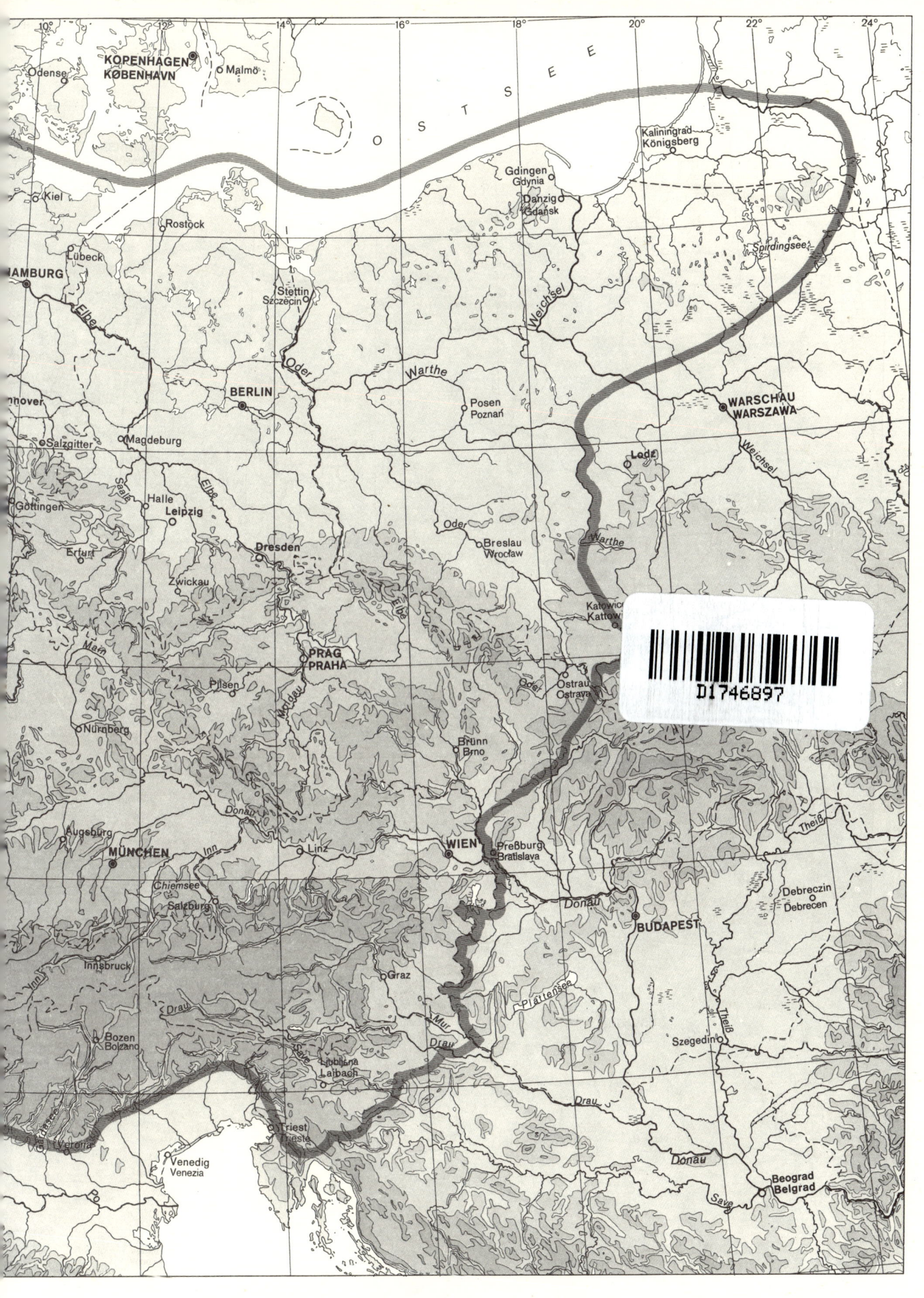

# Gustav Hegi

# Illustrierte Flora von Mitteleuropa

# Gustav Hegi

# Illustrierte Flora von Mitteleuropa

Verlag Paul Parey
Berlin·Hamburg

Herausgeber
Hans J. Conert
Ulrich Hamann
Wolfram
Schultze-Motel
Gerhard Wagenitz

# Pteridophyta Spermatophyta

# Band III Angiospermae Dicotyledones 1

Teil 1
1981

Dritte, überarbeitete
und erweiterte Auflage
194 Abbildungen, 25 Tafeln (17 farbig)

Aus der ersten Auflage wurden die Zeichnungen größtenteils übernommen. Weitere Zeichnungen stammen von den Bearbeitern (Originale) oder aus anderen (angegebenen) Quellen. Die Tafeln sind unter Verwendung der alten Vorlagen der Kunstmaler R. E. Pfenninger und Dr. Dunzinger von Walter Opp, Ottobrunn, für die zweite Auflage neugestaltet worden. Die Pollentafeln der dritten Auflage lieferte Prof. Dr. Dr. h. c. Herbert Straka, Kiel.

---

**CIP-Kurztitelaufnahme der Deutschen Bibliothek**
**Illustrierte Flora von Mitteleuropa**: Pteridophyta, Spermatophyta/Gustav Hegi. Hrsg. Hans J. Conert... – Berlin, Hamburg: Parey.
  Teilw. im Verl. Hanser, München.
  NE: Hegi, Gustav [Begr.]; Conert, Hans Joachim [Hrsg.]
  Bd. III. Angiospermae: Dicotyledones 1.
  Bd. III, Teil 1. Juglandaceae, Myricaceae, Salicaceae, Betulaceae, Fagaceae, Ulmaceae, Moraceae, Cannabaceae, Urticaceae, Loranthaceae, Santalaceae, Aristolochiaceae, Polygonaceae/ hrsg. von Gerhard Wagenitz. Nachtr. von Volker Melzheimer. Pollenkundl. Beitr. von Herbert Straka. – 3., überarb. u. erw. Aufl., Nachdr. d. 2. Aufl. – 1981.
   ISBN 3-489-59020-1
   NE: Wagenitz, Gerhard [Hrsg.]

---

Schutzumschlag und Einband: Christoph Albrecht, D-8399 Rotthalmünster

1. Auflage (Band III) 1909–1912, erschienen im J. F. Lehmanns Verlag, München; 2. Auflage, völlig neubearbeitet, erschienen 1957/1958 im Carl Hanser Verlag, München; 3. Auflage (um einen Nachtrag, einen pollenkundlichen Beitrag und neue Literaturangaben erweiterter Nachdruck der 2. Auflage) erschienen 1981 im Verlag Paul Parey, Berlin und Hamburg.

Das Werk ist urheberrechtlich geschützt. Die dadurch begründeten Rechte, insbesondere die der Übersetzung, des Nachdrucks, des Vortrages, der Entnahme von Abbildungen, der Funksendung, der Wiedergabe auf photomechanischem oder ähnlichem Wege und der Speicherung in Datenverarbeitungsanlagen bleiben, auch bei nur auszugsweiser Verwertung, vorbehalten. Werden einzelne Vervielfältigungsstücke in dem nach § 54 Abs. 1 UrhG zulässigen Umfang für gewerbliche Zwecke hergestellt, ist an den Verlag die nach § 54 Abs. 2 UrhG zu zahlende Vergütung zu entrichten, über deren Höhe der Verlag Auskunft gibt.

© 1981 Verlag Paul Parey
Berlin und Hamburg
Anschriften:
Lindenstr. 44–47, D-1000 Berlin 61
Spitalerstr. 12, D-2000 Hamburg 1
Satz: C. H. Beck'sche Buchdruckerei,
D-8860 Nördlingen
Druck: Saladruck Steinkopf & Sohn,
D-1000 Berlin 36
Bindung: Lüderitz & Bauer,
D-1000 Berlin 61
ISBN 3-489-59020-1 · Printed in Germany

Herausgeber und Bearbeiter der zweiten Auflage

## Karl-Heinz Rechinger

Dr. Dr. phil. h. c.,
em. a. o. Prof. für Systematische Botanik und Pflanzengeographie an der Universität Wien, em. Erster Direktor des Naturhistorischen Museums, Wien

Unter Mitarbeit von
Dr. Anneliese Schreiber,
Botanische Staatssammlung,
München

Dritte Auflage
(um einen Nachtrag, einen pollenkundlichen Beitrag und neue Literaturangaben erweiterter Nachdruck der 2. Auflage)

Herausgegeben von

## Prof. Dr. Gerhard Wagenitz

Systematisch-Geobotanisches Institut der Georg-August-Universität, Göttingen

Nachtrag von
Priv.-Doz.
Dr. Volker Melzheimer,
Botanischer Garten, Marburg

Pollenkundlicher Beitrag von
Prof. Dr. Dr. h. c. Herbert Straka,
Botanisches Institut der Christian-Albrechts-Universität, Kiel

Juglandaceae, Myricaceae, Salicaceae, Betulaceae, Fagaceae, Ulmaceae, Moraceae, Cannabaceae, Urticaceae, Loranthaceae, Santalaceae, Aristolochiaceae, Polygonaceae

## Vorwort zur dritten Auflage

Vor etwas über zwanzig Jahren erschien der Band III/1 des „Hegi", der erste Nachkriegsband der zweiten Auflage. Zusammen mit einer Reihe von Mitarbeitern hatte K. H. Rechinger als Herausgeber und Verfasser wesentlicher Teile hier eine neue Konzeption dieses Florenwerkes verwirklicht. Im Vorwort zu diesem Band wird sie erläutert und begründet.

Inzwischen ist das Werk in die Obhut des Verlages Paul Parey übergegangen. Im Detail hat sich manches geändert, der Grundgedanke blieb aber erhalten. Als der Bestand von Band III/1 vergriffen war, war sich das Herausgeber-Kollegium schnell darin einig, daß keine vollständig neubearbeitete Neuauflage, sondern ein Nachdruck mit Ergänzungen infrage käme. Eine völlige Neubearbeitung erschien weder notwendig, noch in kurzer Zeit realisierbar. Herr Priv.-Doz. Dr. Volker Melzheimer übernahm die Bearbeitung des Nachtrages, den Herr Prof. Dr. Dr. h. c. Herbert Straka durch einen pollenkundlichen Beitrag ergänzte, der Unterzeichnende die Herausgabe.

Neben einigen notwendigen Korrekturen, z. B. an Namen und Zitaten, wurde vor allem Wert auf die Ergänzung der Literaturangaben gelegt. Sie sollen es ermöglichen, sich über den neuesten Stand unserer Kenntnis der besprochenen Sippen zu informieren. Einige besonders wichtige Ergebnisse werden dabei kurz referiert. Eine Ergänzung der Verbreitungsangaben war nur in Einzelfällen möglich. Eine vollständige Erfassung aller neueren Ergebnisse auf diesem Gebiet hätte eine Durcharbeitung der gesamten floristischen Literatur der letzten Jahre erfordert. Zur Ergänzung der Verbreitungsangaben sei hier ausdrücklich auf die Karten in den Werken von H. Meusel, E. Jäger und E. Weinert (Vergleichende Chorologie der zentraleuropäischen Flora. Jena 1965) und J. Jalas und J. Suominen (Atlas Florae Europaeae. 3 & 4. Helsinki 1976/1979) hingewiesen.

Dem Verlag gilt unser Dank für die Förderung dieser Bearbeitung, die den Band in ergänzter Form wieder zugänglich macht.

Göttingen, Herbst 1980

Gerhard Wagenitz

## Vorwort zur zweiten Auflage

Die letzten Jahrzehnte sind in der Geschichte der Botanik durch die rasche Entwicklung einer Reihe von neuen Disziplinen gekennzeichnet, wie etwa Genetik, Zytologie, Oekologie, Soziologie, Pollenkunde, die teils durch ihre Neuheit, teils durch die relativ leichte Erlernbarkeit ihrer Methoden, teils auch durch die von manchen ihrer Hauptvertreter ausstrahlende suggestive Kraft sich zum Teil auf Kosten älterer Wissenschaftszweige stark in den Vordergrund des Interesses gedrängt haben. Es zeigte sich jedoch bald – teils eingestanden, teils uneingestanden –, daß es diesen Disziplinen da und dort ohne die entsprechende Pflege der Systematik und der mit ihr unlösbar verbundenen Pflanzengeographie an festem Boden zu mangeln begann. Dies gab der mancherorts ins Hintertreffen – besser gesagt außer Mode – geratenen Systematik die bisher vielfach vermißten, von anderer Seite aber sehnlich erwarteten neuen Antriebe. So stehen wir heute vor einer im Vergleich zu den Zeiten des Erscheinens der Erstauflage der Hegischen Flora völlig veränderten Situation. Die als dürr, einseitig und von manchen geflissentlich als längst abgestorben verschriene Systematik ist in eine höchst lebendige Wechselwirkung mit ihren Nachbardisziplinen und darüber hinaus mit anderen Zweigen der Wissenschaft getreten. Sie empfängt unausgesetzt Impulse von den jüngeren Zweigen der Botanik, deren Synthese sie in vieler Hinsicht darzustellen vermag. Die jüngeren Zweige der Botanik ihrerseits beginnen, teilweise freudig, teilweise etwas zögernd und widerwillig, die zentrale und grundlegende Stellung der Systematik anzuerkennen.

Es ist klar, daß eine Neuauflage der Flora von Mitteleuropa von Hegi der angedeuteten Entwicklung Rechnung tragen muß. Schon der ursprünglichen Anlage nach war ja der Rahmen dieses Werkes durch weitgehende Berücksichtigung von anatomischen, biologischen und entwicklungsgeschichtlichen Daten wesentlich weiter gespannt als derjenige anderer Florenwerke. Gerade dieser Eigenheit hat ja u. a. das Werk seine große Beliebtheit und weitreichende Verbreitung weit über die Grenzen Mitteleuropas hinaus zu verdanken. Im Zusammenhang mit den oben angestellten Erwägungen und gewonnen Erkenntnissen mußte der Kreis der zu berücksichtigenden Tatsachen in der Neuauflage noch eine weitere bedeutende Vergrößerung erfahren. Dies machte einerseits die Gewinnung einer Reihe von Spezialisten als Mitarbeiter erforderlich. Andererseits ergab sich als notwendige Folge die Aufnahme von Hinweisen auf monographische und sonstige Spezialliteratur sowie eine klarere und mehr konsequente Gliederung des Textes, wobei für regelmäßig wiederkehrende Rubriken zur Förderung der Übersichtlichkeit Überschriften in Sperrdruck eingeführt wurden. Eine dem Fortschritt der systematischen Erkenntnisse angepaßte Änderung in der Reihenfolge der Familien und Gattungen war nicht möglich, um den Rahmen der einzelnen, unabhängig voneinander erscheinenden Bände nicht zu sprengen.

Besondere Sorgfalt habe ich selbstverständlich darauf verwandt, die systematische Darstellung ausführlich, gründlich und den neuesten Erkenntnissen entsprechend auszubauen. Die meisten Beschreibungen und sämtliche Bestimmungsschlüssel wurden völlig erneuert, die Variabilität der einzelnen Arten durch kritische Sichtung der oft allzu zahlreich beschriebenen Varietäten und Formen gewürdigt. In systematischer Hinsicht hat ja die Neuauflage des Werkes von HEGI gleichzeitig die Funktion der unvollendet gebliebenen und selbst schon in vielen Teilen veralteten, aber bezüglich der Literaturangaben sehr vollständigen Flora von Mitteleuropa von ASCHERSON und GRAEBNER soweit wie möglich zu übernehmen.

Nicht zu unterschätzende Schwierigkeiten bildete die Zusammenstellung der Verbreitungsangaben. Allgemein anwendbare Schemata aufzustellen ist bei den individuell verschiedenen Verbreitungsverhältnissen der Arten, aber auch bei dem verschiedenen Grad der Erforschtheit des Gebietes unmöglich. So mußte für jede einzelne Art ein gangbarer Mittelweg zwischen verwirrender Aufzählung von Einzelfundorten und nichtssagender Verallgemeinerung gesucht werden.

Selbstverständlich wurde die Nomenklatur den geltenden internationalen Regeln angepaßt. Eine ausführliche Synonymie mit Jahreszahlen und ein selbständiges Namensregister werden hier dem Benützer das Zurechtfinden erleichtern, wo die Regeln ein Ersetzen alteingebürgerter Namen durch noch wenig bekannte unvermeidlich machen.

Wenn ich mich trotz vieler anderweitiger Verpflichtungen nach manchem Zögern zur Besorgung der Neuauflage des dritten Bandes der HEGIschen Flora entschlossen habe, dann war es ganz besonders deshalb, weil mir so im Rahmen eines der bekanntesten und von Fachleuten wie von Laien gleich viel benützten Handbuches Gelegenheit geboten ist, dem ebenso weit verbreiteten wie verhängnisvollen Irrtum entgegenzutreten, die Erforschung der mitteleuropäischen Flora sei längst abgeschlossen. Keinesfalls darf die Existenz von zum Teil sehr zahlreichen und kunstvoll ineinandergeschachtelten Subspezies-, Varietät-, Subvarietät-, Form und Subformnamen, wie sie etwa die Florenwerke von ASCHERSON und GRAEBNER, ROUY et FOUCAUD und anderen, zum Teil auch die erste Auflage von HEGI bringen, mit einer nach heutigen Begriffen befriedigenden systematischen Kenntnis verwechselt werden. Aufgabe des Systematikers ist es ja nicht, für jede halbwegs unterscheidbare Abänderung einen Namen zu schaffen, sondern vielmehr Wesentliches vom Unwesentlichen zu unterscheiden. Wesentlich im systematischen Sinne sind Merkmale oder Merkmalskombinationen, die erblich fixiert, oft auch an bestimmte geographische Gebiete oder besondere Standortsverhältnisse gebunden sind. Die Frage, ob es sich dabei um auffällige oder unscheinbare Merkmale handelt, ist nur von sekundärer Bedeutung.

Da im Rahmen des Titelblattes eine entsprechende Würdigung des Anteils der einzelnen Mitarbeiter nicht möglich war, sei dies hier nachgetragen. Die Bearbeitung der Ulmaceae, Moraceae, Cannabaceae und Urticaceae hat DR. ANNELIESE SCHREIBER, München, selbständig durchgeführt.

Einzelne Abschnitte bzw. sonstige wesentliche Beiträge haben geliefert:

Prof. Dr. L. HOERHAMMER, München
Inhaltsstoffe

Prof. Dr. H. MEUSEL, Halle a. d. S.
Verbreitungskarten

Dr. A. PATZAK, Wien
Literaturexzerpte, redaktionelle Mitarbeit,
Reinschrift, Korrekturen, Index

Dr. H. MARZELL, Gunzenhausen
Volksnamen und Volkskundliches

Dr. E. OBERDORFER, Karlsruhe
Vorkommen (Oekologie und Soziologie)

Dr. F. PETRAK, Wien
Mykologisches

Dr. M. VON ROCHOW, Lausanne
Pollenkunde

Lichtbilder stellten liebenswürdigerweise zur Verfügung: Dr. TH. ARZT, Wetzlar, H. DOPPELBAUR, Günzburg, Dr. G. EBERLE, Wetzlar, Dr. H. CHR. FRIEDRICH, München, H. GÖRITZ, Potsdam, Dr. H. MEYER, Hann.-Münden, O. FRÖHLICH, Jena, Forstmeister A. UEHLINGER, Schaffhausen.

Doz. Dr. H. MERXMÜLLER, München, hat mich während meines einjährigen Aufenthalts in Baghdad in dankenswerter Weise unterstützt. Darüber hinaus haben folgende Herren die Korrekturfahnen einer kritischen, teilweise ergänzenden Durchsicht unterzogen: Dr. TH. ARZT, Wetzlar, Dr. W. CHRISTIANSEN, Kiel, Prof. Dr. H. GAMS, Innsbruck, Prof. Dr. E. JANCHEN, Wien, †Prof. Dr. W. KOCH, Zürich, Dr. W. LUDWIG, Marburg, Prof. Dr. W. LÜDI, Zürich, Prof. Dr. E. MAYER, Ljubljana, Prof. Dr. W. ROTHMALER, Greifswald, Dr. F. RUNGE, Münster i. W., Prof. Dr. O. SCHWARZ, Jena, und Prof. Dr. F. WIDDER, Graz.

Ich möchte auch an dieser Stelle den zahlreichen Mitarbeitern für ihre vielseitigen Beiträge und Anregungen danken. Ich möchte sie aber auch um Verständnis bitten, wenn ich nicht auf alle einander zum Teil widersprechenden Anregungen eingehen konnte.

Baghdad, 30. Juni 1957
K. H. RECHINGER

# Inhalt

| | |
|---|---|
| Vorwort zur dritten Auflage | VI |
| Vorwort zur zweiten Auflage | VI |
| 32. Familie: Juglandaceae | 3 |
| 33. Familie: Myricaceae | 16 |
| 34. Familie: Salicaceae | 23 |
| 35. Familie: Betulaceae | 136 |
| 36. Familie: Fagaceae | 197 |
| 37. Familie: Ulmaceae | 245 |
| 38a. Familie: Moraceae | 269 |
| 38b. Familie: Cannabaceae | 283 |
| 39. Familie: Urticaceae | 296 |
| 40. Familie: Loranthaceae | 308 |
| 41. Familie: Santalaceae | 323 |
| 42. Familie: Aristolochiaceae | 341 |
| 43. Familie: Polygonaceae | 352 |
| Register der deutschen Pflanzennamen | 437 |
| Register der fremdsprachigen Pflanzennamen | 439 |
| Register zu den lateinischen Namen | 442 |
| Berichtigungen | 452 |
| Nachträge, Berichtigungen und Ergänzungen | 453 |
| Pollenkunde (Palynologie) | 488 |

# Dicotyledones[1])

Zweisamenlappige Blütenpflanzen. Zweiblattkeimer

Holzgewächse oder Kräuter. Keimling in der Regel zwei gleichgestaltete, gegenständige, über den Boden tretende, meist gestielte Keimblätter (Kotyledonen) entwickelnd, welche das endständige Knöspchen (Plumula) mit dem Vegetationspunkt einschließen, seltener mit scheinbar nur einem oder ganz ohne Keimblatt. Hauptwurzel meist entwickelt, meistens das ganze Leben hindurch erhalten bleibend, bei Parasiten und einigen Saprohyten Hauptwurzel, bei *Utricularia* und *Aldrovandia* Wurzeln überhaupt fehlend. Wurzeln und Sprosse mit sekundärem Dickenwachstum, welches durch Kambium vermittelt wird. Die Holzgewächse zeigen meistens Jahresringe, Markstrahlen und eine Kambiumlage, welche die ringförmig angeordneten offenen Gefäßbündel in einem Rinden- (Bast, Phloëm) und Holzteil (Xylem) scheidet, während in den geschlossenen Gefäßbündeln der Monokotyledonen Xylem und Phloëm verschiedenartig angeordnet, nie aber durch einen zusammenhängenden Kambiumring getrennt sind. Zweige meist mit zwei, quer (transversal) zur Abstammungsachse gestellten Vorblättern beginnend. Laubblätter oft mit deutlichen, zuweilen am Grunde, selten völlig scheideartigem Stiel, nicht selten mit deutlichen Nebenblättern; Blattspreite ungeteilt oder verschiedenartig geteilt, fast stets fieder- oder fingernervig, meist mit verzweigten, netzartig anastomosierenden Seitennerven. Blüten radiär (aktinomorph) oder dorsiventral (zygomorph), zweihäusig oder einhäusig, vielfach zwitterig. Blütenhülle einfach (homochlamydeisch) oder doppelt, in Kelch und Blumenkrone gegliedert (heterochlamydeisch), seltener ganz fehlend (apetale Blüten); die Blattorgane der Blüte schraubig oder in zahlreichen Kreisen angeordnet, bei den als typisch angesehenen Familien aus fünf, seltener vier Blattkreisen, nämlich zwei meist heterochlamydeischen Perianth-, zwei oder einem Staubblatt- und einem Fruchtblattkreise; die Blütenkreise der als typisch angesehenen Familien fünfzählig, sonst mehrzählig oder drei- oder zweizählig, die Fruchtblätter nicht selten minder-, oft zweizählig. Samen mit oder ohne Nährgewebe.

Nach der Ausbildung der Blüten werden die Dikotyledonen gewöhnlich in die beiden Gruppen der *Choripetalae* und *Sympetalae* eingeteilt. Den Choripetalen fehlt eine Blütenhülle vollständig oder sie ist einfach, d. h. nicht in Kelch und Blumenkrone gegliedert, oder doppelt ausgebildet. In letzterem Falle sind die Blätter des inneren Kreises (Blumenkronblätter) meist frei. Bei den Sympetalen ist die Blütenhülle meistens doppelt, die Blätter des inneren Kreises sind mehr oder weniger miteinander verwachsen. In beiden Gruppen kommen auch Ausnahmen vor, die in der mitteleuropäischen Flora jedoch nur durch wenige Formen vertreten sind; man vergleiche Band 1, 2. Auflage, pag. 3. Innerhalb der *Choripetalae* werden zumeist *Monochlamydeae* und *Dialypetaleae* unterschieden. Bei den *Monochlamydeae* ist die Blütenhülle fehlend oder einfach, in letzterem Falle meist kelchartig, seltener korollinisch gefärbt, bei den *Dialypetaleae* doppelt mit zumeist kelchartigem äußeren und korollinisch gefärbten inneren Wirtel.

Die phylogenetische Forschung hat in der Ableitung der Dikotyledonen bzw. Angiospermen die verschiedensten Wege gesucht. Nach der Pseudanthientheorie wäre die Blüte der Angiospermen einem ganzen Blütenstand der Gymnospermen homolog, ihre einzelnen Staubblätter und Samenanlagen entsprächen einzelnen stark rückgebildeten männlichen und weiblichen Blüten. Nach WETTSTEIN (1935) sind die *Verticillatae* als die ursprünglichsten Angiospermen anzusehen. Die

---

[1]) Gr. δίς zwei und κοτυληδών Keimblatt.

Blüte von *Casuarina* wird mit den *Ephedra*-Infloreszenzen verglichen und als die ursprünglichste Angiospermenblüte betrachtet. Nach HAGERUP (1934) wird für Juglandaceen und Piperaceen ein direkter Anschluß an die Koniferen *(Juniperus)* und Gnetaceen angenommen, der vor allem in der Übereinstimmung in der Entwicklung des Gynäceums gesehen wird. Nach der Euanthientheorie entspräche die Blüte der Angiospermen einem einfachen, einachsigen Sporophyllstand, ihre Staub- und Fruchtblätter wären ebenso wie jene der Gymnospermen den Mikro- und Makrosporophyllen der heterosporen Farne homolog. Staubblätter ohne Gliederung in Filament und Konnektiv sowie apokarpe Fruchtknoten mit zahlreichen, randständigen Samenanlagen, beides Organe, die sich leicht mit Sporophyllen vergleichen lassen, kommen vor allem unter den Dialypetalen in der Reihe der *Polycarpicae (Ranales)* vor. Schon HALLIER (1903) und zahlreiche spätere Forscher suchen die ursprünglichsten Angiospermen unter den *Polycarpicae*. So werden *Eupomatia (Anonaceae)* und *Calycanthus (Calycanthaceae)* mit den Cycadeen in Zusammenhang gebracht und die *Polycarpicae*-Blüte mit den *Gnetum*-Infloreszenzen verglichen. Nach HUTCHINSON (1948) werden *Magnoliales* und *Ranales (Polycarpicae)* von heute ausgestorbenen Proangiospermen abgeleitet.

Im folgenden mußte die Reihenfolge der Familien, wie sie in der ersten Auflage vorlag und wie dies auch in Band I und II der zweiten Auflage der Fall war, aus drucktechnischen Gründen beibehalten werden. Eine eingehende Übersicht über die systematische Gliederung der Dikotyledonen, die diesem Werk zugrunde liegt, sowie ein Schlüssel zu den Familien findet sich in Band VII, pag. 150 ff. bzw. pag. 1 ff. der ersten Auflage.

## Reihe Juglandales

Holzgewächse mit eingeschlechtigen, anemogamen Blüten. Laubblätter zusammengesetzt, ohne Nebenblätter, schraubig angeordnet. Blüten in einfachen Ähren (Kätzchen) oder in zusammengesetzten Blütenständen. Blütenhülle einfach, kelchartig oder fehlend. Männliche Blüten mit 3–40 Staubblättern. Weibliche Blüten mit einfächerigem, unterständigem Fruchtknoten, welcher mehr oder weniger von einer unter Beteiligung von Hochblättern gebildeten kupulaartigen Hülle umgeben wird, mit einer grundständigen, geradläufigen Samenanlage mit einem Integument. Früchte steinfruchtartig oder von der Kupula umgebene Nüsse.

## 32. Familie. Juglandaceae

Lindley, Nat. Syst. ed 2, 180 (1836)

### Walnußbäume

Wichtigste Literatur. Ascherson u. Graebner, Synopsis der Mitteleuropäischen Flora 4, 355–369 (1910). A. Braun, Über den inneren Bau der Frucht der Juglandaceen in Botan. Zeitg. 1872, 371 (1872). Chemineau, Recherches microchimiques sur quelques glycosides in Trav. albor. mat. medic., Paris 1904. A. Engler in Engler u. Prantl, Natürl. Pflanzenfam. 3, 1, 19–25 (1894). F. Firbas, Spät- und nacheiszeitliche Waldgeschichte Mitteleuropas nördlich der Alpen, Jena 1949–52. M. L. Fernald, Gray's Manual of Botany, 8th ed. 525–530 (1950). A. Gundersen, Families of Dicotyledons 157–160 (1950). H. Hjelmquist, Studies on the Floral Morphology and Phylogeny of the *Amentiferae* in Botan. Notiser, 2, 1, 30–63 (1948). A. Iljinskaja, Monogr. d. Gatt. *Pterocarya* in Act. Inst. Botan. Acad. Scient. ser. 1, Fl. et Syst. Pl. Vasc. 10, 7–123 (1953). W. E. Manning, The Morphology of the Flowers of the *Juglandaceae* in Amer. Journ. Bot. 25, 6 (1938), ibid. 27, 10 (1940), ibid. 35, 9 (1948). W. E. Manning u. H. Hjelmquist, *Annamocarya, Rhamphocarya* and *Carya sinensis* in Botan. Notiser 1951, 319–330 (1951). K. Nagel, Studien über die Familie der Juglandaceen in Englers Botan. Jahrbücher 50, 459–531 (1914). Radlkofer, Über Pflanzen mit durchsichtig punktierten Blättern in Sitzungsber. München. Akad. Wissenschaft, 1886. C. K. Schneider, Handbuch der Laubholzkunde 1, 74–96 (1904). H. Solereder, Systematische Anatomie der Dikotyledonen 881–883 (1899).

Bäume, selten Sträucher, mit eingeschlechtigen, einhäusigen, selten zwitterigen, anemogamen Blüten. Laubblätter schraubig angeordnet, meist unpaarig gefiedert, reich an harzigaromatischen Inhaltsstoffen. Nebenblätter fehlen. Blütenstände längere oder kürzere Ähren (Kätzchen), am Grunde mit 2 Vorblättern; die männlichen Blütenstände meist in den Achseln der vorjährigen Laubblätter stehend, die weiblichen meist am Ende der diesjährigen Zweige, selten blattachselständig. Blüten ohne oder mit unscheinbarer, einfacher, kelchartiger Blütenhülle. Männliche Blüten mit 3–40 Staubblättern; Staubfäden kurz; Staubbeutel aufrecht, einfach eiförmig oder länglich, mit 2 seitlichen Längsspalten aufspringend, mitunter ein Rest des Fruchtknotens vorhanden. Weibliche Blüten mit einer Blütenhülle, die mit dem Fruchtknoten, mit dem Tragblatt und den 2 Vorblättern verbunden ist. Fruchtknoten unterständig (Taf. 78, Fig. 2 c) aus 2, selten 3 Fruchtblättern gebildet, unvollständig 2-fächerig mit einer grundständigen, geradläufigen (orthotropen) Samenanlage, letztere nur mit einem Integument; Griffel kurz, mit 2 innen papillösen Narben. Frucht eine Steinfrucht oder Nuß mit fleischiger Außenschicht, an deren Bildung auch die Blütenhülle beteiligt ist und mit meist hartem, oft krustigem Endokarp, zuweilen mit 2 unvollständigen Scheidewänden. Samen aufrecht, gelappt, mit dünner Samenschale.

Die Junglandaceen gehören gemeinsam mit den Myricaceen wegen ihres einfachen Blütenbaues wohl zu den ursprünglichsten Angiospermen. Auch nach den neueren Untersuchungen von Hjelmquist (1948) finden die *Juglandales*, Myricaceen und Juglandaceen umfassend, ihre Stellung am Anfang des Systems der Dikotyledonen. Andere Autoren,

u. a. GUNDERSEN (1950), schließen aus embryologischen, holzanatomischen und biochemischen Untersuchungen auf eine nähere Verwandtschaft der Juglandaceen und Myricaceen mit den Anacardiaceen und nehmen an, daß die Vereinfachung im Blütenbau durch Reduktion beim Übergang zur Windblütigkeit zustande gekommen ist.

Die Juglandaceen sind eine sehr alte, fossil bis in die obere Kreide nachgewiesene, arktotertiäre Familie. Sie umfassen 7–8 Gattungen, nämlich *Platycarya, Engelhardtia, Oreomunnea, Pterocarya, Juglans* und *Carya*, ferner die erst neuerdings aufgestellte Gattung *Cyclocarya*, welche heute nur in China vorkommt, während sie im Tertiär auch in Sibirien und Mitteleuropa verbreitet war, sowie *Alfaroa*.

*Platycarya* ist abgesehen von *Oreomunnea* die einzige monotypische Gattung der Familie. Sie steht durch ihre zapfenartigen, aufrechten Fruchtstände völlig isoliert; im Gegensatz zu allen übrigen Gattungen sind die Blüten größtenteils zweihäusig. *P. strobilacea* SIEB. et ZUCC. ist in China und Japan vom 36. Breitegrad südwärts bis zum Wendekreis verbreitet.

*Engelhardtia* weist stets Früchte mit einem großen, dreiteiligen Flügel auf, der ein Verwachsungsprodukt von Tragblatt und Vorblättern darstellt. Die Gattung läßt sich nach dem Fruchtbau in zwei gut unterscheidbare Sektionen gliedern, nämlich in die *Psilocarpeae* mit kahlen, gestielten Früchten und sowohl primären, wie sekundären Scheidewänden und in die *Trichotocarpeae* mit behaarten, sitzenden Früchten, ohne sekundäre Scheidewände. *Engelhardtia* mit etwa 10 Arten hat heute ihre Hauptverbreitung im indischen Monsungebiet und in Indonesien, einzig *E. Oreomunnea* C. DC., die von den asiatischen Arten nur durch die bedeutende Größe der Frucht und deren verzweigte Scheidewände abweicht und auch als eigene Gattung *Oreomunnea* abgetrennt wird, ist in Costarica endemisch. Die Gattung *Engelhardtia* war mit ihren beiden Sektionen bis ins Mindel-Riß-Interglazial in Mitteleuropa weitverbreitet.

*Pterocarya* ist wie die vorige Gattung durch geflügelte Früchte gekennzeichnet, doch ist die Anheftung der Flügel eine andere und das Tragblatt ist nicht an deren Bildung beteiligt. Ferner sind die Früchte verhältnismäßig klein, 2–3 cm lang, 4–6 mm dick und in sehr langen, vielfrüchtigen Kätzchen angeordnet. Die beiden flügelartig angewachsenen Vorblätter umfassen die Frucht schief becherförmig. Die Gattung umfaßt etwa 9 Arten. Eine Art findet sich in Transkaukasien und Nordpersien, alle übrigen Arten sind in Südostasien einheimisch. Sie stellen die kümmerlichen Reste einer im Tertiär weit verbreiteten Gattung dar. So war z. B. *P. fraxinifolia* (LAM.) SPACH noch im Pliocän in Westeuropa verbreitet. In Mitteleuropa werden die beiden folgenden *Pterocarya*-Arten gelegentlich kultiviert:

**P. fraxinifolia** (LAM.) SPACH, Hist. nat. veget. 2, 180 (1834). Syn. *Juglans fraxinifolia* LAM., Encycl. 4, 502 (1797), *Pterocarya caucasica* C. A. MEY. (1831). – Bis 20 m hoher Baum, meist mehrstämmig mit seitlich weit ausladenden Ästen. Borke meist glänzend schwarzgrau. Einjährige Zweige meist verkahlend, grün, olivgrün bis braun, mit zerstreuten Lentizellen, später nur noch gegen die Spitze zu zerstreut behaart. Winterknospen von mehreren unentwickelten Blättern umgeben (offene Knospen). Blätter mit 7–11 Paaren von Fiederblättchen; diese länglich-eiförmig bis länglich-linealisch, meist ziemlich dünnhäutig, fein und scharf gesägt, meist nur unterseits in den Nervenwinkeln gebärtet. Männliche Blütenstände bis 20 cm lang, weibliche Blütenstände zur Fruchtreife fast 0,5 m lang werdend. Frucht bis 1 cm dick. – Heimat: Vom Kaukasus durch Armenien bis Nordpersien verbreitet und davon weit entfernt im kilikischen Taurus oberhalb Mersin auftretend. Bei uns seit langem angepflanzt und namentlich auf mäßig feuchtem Sandboden leicht verwildernd; vermehrt sich oft massenhaft durch Wurzelschößlinge. Junge Pflanzen leiden in nördlichen Gebieten öfters unter Frost, den älteren Bäumen erfrieren nicht selten bei Frühjahrsfrösten die jungen Triebe, ohne daß der Baum dadurch wesentlich geschädigt wird (ASCHERSON u. GRAEBNER [1910]).

**P. stenoptera** C. DC. in Ann. Sc. Nat. Sér. 4, 18, 34 (1862) et in DC., Prodrom. 16, 2, 140 (1864). – Im Wuchs ähnlich der vorhergehenden Art, bis fast 20 m hoher Baum. Junge Zweige bräunlich derbzottig behaart. Blätter mit 4–12 Paaren von Fiederblättchen; diese länglich bis länglich-linealisch, bis über 10 cm lang und bis 4 cm breit, fein gesägt, unterseits in den Nervenwinkeln gebärtet; das Endblättchen klein, mitunter fehlschlagend. Männliche Blütenstände bis 10 cm lang, weibliche Blütenstände zur Fruchtzeit etwa 20 cm lang werdend. – Heimat: China. Bei uns gelegentlich angepflanzt; auch in nördlichen Gebieten winterhart.

Die Gattung *Carya*, auch unter dem Namen *Hicoria* bekannt, ist u. a. durch die vierklappig aufspringende Fruchthülle der Steinfrüchte gekennzeichnet. Sie gliedert sich nach der Beschaffenheit der Fruchtschuppen in die beiden Sektionen *Eucarya* und *Apocarya*, wovon erstere durch Knospen mit zahlreichen reitenden Schuppen, letztere durch Knospen mit 6 kreuzweise stehenden Schuppen ausgezeichnet ist. Die Gattung ist heute ausschließlich auf Nord- und Mittelamerika sowie das extratropische Ostasien beschränkt und durch etwa 14 Arten vertreten. Im Tertiär war sie durch zahlreiche Arten überdies über Spitzbergen, Grönland, Island und Europa verbreitet. Einzelne Arten sind bei uns in Parkanlagen und Gärten als Zierbäume in Kultur, z. B.:

**Carya glabra** (MILL.) SWEET, Hort. Brit. 97 (1827). Syn. *Juglans glabra* MILL., Gard. Dict. ed. 8, no. 5 (1768), *Hicoria glabra* BRITTON (1888). – Bis 30 m hoher Baum, mit oft sehr schlankem Stamm. Borke meist bleibend, kurzrissig. Zweige kahl, purpur- bis bräunlichgrau, mit mehr oder weniger deutlichen Lentizellen. Die endständige Winterknospe oft nur mit 2 Schuppen, da die äußeren Schuppen hinfällig sind. Blätter 7–15 cm lang gestielt mit 2–3 (–4) Paaren von Fiederblättchen; diese verkehrteiförmig-lanzettlich, bis fast 2,5 cm lang, 8 cm breit, gesägt, in der Jugend bräunlich gefärbt, unterseits zerstreut drüsig, später bisweilen auch verkahlend, in den Nervenwinkeln gebärtet. Männliche Blüten mit meist 4 Staubblättern. Frucht kugelig bis kurz birnförmig, 2–3,5 cm lang, oberwärts mit 4 erhabenen Leisten, Außenschicht etwa bis zur Mitte aufspringend, Innenschicht dick, an der Spitze abgerundet, stachelspitzig. – Heimat: Atlantisches Nordamerika von Massachusetts und Vermont bis Ontario und Illinois, sowie südwärts bis Virginia, Georgia, Alabama und Missouri. Bei uns seit langem in Gärten kultiviert.

**Carya tomentosa** (LAM.) NUTT., Gen. **2**, 221 (1818). Syn. *Juglans tomentosa* LAM., Encycl. **4**, 504 (1797), *Carya alba* K. KOCH (1869). – Bis 30 m hoher Baum. Junge Zweige sternhaarig-filzig, auch später oft behaart. Winterknospen eiförmig, behaart, mit meist anliegenden Schuppen. Blätter mit 3–18 cm langen, sternhaarig-filzigem Blattstiel, mit 3–4, vereinzelt nur mit 2 Paaren von Fiederblättchen; diese 10–15 cm lang, 3–5,5 cm breit, unterseits sternhaarig und drüsig. Männliche Blüten mit 3–6 Staubblättern. Frucht kugelig oder etwas verlängert, 3,5–6 (–9) cm lang, mit 3–4 mm dicker Schale; Innenschicht so lang oder etwas länger als breit, beiderseits abgerundet, plötzlich in eine stumpfe Spitze zusammengezogen, im Querschnitt elliptisch, mit 4–6 erhabenen Längsleisten, sehr dickwandig. – Heimat: Atlantisches Nordamerika von Florida bis in das östliche Texas sowie nordwärts bis Massachusetts, Vermont, New York, Ontario, Michigan, Illinois, Iowa und Nebraska. Bei uns seit langem in Gärten kultiviert.

**Carya cordiformis** (WANGENH.) K. KOCH, Dendrologie **1**, 597 (1869). Syn. *Juglans cordiformis* WANGENH., Nordamerik. Holz. 25 (1787), *Hicoria minima* BRITTON (1888). – Bis 30 m hoher Baum. Stamm mit zuletzt dünn abblätternder Rinde. Junge Zweige kahl. Winterknospen eiförmig, spitz, die unteren Schuppen oft blattartig. Blätter mit 3–7 cm langem, kahlen Stiel, mit 4 Paaren von Fiederblättchen, diese meist lanzettlich, die mittleren 7–15 cm lang, 1–3 cm breit, zugespitzt, gesägt, unterseits weichhaarig, später verkahlend. Männliche Blütenstände meist am Grunde der vorjährigen, teilweise auch am Grunde der diesjährigen Triebe seitenständig angeordnet. Männliche Blüten mit 4–6 Staubblättern. Frucht bis 3 cm lang, rundlich, über der Mitte mit 4 dicken, schmalen Flügeln; Außenschicht dünn, nur bis zur Mitte 4-lappig aufreißend. Samen sehr bitter. – Heimat: Atlantisches Nordamerika von Florida und Texas nordwärts bis New Hampshire, Quebec, Ontario, Michigan, Wisconsin, Minnesota und Nebraska. Bei uns seit langem in Gärten kultiviert.

Vegetationsorgane. Den Juglandaceen ist eine tief in den Boden eindringende, stark entwickelte Pfahlwurzel eigentümlich. Die Knospen, die mit dicken ledrigen, filzigen Niederblättchen versehen sind, entwickeln sich teils zu beblätterten, mit einem Bütenstand abschließenden Sprossen, teils zu einem Blütenstand, welchem keine Laubblätter vorangehen.

Anatomie. Bei allen Juglandaceen sind nach SOLEREDER (1899) die Markstrahlen schmal, 1–4 Zellagen breit, die Querwände der Gefäße einfach perforiert und das Holzparenchym reichlich entwickelt. Bei *Juglans* und *Pterocarya* ist das Mark deutlich gefächert, bei den anderen Gattungen hingegen nicht unterbrochen. Die Entstehung des gefächerten Markes läßt sich so erklären, daß es im Wachstum hinter dem angrenzenden Gewebe zurückbleibt und so in einzelne Scheiben zerreißen muß. Bei *Carya* besitzen die Holzprosenchymzellen unbehöfte Tüpfel, bei allen übrigen Gattungen jedoch Spalttüpfel mit deutlichem Hof. Beachtenswert sind die weitlumigen Siebröhren in dem mit dem Herbstbast schichtenweise abwechselnden Weichbast. Sie sind an den Endflächen mit einer Reihe schmaler Siebplatten versehen und auch an den Seitenflächen dicht mit netzig gruppierten Siebfeldern besetzt. Das Rindenparenchym ist namentlich bei den Arten von *Juglans* und *Pterocarya* sehr gerbstoffhaltig. Im allgemeinen sind die älteren Gattungen *Platycarya* und *Engelhardtia* anatomisch viel weniger differenziert als die übrigen Gattungen. Besonders *Juglans* fällt durch die Mannigfaltigkeit ihrer anatomischen Ausgestaltung auf, während bei *Carya* bereits wieder eine Neigung zur Vereinfachung festzustellen ist.

Beachtenswert ist die Blattanatomie. Die Blattoberseite überzieht eine einschichtige, mehr minder kutikularisierte Epidermis, deren Zellen mit geraden oder verzahnten Wänden aneinander grenzen. Darunter folgt ein 1- bis 3-schichtiges Palisadenparenchym, dem sich ein mehr minder mächtiges Schwammparenchym anschließt. Dem folgt die Epidermis der Blattunterseite, auf der die Spaltöffnungen regellos verteilt sind. Die Spaltöffnungen haben keine Nebenzellen. Sehr charakteristisch ist das Vorkommen von Kalziumoxalat in einfachen Kristallen und Drusen. Erstere treten hauptsächlich in den Zellen der Blattrippen auf, letztere in besonderen Zellen unmittelbar unter der Epidermis der Blattoberseite. Sie bewirken durch ihre Größe oft, daß die Blätter durchscheinend punktiert erscheinen, so z. B. nach RADLKOFER (1886) bei *Platycarya*, *Carya glabra* (MILL.) SWEET, *C. aquatica* NUTT., *C. amara* NUTT., *Juglans mollis* ENGELM., *J. rupestris* ENGELM., *J. jamaicensis* C. DC. Gänge schizogener und lysigener Natur fehlen. Die nach CHEMINEAU (1904) von den Blättern, jungen Trieben und Früchten reichlich abgesonderten harzigen Stoffe werden von sehr verschiedenartig gebauten Trichomen sezerniert. NAGEL (1914) unterscheidet folgende Typen: 1. einfache, einzellige Drüsen. Haare dieses Typus treten in sehr verschiedenartiger Gestalt, teils einzeln stehend, teils in Büscheln bei fast allen Gattungen auf. 2. Drüsenköpfchen; diese finden sich dagegen nur bei *Juglans*. Von oben betrachtet sehen sie Schilddrüsen ähnlich, im Blattquerschnitt jedoch erkennt man ihre wahre Natur als vierzelliges Köpfchen auf einem zweizelligen Stiel. 3. Schilddrüsen; diese treten bei den meisten Gattungen auf, und zwar sind sie bei *Platycarya* und *Engelhardtia* gleichartig gebaut, bei *Carya* und *Juglans* dagegen ist eine Differenzierung in größere und kleinere, auch in ihrem Bau voneinander verschiedene Schilddrüsen vorhanden.

Blütenverhältnisse. Die Blütenverhältnisse der Juglandaceen haben verschiedenartige, einander teilweise widersprechende Deutungen erfahren. Nach NAGEL (1914) lassen sie sich folgendermaßen zusammenfassend darstellen: Die Blütenhülle ist in den weiblichen Blüten bei *Platycarya* zwei- oder vierzählig, bei *Engelhardtia*, *Pterocarya* und *Juglans* ist die Zahl der Blütenhüllblätter wenig fixiert und ihre Form unregelmäßig. Die am weitesten vorgeschrittenen Typen sind *Engelhardtia chrysolepis* HANCE, *Pterocarya Paliurus* BATALIN und die Sektion *Nigra* der Gattung *Juglans*, die durch ihren radiären Bau gekennzeichnet sind. Vorblätter sind mit Ausnahme von *Pterocarya Paliurus* stets vorhanden. Dagegen zeigt sich bei *Carya* hinsichtlich der Blütenhülle völlige Reduktion.

Frucht und Same. Die beiden Schalenhälften der Walnuß entsprechen nicht den beiden Fruchtblättern. Entwicklungsgeschichtliche Untersuchungen von A. BRAUN (1872) zeigten, daß der Spalt durch die Mediane der beiden Fruchtblätter verläuft. Von den Scheidewänden werden die den Fruchtblatträndern entsprechenden als die primären, die anderen zu den ersten senkrecht stehenden und nicht immer vorhandenen als sekundäre bezeichnet. Die beiden Keimblätter kreuzen sich mit den primären Scheidewänden; sie sind doppelt zweilappig bei *Juglans* und *Pterocarya*.

Gallbildungen. Die Gallmilbe *Cephaloneon bifrons* BREMI ruft an den Blattnerven, vor allem an denen zweiter und dritter Ordnung, gelb- bis rotbraune runde Gallbildungen von 1–1,5 mm im Durchmesser hervor. Die Blätter sind gelegentlich derart von solchen Gallen bedeckt, daß sie sich nach unten zusammenkrümmen oder in ihrer regelmäßigen Ausbildung gehemmt werden. Auch findet sich nicht selten eine Einbuchtung des Blattrandes. – *Erineum juglandinum* PERS., eine Milbe, verursacht bisweilen längliche, stark erhabene Ausstülpungen der Blattfläche, welche gewöhnlich zwischen den Seitennerven der Blätter gelegen und von Nerven begrenzt sind.

Schädlinge. Auf lebenden Blättern und grünen Früchten von *J. regia* L. und *J. nigra* L. verursacht *Marsoniella juglandis* (LIB.) v. HÖHN. unregelmäßige, zuerst gelbgrünliche, bald vertrocknende, graubraun werdende, dunkler umrandete, zusammenfließende Flecken. Bei starkem Befall sterben große Teile der sich nach oben oft etwas einrollenden Blätter ab. Früchte und Blätter können dann vorzeitig abfallen. Die winzigen, fast nur unter der Lupe sichtbaren Fruchtkörper erscheinen nur hypophyll. Sie bestehen aus einer flachen, sehr dünnen Basalschicht, auf der an kurzen Trägern die zweizelligen, sichel- oder schief keulenförmigen, hyalinen Konidien entstehen. Das konidienbildende Myzel kann in den Zweigen überwintern. Die zugehörige Schlauchform ist *Gnomonia leptotyla* (FR.) CES. et DE NOT., deren Perithezien auf den am Boden liegenden, überwinternden Blättern im Frühjahr reif werden.

*Microstroma juglandis* (BER.) SACC. verursacht im Sommer auf der Blattunterseite unregelmäßig eckige, durch die Nerven scharf begrenzte, weiße Flecken. In diesen brechen die kurz keuligen Konidienträger büschelig aus den Spaltöffnungen hervor, an deren breit abgerundeten Enden meist 6 hyaline, einzellige, länglich eiförmige Konidien gebildet werden. Nennenswerten Schaden verursacht der ziemlich seltene, meist auch nur spärlich auftretende Pilz nicht.

*Polyporus squamosus* (HUDS.) FR. kommt auf zahlreichen, lebenden Laubbäumen vor, ist aber auf *Juglans* besonders häufig. Die Fruchtkörper des eine Weißfäule des Holzes verursachenden Pilzes sind im Umriß fast halbkreis- oder nierenförmig, einjährig, bis ca. 30 cm groß, erst zähfleischig, dann zäh lederartig, oberseits deutlich konzentrisch und ziemlich großfaserig-braunschuppig und meist kurz und ziemlich dick gestielt. Die bis ca. 2 mm weiten Mündungen der kurzen Röhren sind weiß und eckig.

*Polyporus sulphureus* (BULL.) FR. lebt parasitisch auf zahlreichen Laubbäumen, nicht selten auch auf *Juglans*. Die meist in mehreren Lagen übereinander reifenden Fruchtkörper sind schwefel-, seltener hell orangegelb und einjährig. Das Fleisch ist weiß und ziemlich brüchig. Die Porenschicht ist gelblich. Der Pilz verursacht eine schnell fortschreitende Rotfäule. Den Markstrahlen und Jahresringen folgend entstehen Spalten, die sich mit dem weißlichen Myzelfilz des Pilzes ausfüllen.

Auf noch am Baume hängenden, abgestorbenen Ästen älterer Nußbäume sind bei feuchter Witterung oft viele kleine, intensiv schwarze, zerrinnende Tropfen zu sehen, die im eingetrockneten Zustande dünne, meist schwarze Krusten bilden. Sie bestehen aus den massenhaft gebildeten, durch kleine Rindenrisse hervorquellenden, schwarzbraunen, eiförmigen oder ellipsoidischen, einzelligen Konidien von *Melanconium juglandinum* KZE., der Nebenfruchtform des Pyrenomyzeten *Melanconis carthusiana* TUL.

Nutzen. Viele Juglandaceen liefern sehr geschätztes Werkholz für Möbel-, Wagen- und Maschinenbau, sowie eßbare Früchte. Das Holz von *Carya*-Arten wird unter dem Namen Hikory gern zur Herstellung von Ski herangezogen.

## CCIV. Juglans L., Gen. plant. ed. 5, 431 (1754). Nußbaum

Wichtige Literatur. K. BERTSCH, Der Nußbaum (*Juglans regia*) als einheimischer Waldbaum in Jahreshefte d. Vereins f. vaterländ. Naturkunde in Württemberg **106**, 65–68 (1951). A. W. EICHLER, Blütendiagramme. 2. Teil, Leipzig 1878. F. FANKHAUSER in KIRCHNER, LOEW u. SCHRÖTER, Lebensgeschichte der Blütenpflanzen Mitteleuropas **2**, 1, 253–291 (1925). G. HABERLANDT, Vergleichende Anatomie des assimilatorischen Gewebesystems der Pflanzen in PRINGSHEIM, Jahrb. f. wissenschaftl. Botanik **13**. Bd. (1882). DU HAMEL DU MONCEAU, Des semis et plantations des arbres et de leur culture, Paris 1780. R. HARTIG, Die anatomischen Unterscheidungsmerkmale der wichtigeren in Deutschland wachsenden Hölzer, München 1898. G. HEMPEL u. K. WILHELM, Die Bäume und Sträucher des Waldes, Bd. **2**, 1889. K. KRAUSE, Floristische Notizen im Botan. Zentralbl. **79**, 119 (1899). S. NAWASCHIN u. V. FINN, Zur Entwicklungsgeschichte der Chalazogamen, *Juglans regia* und *J. nigra*, in Mémoir. Acad. Imper. Scienc. St. Petersbourg, 8. sér., Cl. phys.-math. **31**, No. 9 (1913). P. PARMENTIER, Les Noyers et les *Carya* en France, Paris 1912. L. PETIT, Des faisseaux libéro-ligneux dans le pétiole des Juglandées etc. in Bull. Soc. Bot. France **34**, 301–303 (1887). REBMANN, *Juglans regia* und *J. nigra* in Mitt. Deutsch. Dendrol. Ges. **1907**, 187–209 (1907). C. WEHMER, Die Pflanzenstoffe, Jena

1911. H. L. WERNECK, Die Formenkreise der bodenständigen Wildnuß in Ober- und Niederösterreich in Verh. Zool. Bot. Ges. Wien **93**, 112–119 (1953), J. WIESNER, Die Rohstoffe des Pflanzenreichs, 2. Aufl., Wien 1903. M. WILLKOMM, Forstliche Flora von Deutschland und Österreich, 2. Aufl. 805–807 (1887).

Einhäusige Bäume, sehr selten große Sträucher, mit harzreicher Rinde und großen, unpaarig gefiederten Blättern. Männliche Blüten in reichblütigen Kätzchen mit 3–5 freien, grünlichen Blütenhüllblättern und 8–40 Staubblättern in 2 oder mehr Kreisen. Weibliche Blüten in endständigen, 1- bis 12-blütigen Ähren, mit oberständiger, vierspaltiger, unscheinbarer Blütenhülle. Narbenlappen innen papillös-leistenartig. Frucht eine meist große Steinfrucht; ihre Außenschale, an deren Bildung auch das verbundene Perigon teilnimmt, fleischig, zuletzt oft trocken, dann unregelmäßig abspringend oder verwitternd; die Innenschicht hart, holzig, runzelig, unvollkommen 2- oder 4-fächerig. Samen am Grunde 2- bis 4-lappig, mit grubigen Vertiefungen; Keimblätter runzelig bis gefaltet.

Gliederung der Gattung:

Sektion 1. *Nigrae*: *J. nigra*, *J. rupestris*.
Sektion 2. *Regiae*: *J. regia*.
Sektion 3. *Cinereae*: *J. cinerea*, *J. mandschurica*, *J. Sieboldiana*, *J. cordiformis*.

Die Gattung gliedert sich in die Sektionen *Nigrae*, *Regiae* und *Cinereae*. Sektion *Nigrae* ist durch radiäre Blütenachse, zwei mit dem Tragblatt verwachsene Vorblätter und sechszählige Blütenhülle, die Sektionen *Regiae* und *Cinereae* durch männliche Blüten mit gestreckter Achse, Fehlen von Vorblättern, unregelmäßige Blütenhülle und wechselnde Zahl ihrer Zipfel ausgezeichnet, ferner weisen die Arten der Sektionen *Cinereae* gesägte Blätter und Früchte ohne sekundäre Scheidewände, die Arten von Sektion *Regiae* ganzrandige Blätter und Früchte mit sekundären Scheidewänden auf. Die Gattung umfaßt etwa 7–8 Arten in der nördlichen gemäßigten Zone der Alten und Neuen Welt, ferner je eine Art in Jamaika und im innerandinen Vorland von Ekuador, Brasilien und Nord-Argentinien. Alle Sektionen sind in Mitteleuropa durch kultivierte Arten vertreten:

1  Frucht stets kahl, am Grunde vierfächerig, deshalb der Samen dort vierlappig, oberwärts zweifächerig . . . . . . . . . . . . . . . . . . . . . . . . . . . . . . . . . . . . . . . . . . . . . . 2
1* Frucht drüsig-klebrig, vollkommen zweifächerig . . . . . . . . . . . . . . . . . . . . . . . 4
2  Blätter mit (2–) 3–4 (–6) Paaren von Fiederblättchen, diese länglich oder länglich-eiförmig, spitz bis zugespitzt, ganzrandig oder fiederschnittig eingeschnitten, fast kahl, nur unterseits in den Nervenwinkeln bärtig . . . . . . . . . . . . . . . . . . . . . . . . . . . . . . . . . *J. regia* L.
2* Blätter mit meist 6 und mehr Paaren von Fiederblättchen, diese länglich bis länglich-lanzettlich, zugespitzt, gesägt, unterseits mehr oder weniger stark behaart . . . . . . . . . . . . . . . . 3
3  Bis fast 50 m hoher Baum. Zweige zunächst ziemlich stark behaart, später verkahlend mit undeutlichen Lentizellen. Fiederblättchen oberseits kahl, unterseits zerstreut kurzhaarig. Frucht kugelig, selten birnförmig, mit rauher Schale . . . . . . . . . . . . . . . . . . . . . . . . . . *J. nigra* L.
3* Bis etwa 7 (–15) m hoher Baum. Zweige dicht kurz gelbgrau filzig, mit deutlichen Lentizellen. Fiederblättchen auf dem Mittelnerv drüsig kurzhaarig, unterseits zunächst auf der ganzen Fläche, später nur auf den Nerven behaart. Frucht kugelig oder etwas niedergedrückt, glattschalig. *J. rupestris* ENGELM.
4  Innenschicht der Frucht nicht zweikantig . . . . . . . . . . . . . . . . . . . . . . . . . . . 5
4* Innenschicht der Frucht deutlich zweikantig . . . . . . . . . . . . . . . . . . . . . . . . . 6
5  Blätter bis 60 cm lang. Fiederblättchen länglich bis länglich-lanzettlich, zugespitzt, scharf gesägt, oberseits kurzhaarig. Männliche Blüten mit 12–20 Staubblättern. Frucht länglich bis länglich-eiförmig . . . . . . . . . . . . . . . . . . . . . . . . . . . . . . . . . . . . . . . . . . *J. cinerea* L.
5* Blätter bis 80 (–100) cm lang. Fiederblättchen breit bis schmal-länglich, mit fast parallelen Seitenrändern, spitz oder zugespitzt, klein- und stumpf-gesägt, oberseits nur auf dem Mittelnerv sternhaarig, sonst meist kahl. Männliche Blüten mit 8–10 Staubblättern. Frucht eiförmig bis länglich-eiförmig . . . . . . . . . . . . . . . . . . . . . . . . . . . . . . . . . . . . *J. mandschurica* MAXIM.
6  Junge Zweige mit deutlichen Lentizellen. Fiederblättchen breit-länglich, kurz zugespitzt, ziemlich klein- und stumpf gesägt. Innenschicht der Frucht nicht zusammengedrückt, mit 2 dickwulstigen, oben eine zweiseitige Spitze bildenden Kanten . . . . . . . . . . . . . . . . *J. Sieboldiana* MAXIM.
6* Junge Zweige mit undeutlichen Lentizellen. Fiederblättchen breit-länglich, spitz bis zugespitzt, scharf gesägt. Innenschicht der Frucht senkrecht zur Scheidewand zusammengedrückt, mit 2 scharfen, oben eine zweischneidige Spitze bildenden Kanten . . . . . . . . . . . . . . *J. cordiformis* MAXIM.

**J. nigra** L., Spec. plant. 997 (1753). – Bis 50 m hoher Baum mit meist schlankem Stamm und hochgewölbter Krone. Stamm mit dunkler, tief längsfurchiger Borke. Zweige anfangs ziemlich stark behaart, später verkahlend. Winterknospen eiförmig, spitzlich, mit etwas filzigen Schuppen. Blätter mit (5–) 6 bis 9 (–11) Paaren von Fiederblättchen, diese länglich bis länglich-lanzettlich, zugespitzt, etwa 2–5 (–6) cm breit, oberseits kahl, unterseits zerstreut kurzhaarig, am Rande gesägt. Männliche Blütenstände bis 15 cm lang und 1,2 cm dick. Männliche Blüten mit etwa 20 bis 30 Staubblättern. Weibliche Blütenstände meist 3- bis 5-blütig, weich behaart, ohne Drüsen. Narben oft rötlich. Frucht kugelig, selten etwas birnförmig, schwarz, kahl, mit rauher Schale. Innenschicht mit oft unterbrochenen rauhen, scharfen Längsrippen, zwischen ihnen tief und unregelmäßig längsfurchig, am Grunde 4-fächerig, in der Mitte 2-, ganz an der Spitze 6-fächerig mit dicken Scheidewänden. – V. – Heimat: Atlantisches Nordamerika von Massachusetts bis Ontario und Minnesota sowie südwärts bis Florida und Texas. Bei uns seit langem in Gärten kultiviert, neuerdings auch forstlich angepflanzt; liebt sandige, nährstoffreiche Aueböden.

**J. rupestris** ENGELM. in Sitgreaves Repert. 171 (1853). – Mittelhoher, meist nur 7 m, seltener 15 m hoher Baum. Stamm mit ziemlich dicker, grauschuppiger Borke. Zweige dicht kurz gelbgrau filzig, im zweiten Jahr verkahlend. Winterknospen behaart, die Endknospe größer als die Seitenknospen. Blätter mit 6–10 (–12) Paaren von Fiederblättchen, diese länglich bis länglich-lanzettlich, nur 3–8 (–15) cm lang, 0,7–2 (–4,5) cm breit, mehr oder weniger schief, kurz oder meist allmählich lang zugespitzt, anfangs unterseits stärker behaart, später nur auf den Nerven, oberseits nur auf dem Mittelnerv drüsig kurzhaarig, entfernt und oft nur undeutlich gesägt-gezähnt. Blütenstände jenen von *J. nigra* L. ähnlich. Blüten kleiner, mit etwa 16–25 Staubblättern. Frucht klein, kugelig oder etwas niedergedrückt, kahl, glattschalig; Innenschicht mit flachen schmalen, etwas unregelmäßigen Längsrinnen; am Grunde 4-fächerig, oberwärts 2-fächerig. – V, VI. – Heimat: Nordamerika von Colorado, Texas, Neu-Mexiko und Arizona südwärts bis in das nördliche Mexiko. Bei uns seit langem in Gärten kultiviert, jedoch in nördlichen Gebieten frostempfindlich.

**734a. Juglans regia** L., Spec. plant. 997 (1753). Walnußbaum. Engl.: Walnut. Franz.: Noyer. Ital.: Noce. Sorbisch: Włóska worješina. Poln.: Orzech wloski. Tschech.: Ořešák královský. Taf. 78, Fig. 2, Taf. 77, Fig. 1 bis 4; Fig. 1 bis 5

10 bis 25 m hoher Baum (Fig. 1), mit glatter, hell graubrauner, im Alter rissiger Borke. Krone ziemlich breit, lockerästig. Rinde anfangs aschgrau, glatt, später in eine tiefrissige, dunkle schwarzgraue Borke übergehend, zuweilen aber auch alte Stämme auffallend glatt und hell. Einjährige Zweige kahl, glänzend olivgrün bis braun, mit zerstreuten helleren Lentizellen und mit gefächertem Mark. Laubblätter unpaarig gefiedert, in der Jugend rötlich, Blattstiel bis 35 cm lang, am Grunde stark angeschwollen. Fiederblättchen 1- bis 5-paarig, breit-elliptisch, glänzendgrün, ganzrandig, bespitzt, 5–13 (–18) cm lang und bis 5 cm breit, undeutlich gestielt, in der Jugend drüsig punktiert, in den Aderachseln gebärtet, beim Zerreiben aromatisch riechend; Endblättchen etwas größer, bis 25 cm lang, lang gestielt. Männliche Blütenstände sitzend, schlaff herabhängend, bis 15 cm lang, in den Achseln abgefallener Laubblätter der vorjährigen Zweige stehend, im getrockneten Zustand schwarz. Männliche Blüten grün, die 4 Perianthblätter mit den 2 Vorblättern zu einer 6-teiligen Hülle ver-

Fig. 1. *Juglans regia* L. Nußbaum. (Aufn. M. MEYER)

Tafel 77

## Tafel 77. Erklärung der Figuren

Fig. 1. Männliche Blüte von *Juglans regia* (von der Seite).
,, 2. Längsschnitt durch eine junge weibliche Blüte von *Juglans* (Chalazogamie).
,, 3. und 4. Längs- und Querschnitt durch den Steinkern von *Juglans regia*.
,, 5. Männliche Blüte von *Gale palustris*.
,, 6. Junge weibliche Blüte von *Gale palustris*.
,, 7. Männliche Blüte von *Salix pentandra*.
,, 8. Weibliche Blüte von *Salix pentandra*.
,, 9. Männliche Blüte von *Salix triandra*.
,, 10. Weibliche Blüte von *Salix triandra*.
,, 11. Männliche Blüte von *Salix purpurea*.
,, 12. Weibliche Blüte. von *Salix purpurea*.
,, 13. Männliche Blüte von *Salix aurita*.
,, 14. Weibliche Blüte von *Salis aurita*.
,, 15. Männliche Blüte von *Salix reticulata*.
,, 16. Weibliche Blüte von *Salix reticulata*.
,, 17. Discus von *Salix reticulata* (weibl. Blüte).
,, 18. Tragblatt mit 2 Drüsen von *S. triandra*.
,, 19. Längsschnitt durch den Fruchtknoten von *Salix triandra* mit Samenanlagen.
,, 20. Reife Fruchtkapsel von *Salix triandra*.
,, 21. Junger Same von *Salix* mit Flughaaren.
,, 22. Reifer Same einer *Salix*-Art.
,, 23. Männliche Blüte von *Populus alba*.

Fig. 24. Weibliche Blüte von *Populus alba*.
,, 25. Weibliches Trugdöldchen von *Corylus Avellana* (mit Tragblatt und 2 Blüten).
,, 26. Männliche Blüte von *Corylus Avellana*.
,, 27. Ebenso, aber die Staubblätter entfernt.
,, 28. Männliche Blüte von *Carpinus Betulus*.
,, 29. Weibliches Trugdöldchen von *Carpinus Betulus*
,, 30. Männliche Blüte von *Ostrya carpinifolia*.
,, 31. Scheinfrüchte von *Ostrya carpinifolia*.
,, 32. Frucht (durch d. Fruchthülle durchscheinend).
,, 33. Männliche Blüte von *Betula pubescens*.
,, 34. Weibliche Teilinflorescenz von *Betula pubescens*.
,, 35. Ebenso, aber die Blüten entfernt.
,, 36. Männliches Trugdöldchen von *Alnus incana*.
,, 37. Weibliche Blüte von *Alnus glutinosa*.
,, 38. Tragblatt und Vorblätter von *A. glutinosa*.
,, 39. Männliche Blüte von *Fagus silvatica*.
,, 40. Weibliche Blüte von *Fagus silvatica*.
,, 41. Männliche Blüte von *Quercus petraea*.
,, 42. Weibliche Blüte von *Quercus petraea* (quer durchschnitten).
,, 43. Weibliche Blüte von *Quercus Robur*.
,, 44. Reife Kapsel von *Populus*.
,, 45. Schnitt durch den Samen von *Populus*.

wachsen (Taf. 78, Fig. 2a, 2b, Taf. 77, Fig. 1). Staubblätter 6–30, mit zugespitztem Konnektiv. Pollen (Fig. 2) kugelig bis ellipsoidisch, etwa 40 μ, mit 8–24 kleinen Poren, die über die fast glatte Oberfläche unregelmäßig („heteropolar") verteilt sind. Weibliche Blüten in armblütigen, 1- bis 5-, sehr selten bis zu 35-blütigen, ährenförmigen, lockeren Blütenständen an den Enden der diesjährigen Zweige; ihre Blütenhülle mit den Vorblättern und dem Fruchtknoten verwachsen (Taf. 77, Fig. 2), letzterer eine einzige aufrechte (orthotrope) Samenanlage enthaltend; Griffel mit linealischen, nach auswärts gekrümmten, am Rande papillös-leistenartigen Narbenschenkeln. Frucht kugelig bis länglich kugelig, mit glatter, zunächst grüner, später brauner, sich unregelmäßig ablösender (Taf. 78, Fig. 2d), zäh fleischiger, weißlich punktierter äußerer Schale und steinharter, holziger, runzeliger, bei der Keimung 2-klappig aufspringender, am Scheitel kurz zugespitzter, hellbrauner, mit einer wulstigen Naht versehener innerer Schale (Endokarp); Frucht eine Steinfrucht, und zwar eine 1-samige, innen unvollkommenen 2- oder 4-fächerige Nuß. Samen 2- bis 4-lappig, mit großen, ölreichen Keimblättern (Taf. 77, Fig. 3 u. 4) – IV, V, kurz nach dem Laubausbruch, selten VI.

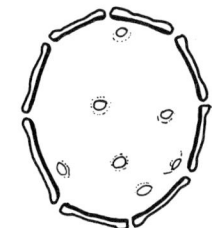

Fig. 2. Pollenkorn von *Juglans*. Vergr. 500.

Pollen. Verschiedene mitteleuropäische Herkünfte haben verschieden hohe Porenzahlen der Pollenkörner (Rassenmerkmal?).

Vorkommen. Häufiger, seit der Römerzeit gepflanzter Nußbaum, gelegentlich auch verwildert (oder wild? siehe unten) besonders in den Auwäldern oder großen Stromtäler des südlichen Mitteleuropa; liebt tiefgründige, frische und nährstoffreiche Lehmböden und hat ihre Hauptverbreitung in den warmen Tieflagen der südlichen und westlichen Gebiete nördlich der Alpen, nur vereinzelt höher als 600–700 m ansteigend.

Allgemeine Verbreitung. Sicher einheimisch in den Schluchtwäldern der Gebirge der Balkanhalbinsel sowie in den Gebirgen Südwest- und vielleicht auch Zentralasiens. Über möglicherweise spontanes Vorkommen in Mitteleuropa siehe unten. Die östliche Abgrenzung des Areals von *J. regia* hängt von der weiteren oder engeren Fassung des Artbegriffes ab. Während manche Autoren, wie NAGEL (1914), zentral- und ostasiatische Sippen der *J. regia* als Varietäten unterordnen und so zur Annahme eines bis China reichenden Artareales kommen, trennt DODE (1906) mehrere zentral- und ostasiatische Sippen als Kleinarten ab, wodurch die Ostgrenze des Artareales von *J. regia* in den Gebirgen von Turkmenien und Ostpersien anzunehmen wäre.

Verbreitung im Gebiet. Wie bei vielen anderen alten und weitverbreiteten Kulturpflanzen ist es auch bei der Walnuß nicht leicht, das Gebiet des ursprünglichen Vorkommens festzustellen und einwandfrei zu begrenzen. In den Schluchtwäldern der Balkanhalbinsel und West- und Südanatoliens wächst der Baum gerne an Stellen, die auch im Sommer vom Wasser überrieselt werden; der Baum hat also eine sehr spezialisierte Oekologie. Während man noch bis vor kurzem allgemein die Nordgrenze des ursprünglichen Vorkommens in Europa durch die Balkanhalbinsel, eventuell mit Einschluß des Banates, zog, neigen heute einige Autoren, vor allem auf Grund der Arbeiten von BERTSCH (1951) und von WERNECK (1953), dazu, in weiten Gebieten von Mitteleuropa gewisse kleinfrüchtige Rassen von *J. regia*, die im Volksmund als Spitz-, Schnabel- oder Steinnuß bezeichnet werden, als einheimisch zu betrachten. Da die Frage des Indigenates von *Juglans* in Mitteleuropa von allgemeinem Interesse und für große Teile des Gebietes noch nicht endgültig entschieden ist, soll hier über die bisherigen Untersuchungen ausführlich referiert werden. Nach WERNECK kommt der Nußbaum in Oberösterreich als bodenständiges, wesentliches Element in den Auwäldern der Flüsse Traun, Alm und Enns bei Lambach, Marchtrenk, Weißkirchen, Enns, ferner in den Niederterrassenwäldern von Schildberg bei St. Florian und im Leitenwald von Luftenberg bei Pulgarn vor. Die Steinnuß liebt besonders die lockeren Böden der Moränen, der höher gelegenen Auenregionen (Hartholzauen), nicht aber den eigentlichen Bereich des Überschwemmungsgebietes. Gegen Früh- und Spätfröste ist sie unempfindlich. Die Länge der oberösterreichischen Steinnüsse ist 19–24 mm, mittlere Längen von (26–) 28–34 mm gehören bereits bäuerlichen Auslesen an. Die Nüsse werden wahrscheinlich von Hähern verbreitet. Die Sämlinge kämpfen sich in den Auwäldern immer wieder durch. Die Nüsse werden von den Förstern in manchen Aubeständen in bedeutenden Mengen eingesammelt. Diese Nußsorte erreicht in Oberösterreich ihre obere Verbreitungsgrenze durchschnittlich zwischen 700 und 800 m, bei Helmonsödt ausnahmsweise bei 830 m; an diesem Ort reifen die Nüsse allerdings nur etwa alle 10 Jahre aus. – BERTSCH knüpft seine Betrachtungen an die Funde von *J. regia* in den frühdiluvialen Ablagerungen von Honerdingen in der Lüneburger Heide und an diejenigen aus der letzten (Riß-Würm) Zwischeneiszeit im unteren Travertin von Weimar-Ehringsdorf an; nach VENT (1955) ist das letztere Vorkommen nicht sicher bewiesen, da bei dem einzigen noch vorhandenen Belegstück eine Verwechslung mit Blättern von *Fraxinus sp.* festgestellt werden konnte. Während der Eiszeiten sind freilich die Walnußbäume aus Mitteleuropa verschwunden. Während der Jungsteinzeit fanden sich der Stein- oder Schnabelnuß entsprechende Nüsse am Bodensee. Schalen sind im steinzeitlichen Pfahlbau Wangen zutage gekommen mit einer Länge von 27–30 mm, ferner im steinzeitlichen Pfahlbau Bleiche bei Arbon und in den bronzezeitlichen Pfahlbauten von Bodman und Haltnau bei Konstanz. Somit wäre also der Nußbaum mindestens seit der Jungsteinzeit auch schon am Bodensee heimisch gewesen. Im übrigen Schweizer Mittelland fehlen bisher trotz eingehender Untersuchungen an neolithischen Pfahlbauten Pollen- und Fruchtfunde aus der Jungsteinzeit, die ältesten Nachweise sind hier bronzezeitlich. Nach BERTSCH hat sich der Nußbaum seither in Schwaben erhalten. Aus den Alemannengräbern aus dem 6. u. 7. Jahrhundert in Oberflacht bei Tuttlingen wurden Nüsse von 25–31 mm Länge bekannt. Heute sind wohl die wilden Nußbäume aus dem Bodenseegebiet verschwunden, zusammen mit den alten Auwäldern, die auch die wilde Weinrebe, *Vitis silvestris* GMEL., beherbergt hatten. Als Kulturbaum jedoch hat sich die ursprüngliche Sorte noch erhalten, so bei Langentrog im Kreis Tettnang (Länge 24–35 mm, Durchschnitt 28,9 mm) und bei Kemmerlang im Kreis Ravensburg (Länge 20–25 mm). BERTSCH deutet ferner den folgenden Bericht von FINKH aus dem Jahre 1865 als Hinweis auf ehemaliges spontanes Vorkommen: „Verwildert kommt der Walnußbaum bei Urach vor in alten und jungen Exemplaren in ziemlicher Anzahl an den steilen, steinigen Halden des Galgenberges, der Eichhalde und des Runden Bergs in einer Höhe von 580 bis 650 m. Die ältesten Stämme sind bis 100 Jahre alt und unten bis 46 cm dick. Diese Bäume haben keinen schönen Wuchs, bleiben kurz, tragen aber reife Früchte, die von Eichhörnchen und Haselmäusen verzehrt werden." Die Flaumeiche, *Quercus pubescens* WILLD., hat sich an denselben Berghalden noch als Überrest aus der nacheiszeitlichen Wärmeperiode erhalten. – Es ist übrigens nicht ausgeschlossen, daß gewisse Widersprüche in den vorliegenden Beobachtungen über größere oder geringere Frostresistenz und über verschiedene ökologische Ansprüche usw. der Walnußbäume damit zusammenhängen, daß sich die einen Angaben auf die Steinnüsse, die anderen auf die großfrüchtigen, sogenannten Königsnüsse beziehen. – Vielfach sind in interglazialen Ablagerungen, und zwar sowohl in älteren wie auch im Riß-Würm-Interglazial, ferner auch in frühpostglazialen Ablagerungen Pollenfunde sowohl im südlichen wie im nördlichen Alpenvorland festgestellt worden.

Vegetationsorgane. Der Nußbaum ist durch eine kräftige Pfahlwurzel ausgezeichnet, welche einen Durchmesser von 30 cm und mehr erreichen kann. Vielfach findet man jedoch statt ihrer mehrere tiefgehende, starke Herzwurzeln, welche zumeist dadurch entstehen, daß beim Verpflanzen des Baumes als Hochstamm seine Pfahlwurzel verstümmelt wurde. Da solche Bäume in ihrer späteren Entwicklung kein Kümmern erkennen lassen, so erscheint eine nachhaltige Schädigung durch Beschneiden der Pfahlwurzel wenig wahrscheinlich.

Einzeln auftretend bzw. angepflanzt ist dem Nußbaum eine auffallend mächtige Baumkrone wie nur wenigen anderen unserer einheimischen Laubbäume eigentümlich. Meist teilt sich der Hauptstamm schon wenige Meter über dem Boden in mehrere starke, schief ansteigende Hauptäste. Zufolge der bedeutenden Höhe, zu der sie ansteigen, und nur verhältnismäßig wenigen, in geringer Höhe abzweigenden, jedoch kräftig entwickelten Seitenästen, entsteht eine weitausladende und wohl abgerundete Krone. Anders ist der Habitus des Nußbaumes im reinen Bestand oder in Mischwäldern zusammen mit der Buche und anderen Laubgehölzen. Ähnlich wie die Buche bildet der Nußbaum dann einen schlanken, astfreien Stamm mit schmaler und hoch angesetzter Krone. Bezeichnend für den Sproßbau des Nußbaumes ist, daß er in der Regel nur Langtriebe bildet. Die Verzweigung des Nußbaumes ist eine sehr unregelmäßige und namentlich dadurch ausgezeichnet, daß neue Sprosse sich nur in geringer Zahl bilden. Sie entstehen teils in der Nähe der Endknospe, teils da und dort etwas weiter unten an letztjährigen und auch noch an älteren Trieben.

Die Blattknospen von *J. regia* werden von 5 kleinen, beinahe gegenständigen, braunen Schuppenblättern umschlossen. Ihnen folgen 3 Rudimente von Blattanlagen und hierauf erst Blattanlagen, die sich zu Laubblättern entwickeln. Das erste Übergangsblatt besteht nur aus einer Verbreiterung des kurzen Blattstieles, der an seinem oberen Ende in drei spitze Zacken ausgezogen ist. Meist läßt das zweite Übergangsblatt 3, das dritte Übergangsblatt bereits 5 Fiederblättchen erkennen. In der Regel sind die weiteren Blätter normale, aus 5–9, gewöhnlich aus 7 Fiedern bestehende Laubblätter. Die kurzgestielten oder sitzenden, gegenständigen Seitenfiedern sind mehr oder weniger asymmetrisch, da die vordere, der Blattspitze zugekehrte Hälfte der Blattspreite gegenüber der der Basis des Blattes zugewendeten Hälfte des Fiederblättchens etwas zurückbleibt.

Anatomie und Physiologie. *J. regia* zählt zu den Kernhölzern. Sein 5–10 cm breiter Splint ist hellgrau, das Kernholz braun bis schwarzbraun, wobei hellere Partien mit unregelmäßig verlaufenden dunkleren Partien abwechseln. Nach HARTIG (1898) ist *J. regia* durch große, ovale, nur einzeln, paarweise oder bis zu vieren angeordnete Gefäße ausgezeichnet, die ziemlich gleich groß sind und nur bei sehr breiten Ringen nach außen etwas kleiner werden. Meist sind die Gefäße regellos zerstreut, seltener ein wenig radial angeordnet. Ihre Weite schwankt nach WIESNER (1903) zwischen 0,24 mm im Frühholz und 0,06 mm im Spätholz. Bemerkenswert sind die ansehnlichen, bis 11 $\mu$ breiten und hohen Hoftüpfel. Die Grundmasse des Holzes wird von derbwandigen Fasern und dazwischen eingeschobenem Strangparenchym in meist einfachen unvollkommenen Querreihen gebildet. Die einschichtigen Markstrahlen sowie die zahlreich vertretenen mehrschichtigen Markstrahlen haben in der Breite bis 4, in der Höhe bis 40 Zellen. Diese sind derbwandig, 10–20 $\mu$ hoch und bis 11 $\mu$ breit. Bei Verletzungen nimmt der Splint an der Wundstelle eine dunklere Färbung an, ähnlich wie dies auch bei der Umwandlung in Kernholz zu beobachten ist. Wie bei der Kernholzbildung zeigen auch an der Wundstelle die Zellen, und zwar besonders deutlich die Markstrahlzellen, zahlreiche braune Körnchen, die sich als Gummi erweisen. Nach 4–5 Wochen beginnt die Gummibildung auch in den Gefäßen und Holzzellen in Form von erst farblosen, später sich dunkelfärbenden Tröpfchen, die schließlich zusammenfließen und das ganze Gefäß ausfüllen.

Die an jungen Stämmchen oder Zweigen rotbraune Rinde färbt sich später aschgrau, hellgrau oder weiß. Je nach Strahleneinwirkung der Sonne und atmosphärischen Einflüssen bilden sich in der Borke früher oder später Längsrisse, die erst flach und grau, sich immer mehr vertiefen und eine dunkle, fast schwarze Färbung annehmen. Die primäre Rinde besteht aus 2 Gewebeschichten, von denen die äußere kollenchymatisch ist und reichlich große Kristalldrusen führt, während die innere Schichte aus dickwandigeren, chlorophyllhaltigen und gerbstoffreichen, daneben aber auch aus dünnwandigeren und farblosen Zellen besteht. Das Periderm entsteht aus den äußersten Rindenzellreihen und entwickelt sich zu einer breiten, allseitig geschlossenen Schicht, durch welche die Oberhaut gesprengt und teilweise abgestoßen wird. Letztere ist schließlich an einjährigen Zweigen nur noch in geschrumpften Resten vorhanden. Die primären Gefäßbündel sind durch zahlreiche Bastfaserstränge ausgezeichnet, die durch spärliche Steinfaserzellen zu einem gemischten Ringe verbunden sind. In der sekundären Rinde bilden sich die Bastfaserplatten in sehr großen Abständen, sie sind gewöhnlich 3–5-reihig.

Die Blätter von *J. regia* weisen die für die Juglandaceen charakteristischen Schilddrüsen auf, deren kurzer Stiel einen ganzrandigen, aus strahlig angeordneten Zellen bestehenden Schild trägt. Außer den großen Schilddrüsen finden sich auch solche mit kleinem Schild, welcher durch kreuzförmig gestellte Vertikalwände in 4 Zellen geteilt ist. Spaltöffnungen finden sich nur auf der Blattunterseite. Auf die Epidermis der Blattoberseite folgt ein einreihiges Palisadenparenchym, dessen Zellen sich oft büschelartig um jeweils eine Sammelzelle des darunterliegenden Schwammparenchyms anordnen. Epidermis- und Schwammparenchymzellen sind gerbsäurehaltig. In der Jugend sind die Blätter beiderseits kurzfilzig behaart, später verkahlen sie jedoch sehr bald und behalten nur auf der Unterseite in den Nervenwinkeln rötliche Drüsenhaare, deren Köpfchen ein beim Zerreiben des Blattes intensiv, jedoch nicht unangenehm duftendes ätherisches Öl enthalten.

Keimung und Entwicklung. Im Herbst gesteckt keimen die Nüsse zeitig im Frühjahr. Bei Frühjahrsaussaat gehen sie bei gutem Zustand des Saatgutes nach 6–8 Wochen auf. Bei der Keimung erscheinen Wurzel und Plumula an der Spitze der Steinschale, die längs der sie halbierenden Furche aufspringt. Die beiden zweilappigen, an der Basis zusammengeschlossenen Kotyledonen bleiben in der Schale und werden vom Keimling nur ausgesogen. Die primäre Wurzel ist derb, holzig, gegen unten lang und fein auslaufend und schon frühzeitig mit seitlichen Würzelchen versehen. Das Stämmchen ist holzig, aufrecht, etwas zusammengedrückt, unter der Erde weißlich, oberhalb tief grün, mit kleinen grauen und braunen Lentizellen bedeckt. Oberhalb der Blattachseln der Kotyledonen sitzen am Stämmchen auf 2 Seiten übereinander eine Anzahl kleiner Knospen, welche jedoch nicht auswachsen, sondern allmählich vertrocknen, da sich nur die Endknospe weiterentwickelt. Nur wenn die Endknospe bzw. der Endtrieb verloren geht, wachsen die Seitenknospen, falls sie noch entwicklungsfähig sind, zu Trieben aus. Meist ist dies nur im ersten und zweiten Lebensjahr der jungen Pflanze möglich. Deren Blätter sind wie die älterer Bäume unpaarig gefiedert, wobei die Endfieder die Seitenfiedern an Größe bedeutend übertrifft.

Fig. 3. *Juglans regia* L., weibl. Blüten. (Aufn. Th. Arzt)

Das Wachstum der jungen Pflanze ist anfangs gering. Nach Fankhauser (1925) hat das Stämmchen nach dem ersten Lebensjahr eine Höhe von (3–) 6–8 (–15) cm, die Wurzel erreicht etwa das 6-fache dieser Länge. Nach dem 2. Lebensjahr sind die Stämmchen bereits (15–) 25–35 (–60) cm hoch. Im übrigen ist das Jugendwachstum des Nußbaumes je nach dem Standort und vielleicht auch je nach dem Witterungscharakter recht verschieden. Allgemein wird angenommen, daß nach einer Periode langsamen Wachstums in der Jugend der Nußbaum später ein sehr rasches Wachstum besitze, welches jenes der anderen einheimischen Laubhölzer übertreffe. Dies entspricht nach Fankhauser nicht ganz den Tatsachen, da der in der Regel vollkommen freistehende erwachsene Nußbaum meist mit einem im Bestandesschluß eingeklemmten Individuum einer anderen Laubholzart verglichen wird. Einer größeren Gesamtoberfläche assimilierender Organe, die bei jeder Holzart im Freistand zur Entwicklung kommt, müsse auch eine, um ein mehrfaches größere Massenzunahme entsprechen.

Dem Nußbaum wird im allgemeinen ein sehr hohes Alter zugeschrieben. Willkomm (1887) sagt vom Nußbaum, er finde sich in Südeuropa häufig in Exemplaren von 300 bis 400 Jahren. Nach Fankhauser (1925) seien diese und ähnlich lautende Angaben bedeutend überschätzt. Auffallend mächtige und etwa 1 m über dem Boden 100–130 cm Durchmesser erreichende Bäume in Interlaken ließen 110–140 Jahresringe erkennen; ein Exemplar, das allgemein als das älteste zu Interlaken galt, ließ auf Grund der Jahresringe auf ein Alter von etwa 160 Jahren schließen.

Phänologie. Bemerkenswert ist die relativ späte Entfaltung der Blätter im Frühjahr. Während die Buche schon im vollen Laubschmuck steht, hat *J. regia* eben erst die Knospen geöffnet. Willkomm (1887) gibt für den Laubausbruch folgende Durchschnittsdaten an: Stettin: 9. Mai, Prag 21. April, Wien 19. April. Die Kätzchen stäuben in Stettin um den 15. Mai, in Prag um den 8. Mai und in Wien um den 13. Mai.

Blütenverhältnisse. Der Nußbaum ist einhäusig; nur selten kommen Bäume mit nur männlichen Blüten vor. Die männlichen Kätzchen stehen einzeln oder zu zweien an den vorjährigen Zweigen in deren oberen, zur Blütezeit entlaubten Blattachseln. Die männlichen Kätzchen sind sehr reichblütig, sie beginnen mit 2 transversalen Vorblättern, hierauf folgen sofort die Deckblätter der Blüten in schraubiger Anordnung. Jedes Deckblatt trägt in seiner Achsel eine Blüte und ist mit ihr mehr oder weniger verwachsen, nur an den aufrecht stehenden Kätzchen, die der Baum entwickelt, wenn er ausnahmsweise im August zum zweitenmal blüht, sitzen die männlichen Blüten zuweilen in der Achsel ihres Deckblattes. Bisweilen treten, besonders an der Basis der Kätzchen, rudimentäre Fruchtknoten in den männlichen Blüten auf. Die weiblichen Kätzchen erscheinen in armblütiger, endständiger Ähre, meist nur zu 2–5 beisammenstehend am diesjährigen Gipfeltrieb. Gelegentlich sind die weiblichen Blüten in großer Zahl kätzchenförmig vereinigt, sodaß Fruchttrauben entstehen, die, wenn auch sehr selten, bis zu 35 Früchte tragen. Die weiblichen Blüten beginnen gleichfalls mit 2 Vorblättern und stehen in der Achsel einer Deckschuppe; sie sind mit dem Deckblatt bis über die Hälfte des Fruchtknotens, mit den Vorblättern vollständig verwachsen.

Der Nußbaum ist Windblütler. Die männlichen Kätzchen bilden vor der Anthese eine aufrechte, steife, zylindrische Ähre, zu Beginn der Anthese streckt sich die Blütenstandsachse und wird überhängend, so daß das Perigon nach oben, die Staubbeutel nach unten zu stehen kommen. Der ausstäubende Pollen fällt zunächst in die muldenförmige Vertiefung, welche die Blätter der darunterstehenden Blüte mit ihrer nach oben gekehrten Rückseite bilden, und bleibt hier, durch die Behaarung der Blütenhülle gehalten und durch die höher stehenden Blüten gegen Regen und Tau geschützt, liegen, bis bei trockenem Wetter ein stärkerer Windstoß das Kätzchen hin und her schleudert und den Pollen davonträgt. An den weiblichen Blüten sind die 2 großen ungeteilten, mit Runzeln und Läppchen besetzten Narben gleichfalls der Windbestäubung gut angepaßt. Nach dem Abblühen der männlichen Blüten werden die Kätzchen schwarz und fallen ab. Die weiblichen Blüten entwickeln sich bisweilen auch ohne Bestäubung zu samenlosen Früchten weiter.

Frucht und Samen. Die Walnuß ist eine Steinfrucht mit rindenartigem Exo-, faserig-fleischigem Meso- und holzigem Endokarp, an deren Bildung nicht nur die Fruchtblätter, sondern auch Perigonröhre und Deckblatt beteiligt sind. – Zur natürlichen Verbreitung der Nüsse tragen Tiere, wie Eichhörnchen, Hamster und Mäuse, sowie Nußhäher, Krähen und andere Vögel bei.

Zytologie. Nach NAWASCHIN und FINN (1913) werden in den Pollenkörnern eine vegetative und eine 2-kernige generative Zelle ausgebildet, welche in unzerstörtem Zustand, also mit dem die Kerne umschließenden Zytoplasma, den Embryosack erreicht. Hierin liegt eine Übereinstimmung mit der Ausbildung 2-kerniger generativer Zellen bei den Gymnospermen vor, im Gegensatz zu den auf männliche Kerne ohne Zytoplasmabedeckung reduzierten Gametenpaaren der typischen Angiospermen, somit also ein Beweis für die ursprüngliche stammesgeschichtliche Stellung von *Juglans*.

Nutzen. In früheren Zeiten wurde *J. regia* vor allem der Früchte wegen gezogen. Die Beantwortung der Frage, welchen Ertrag an Früchten ein Nußbaum in verschiedenen Altersperioden bringen kann, ist nach REBMANN (1907) deshalb schwierig, weil eine Menge Faktoren sie beeinflussen und nur verhältnismäßig wenige verläßliche Angaben über den Fruchtertrag vorliegen. Außer den klimatischen und edaphischen Faktoren kommt auch der Kultur und der Pflege des Baumes sowie der Eigenheit der verschiedenerlei Spiel- und Kultursorten Bedeutung zu. Die ersten Früchte trägt ein aus Samen gezogenes Bäumchen nach 7–8 Jahren, ein gepflanztes Exemplar nach 10–12, die im Wald vorkommende Steinnuß hingegen erst nach 14–15 Jahren. Auf günstigen Standorten steigt der Ertrag rasch. Ein neunjähriges Bäumchen bringt nach REBMANN in Kultur bei voller Ernte 8–9, ein 17-jähriges 200, ein 22-jähriger Baum 255, ein 30-jähriger 300, ein 40-jähriger 400, und ein 50-jähriger Baum 450 Liter Nüsse.

Die weiteste Verwendung fand das Nußbaumholz bereits im Mittelalter als Schaftholz für Armbrüste, später auch für Gewehre. Deshalb wurde u. a. auch im 1. Weltkrieg der größte Teil der älteren Nußbäume gefällt, bis der Ersatz durch Sperrholz erfunden wurde.

Fig. 4. *Juglans regia* L. Zweig mit drei weiblichen Blüten. (Aufn. TH. ARZT)

Seit der zweiten Hälfte des vergangenen Jahrhundertes stieg in ungeahnter Weise der Nutzholzverbrauch von *J. regia*. Das Nußbaumholz ist besonders in der Möbel- und Kunsttischlerei sehr geschätzt; es ist wohl das wertvollste aller unserer einheimischen Hölzer. Es ist hart, ziemlich feinfaserig, etwas glänzend, ziemlich biegsam, doch nur wenig elastisch, leicht spaltbar, im Freien wie namentlich im Trockenen sehr dauerhaft und nimmt eine prachtvolle Politur an. Das frisch gefällte Holz verliert bis zum lufttrockenen Zustand 6% des Frischvolumens. Auffallend schön ist die Textur des Nußbaumholzes, namentlich die des Wurzelstockes. In der Qualität des Holzes findet sich nach DU HAMEL DU MONCEAU (1780) kein merklicher Unterschied zwischen Bäumen mit hartschaligen und solchen mit weichschaligen

Fig. 5. *Juglans regia* L. Zweig mit Früchten. (Aufn. TH. ARZT)

Nüssen, hingegen ist nach PARMENTIER (1912) und nach HENRY und GIFFEY (1904) das Holz veredelter Spielarten von geringerer Dichtigkeit und geringerem Gebrauchswert als das des wilden Nußbaumes.

Offizinell sind die Blätter: Folia Juglandis. Sie enthalten vor allem Gerbstoffe (Ellag- und Gallussäure) und etwa 80 mg% Vitamin C. In den frischen Blättern ist Juglon (Oxynaphthochinon), außerdem 350–390 mg % Vitamin C und 0,02% ätherisches Öl vorhanden. Die Droge Folia Juglandis findet namentlich in der Volksheilkunde Verwendung als innerliches und äußerliches Adstringens, als Blutreinigungsmittel und Antiscrophulosum, gegen Gicht und Gastroenteritis. Waschen mit einem Absud der Blätter soll Ungeziefer von Haustieren fernhalten und insbesondere Pferde vor Mücken und Stechfliegen schützen. Die grünen Fruchtschalen sind außerordentlich reich an Vitamin C (bis 1200 mg %). Die Homöopathie gebraucht die aus frischen, grünen Fruchtschalen und Blättern bereiteten Essenzen bei chronischen Augenkartharrhen und Gastroenteritis.

Der Samen, 40–50% fettes Öl enthaltend, dient zur Herstellung des Nußöles, das durch Auspressen gewonnen wird, hellgelb und geruchlos ist und bei —18° erstarrt. Es dient als Brenn- und Speiseöl und findet in der Seifenfabrikation sowie zur Bereitung von Ölfarben und Firnissen Verwendung. Die Blätter, Rinde sowie grüne Fruchtschalen werden durch Abkochen unter Zusatz von Alaun zum Braunfärben von Holz, Wolle und Haaren benützt oder liefern nach weiterem Zusatz von Orleans und Blauholz die sogenannte Nußbeize der Tischler. Fruchtschalenextrakte stellen bekannte Zusätze zu bräunenden Hautölen in der Kosmetik dar. Unreife Walnüsse werden auch zur Bereitung eines Likörs (Magenbitter) verwendet. Von der Landbevölkerung werden die Blätter von *J. regia* gelegentlich auch zur Teebereitung herangezogen oder – faute de mieux – in die Pfeife gestopft.

Volksnamen. Das Wort Nuß (ahd. nuz, hnuz, engl. nut, dän. nöd, schwed. nöt, plattdtsch. nöt) führt wie lat. nux ‚Nuß' auf eine indogermanische Grundlage qneu- mit der Bedeutung ‚Geballtes, Kügelchen'. Der Nußbaum wurde besonders in Gallien angepflanzt, daher nux gallica benannt, das als „wählisch nuz" (so bei MEGENBERG um die Mitte des 14. Jahrhunderts) ins Deutsche übersetzt wurde. Die Bezeichnung Welschnuß kommt zuerst bei L. FUCHS (1543) vor. Welsch (mhd. wählisch) bedeutete allgemein romanisch (französisch, italienisch). Walnuß, das auf das mittelniederdeutsche walnot zurückgeht, kommt erst um die Mitte des 16. Jahrhunderts auf. Walen (nach dem gallischen Volksstamm der Volcae) wurde später gleichbedeutend mit Welschen gebraucht. Zur Bezeichnung Welschnuß vergleiche man Welschkraut *(Brassica oleracea* var. *sabauda)* und Welschkorn *(Zea Mays)*. Zum Unterschied von der strauchartig wachsenden Haselnuß *(Corylus Avellana)* spricht man vom Nußbaum (niederdeutsch Nöt-, Nuotbom) und von den Früchten als Baumnuß (besonders im Oberdeutschen und Rheinischen). Große, dicke Nüsse (f. *maxima*) heißen Pferde-, Faust-, Pfaffennuß (Elsaß), hartschalige (f. *dura*) Stein- oder Grübelnuß, dünnschalige (f. *tenera*) Papier-, Vogel-, Meisennuß. – Ähnlich wie die Hasel spielen der Nußbaum und seine Frucht im Volke eine große Rolle als Fruchtbarkeitssymbol, im Orakelwesen und in der Volksmedizin. Am Niederrhein schützt der „Jans-tak", ein mit Blumen geschmückter, am Johannistag (24. Juni) über der Haustüre aufgehängter Nußbaumzweig, vor Blitz und Donner. Der kreuzähnliche Keimling in der Nuß soll der Nagel sein, der bei der Kreuzigung Christi übrigblieb. Im Rheinischen heißt er Kreuz-, Jesus- oder Herrgottsnagel. Zu Weihnachten muß man die Nußbäume mit Stangen schlagen, dann werden sie im nächsten Jahr reichlich tragen. Weiteres bei H. MARZELL, Geschichte und Volkskunde der deutschen Heilpflanzen. 2. Aufl. 67–73 (1938),

**734b. Juglans cinerea** L., Syst. nat. ed. 10, 2, 1272 (1759). Syn. *J. oblonga* Mill. (1768). – Etwa 25–30 m hoher Baum, in der Tracht *J. nigra* L. ähnlich. Zweige mit vielen feinen Lentizellen. Endständige Winterknospen lang gestreckt, zugespitzt, graufilzig und drüsig, viel länger als die Seitenknospen. Blätter bis 60 cm lang, mit 6–7 (–10) Paaren von Fiederblättchen; diese länglich bis länglich-lanzettlich, 6–15 cm lang, 2,5–5 (–6) cm breit, zugespitzt, scharf gesägt, oberseits kurzhaarig, unterseits dicht sternhaarig und drüsig. Männliche Blüten mit etwa 12–20 Staubblättern. Weibliche Blütenstände 3–7 (–8)-blütig. Frucht länglich bis länglich-eiförmig, dicht klebrig behaart, Innenschicht mit vielen tiefen, schmalen, unregelmäßigen Furchen, zwischen diesen rauhe und scharfzackige Kämme, von denen einige zuweilen fast 8-rippig hervorspringen. –V.– Heimat: Atlantisches Nordamerika von Neubraunschweig und Ontario bis North Dakota und südwärts bis Delaware, Georgia, Mississippi und Arkansas. Bei uns seit langem in Gärten kultiviert, hier und da auch verwildert.

**734c. J. mandschurica** MAXIM. in Bull. Phys. Math. Acad. Petersb. **15**, 127 (1857) et in Primit. Fl. Amur. 76 (1859). – Bis 25 m hoher Baum. Junge Zweige dicht behaart, später rot- bis olivbraun. Blätter bis 80 cm oder sogar 1 m lang. Fiederblättchen breit elliptisch bis schmal länglich, mit fast parallelen Seitenrändern, spitz oder zugespitzt, klein- und stumpfgesägt, oberseits nur auf dem Mittelnerv sternhaarig, sonst meist kahl. Männliche Blütenstände bis 10 cm lang. Männliche Blüten mit 8–10 Staubblättern. Weibliche Blütenstände 5- bis 15-blütig. Frucht eiförmig, dicht behaart, vollkommen 2-fächerig; Innenschicht länglich bis kugelig mit tiefen meist zu Furchen zusammenfließenden Gruben, dazwischen knotige Kämme, die meist 8 oder 4 Rippen erkennen lassen. – V. – Heimat: Ostasien von der Mandschurei bis ins Amur- und Ussuri-Gebiet und bis Korea. Bei uns hie und da in Gärten kultiviert.

**734d. J. Sieboldiana** MAXIM. in Bull. Acad. Petersb. **18**, 60 (1873). – Hoher Baum. Junge Zweige behaart. Blätter meist bis 40 cm, seltener bis 1 m lang, mit (4–) 5–7 (–8) Paaren von Fiederblättchen; diese breit-länglich, kurz zugespitzt, ziemlich klein- und stumpf gesägt, meist stark verkahlend, in den Nervenwinkeln gebärtet. Männliche Blütenstände bis 30 cm lang. Männliche Blüten mit 9–15 Staubblättern. Weibliche Blütenstände 10- bis 20-blütig. Frucht kugelig bis länglich, dicht klebrig behaart, vollkommen 2-fächerig; Innenschicht deutlich 2-kantig, nicht zusammengedrückt, mit 2 dickwulstigen, oben eine 2-seitige Spitze bildenden Kanten, außerdem besonders längs der Kanten mit mehr oder weniger flachen Gruben. – V. – Heimat: Japan und Sachalin. Bei uns gelegentlich in Gärten kultiviert.

**734e. J. cordiformis** MAXIM. in Bull. Acad. Petersb. 18, 62 (1873). – Bis 15 m hoher Baum. Zweige bräunlich behaart in der Jugend, später verkahlend. Blätter mit 5–7 Paaren von Fiederblättchen; diese breit-länglich, spitz bis zugespitzt, scharf gesägt, zuletzt kahl, unterseits etwas drüsig. Männliche Blütenstände bis 18 cm lang. Männliche Blüten mit 20–25 Staubblättern. Weibliche Blütenstände 8–12 blütig. Frucht rundlich, grün, mit hellen Pünktchen, mehr oder minder dicht klebrig behaart, vollkommen 2-fächerig; Innenschicht senkrecht zur Scheidewand zusammengedrückt, scharf 2-kantig, fast glatt. – Heimat: Japan. Bei uns hie und da in Gärten kultiviert.

## Reihe Myricales

Holzgewächse mit eingeschlechtigen, anemogamen Blüten. Laubblätter einfach, mit oder ohne Nebenblätter, schraubig angeordnet. Blüten in einfachen oder zusammengesetzten Ähren. Blütenhülle fehlend. Männliche Blüten mit 2–16 Staubblättern. Weibliche Blüten mit zweiblättrigen, einfächerigen, oberständigen Fruchtknoten, mit einer grundständigen, geradläufigen Samenanlage mit einem Integument. Frucht eine Steinfrucht.

## 33. Familie. Myricaceae

LINDLEY, Nat. Syst., ed. 2, 179 (1836)

### Gagelsträucher

Wichtigste Literatur. ASCHERSON u. GRAEBNER, Synopsis der Mitteleuropäischen Flora 4, 351-355 (1910). A. CHEVALIER, Monographie des Myricacées, anatomie et histologie, organographie, classification et description des éspèces, distribution géographique in Mém. Soc. Nation. Scienc. Math. et Natur. Cherbourg 32, 85-340 (1901-02). A. ENGLER in ENGLER u. PRANTL, Natürl. Pflanzenfam. 3, 1, 26-28 (1894). ERDTMAN, Pollen Morphology and Plant Taxonomy (1952). M. L. FERNALD, GRAY's Manual of Botany, 8th. ed. 524 (1950). A. GUNDERSEN, Families of Dicotyledons, 159-160 (1950). H. HJELMQUIST, Studies on the Floral Morphology and Phylogeny of the *Amentiferae* in Botan. Notiser, 2, 1, 11-29 (1948). E. M. KERSHAEV, The Structure and Development of the Ovule of *Myrica Gale* in Annals of Botany 23, 353-362 (1909). KIRCHNER, LOEW u. SCHRÖTER, Lebensgeschichte der Blütenpflanzen Mitteleuropas 2,1, 559-599 (1928). O. KUZENEVA in Fl. URSS. 5, 242-244 (1936). C. K. SCHNEIDER, Handbuch der Laubholzkunde 1, 70-74 (1904). R. v. WETTSTEIN, Handbuch der System. Botanik, 3. Aufl. (1924), 4. Aufl. (1935).

Meist aromatisch riechende Halbsträucher, Sträucher und Bäume mit nebenblattlosen, einfachen, selten fiederspaltigen, starren Blättern. Blüten in meist einfachen, seltener zusammengesetzten Ähren, eingeschlechtig, nackt, von Tragblättern gestützt. Männliche Blüten mit meistens 4, seltener 2, 3 oder 6–16 Staubblättern. Staubfäden kurz, frei oder am Grunde miteinander verwachsen (Taf. 77, Fig. 5). Staubbeutel aufrecht, eiförmig, mit 2 Längsspalten aufspringend. Weibliche Blüten am Grunde von 2 bis 4 sterilen oder in ihren Achseln kleine Knöspchen tragenden Hochblättern umgeben, Fruchtknoten aus 2 median stehenden Fruchtblättern gebildet, mit kurzem Griffel und meist 2, seltener 1 oder 3, meist fadenförmigen, auf der Innenseite mit Narbenpapillen besetzten Griffelschenkeln, einfächerig, mit einer einzigen aufrechten, geradläufigen Samenanlage. Frucht bzw. Scheinfrucht eine kleine Steinfrucht mit meist wachsausscheidendem Exokarp und knochenhartem Endokarp.

Die Myricaceen gehören wegen ihres einfachen Blütenbaues wohl zu den ursprünglichsten Angiospermen. Nach den Untersuchungen von KERSHAEV (1909) hat die Samenanlage von *Gale palustris* (LAM.) CHEV. ein Integument, das den Nuzellus bis an die Chalaza freiläßt. Die Gefäßbündel der Samenanlage durchlaufen das Integument bis an die Spitze, ein Merkmal, das von WETTSTEIN (1924) als primitiv hervorgehoben wird und welches auch für zahlreiche andere Monochlamydeen festgestellt worden ist, während es den *Polycarpicae* und den übrigen Dikotyledonen fehlt. Auch nach neueren Untersuchungen von HJELMQUIST (1948) zählen die Myricaceen gemeinsam mit den Juglandaceen zu den ursprünglichsten Angiospermen. Andere Autoren, u. a. GUNDERSEN (1950) schließen aus embryologischen, holzanatomischen und biolochemischen Untersuchungen auf eine nähere Verwandtschaft der Juglandaceen und Myricaceen mit den Anacardiaceen und nehmen an, daß die Vereinfachung durch Reduktion beim Übergang zur Windblütigkeit zustande gekommen ist.

Tafel 78

## Tafel 78. Erklärung der Figuren

Fig. 1. *Gale palustris* (pag. 18). Ausgewachsener Laubspross.
„ 1a. Zweig mit weiblichen Blütenständen.
„ 1b. Zweig mit männlichen Blütenständen.
„ 1c. Reifer Fruchtstand (vergrößert).
„ 1d. Scheinfrucht (von außen).
„ 1e. Scheinfrucht (im Längsschnitt).
„ 2. *Juglans regia* (pag. 8). Blühender Sproß.
„ 2a und 2b. Männliche Blüte (von vorn und von der Seite).

Fig. 2c. Weibliche Blüte (abgeblüht).
„ 2d. Aufgesprungene Frucht.
„ 3. *Salix fragilis* (pag. 66). Zweig mit männlichen Kätzchen.
„ 3a. Zweig mit einem weiblichen Kätzchen.
„ 3b. Reife Fruchtkapsel.
„ 4. *Salix triandra* (pag. 71). Zweig mit weiblichen Kätzchen.
„ 4a. Zweig mit männlichen Kätzchen.
„ 4b. Reife Fruchtkapsel.

Lange Zeit war *Myrica* die einzige Gattung der Myricaceen bis CHEVALIER (1901–02) auf Grund der Korrelation von Merkmalen des Blütenbaues, des Vorhandenseins oder Fehlens von Nebenblättern, der Stellung der Kätzchen, der verschiedenartigen Entwicklung der Brakteolen usw. eine wohl begründete Gliederung der Familie in die drei Gattungen *Gale*, *Comptonia* und *Myrica* im engeren Sinne vorgeschlagen hat.

Die Gattung *Comptonia* ist durch dünne, abfallende, tief fiederteilige Blätter mit Nebenblättern, Kätzchen an Zweigen, die abgestoßen werden, zweihäusige Blüten mit 4 Staubblättern, Fruchtknoten mit unregelmäßig ausgezackten Brakteolen, die an ihrer Basis Emergenzen haben und sich als Kupula entwickeln, sowie Früchte in kugelförmigen Ähren und verholzte Fruchtepidermis gekennzeichnet. Die einzige Art der Gattung, *C. peregrina* (L.) COULT. ist in Nordamerika von Nova Scotia bis Manitoba und südwärts bis Virginia, Oregon, Indiana, Illinois und Minnesota sowie in Georgia und Tennessee einheimisch.

*Myrica* im engeren Sinne ist durch mehr oder minder dicke, meist ausdauernde, ganzrandige oder gezähnte, aber nur selten gespaltene Blätter ohne Nebenblätter, Kätzchen an weiter in die Länge wachsenden Sprossen, zwei-, seltener einhäusige Blüten mit 2–20 Staubblättern, Fruchtknoten mit wachsausscheidenden oder fleischigen Emergenzen ohne Brakteolen oder mit solchen, die sich jedoch nicht weiter entwickeln, sowie Früchte in sehr lockerer Traube und nicht verholzte, meist wachsausscheidende Fruchtepidermis gekennzeichnet. *Myrica* im engeren Sinne umfaßt etwa 30 Arten, die auf den Kanaren, in Abessinien und Südafrika, im tropischen Asien, Ostasien, Nordamerika, Westindien und in den Anden verbreitet sind. Bemerkenswert sind u. a. *M. Faya* AIT., ein 6–8 m hoher Baum mit breit-lanzettlichen Blättern, welcher auf den Azoren und den Kanaren einheimisch ist und im südlichen Portugal angepflanzt und verwildert vorkommt, ferner *M. aethiopica* L. im Kapland und am Sambesi, *M. sapida* WALL. vom Himalaya bis Malakka und Borneo sowie *M. cerifera* L. in Nordamerika von Florida westwärts bis Texas und nordwärts bis New Jersey und Arkansas.

Die Gattung *Gale* ist gegenüber *Comptonia* und *Myrica* im engeren Sinne durch abfallende, ganzrandige oder schwach gezähnte Blätter ohne Nebenblätter, Kätzchen an Zweigen, die abgestoßen werden, zweihäusig angeordnete Blüten mit meist 4 Staubblättern, Fruchtknoten mit ungeteilten Brakteolen, die sich zu Schwimmern entwickeln, sowie Früchte in dichten, zylindrischen Ähren mit weder verholzter noch wachsausscheidender Fruchtepidermis gekennzeichnet. *Gale palustris* (LAM.) CHEV. ist in West- und Nordeuropa einheimisch und ist hier als typisch atlantisches Florenelement bemerkenswert. Die Art ist ferner in Nordamerika von Labrador westwärts bis Alaska und südwärts bis North-Carolina und Oregon verbreitet. An Weite des Areals übertrifft *G. palustris* alle übrigen Myricaceen um ein vielfaches. Diese Tatsache wird von CHEVALIER mit den Schwimmorganen der Früchte in Zusammenhang gebracht. In Ostasien wird *G. palustris* durch *G. tomentosa* (DC.) RECH. f., comb. nov., syn. *Myrica tomentosa* (DC.) ASCHERS. et GRAEBN., Synops. Mitteleur. Fl. 4, 353 (1910) vertreten. *G. tomentosa* ist ein breitbuschiger Strauch mit dicht angeordneten, grau behaarten Zweigen und stumpfen, an der Spitze abgerundeten, beiderseits, jedoch besonders unterseits, dicht grauzottig behaarten Blättern, welcher in Kamtschatka, in den Küstengebieten des Ochotskischen Meeres sowie im Amur- und Ussurgebiet einheimisch ist. Die Art wurde früher als Varietät von *G. palustris* betrachtet. Nach ASCHERSON und GRAEBNER ist sie jedoch auf Grund von langjährigen Beobachtungen und Kulturversuchen in allen Teilen wesentlich von *G. palustris* verschieden. Auch von O. KUZENEVA in Fl. URSS. 5 (1936) wird dieser Sippe spezifischer Rang zuerkannt.

Die Myricaceen waren im Tertiär in Europa, und zwar vom Mittelmeergebiet bis Samland, ebenso in Nordamerika und Grönland stark vertreten.

## CCV. Gale. Gagelstrauch

CCV. **Gale** ADANS., Fam. d. plant. 2, 345 (1763). Syn. *Myrica* L. (1754) pr. p., *Myrica* Subgen. *Gale* (ADANS.) ENGLER (1894), *Myrica* Sect. *Gale* (ADANS.) ENDL. (1837). Gagelstrauch.

Aromatisch duftende Holzgewächse mit dünnen, abfallenden, ganzrandigen oder schwach gezähnten Blättern ohne Nebenblätter. Blütenähren kätzchenartig an Zweigen, die abgestoßen werden. Blüten zweizeilig, nackt, von Tragblättern gestützt. Männliche Blüten mit meist 4 Staubblättern. Staubfäden kurz, frei oder am Grunde miteinander verwachsen (Taf. 77, Fig. 5). Weibliche Blüten am Grunde mit 2 seitlichen, ungeteilten Vorblättern (Brakteolen), die sich bei der Fruchtreife zu Schwimmern entwickeln. Fruchtknoten glatt, aus 2 median stehenden Fruchtblättern gebildet, einfächerig, mit einer einzigen aufrechten, geradläufigen Samenanlage, mit kurzem Griffel und meist 2, seltener 1 oder 3 fadenförmigen, auf der Innenseite mit Narbenpapillen besetzten Griffelschenkeln. Früchte in dichten zylindrischen Ähren, Fruchtepidermis weder verholzt noch wachsausscheidend. Samen mit dünner Schale, ohne Nährgewebe.

**735. Gale palustris** (LAM.) CHEV., Monographie des Myricacées 93 (1901). Syn. *Myrica palustris* LAM., Fl. franç. 2, 236 (1778), *Myrica Gale* L. (1753), *Gale gale* C. K. SCHNEIDER (1903). Echter Gagelstrauch, Brabanter Myrte, Heide-Myrte, Mäuse-Myrte. Dän.: Pors. Engl.: Bog Myrtle, Sweet Gale, Dutch Myrtle, Bay Bush. Franz.: Bois sentbon, Lorette, Piment royal. Poln.: Woskownica. Taf. 78, Fig. 1, Taf. 77, Fig. 5, 6; Fig. 6 bis 8.

Wichtigste Literatur. E. G. ARZBERGER, The Fungous Root-tubercles of *Ceanothus americanus*, *Elaeagnus argentea* and *Myrica cerifera* in Rept. Missouri Bot. Gard. 21, 6–102 (1910). W. B. BOTTOMLEY, The Root-nodules of *Myrica Gale* in Annals of Botany 26, 111–117 (1912). BRUNCHORST, Über die Wurzelanschwellungen von *Alnus* und der Elaeagnaceen in Unters. a. d. bot. Inst. Tübingen 2 (1886). A. J. DAVEY, Seedling Anatomy of certain *Amentiferae* in Annals of Botany 30, 575–599 (1916). A. J. DAVEY and M. GIBSON, On the Distribution of Monoecious Plants and the Occurence of Hermaphrodite Flowers in *Myrica Gale* with Observations on Variations of Sex in Proceed. Linn. Soc. London 1916/17, 6–7 (1916/17). P. GRAEBNER, Die Heide Norddeutschlands in ENGLER u. DRUDE, Die Vegetation der Erde 5 (1901). P. KNUTH, Handbuch der Blütenbiologie 2, 2, 401 (1899). E. HULTÉN, Atlas över växternas udbredning i norden tab. 589 (1950). H. MÖLLER, Beiträge zur Kenntnis der *Frankia subtilis* in Ber. Deutsch. Botan. Ges. 8, 215–224 (1890). H. PREUSS, Die Vegetationsverhältnisse der deutschen Ostseeküste in Schrift. d. Naturf. Gesellschaft Danzig, N.F. 13, H. 1–2, 80 (1911). K. SHIBATA, Cytologische Studien über die endotrophen Mykorrhizen in Jahrb. f. wissensch. Botanik 37, 643–684 (1902). K. SHIBATA u. M. TAHARA, Studien über die Wurzelknöllchen in Bot. Magaz. Tokyo 31, 157–182 (1917). K. TROLL, Ozeanische Züge im Pflanzenkleid Mitteleuropas in Freie Wege vergleichender Erdkunde, Drygalski-Festschrift 316–318 (1925). W. WANGERIN, Beiträge zur Kenntnis der Vegetationsverhältnisse einiger Moore der Prov. Westpreußen und des Kreises Lauenburg in Westpreußen in 38. Bericht d. Westpreuß. Botan.-

Fig. 6. *Gale palustris*. (LAM.) CHEV. Männlicher Strauch. (Aufn. G. EBERLE)

Zool. Vereins 77–135 (1915); Beobachtungen über die Entwicklung der Vegetation in Dünentälern in Ber. Deutsch. Botan. Ges. 39, 365–377 (1922); Beiträge zur Frage der pflanzengeographischen Relikte unter besonderer Berücksichtigung des norddeutschen Flachlandes in Abhandl. d. Naturf. Gesellsch. Danzig 1, 114 ff. (1924), Vegetationsstudien im nordostdeutschen Flachlande in Schrift. d. Naturf. Gesellsch. Danzig 17, 170–272 (1926). M. WILLKOMM, Grundzüge der Pflanzenverbreitung auf der Iberischen Halbinsel in ENGLER u. DRUDE, Die Vegetation der Erde 1 (1896). H. W. YOUNGKEN, The Comparative Morphology, Taxonomy and Distribution of the *Myricaceae* of the Eastern United States in Contrib. Bot. Labor. Univ. Pennsylvania 5, 339–400 (1919).

(30–) 50–125 (200) cm hoher, sehr ästiger, aromatisch duftender Strauch. Äste dunkelbraun, schwach flaumig behaart und ausgeprägt mit goldglänzenden Harzdrüsen besetzt, jedoch bisweilen auch ganz kahl, aufrecht, dicht beblättert. Laubblätter wechselständig, sommergrün, länglich-verkehrt-eiförmig bis verkehrt-lanzettlich, 2,5–5 (–6) cm lang, 0,8–1,5 (–2,5) cm breit, oberwärts entfernt gesägt, spitz oder stumpflich, stachelspitzig auslaufend, am Grunde keilförmig verschmälert, in der Jugend weich, später von etwas derber Konsistenz und zuletzt lederig, oberseits dunkelgrün, glanzlos, unterseits blässer, grauflaumig und mit stark hervortretendem Mittelnerv, wie die Zweige mit zerstreut angeordneten Harzdrüsen besetzt; Blattstiel 1–5 mm lang. Blüten in der Regel zweihäusig, seltener einhäusig, sehr selten auch zwitterig. Blütenstände einfache, achsel- und endständige, vor den Laubblättern erscheinende, aufrecht-abstehende Kätz-

Fig. 7. Verbreitungsgebiet von *Gale palustris* (LAM.) CHEV. in Europa (nach H. MEUSEL, Halle 1957)

chen (Taf. 78, Fig. 1a, 1b). Männliche Blüten in zylindrischen, 1–1,5 cm langen Kätzchen (Taf. 78, Fig. 1b), ohne Vorblätter (Brakteolen) und ohne Perigonblätter (Taf. 77, Fig. 1d). Männliche Tragblätter (Brakteen) konkav, am Rande braun und bewimpert, nach innen weißlich. Staubblätter gewöhnlich 4. Staubfäden sehr kurz, am Grunde miteinander und mit der Basis der Tragblätter verwachsen. Pollenkörner einfach gebaut und denen von *Corylus* sehr ähnlich, etwa 30 μ, nahezu glatt, an den Polen abgeplattet und mit 3 porenförmigen Austrittsstellen, die in der Ebene des Pollenäquators liegen und in Polaransicht als Ecken eines sphärischen Dreiecks erscheinen. Ektexine in der Umgebung der Poren etwas verdickt (Unterschied zu *Corylus*), so daß die Poren ein klein wenig nach außen hervortreten, Pollenumriß dadurch etwas *Betula* ähnlich. (Abb. in ERDTMAN [1952].) Weibliche Blüten in kurzen, 5–6 mm langen Kätzchen (Taf. 78, Fig. 1a), mit bräunlichweißem Tragblatt (Taf. 77, Fig. 6) und 2–4 sehr kleinen, grünen Vorblättern. Fruchtknoten einfächerig, aus 2 Fruchtblättern gebildet, mit einer einzigen aufrechten, geradläufigen Samenanlage. Narben fadenförmig, purpurrot. Frucht eine trockene Steinfrucht mit drei kräftigen Spitzen, die durch eine flügelartige Verwachsung der schmalen Vorblätter mit dem Fruchtknoten hervorgegangen sind, ziemlich dicht mit unregelmäßig gehäuften, goldgelben Harzdrüsen besetzt (Taf. 78, Fig. 1 c bis e). Same eiförmig, am oberen Ende spitz. – Chromosomenzahl: $n = 24$. – IV, V, vor dem Laub erscheinend.

Vorkommen. Stellenweise häufig und gesellig auf Heidemooren, an nassen, aber auch mäßig feuchten Standorten auf Torf- oder anmoorigem Sandboden, an moorigen Stellen der Geest, auf torfigen Heiden, moorigen Waldwiesen, an Heideweihern, in feuchten Kiefernwäldern, Torfbrüchen und an Grabenrändern.

Allgemeine Verbreitung. In West- und Nordeuropa auf den Britischen Inseln nördlich bis zu den Orkney-Inseln, in Skandinavien entlang der norwegischen Küste bis 69° n. Br., im südlichen und mittleren Schweden auch im Binnenland, entlang eines schmalen Küstenstreifens rings um die Ostsee, um den Bottnischen und Finnischen Meerbusen geschlossen verbreitet, ferner in den küstennahen Gebieten Nordwestdeutschlands, Hollands, Belgiens, Nord-, Nordwest- und Westfrankreichs südwärts bis zum Golf von Biskaya sowie disjunkt auf der Pyrenäenhalbinsel von Galizien entlang der portugiesischen Küste südlich bis 38° n. Br. in der Estremadura einheimisch; in Nordamerika von Labrador westwärts durch den ganzen Kontinent bis Alaska und südwärts bis North Carolina und Oregon vorkommend.

Verbreitung im Gebiet. Verbreitet im Nordwestdeutschen Tiefland, ferner im Niederrheinischen Tiefland südwärts bis Düsseldorf, Mühlheim am Rhein und Siegburg, in der westfälischen Tieflandsbucht und im unteren Weserbergland südöstlich bis zu einer Linie Dorsten-Münster-Paderborn-Uchte, die Ostgrenze der lokalen Verbreitung im Weser-Aller-Flachland bei Gifhorn, Wittingen, Bodenteich und Artlenburg, sowie in Mecklenburg bei Wittenberg und Bälein nächst Neukloster erreichend. Von Rostock ostwärts nur im Bereich eines schmalen Küstensaumes auf den Küstenmooren in Pommern und Westpreußen bis zur Danziger Bucht, mehrfach in den Kreisen Danzig, Putzig und Neustadt, schließlich in Ostpreußen in den Kreisen Heydekrug und Memel, ferner an vorgeschobenen Standorten im Mittelmärkischen Plattenland bei Luckenwalde und in der Niederlausitzer Heide bei Luckau.

Die Art ist wenig veränderlich. Die früher als Varietät aufgefaßte *G. tomentosa* (DC.) RECH. f. vertritt die Art in Ostasien (vgl. S. 17).

Begleitpflanzen. *Gale palustris* ist vor allem eine Pflanze der Zwischenmoore und der Übergangszone vom Erlenbruch zum Kiefernwald. An der Ostseeküste zeigt sie auf erwärmten Molinieten und Sphagneten starke Ausbreitungstendenz. Das eigentliche *Sphagnum*-Moor wird auch in Nordwest-Deutschland und in Nord-Frankreich im allgemeinen gemieden. *G. palustris* findet sich an den genannten Standorten vielfach in Gesellschaft von: *Sphagnum acutifolium* EHRH., *S. cuspidatum* EHRH., *S. fimbriatum* WILSON, *S. molle* SULLIV., *S. molluscum* WARNST., ferner zusammen mit Farnen wie *Dryopteris cristata* (L.) A. GRAY, *D. spinulosa* (MÜLL.) WATT., *Thelypteris Oreopteris* (EHRH.) C. CHR., sowie in Gesellschaft von Blütenpflanzen wie *Alnus glutinosa* (L.) GAERTN., *Salix aurita* L., *Frangula Alnus* MILL., *Calamagrostis canescens* (WEB.) ROTH, *Molinia coerulea* (L.) MOENCH, *Cirsium palustre* (L.) SCOP., *Comarum palustre* L., *Hydrocotyle vulgaris* L., *Lysimachia vulgaris* L. u. a. m. Gelegentlich greift *Gale* auch in die Birken- und Kiefermoore mit *Betula pubescens* EHRH., *Pinus silvestris* L., *Vaccinium uliginosum* L., *Ledum palustre* L. und anderen Hochmoorpflanzen über. Nach Beobachtungen von WANGERIN (1922) findet sich *G. palustris* im Bereich der deutschen Ostseeküste in Pommern und Westpreußen auf Heidemooren zusammen mit verschiedenen *Sphagnum*-Arten und in Begleitung von *Empetrum nigrum* L., *Drosera anglica* HUDS., *D. rotundifolia* L., *Epilobium palustre* L., *Vaccinium Oxycoccos* L., *Erica Tetralix* L., *Hydrocotyle vulgaris* L., *Nardus stricta* L., *Agrostis canina* L., *Juncus filiformis* L., *Carex stolonifera* HOPPE, *C. rostrata* STOCKES, *C. stellulata* GOOD. u. a. m.

Obwohl der Gagelstrauch eine Pflanze der Moore ist, ließ sich seine nacheiszeitliche Einwanderungs- und Ausbreitungsgeschichte mit Hilfe der Pollenanalyse bisher noch nicht im einzelnen verfolgen, weil fossile Pollenkörner oft kaum von solchen von *Corylus*, mitunter auch von *Betula*, zu unterscheiden sind.

Anatomie und Physiologie. Eine ausführliche Schilderung der anatomischen und physiologischen Verhältnisse des Gagelstrauches findet sich bei KIRCHNER, LOEW u. SCHRÖTER (1928). Ähnlich wie bei den Erlen kommen auch bei *G. palustris* Wurzelknöllchen vor. BRUNCHORST (1886) glaubt als ihren Erreger einen Pilz zu erkennen, den er für identisch mit jenem der Erlen hält und *Frankia subtilis* BRUNCH. nennt. Auch MÖLLER (1890) und CHEVALIER (1901–02) betrachten als Erreger dieser Wurzelanschwellungen eine *Frankia*-Art, die sie jedoch als spezifisch verschieden von dem Erlen-Symbionten ansehen und als *Frankia Brunchorstii* MÖLL. bezeichnen. SHIBATA (1902), ARZBERGER (1910) und YOUNGKEN (1919) hingegen glauben als Symbionten von *Gale* nicht einen endophytischen Pilz, sondern einen Actinomyceten vor sich zu haben; YOUNGKEN nennt diesen *Actinomyces Myricarum*. Nach BOTTOMLEY's Kulturversuchen (1912) ist der Symbiont eine Bakterie, und zwar *Pseudomonas radicicola*. Der Wurzelsymbiont ist nach SCHAEDE (1934, 1948) ein *Actinomyces*. Die Frage nach dem Erreger dieser Wurzelknöllchen ist noch nicht eindeutig beantwortet (vgl. auch S. 35).

Die Laubblätter sind durch das Vorkommen von goldgelben, ölführenden Drüsen ausgezeichnet, die auf der Blattunterseite zahlreicher vorhanden sind als auf der Oberseite und einen aromatischen Duft verbreiten. Bisweilen sind bloß einzelne Epidermiszellen mit Öl gefüllt, meist wachsen aber verschiedene Epidermiszellen durch Teilung zu einem Haar aus und führen in der Endzelle oder in einer der mittleren Zellen das Öl.

In den Blattnerven finden sich unterhalb der Epidermiszellen Kristallzellen, die alle Gefäßbündel bis in die dünnsten Nerven begleiten. In der Blattepidermis sind zahlreiche abgestorbene Zellen sichtbar, welche mit einer braunen Substanz gefüllt sind, dem Wundgummi, der auch in anderen Geweben von *G. palustris* häufig gefunden wird.

Fig. 8 a u. b. *Gale palustris* (LAM.) CHEV. Weiblicher Strauch. (Aufn. G. EBERLE)

In dem Blattrand, der leicht nach unten umgebogen ist, befindet sich unter der Epidermis eine Hypodermis, die zur Verstärkung dient. In Perioden der Trockenheit biegen sich die Blattränder nach unten um. Im Assimilationsgewebe kommen nach YOUNGKEN (1919) auch Zellen mit Kalziumoxalatkristallen vor.

Phaenologie. Der Gagelstrauch blüht vor der Belaubung im Frühjahr, je nach Lage und Witterungsverhältnissen in den Monaten April bis Mai. Auf den Dünenmooren der Frischen Nehrung fällt nach WANGERIN (1922) seine Blütezeit mit derjenigen von *Empetrum nigrum* L. und *Hierochloe odorata* (L.) WAHLBG. zusammen.

Blütenverhältnisse. Die Blütenstände des Gagelstrauches sind blattachselständig, jedoch kann sich nach CHEVALIER (1901–02) bisweilen auch die überwinternde Endknospe zu einem Kätzchen entwickeln. Die Blüten sind in der Regel zweihäusig, seltener einhäusig verteilt, sehr selten kommen auch zwitterige Blüten vor. Ebenso wie die Laubblätter sind auch die Brakteen in $^2/_5$-Spirale angeordnet und durch eine braun gefärbte, stark kutikularisierte Epidermis mit zahlreichen Drüsenhaaren ausgezeichnet, wodurch der Schuppenrand gewimpert erscheint. Bei den männlichen Kätzchen sind die vier am Grunde miteinander verwachsenen Staubfädchen auch mit der Basis der Brakteen verwachsen. Die Anlage der Blüten in den Knospen erfolgt bereits im Sommer des vorangehenden Jahres. Im Laufe des Herbstes sind in den Knospen Staubblätter mit kurzen Staubfäden und extrors angelegte Staubbeutel mit ihren 2 Paaren von Pollensäcken sichtbar. Die Differenzierung der weiblichen Kätzchen findet viel später statt als die der männlichen, und zwar erst Ende März, ungefähr einen Monat vor der Blüte. In der Achsel der braunen, nach innen zu heller werdenden Braktee findet sich ein einfächeriger, aus 2 median stehenden Fruchtblättern gebildeter Fruchtknoten, mit je einer kleinen transversal stehenden Brakteole an beiden Seiten. Der Fruchtknoten enthält eine orthotrope Samenanlage, umgeben von einem Integument, das den Nuzellus bis an die Chalaza frei läßt. Nach Ausbildung der Makrospore wachsen die 2 fadenförmigen, purpurroten Narben in die Länge und ragen schließlich weit über die Brakteen hinaus. Gleichzeitig mit dem Längenwachstum machen die Narben eine Drehung von 90° mit, wodurch sie aus ihrer ursprünglich medianen Lage parallel zur Blattfläche zu stehen kommen. Die männlichen Kätzchen erreichen eine Länge von 10–15 mm, die weiblichen Kätzchen werden nur 5–6 mm lang.

Der Gagelstrauch ist wie viele Monochlamydeen Windblütler. Er ist jedoch durch aufrechte Stellung der männlichen Kätzchen auch im Ausstäubungsstadium ausgezeichnet. Die Brakteen sind kleine Näpfchen, in denen sich der pulverförmige Pollen bei windstillem Wetter ansammelt, um später vom Winde verweht zu werden. Nach der Blüte verdorren die männlichen Kätzchen und fallen ab. Unterhalb der fertilen Zweige befindliche Knospen übernehmen das weitere Längenwachstum, und später wird auch der kahle Zweig, an dem die Kätzchen gesessen haben, abgeworfen. Auch die weiblichen Kätzchen sind an Windbestäubung angepaßt. Das weite Hervorragen der Narben, die Vergrößerung ihrer Oberfläche durch Papillen und auch die Unscheinbarkeit der Kätzchen sind darauf hinweisende Merkmale. Nach der Befruchtung wachsen die Brakteolen aus und bilden mit der Frucht, da sie ja bereits mit dem Fruchtknoten verwachsen sind, eine Scheinfrucht. Die Achse der Kätzchen wächst in die Länge und verholzt, auch die Brakteen bleiben noch lange als harte, verholzte Schüppchen sitzen. Auch bei den weiblichen Blütensprossen hört das Längenwachstum auf und geht auf eine tiefer gelegene Seitenknospe über. Die kahlen Zweige mit den verholzten Achsen der Kätzchen sterben im Laufe der Zeit ab und werden dann abgeworfen.

Frucht und Samen. Die Scheinfrucht des Gagelstrauches ist eine trockene Steinfrucht mit zwei kräftigen Spitzen, die durch eine flügelartige Verwachsung des Fruchtknotens mit den beiden schmalen Brakteolen hervorgegangen sind. Während das Endokarp aus einer dünnen Schicht von großen Parenchymzellen mit unverdickten Wänden und das Mesokarp aus polyedrischen Zellen mit verdickten und verholzten Zellwänden ohne Interzellularen gebildet wird, besteht das Exokarp aus großen parenchymatischen Zellen mit großen Interzellularräumen. Die Zellen des Exokarps sterben frühzeitig ab, und ihr Lumen füllt sich mit Luft. Auch in den nach der Befruchtung stark heranwachsenden Brakteolen entwickelt sich ein Aerenchymgewebe. Auf diese Weise vermag die Scheinfrucht auf dem Wasser leicht zu treiben. Der Gagelstrauch kommt auch vielfach an Stellen vor, die während des Winters überschwemmt sind. Sinkt das Wasser im Frühjahr wieder, dann können sich die Früchte im seichten Boden mit Hilfe ihrer Spitzen fest verankern.

Nutzen. Die Blätter des Gagelstrauches wurden früher als adstringierendes Heilmittel gegen Hautausschläge, und zwar besonders gegen Scabies und Räude, innerlich vor allem als Abortivum verwendet. Sie waren ehemals als Herba Myrti Brabantini offizinell. Durch Destillation wird aus den Blättern und Blütenkätzchen ein ätherisches Öl von toxischer Wirkung, das Gagelöl, gewonnen, während die Blüten auch zum Gelbfärben benutzt werden können. In früherer Zeit setzte man dem Bier statt des Hopfens und zur Erhöhung der berauschenden Wirkung die Blätter des Gagelstrauches zu. Dieser Brauch war in Norddeutschland, Dänemark und Norwegen verbreitet. GRÜNBERG (Die Heimat, 1955) gibt an, daß „Porseöl" (-Porstbier) im alten Dänemark ausschließlich getrunken, „Humleöl" (-Hopfenbier) oder „tydsk Öl" (deutsches Bier) vielleicht ab 1350 allmählich bekannt wurde. STEFFEN (Die Heimat, 1955) teilt mit, daß schon im 10. Jahrhundert Möllner Bierbrauer, die „Post" zum Brauen verwandten, mit einer Tonne Bier abgestraft wurden. – Kurfürst GEORG VON HANNOVER verbot 1723 das Porstbier bei sehr strengen Strafen. Die Verwendung von GALE als Bierwürze hatte sich also bis ins 18. Jahrhundert erhalten. In Norwegen wird das Laub auch dem Rauchtabak beigemengt.

Volksnamen. Der Name Gagel erscheint bereits im Angelsächsischen als gagol, gagel (engl. gale). Die Herkunft des Wortes ist dunkel. Mittelniederdeutsche Namen sind gagel, gagelbôm, gagelkrût Die niederdeutschen Namen Puorßem (Münsterland), Porsch, Possen, Posten, Posken (struk) (Osnabrück) gelten auch für *Ledum palustre* (s. d). Es handelt sich hier um ein echt nordisches Wort (altnord. pors). Am Niederrhein heißt die Pflanze Grût, Grûte, Grüttkraut. Unter dem Namen Grut wurde der Gagel am Niederrhein an Stelle des Hopfens dem Biere zugesetzt. Dieses Grutbier wurde am Niederrhein und in Westfalen vom 10. bis zum 15. Jahrhundert gebraut. Die Grutgerechtsame gehörte dem Landesherrn. Der Beamte, der diese Bierbrauerei überwachte, oder der Pächter, der sie ausübte, war der „Gruter", daher die Familiennamen Grüter, Grüters, Greuter, nl. (de) Gruyter. Im Volk wurde der stark aromatisch riechende Strauch zum Vertreiben von Ungeziefer gebraucht, daher die Namen Flohkrût, Flohstrûk, Flauholt, [Flohholz], Flauwien [Flohweide] (Westfalen). Im Kreise Harburg hängte man den Gagelstrauch als Fleegenbusch an die Zimmerdecke. Sein Geruch sollte die Fliegen anlocken, die man dann mit einem übergezogenen Sack fing.

Reihe **Salicales**

Holzgewächse mit eingeschlechtigen, anemogamen oder entomogamen Blüten. Laubblätter einfach, mit Nebenblättern, schraubig angeordnet. Blüten in einfachen Ähren (Kätzchen). Blütenhülle fehlend oder reduziert, unscheinbar, kelchartig. Männliche Blüten mit 2–30 Staubblättern. Weibliche Blüten mit zweiblättrigen, einfächerigen Fruchtknoten, mit zahlreichen Samenanlagen mit 2 Integumenten. Früchte sind oberständige Kapseln mit zahlreichen Samen.

## 34. Familie. Salicaceae

LINDL., Nat. Syst. ed. 2, 186 (1836)

### Weidengewächse

Wichtigste Literatur: M. J. FISHER, The Morphology and Anatomy of the Flowers of *Salicaceae* in Amer. Journ. Bot. **15**, 307–372 (1928). F. HEGELMAIER, Über die Blütenentwicklung bei den Salicineen in Württemberg. Jahresh. f. Naturk. **1880**, 204–244 (1880). E. GOMBOCZ, A *Salicaceae* rendszertani helyzete in Botan. Közlem. **22**, 15–28 (1925). M. L. FERNALD, GRAY's Manual of Botany, 8th. Ed. 487–523 (1950). H. HJELMQUIST, Studies on the Floral Morphology and Phylogeny of the *Amentiferae* in Botan. Notis., Suppl. **2**, **1**, 1–171 (1948). J. HUTCHINSON, The Families of Flowering Plants **1**., 217–218 (1926). F. PAX in ENGLER u. PRANTL, Natürl. Pflanzenfam. **3**, **1**, 29–37 (1894). O. v. SEEMEN in ASCHERSON u. GRAEBNER, Synopsis der Mitteleuropäischen Flora **4**, 13–350 (1908–10). R. v. WETTSTEIN, Handbuch der Systematischen Botanik, 4. Aufl., 626–628 (1935).

Zweihäusige Bäume oder Sträucher, einige arktische und alpine Arten auch Spalier- und Zwergsträucher; vereinzelt einhäusig. Blätter schraubig angeordnet, seltener fast gegenständig wie bei *Salix purpurea*, ungeteilt oder selten gelappt, im allgemeinen gestielt. Nebenblätter oft vorhanden, zuweilen jedoch schwach entwickelt oder frühzeitig abfallend. Blüten zweihäusig in endständigen, dichten aufrechten bis hängenden Ähren oder Trauben (Kätzchen) an kurzen, öfter unbeblätterten Zweigen, vor oder gleichzeitig mit den Laubblättern erscheinend; jede Blüte in der Achsel eines schuppenförmigen, häutigen, ganzrandigen Tragblattes, mit einem schief abgeschnittenen, becherförmigen oder gelappten Diskus oder 1–2 nektarführenden Drüsen (Taf. 77, Fig. 15 bis 18, 23, 24), falls mit 2 Drüsen, so findet sich eine oberhalb und eine unterhalb des Blütenstieles. Blütenhülle fehlend oder sehr reduziert. Männliche Blüten mit 2–30 Staubblättern; Staubfäden deutlich oder nur am Grunde, sehr selten auch völlig verwachsen, wie bei *Salix purpurea* (Taf. 77, Fig. 11); Staubbeutel mit 2 Theken, in der Längsrichtung aufspringend. Weibliche Blüten mit einem oberständigen Stempel, dieser sitzend oder kurz, seltener lang gestielt wie bei wenigen *Salix*-Arten, mit ungeteiltem, öfter sehr kurzem bis fast fehlendem Griffel und meist mit 2, seltener mit 3–4 Narben; Fruchtknoten einfächerig, mit 2–4 parietalen Plazenten, 2–4 Fruchtblättern (Karpellen) und zahlreichen Samenanlagen (Taf. 77, Fig. 19), diese anatropisch, mit je einem Integument. Frucht eine 2- bis 4-klappig längs der Mittellinien der Fruchtblätter aufspringende Kapsel (Taf. 77, Fig. 20). Samen zahlreich, (Taf. 77, Fig. 21, 22) mit dünner Samenhaut, ohne Nährgewebe. Keimling gerade.

Die Salicaceen sind die einzige Familie der Ordnung *Salicales*. Früher wurden sie meist zusammen mit mehreren anderen, in Europa nicht vertretenen Familien, sowie mit den Betulaceen, Fagaceen und Juglandaceen als Ordnung *Amentiferae* oder *Amentaceae* zusammengefaßt. Von kätzchenblütigen Vertretern anderer Familien können die Salicaceen durch folgende Merkmale unterschieden werden: **1.** Zweihäusigkeit, **2.** das Vorhandensein von Brakteen oder Tragblättern, **3.** das Auftreten von ein bis zwei schuppen-, scheiben- oder becherförmigen Gebilden am Grund der Blüte, welche als Diskusbildungen oder als reduziertes Perianth gedeutet werden, sowie 4. durch die haarschopftragenden Samen. Mehrere Autoren, neuerdings FISHER (1928), fassen den einfachen Blütenbau der Salicaceen als reduziert auf. HUTCHINSON (1926) beläßt die Salicaceen bei den übrigen Amentiferen, für die er eine Abstammung von hamamelidaceenartigen Ahnen annimmt, und betrachtet die Salicaceen als die primitivste Familie von allen. HJELMQUIST (1948) vertritt die Ansicht, daß die Nektarien durch die Reduktion einer undifferenzierten braktealen Hülle gebildet werden und daß es nicht angebracht ist, sie als Perianthrest zu bezeichnen. HJELMQUIST betrachtet die Salicaceen als Repräsentanten einer eigenen Ordnung, und diese als die am weitesten abgeleitete der Amentiferen. – Jedenfalls nehmen die Salicaceen eine ziemlich isolierte Stellung ein.

Die Familie umfaßt 2 Gattungen, und zwar *Populus* mit etwa 160 Arten und *Salix* mit etwa 500 Arten, von denen manche eine sehr weite Verbreitung aufweisen. Die Salicaceen fehlen nur in Australien und im Malayischen Archipel, jedoch kommt eine Art auf den Philippinen vor. Die primitivsten Arten, d. s. vor allem die durch Pleiandrie ausgezeichneten Vertreter der Sect. *Humboldtiana* der Gattung *Salix*, finden sich in den Tropen, hingegen liegt das gegenwärtige Verbreitungszentrum der Familie in der nördlichen gemäßigten und subarktischen Zone der Alten und Neuen Welt.

Gattungsschlüssel:

1 Tragblätter der Blüten zerschlitzt oder doch gezähnt. Diskus becherförmig. Staubblätter 8–30, nur ausnahmsweise 4–7. Blätter lang gestielt, meist von rundlichem oder breit dreieckigem oder rhombischem Umriß, bei einigen Arten gelappt . . . . . . . . . . . . . . . . . . . . . . . . . . . *Populus*
1* Tragblätter der Blüten ganzrandig. 1–2 Diskusdrüsen, selten ein gelappter Diskusring vorhanden. Staubblätter meist 2, seltener 3–10. Blätter meist kurz gestielt, gewöhnlich viel länger als breit, niemals gelappt . . . . . . . . . . . . . . . . . . . . . . . . . . . . . . . . . . *Salix*

## CCVI. Populus L., Gen. plant., ed. 5, 456 (1754). Pappel

Wichtigste Literatur: L. A. DODE, Extraits d'une monographie inédite du genre *Populus* in Mém. Soc. d'hist. nat. d'Autun. 18, 161–231 (1905). E. GOMBOCZ, A Populus-nem monographiája – Monographia generis *Populi* in Math. és Term. Közl., 30. kötet, 1. sz. Budapest (1908). E. GOMBOCZ, Vizsgálatok hazai nyárfákon – Untersuchungen über ungarische Pappelarten in Botanikai Közlemények 25, 5–58, (2)–(18) (1928). G. HOUTZAGERS, Het Geslacht *Populus* in Verband met zijn Beteekenis voor de Houtteelt, Wageningen 1937 – übersetzt von W. KEMPER, die Gattung *Populus* und ihre forstliche Bedeutung, Hannover 1941. E. JANCHEN, Catalogus Florae Austriae 1, 94–99 (1956). L. F. PRAWDIN, *Salicaceae* in Bäume und Sträucher der UdSSR 2, 116–217 (1951). O. V. SEEMEN in ASCHERSON u. GRAEBNER, Synopsis der Mitteleuropäischen Flora 4, 14–54 (1908). A. TOEPFFER in KIRCHNER, LOEW u. SCHRÖTER, Lebensgeschichte der Blütenpflanzen Mitteleuropas 2, 1, 468–557 (1926). W. WETTSTEIN, Die Pappelkultur in Schriftenreihe der Österr. Gesellschaft für Holzforschung, Heft 5, Wien 1952. W. WETTSTEIN, Die Pappel und ihr Holz in Heraklith-Rundschau 33, 2–13 (1955).

Fast stets baumartige, schnellwüchsige, zweihäusige Holzgewächse. Zweige mit Endknospen. Mark der Zweige 5-strahlig. Blattknospen von mehreren, gewöhnlich sehr harzreichen Schuppen umhüllt. Blätter schraubig angeordnet, gewöhnlich lang gestielt, dreieckig, elliptisch, herz- oder eiförmig, nur selten lanzettlich bis linealisch, bei einigen Arten gelappt. Nebenblätter sehr hinfällig. Blütenstände ährenförmige Trauben (Kätzchen), zylindrisch, zuletzt hängend, stets vor den Blättern erscheinend, am Grunde nicht beblättert. Tragblätter gezähnt oder zerschlitzt (Taf. 79, Fig. 1 c, Taf. 77, Fig. 23), kahl oder zottig bewimpert. Blüten am Grunde von einem becher- oder krugförmigen, schief abgestutzten Diskus (Fig. 15 b, h) umgeben, der den Drüsen der Weiden entspricht. Staubblätter 3–30. Pollen kugelig, etwa 30 µ (an Gigas-Formen größer), ohne vorgebildete Austrittsstelle, mit dünner Exine mit aufgesetzten Körnchen (Fig. 9). Für Artbestimmungen bieten die Pollen wenig Merkmale. Fruchtknoten aus 2 Fruchtblättern gebildet, gestielt. Griffel kurz. Narben 2, seltener 3 oder 4, gewöhnlich 2-teilig (Fig. 15 b, h). Fruchtkapsel kahl, meist 2-, seltener 3- oder 4-klappig aufspringend (Taf. 77, Fig. 44; Fig. 15 i, k). Samen zahlreich (Fig. 15 d), mit Haarschopf (Fig. 15 l).

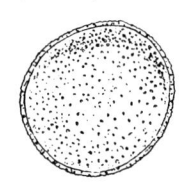

Fig. 9. Pollenkorn von *Populus*. Vergr. 500.

Die Gattung *Populus* zählt etwa 160 Arten, die in der nördlichen gemäßigten Zone der Alten und Neuen Welt verbreitet sind. Innerhalb ihres Gesamtverbreitungsgebietes weisen die Pappeln wie viele Laubholzgattungen vier Hauptverbreitungszentren auf, und zwar in Ostasien, im Mittelmeergebiet, im atlantischen und im pazifischen Nordamerika.

Nach GOMBOCZ (1908) lassen sich sechs gut unterscheidbare Sektionen annehmen: 1. Sect. *Turanga* BUNGE, gekennzeichnet durch eingeschnitten-gezähnte, kahle oder kurz gewimperte Tragblätter, tief und reichlich gezähnte oder fast bis zum Grunde eingeschnittene Blütenhülle, zahlreiche Staubblätter und bereifte, kurz behaarte Knospen, junge Triebe und Blätter. Hierher gehört die bei uns selten kultivierte *P. euphratica* OLIV., welche von Nord- und Ostafrika bis China und in die Mongolei einheimisch ist. – 2. Sect. *Aigeiros* DUBY, mit zerfransten, kahlen Tragblättern, gebuchtet-gezähnter, persistierender Blütenhülle, zahlreichen Staubblättern, oval-lanzettlichen, spitzen, sehr klebrigen Knospen, einfarbigen und völlig kahlen Blättern, völlig kahlen Zweigen und Schößlingen sowie zusammengedrückten Blattstielen. Hierher zählen *P. nigra* L. sowie die nordamerikanischen Arten *P. angulata* AIT. und *P. deltoides* MARSH. – 3. Sect. *Tacamahaca* SPACH, gekennzeichnet durch zerschlitzte, kahle Tragblätter, ausgebuchtet-gezähnte, persistierende Blütenhülle, zahlreiche Staubblätter, oval-lanzettliche, sehr klebrige Knospen, oberseits grüne, unterseits bleiche, glänzend weiße oder mit sehr kurzen Haaren besetzte Blätter, fast stielrunde, vierkantige oder oberseits eingesenkte Blattstiele sowie kahle oder in der Jugend behaarte Zweige und Schößlinge. Zu dieser Sektion gehören unter anderen die nordamerikanische *P. balsamifera* L. sowie eine Reihe nordasiatischer Arten. – 4. Sect. *Leucoides* SPACH, mit tief eingeschnittenen, kahlen Tragblättern, ganzrandiger oder ausgeschweift-gezähnter Blütenhülle, Zweigen und jungen Blättern, welche zunächst weißwollig, später verkahlen und zuletzt völlig kahl sind. Hierher gehören die nordamerikanische *P. heterophylla* L. und die ostasiatische *P. lasiocarpa* OLIV. – 5. Sect. *Trepidae* (HARTIG) GOMBOCZ, gekennzeichnet durch tief eingeschnittene, seidig lang-gewimperte Tragblätter, konische, kahle, kastanienfarbige, teilweise klebrige Knospen, kahle oder wollig behaarte junge Zweige und Schößlinge sowie völlig kahle oder seidig-behaarte, niemals filzige junge Blätter. Zu dieser Sektion zählen unter anderen *P. tremula* L. sowie die nordamerikanische *P. tremuloides* MICHX. und die in Japan einheimische *P. Sieboldii* MIQ. – 6. Sect. *Leuce* (DUBY) GOMBOCZ, mit ganzrandigen oder gekerbten oder unregelmäßig gezähnten oder gezähnt-gelappten, bleichen oder rötlichbraunen Tragblättern, konischen, filzig behaarten oder kahlen, niemals klebrigen Knospen, weißfilzigen jungen Zweigen und Schößlingen sowie unterseits weißfilzigen jungen Blättern. Hierher gehören unter anderen *P. alba* L. sowie die nordamerikanische *P. grandidentata* MICHX. und die ostasiatische *P. tomentosa* CARR.

Florengeschichte. Fossil ist die Gattung *Populus* bereits aus der Kreide von Grönland, sowie mehrfach aus dem Tertiär bekannt. *Populus alba* L., *P. nigra* L. und *P. tremula* L. sollen nach GAMS (briefl.) vielfach in pliozänen Ablagerungen festgestellt worden sein.

In der Spät- und Nacheiszeit haben die Pappeln in Mitteleuropa nördlich der Alpen nach FIRBAS (1949) erst in wärmeren Abschnitten der Nacheiszeit Verbreitung gefunden. Obwohl Pollenfunde verschiedentlich angegeben worden sind, ist die Bestimmbarkeit und Erhaltung des Pappelpollens umstritten. Bisher ist es nicht möglich gewesen, die tatsächliche Bedeutung der Pappeln im Waldbild durch die Pollenanalyse zu erfassen.

Vegetationsorgane. Den Pappeln ist nach TOEPFFER (1926) ähnlich wie den Weiden eine zunächst einfache, dann sich verzweigende Pfahlwurzel eigen. Später entstehen zahlreiche, lang streichende, oberflächliche Tauwurzeln, welche 20–25 m lang werden. Die gewaltigen Ausmaße, die das Wurzelsystem der Silberpappel erreichen kann, werden von A. v. CAMP (1924) geschildert, wonach das Wurzelwerk einer 61-jährigen Silberpappel eine Fläche von mehr als 1 Morgen (25 Ar) bedeckt. Auch Schwarz- und Zitterpappel sind durch weit ausgreifende Seitenwurzeln ausgezeichnet. Die Wurzeln der Pappeln sind oft unverpilzt, hingegen weisen Schattenbäume stets eine Mykorrhiza auf.

Die Zweige stehen nach TOEPFFER (1926) in einer $^2/_5$-Schraube; sie sind allseitig angeordnet. Eine Tendenz zur Schirmbildung ist nicht zu beobachten, möglicherweise mangels einer fixen Lichtlage der Blätter, die ihrerseits durch den langen, mehr oder weniger abgeflachten Blattstiel bedingt sein mag.

Die Gliederung der Sprosse in Lang- und Kurztriebe ist nach TOEPFFER (1926) bei *P. alba* L. deutlich ausgeprägt. Zuweilen bildet sich die dritte Generation von Seitenzweigen in Form von Kurztrieben aus, die dann als Blattbüschel an Langtrieben angeordnet sind oder die Blütenkätzchen tragen. Andererseits bilden sich oft auch die Tochtersprosse des ersten Jahres als Kurztriebe aus, und hierauf folgen Langtriebe. An *P. tremula* L. unterscheidet man Kurztriebe mit sehr kurzen Internodien und nur ausnahmsweise mit Achselknospen, Mitteltriebe von 10–30 cm Länge mit längeren Internodien und mit Achselknospen, die ihr Wachstum etwa gegen Ende Juni abschließen, und Langtriebe von 10–30 cm Länge mit längeren Internodien und mit Achselknospen, die ihr Wachstum etwa gegen Ende Juni abschließen, sowie Langtriebe von 20–100 cm Länge mit langen Internodien, die ihr Wachstum bis Mitte August fortsetzen.

Die Sproßfolge ist stets monopodial. Im Gegensatz zu *Salix* sind bei *Populus* die Endknospen stets entwickelt. Stocklohden werden nach TOEPFFER (1926) bei der Silberpappel am Triebende gebildet. Neigung zur Wasserreisbildung ist vor allem bei der Schwarz- und Pyramidenpappel zu verzeichnen.

Bezüglich der Vielgestaltigkeit der Blätter weist DODE (1905) darauf hin, daß der Sproßtypus, auf welchem das Blatt entspringt, von wesentlicher Bedeutung für die Blattform ist. Wenn auch die Blätter eines und desselben Individuums stark variieren, so sind die Blätter morphologisch gleichwertiger Sproßteile, z. B. die Basalblätter der Stocklohden, untereinander gleich.

Die Silberpappel bildet End- und Seitenknospen. Beiknospen finden sich an Wasserreisern. Ferner sind Proventiv- und Adventivknospen nicht selten, letztere werden auch als Wurzelbrut gebildet. Die Blattnarbe, in deren Achsel die Seitenknospen entstehen, ist dreieckig bis halbmondförmig mit einer wechselnden Zahl von Gefäßbündeln.

Das Blatt ist in der Knospenlage eingerollt und dicht filzig. Die Blattunterseite von *P. alba* L. ist dicht mit einzelligen, dünnwandigen, bandförmigen, luftführenden Haaren besetzt, während die Blattoberseite völlig kahl ist. Der Blattstiel der Pappeln ist meist verhältnismäßig lang und in wechselndem Grade oder gar nicht flach gedrückt. Am Grunde des Blattstieles finden sich mehrere Nebenblattpaare, deren erstes häufig verwächst und wie das zweite Nebenblattpaar häutig und sehr hinfällig ist, während das dritte Paar ergrünt und einige Zeit erhalten bleibt. Die Gestalt der Blattspreite ist bei allen Pappeln sehr veränderlich.

Keimung und Entwicklung. Die Pappel-Samen vertragen keine Bodenbedeckung; sie keimen im allgemeinen innerhalb sehr kurzer Zeit, *P. alba* L. z. B. nach TOEPFFER (1926) innerhalb von 2 bis 3 Tagen, behalten aber andererseits die Keimfähigkeit auch nur kurze Zeit bei. Für *P.* × *canescens* schildert WOOLWARD nach TOEPFFER (1926) den Keimungsverlauf etwa wie folgt: „Zunächst tritt die Radikula mit einem Stück der hypokotylen Achse aus dem Samen heraus, am zweiten Tag erscheint ein Kranz feiner Wurzelhaare um die Basis des Stämmchens. Nach 2 Tagen wird die Samenschale abgeworfen, und die kleinen fleischigen Kotyledonen beginnen zu ergrünen; das Stämmchen wird rötlich. Nach 6 Tagen sind die Kotyledonen größer und grüner geworden. Dann wächst die Hauptwurzel rasch heran und nach 3 Wochen ist das erste Blattpaar 12,5 mm lang. Vier Monate nach der Keimung sind die größeren Pflanzen nur 50 mm hoch und mit 3 Blattpaaren versehen."

Nach TOEPFFER (1926) beträgt der Höhenwuchs von *P. alba* L., deren Wachstum auffallend rasch ist, im ersten Jahr 15–20 cm, unter günstigen Bedingungen sogar bis 50 cm. Diese Wachstumsgeschwindigkeit steigert sich noch in den folgenden Jahren, so daß die Silberpappel innerhalb von 30 bis 40 Jahren 30 m und mehr an Höhe erreicht. Es ergaben sich bezüglich des Zuwachsverhältnisses bei *P. alba* auf Grund von Messungen in Parkanlagen folgende Durchschnittszahlen: nach 9 Jahren 9,75 m, nach 12 Jahren 11,37 m, nach 22 Jahren 16,25 m, nach 40–50 Jahren 19,50 m.

Im Vergleich zu *P. alba* ist bei *P. nigra* L. das Wachstum in den ersten Jahren nur gering und steigert sich erst vom 5. Jahr an, während es ungefähr vom 20. bis 25. Lebensjahr an wieder langsamer wird. Die Durchschnittszahlen bezüglich des Höhenwuchses der Schwarzpappel betragen: nach dem 5. Lebensjahr 2,60 m, nach dem 10. Lebensjahr 7,13 m, nach dem 15. Lebensjahr 11,22 m, nach dem 20. Lebensjahr 16,52 m, nach dem 30. Lebensjahr 17,66 m, nach dem 40. Lebensjahr 18,68 m.

Der Höhenwuchs von *P. tremula* L. ist im ersten Jahr nur gering, später nimmt er sehr rasch zu. Im zweiten Jahr erreichen kräftige Exemplare 120–170 cm, nach 5 Jahren etwa 4–5 m, nach 10 Jahren 10–11 m, nach 15 Jahren etwa 13 m, nach 20 Jahren etwa 18 m. Doch sind die Wachstumsverhältnisse im einzelnen unter verschiedenerlei Bodenbedingungen oft sehr unterschiedlich.

Anatomie. Nach MÖLLER (1882), SANIO (1860) und TOEPFFER (1926) erfolgt die Korkbildung der Rinde bei *Populus* im Gegensatz zu *Salix* nicht von der Epidermis, sondern von den äußeren Rindenzellschichten aus. Bereits am Ende des ersten Jahres besteht das Oberflächenperiderm von *P. alba* L. aus 4–5 Schichten weitlumiger, dünnwandiger Zellen. Phellodermbildung fehlt. Unter dem Periderm folgt ein mehrschichtiges, kollenchymatisches Hypoderm, hierauf ein Rindenparenchym, in welchem sich ein aus z. T. sehr großen Steinzellen bestehender, nur wenig unterbrochener Sklerenchymring befindet. Infolge des Dickenwachstums wird der Sklerenchymring bereits im zweiten Jahr gesprengt; es finden sich dann später nur große Steinzellgruppen zwischen Periderm und primären Bastbündeln. Dieser Sklerenchymring kann jedoch auch gelegentlich bei *P. alba* fehlen. Bei *P. nigra* L. fehlt der Sklerenchymring stets. In der sekundären Rinde von *P. alba* finden sich tangential gestreckte Gruppen von Bastfaserbündeln. Diese werden jedoch nicht jedes Jahr angelegt, sondern man findet z. B. in 15-jährigen Zweigen oft nur 3–4 Bastlagen. Ältere Bäume sind durch regelmäßige Bänderung des Bastes ausgezeichnet. Die Borkenbildung erfolgt durch unregelmäßig verlaufende innere Periderme, welche entweder nur aus Korkzellen bestehen oder z. T. sklerotisiert sind.

*P. nigra* L. ist durch eine kleinzellige primäre Rinde ausgezeichnet, welche Kristalldrusen, aber keine Steinzellen enthält. Die sekundäre Rinde von *P. nigra* ist geschichtet, indem schmale Bastfasergruppen oder einfache Bastfaserreihen mit breiten Weichbastschichten abwechseln. Im Weichbast finden sich Steinzellen und Kristallzellen mit Drusen, hingegen sind die dünnwandigen, radial langgestreckten Merkstrahlzellen kristallfrei.

Das Holz von *P. alba* L. hat einen schmalen weißen Splint und einen gelben Kern, jenes von *P. tremula* L. ist von gelber Farbe; es zeigt einen auffallenden Unterschied von Früh- und Spätholz; das Frühholz stellt eine auffallend breite Zone, das Spätholz eine sehr schmale Zone dar.

Das Holz der Pappeln besteht zu einem sehr hohen Prozentsatz aus Libriformfasern, welche spaltenförmige, schief orientierte oder in der Längsrichtung annähernd parallele Tüpfeln aufweisen. Das Holz von *P. alba* und *P. nigra* ist nach TOEPFFER (1926) durch Gefäße ausgezeichnet, die im ersten Frühling meist groß und isoliert sind, später jedoch in Komplexen von 2 bis 6 Gefäßen auftreten. Bei *P. tremula* sind hingegen im ersten Frühholz zahlreiche, wenn auch kleinlumige Gefäße zu beobachten, die bisweilen auch Komplexe von 2 bis 6 Gefäßen bilden. *P. alba* weist Gefäße mit einfachen Tüpfeln und Hoftüpfeln auf, *P. tremula* stets Tüpfelgefäße mit einfacher Perforation. Die Markstrahlen sind bei *P. alba* mehrreihig, bei *P. nigra* einreihig angeordnet; die Markstrahlzellen sind öl- und stärkehältig.

Die Blätter von *P. alba* zeigen nach TOEPFFER (1926) unterhalb der Epidermis zwei Schichten von Palisadenzellen und hierauf ein Schwammparenchym von ungefähr der gleichen Dicke wie das Palisadenparenchym. Das Palisadenparenchym von *P. tremula* ist 2-reihig. Das Schwammparenchym, welches durch größere Interzellularen ausgezeichnet ist, besteht aus 6 Zellschichten. *P. alba* und *P. tremula* weisen blattunterseits, *P. nigra* auf beiden Blattflächen zahlreiche Spaltöffnungen auf, welche ungleich tief in der Epidermis liegen, teils in gleicher Höhe wie die Epidermiszellen, teils diese ein wenig überragend. Die Blattstiele sind durch eine kräftige Kollenchymschicht unterhalb der Epidermis, das Parenchym durch zahlreiche Kristallzellen mit Drusen und Einzelkristallen ausgezeichnet. Die 3 Gefäßbündel sind konzentrisch und in wechselnder Anordnung, sie verlaufen bei *Populus* im Gegensatz zu *Salix* stets getrennt.

Blütenverhältnisse. Die Kätzchen erscheinen vor dem Laubausbruch. Die Kätzchenknospen stehen nach TOEPFFER (1926) nur scheinbar endständig, vielmehr ist die später den Zweig fortsetzende Endknospe nur zur Seite gedrängt; sie stellt sich erst nach dem Abfallen des Kätzchens wieder in die Sproßrichtung ein. Die Kätzchen von *P. alba* L. sind oft an den Zweigenden gedrängt, ähnlich wie bei *Salix* sind sie beim Ausbruch in das weiße Haarkleid der Tragblätter gehüllt. Sie strecken sich innerhalb kurzer Zeit und gehen aus ursprünglich aufrechter Stellung durch Krümmung des Kätzchenstieles in eine schlaff überhängende Stellung über. Die männlichen Kätzchen sind anfangs dicht-, später lockerblütig; die weiblichen Kätzchen sind etwas kürzer, nehmen aber nach der Bestäubung etwas an Länge zu. Die bei *P. alba* elliptischen bis spatelförmigen, ungleich gezähnten oder fast ganzrandigen Tragblätter sind am Außenrande lang behaart, die der weiblichen Kätzchen fallen sehr bald ab. Die überaus hinfälligen Tragblätter von *P. tremula* L. sind handförmig zerschlitzt und seidig behaart. Der bei *P. alba* L. weißlich grün bis rostrot gefärbte häutige Becher der männlichen Blüten ist kreiselförmig und schief abgeschnitten, der der weiblichen Blüten in medianer Richtung abgeplattet. Die männlichen Blüten von *P. alba* haben 7–10 Staubblätter, deren Staubbeutel zunächst hellpurpurn, dann gelb und so lang wie oder ein wenig länger als die weißen Staubfäden sind; die männlichen Blüten von *P. tremula* weisen 4–12 Staubblätter auf, die vor der Anthese purpurrot sind. Der Fruchtknoten der weiblichen Blüten ist länglich kegelförmig und kurz gestielt, jener von *P. alba* hat zwei gelbe über Kreuz gestellte Narbenäste, jener von *P. tremula* 2 sitzende, oft dreiteilige, purpurne Narben.

Nach TOEPFFER (1926) werden die Kätzchen bereits im Juli und Anfang August für die Zeit der Winterruhe ausgebildet. In den männlichen Blüten erscheinen die Staubblätter in ihrer äußeren Form schon ziemlich fertig, nur sind die Staubfäden noch ziemlich kurz. Die Ausbildung des Stempels der weiblichen Blüten führt im Vorjahr bis zur Sonderung der Narbenlappen vom Fruchtknoten und bis zum Hervorsprossen der Samenanlagen auf dessen Innenfläche.

Samen. Die länglich birnenförmigen Samen reifen im Mai und sind wie alle Salicaceen-Samen am Grunde mit einem Haarschopf als Flugapparat versehen.

Bildungsabweichungen. Bildungsabweichungen an Pappeln sind nach TOEPFFER (1925–26) verhältnismäßig selten beobachtet worden. Verbänderung und Bildung von Adventivwurzeln an alten Stämmen sind an verschiedenen Pappelarten wahrzunehmen. Verwachsung von Zweigen zweier benachbarter Bäume von *P. alba* beruhen wohl auf einer Überwallung des schwächeren Teiles an der Wundstelle durch den stärkeren. An Abnormitäten wurden bei der Schwarzpappel quirlförmig angeordnete Äste, bei der Silberpappel seitliche Verwachsung zweier Laubblätter sowie bei der Pyramidenpappel ein Doppelblatt mit zwei hintereinander stehenden Spreiten beschrieben. Bei der Zitterpappel wurde das Auswachsen von Nebenblättern bis zu 18–20 mm Länge und 3–5 mm Breite beobachtet, ferner Kätzchen, bei denen die Vorblätter als gestielte Laubblätter ausgebildet waren, so daß das Ganze ein Mittelglied zwischen Blüten- und Laubsproß bildete. Gegabelte Kätzchen wurden nur je einmal bei der Schwarz- und der Zitterpappel wahrgenommen. Androgyne Kätzchen, die bei den Weiden eine so häufige Erscheinung sind, sind bei den Pappeln äußerst selten. Von einer Silberpappel wurde berichtet, daß sie in einem Jahr nur männliche, in einem anderen nur weibliche Blütenkätzchen trug, doch ist diese Beobachtung unbestätigt geblieben.

Parasiten. Pilze. 1. Auf den Blättern: *Taphrina aurea* (PERS.) FR. verursacht im Frühsommer auf den Blättern verschiedener Pappeln, besonders von *P. nigra* L. und *P. deltoides* MARSH., blasige Auftreibungen, die epiphyll konvex, hypophyll konkav und mit dem orangegelben Hymenium des Pilzes überzogen sind. Der Pilz tritt meist nur spärlich auf und verursacht keinen nennenswerten Schaden.

Im Spätsommer zeigen sich auf beiden Blattseiten der meisten Pappelarten die lebhaft orangeroten, punktförmigen Uredolager verschiedener *Melampsora*-Arten, deren Teleutolager spät, oft erst auf den abgefallenen Blättern erscheinen und die Überwinterung des Pilzes besorgen. Alle *Melampsora*-Arten auf Pappeln sind heterözisch und lassen sich meist nur dann sicher bestimmen, wenn der Äzidienwirt bekannt ist. Die nachstehend genannten Arten sind weit verbreitet. Sie verursachen besonders an jungen Bäumen frühzeitigen Laubabfall und beeinträchtigen dadurch das Wachstum:

*M. laricis* HARTIG: Äzidien auf *Larix*-Arten; Uredo- und Teleutolager auf *P. tremula* L., *P. alba* L. und *P.* × *canescens*, seltener auch auf *P. deltoides* MARSH. – *M. pinitorqua* ROSTR.: Äzidien auf dünneren Trieben von *Pinus silvestris* L. und *P. Mugo* TURRA. Das Myzel der Äzidiengeneration perenniert in den Ästen. Die Caeomalager erscheinen Ende

Mai bis Anfang Juni in Längsstreifen, die aus der Rinde hervorbrechen. Dünne Ästchen sterben bald ab, dickere krümmen sich an der kranken Stelle stark. Deshalb hat dieser Pilz den Namen „Kieferndreher" erhalten. – *M. Rostrupii* G. WAGN.: Äzidien auf *Mercurialis perennis* L., Uredo- und Teleutolager auf zahlreichen Pappelarten, aber nicht auf *P. tremula* L., *P. alba* L. und *P.* × *canescens*. – *M. larici-populina* KLEB.: Äzidien auf *Larix*-Arten. Uredo- und Teleutolager auf zahlreichen Pappelarten, aber nicht auf *P. tremula* L., *P. alba* L. und *P.* × *canescens*. – *M. allii-populina* KLEB.: Äzidien auf *Allium*-Arten, besonders auf *A. ursinum* L. Uredo- und Teleutolager auf *P. deltoides* MARSH., *P. canadensis* MOENCH und *P. nigra* L.

Der Konidienpilz *Marsonina Castagnei* (DESM.) MAGN. verursacht auf *P. alba* L. und *P. tremula* L. graubraune Flecken, die sich allmählich ausbreiten und die Blätter frühzeitig zum Absterben bringen. Die birnförmigen, hyalinen, ungleich zweizelligen Konidien entwickeln sich in den Flecken epiphyll in sehr kleinen Fruchtlagern subepidermal auf kurzen, die Oberfläche einer faserig-kleinzelligen, subhyalinen Basalschicht überziehenden Trägern. Eine zweite, morphologisch ähnliche Art, *M. populi* (LIB.) SACC., kommt auf *P. nigra* L. vor.

*Fusicladium radiosum* (LIB.) LIND. verursacht auf den Blättern verschiedener Pappeln, besonders auf *P. alba* L., *P. tremula* L., *P.* × *canescens* (AIT.) SM. und *P. nigra* L., große, dunkelbraune Flecken, die von den dunkel-olivbraunen Konidienrasen des Pilzes überzogen werden. An jungen Zitterpappeln tritt der Pilz oft schon im Frühling auf, befällt die Spitzen der Neutriebe mit den jungen, in Entwicklung befindlichen Blättern, bringt sie meist ganz zum Absterben und kann dann auch größeren Schaden verursachen. Dieser Pilz ist die Konidienform von *Venturia tremulae* ADERH., deren Perithezien auf den faulenden Blättern im nächsten Frühling zur Entwicklung gelangen und die Neuinfektion verursachen.

2. Auf Stämmen junger Pappeln und auf den Ästen älterer Bäume treten oft krebsartige Tumoren auf, die entweder durch Bakterien oder durch *Nectria*-Arten verursacht werden.

Die Gipfeldürre der Pyramidenpappeln dürfte auf verschiedene Ursachen, vor allem auf Überalterung, Blitzschlag, ungünstige Standortverhältnisse usw. zurückzuführen sein. Auch durch Pilze kann Wipfeldürre verursacht werden.

Eine gefährliche, besonders in Pappelbaumschulen auftretende und große Schäden verursachende Krankheit, die als „Rindenbrand" bekannt ist, wird durch den Konidienpilz *Chondroplea populea* (SACC. et BRIARD) KLEB., syn. *Dothichiza populea* SACC. et BRIARD verursacht. Die Infektion erfolgt durch Wunden, Ast- und Blattnarben. Das Myzel des Pilzes tötet die Bastzellen, dringt meist von der Infektionszelle nach unten vor, so daß ziemlich lange Streifen der Rinde zum Absterben gebracht werden, vertrocknen und einsinken. Dann entwickeln sich bald die mehr oder weniger zahlreichen, bis etwa 2 mm großen, im Umriß rundlichen, auf Querschnitten linsenförmigen, durch zahlreiche von unten nach oben und von oben nach unten vorspringende Wandfalten unvollständig gekammerte Fruchtkörper, in denen die rundlichen, breit ellipsoidischen oder eiförmigen, hyalinen, einzelligen Konidien auf kurzen Trägern massenhaft gebildet und bei der Reife durch unregelmäßige Risse des Scheitels als schleimige, graubräunliche, im eingetrockneten Zustand rötlichgraue Ranken entleert werden. Als Schlauchform soll der Discomyzet *Encoelia fascicularis* (ALB. et SCHW.) KARST., syn. *Cenangium populneum* (PERS.) TUL., zu *Chondroplea populea* gehören, was aber noch nicht sicher bewiesen werden konnte.

Auf älteren Pappeln verursachen zuweilen *Polyporus sulphureus* (BULL.) FR. eine Rot-, *Pleurotus ostreatus* JACQ. eine Weiß- und *Fomes connatus* FR. eine Kernfäule des Holzes. Auch *Pholiota destruens* BROND. kommt zuweilen als Parasit auf Stämmen alter Pappeln vor.

Gallbildungen. Die Pappeln tragen zahlreiche und z. T. sehr häufige Gallbildungen (Fig. 10 a–d). Als Galltiere sind in erster Linie Blattläuse, Aphiden, zu nennen. An den Blattstielen der Schwarzpappel und der Pyramidenpappel bildet *Pemphigus spirothecae* PASS. eine bedeutende Verbreiterung des Blattstieles, welche sich spiralig aufrollt, bis 20 cm Länge und 10 mm Breite erreicht und außen oft rötlich angelaufen ist. In ihrem Inneren finden sich die schon mit bloßem Auge sichtbaren Galltiere. Andere *Pemphigus*-Arten bilden sehr verschiedenartige, meist beutelförmige Auftreibungen des Mittelnervs der Spreite sowie des Blattstieles, Zusammenfaltung oder Randrollung der Blattfläche, Knospenmißbildungen usw. Bei der Zitterpappel, seltener auch bei der Silberpappel, ruft eine Gallmilbe, *Eriophyes diversipunctatus* NAL., am Grunde der Blattfläche zu beiden Seiten der Insertionsstelle des Blattstieles 2–3 mm große, unregelmäßige, meist gelblich oder rot gefärbte warzige Höcker hervor. Andere Gallmilben verursachen sehr bedeutende Knospenwucherungen. Rundliche oder spindelförmige, harte, bis 5 mm große, mehr oder minder rötlich gefärbte Gallen treten am Blattstiel der Zitterpappel und der Silberpappel auf. Sie sind ein- oder mehrkammerig und werden durch eine Gallmücke, *Harmandia petioli* KIEFF., hervorgerufen. Andere Gallmücken verursachen kleinere oder größere, rundliche, bald auf der Oberseite, bald auf beiden Seiten hervortretende Gallen. Die Larve des Pappelbockkäfers, *Saperda populnea* L., lebt in dem Mark junger Espentriebe, welche dann eine längliche, spindelförmige, meist sehr auffällige Anschwellung zeigen.

Nutzen. Wegen ihrer schnellen und reichlichen Holzproduktion haben verschiedene Pappelarten, besonders *P. nigra* L. und *P. alba* L., als Nutzhölzer große Bedeutung. Das Holz ist weich, mäßig schwer, regelmäßig spaltbar und wird in verschiedenen Zweigen der Industrie, in der Möbelschreinerei, beim Wagenbau, zu Packfässern, Flechtwerk, zu Bremsklötzen, Zigarrenkisten usw. verwendet. Aus Nordamerika wird das Holz von *P. grandidentata* MICHX. und *P.* × *canadensis* MOENCH in Europa eingeführt. Die meisten Pappeln besitzen ein starkes Ausschlagvermögen und können daher auch wie Weiden als Kopfholz benützt werden. Die Knospen von *P. nigra* L. und *P. deltoides* MARSH. sind als Gemmae Populi (Oculi Populi) offizinell. Sie enthalten die Glykoside Salicin und Populin, 0,5% Ätherisches Öl mit d-Humulen, a-Caryophyllen und Sesquiterpen, ferner 0,25% Flavonglykosid Chrysin und Gerbstoff. Der Gesamt-

Fig. 10. Einige der häufigsten Gallbildungen unserer Kätzchenblütler.[1]) *a* bis *d* an Pappeln: *a* am Blattstiel durch *Pemphigus spirothecae* PASS., *b* durch *P. bursarius* L., *c* Mißbildung der Drüsen am Grunde der Blattfläche durch *Eriophyes diversipunctatus* NAL., *d* am Blattstiel durch *Harmandia petioli* KIEFF. – *e* bis *h* an Erlen: *e* köpfchenförmige Gallen auf der Blattoberseite durch *Eriophyes laevis* NAL., *e*¹ Längsschnitt (vergrößert). *f* Nervenwinkelausstülpungen durch *Eriophyes Nalepai* FOCKEU, *f*¹ Längsschnitt (vergrößert), *g* Filzgallen auf der Blattunterseite durch *Eriophyes brevitarsus* NAL., *g*¹ und *g*² einzelne Haare stärker vergrößert, *h* Fruchtschuppen mißgebildet durch den Schlauchpilz *Taphrina (Exoascus) alni-incanae* P. MAGN. – *i* bis *n* an der Buche: *i* Beutelgallen von *Mikiola fagi* HARTIG, *i*¹ Längsschnitt (vergrößert), *k* von *Oligotrophus annulipes* HART. – *l* bis *q* an Eichen: *l* Eichengallapfel durch *Dryophanta folii* L., *l*¹ Querschnitt, *m* kleiner Gallapfel von *D. divisa* Hart., *n* Linsengallen von *Neuroterus lenticularis* OLIV., *n*¹ Längsschnitt (vergrößert), *o* von *N. numismatis* OLIV., *o*¹ Längsschnitt (vergrößert), *p* Eichenrose von *Andricus fecundatrix* HART., *p*¹ Längsschnitt, *q* zurückgeschlagene Blattlappen durch *Macrodiplosis dryobia* F. LÖW. – *r* an der Ulme: Beutelgallen der Rüsterblattlaus (*Tetraneura ulmi* DE GEER).

[1]) Zusammengestellt und erläutert von H. Ross, München.

glykosidkomplex bewirkt eine starke Senkung der Blutharnsäure und eine verbesserte Ausscheidung der Harnsäure im Harn und wird besonders zur Behandlung der chronischen Polyarthritis empfohlen. In der Volksheilkunde werden die Pappelknospen innerlich als Diureticum, Diaphoreticum und als Expectorans, äußerlich in Salbenform (Unguentum Populi) als Wundheilmittel und bei Hämorrhoiden angewendet. Die Rinde der meisten Arten weist ebenfalls Salicin und Populin sowie 2 bis 3% Gerbstoff auf. Ähnlich wie die Weiden enthalten die *Populus*-Arten ein Enzym, die sog. Salicinase, welche Salicin in Glykose und Saligenin spaltet (SIGMUND). Diese zarte, leichte Kohle geht unter der Bezeichnung Carbo Populi; eine Spezialität in Frankreich ist Carbo Belloci.

Als Ziergehölze in Gärten beliebt sind die nordamerikanischen Arten *P. grandidentata* MICHX., *P. balsamifera* L., *P. deltoides* MARSH. und *P. heterophylla* L., ferner auch die nord- bzw. ostasiatischen Arten *P. laurifolia* LEDEB., *P. lasiocarpa* OLIV., *P. Simonii* CARR., *P. suaveolens* FISCH. und *P. Sieboldii* MIQ., sowie die von Nord- und Ostafrika bis China und in die Mongolei verbreitete *P. euphratica* OLIV. Die Züchtung von Pappeln als Nutzhölzer ist in vollem Aufschwung begriffen; siehe Literaturverzeichnis von E. JANCHEN (1956) und unter den Bastarden.

Volksnamen. Die Namen Silber- und Weiß-Pappel beziehen sich auf die unterseits weißfilzigen Blätter des Baumes. Aus demselben Grunde heißt er im Thurgau Mehlbaum, ein Name, der sonst meist für *Sorbus Aria* gilt. Die oberdeutsche Bezeichnung Alber (ahd. albari, mhd. alber) geht zurück auf das lateinische Eigenschaftswort albulus ‚weißlich', aus dem im Spätlateinischen albarus ‚Weißpappel' wurde. Im Italienischen entstand daraus albero, albarello ‚Silber-Pappel'. Im Niederdeutschen wurde aus der Verkleinerungsform von albulus ‚weißlich' (albellus) die Bezeichnung Abele, vgl. dazu das engl. abel (tree) und das dän. abelle ‚Silber-Pappel'. Belle, Bellenbaum ist vor allem im Rheinfränkischen verbreitet. Es stellt eine Verkürzungen aus dem oben angeführten Abele dar. Im übrigen werden die Namen Alber und Belle auch manchmal für *Populus nigra* gebraucht.

### Gliederung der Gattung:

Sektion 1. *Turanga*: *P. euphratica*.
Sektion 2. *Aigeiros*: *P. angulata*, *P. deltoides*, *P. nigra*.
Sektion 3. *Tacamahaca*: *P. tristis*, *P. laurifolia*, *P. Simonii*, *P. balsamifera*, *P. suaveolens*, *P. trichocarpa*.
Sektion 4. *Leucoides*: *P. heterophylla*.
Sektion 5. *Trepidae*: *P. tremula*, *P. Sieboldii*, *P. tremuloides*.
Sektion 6. *Leuce*: *P. grandidentata*, *P. tomentosa*, *P. alba*.

### Schlüssel zum Bestimmen der in Mitteleuropa wildwachsenden und kultivierten Pappelarten:

1a Diskus am Grunde der Blüten bleibend . . . . . . . . . . . . . . . . . . . . . . . . . 2
1b Diskus am Grunde der Blüten hinfällig, tief geteilt mit spitzen Zähnen. Blattdrüsen wenig hervorragend, warzenförmig, oft an der Spitze vertieft, daher beckenförmig. Selten kultiviert . . . . . . . . . . . . . . . . . . . . . . . . . . . . . . . . . . . . . . . . . . . . . . . . . . . . *P. euphratica* OLIV.

2a Diskus schief abgeschnitten. Blattdrüsen hervorragend, beckenförmig . . . . . . . . . . . 3
2b Diskus gerade abgeschnitten. Blattdrüsen unregelmäßig beckenförmig . . . . . . . . . . . 8

3a Ausgewachsene Schößlingsblätter unterseits filzig, mehr oder weniger gelappt; Blätter der Zweige älterer Äste unterseits mehr oder weniger filzig. Tragblätter der Blüten nur schwach und mäßig tief geteilt . . . . . . . . . . . . . . . . . . . . . . . . . . . . . . . . . . . . . . . . . 4
3b Schößlingsblätter in der Jugend seiden- oder rauhhaarig, später verkahlend, mehr oder weniger unregelmäßig sägezähnig; Blätter der Zweige älterer Äste in der Jugend mehr oder weniger reichlich behaart, später verkahlend. Tragblätter der Blüten tief geteilt . . . . . . . . . . . . . . . 5

4a Blätter, besonders die der Schößlinge und Stockausschläge, buchtig gelappt, unterseits dichter oder lockerer schneeweiß, selten schwachgrau filzig; Blätter der Zweige älterer Äste rundlich-eiförmig bis 5-lappig, buchtig gelappt. Kätzchen mehr oder weniger dicht . . . . . . . . . . . *P. alba* L.
4b Schößlingsblätter nie gelappt, unterseits grauflockig; Blätter der Zweige älterer Äste undeutlich dreieckig, spitz grob und buchtig gesägt-gezähnt. Kätzchen auffallend dicht. Gelegentlich kultiviert. . . . . . . . . . . . . . . . . . . . . . . . . . . . . . . . . . . . . . . . . . . *P. tomentosa* CARR.

5a Diskus am Grunde der Blüten kahl . . . . . . . . . . . . . . . . . . . . . . . . . . . . 6
5b Diskus am Grunde der Blüten behaart. Drüsen am Blattgrunde stets deutlich. Schößlingsblätter sehr groß, dreieckig, am Grunde abgerundet gestutzt, sehr unregelmäßig gezähnt; Blätter der Zweige älterer Äste meist rundlich eiförmig, am Grunde breit keilförmig und ganzrandig, gegen die Spitze hin gesägt-gezähnt. Gelegentlich kultiviert . . . . . . . . . . . . . . . *P. grandidentata* MICHX.

6a Drüsen am Blattgrunde meist fehlend. Blätter ganz kahl, am Rande grob ausgeschweift stumpf gezähnt oder klein und undeutlich gesägt; Blattstiele an Zweigen älterer Äste stark zusammengedrückt . . . . . . . . . . . . . . . . . . . . . . . . . . . . . . . . . . . . . . . . . . 7
6b Drüsen am Blattgrunde stets deutlich. Blätter in der Jugend beiderseits, später nur unterseits weißseidig behaart, zuletzt grauzottig bis fast kahl, am Rande fein und gleichmäßig gesägt-gezähnt; Blattstiele meist mehr oder weniger stielrundlich. Gelegentlich kultiviert . . . . *P. Sieboldii* MIQ.

7a Blattknospen etwa 6–7 mm lang, 3–4 mm dick, spitzlich; Blütenknospen eiförmig-kugelig. Schößlingsblätter fast dreieckig oder rhombisch, mit abgerundeten Seitenecken, am Grunde meist gestutzt oder etwas herzförmig; Blätter an Zweigen älterer Äste fast kreisrund, am Grunde meist gestutzt oder etwas herzförmig, am Rande grob ausgeschweift stumpf gezähnt, 3–6(–8) cm lang gestielt, am Blattgrunde nur selten mit Drüsen versehen. Kätzchen über 10 cm lang . . . . . . *P. tremula* L.

7b Alle Knospen kegelförmig spitz, etwa 7–9 mm lang, 3 mm dick, Blütenknospen etwas kürzer. Schößlingsblätter fast quadratisch, am Grunde undeutlich keilförmig; Blätter an Zweigen älterer Äste rhombisch-elliptisch, am Grunde undeutlich herzförmig bis undeutlich keilförmig, klein und undeutlich gezähnt, bis 10 cm lang gestielt; am Blattgrunde häufig mit 2 Drüsen versehen. Männliche Kätzchen etwa 7 cm, weibliche Kätzchen etwa 5 cm, zuletzt bis 10 cm lang. Kultiviert . . . . . . . .
. . . . . . . . . . . . . . . . . . . . . . . . . . . . . . . . . *P. tremuloides* MICHX.

8a Blätter auch in der Jugend unterseits nicht weißwollig. Blattstiele mehr oder weniger seitlich zusammengedrückt. . . . . . . . . . . . . . . . . . . . . . . . . . . . . . . . . . . . . . 9

8b Blätter in der Jugend unterseits weißwollig, später grau. Schößlingsblätter fast dreieckig-herzförmig, am Grunde mit 2 Läppchen, Blätter kürzerer Zweige fast rundlich-herzförmig, am Grunde schwach geöhrt, Blattdrüsen meist beckenförmig. Blattstiele im Querschnitt rundlich-viereckig. Kultiviert . .
. . . . . . . . . . . . . . . . . . . . . . . . . . . . . . . . . . . . *P. heterophylla* L.

9a Blattdrüsen meist verlängert-beckenförmig. Blattstiele mehr oder weniger seitlich zusammengedrückt, die der Schößlingsblätter etwa ebenso lang wie die der oberen Blätter. . . . . . . . . . . . . 10

9b Blattdrüsen meist rundlich-beckenförmig. Blattstiele im Querschnitt viereckig, meist wenig zusammengedrückt, die der Schößlingsblätter meist kürzer als die der oberen Blätter. . . . . . . . . 12

10a Blätter am Grunde keilförmig verschmälert bis gerade, seltener ganz schwach herzförmig, aber auch dann abgestutzt. Tragblätter der Blüten tief fransig zerschlitzt. Einjährige Zweige mehr oder weniger stielrundlich, auch die Schößlinge nie flügelig-kantig . . . . . . . . . . . . . . . . . . . 11

10b Blätter am Grunde mehr oder weniger herzförmig, meist sehr groß, 10–15 (–30) cm lang, 8–12 (–25) cm breit, rundlich bis dreieckig-herzförmig. Tragblätter der Blüten nur mehr oder weniger kerbzähnig. Schößlinge im ersten Jahr stets flügelig-kantig, kurze Zweige schwachkantig. Narben 3–4, kraus. Kultiviert. . . . . . . . . . . . . . . . . . . . . . . . . . . . . . . *P. angulata* AIT.

11a Schößlinge im ersten Jahre mehr oder weniger kantig. Blätter alle oder doch die der Sommertriebe am Grunde gerade abgestutzt, meist nur bis 10 cm lang und etwa 9 cm breit, breit eiförmig bis rhombisch. Narben 2–4. Kultiviert, bisweilen verwildernd . . . . . . . . . . . . *P. deltoides* MARSH.

11b Zweige fast stets rundlich, nur sehr kräftige Schößlinge mitunter mehr oder weniger kantig. Blätter nur bisweilen an kräftigen Schößlingen am Grunde gerade abgestutzt, sonst stets keilförmig verschmälert, (1,5–)5–7(–16) cm lang, 2,5–6 cm breit, dreieckig-eiförmig bis rhombisch. Narben stets nur 2 . . . . . . . . . . . . . . . . . . . . . . . . . . . . . . . . . . . . . *P. nigra* L.

12a Schößlingsblätter, mitunter auch die übrigen, kurz gestielt. . . . . . . . . . . . . . . . . 13

12b Wenigstens die Schößlingsblätter lang gestielt. . . . . . . . . . . . . . . . . . . . . . 15

13a Schößlinge deutlich kantig, am Querschnitt vielkantig, mit einem schmalen Flügel auf jeder Kante. Schößlingsblätter meist verlängert oder kaum breiter als die der Zweige älterer Äste; Blätter der mittellangen Zweige oft fast ungestielt, alle unterseits weiß- oder weißlichgrau. . . . . . . . . 14

13b Schößlinge fast stielrund. Schößlingsblätter im Verhältnis besonders am Grunde schmäler als die der Kurzzweige älterer Äste, eiförmig-rhombisch, am Grunde breit keilförmig; Blätter der mittellangen Zweige lanzettlich bis fast verkehrt-eiförmig, am Grunde abgerundet und in der Nähe des Blattstieles etwas geöhrt, alle unterseits weiß oder weißlich. Kultiviert . . . . . . . . *P. suaveolens* FISCH.

14a Einjährige Zweige hellgraugelb. Schößlingsblätter meist dreieckig-lanzettlich, am Grunde abgerundet gestutzt; Blätter der mittellangen Zweige rhombisch, am Grunde keilförmig, schwach zugespitzt spitz; Blätter der Kurztriebe älterer Äste rundlich-eiförmig bis länglich, am Grunde abgerundet, ziemlich plötzlich zugespitzt. Gelegentlich kultiviert . . . . . . . . . . . *P. laurifolia* LEDEB.

14b Einjährige Zweige oliv- oder rotbraun. Schößlingsblätter rhombisch-elliptisch, am Grunde keilförmig; Blätter der mittellangen Zweige verkehrt-eiförmig-lanzettlich, am Grunde stark keilförmig, oberwärts abgerundet und plötzlich zugespitzt; Blätter der Kurztriebe älterer Äste eiförmig, am Grunde keilförmig, plötzlich stachelspitzig zugespitzt. Kultiviert . . . . . . . . *P. Simonii* CARR.

15a Schößlinge fast zylindrisch oder kaum kantig. Blätter der mittellangen Zweige etwas kürzer gestielt; Schößlingsblätter im Verhältnis etwa ebenso breit wie die Kurztriebe älterer Äste. . . . . . . 16

15b Schößlinge deutlich bis stark kantig. Alle Blätter ziemlich lang gestielt; Schößlingsblätter im Verhältnis weniger breit als die der Kurztriebe älterer Äste, dreieckig-elliptisch, am Grunde gestutzt, schwach zugespitzt, fast stumpf; Blätter der Zweige älterer Äste am Grunde tief und breit herzförmig. Kultiviert. . . . . . . . . . . . . . . . . . . . . . . . . *P. trichocarpa* TORR. ET GRAY.

16a Kleiner Baum mit sparrigen Ästen. Knospen bis 2,5 cm lang. Schößlingsblätter fast dreieckig, am Grunde undeutlich herzförmig; Blätter mittellanger Triebe ungleich-rhombisch-lanzettlich, schwach zugespitzt; Blätter der Kurztriebe älterer Äste fast dreieckig, am Grunde fast herzförmig, gestutzt, gegen die Spitze zugespitzt, spitz, am Rande mit sehr großen Sägezähnen. Kultiviert . *P. tristis* FISCH.

16b Bis über 30 m hoher Baum mit aufstrebenden Ästen. Knospen bis 1,5 cm lang. Schößlingsblätter elliptisch-lanzettlich, am Grunde abgerundet; Blätter mittellanger Triebe ungleich-rhombisch-lanzettlich, scharf zugespitzt; Blätter der Kurztriebe älterer Äste elliptisch-herzförmig, am Grunde keilförmig oder abgerundet, bisweilen auch fast herzförmig, zugespitzt, spitz, am Rande mit abgerundeten kräftigen, am alten Holz schwächeren Sägezähnen. Kultiviert . . . . *P. balsamifera* L.

## Schlüssel zum Bestimmen der in Mitteleuropa einheimischen Pappel-Arten:

1a Borke glatt, grau. Blätter stumpf, seltener spitz, grob gezähnt oder gelappt, jederseits mit bis zu 10 Zähnen. Tragblättern der Blüten lang zottig bewimpert . . . . . . . . . . . . . . . . . . . 2

1b Borke reißend, schwärzend. Blätter zugespitzt, gekerbt-gesägt, jederseits mit bis zu 20 Zähnen. Tragblätter der Blüten kahl . . . . . . . . . . . . . . . . . . . . . . . . *P. nigra* L.

2a Blätter, wenigstens jene am Ende der Langtriebe, unterseits dauernd filzig behaart. Blattstiele seitlich kaum zusammengedrückt. Tragblätter der Blüten gezähnt oder kurz handförmig-zerschlitzt. Narben grünlich . . . . . . . . . . . . . . . . . . . . . . . . . . . . . . . . . . . . 3

2b Blätter mit Ausnahme jener der Schößlinge und jener der Langtriebe kahl. Blattstiele seitlich stark zusammengedrückt. Tragblätter der Blüten bis mehr als zur Hälfte handförmig-zerschlitzt. Narben purpurn . . . . . . . . . . . . . . . . . . . . . . . . . . . . . . . *P. tremula* L.

3a Blätter der Schößlinge und jene am Ende der Langtriebe tief handförmig 5-geteilt; Blätter der Kurztriebe dauernd filzig behaart. Tragblätter der Blüten gezähnt . . . . . . . . . . . . *P. alba* L.

3b Blätter der Schößlinge mehr oder weniger regelmäßig gezähnt, nicht oder nur sehr schwach gelappt; Blätter der Kurztriebe schließlich verkahlend. Tragblätter der Blüten kurz handförmig-zerschlitzt . . . . . . . . . . . . . . . . . . . . . . . . . . . . . . . *P. × canescens* (AIT.) SM.

**736a. P. euphratica** OLIV., Voy. Emp. Othom. 3, 449, Fig. 45, 46 (1807). Junge Zweige fein hell behaart, später kahl, stielrundlich, gelbbraun bis gelbbräunlich, oder an Schößlingen rötlich bis rot. Knospen etwa 7 mm lang, die seitlichen angedrückt, von der Farbe der Zweige, von 2 Schuppen bedeckt. Schuppen mit kahlen Rändern. Blattnarben wenig hervorragend. Blätter an strauchförmigen Exemplaren und an Schößlingen mehr oder weniger weidenartig, kurz gestielt, lanzettlich-zugespitzt bis schmallanzettlich, ganzrandig oder entfernt gezähnt; Blätter älterer baumartiger Exemplare lang gestielt, rundlich bis breit-rundlich, gezähnt, in der Jugend behaart. Diskus am Grunde der Blüten hinfällig, bis etwa zur Mitte geteilt, mit spitzen Zähnen. Männliche Blüten mit etwa 12 Staubblättern. Weibliche Blüten mit drei großen, karminroten Narben. Frucht lederartig. – Heimat: Von Nord- und Ostafrika bis China und in die Mongolei. – In Mitteleuropa gelegentlich in Gärten kultiviert.

**736b. P. angulata** AIT., Hort. Kew. 3, 407 (1789). Syn. *P. carolinensis* FOUGEROUX in Mém. Soc. agric. Paris **1786**, 90 (1787). Großer, bis fast 30 m hoher Baum mit mehr oder weniger aufsteigenden bis sparrig abstehenden Ästen und obenabgeflachter Krone. Rinde in der Jugend gelbgrün und glatt, später in eine graue, gefurchte und schuppige Borke übergehend. Knospen bis etwa 1 cm lang, 3 mm breit, fast olivgrün, sehr klebrig, mit 6–7 Schuppen, äußere Schuppen am Grunde behaart. Blätter rundlich bis dreieckig-herzförmig, deutlich länger als breit, meist 10–16 cm lang, 8–12 cm breit, gegen die Spitze deutlich bis lang zugespitzt, am Grunde herzförmig oder mitunter nur flach ausgerandet, am Rande ziemlich regelmäßig und fein gesägt, in der Jugend unterseits zerstreut behaart, später verkahlend; am Blattgrund mit 2 und mehr Drüsen; Blattstiel bis über 1 cm lang. Nebenblätter lanzettlich, bis über 1 cm lang. Tragblätter der Blüten gerade abgeschnitten, fast ganzrandig oder wellig gezähnt. Männliche Blüten mit etwa 60 Staubblättern, Staubbeutel stumpf. Weibliche Kätzchen zuletzt bis über 20 cm lang. Weibliche Blüten mit kahlem Fruchtknoten und 3–4 weit abstehenden Griffeln mit abgestutzten Narben. Kapsel eiförmig, 6–10 mm lang, 3- bis 4-klappig aufspringend, an 3–10 mm langen Fruchtstielen. – III, IV. – Heimat: Atlantisches Nordamerika südwärts bis Florida und Texas. – In Mitteleuropa neuerdings in Gärten gelegentlich kultiviert.

**736c. P. deltoides** MARSH., Arb. Amer. 106 (1785). Syn. *P. Virginiana* FOUGEROUX in Mém. Soc. agric. Paris **1786**, 87 (1787). Hochwüchsiger, in der Heimat bis 30 m hoher Baum mit mehr oder weniger aufsteigenden bis sparrig abstehenden Ästen und oben abgeflachter Krone. Rinde in der Jugend gelbgrün und glatt, später in eine graue, gefurchte

Tafel 79

### Tafel 79. Erklärung der Figuren

Fig. 1. *Populus tremula* L. (pag. 38). Zweig mit männlichen Kätzchen.
„ 1a. Junges weibliches Kätzchen.
„ 1b. Beblätterter Zweig.
„ 1c. Männliche Blüte mit Tragblatt.
„ 1d. Ältere weibliche Blüte mit Tragblatt.
„ 2. *Populus alba* L. (pag. 41). Zweig mit jungen weiblichen Kätzchen.
„ 2a. Zweig mit einem männlichen Kätzchen.

Fig. 2b. Stockausschlag.
„ 3. *Carpinus Betulus* L. (pag. 181). Zweig mit 3 jungen männlichen (unten) und einem weiblichen Kätzchen (oben).
„ 3a. Zweig mit Fruchtstand.
„ 3b. Staubblatt.
„ 3c. Frucht.
„ 3d. Same.
„ 3e. Längsschnitt durch den Samen.

und schuppige Borke übergehend. Knospen 1,5–2,5 cm lang, sehr klebrig, mit 6–7 Schuppen, äußere Schuppen am Grunde behaart. Schößlinge kantig, ihre Blätter auffallend groß im Vergleich zu den oberen Blättern. Blätter der Kurztriebe dreieckig-eiförmig, 6–12 cm lang und breit, am Grunde fast abgestutzt oder undeutlich herzförmig, gegen die Spitze zugespitzt, am Rande grob gekerbt-gezähnt, gewimpert, am Grunde mit 2–3 Drüsen; Blattstiel oberwärts flachgedrückt. Tragblätter der Blüten tief fransig zerschlitzt. Diskus am Grunde der Blüten gerade abgeschnitten, nicht zerschlitzt, fast ganzrandig oder wellig gezähnt. Männliche Blüten mit etwa 60 Staubblättern, Staubbeutel stumpf. Weibliche Blüten mit kahlem Fruchtknoten und 3–4 weit abstehenden Griffeln mit abgestutzten Narben. Kapsel eiförmig, 6–10 mm lang, 3- bis 4-klappig aufspringend, an 3–10 mm langen Fruchtstielen. – IV, V. – Heimat: Atlantisches Nordamerika vom südwestlichen Quebec bis Manitoba, südwärts bis Florida und Texas. – In Mitteleuropa seit langem in Gärten und an Wegen angepflanzt, nicht selten auch verwildernd.

**736d. Populus nigra** L., Spec. plant. 1034 (1753). Schwarz-Pappel. Dän.: Sort-Poppel. Engl.: Black Poplar. Franz.: Peuplier noir, P. commun, P. franc, Liardier, Liard. Ital.: Pioppo commune, P. nero, Papla, Albero. Sorbisch: Čorny topol. Poln.: Topola czarna. Tschech.: Topol černý. Fig. 11, 12, 13, 15e bis m.

Bis 30 m hoher, stattlicher Baum, seltener strauchartig. Stamm bis über 2 m dick, mit schwärzlicher, tiefrissiger Borke, meist durch Stammausschläge stark wulstig.

Fig. 11. *Populus nigra* L. (H. MAYER, Hann. Münden)

Zweige aufstrebend, stärkere Äste weit ausgreifend, eine breite lockere Krone bildend. Rinde anfänglich grauweiß, bald jedoch in eine tiefrissige, schwärzliche Borke übergehend. Zweige im ersten Jahre glänzend gelb bis hellbraungelb, kahl; im zweiten Jahre olivgrau mit zerstreuten Lentizellen oder Rindenporen, stets ohne Korkrippen. Blattknospen länglich-eiförmig, spitz oder zugespitzt, abstehend, Knospenschuppen 4–6, klebrig, balsamisch duftend. Blätter gestielt, dreieckig-eiförmig (Fig. 15m) bis rautenförmig, (1,5–) 5–7 (–16) cm lang, 2,5–6 cm breit, zugespitzt, am Grunde abgestutzt oder breit keilförmig bis schwach herzförmig, am Rande kerbig-gezähnt, kahl oder in der Jugend schwach behaart, oberseits lebhaft dunkelgrün, unterseits heller mit scharf hervortretenden, gelblichen Nerven; Blattstiel 2–6 cm lang, zusammengedrückt. Männliche Kätzchen walzlich, bis 9 cm lang, 1 cm im Durchmesser, anfangs dichtblütig (Fig. 15 e), später lockerer. Tragblätter der Blüten handförmig-zerschlitzt, kahl, frühzeitig – zuweilen schon während der Entfaltung des Kätzchens – abfallend, gelblichbraun bis purpurrot, am Rande mit einem niedrigen Wulst. Männliche Blüten mit 6 bis 30 Staubblättern; Staubbeutel purpurrot, nach dem Verstäuben schwärzlich, kurz gestielt; Staubfäden weiß. Weibliche Kätzchen schlanker, bis 10 cm lang, zur Fruchtzeit sich verlängernd. Tragblätter der Blüten wie bei den männlichen Kätzchen. Fruchtknoten eiförmig, etwas zugespitzt, 7–9 mm lang, fein warzig, deutlich gestielt, mit 2 Wülsten. Narben 2, gelb, dem Fruchtknoten dicht aufsitzend (Fig. 15 h). Samen hellbraun, von schneeweißer Wolle eingehüllt. – Chromosomenzahl: n = 19. – III, IV.

Vorkommen. Zerstreut in den Auenwäldern der großen Flußniederungen auf sickernassen, periodisch überschwemmten, aber lockeren und sonst gut durchlüfteten Sand- und Tonböden (Schwemmböden, Auerohböden), mäßig wärmeliebend, Charakterart des Saliceto-Populetum (Salicion, Populetalia).

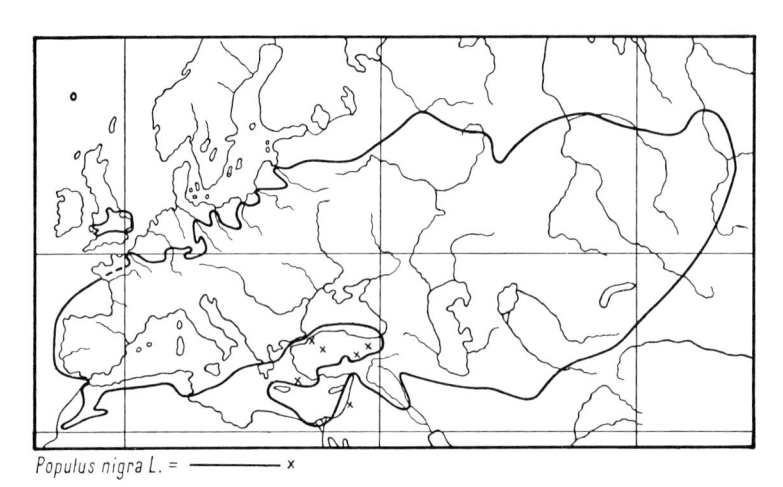

Fig. 12. Natürliche Verbreitung von *Populus nigra* L. (nach H. MEUSEL, Halle 1957)

Allgemeine Verbreitung. Mittel-, Süd- und Osteuropa; Nord- und Nordwestgrenze des ursprünglichen Verbreitungsareals, da vielfach angepflanzt und verwildert, sehr unsicher; gemäßigtes Südwest-, Nord- und Zentralasien, ostwärts bis zum Jenissei-Gebiet und in die Dsungarei, im Süden bis zum Himalaya, bis Russisch-Zentralasien, bis zum Kaukasus-Gebiet und Armenien-Kurdistan.

Verbreitung im Gebiet. Das Indigenat der Schwarz-Pappel in Mitteleuropa ist ziemlich unsicher. Es beschränkt sich wohl weitgehend auf die wärmeren Täler der Donau, des Rheins, des Mains, der Elbe, der Saale, der Oder und Weichsel. Da sie vielfach angepflanzt wird und leicht verwildert, ist es schwierig, das ursprüngliche Verbreitungsgebiet festzustellen.

Florengeschichte. Nach FIRBAS (1949) kann mit Sicherheit angenommen werden, daß *Populus nigra* wie auch *P. alba* nördlich der Alpen erst in wärmeren Abschnitten der Nacheiszeit Verbreitung gefunden haben.

Die folgenden Unterarten lassen sich unterscheiden:

1. ssp. **nigra**. Syn. ssp. *genuina* ČELAK. (1871), var. *typica* BECK (1890), var. *typica* C. K. SCHNEIDER (1904). Hauptstamm mit abstehenden bis aufwärts strebenden Ästen. Krone breit eiförmig. Blätter meist völlig kahl, die der Schößlinge meist breit, mehr oder weniger dreieckig bis dreieckig-elliptisch, am Grunde abgerundet bis undeutlich herzförmig, gegen die Spitze meist kurz zugespitzt. Blätter der Zweige älterer Äste oft klein, eiförmig-elliptisch bis mehr oder weniger dreieckig, am Grunde abgerundet bis keilförmig, kurz oder mehr oder weniger lang zugespitzt, undeutlich bis mehr oder weniger deutlich gesägt-gezähnt. Heimat: Mittel-, Süd- und Osteuropa; Südwest-, Nord- und Zentralasien. In Mitteleuropa verbreitet und sehr häufig.

In den Alpen wird sie vereinzelt bis 1400 m angetroffen, wie z. B. unterhalb Pejo in Südtirol bei 1350 m oder um Lavin im Unter-Engadin bei 1439 m. *P. nigra* entwickelt sich am besten in Ufergehölzen und Auenwäldern der Tieflandströme und Tieflandflüsse. Sie bevorzugt einen sandigen, lehmigen Boden, eine milde Lage und einen freien, lichten Standort. Auf kahlem Flußgeschiebe, auf Gerölle und Sandbrüchen gehört sie nicht selten zu den ersten Ansiedlern. Mit Erfolg kann *P. nigra* zur Bestockung alter Flußbetten, trockengelegter Teiche, zur Anpflanzung an Ufern, Dämmen usw. herangezogen werden. Auch für den Schneitelholz- und Kopfholzbetrieb erweist sie sich sehr geeignet.

2. ssp. **pyramidalis** (Roz.) Čelak. (1871). Syn. *P. nigra* L. ssp. *italica* (Duroi) v. Seemen in Aschers. u. Graebn. (1908), var. *italica* Duroi (1772), var. *pyramidalis* (Roz.) Spach (1841), *P. italica* Moench (1785), *P. pyramidalis* Roz. (nach 1786), *P. pyramidata* Moench (1794). Pyramiden-, Säulen- oder Spitz-Pappel. Die Unterart unterscheidet sich vor allem durch ihre Wuchsform von der Schwarz-Pappel. Der Baum wird bis über 30 m hoch; der Stamm teilt sich schon unterwärts und ist ebenso wie die Äste schlank und aufrecht, er verleiht dem Baum einen säulen- oder pyramidenförmigen Habitus. Zweijährige Zweige gelblich bis hellgelb. Blätter und Triebe in der Jugend schwach behaart oder kahl; Schößlingsblätter meist breit-dreieckig, am Grunde abgestutzt bis fast herzförmig; Blätter der Zweige älterer Äste am Grunde breit-keilförmig-abgerundet bis fast herzförmig. Heimat: wahrscheinlich Russisch-Turkestan oder möglicherweise auch Persien. Aus Südwestasien nach Süd- und Mitteleuropa eingeführt, vielfach kultiviert. Die Pyramiden-Pappel wird sehr häufig an Ufern, Landstraßen, in Alleen, bei Häusern, Kapellen usw. reihenweise oder einzeln angepflanzt. In den Alpentälern steigt sie vereinzelt bis etwa 1300 m hinan, so z. B. bei Nauders im Oberinntal bis 1360 m, Bagnes im Kanton Wallis bis 1320 m, bei St. Moritz sogar bis 1800 m.

Nach v. Seemen (1908) wäre die Pyramiden-Pappel schon in Dalmatien ursprünglich einheimisch gewesen, während ihre sonstige Verbreitung wie folgt angegeben wird: „östliches Europa, Orient östlich bis Turkestan, nordwestliches Asien, Nordafrika". Da die Pyramiden-Pappel vielfach kultiviert wird, ist es ziemlich schwierig, ihr ursprüngliches Verbreitungsareal heute mit Sicherheit festzustellen. Nach Toepffer (1926) verdankt die Pyramiden-Pappel den größten Teil ihres heutigen Vorkommens zweifellos der Kultur, und es mag auch bei ihr, wie bei anderen Baumrassen mit Trauerwuchs, Pyramidenwuchs, Schlitzblättrigkeit und Ähnlichem, sich um Entstehung durch einmalige Mutation und gar nicht um eine Rasse von selbständiger geographischer Verbreitung handeln. Auch die Geschichte der Einführung der Pyramiden-Pappel nach Mitteleuropa erscheint noch nicht restlos geklärt. Im allgemeinen wird angegeben, daß die Einführung um die Mitte des 18. Jahrhunderts erfolgte: am Ende des 17. Jahrhundertes kam ein Baum nach Warschau und noch vor 1745 ein männliches Exemplar aus der Lombardei nach Wörlitz bei Dessau, von welch letzterem ein großer Teil der Pyramiden-Pappeln Deutschlands abstammen soll. Ein anderer Teil der Pyramiden-Pappeln, namentlich am Mittelrhein, dürfte dagegen französischer Herkunft sein und mit den von Napoleon I. veranlaßten Anpflanzungen von Bäumen entlang der Straßen im Zusammenhang stehen. Andererseits sagt Wimmer (1905), daß schon im 10. Jahrhundert die Pyramiden-Pappel bei keinem Kloster oder Schloß fehlte. Früher wurden in Deutschland fast nur männliche Exemplare angepflanzt, welche durch Stecklinge vermehrt wurden, da abgeschnittene Zweige leicht im Boden Wurzel ausschlagen. Die ersten weiblichen Pyramiden-Pappeln werden von Frankfurt a. d. Oder (um 1870), Freiburg im Breisgau, Karlsruhe (um 1859), Waldenheim bei Straßburg, sowie von Wien (um 1859) erwähnt.

Nach Graebner (1909, 1921) ist es nicht unwahrscheinlich, daß die ausschließliche Vermehrungsart durch Stecklinge eine der Ursachen ist, welche das vielfach beobachtete Absterben bzw. die Wipfeldürre der Pyramiden-Pappel veranlaßt. Alle aus Stecklingen gezogenen Pyramiden-Pappeln sollen gleichsam Äste eines uralten Baumes darstellen, der schließlich altersschwach wird und nun Erscheinungen eines langsamen natürlichen Todes zu zeigen beginnt, wie mangelhaftes Ausreifen des Holzes, dadurch bedingte Frostempfindlichkeit der Zweige, Anfälligkeit gegenüber Parasiten usw. Graebner weist darauf hin, daß aus Oberitalien eingeführte, aus Samen gezogene Exemplare noch keine Anzeichen von Kränklichkeit zeigen, während alle gleichzeitig aus Stecklingen gezogenen dürr wurden. Fitting (1917) hingegen führt an, daß zahlreiche Pflanzen trotz fortgesetzter ungeschlechtlicher Vermehrung keine Spur von Degenerationserscheinungen zeigen, während anderseits aber auch Degeneration bei Sorten von Kulturpflanzen vorkommt, die nur durch Samen vermehrt werden. Es sei fraglich, ob bei Pflanzen von Alterserscheinungen in dem Sinne, wie sie bei Tieren vorkommen, gesprochen werden kann, oder ob nicht vielmehr den Bildungsgeweben potentielle Unsterblichkeit zugeschrieben werden muß. Die Wipfeldürre der Pyramiden-Pappeln kann vielmehr einerseits durch ungünstige Lebensverhältnisse, anderseits durch den Angriff parasitischer Pilze bzw. durch das Zusammentreffen beider Faktoren bedingt sein, macht sich doch in klimatisch günstigeren Lagen diese Erscheinung viel weniger geltend. Geisenheyner (1908) hat bei Kreuznach die Beobachtung gemacht, daß zur Wipfeldürre der Pyramiden-Pappel auch die Entziehung von Bodenfeuchtigkeit beitrage, welche durch die Regulierung der Wasserläufe und die damit verbundene Senkung des Grundwasserspiegels herbeigeführt werde. Graf Schwerin (1905) hat, von der Beobachtung ausgehend, daß südlich der Alpen im allgemeinen keine Erkrankung der Pyramiden-Pappel eintritt, die Wipfeldürre ungünstigen Lebensbedingungen zugeschrieben, in erster Linie klimatischen Einflüssen, wie Frühjahrsfrösten nach einem langen und feuchten Herbst. Der für das Absterben der Pyramiden-Pappeln in Mitteleuropa verantwortlich gemachte Pilz ist die zu den *Ascomycetes-Sphaeriales-Pleosporaceae* gehörende *Didymosphaeria populina* Vuill., doch ist nicht sicher, ob dieselbe nicht bloß von sekundärer Bedeutung ist und erst als Schwächeparasit an den bereits aus anderen Ursachen erkrankten Trieben auftritt. Erwähnt sei schließlich die Beobachtung von VUILLEMIN (1889), dem es gelang, durch Beseitigung der unteren Äste die oberen zu retten und das Absterben des Wipfels hintanzuhalten. – Die Pyramiden-Pappel ist jedenfalls gegen Fröste und gegen die Winterkälte viel empfindlicher als ihre Stammart. Vom Sturm wird sie leicht niedergeschlagen, auch der Blitzgefahr namentlich im Freistand ist sie vielmehr ausgesetzt; sie wird deshalb oft bei einsamen Höfen angepflanzt.

Eine dritte Rasse, ssp. **betulifolia** (PURSH) W. WETTSTEIN (1952). Syn. *P. hudsonica* MICHX. fil. (1813), *P. betulifolia* PURSH (1814), *P. nigra* L. var. *betulifolia* (PURSH) TORREY (1843), hat sich in England und in einem Großteil von Frankreich, sowie im östlichen Nordamerika eingebürgert. Diese Rasse wird nur gelegentlich in Mitteleuropa, wie z. B. im Botanischen Garten in Wien, kultiviert.

Volksnamen. Der Name Pappel (ahd. popel, papilboum, mhd. popel, papel) ist entlehnt aus dem lat. populus (mlat. papulus) ‚Pappel'. Niederdeutsche Formen sind Poppel und Pöppel. Der Name Schwarzpappel (im Gegensatz zur Weiß-Pappel, *P. alba*) für unsere Art geht darauf zurück, daß die anfänglich graue Rinde später in eine schwärzliche Borke übergeht. Vereinzelt heißt die Schwarz-Pappel auch Muckenbaum (Taubergrund, Henneberg), vielleicht, weil sich viele Insekten in ihrem Laub aufhalten. Zu Alber und Belle vgl. *Populus alba*.

Auf die Wuchsform gehen Namen wie Pyramiden- und Spitz-Pappel, auf die Herkunft italienische, welsche, lombardische Pappel zurück. Andere Bezeichnungen sind noch Chausseepappel (Brandenburg, Minden), Napoleonsbaum, -wi(wei)de (Birkenfeld) (Napoleon I. ließ den Baum an den Landstraßen anpflanzen).

**736 e. P. tristis** FISCH., Bull. Sc. Acad. Imp. Pétersb. 9, 343 (1842). Ziemlich kleiner Baum mit sparrigen Zweigen und dunkler Belaubung. Einjährige Zweige in der Jugend fein behaart, später glänzend dunkelbraunrot. Schößlinge fast stielrund oder doch kaum kantig. Knospen bis 2,5 cm lang, Knospenschuppen locker anliegend, sehr klebrig. Schößlingsblätter fast dreieckig, am Grunde schwach herzförmig, gegen die Spitze zu spitz zugespitzt; Blätter der mittellangen Triebe ungleich-rhombisch-lanzettlich, am Grunde keilförmig, gegen die Spitze zu schwach zugespitzt; Blätter der kürzeren Zweige älterer Äste fast dreieckig, am Grunde schwach-herzförmig-gestutzt, gegen die Spitze zu spitz zugespitzt, am Rande deutlich gesägt-gezähnt; alle Blätter unterseits weißlich oder rötlich. Tragblätter der Blüten zerschlitzt. Männliche Blüten mit zahlreichen Staubblättern. Weibliche Blüten mit meist breit lappigen Narben; Fruchtknoten und Kapseln kahl, 2- bis 4-klappig aufspringend. – Heimat: Östliches Asien. – In Mitteleuropa gelegentlich in Gärten kultiviert.

Fig. 13. *Populus nigra* L. ssp. *pyramidalis* (ROZ.) ČELAK. (Aufn. K. MÜLLER, Bavaria)

**736 f. P. laurifolia** LEDEB., Fl. Alt. **4**, 297 (1833). Strauch- oder baumförmig. In der Heimat bis gegen 30 m hoher Baum mit sparriger, großer Krone. Rinde frühzeitig borkig-rissig, graubraun. Einjährige Zweige kahl, zweijährige Zweige grau, mehr oder minder flügelig kantig, hellgraugelb, mit vielen aber wenig auffälligen Lentizellen, meist reich verzweigt. Schößlinge behaart, deutlich kantig, im Querschnitt vielkantig, mit einem schmalen Flügel auf jeder Kante. Knospen etwa 1 cm lang, klebrig, stark duftend, gelbbraun bis dunkelbraun. Schößlingsblätter mehr verlängert oder kaum breiter als die der Zweige älterer Äste, meist dreieckig-lanzettlich, am Grunde abgerundet-gestutzt, gegen die Spitze zugespitzt; Blätter der mittellangen Triebe rhombisch, am Grunde keilförmig, gegen die Spitze schwach zugespitzt, nur sehr kurz gestielt; Blätter der Zweige älterer Äste rundlich-eiförmig bis länglich, am Grunde abgerundet, gegen die Spitze ziemlich plötzlich zugespitzt, am Rande gewimpert, gesägt-gezähnt mit sehr feinen, spitzen, sehr drüsigen Sägezähnen, fast sitzend; alle Blätter oberseits leuchtend grün, unterseits weiß oder weißlichgrau. Männliche Kätzchen bis 8 cm lang; männliche Blüten mit 20–30 Staubblättern. Tragblätter der männlichen wie der weiblichen Blüten zerschlitzt. Weibliche Kätzchen bis 12 cm lang; weibliche Blüten mit breitlappiger Narbe. Kapseln rundlich elliptisch, ziemlich derb. – V. – Heimat: Sibirien. – In Mitteleuropa gelegentlich in Gärten wegen der lorbeerähnlichen Blätter kultiviert.

**736 g. P. Simonii** CARR., Rev. Hort. 1867, 360 (1867). Mittelhoher Baum. Einjährige Zweige mehr oder weniger stark bis flügelig kantig, oliv- oder rotbraun, mit hellen Lentizellen. Knospen ziemlich gleich groß, etwa 7 mm lang, von gleicher Farbe wie die Zweige, klebrig. Schößlinge deutlich kantig, im Querschnitt vielkantig, mit einem schmalen Flügel auf jeder Kante. Schößlingsblätter mehr verlängert und kaum breiter als die der Zweige älterer Äste, rhombisch-elliptisch, am Grunde keilförmig, gegen die Spitze schwach zugespitzt; Blätter der mittellangen Triebe verkehrt-eiförmig-lanzettlich, am Grunde stark keilförmig, gegen die Spitze zu abgerundet und plötzlich zugespitzt, nur sehr kurz gestielt; Blätter kurzer Zweige älterer Äste eiförmig, am Grunde keilförmig, gegen die Spitze plötzlich stachelspitzig zugespitzt, am Rande fein gesägt-gezähnt, gewimpert, später kahl; Blattstiele in der Jugend behaart, später kahl. Tragblätter der männlichen und weiblichen Blüten zerschlitzt. Männliche Blüten mit zahlreichen Staubblättern. Weibliche Blüten mit breitlappiger Narbe. Kapseln rundlich-elliptisch, ziemlich derb. – Heimat: Nord-China. – In Mitteleuropa gelegentlich kultiviert, in der Steiermark auch im Waldbau verwendet.

**736 h. P. balsamifera** L., Spec. plant. 1034 (1753). Ziemlich kräftiger, bis über 30 m hoher Baum. Stamm bis 2 m im Durchmesser, mit aufstrebenden Ästen, daher mit ziemlich schmaler Krone. Rinde grau, stark rissig. Junge Zweige rund, glatt, bräunlichgrün, mit deutlichen Lentizellen, kahl. Knospen von der Farbe der Zweige, gerade oder mehr oder minder gebogen, bis 1,5 cm lang, mit 3–5, die endständigen stets mit 5 stark klebrigen Schuppen. Blätter anfangs klebrig, unterseits hellrötlich oder gelblich, die der Schößlinge elliptisch-lanzettlich, am Grunde abgerundet, vom Grunde an verschmälert, spitz, sehr wenig zugespitzt; Blätter der mittellangen Zweige älterer Äste breit lanzettlich bis eiförmig, am Grunde fast keilförmig bis abgerundet oder undeutlich herzförmig, gegen die Spitze zugespitzt, am Rande undeutlich gekerbt-gezähnelt, kahl, oberseits metallisch glänzend, unterseits bleich; Blattstiel stielrund. Männliche Kätzchen 6–10 cm lang; männliche Blüten mit 12–30 Staubblättern. Tragblätter der männlichen Blüten tief handförmig zerschlitzt. Diskus am Grunde der Blüten schief abgeschnitten, ganzrandig. Weibliche Kätzchen zuletzt bis 15 cm lang; Fruchtknoten kahl, Narben 2, fast sitzend, breit abgestutzt. Tragblätter am Diskus der weiblichen Blüten wie bei den männlichen. Kapsel eiförmig, 5–8 mm lang, 2-klappig aufspringend. – Chromosomenzahl: $n = 19, (38)$. – V, VI. – Heimat: Nordamerika von Labrador bis Alaska, südlich bis Neufundland, Neuschottland, Neuengland, New York, Ontario, Michigan, Wisconsin, Minnesota, nordwestliches Nebraska und Colorado. – In Mitteleuropa seit 1731 in Kultur und stellenweise seit langem verwildert (ASCHERSON).

**736 i. P. suaveolens** FISCH., Bull. Sc. Acad. Imp. Pétersb. 9, 348 (1842). Bis über 15 m hoher Baum. Einjährige Zweige gelbgrau bis gelbbraun, in der Jugend zerstreut behaart. Knospen olivbräunlich, 8–15 mm lang. Schößlinge fast stielrund. Blätter in der Jugend gewimpert, unterseits weiß oder weißlich; Schößlingsblätter im Verhältnis besonders am Grunde schmäler als die der Kurzzweige älterer Äste, eiförmig-rhombisch, am Grunde breit keilförmig, gegen die Spitze zu schwach und plötzlich zugespitzt; Blätter der mittellangen Zweige lanzettlich bis fast verkehrteiförmig, am Grunde abgerundet und in der Nähe des Blattstieles etwas geöhrt, gegen die Spitze zu abgerundet und sehr plötzlich kurz zugespitzt, am Rande gesägt-gezähnt mit feinen, etwas krausen Sägezähnen; Blattstiel äußerst kurz. Kätzchen etwa 2–3 cm lang. Männliche Blüten mit 18–25 Staubblättern. Tragblätter der männlichen wie auch der weiblichen Blüten zerschlitzt. Weibliche Kätzchen zuletzt im Fruchtzustand bis 10 cm lang; weibliche Blüten mit breitlappiger Narbe. Kapseln rundlich-elliptisch, ziemlich dick und derb, sitzend. – Heimat: Von Turkestan bis Ostasien. – In Mitteleuropa seit langem in Gärten kultiviert.

**736 k. P. trichocarpa** TORR. ET GRAY in HOOKER, Icones 9, tab. 878 (1852). Bis zu 60 m hoher, vom Grunde an verästelter, schlanker Baum mit stark nach oben verjüngtem Stamm; dieser mit hellgrauer, schon an jungen Stämmen abblätternder Rinde. Zweige in der Jugend fein behaart, später kahl, auch die oberen kantig, im ersten Jahr olivbraun, zweijährig graugelb, rundlich. Knospen mehr oder minder den Zweigen anliegend, bis 12 mm lang, klebrig, sehr stark duftend, kahl oder zerstreut behaart, von der Farbe der Zweige. Schößlinge deutlich kantig. Schößlingsblätter verhältnismäßig weniger breit als die der Zweige älterer Äste, dreieckig-elliptisch, am Grunde gestutzt, gegen die Spitze schwach zugespitzt, fast stumpf; Blätter der mittellangen Triebe elliptisch, spitz; Blätter der Zweige älterer Äste breit herzförmig mit tiefem, breitem Herzausschnitt, gegen die Spitze zu schwach zugespitzt, am Rande schwach gesägt-gezähnt; alle Blätter oberseits frisch grün, unterseits weißlich bis schwach rötlich, ziemlich lang gestielt. Männliche Kätzchen bis 6 cm lang; männliche Blüten mit 40–60 Staubblättern. Tragblätter der männlichen, wie der weiblichen Blüten zerschlitzt. Weibliche Kätzchen bis 9 cm, zuletzt bis 12 cm lang; Fruchtknoten behaart mit 3 breitlappigen Narben. Kapsel dicht behaart, rundlich-elliptisch, ziemlich derb. – III, IV. – Heimat: Pazifisches Nordamerika vom südlichen Alaska bis Nord-Kalifornien. – In Mitteleuropa nicht selten kultiviert.

**736 l. P. heterophylla** L., Spec. plant. 1034 (1753). Bei uns in Kultur meist nur strauchförmig, in der Heimat bis 30 m hoher Baum mit gesprenkelter, trüb brauner, frühzeitig reißender Rinde und dicken, kräftigen, stumpfkantigen Zweigen. Junge Zweige weißlich-filzig behaart, später kahl und glänzend, oliv- bis rotbraun. Knospen 1–1,5 cm lang, weißgrau filzig. Schößlingsblätter fast dreieckig-herzförmig, am Grunde mit 2 Läppchen, gegen die Spitze zu stumpf, verhältnismäßig nicht länger als die übrigen Blätter gestielt; Blätter der kürzeren Zweige älterer Äste breit eiförmig, am Grunde herzförmig, gegen die Spitze zu abgerundet stumpf, etwa 12–20 cm lang und über 10 cm breit, am Rande fein gekerbt-gesägt, in der Jugend filzig-behaart, später verkahlend, oberseits mit Ausnahme des Blattgrundes, unterseits mit Ausnahme der kräftigeren ausgeprägten Nerven fast kahl; Blattstiel bis 10 cm lang, stielrund oder oberwärts flach gedrückt. Männliche Kätzchen aufrecht, später herabhängend; Tragblätter lang gefranst; männliche

Blüten mit 12–20 Staubblättern auf nahezu symmetrischem, niedrigem Diskus, Staubbeutel zugespitzt. Weibliche Kätzchen lockerblütig; Tragblätter lang gefranst; Diskus der weiblichen Blüten ein tief gelappter Becher, welcher halb so hoch ist wie der Fruchtknoten; Fruchtknoten kugelig-eiförmig, mit langem, dünnem Griffel, Narbe mit tief gelappten Ästen; Blütenstiel so lang wie der Fruchtknoten, zuletzt bis fast 2 cm lang. Kapsel eiförmig, 0,8–1,2 cm lang. – III, IV. – Heimat: Atlantisches Nordamerika, vom nördlichen Florida bis Boston, westwärts bis Ohio. – In Europa seit 1765 angepflanzt, aber in den meisten nördlicheren Gegenden empfindlich und meist nur strauchartig.

**737a. Populus tremula** L., Spec. plant. 1034 (1753). Syn. *P. australis* TEN. (1830), *P. graeca* GRISEB. (1844), non AIT. Zitter-Pappel, Espe, Aspe. Dän.: Baevre-Asp. Engl.: Aspen. Franz.: Tremble, Peublier tremble. Ital.: Tremolo, Pioppo tremolo, Alberello, Albera, Populo montano. Sorbisch: Wosyca, Libotaty topol. Poln.: Topola osika. Tschech.: Topol osika. Taf. 79, Fig. 1; Fig. 14, 15 a bis d.

Mittelhoher, bis 10(–30) m hoher Baum. Stamm anfänglich glatt, gelbbraun berindet, später mehr oder weniger schwarzgrau borkig. Junge Zweige kahl oder mehr oder weniger behaart, im ersten Jahr rundlich, glänzend, gelbbraun, im zweiten Jahr meist oliv- oder schwärzlichgrau und mit deutlichen Lentizellen besetzt. Blattknospen meist etwa 6–7 mm lang, 3–5 mm dick, spitzlich, braun, mitunter mehr oder weniger klebrig, oberwärts meist fein behaart, von meist 4 gewimperten Schuppen bedeckt; Blüten enthaltende Knospen meist eiförmig-kugelig. Blätter lang gestielt, eiförmig bis fast kreisrund, meist etwas breiter als lang, 3–7 cm lang, 3–8 cm breit, selten bis zu 15 cm lang und mehr oder weniger ebenso breit, am Rande grob ausgeschweift stumpf gezähnt, an der Spitze stumpf, am Grunde meist gestutzt oder etwas herzförmig, in der Jugend seidenhaarig zottig, später ganz kahl, oberseits lebhaft grün, glänzend, unterseits hellgrün mit zierlichem Adernetz, selten am Grunde mit Drüsen; Blattstiel bis 6(–8) cm lang, seitlich flach gedrückt. Blätter an Stockausschlägen und Wurzeltrieben größer, unregelmäßiger und gewöhnlich samt den Stielen kurz weichhaarig. Kätzchen 4–11 cm lang, bis 2 cm im Durchmesser, zunächst in den dichten Pelz der Tragblätter der Blüten eingehüllt (Taf. 79, Fig. 1 a; 15 a, c) und mehr oder weniger eingekrümmt, später schlaff herabhängend (Fig. 15 a), dichtblütig. Tragblätter dunkelbraun bis schwärzlichbraun, handförmig zerschlitzt, dicht grau zottig gewimpert (Fig. 15 b, c). Männliche Blüten mit 4–12 Staubblättern; Staubbeutel vor der Anthese purpurn, später sich entfärbend. Weibliche Blüten mit lebhaft grünem Fruchtknoten, dieser kegelförmig, spitz, sehr kurz gestielt, am Grunde von dem bleichgrünen, kahlen oder am Rande wenig gewimperten Diskus umgeben (Taf. 79, Fig. 1 d); Narben 2, zierlich gelappt (Fig. 15 b), purpurrot. – Chromosomenzahl: n = 19, 57/2. – III, IV.

Vorkommen. In lichten Waldgesellschaften, auf Schlägen, Ödländereien, an Wald- und Wegrainen, auch auf Stein-

Fig. 14. *Populus tremula* L. (Aufn. H. MEYER)

schutthalden als Waldpionier (Vorholz) über Grundgesteinsunterlagen aller Art, mit Vorzug aber auf nicht zu basenarmen, lockeren, grundfrischen und sommerwarmen Lehm- und Sandböden, mit einem Verbreitungsschwerpunkt im östlichen Europa, hier z. T. fester hochwüchsiger Bestandteil von Laubmischwäldern.

Allgemeine Verbreitung. Europa von Island, Skandinavien (nördlich bis 70° 55′ n. Br. in Norwegen) und Nord-Rußland südwärts bis in die südliche Pyrenäenhalbinsel, Sizilien, südliche Balkanhalbinsel und Griechenland sowie bis zum Kaukasus; Südwestasien (Kleinasien), gemäßigtes Nord-, Zentral- und Ostasien südwärts bzw. südostwärts bis Russisch-Zentralasien, bis in die Dsungarei, Mongolei, Mandschurei und bis nach Japan; Nordwestafrika (Algerien).

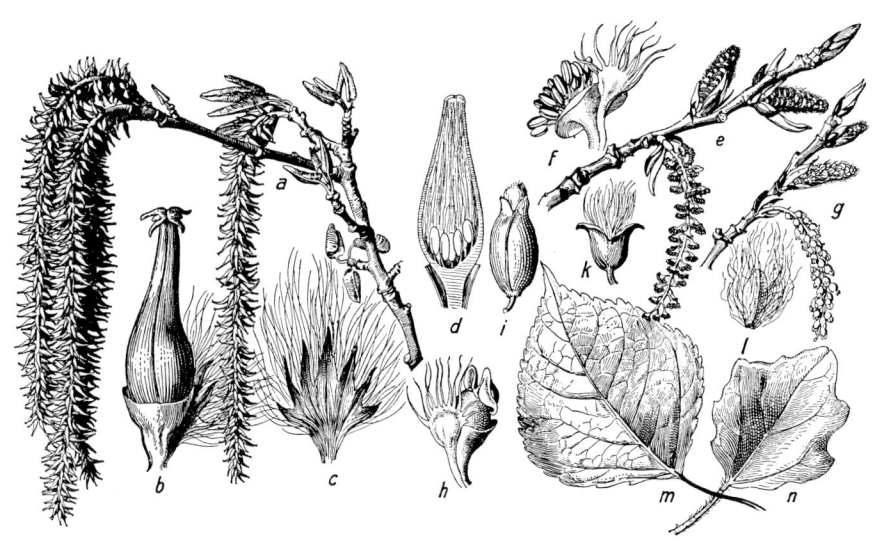

Fig. 15. *a* bis *d Populus tremula* L. *a* Zweig mit weiblichen Kätzchen. *b* Weibliche Blüte mit Tragblatt. *c* Tragblatt. *d* Längsschnitt durch den Fruchtknoten. – *e* bis *m Populus nigra* L. *e* Zweig mit männlichen Kätzchen. *f* Männliche Blüte mit Tragblatt. *g* Zweig mit weiblichen Kätzchen. *h* Weibliche Blüte mit Tragblatt. *i, k* Halbreife und reife Frucht. *l* Same mit Haarschopf. *m* Laubblatt. – *n* Normales Laubblatt von *Populus alba* L.

Verbreitung im Gebiet. Ziemlich allgemein verbreitet vom Norddeutschen Tiefland über die Deutschen Mittelgebirge, das Süddeutsche Becken- und Stufenland bis in die Voralpen und in die obere Bergstufe der Alpen, vereinzelt bis 1800 m, selten bis etwa 2000 m ansteigend, so z. B. im Kt. Wallis noch bei 2090 m.

Ändert etwas ab: 1. var. *tremula*. Syn. var. *typica* KOEHNE. Schößlingsblätter meist dreieckig-elliptisch, am Grunde gestutzt, ziemlich stark zugespitzt, mit ziemlich regelmäßigen kleinen Sägezähnen, später unterseits meist ganz oder fast ganz kahl. Blätter der Zweige älterer Äste fast rundlich, am Grunde gestutzt und ganzrandig, oberwärts sehr kurz zugespitzt, seitlich mit ziemlich kräftigen Zähnen. Verbreitet, sehr häufig.

2. var. *Freynii* HERVIER. Schößlingsblätter ziemlich lang-dreieckig, am Grunde schwach herzförmig, zugespitzt, mit ziemlich regelmäßigen kleinen Sägezähnen, auch später unterseits zerstreut behaart. Blätter der Zweige älterer Äste eiförmig bis dreieckig oder rhombisch, am Grunde deutlich keilförmig, spitz bis zugespitzt, seitlich mit etwas unregelmäßigen, entfernten Sägezähnen, anfangs gewimpert und unterseits behaart. Selten in Ost- und Westpreußen.

3. var. *villosa* LÅNG. Zweige in der Jugend dicht seidig glänzend. Schößlingsblätter dreieckig, am Grunde meist herzförmig, seltener abgerundet, gegen die Spitze meist etwas zugespitzt, am Rand unregelmäßig gezähnt, auch zuletzt unterseits mit zahlreichen Haaren. Blätter der Zweige älterer Äste fast kreisrund, am Grunde etwas gestutzt und ganzrandig, gegen die Spitze sehr kurz zugespitzt, am Rande mit meist zurückgekrümmten, kräftigen, oberwärts kleineren Zähnen. Zerstreut.

Ökologie. *Populus tremula* ist diejenige unserer Pappel-Arten, welche am meisten den Charakter eines Waldbaumes besitzt. Allerdings tritt sie in Mitteleuropa niemals in solcher Ausdehnung wie in Polen oder in den baltischen Ländern auf, wo sie teils rein, teils in Gesellschaft von Birken oder Erlen oft große Bestände bildet. Bei uns kommt die Zitterpappel meist nur als Vor- oder Unterholz in den Wäldern des Tieflandes und der Hügel- und Bergstufe vor. *P. tremula* zeigt weitgehende Anspruchslosigkeit an Boden und Klima. Sie gedeiht auch auf Sand- und Moorboden, in kühlem und warmem Klima. Ihre beste Entwicklung zeigt sie allerdings auf einem humusreichen, frischen Waldboden oder auf einem humosen, lehmigen Sandboden in einem mäßig warmen, luftfeuchten Klima. In trockenen, sonnigen den Winden ausgesetzten Lagen wie auch auf den Mooren bleibt sie niedrig, strauchartig, zeigt einen krüppelhaften, untersetzten, unregelmäßigen Wuchs, einen kurzen dicken Stamm und eine starke, kurzgliederige Verzweigung. In den Waldgesellschaften des nord- und mitteldeutschen Flach- und Hügellandes gewinnt sie von West nach Ost hinsichtlich Verbreitung und Bonität zunehmend an Bedeutung. In Nordwestdeutschland wird sie von TÜXEN als „Verbandskennart der Eichen-Birken-Wälder (Quercion roboris-sessiliflorae [MALC.] BR.-BL.)" angegeben, in den östlich anschließenden Gebieten erreicht sie ihre optimale Entwicklung in den besseren Kiefern-, Hainbuchen- und Winterlinden-reichen Eichenmischwäldern.

Florengeschichte. Die nacheiszeitliche Wiederausbreitung von *Populus tremula* in eisfrei gewordene Gebiete Mittel- und Nordeuropas erfolgte nachweislich schon während des Spätglazials. Die bisher ältesten Belege z. B. für Ostpreußen, Kiel und Hamburg reichen in die Allerödzeit zurück. Nach FIRBAS (1949) ist es nicht ausgeschlossen, daß Zitterpappeln mancherorts in Mitteleuropa die letzte Eiszeit überdauert haben.

Nutzen. Die forstliche Bedeutung der Zitter-Pappel ist ständig im Steigen begriffen; ihr Holz dient einerseits als Pionierholz, andererseits als Zündholz. Um dem Holz eine größere Festigkeit verleihen, wird in Rußland der Stamm im Frühjahr entrindet, jedoch erst im nächsten Jahr geschlagen. Das Vermögen, Wurzelschößlinge zu bilden, ist bei *P. tremula* sehr stark ausgebildet.

Volksnamen. Der Name Espe (ahd. aspa, mhd. espe) erscheint (mit Umstellung der Konsonanten) auch in außergermanischen Sprachen, z. B. in lett. apsa, altpreußisch abse, was auf ein indogermanisches apsā hindeutet. Eine ältere Wortform (jetzt noch vielfach in der Mundart) ist Aspe. In den volkstümlichen Bezeichnungen wird oft zwischen Espe und Esche (*Fraxinus excelsior*) nicht unterschieden. Bayerische Namen (besonders in Österreich, Kärnten) für den Baum sind Aspolter, Aspalter, Agspalter. In der letzten Silbe haben wir das alte Baumsuffix -tra, -ter (vgl. schwed. träd, engl. tree ‚Baum') vor uns, vgl. etwa kärntnerisch Apfalter (ahd. affoltra) ‚Apfelbaum'. Nach den beim leisesten Luftzug zitternden bzw. raschelnden Blättern heißt der Baum Zitterpappel (allgemein), Zitterbell (Pfalz) [zu -bell s. *Populus alba*], Bäwerke, Bäweresch (vgl. dazu auch dän. bevcrasp), Bäfeske (niederdeutsch) [zu „beben"], Wiewespe (Westfalen), Bibbel (rheinisch) [zu bibbeln ‚zittern'], Flitter, Flider (Österreich), Flitteresche, Flittereske, Fledderesch (niederdeutsch) [zu fliddern ‚sich hin und her bewegen, flattern'], Fluderesch (Pommern), Flinner, Flinneresch (Thüringer Wald) [flinnern ‚flattern'], Klinkereschen (Hannover) [zu klinkern ‚baumeln'], Klitterpöppel [-pappel] (Ostfriesland) [zu klittern ‚rasseln']. Nach der Verwendung des Holzes heißt der Baum auch Löffelholt (Göttingen), Kochlöffelholz (Pfalz). Merkwürdige, noch nicht ganz geklärte Namen sind Kakfiste (niederrheinisch) und Koltkutte, Kalkudden (Westfalen).

Nach einer weitverbreiteten Legende müssen die Espenblätter deswegen immer zittern, weil der Baum unbeweglich blieb und sich nicht neigte, als Christus am Kreuze starb, nach einer anderen Fassung, als Christus und die Gottesmutter durch den Wald gingen. Die bekannte Redensart „zittern wie Espenlaub" findet sich schon bei Luther in der Form „pampeln und schweben wie ein Espenlaub".

**737 b. P. Sieboldii** MIQ., Ann. Mus. Lugd. Bat. 3, 29 (1867). Mittelhoher Baum. Junge Zweige behaart, später kahl, schwach kantig. Knospen glänzend. Schößlingsblätter meist dreieckig-herzförmig, am Grunde mehr oder weniger breit-herzförmig, gegen die Spitze zugespitzt, schwach gezähnt mit kleinen Zähnen, auch unterseits zuletzt meist nur spärlich behaart; Blätter der Zweige älterer Äste meist fast rundlich bis mehr oder weniger länglich, am Grunde gestutzt, selten schwach herzförmig, gegen die Spitze hin nur schwach, selten länger zugespitzt, in der Jugend beiderseits, später nur unterseits weißseidig behaart, zuletzt unterseits grauzottig bis fast kahl, Blattrand fein und gleichmäßig gesägt; Drüsen am Blattgrunde stets deutlich; Blattstiel meist mehr oder weniger stielrundlich und behaart. Tragblätter der Blüten tief geteilt. Diskus am Grunde der Blüten kahl. Männliche Blüten mit 5–20 Staubblättern. Weibliche Blüten mit hellrosa bis roten Narben. Früchte klein und verlängert. – IV. – Heimat: Japan, Korea, ostsibirisches Küstengebiet. – In Mitteleuropa gelegentlich in Gärten kultiviert.

**737c. P. tremuloides** MICHX., Fl. Bor. Amer. 2, 243 (1803). Mitunter bis 30 m hoher Baum. Zweige in der Jugend zerstreut behaart, später dunkelrotbraun, im zweiten Jahr graubraun mit wenig auffallenden Lentizellen. Blattknospen spitz, kegelförmig, meist 7–9 mm lang, 3 mm im Durchmesser, meist etwas abstehend, nur an den Schößlingen anliegend, fein klebrig, mit 4–6, rot- bis gelbbraunen Schuppen. Blütenknospen kürzer. Schößlingsblätter groß, fast quadratisch, am Grunde ganz schwach keilförmig, gegen die Spitze zugespitzt, mit meist kleinen ziemlich unregelmäßigen Zähnen, in der Jugend gewimpert, später kahl, unterseits gelblichgrün; Blätter der Zweige älterer Äste rhombisch-elliptisch, am Grunde schwach herzförmig bis schwach keilförmig, sehr kurz zugespitzt, fast stachelspitzig, meist 3–6 cm lang, seltener viel länger, mitunter sehr klein, unterseits gelblichgrün bis schwach bläulichgrün, mit sehr kleinen, oft undeutlichen Zähnen, am Blattgrunde häufig mit 2 Drüsen; Blattstiel bis fast 10 cm lang, seitlich stark zusammengedrückt. Männliche Kätzchen etwa 7 cm, weibliche Kätzchen etwa 5 cm, später bis über 10 cm lang. Tragblätter der Blüten tief geteilt. Diskus am Grunde der Blüten kahl. Männliche Blüten mit 6–15 Staubblättern.

Weibliche Blüten mit hellrosa bis roten Narben. Früchte klein, verlängert. – III, IV, (V). – Heimat: Nordamerika von Labrador bis Alaska, südwärts bis Neufundland, Neuschottland, Neuengland, Long Island, Virginia, Tennessee, Montana und Alberta. – In Mitteleuropa seit etwa 150 Jahren kultiviert.

**737 d. P. grandidentata** MICHX., Fl. bor. Amer. 2, 243 (1803). In der Heimat bis 20 m hoher Baum. Rinde glatt, graugrün, am Grunde älterer Stämme borkig. Zweige in der Jugend filzig behaart, später meist kahl, mehr oder weniger glänzend braunrot; zweijährige Zweige graubraun. Blattknospen graulich behaart. Blätter in der Jugend behaart, bald verkahlend, nur an den Schößlingen mitunter bleibend behaart; Schößlingsblätter sehr groß, dreieckig, am Grunde abgerundet-gestutzt, zugespitzt, sehr unregelmäßig gezähnt; Blätter der Zweige älterer Äste meist rundlich-eiförmig, gegen die Spitze zu zugespitzt, am Grunde breit keilförmig und ganzrandig sowie mit Drüsen besetzt, oberwärts gesägt-gezähnt mit sehr starken, spitzen, jederseits 5–15 Sägezähnen. Kätzchen bis fast 10 cm lang, die weiblichen später verlängert. Tragblätter der Blüten tief geteilt. Diskus am Grunde der Blüten behaart. Männliche Blüten mit 6–12 Staubblättern. Weibliche Blüten mit behaartem Fruchtknoten bzw. behaarter Kapsel an behaartem Fruchtknotenstiel. Narbe am Grunde nicht verbreitert und zurückgebogen, hellrosa bis rot. Kapsel etwa 6 mm lang, verlängert. – III, IV. – Heimat: Atlantisches Nordamerika vom südlichen Quebec bis zum südlichen Ontario und Minnesota, südwärts bis Neuschottland, Neuengland und North Carolina, Tennessee und zum nordöstlichen Montana. – In Mitteleuropa gelegentlich in Gärten kultiviert.

**737 e. P. tomentosa** CARR., Rev. Hort. 1867, 340 (1867). Ziemlich stark wüchsiger Baum mit glattem, weißlichgrünem Stamm. Junge Zweige dicht weißfilzig; einjährige Zweige stielrundlich, glänzend olivgrün bis bräunlich. Schößlingsblätter nie gelappt, dreieckig, am Grunde gestutzt und schwach herzförmig, gegen die Spitze hin zugespitzt, spitz und unregelmäßig sägezähnig, unterseits grauflockig, oberseits glänzend; Blätter der Zweige älterer Äste meist in der Form denen von *P. tremula* ähnlich, schwach dreieckig, spitz grob und buchtig-sägezähnig, oberseits sattgrün, unterseits mehr oder minder grauflockig; Blattstiel seitlich stark zusammengedrückt; Blattdrüsen hervorragend, beckenförmig, oft auf den Blattstiel herabgerückt. Kätzchen dichter als bei *P. alba*. Diskus am Grunde der Blüten schief abgeschnitten. Männliche Blüten mit 5–20 Staubblättern. Weibliche Blüten mit hellrosa bis roten Narben. Früchte klein. – III. – Heimat: China. – In Mitteleuropa gelegentlich in Gärten kultiviert.

**738. Populus alba** L., Spec. plant. 1034 (1753). Silber-Pappel, Weiß-Pappel. Dän.: Sölvpoppel. Engl.: White Poplar, Abele. Franz.: Peublier blanc, Ypréau, Blanc de Hollande. Ital.: Pioppo bianco, Gattice, Alberello; Pobbia (Tessin). Sorbisch: Bely topol. Poln.: Topola biała. Tschech.: Topol linda. Taf. 79, Fig. 2, Taf. 77, Fig. 23, 24; Fig. 15n, 16.

Achtzehn bis über dreißig Meter hoher Baum mit hellweißgrauer, im Alter rissiger Rinde. Krone gewöhnlich breitrundlich (Fig. 16), seltener pyramidenförmig. Junge Äste, Knospen und Blattstiele grau- oder schneeweiß-filzig, die einjährigen Zweige stielrund, unter dem sich ablösenden Filz glänzend olivbraun bis grau. Winterknospen eiförmig, spitzlich, meist von etwa 5–6 Schuppen bedeckt, behaart, seltener kahl und nur am Rande gewimpert. Blätter gestielt, rundlich-eiförmig bis 5-lappig, länger als breit, 4–8 (–10) cm lang, 3–6 cm breit, buchtig gelappt, besonders die der Schößlinge und Stockausschläge, am Grunde meist etwas herzförmig, oberseits glänzend dunkelgrün, fast kahl, unterseits mehr oder weniger dicht schneeweißfilzig, selten gräulich-filzig, allmählich verkahlend; Blattstiel 2–3 cm lang, bei Schößlingen länger, bis 17 cm lang, seitlich zusammengedrückt, anfangs graufilzig, später hellgrün. Männliche Kätzchen 3–7 cm lang, dick. Tragblätter der Blüten elliptisch bis keilförmig-elliptisch, ungleich gezähnt bis fast ganzrandig, spärlich zottig gewimpert, rostfarben. Staubblätter (3–) 6–8 (–10) (Taf. 77, Fig. 23); Staubbeutel zuerst hellpurpurn, später gelb, so lang wie die Staubfäden (Taf. 77, Fig. 23). Weibliche Kätzchen etwas kürzer als die männlichen. Fruchtknoten kegelförmig, länglich, kurz gestielt. Narben 2, rosarot oder gelblich, Narbenäste kreuzförmig gestellt und schlank (Taf. 77, Fig. 24). Samen länglichbirnförmig, am Grunde haarschopfig. – Chromosomenzahl n = 19, 57/2. – III, IV (V).

Vorkommen. Zerstreut in den Auenwäldern der großen Stromtäler vor allem des südlichen Europa, kann im Gegensatz zu *Populus nigra* mehr trockene Böden ertragen und bevorzugt die kalk- und nährstoffreichen, nur noch episodisch überschwemmten, grundfeuchten, aber sommerlich oberflächlich oft trockenfallenden Tone, Sande oder Kiese (Auerohböden) der Hartholzaue, im südlichen Mitteleuropa Charakterart des Fraxino-Ulmetum (Alno-Ulmion, Populetalia), im Mittelmeergebiet bestandbildend im Populetum albae (Populion, Populetalia), wärmeliebend, vielfach auch angepflanzt und verwildernd, z. B. auf Schuttplätzen.

Allgemeine Verbreitung. Mittel-, Süd- und Osteuropa vom südlichen Deutschland, Italien und Sizilien (zweifelhaft, ob auf der Pyrenäenhalbinsel, in Südfrankreich und in der Schweiz einheimisch) ostwärts bis Mittel- und Südrußland; Westasien von Westsibirien südwärts bis zum Himalaya, Turkmenien, Kaukasus-Gebiet, Kleinasien und Palästina; Nordafrika.

Verbreitung im Gebiet. Ursprünglich (wild) in der Schweiz in den Kantonen Wallis und Tessin, dort vereinzelt bis 1540 m ansteigend, sowie in Südtirol, ferner wohl auch in Österreich im Gebiet der großen Flüsse wie etwa der Donau, Drau, Mur und anderer, sowie im südlichen und östlichen Deutschland, unter anderem im badisch-elsässischen Rheingebiet, im Donaugebiet von Ulm bis Passau, in Schlesien im mittleren Oder- und im Katzbachgebiet; sonst innerhalb unseres Florengebietes vielfach angepflanzt und verwildert.

Ziemlich veränderlich; die wichtigsten Formen sind die folgenden: 1. var. *alba*. Syn. var. *genuina* WESMAËL. Stamm etwas rissig, an der Sonnenseite braun. Schößlingsblätter mehr oder weniger dreieckig, am Grunde meist fast gerade, seltener schwach herzförmig, am Innenwinkel nahe dem Blattstiel oft mit 2 kleinen Läppchen, am Rande gezähnt, unterseits weiß-, seltener etwas grauflockig. Blätter der Zweige älterer Äste fast rundlich, am Grunde schwach gestutzt, mit sehr unregelmäßigen zahlreichen spitzen Zähnen, bis zum Herbst unterseits grauflockig behaart. Verbreitet, sehr häufig.

2. var. *globosa* SPÄTH. Zweige und Äste aufrecht, daher einen dichten Strauch bis kleinen Baum bildend. Schößlingsblätter klein, dreieckig, am Grunde herzförmig, schwach gelappt, unregelmäßig wellig gezähnt, unterseits grauflockig;

Fig. 16. *Populus alba* × *tremula; P. canescens* (AIT.) SM. (Aufn. H. MEYER)

Blätter der Zweige älterer Äste sehr klein, rundlich bis schwach-elliptisch, am Grunde herzförmig und fast ganzrandig, sonst dicht unregelmäßig gesägt-gezähnt. Im Orient einheimisch; bei uns nicht selten in Gärten kultiviert.

3. var. *Treyviana* (DODE) ASCH. et GR. Schößlingsblätter sehr groß, verlängert, am Grunde fast gerade, aber nicht sehr breit, oberseits dunkelgrün, unterseits weiß und ziemlich dicht filzig, 3- bis 5-lappig mit besonders entwickeltem Endlappen, die Seitenlappen am Grunde wenig spreizend, aber an ihrer Spitze auswärts gebogen. Blätter der Zweige älterer Äste groß, eiförmig-elliptisch, am Grunde ganzrandig, oberwärts mit buchtigen, nach oben gerichteten Zähnen und gebogenen, nicht parallelen Seitennerven. Verbreitet im östlichen Europa und wohl auch innerhalb unseres Florengebietes (ASCHERSON).

4. var. *nivea* DIPPEL. Schößlingsblätter flach oder schwach wellig, ziemlich tief 3- bis 5-lappig, am Grunde fast gerade, oberseits meist trübgrün bis dunkelgrün, unterseits sehr dicht reinweiß-filzig, gezähnt; Blätter der Zweige älterer Äste elliptisch, am Grunde gestutzt, mit meist nicht sehr zahlreichen, ziemlich kräftigen Zähnen und fast parallelen, wenig gebogenen Seitennerven. Im östlichen Europa einheimisch, in Mitteleuropa zahlreich angepflanzt und oft verwildernd.

5. var. *heteroloba* (DODE) ASCH. et GR. Sehr großer Baum. Schößlingsblätter flach, mit sehr breit keilförmigem Grunde, mit 3–5 ziemlich tiefen, wenig spreizenden gezähnten Lappen; Blätter der Zweige älterer Äste breit rundlich, am Grunde gestutzt mit starken, etwas nach außen zurückgebogenen Zähnen und ziemlich parallelen, wenig gebogenen Seitennerven. Staubbeutel violett. Im östlichen Europa einheimisch, zerstreut auch im Gebiet (ASCHERSON).

6. var. *Personaeana* (DODE) ASCH. et GR. Schößlingsblätter herzförmig-dreieckig, die Seitenlappen am Grunde gestutzt, unterseits etwas grauweiß-filzig, flockig, mit 3—5 spitzen, spreizenden Lappen, am Rande spitz gezähnt; Blätter der Zweige älterer Äste klein, gleichseitig-dreieckig, am Grunde schwach herzförmig, oberwärts ganzrandig, sonst spitzlich gezähnt. Nach DODE in Europa verbreitet (ASCHERSON).

7. var. *pyramidalis* BUNGE. Syn. var. *croatica* WESMAËL, var. *Bolleana* WESMAËL. Im Wuchs ausgesprochen pyramidenförmig, alle längeren Zweige und Äste aufwärts gerichtet. Schößlingsblätter meist groß, am Grunde sehr breit keilförmig, abgestutzt, oberseits glänzend lebhaft grün, unterseits etwas weniger dicht weißfilzig, mit 5—7 sehr tief einschneidenden spreizenden, unregelmäßig gelappten und gebuchteten Lappen; Blätter der Zweige älterer Äste rundlich-elliptisch, unregelmäßig eckig, spitz gezähnt. Staubblätter meist zu 3—5, lebhaft rot. In Südwestasien einheimisch; bei uns seit langem in Gärten kultiviert und gelegentlich verwildernd.

*P. alba* bildet große, stattliche Bäume, die ein Alter von 300 bis 400 Jahren erreichen können. Das Holz ist sehr gleichmäßig gebaut und verzieht sich sehr wenig, weshalb es vorzügliche Reißbretter liefert. Zu einem guten Gedeihen braucht *P. alba* einen fruchtbaren, tiefgründigen, lockeren und feuchten, besonders sandig-lehmigen oder sandig-humosen Boden; auf trockenen und mageren Böden zeigt sie ein krüppelhaftes, oft strauchiges Aussehen. Stellenweise wird die Silberpappel auch aufgeforstet wie z. B. im Tessin und in Ungarn und liefert ganz erstaunliche Erträge. Auch zur Deckpflanzung eignet sich der Baum gut.

Bastarde:

Die Anordnung der Pappelbastarde folgt JANCHEN, Catalogus Florae Austriae (1956). Bei den Pappelbastarden handelt es sich mit Ausnahme von *P. alba* × *tremula* um kultivierte Nutzpflanzen, die als Bastarde vermehrt und gezüchtet werden. Angaben über das Vorkommen dieser Bastarde liegen mir nur aus Österreich vor.

*P. alba* × *tremula; P. canescens* (AIT.) SM. (1804); Syn. *P. hybrida* MB., *P. ambigua* BECK. Zusammen mit den Stammeltern im Verbreitungsgebiet der *P. alba* nicht selten; auch vielfach als Zier- und Nutzbaum kultiviert. Ein äußerst kritischer Formenkreis, der in mannigfacher Weise die Merkmale der Stammarten vereint. Die hybridogene Abstammung ist kaum zweifelhaft.

? *P. angulata* × *balsamifera; P. gileadensis* ROULEAU (1948); Syn. *P. candicans* MICHX. fil. et auct. plur., non AIT., *P. ontariensis* auct., an DESF. ?, *P. balsamifera* L. var. *candicans* A. GRAY; Ontario-Pappel, Weißliche Balsam-P. Heimat: Nordöstliches Nordamerika. In Österreich als Zierbaum kultviert.

*P. angulata* (weibl.) × *trichocarpa* (männl.); *P. generosa* HENRY; Edel-P. Als Forstbaum kultiviert im Burgenland (Bez. Neusiedl, häufig), in der Steiermark (Kalwang) und in Niederösterreich (Hohenau). Hat sonst in Österreich und auch in anderen Ländern wegen ihrer geringen Schädlingsresistenz keine Bedeutung erlangt.

*P. angulata* (weibl.) × ? *P. e* sectione *Tacamahaca* (? *P. trichocarpa* vel ? *P. generosa*); *P. Wettsteinii* forest. austr.; Wettstein-P., gewöhnlich als *P. angulata*-Hybride bezeichnet. Als Forstbaum häufig kultiviert in Österreich.

*P. berolinensis* (K. KOCH) DIPPEL (1892); Syn. *P. nigra* var. *italica* × *laurifolia* C. K. SCHNEIDER, *P. certinensis* hort. Die Pflanze dürfte nach v. SEEMEN (1908) sicher hybriden Ursprungs sein, da das im Berliner alten botanischen Garten stehende Originalexemplar sehr deutlich den Wechsel der Blattgestalt etc. zeigt, die zwischen denen der Erzeuger schwankt.

*P. berolinensis* (männl.) × *Maximowiczii* (weibl.) (nach HOUTZAGERS). Als Forstbaum kultiviert in Österreich, und zwar im Burgenland (Bez. Neusiedl, häufig) und in Salzburg (Salzach-Auen).

*P. deltoides* × *nigra; P. canadensis* MOENCH (1785) s. l.; Kanada-P. Ist ein Sammelname für Kreuzungen von *P. deltoides* (oder *P. angulata*) mit *P. nigra* und deren Rückkreuzungen mit den europäischen oder amerikanischen Stammeltern. Einzelne wohlumschriebene Typen aus diesem Kreuzungsschwarm werden am besten mit binären Namen im Anschluß an HOUTZAGERS und andere forstliche Praktiker bezeichnet. Hierher gehören die nachfolgenden vier Pappeln:

*P. serotina* HARTIG (1851); Syn. *P. helvetica* POEDERLÉ, *P. nigra* L. var. *helvetica* (POEDERLÉ) POIR., *P. canadensis* MOENCH var. *serotina* (HARTIG) REHDER; wahrscheinlich *P. deltoides* (männl.) × *nigra* (weibl.) oder vielleicht *P. angulata* (männl.) × *nigra* (weibl.). Als Forstbaum kultiviert in Österreich, und zwar in Oberösterreich, Niederösterreich, Burgenland, Steiermark und Kärnten.

*P. marylandica* BOSC ap. POIRET (1816); Syn. *P. canadensis* MOENCH var. *marylandica* (BOSC) REHDER; wahrscheinlich *P. nigra* (weibl.) × *serotina* (männl.) (nach HOUTZAGERS); Maryland-P. Wird in Österreich als Forstbaum kultiviert, und zwar nur in weiblichen Bäumen.

*P. canadensis* MOENCH (1785) emend. POIRET s. str.; Syn. *P. regenerata* HENRY, *P. canadensis* MOENCH var. *regenerata* (HENRY) REHDER, *P. deltoides* C. K. SCHNEID. et auct. nonnull., non MARSH.; wahrscheinlich *P. nigra* (weibl.) × *serotina* (männl.), also wie *P. marylandica*, aber morphologisch von dieser verschieden, ist mit *P. canadensis* vieler neuerer Autoren identisch. Wird in Österreich als Forstbaum, gelegentlich auch als Zierbaum kultiviert.

*P. robusta* C. K. SCHNEID. (1904); wahrscheinlich *P. Eugenei* × *nigra* ssp. *plantierensis;* wird auch als *P. angulata* × *nigra* ssp. *pyramidalis* gedeutet. In Mitteleuropa als Forstbaum kultiviert; beliebt wegen des schmalkronigen Wuchses, wogegen die vorausbesprochenen euro-amerikanischen Bastarde alle breitkronig sind.

*P. grandidentata* × *tremula;* *P.* bin. nom.?. Forstlich kultiviert in Österreich, besonders auf Ödlandflächen so z. B. in Niederösterreich bei Orth an der Donau.

## CCVII. Salix L., Gen. plant. ed. 5, 447 (1754). Weide

Wichtigste Literatur: N. J. ANDERSSON, Monographia *Salicum* hucusque cognitarum in Kongl. Svenska Vetensk. Akad. Handl., 6, Nr. 1, 1–180 (1867). R. BUSER, Kritische Beiträge zur Kenntnis der Schweizerischen Weiden, verfaßt 1883, herausgegeben von W. KOCH 1940 in Berichte der Schweiz. Botan. Gesellsch. 50, 567–788 (1940). A. et E. G. CAMUS, Classification des Saules d'Europe et Monographie des Saules de France in Journ. de Bot. 18, 177–213, 245–296, 367–372 (1904); 19, (1)–(68), (87)–(144) (1905); 20, (1)–(116) (1906). CH. CHAMBERLAIN, Contributions to the Life History of *Salix* in Botan. Gazet. 1897, 147–178 (1897). BJ. FLODERUS in O. R. HOLMBERG, Skandinaviens Flora, 1 b, 1, 2–160 (1931). BJ. FLODERUS, Two Linnean Species of *Salix* and their Allies in Arkiv f. Botanik 29 A, 18, 1–54 (1940); behandelt die Verwandtschaftskreise von *S. phylicifolia* L. s. l. und *S. myrsinites* L. s. l. R. GÖRZ, Über norddeutsche Weiden in FEDDES, Repert. spec. nov., Beihefte, 13, 1–127 (1922). R. GÖRZ, *Salix silesiaca* WILLD. und ihre Hybriden in FEDDES, Repert. spec. nov., Beihefte, 52, 1–149 (1928). A. v. KERNER, Niederösterreichische Weiden in Verhandl. Zool. Botan. Gesellsch. 10, 3–56, 179–282 (1860). E. JANCHEN, Catalogus Florae Austriae 99–114 (1956). R. D. MEIKLE, *Salix Calodendron* WIMM. in Britain in Watsonia 2, 243–248 (1952). A. NEUMANN, *Salix*-Bestimmungsschlüssel für Mitteldeutschland in Floristische Beiträge zur geobotanischen Geländearbeit in Deutschland (II) in Wissenschaftl. Zeitschr. d. Martin-Luther-Universität zu Halle-Wittenberg, 4, 4, 755–766 (1955). N. HERIBERT-NILSSON, Experimentelle Studien über Variabilität, Spaltung, Artbildung und Evolution in der Gattung *Salix*, in Lunds Univ. Årsskr., N. F., Avd. 2, 14, Nr. 28 (1918). K. H. RECHINGER, Salicologische Fragmente 1–4 in FEDDES, Repert. spec. nov. 45, 87–94 (1938); betreffend *S. silesiaca*, *S. arbuscula*, *S. foetida*, *S. Waldsteiniana*. K. H. RECHINGER, Zwei verkannte *Salix*-Arten in den Ostalpen in Sitzungsber. Österr. Akad. Wissensch., math.-naturw. Kl., 1, 156, 499–508 (1947). R. SCHARFETTER, Biographien von Pflanzensippen 74–97 (1953). C. SCHRÖTER, Die Weiden *(Salices)* der alpinen Höhenstufe in: Das Pflanzenleben der Alpen 288–319 (1926). O. v. SEEMEN in ASCHERSON u. GRAEBNER, Synopsis der Mitteleuropäischen Flora 4, 54–350 (1908-10). H. STRAKA, Zur Feinmorphologie des Pollens von *Salix* und *Artemisia* in Svensk Botanisk Tidskrift 46, 204–227 (1952). A. TOEPFFER, *Salices Bavariae*, Versuch einer Monographie der bayerischen Weiden unter Berücksichtigung der Arten der mitteleuropäischen Flora in Berichte der Bayer. Botan. Gesellsch. 15, 17–233 (1915). A. TOEPFFER in KIRCHNER, LOEW u. SCHRÖTER, Lebensgeschichte der Blütenpflanzen Mitteleuropas 2, 1, 298–468 (1925-26). F. WIMMER, Salices Europaeae, 1–286 (1866). H. ZILLIG, Über das Auftreten der Weiden-Seide *(Cuscuta lupuliformis)* im Moseltal in Angewandte Botanik 24, 149–227 (1952).

Bäume oder Sträucher, in den Alpen und in der Arktis niedrige vielfach Spalier- und Zwergsträucher, nur selten scheinbar krautartig, wie z. B. *S. herbacea* L. Knospen seitenständig, kahl oder behaart, zuweilen klebrig, wie z. B. bei *S. fragilis* L., *S. herbacea* L. Blätter meist schraubig angeordnet, ungeteilt, lanzettlich, linealisch oder elliptisch, meist gesägt-gezähnt, kahl oder namentlich auf der Unterseite mehr oder weniger behaart, mit mehr oder weniger hervortretendem, weit- oder engmaschigem Adernetz, auf der Unterseite oft bläulich, beim Trocknen zuweilen schwärzlich werdend. Nebenblätter häufig stark entwickelt oder frühzeitig abfallend oder gänzlich fehlend. Blütenstände achselständige Ähren (Kätzchen), vor den Laubblättern oder gleichzeitig mit denselben erscheinend, sitzend oder kurz gestielt, am Grunde oft von kleinen schuppen- oder laubblattartigen Blättern umgeben, oder auch lang gestielt, an Kurztrieben seitenständig oder aber scheinbar endständig, eiförmig oder kugelig bis lang zylindrisch, aufrecht oder seitwärts gebogen oder auch hängend, dicht- oder lockerblütig; Bütenstandsachse dünn, meist behaart. Blüten in der Regel eingeschlechtig, zweihäusig, von einem Tragblatt gestützt, dieses meist kürzer als die Blüte, vor der Fruchtreife abfallend oder bleibend, häutig und geadert oder lederartig, ganzrandig, einfarbig gelbgrün (Taf. 77, Fig. 9, Taf. 80, 1 c) oder zweifarbig, d. h. gegen die Spitze etwas dunkler, mit rotbraun oder schwarz (Taf. 77, Fig. 11), meist behaart, seltener fast kahl. Männliche Blüten 2–5 (–24) Staubblättern (Taf. 77, Fig. 13, 9, 7, 15), diese meist frei, seltener mehr oder weniger verbunden (Taf. 77, Fig. 11); Staubfäden kahl oder am Grunde behaart; Staubbeutel rundlich oder eiförmig, gelb oder rötlich, nach dem Verstäuben zuweilen grau oder schwärzlich werdend. Pollen ziemlich klein, länglich 20–35 µ (Polachse) × 15–20 µ (Äquatorialdurchmesser), dreifaltig, mit feinem, nach außen offenem, von der Ektexine gebildetem Netzwerk (Fig. 17). Weibliche Blüten mit einem länglichen, mehr oder weniger gestielten bis sitzenden, kahlen oder behaarten, aus 2 Fruchtblättern bestehenden einfächerigen Fruchtknoten; Griffel fehlend oder mehr oder weniger lang, mitunter oberwärts zweispaltig; Narben 2, kurz, aufrecht oder seitwärts gebogen, ungeteilt, ausgerandet oder gespalten (Taf. 77, Fig. 8, 10, 14). Frucht eine 2-klappig aufspringende, fachspaltige (loculicide) Kapsel; letztere nach dem Aufspringen mehr oder weniger sichel- oder schneckenförmig nach auswärts gerollt (Taf. 77, Fig. 20). Samen klein, dunkelgrün oder bräunlich, mit grundständigem Haarschopf (Taf. 77, Fig. 21, 22). Am Grunde der männlichen und weiblichen Blüten befindet sich je eine vordere und hintere Drüse, oder bei den weiblichen Blüten nur eine hintere, oder bei beiderlei Blüten nur eine hintere Drüse; die Drüsen umgeben ringförmig die Blüte und sind nur durch einen Spalt voneinander getrennt, oder sie sind freistehend, kürzer als breit bis lang, schmal linealisch, oberwärts abgerundet, gestutzt, ausgerandet oder gespalten (Taf. 77, Fig. 9, 10, 11, 12, 18).

Fig. 17. Pollenkorn von *Salix*, a) Äquatorial-, b) Polar-Ansicht. Vergr. 500.

Die Gattung *Salix* umfaßt etwa 500 Arten, welche in erster Linie in der nördlichen gemäßigten Zone der Alten und Neuen Welt verbreitet sind. Selbstverständlich ist, wie bei allen polymorphen Gattungen, die Zahl der Arten sehr von der Weite des jeweils von den einzelnen Autoren angenommenen Artbegriffes abhängig. Ferner finden sich mehrere Arten in der Arktis sowie eine Reihe miteinander verwandter Weiden in den Tropen Südamerikas, Afrikas (Kapland, Angola, Senegal, Sudan, Abessinien, Nubien, Madagaskar) und Asiens (Ostindien, Große Sundainseln und Philippinen). Diese letzteren Arten, welche durch Pleiandrie ausgezeichnet sind, stellen die Vertreter der Sektion *Humboldtiana* dar.

Die europäischen Arten der Gattung *Salix* sind von A. v. KERNER (1860), F. WIMMER (1866) und N. J. ANDERSSON (1867), sowie in neuerer Zeit von R. BUSER (1883, 1940), A. u. E. CAMUS (1904–06), O. v. SEEMEN (1908–10), A. TOEPFFER (1915, 1925–26) und BJ. FLODERUS (1931) behandelt worden. Im wesentlichen fußend auf FLODERUS, läßt sich die Hauptgliederung der Gattung *Salix* etwa wie folgt darstellen:

I. Untergattung *Humboldtiana* ANDERSS. sensu PRANTL. Syn. *Pleiandrae* ANDERSS. gr. *Tropicae* ANDERSS. Bäume oder hohe Sträucher; Blätter lanzettlich oder lineal; Kätzchenschuppen (Tragblätter) gleichfarbig, bleich; Staubblätter zahlreich, frei; zumindestens die männlichen Blüten mit 2 Nektarien; Kapseln lang gestielt.

II. Untergattung *Amerina* DUM. Bäume oder hohe Sträucher; Blätter mehr oder weniger lanzettlich und gegen die Spitze ausgeschweift zugespitzt; Kätzchen gleichzeitig oder nach den Blättern erscheinend, an beblätterten Kätzchenstielen aus seitlichen Knospen des Vorjahres sich entwickelnd; Kätzchenschuppen gleichfarbig, gelblich; Staubblätter 2 oder zahlreich, frei; männliche Blüten mit 2, weibliche Blüten mit 1 oder 2 Nektarien. Hierher gehören die Sektionen: *Pentandrae* DUM., *Fragiles* FR. und *Triandrae* DUM.

III. Untergattung *Chamoetia* DUM. Syn. *Chamitea* KERN. Niederliegende, kriechende Sträucher; Blätter kreis- oder eiförmig; Kätzchen an unbeblätterten Kätzchenstielen aus endständigen Knospen des Vorjahres sich entwickelnd; Kätzchenschuppen gleichfarbig, gegen die Spitze zu nicht dunkler; Staubblätter 2, frei; Blüten mit 1 oder 2 Nektarien. Hierher zählen die Sektionen: *Reticulatae* FR., *Herbaceae* BORRER ap. HOOK., *Retusae* KERN. und *Myrtosalices* KERN.

IV. Untergattung *Caprisalix* DUM. Niedrige Sträucher oder kleine Bäume; Blätter verschiedenartig in ihrer Gestalt; Kätzchen vor oder mit den Blättern erscheinend, an beblätterten Kätzchenstielen oder sitzend, mit einigen Brakteen am Grunde des Kätzchenstieles, aus seitlichen Knospen des Vorjahres sich entwickelnd; Kätzchenschuppen deutlich zweifarbig, gegen die Spitze zu schwärzlich oder dunkelbraun; Staubblätter 2, frei oder miteinander verwachsen; männliche und weibliche Blüten mit je einem Nektarium. Hierher gehören folgende Sektionen: *Glaucae* FR., *Phylicifoliae* DUM., *Nigricantes* BORRER ap. HOOK., *Capreae* DUM., *Lividae* NYM., *Myrtilloides* BORRER ap. HOOK., *Fuscae* FR., *Arbusculoideae* FLOD., *Hastatae* FR., *Villosae* ANDERSS. ap. DC., *Viminales* FR., *Canae* KERN., *Purpureae* FR. und *Pruinosae* KOCH.

Aus dem Tertiär Europas, Asiens, Amerikas und der arktischen Gebiete ist eine Anzahl fossiler Weiden bekannt. Diese gehören alle dem pleiandrischen Formenkreis an und zeigen verwandtschaftliche Beziehungen zu den noch heute lebenden Vertretern der Sekt. *Humboldtiana*. Erst aus dem Diluvium sind Weidenarten der anderen Verwandtschaftskreise bekannt. Die heute tropischen, pleiandrischen Formen hatten also im Tertiär ein bedeutend größeres, weit nach Norden reichendes Verbreitungsgebiet. In der Folgezeit sind dann in den arktischen und nördlich gemäßigten Gebieten die tertiären, pleiandrischen Formen durch die als abgeleitet zu betrachtenden Verwandtschaftskreise der *Diandrae*, *Dinectariae* und *Mononectariae* getreten.

Florengeschichte. Nach FIRBAS (1949) ist es eine sehr auffällige Erscheinung, daß Weidenpollen nur in den eiszeitlichen, späteiszeitlichen und allenfalls noch vorwärmezeitlichen Ablagerungen mit Regelmäßigkeit und stellenweise auch mit größerer Häufigkeit auftritt, während er hingegen in den Schichten der Wärmezeit und Nachwärmezeit selten ist und kaum jemals 5% der Baumpollensumme übersteigt oder sogar in den meisten Proben fehlt. Die späteiszeitlichen Ablagerungen mit höheren Weidenwerten fallen immer mit Zeitabschnitten waldlosen oder waldarmen Vegetationscharakters zusammen. Die höheren Weidenwerte sind mit solcher Regelmäßigkeit an gleichzeitig hohe Nichtbaumpollenwerte gebunden, daß man sie geradezu neben diesen letzteren als Zeichen der Waldlosigkeit oder Waldarmut auswerten kann. Daraus läßt sich die Folgerung ziehen, daß die höheren Weidenwerte in eiszeitlichen, späteiszeitlichen und stellenweise vorwärmezeitlichen Ablagerungen eine Annahme von weidenbeherrschten Pflanzengesellschaften in diesen Zeitabschnitten zulassen. In der älteren waldlosen Zeit sind die Pollenwerte der Weiden höher als in der jüngeren subarktischen Zeit, sie schwanken meist zwischen 20 und 40%, doch wurden auch stellenweise höhere Werte gefunden, wie z. B. in den Vogesen solche von 48 und 88%, bei Überlingen am Bodensee solche von 64%, sowie in Innerböhmen neben niedereren Werten wie 36% bei Lissa auch solche von 93% bei Wschetat. Die Werte in der jüngeren subarktischen Zeit sind im allgemeinen niedriger, doch kann das Verhältnis auch umgekehrt sein, wie z. B. in verschiedenen ostpreußischen Mooren, die in der älteren waldlosen Zeit Werte von 19%, in der jüngeren subarktischen Zeit solche von 28% zeigten. In den folgenden subarktischen Waldzeiten und besonders auch während der Allerödzeit liegen die Weidenwerte hingegen immer wesentlich niedriger, und zwar meist unter 5%. Gegenüber der reichlichen Pollenerzeugung der Birken- und Kiefernwälder konnten sich die Weiden, die auf Mooren, an Flußufern usw. vorhanden waren, also nicht durchsetzen. Solange die Zufuhr von Waldbaumpollen in die ausgedehnten waldlosen Gebiete noch gering war, war in der „Baumpollensumme" nur *Betula nana* L. ein wesentlicher Gegenspieler der Weiden; so konnte es leicht bei örtlicher Weidenvorherrschaft zu einem hohen *Salix*-Anteil im Pollenniederschlag kommen. Die hohen Pollenwerte der älteren waldlosen Zeit sind offenbar auf Gesellschaften windblütiger Gletscherweiden und niedrige subarktische Weidengebüsche zurückzuführen. Nach Untersuchungen in Südwestnorwegen ging eine arktische Schneebodenvegetation mit *S. herbacea* L. und *S. polaris* WAHLBG. der Ausbreitung von *Betula nana* voran, und auch in Südschweden ist ein Weidenstadium vor Ausbreitung der Baumbirken zu verzeichnen. Während die Pollendiagramme in der folgenden birkenreichen Vorwärmezeit verschiedentlich noch höhere *Salix*-Werte zeigen, die noch bisweilen 10–15% erreichen, werden die *Salix*-Funde gegen Ende dieses Abschnittes oder spätestens in der früheren Wärmezeit sehr spärlich. *Salix*-Pollen fehlt in den meisten Proben; wo er auftritt, erreicht er kaum 5%. Auch dort, wo Weiden in der Vegetation einen größeren Flächenanteil bedecken, vor allem in den Auenwäldern der großen Ströme, sind höhere *Salix*-Werte in den nacheiszeitlichen Schichten nicht verzeichnet worden.

Vegetationsorgane. Die Wurzel der Weiden ist zunächst eine einfache, senkrecht abwärts wachsende Pfahlwurzel, die später Seitenäste ausbildet. Die Verästelungen können sich vielfach wiederholen. Die Hauptwurzel verdickt sich im Verhältnis zu den Seitenwurzeln ständig.

Erfolgt die Fortpflanzung der wildwachsenden Weiden im allgemeinen durch Samen, so geschieht die Vermehrung für Kulturzwecke in Mitteleuropa nach TOEPFFER (1925–26) ausschließlich durch Setzlinge: Steckreiser oder Stecklinge. Zwanzig bis dreißig Zentimeter lange Abschnitte zwei- und mehrjähriger Zweige werden in den Boden gesteckt. Wie viele Holzgewächse mit weichem Holz treiben auch die Weidenstecklinge gerne in feuchter Luft oder Erde Adventivwurzeln; gleichzeitig wachsen die am Sproß vorhandenen Achselknospen zu Laubknospen aus. Die Anlagen der Adventivwurzeln sind als schwach vorgewölbte Höcker unterhalb der primären Rinde zu beobachten. Sie finden sich mit ziemlicher Regelmäßigkeit zu beiden Seiten der Achselknospen, gewöhnlich etwas tiefer als die untere Grenze der Ansatzstelle der letzteren. Äußerlich gleichen die Adventivwurzeln dieser Stecklinge jenen der Sämlinge der wilden Pflanzen.

Nicht nur in der Erde oder im Wasser entstehen Adventivwurzeln, gelegentlich werden sie auch außen am Stamm oder im Inneren hohler Stämme gebildet. So wurden an Bäumen, die bis zur Krone im Überschwemmungswasser gestanden waren, beim Fallen des Wassers Luftwurzeln beobachtet. Andererseits findet man nicht selten Adventivwurzeln in alten hohlen oder vermulmten Weidenbäumen.

Bisweilen werden die Erdwurzeln der Weiden zu Wasserwurzeln. Am Ufer von Bächen findet man oft Wurzelenden weit ins Wasser ragen; sie bilden dann oft umfangreiche verfilzte Massen oder bei langsam fließendem oder stehendem Wasser lange Wurzelzöpfe aus.

An Wuchsformen findet man bei *Salix* hohe, einstämmige Bäume neben niedrigen, mehrstämmigen Bäumen, Sträucher verschiedener Höhe, Spalier- und Zwergsträucher, die mit Ausläuferbildung und Verholzung Übergänge zu den krautartigen Pflanzen zeigen. Während die Verzweigung der Wurzel nach TOEPFFER (1925–26) keinerlei Regelmäßigkeit bezüglich ihrer Stellung zeigen, sind die Blattknospenanlagen in der Regel schraubig nach der $2/5$-Stellung angeordnet. Das Verhältnis schwankt etwa zwischen $^2/_5$ bis $^3/_8$, und an jungen Schößlingen der Salweide wurde neben $^2/_5$ auch $^2/_7$-Stellung beobachtet. Bei *S. purpurea* L. werden häufiger, bei *S. repens* L. selten, neben normal schraubig gelegentlich gegenständig angeordnete Blätter ausgebildet.

Aus den am einjährigen Zweig angelegten Knospen entwickeln sich im folgenden Frühling die Sprosse des zweiten Jahres, die Zweige, welche wieder denselben Entwicklungszyklus durchmachen wie die Sprosse des ersten Jahres. Während die Sprosse des ersten Jahres mehr oder minder in die Höhe wachsen, stehen die Zweige in mehr oder minder weitem Winkel seitlich ab. Sie tragen Blätter, in deren Achseln sich die Sproßanlagen für das dritte Jahr entwickeln. Im gleichen Sinne läuft der Entwicklungszyklus in den folgenden Jahren weiter.

Während die Blätter bei *Populus* meist lang gestielt sind, sind sie bei den *Salix*-Arten im allgemeinen kurz gestielt. Sie sind in der Knospenlage revolutiv gerollt. Der Blattstiel ist rinnenförmig, die konvexe Seite ist nach abwärts gerichtet. Der Grund des Blattstieles umfaßt die in seiner Achsel stehende Knospe mehr oder minder, bei *S. daphnoides* VILL. erreicht die Umfassung des verbreiterten Blattstielgrundes bis $^1/_3$ des Sproßumfanges. Die Form der Blattnarbe, die der im Herbst abgefallene Blattstiel auf dem Blattpolster hinterläßt, gibt ein wesentliches Merkmal zur richtigen Erkennung der Art im winterlichen Zustand ab. Die meisten Weidenarten sind durch zwei Nebenblätter ausgezeichnet. Bei den breitblättrigen Arten sind sie halbrund-, halbherz- oder nierenförmig, bei den schmalblättrigen Arten halbpfeilförmig, lanzettlich oder linealisch. Am mächtigsten ausgebildet sind die Nebenblätter an den Spitzen kräftiger Sommertriebe und an den Wasserreisern. Bei einzelnen Arten fehlen Nebenblätter völlig, bei anderen finden sie sich nur an den Wasserreisern. Meist sind die in der Mitte des Sprosses befindlichen Nebenblätter breiter und stumpfer, während sie nach oben zu schmäler und spitzer sind. Die Nebenblätter sind oft ganzrandig, bisweilen auch feiner oder gröber gezähnt, wobei die Zähne oft in einer Drüse endigen.

Am Übergang vom Blattstiel in die Blattspreite finden sich bei einigen Baumweiden 1–2 oder 3–5 Drüsen, wie solche auch an den Blattrandzähnen vorkommen. Selten rücken die Drüsen auf dem Blattstiel hinab. Auf dieses Merkmal begründete HARTIG (1851) seine Gliederung der Weiden in die beiden Hauptabteilungen, in *Adeniteae*, stieldrüsige, und *Gymniteae*, glattstielige. Gelegentlich vermögen solche Drüsen zu Blättchen, Stipellen, auszuwachsen.

Die Blattstiele der Weiden sind behaart oder kahl; bei jenen Arten, deren Blattspreiten verkahlen, verkahlen auch die Blattstiele; nur die Rinne bleibt bis zuletzt behaart.

Die Blattspreite durchzieht in der Regel ein Haupt- oder Mittelnerv, seltener teilt sich der Hauptnerv am Grunde gabelig. Ein ausgeprägtes Adernetz ist meist deutlich sichtbar.

Die Größe und Form der Blattspreite ist außerordentlich variabel. Von Blättern von 20 cm Länge und 12 cm Breite finden sich alle Übergänge bis zu winzig kleinen Blättern, die nur 2–3 mm lang und breit sind; erstere finden sich z. B. bei *S. caprea* L. und *S. appendiculata* VILL., letztere bei *S. retusa* L. und *S. serpyllifolia* SCOP. Die Blattform ist kreisrund, verkehrt-eiförmig, eiförmig oder elliptisch, jene der schmalblättrigen Arten eilanzettlich, verkehrt-lanzettlich, schmal- oder lineal-lanzettlich oder lineal. Der Blattgrund ist herzförmig, abgerundet oder verschmälert keilförmig. Die Blattspitze ist meist spitz, oft lang und fein ausgezogen, oder auch kurz zugespitzt, abgerundet oder gestutzt, bisweilen auch ausgerandet.

Sämtliche Weidenarten haben einfache, ungeteilte Blätter, nur die Erstlingsblätter der Arten der nordamerikanischen Sektion *Longifoliae* haben zusammengesetzte Blätter. Die Blätter der meisten Weidenarten sind gleichmäßig gezähnt, nur bei einzelnen Arten sind sie gegen die Spitze oder gegen den Grund zu gesägt, im übrigen aber ganzrandig. Bei den meisten gesägtblättrigen Weiden tragen nach TOEPFFER (1925–26) die Sägezähne an ihrer Spitze eine größere oder kleinere Drüse. Bei einigen Arten wird von dieser Drüse eine wachsartige Masse, bei manchen auch ein aromatisches Harz ausgeschieden. Ganzrandige Blätter verschiedener Arten sind am Rande nach unten umgerollt.

Die Färbung der Blattspreite ist in den verschiedensten Tönen abgestuft. Eine Reihe von Weiden haben mehr oder minder gleichfarbene Blätter, andere haben Blätter, die unterseits durch Wachsausscheidung wesentlich heller gefärbt sind. Die Färbung ist bei einer Reihe von Arten lebhaft grün, bei anderen dunkelgrün oder trüb- oder schmutziggrün. Um ein geringes wechselt die Tönung auch bei denselben Arten je nach dem Standort. Bei manchen Weiden ist die Blattoberseite stark glänzend; nur bei wenigen Arten glänzen beide Blattflächen. Bei den dicht behaarten Weiden tritt die Blattfärbung erst im Alter deutlich hervor, während in der Jugend die Blätter oft rein weiß erscheinen. Die Art der Behaarung ist mannigfach; sie läßt sich zur Unterscheidung der einzelnen Arten heranziehen. Eine Reihe von Weiden zeigt hakenförmig gebogene Haare, andere lange, gerade, nach der Blattspitze gerichtete, seidenglänzende Haare, andere Arten wieder gekrümmte, glanzlose, weiße oder graue Haare, die locker stehen oder mehr oder minder dicht filzig sind.

Anatomie. Die Wurzel der meisten Weidenarten ist nach TOEPFFER (1925–26) durch vier Stränge von Holzgefäßen ausgezeichnet, die mit Bastfasersträngen abwechseln. Das zentrale Gefäßbündel ist von einer mehr oder minder gerbstoff- und stärkehaltigen Endodermis umgeben. In den Bastzellen finden sich vereinzelt Kalziumoxalatkristalle. Die Holzgefäße sind teilweise schraubig verdickt, oft besitzen sie auch Hoftüpfel, ihr Durchmesser schwankt zwischen 15 und 250 μ. Die Endodermiszellen sind isodiametrisch, klein und vielkantig, und sie sind an den Radialwänden oft verdickt. Die Bastfasern beginnen bereits nach kurzer Zeit zu verholzen; ihre Wände sind dünn oder sklerenchymatisch oder kollenchymatisch verdickt. Später ist im Inneren des Gefäßbündels ein Markkanal zu beobachten, der in der Wurzel nur schwach, im Stamm aber deutlich entwickelt ist. Die das Mark umgebenden lockeren und weitlumigen Holzteile des Gefäßbündels bilden das erste Primärholz oder Protoxylem. Die Weiden gehören zu den diploxylen Pflanzen; nach der Bildung des Protoxylems werden von den ersten Scheidewänden der die Gefäßbündel umgebenden Schichten Holz- und Bastzellen angelegt: das zweite Primärholz oder Metaxylem. Bereits im zweiten Lebensjahr kommt es zur Bildung sekundären Holzes um den ersten Holzzylinder. Der erste Holzzylinder läßt eine breite Schicht weitlumiger Zellen und Gefäße, das Frühjahrsholz, und eine schmälere Schicht englumiger Zellen und Gefäße, das Sommerholz, erkennen. Der Farbunterschied dieser beiden Holzschichten, die miteinander einen Jahresring bilden, ist nur gering.

Die Gefäße des sekundären Holzes sind im Querschnitt meistens rundlich und um so größer, je weiter sie vom Kambium entfernt sind. Die größten sind nach CAMUS (1904–06) jene der Bruchweide mit 200–250 μ. Ihre Wände lassen einfache Tüpfel oder hexagonale Hoftüpfel, ähnlich wie die Gefäße der Zweige, erkennen. Die Holzfasern der Wurzeln sind größer als jene der Zweige; bei den meisten Weidenarten, unter anderen z. B. bei *S. alba* L. und *S. cinerea* L., sind sie dickwandig, meist sind sie sehr zahlreich, von weitem Lumen und mehr oder minder sechskantig wie z. B. bei *S. cinerea* L. und *S. triandra* L., seltener sind sie sehr dünnwandig wie z. B. bei *S. caprea* L. oder fächerförmig wie bei *S. alba* L. Die Markstrahlen sind einreihig. Holzfaserzellen und Markzellen sind zuweilen stärke- und gerbstoffhaltig. Die sekundären Bastfaserzellen sind oft durch Kalziumoxalat ausgezeichnet, teils in Form langer Ketten mit einfachen Kristallen, teils in kurzen mit Kristalldrusen.

Die Epidermis der primären Wurzel bzw. ihre Wurzelhaare dienen nach TOEPFFER (1925–26) nur kurze Zeit der Nahrungsaufnahme. Bald verhärten die äußeren Wände der Epidermiszellen und werden zu Kork umgebildet. Später verkorken auch die inneren Schichten und es lassen sich schließlich drei Schichten des Periderms unterscheiden; nämlich die äußerste Schichte mit abgeplatteten, polygonalen Korkzellen ohne Interzellularen, eine mittlere Schichte mit nur wenig regelmäßigen, rundlichen Zellen und zahlreichen Luftkanälen und eine innere Schichte aus regelmäßigen Zellen mit abgerundeten Ecken, die vierkantige Gänge zwischen sich lassen. Zwischen den Zellen lassen sich vielfach Luftgänge oder Luftkanäle beobachten.

Eine Reihe von Weiden, namentlich die Gletscherweiden und die arktischen Weiden, besitzt Mykorrhizen, die ähnliche Funktionen wie die Wurzelhaare bei Lösung und Zuführung von Nahrungsstoffen verrichten.

Der Stamm zeigt nach TOEPFFER (1925–26) vom dritten Jahr an Peridermbildung. Neugebildete Korkschichten schieben sich in die Risse, die durch Absterben der Epidermis und Aufreißen entstanden sind. Während die Rinde den größten Teil des Jahres hindurch fest am Stamm haftet, löst sie sich mit Beginn der Vegetation im Frühling sehr leicht los. Auffallend sind die an der glatten Rinde auftretenden bräunlichen Lentizellen, die bei *Salix* aus abwechselnden Lagen von Porenkork und Chloriphelloid, bei *Populus* jedoch nur aus Porenkork, bestehen. Die primäre Rinde ist in ihrem äußeren Teil kollenchymatisch. Im Perizykel sind isolierte Bastfasergruppen entwickelt und im sekundären Bast stets Hartbastgruppen vorhanden. Sklerenchymzellen fehlen in der Rinde der Weiden.

Die Gefäßbündel des primären Holzes sind nach TOEPFFER (1925–26) klein und elliptisch. Sie sind bei manchen Arten nur wenig entwickelt, wie z. B. bei *S. Elaeagnos* SCOP., *S. purpurea* L., *S. retusa* L., *S. Starkeana* WILLD., bei anderen Arten sind sie hingegen deutlich entwickelt wie etwa bei *S. glaucosericea* FLOD., *S. silesiaca* WILLD., *S. triandra* L. u. a. Die Gefäßbündel des sekundären Holzes sind größer im Durchmesser; sie messen etwa 20–25 μ, bei *S. babylonica* L. bis zu 50 μ im Durchmesser. Die Gefäße sind entweder einzeln oder zu mehreren unregelmäßig, bisweilen auch in radialen Reihen zu 2–4 angeordnet. Die Holzfasern der meisten Weiden sind dickwandig und einfach getüpfelt. Die Gefäße sind untereinander durch Hoftüpfel, gegenüber dem Markstrahlparenchym durch einfache Tüpfel durchbrochen; ihre Wände sind gerbstoff-, stärke- und salizinhaltig. Die alpinen Weiden sind zum Unterschied gegenüber den meisten anderen Weiden durch eine sehr hohe Zahl von Gefäßen und Tracheïden ausgezeichnet. Die Markstrahlen sind bei den Weiden stets einreihig, ihre Wände verholzt, von verschiedener Dicke und mit Tüpfeln versehen, wo sie die Gefäße berühren. Gegenüber der Endodermis sind die Gefäßbündel durch den Perizykel abgegrenzt. Meist besteht er in der Jugend aus einem holzigen Ring, der später zerreißt, so daß am Jahresende der Perizykel dann teils aus isolierten Holzmassen, teils aus Parenchym zusammengesetzt erscheint. Bei manchen Weiden sind nur wenige Holzinseln vorhanden, während bei anderen, wie z. B. bei *S. herbacea* L., perizyklische Fasern völlig fehlen.

Die Epidermiszellen der Blätter sind nach TOEPFFER (1925–26) polygonal und ziemlich groß mit welligen oder krummbogigen Wänden, oder auch klein mit geradlinigen Wänden. Die Epidermiszellen der Blattunterseite sind meist etwas kleiner als die der Oberseite. Die Außenwände der Epidermiszellen sind mehr oder minder dick kutikularisiert. Spaltöffnungen sind auf der Blattunterseite aller Weidenarten vorhanden, während sie auf der Blattoberseite bei den meisten Arten fehlen. Meist ist auch ihre Zahl auf der Blattunterseite größer als auf der Oberseite, sehr selten ist das Umgekehrte zu beobachten. Nach TOEPFFER sind die Stomatazellen meist von gleicher Höhe wie die Epidermiszellen und mit ihnen in gleicher Ebene wie z. B. bei *S. aurita* L., *S. caprea* L., *S. cinerea* L., oder sie überragen die Epidermiszellen etwas wie z. B. bei *S. viminalis* L., oder sie sind etwas eingesenkt wie etwa bei *S. daphnoides* VILL. oder *S. Elaeagnos* SCOP. Meist sind 2 Nebenzellen, selten 6 Nebenzellen vorhanden. Das zwischen den beiden Epidermen liegende Assimilationsgewebe oder Mesophyll ist bei den mitteleuropäischen Arten bilateral gebaut. Bei einer Reihe von Weidenarten ist blattunterseits ein einschichtiges Hypoderm vorhanden, wie z. B. bei *S. alba* L., *S. babylonica* L., *S. fragilis* L., *S. pentandra* L., *S. triandra* L., *S. reticulata* L. u. a.; bei anderen Weiden fehlt unterseits ein Hypoderm, es ist dann entweder nur ein Palisadenparenchym vorhanden, wie z. B. bei *S. Elaeagnos* SCOP. und *S. purpurea* L., oder das Assimilationsgewebe ist in Palisaden- und Schwammgewebe differenziert wie etwa bei *S. aurita* L., *S. appendiculata* VILL., *S. bicolor* WILLD., *S. caesia* VILL., *S. caprea* L., *S. cinerea* L., *S. daphnoides* VILL., *S. foetida* SCHLEICHER, *S. glabra* SCOP., *S. glaucosericea* FLOD., *S. hastata* L., *S. Hegetschweileri* HEER, *S. Lapponum* L., *S. nigricans* SM., *S. repens* L., *S. viminalis* L., *S. Waldsteiniana* WILLD. Nach Beobachtungen von CAMUS (1904–06) ist hingegen die Struktur des Mesophylls von *S. fragilis* L. sehr veränderlich, und es fehlt ein Hypoderm.

Die im Blattstiel zunächst getrennt verlaufenden drei Gefäßbündel vereinigen sich bei *Salix* im Gegensatz zu *Populus* oft schon am Grunde der Blattspreite oder schon früher zu einem einzigen Ring.

Embryologie. Die Entwicklung des Embryosackes bzw. der Makrospore erfolgt nach CHAMBERLAIN (1897) stets aus einer Zelle der Samenanlage nahe der Knospenspitze. TOEPFFER (1925–26) schildert die Ergebnisse dieser Untersuchungen etwa wie folgt: Die ursprüngliche Embryosackmutterzelle teilt sich in eine primäre Tapetumzelle und in die sporenbildende Mutterzelle des Embryosackes. Die Tapetumzelle entwickelt sich zu einer Reihe von 3, seltener 5–6 Zellen, die Embryosackmutterzelle teilt sich hingegen in eine kleinere und in eine größere Zelle, welche zum Embryosack wird. Die kleine Zelle teilt sich entweder in 2 potentielle Makrosporen oder die Teilung unterbleibt. Auch die Makrosporenmutterzelle macht Teilungen durch, doch bisweilen entwickelt sie sich auch direkt zum Embryosack. Potentielle Makrosporen, welche abgeschnitten sind, werden von der wachsenden fruchtbaren Makrospore zusammengedrängt und aufgezehrt. Die erste Teilung des primären Zellkernes der Makrospore erfolgt quer. Bei der zweiten und dritten Teilung sind die Spindeln am mikropylaren Ende quergestellt, am antipodialen Ende in der Längsrichtung angeordnet. In der folgenden Entwicklungsperiode des weiblichen Gametophyten ist es schwierig, antipodiale Zellen nachzuweisen. Mehrere hunderte Makrosporen, vor der Befruchtungsperiode untersucht, ergaben nur in sechs Fällen unzweifelhaft den Nachweis von Antipoden. Die Synergiden haben häufig einen stark entwickelten Fadenapparat. Der Eiapparat bricht durch die Wand der Makrospore und tritt in die Mikropyle ein. In wenigen Fällen wurde beobachtet, daß die Synergiden fast bis zum kotylen Zustand des Embryos ausdauerten. Der Pollenschlauch tritt durch die Mikropyle in den Embryosack. Die polaren Kerne verschmelzen und bilden den primären Endospermkern. Sobald der Pollenschlauch die Mikropyle erreicht, vergrößert sich der primäre Endospermkern und seine Teilung geht gewöhnlich der der Eizelle voran. Die erste Teilung der Eizelle ist immer quer, die zweite Teilung gewöhnlich längs, und die dritte Teilung meistens quer. Die Differenzierung von Dermatogen folgt gewöhnlich unmittelbar auf das Achter-Stadium. Eine Zeit lang wachsen Periblem und Plerom aus einem gemeinschaftlichen Meristem, aber gegen Ende der intraseminalen Entwicklung werden sie oft differenziert und wachsen aus gesonderten Initialen.

Keimung und Entwicklung. Die an den meisten Arten schon Ende Mai oder Anfang Juni entlassenen Samen beginnen unter günstigen Bedingungen schon innerhalb weniger Stunden zu keimen. Am unteren Ende des Samens, an der Ansatzstelle des Haarschopfes, entspringen einzellige, 1–1,5 mm lange Härchen, die, in das Substrat eindringend, das Samenkorn im Boden befestigen. Am Hypokotyl entwickelt sich der Scheitel des zukünftigen Wurzelsprosses, der sich dann zur Wurzel streckt und in das feuchte Erdreich eindringt. Die zunächst einfache, senkrecht abwärts wachsende Hauptwurzel befestigt sich durch Aussenden von Seitenwurzeln im Substrat und bildet zarte Saugschläuche, die Wurzelhaare, in vierreihiger Anordnung aus. Bald sterben die zuerst gebildeten Wurzelhaare ab, und neugebildete Haare dienen der Nahrungsaufnahme.

Blütenverhältnisse. Die Zweige vieler Weidenarten zeigen in ihrem oberen Abschnitt sterile Laubknospen, welche nur Laubsprosse entwickeln, in ihrem unteren Abschnitt hingegen fertile Blütenknospen, die Blütensprosse hervorbringen. Meistens sind die Laubknospen kleiner als die Blütenknospen. Form, Farbe und Indument der Blütenknospen sind spezifisch verschieden.

Die Weiden sind diözisch. An der Blütenstandsachse stehen die Blüten in zweiumläufiger, vielgliedriger Schraubenstellung, und zwar in $^2/_9$, $^2/_{11}$, $^2/_{13}$, $^2/_{15}$, $^2/_{17}$-Stellung, seltener in 5- bis 6-gliedrigen, alternierenden Wirteln. Die Blüten stehen in der Achsel eines Tragblattes, an dessen Grunde Fruchtknoten bzw. Staubblätter stehen.

Die Anlage der weiblichen Blütenstände zeigt nach TOEPFFER (1925–26) bereits im August des Vorjahres die erste Anlage der Fruchtknoten, während die männlichen Blütenknospen schon im Oktober die Staubbeutel gut ausgebildet haben. In Winterknospen lassen sich die Nektarien beobachten. Die Blütenkätzchen geben einerseits durch die Form der sie einhüllenden Knospendecken, sowie durch ihre Form und Größe im ausgewachsenen Zustand artcharakteristische Merkmale ab. So sind sie z. B. fast kugelrund bei *S. repens* L. ssp. *rosmarinifolia* (L.) ČELAK. Bei den meisten Weiden-Arten sind die weiblichen Kätzchen eiförmig bis lanzettlich in sehr verschiedener Größe und Form. Bisweilen sind sie selbst dünn zylindrisch, wie bei *S. purpurea* L., oder schlank, kegelförmig, wie bei *S. triandra* L. Die weiblichen Kätzchen zeigen fast immer eine zylindrische oder walzliche Form.

Die Kätzchen sind meist mehr oder minder lang gestielt oder sitzend. Anfangs stehen die Blüten an der Achse meist dicht gedrängt, später lockerer. Während die sitzenden Kätzchen am Grunde von gelben oder braunen Tragblättern begleitet werden, sind die gestielten Kätzchen meist gegen den Grund des Blattstieles zu mit mehreren, mehr oder minder großen, laubblattartigen grünen Blättchen besetzt, die meist ganzrandig, zuweilen aber auch gesägt oder drüsig berandet sind. Kätzchenstiel und Blütenstandsachse sind bei fast allen Weidenarten mehr oder minder stark behaart. Die Stellung der Kätzchen am Sproß ist aufrecht und meist gerade, bei anderen Arten aufrecht und mehr oder weniger gekrümmt oder auch bogig. Im allgemeinen sind die in voller Blüte befindlichen männlichen Kätzchen dicker als die weiblichen der gleichen Art. Die männlichen Kätzchen sind kürzer oder länger eiförmig, kürzer oder länger zylindrisch, schlank zylindrisch oder auch fast kugelig. Nur wenige Arten haben lockerblütige, die meisten Weiden hingegen dichtblütige Staubkätzchen. Vor dem Aufblühen sind die männlichen Kätzchen vieler Arten von einem dichten, weißen oder hellgrauen Pelz der langen Haare der Blütentragblätter umgeben. Die Aufblühfolge der Kätzchen ist bei den einzelnen Arten verschieden. Bei S. caprea L. und Verwandten erfolgt die Anthese von der Mitte gegen die beiden Enden des Kätzchens. Bei den Verwandtschaftsgruppen der S. purpurea L. und S. triandra L. hingegen schreitet die Aufblühfolge akropetal von der Basis gegen die Spitze hin vor. Die männliche Blüte setzt sich zusammen aus dem Tragblatt, dem Nektarium und den Staubblättern. Das Tragblatt ist von verschiedener, spezifischer Gestalt. Von kreisrunden Tragblättern finden sich alle Übergänge über verkehrt-eiförmige, elliptische, eilanzettliche bis zu schmallanzettlichen Tragblättern. Die Spitze ist abgerundet, gestutzt, stumpf oder spitz. Im Gegensatz zu den Tragblättern der Pappeln sind jene der Weiden meist ganzrandig, nur bei wenigen Arten sind sie an der Spitze schwach eingebuchtet gekerbt oder klein gezähnt, zuweilen auch am unteren Rande oder ringsum drüsig. Die Tragblätter sind einfarbig gelb, bisweilen auch rosenrot oder an der Spitze rosa bis purpurn. Bei den meisten Arten sind sie zweifarben, d. h. am Grunde grünlichgelb, oben braun bis schwarz. Die Tragblätter fast aller Weiden sind mehr oder weniger behaart, nur S. herbacea L., S. myrtilloides L. und S. retusa L. haben völlig kahle Tragblätter. Die Art der Behaarung der Tragblätter ist spezifisch verschieden. Bei manchen Arten sind die Tragblätter z. B. außen an der Spitze kahl, am Grunde behaart, bei anderen Arten außen kahl, am Rande gewimpert oder gebärtet, bei den meisten mitteleuropäischen Arten hingegen sind sie beiderseits mehr oder weniger kürzer oder länger behaart.

Die meisten Weidenarten besitzen nach TOEPFFER (1925-26) nur ein inneres, vorderes, ventrales Nektarium, welches zwischen den Staubblättern und der Blütenstandsachse liegt. Bei einer Reihe von Arten findet sich jedoch noch ein zweites Nektarium zwischen den Staubblättern und dem Tragblatt, welches meist kleiner als das innere und zuweilen auch völlig unansehnlich ist. Nach WIMMER (1866) wäre das Nektarium als reduzierte Blütenhülle aufzufassen, eine ähnliche Auffassung vertreten auch GOMBOCZ (1924-25), FISHER (1928) und HJELMQUIST (1948). PAX (1894) hingegen sieht die Nektarien als reduzierte Achsengebilde an. Die Entwicklung des Nektariums findet verhältnismäßig spät am Ende der erstjährigen Entwicklungsperiode statt, und zwar in Form einer sehr sanften, schwach hervorragenden Protuberanz der Epidermis. Um diese Zeit sind die Antheren bereits in ihrer äußeren Form voll ausgebildet. Das Nektarium überwintert als niedriger Meristemhöcker, die Staubblätter als beinahe sitzende Antheren. Das interkalare Wachstum der Staubfäden und das Auswachsen des Nektariums zu dem langen stielförmigen, abgestutzten Körper erfolgt im Frühling beim Aufblühen des Kätzchens. Die Gestalt des Nektariums ist mehr oder weniger spezifisch verschieden. Dies trifft zumindestens für die mittleren Blüten des Kätzchens zu, in den unteren Blüten weicht das Nektarium nicht selten von der Normalform etwas ab.

Weitaus die meisten Weidenarten weisen 2 Staubblätter auf, deren Staubfäden vom Grunde an völlig frei sind (diandrischen Arten). Nur bei wenigen Arten sind die Staubfäden unterwärts verwachsen wie z. B. bei S. caesia VILL. und S. Elaegnos SCOP., während sie bei S. purpurea L. hingegen bis zur Spitze verwachsen sind, und der eine Staubfaden somit an der Spitze einen 4-fächerigen Staubbeutel trägt (monandrische Arten). Nur wenige mitteleuropäische Weiden weisen mehr als 2 Staubblätter auf, so S. triandra L. 3, S. pentandra L. 5 Staubblätter (polyandrische Arten). Im allgemeinen ist die Zahl der Staubblätter ziemlich konstant, nur selten sind Abweichungen zu beobachten, so finden sich z. B. bei S. pentandra L. bisweilen in den unteren Blüten eines Kätzchens nur 3 4 Staubblätter. Zahl und Verwachsungsgrad der Staubblätter ist für die Erkennung von Bastarden polyandrischer Arten mit diandrischen Arten usw. von Bedeutung. Bezüglich des Merkmals des Grades der Verwachsung der Staubblätter ist zu beachten, daß bei einer Reihe von Weiden auch Kladostemie, eine monströse Teilung der Staubblätter, beobachtet worden ist.

Die meisten unserer Weidenarten haben kahle Staubfäden, bei einer Reihe von Arten sind die Staubfäden am Grunde behaart, und bei S. glaucosericea FLOD. sind ausnahmsweise Pflanzen mit kahlen und mit behaarten Staubblättern zu verzeichnen. Das Längenverhältnis der Staubblätter zum Tragblatt ist im vollen Entwicklungsstadium ziemlich konstant. Bei den meisten Arten sind die Staubblätter zweimal so lang wie das Tragblatt, bei einer Reihe von Arten auch 2- bis 3-mal, bei anderen 3- bis 4-mal so lang wie das Tragblatt. Die Farbe der Staubfäden ist gelblich bis reinweiß, bei S. alpina SCOP. und S. breviserrata FLOD. hell- bis dunkelviolett. Die Antherenfächer sind bei einer Reihe von Arten rundlich, bei anderen Weiden elliptisch oder länglich. Die Staubbeutel der meisten Weidenarten sind gelb, bei einer Reihe von Arten sind sie vor der Anthese purpurn, während der Anthese gelb und nachher grau oder braun oder schwärzlich bis tiefschwarz.

Auch bei den weiblichen Kätzchen sind die Blüten schraubig angeordnet. Sie sind bei manchen Weidenarten lang gestielt, bei anderen kurz gestielt und bei sehr vielen Weiden fast sitzend oder sitzend. Viele Weiden mit sitzenden weiblichen Blütenständen haben jedoch kurz gestielte männliche Blütenstände. Die Größe der Kätzchen ist verschieden und wechselt mit den Standortsverhältnissen. Form, Farbe und Behaarung der Tragblätter der weiblichen Blüten ist dieselbe wie die der männlichen Blüten der gleichen Art, die Behaarung jedoch zuweilen etwas schwächer. Die Nektarien der weiblichen Blüten entsprechen denen der männlichen Blüten. Die meisten mitteleuropäischen Weiden weisen nur 1 Nektarium auf, eine Reihe von Arten jedoch auch in den weiblichen Blüten 2 Nektarien. Die Nektarienmerkmale wurden von v. SEEMEN (1908–10) zur Unterscheidung des Tribus der *Didymadeniae*, die in männlichen und weiblichen Blüten 2 Nektarien, der *Heteradeniae*, welche in den männlichen Blüten 2, in den weiblichen Blüten nur 1 Drüse, sowie der *Monadeniae*, die in beiderlei Blüten nur 1 Nektarium aufweisen, herangezogen.

Der Stempel ist stumpf eiförmig bis schlank kegelförmig; meist ist ein mehr oder weniger langer Griffel vorhanden, selten sind die beiden Narben sitzend. Der Fruchtknoten sitzt dem Fruchtboden direkt oder fast direkt auf oder er ist kürzer oder länger gestielt. Er ist bei einer Reihe von Weidenarten kahl, bei den anderen jedoch behaart. Die Form des Fruchtknotens ist aus eiförmigem Grunde länger oder kürzer kegelig, spitz oder stumpflich, bei einer Reihe von Arten lang verschmälert, bei den anderen Arten nur kurz verschmälert. Der Fruchtknoten besteht aus 2 Karpellen und ist einfächerig. Das Verhältnis von Griffel zur Länge des Fruchtknotens ist von Art zu Art ziemlich konstant. Es wurde von ANDERSSON (1867) und v. SEEMEN (1908–10) zur systematischen Gliederung mit herangezogen. v. SEEMEN unterscheidet kurz-, mittellang- und langgriffelige Weiden, *Brachystylae*, *Mesostylae* und *Dolichostylae*.

Die Weiden sind nach TOEPFFER (1925–26) ausgesprochen zoogam, und zwar besuchen vor allem Apiden die Blüten der Weiden. Bei einzelnen alpinen Weiden wie z. B. *S. foetida* SCHLEICHER, *S. hastata* L., *S. helvetica* VILL., *S. Waldsteiniana* WILLD. u. a. vollziehen Ameisen die Pollenübertragung. Nur die arktischen Weiden, u. a. auch *S. herbacea* L., sind nach Untersuchungen von LUNDSTRÖM und E. LÖW anemogam.

Pollen. Der Pollen von *Salix* ist auffällig verschieden von dem von *Populus* und bietet zur Unterscheidung von Untertypen weitaus mehr Möglichkeiten. Als Merkmale kommen hierfür nach STRAKA (1952) und FAEGRI (1953) unter anderem in Betracht: der Feinbau der netzigen Oberfläche: Größe, Gleichheit oder Verschiedenheit der Netzmaschen, gröberer oder feinerer Stäbchenbau der Netzleisten, Vorhandensein oder Fehlen einzelner freier Stäbchen inmitten der Netzmaschen; die Beschaffenheit der 3 Falten. Einige dieser Merkmale reichen schon an die Grenze des Auflösungsvermögens der Lichtmikroskope. Pollenform und -größe sind nach STRAKA zur Abgrenzung von Typen ungeeignet. Charakteristische mehr oder weniger spezifische Merkmalskombinationen wurden von STRAKA und FAEGRI beschrieben von: *Salix alba* L., *S. daphnoides* VILL., *S. glauca* L. (p. p.) (*S. glauca* L. oder *S. glaucosericea* FLOD.), *S. herbacea* L., *S. myrsinites* L. (*S. alpina* SCOP. oder *S. breviserrata* FLOD.), *S. pentandra* L., *S. silesiaca* WILLD., *S. Weigeliana* WILLD. (*S. bicolor* WILLD.). Die Eignung einzelner Bestimmungsmerkmale sowie Beziehungen zur taxonomischen Gliederung der Gattung *Salix* bleiben noch weiter zu prüfen.

Samen. Am Grunde der Samenanlage entwickeln sich nach TOEPFFER (1924–25) aus einem Teil der Plazenta, der bei der Reife abgerissen wird, lange einzellige Haare, die oft 10- bis 15-mal so lang wie das Samenkorn sind. Durch den Druck dieser Haare reißen die Karpelle an ihrer Naht auf und biegen oder rollen sich ein. An einem warmen, trockenen Tag werden die Weidensamen durch den leisesten Windhauch mit Hilfe ihres als Flugapparat dienenden Haarschopfes oft auf weite Strecken verweht.

Bildungsabweichungen. Bei Verletzung der jungen Triebe an ihrer Spitze treiben in der zweiten Hälfte des Sommers etwa von Ende Juli bis September die für das nächste Frühjahr angelegten Knospen teilweise aus. Im Vergleich zum Austreiben von Laubknospen erscheint das unzeitgemäße Ausschlagen der Blütenstände als eine ins Auge springende Abnormität. Die Blütenstände erscheinen entweder seitlich in den Achseln der Laubblätter und sind auch bei Arten, die gewöhnlich sitzende Kätzchen haben, lang gestielt, oder es schlägt nur die der Verletzungsstelle zunächst gelegene Knospe, die zur Terminalknospe geworden ist, aus, und das Kätzchen erscheint dann auf langem, beblättertem Stiel in der Verlängerung des Sprosses. Manche Arten neigen mehr, andere Arten weniger zu dieser als Prolepsis bezeichneten Bildungsabweichung; so sind z. B. bei *S. triandra* L. proleptische Kätzchen fast in jedem Jahr zu beobachten.

Am Sproß treibt in der Regel nur eine Knospe an jedem Knoten aus. Sehr gute Boden- und Ernährungsverhältnisse scheinen zur Folge zu haben, daß neben der Hauptknospe angelegte Seiten- oder Reserveknospen austreiben. Meist ist dann die mittlere Knospe kräftiger als die beiden seitlichen, zuweilen sind auch alle drei Knospen gleichmäßig ausgebildet. Diese Abnormität wurde bei *S. caprea* L., *S. caprea* × *cinerea*, *S. repens* L. u. a. beobachtet.

Verästelte oder gegabelte Kätzchen wurden mehrfach wahrgenommen. Frühzeitig findet eine Teilung der Vegetationsspitze des Blütenstaubes statt, möglicherweise verursacht durch Insekten oder Pilze. Das Kätzchen gabelt sich in 2, 3 oder mehr Zinken. TOEPFFER (1925–26) beobachtete diese Erscheinungen in großer Zahl in der Umgebung von München vor allem an *S. alba* × *fragilis* und *S. purpurea* L., aber auch an anderen Weiden.

Von Blütenmißbildungen sind Umwandlungen der Tragblätter mehrfach bekannt geworden. Die Tragblätter können abnorm verlängert sein (mstr. *longibracteata*) oder sie vergrößern sich und bilden kleine, grüne Blättchen (mstr. *foliolosa*). Andererseits können die Staubfäden geteilt sein (mstr. *cladostemon*) oder beide Staubfäden sind mehr oder weniger hoch (mstr. *monadelpha*) oder völlig (mstr. *monandra*) miteinander verwachsen. Seltener ist eine

Vermehrung der Zahl der Staubblätter. So kommen gelegentlich z. B. bei *S. alba* L. 3 Staubblätter, bei *S. caprea* L. 3–5 Staubblätter vor, bei *S. alba* × *fragilis* wurden sogar bis zu 12 Staubblätter in einer Blüte beobachtet. Häufiger ist eine Verminderung der Zahl der Staubblätter in den untersten Blüten bei pleiandrischen Weiden, so bei *S. triandra* L. auf 2, bei *S. pentandra* L. auf 3–4 Staubblätter.

In den weiblichen Blüten ist gelegentlich eine Vermehrung der Fruchtblätter festzustellen. In einer Blüte sind dann statt eines Fruchtknotens 2 oder 3 vorhanden. Häufiger sind am Grunde verwachsene Fruchtknoten auf gemeinsamem Stiel wahrzunehmen, so bei *S. aurita* L., *S. caprea* L., *S. cinerea* L., *S. myrtilloides* L., *S. nigricans* SM., *S. viminalis* L. Bisweilen ist der Fruchtknoten mehr oder weniger tief gespalten, und jedes Karpell trägt eine Narbe. Ferner wurde Umwandlung des Pistills zu laubblattartigen Gebilden bei *S. babylonica* L., Hypertrophie des Pistills, verursacht durch die Gallmücke *Rhabdophaga terminalis* bei *S. reticulata* L., sowie ähnliche Bildungen bei *S. purpurea* L. beobachtet.

Als weitere Abnormität kommen gelegentlich einhäusige Sträucher, sehr selten Sträucher mit Zwitterblüten vor, in denen neben dem Pistill 1 oder 2 Staubblätter ausgebildet sind.

Eine sehr häufige Erscheinung sind intersexuelle bzw. sogenannte androgyne Bildungen sowohl der männlichen wie der weiblichen Kätzchen. Neben den rein männlichen und rein weiblichen Blüten finden sich in einer Übergangszone Übergangsbildungen von männlichen ins weibliche Geschlecht (Pistillodie) bzw. vom weiblichen ins männliche Geschlecht (Staminodie), gelegentlich setzen diese Bildungen auch das ganze Kätzchen zusammen. Diese Erscheinung ist sehr oft bei *S. babylonica* L. zu beobachten.

Bei der Pistillodie beginnt sich der Staubfaden zu verkürzen, die Antheren verlängern sich und bilden am Scheitel narbenähnliche Hörnchen aus; die Antherenfächer verschmelzen zu einem meist offenen Sack. Im weiteren Verlauf verkürzt sich der Faden immer mehr, der Pollensack bläht sich am Grunde auf, schnürt sich nach oben zusammen und wandelt sich nach und nach zum Fruchtknoten um. In umgekehrter Weise verlängert sich bei Staminodie der Fruchtknotenstiel, das Ovarium verliert Griffel und Narben, teilt sich nebst dem Stiel bis zum Grunde, verkürzt und verdickt sich unter Bildung einer Mittelwand und produziert im Inneren Pollenkörner. Die Intersexualität tritt nach Beobachtungen von HERIBERT-NILSSON (1918) vorzugsweise an Bastarden auf.

Schädlinge. Pilze auf Weiden-Blättern. Die meisten *Salix*-Arten werden im Spätsommer oft vom Weidenmehltau *Uncinula salicis* (DC.) WINT. befallen. Das weißliche Myzel überzieht die Blätter meist vollständig. Zuerst werden die hyalinen, in kurzen Ketten zusammenhängenden, ellipsoidischen, einzelligen Konidien gebildet. Später entwickeln sich ganz oberflächlich die unregelmäßig zerstreuten oder in kleinen Gruppen beisammenstehenden, zuweilen auch dichte Herde bildenden, ca. 100–150 μ großen, kugeligen, völlig geschlossenen Perithezien, die mit zahlreichen hyalinen, an den Enden eingerollten, fädigen Anhängseln besetzt sind. Sie enthalten einige breit ellipsoidische oder eiförmige Schläuche mit 3–6 μ breit ellipsoidischen, einzelligen, hyalinen Sporen. Dieser Pilz kommt auch auf den Blättern von Pappeln vor und ist besonders auf *P. tremula* L. und *P. nigra* L. nicht selten.

*Rhytisma salicinum* (PERS.) FR. verursacht auf zahlreichen Weidenarten im Spätsommer epiphyll locker zerstreute, pechschwarze, scharf begrenzte, rundliche, elliptische, oder ganz unregelmäßige, mehr oder weniger glänzende Stromakrusten, die auf *Salix caprea* L. bis 2 cm im Durchmesser erreichen können. In diesen Krusten entwickeln sich im nächsten Frühling auf den faulenden Blättern die Apothezien. Zur Reifezeit reißt die Stromakruste unregelmäßig lappig auf, wird aufgerichtet oder etwas eingerollt, so daß die gelbliche Fruchtschicht entblößt wird. Die keuligen, zwischen zahlreichen fädigen, oben etwas verbreiterten Paraphysen stehenden Schläuche enthalten 8 fädige, seilartig zusammengedrehte, hyaline Sporen.

*Fusicladium saliciperdum* (TUB. et ALL.) LINDAU ist ein dem auf Pappeln parasitierenden *F. radiosum* (LIB.) LIND. sehr ähnlicher Pilz, der im Frühling oft die Spitzen der im Wachstum befindlichen Neutriebe befällt und sie bald zum Absterben bringt. Durch starken Befall kann der Pilz besonders in Korbweidenkulturen großen Schaden verursachen.

Alte Stämme, besonders solche der Kopfweiden, werden oft von verschiedenen *Polyporaceae* bewohnt, von denen *Polyporus sulphureus* (BULL.) FR., *P. squamosus* (HUDS.) FR., *P. nigricans* FR., *P. varius* FR., *Trametes suaveolens* (L.) FR., und *T. gibbosa* (PERS.) FR. am häufigsten anzutreffen sind.

Namhafter Schaden wird nach ZILLIG (1942) durch *Cuscuta lupuliformis* an Weidenpflanzungen hervorgerufen.

Gallbildungen. Häufige und sehr auffällige Erscheinungen an Weiden sind Gallbildungen. Die Larven der Blattwespe *Pontania salicis* CHRIST ruft eine rundliche Galle auf der Unterseite der Blätter hervor (Abb. 18, b oben links), während *Pontania vesicator* BREMI die großen, bohnenartigen, auf beiden Blattflächen sichtbaren Anschwellungen erzeugt (b unten rechts). Die Larve der Gallmücke *Oligotrophus capreae* WINN. verursacht die knotenförmigen, kleinen, aber meist sehr zahlreichen Gallen auf den Blättern von *Salix caprea* L. Durch *Rhabdophaga rosaria* H. Löw wird die rosettenartige oder zapfenähnliche Häufung der Blätter an der Sproßspitze, die sogenannten Weidenrosen (e), durch *Rhabdophaga salicis* SCHRANK die starken Anschwellungen der einjährigen Sproßachse bedingt (a). Gallmilben verursachen die Randrollung der Blätter (d).

Ferner können an verschiedenen Weidenarten sogenannte Wirrzöpfe oder Holzkröpfe, einseitige Wucherungen an den Zweigen, beobachtet werden. Für die ersteren nimmt man Gallmilben als Erzeuger an, während man über die Entstehung und Ursache der Holzkröpfe, welche nur z. T. aus Wirrzöpfen hervorgehen, noch nicht genau orientiert ist (vielleicht Rüsselkäfer).

Die Wirrzöpfe gehen nicht nur aus Laubknospen, sondern auch aus Blütenknospen hervor. Während erstere eine unförmige Masse bilden, behalten letztere nach TOEPFFER (1925-26) die Kätzchenform bei, werden jedoch dicker. An der verdickten und verholzten Achse stehen die einzelnen Blüten in Form kleiner, gefüllter Röschen. In den aus männlichen Blüten hervorgegangenen Mißbildungen sind Staubblätter mit verkürzten Staubfäden und Blattgebilden von mannigfacher Form, sowie Nektarien enthalten. Bei den aus weiblichen Blütenständen hervorgegangenen Wirrzöpfen erfahren auch Fruchtknoten und Samenanlagen mannigfache Umbildungen. Während die normal ausgebildeten männlichen Kätzchen nach Verstäuben des Pollens abfallen, bleiben die zu Wirrzöpfen deformierten am Sproße sitzen, verholzen und überdauern dann als tote Gebilde oft mehrere Winter.

Eine eigentümliche Deformation der männlichen Blütenstände von *S. triandra* L. wird durch die Larven der Gallmücke *Rhabdophaga heterobia* H. Löw hervorgerufen. Staubfäden und Tragblatt werden zu abnorm starker Trichombildung veranlaßt, so daß das Kätzchen wie mit einem weißen Filz überzogen erscheint.

Überpflanzen. Nicht allzu selten kann man auf Weiden verschiedene Überpflanzen beobachten, so z. B. *Asplenium viride* HUDS., *Polypodium vulgare* L., *Poa trivialis* L., *Humulus Lupulus* L., *Urtica dioica* L., *Malachium aquaticum* (L.) FR., *Stellaria media* (L.) VILL., *Chelidonium maius* L., *Ribes Uva-crispa* L., *Epilobium montanum* L., *Galeopsis Tetrahit* L., *Lamium maculatum* L., *Solanum Dulcamara* L., *Sambucus nigra* L., u. a. Besonders gerne finden sich diese Gelegenheits-Epiphyten auf den Kopfweiden, wo durch die verhältnismäßig große, mehr oder weniger waagrechte Fläche des Kopfes und durch das erleichterte Ansammeln von Wasser die Vermoderung des Holzes beschleunigt und dann für Samen und Sporen ein vorzüglicher Keimboden geschaffen wird. Mit Ausnahme von *Solanum Dulcamara* L., das verkümmerte Luftwurzeln besitzt und sich dadurch gewissermaßen den echten Epiphyten nähert, zeigen die genannten Überpflanzen in ihrem Bau und in ihrer Lebensweise vollkommen normale Verhältnisse.

Nutzen. Fast alle größeren Weiden-Arten werden technisch verwendet und spielen deshalb als Handelsartikel eine ziemlich bedeutende Rolle. Da die Weidenruten vielfach als Binde- und Flechtmaterial sowie zu Faschinen Verwendung finden, werden verschiedene Arten, namentlich *S. triandra* L., *S. viminalis* L., *S. purpurea* L., *S. alba* L., *S. acutifolia* WILLD., *S. cordata* MÜHLENBG. u. a., in Kulturen gezogen. Die Anzucht erfolgt in der Regel durch Einzelstecklinge. Eine forstwirtschaftliche Bedeutung hat die Weidenkultur jedoch nur an Orten mit hohem Grundwasserspiegel, in Flußtälern und Niederungen. Bei der Kopfholznutzung werden die Krone und die Seitenäste unter Erhaltung des Mitteltriebes alle 2-3 Jahre weggeschnitten (Fig. 51). In verschiedenen Gegenden, wo die Weiden für die Flechtindustrie rationell gezüchtet werden, liefern sie als Nebenprodukt Gerbrinden. Diese enthalten ebenso wie die jungen Blätter und Blüten ziemlich beträchtliche Mengen, 8-10%, Gerbstoff und sind z. T. ziemlich reich an einem sehr bitteren Glykosid (Salicin). Aus diesem Grunde wurden die bitter schmeckenden Rinden auch arzneilich als Fiebermittel, Antirheumaticum und Analgeticum verwendet (Cortex Salicis). Heute ist die Droge durch die synthetischen Salizylsäure-Präparate verdrängt. Technische Verwendung finden die Weidenrinden namentlich im nördlichen Europa; russisches Juchtenleder, dänisches und schottisches Handschuhleder werden unter Anwendung von Weidenrinden gewonnen. Der in der Rinde enthaltene Bast kann zu Stricken, Matten usw. verarbeitet werden. Das Holz ist weiß, sehr leicht, grob-faserig, leicht spaltbar, biegsam, aber wenig dauerhaft. Es wird technisch zur Herstellung von Holzschuhen, Schachteln, Kisten, Sieben, Schnitzarbeiten, Zahnstochern, Flußkähnen usw. sowie zur Erzeugung von Papiermasse herangezogen. Ebenso wird es zur Gewinnung von Reiß- und Pulverkohle verwendet. In China werden Weidenblätter zur Verfälschung des Tees benutzt.

Eine bedeutende Rolle kommt den Weiden zur Wildbachverbauung, zur Befestigung von Straßen- und Eisenbahndämmen, von Dünen, u. ä. zu. Einzelne Arten, namentlich *S. babylonica* L., mehr noch ihre Hybriden, werden auf Friedhöfen als Ziergehölze gezogen.

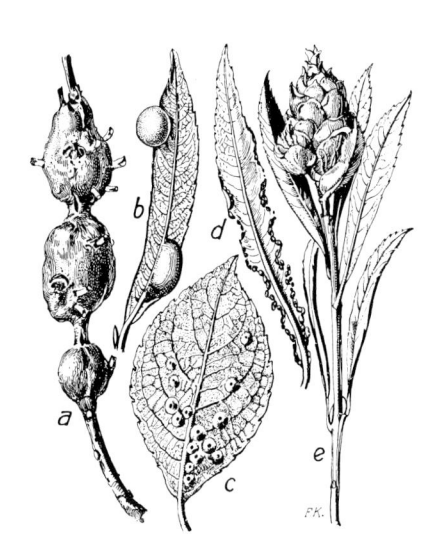

Fig. 18. *a* bis *e*. Gallenbildungen an Weiden: *a* an der Sproßachse von *Salix aurita* L. durch *Rhabdophaga salicis* SCHRANK; die leeren Puppenhüllen ragen aus den Ausschlüpföffnungen hervor. *b* links oben Blattgalle von *Pontania salicis* CHRIST, rechts unten von *Pontania vesicator* BREMIE auf *S. purpurea* L. *c* Blattgallen von *Oligotrophus capreae* WINN. auf *S. caprea* L. *d* Randrollung durch Gallmilben an *S. purpurea* L. *e* Weidenrose an *S. purpurea* L., durch *Rhabdophaga rosaria* H. Löw hervorgerufen (Fig. *a* bis *e* von Dr. Ross zusammengestellt).

Volksnamen. Der Name Weide (ahd. wida, mhd. wide, norw. vier, schwed. vide, griech. ἰτέα [itéa]) gehört zu einer indogermanischen Wurzel wie 'biegsam, drehbar' mit Bezug auf die biegsamen, zum Flechten brauchbaren Weidenruten. Unter Wiede (mhd. wide, wit) versteht man besonders im Oberdeutschen ein Flechtreis oder einen aus Ruten gedrehten Strang. Auch lat. vitis ‚Rebe, Ranke' und vimen ‚Flechtwerk, Weidenrute' gehört sprachlich hieher. Niederdeutsche Bezeichnungen der Weide sind Wied, Weede, Wiedden, Weene, Wie, hessische und pfälzische Weire, Werre. Niederdeutsch ist auch Wichel (besonders in Holstein, Mecklenburg), wozu die Familiennamen Wichelhaus, Wichelmann gehören. Wilge findet sich in Ostfriesland und in der Gegend von Osnabrück, aber auch in der Pfalz und im Elsaß. Ein oberdeutscher Name (besonders im Bayerischen gebräuchlich) ist Felber (Maskul.), im Alemannischen Felbe (Femin.). Der Name erscheint im Althochdeutschen als fel(a)ha, felwar. Zu ihm gehören Ortsnamen wie Felben (Ravensburg) und oberdeutsche Flurnamen wie Felbenacker, -rain, -wasen ebenso wie die Familiennamen Felber, Felbinger. Vereinzelte Namen wie Pfeif(e)holz (schwäbisch), Pfiffe(n)holz, -stude (Schweiz), Hupete(n)holz (Schwäbische Alb) weisen auf die Verwendung zu Weidenpfeifen („Hupen") durch spielende Kinder hin. Zu Salweide vgl. *Salix caprea*.

Gliederung der Gattung[1]):

Untergattung I. *Amerina:*

    Sektion 1. *Pentandrae: S. pentandra.*

    Sektion 2. *Fragiles: S. fragilis, S. elegantissima, S. alba, S. babylonica.*

    Sektion 3. *Triandrae: S. triandra.*

Untergattung II. *Chamoetia:*

    Sektion 4. *Reticulatae: S. reticulata.*

    Sektion 5. *Herbaceae: S. herbacea.*

    Sektion 6. *Retusae: S. retusa, S. serpyllifolia.*

    Sektion 7. *Myrtosalices: S. alpina, S. breviserrata.*

Untergattung III. *Caprisalix:*

    Sektion 8. *Glaucae: S. glaucosericea.*

    Sektion 9. *Phylicifoliae: S. bicolor, S. Hegetschweileri.*

    Sektion 10. *Nigricantes: S. nigricans, S. Mielichhoferi, S. caesia.*

    Sektion 11. *Capreae:*

      Subsektion 11a. *Laeves: S. caprea.*

      Subsektion 11b. *Striatae: S. cinerea, S. aurita.*

      Subsektion 11c. *Substriatae: S. silesiaca.*

      Subsektion 11d. *Eriocarpae: S. appendiculata, S. pubescens.*

    Sektion 12. *Lividae: S. Starkeana.*

    Sektion 13. *Myrtilloides: S. myrtilloides.*

    Sektion 14. *Fuscae: S. repens, S. petiolaris.*

    Sektion 15. *Arbusculoideae: S. foetida, S. Waldsteiniana.*

    Sektion 16. *Hastatae: S. hastata, S. glabra, S. cordata.*

    Sektion 17. *Villosae: S. Lapponum, S. helvetica.*

    Sektion 18. *Viminales: S. viminalis, S. Calodendron, S. stipularis, S. dasyclados.*

    Sektion 19. *Canae: S. Elaeagnos.*

    Sektion 20. *Purpureae: S. purpurea.*

    Sektion 21. *Pruinosae: S. daphnoides, S. acutifolia.*

---

[1]) Einige hybridogene Arten, die die Merkmale mehrerer Sektionen in sich vereinigen, wurden in die Übersicht nicht aufgenommen.

Fig. 19. Blatt-Typen. *a* und *b Salix pentandra* L. (Oberseite), *c S. fragilis* L., *d S. triandra* L., *e S. alba* L., *f S. herbacea* L., *g S. reticulata* L., *h* bis *k S. retusa* L., *l* Zweigspitze von *S. serpyllifolia* SCOP., *m S. purpurea* L. (Oberseite), *n S. daphnoides* VILL., *o* und *p S. Elaeagnos* SCOP. (Ober- und Unterseite), *q S. viminalis* L., *r* und *s S. repens* L. (Ober- und Unterseite), *t S. myrtilloides* L., *u. S. aurita* L.

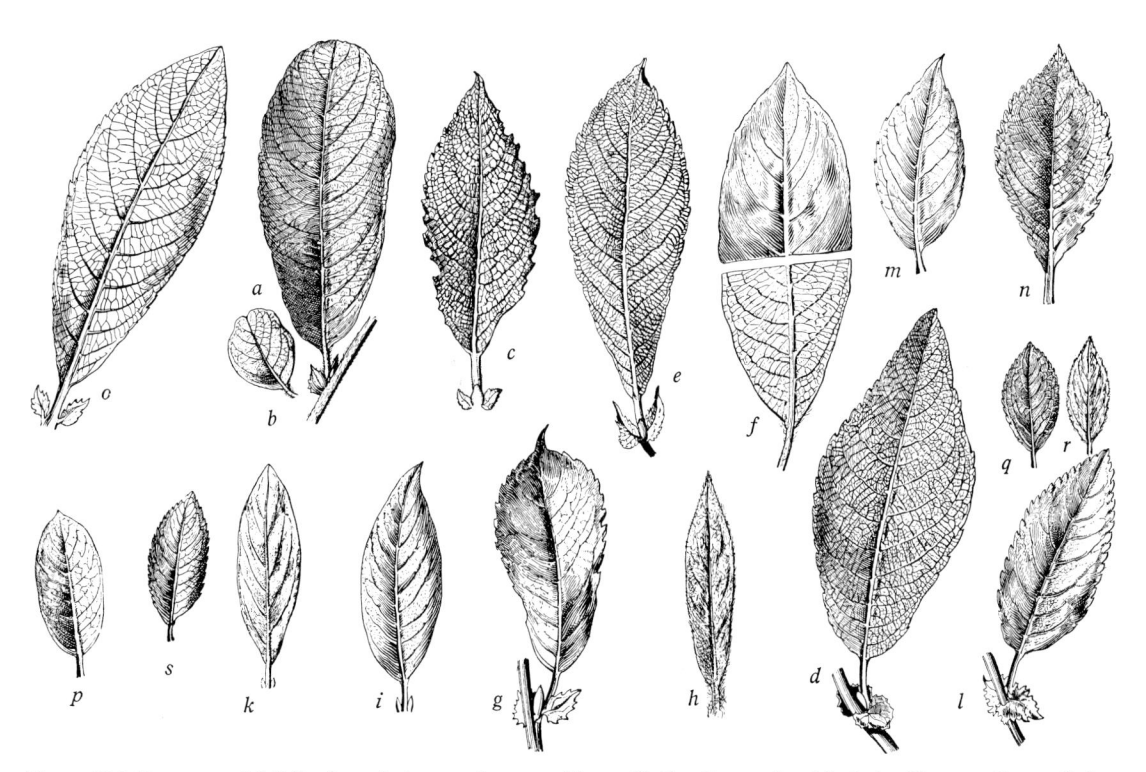

Fig. 20. Blatt-Typen: *a* und *b Salix cinerea* L. (ausgewachsenes und junges Blatt), *c S. caprea* L., *d S. silesiaca* WILLD., *e S. appendiculata* VILL., *f S. pubescens* SCHLEICH., *g S. Starkeana* WILLD., *h S. glaucosericea* FLOD., *i* und *k S. helvetica* VILL. (Ober- und Unterseite), *l S. nigricans* SM, *m S. Hegetschweileri* HEER, *n S. glabra* SCOP., *o S. hastata* L., *p S. caesia* VILL., *q* und *r S. breviserrata* FLOD. (Ober- und Unterseite), S. *Waldsteiniana* WILLD.

## Schlüssel zum Bestimmen der in Mitteleuropa wildwachsenden und kultivierten Weidenarten nach Blatt-Merkmalen:

1 a Blätter lanzettlich oder lineal (vgl. auch *S. repens* L.) . . . . . . . . . . . . . . . 2
1 b Blätter breitlanzettlich, elliptisch, eiförmig, verlängert-eiförmig oder rundlich . . . . . . . 14
2 a Blätter im ausgewachsenen Zustand beiderseits kahl . . . . . . . . . . . . . . . . 3
2 b Blätter im ausgewachsenen Zustand beiderseits oder mindestens unterseits behaart . . . . . . 10
3 a Bäume mit peitschenartig hängenden, langen, schlanken Zweigen (Trauerweiden) . . . . . . 4
3 b Bäume oder Sträucher mit aufrechten oder abstehenden Zweigen oder niedergestreckte Spaliersträucher . . . . . . . . . . . . . . . . . . . . . . . . . . . . . . . . . . . 5
4 a Blätter 1–1,5 cm gestielt, lanzettlich, oberseits lebhaft grün, unterseits blaugrün, matt, oberseits am Mittelnerv zerstreut behaart, sonst kahl. Nebenblätter stark entwickelt, halbherzförmig, scharf zugespitzt. Kultiviert . . . . . . . . . . . . . . . . . . . . *S. elegantissima* K. KOCH
4 b Blätter bis 0,5 cm gestielt, lanzettlich bis lineallanzettlich, oberseits dunkelgrün, unterseits graugrün oder grau, kahl, nur in der Jugend an der Spitze der Zweige dünn grau seidig behaart. Nebenblätter selten vorhanden, aus schief eiförmigem oder lanzettlichem Grunde lang zugespitzt. Kultiviert . . . . . . . . . . . . . . . . . . . . . . . . . . . . . . *S. babylonica* L.
5 a Blätter lanzettlich, ringsum scharf gesägt, beim Trocknen nicht schwarz werdend . . . . . . . 6
5 b Blätter schmal verkehrt-lanzettlich, im unteren Teil ganzrandig, gegen die Spitze zu mehr oder weniger gezähnt bis gesägt, beim Trocknen leicht schwarz werdend, zuweilen gegenständig
. . . . . . . . . . . . . . . . . . . . . . . . . . . . . . . . . . . . . *S. purpurea* L.
6 a Rinde der Stämme und älteren Zweige sich nicht ablösend . . . . . . . . . . . . . . 7
6 b Rinde der Stämme und älteren Zweige sich in Fetzen ablösend, jüngste Zweige kantig. Blätter elliptisch bis schmal lanzettlich, spitz oder kaum zugespitzt. Nebenblätter nieren- bis halb herzförmig, spitz, gesägt . . . . . . . . . . . . . . . . . . . . . . . . . . *S. triandra* L.
7 a Nebenblätter fehlend . . . . . . . . . . . . . . . . . . . . . . . . . . . . . 8
7 b Nebenblätter vorhanden . . . . . . . . . . . . . . . . . . . . . . . . . . . . 9
8 a Zweige an der Ansatzstelle leicht abbrechend. Blätter bis 18 cm lang, 4 cm breit, lang zugespitzt, am Rande grob knorpelig gesägt-gezähnt . . . . . . . . . . . . . . . . . *S. fragilis* L.
8 b Zweige an der Ansatzstelle nicht leicht abbrechend. Blätter bis 10 (–15) cm lang, 2,5 (–3) cm breit, spitz zulaufend bis zugespitzt, ganzrandig oder fein drüsig gesägt. Kultiviert . . *S. petiolaris* SM.
9 a Blattstiel etwa $^1/_7$ der Blattlänge erreichend. Blätter $2^1/_2$- bis 5-mal so lang wie breit, im Umriß breit-verkehrt-lanzettlich, gegen die Spitze zu kurz zugespitzt; Seitennerven jederseits 8–12. Nebenblätter halb herzförmig, am Grunde mit dem Blattstiel verwachsen . . . . . *S. daphnoides* VILL.
9 b Blattstiel etwa $^1/_{10}$ der Blattlänge erreichend. Blätter 5- bis 7-mal so lang wie breit, im Umriß lanzettlich bis lineal-lanzettlich, gegen die Spitze zu lang zugespitzt; Seitennerven jederseits 15 oder mehr. Nebenblätter lanzettlich. Kultiviert . . . . . . . . . . . . . . . *S. acutifolia* WILLD.
10 a Behaarung der Blattunterseite mäßig dicht . . . . . . . . . . . . . . . . . . . . . 11
10 b Behaarung der Blattunterseite sehr dicht . . . . . . . . . . . . . . . . . . . . . 13
11 a Blätter lanzettlich oder lineal-lanzettlich, am Rande gewellt oder kaum gezähnt, beiderseits fast kahl oder nur spärlich behaart; wenn unterseits seidig behaart, dann kultivierter Strauch . . . 12
11 b Blätter breit bis schmal lanzettlich, am Rande scharf drüsig gesägt, beiderseits oder nur unterseits seidig behaart, . . . . . . . . . . . . . . . . . . . . . . . . . . . . *S. alba* L.
12 a Blätter 1,5 bis 2,5 cm breit, unterseits seidig behaart. Zweige in der Jugend weißlich behaart, später braun, kahl oder fast kahl. Kultiviert . . . . . . . . . . . . . . . . *S. stipularis* SM.
12 b Blätter 2–3 cm breit, unterseits spärlich behaart oder fast kahl. Zweige in der Jugend dicht weißfilzig behaart, später matt oder selten mehr oder minder glänzend dunkelbraun. In Nordost-Deutschland wild, sonst kultiviert . . . . . . . . . . . . . . . . . . . . *S. dasyclados* WIMM.
13 a Blätter lineal-lanzettlich, meist lang, ganzrandig, unterseits seidig schimmernd behaart *S. viminalis* L.
13 b Blätter lineal- bis verkehrt-lanzettlich, im oberen Teil unregelmäßig drüsig gezähnt, unterseits dicht wollig-weißfilzig, nicht schimmernd . . . . . . . . . . . . . . . . . *S. Elaeagnos* SCOP.
14 a Blätter kahl oder schwach behaart . . . . . . . . . . . . . . . . . . . . . . . . 15

14b Blätter beiderseits oder nur unterseits mehr oder weniger dicht behaart (vgl. auch *S. repens* L.) . 34
15a Blätter groß, d. h. meist über 4 cm lang . . . . . . . . . . . . . . . . . . . . . 16
15b Blätter meist kleiner, d. h. unter 3 cm lang . . . . . . . . . . . . . . . . . . . 24
16a Blattrand nicht oder nur mehr oder minder entfernt drüsig gesägt; Drüsen nicht klebrig. Blattstiel ohne Drüsen . . . . . . . . . . . . . . . . . . . . . . . . . . . . . . . . . . . 17
16b Blattrand dicht drüsig gesägt; Drüsen in der Jugend klebrig. Blattstiel oberwärts mit mehreren Drüsenpaaren. Blätter völlig kahl, aus eiförmigem Grunde deutlich, oft lang zugespitzt . . . . .
. . . . . . . . . . . . . . . . . . . . . . . . . . . . . . . . . . . . . *S. pentandra* L.
17a Blätter eiförmig-elliptisch oder breit lanzettlich, gegen die Spitze zu nicht oder nur mehr oder minder undeutlich und kurz zugespitzt . . . . . . . . . . . . . . . . . . . . . . . . . . 18
17b Blätter breit lanzettlich oder fast eiförmig, gegen die Spitze zu mehr oder minder lang und allmählich zugespitzt. Kultiviert . . . . . . . . . . . . . . . . . . . *S. Calodendron* WIMM.
18a Blätter fast gleichfarbig, Wachsüberzug der Blattunterseite fehlend . . . . . . . . . . . . 19
18b Blätter deutlich zweifarbig, unterseits durch Wachsüberzug bläulich oder weißlich . . . . . . 20
19a Blätter beiderseits matt, Nervennetz sehr fein, Spreite breit-eiförmig oder verkehrt-eiförmig bis länglich. Zweige dünn knotig . . . . . . . . . . . . . . . . . . . . . *S. hastata* L.
19b Blätter beiderseits matt bis schwach glänzend, Nervennetz dick, grobmaschig, Spreite meist lanzettlich-verkehrt-eiförmig. Zweige dick knotig . . . . . . . . . . . . . . *S. Mielichhoferi* SAUT.
20a Blätter beim Trocknen grün bleibend . . . . . . . . . . . . . . . . . . . . . . . . . 21
20b Blätter, wenigstens in der Jugend, beim Trocknen leicht schwarz werdend . . . . . . . . . 23
21a Blätter bis 8,5 cm lang, 3,8 cm breit, am Rande mehr oder weniger unregelmäßig gesägt-gezähnt bis fast ganzrandig. Nebenblätter rundlich bis halbherzförmig, stumpf . . . . . . . . . . . 22
21b Blätter bis 13 (–15) cm lang, 6 cm breit, am Rande dicht und scharf gesägt. Nebenblätter stark entwickelt, schief herzförmig, spitz. Kultiviert . . . . . . . . . . . *S. cordata* MÜHLENBG.
22a Blätter am Grunde spitz keilförmig zusammenlaufend, am Rande unregelmäßig gesägt-gezähnt oder ganzrandig, jedoch nicht drüsig, oberseits glänzend grün, unterseits matt, meergrün . *S. bicolor* WILLD.
22b Blätter am Grunde abgerundet stumpf, am Rande drüsig gezähnt bis scharf zugespitzt-gesägt, oberseits glänzend dunkelgrün, unterseits mehr oder weniger matt, bläulich- oder weißlichgrün . .
. . . . . . . . . . . . . . . . . . . . . . . . . . . . . . . . . . . . *S. Hegetschweileri* HEER
23a Blätter oberseits auffallend, fast wie lackiert, glänzend; Adernetz beiderseits schwach vortretend. Blätter und Zweige vollkommen kahl, Wachsüberzug bis in die Blattspitze reichend . *S. glabra* SCOP.
23b Blätter oberseits schwach glänzend; Adernetz oberseits schwach eingesenkt. Blätter wenigstens unterseits an der Mittelrippe sowie junge Zweige mehr oder weniger behaart, Wachsüberzug vorhanden, seltener fast fehlend, niemals bis in die Blattspitze reichend (vgl. auch *S. Mielichhoferi* SAUT.)
. . . . . . . . . . . . . . . . . . . . . . . . . . . . . . . . . . . . . *S. nigricans* SM.
24a Blätter ganzrandig, selten vereinzelt drüsig gesägt . . . . . . . . . . . . . . . . . . . 25
24b Blätter gesägt oder gezähnt . . . . . . . . . . . . . . . . . . . . . . . . . . . . . 28
25a Blätter rundlich oder breit elliptisch . . . . . . . . . . . . . . . . . . . . . . . . . 26
25b Blätter länglich-elliptisch, bisweilen verlängert bis lineal, unterseits mehr oder weniger dicht seidig behaart. Niedrige, selten höhere Sträucher der Moore und Dünen . . . . . . . *S. repens* L.
26a Kriechende oder doch niedrige, selten bis 1,5 m hohe Sträucher hoher Gebirgslagen . . . . . 27
26b Kleiner Strauch der Moore. Blätter beiderseits blaugrün, in Form und Farbe denen der Heidelbeere ähnlich, in der Jugend rötlich . . . . . . . . . . . . . . . . . . . . . *S. myrtilloides* L.
27a Blätter zweifarbig, oberseits grün, unterseits weißlich, langgestielt; Nervennetz oberseits tief eingesenkt (Oberseite daher runzelig), unterseits scharf vorspringend. Spalierstrauch . . *S. reticulata* L.
27b Blätter beiderseits blaugrün, matt, kurzgestielt; Nervennetz weitmaschig, beiderseits fein hervortretend. Bis 1,5 m hoher Strauch der Zentralalpen . . . . . . . . . . . . . *S. caesia* VILL.
28a Kleine aufrechte Sträucher der Gebirge . . . . . . . . . . . . . . . . . . . . . . . . 29
28b Niederliegend-aufsteigende oder niedergestreckt-kriechende Sträucher hoher Gebirgslagen . . 30
29a Blätter dicht scharf regelmäßig weißdrüsig gesägt, relativ klein, gegen den Grund zu spitz, meist elliptisch-lanzettlich. Zentralalpen . . . . . . . . . . . . . . . . . *S. foetida* SCHLEICH.

29b Blätter kerbig gesägt bis fast ganzrandig, relativ groß, oft mit keiligem Grunde, mit verkehrt eiförmigem bis elliptischem Umriß. Östliche Kalkalpen . . . . . . . . . S. *Waldsteiniana* WILLD.
30a Stamm oberirdisch. Wuchs niederliegend bis aufsteigend . . . . . . . . . . . . . . . 31
30b Stamm unterirdisch kriechend. Blätter fast kreisrund, bogig bis scharf hakig gesägt . . . . . .
 . . . . . . . . . . . . . . . . . . . . . . . . . . . . . . . . . . . . . . . . . . S. *herbacea* L.
31a Blätter mehr oder weniger behaart, ganzrandig oder ringsherum gesägt, beiderseits glänzend, beim Trocknen schwarz werdend. Adernetz beiderseits hervortretend . . . . . . . . . . . . . . 32
31b Blätter kahl, ganzrandig, selten gegen den Grund zu undeutlich drüsig gezähnelt, verkehrt-eiförmig bis lang rhombisch, gestutzt . . . . . . . . . . . . . . . . . . . . . . . . . . . . . . 33
32a Blätter vollkommen ganzrandig, nur ausnahmsweise mit vereinzelten kleinen Zähnchen . . . . .
 . . . . . . . . . . . . . . . . . . . . . . . . . . . . . . . . . . . . . . . . S. *alpina* SCOP.
32b Blattrand dicht drüsig gesägt . . . . . . . . . . . . . . . . . . . . . . S. *breviserrata* FLOD.
33a Blätter 8–20 mm lang, 5–8 mm breit, meist gestutzt oder ausgerandet. Kätzchen reichblütig; Blüten meist mehr als 10 . . . . . . . . . . . . . . . . . . . . . . . . . . . . . S. *retusa* L.
33b Wuchs sehr gedrungen, ganz niederliegend. Blätter sehr kurz gestielt, 4–10 mm lang, 2–4 mm breit, meist spitzlich. Kätzchen armblütig, sehr klein, 5 mm lang, Blüten 3–8 . . S. *serpyllifolia* SCOP.
34a Blätter meist über 3 cm lang . . . . . . . . . . . . . . . . . . . . . . . . . . . . . . . 35
34b Blätter klein, meist kürzer als 3 cm . . . . . . . . . . . . . . . . . . . . . . . . . . . 41
35a Nacktes Holz der 2- bis 4-jährigen Zweige mit zahlreichen deutlichen Striemen . . . . . . . . 36
35b Nacktes Holz der 2- bis 4-jährigen Zweige ohne oder mit äußerst spärlichen, oft undeutlichen Striemen . . . . . . . . . . . . . . . . . . . . . . . . . . . . . . . . . . . . . . . . 37
36a Jährige Zweige und Knospen kurz fein grausamtig; Knospen groß . . . . . . . . S. *cinerea* L.
36b Jährige Zweige und Knospen kahl; Knospen klein . . . . . . . . . . . . . . . S. *aurita* L.
37a Höhere Sträucher, seltene Bäumer . . . . . . . . . . . . . . . . . . . . . . . . . . . . 38
37b Niedriger, kaum über 30 cm hoher Strauch, Blätter von dünner Konsistenz, ausgewachsen beiderseits fast kahl . . . . . . . . . . . . . . . . . . . . . . . . . . . S. *Starkeana* WILLD.
38a Blattfläche mehr als zweimal so lang wie breit, unterseits mehr oder weniger verkahlend. Zwei- bis vierjähriges Holz mit verstreuten, oft undeutlichen Striemen . . . . . . . . . . . . . . . 39
38b Blattfläche elliptisch, etwa 1½- bis 2-mal so lang wie breit, unterseits auf der ganzen Fläche weißwollig samtig, mit Ausnahme der Langtriebblätter ganzrandig. Blattstiel $1/7$ bis $1/10$ der Blattlänge erreichend. 2- bis 4-jähriges Holz ohne Striemen . . . . . . . . . . . . . . . S. *caprea* L.
39a Blätter dicklich, wenigstens unterseits bis zum Herbst behaart, breit verkehrt-eilanzettlich . . 40
39b Blätter dünn, fast kahl, unterseits grünlich, breit eiförmig . . . . . . . . S. *silesiaca* WILLD.
40a Zweige graubraun oder grau, schwach knotig. Heurige Zweige flaumig, vorjährige Zweige wie die Knospen verkahlend. Blätter beim Trocknen niemals schwarz werdend, im ausgewachsenen Zustand dicklich. Nervennetz engmaschig, oberseits immer deutlich eingesenkt, unterseits kräftig vortretend
 . . . . . . . . . . . . . . . . . . . . . . . . . . . . . . . . . . . S. *appendiculata* VILL.
40b Zweige schwärzlich, derb knotig. Heurige Zweige weißlich wollig-filzig, vorjährige Zweige wie die Knospen samt-flaumig, erst im 2. oder 3. Jahr verkahlend. Blätter beim Trocknen leicht schwarz werdend. Nervennetz weitmaschig, oberseits mehr oder weniger vorspringend, niemals eingesenkt . .
 . . . . . . . . . . . . . . . . . . . . . . . . . . . . . . . . . . . . S. *pubescens* SCHLEICH.
41a Kleinsträucher der höchsten Gebirgslagen . . . . . . . . . . . . . . . . . . . . . . . . 42
41b Sträucher der Moore, feuchter Auen usw., in niedrigen Lagen . . . . . . . . . . . . . . . 46
42a Blätter beiderseits grün und glänzend, Nervennetz beiderseits hervortretend . . . . . . . . . 43
42b Blätter wenigstens unterseits dicht bleibend behaart . . . . . . . . . . . . . . . . . . . . 44
43a Blätter vollkommen ganzrandig, nur ausnahmsweise mit vereinzelten kleinen Zähnchen . . . . .
 . . . . . . . . . . . . . . . . . . . . . . . . . . . . . . . . . . . . . . . . S. *alpina* SCOP.
43b Blätter dicht drüsig gesägt . . . . . . . . . . . . . . . . . . . . . . . S. *breviserrata* FLOD.
44a Blätter beiderseits durch lange Haare seidig behaart, 3- bis 4-mal so lang wie breit, ganzrandig; Nerven beiderseits schwach hervortretend . . . . . . . . . . . . . . . . . S. *glaucosericea* FLOD.

44b Blätter beiderseits durch kurze, verfilzte Haare wollig-filzig, 2- bis 3-mal so lang wie breit, drüsig gesägt, oberseits glatt oder mit etwas eingesenktem Nervennetz, zuletzt mehr oder weniger verkahlend . . . . . . . . . . . . . . . . . . . . . . . . . . . . . . . . . . . . . . . . . . . . . . . . . . . 45

45a Behaarung durchaus dicht weißlich. Blätter an den Zweigenden nicht gedrängt, Wuchs daher nicht besenartig . . . . . . . . . . . . . . . . . . . . . . . . . . . . . . . . . . . . . . . . . . . . . S. helvetica VILL.

45b Behaarung aller Teile, besonders der Blätter und Fruchtknoten weniger dicht als bei der vorhergehenden Art, mehr grau. Wuchs durch die an den Zweigenden gedrängten Blätter mehr besenartig . . . . . . . . . . . . . . . . . . . . . . . . . . . . . . . . . . . . . . . . . . . . . . S. Lapponum L.

46a Blätter 1–2 cm lang gestielt, verschiedenartig im Umriß, am Rande unregelmäßig gesägt oder wellig ausgebissen gezähnt . . . . . . . . . . . . . . . . . . . . . . . . . . . . . . . . . . . . . . . . . . . . . . . 47

46b Blätter nur bis 0,3 cm lang gestielt, lanzettlich bis breit-lanzettlich, bis 5 cm lang, 2 cm breit, ganzrandig, sehr selten entfernt drüsig gezähnt, am Rande mehr oder weniger zurückgerollt . S. repens L.

47a Blätter sehr veränderlich, im Umriß kreisrund bis lanzettlich, 3–15 cm lang, 1–5 cm breit, bis 2 cm lang gestielt, beim Trocknen schwarz werdend. Nacktes Holz ohne Striemen . . S. nigricans SM.

47b Blätter rundlich verkehrt-eiförmig bis verkehrt-lanzettlich, höchstens bis 5 cm lang, 2–3 cm breit, bis 1 cm lang gestielt, beim Trocknen nicht schwarz werdend. Nacktes Holz mit Striemen . . . . . . . . . . . . . . . . . . . . . . . . . . . . . . . . . . . . . . . . . . . . . . . . . . . . . . . . . . . . S. aurita L

Schlüssel zum Bestimmen
der in Mitteleuropa wildwachsenden und kultivierten Weidenarten
nach Zweigen mit weiblichen Kätzchen (Fruchtkätzchen):

1a Fruchtknoten kahl (vgl. S. repens L.) . . . . . . . . . . . . . . . . . . . . . . . . . . . . . . . . . . . . . . . . 2

1b Fruchtknoten gleichmäßig auf der ganzen Fläche behaart oder zumindest am Grunde behaart . . 22

2a Kätzchen vorlaufend (wenn Blätter schwarz werdend, vgl. auch S. nigricans SM. und S. Mielichhoferi SAUT.) . . . . . . . . . . . . . . . . . . . . . . . . . . . . . . . . . . . . . . . . . . . . . . . . . . . . . . . . 3

2b Kätzchen gleichzeitig oder nach den Blättern sich entwickelnd . . . . . . . . . . . . . . 8

3a Hohe Bäume oder Sträucher mit meist roten, im Frühling bereiften Zweigen (vgl. auch S. Elaeagnos SCOP. und S. silesiaca WILLD.) . . . . . . . . . . . . . . . . . . . . . . . . . . . . . . . . . . . . . . . . . . . . 4

3b Meist niedrige bis mittelhohe Sträucher, selten baumartig . . . . . . . . . . . . . . . . . . . . 5

4a Tragblätter etwa so lang wie der Fruchtknoten. Fruchtknotenstiel etwa $^1/_2$ so lang wie der Fruchtknoten . . . . . . . . . . . . . . . . . . . . . . . . . . . . . . . . . . . . . . . . . . . . . . S. daphnoides VILL.

4b Tragblätter etwa $^1/_2$ so lang wie der Fruchtknoten. Fruchtknotenstiel etwa $^1/_3$ so lang wie der Fruchtknoten. Kultiviert . . . . . . . . . . . . . . . . . . . . . . . . . . . . . . . . . . . . S. acutifolia WILLD.

5a Niedrige, selten über 1 m hohe, reich verästelte oder weit ausgebreitete Sträucher . . . . . . 6

5b Mittelhohe Sträucher mit aufrechten Ästen, selten baumartig . . . . . . . . . . . . . . . . . . . . . 7

6a Weibliche Kätzchen eiförmig bis zylindrisch, bis 1,5 cm lang, 0,5 cm im Durchmesser. Fruchtknoten seidig-filzig, hellgrau behaart, selten kahl. Niedriger, selten über 1 m hoher, reichverästelter Strauch auf sumpfigen Wiesen, Mooren, sandigen Heiden und Dünen . . . . . . . . . . . S. repens L.

6b Weibliche Kätzchen schmal zylindrisch, bis 3,5 cm lang, 0,6 cm im Durchmesser. Fruchtknoten kahl. Niedriger, sich weit ausbreitender Strauch. Kultiviert . . . . . . S. cordata MÜHLENBG.

7a Mittelhoher Strauch – seltener Baum – des Gebirges und an Ufern der Gebirgsflüsse, in Deutschland nördlich der Donau nur angepflanzt, in den Alpen, in Schlesien und weiter östlich wild. Fruchtknoten kurz gestielt; Fruchtknotenstiel $^1/_4$ so lang wie der Fruchtknoten . . . S. Elaeagnos SCOP.

7b Mittelhoher, selten niedriger Strauch der Sudeten und Karpaten. Fruchtknoten auffallend lang gestielt; Fruchtknotenstiel fast so lang wie der Fruchtknoten . . . . . . . . S. silesiaca WILLD.

8a Bäume oder Sträucher mit aufrechten oder abstehenden Ästen . . . . . . . . . . . . . . . . . 9

8b Hohe Bäume mit hängenden, schlanken Zweigen (Trauerweiden). Fruchtknoten sitzend, nur 1 Nektarium ausgebildet. Kultiviert . . . . . . . . . . . . . . . . . . . . . . . . . . . . . . S. babylonica L.

9a Bäume oder aufrechte, höhere Sträucher. Tragblätter der Blüten einfarbig . . . . . . . . . 10

9b Kriechende oder niedrige Sträucher . . . . . . . . . . . . . . . . . . . . . . . . . . . . . . . . . . . . . 13

10a Tragblätter der Blüten vor der Fruchtreife abfallend. Narbe am Ende des Griffels . . . . . . 11
10b Tragblätter der Blüten zur Fruchtzeit noch vorhanden. Griffel kurz, dick. Narben kurz, seitlich am Griffel . . . . . . . . . . . . . . . . . . . . . . . . . . . . . . . . . *S. triandra* L.
11a Weibliche Blüten mit 2 Honigdrüsen . . . . . . . . . . . . . . . . . . . . . . . . . . 12
11b Weibliche Blüten mit nur einer Honigdrüse. Fruchtknoten sitzend, in der Jugend und meist bleibend seidig behaart . . . . . . . . . . . . . . . . . . . . . . . . . . . . . . . *S. alba* L.
12a Blätter 2- bis 4-mal so lang wie breit. Tragblätter am Grunde kraushaarig, vorn verkahlend . . . . . . . . . . . . . . . . . . . . . . . . . . . . . . . . . . . . . . . . . *S. pentandra* L.
12b Blätter 4- bis 7-mal so lang wie breit. Tragblätter langhaarig . . . . . . . . . . *S. fragilis* L.
13a Tragblätter in der oberen Hälfte dunkler, braun, purpurn oder schwarz . . . . . . . . . . 14
13b Tragblätter einfarbig gelbgrün oder violettrot . . . . . . . . . . . . . . . . . . . . . 16
14a Sträuchlein tiefer Moore mit ganzrandigen, elliptischen Blättern. Kätzchen auf beblätterten Stielen . . . . . . . . . . . . . . . . . . . . . . . . . . . . . . . . . . . . . . *S. myrtilloides* L.
14b Höhere Sträucher der Flußauen und Waldränder bzw. der Täler der östlichen Zentralalpen mit gesägten oder gekerbten Blättern. Kätzchen sitzend oder kurz gestielt . . . . . . . . . . 15
15a Blätter ausgewachsen beim Trocknen leicht schwarz werdend, unterseits mit Ausnahme der Blattspitze mit deutlichen, bis zum Herbst erhaltenbleibendem Wachsüberzug. Nervatur fein, engmaschig . . . . . . . . . . . . . . . . . . . . . . . . . . . . . . . . . . . *S. nigricans* Sm.
15b Blätter ausgewachsen beim Trocknen nicht schwarz werdend, unterseits kein Wachsüberzug vorhanden, daher fast gleichfarbig. Nervatur grobmaschig, dick . . . . . . *S. Mielichhoferi* Saut.
16a Kriechende Sträucher oder Spaliersträucher in hohen und höchsten Lagen der Alpen . . . . . 17
16b Mehr oder weniger aufrechte Sträucher in hohen Gebirgslagen . . . . . . . . . . . . . . 19
17a Blätter verkehrt-eiförmig mit abgestutzter Spitze oder rhombisch, ganzrandig oder am Grunde schwach drüsig gezähnt . . . . . . . . . . . . . . . . . . . . . . . . . . . . . . . 18
17b Blätter fast kreisrund mit bogig bis scharfhakig gesägtem Rand. Stamm unterirdisch . *S. herbacea* L.
18a Weibliche Kätzchen länglich elliptisch bis kurz zylindrisch, bis 2 cm lang, 1 cm im Durchmesser; Griffel $1/6$ so lang wie der Fruchtknoten. Blätter 8–20 mm lang, 5–8 mm breit, meist gestutzt oder ausgerandet. Stamm niedergestreckt, jedoch oberirdisch . . . . . . . . . . . . *S. retusa* L.
18b Weibliche Kätzchen klein, kugelig, bis 0,5 cm lang, armblütig; Griffel $1/4$ so lang wie der Fruchtknoten. Blätter 4–10 mm lang, 2–4 mm breit, meist spitzlich . . . . . . *S. serpyllifolia* Scop.
19a Blätter beiderseits grün, glänzend . . . . . . . . . . . . . . . . . . . . . . . . . . 20
19b Blätter entweder nur oberseits glänzend und auffallend zweifarbig oder beiderseits matt . . . 21
20a Kätzchen schlank. Früchte schmal. Griffel lang . . . . . . . . . . . . . . *S. alpina* Scop.
20b Kätzchen gedrungen. Früchte breit. Griffel kurz . . . . . . . . . . . *S. breviserrata* Flod.
21a Blätter dicklich, oberseits wie lackiert glänzend, unterseits durch einen bis in die Blattspitze reichenden Wachsüberzug matt weißlich, völlig kahl, beim Trocknen schwarz werdend. Tragblätter schmal elliptisch, stumpf, gelb bis braun, lang dünn weiß gebärtet, sonst kahl . . *S. glabra* Scop.
21b Blätter dünn, beiderseits matt, unterseits blasser. Tragblätter lanzettlich bis verkehrt-eiförmig, stumpflich, braun, an der Spitze dunkler, lang weiß glatt, später gekräuselt gebärtet . *S. hastata* L.
22a Fruchtknoten gleichmäßig auf der ganzen Fläche behaart . . . . . . . . . . . . . . . . 23
22b Fruchtknoten am Grunde behaart, sonst kahl. Baum mit schlanken, dünnen, peitschenartig hängenden Zweigen (Trauerweide). Kultiviert . . . . . . . . . . . . . *S. elegantissima* K. Koch
23a Einheimische Weiden . . . . . . . . . . . . . . . . . . . . . . . . . . . . . . . . 24
23b Aus Nordamerika stammende, kultivierte, niedrige bis mittelhohe Sträucher mit vor Ausbruch der Blätter blühenden Kätzchen . . . . . . . . . . . . . . . . . . . . . . . *S. petiolaris* Sm.
24a Kätzchen vorlaufend . . . . . . . . . . . . . . . . . . . . . . . . . . . . . . . . 25
24b Kätzchen gleichzeitig mit oder nach den Blättern erscheinend . . . . . . . . . . . . . . 40
25a Nacktes Holz der zwei- bis vierjährigen Zweige mit Striemen . . . . . . . . . . . . . . 26
25b Nacktes Holz der zwei- bis vierjährigen Zweige glatt, ohne oder mit zerstreuten oder undeutlichen Striemen . . . . . . . . . . . . . . . . . . . . . . . . . . . . . . . . . . . . . 30

26a Meist höhere Sträucher mit dicken, mehr oder weniger samtig behaarten, einjährigen Zweigen und Knospen. Kätzchen kräftig . . . . . . . . . . . . . . . . . . . . . . . . . . . . . . . . . . . . . . . . . 27
26b Meist niedrige Sträucher mit dünnen, kahlen Zweigen und Knospen. Kätzchen zierlich . . . . .
. . . . . . . . . . . . . . . . . . . . . . . . . . . . . . . . . . . . . . . . . . . . . . . . . . . . . . . S. aurita L.
27a Griffel und Narben lang, fädlich. Fruchtknotenstiel zweimal so lang wie das Nektarium oder kürzer .
. . . . . . . . . . . . . . . . . . . . . . . . . . . . . . . . . . . . . . . . . . . . . . . . . . . . . . . . . . . 28
27b Griffel und Narben kurz, dick. Fruchtknotenstiel dreimal so lang wie das Nektarium oder länger . .
. . . . . . . . . . . . . . . . . . . . . . . . . . . . . . . . . . . . . . . . . . . . . . . . . . . . . S. cinerea L.
28a Fruchtknoten 3–4 mm lang. Narbe 1–2 mm lang, spitz zusammenlaufend . . . . . . . . . . 29
28b Fruchtknoten 2,5–3,5 mm lang. Narbe 0,75 mm lang, plötzlich zugespitzt oder fast stumpf. Kultiviert . . . . . . . . . . . . . . . . . . . . . . . . . . . . . . . . . . . . . . . . . . . . S. Calodendron Wimm.
29a Griffel etwa 1 mm lang. Narbe 2 mm lang oder länger. Kätzchenschuppen lichtbraun, spitz. Kultiviert . . . . . . . . . . . . . . . . . . . . . . . . . . . . . . . . . . . . . . . . . . . . . . S. stipularis Sm.
29b Griffel 1–2 mm lang. Narbe kaum 2 mm lang. Kätzchenschuppen dunkelbraun, fast stumpf. In Nordostdeutschland wild, sonst kultiviert . . . . . . . . . . . . . . . . S. dasyclados Wimm.
30a Meist hohe Sträucher oder Bäume . . . . . . . . . . . . . . . . . . . . . . . . . . . . . . . . . . . 31
30b Meist niedrige, gewöhnlich nur bis 30–50 cm hohe Sträucher . . . . . . . . . . . . . . . . . . . . 35
31a Fruchtknoten sitzend oder kurz gestielt . . . . . . . . . . . . . . . . . . . . . . . . . . . . . . . 32
31b Fruchtknoten lang gestielt . . . . . . . . . . . . . . . . . . . . . . . . . . . . . . . . . . . . . . . 33
32a Strauch, seltener Baum mit schlanken, rutenförmigen, aufrechten, meist behaarten Zweigen; Rinde innen grün. Kätzchen dick. Griffel und Narbe fädlich . . . . . . . . . . . . S. viminalis L.
32b Niedriger oder höherer, sparriger Strauch, selten baumförmig, mit dünnen, schlanken, stets kahlen, roten oder ledergelben Zweigen; Rinde innen gelb. Kätzchen meist schlank, dichtblütig. Narben dick, kurz, sitzend oder auf sehr kurzem, dickem Griffel . . . . . . . . . . S. purpurea L.
33a Narben abstehend. Kätzchen zierlich, unter 3 cm lang . . . . . . . . . . . . . . . . . . . . . . 34
33b Narben aufrecht, zusammenneigend. Kätzchen mehr als 3 cm lang . . . . . . . . S. caprea L.
34a Fruchtknotenstiel 4- bis 5-mal so lang wie das Nektarium, um $^1/_4$ kürzer bis so lang wie der Fruchtknotenstiel. Zweige dünn, knotig . . . . . . . . . . . . . . . . . . . . . S. appendiculata Vill.
34b Fruchtknotenstiel 3- bis 4-mal so lang wie das Nektarium, um die Hälfte bis $^1/_4$ kürzer als der Fruchtknotenstiel. Zweige derb, knotig . . . . . . . . . . . . . . . . . . . . S. pubescens Schleich.
35a Pflanzen des Tieflandes und der Moore . . . . . . . . . . . . . . . . . . . . . . . . . . . . . . . 36
35b Pflanzen des Gebirges, auf Silikatgestein; nur S. Lapponum L. als Glazialrelikt im Norden Ost- und Westpreußens . . . . . . . . . . . . . . . . . . . . . . . . . . . . . . . . . . . . . . . . . . . . . . . 37
36a Fruchtknotenstiel so lang oder länger als der Fruchtknoten. Kätzchen locker . . . . . . . . . .
. . . . . . . . . . . . . . . . . . . . . . . . . . . . . . . . . . . . . . . . . . . . . . S. Starkeana Willd.
36b Fruchtknotenstiel kürzer als der Fruchtknoten. Kätzchen dicht . . . . . . . . . S. repens L.
37a Nektarium dünn, bandförmig . . . . . . . . . . . . . . . . . . . . . . . . . . . . . . . . . . . . . 38
37b Nektarium kurz, dick . . . . . . . . . . . . . . . . . . . . . . . . . . . . . . . . . . . . . . . . . . 39
38a Behaarung aller Teile, besonders der Blätter und des Fruchtknotens weniger dicht als bei der folgenden Art, mehr grau. Wuchs durch die an den Zweigenden gedrängten Blätter mehr besenartig. Kätzchen dick, dicht, auch bei der Reife wenig aufgelockert, sitzend, mit bald abfälligen Tragblättern am Grunde. Fruchtknoten lang ausgezogen. Griffel lang und fädig, kaum jemals gespalten . .
. . . . . . . . . . . . . . . . . . . . . . . . . . . . . . . . . . . . . . . . . . . . . . . S. Lapponum L.
38b Behaarung durchaus dicht, weißlich, Blätter an den Zweigenden nicht gedrängt, daher nicht besenartig. Kätzchen $1^1/_2$- bis 3-mal so lang wie dick, zarter und lockerer als bei der vorigen Art, mit kürzerem oder längerem, beschupptem oder beblättertem Stiel, bei der Reife stark verlängert Fruchtknoten eiförmig, stumpf. Griffel 1–2 mm lang, zweispaltig, mit abstehenden Schenkeln Narbe zweiteilig . . . . . . . . . . . . . . . . . . . . . . . . . . . . . . . . . . . . . . S. helvetica Vill
39a Weibliche Kätzchen etwa 20 mm lang, 10 mm im Durchmesser, seltener zuletzt bis 40 mm lang, 13 mm im Durchmesser. Blätter am Grunde spitz keilförmig zusammenlaufend, am Grunde unregelmäßig gesägt-gezähnt oder ganzrandig . . . . . . . . . . . . . . . . . . . . . . S. bicolor Willd.

39b Weibliche Kätzchen etwa 24 mm, zuletzt bis 40 mm lang, etwa 18 mm im Durchmesser. Blätter am Grunde abgerundet stumpf, am Rande drüsig gezähnt bis scharf zugespitzt-gesägt . . . . . . .
. . . . . . . . . . . . . . . . . . . . . . . . . . . . . . . . . . . . . *S. Hegetschweileri* HEER

40a Mehr oder weniger aufrechte Sträucher der Alpen . . . . . . . . . . . . . . . . . . . 41

40b Kriechender Spalierstrauch der hohen Alpen. Blätter ganzrandig, derb, Adernetz oberseits eingesenkt, unterseits scharf hervortretend. Nektarien meist verschmolzen . . . . *S. reticulata* L.

41a Blätter kahl oder fast kahl . . . . . . . . . . . . . . . . . . . . . . . . . . . . 42

41b Blätter wenigstens unterseits mehr oder weniger dicht behaart . . . . . . . . . . . . . . 44

42a Blätter fast immer gesägt. Griffel stets deutlich . . . . . . . . . . . . . . . . . . . 43

42b Blätter stets ganzrandig, elliptisch. Griffel fast fehlend. Zentralalpen, auf Silikatgestein . . . . .
. . . . . . . . . . . . . . . . . . . . . . . . . . . . . . . . . . . . . . . *S. caesia* VILL.

43a Weibliche Kätzchen schlank zylindrisch, 3- bis 4-mal so lang wie breit, zuletzt lang gestielt. Blätter kerbig gesägt bis fast ganzrandig, relativ groß, oft mit keiligem Grunde, verkehrt-eiförmig bis elliptisch im Umriß . . . . . . . . . . . . . . . . . . . . . . . *S. Waldsteiniana* WILLD.

43b Weibliche Kätzchen kurz zylindrisch, etwa 2½- bis 3-mal so lang wie breit, kurz gestielt. Blätter dicht scharf regelmäßig weißdrüsig gesägt, relativ klein, gegen den Grund zu spitz, meist elliptischlanzettlich . . . . . . . . . . . . . . . . . . . . . . . . . . . . . *S. foetida* SCHLEICH.

44a Griffel kurz, Narben braun, wiederholt geteilt. Blätter beiderseits durch lange Haare seidig behaart, 3- bis 4-mal so lang wie breit, ganzrandig . . . . . . . . . . . . . *S. glaucosericea* FLOD.

44b Griffel lang fädlich, wie die Narben gelblich. Blätter beiderseits durch kurze Haare wollig-filzig, 2- bis 3-mal so lang wie breit, drüsig gesägt . . . . . . . . . . . . . . *S. helvetica* VILL.

Schlüssel zum Bestimmen
der in Mitteleuropa wildwachsenden und kultivierten Weidenarten
nach Zweigen mit männlichen Kätzchen (Staubkätzchen):

1a Blüten mit 5 Staubblättern. Kätzchen erst nach dem Laubausbruch auf beblätterten Stielen sich entwickelnd . . . . . . . . . . . . . . . . . . . . . . . . . . . . . . *S. pentandra* L.

1b Blüten mit 2 oder 3 Staubblättern . . . . . . . . . . . . . . . . . . . . . . . . . 2

2a Blüten mit 3 Staubblättern; Staubblätter am Grunde kraus behaart . . . . . . . *S. triandra* L.

2b Blüten mit 2 Staubblättern . . . . . . . . . . . . . . . . . . . . . . . . . . . . 3

3a Staubblätter bis zum Grunde frei, nicht miteinander verwachsen (vgl. auch *S. petiolaris* SM.) . . 4

3b Staubblätter am Grunde oder mehr oder weniger hoch miteinander verwachsen . . . . . . . 37

4a Tragblätter einfarbig grüngelb oder gelbgrün, bräunlich oder rot . . . . . . . . . . . . . . 5

4b Tragblätter am Grunde hell, nach oben hin dunkelbraun bis schwarz oder rot . . . . . . . . 12

5a Hohe Bäume oder Sträucher . . . . . . . . . . . . . . . . . . . . . . . . . . . . 6

5b Niedrige oder am Boden kriechende Alpensträucher . . . . . . . . . . . . . . . . . . . 8

6a Kätzchen an kurzen oder länger beblätterten Stielen . . . . . . . . . . . . . . . . . . 7

6b Kätzchen fast sitzend, schlank, lockerblütig, oft gebogen. Blätter unterseits weißfilzig . . . . . .
. . . . . . . . . . . . . . . . . . . . . . . . . . . . . . . . . . . . . . *S. Elaeagnos* SCOP.

7a Kätzchen auf kurzem, beblättertem Stiel, dick, walzlich. Blätter der Kätzchenstiele ganzrandig. Blätter, auch die der jungen Triebe, ganz kahl . . . . . . . . . . . . . . . . . *S. fragilis* L.

7b Kätzchen auf etwas längerem, mit gesägten Blättern besetztem Stiel. Blätter der Kätzchenstiele gesägt oder ganzrandig. Blätter der jungen Triebe und Knospen mehr oder weniger seidig behaart .
. . . . . . . . . . . . . . . . . . . . . . . . . . . . . . . . . . . . . . . . *S. alba* L.

8a Kätzchen wenig- und lockerblütig, kugelig oder kurz zylindrisch. Spaliersträucher . . . . . . . 9

8b Kätzchen reich- und dichtblütig, zylindrisch . . . . . . . . . . . . . . . . . . . . . . 11

9a Blätter rundlich, beiderseits glänzend, am Rand bogig bis scharf hakig gesägt . . . *S. herbacea* L.

9b Blätter länglich-verkehrt-eiförmig, ganzrandig, selten schwach drüsig gezähnelt . . . . . . . . 10

10a Kätzchen gleichzeitig; männliche Kätzchen etwa 1,5 cm lang, 0,5 cm im Durchmesser. Blätter 8 bis 20 mm lang, 5–8 mm breit, meist gestutzt oder ausgerandet . . . . . . . . . . . *S. retusa* L.

10 b Kätzchen nach dem Laubausbruch erscheinend; männliche Kätzchen kugelig, bis 0,5 cm lang. Blätter 4–10 mm lang, 2–4 mm breit, meist spitzlich . . . . . . . . . . . *S. serpyllifolia* SCOP.

11 a Spalierstrauch. Kätzchen schlank. Blätter ganzrandig, derb, Adernetz unterseits kräftig vortretend, oberseits eingesenkt . . . . . . . . . . . . . . . . . . . . . . . . . . . . . . . *S. reticulata* L.

11 b Niedriger bis mittelhoher, aufrechter Strauch. Kätzchen dick. Blätter mehr oder weniger scharf gesägt . . . . . . . . . . . . . . . . . . . . . . . . . . . . . . . . . . . . . . . . *S. glabra* SCOP.

12 a Kätzchen vorlaufend (vgl. auch *S. foetida* SCHLEICH. und *S. Waldsteiniana* WILLD.) . . . . . . 13

12 b Kätzchen gleichzeitig (vgl. auch *S. appendiculata* VILL., *S. hastata* L., *S. nigricans* SM., *S. bicolor* WILLD. und *S. Hegetschweileri* HEER) . . . . . . . . . . . . . . . . . . . . . . . . . . . . . . 30

13 a Bäume oder höhere Sträucher mit schlanken Zweigen . . . . . . . . . . . . . . . . . . . 14

13 b Niedere oder mittelhohe Sträucher, nur selten baumartig, mit meist dicken, knorrigen Zweigen . 16

14 a Einjährige Zweige purpurrot oder grün, bereift, Rinde innen gelb. Kätzchen vor der Blüte in dicken, weißen Pelz gehüllt . . . . . . . . . . . . . . . . . . . . . . . . . . . . . . . . . . . . . . 15

14 b Einjährige Zweige gelb oder braun, meist filzig, Rinde innen grün. Kätzchen vor der Blüte dicht seidig zottig behaart . . . . . . . . . . . . . . . . . . . . . . . . . . . . *S. viminalis* L.

15 a Männliche Kätzchen zylindrisch, bis 4 cm lang, 1,7 cm im Durchmesser. Zweige brüchig, rot oder bräunlich . . . . . . . . . . . . . . . . . . . . . . . . . . . . . . . . . *S. daphnoides* VILL.

15 b Männliche Kätzchen kurz zylindrisch bis eiförmig, bis 3,5 cm lang, 1,7 cm breit. Zweige zähe, biegsam, dunkel- oder rotbraun . . . . . . . . . . . . . . . . . . . . . . *S. acutifolia* WILLD.

16 a Einjährige Zweige und Knospen fast samtig grau behaart. Nacktes Holz der 2- bis 4-jährigen Zweige mit Striemen . . . . . . . . . . . . . . . . . . . . . . . . . . . . . . . . . . . . . . . . . 17

16 b Einjährige Zweige kahl oder flaumig behaart . . . . . . . . . . . . . . . . . . . . . . . 18

17 a Blätter lanzettlich, größte Breite in der Mitte, mit lang ausgezogener Spitze und sehr zahlreichen Seitennerven . . . . . . . . . . . . . . . . . . . . . . . . . . . . . . . . *S. dasyclados* WIMM.

17 b Blätter verkehrt-lanzettlich bis verkehrt-eiförmig, größte Breite im oberen Drittel, mit kurzer Spitze und mäßig zahlreichen Seitennerven . . . . . . . . . . . . . . . . . . . . . . . . . *S. cinerea* L.

18 a Niedrigere und höhere Sträucher, zuweilen baumartig, mit kräftigen Kätzchen. Nacktes Holz ohne Striemen . . . . . . . . . . . . . . . . . . . . . . . . . . . . . . . . . . . . . . . . . . . 19

18 b Niedrigere oder bis zu 2 m hohe Sträucher mit zierlichen Kätzchen und runzeligen, kurz-verkehrteiförmigen Blättern. Holz mit Striemen . . . . . . . . . . . . . . . . . . . . . . *S. aurita* L.

19 a Höhere Sträucher, zuweilen baumartig . . . . . . . . . . . . . . . . . . . . . . . . . . . 20

19 b Niedrigere Sträucher . . . . . . . . . . . . . . . . . . . . . . . . . . . . . . . . . . . . 25

20 a Höhere Sträucher des Tieflandes . . . . . . . . . . . . . . . . . . . . . . . . . . . . . . . 21

20 b Höhere Sträucher des Gebirges und der Vorberge (vgl. auch *S. Mielichhoferi* SAUT. und *S. nigricans* SM.) 23

21 a Knospen groß, dick, kahl oder flaumig; Staubfäden der dicken Kätzchen kahl . . . . *S. caprea* L

21 b Knospen meist schwarzsamtig, schmäler und länger; Staubfäden der zierlichen Kätzchen am Grunde behaart . . . . . . . . . . . . . . . . . . . . . . . . . . . . . . . . . . . . . . . . . . . 22

22 a Zweige dünn, matt, graubraun, behaart, seltener verkahlend. Blattnarben schwach vorspringend. Verzweigungen nicht an den Astenden gehäuft . . . . . . . . . . . . . . . . *S. nigricans* SM.

22 b Zweige dick, glänzend, dunkelbraun bis schwärzlich; die jungen Triebe kurzhaarig, später verkahlend; Blattnarben verdickt, stark vorspringend, Zweige dadurch knotig erscheinend. Verzweigungen an den Astenden oft dicht gehäuft . . . . . . . . . . . . . . . . . . . . *S. Mielichhoferi* SAUT.

23 a Kätzchen klein, eiförmig. Staubfäden am Grunde langbehaart. Alpensträucher . . . . . . . 24

23 b Kätzchen größer, zylindrisch, lockerblütig. Staubfäden am Grund schwach behaart. Sudeten, Karpaten, nördliche Balkanhalbinsel . . . . . . . . . . . . . . . . . . . . . . . *S. silesiaca* WILLD.

24 a Staubfäden schwach behaart. Strauch oder kleiner Baum mit kurzen, sparrigen, schwach knotigen, graubraunen oder grauen Zweigen. In den Alpen und mit den Flüssen bis fast zur Donau herabsteigend, sowie selten im Bayerischen Wald . . . . . . . . . . . . . . . . . *S. appendiculata* VILL.

24 b Staubfäden stark behaart. Strauch mit sparrigen, dicken, sehr stark knotigen, schwarzbraunen bis schwärzlichen Zweigen . . . . . . . . . . . . . . . . . . . . . . . . . . *S. pubescens* SCHLEICH.

25 a Niedere Sträucher des Tieflandes und der Moore . . . . . . . . . . . . . . . . . . . . . . 26

25 b Niedere Sträucher hoher Gebirgslagen . . . . . . . . . . . . . . . . . . . . . . . . . 27
26 a Kaum 30 cm hoher Strauch mit kahlen Zweigen. Kätzchen lockerblütig. Auf Moor- und Lehmböden sehr vereinzelt in Schlesien, Württemberg und Bayern; häufiger auf den baltischen Mooren . . . . . . . . . . . . . . . . . . . . . . . . . . . . . . . . . . . . . . . . . . . . . . . *S. Starkeana* WILLD.
26 b Kätzchen dichterblütig. Niedriger, selten höherer Strauch der Moore, Sümpfe, sandiger Heiden und Dünen . . . . . . . . . . . . . . . . . . . . . . . . . . . . . . . . . . . *S. repens* L.
27 a Kätzchen zierlich, bis 3 cm lang. Strauch oder bis etwa 2 m hoher Baum. Staubfäden kahl. Sudeten, Karpaten, Zentralalpen; nur auf Silikatgestein. . . . . . . . . . . . . . . . . . . . . . 28
27 b Kätzchen kräftiger, über 3 cm lang. Niedrige Stäucher . . . . . . . . . . . . . . . . . . 29
28 a Kätzchen etwa 10–15 mm lang, 6 mm im Durchmesser. Staubfäden kahl oder höchstens am Grunde schwach behaart; Staubbeutel fast kugelig, gelb . . . . . . . . . . . . . *S. bicolor* WILLD.
28 b Kätzchen bis zu 22 mm lang, 12 mm im Durchmesser. Staubfäden in der unteren Hälfte krausbehaart; Staubbeutel ellipsoidisch, bräunlich . . . . . . . . . . . *S. Hegetschweileri* HEER
29 a Behaarung aller Teile weniger dicht als bei der folgenden Art, mehr grau. Wuchs durch die an den Zweigenden gedrängten Blätter mehr besenartig. Kätzchen dichtblütig, sitzend . . *S. Lapponum* L.
29 b Behaarung durchaus dicht, weißlich. Blätter an den Zweigenden nicht gedrängt, im Wuchs daher nicht besenartig. Kätzchen lockerer als bei der vorigen Art, gestielt . . . . . . *S. helvetica* VILL.
30 a Sträucher des Hochgebirges . . . . . . . . . . . . . . . . . . . . . . . . . . . . . . . 31
30 b Niedrige Sträucher der Sümpfe und der Niederungen. Blätter ganzrandig, denen der Heidelbeere ähnlich . . . . . . . . . . . . . . . . . . . . . . . . . . . . . *S. myrtilloides* L.
31 a Blätter kahl oder schwach behaart . . . . . . . . . . . . . . . . . . . . . . . . . . . . 32
31 b Blätter wenigstens unterseits dicht filzig . . . . . . . . . . . . . . . . . . . . . . . . . 36
32 a Blätter beiderseits glänzend, beim Trocknen leicht schwarz werdend. Staubbeutel vor dem Aufblühen violett oder purpurn, dann gelb, zuletzt schwarz. Staubfäden und Nektarien hellviolett . 33
32 b Blätter nur oberseits glänzend, unterseits matt oder von Wachsbelag weißlich, beim Trocknen braun werdend . . . . . . . . . . . . . . . . . . . . . . . . . . . . . . . . . . . . . . . 34
33 a Blätter ganzrandig. Kätzchen schlank . . . . . . . . . . . . . . . . . *S. alpina* SCOP.
33 b Blätter gesägt-gezähnt. Kätzchen gedrungen . . . . . . . . . . . . . . *S. breviserrata* FLOD.
34 a Tragblätter der Blüten kurz behaart, die Haare glatt bleibend. Kätzchen kurz eiförmig oder schlank zylindrisch . . . . . . . . . . . . . . . . . . . . . . . . . . . . . . . . . . . . . . 35
34 b Tragblätter der Blüten lang behaart, die Haare bald gekräuselt. Kätzchen dick, zylindrisch . . . . . . . . . . . . . . . . . . . . . . . . . . . . . . . . . . . . . . . . . *S. hastata* L.
35 a Kätzchen sehr klein und zart. Blätter dicht drüsig gesägt . . . . . . . . *S. foetida* SCHLEICH.
35 b Kätzchen größer und kräftiger. Blätter undeutlich gekerbt-gesägt . . . *S. Waldsteiniana* WILLD.
36 a Blüten mit 2 Nektarien. Staubfäden am Grunde behaart . . . . . . . . *S. glaucosericea* FLOD.
36 b Blüten mit einem Nektarium. Staubfäden kahl . . . . . . . . . . . . . . *S. helvetica* VILL.
37 a Staubfäden unterwärts oder bis zur Hälfte, selten weiter verwachsen (vgl. auch die Bastarde der *S. purpurea* L. sowie monströse Formen einiger Arten) . . . . . . . . . . . . . . . . . 38
37 b Staubfäden in der Regel bis zu den Staubbeuteln verwachsen. Kätzchen vorlaufend, zylindrisch, bis 2,5 cm lang, 0,8 cm im Durchmesser . . . . . . . . . . . . . . . . . *S. purpurea* L.
38 a Kätzchen vorlaufend . . . . . . . . . . . . . . . . . . . . . . . . . . . . . . . . . . . 39
38 b Kätzchen gleichzeitig . . . . . . . . . . . . . . . . . . . . . . . . . . . . . . . . . . . 41
39 a Niedrige bis mittelhohe Sträucher. Staubblätter kahl. Blütenstandsachse und Tragblätter der Blüten lang und dicht behaart . . . . . . . . . . . . . . . . . . . . . . . . . . . . . . . 40
39 b Hochwüchsige Sträucher oder Bäume. Staubblätter am Grunde oder in der unteren Hälfte behaart. Blütenstandsachse und Tragblätter der Blüten kurz grau behaart . . . . . *S. Elaeagnos* SCOP.
40 a Kätzchen zylindrisch, bis 4 cm lang, 1 cm im Durchmesser. Staubblätter am Grunde oder bis zur Hälfte verwachsen. Nektarium schmal länglich. Kultiviert . . . . . . . *S. cordata* MÜHLENBG.
40 b Kätzchen kurz zylindrisch, bis 2 cm lang, 0,8 cm im Durchmesser. Staubblätter am Grunde verwachsen oder frei. Hinteres Nektarium eiförmig. Kultiviert . . . . . . . . . . *S. petiolaris* SM.

41a Niedriger bis mittelhoher Baum mit langen, dünnen, hängenden Ästen und Zweigen. Kätzchen zylindrisch, bis 4 cm lang, 0,6 cm im Durchmesser. Blätter lanzettlich bis lineal-lanzettlich, bis 17,5 cm lang, 2,5 cm breit, dicht knorpelig gesägt. Kultiviert . . . . . . . . . . *S. babylonica* L.
41b Niedriger, bis 1 m hoher Strauch mit niederliegenden oder aufsteigenden Stämmchen und Zweigen. Kätzchen eiförmig-kugelig bis kurz-zylindrisch, bis 1,5 cm lang, 0,5 cm im Durchmesser. Blätter breit elliptisch, bis 4 cm lang, 2 cm breit, ganzrandig . . . . . . . . . . . . . *S. caesia* VILL.

**739. Salix pentandra** L., Spec. plant. 1016 (1753). Lorbeer-Weide. Dän.: Femhannet Pil. Engl.: Bay Willow. Franz.: Saule à feuilles odorantes, S. brillant, S. à feuille de Laurier. Ital.: Salcio odoroso, S. laurino. Sorbisch: Błyščata wjerba. Poln.: Wierzba laurowa. Tschech.: Vrba mandlovka.
Fig. 19a, b, Fig. 21, Fig. 22

Mittelhoher Strauch, selten bis 15 m hoher Baum. Zweige dunkelrotbraun, kahl, glatt, glänzend, junge Triebe kahl, im Frühling klebrig und balsamisch duftend. Blätter gestielt, eiförmig-elliptisch, etwa 6 cm lang, 2,5 cm breit, gegen den Grund zu kürzer, gegen die Spitze zu länger

Fig. 21. *Salix pentandra* L. *a* Laubsproß. *b* Zweig mit männlichen Kätzchen. *c* Tragblatt. *d*, *e* Männliche Blüte (von innen und von der Seite). *f* Zweig mit weiblichem Kätzchen. *g* Weibliche Blüte. *h* Reife Fruchtkapsel.

Fig. 22. *Salix pentandra* L. Fruchtend. (Aufn. G. EBERLE)

verschmälert bis zugespitzt, gleichmäßig dicht drüsig-klebrig gesägt, kahl, oberseits lebhaft grün, glänzend, unterseits heller, matt, ausgewachsen lederartig, Mittelnerv oberseits schwach hervortretend, gelb, Seitennerven oberseits fein, unterseits wie die Mittelrippe stärker hervortretend, Adernetz oberseits wenig, unterseits deutlicher wahrnehmbar; Blattstiel bis 1 cm lang, kahl, am oberen Ende mit 2–5 Drüsenpaaren, die sich oft auch auf dem unteren Teil der Blattspreite zeigen. Nebenblätter länglich-eiförmig, selten vorhanden. Knospenschuppen braun, kahl, glänzend, abstehend. Kätzchen mit den Blättern erscheinend, bogig hängend, gestielt; Stiele etwa 5 cm lang, mit kahlen, drüsig gesägten, nach dem Grunde stärker als nach der Spitze verschmälerten Blättern besetzt. Männliche Kätzchen zylindrisch, etwa 3 cm lang, 1 cm im Durchmesser, dichtblütig, mit dicht grau behaarter Achse. Tragblätter länglich elliptisch, häutig, gelb, geadert, innen und außen am Grunde stärker behaart, außen gegen die kurze Spitze mehr oder minder verkahlend.

Staubblätter 5, mitunter in den unteren Blüten 3–6 (–8); Staubfäden am Grunde behaart; Staubbeutel kugelig bis ellipsoidisch, gelb. Nektarien 2, das vordere schmal länglich-eiförmig, so lang wie das Tragblatt, das innere etwas kürzer und breiter, mitunter am oberen Rande unregelmäßig eingeschnitten. Weibliche Kätzchen zylindrisch, lockerblütig, etwa 4 cm lang, 0,6 cm im Durchmesser, später an Dicke zunehmend. Tragblätter abfallend, etwas länger zugespitzt und außen etwas kahler als die der männlichen Blüten. Fruchtknoten aus eiförmigem Grunde pfriemlich verschmälert, kahl, etwa doppelt so lang wie das Tragblatt, kurz gestielt; Stiel bis 1 mm lang, kahl; Griffel bis 1/4 so lang wie der Fruchtknoten, am oberen Ende oft gabelig geteilt; Narben kurz, gespalten. Vorderes Nektarium sehr kurz eiförmig; hinteres Nektarium breit, oft unregelmäßig gelappt, etwas länger als der Fruchtknotenstiel. – Chromosomenzahl: n = 38. – V, VI.

Vorkommen. Ziemlich selten in Bruch- und Auenwaldgesellschaften, auf stau-sickernassen, mäßig sauren bis neutralen Torfböden oder humos tonigen Kiesböden; in der subalpinen Stufe zerstreut, nur in den inneren Tälern der Alpen häufiger, in den *Salix*-Auen der Alpenflüsse, auf kiesigem Boden, seltener an Quellen und im Moor. Regional Alnion-Verbandscharakterart (Alnetalia glutinosae Tüx.); Kennart des Weiden-Pappel-Auenwaldes (*Salix alba – Populus nigra –* Assoziation (Tüx.) Meijer Dress); in Südwestdeutschland in montanen Alneto-Ulmion-Gesellschaften.

Allgemeine Verbreitung. Europa, im Norden bis Nord-Norwegen nördlich bis 70° 25' n. Br. und Nord-Rußland, im Süden bis zu den Pyrenäen, Norditalien, Mazedonien und bis zum Kaukasus; in Asien vom nordöstlichen Kleinasien ostwärts bis Sibirien. – Im östlichen Sibirien durch die nah verwandte *S. pseudopentandra* Flod. vertreten.

Verbreitung im Gebiet. Zerstreut im Norddeutschen Tiefland und auf den Ostfriesischen Inseln; in Mitteldeutschland vom Hügelland bis in die tieferen Kammlagen des Erzgebirges, sehr selten in der Bode-Niederung und in der Madeburger Börde, dagegen häufiger in der Sächsischen Tieflandsbucht; vom Süddeutschen Becken- und Stufenland bis ins Alpengebiet; in Österreich in den Voralpentälern verhältnismäßig hoch ansteigend, jedoch ziemlich selten, nur in Niederösterreich, Oberösterreich, Kärnten, Salzburg, Nordtirol, ferner auch in Südtirol; in der Schweiz in der Berg- und Voralpenstufe, bis 2000 m ansteigend, in den Kantonen Genf, Waadt, Wallis, Tessin, im Neuenburger und Berner Jura (Langenbruck), in den Kantonen Uri, Schwyz, Unterwalden und Graubünden; sonst auch gelegentlich kultiviert und verwildert.

Ändert ab: 1. var. *latifolia* Hartm. Blätter 2- bis 2½-mal so lang wie breit, bis 12 cm lang, 5 cm breit. – 2. var. *angustifolia* G. F. W. Meyer. Blätter 3- bis 5-mal so lang wie breit, bis 7 cm lang, 2 cm breit. – 3. var. *nana* Bolle. Zweige niederliegend, Blätter klein.

Die Art ist auch an Blattzweigen auf den ersten Blick durch die feine, klebrig-drüsige Randzähnung zu erkennen. Beim Pressen bleibt das Sekret als einzelne gelbe Punkte, die den Blattumriß markieren, auf dem Papier haften. – In manchen Gebieten ist *S. fragilis* × *pentandra* häufiger als die Stammarten. Diese Hybriden unterscheiden sich unter anderem von *S. pentandra* durch die am Ansatz leicht abbrechenden Zweige und durch die Ausbildung von nur zwei Drüsen am Blattstiel.

Mit Sicherheit ist nur der Bastard *S. fragilis* × *pentandra* sowie der Tripelbastard *S. alba* × *fragilis* × *pentandra* bekannt.

Volksnamen. Nach den oberseits etwas glänzenden Blättern heißt die Art Smäerwiere [Schmerweide] (Oldenburg), Blanlwied (Mecklenburg) nach dem Standort Moorwichel (Dithmarschen) und nach dem bitteren Geschmack der Rinde Bitterwiede (Mecklenburg).

**740a. Salix fragilis** L., Spec. plant. 1017 (1753). Syn. *S. pendula* Sér. (1815) pr. p., *S. fragilior* Host (1828), *S. persicifolia* Schleich. (1807). Bruch-Weide, Knack-, Pock-Weide. Dän.: Skjør-Pil. Engl.: Crack Willow. Franz.: Saule fragile. Ital.: Salcio fragile. Sorbisch: Pikota wjerba. Poln.: Wierzba krucha. Tschech.: Vrba křehká. Taf. 78, Fig. 3; Fig. 19c

Bis 15 m hoher Baum, seltener strauchförmig. Zweige gelb oder braun, kahl, glänzend, an Bäumen oft stark verlängert, die älteren im rechten Winkel abgehend, die jüngeren Zweige an der Ansatzstelle leicht abbrechend; junge Triebe kahl. Blätter gestielt, lanzettlich bis verkehrt-lanzettlich, bis 16 cm lang, 4 cm breit, lang zugespitzt, am Grunde abgerundet oder spitz zusammenlaufend, am Rand grob knorpelig gesägt, völlig kahl, oberseits freudig grün, glänzend, Mittelnerv unterseits stark hervortretend, Seitennerven ober- und unterseits schwach hervortretend, Nervennetz weitmaschig, beiderseits wenig sichtbar; Blattstiel bis 2 cm lang, kahl, unterhalb der Ansatzstelle der Blattspreite oft mit einigen Drüsen. Nebenblätter oft vorhanden, halbherz- oder nierenförmig, grob gesägt, kahl. Knospenschuppen braun, kahl, abstehend. Kätzchen gleichzeitig. Männliche Kätzchen vor dem Aufblühen von dem weißen, glänzenden Haarpelz der Tragblätter eingehüllt, aufrecht oder gekrümmt, zylindrisch, bis 5 cm lang, 1 cm im Durchmesser, dichtblütig, am Grunde lockerer, gestielt; Stiel bis 3 cm lang, oberwärts kurz grau behaart, beblättert; Kätzchenstielblätter laubartig, länglich-elliptisch bis lanzettlich, spitz, in den Stiel verschmälert, ganzrandig, kahl, nur die zuerst erscheinenden Blätter dünn lang seidig behaart; ihre Achse kurz weiß behaart. Tragblätter verkehrt-länglich-eiförmig, häutig, geadert, gelb, dünn, weißzottig behaart, außen an der abgerundeten Spitze kahl. Staubblätter meist 2, selten mehr; Staubfäden am Grunde behaart; Staubbeutel ellipsoidisch, gelb. Vorderes Nektarium kurz eiförmig, selten an der Spitze ausgerandet, etwa $\frac{1}{3}$ so lang wie das Tragblatt, hinteres Nektarium breiter. Weibliche Kätzchen lang zylindrisch, bis 7 cm lang, 0,8 cm im Durchmesser, etwas lockerblütig; Achse und Tragblatt wie bei den männlichen Blüten. Fruchtknoten aus eiförmigem Grunde lang kegelig verschmälert, etwa 1½-mal so lang wie das Tragblatt, kahl, kurz gestielt; Stiel $\frac{1}{5}$ bis $\frac{1}{4}$ so lang wie der Fruchtknoten, kahl; Griffel kurz, dick, kurzgabelig gespalten; Narben dicklich, geteilt, seitwärts gebogen. Vorderes Nektarium sehr kurz, fast verschwindend bis kurz eiförmig und etwas kürzer als der Fruchtknotenstiel; hinteres Nektarium breit eiförmig, oben abgerundet oder ausgerandet oder am Grunde breiter, den Fruchtknotenstiel etwas umfassend. – Chromosomenzahl: $n = 38, (57)$. – III bis V.

Vorkommen. Ziemlich häufig in Weiden- und Erlengesellschaften der Ufersäume auf nassen, periodisch überschwemmten, vorzugsweise kalkarmen aber nährstoffreichen Kies-, Sand- und Schlickböden (Rohauböden); in den silikatischen Mittelgebirgen Pionier- und Charakterart des Stellario-Alnetum (Alno-Ulmion), auch im Alnetum incanae oder im Salici-Populetum, überregional Populetalia-Ordnungscharakterart, oft gepflanzt auf nassen Wiesen und an Gräben als Kopfweide.

Allgemeine Verbreitung. Fast ganz Europa von Süd-Schweden nordwärts bis etwa 62° 30′ n. Br. (kultiviert in Norwegen bis etwa 65° 05′ n. Br.), sowie von Nord-Rußland südwärts bis zur Krim und in das Kaukasus-Gebiet; Südwest-Asien (Armenien, Kurdistan, Persien), Westsibirien ostwärts bis zum Altai. Die Angaben von *S. fragilis* aus Kleinasien sind nach GÖRZ ap. K. KRAUSE (1930) unsicher. In manchen Gegenden selten, oft nicht von dem viel häufigeren Bastard *S. alba* × *fragilis* unterschieden.

Verbreitung im Gebiet: Vorwiegend im Norddeutschen Tiefland in den großen Stromtälern verbreitet; in Mitteldeutschland vor allem in den Stromtalauen, zerstreut bis in die Täler der unteren Mittelgebirge; vom Süddeutschen Becken- und Stufenland vereinzelt bis in die Voralpentäler, bis etwa 800 m ansteigend. Gelegentlich auch kultiviert.

Ändert ab: 1. var. *latifolia* WIMM. Blätter eilanzettlich. – 2. var. *angustifolia* WIMM. Blätter lineallanzettlich. – f. *viridis* (SPENNER) TOEPFFER. Blätter unterseits blasser. – f. *glauca* (SPENNER) TOEPFFER. Blätter unterseits blaugrün. – 3. var. *decipiens* W. KOCH. Zweigrinde ledergelb, Knospen braunschwarz, unterste Blätter der Zweige breit verkehrt-eiförmig.

Die Art ist u. a. durch die völlige Kahlheit der Blätter gekennzeichnet. Von der im sterilen Zustand einigermaßen ähnlichen *S. pentandra* L. ist sie vor allem durch die viel gröbere Zähnung des Blattrandes, dessen Drüsen kein klebriges Sekret absondern, leicht zu unterscheiden.

Der Name der Art bezieht sich auf die Brüchigkeit der Zweige an ihrer Basis.

*S. fragilis* ist in vielen Gebieten keineswegs so häufig wie vielfach angenommen oder auch in den meisten Florenwerken angegeben wird. So erweist sich bei näherer Untersuchung z. B. alles, was längs dem Lauf der Donau an *fragilis*-artigen Formen gefunden wurde, durch anliegende silbrige Behaarung der jüngsten Blätter als zu *S. alba* × *fragilis* gehörig. *S. fragilis* wie auch *S. alba* × *fragilis* bilden neben anderen Arten durch Hieb die sog. Kopfweiden.

Bastarde der *S. fragilis* sind mit Sicherheit bekannt mit *S. alba* L., *S. babylonica* L., *S. pentandra* L. und *S. triandra* L. Volksnamen. Nach den mit knackendem Geräusch brechenden Zweigen heißt diese Art Knackwied (Dithmarschen), Prasselwied (Egerland), Brastelfelber (Österreich) [zu Felber s. S. 54], Sprockwied (niederdeutsch) [zu sprock, spröde'].

**740 b. Salix elegantissima** K. Koch, Wochenschr. d. Gärtner- u. Pflanzenk. **14**, 380 (1871). Japanische Trauer-Weide. Baum mit peitschenartig hängenden, braunen, kahlen, glänzenden Zweigen. Blätter gestielt, lanzettlich, gegen die Spitze lang zugespitzt, bis 15 cm lang, 2 cm breit, am Rande dicht und scharf gesägt, am Übergang zum Stiel mit kleinen Warzen, oberseits lebhaft grün, glänzend, unterseits blaugrün, matt, nur oberseits am Mittelnerv kurz dünn behaart, sonst kahl; Mittelnerv oberseits wenig, unterseits stark hervortretend, ebenso das engmaschige Adernetz; Blattstiel 1–1,5 cm lang, nur in der Längsfurche noch dünn behaart, sonst kahl. Nebenblätter stark entwickelt, halbherzförmig, scharf zugespitzt, am Rande scharf gesägt. Kätzchen (nur weibliche bekannt!) gleichzeitig mit den Blättern erscheinend, endständig, zylindrisch, bis 5 cm lang, 0,4 cm im Durchmesser, hängend, etwas lockerblütig, an 2 cm langen, kahlen, mit lanzettlichen, ganzrandigen kahlen Blättern besetzten Zweigen; Blütenstandsachse behaart. Tragblätter lanzettlich, spitz, häutig, gelb geadert, am Grunde stark, sonst schwach behaart, die halbe Länge der Fruchtknoten erreichend. Fruchtknoten aus eiförmigem Grunde lang verschmälert, an der unteren Hälfte kurz dünn behaart, sonst kahl, kurz gestielt; Griffel kurz bis $^1/_6$ so lang wie der Fruchtknoten; Narben eiförmig, aufrecht, geteilt. Vorderes Nektarium schmal eiförmig, etwas länger als der Fruchtknoten, hinteres Nektarium ebenso lang, breit, an der Spitze ausgerandet oder geteilt; Fruchtklappen beim Aufspringen schneckenförmig zurückgerollt. – IV, V. – Heimat: Japan. – In Mitteleuropa vielfach in Gartenanlagen und auf Friedhöfen angepflanzt. In der Tracht *S. babylonica* L. sehr ähnlich, unterscheidet sich *S. elegantissima* von dieser durch längere Kätzchen, durch weibliche Blüten, welche 2 Drüsen aufweisen, sowie durch dunklere Zweige.

**741 a. Salix alba** L., Spec. plant. 1021 (1753). Syn. *S. aurea* Salisb. (1796). Silber-Weide. Dän.: Hvid-Pil. Engl.: White Willow. Franz.: Saule blanc, S. argenté, S. commun. Ital.: Salice bianco, Salcio da pertiche, Salicastro. Sorbisch: Běla wjerba. Poln.: Wierzba biała. Tschech.: Vrba bílá. Taf. 80, Fig. 1; Fig. 23, 19e

Über 20 m hoher Baum oder höherer Strauch mit rissiger Rinde und aufrecht abstehenden Ästen. Zweige lang, bei älteren Bäumen oft überhängend; jüngere Zweige gelbbraun. Blätter kurz gestielt, lanzettlich, beidendig ziemlich gleichmäßig verschmälert, bis 10 cm lang, 2 cm breit, am Rande dicht kleindrüsig gesägt, oberseits dunkelgrün, schwach glänzend, dünn seidig behaart,

Fig. 23. *Salix alba* L. Weide am Spirdingsee (Aufn. G. Eberle)

Tafel 80

**Tafel 80. Erklärung der Figuren**

Fig. 1. *Salix alba* L. (pag. 68). Zweig mit männlichen Kätzchen.
„ 1a. Zweig mit weiblichen Kätzchen.
„ 1b. Laubspross.
„ 1c. Männliche Blüte mit Tragblatt.
„ 1d. Weibliche Blüte mit Tragblatt.
„ 2. *Salix purpurea* L. (pag. 123). Zweig mit jungen weiblichen Kätzchen.
„ 2a. Zweig mit männlichen Kätzchen.
„ 2b. Laubspross.
„ 2c. Reife Fruchtkapsel.
„ 2d. Same.
„ 3. *Salix daphnoides* VILL. (pag. 125). Zweig mit männlichen Kätzchen.
„ 3a. Zweig mit jungen weiblichen Kätzchen.
„ 3b. Laubspross.
„ 3c. Männliche Blüte.
„ 3d. Weibliche Blüte.

unterseits heller bis blaugrün, in der Jugend dicht seidig behaart, später verkahlend, Mittelnerv und Seitennerven beiderseits deutlich hervortretend, das weitmaschige Adernetz wenig bemerkbar; Blattstiel 0,7 cm lang. Nebenblätter meist nur an Langtrieben, lanzettlich. Knospenschuppen anfangs seidig behaart, später teilweise oder ganz verkahlend, braun. Kätzchen mit Ausbruch der Blätter erscheinend. Männliche Kätzchen aufrecht, mitunter etwas gebogen, schlank zylindrisch, bis 7 cm lang, 1 cm im Durchmesser, dichtblütig, gestielt; Stiel bis 1,5 cm lang, mit kleinen, gesägten oder ganzrandigen, laubblattähnlichen Blättern besetzt; Achse dicht weiß behaart. Tragblätter einfarbig gelb, stumpf oder zugespitzt, häutig, geadert, rückwärts nur wenig, am Rande und Grunde stärker behaart. Staubblätter 2, selten mehr; Staubfäden in der unteren Hälfte kraus weiß behaart, etwa zweimal so lang wie die Tragblätter; Staubbeutel ellipsoidisch, gelb. Beide Nektarien gleichartig, vorderes Nektarium schmal lineal, hinteres Nektarium eiförmig gestutzt, fleischig, $1/4$ bis $1/5$ so lang wie das Tragblatt. Weibliche Kätzchen aufrecht, mitunter etwas gebogen, zart, zylindrisch, bis 5 cm lang, 0,7 cm im Durchmesser, am Grunde lockerblütig; Achse und Tragblätter wie bei den männlichen Kätzchen. Fruchtknoten aus eiförmigem Grunde kurz kegelförmig, stumpf, etwa zweimal so lang wie die Tragblätter, kahl, fast sitzend; Griffel kurz, oft geteilt; Narben länglich, ausgerandet oder geteilt, seitwärts gebogen. Bei den weiblichen Blüten nur ein hinteres Nektarium vorhanden, dieses breit eiförmig, am Grunde den Fruchtknotenstiel etwas umfassend, gestutzt oder ausgerandet, kurz. – Chromosomenzahl: $n = 38$. – IV, V.

Vorkommen. Ziemlich häufig und bestandbildend in Flüsse und Bäche säumenden Pappel- und Weidengesellschaften der wärmeren Tieflagen auf nassen, periodisch überschwemmten, vorzugsweise kalkhaltigen nährstoffreichen Sand- und Schlickböden (Rohauböden), auf den feinsandigen Lettböden nach Rückgang des Hochwassers, im Alpenvorland z. B. im Initialstadium des Alnetum incanae, sonst Charakterart des Salici-Populetum (Salicion), in den Mittelmeerländern in entsprechenden Wäldern des Silberpappelverbandes; auch angepflanzt als Zier- und Nutzbaum.

Allgemeine Verbreitung. Europa von Norwegen (kultiviert nordwärts bis 63° 52′ n. Br.) sowie von Nord-Rußland südwärts, in den nördlichen Gebieten nach FLODERUS jedoch kaum ursprünglich; Südwest- und Westasien von Westsibirien bis in das westliche und südliche Kleinasien, Syrien, Mesopotamien, Persien, Turkestan, bis zum Himalaya und Tibet.

Verbreitung im Gebiet. Im Norddeutschen Tiefland, wohl seltener an der Weser in Nordwestdeutschland, in Mitteldeutschland häufig in den Niederungen der Saale und der Elbe und im Hügelland, fehlt dagegen im Bergland; vom Süddeutschen Becken- und Stufenland bis in die Voralpen- und Alpentäler kaum über 900 m ansteigend; am Brenner in Tirol und bei Münster im Oberwallis bis 1300 m ansteigend.

Ändert ab: 1. ssp. **alba**. Syn. *S. alba* L. (1753) s. str. Junge Zweige gelbbraun. Blätter oberseits dunkelgrün, dünn seidig behaart, unterseits heller bis blaugrün, in der Jugend dicht seidig behaart. –
2. ssp. **vitellina** (L.) ARCANG. (1882). Syn. *S. vitellina* L. (1753), *S. alba* L. var. *vitellina* (L.) SÉR. (1815). Junge Zweige hellgelb bis mennigrot. Blätter lebhafter grün und kahler als beim Typus der Art. Als Zierbaum kultiviert.

Fig. 24. *Salix babylonica* L. (Aufn. Albert KRATZER, Bavaria)

Fig. 25. *Salix babylonica* L. Saaleufer in Jena (Aufn. O. FRÖHLICH, Jena)

Über Abänderungen, Formen und Spielarten der *S. alba* vergleiche man TOEPFFER in Berichte d. Bayerischen Botanischen Gesellschaft **15**, 74–76 (1915).

Diese weit verbreitete, ziemlich vielgestaltige Art ist vor allem durch die streng anliegende Behaarung der Blätter, welche diesen einen silberigen Glanz verleiht, gekennzeichnet. Sie überträgt diese Eigenschaft auch auf ihre Bastarde. Der in manchen Gebieten sehr häufige, auch vielfach kultivierte und verwilderte Bastard *S. alba* × *fragilis* ist oft fast nur durch die silbrige Behaarung der jüngsten Blätter von *S. fragilis* L. unterscheidbar.

Bastarde der *S. alba* sind mit Sicherheit bekannt mit *S. fragilis* L., *S. pentandra* L. und *S. triandra* L., ferner wird *S. alba* ssp. *vitellina* × *babylonica* in Deutschland nicht selten kultiviert. An Tripelbastarden wurde *S. alba* × *fragilis* × *pentandra* beobachtet.

Volksnamen. Nach den zähen Ästen heißt die Art in Mecklenburg Tåg-wied [Zäh-Weide]. Die baumartig wachsenden Formen dieser Art (und auch anderer Weiden), die zur Rutengewinnung regelmäßig beschnitten werden und deren Stamm dann ein kopfartiges Aussehen bekommt, sind die Kopfweiden. Die ssp. *vitellina* heißt wegen ihrer gelblichen Äste Gälwichel (Lüneburg), Gähl Wied (Mecklenburg), Dotterweide (Büchername). Auf die Verwendung weisen hin Fleisch-Wiedli (St. Gallen) [das zum Räuchern bestimmte Fleisch wird an diesen Weidenzweigen in den Kamin gehängt], Reb-Widli (Thurgau) [zu Rebpfählen oder zum Anbinden der Reben gebraucht], Bändli, Bändlistude (Schweiz) [nach der Verwendung zum Binden]. Auch andere Arten (z. B. *S. viminalis*) werden so benannt.

**741 b. Salix babylonica** L., Spec. plant. 1017 (1753). Echte Trauer-Weide, Tränen-Weide. Niedriger bis mittelhoher, bis über 10 m hoher Baum. Zweige lang, dünn, hängend, braun, kahl, nur die Spitzen der jungen Triebe kurz fein grau behaart. Blätter kurz gestielt, lanzettlich bis lineal-lanzettlich, bis 17,5 cm lang, 2,5 cm breit, lang zugespitzt, am Grunde spitz zusammenlaufend, am Rande dicht knorpelig gesägt, oberseits dunkelgrün, unterseits graugrün oder grau, kahl, nur die jungen Blätter sind an der Spitze der Zweige dünn grau seidig behaart, Mittelnerv und Seitennerven beiderseits hervortretend; Blattstiel bis 0,5 cm lang, bei den jungen Blättern kurz fein grau behaart, später nur oberseits in der Furche kurz behaart, sonst kahl. Nebenblätter selten vorhanden, aus schief eiförmigem oder lanzettlichem Grunde lang zugespitzt, am Rande gesägt. Knospenschuppen braun, kahl, zuweilen dünn kurz behaart. Kätzchen gleichzeitig mit den Blättern erscheinend. Männliche Kätzchen aufrecht, gekrümmt, dichtblütig, zylindrisch, bis 4 cm lang, 0,6 cm im Durchmesser, fast sitzend oder sehr kurz gestielt; Stiel dicht grau behaart, mit zwei kleinen länglichen bis lanzettlichen, spitzen, ganzrandigen oder spärlich kleingesägten, unterseits dünn seidig behaarten Blättern; Blütenstandsachse gelbgrau zottig behaart. Tragblätter bis ¾ so lang wie die Staubblätter, länglich oder schmal eiförmig, stumpflich, häutig, gelb, geadert, dünn lang seidig gelbgrau behaart, nach der Spitze zu kahl. Staubfäden am Grunde teilweise verbunden, unterwärts behaart, sonst kahl; Staubbeutel eiförmig, dunkelgelb. Nektarium etwa $1/5$ so lang wie die Staubfäden, fleischig; vorderes Nektarium schmal eiförmig oder linealisch; hinteres Nektarium breiter eiförmig oder länglich. Weibliche Kätzchen zylindrisch, bis 2 cm lang, 0,3 cm im Durchmesser, nach der Spitze zu ein wenig dünner, gekrümmt, dichtblütig, kurz gestielt; Stiel kurz grau zottig behaart, mit kleinen lanzettlichen oder länglichen, spitzen, ganzrandigen oder spärlich kleingesägten, unterseits spärlich behaarten Blättern; Blütenstandsachse zottig, gelbgrau behaart. Tragblätter fast so lang wie die Fruchtknoten, länglich-eiförmig, stumpflich, gelb, häutig, geadert, nur am Grunde etwas behaart, sonst kahl. Fruchtknoten sitzend oder sehr kurz gestielt, eiförmig, kurz kegelig, kahl; Griffel sehr kurz und dick; Narben länglich, dick, untergeteilt, seitwärts gebogen. Nektarium breit eiförmig, mitunter an der Spitze ausgerandet oder verschmälert, fleischig, $1/3$ so lang wie der Fruchtknoten. – IV, V. – Heimat: Südliches Asien von Transkaukasien bis Japan. – In Mitteleuropa als Zierbaum selten kultiviert; häufiger *S. alba* × *babylonica*, die sich als mehr winterhart erweist.

**742. Salix triandra** L., Spec. plant. 1016 (1753). Syn. *S. amygdalina* L. (1753), *S. amygdalifolia* GILIB. (1792), *S. auriculata* MILL. (1768). Mandel-Weide. Dän.: Mandel-Pil. Engl.: Almond Willow. Franz.: Osier brun, O. rouge, O. franc, Saule-Amandier. Ital.: Salcio da far ceste. Poln.: Wierzba trójpręcikowa. Tschech.: Vrba trojmužná. Taf. 78, Fig. 4, Taf. 77, Fig. 9; Fig. 19d

Aufrechter, 1,5–4 m hoher Strauch, seltener ein kleiner, bis 7 m hoher, Baum. Rinde der älteren Zweige ähnlich wie bei Platanen sich in Fetzen ablösend, die neue Rinde zimmetfarben. Zweige gelbgrün, rot oder braun, kahl, mitunter hinfällig spärlich behaart. Blätter gestielt, elliptisch bis schmal lanzettlich, bis 15 cm lang, 3 cm breit, spitz oder zugespitzt, am Grunde spitz oder stumpf, am Rande dicht drüsig gesägt, kahl, nur junge Triebe zuweilen spärlich behaart, oberseits dunkelgrün, schwach glänzend, unterseits wenig heller bis fast weiß, Mittel- und Seitennerven auf beiden Seiten deutlich hervortretend; Blattstiel bis 1 cm lang, kahl oder spärlich wollig flockig behaart, unterhalb des Ansatzes der Blattspreite oft drüsig. Nebenblätter nieren- bis halbherzförmig, spitz, am Rande gesägt. Knospenschuppen braun, kahl. Kätzchen kurz vorlaufend oder gleichzeitig. Männliche Kätzchen aufrecht oder etwas gekrümmt, meist schlank zylindrisch, bis 8 cm lang, 1 cm im Durchmesser, lockerblütig, wenn vorlaufend fast sitzend und ohne Tragblätter, sonst gestielt; Stiel bis 2 cm lang mit kleinen, lanzettlichen, ganzrandigen oder gesägten, kahlen oder dünn seidig behaarten Blättern; ihre Achsen kurz weiß behaart. Tragblätter verkehrteiförmig, stumpf, häutig, geadert, gelbgrün, außen oberwärts kahl, am Grunde und innen kraus behaart. Staubfäden am Grunde dicht kraus behaart, etwa doppelt so lang wie das Tragblatt; Staubbeutel kugelig, gelb. Vorderes Nektarium schmal lineal, gestutzt, etwa $1/4$ so lang wie das Tragblatt; hinteres Nektarium etwas länger, breit verkehrt-eiförmig, an der Spitze gestutzt oder etwas ausgerandet, fleischig. Weibliche Kätzchen aufrecht, zylindrisch, zart, bis 6 cm lang, 0,8 cm im Durchmesser, am Grunde meist lockerblütig, gestielt; Stiel bis 4 cm lang, wie bei den männlichen Kätzchen; Blütenstandsachse kurz weißhaarig. Tragblätter wie bei den männlichen Blüten, so lang oder etwas länger als der Fruchtknotenstiel, bis zur Fruchtreife stehen bleibend. Fruchtknoten aus eiförmigem Grunde kegelförmig, stumpf, kahl, mäßig lang gestielt; Stiel $1/2$ bis $1/4$ so lang wie der Fruchtknoten, kahl; Griffel sehr kurz oder zwischen den dicken, seitwärts abstehenden Narben verborgen. Bei den weiblichen Blüten nur ein, das hintere Nektarium vorhanden, dieses breit, oben gestutzt oder ausgerandet, fleischig, den Fruchtknotenstiel etwas umfassend, $1/4$ bis $1/2$ so lang wie dieser. – Chromosomenzahl: n = 19, 22, 44. – IV, V.

Vorkommen. Zerstreut in Weidenpioniergesellschaften an Fluß- und Bachufern auf periodisch überschwemmten, nassen und vorzugsweise kalkhaltigen Schlick-, Sand- und Kiesböden (Rohauböden, Schwemmböden), meist als Erstbesiedler mit *Salix viminalis*, *S. purpurea* u. a., Charakterart des Salicetum triandrae (Salicion).

Allgemeine Verbreitung. Fast ganz Europa, von 63° 20′ n. Br. in Norwegen und Nord-Rußland südwärts, jedoch im größten Teil des Mittelmeergebietes fehlend; Südwest-, Nord- und Nordostasien: nördliches und östliches Kleinasien, Kaukasus-Gebiet, Nord-Persien, Turkestan, durch das gemäßigte Sibirien ostwärts bis China, Mandschurei und Japan.

Verbreitung im Gebiet. Im Norddeutschen Tiefland, in Westfalen im Hochsauerland, im Eggergebirge, sowie im Teutoburger Wald und im Wiehengebirge ihre natürliche Höhengrenze erreichend; in Mitteldeutschland vorwiegend in den Niederungen, im Hügelland und in den Tälern der Mittelgebirge; vom Süddeutschen Becken- und Stufenland bis ins Alpengebiet, dort vornehmlich in den Voralpentälern, im südlichen Alpengebiet vereinzelt hoch hinaufsteigend, so am Ritten bei Bozen bis 1550 m, am Gornergletscher im Kanton Wallis bis 1820 m.

Ändert ab: 1. ssp. **concolor** (KOCH) NEUMANN ex RECHINGER (1957). Syn. *S. amypdalina* L. var. *concolor* KOCH (1837), *S. ligustrina* HOST (1828). Blattstiel $^1/_8$ bis $^1/_{12}$ der Blattlänge erreichend. Blätter unterseits grün und schwach glänzend. An schlickigen Ufern und in mehr luftfeuchten Gegenden unseres Florengebietes, z. B. an Flußufern auf den Anschlickungen zwischen den Buhnen und an Altwässern.

2. ssp. **discolor** (KOCH) NEUMANN ex RECHINGER (1957). Syn. *S. amypdalina* L. var. *discolor* KOCH (1837), *S. tenuiflora* HOST (1828). Blattstiel $^1/_5$ bis $^1/_6$ der Blattlänge erreichend. Blätter unterseits graublau bis weißlich. An sandigen und kiesigen Uferbänken und in mehr lufttrockenen Gegenden unseres Florengebietes.

Bezüglich der Variabilität der *S. triandra* vergleiche auch R. GÖRZ, Über norddeutsche Weiden in FEDDES Repert. spec. nov., Beih. **13**, 38–40 (1922).

Eine Verwechslungsmöglichkeit mit anderen Arten besteht bei *S. triandra* sowohl im blühenden, wie im beblätterten Zustand kaum. Unter den hochwüchsigen, in ausgewachsenem Zustand kahlblättrigen Weiden Mitteleuropas hat *S. triandra* die am stärksten entwickelten Nebenblätter; die größte Breite der Blätter liegt meist ungefähr in der Mitte, der Rand ist scharf und gleichmäßig gesägt, am Blattstiel finden sich meist zwei bis mehrere Drüsen. NEUMANN (1955) macht auf das für diese Art charakteristische, am Grunde der Zweige entwickelte Vorblattknospenpaar aufmerksam. Über die systematische Bewertung der recht auffälligen Abarten herrscht noch keine einheitliche Meinung. Unterschiede im Blütenbau lassen sich zwischen den Formenserien mit unterseits grünen und unterseits bläulich-weißlichen Blättern nicht feststellen, doch ist die geographische Verbreitung der beiden Formenkreise verschieden, und es gibt weite Gebiete, in denen nur die eine der beiden als spontane Pflanzen bekannt ist. Daher schlage ich hier die für geographische Rassen übliche Bewertung als Unterarten vor.

Mit Sicherheit sind Bastarde der *S. triandra* mit *S. alba* L., *S. fragilis* L. und *S. viminalis* L. bekannt. Aus Skandinavien gibt FLODERUS (1931) nur den Bastard *S. triandra* × *viminalis* an.

**743. Salix reticulata** L., Spec. plant. 1018 (1753). Syn. *Chamitea reticulata* (L.) KERN. (1860). Netz-Weide. Engl.: Reticulate Willow. Franz.: Saule réticulé. Ital.: Salcio reticulato. Poln.: Wierzba zyłkowana. Tschech.: Vrba sitnatá. Taf. 83, Fig. 4; Taf. 77, Fig. 15; Fig. 19g, Fig. 26 u. 27

Niederliegender Spalierstrauch mit sparrigen Ästen. Zweige gelbbraun, kahl. Blätter gestielt, elliptisch oder fast kreisförmig, selten verkehrt-eiförmig, (1–)3(–5) cm lang, (1–)2(–4) cm breit, beidendig gleichmäßig abgerundet oder verschmälert, selten oben ausgerandet, ganzrandig, selten schwach wellig gekerbt, am Rande mit einzelnen Drüsen besetzt, oberseits trübgrün, kahl oder an dem Mittelnerv in der Jugend zerstreut behaart, durch die in sehr spitzem Winkel abgehenden, oberseits eingesenkten Seitennerven und das ebenfalls eingesenkte Nervennetz runzelig erscheinend, unterseits grau- bis weißgrün, zerstreut lang seidig behaart, später verkahlend; Nervennetz unterseits scharf hervortretend; Blattstiel 1–2 cm lang, $^1/_5$ bis $^2/_3$ der Blattspreite erreichend, in der Jugend behaart, später kahl. Knospenschuppen hellbraun, kahl oder spärlich seidig behaart. Kätzchen gleichzeitig, an beblätterten Zweigen endständig, die männlichen dünn zylindrisch, 1,5–3,5 cm lang, 0,4(–0,7) cm im Durchmesser, dicht, lang gestielt, Stiel etwa 2 cm lang, kahl oder hellgrau behaart; ihre Achse kurz grau behaart. Tragblätter verkehrt-eiförmig oder fast kreisförmig, oben abgerundet oder ausgerandet, selten schwach gezähnt, die Fruchtknoten umschließend, rosa oder hellbraun, häutig geadert, beiderseits weißwollig behaart, oberseits verkahlend bis fast kahl. Staubblätter etwa doppelt so lang wie das Tragblatt; Staubfäden in der unteren Hälfte behaart; Staubbeutel rundlich, braun. Vorderes Nektarium $^1/_3$ bis $^1/_2$ so lang wie das Tragblatt, schmal- oder breit-eiförmig, unregelmäßig gespalten; hinteres Nektarium etwas länger, breit eiförmig, unregelmäßig gespalten. Weibliche Kätzchen dünn zylindrisch, etwa 2 cm lang, 0,5 cm im Durchmesser, dichtblütig, am Grunde etwas lockerer, lang gestielt, Stiel 2–3 cm lang, am Grunde kahl, nach oben hellgrau behaart; ihre Achse kurz grau behaart. Tragblätter wie bei den männlichen Blüten, außen oft kahler. Fruchtknoten dick eiförmig, $1^1/_2$-mal so lang wie die Tragblätter, kurz grauzottig behaart, sitzend oder fast sitzend; Griffel kurz; Narbe zweispaltig oder zweilappig. Vorderes Nektarium breit eiförmig, ausgerandet oder gespalten, beide wie bei den männlichen Blüten mitunter zusammenschmelzend. – Chromosomenzahl: n = 19, 22, (44). – VII, VIII.

Vorkommen. Ziemlich selten in alpinen Spalierweidengesellschaften auf durchfeuchteten, meist lange schneebedeckten, mildhumosen und kalkreichen Stein- und Ruhschuttböden, in Schneetälchen oder auch als Pionier an offenen Erdstellen und Felsblöcken, Charakterart des Salicetum retuso-reticulatae im Verband der Kalk-Schneeböden (Arabidion coeruleae), auch in alpine Rasengesellschaften, z. B. des Caricetum firmae oder das Elynetum übergreifend.

Allgemeine Verbreitung. Arktisches Europa und Asien sowie in den Hochgebirgen weiter südwärts, so in den Gebirgen Skandinaviens und der Britischen Inseln, in den Pyrenäen, im Jura, in den Alpen von den Seealpen bis Niederösterreich und Kroatien, Karpaten einschließlich der Transsilvanischen Alpen und des Siebenbürgischen Erzgebirges, ferner im Ural, Altai, in den Gebirgen von Baikalien und Dahurien; arktisches Nordamerika von Labrador bis Alaska sowie in den Rocky Mountains südwärts bis Colorado. Fehlt hingegen im Kaukasus und im Himalaya.

Fig. 26. *Salix reticulata* L. (Aufn. G. Eberle)

Verbreitung im Gebiet. In den Alpen, fast nur oberhalb der Waldgrenze von etwa 1800–2500 m, vereinzelt auch noch höher, wie z. B. am Monte Rosa im Kanton Wallis bis etwa 3000 m, oder tiefer herabsteigend wie z. B. am Plöckenpaß in Kärnten bei 1370 m, unterhalb St. Jakob in Ahrn in Südtirol bei 1330 m, Kreuzegg im Toggenburg, Kanton St. Gallen, bei 1307 m; ferner im Schweizer Jura auf den höchsten westlichen Erhebungen; fehlt gänzlich in den Steiner Alpen.

Ändert ab: 1. var. *latifolia* Toepffer. Blätter rundlich bis breit verkehrt-eiförmig, etwa 1 cm lang, 1–2 cm breit. – f. *macrophylla* Sér. Blätter bis zu 5 cm lang, 4 cm breit. – f. *subrotunda* Sér. Blätter fast kreisrund. – f. *obovata* Sér. Blätter breiter verkehrt-eiförmig, am Grunde kurz verschmälert. – f. *subcordata* Toepffer. Ältere Blätter am Grunde mehr oder weniger herzförmig. – f. *minor* Toepffer. Blätter klein, bis 1,5 cm lang und fast ebenso breit. – f. *acutifolia* Schur. Blätter bis 15 mm lang, am Grunde stumpf, gegen die Spitze zugespitzt.

2. var. *angustifolia* Borzi. Blätter rhombisch, 2,5–3,5 cm lang, 1 cm breit, oder länglich verkehrt-eiförmig, gegen den Grund zu keilig zusammenlaufend.

Ferner: f. *villosa* Trautv. Blätter unterseits und junge Zweige behaart bleibend. – f. *sericea* Gaud. Blätter auch nach der Blüte noch beiderseits behaart.

Die Art nimmt im System der Gattung vor allem durch die Gestalt der Nektarien eine isolierte Stellung ein; dies hat Kerner zur Abtrennung unter dem Gattungsnamen *Chamitea* veranlaßt. Diese Auffassung hat sich jedoch nicht durchgesetzt, unter anderem auch im Hinblick auf die mehrfach bekannt gewordenen Kreuzungen. Immerhin gehören solche wenigstens in den Alpen zu den Seltenheiten. Auch in Skandinavien sind Hybriden der *S. reticulata* nicht häufig; Floderus (1931) kennt solche mit *S. arbuscula* L., *S. hastata* L., *S. herbacea* L. und außerdem drei- bis mehrfache Hybriden, an denen noch *S. Lapponum* L., *S. polaris* Wahlbg. und *S. rotundifolia* Trautv. beteiligt sind. Der Einfluß der *S. reticulata* ist meist schon vegetativ am relativ langen Blattstiel, der ausgeprägten Zweifarbigkeit der Blätter und dem oberseits stark eingesenkten, unterseits kräftig hervortretendem Nervennetz erkennbar.

Fossil ist *S. reticulata* von zahlreichen Fundorten, welche ihre heute disjunkten Arealteile verbinden, bekannt geworden. Ihre charakteristischen Blätter sind in den sogenannten *Dryas*-Tonen stets gut erhalten.

Volksnamen. Im Salzburgischen hieß diese Weide Schneehünlweide, weil sich die Schneehühner gern an den Standorten der Art aufhalten.

Section Reticulatae Fries
Salix reticulata L.= ———×   Salix vestica Pursh= —·—·   Salix kurilensis Koidz= ············

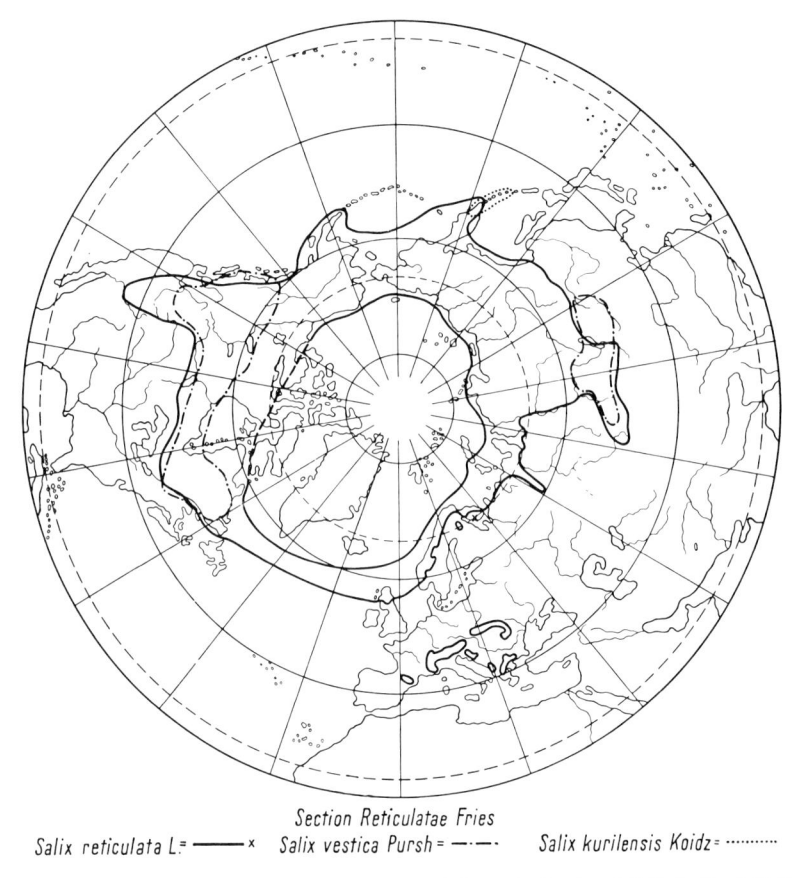

Fig. 27. Verbreitungsgebiet von *Salix reticulata* L., *Salix vestica* Pursh und *Salix kurilensis* Koidz
(nach H. MEUSEL, Halle 1957).

**744. Salix herbacea** L., Spec. plant. 1018 (1753). Syn. *S. pumila* SALISB. (1796). Kraut-Weide. Engl.: Least Willow. Franz.: Saule herbacé. Ital.: Salcio sassatile. Poln.: Wierzba nibyzielna. Tschech.: Vrba bylinná. Taf. 83, Fig. 1; Fig. 19f, Fig. 28 und 29.

Zwergstrauch mit kriechendem, größtenteils unterirdischem Stamm, der nur seine krautigen Zweiglein über die Erde sendet. Zweige braun, kahl, junge Triebe krautig, mitunter kurz zerstreut behaart. Blätter kurz gestielt, fast kreisrund, 0,5–3 cm lang, 0,6–2,7 cm breit, an der Spitze abgerundet oder gestutzt, zuweilen ausgerandet, die jüngeren oft kurz zugespitzt, am Grunde abgerundet oder schwach herzförmig, bogig- bis scharfhakig-drüsig gesägt, kahl oder selten unterseits spärlich behaart, beiderseits grün, glänzend, Nervatur beiderseits scharf hervortretend; Blattstiel 0,2 (–0,7) cm lang, kahl, zuweilen spärlich behaart. Nebenblätter sehr klein, häutig, hinfällig, meist fehlend, wenn entwickelt, dann lanzettlich und gekerbt-gesägt. Knospenschuppen braun, kahl. Kätzchen mit oder nach den Blättern erscheinend, kurz gestielt; die männlichen köpfchenförmig, wenigblütig, bis 6 mm lang, 5 mm im Durchmesser, sehr selten kurz zylindrisch, ihre Achse kahl oder dünn behaart. Tragblätter verkehrt-eiförmig, ausgehöhlt, umfassend, an der

Spitze abgerundet und oft klein unregelmäßig gezähnelt, häutig, geadert, gelb, selten im oberen Teil purpurn, kahl oder vorne etwas bewimpert; anfangs auch außen mit spärlichen Haaren besetzt. Staubfäden kahl, etwa zweimal so lang wie die Tragblätter; Staubbeutel ellipsoidisch, vor der Blüte purpurn, dann gelb. Nektarien verschieden lang und verschieden eingeschnitten. Weibliche Kätzchen fast kopfförmig oder kurz zylindrisch, bis 1 cm lang, 1 cm im Durchmesser, wenigblütig; ihre Achse kahl oder schwach behaart. Tragblätter wie die der männlichen Blüten, bis $1/3$ der Fruchtknotenlänge erreichend. Fruchtknoten aus eiförmigem Grunde lang, oft pfriemlich verschmälert, kahl, kurz gestielt; Stiel etwa $1/5$ so lang wie der Fruchtknoten, kahl; Griffel kurz, oben geteilt; Narben kurz, dünn, geteilt, divergierend oder auswärts gebogen. Vorderes Nektarium kurz, kaum länger als der Fruchtknotenstiel, hinteres Nektarium zweimal so lang, breit verkehrteiförmig oder aus breitem Grunde kegelig mit kleinen Seitenlappen, zuweilen nur das hintere vorhanden. – Chromosomenzahl: $n = 19$. – VI bis VIII.

Vorkommen. Häufig in der alpinen und nivalen Stufe der Hochgebirge auf feucht humosen und kalkfreien Schneeböden, Charakterart des Salicetum herbaceae (Salicion herbaceae), ferner, aber nur zerstreut eingemischt, in verwandten Gesellschaften mit *Luzula spadicea* oder in Krummseggenrasen (Caricetum curvulae).

Allgemeine Verbreitung. Arktisches Europa von Island bis Nord-Rußland sowie in den Gebirgen weiter südwärts, so in den Hochgebirgen von England und Schottland, in den Pyrenäen, Apenninen, Mts. Dores, Alpen von den Seealpen bis Kroatien und Niederösterreich, Sudeten, Karpaten sowie in den Gebirgen der Balkanhalbinsel; ferner in Grönland, im arktischen und kühlgemäßigten Nordamerika südwärts in den Gebirgen bis New Hampshire.

Verbreitung im Gebiet. Verbreitet in den Alpen fast nur oberhalb der Waldgrenze von etwa 1800 bis 3320 m, wie z. B. am Theodulpaß im Kanton Wallis, in den Nördlichen Kalkalpen meist zerstreut, z. B. in der Schweiz am Wendigletscher ober Engelberg und am Mattstock in den Churfirsten, in Vorarlberg am Freschen, auf der Mittagsspitze, oberhalb des Zürsersees, sowie am Arlberg, im Allgäu am Obermädelejoch, Kreuzeck, in den Nordtiroler Kalkalpen am Gimpele bei Steg, Sulztal bei Holzgau, Oberer Beilstein bei Elbigenalp, in der Umgebung von Innsbruck bei Zirl, am Hafelekar in den Seegruben und im Sonnwendjochgebirge, zerstreut in den Salzburgisch-Oberösterreichischen Kalkalpen, stellenweise in den Steirisch-Niederösterreichischen Kalkalpen, z. B. auf der Raxalpe westlich des Trink-

Fig. 28. *Salix herbacea* L. mit männlichen Kätzchen zwischen Alpenhahnenfuß und alpinem Wegerich (Aufn. G. EBERLE).

Fig. 29. *Salix herbacea* L. (Aufn. G. EBERLE).

steinsattels und am Schneeberg-Plateau. Sehr selten und zerstreut in den Julischen Alpen und Karawanken; fehlt gänzlich in den Steiner Alpen. In den Deutschen Mittelgebirgen nur im Riesengebirge: Kesselkoppe, Kleine Schneegrube, Brunnenberg, sowie im Gesenke: Altvater, Peterstein, Großer Kessel.

Ändert ab: 1. var. *fruticosa* (FRIES) TOEPFER. Von höherem Wuchs mit größeren Blättern, Kätzchen und Kapseln. – 2. var. *macrophylla* SÉR. Blätter größer, bis 3 cm lang, bis 3 cm breit. – 3. var. *ovalis* NORMANN. Blätter breit eiförmig oder elliptisch-eiförmig, nicht gestutzt. – 4. var. *acutifolia* TOEPFFER. Blätter am Grunde abgerundet, nach der Spitze zu oder beidendig verschmälert, 1,5 cm lang, 1 cm breit. – 5. var. *parvifolia* TOEPFFER. Blätter sehr klein, 0,5–1 cm lang und breit, rundlich, am Grunde oft herzförmig.

Je nach der Bodenunterlage lassen sich nach BUSER (1940) die beiden folgenden Wuchsformen der *S. herbacea* unterscheiden. Bei feuchter, lockerer Unterlage – in Humus, feuchtem Detritus, nassen Moospolstern – entspringen am Mutterstämmchen Adventivtriebe, die dünn und ausläuferartig, waagrecht oder nur wenig schief, seltener aufgerichtet die Erdoberfläche zu erreichen trachten. Das am Boden liegende Stück trägt in verhältnismäßig großen Abständen kleine, blasse, bald abfällige, schuppenförmige Blättchen. Das oberirdische Stück dieser Ausläufer entwickelt 3–5 mehr oder weniger aufgerichtete Blätter, das unterirdische Stück bildet oft schon im ersten Jahr Adventivwurzeln und wird so vom Muttersproß bald mehr oder minder unabhängig. Der Muttersproß wird vom Seitentrieb ungenügend oder fast überhaupt nicht ernährt, verdickt sich daher nur wenig und ungleichmäßig. Durch Vermoderung von Teilen des Mutter- und Seitensprosses werden schließlich beide voneinander getrennt. Bei einer Mehrzahl von Seitensprossen zerfällt das ursprüngliche Individuum bald in eine Reihe getrennter Einzelsträuchlein. So zwergig auch *S. herbacea* gewöhnlich erscheint, so vermag sie sich auf diese Weise doch rasch und ergiebig im Umkreis auszubreiten. Ist dagegen der Untergrund härter und daher schwieriger zu durchdringen, so können Adventivtriebe und -wurzeln gänzlich fehlen. Die Stämmchen pflegen dann mehr dem Boden aufzuliegen, verholzen regelmäßig und nehmen wie andere Weiden sukzessive an Dicke zu. Die Äste sind dann von einer schwarzen oder schwarzgrauen ringweise aufspringenden Borke bedeckt, ihre Ästchen sind kürzer, hin- und hergebogen, die Zweiglein stark knotig, der ganze Wuchs mehr buschig gedrungen. Ist die Bodenunterlage gemischter Natur, so zeigen auch die *S. herbacea*-Sträuchlein ein intermediäres Verhalten.

Bildungsabweichungen sind bei *S. herbacea* verhältnismäßig häufig, entziehen sich jedoch der Kleinheit der Kätzchen halber leicht der Beobachtung. Beobachtet wurden: Monadelphie der Staubfäden, Heterogamie sowie Phyllodie der Karpiden (BUSER 1940).

Aus Skandinavien ist nach FLODERUS (1931) eine sehr große Anzahl von Hybriden der *S. herbacea* bekannt geworden, und zwar mit *S. arbuscula* L., *S. arenaria* L., *S. glandulifera* FLOD., *S. hastata* L., *S. lanata* L., *S. Lapponum* L., *S. polaris* WAHLBG., *S. repens* L., *S. reticulata* L., *S. rotundifolia* TRAUTV., ferner indirekt noch mit sieben weiteren Arten. Auch BUSER (1940) betont für die Schweiz die starke Neigung der *S. herbacea* zum Bastardieren; er kennt die Kombinationen mit *S. foetida* SCHLEICH., *S. hastata* L., *S. helvetica* VILL., *S. serpyllifolia* SCOP. und *S. Waldsteiniana* WILLD. In den Ostalpen sind jedoch Hybriden der *S. herbacea* äußerst selten. – In den meisten Fällen kommen die Wuchs-, Blatt- und Blütenmerkmale der *S. herbacea* bei den Kreuzungsprodukten so stark zum Ausdruck, daß über die Beteiligung dieser Art kein Zweifel entsteht. BUSER (1940) weist darauf hin, daß sich der Einfluß der *S. herbacea* besonders in den untersten Blättern der Triebe geltend mache, während in den oberen Blättern in zunehmendem Maße die Fremdmerkmale ausgeprägt sind. Zur Feststellung der anderen Elternart ist eine sehr sorgfältige Merkmalsanalyse erforderlich.

*S. herbacea* wird im östlichen Sibirien und südwärts bis zum Altai und in die Mongolei durch *S. Turczaninowii* LAKSCH., Syn. *S. herbacea* f. *altaica* GÖRZ, in Dahurien außerdem durch *S. liliputa* NAS., Syn. *S. herbacea* f. *pygmaea* LAKSCH., vertreten.

Die Art findet sich häufig fossil in den sogenannten *Dryas*-Tonen (vgl. Seite 74).

**745a. Salix retusa** L., Spec. plant. ed. 2, 1445 (1763). Stumpfblättrige Weide. Franz.: Saule émoussé. Ital.: Salcio Sermollino. Poln.: Wierzba wykrojona. Tschech.: Vrba utatá. Taf. 83, Fig. 2; Fig. 19h bis k, Fig. 30

Spalierstrauch mit niederliegenden, wurzelnden Ästen. Zweige braun, kahl, leicht abbrechend, ältere mit in Flocken sich ablösender weißer Haut. Blätter sehr kurz gestielt, breit verkehrteiförmig, 2- bis 3-mal so lang wie breit, etwa 1–1,5 (–3,3) cm lang, 0,5–0,7 (–1,6) cm breit, abgerundet oder stumpf, besonders die unteren Blätter zuweilen ausgebuchtet oder ausgerandet, nach dem Grunde zu keilig verschmälert, ganzrandig oder an der unteren Hälfte entfernt drüsig gezähnelt, kahl oder zuweilen in der Jugend sehr schwach behaart, beiderseits grün, schwach glänzend, unterseits wenig heller, Mittelnerv, die steil nach der Spitze gerichteten, oben etwa zusammenneigenden Seitennerven und das Nervennetz oberseits schwach, unterseits stärker hervortretend; Blattstiel bis 0,5 cm lang, meist kahl, mitunter fein behaart. Nebenblätter fehlend. Knospenschuppen hellbraun, kahl. Kätzchen gleichzeitig, die männlichen eiförmig, 1,5 cm lang, 0,5 cm im Durchmesser, lockerblütig, gestielt, Stiel beblättert, kahl oder fein behaart; Achse kahl oder zerstreut behaart. Tragblätter länglich verkehrt-eiförmig, abgerundet oder ausgerandet, gelb, häutig, geadert, kahl oder mit wenigen langen Haaren besetzt. Staubfäden kahl, bis 3-mal so lang wie die Tragblätter; Staubbeutel ellipsoidisch, gelb, vor dem Aufblühen zuweilen purpurn. Nektarien verschieden gestaltet, vorderes schmal, länglich oder eiförmig, gestutzt, mitunter gelappt, $1/3$ bis $1/2$ so lang wie das Tragblatt, hinteres Nektarium gleichlang, breiter, gestutzt, zuweilen gelappt. Weibliche Kätzchen länglich elliptisch bis kurz zylindrisch, bis 2 cm lang, 1 cm im Durchmesser, lockerblütig, gestielt, Stiel (0,6)–1,7 cm lang; Achse kahl oder zerstreut grau behaart. Tragblätter länglich-verkehrt-eiförmig, oben abgerundet oder eingeschnitten, gelb oder hellbraun, häutig, geadert, kahl oder am oberen Rande spärlich lang behaart, bis $1/3$ der Länge des Fruchtknotens erreichend. Fruchtknoten aus eiförmigem Grunde kegelig verschmälert, kahl, gestielt, Stiel etwa $1/4$ so lang wie der Fruchtknoten, kahl; Griffel $1/6$ so lang wie der Fruchtknoten, zuweilen gabelig geteilt; Narben kurz, geteilt, horizontal abstehend bis zurückgebogen. Nektarien meist 2 entwickelt, oft auch fehlend, verschieden gestaltet, am Grunde breit, kurz kegelig verschmälert oder am Grunde schmäler, nach oben verbreitert oder zweilappig oder schmal, gestutzt, halb so lang wie der Fruchtknotenstiel. – Chromosomenzahl: $n = 57$. – VII, VIII.

Fig. 30. *Salix retusa* L. Männlich (Aufn. G. EBERLE)

Vorkommen. Ziemlich häufig in Spalierweidengesellschaften der alpinen Stufe auf vorzugsweise kalkhaltigen oder sonst basenreichen, mildhumosen und meist lange schneebedeckten durchfeuchteten Stein- und Ruhschutthalden, Schneebodenpflanze, Charakterart des Salicetum retusoreticulatae (Arabidion coeruleae).

Allgemeine Verbreitung. Pyrenäen, Apenninen, Jura, Alpen von den Seealpen bis Niederösterreich; angeblich auch in den Gebirgen der Balkanhalbinsel. In den Karpaten durch die nah verwandte *S. Kitaibeliana* WILLD. vertreten.

Verbreitung im Gebiet. Allgemein verbreitet und ziemlich häufig in den Alpen und Voralpen in etwa (1260–) 1700–2500 (–2640) m, so z. B. in den Bayerischen Alpen bis 2470 m ansteigend, in Tirol zwischen 1700 und 2640 m, im Kanton Wallis in (1260–) 1500–2500 m, ferner im Schweizer Jura von etwa 1200–1700 m: Tête-de-Ran, Creux-du-Van, M. Tendre, Reculet.

Ändert ab: f. *latifolia* TOEPFFER. Blätter kurz breit-verkehrt-eiförmig, gegen den Grund zu keilig verschmälert. – f. *rotundato-ovata* R. KELL. Blätter fast kreisrund, kurz in den Stiel verschmälert. – f. *angustifolia* TOEPFFER. Blätter verkehrt-eilanzettlich bis schmal-rhombisch, nicht ausgerandet, kaum 1,5 cm lang.

Über die systematische Begrenzung der *S. retusa* waren sich die Autoren bis in die jüngste Zeit nicht einig. Die Gründe, welche zur Betrachtung der *S. serpyllifolia* SCOP. als selbständige Art führen, werden unter dieser Art erörtert. Jedoch muß auch *S. Kitaibeliana* WILLD. als Art abgetrennt werden, welche anscheinend die *S. retusa* in den Karpaten vertritt. Es ist bezeichnend, daß BUSER (1940), ohne *S. Kitaibeliana* in der Natur beobachtet zu haben, zu derselben Auffassung gekommen ist, zu der ich durch Naturbeobachtungen in der Hohen Tatra und in den Liptauer Bergen schon 1933 gekommen bin (RECHINGER 1933). *S. Kitaibeliana* weicht von *S. retusa* durch ihren mehr aufrechten, buschigen Wuchs, ihre bei kurzen Trieben großen, beiderseits verschmälerten Blätter sowie durch die stärker behaarten Kätzchenschuppen ab. Genauere Untersuchungen an reichlichem karpatischen Vergleichsmaterial, das augenblicklich nicht zur Verfügung steht, müßte über die Konstanz weiterer Merkmale entscheiden. Gelegentlich in den Alpen auftretende üppige Formen der *S. retusa* haben mit der karpatischen Art nichts zu tun; der vielfach dafür verwendete Name var. *maior* KOCH, Comment. 63 (1828), ist eindeutig ein Synonym der *S. Kitaibeliana* WILLD. und kommt für unser Gebiet daher nicht in Frage.

Die Blätter der *S. retusa* haben beim Trocknen einen eigenartigen, an Baldrian erinnernden Geruch, der auch den *S. retusa*-Bastarden eigentümlich ist.

Bastarde der *S. retusa* sind im allgemeinen durchaus nicht häufig. BUSER (1940) kennt solche mit *S. alpina* SCOP., *S. glabra* SCOP., *S. glaucosericea* FLOD., *S. Mielichhoferi* SAUT., *S. nigricans* SM., *S. Hegetschweileri* HEER und *S. Waldsteiniana* WILLD. Der häufigste der *S. retusa*-Bastarde scheint stellenweise derjenige mit *S. glaucosericea* zu sein. *S. glabra* × *retusa* steht an Häufigkeit wohl an zweiter Stelle; ich habe sie an mehreren Orten beobachtet, jedoch immer nur in vereinzelten Individuen. Im Habitus und im vegetativen Verhalten, wie Gleichfarbigkeit der Blätter, schwacher Nervatur, Verbreiterung gegen die Spitze, Fehlen von Randzähnen bzw. Auftreten nur im unteren Blatteil, stimmen die *retusa*-Bastarde nach BUSER und nach eigenen Beobachtungen mit den üppigsten Individuen dieser Art überein. Seiten- und Endtriebe sind stark differenziert, erstere oft sehr kurz und wenigblättrig, letztere rutig verlängert, bis zu 23 cm lang, und vielblättrig, mit bis zu 20 Blättern; Kätzchenstielblätter an Gestalt und Größe den unteren der rein vegetativen Triebe gleich und in der Regel in ihren Winkeln keine Knospen anlegend. Kräftigerer Wuchs, dickere, stärker verholzte, meist schief aufsteigende Äste mit bogig oder gerade aufgerichteten Endtrieben lassen die *retusa*-Bastarde auf den ersten Blick von üppiger *S. retusa* unterscheiden.

*S. retusa* L., *S. serpyllifolia* SCOP. und *S. Kitaibeliana* WILLD. werden im arktischen Europa und Asien, im östlichen Sibirien, sowie südwärs bis zum Altai und in die Mongolei durch *S. nummularia* ANDERSS., Syn. *S. retusa* var. *rotundifolia* TURCZ., ferner im arktischen Europa und Asien, sowie in Ostasien südwärts bis in das Ochotskische Gebiet und Kamtschatka durch *S. rotundifolia* TRAUTV. vertreten.

**745 b. Salix serpyllifolia** SCOP., Fl. Carn. ed. 2, 2, 255 (1772). Syn. *S. retusa* L. ssp. *serpyllifolia* (SCOP.) ARCANG. (1882), Quendel-Weide. Franz.: Saule à feuilles de Serpolet. Taf. 83, Fig. 3; Fig. 31, Fig. 191

Flach an die Erde oder den Felsen angedrückter dichtverzweigter Spalierstrauch mit dicht beblätterten Zweigen, viel dichter wachsend als *S. retusa* L. Zweige zahlreich, sehr kurz, gedrungen, rotbraun bis kastanienbraun, glänzend. Blätter sehr kurz gestielt, schmal-rhombisch bis breit-verkehrt-eiförmig, 2- bis 3-mal so lang wie breit, 3–11 mm lang, 2–4 mm breit, zum Grunde keilförmig verschmälert, an der Spitze spitz oder stumpf, seltener schwach ausgerandet, abgerundet oder spitzlich, ganzrandig oder am Grunde oder auch über der Mitte zerstreut fein gezähnelt, kahl, manchmal im Jugendzustand schwach gewimpert, oberseits dunkelgrün, glänzend, unterseits wenig heller und matter, von lederiger Beschaffenheit, Mittelnerv und 3 (–4) Paar Seitennerven oberseits wenig, unterseits stärker hervortretend, Seitennerven unter sehr spitzem Winkel vom Mittelnerv abgehend, durch ein deutliches feines Nervennetz verbunden; Blattstiel 1 mm lang. Nebenblätter fehlend. Knospenschuppen gelbbraun, kahl. Kätzchen erst nach dem Laubausbruch blühend, sehr kurz gestielt. Männliche Kätzchen klein, kugelig, bis 0,5 cm lang, wenig- (5–7-)blütig; Achse kahl, seltener etwas behaart. Tragblätter länglich-verkehrt-eiförmig, stumpf, zuweilen etwas ausgerandet, konkav, häutig, gelb oder gelbbraun, geadert, kahl oder sehr schwach bewimpert. Staubfäden kahl, etwa doppelt so lang wie die Tragblätter; Staubbeutel ellipsoidisch, gelb, später braun. Nektarien gleichlang oder das hintere ein wenig länger, etwa $^2/_3$ so lang wie der Fruchtknoten, schmal, oft fast lineal, gestutzt, das hintere breit eiförmig, gestutzt, zuweilen gespalten. Weibliche Kätzchen klein, kugelig, bis 0,5 cm lang, wenigblütig; Achse kahl. Tragblätter verkehrt-eiförmig, stumpf, ausgerandet, häutig, geadert, gelb oder bräunlich, kahl, den Fruchtknoten etwa zu $^2/_3$ bedeckend. Fruchtknoten aus eiförmigem Grunde verschmälert, spitz oder stumpf, kahl, gestielt, Stiel bis $^1/_4$ so lang wie der Fruchtknoten, kahl; Griffel $^1/_4$ so lang wie der

Fruchtknoten, an der Spitze gabelig; Narben kurz geteilt. Nektarien zuweilen zwei, das vordere aus breitem Grunde stumpf-kegelig, das hintere breit, fast quadratisch, mitunter gelappt. – Chromosomenzahl: n = 57. – VII, VIII.

Vorkommen. Ziemlich häufig in der alpinen Stufe als Pionierpflanze alpiner Rasengesellschaften auf meist kalkhaltigen oder sonst basenreichen, oft rohen und humusarmen Gesteinsverwitterungsböden, auf steinigen Triften und exponierten Graten häufig im Caricetum firmae und Seslerio-Semperviretum, seltener mit *S. retusa*, Seslerion-Art.

Allgemeine Verbreitung. Alpen.

Verbreitung im Gebiet. In den Alpen Bayerns, Österreichs, Südtirols und der Schweiz, und zwar in Bayern in den Allgäuer, Bayerischen und Berchtesgadener Alpen, in Österreich in den Alpen von Steiermark, Kärnten, Salzburg, Nordtirol und Vorarlberg sowie in Südtirol, in Tirol etwa bis 2690 m ansteigend, verbreitet in den Julischen und Steiner Alpen und in den Karawanken. Ferner in den Zentralalpen der Schweiz etwa zwischen 1800 und 2650 m, so in den Kantonen Waadt, Wallis, Uri und Graubünden, im Kanton Wallis bis 3180 m ansteigend.

Ändert ab: 1. f. *latifolia* BUSER. Blätter verkehrt-eiförmig oder fast rundlich-kreisförmig, 1- bis 1½-mal so lang wie breit, an der Spitze ausgerandet, am Grunde abgerundet oder fast herzförmig. – 2. f. *angustifolia* BUSER. Blätter länglich oder länglich-lanzettlich, 3-mal so lang wie breit, die oberen Blätter spitz.

Die Art des Wachstums der *S. serpyllifolia* ist im wesentlichen die gleiche wie die der *S. retusa* L. Die seitlichen Jahrestriebe messen jedoch nur 3–8 mm und tragen 3–8 gedrängte Blättchen, die stärker geförderten Endtriebe erreichen etwa 15–50 mm und tragen 9–20 Blättchen. In den Winkeln der Kätzchenstielblätter werden bisweilen Knospen angelegt. Nebenwurzeln finden sich zahlreicher als bei *S. retusa*, ihre Bildung erfolgt schon am zweijährigen Zweige.

Fig. 31. *Salix serpyllifolia* SCOP. Weiblich (Aufn. G. EBERLE).

Ein meist dicht geschlossener, rasenartiger Wuchs, wie ihn *S. retusa* niemals zeigt, wird durch die dicht gewundenen Äste, das Vorherrschen ganz kurzer Seitentriebe sowie durch den Umstand bewirkt, daß abgegliederte Triebchen und die vorjährigen Blätter haften bleiben oder unter den Sträuchlein liegend vom Winde nicht vertragen werden und allmählich eine schwarze Humusschicht ansetzen. An lockeren, feuchteren Standorten hingegen, wie z. B. im Glimmerschiefersand des Rhonegletschers, zeigt *S. serpyllifolia* eine lockere, *retusa*-ähnliche Tracht, gestreckte Äste und Endtriebe, welche die Seitentriebe überragen. Auch in Kultur genommene Exemplare zeigen das gleiche Verhalten (nach BUSER 1940).

Von der Mehrzahl der Autoren wurde *S. serpyllifolia* als Hochalpenform der *S. retusa* L. angesehen. Es ist dies entschieden unrichtig (RECHINGER 1938, BUSER 1940). Einerseits steigt *S. retusa* an vielen Standorten, wie z. B. im Val Bever in der Schweiz, so hoch an, wie es Weiden überhaupt möglich ist, andererseits findet sich *S. serpyllifolia* bisweilen auch in tieferen Lagen als *S. retusa* oder beide Arten treten miteinander vergesellschaftet auf. So wurde *S. serpyllifolia* im Oberengadin an der Vereinigungsstelle von Val Chamuera und Val Lavirum bei 2100 m, *S. retusa* hingegen erst 50–80 m höher beobachtet. Während sich aber letztere auf einem nördlich exponierten, feuchten, durch Tobelbildung ziemlich schattigen Abhang bei granitischer Unterlage vorfand, wuchs *S. serpyllifolia* auf einem warmen, ziemlich offenen oder gegen Westen abgedachten Kalkband, in einem Gehölz von *Pinus Mugo* TURRA zusammen mit *Polygala Chamaebuxus* L. und *Daphne striata* TRATT. Diese Art des Vorkommens ist nach BUSER (1940) für *S. serpyllifolia* sehr charakteristisch, so daß sie HEER „die trockene Felsenform der *S. retusa*" nennt. Bisweilen wie z. B. am Rhonegletscher bei Zermatt und bei der Rostocker Hütte in den Hohen Tauern bei Prägraten findet man beide Arten miteinander vergesellschaftet vor. Übergangsformen waren nicht festzustellen. Ferner geht *S. serpyllifolia* weder an günstigeren, wasserreicheren Standorten noch durch Kultur in *S. retusa* über, sondern behält ihre charakteristischen Merkmale bei.

An Bildungsabweichungen wurden von BUSER ein Sträuchlein mit geteilten Karpiden bei Findelen oberhalb Zermatt beobachtet.

Da *S. serpyllifolia* ihren Standort kaum mit anderen Arten teilt, sind ihre Bastarde äußerst selten. Mit Sicherheit sind solche nur mit *S. herbacea* L. und *S. reticulata* L. bekannt.

Über verwandte Arten des Formenkreises der *S. retusa* L., *S. serpyllifolia* SCOP. und *S. Kitaibeliana* WILLD. in der Arktis, sowie in Nord- und Nordostasien vergleiche unter *S. retusa*.

**746a. S. alpina** SCOP., Fl. carniol. ed. 2, 2, 255 (1772). Syn. *S. fusca* JACQ. (1778), *S. Jacquini* HOST (1797), *S. Jacquiniana* WILLD. (1805), *S. myrsinites* L. var. *Jacquiniana* KOCH (1844), *S. myrsinites* L. var. *integrifolia* NEILR. (1859), *S. myrsinites* L. var. *alpina* (SCOP.) KOEHNE (1893). Myrten-Weide, Ost-Myrten-Weide. Fig. 33

Verzweigtes niederliegendes Sträuchlein. Äste niederliegend, wurzelnd, bis zu 10 mm stark, zähe, schwarzbraun. Junge Zweige dünn behaart oder fast kahl; einjährige Zweige etwa 1,5 mm stark, behaart oder kahl. Blätter gestielt, etwa 12–35 mm lang, 6–18 mm breit, meist verkehrt-eiförmig, am Grunde oft verschmälert, an der Spitze abgerundet oder fast stachelspitzig, völlig ganzrandig, sehr selten am Rande mit ganz vereinzelten Drüsen besetzt, von fast starrer Beschaffenheit, beiderseits glänzend und lebhaft grün, Mittelnerv, Seitennerven und Adernetz vor allem oberseits hervortretend; junge Blätter, wenigstens sobald sie vertrocknen, schwarz werdend, weich gewimpert, oberseits kahl, unterseits in der Jugend durch lange, äußerst feine Haare seidenhaarig, ausgewachsen schließlich kahl und leicht schwarzbraun werdend; Blattstiel 1–3 mm lang. Nebenblätter sehr häufig fehlend, wenn vorhanden bis zu 2,5 mm lang, schmal lanzettlich, spitz, ganzrandig. Kätzchen gleichzeitig mit dem Laubausbruch erscheinend, aufrecht, dichtblütig, (5–) 10–30 mm lang gestielt, wenigstens am Grunde weißhaarig, mit 4–6 mm langen Blättern besetzt. Männliche Kätzchen 12–20 mm lang, 8 mm im Durchmesser. Tragblätter etwa 1,5 (–2) mm lang, meist verkehrt-eiförmig, stumpf, purpurn, an der Spitze schwarz werdend, lang seidig behaart. Staubfäden 2, frei, 3–4 mm lang, gegen die Spitze purpurn, völlig kahl; Staubbeutel klein, purpurn bis violett, schließlich schwarz werdend. Nektarium 0,5–1 mm lang, ganzrandig, purpurn. Weibliche Kätzchen etwa 10–20 (–32) mm lang, 4–6 mm im Durchmesser; Tragblätter wie bei den männlichen Blüten. Fruchtknoten 1,5–2,5 mm lang, eiförmig-konisch, fast zusammengepreßt, gegen die Spitze zusammenlaufend, braun, mit braunrötlicher bis weißgrauer Behaarung, schließlich sehr oft kahl; Griffel etwa 0,6–1,6 mm lang, ganzrandig oder an der Spitze geteilt, purpurn, kahl; Narbe aufrecht abstehend, gespalten oder ausgerandet, purpurn. Nektarium wie bei den männlichen Blüten. – VI, VII.

Vorkommen. Gelegentlich auf Triften, felsigen Abhängen, auf Geröllhalden, Alluvionen der Alpen, auf kalkhaltigem Substrat.

Allgemeine Verbreitung. Ostalpen, Karpaten einschließlich der Transsilvanischen Alpen.

Verbreitung im Gebiet. Zerstreut bis häufig in den Ostalpen von etwa 1400–2000 m. In den Nördlichen Kalkalpen westwärts nur bis ins Tote Gebirge, fehlt bereits im Dachsteingebiet; in den Südlichen Kalkalpen westwärts bis in die Südtiroler Dolomiten. Herbarbelege wurden gesehen: Niederösterreich: Göller, Schneeberg und Rax-Alpe (mehrfach), Sonnwendstein. Steiermark: Hochschwab: Dullwitz, 1700 m, Totes Gebirge mehrfach. Salzburg: Radstätter Tauern, Hochfeindgruppe bei Mauterndorf im Lungau. Kärnten: Hohe Tauern: Jamnigalm bei Mallnitz, Fragant, Ofenspitze gegen Bretterich, 2000 m, und Schobertal. Gurktaler Alpen: Fuß des Rinsennockes auf der Turracherhöhe, Karawanken: Hochobir, 2100 m, Gailtaler Alpen: Reißkofel, Villacher Alpen. Tirol: im Gebiet der Großglockner-Gruppe. Südtirol: Südtiroler Dolomiten: Sextental, Drei-Zinnen, Livinallongo. Friaul: Julische Alpen: Predil-Paß, Tolmeiner Kette.

Der Formenkreis der *S. myrsinites* L. hat durch die Untersuchungen von SAMUELSSON (1922) und FLODERUS (1940) eine analoge systematisch-phytogeographische Gliederung erfahren zu demjenigen von *S. arbuscula* L. und *S. Lapponum* L. u. a. Während die ostalpine *S. alpina* meist unter einem der jüngeren Namen *S. Jacquini* HOST oder *S. Jacquiniana* WILLD. hauptsächlich durch das auffällige Merkmal ihrer ganzrandigen Blätter schon seit bald 200 Jahren meist als Art unterschieden worden ist, hat man die in ihrem gesägten Blattrand mit dem nordischen Repräsentanten

*S. myrsinites* s. str. übereinstimmende zentralalpine *S. breviserrata* FLOD. erst kürzlich unterschieden. *S. alpina* fällt, wie auch *S. breviserrata*, in der Natur vor allem durch die dunkelpurpurne Färbung der Blütenteile auf, ferner durch die beiderseits grünen, glänzenden Blätter. Im niederliegenden, oft spalierstrauchartigen Wuchs hat *S. alpina* oft eine gewisse Ähnlichkeit mit *S. retusa* L., mit der sie auch oft zusammen vorkommt. Im Gegensatz zu allen anderen mitteleuropäischen Weiden ist bei *S. alpina* und *S. breviserrata* FLOD. die Behaarung auf der Blattoberseite stärker als auf der Unterseite.

Bastarde der *S. alpina* sind ausnahmslos selten; mit Sicherheit sind nur diejenigen mit *S. retusa* L., sowie aus den Karpaten mit *S. hastata* L. und *S. silesiaca* WILLD. bekannt. Auf die Bastarde übertragen sich auch die hervorgehobenen Merkmale der purpurnen Blütenteile und der beiderseits grünen, glänzenden Blätter.

In ihrer Verbreitung gehört *S. alpina* zu denjenigen Arten, die ihre Westgrenze in den Nördlichen Kalkalpen bereits am Oberlauf der Traun finden, wie etwa *Draba austriaca* CRANTZ, *Alchemilla anisiaca* WETTST., *Euphorbia austriaca* KERN. u. a., während die Westgrenze in den südlichen Kalkalpen viel weiter westlich verläuft.

**746 b. Salix breviserrata** FLODERUS, Arkiv f. Botanik **29**, 18, 44 (1940). Syn. *S. myrsinites* L. (1753) pr. p., *S. arbutifolia* WILLD. (1805), non PALL. Matten-Weide, West-Myrten-Weide. Fig. 32 u. 33, Fig. 20 q u. r

Niederliegendes, bis 30 cm hohes, reich ästiges, sparrig verzweigtes Sträuchlein. Junge Zweige kurz grau behaart, einjährige Zweige nicht wurzelnd, aufsteigend oder niederliegend, matt, oft olivfarbig, zwei- und dreijährige Zweige und Äste abstehend, rötlich-braun, glänzend, rissig und knotig. Untere und oberste Blätter lanzettlich, mittlere und obere Blätter elliptisch oder verkehrteiförmig, 10–30 (–45) mm lang, 6–18 mm breit, am Grunde keilförmig, gegen die Spitze zugespitzt, 2- bis 3-mal so lang wie breit, bald breit-eiförmig, bald lanzettlich, von dünner, aber starrer Konsistenz, dicht kurz drüsig-gesägt oder nur mit Drüsen besetzt, in der Jugend fast kahl oder mit langen Haaren mehr oder weniger dicht besetzt oder fast seidig-zottig, später verkahlend oder kahl, gleichfarben, lebhaft grün und glänzend, vor allem unterseits, Mittelnerv, Seitennerven und weitmaschiges Adernetz beiderseits schwach hervortretend; Blattstiel sehr kurz, 1,5–2 (–3,5) mm lang. Nebenblätter 4–8 mm lang, eiförmig-lanzettlich, spitz, gesägt, oft lang persistierend, an Langtrieben fast herzförmig, 2-mal so lang wie der Blattstiel, manchmal fehlend. Knospenschuppen behaart. Kätzchen gleichzeitig mit den Laubblättern erscheinend, verkehrt-länglich oder zylindrisch. Männliche Kätzchen (8–) 20 (–26) mm lang, (4–) 8 (–10) mm im Durchmesser, 2- bis 3-mal so lang wie breit. Tragblätter 2–3 mm lang, eiförmig oder verkehrt-eiförmig oder länglich, stumpf oder abgerundet, selten spitz, durch lange starre Haare beiderseits seidig bis fast zottig-behaart, gegen die Spitze oft verkahlend, schwarz-braun. Staubblätter 4–6 mm lang; Staubfäden gelb-purpurn; Staubbeutel sehr klein und abgerundet, nach der Anthese violett-schwarz. Nektarium 0,75 mm lang, fast linear, violett. Weibliche Kätzchen 16–30 mm lang, 6–9 mm im Durchmesser, schließlich etwas verlängert und starr abstehend, gestielt, Stiel bis 3,5 cm lang. Tragblätter wie bei den männlichen Blüten. Fruchtknoten 1,5–2,5 mm lang, zylindrisch-konisch, durch verflochtene, ab-

Fig. 32. *Salix breviserrata*. FLOD. *a* Stück eines männlichen Exemplares (⅔ natürl. Größe). *b* Männliche Blüte. *c* Weibliches Kätzchen. *d* Weibliche Blüte mit Tragblatt. *e* Reife Fruchtkapsel

stehende Haare graufilzig, seltener wollig behaart, schließlich verkahlend, grünlich-grau oder häufig rötlich-violett, bisweilen zuletzt völlig kahl, sitzend; Griffel dünn, ganzrandig oder fast zweigeteilt, purpurn; Narbe zweigeteilt oder ganzrandig, etwas abstehend oder sparrig abstehend, purpurn. Nektarium einfach, 1 mm lang, fast linear, den Fruchtknotenstiel um die Hälfte oder 2-mal überragend, purpurn, in den weiblichen Blüten ist stets nur ein Nektarium vorhanden. – Chromosomenzahl: n = 19. – VI, VII.

Vorkommen. Mit *S. hastata* L. und anderen Weiden als Festiger und Beraser ruhenden Kalkblockschuttes. Vorläufer des Caricetum firmae und Seslerieto-Semperviretum; kalkliebend, mehr oder weniger gesellschaftsvag.

Allgemeine Verbreitung. Alpen von den Hautes Alpes bis zu den Niederen Tauern, besonders in den zentralen Massiven.

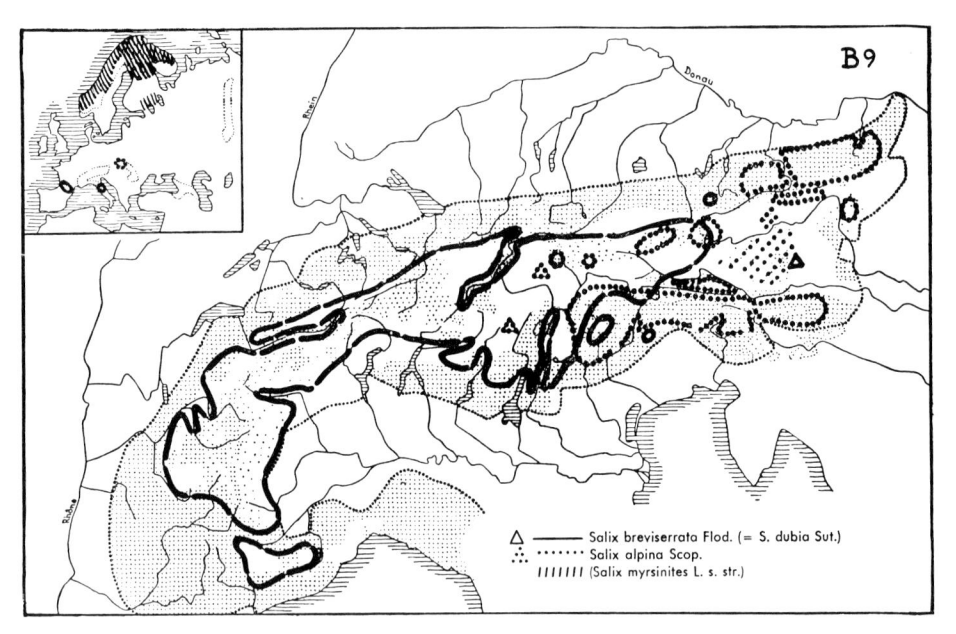

Fig. 33. Verbreitungsgebiete von *Salix breviserrata* FLOD., *S. alpina* SCOP. und *S. myrsinites* L.
(nach H. MERXMÜLLER, München 1952)

Verbreitung im Gebiet. Zerstreut in den Alpen der Schweiz, des westlichen Österreichs und Südtirols, etwa zwischen 1700–2400 (–3040) m. Herbarbelege wurden gesehen: Kt. Waadt: Alpes de Bex, Alpe Martinets. Wallis: Vallée de Bagnes, Riffelalp, oberhalb der Gandegghütte ob Zermatt, 3040 m. Graubünden: Piz Padella im Oberengadin; Saas: Zwischbergen-Paß, 2600 m, und Mattmarksee, 2100 m; oberhalb des Silsersees, Berninahäuser, Poschiavo. Kt. Bern: Gemmi und Grimsel im Berner Oberland. Kt. Glarus: Sandalp. Kt. St. Gallen: Mattstock in den Churfirsten. Tirol: Tristen, Brenner, Gschnitztal, in der Venedigergruppe, um Prägraten, Froßnitztal bei Windisch-Matrei und am Fuß der Kalserhöhe gegen Windisch-Matrei, in der Glocknergruppe am Weg von Kals zum Kalser Törl. Südtirol: Südtiroler Dolomiten: am Fuß der Roßzähne nächst der Mahlknechtschwaige. Salzburg: Hochfeindgruppe bei Mauterndorf im Lungau, Radstädter Tauern. Kärnten: Großglocknergruppe: Pasterze, Heiligenblut, Fragant: Ofenspitze, 2000 m. Venetien: Mte. Serva bei Belluno.

*S. breviserrata* bildet meist nur 30–60 cm hohe, sparrige Sträuchlein mit kurzen End- und kürzesten Seitentrieben, kleinen, schmalen, fast gebüschelten Blättern und sparrigen, knorrigen Ästen. Wo sich bei Hypertrophie einzelne Triebe kräftiger entwickeln, pflegen auch die Blätter nicht nur größer, sondern vor allem auffallend breiter zu werden und die Nebenblätter überragen den Blattstiel an Länge.

Schon durch die regelmäßige scharfe drüsige Sägung des Blattrandes ist *S. breviserrata* auf den ersten Blick von der nah verwandten *S. alpina* zu unterscheiden; dazu kommt noch eine Reihe weiterer Merkmale. Überdies ist im Durchschnitt der Wuchs der *S. breviserrata* mehr aufstrebend und die Behaarung der Blätter dichter und weniger vergänglich. Die Verschiedenheit dieser Art von der skandinavischen *S. myrsinites* wurde erst von SAMUELSSON (1922) erkannt. Der auffälligste Unterschied besteht darin, daß bei der skandinavischen Pflanze die Blätter der vorjährigen Vegetationsperiode im abgestorbenen Zustand erhalten bleiben und nicht abfallen. Ferner ist *S. myrsinites* durch kürzere, nur 3–4 mm lange Staubkätzchenstiele, welche nur mit 2–4 Blättchen besetzt sind, 10–25 mm lange, 6–12 mm dicke männliche Kätzchen, dunkelbraune (fuscus) Staubbeutel, sowie 15–40 mm lange, 9–18 mm dicke weibliche Kätzchen ausgezeichnet. Die Chromosomenzahl der skandinavischen *S. myrsinites* beträgt n = 76, jene von *S. breviserrata* n = 19.

Mit Sicherheit ist nur der Bastard *S. breviserrata* × *hastata* bekannt.

**747. Salix glaucosericea** FLODERUS, Svensk Botanisk Tidskrift 37, 169 (1943). Syn. *S. sericea* VILL. (1789), non MARSH., *S. glauca* L. b. *sericea* TRAUTV. (1832) et al., *S. glauca* auct. alp., non L. Seiden-Weide. Taf. 83, Fig. 6; Fig. 34, Fig. 20h

Bis 1 (–1,5) m hoher Strauch, mit starken, fast kantigen, fahlgelben Ästen. Junge Zweige etwa 2 mm stark, dicht weißgrau-filzig behaart; einjährige Zweige 2,5–4 mm stark, fahlgelb, kahl, gegen die Spitze zu meist behaart. Blätter kurz gestielt, etwa 55 (–75) mm lang, 15 (–22) mm breit, verkehrt-lanzettlich, spitzlich, völlig ganzrandig; Spreite glatt, von dicker, jedoch weicher Beschaffenheit, oberseits bleich grün, fast durchscheinend, unterseits meergrün, trocken kaum schwarz werdend, jederseits dicht weißlichgrau seidig behaart, Mittelnerv und Seitennerven schwach hervortretend, Adernetz unscheinbar; junge Blätter oft von dichten Zottenhaaren weißgrau schillernd; Blattstiel etwa 5 (–10) mm lang, grau behaart. Nebenblätter meist fehlend, äußerst selten an Langtrieben vorhanden, etwa 6 mm lang, eiförmig, z. T. drüsentragend. Kätzchen gleichzeitig mit dem Laubausbruch erscheinend, aufrecht. Männliche Kätzchen etwa 20 mm lang, 10 mm im Durchmesser, gestielt, Stiel weißgrau-filzig, etwa 10 mm lang, mit etwa 4–6 Blättern besetzt. Tragblätter 2–3 mm lang, verkehrt-eiförmig, gelblich, an der Spitze fahlgelb oder fast purpurn, von gekrümmten Haaren fast rauhhaarig. Staubfäden etwa 7 mm lang, bleichgelb, im unteren Teil kraus behaart; Staubbeutel ellipsoidisch, fast purpurn, trocken schwarzbraun. Nektarium sehr oft einzeln, 1 (–1,5) mm lang, zylindrisch, ganzrandig oder schwach geteilt, in der Jugend grün, die männlichen Blüten sind bisweilen mit einem zweiten Nektarium versehen. Weibliche Kätzchen 45 (–55) mm lang, 12 (–15) mm im Durchmesser, gestielt; Stiel weißgrau-filzig, etwa 18 mm lang, mit etwa 4–6 Blättern besetzt. Tragblätter wie bei den männlichen Blüten. Fruchtknoten etwa 6–7 (–10) mm lang, schmal eiförmig-konisch, stumpf, von sehr dichten krausen Haaren weißgrauseidig-behaart; Fruchtstiele etwa 0,5 (–1) mm lang, behaart; Griffel bis etwa 1 mm lang, tief 2-geteilt mit abstehenden Ästen, am Grunde behaart oder kahl; Narbe fast abstehend, 2-geteilt. Nektarium wie bei den männlichen Blüten, jedoch stets nur einzeln. – Chromosomenzahl: n = 76, 88. – VI, VII.

Fig. 34. *Salix glaucosericea* FLOD. Fruchtkätzchen (Aufn. Th. ARZT)

Vorkommen. Zerstreut auf kalkarmem Boden der Zentralalpentäler in ausgedehnten Buschbeständen mit *Salix helvetica*, *S. hastata*, *Alnus viridis* u. a. m.; gern auf etwas feuchten Schattenhängen als Schuttfestiger und auf Gletscheralluvionen, in Gletscherbächen, an feuchten Abhängen, auf Moränen als Bestandteil feuchter Hochstaudengebüsche (Salicion pentandrae BR.-BL.).

Allgemeine Verbreitung. Alpen von den Hautes Alpes bis zu den Hohen Tauern.

Verbreitung im Gebiet. Zerstreut in den Zentralalpen der Schweiz, stellenweise jedoch reichlich, gegen die Nordketten seltener werdend, sowie in den Zentralalpen Österreichs und Südtirols zwischen etwa 1700–2500 m. Auf diese Art beziehen sich sämtliche Angaben für *S. glauca* auct. alp., non L. aus den Alpen. Herbarbelege wurden gesehen: Waadt: Waadtländer Alpen: Alpe Boellarde, Sex-Rouge, Rocher du Tremble, Panérossaz, Planneve, d'Erlignon, La Boulaire. Wallis: Alpes de Bex, Pâturage de Salanfe sur Salvan, Creux de Dzéman, Mont Fully, Val de Bagnes: Champriora, Mauvoisin, Grueben, Tourtemagne, Eginental, Gries, ferner l'Arpettaz sur Sion, Riffelalp oberhalb Zermatt, Gründsee. Tessin und Graubünden: Rosetsch- und Fextal, Piz Rosatsch, Val Lavirum, V. Bever, Piz Danis, 2300 m, Nalps, Cornera, Meigels, Alp Cavrein, Rusein, Vals-Frunt; Rheinwaldgletscher, Splügenpaßtal, Albula, mehrfach im Unterengadin, Puschlav. Nordtirol: Thallnitzspitze im Ötztal, Stubaital; Osttirol: Dorfer-Tal, Zapatnitzen-Tal, nächst Prägraten. Südtirol: Pordoi-Joch bei Arabba.

Besondere Erwähnung verdienen nach BUSER (1940) eine Abart, welche sich durch verkahlende oder nur zerstreut mit seidenglänzenden Haaren besetzte Blätter auszeichnet, ferner zwei Formen aus dem Engadin, von denen die eine durch glänzend gelbe Bekleidung an *S. lanata* L. erinnert, während die andere durch straffere Behaarung und fast seidige Fruchtknoten auffällt.

Schon BUSER (1940) hat auf gewisse Unterschiede zwischen der alpinen und nordischen *S. glauca* L. mit folgenden Worten hingewiesen: „Gegenüber dieser Form unserer Zentralalpen zeigt die *S. glauca* L. der nordischen Gebiete einige, allerdings wenig konstante Abweichungen: Blätter meist dünner, schlaffer, infolge der schwächeren Bekleidung heller und saftiger grün, beim Trocknen leicht sich verfärbend, Haare bisweilen etwas kraus verflochten, weniger seidig, Griffel und Narben dünner, Fruchtknoten deutlicher gestielt, Stiel meist von Nektariumlänge, an den untersten Blüten des Kätzchens bisweilen um die Hälfte bis um das Doppelte länger, kahle und breite Blätter hier häufiger. Die Unterschiede beider sind, allerdings in viel geringerem Maße, dem Parallelismus von *S. helvetica* und *S. Lapponum* analog." Den umfassenden, ebenfalls erst posthum veröffentlichten Untersuchungen von FLODERUS (1943) blieb die spezifische Abtrennung vorbehalten.

*S. glaucosericea* erreicht eine Höhe von 0,60–1,20 m, an günstigen Standorten wird sie bis 1,80 m hoch; sie ist durch ihr weißseidiges oder durch die durchschimmernde Blattfarbe bläuliches, gebüscheltes Blattwerk sowie durch die reingelben Staub- und weißwolligen Fruchtkätzchen eine Zierde der hochalpinen Granit- und Schieferhänge von 2000–2400 m. Meist kommt *S. glaucosericea* vergesellschaftet mit anderen Weiden, *S. hastata* L. und *S. helvetica* VILL., vor, seltener bildet sie größere reine Bestände wie am Albula (BUSER).

Aus den Alpen sind mit Sicherheit Bastarde nur mit *S. retusa* L. bekannt, während die nordische *S. glauca* L. mit *S. myrsinites* L., *S. nigricans* SM., *S. phylicifolia* L., *S. stipulifera* FLOD., ferner indirekt mit *S. herbacea* × *S. polaris* bastardiert.

**748a. Salix bicolor** WILLD., Berl. Baumz. 1796, 339 (1796), Spec. plant. 4, 2, 691 (1805). Syn. *S. Weigeliana* WILLD. (1805), *S. Schraderiana* WILLD. (1805), *S. phylicifolia* L. auct. europ. p. p., e. g. SEEMEN in ASCHERSON und GRAEBNER (1909) et GÖRZ (1929). Zweifarbige Weide. Fig. 35

Aufrechter, bis zu 1,2 (–1,8) m hoher Strauch. Junge Zweige fast fahlgelb, kahl oder kurz behaart; einjährige Zweige etwa 2,5 mm stark, knotig, kahl; Äste sparrig, fahlgelb bis bräunlich, entrindet bis zu 4 mm lange, in der Längsrichtung verlaufende, erhabene Striemen aufweisend. Blätter etwa 35 (–85) mm lang, 15 (–38) mm breit, an kultivierten Schößlingen bis zu 116 mm lang, 45 mm breit, verkehrt-eiförmig oder verkehrt-lanzettlich oder elliptisch, gegen den Grund zu spitz, an der Spitze mehr oder weniger stumpf, oft kurz zugespitzt, am Rande mehr oder weniger regelmäßig, bisweilen unregelmäßig gesägt, selten ganzrandig, Blätter oberseits grün, unterseits meergrün, beiderseits punktiert, in der Jugend mit geraden, angepreßten Haaren, z. T. seidig behaart, ausgewachsen zuletzt selbst unterseits kahl, Adernetz nur schwach hervortretend; die obersten Blätter oft klein, spitz, jederseits von dichten, persistierenden Haaren weiß schillernd; Blattstiel etwa 4–8 (–13) mm lang, am Grunde verbreitert, hellgelb bis bräunlich, behaart und verkahlend. Nebenblätter fehlend oder sehr klein, selten bis 7 mm lang, eiförmig, meist schief zugespitzt, gesägt, hinfällig. Kätzchen vorlaufend, dichtblütig, gestielt; Stiel 2–6 (–12) mm lang, rauhhaarig, beblättert. Männliche Kätzchen etwa 10–15 mm lang, 6 mm im Durchmesser. Tragblätter 1,4–2 mm lang, verkehrt-eiförmig bis schmal verkehrt-lanzettlich, schwarzbraun bis fahlgelb, von langen geraden Haaren rauhhaarig. Staubfäden 2, frei, selten am Grunde verwachsen, 6 mm lang, hellgelb, kahl, oder am Grunde zerstreut behaart; Staubbeutel fast kugelig, hellgelb. Nektarium 0,6 mm lang, schmal zylindrisch. Weibliche Kätzchen 20 mm lang, 10 mm im Durchmesser, zuletzt bis zu 40 mm lang, 13 mm im Durchmesser. Tragblätter wie bei den männlichen Blüten. Fruchtknoten zuletzt 3–4 mm lang, schmal eiförmig-konisch, gegen die Spitze spitz zusammenlaufend, von dichten, fast geraden Haaren schillernd weißgrau seidig behaart; Griffel 0,5–1 (–1,5) mm lang, ganzrandig oder an der Spitze geteilt, sehr häufig am Grunde behaart; Narbe meist kurz, abstehend, ganzrandig, selten bis zu 0,5 mm lang, fast aufrecht, fadenförmig, 2-spaltig. Nektarium wie bei den männlichen Blüten. – Chromosomenzahl: n = 57. – V, VI.

Vorkommen. Selten als Bestandteil hochmontaner feuchter Hochstaudengebüsche auf quelligen nährstoffreichen, aber kalkarmen humosen Tonböden (Gleyböden), Salicion-pentandrae-Verbandscharakterart.

Allgemeine Verbreitung. Gebirge der nördlichen Pyrenäenhalbinsel, Pyrenäen, Französisches Zentralplateau (Mts. Dores), Cevennen, Vogesen, Harz, Sudeten, Karpaten, Gebirge der Balkanhalbinsel (Bosnien, Herzegowina, Bulgarien). Fehlt in den Alpen und im Norden.

Verbreitung im Gebiet. Zerstreut in den Deutschen Mittelgebirgen. Verbreitung zur Zeit wohl noch unvollständig bekannt, jedoch dürften sich wohl alle Angaben aus dem außeralpinen Mitteleuropa auf diese Art beziehen. Herbarbelege wurden gesehen (FLODERUS 1940): Harz: Brocken; Riesengebirge: Riesengrund, Schneegruben.

Fig. 35. *Salix bicolor* WILLD. *a* Laubsproß (⅓ natürl. Größe). *b* Zweig mit weiblichen Kätzchen. *c* Weibliche Blüte. *d* Männliche Blüte

Auch die systematisch-geographische Gliederung des Formenkreises der *S. phylicifolia* L. geht auf FLODERUS (1940) zurück. Der nordischen *S. phylicifolia* L. s. str. stehen nach FLODERUS drei mitteleuropäische Repräsentanten gegenüber. Es sind dies *S. bicolor* WILLD., welche von den Gebirgen der nördlichen Pyrenäenhalbinsel, über das Französische Zentralplateau, die Deutschen Mittelgebirge bis zu den Gebirgen der Balkanhalbinsel verbreitet ist, ferner die beiden alpinen Repräsentanten *S. Hegetschweileri* HEER und *S. bicolor* WILLD. ssp. *rhaetica* (ANDERSS.) FLOD. Über die Gründe, die mich veranlassen, im Falle der alpinen Repräsentanten FLODERUS nicht zu folgen, siehe unter *S. Hegetschweileri*.

*S. bicolor* unterscheidet sich nach FLODERUS von der nordischen *S. phylicifolia* L. s. str. durch gut entwickelte, jedoch kurze Striemen des Holzes, kürzere, lichtere, gewöhnlich gelbliche oder orangefarbene, flaumig behaarte Knospen, deren Schuppen längere Zeit nach dem Aufbrechen erhalten bleiben, stumpfer und im Jugendstadium beiderseits silberig behaart sind, durch punktierte, gegen die Spitze zu weniger glänzende Blätter, durch zahlreichere und kürzere Kätzchen, an der Basis oft spärlich behaarte Staubfäden und kürzere Kapseln.

Bastarde der *S. bicolor* sind bisher nur mit *S. caprea* L., *S. repens* L. und *S. silesiaca* WILLD. bekannt. Die nordische *S. phylicifolia* L. s. str. bastardiert nach FLODERUS (1931) mit *S. glauca* L., *S. nigricans* SM., ferner indirekt mit *S. aurita* L., *S. cinerea* L. und *S. myrsinites* L.

**748b. Salix Hegetschweileri** HEER ap. HEGETSCHWEILER, Fl. Schweiz 963 (1840). Syn. *S. phylicifolia-hastata* WIMM. (1853), *S. hastata-Weigeliana* WIMM. (1866) pr. p., *S. phylicifolia* (L.) SM. \**S. Hegetschweileri* HEER ap. ANDERSS. (1867) et id. ap. DC. (1868), *S. bicolor* WILLD. ssp. *rhaetica* (ANDERSS.) FLODERUS (1940), *S. phylicifolia* (L.) SM. var. *rhaetica* KERN. ap. ANDERSS. (1867). Hochtal-Weide. Fig. 20 m

Hoher Strauch. Junge Zweige kahl oder an der Spitze behaart, die weiter oben stehenden verlängert; einjährige Zweige 2,5–3 mm stark, meist knotig, schwach kantig, glänzend, kastanienbraun bis schwarzbraun, völlig kahl. Blätter 45 (–70) mm lang, 20 (–30) mm breit, meist elliptisch, am Grunde stumpf, gegen die Spitze spitz oder schief zugespitzt, am Rande oft umgerollt, drüsig-, selten fast feindornig-gesägt, in der Jugend bräunlich oder fast schwärzlich, später oberseits glänzend schwärzlichgrün, unterseits meergrünlich, nicht punktiert, in der Jugend zerstreut, an der Mittelrippe dichter behaart, ausgewachsen völlig kahl; Blattstiel 0,6–1,3 mm lang, gelblich oder bräunlich, zunächst behaart, bald verkahlend. Nebenblätter 3–8 mm lang, schief eiförmig oder halbherzförmig, zugespitzt, drüsig-gesägt, an kräftigen Zweigen bis zu 17 mm lang, 7 mm breit. Kätzchen vorlaufend, fast aufrecht, dichtblütig. Männliche Kätzchen bis zu 22 mm lang, 12 mm im Durchmesser, sitzend oder bis 4 mm lang gestielt; Stiel behaart, mit einigen wenigen kleinen, hinfälligen Blättchen besetzt. Tragblätter bis zu 2 mm lang, stumpf, an der Spitze fahlgelb, weißgrau-seidig behaart. Staubfäden 2, frei, etwa 6 mm lang, gelb, in der unteren Hälfte kraus behaart; Staubbeutel ellipsoidisch, trocken fahlgelb. Nektarium 0,4 mm lang, zylindrisch, abgestutzt, trocken fahlgelb. Weibliche Kätzchen etwa 24 mm, zuletzt bis zu 40 mm lang, 18 mm im Durchmesser, zuletzt bis zu 8 mm lang gestielt; Stiel behaart, mit einigen wenigen, kleinen, hinfälligen Blättchen besetzt. Tragblätter wie bei den männlichen Blüten. Fruchtknoten zuletzt etwa 4 mm lang, eiförmig-konisch, grünlich, von genügend dichten, oft hinfälligen Haaren weißgrau-seidig behaart, bisweilen auch schon frühzeitig oberwärts kahl; Fruchtknotenstiel etwa 1 mm lang, dicht weißgrau seidig behaart; Griffel bis zu 1 mm lang, ganzrandig; Narbe bis zu 0,5 mm lang, meist zweispaltig mit zylindrischen Ästen. Nektarium wie bei den männlichen Blüten. – V, VI.

Vorkommen. Ähnlich der vorigen in hochmontanen und subalpinen feuchten Hochstaudengebüschen auf nährstoffreichen aber vorzugsweise kalkarmen quelligen Naßböden, an Ufern und durchsickerten Hängen mit *Salix hastata* oder *S. pentandra*, Salicion-pentandrae-Verbandscharakterart (BRAUN-BLANQUET).

Allgemeine Verbreitung. Zentralalpen der Schweiz (Freiburg, Wallis, Tessin, Bern, Uri, Graubünden) und des westlichen Österreichs (Tirol).

Verbreitung im Gebiet. Zerstreut in den Alpen der Schweiz und des westlichen Österreichs zwischen etwa 1500–2000 m. Verbreitung zur Zeit wohl noch unvollständig bekannt, Herbarbelege wurden gesehen: Kanton Freiburg: Alpen der Gruyère, Le Gros Sadoy au-dessus de Grandvillard. Wallis: Rhonegletscher zwischen Ulrichen und Oberwald. Tessin: Delta am Lago Cadagno und zwischen Ambri-Piotta und Piora, 1950 m, um Dorf Piotta im Tessintal. Uri: Urserental bei Reealp, zwischen Andermatt und Hospental. Graubünden: Tavetsch, 1680 m, und in der St.-Gotthardt-Gruppe, Vorderrheintal bei Selva-Tschamut. Nordtirol: Sellreiner Tal. Südtirol: Pustertal, Rein bei Sand.

Die hier angenommene Gliederung der Verwandtschaft der *S. phylicifolia* L. im weiteren Sinne geht im allgemeinen auf die posthume Arbeit von FLODERUS (1940) zurück, wo *S. phylicifolia* L. im engeren Sinne nur für den Norden, *S. bicolor* WILLD. für die Gebirge der Balkanhalbinsel, die Karpaten, Sudeten, Harz, Zentralfrankreich und die Pyrenäen sowie *S. bicolor* ssp. *rhaetica* (ANDERSS.) FLOD. und *S. Hegetschweileri* HEER für die Alpen angenommen wird. Ich folge dieser Gliederung hier mit einer Ausnahme, nämlich daß ich statt zwei nur einen alpinen Repräsentanten der *S. phylicifolia* annehme. Die von FLODERUS vorgenommene Unterscheidung der *S. bicolor* ssp. *rhaetica* von *S. Hegetschweileri* scheint mir auf zu geringem Material und zu wenig konstanten Merkmalen begründet; übrigens werden zu beiden Sippen von TREFFER bei Rein – auf pag. 11 mit dem Lese- oder Druckfehler „Bein" – in Taufers, einem Seitental des Pustertales, gesammelte Exsikkaten zitiert. Ich möchte annehmen, daß der äußerst scharfsichtige und kritische Forscher diese Auffassung nicht veröffentlicht hätte, falls es ihm vergönnt gewesen wäre, auch die Tiroler Fundorte selbst zu besuchen und die endgültige Redaktion seines Manuskriptes selbst zu besorgen.

Diese meiner Meinung nach nicht ausreichenden Unterscheidungsmerkmale der *S. Hegetschweileri* von *S. bicolor* ssp. *rhaetica* wären nach FLODERUS die folgenden: Blätter größer, tiefer und weniger regelmäßig gesägt, schließlich völlig kahl, Staubfäden kraus behaart, Fruchtkapseln im oberen Teil manchmal kahl. Die wichtigsten Unterschiede der ssp. *rhaetica* von typischer *S. bicolor* wären nach FLODERUS: Mehr abstehende, stärker knotige Zweige, längere, rötlich-braune, bald verkahlende Knospenschuppen, fehlende oder sehr kleine Nebenblätter, dünne, manchmal fast rhombische, regelmäßig scharf klein gesägte Blätter, die im Jugendzustand beiderseits etwas behaart sind, jedoch bald verkahlen, abstehende kürzere Blütenkätzchen, die männlichen fast kugelig, Staubfäden (ob immer?) kahl. – Ich habe hier die Auffassung von FLODERUS ausführlich referiert, um künftige Untersuchungen über diesen kritischen Formenkreis anzuregen und zu erleichtern.

Bastarde der *S. Hegetschweileri* sind mit *S. herbacea* L. und *S. retusa* L., bekannt.

**749a. Salix nigricans** SMITH, Trans. Linn. Soc. **6**, 120 (1802). Syn. *S. phylicifolia* L. (1753) pr. p., *S. spadicea* VILL. (1786), *S. myrsinifolia* SALISB. (1796), *S. Amaniana* WILLD. (1805). Schwarz-Weide. Engl.: Dark-leaved Willow. Franz.: Saule noircissant. Ital.: Salcio di monte. Poln.: Wierzba czarniawa. Taf. 82, Fig. 4; Fig. 201

Bis 4 m hoher Strauch, seltener baumartig. Zweige schwarzbraun, dunkel-rotbraun, gelbbraun oder grünlich, selten gelb, meist dicht grau samtig oder flaumig behaart, seltener kahl; junge Sprosse dicht grau behaart, selten kahl. Blätter gestielt, elliptisch, aber sehr veränderlich von kreisrund bis lanzettlich, 3–15 cm lang, 1–5 cm breit, kurz zugespitzt oder spitz, am Grunde abgerundet, zuweilen herzförmig, stumpf oder spitz, am Rande unregelmäßig gesägt oder wellig-ausgebissen gezähnt, die Zähne bis in die äußerste Spitze reichend, oberseits kahl oder zerstreut, selten dicht behaart, dunkelgrün und schwach glänzend, unterseits kahl oder mehr oder weniger behaart, gleichfarbig, heller bis blaugrau, die Spitze stets reingrün, matt, beim Trocknen leicht schwarz werdend, Mittelnerv hell, stets (wenigstens unter der Lupe) behaart bleibend, oberseits wie die Seitennerven und das Adernetz mehr oder weniger vertieft, unterseits Mittelnerv, Seitennerven und Adernetz mehr oder weniger kräftig hervortretend; Blattstiel bis 2 cm lang, grau behaart und verkahlend, selten kahl. Nebenblätter bei den großblättrigen Formen stets vorhanden. Knospenschuppen rotbraun, kurz dicht behaart, verkahlend. Männliche Kätzchen kurz vorlaufend, seltener gleichzeitig, eiförmig bis kurz zylindrisch, 1,6–2,5 (–3,7) cm lang, (0,8–) 1 (–2,9) cm breit, aufrecht oder schwach gekrümmt, dichtblütig, kurz gestielt; Stiel bis 0,5 cm lang mit kleinen lanzettlichen, zerstreut seidig behaarten Blättchen; Achse kurz grau behaart. Tragblätter schmal-eiförmig, stumpflich oder spitzlich, braun, an der Spitze dunkel purpurn bis schwarz, zerstreut lang weiß behaart und gebärtet. Staubfäden 2- bis 3-mal so lang wie die Tragblätter, am Grunde dicht behaart; Staubbeutel ellipsoidisch, gelb. Nektarium breit, stark gestutzt, fast rechteckig, oben mitunter schwach ausgerandet. Weibliche Kätzchen meist gleichzeitig, seltener kurz vorlaufend, länglich-eiförmig bis zylindrisch, bis 6 cm lang, 1,5 cm im Durchmesser, aufrecht oder seitwärts gekrümmt, lockerblütig, bis 1 cm lang gestielt; Stiel wie bei den männlichen Blüten; Achse grau behaart. Tragblätter wie bei den männlichen Blüten etwa ⅓ der Fruchtknotenlänge erreichend. Fruchtknoten aus eiförmigem Grunde kegelig verschmälert, kahl, gestielt; Stiel, ½ bis ⅓ so lang wie der Fruchtknoten, kahl; Griffel 1,0–1,5 mm lang, ¼ bis ⅓ so lang wie der Fruchtknoten, oft gespalten; Narben länglich verkehrt-eiförmig, gespalten, aufrecht abstehend. Nektarium wie bei den männlichen Blüten, ¼ bis ½ so lang wie der Fruchtknotenstiel. – Chromosomenzahl: $n = 57$. – IV, V.

Vorkommen. Verbreitet in Weidenpioniergesellschaften und Auenwäldern der Bach- und Flußufer, insbesondere des Gebirges, im Nordosten Europas auch in der Ebene auf periodisch überschwemmten, meist kalkhaltigen nassen Ton-, Sand- und Kiesböden (Rohauböden), Charakterart des Alnetum incanae (Alno-Ulmion).

Allgemeine Verbreitung. Nord- und Nordost-Europa, und zwar von Nordschottland, Skandinavien und Nord-Rußland südwärts bis Norddeutschland, jedoch im Nordwesten Nordwestdeutschlands, sowie in Belgien, Holland und Nordwest-Frankreich fehlend; ferner in den Gebirgen südwärts, so in den Vogesen, Jura, Alpen, Karpaten(?), in den Gebirgen der Balkanhalbinsel angeblich in Kroatien und Bulgarien(?), Apenninen(?); in Nordasien vom Ural ostwärts bis ins Jenissei-Gebiet.

Verbreitung im Gebiet. Verbreitet im Jura, im Bodensee-Gebiet sowie im ganzen Alpengebiet in der Voralpen-, Berg- und subalpinen Stufe, in Oberbayern bis etwa 1360 m, in Oberösterreich bis 1660 m, in Niederösterreich bis etwa 1260 m, vereinzelt auch noch höher ansteigend, so in Tirol bis 1800 m, im Kt. Wallis bis 2400 m, ferner verbreitet in Ostpreußen und zerstreut westwärts in Posen, Westpreußen, Pommern und Brandenburg bis ins Weser-Aller-Flachland bei Hannover, ins Leinebergland, in die südlichen Neckar-Tauber-Gäuplatten, bis zum Schwarzwald,

Oberrhein-Tiefland und zu den Vogesen, sowie südwärts bis Schlesien und bis zum Sächsischen Hügelland (im Elbtal) bei Oberwartha; im Mitteldeutschen Hügelland und in den Niederungen sehr selten, außerdem im übrigen Gebiet gelegentlich angepflanzt und verwildert.

Ändert ab: Bei dem gleitenden Übergang der Blattformen von kreisrund bis lanzettlich kann man eine var. *latifolia* nicht unterscheiden, höchstens könnte man *Latifoliae* die runden bis breit-lanzettlichen, *Angustifoliae* die lanzettlichen und keilförmigen Blätter nennen. – Blattabänderungen sind:

1. var. *rotundata* (FORBES) HARTIG. Blätter fast kreisrund oder rundlich, bis höchstens 1½-mal so lang wie breit, am Grunde abgerundet, gegen die Spitze kurz bespitzt. – 2. var. *subcordata* HARTIG. Blätter wie bei voriger Varietät, am Grunde herzförmig. – 3. var. *elliptica* (SÉR.) TOEPFFER. Blätter breiter oder schmäler elliptisch, größer oder kleiner, nach dem Grunde und der Spitze gleichmäßig zusammengezogen. Die am häufigsten vorkommende Form! – 4. var. *ovata* TOEPFFER. Blätter eiförmig, unter der Mitte am breitesten, am Grunde abgerundet, – 5. var. *cordato-ovata* TOEPFFER. Blätter eiförmig, am Grunde mehr oder weniger herzförmig. – 6. var. *obovata* (A. MAYER) TOEPFFER. Blätter verkehrt-eiförmig, 3–5 cm lang, 2–3 cm breit, größte Breite über der Mitte. – 6. var. *obovato-lanceolata* TOEPFFER. Blätter verkehrt-eilanzettlich, 3–5 cm lang, 1,5–2 cm breit, größte Breite im oberen Drittel. – 7. var. *ovato-lanceolata* TOEPFFER. Blätter schmal-eiförmig, gegen den Grund zu kurz, nach der Spitze lang verschmälert. – 8. var. *late-lanceolata* TOEPFFER. Blätter breit-lanzettlich (3:1), größte Breite in der Mitte. – 9. var. *lanceolata* TOEPFFER. Blätter lanzettlich (4–5:1), größte Breite in der Mitte. – 10. var. *cuneifolia* (A. MAYER) TOEPFFER. Blätter verkehrt-lanzettlich, gegen die Spitze kurz zugespitzt, zum Grunde lang keilförmig verschmälert.

*S. nigricans* steht wohl mit Recht in dem Ruf, eine der am meisten polymorphen europäischen Weidenarten, wenn nicht überhaupt das Extrem in dieser Hinsicht zu sein. Zunächst hat ihre Abgrenzung gegenüber anderen Arten, mit denen sie häufig bastadiert, große Schwierigkeiten gemacht. Das Verdienst, hier eine Klärung herbeigeführt zu haben, hat vor allem ENANDER (1910). Eine der wichtigsten Konsequenzen ist die Ausscheidung aller behaartfrüchtigen Formen. Diese geläuterte Fassung der *S. nigricans* hat in nomenklatorischer Hinsicht die Folge, daß das korrekte und vollständige Autorzitat lauten muß: *S. nigricans* (SMITH pro parte, FRIES pro parte) emendavit ENANDER. In neuester Zeit hat sich GRAPENGIESSER von der durch ENANDER inaugurierten Fassung der *S. nigricans* abgewandt; seine Argumente sind jedoch für mich nicht überzeugend.

Neben dem Schwarzwerden der Blätter beim Trocknen, das der Art den Namen gegeben hat, gibt es noch ein weiteres, weniger beachtetes Blattmerkmal, welches das Erkennen der *S. nigricans* erleichtert. Der – nur ausnahmsweise völlig fehlende – Wachsüberzug der Blattunterseite verliert sich nämlich immer gegen die Blattspitze zu, sodaß diese rein grün erscheint.

Erst kürzlich ist es gelungen, zwei mit *S. nigricans* nah verwandte, nicht hybridogene Sippen aus dem Formenschwarm dieser Art herauszulösen, nämlich *S. (nigricans* ssp.*) borealis* FRIES emend. FLOD. (1931) in Skandinavien und *S. Mielichhoferi* SAUT. in den östlichen Zentralalpen (RECHINGER 1947). Noch ungeklärt und weiterer Untersuchungen würdig ist die schweizerische *S. nigricans* var. *alpicola* BUSER in Neue Denkschriften der allg. schweizerischen Gesellschaft für die gesamten Naturwissenschaften 34, 328 (1895): Blätter und einjährige Zweige vollkommen kahl oder die Blätter längs der Mittelrippe oberseits sowie auch die Zweige schwach behaart. Vorjährige Zweige mit glatter, glänzender, kastanienfarbiger Rinde, wenig behaart. Ziemlich verbreitet in den südlichen Ketten: St. Bernhard, Zermatt. Vor allem ist die Frage ihrer Abgrenzbarkeit gegenüber *S. nigricans* einerseits und *S. Mielichhoferi* SAUT. andererseits offen.

Bastarde der *S. nigricans* sind bekannt mit: *S. aurita* L., *S. caesia* L., *S. caprea* L., *S. cinerea* L., *S. Elaeagnos* SCOP., *S. glabra* SCOP., *S. purpurea* L., *S. repens* L., *S. retusa* L., *S. Starkeana* WILLD. Ferner wurde der Tripelbastard *S. aurita* × *nigricans* × *repens* beobachtet. Aus Skandinavien sind nach FLODERUS (1931) Kreuzungen mit *S. arenaria* L., *S. cinerea* L., *S. glauca* L., *S. myrsinites* L., *S. phylicifolia* L., ferner indirekt mit *S. aurita* L., *S. caprea* L., *S. herbacea* L., *S. purpurea* L., *S. repens* L. und *S. stipulifera* FLOD. bekannt.

**749b. Salix Mielichhoferi** SAUTER in Flora 32, 662 (1849). Syn. *S. punctata* MIELICHHOFER vel SAUTER (1849) vix WAHLBG. pr. p., *S. glabra* Scop. var. *Mielichhoferi* ANDERSS. in DC. (1868), *S. hastata* × *nigricans* SEEM. in ASCHERS. et GRAEBNER (1909) nec al.

Ein bis drei Meter hoher Strauch. Zweige glänzend dunkelbraun bis schwärzlich, dick, Verzweigungen letzter Ordnung an den Astenden oft genähert, dadurch büschelig. Blattnarben verdickt, stark vorspringend, Zweige dadurch knotig erscheinend; jüngste Triebe anfangs kurzhaarig, jedoch bald verkahlend, Knospenschuppen braun, besonders gegen die Spitze lang weißhaarig. Blattstiel relativ kurz und dick, meist ¼ bis ⅕ der Blattlänge erreichend, reichlich behaart, später mehr oder weniger verkahlend. Nebenblätter nur an den kräftigsten Sprossen großblättriger Individuen ausgebildet, schief eiförmig-lanzettlich, spitz gesägt. Blätter oft von derber, fast lederiger Konsistenz im ausgewachsenen Zustand, variabel, Grundform jedoch lanzettlich bis lanzettlich-verkehrt-eiförmig, Breite zu Länge 1 : 2–3 und darüber; extrem kleinblättrige, wie auch elliptische bis kreisrunde Formen, wie sie bei *S. nigricans* SM. häufig auftreten, kommen bei *S. Mielichhoferi* nicht vor. Behaarung von Anfang an spärlich kurz, weißlich, sehr rasch verschwindend, meist nur am Blattstiel und an der Blattoberseite der Mittelrippe gegen den Blattgrund zu manchmal länger erhalten bleibend. Wachsüberzug der Blattunterseite fehlend, nur ausnahmsweise an den jüngsten Blättern andeutungsweise vorhanden, jedoch bald verschwindend, Blätter dadurch fast gleichfarbig, grün, nie bläulich, unterseits blasser, oft fast etwas glänzend. Blattrand scharf gesägt, Zähne mit nach innen gerückter Drüse. Nervennetz oft relativ grobmaschig, oberseits schwach, Hauptnerven unterseits kräftig hervortretend. Ausgewachsene Blätter schwärzen weniger leicht als bei *S. nigricans*. Kätzchen kurz gestielt, Stiel mit wenigen lanzettlichen, gesägten, kurz gestielten Blättern besetzt. Achse der Kätzchen dicht und ziemlich lang weißhaarig. Männliche Kätzchen schwach, in höheren Lagen nicht vorlaufend, kurz zylindrisch, bis 3 cm lang, mehr oder weniger 1 cm im Durchmesser, aufrecht, gerade oder schwach gekrümmt, dichtblütig. Tragblätter eiförmig bis eiförmig-lanzettlich, meist spitz, schwärzlich, zerstreut lang weiß behaart. Staubfäden etwa 3-mal so lang wie die Tragblätter, am Grunde weißhaarig; Staubbeutel kurz ellipsoidisch, lebhaft gelb. Nektarium kurz, breit, fast rechteckig. Weibliche Kätzchen immer ziemlich lang gestielt, immer mit mehreren, ziemlich großen, sehr kurz gestielten, lanzettlichen, fein gesägten, meist fast völlig kahlen Blättern besetzt, verlängert-zylindrisch, erst dichtblütig, schließlich aufgelockert, 2–6 cm lang; Achse aufrecht oder gebogen, kräftig, dicht weiß behaart. Tragblätter und Nektarien wie bei den männlichen Blüten. Fruchtknoten dünn, flaschenförmig, völlig kahl. Griffel etwa ¼ der Fruchtknotenlänge erreichend, oft etwas gespalten; Narben lineal-keulig, gespalten, aufrecht abstehend. – V, VI.

Vorkommen. An Bachufern, an quelligen oder versumpften Hängen, in den Zentralalpen, anscheinend kalkmeidend, jedoch auch auf kalkreichem Substrat beobachtet.

Allgemeine Verbreitung. Ostalpen.

Verbreitung im Gebiet. Zerstreut in den Zentralalpen der Steiermark, Kärntens, Salzburgs und Tirols. Herbarbelege wurden gesehen: Steiermark: Lavantaler Alpen: Koralpe, Rottenmanner Tauern: Bösenstein, Edelrautenhütte; Kärnten: Gurktaler Alpen: Rinsennock ober Turrach, 1700 m, Turracher Höhe; Salzburg: Radstätter Tauern, Lungau: Zederhaustal, Weißbriachwinkel, Lantschfeldgraben, auf dem Speyereck, im Znotndorfer- und Wastlgraben, Nachendfeld-, Vorder- und Hinterriedinggraben, Tschaneck, Kareck im Rotgülden- und Moritzengraben der Pöllagruppe, im Klöling- und Kendlbruckergraben der Bundschuhgruppe, auf dem Plateau des Uberling bei Seetal; Tirol: Glocknergruppe: Kaprunertal, Daberklamm bei Kals, 1500 m, Aufstieg zum Berger Törl, Kals-Matreier Törl, 1800 m, Venediger Gruppe: Hinterbichl, an der Isel, Defereggengebirge: Pfannhorn, Brugger Alm ober St. Jakob im Defereggen, am Troyer Alpenbach bei St. Jakob, Sumpfwiesen an der Vereinigung des Ködnitz- und Bergertales, Ahrntal: Bachufer in Tristen, Pustertal: Piding bei Gsies, Oberberg bei Gsies, Stubaier Alpen: Obernberger Joch Gschnitzer Seite, Vennatal; Karnische Alpen: Sexten, Kreuzberg, Pappenkofel, Südtiroler Dolomiten: Pordoi-Joch gegen Arabba, Wolkenstein im Langental, 1600 m, Duron im Fassatal.

Bezüglich verwandtschaftlicher Stellung zu *S. nigricans* SM. und *S. borealis* FRIES vergleiche Bemerkung zu *S. nigricans* SM. Die Art bastardiert mit *S. retusa* L.

**750. Salix caesia** VILL., Hist. Pl. Dauph. **3**, 768 (1789). Syn. *S. myrtilloides* WILLD. (1805), non L., *S. subcaesia* BRÜGG. (1886). Blau-Weide. Franz.: Saule bleuâtre.

Fig. 20p, Fig. 36

Meist kleiner, 30 cm bis 1 m hoher, mehr oder weniger niedergestreckter Kleinstrauch. Junge Zweige völlig kahl, einjährige Zweige wie bei *S. hastata* L. braun, glanzlos, zwei- und dreijährige Zweige bzw. Äste rissig und knotig. Blätter sehr kurz gestielt, elliptisch oder verkehrt-eiförmig, zweimal so lang wie breit, 12–40 mm lang, 5–23 mm breit, an Langtrieben bis 60 mm lang, 25 mm breit, oberhalb der Mitte am breitesten, an der Spitze sehr kurz zugespitzt oder zugespitzt-stachelspitzig, oft gefaltet, am Grunde abgerundet oder fast herzförmig, asymmetrisch, Rand meist völlig ganzrandig, selten schwach und entfernt drüsig gesägt, am Rande trocken oft ein wenig umgerollt, Blätter stets völlig kahl, ausgewachsen von starrer Konsistenz, jederseits bereift und glanzlos, oberseits blaßgrün, unterseits hechtblau bis meergrün, die untersten Blätter bläulichgrün, Adernetz weitmaschig, beiderseits fein hervortretend; Blattstiel sehr kurz, nur 2–3 mm lang, kahl. Nebenblätter nur an Langtrieben, sehr klein, lanzettlich. Knospenschuppen kahl. Kätzchen gleichzeitig, klein, kurz gestielt, in der Achsel von Tragblättern. Männliche Kätzchen eiförmig, 12–15 mm lang, 7–10 mm im Durchmesser. Tragblätter verkehrt-länglich bis verkehrt-eiförmig-spatelig, 1–1,5 mm lang, abgestutzt oder abgerundet, zerstreut mit krausen Haaren besetzt, später vorn mehr oder weniger verkahlend. Staubfäden kurz, 3–5 mm lang, frei oder mehr oder weniger hoch verwachsen; Staubbeutel kugelig, sphärisch, vor der Anthese purpurn, später violett. Nektarium etwa halb so lang wie das Tragblatt. Weibliche Kätzchen länglich-zylindrisch, 8–15 mm lang, 3–5 mm im Durchmesser, dichtblütig, schließlich ein wenig verlängert. Tragblätter wie bei den männlichen Blüten. Fruchtknoten kurz, 1,5–2,5 mm lang, am Grunde eiförmig oder konisch zusammengezogen, schließlich fast eiförmig, stumpf, durch lockere weißlichgraue Haare wollig behaart oder angepreßt seidenhaarig; Griffel kurz oder mittellang, etwa 0,5–1 mm lang, etwa halb so lang wie der Fruchtknoten, bis zur Hälfte gabelig gespalten, mit abstehenden Ästen; Narben kurz kopfig oder ausgerandet bis 2-lappig, selten 2-spaltig, rötlich. Nektarium wie bei den männlichen Blüten etwa halb so lang wie das Tragblatt. – VI, VII.

Fig. 36. *Salix caesia* VILL. *a* Ausgewachsener Laubsproß. *b* Zweige mit weiblichen Kätzchen. *c* Weibliche Blüte mit Tragblatt. *d* Zweige mit männlichen Kätzchen. *e* und *f* Männliche Blüten und Tragblatt

Vorkommen. Vorzugsweise auf sandigen Alluvionen der Gletscherflüsse mit *S. foetida*, *S. Elaeagnos*, *S. purpurea*, *S. daphnoides* usw., öfters dichte Bestände bildend (Folgestadium der *Myricaria*-Assoziation), seltener an kalten Quellen und vereinzelt in der *Carex-juncifolia*-Assoziation, scheinbar kalkmeidend. Charakterart des Salicetum caesio-arbusculae (Salicion pentandrae BR.-BL.).

Allgemeine Verbreitung. Alpen von der Dauphiné bis Vorarlberg, Tirol und Oberitalien.

Verbreitung im Gebiet. In der Schweiz selten in den Kantonen Waadt: Anzeindaz, Alpen von Bex; Berner-Oberland: Gemmipaß gegen die Spitalmatte; Wallis: Gletsch am Rhonegletscher, 1800 m; verbreiteter in Graubünden: Lenzerheide, Alvaschein, Filisur, Bergünerstöcke, Davos, Sertig, mehrfach im Oberengadin, Ofenberg. In Vorarlberg z. B. bei Tannberg, auf der Alpe Zürs; in Nord-Tirol: im Nauderertal am Stillebach, Valmerizalpe bei Trins. In Südtirol: Schlinigeralpe, St. Getraud bei Sulden, Reintal in Taufers, Altprags, Campolungopaß, unterhalb Castel Andraz, Kesselbrunnental bei Schluderbach, am Misurina-See, bei Pocol, Fassa, Primör.

Obwohl *S. caesia* ihren Blütenmerkmalen nach in die Verwandtschaft der *S. nigricans* SM. eingereiht wird, hat sie in vegetativer Hinsicht eher Ähnlichkeit mit *S. purpurea* L. und *S. Waldsteiniana* WILLD. Vor allem durch ihre sehr kurz gestielten, breiten, meist völlig ganzrandigen, matten, starren Blätter mit größter Breite über der Mitte ist sie sehr auffällig und kaum mit irgendeiner anderen Art zu verwechseln.

An günstigen, feuchten Standorten wird *S. caesia* ein bis zu 1,5 m hoher, aufrechter, sparriger Busch, an dessen Zweigen die steiflichen Blätter, in spitzem Winkel inseriert, dichtgedrängt stehen. In den Alluvionen unterhalb Sils zeigen nach BUSER (1940) an trockenen, sandigen Stellen eingewurzelte Sträucher das eigentümliche Verhalten, daß alle Äste über dem Boden radienförmig schief aufsteigen, wodurch das Strauchinnere dann flach korbartig frei bleibt. Auf der ärmlichen Sumpfwiese von Isellas unterhalb Bevers sinkt *S. caesia* zu einem wenige Dezimeter hohen Sträuchlein herab. An den kurzen, knotigen Ästchen sitzen 7–16 mm lange, 3–8 mm breite Blättchen dicht buschig gedrängt, die 4–8 mm langen, wenigblütigen Kätzchen vermögen kaum die Blättchen zu überragen. Üppigere Exemplare mit bis zu 6 cm langen Blättern, an denen auch Nebenblätter zu beobachten sind, stellen var. *macrophylla* SÉR. dar.

*S. caesia* ist in den Alpen endemisch, ihre Verbreitung ist recht sprunghaft. Ihr Auftreten scheint wohl mit Ausnahme des Oberen Engadins nirgends massenhaft zu sein. Der Bastard mit *S. nigricans* SM. ist nach BUSER im Engadin stellenweise ziemlich häufig, der mit *S. hastata* L. selten. Weitere Bastarde der *S. caesia* sind bisher nicht mit Sicherheit bekannt geworden.

**751. Salix caprea** L., Spec. plant. 1020 (1753). Syn. *S. hybrida* VILL. (1789), *S. ulmifolia* THUILL. (1799), non VILL., *S. praecox* SALISB. (1796). Sal-Weide, Palm-Weide. Dän.: Vidie-Pil. Engl.: Great Sallow, Goat Willow. Franz.: Saule des chèvres, Marsault, Marsaule, Civette. Ital.: Salice, Salicone. Sorbisch: Wšědna wjerba, Bjelma, Jiwa. Poln.: Wierzba iwa. Tschech.: Vrba jíva. Taf. 81, Fig. 4; Fig. 37, 38 u. 39, Fig. 20c

Meist kurz- und dickästiger höherer Strauch mit aufrecht abstehenden Ästen, seltener bis 9 m hoher Baum. Junge Triebe kurz weiß behaart, ältere Zweige braun bis schwach rötlich oder schwarz, glänzend, kahl. Das Holz glatt, ohne Striemen, nur am alten Holz vereinzelt Striemen vorhanden. Blätter gestielt, länglich elliptisch bis fast kreisrund, etwa 4–6 (–15) cm lang, 2–3 (–10) cm breit, spitz oder stumpf mit aufgesetzter, oft gefalteter Spitze, am Grunde abgerundet bis fast herzförmig, ganzrandig oder unregelmäßig bogig oder ausgebissen gesägt, in der Jugend oberseits kurz grausamtig, später oberseitig dunkelgrün, schwach glänzend, unterseits blaugrün oder grau, matt, meist dicht weißsamtig, seltener verkahlend oder ganz kahl, Mittelnerv oberseits wenig, unterseits stark hervortretend; Seitennerven breit spreizend, unterste fast rechtwinkelig von der Mittelrippe abzweigend, wie das weitmaschige Adernetz oberseits schwach vertieft, unterseits scharf hervortretend; Blattstiel bis 2 cm lang, zunächst behaart, später verkahlend. Nebenblätter schief nierenförmig, spitz, gesägt. Knospenschuppen gelbbraun bis braun, anfangs sehr kurz behaart, später kahl. Kätzchen vorlaufend, frühzeitig entwickelt, auffallend groß, vor dem Aufblühen in einen dichten, weißen Pelz gehüllt. Männliche Kätzchen aufrecht, eiförmig bis kurz zylindrisch, bis 3 cm lang, 2 cm im Durchmesser, dichtblütig, sitzend in der Achsel von kleinen, lanzettlichen, dicht weißseidig behaarten schuppenartigen Tragblättern; Achse weiß behaart. Tragblätter lanzettlich, spitz oder stumpf, am Grunde hell-, sonst dunkelbraun, dicht lang weiß behaart; Staubfäden frei, kahl oder nur mit wenigen Spreuhärchen, 2- bis 3-mal so lang wie das Tragblatt; Staubbeutel ellipsoidisch, gelb, nur ausnahmsweise ziegelrot. Nektarium kurz eiförmig, gestutzt, etwa $^1/_5$ so lang wie das Tragblatt. Weibliche Kätzchen aufrecht, dichtblütig, mit zunehmender Reife lockerer und stark verlängert, zylindrisch, bis 10 cm lang, 2 cm breit, erst sitzend, dann kurz gestielt wie die männlichen Blüten in der Achsel von Tragblättchen; Achse weiß be-

Fig. 37. *Salix caprea* L. (Salweide). Vollblühend männlich (Aufn. G. EBERLE)

haart. Tragblätter wie bei den männlichen Blüten. Fruchtknoten aus eiförmigem Grunde lang kegelig, dicht weiß behaart, gestielt; Stiel ⅔ bis fast so lang wie das Tragblatt und behaart; Griffel fehlend oder sehr kurz; Narben elliptisch, aufrecht, meist oben zusammenneigend, zuweilen ausgerandet oder geteilt. Nektarium kurz, eiförmig, gestutzt, ¹/₆ bis ¼ so lang wie der Fruchtknoten. – Chromosomenzahl: n = 18, 36. – III bis V.

Vorkommen. Häufig in Waldverlichtungen, auf wüsten Plätzen und Brachen, auf Erdanrissen und ähnl. als Waldpionier und Vorholz insbesondere in der submontanen Laubmischwald- und montanen Buchenwaldstufe auf frischen, nährstoffreichen, tätigen aber auch rohen Lehmböden, Verbandscharakterart der Vorwaldgesellschaften des Sambuco-Salicion capreae (TÜX. et NEUM.).

Allgemeine Verbreitung. Fast ganz Europa von Island, Skandinavien nördlich bis 70° 57′ n. Br. in Norwegen sowie in Nord-Rußland südwärts bis zu den Gebirgen der Pyrenäen-, Apenninen- und südlichen Balkanhalbinsel, sowie bis in das Kaukasus-Gebiet, im eigentlichen Mittelmeergebiet nur in höheren Gebirgslagen; Nord-, Mittel- und Südwestasien südwärts bis in das nordwestliche und nordöstliche Kleinasien, Persien und Turkestan. – In Ostasien durch *S. Bakko* KIMURA und *S. Hulteni* FLOD. vertreten.

Verbreitung im Gebiet. Vom Norddeutschen Tiefland über die Deutschen Mittelgebirge, im Erzgebirge bis 1000 m, im Riesengebirge bis 1186 m, im Bayerischen Wald bis etwa 1350 m ansteigend, über das Süddeutsche Becken- und Stufenland bis in die Voralpen und in die subalpine Stufe der Hochalpen, in den Bayerischen Alpen bis etwa 1730 m, in den Niederösterreichischen Kalkalpen bis 1320 m, in Tirol im Stubaital und am Ritten bei Bozen bis etwa 1600 m, im Trentino bis 1700 m, in den Schweizer Alpen bis etwa 2000 m ansteigend.

Fig. 38. *Salix caprea* L. *a* männlich, *b* männlich, *c* weiblich mit Seitenkätzchen aus den Achseln der Knospenschuppen *d* weiblich längs geschnitten. (Aufn. Th. ARZT)

Ändert ab: im Wuchs: 1. var. *humilis* HARTMAN. Niedriger Strauch mit kleinen Blättern. Ferner: 1. f. *pendula* HORT. Auf Hochstämme gepfropfte, schlankzweigige Form; als Trauerweide auf Friedhöfen.

Blattformen: 2. var. *latifolia* ANDERSS. Blätter 1:1 bis 2:1. Hierher: 1. f. *grandifolia* TOEPFFER. Blätter 12–15 cm lang, 6–10 cm breit. – 2. f. *rotundifolia* (SÉR.) TOEPFFER. Blätter fast kreisförmig, am Grunde gerade. – 3. f. *cordifolia* LASCH. Blätter rundlich bis breit elliptisch, am Grunde mehr oder weniger herzförmig. – 4. f. *elliptica* ANDERSS. Blätter elliptisch, nach dem Grunde und der Spitze zu etwas verschmälert. – 5. f. *ovalis* ANDERSS. Blätter elliptisch, am Grunde abgerundet, gegen die Spitze zu schwach zugespitzt. – 6. f. *obovata* (ANDERS.) TOEPFFER. Größte Breite der Blätter im vorderen Abschnitt, am Grunde abgerundet oder keilig.

3. var. *angustifolia* (SÉR.) TOEPFFER. Blätter mehr als zweimal so lang wie breit, nach dem Grunde und der Spitze zu kurz verschmälert. Hierher: 1. f. *lancifolia* LASCH. Blätter am Grunde und gegen die Spitze zu ziemlich

Tafel 81

## Tafel 81. Erklärung der Figuren

Fig. 1. *Salix viminalis* L. (pag. 118). Laubspross.
" 1a. Zweig mit männlichen Kätzchen.
" 1b. Zweig mit weiblichen Kätzchen.
" 1c. Männliche Blüte mit Tragblatt.
" 1d. Weibliche Blüte mit Tragblatt.
" 1e. Narbe (vergrößert).
" 2. *Salix Elaeagnos* SCOP. (pag. 122). Laubspross.
" 2a. Zweig mit männlichen Kätzchen.
" 2b. Zweig mit weiblichen Kätzchen.
" 2c. Männliche Blüte mit Tragblatt.
" 2d. Weibliche Blüte mit Tragblatt (von der Seite).
" 2e Narbe (vergrößert).

Fig. 3. *Salix cinerea* L. (pag. 94). Laubspross.
" 3a. Zweig mit weiblichen Kätzchen.
" 3b. Zweig mit männlichen Kätzchen.
" 3c. Männliche Blüte mit Tragblatt.
" 3d. Weibliche Blüte mit Tragblatt.
" 3e. Narbe (vergrößert).
" 4. *Salix caprea* L. (pag. 91). Laubsproß.
" 4a. Zweig mit männlichen Kätzchen.
" 4b. Zweig mit weiblichen Kätzchen.
" 4c. Männliche Blüte mit Tragblatt.
" 4d. Weibliche Blüte mit Tragblatt.
" 4e. Narbe (vergrößert).

lang verschmälert. – 2. f. *parvifolia* LASCH. Blätter klein, unter 3 cm lang, ganzrandig. – Ferner lassen sich nach der Behaarung sowie nach Kätzchen und Blütenabänderungen eine größere Zahl von Formen, Subformen und Spielarten unterscheiden. Diesbezüglich vergleiche man TOEPFFER (1915).

Gegenüber den anderen Arten der Gruppe der *Capreae* sind die Kätzchen der *S. caprea* die größten, meist eiförmig, seltener zylindrisch, am frühesten blühend, daher nur mit kurzem Stiel und hinfälligen Brakteen, vor der Samenreife nie so aufgelockert wie jene der *S. aurita* L. und *S. appendiculata* VILL. Die Staubfäden sind bei *S. caprea* am geringsten

Salix caprea L. = ———    Salix purpurea L. = – · – · –

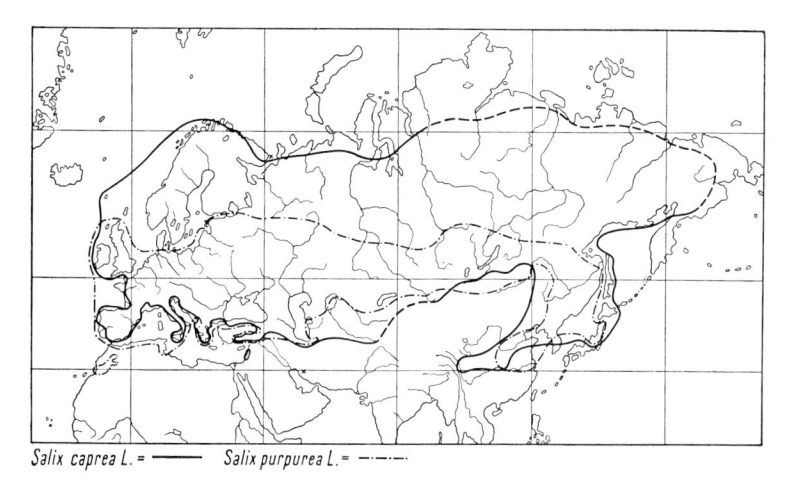

Fig. 39. Verbreitungsgebiete von *Salix caprea* L. und *Salix purpurea* L.
(nach H. MEUSEL, Halle 1957)

behaart, nie aber ganz kahl. Zur Zeit der vollen Blüte sind die Narben meist zweispaltig oder zweiteilig mit fast fädigen Lappen. Salweiden aus dem Tiefland sind meist durch sehr breite Blätter ausgezeichnet, die bisweilen sogar breiter als lang sind, im Gebirge hingegen sind die Blätter meist schmäler, umgekehrt-eiförmig bis länglich-lanzettlich. Die noch nicht abgelösten Blättchen der eben der Hülle entrückten jungen Blatttriebe bilden einen kompakten, spitzen, kegelförmigen Kern (BUSER 1940). Die Blätter sind meist relativ groß, von elliptischer Grundform, relativ lang gestielt, oberseits verkahlend, freudig- bis dunkelgrün, unterseits durch den dichten Samtfilz weißlich bis gelblich, nie gräulich. Das nackte Holz der 1- bis 5-jährigen Zweige ist glatt, ohne Striemen. Die jungen Zweige sind samtig behaart, die einjährigen Zweige wie die Knospen kahl.

Die Mehrzahl der hervorgehobenen Blüten- und Blattmerkmale pflegt auch auf *S. caprea*-Bastarde überzugehen, und ihre Beachtung ermöglicht meist eine Unterscheidung von den Bastardkombinationen der übrigen *Capreae*. Mit Sicherheit wurden bisher Bastarde der *S. caprea* beobachtet mit *S. acutifolia* WILLD., *S. appendiculata* VILL., *S. aurita* L., *S. bicolor* WILLD., *S. cinerea* L., *S. daphnoides* VILL., *S. Elaeagnos* SCOP., *S. hastata* L., *S. helvetica* VILL. ssp. *marrubiifolia* (TAUSCH) FLOD., *S. Lapponum* L., *S. nigricans* SM., *S. purpurea* L., *S. repens* L., *S. silesiaca* WILLD., und *S. viminalis* L.; ferner die Tripelbastarde *S. acutifolia × caprea × purpurea*, *S. aurita × bicolor × caprea*, *S. aurita × caprea × cinerea*, *S. aurita × caprea × purpurea*, *S. aurita × caprea × repens*, *S. aurita × caprea × silesiaca*, *S. aurita × caprea × viminalis*, *S. bicolor × caprea × cinerea*, *S. caprea × cinerea × silesiaca*, *S. caprea × cinerea × viminalis*, *S. caprea × hastata × silesiaca*, *S. caprea × helvetica* ssp. *marrubiifolia × silesiaca*, *S. caprea × purpurea × silesiaca*, *S. caprea × purpurea × viminalis*, sowie die Quadrupelbastarde *S. aurita × caprea × cinerea × repens* und *S. aurita × caprea × silesiaca × viminalis*. Aus Skandinavien sind nach FLODERUS (1931) Bastarde der *S. caprea* mit *S. arenaria* L., *S. arbuscula* L., *S. aurita* L., *S. cinerea* L., *S. coaetanea* (HARTM.) FLOD., *S. glandulifera* FLOD., *S. herbacea* L., *S. lanata* L., *S. myrtilloides* L., *S. polaris* WAHLBG., *S. purpurea* L., *S. repens* L., *S. viminalis* L., sowie indirekt mit *S. hastata* L. und *S. nigricans* SM. bekannt; ferner wurde eine größere Anzahl von Tripel- und Quadrupelbastarden beobachtet.

Volksnamen. Der Name Salweide (ahd. salewida) geht zurück auf das oberdeutsche Sal(e) (ahd. salaha, mhd. salhe) ‚Weide'. Dieses Wort begegnet uns auch im angelsächsischen sealh (engl. sallow) und im altnordischen selja (schwed. sälg), ferner im lateinischen salix ‚Weide'. Bayrische Formen sind Salch(en), alemannische Sal(e). Eine Reihe deutscher Orts- und Flurnamen gehört zu Sal(e) ‚Weide', so Salbach (umgelautet auch Seelbach), Seelbrunn (im 12. Jahrhundert: Salachbrunne). Seligenstadt (eine Stadt in Hessen, ferner je ein Dorf in Mittel- und Unterfranken) hat nichts mit „selig" zu tun, sondern ist die „Statt (Stätte), wo Weiden wachsen". Nach den großen, auffälligen Blütenkätzchen heißt diese Weide (ebenso wie ähnliche Arten) Katzelbaum, Palmkatzelbaum (Böhmer Wald), Bullesbaum (schwäbisch) [zu Bulle ‚kleine Katze']. In den katholischen Gegenden Mitteleuropas sind die Blütenkätzchen der Weide der Hauptbestandteil des „Palms" (Palmbuschens), der am Palmsonntag (Sonntag vor Ostern) in den Kirchen geweiht wird. Dieser „Palm" hat je nach den einzelnen Gegenden eine charakteristische Form und Zusammensetzung. Zu seiner Ausschmückung werden zuweilen auch immergrüne Pflanzen (Zweige von Wacholder, Sebenbaum, Buchsbaum), oft auch bunte Bänder verwendet. Nach der Weihe wird der Palm im Hause (oft neben dem Kruzifix in der Wohnstube), unter dem Dach oder im Stall aufbewahrt. Nach frommem Glauben soll der „Palm" vor allem Unheil (besonders vor dem Blitzschlag) schützen. Einzelne der geweihten Palmkätzchen werden auch in die Ecken der Felder gesteckt, damit sie im Sommer den Hagel abhalten. Auf diese Verwendung als „Palm" gehen für den Baum Benennungen wie Palmbaum, Palmweide zurück.

**752. Salix cinerea** L., Spec. plant. 1021 (1753). Syn. *S. acuminata* MILL. (1768), *S. caprea* VILL. (1789), non L., *S. dumetorum* SUT. (1802). Asch-Weide, Grau-Weide. Dän.: Graa-Pil. Franz.: Saule cendré. Ital.: Salice cenerognolo. Sorbisch: Šěra wjerba, Š. rokot. Poln.: Wierzba szara, Loza. Tschech.: Vrba popelavá. Taf. 81, Fig. 3; Fig. 20 a und b

Niedriger bis mittelhoher, selten bis 6 m hoher Strauch mit typisch abgeflachtem Umriß, sehr selten baumartig. Äste dick, sparrig; Zweige rauh, in der Jugend stets mehr oder weniger grau oder samtig bis fein filzig; junge Triebe kurz filzig, hell- bis dunkelgrau behaart; die einjährigen Zweige wie die Knospen graufilzig. Das Holz mit reichlichen, langen, vorspringenden Striemen. Blätter gestielt, lanzettlich oder verkehrt-eilanzettlich, bis 10,5 cm lang, 4,5 cm breit, spitz oder kurz zugespitzt, am Grunde verschmälert, gegen die Spitze zu spitz oder abgerundet, am Rande sehr schmal, scharf umgebogen, unregelmäßig bogig gesägt oder gekerbt, anfangs beiderseits kurz, fast seidig graufilzig, später mehr oder weniger verkahlend, oberseits schmutzig-grün, ohne Glanz, unterseits graugrün bis blaugrün; Mittelnerv und Seitennerven oberseits wenig, unterseits stark hervortretend; Nervennetz schwach vertieft, unterseits deutlich sichtbar; Blattstiel bis 1,5 cm lang, kurz hellfilzig behaart. Nebenblätter meist stark entwickelt, halbherz- oder nierenförmig, am Rande gezähnt. Knospenschuppen graubraun, kurz graufilzig. Kätzchen vorlaufend, vor der Blüte in den dichten Haarpelz der Tragblätter gehüllt, aufrecht, sitzend oder selten auf kurzen, bis 2 cm langen, grau behaarten, mit kleinen lanzettlichen weiß-seidig behaarten, schuppenförmigen Blättchen oder kleinen Laubblättern besetzten Stielen. Männliche Kätzchen sehr wohlriechend, dick-eiförmig bis kurzzylindrisch, bis 5 cm lang, 2 cm im Durchmesser, dichtblütig; Achse grau behaart. Tragblätter verkehrt-eiförmig, stumpflich, oben dunkelbraun bis schwarz, am Grunde hell, zerstreut lang weiß behaart und gebärtet. Staubfäden am Grunde behaart,

2- bis 3-mal so lang wie die Tragblätter; Staubbeutelhälften ellipsoidisch, goldgelb, vor dem Aufblühen häufig ziegelrot. Nektarium dünn eiförmig, etwa ⅓ so lang wie das Tragblatt. Weibliche Kätzchen dick bis lang zylindrisch, bis 9 cm lang, bis 1,5 cm im Durchmesser, dicht-, später lockerblütig; Achse weiß behaart. Tragblätter schmal verkehrt-eiförmig, stumpflich oder spitzlich, oben dunkelbraun bis schwarz, gegen den Grund zu hell, etwa ¼ der Länge des Fruchtknotens erreichend. Fruchtknoten aus eiförmigem Grunde lang kegelig, dünn anliegend bis filzig grau behaart, gestielt; Stiel bis ⅓ bis ⅔ so lang wie der Fruchtknoten, hell behaart; Griffel kurz oder fehlend, selten deutlich; Narben kurz, keulig, ausgerandet oder geteilt, aufrecht abstehend, zweilappig bis zweispaltig mit parallelen Lappen. Nektarium länglich-eiförmig, gestutzt, etwa ⅓ so lang wie der Fruchtknotenstiel. – Chromosomenzahl: $n = 38$. – III, IV.

Vorkommen. Häufig in nassen Weidenbuschgesellschaften an Gräben, an Moorrändern oder Quellsümpfen auf nährstoffreichen, aber meist kalkarmen und humosen Sand- und Tonböden mit hochanstehendem, aber nur wenig bewegtem oder stagnierendem Grundwasser (Gleyböden), Charakterart des Salici-Franguletum Tüx. [1937] (Alnion glutinosae).

Allgemeine Verbreitung. Fast ganz Europa von Skandinavien (nordwärts bis etwa 67° n. Br.) und Nord-Rußland südwärts bis Nord- und Ost-Frankreich, Korsika, Italien, Griechenland und bis zum Kaukasus; West- und Südwest-Asien von Westsibirien südwärts bis in das nördliche und östliche Kleinasien, Nord-Persien und Turkestan; Nordwestafrika: Tunesien.

Verbreitung im Gebiet. Verbreitet im Norddeutschen Tiefland, in den Tälern der Mittelgebirge, in Mitteldeutschland vor allem in der Ebene und im Hügelland, im Erzgebirge bis 700 m ansteigend; vom Süddeutschen Becken- und Stufenland bis in die Voralpen und in die subalpine Stufe der Hochalpen, in den Niederösterreichischen Kalkalpen bis 685 m, in Tirol bis 1360 m ansteigend, vereinzelt wie im Kt. Wallis noch bei 2100 m.

Ändert ab: 1. var. *latifolia* Lasch. Blätter 1,5–3:1. Hierher: 1. f. *rotundifolia* Döll. Blätter rundlich-elliptisch. – 2. f. *ovalifolia* Spenner. Blätter eiförmig-elliptisch, etwa 3:1, 7–9 cm lang, 2,5–3 cm breit. – 3. f. *subcordata* A. Mayer. Blätter breit verkehrt-eiförmig, am Grunde breit, herzförmig. – 4. f. *brevifolia* Anderss. Blätter kleiner, breit verkehrt-eiförmig, etwa 2:1, am Grunde stumpf oder keilig.
2. var. *angustifolia* Döll. Blätter 3,5–5:1. Hierher: 1. f. *oblongifolia* Lasch. Blätter verkehrt-eilanzettlich, am Grunde keilig, gegen die Spitze lang verschmälert. – 2. f. *lancifolia* Lasch. Blätter breit-lanzettlich, bis 10 cm lang, 2,5–3 cm breit, größte Breite etwa in der Mitte. – 3. f. *spuria* Wimm. Blätter lang verkehrt-lanzettlich, 5–6:1, gegen den Grund zu keilig. – 4. f. *integra* Anderss. Blätter ganzrandig. – 5. f. *crispata* A. Mayer. Blätter am Rande wellig gesägt oder gekerbt. Die Kätzchen und Blüten ändern ab: 1. f. *densiflora* Anderss. Kätzchen dichtblütig; weibliche Kätzchen bleiben auch nach der Blüte dichtblütig. – 2. f. *laxiflora* Anderss. Kätzchen nach der Blüte verlängert, lockerblütig.

Bedingt durch das schwächere Haarkleid der meist abgerundeten Kätzchenschuppen erscheinen die Kätzchen der *S. cinerea* weniger zottig und schwärzer als diejenigen der *S. caprea* L. Die Kätzchen sind zylindrisch und im Fruchtzustand deutlich verlängert, jedoch nicht so weitgehend aufgelöst wie bei *S. appendiculata* Vill., da sich wohl die Fruchtknoten bedeutend vergrößern, die Fruchtknotenstiele sich aber nur wenig verlängern. Die Staubfäden sind an der Basis stärker behaart als bei *S. caprea* L., die Antheren vor der Blüte meist ziegelfarbig. Die Lappen der zweispaltigen bis fast zweiteiligen Narben sind gewöhnlich fast parallel zusammengelegt zu zwei spitzwinkelig ähnlich einer Stimmgabel divergierenden Schenkeln. Die Zweige sind der Länge nach kantig; die eben aus den Hüllen hervorgebrochenen Knospen sind tulpenförmig, d. h. die vom Knospenkern noch nicht abgelösten Blättchen oben etwas abstehend, die schon abgelösten Blättchen aufgerichtet. Das aschfarbene Kolorit fast aller Teile bedingt einen trüben, düsteren Gesamteindruck (Buser 1940).

Von Ferne betrachtet fällt bei *S. cinerea* im Vergleich zu den verwandten Arten der flach gewölbte bis fast niedergedrückte Umriß der Sträucher auf. Das nackte Holz schon der einjährigen Zweige zeigt reichliche, lange, scharf hervortretende Striemen. Charakteristisch ist auch der an 1- bis 2-jährigen Zweigen erhalten bleibende aschgraue Samtfilz.

Bastarde wurden beobachtet mit *S. aurita* L., *S. nigricans* Sm., *S. purpurea* L. und *S. viminalis* L. Aus Skandinavien sind nach Floderus (1931) Kreuzungen mit *S. aurita* L., *S. nigricans* Sm., *S. purpurea* L., ferner indirekt mit *S. arenaria* L., *S. caprea* L., *S. Lapponum* L., *S. livida* Wahlbg., *S. myrtilloides* L., *S. phylicifolia* L., *S. repens* L. und *S. viminalis* L. bekannt.

**753. Salix aurita** L., Spec. plant. 1019 (1753). Syn. *S. spathulata* WILLD. (1805), pr. p., *S. rugosa* SÉR. (1815), *S. paludosa* LINK (1822), *S. heterophylla* HOST (1828). Ohr-Weide, Salbei-Weide. Dän.: Öret-Pil. Franz.: Saule à oreillettes. Sorbisch: Wuškata wjerba, Rokot. Poln.: Wierzba uszata. Tschech.: Vrba ušatá. Taf. 82, Fig. 1; Fig. 19u

Niedriger, selten über 2 m hoher Strauch mit kurzen sparrigen Ästen. Zweige dünn, braun oder schwärzlich, kahl, nur die jüngsten Triebe dünnfilzig. Das Holz mit feinen vorspringenden Striemen. Blätter gestielt, rundlich verkehrt-eiförmig bis verkehrt-lanzettlich, gegen den Grund zu keilförmig verschmälert, höchstens bis 5 cm lang, Spitze kurz oder oft eingefaltet, am Rande grob oder ausgebissen oder unregelmäßig bogig gesägt, oberseits trübgrün, glanzlos, mit kurzen, gekrümmten Härchen mehr oder weniger dicht besetzt oder kahl, unterseits weißlich oder blaugrau bis graufilzig behaart, später verkahlend, selten ganz kahl; Mittelnerv und Seitennerven nebst Nervennetz oberseits vertieft, unterseits stark hervortretend, daher das Blatt runzelig; Blattstiel bis 1 cm lang, behaart, später verkahlend. Nebenblätter meist stark entwickelt, halbherz- bis nierenförmig, gezähnt. Knospenschuppen braun, im Frühling oft korallenrot, kahl. Kätzchen vorlaufend, sitzend oder bis 1 cm lang gestielt, auffallend klein und zart, in der Achsel von kleinen, breit-lanzettlichen, schuppenartigen, meist silberseidig behaarten Tragblättchen. Männliche Kätzchen meist klein, bis 2,5 cm lang, 1 cm im Durchmesser, dichtblütig, eiförmig bis kurz zylindrisch; Achse weiß behaart. Tragblätter klein, verkehrt-eiförmig, gegen den Grund zu verschmälert, braun und heller zerstreut weiß behaart und gebärtet, gegen die Spitze zu rotbräunlich. Staubfäden am Grunde behaart, etwa 4-mal so lang wie die Tragblätter; Staubbeutel ellipsoidisch, goldgelb oder vor dem Aufblühen purpurn. Nektarium dünn eiförmig, $\frac{1}{4}$ bis $\frac{1}{3}$ so lang wie das Tragblatt. Weibliche Kätzchen eiförmig bis zylindrisch, bis 3 cm lang, 1,5 cm im Durchmesser, dichtblütig, am Grunde lockerer, nach der Befruchtung verlängert und lockerblütig; Achse weiß behaart. Tragblätter so lang oder kürzer als der Fruchtknotenstiel, sonst wie bei den männlichen Kätzchen. Fruchtknoten aus eiförmigem Grunde kegelig-pfriemlich, weißfilzig behaart, lang gestielt, Stiel so lang oder kaum länger als der Fruchtknoten, behaart; Griffel fehlend oder äußerst kurz; Narben keulig, ausgerandet oder geteilt, kopfig, gelb, Lappen aufrecht abstehend oder zusammenneigend. Nektarium eiförmig, etwa $\frac{1}{4}$ so lang wie der Fruchtknotenstiel. – Chromosomenzahl: $n = 19, 38$. – III bis V.

Vorkommen. Zerstreut in Weidenpioniergesellschaften auf Flachmooren, an Quellsümpfen oder in lichten Bruchwaldgesellschaften auf kalkfreien torfig-humosen Ton- und Sandböden mit hochanstehendem, stagnierendem oder nur wenig bewegtem Grundwasser (Gleyböden), im südlichen Mitteleuropa vor allem in den unteren und mittleren Gebirgslagen, in Norddeutschland im Bereich der Heidemoore, Charakterart des Salici-Franguletum TÜX. (1937), Alnion-Verbandscharakterart.

Allgemeine Verbreitung. Fast ganz Europa von Skandinavien (nördlich bis 66° 27' n. Br. in Norwegen), südwärts bis in die nördliche und östliche Pyrenäen-, nördliche Apenninen- und südliche Balkanhalbinsel (Mazedonien); fast im ganzen europäischen Rußland außer im unteren und mittleren Wolgagebiet, auf der Krim und im Vorkaukasus-Gebiet.

Verbreitung im Gebiet. Auf den Nordsee-Inseln und im Norddeutschen Tiefland; in Mitteldeutschland vom Hügelland bis zum Brocken und zum Kamm des Erzgebirges; in den Deutschen Mittegebirgen, im Riesengebirge bis 1520 m, im Bayerischen Wald bis 1420 m ansteigend, über das Süddeutsche Becken- und Stufenland bis in die Voralpen und in die subalpine Stufe der Hochalpen, in Niederösterreich bis 1010 m, in den Bayerischen Alpen bis 1500 m, in der Schweiz bis 1600 m, an der Mendel in Südtirol bis 1700 m ansteigend.

Ändert ab: Wuchsformen: 1. var. *erecta* TOEPFFER. Aufrechter, über 2 m hoher Strauch mit meist etwas größeren Blättern. – 2. var. *procumbens* TOEPFFER. 30–50 cm hohes niedergedrücktes Sträuchlein, Blätter meist kleiner als bei der vorigen Varietät. Blattformen: 1. var. *latifolia* (SCHATZ) TOEPFFER. Blätter 1¼-mal so lang

Tafel 82

**Tafel 82. Erklärung der Figuren**

Fig. 1. *Salix aurita* L. (pag. 96). Laubsproß.
,, 1a. Zweig mit männlichen Kätzchen.
,, 1b. Zweig mit weiblichen Kätzchen.
,, 1c. Männliche Blüte mit Tragblatt.
,, 1d. Weibliche Blüte mit Tragblatt.
,, 1e, 1f. Narben (vergrößert).
,, 1g. Reife Fruchtkapsel.
,, 2. *Salix repens* L. (pag. 105). Zweig mit weiblichen Kätzchen.
,, 2a. Zweig mit männlichen Kätzchen.
,, 2b. Männliche Blüte mit Tragblatt.
,, 2c. Weibliche Blüte mit Tragblatt.
,, 2d. Reife Fruchtkapsel.

Fig. 3. *Salix myrtilloides* L. (pag. 104). Zweig mit männlichen Kätzchen.
,, 3a. Zweig mit weiblichen Kätzchen.
,, 3b. Männliche Blüte mit Tragblatt.
,, 3c. Narbe (vergrößert).
,, 3d. Weibliche Blüte mit Tragblatt.
,, 4. *Salix nigricans* SM. (pag. 87). Zweig mit männlichen Kätzchen.
,, 4a, 4b. Zweig mit jungen und älteren weiblichen (Fruchtkapsel geöffnet) Kätzchen.
,, 4c. Männliche Blüte mit Tragblatt.
,, 4d. Weibliche Blüte mit Tragblatt.
,, 4e. Narbe.

wie breit. Hierher: 1. f. *normalis* A. MAYER. Blätter verkehrt-eiförmig, am Grunde kurz oder länger keilig, größte Breite über der Mitte. – 2. f. *macrophylla* TOEPFFER. Blätter 5- bis 7-mal so lang wie breit. – 3. f. *tenuifolia* TOEPFFER. Blätter 5–7 cm lang, dünn, wenig runzelig. – 4. f. *valida* (HARTIG) TOEPFFER. Blätter sehr derb. – 5. f. *glabriuscula* TOEPFFER. Blätter unterseits verkahlend. – 6. f. *rhomboidalis* WIMM. Blätter 4–6 cm lang, fast in der Mitte am breitesten, beidendig kurz verschmälert, unterseits flaumig. – 7. f. *parva* A. MAYER. Blattgestalt die gleiche, aber viel kleiner, nur bis 4 cm lang. – 8. f. *rotundata* TOEPFFER. Blätter fast rundlich, am Grunde sehr breit. – 9. f. *elliptica* (LASCH.) TOEPFFER. Blätter elliptisch, größte Breite in der Mitte. – 10. f. *obovata* (LASCH.) TOEPFFER. Blätter breit verkehrt-eiförmig, 3–4 cm lang, am Grunde abgerundet. – 11. f. *cordata* (LASCH.) TOEPFFER. Blätter breit elliptisch bis verkehrt-eiförmig, am Grunde mehr oder weniger herzförmig. – 2. var. *angustifolia* SCHATZ. Blätter 3- bis 5-mal so lang wie breit, länglich verkehrt eiförmig bis verkehrt-lanzettlich. Hierher: 1. f. *lanceolata* (PETZI) TOEPFFER. Blätter 5–7 cm lang, verkehrt-eilanzettlich, am Rande unregelmäßig wellig gezähnt. – 2. f. *lingulata* (A. MAYER) TOEPFFER. Blätter schmal, ganzrandig oder nur die kurz zusammengezogene Spitze gesägt, am Grunde mehr oder weniger abgerundet. – 3. f. *cuneiformis* (A. MAYER) TOEPFFER. Blätter schmal, ganzrandig, verkehrt-lanzettlich, am Grunde keilig. – Ferner zeigt der Blattrand folgende Abänderungen: 1. f. *integerrima* (ANDERSS.) TOEPFFER. Blätter ganzrandig. – 2. f. *crispato-crenata* (ANDERSS.) TOEPFFER. Blattrand tief, oft fast gefranst sägezähnig oder kerbig, meist dann auch wellig. – Die Behaarung der Blattunterseite schwankt: 1. f. *cinerascens* (ANDERSS.) TOEPFFER. Blätter unterseits dicht grau behaart. – 2. f. *glabriuscula* (SÉR.) TOEPFFER. Blätter unterseits fast kahl. Dann: 3. f. *virescens* (ANDERSS.) TOEPFFER. Blätter grün, von zarter Struktur. – 4. f. *caerulescens* (A. MAYER) TOEPFFER. Blätter derb, unterseits blau-grün. – Abänderungen der Kätzchen: 1. f. *subglobosa* SCHATZ. Kätzchen kurz, fast kugelig. – 2. f. *cylindrica* SCHATZ. Kätzchen zylindrisch, 3 cm und länger. Über weitere Abweichungen vgl. TOEPFFER (1915).

In allen Blüten- und vegetativen Teilen ist *S. aurita*, abgesehen von der in Mitteleuropa höchst seltenen *S. Starkeana* WILLD., die kleinste unter den *Capreae*. Die einzelnen Blütenteile sind zart und fein, die vorgeschrittenen Fruchtknoten schmal, fast zylindrisch, Zweige und Blattstiele dünn; die aus der Hülle hervorgebrochenen Blattknospen kohlartig aufgelockert. Ferner zeigt das nackte Holz reichlich vorspringende Striemen. Die jungen Zweige sind fein behaart, sie verkahlen aber bald. Die größte Blattbreite liegt über der Mitte, die Blattspitze ist oft etwas zurückgebogen, infolgedessen an Herbarexemplaren eingefaltet.

Bisher sind Bastarde mit *S. appendiculata* VILL., *S. caprea* L., *S. cinerea* L., *S. Elaeagnos* SCOP., *S. nigricans* SM., *S. purpurea* L. und *S. repens* L. beobachtet worden. Aus Skandinavien wurden nach FLODERUS (1931) Kreuzungen mit *S. arenaria* L., *S. caprea* L., *S. cinerea* L., *S. coaetanea* (HARTM.) FLOD., *S. hastata* L., *S. herbacea* L., *S. Lapponum* L., *S. livida* WAHLBG., *S. myrtilloides* L., *S. phylicifolia* L., *S. repens* L. ssp. *repens* und ssp. *rosmarinifolia* (L.) ČELAK. *S. xerophila* FLOD., *S. viminalis* L., ferner indirekt mit *S. nigricans* SM. bekannt.

**754. Salix silesiaca** WILLD., Spec. plant. **4**, 2, 660 (1805). Syn. *S. fagifolia* WALDST. et KIT. (1805), *S. Mauckschii* HARTIG (1851). *S. Ludwigii* SCHKUHR (1808). Schlesische Weide. Poln.: Wierzba śląska. Tschech.: Vrba slezská. Fig. 20d

Bis 2 m hoher Strauch, in den höheren Gebirgen niedriger. Äste fast sparrig abstehend. Zweige kurz, in der Jugend behaart, später kahl; Rinde braun bis rotbraun, mitunter mehr oder weniger glänzend. Das Holz mit 5(–10) mm langen, schmalen, scharfen Striemen versehen oder ohne solche. Blätter in der Jugend mehr oder weniger rotbraun, beiderseits mit kurzen, regellos gekrümmten Haaren besetzt, die untersten schuppenartig mit langen straffen Haaren, erwachsen lang gestielt, verkehrt-lanzettlich, über der Mitte am breitesten, mit meist mehr oder weniger keilförmigem Grunde und gerader, dreieckiger Spitze, die unteren Blätter der Triebe und diejenigen der Kurztriebe verkürzt, mehr oder weniger verkehrt-eiförmig, am Grunde mehr oder weniger abgerundet, Spitze undeutlich, am Rande grob mehr oder weniger unregelmäßig gekerbt oder ausgeschweift-gezähnt, bisweilen auch klein und dicht gesägt oder fast ganzrandig, Spreite beiderseits kahl oder unterseits vor allem am Mittelnerv mit kurzen, krausen, unregelmäßig orientierten Haaren besetzt, beiderseits grün oder unterseits bleicher oder schwach blaugrün, Mittelnerv, Seitennerven und weitmaschiges Adernetz unterseits scharf hervortretend, oberseits schwach erhaben oder flach, seltener etwas tiefer eingedrückt; Blattstiel 5(–15) mm lang, behaart. Nebenblätter nieren- bis halbherzförmig, oft so lang oder auch länger als der Blattstiel, unregelmäßig drüsig-buchtig gezähnt; die untersten hinfälligen Nebenblätter meist eiförmig mit drüsigem, kaum gezähnten Rand. Knospen konisch-eiförmig, stumpf, nicht selten zurückgebogen, rotbraun, zunächst behaart, zuletzt ganz kahl. Kätzchen meist vorlaufend, in höheren Lagen auch gleichzeitig. Die männlichen Kätzchen länglich-zylindrisch, 2–2,5 cm lang, 1 cm im Durchmesser, dichtblütig, sitzend oder kurz gestielt; Achse locker grau behaart. Tragblätter mehr oder weniger zungenförmig, vorne abgerundet oder stumpflich, 1,2–1,5 mm lang, 0,3–0,4 mm breit, oberwärts dunkelrotbraun, jederseits, jedoch oberseits dichter, mit langen, weißen, bärtigen Haaren besetzt. Staubblätter 2; Staubfäden frei, am Grunde spärlich behaart, etwa 3-mal so lang wie die Tragblätter; Staubbeutel eiförmig, vor der Anthese rötlich oder purpurn, nachher rußbraun. Nektarium eiförmig, oben abgestumpft, grünlichgelb oder goldgelb und orangerot gestreift, etwa ½ so lang wie die Tragblätter. Weibliche Kätzchen zylindrisch, 1,5–3,5 cm lang, 0,5–1 cm im Durchmesser, locker- oder dichtblütig, kurz gestielt; Stiel mit schuppenartigen Blättchen besetzt; Achse locker grau behaart. Tragblätter zungenförmig, vorn abgerundet oder stumpflich, 1,5 (–2) mm lang, 0,4–0,6 mm breit, gegen die Spitze hellbraun bis schwarzbraun, sonst licht, beiderseits, jedoch oberseits dichter, mit langen, weißen, bärtigen Haaren besetzt. Fruchtknoten aus verdicktem Grunde pfriemlich in den Griffel auslaufend, mehr oder weniger kastanienbraun bis rötlich, kahl; Fruchtknotenstiel mehr oder weniger gleichlang wie die Tragblätter, später etwas verlängert; Griffel 0,3–0,6 mm lang, mehr oder weniger gespalten, wie die Narben oft purpurbraun überlaufen; Narben 0,2–0,4 mm lang, ausgerandet bis tief geteilt, aufrecht spreizend oder seitlich gerichtet. Nektarium wie bei den männlichen Blüten, meist grünlichgelb, sehr selten goldgelb und orangegelb gestreift, etwa ⅓ der Länge des Tragblattes erreichend. – IV bis VII.

Vorkommen. Zerstreut in Auengebüschen und Auenwäldern auf nassen, quelligen Ton- und Kiesböden, an den Ufern von Gebirgsbächen nur im Osten des Gebietes.

Allgemeine Verbreitung. Sudeten, Karpaten einschließlich Transsilvanischer Alpen und Siebenbürgischen Erzgebirges, Gebirge Kroatiens, Bosniens, der Herzegowina, Montenegros und Bulgariens; Kaukasus-Gebiet. Mehrere verwandte Arten im Kaukasus endemisch.

Verbreitung im Gebiet. Östliche Deutsche Mittelgebirge: Vom Isergebirge über das Riesengebirge, die Landshuter und Waldenburger Berge, die Gebirge um den Glatzer Kessel (Eulengebirge, Reichensteiner Gebirge, Glatzer Schneeberg, Adlergebirge, Heuscheuer), Hohes und Niederes Gesenke, ferner im nördlichen Vorland der Sudeten weit in die Ebene herabsteigend.

Ändert ab: Blattformen: 1. f. *silesiaca*. Blätter länglich verkehrt-eiförmig, oberhalb der Mitte am breitesten. – 2. f. *angustifolia* GÖRZ. Blätter verkehrt-lanzettlich, oberhalb der Mitte am breitesten. – 3. f. *angustissima* GÖRZ. Blätter schmal verkehrt-lanzettlich, oberhalb der Mitte am breitesten – 4. f. *tiliifolia* ZAPALOWICZ. Blätter 1:1¼, Blätter fast abgerundet, gegen die Spitze wie gegen den Grund zu, in der Mitte am breitesten. – 5. f. *capreaeformis* GÖRZ. Blätter 1:1¾–2, breit elliptisch, am Grunde abgerundet, an der Spitze dreieckig, in der Mitte am breitesten. – 6. f. *leopoliensis* ZAPALOWICZ. Blätter 1:2½, breit elliptisch, beidendig gleichmäßig verschmälert, in der

Mitte am breitesten. – 7. f. *elongata* GÖRZ. Blätter 1 : 2–3, schmal elliptisch, beidendig gleichmäßig verschmälert oder am Grunde abgerundet, in der Mitte am breitesten. – 8. f. *zakopaniensis* GÖRZ. Blätter 1 : 3, lang rhombisch, in der Mitte am breitesten. – Ferner unterscheidet GÖRZ (1928) eine Anzahl von Subformen, die sich durch Abänderungen in der Farbe der Blattunterseite, durch die Form des Blattrandes, durch die Form der weiblichen Blütenstände, sowie verschiedene Bebärtung der Blütenschuppen bzw. Tragblätter der Blüten auszeichnen.

Wohl keine mitteleuropäische Weide hat jemals eine so umfassende monographische Bearbeitung erfahren wie *S. silesiaca* durch GÖRZ (1928). Von allen übrigen mitteleuropäischen Arten der *Capreae* ist *S. silesiaca* durch die kahlen Fruchtknoten, die wenigstens im ausgewachsenen Zustand mit Ausnahme der Mittelrippe oft fast kahlen Blätter von zarter Beschaffenheit und beiderseits grüner Färbung leicht unterscheidbar. Die in manchen Gebieten häufig auftretenden Bastarde, besonders mit *S. aurita* L., *S. caprea* L., aber auch mit *S. helvetica* VILL. ssp. *marrubiifolia* (TAUSCH) FLOD., Syn. *S. Lapponum* auct. sudet. et carpat., haben bis zum Abschluß der Untersuchungen von GÖRZ das Erkennen der Art und ihrer geographischen Verbreitung erschwert. Auch hat die Annahme, daß *S. silesiaca* zu den striemenlosen Arten gehöre, sich nicht bestätigt. Die nächste Verwandtschaft der *S. silesiaca* ist nicht, wie früher oft angenommen, *S. appendiculata* VILL., sondern eine Reihe von kaukasischen Arten, ferner die mediterrane *S. pedicellata* DESF. Zu *S. appendiculata* steht *S. silesiaca* in einem sogenannten pseudovikaristischen Verhältnis (RECHINGER 1953), ebenso zu gewissen, die Pyrenäen bewohnenden Formen der *S. atrocinerea* BROT.

Die Neigung der *S. silesiaca* zur Bastardbildung ist außerordentlich stark. Stellenweise häufig sind die Kreuzungen wie erwähnt mit *S. aurita* L., *S. caprea* L. und *S. helvetica* VILL. ssp. *marrubiifolia* (TAUSCH) FLOD. Sonst sind mit Sicherheit Kombinationen mit folgenden Arten bekannt geworden: *S. alpina* SCOP., *S. bicolor* WILLD., *S. cinerea* L., *S. daphnoides* VILL., *S. Elaeagnos* SCOP., *S. hastata* L., *S. purpurea* L., *S. reticulata* L., *S. Starkeana* WILLD. und *S. viminalis* L. An Tripelbastarden sind bekannt: *S. alpina* × *hastata* × *silesiaca*, *S. aurita* × *caprea* × *silesiaca*, *S. aurita* × *cinerea* × *silesiaca*, *S. aurita* × *hastata* × *silesiaca*, *S. aurita* × *helvetica* ssp. *marrubiifolia* × *silesiaca*, *S. aurita* × *purpurea* × *silesiaca*, *S. caprea* × *cinerea* × *silesiaca*, *S. caprea* × *hastata* × *silesiaca*, *S. caprea* × *helvetica* ssp. *marrubiifolia* × *silesiaca*, *S. caprea* × *purpurea* × *silesiaca*, *S. purpurea* × *silesiaca* × *viminalis*. Ferner wurde der Quadrupelbastard *S. aurita* × *caprea* × *silesiaca* × *viminalis* beobachtet. – Aus dem Kaukasus wurden die Bastarde *S. aegyptiaca* × *silesiaca*, *S. Gmelini* × *silesiaca* und *S. paracaucasica* × *silesiaca* beschrieben.

### 755a. Salix appendiculata VILL., Hist. Pl. Dauph. 3, 775 (1789). Syn. *S. grandifolia* SÉRINGE (1815), *S. cinerascens* WILLD. (1805). Großblatt-Weide, Schlucht-Weide. Franz.: Saule à grandes feuilles. Fig. 40, 41, Fig. 20e

Höherer Strauch oder in den Voralpen kleiner Baum mit kurzen, sparrigen Ästen. Holz mit spärlichen bis undeutlichen Striemen. Zweige kahl oder die diesjährigen fein flaumig, jüngste Triebe kurz dicht weißlich behaart. Blätter gestielt, breit bis lang verkehrt-eiförmig oder lanzettlich-verkehrt-eiförmig, gegen die Spitze zu spitz, am Grunde keilig oder abgerundet, am Rande umgebogen, ungleich kerbig bis grob ausgebissen-gesägt, selten (var. *latifolia*) fast ganzrandig, beim Ausbruch fast rötlich, im ersten Jugendzustand oberseits fast kahl, unterseits seidig-filzig, später oberseits dünn, unterseits dichter samtig-filzig, die ausgewachsenen Blätter oberseits kahl, freudig grün, unterseits aschgrau bis bläulichgrün, kaum behaart, Mittelnerv und Seitennerven oberseits vertieft, unterseits ebenso wie das auffallend engmaschige Nervennetz scharf hervortretend, gelbbraun; Blattstiel nur bis 1 cm lang, kurz dicht grau behaart, später bis auf die Rinne verkahlend. Nebenblätter an Langtrieben stark entwickelt, halbherz- oder nierenförmig, zugespitzt, grob gesägt. Knospenschuppen rotbraun, schwach behaart, später im Winter kahl. Kätzchen schwach vorlaufend oder gleichzeitig. Männliche Kätzchen aufrecht, verkehrt-eiförmig bis kurz zylindrisch, bis 2,5 cm lang, 1 cm im Durchmesser, dichtblütig, wenn vorlaufend, dann fast sitzend in der Achsel 1–3 sehr kleiner, lanzettlicher, weiß- oder gelblich behaarter schuppenartiger Tragblättchen, wenn gleichzeitig, dann auf bis 2 cm langen, mit 4–6 bis 3 cm langen, 2 cm breiten Laubblättern besetzten Stielen; Achse dicht hell behaart. Tragblätter eiförmig bis breit lanzettlich, stumpflich, an der Spitze dunkelbraun bis schwarz, am Grunde hell, zerstreut lang weißlich oder gelblich seidig behaart und gebärtet. Staubfäden 2, frei, bis mehr als 2-mal so lang wie das Tragblatt, am Grunde zerstreut lang behaart; Staubbeutel klein, lang ellipsoidisch, gelb. Nektarium schmal eiförmig, gestutzt, etwa $1/5$ so lang wie das Tragblatt. Weibliche Kätzchen aufrecht, zylindrisch, bis 3 cm lang, 1 cm im Durchmesser, anfangs dicht, die unteren Blüten zurückgebogen, später sehr lockerblütig, wenn vorlaufend, dann fast sitzend, von 2–3 kleinen, schuppenartigen, breit lanzettlichen weißlich oder gelblich seidig behaarten Tragblättchen gestützt, wenn gleichzeitig, dann auf bis 2 cm langen, kurz hellgrau behaarten, mit kleinen länglichen Laubblättern besetzten Stielen; Achse dicht weißlich behaart. Tragblätter breit lanzettlich, stumpflich oder zugespitzt, oben braun, am Grunde heller, zerstreut lang weißlich behaart und gebärtet. Fruchtknoten aus dünn-eiförmigem Grunde pfriemlich, dicht kurz hellgrau behaart, lang gestielt; Stiel so lang oder länger als der Fruchtknoten, bis 2-mal so lang wie das Tragblatt,

Fig. 40. *Salix appendiculata* VILL. Aufgenommen im Oberengadin. (Aufn. Insp. B. OTHMER, München)

Fig. 41. *Salix appendiculata* VILL. a Sproß mit Fruchtkätzchen. b Männliche Blüte. c Weibliche Blüte. d Aufgesprungene Fruchtkapsel.

kurz dicht weißlich behaart; Griffel sehr kurz; Narbe keilig, ausgerandet oder geteilt, gespreizt oder fast kopfig, mit abstehenden oder zurückgekrümmten Lappen. Nektarium breit-eiförmig, fast rechteckig, gestutzt, ¼ bis ⅕ so lang wie der Fruchtknotenstiel; Fruchtklappen bei der Reife schneckenförmig zurückgerollt. – IV bis V.

Vorkommen. Zerstreut in hochmontanen und subalpinen Hochstaudengebüschen und Hochstaudenwäldern auf frischen basenreichen, oft kalkhaltigen Lehmböden, vor allem in Lawinenbahnen oder auf Bergstürzen z. T. mit *Alnus viridis*, seltener *Pinus Mugo* (Alnetum viridis salicetosum appendiculatae BR.-BL. 1950), in den Außenketten der Alpen im Bereich der Waldgrenze meist als Pionier von Bergahorn-Buchenwäldern und an Wasserläufen oder in Schluchten tief in die montane und submontane Stufe herabsteigend; im Südschwarzwald Charakterart des Acero-Salicetum appendiculatae (Acerion).

Allgemeine Verbreitung. Jura, Alpen von der Dauphiné bis Niederösterreich und Kroatien. – Die Angaben von *S. appendiculata* aus den Pyrenäen und Karpaten beziehen sich auf

*S. atrocinerea* BROT. bzw. *S. silesiaca* WILLD. und deren Bastarde, besonders mit *S. caprea* L. Die Verbreitungsangaben aus den Apenninen sind kritisch zu überprüfen.

Verbreitung im Gebiet: Jura, Alpen von der Dauphiné bis Niederösterreich und Kroatien. Verbreitet in den Alpen von der Berg- bis zu die alpine Stufe, in der Schweiz im Kt. Wallis bis 2100 m, in Bayern bis 1910 m ansteigend, in Tirol zwischen 1200 und 2000 m, in Niederösterreich bis 1795 m ansteigend, zerstreut im Alpenvorland etwa bis zu einer Linie Memmingen, Maria Einsiedel bei München, Kirchheim Bez. Tittmoning, Laufen an der Salzach, Gmunden. Außerhalb der Alpen im Schweizer Jura, im Schwarzwald am Feldberg und am Belchen, im württembergischen Allgäu nächst Höll im Oberamte Waldkirch und auf der Schwäbischen Alb zwischen Frittlingen und Gosheim im Kreis Spaichingen.

Ändert ab: 1. var. *latifolia* (A. KERN.) RECH. f., (1957). Syn. *S. grandifolia* SÉR. var. *fagifolia* WIMMER (1866), *S. appendiculata* VILL. var. *fagifolia* (WIMM.) SCHINZ et THELL. (1914). Höhere Sträucher oder Bäume; Blätter 2–2,5 : 1, bis 10 cm lang, 3,5 cm breit, breit- bis länglich-verkehrt-eiförmig, am Grund und gegen die Spitze zu mehr oder weniger abgerundet, an der Spitze gefaltet. – Häufig.

2. var. *angustifolia* (A. KERN.) RECH. f., (1957) Syn. *S. grandifolia* SÉR. var. *lancifolia* WIMMER (1866), *S. appendiculata* VILL. var. *lancifolia* (WIMM.) SCHINZ et THELL. (1914). Kleinere Sträucher; Blätter 4–5 : 1, bis 13 cm lang, 1,5–3 cm breit, verkehrt-eilanzettlich, zugespitzt. – Im Bergland nicht selten.

3. var. *microphylla* (BUSER) SCHINZ et THELL. (1914). Syn. *S. grandifolia* SÉR. var. *microphylla* BUSER (1905), *S. appendiculata* VILL. f. *parva* TOEPFFER (1908), *S. grandifolia* SÉR. var. *parva* (TOEPFFER) TOEPFFER (1915). Niedriger Strauch; Blätter 2–4 cm lang, 1,5 cm breit, ziemlich regelmäßig weitläufig gesägt. – Kümmerform hoher Lagen.

4. var. *cinerascens* (BUSER) SCHINZ et THELL. (1914). Blätter beiderseits mehr oder weniger dicht flaumhaarig. – Wurde in der Schweiz beobachtet.

*S. appendiculata* unterscheidet sich von der oft mit ihr zusammen vorkommenden *S. caprea* L. durch weniger dichtblütige Kätzchen, die vor dem Aufblühen weniger dicht filzig behaart sind als jene der *S. caprea* L., sowie durch weibliche Kätzchen und Fruchtknotenstiele, welche nach der Befruchtung auffallend verlängert sind, so daß die Kätzchen sehr aufgelockert erscheinen und die Spindel in ihrer ganzen Länge sichtbar wird. Ferner sind bei *S. appendiculata* die Fruchtknotenstiele vor der Reife meist zurückgeschlagen und die Fruchtknoten unter schiefem Winkel inseriert, Griffel und Narben sind geteilt, ihre Abschnitte spreizend; die Staubfäden sind stärker behaart als jene der *S. caprea*; nach dem Sprengen der Hüllen lockern sich die Blattknospen sehr schnell auf, die jungen Blätter sind zart und dünn, gelblich, durchscheinend, am Rande meist umgerollt, die jüngsten seidig behaart; an den ausgewachsenen Blättern ist der Rand oft auffallend wellig gesägt, ihre Netznervatur ist oberseits tief eingesenkt, unterseits sehr stark vorspringend; Nebenblätter sind stets und auffallend mächtig entwickelt; während sich schließlich bei *S. appendiculata* die der Sonne ausgesetzte Seite der Rinde 2- bis 3-jähriger Triebe nicht verändert, sondern gelblich oder grünlich bleibt, verfärbt sich jene von *S. caprea* braunrot.

Von TOEPFFER (1915) wurde *S. appendiculata* unter dem früher gebräuchlichen Namen *S. grandifolia* SÉR. zu den striemenlosen Arten gestellt. Tatsächlich zeigten sich aber nach Untersuchungen von RECHINGER (1938) mindestens am Holz, das älter als drei Jahre ist, regelmäßig, wenn auch nicht zahlreiche Striemen.

*S. appendiculata* ist in der montanen und subalpinen Stufe der Alpen und des Jura eine sehr bezeichnende und weit verbreitete, stellenweise häufige Weide. Im Jura findet sich *S. appendiculata* in dessen ganzer Erstreckung von Genf bis zur Lägern und bis an den Rhein; sie überschreitet diesen jedoch nicht und fehlt dadurch im Kanton Schaffhausen völlig. Am zahlreichsten erscheint sie, zusammen mit verschiedenen *Rosa*- und *Sorbus*-Arten an lichten, buschigen Stellen der Kalkflühe, deren Charakterpflanze man sie nennen möchte, während sie hingegen an bewaldeten Abhängen nur vereinzelt vorkommt. In reicher Entfaltung ist *S. appendiculata* in den Voralpen verbreitet, wo sie sich an feuchten Hängen und Abstürzen der Molasseschluchten, an nördlich exponierten Lehnen und Hängen der Berge, an herabschäumenden Bächen, im Kalkgeröll der Kämme einfindet (BUSER 1940). Zu *S. silesiaca* WILLD. in den Sudeten und Karpathen sowie zu *S. atrocinerea* BROT. in den Pyrenäen steht *S. appendiculata* in einem pseudovikaristischen Verhältnis (RECHINGER 1953). Die drei genannten Arten haben ähnliche ökologische Ansprüche und spielen soziologisch homologe Rollen ohne miteinander zunächst verwandt zu sein. Nicht unerwähnt darf bleiben, daß *S. atrocinera* insofern eine Ausnahme bildet, da sie eine Doppelrolle spielt, indem sie nicht nur ausschließlich Gebirgspflanze wie *S. appendiculata* und *S. silesiaca* ist, sondern auch andererseits in den Niederungen Westfrankreichs und der Britischen Inseln *S. cinerea* L. vertritt.

Mit Sicherheit sind Bastarde der *S. appendiculata* mit *S. aurita* L., *S. caprea* L., *S. cinerea* L., *S. Elaeagnos* SCOP., *S. foetida* SCHLEICH., *S. glabra* SCOP., *S. hastata* L., *S. helvetica* VILL., *S. pubescens* SCHLEICH., *S. purpurea* L., *S. repens* L. und *S. Waldsteiniana* WILLD., ferner der Tripelbastard *S. appendiculata* × *foetida* × *helvetica* beobachtet worden.

**755 b. Salix pubescens** Schleicher, ex Séringe, Ess. Saul. Suisse 21 (1815).
Syn. *S. albicans* Bonjean (1815). Flaum-Weide. Fig. 20 f

Zwei bis drei Meter hoher Strauch mit sparrigen, dicken, sehr stark knotigen, schwarzbraunen bis schwärzlichen Zweigen. Junge diesjährige Triebe weißlich wollig-filzig, einjährige Zweige samtig oder flaumig behaart, erst im 2. oder 3. Jahr verkahlend. Blätter kurz gestielt, 7–17 cm lang, 2,5–5 cm breit, die unteren schmal elliptisch, jederseits gleichmäßig zugespitzt oder länglich-verkehrt-eiförmig, am Grunde pfeilförmig, gegen die Spitze stumpf, die oberen Blätter länglich-lanzettlich oder schmal lanzettlich, länger zugespitzt, entfernt ausgeschweift gekerbt. Junge Blätter oberseits wollig flaumig, vor allem am Grunde, am Mittelnerv und an den Seitennerven, unterseits weißlich-grau, dicht wollig-filzig, beim Trocknen leicht schwarzwerdend, ausgewachsene Blätter von dünner Konsistenz, oberseits sattgrün, fast glänzend, verkahlend oder schwach flaumig, unterseits weißlichbläulich, flaumig, Mittelnerv, Seitennerven und weitmaschiges Adernetz oberseits mehr oder weniger vorspringend, unterseits deutlich hervortretend. Blattstiel 6–20 mm lang, behaart. Nebenblätter mäßig groß, halbpfeilförmig, gekerbt-gesägt. Knospenschuppen von langen, lockeren Haaren flaumig oder fast zottig behaart. Kätzchen gleichzeitig, auf kurzem, beblätterten Stiele. Männliche Kätzchen länglich, 20–38 mm lang, 12–17 mm im Durchmesser. Tragblätter der Blüten 1,5–1,75 mm lang, lanzettlich oder länglich-lanzettlich, spitz, seltener stumpflich, bleich, gelblich, beim Trocknen rostbraun, von krausen Haaren jederseits dicht haarig oder lang wollig behaart. Staubfäden frei, 6–9 mm lang, am Grunde oder bis zur Mitte lang und dicht behaart; Staubbeutel fast kugelig, nach der Anthese gelb. Nektarium kurz länglich oder fast quadratisch, ¼ der Länge der Tragblätter erreichend. Weibliche Kätzchen zunächst kurz eiförmig, später verlängert zylindrisch, 3- bis 5-mal so lang wie breit, 34–58 mm lang, 10–12 mm im Durchmesser, lockerblütig, die untersten Blüten weit voneinander entfernt, zuletzt vor der Reife stark verlängert und äußerst lockerblütig. Fruchtknoten eiförmig, konisch zugespitzt oder stumpf, weißlichgrau, im Herbar oft gelblich, von kurzen lockeren Haaren dicht rauhhaarig- oder wollig-filzig, vor der Reife grauhaarig; Fruchtknotenstiel 3- bis 4-mal so lang wie das Nektarium, um die Hälfte bis ¼ kürzer als der Fruchtknoten, 1,25–1,5 mm, vor der Reife 3–4 mm lang; Griffel sehr kurz, 2-spaltig oder fast 2-geteilt; Narbe kurz 2-spaltig, abstehend- oder sparrig-aufrecht. Nektarium wie bei den männlichen Blüten. – V, VI.

Vorkommen. Sehr selten an feuchten, felsigen Stellen, auf Alluvionen der Alpen der Schweiz und Tirols.

Allgemeine Verbreitung. Sehr zerstreut in den Alpen; bisher beobachtet am Mt. Cenis in Savoyen, in den Waadtländer Alpen, im Engadin und in den Nordtiroler Zentralalpen-Stubaier Alpen.

Verbreitung im Gebiet. An wenigen, verstreuten Standorten, dort aber zahlreich,, bisher beobachtet in den Waadtländer Alpen nächst Bex, im Vallée de Nant unterhalb des Martinets-Gletschers in etwa 1700 m, Méruet unterhalb Anzeindaz, sowie nächst des Rhonegletschers, ferner im Ober-Engadin im Isoladelta am Silsersee, am St. Moritzersee, sowie am Stazersee, im Unter-Engadin um Samnaun, und im Vorder-Rheintalgebiet im Talbecken von Selva, bei Tavetsch, sowie zwischen Sedrun und Bugnei. In den Nordtiroler Zentralalpen-Stubaier Alpen im Längental bei Lisens, Sellraintal, in etwa 1900–2100 m.

*S. pubescens* unterscheidet sich von *S. appendiculata* Vill. durch folgende Merkmale: Äste und Zweige stark knotig, schwarzbraun bis schwärzlich, erst im zweiten oder dritten Jahr verkahlend, diesjährige Zweige weißlich-wollig-filzig, vorjährige Zweige samtig oder flaumig behaart; Nebenblätter mäßig groß, halbpfeilförmig; junge Blätter oberseits wollig-flaumig, unterseits dicht wollig-filzig, beim Trocknen leicht schwarz werdend, ausgewachsene Blätter von dünner Konsistenz, oberseits sattgrün, fast glänzend, verkahlend oder schwach flaumig, unterseits weißlichbläulich, flaumig, Nervennetz weitmaschig, oberseits mehr oder weniger vorspringend, niemals eingesenkt; Fruchtknotenstiel 3- bis 5-mal so lang wie das Nektarium, um die Hälfte bis ein Viertel kürzer als der Fruchtknoten, Fruchtknoten dicht wollig filzig; Staubfäden stark behaart.

Die wiederholten Versuche verschiedener Autoren, *S. pubescens* als Hybride der *S. appendiculata* VILL. mit *S. glauca* L. (bzw. *S. glaucosericea* FLOD.) zu deuten, können durch die Ausführungen von BUSER (1940) und RECHINGER (1947) als widerlegt gelten. *S. pubescens* ist in den Alpen endemisch. Ihre Verbreitung ist auffallend disjunkt. Bisher ist nur der Bastard *S. appendiculata* × *pubescens* beobachtet worden.

## 756. Salix Starkeana WILLD., Spec. plant. 4, 2, 677 (1805). Syn. *S. livida* WAHLENBG. (1812). Bleiche Weide. Poln.: Wierzba śniada. Tschech.: Vrba šedozelená. Fig. 42, Fig. 20g

Niedriger, selten bis 1 m hoher, aufsteigender Strauch mit dünnen Ästen. Zweige lang, dünn, gelblich oder braun, kahl oder schwach behaart, meist glänzend, junge Triebe kahl oder kurz behaart. Blätter beim Ausbruch rötlich, ausgewachsen kurz gestielt, breit-lanzettlich bis rundlich verkehrt-eiförmig, 5(–6) cm lang, 1,5(–3) cm breit, spitz oder mit kurzer, oft gefalteter Spitze, am Grunde ganzrandig, von dünner Textur, in der Jugend schwach behaart, später oberseits kahl oder mit zerstreuten Haaren, sattgrün, glänzend, unterseits kahl, mattgrün bis meergrün, unter der Lupe fein punktiert, Mittelrippe hell, oberseits wie die Seitennerven flach oder schwach eingesenkt, unterseits nebst dem weitmaschigen Nervennetz scharf hervortretend; Blattstiel bis 0,5 cm lang, kahl oder schwach behaart. Nebenblätter meist stark entwickelt, rhombisch bis halbnierenförmig, grob drüsig. Knospenschuppen bräunlich, kahl oder spärlich kurz behaart. Kätzchen vorlaufend, aufrecht. Männliche Kätzchen meist kurz, dünn, zylindrisch, bis 2,5 cm lang, 1 cm im Durchmesser, lockerblütig, kurz gestielt; Stiel bis 1 cm lang, grau behaart, mit kleinen, breit lanzettlichen, spitzen, dünn seidig behaarten Blättern besetzt; Achse weiß behaart. Tragblätter elliptisch, stumpf, gelbbraun, an der Spitze wenig dunkler, meist spärlich behaart, am Rande gebärtet. Staubfäden 2- bis 3-mal so lang wie die Tragblätter, kahl; Staubbeutel elliptisch, goldgelb. Nektarium dünn, eiförmig, gestutzt, ⅓ bis ¼ so lang wie die Tragblätter. Weibliche Kätzchen 1,5 bis 3 cm lang, 0,5–1 cm im Durchmesser, lockerblütig, wie die männlichen auf beblätterten, bis 2,5 cm langen Stielen; Achse grau behaart, Tragblätter ⅔ bis so lang wie der Fruchtknotenstiel, sonst wie bei den männlichen Blüten, gelb oder bräunlich. Fruchtknoten aus dünn eiförmigem Grunde kegelig, später lang pfriemlich, abstehend, dicht weißgrau behaart, lang gestielt; Stiel fast so lang wie der Fruchtknoten, behaart; Griffel kurz; Narben dick, ausgerandet oder geteilt, aufrecht-abstehend, gelb. Nektarium dünn eiförmig, gestutzt, ⅙ bis ⅕ so lang wie der Fruchtknotenstiel. – Chromosomenzahl: n = 19, 22. – IV, V.

Fig. 42. *Salix Starkeana.* WILLD. *a* Steriler Sproß (⅓ natürl. Größe). *b* Zweig mit männlichen Kätzchen. *c* Männliche Blüte mit Tragblatt. *d* Zweig mit weiblichen Blüten. *e* Weibliche Blüte mit Tragblatt.

Vorkommen. Selten in moorigen Zwergstrauchgesellschaften und Magerrasen auf kalkarmen aber in der Tiefe basenreichen torfigen Böden in winterkalten Gebieten, im Alpenvorland als Eiszeitrelikt lokale Charakterart des Salicis-lividae-Nardetum FABER [1936] (Nardo-Galion), in Ostpreußen nach STEFFEN vor allem in Zwischenmoorgesellschaften.

Allgemeine Verbreitung. Skandinavien nordwärts bis etwa 70° n. Br., Mittel- und Osteuropa, in Rußland nördlich bis zum Enare-Lappland, zur Halbinsel Kola und bis zum nördlichen Ural; nördliches Asien vom Ural durch ganz Sibirien bis in die Mongolei, Mandschurei und Kamtschatka.

Verbreitung im Gebiet. Ziemlich verbreitet in Ostpreußen, am häufigsten im Kreise Memel und in den Masuren, in Westpreußen in den Kreisen Straßburg, Schwetz, Tuchel, Thorn, Stuhm, Berent, Konitz, in Posen in den Kreisen Bromberg, Hohensalza, Schubin, Czarnikau, Posen-Ost, Schrimm, vereinzelt noch in Schlesien nächst Groß-Tschirnau bei Guhrau und in Brandenburg bei Sommerfeld; ferner in Baden nächst Pfohren bei Donaueschingen, zwischen Donaueschingen, Sumpfohren, Gutmadingen, Dreilerchen und dem Himmelberg, sowie im Kummenried bei Kommingen, in Württemberg im Irrendorfer Hadt über Beuron (Donautal), in Bayern früher nächst der Truderinger Waldspitze bei München, seit etwa 1910 ausgestorben.

Ähnlich wie etwa bei *S. myrtilloides* L. handelt es sich bei den wenigen süd-mitteldeutschen Fundorten von *S. Starkeana* um isolierte, vorgeschobene Posten eines im wesentlichen nördlichen bzw. nordöstlichen Formenkreises; in Nordamerika ist er durch *S. rostrata* RICHARDS vertreten. – Die Art könnte etwa noch mit *S. aurita* L. verwechselt werden, welche jedoch im Gegensatz zu *S. Starkeana* immer reichlich erhabene Striemen am nackten Holz aufweist; im übrigen sind der niedrige Wuchs und die zarte Textur der fast kahlen, häufig ganzrandigen, seltener ausgebissen gezähnten Blätter für *S. Starkeana* charakteristisch.

Mit Sicherheit sind Bastarde der *S. Starkeana* mit *S. aurita* L., *S. cinerea* L., *S. nigricans* SM., *S. repens* L., ferner der Tripelbastard *S. repens* × *Starkeana* × *viminalis* bekannt. Aus Skandinavien gibt FLODERUS (1931) Bastarde der nordischen *S. livida* WAHLBG. mit *S. arenaria* L., *S. aurita* L., *S. hastata* L., *S. myrtilloides* L., *S. repens* L. ssp. *repens* und ssp. *rosmarinifolia* (L.) ČELAK. ferner indirekt mit *S. caprea* L., *S. cinerea* L. und *S. Lapponum* L. an.

**757. Salix myrtilloides** L., Spec. plant. 1019 (1753). Syn. *S. arbuscula* PALL. (1788), *S. elegans* BESS. (1821), *S. Weinmanniana* SPRENG. (1867). Moor-Weide, Heide-Weide. Franz.: Saule-nain. Poln.: Wierzba borówkolistna. Tschech.: Vrba borůvkovitá. Taf. 82, Fig. 3; Fig. 43, Fig. 19 t

Nur 30–50 cm hoher Strauch mit unterirdisch kriechendem Stamm. Zweige aufrecht, braun, mit einer dünnen, halb durchsichtigen grauen Haut überzogen; jüngste Triebe kurz behaart, ältere kahl, rotbraun. Blätter kurz gestielt, rundlich- bis schmal-elliptisch, 1,5–3,5 cm lang, 1–1,8 cm breit, mit kurzer, gerader, oft gefalteter Spitze, am Grunde breit bis fast herzförmig, selten verschmälert, oben abgerundet, ganzrandig, am Rande zurückgebogen, Blätter in der Jugend sehr schwach seidenhaarig, violett überlaufen, später kahl, oberseits sattgrün, unterseits grau- bis blaugrau, unter der Lupe von Wachsblättchen fein punktiert, Mittelnerv oberseits flach, unterseits hervortretend, Seitennerven und weitmaschiges Adernetz oberseits kaum bemerkbar, unterseits deutlich hervortretend; Blattstiel bis 0,5 cm lang, kurz behaart, später kahl. Knospenschuppen rotbraun, kahl. Kätzchen gleichzeitig. Männliche Kätzchen aufrecht oder etwas seitwärts gekrümmt, bald lockerblütig, zylindrisch, bis 2,5 cm lang, 0,8 cm im Durchmesser, gestielt; Stiel bis 1 cm lang, spärlich behaart oder kahl, mit kleinen Laubblättern besetzt; Achse spärlich behaart, Tragblätter breit verkehrt-eiförmig bis fast kreisrund, oben abgerundet, mitunter etwas ausgerandet, einfarbig gelb oder bräunlich, oder oberwärts rötlich, spärlich behaart, Staubfäden kahl, etwa viermal so lang wie die Tragblätter; Staubbeutel rundlich-ellipsoidisch, erst rötlich, dann gelb, zuletzt schwärzlich. Nektarium schmal eiförmig, gestutzt, etwa ½ so lang wie die Tragblätter. Weibliche Kätzchen aufrecht oder etwas seitwärts gekrümmt, namentlich am Grunde lockerblütig, zylindrisch, bis 3 cm lang, 1 cm

Fig. 43. *Salix myrtilloides* L. (Aufn. HEGI, München)

im Durchmesser, gestielt; Stiel bis 2 cm lang, spärlich behaart oder kahl, mit kleinen Laubblättchen besetzt; Achse spärlich behaart. Tragblätter länglich-verkehrt-eiförmig oder zungenförmig, an der Spitze abgerundet, einfarbig gelblich oder bräunlich oder oberwärts rötlich, spärlich behaart, ½ bis ⅔ so lang wie der Fruchtknotenstiel. Fruchtknoten aus eiförmigem Grunde spitzkegelig, später lang pfriemlich, abstehend, kahl, dunkelgrün, später oft mit Reif überlaufen, gestielt; Stiel so lang oder etwas länger als der Fruchtknoten, kahl; Griffel kurz, kaum $1/6$ so lang wie der Fruchtknoten; Narben kurz, ausgerandet oder geteilt, abstehend, purpurn. Nektarium schmal ei- oder fast bandförmig, gestutzt, ¼ bis ⅓ so lang wie der Fruchtknotenstiel. – Chromosomenzahl: $n = 19$. – V bis VII.

Vorkommen. Sehr zerstreut auf Torfsümpfen und Mooren; nach STEFFEN vor allem in Zwischenmoorgesellschaften mit *Carex lasiocarpa* oder in Birkenmooren (Reiserzwischenmoore) mit *Betula pubescens*.

Allgemeine Verbreitung. Nord- und Osteuropa, und zwar nördliches Skandinavien, Finnland, Nord- und Mittelrußland südwärts bis zum mittleren Dnjepr-Gebiet und Wolga-Don-Gebiet, ferner sehr zerstreut in Mitteleuropa südwärts bis in die Schweiz, Oberbayern, Böhmen und bis zu den Nordkarpaten; verbreitet ferner in Nord- und Nordostasien ostwärts bis zur Tschuktschen-Halbinsel, Kamtschatka und Japan; arktisches und nördliches Nordamerika.

Verbreitung im Gebiet. Zerstreut in Ostpreußen (hier besonders auf Schwingmooren) bei Gilgenburg, Kernsdorfer Höhe, Ortelsburg, Sensburg, sowie in den Kreisen Lötzen und Goldap; in Westpreußen in den Kreisen Tuchel, Schwetz, Kulm, Straßburg und Löbau; in Posen in den Kreisen Schubin und Bartschin, früher auch im Kreise Bromberg; in Schlesien um Königshuld bei Oppeln, Trenczin sowie in den Sudeten bei Schles. Friedland und auf der Heuscheuer am Großen See, früher auch auf den Iserwiesen im Isergebirge sowie nächst Bunzlau; in Böhmen im böhmischen Mensegebirge bei Treschendorf (Trékov), beim Soetteiche um Wittingau sowie im Böhmerwald bei Fürstenhut; im nördlichen Bayern auf dem Ehenbachmoor bei Wernberg in der Oberpfalz, nächst dem Moor am Grünhundsee bei Eschenbach, auf der unteren Bayerischen Hochebene bei Wertingen, auf der oberen Bayerischen Hochebene nächst Hopfen- und Bannwaldsee, Kempten, Lechbruck, Rottenbuch, Oberammergau, Saulgrub, Penzberg, Beuerberg, Tölz, Ascholding, Deining, auf den Chiemseemooren nächst Waging, Huglfing bei Weilheim, auf den Loisachmooren bei Benediktbeuern, sowie im Allgäu um Oy, jedoch, zumindest in Südbayern, immer seltener werdend, teils durch Moorkultur, teils durch Aufbastardierung mit *S. aurita* L.; in der Schweiz sehr selten, und zwar nur im Kanton St. Gallen: Alp Cappels, Alp Gamperfin ob Grabs, Hochmoor Dreihütten ob Wildhaus, sowie im Kanton Appenzell am Hirschberg bei Gais, heute dort wohl erloschen. Fehlt in Österreich völlig.

Ändert ab: 1. var. *subrotunda* TOEPFFER. Blätter fast kreisrund bis breit-elliptisch, am Grund oft schwach herzförmig. – 2. var. *oblonga* (ANDERSS.) TOEPFFER. Blätter 2–3 : 1, nach dem Grunde und der Spitze zu schwach verschmälert.

*S. myrtilloides* ist eine nördliche Art, die in Mitteleuropa nur an zerstreuten Fundorten auftritt. Sie ist vielfach durch Entwässerung der Torfmoore schon ausgestorben oder doch sehr gefährdet. Der niedrige, aber im Gegensatz zu *S. repens* L. etwas sparrige Wuchs, die ganzrandigen, kahlen, kurz elliptischen Blätter und der kahle Fruchtknoten charakterisieren die Art. Bastarde sind naturgemäß nur wenige bekannt, und zwar mit Sicherheit nur mit *S. aurita* L. und *S. repens* L. Aus Skandinavien gibt FLODERUS (1931) Kreuzungen mit *S. arenaria* L., *S. aurita* L., *S. hastata* L., *S. Lapponum* L., *S. livida* WAHLBG., *S. repens* L., *S. xerophila* FLOD., ferner indirekt mit *S. caprea* L. und *S. repens* ssp. *rosmarinifolia* (L.) ČELAK. an.

**758a. Salix repens** L., Spec. plant. 1020 (1753). Kriech-Weide. Dän.: Krybende Pil. Engl.: Creeping Willow. Franz.: Saule rampant. Ital.: Salcio sdraiato. Poln.: Wierzba rokita; Tschech.: Vrba plazivá. Taf. 82, Fig. 2; Fig. 19s

Dreißig Zentimeter bis ein Meter hoher, kriechender Strauch mit unterirdischem Stamm, oft ausgedehnte Bestände bildend, selten sich bis 2 m und darüber erhebend. Zweige aufrecht, dünn, kahl, braun, selten – namentlich bei alten Sträuchern – gelb; jüngste Triebe kurz, seidig bis filzig behaart. Blätter kurz gestielt, lanzettlich bis breit-lanzettlich, bis 5 cm lang, 2 cm breit, zugespitzt, am Grunde spitz, ganzrandig, sehr selten entfernt drüsig gezähnt, am Rande mehr oder weniger zurückgerollt, in der Jugend beiderseits hellgrau seidig bis dicht seidig-filzig behaart, erwachsen steif, oberseits oft ganz, unterseits nur selten ganz verkahlend, oberseits sattgrün, etwas glänzend, unterseits bleich oder graugrün, matt; Mittelnerv hell, oberseits flach, unterseits scharf hervortretend, Seitennerven hell, beiderseits scharf hervortretend, Nervennetz weitmaschig, oberseits scharf – namentlich beim Trocknen –, unterseits schwach hervortretend; Blattstiel bis 0,3 cm lang, kurz seidig behaart, später verkahlend oder ganz kahl. Nebenblätter nur an Langtrieben oder Wasserschossen, schmal lanzettlich. Knospenschuppen braun oder purpurrot, kurz behaart. Kätzchen meist etwas vorlaufend, seltener gleichzeitig. Männliche Kätzchen aufrecht, dicht-, später etwas lockerblütig, kurz eiförmig bis kurz zylindrisch, bis 1,5 cm lang, 0,5 cm im Durchmesser, kurz gestielt; Stiel bis 0,3 cm lang, hellgrau seidig behaart, in der Achsel von kleinen lanzettlichen bis breitlanzettlichen Tragblättern; Achse hellgrau, seidig behaart. Tragblätter verkehrt-eiförmig, stumpf oder abgerundet, an der Spitze dunkelbraun oder dunkelrot, am Grunde hell, seidig behaart und am Rande länger gebärtet. Staubblätter kahl oder nur am Grunde mit einigen Härchen, etwa 3-mal so lang wie das Tragblatt; Staubbeutel länglich-ellipsoidisch, purpurn, dann gelb, zuletzt schwärzlich. Nektarium schmal eiförmig, gestutzt, mehr als halb so lang wie die Tragblätter. Weibliche Kätzchen aufrecht, dicht-, später etwas lockerblütig, eiförmig bis zylindrisch, bis 3,5 cm lang, 1,5 cm im Durchmesser, kurz gestielt; Stiel bis 1 cm lang, sonst wie bei den männlichen Kätzchen; Achse grau behaart. Tragblätter länglich-verkehrt-eiförmig, etwa ⅔ so lang wie der Fruchtknotenstiel, sonst wie bei den männlichen Kätzchen. Fruchtknoten seidig bis filzig hellgrau behaart, selten kahl, aus eiförmigem Grunde kurz kegelig, stumpf, später verlängert; Griffel sehr kurz oder fehlend; Narben keulig, ausgerandet oder flach geteilt, kopfig, gelb oder purpurn; Fruchtknotenstiel ziemlich lang. Nektarium schmal eiförmig, gestutzt, ¼ bis ⅓ so lang wie der Fruchtknotenstiel. – Chromosomenzahl: $n = 19$. – IV, V.

Vorkommen. Zerstreut in Streuwiesen, Flachmooren, Magerweiden oder Heiden, immer auf zeitweilig staunassen oder durch wechselnden Grundwasserstand wechselfeuchten, oft kalkhaltigen, jedenfalls nicht zu basenarmen mineralischen oder humos-torfigen Sand- und Tonböden, gerne mit *Molinia* vergesellschaftet und Molinion-Verbandscharakterart, als Wechselfeuchtigkeitszeiger und Differentialart auch in entsprechenden Ausbildungsformen von Heiden und Magerrasen (Nardo-Callunetea) in Heidemooren (Erico-Sphagnetalia) oder seltener und oft mit anderen Weidenarten verbastardiert auch in Weidenbuschgesellschaften des Alnion glutinosae. In der Unterform *Salix arenaria* Verbandscharakterart der Dünenweidengebüsche des Salicion arenariae Tüx.

Allgemeine Verbreitung. Fast ganz Europa von Skandinavien (nördlich bis etwa 67° n. Br.) südwärts bis in die nördliche Pyrenäen-, Apenninen- und Balkanhalbinsel; West- und Zentralasien, Sibirien; fehlt im eigentlichen Mittelmeergebiet und in Südrußland.

Verbreitung im Gebiet. Im Norddeutschen Tiefland meist häufig, dagegen zerstreut im Mitteldeutschen Hügelland (häufiger im östlichen Mitteldeutschland) und Bergland, von den Deutschen Mittelgebirgen und dem Süddeutschen Becken- und Stufenland bis ins Alpengebiet; auf den Hochmooren in Oberbayern bis 910 m, im Böhmerwald bis etwa 1140 m, in Tirol bis etwa 1700 m ansteigend.

Ändert ab: 1. ssp. **argentea** (SM.) NEUMANN ex RECHINGER (1957). Syn. *S. argentea* SM. (1804), *S. repens* L. var. *argentea* (SM.) SÉR. (1824). Sand-Weide. Blätter vorwiegend breit verkehrt-eiförmig, etwa 1⅓- bis 2½-mal so lang wie breit, über der Mitte am breitesten, mit plötzlich zusammengezogener gekrümmter Spitze, am Rande vereinzelt undeutlich gezähnt, aber oberseits bleibend behaart; beim Trocknen mit den Rändern leicht umrollend. Nebenblätter meist entwickelt. Knospen gleich den Zweigen gewöhnlich dichter behaart als bei den übrigen Unterarten. Fruchtknoten kahl oder behaart. Dünengebiete der Atlantik-, Nordsee- und Ostsee-Küste von den Britischen Inseln und West-Frankreich durch Belgien, Niederlande, Norddeutschland und Dänemark bis in das südliche Skandinavien und die baltischen Länder, landeinwärts mit Vorposten bis Niederhessen, Hannover und Lausitz.

2. ssp. **repens**. Syn. *S. repens* L. (1753) s. str. Echte Kriechweide. Blätter verkehrt-länglich bis elliptisch-länglich, 2- bis 4-mal so lang wie breit, über der Mitte am breitesten, mit plötzlich zusammengezogener gekrümmter Spitze, am Rande vereinzelt undeutlich gezähnt, oberseits mehr oder weniger verkahlend; beim Trocknen mit den Rändern

leicht umrollend. Nebenblätter meist entwickelt. Fruchtknoten kahl oder behaart. Atlantisches Europa, landeinwärts erheblich weiter verbreitet als die vorige Unterart; südöstliche Arealgrenze etwa in der West-Schweiz, Tirol, Bayern, Schlesien und Posen.

3. ssp. **galeifolia** NEUMANN ex RECHINGER (1957). Porst-Weide. Blätter zungenförmig, verkehrt-lanzettlich, oder z.T. auch länglich, 4- bis 7-mal so lang wie breit, über der Mitte am breitesten, mit plötzlich zusammengezogener gekrümmter Spitze, gegen die Spitze zu oft deutlich gesägt, oberseits mehr oder weniger verkahlend; beim Trocknen mit den Rändern leicht umrollend. Nebenblätter meist entwickelt. Fruchtknoten kahl oder behaart. Auf der höheren Geest in Nordwestdeutschland, z. B. bei Bassum und Bremen; in Belgien (Flandern); wohl weiter verbreitet. Bedarf noch weiterer Untersuchung, möglicherweise nur schmalblättrige Form der vorigen Unterart. Ist der schmalen Blätter halber mit ssp. *rosmarinifolia* zu verwechseln, bei dieser liegt aber die größte Blattbreite unterhalb der Spreitenmitte.

4. ssp. **angustifolia** (WULF.) NEUMANN (1955). Syn. *S. angustifolia* WULF. in JACQUIN (1789). Ginster-Weide. Blätter länglich, etwa 3- bis 5-mal so lang wie breit, in Mehrzahl in der Mitte am breitesten und demzufolge beidendig gleichmäßig verschmälert, mehr oder weniger ganzrandig, beim Trocknen mehr oder weniger flach bleibend. Nebenblätter schwach entwickelt bis fehlend. Fruchtknoten stets behaart. Subkontinentale Unterart. Zentralfrankreich (?), südl. Belgien, Schweiz, Österreich, Deutschland (mit Ausnahme des Nordwestdeutschen Tieflandes), Tschechoslowakei, Polen; südöstlich etwa bis Slowenien und Siebenbürgen.

5. ssp. **rosmarinifolia** (L.) ČELAK. (1871) Syn. *S. rosmarinifolia* L. (1753), *S. repens* L. var. *rosmarinifolia* (L.) WIMM. et GRAB. (1829). Rosmarin-Weide. Blätter mehr oder weniger lanzettlich, etwa 4- bis 10-mal so lang wie breit, wenigstens teilweise unter der Mitte am breitesten, zum Grunde hin daher meist plötzlicher verschmälert als zur mehr geraden Spitze, mehr oder weniger ganzrandig, beim Trocknen mehr oder weniger flach bleibend. Nebenblätter schwach entwickelt bis fehlend. Fruchtknoten stets behaart. Kontinentale Unterart. Verbreitungszentrum in Niederösterreich, Ungarn, Tschechoslowakei, Polen, Baltische Länder, Rußland; Nordwestgrenze etwa Trockengebiete Süd- und Mitteldeutschlands, Brandenburg, Südost-Schweden, außerdem ein beachtenswerter Vorposten bei Lauenburg. (NEUMANN).

Diese von der ozeanischen bis kontinentalen Ausbildung in gleitender Stufung aufgeführten Unterarten überlappen sich in ihrer Verbreitung nicht unerheblich, so daß im Sonderfall drei verschiedene Ausbildungen in einem Fundgebiete angetroffen werden können. Sie spiegeln in diesem Falle die in solchen Gebieten sich überschneidenden klimatischen Verhältnisse wider. Die morphologischen Abgrenzungen setzen sich nur unscharf voneinander ab, kommen aber bei der Betrachtung größerer Verbreitungsabschnitte sehr zur Verdeutlichung, weshalb die angeführten Unterarten gut begründet erscheinen (NEUMANN).

Während die Mehrzahl der Autoren die zahlreichen, in ihren Extremen sehr stark voneinander abweichenden Formen aus der Verwandtschaft der *S. repens* unter diesem Artnamen zusammenfassen, verteilt FLODERUS sie auf drei Arten, nämlich *S. repens* L., *S. rosmarinifolia* L. und *S. arenaria* L. Die auch nach seinen Angaben in vielen Fällen häufiger als die reinen Arten auftretenden Zwischenformen werden von FLODERUS als Hybriden aufgefaßt. Da diese Deutung zumindest für Mitteleuropa wenig befriedigt, da sich jedoch eine gewisse geographische Sonderung wenigstens gebietsweise ziemlich deutlich zu erkennen gibt, habe ich mich entschlossen, hier die neuerdings von NEUMANN (1955) vorgeschlagene Gliederung in Unterarten zu übernehmen, wenn sie auch teilweise noch der Vertiefung und Ergänzung bedarf.

Mit Sicherheit sind Bastarde der *S. repens* mit *S. appendiculata* VILL., *S. caprea* L., *S. cinerea* L., *S. daphnoides* VILL., *S. Elaeagnos* SCOP., *S. myrtilloides* L., *S. nigricans* SM., *S. Starkeana* WILLD. und *S. viminalis* L. bekannt. Ferner wurden die Tripelbastarde *S. aurita* × *caprea* × *repens*, *S. aurita* × *cinerea* × *repens*, *S. aurita* × *Lapponum* × *repens*, *S. aurita* × *nigricans* × *repens*, *S. aurita* × *purpurea* × *repens*, *S. aurita* × *repens* × *viminalis*, *S. cinerea* × *repens* × *viminalis*, *S. daphnoides* × *purpurea* × *repens*, *S. purpurea* × *repens* × *viminalis* und *S. repens* × *Starkeana* × *viminalis*, sowie der Quadrupelbastard *S. aurita* × *caprea* × *cinerea* × *repens* beobachtet. Aus Skandinavien gibt FLODERUS (1931) Bastarde der *S. repens* mit *S. aurita* L., *S. caprea* L., *S. hastata* L., *S. herbacea* L., *S. Lapponum* L., *S. livida* WAHLBG., *S. myrtilloides* L., *S. purpurea* L., *S. rosmarinifolia* L., *S. viminalis* L., ferner indirekt mit *S. cinerea* L. an; weiterhin Bastarde der *S. rosmarinifolia* L. mit *S. aurita* L., *S. livida* WAHLBG., *S. myrtilloides* L., *S. viminalis* L., sowie den Bastard der *S. arenaria* L. mit *S. repens*; fernerhin eine Reihe von Tripel- und Quadrupelbastarden.

Volksnamen. Die niederdeutschen Namen Krüüpwilge, Kruupwichel, Krupwid beziehen sich auf den kriechenden [nd. krûpen ‚kriechen'] Stamm dieser Art. Nach dem Standort (in Mooren und auf losem Dünensand) heißt sie auch Moorwichel (Dithmarschen), Sandwid (Mecklenburg), Heidwiern[-weide] (Oldenburg).

**758 b. Salix petiolaris** SMITH, Trans. Linn. Soc. 6, 122 (1802). Niedriger bis mittelhoher, 2–7 m hoher Strauch. Zweige dünn, zähe, gelblich bis dunkel- oder rotbraun, in der Jugend sehr kurz grau behaart, später kahl. Blätter schmal lanzettlich bis verkehrt-lanzettlich, 5–10 (–15) cm lang, 0,8–2 (–3) cm breit, beidendig verschmälert, spitz zusammenlaufend oder zugespitzt, am Rande ganzrandig oder fein drüsig gesägt, oberseits kahl, trübgrün, unterseits kahl oder sehr kurz schimmernd behaart, meergrün bis grau; Blattstiel zart, 5–15 mm lang. Nebenblätter fehlend.

Knospenschuppen braun, 2–8 mm lang. Kätzchen vor oder kurz vor den Laubblättern erscheinend, aufrecht. Männliche Kätzchen sitzend, am Grunde von kleinen schuppenartigen Blättern umgeben, kurz zylindrisch, bis 2 cm lang, 0,8 cm im Durchmesser, dichtblütig; Blütenstandsachse dicht weißgrau behaart. Tragblätter verkehrt-lanzettlich bis verkehrt-spatelig, 1,5–2 mm lang, stumpf, braun, am Grunde heller, lang weißgrau behaart. Staubfäden frei oder am Grunde bis ¼ miteinander verwachsen, kahl oder am Grunde behaart, etwa 3-mal so lang wie die Tragblätter; Staubbeutel eiförmig, gelb. Hinteres Nektarium schmal eiförmig, gestutzt, etwa halb so lang wie die Tragblätter. Weibliche Kätzchen wie die männlichen sitzend oder an kurzen, grau behaarten, mit kleinen Blättchen besetzten Zweigen endständig, aufrecht oder etwas gekrümmt, kurz zylindrisch, bis 3 cm lang, 1 cm im Durchmesser, dichtblütig; Blütenstandsachse dicht behaart. Tragblätter wie bei den männlichen Blüten. Fruchtknoten aus eiförmigem Grunde kegelig verschmälert, anliegend grau behaart; Fruchtknotenstiel etwa so lang wie der Fruchtknoten, anliegend kurz grau behaart; Griffel kurz; Narben eiförmig, dicklich, geteilt, kopfig. Hinteres Nektarium schmal eiförmig gestutzt, etwa ⅓ so lang wie der Fruchtknotenstiel. – V. – Heimat: Nordamerika von New Brunswick bis New Jersey, westwärts bis zur James Bay, Alberta, Montana, Colorado und nördliches Nebraska, vereinzelt auch in Virginia und Oklahoma. In Mitteleuropa vielfach kultiviert.

**759a. Salix foetida** SCHLEICHER ex LAMARCK, Fl. France ed. 3, 3, 296 (1815). Syn. *S. arbuscula* auct. alpin. pr. p., non L. s. str., *S. arbuscula* L. ssp. *foetida* (SCHLEICH.) BRAUN-BLANQUET (1933), *S. venulosa* auct. (e. g. O. SCHWARZ 1949), non SM. West-Bäumchen-Weide, Ruch-Weide.

Mittelhoher, zierlicher Strauch mit aufrechten, ziemlich zarten Zweigen, seltener niedriger Strauch mit verkürzten höckerigen Zweigen. Einjährige Triebe meist durch kurze Haare etwas rauhhaarig, zweijährige Zweige ganz kahl und glatt, glänzend schwärzlich bis purpurn oder kastanienbraun, meist gerade, rutenförmig. Blätter gestielt, meist elliptisch-lanzettlich, 2- bis 3-mal so lang wie breit, 10–40 mm, ausnahmsweise an sehr kräftigen Exemplaren bis 52 mm lang, 5–16 mm, ausnahmsweise bis 28 mm breit, beidendig gleichmäßig verschmälert, in der Mitte am breitesten, scharf drüsig gesägt, an kräftigen Exemplaren oft fast doppelt oder eingefaltet drüsig gesägt, oberseits dunkelgrün glänzend mit etwas vorragendem Nervennetz, unterseits blaugrün bis blaß; die unteren Blätter bläulichgrünlich, seltener gleichfarbig grün, fast glatt oder mit nur schwach vorragendem Nervennetz; Blattstiel bis 0,3–0,5 cm lang. Nebenblätter klein, an kräftigen Exemplaren die Länge des Blattstieles erreichend. Knospenschuppen rotbräunlich, spärlich behaart. Kätzchen an kurzem Stiel, ziemlich klein. Männliche Kätzchen verlängert bis fast zylindrisch, 1½- bis 3-mal so lang wie breit, zierlich, 15–23 mm lang, 7–13 mm breit. Tragblätter 1–2 mm lang, am Grunde blaß, im oberen Teil purpurn oder violett bis rotbräunlich. Staubfäden 3–5 mm lang; Staubbeutel vor der Blütezeit purpurn, nachher violett bis rotbräunlich. Nektarium eiförmig, etwa ⅓ bis ¼ so lang wie die Tragblätter. Weibliche Kätzchen schmal zylindrisch, 3- bis 3½-mal so lang wie breit, 13–18 mm lang, 4–5 mm breit, schließlich mitsamt dem bis 18 mm langen Kätzchenstiel sehr verlängert, bis 53 mm lang. Tragblätter wie bei den männlichen Blüten. Fruchtknoten 2 mm lang, eiförmigkeilig, grau filzig, schließlich oft purpurn verfärbt, seltener weißlich; Griffel mit Narbe 1–1,5 mm lang, ungeteilt oder bis zur Mitte gespalten, purpurn überlaufen. Nektarium eiförmig, ¼ oder ⅓ der Länge des Fruchtknotens erreichend. – VI, VII.

Vorkommen. Zerstreut in feuchten, subalpinen Hochstaudengebüschen auf wasserzügigen, vorzugsweise kalkarmen Fluß- und Gletscheralluvionen der westlichen, südlichen und zentralen Alpenketten, Charakterart des Salicetum caesio-arbusculae BR.-BL. 1950 (Salicion pentandrae).

Allgemeine Verbreitung. Alpen von den Savoyischen Alpen (Mt. Cenis) bis zu den Hohen Tauern (Groß-Venediger). Hauptverbreitung in den Westalpen.

Verbreitung im Gebiet. Zerstreut in den Zentralalpen der Schweiz, gegen die Nordketten seltener werdend, jedoch noch im St. Galler Oberland. Herbarbelege von folgenden Fundorten wurden gesehen: Waadt: Pied de la Dent de Morcles, Solalez sur Gryon; Wallis: Mayenhorn bei Leukerbad, Gemmi, Gletsch am Rhonegletscher, Simplon, Gornergletscher und Riffel bei Zermatt, Nufenen-Paß, St. Bernhard, Bagnes-Tal; Kt. Bern: Alpiglenalp oberhalb

Grindelwald; Graubünden: Engadin, Bovalhütte, St. Moritzer See, Albula, Silvaplana; St. Gallen: Weißtannental und Calveis, 2000 m. Südtirol: Vintschgau, Langtauferstal, St. Gertraud im Sulden, M. Spinale, M. Tonale. Nord-Tirol: Fimbertal, Paznaun, „auf dem Venediger".

Der nordischen *S. arbuscula* L. im engeren Sinne stehen zwei alpine Repräsentanten gegenüber: die vorwiegend westalpine, kalkmeidende *S. foetida* und die ostalpine, kalkstete *S. Waldsteiniana* WILLD. (RECHINGER 1938). Bei BUSER (1940) wird die Art wohl von *S. Waldsteiniana*, nicht aber von *S. arbuscula* L. s. str. unterschieden. Vor allem durch die kleinen, dicht und scharf gelblich drüsig gesägten Blätter und die kleinen Kätzchen ist *S. foetida* leicht und sicher von den beiden verwandten Arten zu unterscheiden.

In ihrer typischen Form sind die Blätter meist relativ schmal, mit größter Breite fast regelmäßig in der Mitte und von hier in Spitze und Blattstiel gleichmäßig spitz zusammenlaufend oder bogig abgerundet. Selten sind die Blätter umgekehrt-eiförmig, wie dies für *S. Waldsteiniana* meist zutrifft. Die Blätter sind etwas kleiner und kürzer, im getrockneten Zustand beiderseits meist trübfarben, ihre Nervatur springt oberseits ziemlich scharf netzartig vor, während sie unterseits nur unbedeutend, bei stärker entwickelter Wachsschicht kaum hervortritt. Die Kätzchen sind durchwegs schlanker als die der *S. Waldsteiniana*, in der Regel relativ kürzer gestielt, der Stiel mit weniger und kleineren Blättchen versehen, die Kätzchenschuppen und die meist grauen Fruchtknoten spärlich behaart, die Antheren vor der Blüte wie bei *S. caesia* L. hochrot, getrocknet dunkelviolett, nach der Blüte sich verbräunend.

Je nach der Art des Standortes zeigt *S. foetida* eine sehr verschiedene Tracht. In den Hochtälern und an den nördlich exponierten Hängen der Waldgrenze wird sie ein bis zu 2 m hoher zierlicher Busch mit dünnrutigen, straff aufgerichteten Endtrieben, an denen die spitzen Blätter in spitzem Winkel so inseriert sind, daß die einen dem Beschauer die dunkelgrüne Oberseite, andere die bläulich bereifte Unterseite zukehren. In größerer Höhe ist *S. foetida* von niedrigerem Wuchs. Über der Waldgrenze erscheint sie an den vom Schneewasser gespeisten Bächlein und Sümpfen als sehr niedriger Strauch, oft nicht höher als die mit ihr vergesellschafteten Zwergweiden, mit niederliegenden Ästen, über den Boden greifend mit kürzeren, sparrig abstehenden, stärker knotigen Zweigen und Zweiglein, die buschig gedrängt kleine, 10—15 mm lange, 4—7 mm breite Blätter und kürzeste, die Stielblättchen nicht überragende Kätzchen tragen (BUSER 1940).

*S. foetida* hat ihre Hauptverbreitung von den Seealpen bis in die östlichen Teile der Schweizer Zentralalpen und und Westtirol und ist vor allem im Wallis und in Graubünden von 1700 bis 2300 m eine der häufigsten Weiden. Entweder allein oder in Gesellschaft mit *S. hastata* L. und *S. helvetica* VILL., seltener zusammen mit *S. glaucosericea* FLOD., bildet sie an den Berghängen ausgedehnte Saliceta. Ferner findet sich *S. foetida* auch zusammen mit *Rhododendrum ferrugineum* L. im Arvenwald sonniger Berghänge, sowie in den Alluvionen der Hochgebirgstäler, wie z. B. im Oberengadin, in Gesellschaft mit den aus tieferen Lagen heraufreichenden Weiden *S. daphnoides* VILL. und *S. purpurea* L. In den nördlichen Alpengruppen der Schweiz findet sich die Art nur an wenigen Punkten und auch dort nur in geringer Individuenzahl vor, so am Nordhang der Gemmi und auf der Sandalp. Die Ostgrenze der Verbreitung von *S. foetida* ist noch genauer festzustellen. In Tirol und im Trentino ist die Art jedenfalls sehr selten und nur von wenigen Fundorten bekannt.

Während *S. Waldsteiniana* WILLD. streng auf Kalk angewiesen erscheint, stellt im allgemeinen *S. foetida* die Parallelart des Formenkreises auf Silikatgestein dar, jedoch wurde letztere sowohl im Oberengadin als auch an der Gemmi ausnahmsweise auf kalkführendem Substrat beobachtet.

Bastarde sind mit Sicherheit bekannt mit *S. appendiculata* VILL., *S. helvetica* VILL., *S. herbacea* L. und *S. reticulata* L. Die nordische *S. arbuscula* L. s. str. kreuzt sich nach FLODERUS (1931) mit *S. Lapponum* L. und indirekt mit *S. coaetanea* (HARTM.) FLOD. und *S. polaris* WAHLBG.

**759 b. Salix Waldsteiniana** WILLD., Spec. plant. 4, 2, 679 (1805). Syn. *S. arbuscula* L. var. *Waldsteiniana* (WILLD.) KOCH (1837), *S. arbuscula* L. ssp. *Waldsteiniana* (WILLD.) BRAUN-BLANQUET (1933), *S. prunifolia* auct. (e. g. O. SCHWARZ 1949), non SM. Ost-Bäumchen-Weide, Braun-Weide.
Taf. 83, Fig. 7; Fig. 44 u. 45, Fig. 20s

Mittelhoher Strauch mit ziemlich kurzen, oft gabelig geteilten, abstehenden grauen, warzigen Ästen. Junge Zweige meist kahl; einjährige Zweige olivgrün, oft auch grünlichgelb, seltener kastanienbraun, glanzlos; zweijährige Zweige braun, etwas runzelig, schwach glänzend. Blätter meist verkehrt-eiförmig oder länglich, 2- bis 3-mal so lang wie breit, 19—63 mm lang, 5—31 mm breit, über der Mitte am breitesten, gegen die Spitze zugespitzt, am Grunde keilförmig verschmälert, am Rande gekerbt-gesägt, an Langtrieben ausgebissen gezähnt, die unteren Blätter kleiner, oft fast ganzrandig, oberseits freudig sattgrün, unterseits blaugrün, Nervennetz beiderseits vorspringend; Blattstiel bis 0,7 mm lang. Nebenblätter häufig fehlend. Knospenschuppen braun, kahl oder an der Spitze spärlich behaart. Kätzchen an beblätterten Stielen. Männliche Kätzchen eiförmig oder verlängert, 1½- bis 3-mal so lang wie breit, 20–35 mm lang, 12–14 mm breit. Tragblätter 1,5–2,5 mm lang, am Grunde blaß, im oberen Teil rötlich oder bräunlichrot. Staubfäden 5–7 mm lang; Staubbeutel vor der Anthese rötlich oder gelblich, nach der Blüte blaß fuchsig. Nektarium eiförmig, gestutzt, ½–⅓ so lang wie die Tragblätter. Weibliche Kätzchen zylindrisch, 3- bis 4-mal so lang wie breit, 14–31 mm lang, 5–7,5 mm breit, schließlich mit dem bis 23 mm langen Stiel stark verlängert, bis 53 mm lang, zierlich gebogen. Tragblätter wie bei den männlichen Blüten. Fruchtknoten 2–2,5 mm lang, eiförmig, keilig, weißlich-filzig, oft schwach gelblich, seltener graulich, sehr kurz gestielt; Griffel mit der Narbe 1–1,5 mm lang, ungeteilt oder bis zur Hälfte gespalten. Nektarium länglich-elliptisch, gestutzt, mitunter ausgerandet, ¼ bis ⅓ der Länge des Fruchtknotens erreichend. – VI, VII.

Vorkommen. Zerstreut, aber stellenweise häufig in subalpinen Hochstaudengebüschen insbesondere in Anfangsstadien des Grünerlenbusches (Alnetum viridis salicetosum Waldsteinianae BR.-BL. 1950) auf frischen, basenreichen, oft kalkhaltigen Lehmböden, insbesondere in den nördlichen und östlichen Alpenketten, auch mit *Salix hastata* oder *S. glabra*, Adenostyletalia-Ordnungscharakterart.

Fig. 44. *Salix Waldsteiniana* WILLD. (Aufn. G. EBERLE)

Allgemeine Verbreitung. Alpen westlich bis zu den St. Gallener, Appenzeller, Glarner und Churer Alpen; östlich bis zum Krainer Schneeberg (Snežnik); Karpaten.

Verbreitung im Gebiet. Ziemlich verbreitet in den Ostalpen und namentlich in den Nördlichen und Südlichen Kalkalpen, nach Westen allmählich seltener werdend, in der Schweiz nur in den Kalkvoralpen der nordöst-

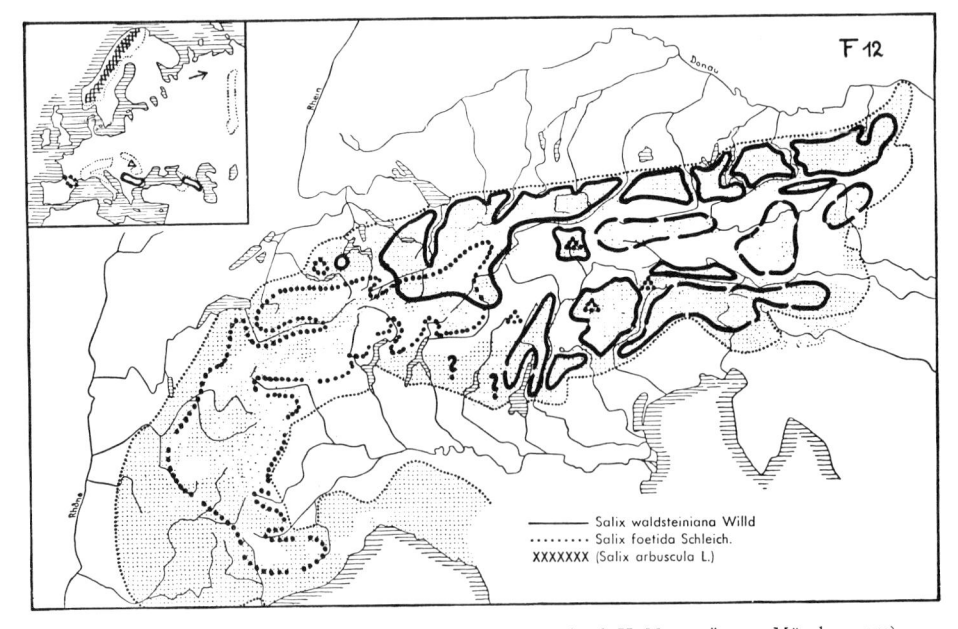

Fig. 45. Verbreitungsgebiete von *Salix Waldsteiniana* WILLD (nach H. MERXMÜLLER, München 1952)

lichen Gebiete, vor allem in den Graubündner und Appenzeller Alpen: Churfirsten, Mattstock, Speer, in den Glarner Alpen: Mürtschenstock, Jetzalp, Bächlingalp; Unterwalden: Trübseealp oberhalb Engelberg, Pilatus.

S. Waldsteiniana ist die Pflanze, die in der neueren ostalpinen Literatur fast ausschließlich unter dem Namen S. arbuscula geht (RECHINGER 1938). Sie ist vor allem durch die großen, meist schwach bis undeutlich oder unregelmäßig gekerbt-gesägten bis fast ganzrandigen, oft verkehrt-eiförmigen, am Rande nicht drüsentragenden Blätter und die großen Kätzchen von S. foetida SCHLEICHER auffällig verschieden und im Gegensatz zu dieser kalkstet.

Über Formen und Subformen der S. Waldsteiniana vergleiche A. TOEPFFER in Berichte d. Bayerischen Botanischen Gesellschaft 15, 107–108 (1915) unter S. arbuscula L.

Zu S. foetida verhält sich S. Waldsteiniana analog wie Anemone alpina L. zu A. sulphurea L., Draba tomentosa WAHLBG. zu D. frigida SAUT., Draba incana L. zu D. Thomasii KOCH, am exaktesten jedoch wie Juncus Hostii JACQ. zu J. trifidus L. Übergangsformen zwischen beiden Arten sind bis jetzt keine gefunden worden, so sehr sich die Fundorte auch nähern können wie z. B. in der Schweiz, wo S. foetida auf der Sandalp, S. Waldsteiniana am Flimserstein vorkommt. Jede der beiden Arten hat ihren eigenen, ziemlich weitgehenden Formenkreis. Kultiviert erhält sich S. Waldsteiniana konstant, wie die Beobachtungen im Züricher Botanischen Garten zeigten (BUSER 1940).

Bastarde sind bisher mit Sicherheit mit S. appendiculata VILL., S. herbacea L., S. reticulata L. und S. retusa L. bekannt geworden.

**760. Salix hastata** L., Spec. plant. 1017 (1753). Syn. *S. Pontederae* VILL. (1789). *S. tenuifolia* SÉR. (1809), *S. alpina* SCHLEICH. (1829), *S. elegans* HOST (1828). Spießblättrige Weide. Spieß-Weide. Franz.: Saule hasté. Poln.: Wierzba oszczepowata. Tschech.: Vrba šipovitá. Fig. 46, Fig. 200.

Niederliegender oder nur sehr wenig sich über den Boden erhebender, oft auch aufrechter, bis 1,5 m hoher Strauch. Äste und Zweige dichtstehend, grünlich bis braun, glanzlos, kahl, jüngste Triebe zerstreut behaart, selten kahl. Blätter gestielt, breit elliptisch bis verkehrt-eiförmig, bis 8 cm lang, 5 cm breit, spitz oder kurz zugespitzt, am Grunde zugespitzt oder stumpf, ganzrandig oder klein unregelmäßig gesägt, kahl, nur in der Jugend mehr oder weniger behaart, beiderseits völlig glanzlos, oberseits mattgrün, unterseits blaßgrün bis weißlich, Mittelnerv hell, oberseits flach, unterseits breit hervortretend, Seitennerven und Adernetz oberseits wenig, unterseits fein und deutlich sichtbar aber kaum erhaben; Blattstiel bis 1 cm lang, kahl, nur bei jungen Blättern lang, aber zerstreut behaart. Nebenblätter oft stark entwickelt, schief eiförmig, gesägt. Knospenschuppen kastanienbraun, kahl, die Spitze zerstreut zottig behaart. Kätzchen gleichzeitig oder die männlichen etwas vorlaufend. Männliche Kätzchen aufrecht oder etwas gekrümmt, dick zylindrisch, bis 5 cm lang, 1 cm im Durchmesser, dichtblütig, kurz gestielt; Stiel bis 0,8 cm lang, mit kleinen, weißseidig behaarten, lang elliptischen bis lanzettlichen, ganzrandigen oder gesägten Blättchen besetzt; Achse weißlich behaart. Tragblätter lanzettlich bis verkehrt-eiförmig, stumpflich, braun, an der Spitze dunkler und mit langen weißen glatten Haaren, später gekräuselt gebärtet; Staubfäden kahl, etwa doppelt so lang wie die Tragblätter; Staubbeutel ellipsoidisch, gelb. Nektarium breit rechteckig, fast quadratisch, etwa

Fig. 46. *Salix hastata* L. a Zweig mit weiblichen Kätzchen. b Weibliche Blüte (von der Seite). c Tragblatt mit Honigdrüse. d Weibliche Blüte mit Tragblatt (von vorn)

¼ so lang wie das Tragblatt. Weibliche Kätzchen aufrecht oder etwas gekrümmt, zylindrisch, bis 6 (–10) cm lang, 1 (–2) cm breit, dichtblütig; Kätzchenstiel etwas länger, bis 3 cm lang und mit etwas größeren Blättchen besetzt als der der männlichen Kätzchen; Achse dünn, hell, behaart. Tragblätter wie bei den männlichen Blüten, etwa ⅓ der Länge des Fruchtknotens erreichend. Fruchtknoten aus eiförmigem Grunde spitzkegelig, kahl, gestielt; Stiel etwa ⅓ so lang wie der

Fruchtknoten, kahl; Griffel ⅓ bis ½ so lang wie der Fruchtknoten, zuweilen an der Spitze geteilt; Narben länglich verkehrt-eiförmig, geteilt, seitwärts gebogen. Nektarium wie bei den männlichen Blüten, ½ bis fast so lang wie der Fruchtknotenstiel. – Chromosomenzahl: $n = 19$. – V bis VIII.

Vorkommen. Ziemlich häufig in subalpinen Hochstaudengebüschen auf feuchten oder nassen, basenreichen und meist kalkhaltigen Lehmböden, oft in Kontakt mit dem Alnetum viridis, in Pioniergebüschen wasserzügiger Grashänge oder Steinschutthalten, Salicion-pentandrae-Verbandscharakterart (BR.-BL. 1950).

Allgemeine Verbreitung. Nordeuropa von den arktischen Gebieten südwärts bis Jütland und Nord-Finnland, Nord-Rußland: Karelien und Dwina-Petschora-Gebiet südwärts bis etwa 68° 30' n. Br., Gebirge Süd- und Mitteleuropas, und zwar Sierra Nevada, Pyrenäen, Alpen, Jura, Sudeten, Karpaten, in den Gebirgen Kroatiens und der Herzegowina sowie auch im Kaukasus; ferner Kleinasien, Nord-, Nordost- und Zentralasien südwärts bis zum Himalaya, bis in die Mongolei und Sikkim, im Osten bis zur Tschuktschen-Halbinsel, Kamtschatka und Sachalin.

Verbreitung im Gebiet. Verbreitet im Jura und in den Alpen ostwärts bis Oberösterreich, Steiermark, Kärnten und Krain, in Oberbayern zwischen 1040 und 2150 m, in Tirol zwischen 1800 und 2200 m, im Kanton Wallis zwischen 1600 und 2400 m, ferner in den Vogesen, und zwar einzig nächst Frankental am Hohneck, im Mährischen Gesenke zwischen 1140 und 1300 m: Hochschar, Brünnelheide, Altvater, Schäferei, Großer und Kleiner Kessel u. a., sowie im südlichen Harzvorland am Alten Stolberg bei Stempeda (hier wahrscheinlich erloschen).

Ändert ab: 1. var. *hastata*. Syn. var. *subalpina* ANDERSS. pr. p. Blätter breit elliptisch bis breit-verkehrt-eiförmig.

2. var. *vegeta* ANDERSS. Aufrechte bis 1,5 m hohe Sträucher mit großen, meist rundlichen Blättern. Die Form niedriger Lagen aber auch fetten Bodens und geschützter Lagen im Hochgebirge. – Hierher: 1. f. *latifolia* TOEPFFER. Blätter fast kreisrund oder wenig länger als breit, 1–1,5:1, am Grunde oft mehr oder weniger herzförmig, Spitze kurz, von derber Struktur. – 2. f. *angustifolia* TOEPFFER. Blätter breit-lanzettlich.

3. var. *alpestris* auct. Kriechender Strauch mit kleinen, dünneren Blättern. Die Form hoher, kalter, nasser Lagen, aber auch mit den anderen Formen zusammenwachsend, etwa 14 Tage später blühend.

*S. hastata* ist auch ohne Blüten von anderen *Salix*-Arten mit verkahlenden Blättern auf den ersten Blick durch die Glanzlosigkeit der Blätter, ihre meist zarte Beschaffenheit, sowie durch das feine, aber unterseits kaum erhabene Nervennetz der Blätter zu unterscheiden, Merkmale, die *S. hastata* bis zu einem gewissen Grad auf ihre Bastarde zu übertragen pflegt. Solche sind bisher aus den Alpen mit *S. appendiculata* VILL., *S. breviserrata* FLOD., *S. caesia* L., *S. caprea* L., *S. helvetica* VILL. und *S. herbacea* L. bekannt geworden. Aus Skandinavien gibt FLODERUS (1931) noch Bastarde mit *S. arenaria* L., *S. aurita* L., *S. glandulifera* FLOD., *S. lanata* L., *S. myrtilloides* L., *S. repens* L., *S. reticulata* L., *S. rotundifolia* TRAUTV. und *S. xerophila* FLOD., ferner indirekt mit *S. caprea* L., *S. livida* WAHLBG. und *S. polaris* WAHLBG. an.

Die Variabilität der *S. hastata* im Wuchs und in der Blattform und Größe ist bedeutend.

Im Gegensatz zu anderen Formenkreisen mit ähnlich weiter arktisch-montaner Verbreitung, wie etwa *S. arbuscula* L., *S. phylicifolia* L. u. a., läßt sich bei *S. hastata* bei großer Variabilität in den einzelnen Arealteilen keine systematische Gliederung auf geographisch-morphologischer Basis durchführen.

**761 a. Salix glabra** SCOP., Fl. Carniolica ed. 2, **2**, 255 (1772). Syn. *S. phylicifolia* WULF. (1788), nec al., *S. Pontederae* BELL. (1792), *S. corruscans* WILLD. (1805) pr. p., *S. Wulfeniana* WILLD. (1805) pr. p. Kahle Weide. Franz.: Saule glabre. Fig. 47, Fig. 20 n.

Meist niedriger, seltener bis 1,5 m hoher Strauch mit kurzen, dicken Ästen. Zweige kastanienbraun, kahl; junge Triebe hellbraun, kahl. Blätter gestielt, breit verkehrt-eiförmig, etwa 4 (–9) cm lang, 2,5 (–3,5) cm breit, kurz bespitzt, seltener stumpf oder abgerundet, am Grunde meist spitz, seltener stumpf zusammenlaufend, am Rande dicht klein kerbig-gesägt bis ausgebissen gezähnt, kahl, oberseits dunkelgrün, stark lackartig glänzend, unterseits heller bis bläulichweiß, matt, jüngere Blätter beim Trocknen leicht schwärzlich werdend; Mittelnerv hell, oberseits flach, unterseits breit hervortretend, Seitennerven und Nervennetz beiderseits fein und deutlich hervortretend; Blatt-

Tafel 83

### Tafel 83. Erklärung der Figuren

Fig. 1. *Salix herbacea* L. (pag. 74). Habitus.
„ 1a. Weibliche Blüte.
„ 1b. Männliche Blüte mit Tragblatt.
„ 2. *Salix retusa* L. (pag. 30). Zweigstück.
„ 2a. Männliche Blüte mit Tragblatt.
„ 2b. Weibliche Blüte mit Tragblatt.
„ 3. *Salix serpyllifolia* Scop. (pag. 78). Habitus einer weiblichen Pflanze.
„ 3a. Männliche Blüte mit Tragblatt.
„ 3b. Weibliche Blüte mit Tragblatt.
„ 4. *Salix reticulata* L. (pag. 72). Sproßstück mit männlichen Kätzchen.
„ 4a. Diskus mit Tragblatt.
„ 4b. Weibliche Blüte mit Diskus und Tragblatt.
„ 5. *Salix helvetica* Vill. (pag. 116). Zweig mit weiblichen Kätzchen.
„ 5a. Männliche Blüte mit Tragblatt.
„ 5b. Weibliche Blüte mit Tragblatt.
„ 6. *Salix glaucosericea* Flod. (pag. 83). Zweig mit männlichen Kätzchen.
„ 6a. Männliche Blüte mit Tragblatt.
„ 6b. Weibliche Blüte mit Tragblatt.
„ 6c. Reife Frucht.
„ 7. *Salix Waldsteiniana* Willd. (pag. 109). Zweig mit Fruchtkätzchen.
„ 7a. Weibliche Blüte mit Tragblatt.
„ 7b. Männliche Blüte mit Tragblatt.

stiel bis 1 cm lang. Nebenblätter selten entwickelt, halbherzförmig, am Rande gesägt. Knospenschuppen braun, kahl. Kätzchen mit oder nach den Blättern erscheinend, selten die männlichen etwas vorlaufend. Männliche Kätzchen aufrecht, kurz zylindrisch, bis 5 cm lang, 1 cm im Durchmesser, dichtblütig, kurz gestielt; Stiel bis 1 cm lang, zerstreut grau behaart, mit kleinen verkehrt-eiförmigen, gesägten, kahlen Blättchen besetzt; Achse dünn, grau behaart. Tragblätter schmal elliptisch, stumpf, gelb bis braun, lang dünn weiß gebärtet, sonst kahl. Staubfäden am Grunde behaart, bis 4-mal so lang wie die Tragblätter; Staubbeutel ellipsoidisch, vor der Anthese purpurn, dann gelb. Nektarium eiförmig, stark gestutzt, bis 4-mal so lang wie die Tragblätter. Weibliche Kätzchen aufrecht oder seitwärts gebogen, zylindrisch, bis 7 cm lang, 1 cm im Durchmesser, dichtblütig, am Grunde etwas lockerer, später verlängert lockerblütig, gestielt; Stiel bis 2 cm lang, zerstreut grau behaart, mit verkehrt-eiförmigen, am Rande dicht kleingesägten, kahlen Blättern besetzt; Achse dünn, grau behaart. Tragblätter wie bei den männlichen Blüten, bis 1/3 der Länge des Fruchtknotens erreichend. Fruchtknoten aus eiförmigem Grunde lang kegelig verschmälert, kahl, gestielt; Stiel bis 1/3 so lang wie der Fruchtknoten; Griffel bis 1/4 so lang wie der Fruchtknoten, mitunter mehr oder weniger tief gespalten; Narben länglich-elliptisch, geteilt, bogig abstehend. Nektarium wie bei den männlichen Blüten, bis fast so lang wie der Fruchtknotenstiel. – V, VI.

Fig. 47. *Salix glabra* Scop. *a* Zweig mit weiblichen Kätzchen. *b* Weibliche Blüte mit Tragblatt. *c* Aufgesprungene Fruchtkapsel. *d* Zweig mit männlichen Kätzchen. *e* Männliche Blüte mit Tragblatt

Vorkommen. Ziemlich häufig in feuchten Hochstaudengebüschen, an steinigen Abhängen, im Geröll, an Bächen, zwischen Legföhren der östlichen Kalkalpen, oft mit *S. Waldsteiniana* Willd., meist auf Dolomit, Adenostyletalia-Ordnungscharakterart.

Allgemeine Verbreitung. Ostalpen von Niederösterreich, Kroatien und Krain bis zu den Bayerischen Alpen und Allgäuer Alpen, vorwiegend in den nördlichen und südlichen Kalkalpen, selten auf kalkreichem Substrat in den zentralen Gruppen, ferner in den südlichen Alpengruppen westwärts durch die Lombardei bis Piemont bis zum Val Antigorio und in den Kanton Tessin; schließlich in den Gebirgen Kroatiens, Bosniens und der Herzegowina.

Verbreitung im Gebiet. Ostalpen, vorwiegend in den Nördlichen Kalkalpen westwärts bis zu den Allgäuer Alpen: Schlappolt, Birnwangalpe, Fellhornkamm, sowie in den Südlichen Kalkalpen, jedoch fehlend in den Sanntaler Alpen; ziemlich allgemein verbreitet in der subalpinen und alpinen Stufe von etwa 1400 bis 2100 m, steigt jedoch an zahlreichen Stellen an den Bächen und Flüssen tiefer in die Täler herab, so an der Iller bis Ulm, in Oberbayern bei Füssen bis 860 m, am Nesselgraben bei Reichenhall bis 580 m, in Niederösterreich im Stockgrund bei Lunz bei etwa 800 m, in Nord-Tirol am Achensee bis 930 m, in der Mühlauer Klamm in der Solsteinkette bis 673 m, in Salzburg bis ins Blühntautal bei Golling, in Kärnten in der Garnitzenschlucht bis 650 m, in Südtirol in Vallarsa bis 310 m, in Vorarlberg einzig im Bayerischen Grenzgebiet zwischen Hochkrummbach und Warth; in der Schweiz erst kürzlich entdeckt, und zwar im Kt. Tessin am Nordhang der Cima del Noresso im Val Colla in 1700–1800 m Meereshöhe.

Ändert ab: 1. var. *latifolia* ANDERSS. Blätter rundlich-elliptisch, bis 8 cm lang, 4 cm breit. – Hierher: 1. f. *obovata* ANDERSS. Blätter verkehrt-eiförmig, bis 8 cm lang. – 2. f. *obtusifolia* BECK. Blätter vorne stumpf. – 3. f. *rotundifolia* ANDERSS. Blätter fast kreisförmig, klein, bis 2 cm lang und breit, fast am ganzen Rande gesägt; Kätzchen kürzer, schwach gekrümmt.

2. var. *angustifolia* ANDERSS. Blätter verkehrt-eilanzettlich bis lanzettlich, 3–3,5 : 1–1,5. – Hierher: 1. f. *oblonga* ANDERSS. Blätter eiförmig oder verkehrt-eilänglich, kaum 3 cm lang. – 2. f. *lanceolata* ANDERSS. Blätter lanzettlich, größte Breite in der Mitte, nach dem Grund und nach der Spitze zu gleichmäßig verschmälert.

*S. glabra* ist durch ihre völlige Kahlheit, oberseits wie lackiert glänzenden, beim Trocknen wie *S. nigricans* SM. leicht schwarz werdenden Blätter von dicklicher, trocken fast lederiger Beschaffenheit eine sehr auffällige Erscheinung. Sie ist in den Ostalpen endemisch und überschreitet diese nur im Südosten, wo sie in die illyrischen Gebirge eindringt. Von der ebenfalls beim Trocknen leicht schwarz werdenden *S. nigricans* SM. ist *S. glabra* durch die völlige Kahlheit der Blätter und den gleichmäßigen, bis in die Blattspitze reichenden Wachsüberzug der Blattunterseite leicht und sicher zu unterscheiden. Bastarde zwischen den beiden Arten treten jedoch fast überall auf, wo sie zusammentreffen. Sonst ist mit Sicherheit nur die Kreuzung mit *S. retusa* L. mehrfach gefunden worden.

**761 b. Salix cordata** MÜHLENBERG, Neue Schrift. Ges. Naturf. Freunde Berlin 4, 236 (1803). Syn. *S. rigida* WILLD. (1805), *S. americana* hort. Niedriger, sich weit ausbreitender, 0,3 bis 1,5 m hoher Strauch. Zweige in der Jugend behaart, später kahl, braun. Blätter gestielt, breit länglich-lanzettlich bis länglich-eiförmig, bis 15 cm lang, 5 cm breit, gewöhnlich unterhalb oder nahe der Mitte am breitesten, gegen die Spitze lang zugespitzt, am Grunde keilförmig, stumpf oder herzförmig, am Rande dicht und scharf gesägt, oberseits dunkelgrün, unterseits heller bis grau, kahl oder nur am Mittelnerv behaart, Adernetz fein und deutlich hervortretend, in der Jugend und oft auch später beiderseits oder besonders unterseits dicht grau-seidig behaart; Blattstiel (2–) 5–35 mm lang, filzig. Nebenblätter stark entwickelt, schief herzförmig, spitz, am Rande gesägt. Knospenschuppen braun, groß. Kätzchen vor den Blättern erscheinend, auf kurzen, mit kleinen Blättern besetzten Zweigen endständig, aufrecht. Männliche Kätzchen zylindrisch, bis 4 cm lang, 1 cm im Durchmesser; Blütenstandsachse lang und dicht gekräuselt behaart. Tragblätter eiförmig, hell, an der Spitze dunkler, lang gekräuselt grau behaart. Staubfäden am Grunde oder bis zur Hälfte verbunden, kahl; Nektarium schmal länglich gestutzt, etwa halb so lang wie die Tragblätter. Weibliche Kätzchen schmal zylindrisch, bis 3,5 cm lang, 0,6 cm im Durchmesser. Tragblätter wie bei den männlichen Kätzchen. Fruchtknoten aus ovalem Grunde lang kegelig verschmälert, kahl; Fruchtknotenstiel 1/3 so lang wie der Fruchtknoten, kahl; Griffel 1/5 so lang wie der Fruchtknoten; Narben länglich, ausgerandet, gabelig. Nektarium wie bei den männlichen Kätzchen, 1/3 bis 1/2 so lang wie der Fruchtknotenstiel. – IV, V. – Heimat: Nordamerika von Labrador westwärts bis ins nördliche Ontario, südwärts bis Neufundland, Neu-Schottland, Maine, New York, südliches Ontario und nördliches Michigan. In Mitteleuropa unter dem Namen *S. americana* hort. als wichtige Flechtweide kultiviert und gelegentlich verwildernd.

## 762a. Salix Lapponum L., Spec. plant. 1019 (1753). Lappländische Weide.

Aufrechter, meist etwa 1 m hoher Strauch, nur ausnahmsweise niederliegend oder an geschützten schattigen Stellen höher, oft ziemlich weit ausgebreitet. Äste verbogen, graubraun, mit knotig verdickten Blattnarben. Vorjährige Zweige glänzend, kastanienbraun, unregelmäßig locker, behaart bis kahl. Langtriebe braun, ziemlich dicht mit langen, weißen, verfilzten Haaren bedeckt, meist 10- bis 15-blättrig. Nebenblätter meist fehlend, nur ausnahmsweise ausgebildet, schmal lanzettlich, locker drüsig gezähnt, bald abfallend. Blattstiel ungefähr 6, selten bis 15 mm lang, dünn behaart. Blatt dicklich, oft etwas asymmetrisch, ungefähr 3,5 cm, selten bis 7,5 cm lang, etwa 1,2 cm, selten bis 2,5 cm breit, elliptisch oder verkehrt-lanzettlich bis verkehrt-eiförmig, mit gewöhnlich schmal abgerundeter, selten schwach herzförmiger Basis und mehr oder weniger vorgezogener

Spitze, ganzrandigem oder im unteren Teil schwach buchtigem oder etwas gewelltem Rand; Seitennerven jederseits meist 8–12 (–15, ausnahmsweise bis 18); Blattoberseite grauweiß oder graugrün, mit oberseits schwach eingesenkten, unterseits schwach vortretenden Nerven, beiderseits fast glanzlos weißwollig, unterseits durch dichter angeordnete und stark verfilzte, etwa 5 mm lange, feine, mehr oder weniger gebogene Haare. Die untersten Blätter der Sprosse klein, stumpf, oft mit Drüsen eingesäumt, flach, oberseits oft grün, weiß punktiert, verkahlend, unterseits gewöhnlich langseidig behaart. Knospen groß, schließlich bis 10 mm lang, eiförmig, zugespitzt, dunkelbraun, locker behaart bis kahl. Kätzchen aufrecht, ziemlich lang, die männlichen 2,5 cm lang, 1,5 cm dick, sitzend, die weiblichen 4 (–9) cm lang, 1,5 cm dick, sehr dichtblütig, an kurzen, selten bis 1 cm langen, dicken, wollhaarigen, blattlosen Kätzchenstielen. Tragblätter etwa 2 mm lang, elliptisch bis verkehrt-eiförmig, mehr oder weniger spitz, im oberen Teil bräunlichschwarz, dicht mit ziemlich langen, geraden Haaren besetzt. Nektarium 1 (–2) mm lang, schmal, hellgrün bis gelblich. Staubfäden 2, frei, 5–6 mm lang, gelblichweiß, kahl; Staubbeutel elliptisch, anfangs oft purpurn überlaufen, dann gelb, schließlich dunkelbraun. Fruchtknotenstiel undeutlich oder sehr kurz, kurzhaarig, höchstens ¼ mm lang. Kapsel mehr oder weniger 6 mm lang, schmal eiförmig-konisch, spitz, grauweiß filzig-wollig durch dichte, lange, gewellte Haare. Griffel sehr lang, 2 (–3) mm; Narben herabgebogen, mehr oder weniger 1 mm lang, ganzrandig oder kurz gelappt, hell bräunlich. – Chromosomenzahl: n = 19, 38. – (V), VI, VII.

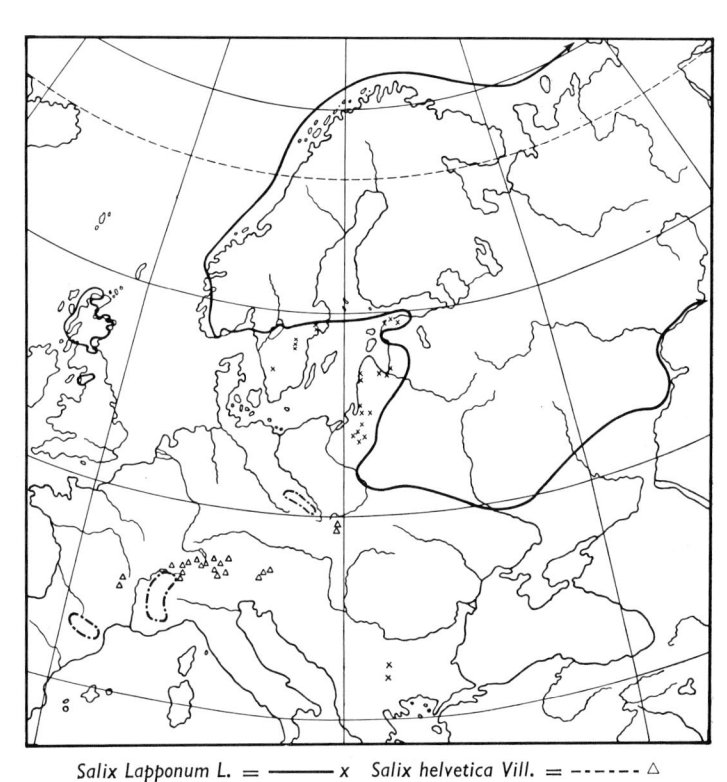

Fig. 48. Verbreitungsgebiete von *Salix Lapponum* L. und *Salix helvetica* VILL. (nach H. MEUSEL, Halle 1957)

*Salix Lapponum* L. = ——— x *Salix helvetica* Vill. = - - - - - - △

Vorkommen. Auf Mooren, schlammigen Wiesen, an sumpfigen Bachufern, an quelligen Stellen.

Allgemeine Verbreitung. Schottland, Skandinavien, Baltikum, Nord- und Westrußland, Sibirien.

Verbreitung im Gebiet. Zerstreut in Ostpreußen in den Kreisen: Heydekrug: Medszokelmoor bei Paleiten; Ragnitz: Popelker Torfmoor bei Paballen; Darkehmen: Rotes Bruch, Klingmoor und Nordrand des Kleinen-Schwingnucksees bei Klewienen; Sensburg: zwischen Prawdowen und Selbongen; Lötzen: Feldsee bei Widminnen, Moor bei Spiergsten-Grünwalde und Upalten; Lyck: Sasdroskenmoor am Nordufer des Großen-Sawindasees, Moor bei Mykolaiken zwischen Saborowen und Gutten, Moor bei Przykopken; Johannisburg: Czarny Rog.

Unterscheidung von der verwandten *S. helvetica* VILL. siehe unter dieser. *S. Lapponum* ist in Skandinavien sehr variabel (vgl. FLODERUS 1931). Sie kreuzt sich dort mit *S. arbuscula* L., *S. arenaria* L., *S. aurita* L., *S. caprea* L., *S. coaetanea* (HARTM.) FLOD., *S. herbacea* L., *S. lanata* L., *S. myrtilloides* L., *S. polaris* WAHLBG., *S. repens* L., *S. reticulata* L., *S. rotundifolia* TRAUTV., *S. xerophila* FLOD., *S. viminalis* L., ferner indirekt mit *S. cinerea* L. und *S. livida* WAHLBG. Weiterhin gibt FLODERUS mehrere Tripel- und einen Quadrupelbastard an.

**762b. Salix helvetica** VILL., Hist. Fl. Dauph. 3, 783 (1789). Syn. *S. Lapponum* L. (1753), pr. p., *S. Lapponum* L. var. *helvetica* (VILL.) ANDERSS. (1868), *S. arenaria (helvetica)* WILLD. (1805), *S. velutina* SCHLEICH. (1809), *S. limosa* WAHLENBG. (1812), *S. nivea* SÉR. (1814), *S. tomentosa* HOST (1828). Schweizer-Weide. Franz.: Saule de Suisse. Taf. 83, Fig. 5; Fig. 48, 49 und 50, Fig. 20k

Ziemlich niedriger Strauch von 1–1,5 m, seltener 2 m Höhe mit kurzen dicken Zweigen. Junge Zweige wie die Blattstiele und Knospenschuppen mit sehr kurzen, verfilzten Haaren bedeckt, im Herbst oft verkahlend; einjährige Zweige bräunlich oder rotbraun bis kastanienfarbig, glatt und glänzend, die älteren Zweige bzw. Äste graulich mit einer etwas runzeligen Rinde bedeckt. Blätter gestielt, elliptisch-verlängert oder elliptisch-lanzettlich, 2- bis 3-mal so lang wie breit, 40 (–90) mm lang, 20 (–33) mm breit, oft auch breit-lanzettlich oder verkehrt-eiförmig, seltener lanzettlich, asymmetrisch, beidendig verschmälert, Rand ausgeschweift gezähnt, flach oder schwach gewellt, bisweilen spärlich und unregelmäßig mit Drüsen besetzt, Blattfläche oberseits kahl, unterseits lang seidig wollig, im Jugendzustand am Rande eingerollt, ausgewachsen oberseits dunkelgrün, fast glänzend, meist kahl oder gegen den Rand zu flockig behaart, ziemlich glatt, gelegentlich mit oberseits eingedrückten Netznerven, seltener fast runzelig, unterseits durch dicht verfilzte Haare weiß oder schneeweiß behaart, im Jugendzustand durch längere angepreßte Haare weißlichgrau glänzend, beim Trocknen bräunlich werdend; Blattstiel 2–5 (–8) mm lang, rauhhaarig. Nebenblätter klein, länglich oder halbherzförmig, reichlich drüsig-gesägt oder ganzrandig, manchmal fehlend. Kätzchen etwas vorlaufend, aufrecht, dichtblütig. Männliche Kätzchen eiförmig- oder verlängert-zylindrisch, 1,5-mal so lang wie breit, 25 (–30) mm lang, 13 (–16) mm breit, gestielt, Stiel dicht grauhaarig, 4 (–10) mm lang, mit meist drei kleinen Blättern besetzt. Tragblätter 2–3 mm lang, eiförmig oder lanzettlich, spitz, selten stumpf, oberwärts oder in der ganzen Länge schwärzlich, beiderseits mit langen seidigen Haaren besetzt, 2 (–2,8) mm lang. Staubfäden 6–7 mm lang, bei der typischen Form kahl, ausnahmsweise am Grunde spärlich behaart; Staubbeutel eiförmig oder fast kugelig, vor der Blütezeit gelb oder rötlich, nachher schmutzig fuchsig, seltener rotbräunlich. Nektarium schmal eiförmig bis lineal, etwa ⅓ so lang wie die Tragblätter. Weibliche Kätzchen zylindrisch, dichtblütig, 3- bis 5-mal so lang wie breit, 30 (–80) mm lang, 10 mm breit, schließlich verlängert und lockerblütig, gestielt, Stiel dicht grauhaarig, bis 15 mm lang, mit meist drei kleinen Blättern besetzt. Tragblätter wie bei den männlichen Blüten, 2 (–2,8) mm lang. Fruchtknoten 3 mm lang, aus eiförmigem Grunde konisch, schließlich eiförmig-stumpf, grau oder weiß, durch krause, verfilzte Haare wollig oder auch mehlig-filzig; Fruchtknotenstiel kürzer als das Nektarium; Griffel 0,5 (–2) mm lang, fadenförmig, bis zur Mitte oder oft auch vollkommen gespalten mit abstehenden Griffelästen, am Grunde behaart oder gebärtet, gelblich oder rötlich; Narben zweispaltig, fadenförmig, aufrecht, abstehend oder horizontal divergierend oder auch zurückgeschlagen. Nektarium wie bei den männlichen Blüten. – VI, VII.

Fig. 49. *Salix helvetica* VILL. (Aufn. C. CASPARI, München)

Vorkommen. An schattigen, lange schneebedeckten Blockhängen, auf Lawinen- und Bachschutt, meist in Nordlage, oft große, fast reine oder mit *S. glaucosericea* FLOD., *S. foetida* SCHLEICH., *S. appendiculata* VILL., *Rhododendron ferrugineum* L. gemischte Zwergstrauchbestände bildend; auch im Kontakt mit *Alnus viridis* (Alnetum viridis salicetosum helveticae BR.-BL. 1950), kalkfliehend.

Allgemeine Verbreitung. Alpen, von den Seealpen und Hautes Alpes bis zu den Stubaier und Kitzbühler Alpen in Nordtirol.

Verbreitung im Gebiet. Zerstreut in den Zentralalpen der Schweiz, besonders in Graubünden, im Gotthardgebiet und im Wallis, fehlt in den Außenketten; ferner in den Zentralalpen des westlichen Österreichs und Südtirols von etwa 1700–2300 m. Herbarbelege wurden gesehen: Kt. Waadt: Alpes de Bex; Kt. Wallis: Simplon, Saas, Riffelalp oberhalb Zermatt; Berner-Oberland: Aargletscher, Grindelwaldgletscher; Uri: Oberhalb Seewli; Glarus: Sandalp; Graubünden: Fexbachdelta bei Sils, Samaden, Padella, Spinas, St. Moritz. Trient: Val di Genova; Südtirol: Nordhang des Sasso di Mezzodì, St. Gertraud in Sulden. Nord-Tirol: Fuß des Fernerkogels, Stubaital und Zwieselbachtal in den Stubaier Alpen, Trippach bei St. Johann.

Fig. 50. *Salix helvetica* VILL. (Aufn. G. HEGI, München)

*S. helvetica* unterscheidet sich u. a. von der nordischen *S. Lapponum* L. durch eine dichtere Behaarung der Blätter und Fruchtknoten, vor allem dicht seidigzottige Behaarung der jüngsten Blätter, sowie weniger deutliche Blattnervatur, ferner durch weniger dicke, zylindrische, zur Zeit der Reife meist mehr oder weniger aufgelockerte, deutlich gestielte Kätzchen, 2–3 mm lange, eiförmige oder lanzettliche Tragblätter, kurzen, bis 3 mm langen Fruchtknoten, kürzeren, (0,5)–2 mm langen, bis zur Mitte oder oft auch vollkommen gespaltenen Griffel mit abstehenden Griffelästen.

Mit der übrigens nicht näher verwandten *S. glaucosericea* FLOD. hat *S. helvetica* sparrigen Wuchs, dichte Behaarung des Fruchtknotens, Teilung von Griffel und Narbe, den besonders in jungen Stadien auffälligen Seidenfilz der Blätter gemeinsam, unterscheidet sich aber u. a. durch bräunliche oder rotbraune bis kastanienfarbene einjährige Zweige, Blätter, welche beiderseits durch kurze Haare wollig-filzig, 2- bis 3-mal so lang wie breit und drüsig gesägt sind, größere, 25–30 mm lange, 13–16 mm dicke männliche Kätzchen, gelbliche oder rötliche, seltener rotbräunliche Staubbeutel, kleine, etwa 3 mm lange Fruchtknoten.

Die Art ist nach BUSER (1940) eine der in den Schweizer Zentralalpen am weitesten verbreiteten Weiden. Sie ist ziemlich formenreich, und zwar sowohl bezüglich der Blattform als auch bezüglich der Behaarung. Am meisten auffallend ist var. *denudata* BUSER mit oberseits kahlen, unterseits verkahlenden oder graugrünlich mehlig behaarten Blättern, ferner die von BUSER beobachtete, jedoch nicht benannte Abart mit Blättern, deren Haare alle nach vorne gerichtet sind, wodurch die Blätter seidenglänzend und nicht mehlig-filzig erscheinen. Die zuletzt beschriebenen Formen wurden im Oberengadin von HEGETSCHWEILER im Rosetsch- und Fextale, von W. SCHIBLER am Piz Rosetsch gesammelt. HEGETSCHWEILER zog sie zu *S. glauca* L., doch legitimieren sie sich nach BUSER durch die gesägten Blätter, die ganze Blütenstruktur, sowie den Habitus deutlich als zu *S. helvetica* gehörig.

Bildungsabweichungen in der Blütenstruktur sind bei *S. helvetica* ungemein häufig. Bisweilen zeigt der gleiche Strauch oder sogar dasselbe Kätzchen alle Übergangsbildungen von Staubblättern zu Karpiden, bisweilen auch nur eine einzige Umwandlungserscheinung, wie z. B. Verwachsung und Verbreiterung der Staubfäden, Anschwellung des Konnektivs usw.

Bastarde wurden bisher mit Sicherheit bekannt mit *S. appendiculata* VILL., *S. Elaeagnos* SCOP., *S. foetida* SCHLEICH., *S. hastata* L. und *S. herbacea* L., sowie der Tripelbastard *S. appendiculata* × *foetida* × *helvetica*. Die nordische *S. Lapponum* L. s. str. kreuzt sich nach FLODERUS (1931) mit *S. arbuscula* L., *S. arenaria* L., *S. aurita* L., *S. caprea* L., *S. coaetanea* (HARTM.) FLOD., *S. herbacea* L., *S. lanata* L., *S. myrtilloides* L., *S. polaris* WAHLBG., *S. repens* L., *S. reticulata* L., *S. rotundifolia* TRAUTV., *S. xerophila* FLOD., *S. viminalis* L., sowie indirekt mit *S. cinerea* L. und *S. livida* WAHLBG.; weiterhin sind eine größere Anzahl von Tripel- und Quadrupelbastarden bekannt.

ssp. **marrubiifolia** (TAUSCH) FLODERUS in Svensk Botan. Tidskrift 37, 77 (1943). Syn. *S. arenaria* L. var. *marrubiifolia* TAUSCH (1837), *S. Lapponum* L. var. *marrubiifolia* (TAUSCH) WIMM. (1866), *S. Lapponum* auct. sudet. et carpat.

Unterscheidet sich von *S. helvetica* VILL. s. str. durch niedrigeren Wuchs, etwas kleinere, völlig ganzrandige, nicht glänzende Blätter, deren längere Haare auf der Blattunterseite ähnlich wie bei *S. Lapponum* L. ein wenig kraus sind, ferner durch kleinere Kätzchen, sowie kürzere Staubfäden und Kapseln. – VI, VII.

Vorkommen. Ziemlich selten auf Mooren, Blockhalden, in Karen.

Allgemeine Verbreitung. Sudeten, Karpaten.

Verbreitung im Gebiet. Riesengebirge, etwa bis 1050 m herabsteigend, z. B. am Großen und Kleinen Teich, im Riesen- und Elbgrund, Elb- und Pantschewiese, Kessel- und Melzergrube, nächst der Schlingelbaude. Mährisches Gesenke: Altvater, Peterstein, Kessel.

Auf *S. helvetica* ssp. *marrubiifolia* beziehen sich alle bisherigen Angaben der *S. Lapponum* L. aus den Sudeten und Karpaten. Nach FLODERUS (1943) ist der sudeto-karpatische Vertreter wegen der dichter gedrängten Knospen, kurzen und dicht anliegenden Behaarung der Blattunterseite, kleineren Kätzchen mit längerem, beblättertem Kätzchenstiel, kürzeren Nektarien, Staubblättern und Kapseln, sowie wegen der kürzeren und häufiger gespaltenen Griffel näher mit *S. helvetica* als mit *S. Lapponum* verwandt.

**763a. Salix viminalis** L., Spec. plant. 1021 (1753). Syn. *S. longifolia* LAM. (1778) nec al., *S. virescens* VILL. (1786). Korb-Weide, Band-, Hanf- oder Elb-Weide. Dän.: Baand-Pil. Engl.: Common Osier, Osier Willow; Franz.: Saule viminal, Saule à longues feuilles, Osier blanc, O. vert ou noir, O. de rivière, O. des Iles. Ital.: Brillo, Vetrice, Vimine, Vinco, Salice viminale. Sorbisch: Witkowa wjerba. Poln.: Wierzba wiciowa, Witwa. Tschech.: Vrba košařská. Taf. 81, Fig. 1; Fig. 51, Fig. 19q

Strauchförmig, selten bis 10 m hoher Baum mit schlanken, aufrecht abstehenden Ästen und Zweigen; diese grünlich, graugelb oder braun, oft in der Jugend samtartig grau behaart, später kahl, innere Rinde grün; junge Sprosse kurz dünnsilberig bis dichtfilzig behaart. Blätter gestielt, schmal lanzettlich, bis 15 cm lang, 1,5 cm breit, nach der Spitze zu verschmälert, spitz, am Grunde keilförmig, ganzrandig oder schwach drüsig gezähnt, oberseits trübgrün, kaum glänzend, mit kleinen Härchen locker besetzt, unterseits dicht silberig schimmernd behaart, in der Jugend beiderseits lang seidig behaart, Mittelnerv oberseits wenig, unterseits stark hervortretend, Seitennerven unter einem Winkel von 50–60° abzweigend, oberseits wenig hervortretend oder schwach vertieft, unterseits scharf hervortretend, Nervennetz weitmaschig, beiderseits kaum sichtbar; Blattstiel bis 1 cm lang, bei jungen Blättern kurz hellgrau behaart, selten ganz verkahlend. Nebenblätter nur an End- oder Wassertrieben, schmal lanzettlich, lang zugespitzt. Knospenschuppen hellbraun, zerstreut bis samtig grau behaart. Kätzchen vorlaufend, vor dem Aufblühen dicht seidig zottig. Männliche Kätzchen in der Achsel von sehr kleinen, schmal lanzettlichen, lang seidig behaarten Tragblättern, aufrecht, zylindrisch, bis 3,5 cm lang, 1 cm im Durchmesser, dichtblütig; Achse dünn, hellgrau behaart. Tragblätter elliptisch bis länglich-eiförmig, spitz oder stumpflich, schwarzbraun, am Grunde heller, zerstreut lang weißgrau behaart. Staubblätter doppelt so lang wie die Tragblätter; Staubbeutel länglich-ellipsoidisch, gelb, nach dem Abblühen braunrot. Nektarium lineal, bandförmig, gestutzt, etwa $\frac{1}{3}$ so lang wie die Tragblätter. Weibliche Kätzchen wie die männlichen sitzend in der Achsel von winzigen Tragblättern, aufrecht, zylindrisch, bis 3 cm lang, 1 cm im Durchmesser; Achse hellgrau behaart. Tragblätter elliptisch bis länglich-eiförmig, spitz oder stumpflich, braun, am Grunde heller, lang weißgrau behaart. Fruchtknoten fast sitzend oder sitzend, aus eiförmigem Grunde kurzkegelig verschmälert, etwa zweimal so lang wie die Tragblätter, anliegend hellgrau seidig, fast filzig behaart; Griffel fast so lang wie der Fruchtknoten, dünn, gelb; Narben linealisch mit fadenförmigen, nach außen gebogenen Ästen. Nektarium lineal, bandförmig, gestutzt, bis auf $\frac{1}{4}$ oder fast bis zur Hälfte der Fruchtknoten hinaufreichend. – Chromosomenzahl: $n = 19$. – III, IV.

Vorkommen. Ziemlich häufig in Auengebüschen, an Bach- und Flußufern vorzugsweise der tiefen Lagen auf nassen, periodisch überschwemmten, nährstoffreichen und meist kalkhaltigen Sand- und Schlickböden (Rohauböden, Schwemmböden), Charakterart des Salicetum triandrae (Salicion), seltener als Entwicklungsrelikt auch noch im Salici-Populetum; Pionierholz, auch angepflanzt an Gräben oder auf nassen Wiesen als Kopfweide.

Allgemeine Verbreitung. Europa von Skandinavien (Indigenat zweifelhaft),

Fig. 51. *Salix viminalis* L., Röhrbach bei Horn in Österreich (Aufn. J. Giess)

Fig. 52. Weide mit Wurzelbärten aus den langandauernden Hochwasserständen am Rhein (Aufn. G. Eberle)

den Niederlanden und Frankreich durch Mittel- und Osteuropa ostwärts bis zum Ural, im Süden auf der Balkanhalbinsel bis Montenegro und Thrazien, eingeschleppt auf der Apenninen- und Pyrenäenhalbinsel; gemäßigtes Asien von Sibirien nordwärts bis etwa 75° 15′ n. Br., südwärts bis zum Kaukasus, bis Persien und zum Himalaya, im Osten durch die Dsungarei und Mongolei bis Japan. – Nach Görz (1934) beziehen sich die Angaben aus Asien sowie höchstwahrscheinlich auch aus dem europäischen Rußland auf die nah verwandte *S. Gmelini* Pall.

Verbreitung im Gebiet. Zerstreut im Überschwemmungsbereich der großen Stromtalauen des Norddeutschen Tieflandes; in Mitteldeutschland in den Flußniederungen und im Hügelland häufig; im Süddeutschen Becken- und Stufenland vor allem in den Flußtälern der Donau, des Rheins und des Mains und ihrer Nebenflüsse verbreitet; in den größeren Talzügen der Alpen selten, jedoch gelegentlich höher ansteigend, wie z. B. nächst Leukerbad im Kt. Wallis bis 1415 m, jedoch meist nur angepflanzt und stellenweise verwildernd.

Ändert ab: 1. var. *latifolia* LASCH. Blätter 10–15 cm lang, 1,5–2 cm breit, an Wasserschößlingen bis 20 cm lang, 5,5 cm breit. – 2. var. *angustifolia* (HOFFM.) TAUSCH. Blätter schmal lineal, 4–10 cm lang, 0,5–0,6 cm breit. – 3. var. *parvifolia* LASCH. Blätter nur 3–5 cm lang, 0,5–1 cm breit. – 4. var. *abbreviata* DÖLL. Kätzchen dünn, länglich, viel kleiner als bei typischer *S. viminalis*.

S. *viminalis* ist durch ihre langen, schmalen, fast ganzrandigen unterseits seidig glänzenden Blätter mit zahlreichen Seitennerven überaus auffällig und kann mit keiner einheimischen Weide verwechselt werden. Sie neigt ziemlich stark zur Bastardierung und pflegt die hervorgehobenen Merkmale auf ihre hybridogenen Abkömmlinge so weitgehend zu übertragen, daß meist kein Zweifel über die Beteiligung der *S. viminalis* aufkommen kann. In vielen Gebieten des Tieflandes ist *S. purpurea × viminalis* einer der häufigsten Bastarde; auch *S. triandra × viminalis* scheint gebietsweise, besonders in Nordwestdeutschland, nicht selten zu sein. *S. viminalis* wird über ihr ursprüngliches Wohngebiet hinaus ebenso wie manche ihrer Bastarde als Korbweide, manchmal auch als Zierpflanze kultiviert.

Bastarde sind bekannt mit: *S. appendiculata* VILL., *S. aurita* L., *S. caprea* L., *S. cinerea* L., *S. daphnoides* VILL., *S. Elaeagnos* SCOP., *S. fragilis* L., *S. purpurea* L., *S. repens* L. und *S. triandra* L. Folgende Tripelbastarde sind bekannt: *S. aurita × caprea × viminalis*, *S. aurita × cinerea × viminalis*, *S. aurita × purpurea × viminalis*, *S. aurita × repens × viminalis*, *S. caprea × cinerea × viminalis*, *S. caprea × purpurea × viminalis*, *S. cinerea × purpurea × viminalis*, *S. cinerea × repens × viminalis*, *S. purpurea × repens × viminalis*, *S. purpurea × silesiaca × viminalis*, *S. repens × Starkeana × viminalis*; ferner wurde der Quadrupelbastard *S. aurita × caprea × silesiaca × viminalis* beobachtet.

Volksnamen. Wegen ihrer Verwendung zum Binden heißt diese Weide Bane, Banne [Bänder] (Pfalz), Band, Bändli (Schweiz), Bandfelber (Steiermark) [über -felber s. S. 54], Bandstude, -stock (Schweiz). Die Ruten werden zum Korbflechten gebraucht, daher Korbweide, Korbmacherweide (vielfach), von den Küfern werden sie zu Faßreifen verwendet, daher Ke(i)ferweid [Küfer-] (Luxemburg). Alle diese Namen gelten auch für andere Weiden (z. B. für *S. alba* ssp. *vitellina*), deren Ruten zum Binden und Flechten gebraucht werden. In Holstein heißt das junge aus Korbweiden bestehende Gebüsch, das in niedrigen feuchten Marschländern angepflanzt wird, Kneden, Kneien. Der mecklenburgische Name Amtswid wird dahin erklärt, daß diese Weide in den großherzoglichen Ämtern von den Insassen in bestimmter Zahl gepflanzt werden mußte.

**763b. Salix Calodendron** WIMM., Salices Europaeae 187 (1866). Syn. *S. acuminata* SMITH (1804), non MILL. (1768), *S. dasyclados* WIMM. sec. ANDERSS. (1867) pro parte.

Aufrechter, vielfach verzweigter, 4 bis 6 m hoher Strauch. Älteres Holz mit zerstreut angeordneten, langen Striemen. Junge Triebe dicht und weich aschgrau-filzig. Ältere Zweige und Äste dunkelbraun, spärlich behaart. Knospen spitz, seidenartig behaart. Blätter gestielt, (8–) 9–11 (–13,5) cm lang, 2,5–4 cm breit, breit lanzettlich oder fast eiförmig, gegen die Spitze zu allmählich zugespitzt, am Grunde keilförmig oder abgerundet, oberseits tiefgrün und spärlich behaart, unterseits aschgrau, zunächst dicht behaart, später verkahlend, Mittelrippe gelblich oder rötlich, oberseits schwach eingesenkt, unterseits hervortretend und konvex, mit 20 bis 25, unterseits ziemlich stark hervortretenden Seitennerven, Blattrand scharf und schmal zurückgebogen, entfernt drüsig gezähnt; Blattstiel 1–1,5 cm lang, dicht behaart, oberseits leicht rinnenförmig ausgehöhlt, unterseits stark konvex. Nebenblätter ansehnlich, abfallend, 0,5–1 cm lang, etwa 0,5 cm breit, nierenförmig, zugespitzt, deutlich geadert, am Rande rückwärts gerichtet drüsig-gezähnt, oberseits spärlich, unterseits dicht aschgrau behaart. Weibliche Kätzchen vorlaufend, zylindrisch, 4–7 cm lang, etwa 1 cm im Durchmesser, kurz gestielt; Kätzchenstiel dicht wollig behaart. Tragblätter 2 bis 4, eiförmig, seidenartig behaart. Kätzchenschuppen 2–3 mm lang, 1,0–1,5 mm breit, eiförmig, spitz oder fast stumpf, selten zugespitzt, bleichbraun gegen den Grund, dunkelbraun gegen die Spitze zu, lang seidenartig weiß behaart. Fruchtknoten kurz gestielt, schmal eiförmig, 2,5–3,5 mm lang, dicht weißzottig behaart; Griffel etwa 1 mm lang; Narben 2, ungeteilt, etwa 0,75 mm lang, plötzlich zugespitzt oder fast stumpf, grünlichgelb. Nektarium einzeln, etwa 1 mm lang, schmal. Männliche Kätzchen unbekannt. – III, IV.

Verbreitung. Britische Inseln; Deutschland, Dänemark und Schweden, kultiviert und verwildert.

Über Nomenklatur und systematische Stellung von *S. Calodendron* WIMM., *S. stipularis* SM. und *S. dasyclados* WIMM. vergleiche R. D. MEIKLE (1952). Nach MEIKLE ist *S. Calodendron* nicht identisch mit *S. dasyclados* WIMM., wie dies von ANDERSSON (1867) und einer Reihe späterer Autoren, wie BUCHANAN-WHITE (1890), C. E. MOSS (1914) und HYLANDER (1945) angenommen wurde. WIMMER (1866) hat die nahen verwandtschaftlichen Beziehungen der beiden Arten verkannt, jedoch gleichzeitig ihre spezifische Verschiedenheit erkannt; er gab der auf den Britischen Inseln vorkommenden Weide, die bis dahin und teilweise auch noch später mit dem Namen *S. acuminata* SM. (1804) non MILLER (1768) bezeichnet wurde, den gültigen Namen *S. Calodendron*. Die in Nordost-Deutschland und in Polen ursprünglich vorkommende und sonst in Mitteleuropa vielfach kultivierte echte *S. dasyclados* WIMM. fehlt dagegen in Großbritannien.

### 763c. Salix stipularis SMITH, Engl. Bot. 1214 (1803).

Aufrechter, vielfach verzweigter, 4 bis 6 m hoher Strauch. Älteres Holz mit zerstreut angeordneten, langen Striemen. Junge Triebe dicht weißlich behaart, ältere Zweige braun, kahl oder fast kahl. Blätter gestielt, 10–13 cm lang, 1,5–2,5 cm breit, schmal lanzettlich oder lineal lanzettlich, gegen die Spitze und den Grund zu allmählich verschmälert, oberseits spärlich, unterseits seidenartig weiß behaart, am Rande sehr schmal zurückgebogen, gewellt oder kaum gezähnt; Blattstiel ziemlich kurz, meist etwas weniger als 1 cm lang, sehr kurz behaart. Nebenblätter wie jene der *S. Calodendron*, jedoch schmäler und oft in eine lange, pfriemenförmige Spitze vorgezogen, am Rande mit Drüsen besetzt, fast ganzrandig oder undeutlich gezähnt. Weibliche Kätzchen vorlaufend, 4–5 cm lang, gestielt; Kätzchenstiel seidenartig behaart. Tragblätter 2 bis 4, blattartig, spärlich zottig behaart. Kätzchenschuppen schmäler und deutlicher zugespitzt als jene der *S. Calodendron*, bleichbraun gegen den Grund, dunkelbraun gegen die Spitze zu, lang seidenartig weiß behaart. Fruchtknoten fast sitzend oder sehr kurz gestielt, schmal eiförmig, 3–4 mm lang, anliegend weiß seidenartig behaart; Griffel meist 1 mm lang; Narbe 2 mm lang oder länger, fadenförmig, spitz zusammenlaufend. Nektarium einzeln, etwa 1 mm lang, schmal. Männliche Kätzchen unbekannt. – III, IV.

Verbreitung. Britische Inseln. Kultiviert in Deutschland, Schweden und in West-Rußland.

*S. stipularis* dürfte ebenso wie *S. Calodendron* hybridogenen Ursprungs sein; sie wird vielfach als eine Form der Kreuzung *S. atrocinerea* oder *S. cinerea* mit *S. viminalis* oder auch der *S. Calodendron* mit *S. viminalis* betrachtet (CLAPHAM, TUTIN u. WARBURG, 1952).

### 763d. Salix dasyclados WIMM. in Flora 32, 35 (1849). Bandstock-Weide, Filzast-Weide

Aufrechter, vielfach verzweigter, 4 bis 6 m hoher Strauch. Älteres Holz mit zerstreut angeordneten langen Striemen. Junge Triebe dicht weiß-filzig behaart, ältere Zweige matt oder selten mehr oder minder glänzend dunkelbraun. Knospen dicht behaart. Blätter gestielt, (8–) 11–13 (–23) cm lang, lanzettlich, gegen die Spitze und den Grund zu allmählich verschmälert, oberseits kahl oder fast kahl, ziemlich glänzend, unterseits aschgrau bereift, sehr spärlich behaart oder fast kahl mit Ausnahme der Mittelrippe und der Seitennerven, Blattrand schmal zurückgebogen, undeutlich wellig-gezähnt; Blattstiel 1–1,5 (–2) cm lang, oberseits flach, unterseits konvex, anfangs graufilzig, später meist mehr oder minder verkahlend. Nebenblätter ansehnlich, intermediär zwischen jenen der *S. Calodendron* und *S. stipularis*, mehr oder minder breit lanzettlich, zugespitzt, deutlich geadert, am Rande rückwärts gerichtet drüsig gesägt-gezähnt, oberseits spärlich, unterseits dicht aschgrau behaart. Kätzchen vorlaufend. Weibliche Kätzchen zylindrisch, dichtblütig, 4–5 cm lang, 1 cm breit, gestielt; Kätzchenstiel kurz, seidenartig weiß behaart. Tragblätter 2–4, klein, eiförmig, spärlich seidenartig zottig behaart. Kätzchenschuppen kleiner als jene von *S. Calodendron*, gegen die Spitze zu abgerundet oder stumpf, bleichbraun gegen den Grund, dunkelbraun gegen die Spitze zu, lang seidenartig weiß behaart. Fruchtknoten fast sitzend oder sehr kurz gestielt, schmal eiförmig, 3–4 mm lang, dicht seidenartig weiß behaart; Griffel 1–2 cm lang; Narbe spitz zusammenlaufend, ein wenig kürzer als bei *S. stipularis*, aber länger als bei *S. Calodendron*, Nektarium einzeln, etwa 1 mm lang, schmal. Männliche Kätzchen ähnlich in Gestalt und Größe den weiblichen, aber ein wenig dichter zottig behaart. Staubblätter 2; Staubfäden kahl, 4–5 mm lang. – Chromosomenzahl: $n = 57$. – III, IV.

Vorkommen. An Gewässern, namentlich entlang der größeren Flüsse und Ströme, auf sumpfigen Wiesen.

Allgemeine Verbreitung. Nordost-Deutschland, Polen; sonst vielfach in Mitteleuropa als Korbweide kultiviert.

Verbreitung im Gebiet. Ursprünglich wild in Nordost-Deutschland und in Polen. Das ursprüngliche Verbreitungsareal ist nicht genau bekannt, da *S. dasyclados* vielfach angepflanzt wird und verwildert. Sicher wild ist ihr Vorkommen nach ASCHERSON und GRAEBNER (1909) sowie nach ABROMEIT, NEUHOFF und VOGEL (1931) im Gebiet der großen Flüsse und Hauptströme des Nordostdeutschen Tieflandes sowie stellenweise an der Ostseeküste, in Pommern z. B. nächst Falkenberg am Stadtpappel-See, in Westpreußen im Bereich der Ostseeküste, in der Weichselniederung auf den Kämpen, in Ostpreußen am Ufer der Pregel um Königsberg und am Ufer der Memel bei Tilsit, in Schlesien an der Oder flußaufwärts wie z. B. in der Umgebung von Breslau, möglicherweise auch ursprünglich am Olsa-Ufer nächst Teschen, am Oppau-Ufer nächst Troppau, um Görbersdorf bei Friedland u. a. Wird ansonsten vielfach im Gebiet, so in Mittel- und Süddeutschland, Böhmen, Mähren und Österreich als grobe Korbweide angepflanzt.

*S. dasyclados* dürfte hybridogenen Ursprungs sein; vermutlich sind mehrere Arten der *Capreae* einerseits und *S. viminalis* L. anderseits beteiligt. Über Nomenklatur und systematische Stellung der *S. dasyclados* WIMM. zu den nahe verwandten Weiden *S. Calodendron* WIMM. und *S. stipularis* SMITH vergleiche R. D. MEIKLE (1952).

**764. Salix Elaeagnos** Scop., Fl. Carniolica ed. 2, **2**, 257 (1772). Syn. *S. incana* SCHRANK (1789), *S. rosmarinifolia* HOST (1797), *S. riparia* WILLD. (1805). Lavendel-Weide, Ufer-Weide. Franz.: Saule drapé, S. à feuilles cotonneuses. Ital.: Salice ripajuolo, Vetrice bianca. Poln.: Wierzba siwa. Tschech.: Vrba hlošinovitá. Taf. 81, Fig. 2; Fig. 19 o u. p

Bis 6 m hoher Strauch, seltener bis 16 m hoher Baum mit aufrechten Ästen und dünnen, oft überhängenden gelblichen bis rot- oder dunkelbraunen Zweigen; jüngste Triebe zerstreut hell behaart. Blätter aufrecht, kurz gestielt, verkehrt-lanzettlich bis schmal lineal, lang verschmälert, bis 12 cm lang, 2 cm breit, beiderseits spitz zusammenlaufend, am Rande nach der Spitze zu fein drüsig gezähnt, seltener auch am Grunde mit entfernten Drüsenzähnchen, zurückgerollt, in der Jugend beiderseits dicht weißfilzig behaart, später oberseits fast oder ganz verkahlend, dunkelgrün, schwach glänzend, unterseits dicht weißgrau filzig oder spinnwebig behaart, selten ganz verkahlend, blaugrau, Mittelnerv und Seitennerven beiderseits vertieft, unterseits hervortretend, Nervennetz beiderseits kaum bemerkbar; Blattstiel 0,5 cm lang, kurz grau behaart. Nebenblätter sehr selten an Stockausschlägen, lanzettlich. Knospenschuppen rötlich oder braun, spärlich flaumig. Kätzchen vorlaufend oder fast gleichzeitig. Männliche Kätzchen aufrecht, oft stark gekrümmt, zylindrisch, bis 3 cm lang, 0,6 cm im Durchmesser, dichtblütig, kurz gestielt, Stiel bis 0,5 cm lang, dicht hellgrau behaart, mit kleinen, lanzettlichen, zerstreut hellgrau seidig behaarten Blättchen besetzt; Achse kurz grau behaart. Tragblätter verkehrt-eiförmig bis breit spatelig, stark gewölbt, stumpf oder schwach ausgerandet, einfarbig grünlich, gelb oder an der Spitze purpurn, besonders am Rande spärlich hell behaart und stärker gebärtet. Staubblätter 2, am Grunde, seltener bis zur Mitte verwachsen, am Grunde behaart, etwa doppelt so lang wie die Tragblätter; Staubbeutel kugelig, gelb. Nektarium kurz ei- oder linsenförmig, $\frac{1}{4}$ bis $\frac{1}{3}$ so lang wie das Tragblatt. Weibliche Kätzchen aufrecht, gekrümmt, dünn zylindrisch, bis 6 cm lang, 0,8 cm im Durchmesser, dicht-, später lockerblütig, gestielt, Stiel bis 1 cm lang, sonst wie bei den männlichen Kätzchen; Achse kurz hell behaart. Tragblätter wie bei den männlichen Blüten, etwa die Hälfte der Fruchtknotenlänge erreichend. Fruchtknoten aus eiförmigem Grunde langkegelig verschmälert, kahl, kurz gestielt, Stiel etwa $\frac{1}{4}$ so lang wie der Fruchtknoten, kahl; Griffel $\frac{1}{3}$ so lang wie der Fruchtknoten; Narbe länglich, so lang oder fast so lang wie der Griffel. Nektarium wie bei den männlichen Blüten, halb bis fast so lang wie der Fruchtknoten, diesen etwas umfassend. – IV, V.

Vorkommen. Zerstreut, aber oft bestandbildend in Pioniergebüschen der gebirgsnahen grobschotterigen Flußterrassen, vor allem im südlichen Mitteleuropa und in Südeuropa auf grundwassernahen, aber oberflächlich zeitweilig sehr trocken fallenden, rohen kalkreichen Kiesböden (Rohauböden), auch an sandigen oder steinigen, rohen Rutschhängen, meist mit *Hippophaë* vergesellschaftet und Charakterart des Hippophaë-Salicetum (Berberidion), als Entwicklungsrelikt auch in nachfolgenden alluvialen Föhrengesellschaften des Erico-Pinion, oder in Initialstadien des Alnetum incanae, wichtiger Bodenbefestiger.

Allgemeine Verbreitung. Süd- und Mitteleuropa, nördlich bis Schlesien; Kleinasien. – Wird im Südwesten des Areales, besonders in Südfrankreich und in Spanien, durch die ssp. *angustifolia* (CARIOT) RECH. f. vertreten.

Verbreitung im Gebiet. In den Tälern der Alpen, außerhalb der Alpen namentlich im Überflutungsgebiet der Alpenflüsse und im Oberlauf des Rheins und der Donau, nördlich der Donau selten im Juragebiet und im Oberpfälzer und Bayerischen Wald. Steigt andererseits bis in die subalpine Stufe an, so z. B. in Graubünden bei Sufers bis 1400 m, Splügen 1460 m, Campatsch 1700 m, Ofen 1800 m, im Kt. Wallis sowie in Südtirol auf der Seiser Alpe bis etwa 1850 m. Gelegentlich auch angepflanzt und verwildert.

Als Zierpflanze kultiviert wird vielfach ssp. **angustifolia** (CARIOT) RECH. f. (1957). Syn. *S. incana* SCHRANK var. *angustifolia* CARIOT (1875). Blätter schmal lineal, 20–10:1, bis etwa 12 cm lang, mehr oder weniger 0,5–1 cm breit. Einheimisch in Südfrankreich und Spanien.

Über weitere Abänderungen der *S. Elaeagnos* vergleiche A. TOEPFFER in Berichte d. Bayerischen Botanischen Gesellschaft 15, 159–160 (1950) unter *S. incana* SCHRANK.

Charakteristika der *S. Elaeagnos*, die auch auf ihre Bastarde übergehen, sind die folgenden: in der Jugend umgerollte Blätter, mehlig-wolliger glanzloser Filz der Blattunterseite, gebogene Kätzchen, zur Zeit der vollen Blüte hellfarbige, gelbliche, oft an der Spitze gerötete Kätzchenschuppen, an der Basis verwachsene, meist behaarte Staubfäden, kahle oder nach eingetretener Befruchtung verkahlende, gestielte Fruchtknoten, meist fädige Griffel und Narben, die kurze, fast quadratische Form des Nektariums, erst rutige aufgerichtete, später knotige, mit glänzender Rinde bedeckte Zweige.

*S. Elaeagnos* ist weit verbreitet in den Alpen; vor allem ist sie sehr häufig in den subalpinen Gegenden, so im Kies und an den Rändern der Gebirgsbäche, an den Wänden der Molasseschluchten, im Kalk- und Dolomitgeröll der Abhänge. Mit Vorliebe bewohnt sie kalkführende Unterlagen. Ihre größte Massenentwicklung erlangt sie auf den Terrassen der größeren Flüsse wie Aare, Rhein, Arve und den alpinen Nebenflüssen der Donau, wo diese ruhigeren Laufes die Ebene betreten und einen Teil ihrer Geschiebelast verlieren. Hier findet sie sich meist auf etwas höher gelegenen, mehr trockenen Alluvionen ein und bildet, entweder allein oder in Gesellschaft mit *S. daphnoides* VILL. und *S. purpurea* L., ausgedehnte Saliceta. In den Alpen bleibt *S. Elaeagnos* unter *S. purpurea* und *S. daphnoides* zurück, erreicht aber immerhin noch beträchtliche Höhen, wie z. B. um Zumdorf im Urserental 1510 m Meereshöhe.

Mit Sicherheit sind Bastarde der *S. Elaeagnos* bekannt mit *S. appendiculata* VILL., *S. aurita* L., *S. caprea* L., *S. cinerea* L., *S. daphnoides* VILL., *S. purpurea* L., *S. repens* L., *S. silesiaca* WILLD. und *S. viminalis* L.

**765. Salix purpurea** L., Spec. plant. 1017 (1753). Syn. *S. monandra* ARD. (1766), *S. pratensis* SCOP. (1772). Purpur-Weide, Stein-Weide. Dän.: Purpur-Pil. Engl.: Purple Willow. Franz.: Osier rouge, Saule pourpre, Verdiau. Ital.: Salcio rosso, Salcio da Vimini, Vimini, Vetrice rossa, Salicello, Salicio porporino, Sares ross (Tessin). Sorbisch: Čerwjena wjerba, Čerwjenca. Poln.: Wierzba purpurowa, Wiklina. Tschech.: Vrba červenice. Taf. 80, Fig. 2; Fig. 19 m.

Niedriger, sparriger oder schlanker, bis 6 m hoher Strauch, selten baumartig. Zweige dünn, biegsam, zähe, gelblich, braun oder rot, besonders häufig lebhaft purpurrot, kahl; jüngste Triebe zuweilen dünn behaart. Blätter wie die Knospen oft gegenständig, sehr kurz gestielt, verkehrt- bis lineal-lanzettlich, unterhalb der Spitze am breitesten, in der Größe sehr wechselnd, bis 12 cm lang, 1,5 cm breit, gegen den Grund zu lang, gegen die Spitze hin kurz verschmälert, seltener am Grunde abgerundet oder halbherzförmig, den Stengel halb umfassend, im unteren Teil ganzrandig, nach der Spitze hin klein bis scharf gesägt, oberseits dunkelgrün oder schwach blaugrün, wenig glänzend, unterseits blaugrün bis grau, matt, beim Trocknen leicht schwarz werdend, kahl, nur die jüngsten Blätter mitunter flaumig, abwischbar behaart, Mittelnerv oberseits wenig, unterseits kräftig hervortretend, Seitennerven und dichtmaschiges Adernetz beiderseits fein und scharf hervortretend; Blattstiel bis 0,5 cm lang, kahl. Nebenblätter fehlend. Knospenschuppen kahl. Kätzchen vorlaufend, zart, zylindrisch, wie die Blätter oft gegenständig. Männliche Kätzchen aufrecht oder selten gebogen, zylindrisch, bis 5 cm lang, 1 cm im Durchmesser, dichtblütig, sitzend, in der Achsel von kleinen, lanzettlichen oder lineal-lanzettlichen bis verkehrt-eiförmigen, kahlen oder seidigen Tragblättern; Achse hellgrau behaart. Tragblätter stumpf oder abgerundet, schwarzbraun, am Grunde hell, spärlich – selten kraus – lang grau behaart und gebärtet. Staubblätter 2; Staubfäden bis unter die Staubbeutel verwachsen, daher scheinbar ein Staubfaden mit vierfächriger Anthere, etwa doppelt so lang wie das Tragblatt, am Grunde behaart; Staubbeutel rundlich, vor dem Öffnen purpurrot, während der Anthese gelb, nachher schwärzlich. Nektarium kurz eiförmig oder länglich, gestutzt, bis ⅓ so lang wie das Tragblatt. Weibliche Kätzchen aufrecht oder mehr oder weniger gebogen, zylindrisch, bis 2 (–6) cm lang, 0,5 (–1) cm im Durchmesser, dichtblütig, sitzend, in der Achsel von Tragblättchen wie die männlichen Kätzchen; Achse kurz grau behaart. Tragblätter breit verkehrt-eiförmig, stumpf oder abgerundet, schwarzbraun, am Grunde heller, Behaarung wie bei den männlichen Tragblättern. Fruchtknoten aus eiförmigem Grunde kurz kegelförmig, stumpf, dicht weißlich behaart, bis doppelt so lang wie das Tragblatt, sitzend; Griffel sehr kurz und dick oder fehlend; Narben kurz, dick, ausgerandet oder geteilt, kopfig. Nektarium schmal eiförmig, gestutzt. – Chromosomenzahl: n = 19. – III bis V.

Vorkommen. Häufig in Auenbusch- und Auenwaldgesellschaften an Ufersäumen auf nassen periodisch überschwemmten und meist kalkreichen Schwemmböden aus Schlick, Sand oder Kies (Rohauböden), Erstbesiedler, auf Sandbänken der Alpenflüsse z. B. auf das Myricarietum folgend, optimal in Buschgesellschaften mit *Salix triandra* (Salicetum triandrae), *S. daphnoides* oder *S. Elaeagnos*, Populetalia-Ordnungscharakterart.

Allgemeine Verbreitung. Mittel- und Südeuropa von Nordfrankreich, Norddeutschland und dem Ladoga-Ilmensee-Gebiet in Rußland südwärts, eingeführt in Dänemark und Skandinavien; gemäßigtes Asien vom nordwestlichen, nördlichen und östlichen Kleinasien, vom Kaukasus-Gebiet sowie von Südwest-Sibirien durch Persien, Turkestan und Zentralasien ostwärts bis China und Japan; Nordafrika.

Verbreitung im Gebiet. Im Norddeutschen Tiefland vor allem in den Flußniederungen, so z. B. in der Unterelbe-Niederung verbreitet, wohl seltener in den Heidesandgebieten, in Holstein die Nordgrenze der natürlichen Verbreitung erreichend; in Mitteldeutschland von den Flußniederungen bis ins untere Bergland verbreitet, vom Süddeutschen Becken- und Stufenland, die Voralpen bis in die subalpine Stufe der Hochalpen, gelegentlich auch bis in die alpine Stufe ansteigend, z. B. im Kanton Wallis nächst dem Findelengletscher noch bei 2300 m, nächst Valsorey noch bei 2450 m.

Ändert ab: 1. ssp. **purpurea**. Syn. *S. purpurea* L. (1753) s. str. Blätter durchwegs wechselständig oder nur wenige am Triebgrunde gegenständig, etwa ¹/₁₂ ihrer Spreitenlänge gestielt, schmal zungenförmig, am Grunde keilförmig, meist nur oberhalb der Mitte gesägt, an Langtrieben etwa bis 10-mal, an Kurztrieben etwa 5-mal so lang wie breit. Allgemein verbreitet, vor allem im Bergland und im Gebirge.

2. ssp. **Lambertiana** (Sm.) Koch (1837). Syn. *S. Lambertiana* Sm. (1804). Blätter teils gegenständig, teils wechselständig, oft an einem Strauch an einzelnen Zweigen vollkommen gegen-, sonst aber wechselständig, etwa ¹/₁₅ bis ¹/₂₀ ihrer Spreitenlänge gestielt, zungenförmig, am Grunde spitzbogig abgerundet, fast schon vom Grunde an gesägt, an Langtrieben gewöhnlich etwa 4- bis 8-mal, an Kurztrieben etwa 4-mal so lang wie breit. Allgemein verbreitet, vor allem in den Niederungen und im Tiefland.

Über weitere Abänderungen, Formen, Subformen und Spielarten vergleiche A. Toepffer in Berichte d. Bayerischen Botanischen Gesellschaft **15**, 166–168 (1915).

Die Art nimmt unter den europäischen Weiden systematisch eine ziemlich isolierte Stellung ein, die sich besonders durch die völlig verwachsenen Staubfäden äußert. Vegetativ ist sie durch die relativ zarten, rutenartigen Äste und durch die schmalen, kahlen Blätter mit größter Breite knapp unter der Spitze und oft nur wenigen Sägezähnen nahe der Spitze leicht zu erkennen. Ihre Variabilität ist erheblich. Über den systematischen Wert der einzelnen Abarten ist man sich noch nicht völlig im Klaren. Manche von ihnen haben vielleicht den Charakter von geographischen oder ökologischen Rassen, doch ist das Bild der ursprünglichen Verbreitung durch Kultur und Verwilderung wohl vielfach verwischt.

Trotz ihrer systematischen Stellung bastardiert *S. purpurea* mit ziemlich vielen Arten. Beim Erkennen der Bastarde ist besonders auf die oben hervorgehobenen Merkmale zu achten. Der häufigste *S. purpurea*-Bastard ist der mit *S. viminalis* L., der auch zum Korbflechten Verwendung findet.

Bastarde der *S. purpurea* sind mit Sicherheit bekannt mit: *S. appendiculata* Vill., *S. aurita* L., *S. caprea* L., *S. cinerea* L., *S. daphnoides* Vill., *S. Elaeagnos* Scop., *S. repens* L., *S. silesiaca* Willd. und *S. viminalis* L. Ferner wurden an Tripelbastarden beobachtet: *S. acutifolia* × *caprea* × *purpurea*, *S. aurita* × *caprea* × *purpurea*, *S. aurita* × *cinerea* × *purpurea*, *S. aurita* × *purpurea* × *repens*, *S. aurita* × *purpurea* × *silesiaca*, *S. aurita* × *purpurea* × *viminalis*, *S. caprea* × *purpurea* × *silesiaca*, *S. caprea* × *purpurea* × *viminalis*, *S. cinerea* × *purpurea* × *viminalis*, *S. daphnoides* × *purpurea* × *repens*, *S. purpurea* × *repens* × *viminalis* und *S. purpurea* × *repens* × *silesiaca*. Aus Skandinavien gibt Floderus (1931) Kreuzungen mit *S. arenaria* L., *S. caprea* L., *S. cinerea* L., *S. repens* L., *S. viminalis* L., ferner indirekt mit *S. nigricans* Sm. an.

**766. Salix daphnoides** VILL., Hist. Pl. Dauph. 1, 382 (1786), nomen, ibid. 3, 765 (1789) descr., Syn. *S. bigemmis* HOFFM. (1791). Reif-Weide, Schimmel-Weide. Franz.: Saule noir. Saule à bois glauque, Saule Faux-Daphné. Ital.: Salcio nero, Salice nero, S. daphnoide. Poln.: Wierzba wawrzynkolistna. Tschech.: Vrba lýkovcová. Taf. 80, Fig. 3; Fig. 19n.

Bis 10 m hoher, raschwüchsiger Baum, seltener strauchförmig. Zweige brüchig, rot oder bräunlich, meist blau bereift, in der Jugend mitunter kurz grau behaart, später verkahlend, ältere Zweige kahl, dunkelrotbraun. Blätter gestielt, breit-verkehrt-lanzettlich, bis 10 cm lang, 2,5 cm breit, kurz scharf zugespitzt, zum Grunde hin lang verschmälert, am Rande dicht feindrüsig gesägt, in der Jugend mehr oder weniger dicht hellgrau fast seidig behaart, später kahl, lederartig, oberseits dunkelgrün, glänzend, unterseits graugrün, matt, Mittelnerv oberseits wenig, unterseits stärker hervortretend, Seitennerven unter einem Winkel von 50–60° vom Mittelnerven abzweigend, ebenso wie das weitmaschige Adernetz beiderseits fein hervortretend; Blattstiel nur selten über 1 cm lang, kahl oder namentlich in der Rinne kurz behaart. Nebenblätter vor allem an den Blütenknospen tragenden Zweigen stark ausgebildet, schiefherzförmig, am Rande feindrüsig gesägt. Knospenschuppen braun, kahl oder schwach behaart. Kätzchen vorlaufend, vor der Blüte in den langen, silberglänzenden Haarpelz der Tragblätter gehüllt. Männliche Kätzchen sitzend, in der Achsel von kleinen, lanzettlichen, oberseits zerstreut, unterseits dicht lang hellgrau behaarten Tragblättern, aufrecht, mitunter schwach gekrümmt, dick zylindrisch, gegen beide Enden etwas verdünnt, dichtblütig; Achse kurz behaart. Tragblätter verkehrt-eiförmig, stumpf oder kurz zugespitzt, braunschwarz, am Grunde hell, auf den Flächen zerstreut, am Rande dicht lang weiß oder hellgrau behaart. Staubfäden kahl, bis 3-mal so lang wie die Tragblätter; Staubbeutel ellipsoidisch-länglich, gelb, zuweilen vor der Anthese purpurn. Nektarium lineal, gestutzt, etwa ¼ so lang wie das Tragblatt. Weibliche Kätzchen sitzend in der Achsel eines Tragblattes, zylindrisch, aufrecht, öfters schwach gebogen, bis 6 cm lang, 1,5 cm im Durchmesser, dichtblütig; Achse kurz behaart. Tragblätter die Hälfte des Fruchtknotens kaum oder nur wenig überragend. Fruchtknoten aus eiförmigem Grunde kurz kegelig, kahl, gestielt; Stiel kurz bis halb so lang wie der Fruchtknoten, kahl oder spärlich behaart; Griffel etwa halb so lang wie der Fruchtknoten, gelb, selten rot; Narben schmal lineal, aufrecht, ungeteilt, selten gespalten. Nektarium bandförmig, gestutzt, ⅔ bis ebenso lang wie der Fruchtknotenstiel. – Chromosomenzahl: $n = 19, 57/2$. – III, IV.

Vorkommen. Ziemlich häufig in den Auengebüschen der Alpen und des hohen Nordens als Erstbesiedler und Bodenbefestiger am Saum von Gebirgsbächen auf nassen sandig-tonigen oder kiesigen Schwemmalluvionen (Rohauböden), in den tieferen Alpentälern Initialstadium und Kontaktgesellschaft (*Salix-daphnoides*-Gesellschaft, Salicion) des Alnetum incanae, in höheren subalpinen Lagen Bestandteil nasser Hochstaudengebüsche und Charakterart des Alneto-Salicetum pentandrae BR.-BL. (1950), nur selten und vereinzelt in außeralpine Tieflagen hinabsteigend, hier gelegentlich angepflanzt und verwildert.

Allgemeine Verbreitung. Europa, im Norden bis Skandinavien – nördlich bis 62° 30' n. Br. in Norwegen –, im Westen bis Ostfrankreich sowie bis in die nördliche Apenninenhalbinsel, im Osten bis zum Ural. Fehlt auf der Balkanhalbinsel, in Ungarn und in Siebenbürgen.

Verbreitung im Gebiet. In den Tälern der Alpen und Ost-Sudeten längs der Flüsse oft weit ins Tiefland hinabsteigend, so z. B. an der Oder bis Ohlau bei Breslau, am Rhein bis Mannheim; steigt andererseits im Oberengadin bis 1800 m, im Wallis bis 1500 m, in Bayern bis 1300 m, in Tirol bis 1630 m an. Außerdem vielfach kultiviert und verwildert, so z. B. bei Kassel, an der Sauer bei Weilerbach u. a.

Ändert ab: 1. var. *latifolia* A. KERN. Blätter elliptisch bis verkehrt-eiförmig mit kurz aufgesetzter Spitze. – Hierher: 1. f. *pilosa* TOEPFFER. Sprosse und junge Blätter mehr oder weniger behaart. – 2. f. *concolor* TOEPFFER. Blätter fast gleichfarbig. – 3. f. *discolor* TOEPFFER. Blätter oberseits lebhaft grün, unterseits blaugrau.

2. var. *angustifolia* A. KERN. Blätter verkehrt-lineal-lanzettlich, bis 8 cm lang, 1,5 cm breit. – Hierher: 1. f. *concolor* HARTIG. Blätter fast gleichfarbig. – 2. f. *discolor* TOEPFFER. Blätter oberseits lebhaft grün, unterseits blaugrau.

Das auffälligste Merkmal der *S. daphnoides*, durch welches sie sich von allen anderen mitteleuropäischen Weiden auf den ersten Blick unterscheidet, ist der bläulich-weiße, allerdings leicht abwischbare Wachsüberzug der einjährigen Zweige. Die in der Jugend fast immer stärker oder schwächer ausgebildete Behaarung der Blätter schwindet bald, nur ausnahmsweise bleibt sie bis in den Hochsommer erhalten, ohne daß deshalb immer an einen hybriden Einfluß einer anderen Art gedacht werden müßte.

Während BUSER (1940) angibt, daß *S. daphnoides* im Bach- und Flußkies der subalpinen Gewässer mindestens der nördlichen Schweiz verbreitet ist, zeigt die Verbreitung der Art in den Ostalpen große Lücken. Da dort aber die Art vielfach wegen der großen, dicht behaarten Blütenkätzchen (als Palmkätzchen) kultiviert wird und wohl auch stellenweise verwildert, sind diese Lücken nicht ohne weiteres festzustellen.

In den Alpen steigt *S. daphnoides* sehr hoch hinan und erreicht die Höhengrenzen der *S. purpurea* L. und *S. caprea* L. So findet sie sich z. B. im Oberwallis an der Urseren zwischen Zumdorf und Realp bei etwa 1515 m und im Oberengadin unterhalb Sils im Schotter des Fexbaches bei 1800 m. Daß auch diese Standorte noch nicht die absoluten Höhengrenzen darstellen, sondern einfach durch das Aufhören größerer Kiesflächen bedingt sind, beweist der Umstand, daß *S. daphnoides* in den Gärten des Oberengadins, zu deren wenigen Ziersträuchern bei dem rauhen Klima die Weiden gehören, oft noch zu einem mittleren Baum heranwächst (BUSER 1940).

Bastarde sind meist selten; nur solche mit *S. caprea* L., *S. Elaeagnos* SCOP., *S. purpurea* L., *S. repens* L. und *S. viminalis* L. sind bisher mit Sicherheit bekanntgeworden.

**767. Salix acutifolia** WILLD., Spec. plant. 4, 2, 668 (1805). Syn. *S. pruinosa* BESS. (1816), *S. daphnoides* VILL. var. *angustifolia* WEINM. (1837), *S. daphnoides* VILL. var. *acutifolia* (WILLD.) DÖLL (1859), *S. daphnoides* VILL. ssp. *acutifolia* (WILLD.) BLYTT et DAHL (1874), *S. caspica* hort., non PALL. Spitz-Weide, Kaspische Weide. Strauch-, seltener baumförmig. Zweige dünn, zähe, biegsam, dunkel- oder rotbraun, oft bläulich bereift, kahl; junge Triebe rotbraun, kahl oder spärlich kurz seidig behaart. Blätter gestielt, lanzettlich bis lineal-lanzettlich, bis 12 cm lang, 2,5 cm breit, lang und scharf zugespitzt, am Grunde verschmälert, spitz zusammenlaufend, am Rande knorpelig gesägt, oberseits dunkelgrün, glänzend, unterseits heller bis graugrün, matt, kahl, nur die unteren Blätter an der Spitze der Triebe mitunter dünn seidig behaart, Mittelnerv oberseits flach, gelblich, unterseits breit hervortretend, Seitennerven und weitmaschiges Adernetz beiderseits deutlich hervortretend; Blattstiel bis 1,5 cm lang, kahl, nur bei ganz jungen Blättern mitunter dünn seidig behaart. Nebenblätter lanzettlich, lang zugespitzt, am Rande fein knorpelig gesägt. Knospenschuppen braun oder rotbraun, kahl oder teilweise sehr kurz und dicht grau behaart. Kätzchen vor den Blättern erscheinend, voneinander entfernt stehend, vor dem Aufblühen mit langen, weißgrauen, glänzenden Haaren dicht bedeckt. Männliche Kätzchen endständig an sehr kurzen Zweigen, aufrecht oder etwas gekrümmt, eiförmig bis kurz zylindrisch, bis 3,5 cm lang, 1,7 cm im Durchmesser, nach der Spitze und dem Grunde zu etwas verschmälert, dichtblütig, fast sitzend, am Grunde von sehr kleinen, länglichen, spitzen, lang grau oder gelbgrau behaarten Blättern umgeben; Blütenstandsachse grau behaart. Tragblätter eiförmig, spitz oder stumpflich, dunkelbraun oder schwarz, am Grunde hell, dünn, lang grau oder gelbgrau behaart und am Rande dichter gebärtet. Staubblätter kahl, 2- bis 3-mal so lang wie die Tragblätter; Staubbeutel länglich-eiförmig, gelb. Nektarium schmal eiförmig, bandförmig, gestutzt, etwa $\frac{1}{4}$ so lang wie die Tragblätter. Weibliche Kätzchen an sehr kurzen Zweigen, wie die männlichen aufrecht oder etwas gekrümmt, zylindrisch, bis 3,5 cm lang, 1,2 cm im Durchmesser, dichtblütig; Blütenstandsachse wie bei den männlichen Kätzchen. Tragblätter wie bei den männlichen Kätzchen, die halbe Länge des Fruchtknotens erreichend. Fruchtknoten gestielt, aus schmal eiförmigem Grunde verschmälert, stumpf, kahl, gestielt; Stiel bis $\frac{1}{3}$ so lang wie der Fruchtknoten, gelb; Narben länglich-eiförmig, aufrecht, gabelig ausgerandet. Nektarium schmal eiförmig, bandförmig, gestutzt, $\frac{2}{3}$ bis etwa so lang wie der Fruchtknotenstiel. – Chromosomenzahl: n = 19. – III, IV. – Heimat: Osteuropa: Rußland, von Karelien, Westrußland und dem Schwarzmeergebiet ostwärts bis zum Ural; Nord- und Zentralasien ostwärts bis in das Jenisseigebiet, im Süden bis zum Kaspi-Aralsee-Gebiet, bis zum Pamir-Alaj und Tienschan. In Mitteleuropa als Zier- und Nutzbaum vielfach angepflanzt. Nahe verwandte Sippen sind im Himalaya und in Tibet verbreitet, dazu gehört auch *Salix rorida* LAKSCH., deren Areal von West- und Ostsibirien ostwärts bis Sachalin, bis zur östlichen Mandschurei und Nordkorea reicht.

Bastarde:

Sowohl Naturstudien wie auch Kreuzungsversuche haben in den letzten Jahrzehnten die grundlegende Bedeutung der Bastardierung für die Formbildung bei *Salix* erwiesen. Solche Untersuchungen, teilweise auch gestützt auf zytologische Feststellungen, haben vielfach eine schärfere, in vielen Fällen engere Begrenzung der Arten ermöglicht.

Die sexuelle Affinität der einzelnen Artengruppen zueinander ist verschieden groß. So bastardieren z. B. die Arten der *Amerina*-Gruppe, deren Chromosomenzahl meist n = 38 beträgt, nicht oder nur ausnahmsweise mit Arten anderer Gruppen. Solche Kreuzungen sind überdies hochgradig steril und haben wenig Vitalität. Analog verhalten sich Angehörige mancher anderer Artengruppen zueinander. Im Gegensatz dazu zeigen wieder andere, oft morphologisch stark voneinander abweichende Artengruppen, und zwar sowohl solche, welche die Chromosomenzahl n = 19 gemeinsam haben, als auch einige polyploide Arten, wie etwa *S. nigricans* Sm. (n = 57), *S. phylicifolia* L. (n = 44), *S. glauca* L. und *S. myrsinites* L. (n = 76), eine ungewöhnlich starke sexuelle Affinität, wie sie sonst nur zwischen Arten ein und derselben Artengruppe üblich ist. Es ist klar, daß es bei der in solchen Fällen wenig herabgesetzten Fertilität leicht zur Bildung von Rückkreuzungen und schließlich zur Entstehung von hybridogenen Formenschwärmen kommen kann, welche die Artgrenzen zu verwischen drohen bzw. zur Entstehung von mehrfachen Kreuzungsprodukten (Tripel-, Quadrupelbastarden usw.) führen. Es verdient jedoch festgehalten zu werden, daß die Verhältnisse in dieser Hinsicht in Mitteleuropa lange nicht so kompliziert liegen wie etwa in Skandinavien.

Buser (1940) bestätigt die schon mehrfach, besonders von Heidenreich (1864) gemachte Beobachtung, daß Bastarde nicht dort am häufigsten zu finden sind, wo die Elternarten in großer Menge in geschlossenen, ungestörten Beständen miteinander vorkommen, sondern vielmehr auf häufigen Veränderungen unterworfenem Gelände, wie etwa Schottergruben, Weg- und Bahneinschnitten, steilen, öfter nachstürzenden Geröllhalden und Flußböschungen, aber auch verlassenen Torfstichen. Ein Zusammenwirken der verschiedensten Umstände kommt als Erklärung für diese Tatsache in Betracht, wie etwa einerseits mangelnde Konkurrenz durch schon früher vorhandene, geschlossen auftretende Ansiedler, doch wohl auch Schaffung ökologischer „Grenzhorizonte", die das Fortkommen von Kreuzungsprodukten von Eltern mit nicht oder nicht völlig übereinstimmenden ökologischen Bedürfnissen ermöglichen.

*S. acutifolia* × *caprea* Floderus (1883); *S. propinqua* A. et G. Camus (1905). – Schlesien: Bei Liegnitz (Figert 1886 nach Seemen).

*S. acutifolia* × *cinerea* Figert (1888); Syn. *S. cinerea* × *daphnoides* var. *acutifolia* Gürke (1897), *S. cinerea* × *daphnoides* var. *angustifolia* A. et G. Camus (1905). – Schlesien: Liegnitz (Figert); Berlin: im alten botanischen Garten angepflanzt (Seemen).

*S. alba* × *fragilis*; *S. rubescens* Schrank (1789); Syn. *S. Russeliana* Sm. ap. Willd. (1805), *S. pendula* Sér. (1815) pr. p., *S. excelsior* Host (1828, *fragilis* > *alba*), *S. palustris* Host (1828, *alba* > *fragilis*), *S. montana* Forb. (1829), *S. Ehrhartiana* G. F. W. Meyer (1836) pr. p., non Sm., *S. alba* var. *rubens* G. F. W. Meyer (1836), *S. alba* > *fragilis* G. F. W. Meyer (1849), *S. chlorocarpa* Schur (1866), *S. fragilis* > *alba* Wimm. (1866), *S. fragilis* var. *sicula* Strobl (1881), *S. fragilis* var. *britannica* B. White (1889). – Verbreitet und stellenweise häufig innerhalb Mitteleuropa, vielfach, wie z. B. in der Schweiz, nur kultiviert.

*S. alba* × *pentandra*; *S. Ehrhartiana* Sm. (1819); Syn. *S. tetrandra* Fries (1832) pr. p., non L. – In Deutschland z. B. bei Brandenburg an der Havel (Görz); Tirol, möglicherweise auch in Nieder- und Oberösterreich. Deutung mindestens teilweise zweifelhaft.

*S. alba* × *triandra*; *S. undulata* Ehrh. (1791); Syn. *S. lanceolata* Wimm. (1860), non Sér. (1815), non Sm. (1828), *S. erythroclados* Simk. (1889). – Selten. In Deutschland z. B. nächst Brandenburg an der Havel (Görz), in Bayern bei München, Landshut, Nürnberg, Deberndorf (Toepffer), in Nieder- und Oberösterreich. Wird oft mit *S. alba* × *fragilis* × *pentandra* verwechselt.

*S. alba* ssp. *vitellina* × *babylonica*; *S. chrysocoma* Dode (1908). – Als Zierbaum in Deutschland, z. B. in Brandenburg häufig (Görz) kultiviert, gelegentlich auch in Österreich.

*S. alpina* × *retusa*; *S. retusoides* J. Kern. (1862); Syn. *S. myrsinites* × *retusa* Gürke (1897), *S. retusa* × *Jacquiniana* J. Kern. (1862), *S. semiretusa* Beck (1890). – Selten. Niederösterreich: Rax, Göller; Oberösterreich: Hinterstoder; Steiermark: Veitsch; Salzburg: im Lungau.

*S. appendiculata* × *aurita*; *S. limnogena* A. Kern. (1864); Syn. *S. aurita* × *grandifolia* A. Kern. (1864), *S. aurita* × *appendiculata* Dalla Torre et Sarnth. (1909). – Selten. In der Schweiz z. B. im Kanton Schwyz: Einsiedeln, Rothenthurm (Buser), im Allgäu bei Oberstdorf (Toepffer), ferner in Vorarlberg, Nordtirol, Niederösterreich und mehrfach in der Steiermark.

*S. appendiculata* × *breviserrata*; *S. Heinisii* Coquez. – Wallis. (Coquez). Deutung bleibt zu überprüfen.

*S. appendiculata* × *caprea*; *S. macrophylla* A. Kern. (1860, *capr.* > *app.*); Syn. *S. attenuata* A. Kern. (1860, *app.* > *capr.*), *S. dendroides* A. et J. Kern. (1867, *app.* > *capr.*), *S. caprea-grandifolia* Wimm. (1866), *S. sphacelata* Schleich. (1809). – Im gemeinsamen Verbreitungsgebiet der Stammarten eine häufige Hybride, so z. B. in vielen Teilen der nördlichen Kalkalpen; Niederösterreich, Oberösterreich, Steiermark, Salzburg, Tirol, Vorarlberg, Bayern, Württemberg.

*S. appendiculata* × *cinerea*; *S. scrobigera* Woloszczak (1886). – Nieder- und Oberösterreich, Steiermark, Tirol, Vorarlberg. Deutung durchaus zweifelhaft. Da ursprünglich *S. appendiculata* zu den striemenlosen Arten gezählt worden ist, wurden Formen dieser Art, die zugleich deutliche Striemen und eine stärkere Behaarung aufweisen, mehrfach irrtümlich für diesen Bastard gehalten.

*S. appendiculata* × *Elaeagnos;* *S. intermedia* HOST (1828); Syn. *S. grandifolia* × *incana* KERN. (1854), *S. oenipontana* A. et J. KERN. (1867, app. > Elaeagn.).–In den gebirgeren Teilen der Schweiz nicht selten, vor allem in den Molassetobeln (BUSER), Nieder- und Oberösterreich, Steiermark, Kärnten, Salzburg, Nordtirol, Vorarlberg, Allgäu: Oberstdorf, Oberbayern: Benediktenwand, Berchtesgaden, Reichenhall, München (TOEPFFER).

*S. appendiculata* × *foetida;* *S. decumbens* SCHLEICH. (1815–21). – Alpes de Bex: Solalex, Oberengadin: ob dem Silsersee, nächst Sils-Maria (BUSER).

*S. appendiculata* × *glabra;* *S. laxiflora* A. et J. KERN. (1867); Syn. *S. glabra* × *grandifolia* A. et J. KERN. (1867). – Sehr selten. Oberösterreich, Nordtirol: Achental.

*S. appendiculata* × *hastata;* *S. Pustariae* ROUY (1904); Syn. *S. grandifolia* × *hastata* BUSER (1881), *S. cerasifolia* var. *pilosa* SCHLEICH. (1807). – Selten. Steiermark: Totes Gebirge; Nordtirol: Haller Salzberg; Südtirol: Sexten im Pustertal; Schweiz: Engadin: Sils, Gemmi, Bex (BUSER).

*S. appendiculata* × *helvetica;* *S. Khekii* WOLOSZCZAK (1898); Syn. *S. granaifolia* × *helvetica* TREFFER (1896), *S. rhaetica* ROUY (1904), non KERNER. – Schweiz: St. Moritz, Dischma; Osttirol: Bergeralp in Virgen (BUSER). Deutung der Tiroler Pflanzen unsicher.

*S. appendiculata* × *nigricans;* *S. Milzii* J. MURR (1923); Syn. *S. Ritzii* HEINIS (1941). – Vorarlberg: Bregenz, Schweiz. Deutung sehr zweifelhaft.

*S. appendiculata* × *pubescens* BUSER (1940). – Schweiz: Waadt: Solalex bei Bex (SCHLEICHER nach BUSER).

*S. appendiculata* × *purpurea;* *S. austriaca* HOST (1828 purp. > app.); Syn. *S. Neilreichii* A. Kern. (1860, app. > purp.); *S. sphaerocephala* A. KERN. (1864, intermed.); *S. intercedens* BECK (1890), *S. neriifolia* SCHLEICH. (1821), *S. Pontederana* SCHLEICH. (1807). – In den gebirgeren Gegenden der Schweiz nicht selten, vor allem an den entblößten Hängen der Molassetobel (BUSER); Nieder- und Oberösterreich, Steiermark, Nordtirol, Vorarlberg; Bayern: München, Gerstruben bei Oberstdorf, Trettachanlage (TOEPFFER).

*S. appendiculata* × *repens;* *S. proteifolia* FORBES (1829); Syn. *S. grandifolia* × *repens* BUSER (1893). – Schweiz: Im Jura am Lac de Joux, Mendli bei Appenzell (BUSER); Vorarlberg, Nordtirol: Seefeld, Steiermark. Deutung der österreichischen Exemplare zweifelhaft.

*S. appendiculata* × *viminalis;* *S. Aellenii* RECH. f. (1947–48). – Schweiz: Berner Jura, an der Birs zwischen Moutier und Court (RECHINGER).

*S. appendiculata* × *Waldsteiniana;* *S. ramosissima* A. et G. CAMUS (1904); Syn. *S. fruticulosa* A. KERN. (1864), non LACROIX (1859). – Schweiz: Churfirsten, Leistkamm, Mattstock (BUSER).

*S. aurita* × *caprea;* *S. capreola* A. KERN. (1863); Syn. *S. caprea* > *aurita* WIMMER (1853). – In Deutschland z. B. in Bayern nächst Lindach bei Oberndorf, Landshut, Regensburg, Neuburg, Nürnberg (TOEPFFER); in Nieder- und Oberösterreich, Steiermark, Salzburg, Nordtirol, Vorarlberg; in der Schweiz bei Aarau und Einsiedeln (BUSER). Wohl öfter übersehen.

*S. aurita* × *cinerea;* *S. multinervis* DÖLL (1859); Syn. *S. lutescens* KERNER (1860), *S. cinerea* > *aurita* WIMMER (1848). – Einer der häufigeren Bastarde, in manchen Gegenden fast überall zusammen mit den Stammarten, seltener als Halbwaise; sehr häufig und formenreich z. B. um Brandenburg an der Havel (GÖRZ), in Bayern bei Neuburg, München, Landshut, Regensburg, Nürnberg (TOEPFFER); in Nieder- und Oberösterreich, Steiermark, Salzburg, Vorarlberg; in der Schweiz jedoch selten, nur bei Bern und Einsiedeln (BUSER).

*S. aurita* × *Elaeagnos;* *S. patula* SÉR. (1815); Syn. *S. pallida* FORB. (1829), non WILLD.; *S. oleaefolia* ANDERSS. (1868), non VILL., *S. aurita* × *incana* WIMMER (1849). – Selten. Schlesien; Oberösterreich, Nordtirol; Württemberg; in der Schweiz nur bei Bern und Einsiedeln.

*S. aurita* × *glabra;* *S. Chasei* MURR – Nordtirol: Haller Salzberg. Deutung wohl irrtümlich.

*S. aurita* × *hastata;* *S. Hellwegeri* POELL (1931). – Mährisches Gesenke (SEEMEN); Deutung sehr zweifelhaft. Nordtirol: Halltal; Deutung wohl irrtümlich.

*S. aurita* × *myrtilloides;* *S. rugulosa* ANDERSS. (1863); *S. aurita-myrtilloides* WIMMER (1849). – West- und Ostpreußen; Schlesien: Friedland, Heuscheuer, Oppeln (SEEMEN); Bayern: Deining, Beuerberg, Weitmoor am Chiemsee, Tennerfilz, Böhmerwald (TOEPFFER); Südböhmen: zwischen Wittingau und Chlumetz (SEEMEN). Im Verbreitungsgebiet der *S. mytilloides* nicht selten.

*S. aurita* × *nigricans;* *S. coriacea* SCHLEICH. (1807, emend. FORBES 1829); Syn. *S. conformis* SCHLEICH. (1807, nomen dubium). – Sehr selten, manche Angaben zweifelhaft. Brandenburg: Berlin; Ostpreußen: Tilsit; Württemberg (SEEMEN); Bayern: Oberstdorf, Augsburg, Neuburg, München, Landshut, Regensburg (TOEPFFER); Steiermark; Nordtirol; Vorarlberg; Schweiz: Katzensee bei Zürich (BUSER).

*S. aurita* × *purpurea;* *S. dichroa* DÖLL (1859); Syn. *S. auritoides* A. KERN. (1860, aur. > purp.); *S. Murrii* WOLOSZCZAK (1898, *purp.* > *aur.*). – Selten. Holstein (CHRISTIANSEN); Brandenburg an der Havel (GÖRZ); Bayern: Neuburg, Augsburg, München, Regensburg, Nürnberg (TOEPFFER); Schweiz (BUSER).

*S. aurita* × *repens*; *S. ambigua* EHRH. (1791); Syn. *S. plicata* FRIES (1817), *S. globosa* A. KERN. (1860), *S. spathulata* WILLD. (1805) pr. p., *S. uliginosa* SÉR. (1809), *S. mutabilis* SCHLEICH. (1812), *S. versifolia* SÉR. (1815). – Fast überall mit den Stammarten, einer der häufigsten und am leichtesten erkennbaren Weiden-Bastarde; sehr häufig und formenreich z. B. um Brandenburg an der Havel (GÖRZ); Bayern: Regensburg, Nürnberg (TOEPFFER); Niederösterreich, Kärnten, Salzburg, Nordtirol, Vorarlberg.

*S. aurita* × *repens* ssp. *rosmarinifolia*; *S. Sonderiana* JUNGE (zw. 1901 u. 1905); Syn. *S. Krašanii* HAYEK (1909). – Oberösterreich, Steiermark, Holstein (CHRISTIANSEN).

*S. aurita* × *silesiaca*; *S. subaurita* ANDERSS. (1867); Syn. *S. atrichocarpa* BORB. (1892), *S. parcipila* REHMANN u. WOLOSZCZAK (1893). – Nicht selten im Areal der *S. silesiaca*; Sudeten (GÖRZ).

*S. aurita* × *Starkeana*; *S. livescens* DÖLL (1859); Syn. *S. livida* > *aurita* WIMMER (1853), *S. Patzei* WIMMER (1863), *S. sublivida* GÜRKE (1897). – Berlin: Treptow; Ostpreußen: Kummerau bei Königsberg, Lyck, Tilsit; Baden: Donaueschingen.

*S. aurita* × *triandra*; *S. Krausei* ANDERSS. (1867) pr. p.; Syn. *S. triandra* > *aurita* WIMMER (1853), *S. amygdalina* × *aurita* FIEK (1881), *S. litigiosa* A. et G. CAMUS (1905). – Hamburg; Schlesien: Königshuld bei Oppeln (FINCKE nach SEEMEN). Deutung sehr zweifelhaft.

*S. aurita* × *viminalis*; *S. fruticosa* DÖLL (1859). – Selten. Holstein (CHRISTIANSEN); Brandenburg an der Havel (GÖRZ); Bayern: Neuburg, Gablingen, Regensburg, München, Augsburg, Nürnberg, Kaiserslautern (TOEPFFER); Oberösterreich: Wilhering.

*S. aurita* × *Waldsteiniana*; *S. Poelliana* MURR (1923). – In den Alpen von Vorarlberg (MURR). Deutung wohl irrtümlich.

*S. babylonica* × *fragilis*; *S. blanda* ANDERSS. (1867); Syn. *S. Petzoldii* hort. – In Thüringen, Baden und Oberösterreich und wohl auch anderwärts angepflanzt.

*S. bicolor* × *caprea*; *S. laurina* SM. (1802). – Sachsen: Leipzig; Thüringen: Weimar, Harz; um Berlin vielfach kultiviert (SEEMEN).

*S. bicolor* × *repens*; *S. Schraderiana* WILLD. (1805). – Aus Deutschland, Österreich und der Schweiz nur kultiviert bekannt, namentlich in botanischen Gärten (SEEMEN). Deutung zweifelhaft.

*S. bicolor* × *silesiaca*; *S. Paxii* WOLOSZCZAK (1891). – Riesengebirge (GÖRZ).

*S. breviserrata* × *cinerea*; *S. semimyrsinites* A. et G. CAMUS (1905). – Alpen von Osttirol. Deutung wohl irrtümlich.

*S. breviserrata* × *hastata*; *S. semihastata* A. et G. CAMUS (1905). – Schweiz: an der Gemmi (BUSER); Nordtirol: um Trins. Die Deutung der österreichischen Pflanze ist zweifelhaft.

*S. breviserrata* × *herbacea*. – Osttirol: Starzenwiese in Innervillgraten. Deutung zweifelhaft.

*S. breviserrata* × *nigricans*. – Schweiz: Kanton Wallis: Bagnestal (SEEMEN).

*S. breviserrata* × *retusa*. – Tirol. Deutung sehr zweifelhaft.

*S. breviserrata* × *serpyllifolia*. – Tirol. Deutung sehr zweifelhaft.

*S. caesia* × *hastata* BUSER (1940). – Schweiz: Oberengadin: am See von Silvaplana (BUSER).

*S. caesia* × *nigricans*; *S. Heeriana* BRÜGGER (1880). – Schweiz: In den Alluvionen des Oberengadins verbreitet, z. B. bei Bevers und Sils, Sils Maria im Fextal, Sertig bei Davos.

*S. caprea* × *cinerea*; *S. Reichardtii* A. KERN. (1860); Syn. *S. polymorpha* HOST (1828) pr. p. – Verbreitet z. B. bei Brandenburg an der Havel (GÖRZ), im Bodenseegebiet, in Bayern bei Neuburg, Landshut, Regensburg, Nürnberg (TOEPFFER); in Niederösterreich, Oberösterreich, Steiermark, Salzburg, Nordtirol, Vorarlberg nicht selten.

*S. caprea* × *daphnoides*; *S. Erdingeri* J. KERN. (1861, *daphn.* > *capr.*); Syn. *S. cremsensis* A. et J. KERN. (1869, *capr.* > *daphn.*). – Selten. In Bayern z. B. bei Regensburg (TOEPFFER); selten in Nieder- und Oberösterreich, Nordtirol, Vorarlberg; in der Schweiz mehrfach an der Aare und im Kanton Schwyz (BUSER).

*S. caprea* × *Elaeagnos*; *S. Flueggeana* WILLD. (1805); Syn. *S. Kanderiana* SÉR. (1808), *S. holoserica* SÉR. (1814), non WILLD., *S. Seringeana* GAUD. (1815), *S. hircina* J. KERN. (1864, *Elaeag.* > *capr.*). – Schlesien, Baden, Bayern; Niederösterreich, Oberösterreich, Nordtirol, nicht häufig, gelegentlich auch kultiviert; in der Schweiz in tieferen Lagen nicht selten (BUSER).

*S. caprea* × *glabra*; *S. levifrons* POELL (1931). – Nordtirol: Halltal. Deutung wohl irrtümlich.

*S. caprea* × *hastata*; *S. Merxmuelleri* RECH. f. (1956). – Schweiz: Gletsch, Gletscherboden des Rhonegletschers, 1800 m (MERXMÜLLER).

*S. caprea* × *helvetica* ssp. *marrubiifolia*. – Schlesien: Riesengebirge, am Kleinen Teich (SEEMEN).

*S. caprea* × *Lapponum*; *S. canescens* FRIES (1832) pr. p.; Syn. *S. limosa-cinerascens* WAHLBG. (1826), *S. caprea-limosa* LAEST. (1845), *S. bottnica* ROUY (1904). – Ostpreußen: Kreis Lötzen bei Upalten (SEEMEN).

*S. caprea* × *nigricans*; *S. latifolia* FORBES (1829); Syn. *S. badensis* DÖLL (1859). – Selten. Brandenburg an der Havel (GÖRZ); Ostpreußen: Tilsit; Baden; Württemberg (SEEMEN); Bayern: Leutaschklamm, Neuburg (TOEPFFER); Oberösterreich, Steiermark, Nordtirol, Vorarlberg. Deutung oft zweifelhaft. Vielfach werden breitblättrige, stark behaarte Formen der äußerst vielgestaltigen *S. nigricans* irrtümlich für diesen Bastard gehalten.

*S. caprea* × *purpurea*; *S. Wimmeriana* GREN. et GODR. (1855); Syn. *S. mauternensis* A. KERN. (1860), *S. Traunsteineri* A. KERN. (1868, *capr.* > *purp.*), *S. discolor* HOST (1828), non MUEHLBG. (1803). – In der Schweiz in tieferen Lagen einer der verbreitetsten und häufigsten Weidenbastarde (BUSER), anderwärts z. B. in Österreich selten, dort nur in Nieder- und Oberösterreich, Steiermark, Kärnten und Tirol gelegentlich beobachtet; ferner verbreitet in Süd- und Mitteldeutschland, so z. B. im Bodenseegebiet, in Bayern um Schliersee, Tegernsee, München, Landshut, Regensburg (TOEPFFER); Hamburg (CHRISTIANSEN).

*S. caprea* × *repens*; *S. scandica* ROUY (1904); Syn. *S. Laschiana* ZAHN (1905). – In Deutschland am Niederrhein bei Gastdonk, auf der ostfriesischen Insel Borkum, um Bremen, Hamburg, in Brandenburg bei Driesen, in Schlesien bei Jannowitz, in Ostpreußen bei Tilsit (SEEMEN), in Bayern bei Nürnberg (TOEPFFER), ferner in Nordtirol und Vorarlberg.

*S. caprea* × *silesiaca*; *S. subcaprea* ANDERSS. (1867); *S. silesiaca* var. *subcaprea* ANDERSS. (1868). – Schlesien: Riesengebirge. Häufig und sehr formenreich im Areal der *S. silesiaca* (GÖRZ).

*S. caprea* × *viminalis*; *S. Smithiana* WILLD. (1809); Syn. *S. capreaeformis* WIMMER (1849, *capr.* > *vim.*), *S. Neisseana* A. KERN. (1860, intermed. vel *capr.* > *vim.*), *S. sericans* TAUSCH ap. A. KERN. (1860, intermed.), *S. Hostii* A. KERN. (1860, *vim.* > *capr.*), *S. vratislaviana* A. KERN. (1860, *vim.* > *capr.*), *S. mollissima* SM. (1804) pr. p., non EHRH. (1791). – Nord- und Süddeutschland, z. B. Brandenburg an der Havel (GÖRZ), Bayern: Neuburg, Regensburg, Deggendorf, Passau, Speyer, Kaiserslautern; ferner in Böhmen, Nieder- und Oberösterreich sowie in der Schweiz. Vielfach wohl nur kultiviert und verwildert. Als schnellwüchsige Pflanze vielfach zum Anbau empfohlen, doch nicht winterhart.

*S. caprea* × *Waldsteiniana*; *S. Murriana* POELL (1931). – Nordtirol: Haller Salzberg. Deutung wohl irrtümlich.

*S. cinerea* × *daphnoides*; *S. Mariana* WOLOSZCZAK (1888). – Steiermark: zwischen St. Lorenzen an der Mur und St. Marein am Fuß des Groß-Zinken, Vorarlberg: Frastanz. Deutung sehr zweifelhaft.

*S. cinerea* × *Elaeagnos*; *S. capnoides* A. et J. KERN. (1869). Die von ihrem Autor hierher gestellte *S. hircina* J. KERN. (1864) wird jetzt ziemlich allgemein als *S. caprea* × *Elaeagnos* gedeutet. – Nordtirol: Farbental bei Innsbruck, Achental; Niederösterreich.

*S. cinerea* × *glabra*; *S. permixta* POELL (1931). – Nordtirol: Halltal. Deutung wohl irrtümlich.

*S. cinerea* × *hastata*; *S. Boutignyana* A. et G. CAMUS (1904). – Nordtirol: Halltal. Deutung wohl irrtümlich.

*S. cinerea* × *Lapponum*; *S. canescens* FRIES (1832); Syn. *S. canescens-Laestadiana* FRIES (1840), *S. grisescens* ANDERSS. (1867). – Ostpreußen: Kreis Lötzen, auf dem Hochmoor bei Spiergsten (SEEMEN).

*S. cinerea* × *nigricans*; *S. vaudensis* SCHLEICH. (1807), non KERN. (1860); Syn. *S. strepida* FORB. (1829), *S. puberula* DÖLL (1859), *S. fallax* WOLOSZCZAK (1875), *S. Heimerlii* H. BRAUN (1881, *nigr.* > *cin.*). – Häufig in Deutschland, z. B. bei Brandenburg an der Havel, um Berlin, in Ostpreußen in Masuren, bei Tilsit, ferner in Thüringen, Württemberg; in Bayern und in Österreich einer der häufigeren Weiden-Bastarde, fast überall mit den Stammarten, so in Niederösterreich, Oberösterreich, Steiermark, Nordtirol; Vorarlberg; in der Schweiz nur im Kanton Zürich und bei Luzern.

*S. cinerea* × *purpurea*; *S. Pontederana* WILLD. (1805); Syn. *S. sordida* A. KERN. (1860, *cin.* > *purp.*), *S. Rakosiana* BORB. (1883, *purp.* > *cin.*). – Selten. Um Hamburg (CHRISTIANSEN); Brandenburg an der Havel (GÖRZ); Bayern: Bodenseegebiet, Neuburg, München, Landshut, Regensburg, Nürnberg (TOEPFFER), ferner in Böhmen, Mähren; Nieder- und Oberösterreich, Steiermark, Nordtirol; in der Schweiz am Katzensee bei Zürich (BUSER).

*S. cinerea* × *repens*; *S. subsericea* DÖLL (1859). – Nord- und Mitteldeutschland, z. B. in Holstein, auf Borkum, in Brandenburg, in der Lausitz, sowie in Ostpreußen und Schlesien mehrfach beobachtet; ferner in Süddeutschland: Baden, Württemberg, Bayern, sowie in der Steiermark, in Nordtirol und in Vorarlberg. Deutung in mehreren Fällen zweifelhaft. Erfahrungsgemäß werden nach der Mahd nachgetriebene Sproße der *S. cinerea* oft irrtümlich für diesen Bastard gehalten.

*S. cinerea* × *silesiaca*; *S. subcinerea* ANDERSS. (1867). – Selten in Schlesien im Riesengebirge in niedrigeren Lagen (GÖRZ).

*S. cinerea* × *Starkeana*; *S. coerulescens* DÖLL (1859); Syn. *S. cinerea* × *depressa* MEINSH. (1878), *S. cinerea* × *livida* BRUNNER in DÖLL (1859), *S. aurita* × *Starkeana* PATZE nach ANDERSS. (1868). – Ostpreußen, Posen, Hamburg, Baden (SEEMEN).

*S. cinerea* × *triandra; S. Krausei* ANDERSS. (1867) pr. p.; Syn. *S. amygdalina* × *cinerea* FIEK (1881). – Schlesien: Breslau (SEEMEN). Deutung sehr zweifelhaft.

*S. cinerea* × *viminalis; S. holosericea* WILLD. (1796, 1806); Syn. *S. nitens* GREN. et GODR. (1855), *S. Zedlitziana* A. KERN. (1860), *S. canthiana* A. KERN. (1860, *cin.* > *vim.*). – In Deutschland z. B. bei Brandenburg an der Havel (GÖRZ), in Bayern um Regensburg, Neuburg, Landau, Wachenheim, Kaiserslautern (TOEPFFER), ferner in Böhmen, sowie in Nieder- und Oberösterreich, Steiermark und Kärnten.

*S. daphnoides* × *Elaeagnos; S. Reuteri* MORITZI (1844, 1847); Syn. *S. Wimmeri* A. KERN. (1852). – In Süddeutschland in Baden, Württemberg und Bayern, z. B. bei Oberstdorf, Tegernsee, Neuburg, München (TOEPFFER); selten in Nieder- und Oberösterreich, Salzburg, Nordtirol und Vorarlberg, nicht selten in der Schweiz auf den Alluvionen der größeren Alpenflüsse, z. B. an der Arve im Kanton Genf, an der Aare in den Kantonen Bern und Aargau, an der Sihl im Kanton Schwyz (BUSER).

*S. daphnoides* × *nigricans; S. inticensis* HUTER (1907); Syn. *S. pustariaca* HUTER (1909). – Südtirol: Innichen, Schweiz (SEEMEN). Deutung wohl irrtümlich.

*S. daphnoides* × *purpurea; S. calliantha* J. KERN. (1865). – Selten, zuweilen als Ziergehölz kultiviert, z. B. in Niederösterreich, Steiermark, Nordtirol; nächst Brandenburg an der Havel (GÖRZ); in Bayern nächst Kissing bei Augsburg und um Neuburg (TOEPFFER).

*S. daphnoides* × *repens; S. maritima* HARTIG (1852); Syn. *S. Patzeana* ANDERSS. (1867). – Sehr selten. Ostpreußen: Fischhausen.

*S. daphnoides* × *viminalis; S. digenea* J. KERN. (1874); Syn. *S. Gremliana* SCHWAIGER (1893). – Sehr selten. Bayern: Isarufer bei München; Niederösterreich: Krems.

*S. dasyclados* × *purpurea* BEISSNER (1903). – Ist ein künstlich gezogener Bastard, der namentlich als gute Korbweide vielfach angepflanzt wird (SEEMEN).

*S. dasyclados* × *triandra; S. Salischii* SEEM. (1910); Syn. *S. amygdalina* × *dasyclados* SEEMEN (1910). – Schlesien: Postel bei Militsch (SEEMEN). Deutung sehr zweifelhaft.

*S. Elaeagnos* × *foetida; S. Thellungii* SEEM. (1909); Syn. *S. arbuscula* × *incana* SEEMEN (1909), *S. arbuscula* × *phylicifolia* THELL. – Schweiz: Bei Arosa in Graubünden.

*S. Elaeagnos* × *glaucosericea;* Syn. *S. glauca* × *incana* SEEM. (1910); – Osttirol: Bergeralp bei Virgen. Deutung wohl irrtümlich.

*S. Elaeagnos* × *helvetica; S. gnaphaloides* SCHLEICH. ex BUSER (1940). – Schweiz: Fundort fraglich, wohl Alpes de Bex (SCHLEICHER nach BUSER).

*S. Elaeagnos* × *nigricans; S. glaucovillosa* HAND.-MZT. (1904). – Niederösterreich: zwischen Türnitz und St. Aegyd. War vom Autor ursprünglich als *S. incana* × *glabra* gedeutet worden.

*S. Elaeagnos* × *purpurea; S. Wichurae* POKORNY (1864), non ANDERSS. (1867); Syn. *S. bifida* WULF. (1858). – Einer der seltensten Weidenbastarde. Deutung in vielen Fällen zweifelhaft. Wird angegeben für Bayern um Augsburg und München, Nieder- und Oberösterreich, Steiermark, Kärnten, Nordtirol; ferner für Schlesien.

*S. Elaeagnos* × *repens; S. subalpina* FORBES (1828). – Sehr selten. Schweiz: Waadt: Lac de Joux; Vorarlberg Mauren, Steiermark: Ramsau bei Schladming; Bayern: Haspelmoor; Schlesien.

*S. Elaeagnos* × *silesiaca; S. Andreae* WOLOSZCZAK (1898). – Bisher nur aus den Beskiden: bei Ustron a. d. Weichsel bekannt (GÖRZ).

*S. Elaeagnos* × *viminalis; S. Kerneri* ERDINGER (1865). – Sehr selten. Donauinsel bei Krems.

*S. foetida* × *helvetica; S. spuria* HEER ex BUSER (1940). – In der Schweiz nach BUSER einer der häufigsten alpinen Weiden-Bastarde, so z. B. in den Kantonen Waadt, Wallis, Graubünden u. a.; Tirol: Ötztal bei Ober-Gurgl (NEUMANN).

*S. foetida* × *herbacea;* Syn. *S. arbuscula* × *herbacea* BUSER (1881). – Schweiz: Albula.

*S. foetida* × *purpurea; S. Buseri* FAVRAT (1889). – Schweiz: Am Fuß des Bodengletschers bei Zermatt, im Oberengadin bei Bevers.

*S. foetida* × *reticulata; S. Ganderi* HUTER (1903). – Schweiz: Churfirsten, Bagnes, Zermatt, Gemmi (SEEMEN), Albula-Paß (BUSER), Waadtländer Alpen (SCHLEICHER); Nordtirol: Nordseite des Blaser, Osttirol: Windisch-Matrei, Innervillgraten. Deutung der österreichischen Angaben z. T. zweifelhaft, möglicherweise z. T. *S. reticulata* × *Waldsteiniana*.

*S. fragilis* × *pentandra; S. tinctoria* SM. (1815); Syn. *S. cuspidata* K. F. SCHULTZ (1819); *S. Friesii* A. KERN. (1860, *pent.* > *frag.*), *S. Pokornyi* A. KERN. (1860, *frag.* > *pent.*). – Mit den Stammarten nicht selten, stellenweise häufiger als die Elternarten, so im Gebiet von Brandenburg an der Havel (GÖRZ). In Bayern kultiviert um Regensburg und Treuchtlingen (TOEPFFER); nicht selten in Nieder- und Oberösterreich, Kärnten und Salzburg.

*S. fragilis* × *purpurea*; *S. Margaretae* SEEM. (1889). – Berlin: Charlottenburg (SEEMEN). Deutung wohl irrtümlich.

*S. fragilis* × *triandra*; *S. alopecuroides* TAUSCH (1821); Syn. *S. speciosa* HOST (1828), *S. subtriandra* NEILREICH (1851, *frag.* > *tri.*), *S. Kovatsii* A. KERNER (1860, *tri.* > *frag.*). – In Bayern bei Wolfratshausen und Regensburg (TOEPFFER), ferner in Ober- und Niederösterreich, sowie in Norddeutschland z. B. in der Provinz Brandenburg, in der Lausitz, in Hannover u. a.

*S. fragilis* × *viminalis*; *S. Boulayi* F. GERARD (1904); Syn. *S. indagata* A. et G. CAMUS (1905). – Schlesien: Baunau Kreis Glogau, Kupferberg am Bober, Maltsch an der Oder (SEEMEN). Deutung wohl irrtümlich.

*S. glabra* × *hastata*; *S. calcigena* POELL (1931). – Nordtirol: Halltal. Deutung wohl irrtümlich.

*S. glabra* × *herbacea*; *S. intricata* HUTER (1907). – Tirol: am Weg von der Tschontschanon-Alpe zum Übergang nach Campill. Deutung äußerst zweifelhaft.

*S. glabra* × *nigricans*; *S. subglabra* A. KERN. (1860). – Nicht selten mit den Stammarten, so in Nieder- und Oberösterreich, Steiermark, Kärnten und Tirol; bisher wenig beachtet.

*S. glabra* × *purpurea*; *S. issensis* MURR (1931). – Nordtirol: Halltal. Deutung wohl irrtümlich.

*S. glabra* × *retusa*; *S. Fenzliana* A. KERN. (1860). – Alpen von Niederösterreich, Oberösterreich, Steiermark und Nordtirol; anscheinend nicht so selten wie bisher meist angenommen, wohl öfters übersehen.

*S. glabra* × *Waldsteiniana*; *S. halensis* POELL (1931). – Nordtirol: Haller Salzberg. Deutung wohl irrtümlich.

*S. glaucosericea* × *herbacea*; *S. Blyttii* KERN. (1860); Syn. *S. intricata* HUTER nach DALLA TORRE und SARNTHEIM (1909). – Tirol: Villnöß-Alpe. Deutung zweifelhaft.

*S. glaucosericea* × *retusa*; *S. elaeagnoides* SCHLEICH. (1809); Syn. *S. buxifolia* SCHLEICH. (1809), *S. lagopina* AUSSERDORFER (1873), *S. Außerdorferi* HUTER (1872, *ret.* > *glauc.*), *S. euryadenia* WOLOSZCZAK (1886, *glauc.* > *ret.*), *S. semiorphana* MURR (1923, *glauc.* > *ret.*). – In der Schweiz stellenweise nicht selten, so in den Kantonen Waadt, Wallis, Graubünden; in Vorarlberg als Halbwaise, da *S. glaucosericea* dort fehlt; in Südtirol im Pustertal, in Osttirol um Prägraten.

*S. hastata* × *Hegetschweileri* – Schweiz: Urserental unterhalb Realp (NEUMANN).

*S. hastata* × *helvetica*; *S. Huteri* A. KERN. (1866). – Alpen von Salzburg und Tirol, in der Schweiz mehrfach im Oberengadin, im Binntal, um Zermatt u. a. (BUSER).

*S. hastata* × *herbacea* BUSER (1940). – Schweiz: Oberengadin; Wallis: Furka, Saas, Gletsch am Rhonegletscher.

*S. hastata* × *nigricans*; *S. Blyttiana* ANDERSS. (1874). – Voralpen von Nordtirol. Sehr zweifelhaft.

*S. hastata* × *silesiaca*; *S. chlorophana* ANDERSS. (1867). – Mährisches Gesenke (WIMMER nach GÖRZ).

*S. hastata* × *Waldsteiniana*; *S. combinata* HUTER (1891); Syn. *S. algovica* BORNMÜLLER (1895). – Alpen von Tirol und Bayern. Deutung durchaus zweifelhaft.

*S. Hegetschweileri* × *herbacea* BUSER (1940). – Alpen der Schweiz (BUSER).

*S. Hegetschweileri* × *retusa*; *S. alpigena* A. KERN. (1864). – Alpen von Tirol; Schweiz: Freiburg, Gruyère (BUSER).

*S. helvetica* × *herbacea*; *S. ovata* SÉR. (1815). – Schweiz: Aar-Gletscher, Grimsel, Großer St. Bernhard, Bevers (BUSER).

*S. helvetica* × *retusa*; *S. recondita* AUSSERDORFER (1886). – Osttirol: Bergeralpe in Virgen.

*S. helvetica* × *Waldsteiniana*; *S. spuria* WILLD. ap. SCHLEICH. (1807); Syn. *S. subconcolor* (SÉR.) DALLA TORRE et SARNTH. (1909). – Alpen von Osttirol.

*S. helvetica* ssp. *marrubiifolia* × *silesiaca*; Syn. *S. Lapponum* × *silesiaca*. – Sudeten, z. B. im Riesengebirge, überall zusammen mit den Stammarten (GÖRZ).

*S. herbacea* × *reticulata*; *S. onychiophylla* ANDERSS. (1867). – Südtirol: Seiser Alp, 2200 m (TOEPFFER). Sehr selten.

*S. herbacea* × *retusa*; *S. Richenii* MURR (1923). – Alpen von Vorarlberg: Arlberg-Gebiet; Schweiz: Bevers im Oberengadin.

*S. herbacea* × *serpyllifolia*; *S. Festii* GÁYER (1932); Syn. *S. valsoreyana* GUYOT. – Sehr selten. In Österreich in den Alpen der nordwestlichen Steiermark: Preber, Trübeck (GÁYER); in der Schweiz im Kt. Graubünden im Albulapaß-Gebiet (BUSER), Wallis: Valsorey (GAMS).

*S. herbacea* × *Waldsteiniana*; BUSER (1940). – Schweiz: Churfirsten, Mattstock (BUSER).

*S. Lapponum* × *myrtilloides*; *S. versifolia* WAHLENBG. (1812); Syn. *S. fusca* FRIES (1832), *S. myrtoides* HARTM. (1838). – Ostpreußen: Kreis Sensburg, Hochmoor bei Heydebruch und Selbongen (SEEMEN).

*S. Mielichhoferi* × *retusa;* *S. Fenzliana* HUTER exs. sec. BUSER (1940), non A. KERN., *S. Breunia* HUTER exs. (1891) sec. SEEMEN (1910). – Tirol: am Brenner auf der Zeragalp (BUSER); Südtirol: Pustertal (HUTER). Deutung unsicher.

*S. myrtilloides* × *repens;* *S. finnmarchica* WILLD. (1811); Syn. *S. fusca maior* LAEST. (1863), *S. ambigua* var. *glabrata* KOCH (1837), *S. aurora* LAEST. (1863). – In Westpreußen in den Kreisen Löbau, Briesen, Kulm und Schwetz; mehrfach in Bayern: Wertach und Feistenau, Füssen, Weilheim, Deininger Moor, Gelting, Chiemsee, Pappenheim bei Eschenbach, Grünhundsee, Altenkundstadt.

*S. nigricans* × *purpurea;* *S. Beckeana* BECK (1890); Syn. *S. guseniensis* WIMM. (1866), *S. vandensis* A. KERN. (1860), non SCHLEICHER (1807), *S. dubia* ANDERSS. (1868), non SUTER (1802). – Brandenburg, Schlesien; Niederösterreich, Oberösterreich, Nordtirol. Deutung zweifelhaft.

*S. nigricans* × *repens;* *S. nana* SCHLEICH. (1807); Syn. *S. felina* BUSER (1895), *S. Heidenreichiana* ZAHN (1904), *S. Heidenreichii* ROUY (1904). – Sehr selten. Westpreußen: Kreis Schwetz, bei Lubnase; Ostpreußen: Tilsit; Brandenburg an der Havel; Nordtirol: Umgebung von Innsbruck; Schweiz: Katzensee bei Zürich.

*S. nigricans* × *retusa;* *S. Cottetii* LAGGER (1864). – Schweiz: Kt. Waadt. Solalex bei Bex (SCHLEICHER nach BUSER); Oberengadin: Pitz Rosatsch (SCHIBLER); Alpen von Gruyère (COTTET). Alpen von Osttirol. – Deutung der osttirolischen Exemplare jedoch zweifelhaft.

*S. nigricans* × *Starkeana;* *S. myrtoides* DÖLL (1859), non HARTM.; Syn. *S. pseudoglabra* SCHATZ (1895). – Brandenburg: Treptow bei Berlin; Ostpreußen: Tilsit; Baden: Hüfinger Torfstich.

*S. nigricans* × *Waldsteiniana;* *S. Blumrichii* MURR (1923). – Nordtirol, Vorarlberg. Deutung sehr zweifelhaft.

*S. pentandra* × *triandra;* *S. Schumanniana* SEEM. (1909); Syn. *S. Wagae* ZALEWSKI (1896). – Holstein (CHRISTIANSEN), Brandenburg: bei Berlin (SEEMEN). Deutung sehr zweifelhaft.

*S. purpurea* × *repens;* *S. Doniana* SM. (1828, *repens* × *purpurea*), *S. parviflora* HOST (1828, *rosmarinifolia* × *purpurea*). – Einer der häufigeren Weiden-Bastarde, oft der *S. purpurea* ähnlich. In Deutschland z. B. mehrfach um Brandenburg an der Havel (GÖRZ), in Bayern bei Neuburg, Landshut, Regensburg, Nürnberg (TOEPFFER); ferner in Böhmen und Mähren, in Nieder- und Oberösterreich, Steiermark, Nordtirol und Vorarlberg; in der Schweiz am Katzensee bei Zürich (BUSER).

*S. purpurea* × *silesiaca;* *S. arborescens* HARTIG (1850), Syn. *S. Siegertii* ANDERSS. (1868). – Sudeten, nicht selten.

*S. purpurea* × *triandra;* *S. leiophylla* A. et G. CAMUS (1905). – Holstein (CHRISTIANSEN); Schlesien: an der Weistritz bei Kanth, Arnsdorf bei Liegnitz (SEEMEN). Deutung wohl irrtümlich.

*S. purpurea* × *viminalis;* *S. Helix* L. (1753); Syn. *S. rubra* HUDS. (1762), *S. fissa* HOFFMANN (1787), *S. elaeagnifolia* TAUSCH (vor 1824, *vim.* > *purp.*), *S. Forbyana* SM. (1828, *purp.* > *vim.*), *S. angustissima* WIMM. (1866). – Fast überall mit den Stammarten, seltener als Halbwaise. In Deutschland z. B. um Brandenburg an der Havel häufig und formenreich (GÖRZ), nicht selten in Bayern, Oberösterreich, Niederösterreich, Kärnten; in der Schweiz nur kultiviert (BUSER).

*S. repens* × *Starkeana;* *S. stenoclados* DÖLL (1859). – Ostpreußen: Kummerau, Tilsit; Baden: Pfohren (SEEMEN).

*S. repens* × *viminalis;* *S. Friesiana* ANDERSS. (1767); Syn. *S. angustifolia* FRIES (1832), non WILLD. (1806). – Selten. Nord- und Mitteldeutschland, z. B. in Holstein (CHRISTIANSEN), bei Brandenburg an der Havel (GÖRZ); Niederösterreich: Moosbrunn.

*S. reticulata* × *retusa;* *S. Thomasii* ANDERSS. (1868); Syn. *S. Eichenfeldii* GANDER (1891), *S. Thomasiana* (RCHB.) GÜRKE (1897). – Selten. Alpen von Tirol: Kitzbüchler Horn, Innervillgraten; Schweiz: Bagnestal.

*S. reticulata* × *serpyllifolia* GREMLI (1893). – Schweiz: Val de Bagnes (THOMAS nach BUSER), Valsorey (GUYOT nach GAMS).

*S. reticulata* × *Waldsteiniana* BUSER (1940). – Schweiz: Churfirsten, Mattstock (BUSER).

*S. retusa* × *Waldsteiniana;* *S. gemmia* BUSER (1892); Syn. *S. assimilis* WOLOSZCZAK (1898). – Selten. Alpen von Steiermark: Totes Gebirge; Nordtirol: Lechgebiet; Schweiz: Churfirsten, Mattstock (BUSER).

*S. serpyllifolia* × *Waldsteiniana;* *S. relicta* MURR (1904). – Nordtirol: Moorwiese bei Seefeld. Deutung sehr zweifelhaft.

*S. Starkeana* × *viminalis;* Syn. *S. livida* × *viminalis* HEIDENREICH (1866). – Ostpreußen: Tilsit.

*S. triandra* × *viminalis;* *S. mollissima* EHRH. (1791), non SM. (1804); Syn. *S. hippophaefolia* THUILL. (1799), *S. Trevirani* SPRENG. (1813), *S. multiformis* DÖLL (1859). – Anscheinend in Norddeutschland nicht selten, z. B. mehrfach um Brandenburg an der Havel (GÖRZ), im Süden des Florengebietes selten, z. B. in Nieder- und Oberösterreich.

## Tripel- und Quadrupelbastarde

*S. acutifolia* × *caprea* × *purpurea; S. Scholzii* ROUY (1904). – Schlesien: Liegnitz (SEEMEN).

*S. alba* × *fragilis* × *pentandra; S. hexandra* EHRH. (1791). – Weseram bei Brandenburg an der Havel (GÖRZ); früher auch in der Ems-Hunte-Geest bei Bassum (SEEMEN).

*S. appendiculata* × *(foetida* × *helvetica);* Syn. *S. arbuscula* × *helvetica* × *grandifolia* BUSER (1940). – Schweiz: Engadin, See von St. Moritz (BUSER).

*S. aurita* × *bicolor* × *caprea;* Syn. *S. aurita* × *caprea* × *phylicifolia* A. et G. CAMUS (1905). – Thüringen, an der Kleinen Saale zwischen Pforta und Naumburg (SEEMEN).

*S. aurita* × *caprea* × *cinerea; S. Wołoszczakii* ZALEWSKI (1896). – Stellenweise häufig, so z. B. um Brandenburg an der Havel (GÖRZ), aber oft nicht von den einfachen Kreuzungen unterschieden; ferner in der Lausitz, in Schlesien, Thüringen und in Bayern, z. B. bei Landshut, Regensburg, Nürnberg.

*S. aurita* × *caprea* × *cinerea* × *repens; S. Aschersoniana* SEEM. (1894). – Prov. Brandenburg: Rüdersdorfer Kalkberge bei Berlin (SEEMEN).

*S. aurita* × *caprea* × *purpurea* GÖRZ (1922). – Brandenburg an der Havel, Emsterkanal (GÖRZ).

*S. aurita* × *caprea* × *repens* GÖRZ (1922). – Bisher nur um Brandenburg an der Havel (GÖRZ).

*S. aurita* × *caprea* × *silesiaca; S. Germanorum* ROUY (1904); Syn. *S. Panekiana* FRITSCH (1898). – Schlesien: Eulengebirge (STRAEHLER nach SEEMEN); nach GÖRZ im Areal der *S. silesiaca* häufig, z. B. im Riesengebirge, aber bisher meist nicht von den Stammarten und deren einfachen Hybriden unterschieden.

*S. aurita* × *caprea* × *silesiaca* × *viminalis* GÖRZ (1928). – Nur im Riesengebirge: Krummhübel (GÖRZ).

*S. aurita* × *caprea* × *viminalis* GÖRZ (1922). – Selten. Brandenburg an der Havel; Georgental und Ilmenau in Thüringen (GÖRZ).

*S. aurita* × *cinerea* × *purpurea; S. confinis* A. et G. CAMUS (1905). – Schlesien: nächst Maltsch an der Oder (SEEMEN); Salvan im Kt. Wallis (GAMS). Deutung zweifelhaft.

*S. aurita* × *cinerea* × *repens; S. Straehleri* SEEM. (1889). – Insel Borkum; Brandenburg: Rüdersdorfer Kalkberge, Spremberg (STRAEHLER), Brandenburg an der Havel (GÖRZ); Bayern: Ziegelstein bei Nürnberg, Stadeln bei Fürth (TOEPFFER).

*S. aurita* × *cinerea* × *silesiaca* GÖRZ (1928). – Riesengebirge: Krummhübel (GÖRZ).

*S. aurita* × *cinerea* × *viminalis; S. Hirtei* STRAEHLER (1896). – Berlin (SEEMEN), Brandenburg (GÖRZ).

*S. aurita* × *hastata* × *silesiaca* GÖRZ (1928). – Sudeten: Gesenke, Großer Kessel (WIMMER nach GÖRZ).

*S. aurita* × *helvetica* ssp. *marrubiifolia* × *silesiaca* GÖRZ (1928). – Riesengebirge (GÖRZ).

*S. aurita* × *Lapponum* × *repens* H. GROSS (1908). – Ostpreußen: Kreis Lötzen auf dem Bruch bei Widminnen, sowie auf dem Bruch bei Upalten (SEEMEN).

*S. aurita* × *Lapponum* × *myrtilloides* H. GROSS (1909). – In Ostpreußen im Kreise Sensburg bei Heydebruch (SEEMEN).

*S. aurita* × *nigricans* × *repens* GÖRZ (1922). – Nur nächst Brandenburg an der Havel (GÖRZ).

*S. aurita* × *purpurea* × *repens; S. pseudo-Doniana* ROUY (1904). – Brandenburg: um Driesen; Margareth bei Breslau (SEEMEN).

*S. aurita* × *purpurea* × *silesiaca* GÖRZ (1928). – Sudeten (GÖRZ).

*S. aurita* × *purpurea* × *viminalis* WICHURA (1865). – Im alten botanischen Garten zu Berlin (SEEMEN).

*S. aurita* × *repens* × *viminalis; S. aberrans* A. et G. CAMUS (1905). – Brandenburg: um Driesen; Ostpreußen: Tilsit (SEEMEN).

*S. bicolor* × *caprea* × *cinerea; S. tephrocarpa* WIMM. (1861); Syn. *S. ludibunda* A. et G. CAMUS (1905). – Im alten botanischen Garten zu Berlin und um Treptow (SEEMEN).

*S. caprea* × *cinerea* × *silesiaca* GÖRZ (1928). – Riesengebirge: an der Lomnitz, 600 m (GÖRZ).

*S. caprea* × *cinerea* × *viminalis* GÖRZ (1922). – Brandenburg an der Havel (GÖRZ). Schwer erkennbar.

*S. caprea* × *hastata* × *silesiaca* GÖRZ (1928). – Mährisches Gesenke: Altvater (GÖRZ).

*S. caprea* × *helvetica* ssp. *marrubiifolia* × *silesiaca*. – Im Riesengebirge mehrfach (GÖRZ).

*S. caprea* × *purpurea* × *silesiaca* GÖRZ (1928) – Riesengebirge: Schreiberhau, Marienthal (GÖRZ).

*S. caprea* × *purpurea* × *viminalis; S. purpureo-acuminata* WIMM. in sched., *S. purpureiformis* ROUY (1904-05), *S. rubriformis* TOURLET (1903) – Schlesien: um Breslau; Bayern: Flußufer bei Regensburg, Naabufer bei Etterzhausen (SEEMEN, TOEPFFER).

*S. cinerea* × *purpurea* × *viminalis; S. Uechtritzii* ROUY (1904). Schlesien: Breslau, Parchwitz bei Liegnitz; Thüringen: um Groß Walbur (SEEMEN).

*S. cinerea* × *repens* × *viminalis; S. fastidiosa* A. et G. CAMUS (1905). – Ostpreußen: Tilsit (SEEMEN).

*S. daphnoides* × *purpurea* × *repens; S. Boettchéri* SEEMEN (1909). – Ostpreußen: Pillau, auf dem Wege von Neuhäuser zum Strand (SEEMEN).

*S. glabra* × *hastata* × *nigricans; S. stenostachya* A. KERN (1864). – Tirol: Sonnwendjoch bei Jenbach; Rauchkofel bei Lienz. Deutung sehr zweifelhaft.

*S. purpurea* × *repens* × *viminalis* HEIDENREICH (1871). – Ostpreußen: Tilsit.

*S. purpurea* × *silesiaca* × *viminalis* GÖRZ (1928). – Riesengebirge: Schreiberhau (GÖRZ).

*S. repens* × *Starkeana* × *viminalis;* Syn. *S. depressa* × *repens* × *viminalis* SEEMEN (1909). – Ostpreußen: Tilsit (SEEMEN).

Reihe **Fagales**

Holzgewächse mit eingeschlechtigen, selten zwitterigen, anemogamen Blüten. Laubblätter schraubig angeordnet, ungeteilt, mit Nebenblättern. Blüten in einfachen Ähren oder Dichasienähren bis Wickelähren. Blütenhülle fehlend oder kelchartig. Staubblätter in den männlichen Blüten in gleicher Zahl wie die Blütenhüllblätter und vor diesen stehend oder in größerer Zahl. Fruchtknoten unterständig, 2- bis 6-blättrig, 1- bis 6-fächerig, mit 1–2 Samenanlagen in jedem Fach, mit 1 oder 2 Integumenten. Halbfrüchte meist nußartig, mit nur einem Samen.

## 35. Familie. Betulaceae

C. A. AGARDH, Aphor. 208 (1825)

### Birkengewächse

Wichtigste Literatur: L. ABRAMS, Illustr. Flora of the Pacific States 1, 510–514 (1923). F. FIRBAS, Spät- und nacheiszeitliche Waldgeschichte Mitteleuropas nördlich der Alpen, Jena 1949–52. H. A. GLEASON, The New BRITTON and BROWN, Illustr. Flora of the Northeastern United States and the adjacent Canada 2, 30–37 (1952). FERNALD, GRAY's Manual of Botany 530–539 (1950). J. JENTYS-SZAFEROWA, Biometr. Studien an der Kollektivart *B. alba* in Arb. Staatsforschungsinst. Warschau (1937) und in Bull. Acad. Polon. (1949–52). KIRCHNER, LOEW u. SCHRÖTER, Lebensgeschichte d. Blütenpflanzen Mitteleuropas 2, 1, 146–253 (1913–14). P. KNUTH, Handbuch d. Blütenbiologie 2, 2, 390 (1899). V. L. KOMAROV, Flora URSS. 5, 252–319 (1936). B. LINDQUIST, Studien über d. Stammrindentypen d. Gattung *Betula* in Acta Horti Bergiani 14, 91–132 (1946). B. LINDQUIST, On the Variation in Skandinavien *B. verrucosa* EHRH. in Svensk Botan. Tidskrift 41, 45–80 (1947). H. MORGENTHALER, Beitr. z. Kenntnis d. Formenkreises d. Sammelart *B. alba* in Vierteljahrsschr. Naturf. Gesellsch. Zürich 60 (1915). K. PRANTL in ENGLER u. PRANTL, Natürl. Pflanzenfam. 3, 1, 38–46 (1894). G. PRIEHÄUSSER, Der Formenkreis von *Betula verrucosa* EHRH. und *Betula pubescens* EHRH. im Bayerischen Wald in Mitteilungen aus der Staatsforstverwaltung Bayerns, 27. Heft, 1952. C. K. SCHNEIDER, 1, Handbuch d. Laubholzkunde 96–150 (1904). H. SOLEREDER, Syst. Anatomie d. Dicotyledonen 889 –896 (1899). H. WINKLER, *Betulaceae* in Pflanzenreich 4, 61 (1904).

Die Betulaceen wurden früher mit den Fagaceen, Salicaceen, Myricaceen und Juglandaceen als Amentaceen zusammengefaßt. Mit den Fagaceen, mit denen sie auch als *Cupuliferae* vereinigt wurden, sind sie nach H. WINKLER (1904) zunächst verwandt, unterscheiden sich aber von ihnen durch das dimere Gynoeceum, das einfache Integument der Samenanlagen, die dem Deckblatt aufgewachsenen männlichen Blüten, die häufig geteilten Staubblätter und das Fehlen des Fruchtbechers. Während die Fagaceen mit den Betulaceen in den wandständigen Samenanlagen übereinstimmen, stehen ihnen die Myricaceen und Juglandaceen durch die einzige grundständige Samenanlage erheblich ferner. Die Salicaceen stehen durch ihre Blütenverhältnisse sowie durch den Bau der Frucht und des Samens außerhalb der engeren Verwandtschaft der genannten Familien.

Holzpflanzen mit schraubig oder 2-zeilig gestellten, rundlichen oder eiförmigen, seltener länglich-lanzettlichen, meist gesägten oder gezähnten, ungeteilten Laubblättern. Nebenblätter frei, gewöhnlich frühzeitig abfallend. Blüten in der Regel eingeschlechtig, einhäusig. Blütenhülle fehlend oder einfach, hochblattartig, frei oder vereintblätterig. Männliche Einzelblütenstände 1- bis 3-blütige Trugdöldchen, zu langen, walzlichen Scheinähren, Kätzchen, vereinigt; Blütenstandachse sehr biegsam mit schraubig angeordneten Tragblättern, in deren Achseln sich in der Regel je eine dichasiale Blütengruppe mit 6 Vorblättern (Fig. 80d) vorfindet; nicht selten geht die Mittelblüte, gelegentlich auch die beiden Seitenblüten, durch Abort verloren (Fig. 80f). Männliche Blüten dem Tragblatt stets einzeln aufgewachsen, mit oder ohne Vorblätter. Staubblätter 2–12; zu jeder Einzelblüte gehören somit 2–4 Staubblätter; Staubbeutel, zuweilen auch die Staubfäden gespalten, 2-teilig (Taf. 79, Fig. 3b, Taf. 84, Fig. 2c, 3b); vor den Perigonblättern stehend (Taf. 77, Fig. 36). Weibliche Blüte in den Achseln des Tragblattes, mit 2 *(Betula)*, 4 *(Alnus)* oder 6 *(Cory-*

*leen)* Vorblättern. Blütenhülle wie etwa bei *Betula* fehlend oder von zahlreichen, zahnförmigen, am Grunde meist verwachsenen, kelchartigen Blättchen gebildet. Fruchtknoten scheinbar unterständig, tatsächlich jedoch wie bei den Fagaceen nicht unterständig im eigentlichen Sinne, da kein Achsengewebe daran beteiligt ist; es liegt eine einfache Verwachsung der Blütenhülle mit dem Fruchtknoten vor; aus 2 Fruchtblättern gebildet, am Grund 2-fächerig, mit 2 fadenförmigen, freien Narben. Früchte in der Regel einsamige Schließfrüchte, Nüsse, mit lederig-holziger, glatter oder längsgerippter Schale, zuweilen auch drüsig punktiert, meist von den Resten der Narbe bzw. der Blütenhülle gekrönt, gewöhnlich seitlich zusammengedrückt, zuweilen geflügelt (Taf. 85, Fig. 1c), entweder wie bei *Betula* und *Alnus* zu 2–3 in der Achsel eines 3- bis 5-lappigen, schuppenartigen, später zuweilen verholzten Gebildes stehend, welches durch Verwachsung des Tragblattes mit den 2–4 Vorblättern hervorgegangen ist, oder wie bei *Carpinus*, *Ostrya* und *Corylus*, von einer Hülle oder einem Fruchtbecher umgeben, welcher aus den miteinander verwachsenen Vorblättern und Tragblättern entstanden ist. Samen ohne Nährgewebe, fast nur aus dem Keimling bestehend. Keimblätter fleischig (Fig. 80g), reichlich fettes Öl, aber keine Stärke enthaltend.

Die Familie umfaßt 9 Gattungen mit etwa 120 Arten. Die Betulaceen gehören fast ausschließlich der nördlichen gemäßigten Hemisphäre an; nur Arten von *Alnus* Sect. *Clethropsis* sind vom Himalaya aus bis Ostbengalen, *Alnus jorullensis* H. B. K. von Mexiko in den Kordilleren und Anden bis Argentinien verbreitet; ferner erreicht *Carpinus caroliniana* WALT. in Mexiko und eine der *Ostrya virginiana* (MILL.) K. KOCH nahestehende Sippe in Guatemala und Costa Rica das neotropische Florenreich.

Das Hauptverbreitungsgebiet der Betulaceen liegt in Zentral- und Ostasien; innerhalb dieses Gebietes sind die Gebirge Zentralchinas und Russisch-Zentralasiens an Artenzahl und Endemiten als ein Mannigfaltigkeitszentrum anzusprechen. In Zentral- und Ostasien findet sich die monotypische Gattung *Ostryopsis* mit der allein in der Mongolei und in Nordchina vorkommenden *O. Davidiana* DECNE., die beiden Vertreter von *Carpinus* Sect. *Digestocarpus*, *C. cordata* BLUME und *C. japonica* BLUME sowie 10 weitere *Carpinus*-Arten, eine *Ostrya*-Art, ferner die von Südosteuropa bis zum Himalaya verbreitete Baumhasel *Corylus Colurna* L. und 3 andere *Corylus*-Arten. In Zentral- und Ostasien sind weiterhin 4 mit *A. viridis* (CHAIX) DC. verwandte Sippen und 8 andere *Alnus*-Arten, u. and. der einzige Vertreter der Sect. *Cremastogyne*, *A. cremastogyne* BURKILL und die beiden Repräsentanten der Sect. *Clethropsis*, *A. nitida* (SPACH) ENDL. und *A. nepalensis* D. DON verbreitet. An *Betula*-Arten sind die 4 Vertreter der Sect. *Betulaster* auf Ostasien beschränkt, von den Arten der Sect. *Costatae* kommen 3 Arten allein in Zentral- und Südwestchina, 1 Art außerdem im Himalaya und in Ostafghanistan vor, 5 weitere Arten sind in Japan, eine von ihnen durch die Mandschurei und Dahurien bis Unalaschka, ferner 1 Art im Amurgebiet einheimisch. Weiterhin finden sich etwa 20 Sippen von *Betula* Sect. *Albae* und etwa 9 Sippen von Sect. *Nanae* in Zentral- und Ostasien, die zumeist in jenen Gebieten endemisch sind, z. T. miteinander vikariieren und einander sehr nahestehen.

Ein zweites, wenn auch nicht so reiches Entwicklungszentrum der Betulaceen liegt im Mittelmeergebiet und in Südwestasien. Im südlichen Europa und in Kleinasien ist *Ostrya carpinifolia* SCOP. verbreitet. Neben der auch in Mitteleuropa einheimischen *Corylus Avellana* L. kommen im südöstlichen Europa und in Kleinasien *C. maxima* MILL. und die ostwärts bis zum Himalaya verbreitete Baumhasel *C. Colurna* L. vor. Im Mittelmeergebiet und in Kleinasien finden sich ferner *Alnus viridis* (CHAIX) DC. und *A. glutinosa* (L.) GAERTN., in Kleinasien *A. orientalis* DECNE, sowie in Italien und auf Korsika *A. cordata* (LOIS.) DESF. Reicher an endemischen Arten ist das Kaukasus-Gebiet, Transkaukasien und Nordpersien. Dort wurden 2 *Carpinus*-Arten, 1 *Corylus*-Art sowie 3 *Betula*- und 2 *Alnus*-Arten beobachtet, die alle in diesen Gebieten endemisch sind.

Ein drittes Verbreitungsgebiet der Betulaceen liegt in Nordamerika. Außer *Ostrya virginiana* (MILL.) K. KOCH finden sich *Corylus americana* WALT. im atlantischen Nordamerika sowie *C. cornuta* MARSH. und eine unserer *Alnus viridis* (CHAIX) DC. nahestehende Sippe *A. crispa* (AIT.) PURSH im atlantischen und pazifischen Nordamerika. Ferner kommen in Nordamerika 7 *Alnus*-Arten der Sect. *Gymnothyrsus*, 5 *Betula*-Arten der Sect. *Nanae*, 6 *Betula*-Arten der Sect. *Albae* sowie 3 *Betula*-Arten der Sect. *Costatae* vor. Die 3 Arten der in Ostasien so reich entwickelten Sect. *Costatae* sind im atlantischen Nordamerika einheimisch; aus dem pazifischen Nordamerika ist kein Vertreter dieser Sektion bekannt.

Vegetationsorgane. Die Betulaceen sind Sträucher oder Bäume von meist mittlerer bis ansehnlicher Höhe. Zu den niederwüchsigen Arten zählen die Vertreter von *Betula* Sect. *Nanae*; die Zweige der arktisch-alpinen *B. nana* L. erheben sich meist überhaupt nicht, sondern kriechen, dem Boden dicht anliegend, dahin. Auch die hochwüchsigen Repräsentanten der Familie nehmen in nördlichen Breiten vielfach niedrigeren Wuchs an, die Bäume werden zu Sträuchern, Sträucher südlicher gemäßigter Gegenden im hohen Norden zu niedrigen, stark verästelten und dem Boden oft anliegenden Sträuchlein. Zu den hochwüchsigen Formen zählt die oft mehr als 30 m hohe nordamerikanische *Betula papyrifera* MARSH.; diesen ist meist ein hoher schlanker Stamm und eine durchsichtige, von vielfach hängenden Zweigen gebildete, bisweilen weit ausladende Krone eigen. Auch zur Gattung *Alnus* zählen hochwüchsige und stattliche Bäume, wie die in Italien einheimische *A. cordata* (LOIS.) DESF., andere Arten bleiben niedriger und entsenden vom Grunde an Äste, andere wieder bleiben strauchig. Innerhalb der Gattung *Corylus* ist nur eine Art durch einen ausgeprägt baumartigen Wuchs ausgezeichnet, und zwar die vom südöstlichen Europa bis zum Himalaya einheimische *C. Colurna* L., die beträchtliche Dimensionen erreicht und später eine pyramidal aufstrebende Krone bildet. In älteren Beschreibungen wird von Exemplaren berichtet, die an Höhe und Breite den höchsten Eichenbaum übertrafen und 4–5 m Durchmesser erreichten. Neben *C. Colurna* stellt nur noch die im mittleren Himalaya vorkommende *C. ferox* WALL. einen kleinen Baum dar, alle übrigen *Corylus*-Arten sind von Strauchform. In der Gattung *Carpinus* überwiegt die Baumform. *Ostrya* ist bisweilen als Strauch, bisweilen als Baum mit astfreiem Stamm und breiter Krone entwickelt. Der einzige Vertreter der Gattung *Ostryopsis* wird als Strauch beschrieben.

Die Laubblätter stehen an der ersten Achse schraubig, an den Zweigen zweizeilig, nur bei den Arten von *Alnus* Sect. *Gymnothyrsus*, zu denen auch *A. incana* (L.) WILLD. und *A. glutinosa* (L.) GAERTN. zählen, stehen sie auch an den Zweigen schraubig. In der Knospe sind die Blätter dachziegelartig gelagert und in der Richtung der Seitennerven gefaltet, nur bei *Corylus* erscheinen sie der Länge nach zusammengelegt. Die Form der Blätter ist rundlich oder eiförmig, seltener länglich-lanzettlich. Der Blattrand ist meist einfach oder doppelt gesägt oder gezähnt, nur bei *Alnus nepalensis* D. DON ist er zuweilen völlig ganzrandig. Während in der Gattung *Alnus* die Blattserratur ein ziemlich konstantes Artmerkmal abgibt, ist sie bei den anderen Gattungen zu einförmig oder innerhalb derselben Art zu wechselnd. Die Betulaceen haben Nebenblätter von meist länglicher oder lanzettlicher Gestalt, die frühzeitig abfallen, bei *Carpinus stipulata* H. WINKL. jedoch findet man häufig noch die vom Vorjahr.

Anatomie. Die Korkbildung aller Betulaceen ist subepidermal. Das Phellogen, d. i. das nach außen die Korkzellen liefernde Folgemeristem, tritt immer in der äußersten Zellschicht der primären Rinde auf. Der Birkenkork besteht aus abwechselnden Schichten derbwandiger, plattenförmiger und dünnwandiger, nicht allzu flacher Zellen, die mit feinen weißen Körnchen, dem Betulin, ausgefüllt sind, das aber nicht bei allen Birken vorhanden zu sein scheint; so fehlt es nach BOUBIER z. B. bei *B. pubescens* EHRH. ssp. *Murithii* (GAUD.) ASCH. et GRAEBN. und *B. nigra* L. Die weiße Farbe der Birkenrinde ist vor allem durch diese weißen Körperchen bedingt. Ferner ist der Birkenkork durch das Vorhandensein quergestellter, linienförmiger Lentizellen ausgezeichnet. *Ostrya* und *Corylus* zeigen ähnliche Ausbildung des Korkes wie *Betula*, hingegen sind bei *Carpinus Betulus* L. alle Korkzellen plattenförmig und derbwandig.

Die primäre Rinde ist in ihren äußeren Teilen deutlich kollenchymatisch ausgebildet, sekundäre Bastfasergruppen finden sich bei *Corylus*, Steinzellennester statt dessen bei *Alnus* und *Betula*. Im Holz aller Betulaceen tritt die radiale Anordnung der Gefäße charakteristisch hervor. Die Gefäße sind nicht sehr weitlumig. *Betula* und *Alnus* besitzen an den Gefäßwandungen, welche an Markstrahlparenchym angrenzen, ausschließlich Hoftüpfelung, bei den übrigen Gattungen sind die Gefäße an diesen Stellen mit einfachen und behöften Tüpfeln versehen. Ausschließlich leiterförmige Gefäßdurchbrechung findet sich bei *Betula*, *Alnus*, *Corylus*, einfache und leiterförmige bei *Carpinus* und *Ostrya*. Das Holzparenchym ist bei *Betula* und *Alnus* spärlich, bei den übrigen Gattungen reichlicher entwickelt. Die Markstrahlen sind 1- bis 4-reihig; das Mark von *Corylus* wird an der Peripherie von dickwandigen, lebenden Zellen, im zentralen Teil von dünnwandigen, leeren Zellen gebildet; *Alnus*, *Betula*, *Carpinus* und *Ostrya* besitzen homogenes Mark.

Der Blattbau der Betulaceen ist stets bifazial, mit Ausnahme von *Ostrya carpinifolia* SCOP. Die Seitenwände der Epidermiszellen sind geradlinig oder wellig buchtig. Die Epidermis der Blattunterseite zeigt öfters Papillenbildung, so vor allem einige *Betula*- und *Alnus*-Arten. Viele Betulaceen sind durch verschleimte Blattepidermis ausgezeichnet, so fast alle *Betula*-Arten, eine Reihe von *Alnus*-Arten, wie etwa *A. cordata* (LOIS.) DESF., *A. japonica* SIEB. et ZUCC., *A. maritima* (MARSH.) NUTT., *A. orientalis* DECNE., *A. rhombifolia* NUTT., *A. serrulata* AIT., *A. viridis* (CHAIX) DC. und ferner mehrere *Corylus*- und *Carpinus*-Arten, wie *Corylus Avellana* L., *C. americana* WALT., *C. cornuta* MARSH., *Carpinus orientalis* MILL. und *C. japonica* BLUME. Ein einschichtiges, bezüglich der Zellgröße verschieden ausgebildetes Hypoderm ist bei einer Reihe von *Alnus*-Arten nachgewiesen worden, und zwar *A. glutinosa* (L.) GAERTN., *A. incana* (L.) WILLD., *A. acuminata* H. B. K., *A. jorullensis* H. B. K., *A. firma* SIEB. et ZUCC., *A. nepalensis* D. DON, *A. rhombifolia* NUTT. Die Spaltöffnungen finden sich bei allen Betulaceen fast ausschließlich auf der Blattunterseite; Nebenzellen fehlen. Oxalsaurer Kalk wird in Form von Drusen und Einzelkristallen ausgeschieden; so werden die großen, durchsichtigen Punkte der Blätter mancher *Carpinus*- und *Ostrya*-Arten durch entsprechend groß und schön ausgebildete Idioblasten bedingt.

Die Deckhaare der Betulaceen sind einzellige oder einzellreihige Trichome. Einfache einzellige Haare sind bei allen Betulaceen vorhanden, einfache einzellreihige sind bei Arten von *Alnus*, *Ostrya* und *Corylus* angetroffen worden. Ferner finden sich Drüsenhaare von verschiedener Form bei den verschiedensten Gattungen, sowie Drüsenschuppen bei *Alnus* und *Betula*. Die Drüsenschuppen bedecken die jungen Zweige und überziehen mit ihrem Sekret die Knospen; sie besitzen einen kurzen, breiten Stiel und einen Schild, dessen Zellen auf dem Durchschnitt der Drüse palisadenartig gestreckt und in der Flächenansicht meist polygonal erscheinen. Bei *Corylus*-Arten finden sich Drüsenhaare von keulenförmiger Gestalt. *Carpinus Betulus* L., *C. caroliniana* WALT. und *Ostrya carpinifolia* SCOP. hingegen haben Drüsenhaare mit einzellreihigem, aus wenigen Zellen zusammengesetztem Stiel und einem kugeligen oder ellipsoidischen, aus mehreren Zellen gebildeten Köpfchen. Ferner sind ziemlich große Drüsenhaare bei *Corylus americana* WALT. und *C. ferox*

WALL. auf den Blattflächen sowie bei *C. Avellana* L. am Blattstiel beobachtet worden, die einen mehrzellreihigen Stiel und ein reichzelliges, abgeplattet kugeliges Köpfchen besitzen. Die drüsige Beschaffenheit der Blattzähne wurde bei Arten von *Alnus, Betula, Carpinus* und *Corylus* von REINKE untersucht; bei *Betula pubescens* EHRH. und *Alnus cordata* (LOIS.) DESF. wurden Drüsenzotten ähnlich den Drüsenschuppen, bei *Carpinus Betulus* L. und *Corylus Avellana* L. Drüsenhaare ähnlich den Drüsenhaaren an der Blattfläche festgestellt. Dieselben oder wenigstens ähnliche Drüsenschuppen bzw. Drüsenhaare wurden schließlich von HANSTEIN bei *Alnus, Corylus, Carpinus* und *Ostrya* auch als Knospenschutz nachgewiesen.

Blütenverhältnisse. Die Blüten sind stets eingeschlechtig und, abgesehen von zuweilen auftretenden Bildungsabweichungen, stets auf eingeschlechtige Blütenstände verteilt. Sie erreichen nur geringe Dimensionen und sind unscheinbar. Die männlichen Blütenstände sind ährenförmige Kätzchen; an einer Spindel stehen spiralig die Deckblätter, in deren Achseln sich jeweils eine dichasiale Blütengruppe mit 6 Vorblättern vorfindet. Öfters ist die Mittelblüte, bisweilen sind auch die seitlichen Blüten, verlorengegangen, so daß im letzteren Falle dann das Kätzchen eine einfache Ähre darstellt. Im allgemeinen sind auch die weiblichen Blütenstände in gleicher Weise aufgebaut, nur bei *Corylus* finden sich knospenförmige Köpfchen von etwas komplizierterem Bau. Die männlichen Blüten sind dem Deckblatt stets aufgewachsen und sind bei *Alnus* und *Betula* zu einem 3-blütigen Dichasium vereint, und zwar bei *Alnus* mit 4, bei *Betula* mit 2 Vorblättern; bei allen übrigen Gattungen stehen sie einzeln und ohne Vorblätter, nur bei *Corylus* sind 2 Vorblätter zu beobachten. Bei *Alnus* und *Corylus* scheinen die Blütenhüllblätter manchmal am Grunde verwachsen, manchmal frei zu sein; bei allen übrigen Gattungen fehlt eine Blütenhülle. Außer bei *Alnus* sind bei allen Betulaceen die Staubbeutel, häufig auch noch die Staubfäden, 2-teilig; außer bei *Alnus* und *Betula* ist an der Spitze der Staubbeutel stets ein Haarschopf zu finden. Die weiblichen Blüten stehen in den Achseln des Deckblattes. An Vorblättern finden sich bei *Alnus* 4, bei *Betula* 2, bei allen übrigen Betulaceen 6. Bei *Alnus* und *Betula* fehlt den weiblichen Blüten eine Blütenhülle, bei allen übrigen Gattungen wird das Perigon von einer wechselnden Zahl zahnförmiger, am Grunde meist verwachsener, kelchartiger Blättchen gebildet. Der Fruchtknoten besteht aus 2 Fruchtblättern, welche bei *Corylus* median, bei den übrigen Betulaceen quer zum Deckblatt der Blüte gestellt sind. Zur Bestäubungszeit sind fast stets nur die beiden pfriemförmigen langen Narben entwickelt, erst später bildet sich die Fruchtknotenhöhle mit den 2 Samenanlagen, welche hängend und mit der Raphe einander zugewendet sind und nur 1 Integument besitzen.

Die Betulaceen sind Windblütler. Die männlichen Kätzchen hängen mit einer sehr biegsamen Spindel herab, so daß sie vom Winde leicht hin und her geweht werden können. Die Ausstäubung geht nach KERNERS Beobachtungen (1891) bei den Betulaceen in derselben Weise wie bei *Juglans* vor sich. Die Lage der Ährenspindel ändert sich kurz vor dem Aufspringen der Staubbeutel. Im jugendlichen Zustand sind die Pollenblüten dieser Pflanzen dicht gedrängt und bilden fest zusammenschließend eine steife, aufrechte, zylindrische Ähre. Vor dem Aufblühen streckt sich die Spindel der Ähre, sie wird überhängend, und die nun etwas auseinandergerückten Blüten erhalten dadurch eine umgekehrte Lage, so daß die aus kleinen Vorblättern und Perigonblättern zusammengesetzte Blütendecke nach oben, die Staubbeutel dagegen nach unten zu stehen kommen (Taf. 77, Fig. 33). Die Staubbeutel, welche jetzt unter der Blütendecke wie unter einem Dache aufgehängt erscheinen, öffnen sich, ihr Pollen kollert und sickert aus den Öffnungen heraus, stäubt aber nicht sogleich in die freie Luft, sondern lagert sich, senkrecht herabfallend, zunächst in muldenförmigen Vertiefungen ab, welche an der nach oben gekehrten Rückseite der einzelnen Blüten ausgebildet sind. Dort bleibt er, von den in den männlichen Blütenständen oft reichlich vorhandenen Härchen noch fester gehalten, liegen, bis ihn bei trockenem Wetter ein Windstoß entführt. Eine Regel für das Verhältnis der Blütezeit von männlichen und weiblichen Blüten scheint nicht zu bestehen. Während die Beobachtungen bei *Betula* für Proterogynie sprechen, zeigte sich *Corylus Avellana* L. an verschiedenen Standorten bald homogam, bald proterogynisch, bald proterandrisch; ebenso wird für *Alnus* Proterandrie und Proterogynie angegeben.

Die von NAWASCHIN bei den Gattungen *Betula, Alnus* und *Corylus* entdeckte chalazogame Befruchtung geht folgendermaßen vor sich: Der Pollenschlauch wächst interzellulär durch das Gewebe der Karpellränder in den oberen Teil der Plazenta hinein, durch deren Gewebe in den Funikulus und durch die Chalaza in den Nucellus. An den inneren Wänden der zweischichtigen Epidermiskappe des Nucellus vorbeigleitet der Pollenschlauch dann durch das Nucellargewebe, oftmals in Schraubenwindungen, bis zum Embryosackscheitel hinauf. Die Pollenschlauchspitze erreicht den Gipfel des Embryosackes, während in letzterem noch die letzten Kernteilungen vor sich gehen. Nach Ausbildung des Eiapparates entsendet der Pollenschlauch eine Anzahl langer Fortsätze oder Verzweigungen, welche den Embryosack nicht selten bis zur Basis umfassen. Das befruchtete Ei umgibt sich erst verhältnismäßig spät mit einer Zellhaut, und zwar zuletzt an seinem Scheitel.

Frucht und Samen. Die Frucht der Betulaceen ist ein Nüßchen, eine einsamige Schließfrucht, mit lederigholziger, besonders bei *Corylus* sehr starker Schale. Dieselbe ist glatt oder von mehr oder weniger stark vorspringenden Längsnerven durchzogen, oft drüsig punktiert und von den Resten der Narbe sowie, falls eine solche vorhanden ist, von der Blütenhülle gekrönt. Bei fast allen *Betula*- und einer großen Zahl von *Alnus*-Arten ist die Fruchtschale an den Kanten in einen schmäleren oder breiteren, lederigen oder seidenpapierartigen Flügelsaum verdünnt. Die Blattgebilde der Teilblütenstände erfahren charakteristische Veränderungen. Bei *Corylus* und *Ostryopsis* entwickeln sich die beiden inneren Vorblätter zu einer zerschlitzten, die Frucht oft erheblich überragenden Hülle, bei *Ostrya* zu einem sackartigen, scheinbar geschlossenen Gebilde, das die Frucht an Größe vielfach übertrifft. Bei *Carpinus* ist diese Hülle an der einen Seite bis zum Grunde eingeschlitzt und flach ausgebreitet; sie deckt die Frucht höchstens durch den ein- oder beiderseits umgebogenen unteren Teil des Randes. Die Deckblätter der Blütengruppen bleiben bei den *Coryleae* gewöhnlich klein und entwickeln sich bloß bei *Corylus* zu einer kelchartigen Hülle. Hingegen verwachsen sie bei *Betula* und *Alnus* zu einer mehr oder weniger holzigen Schuppe. Diese ist bei *Betula* meist deutlich dreilappig und löst sich bei der Reife mehr oder weniger leicht von der Spindel. Die Fruchtstände der Gattung *Alnus* weisen völlig verholzte, entsprechend der Anzahl der Deck- und Vorblätter fünflappige Schuppen auf, die auch nach dem Ausfallen der Samen an der Spindel noch lange erhalten bleiben. Die Ausbreitung der außer bei *Corylus* an sich schon leichten Samen durch den Wind wird bei *Betula* und *Alnus* durch die Randflügel, bei den übrigen Gattungen außer *Corylus* durch die nicht sehr schweren Hüllen begünstigt. Die Früchte von *Corylus* werden durch Tiere (Nagetiere, Meisen, Häher) verschleppt.

Nutzen. Abgesehen von der Gattung *Corylus*, von der einige Arten in zahlreichen Formen wegen ihrer als Schalenobst beliebten Samen, der Haselnüsse, kultiviert werden, liefern die Betulaceen keine eßbaren Früchte. Aus den Samen von *Corylus* wird Öl gewonnen. *Betula* liefert durch trockene Destillation der an Betulin, einem harzartigen, aber kristallinischen, unverändert sublimierenden Körper reichen Rinde eine ölartige Substanz, das Oleum betulinum oder Birkenöl. Dieses wurde vor allem in früheren Zeiten in der Heilkunde vielfach verwendet. Heute werden vor allem die Birkenblätter als Folia Betulae, die mehrere Flavonglykoside (Myrizitrin und Hyperosid), Saponine und den angenehmen Duft der jungen frischen Blätter bedingendes ätherisches Öl enthalten, als Diureticum gebraucht. Das Holz aller Betulaceen findet mancherlei Verwendung. Als Brennholz gibt Hasel- und Birkenholz eine lang andauernde Glut. Die Kohle des Haselholzes wird als Zeichenkohle, das Birkenholz zur Herstellung von mancherlei Hausgerät verwendet. Als Bauholz können die Stämme der Birke, Erle und Hainbuche nicht herangezogen werden, weil sie in trockenem Zustande sehr unter Wurmfraß leiden. Hingegen nehmen alle drei Holzarten eine schöne Politur an und sind deshalb von Tischlern, Drechslern und Stellmachern geschätzt. Roterlenholz ist besonders in Glasfabriken als Formholz und zur Glättung des Tafelglases gesucht. Fischräuchereien verwenden es zum Räuchern von Heringen, Aalen usw. Außer zur Herstellung von Zigarrenkisten dient es wie das Birkenholz hauptsächlich zur Anfertigung von Spulen, Pantoffeln, Bürsten und Spielwaren. Das sehr harte und zähe Holz der Hainbuche wird zu Werkzeugheften, Maschinenteilen wie Radkämmen und Zapfenlagern, Poststempeln und wie das Birkenholz zu Schuhmacherstiften verarbeitet.

Als Ziergehölze erfreuen sich die Betulaceen großer Beliebtheit. Neben den schon vor langer Zeit aus Nordamerika eingeführten monumentalen Birken, wie *Betula nigra* L., *B. lenta* L., hauptsächlich aber *B. papyrifera* MARSH. haben sich in neuerer Zeit auch ostasiatische Arten eingebürgert; so findet sich z. B. *B. Maximowiczii* REGEL vielfach in Gartenanlagen angepflanzt.

Gliederung der Familie

Unterfamilie I. *Betuloideae*.

  Tribus 1. *Betuleae: Betula, Alnus*.

Unterfamilie II. *Coryloideae*.

  Tribus 2. *Carpineae: Carpinus, Ostrya*.
  Tribus 3. *Coryleae: Corylus*.

Gattungsschlüssel:

1 Männliche Blüten zu 3 in den Achseln der Deckschuppen, mit Blütenhülle; Staubblätter 2 oder 4, im ersteren Falle 2-teilig; weibliche Blüten ohne Blütenhülle; Frucht oft geflügelt, aber ohne Hülle *(Betuloideae)* . . . . . . . . . . . . . . . . . . . . . . . . . . . . . . . . . . . . . . . . . . . . . . 2

1* Männliche Blüten einzeln in den Achseln der Deckschuppen, ohne Blütenhülle; Staubblätter 2–12, 2-teilig; weibliche Blüten mit Blütenhülle; Frucht von einer Hülle oder von flügelartigen Organen umgeben *(Coryloideae)* . . . . . . . . . . . . . . . . . . . . . . . . . . . . . . . . . . . . . 3

2 Blütenhülle der männlichen Blüten 1- bis 2-blättrig; Staubblätter 2, oben 2-teilig (Taf. 84, Fig. 3 b); Deckschuppen der Fruchtkätzchen 3-lappig (Taf. 77, Fig. 35) mit der geflügelten Frucht abfallend . *Betula*

2* Blütenhülle der männlichen Blüten 3- bis 5-blättrig, meist 4-blättrig; Staubblätter 3–5, meist 4, ungeteilt; Deckschuppen der Fruchtkätzchen 5-lappig, holzig, stehenbleibend (Taf. 77, Fig. 36) . *Alnus*

3 Laubblätter zur Blütezeit mindestens schon in Entfaltung begriffen; männliche Blüten mit 6–12 Staubblättern und 12–24 Staubbeuteln; weibliche Blüten in lockeren Kätzchen; Frucht klein, von flügelartigen Organen umgeben oder mit sackartiger Hülle . . . . . . . . . . . . . . . . . . . . . . . . . . . . . 4

3* Laubblätter zur Blütezeit noch ganz unentwickelt; männliche Blüten meist mit 4 Staubblättern und 8 Staubbeuteln; weibliche Blüten zu wenigen in kleinen, knospenartigen Blütenständen vereinigt (Taf. 84, Fig. 1 a, 1 b), aus denen nur die purpurroten Narben herausragen; Fruchthülle groß, becherförmig, zerschlitzt; Fruchtschale sehr stark . . . . . . . . . . . . . . . . . . . . . . . . . . . *Corylus*

4 Männliche Kätzchen lockerblütig; Fruchthülle offen, flügelartig, fast flach, 3-teilig oder mehr oder weniger tief gezähnt (Taf. 79, Fig. 3; Taf. 77, Fig. 29) . . . . . . . . . . . . . . . *Carpinus*

4* Männliche Kätzchen dichtblütig; Fruchthülle das Nüßchen sackartig einschließend (Taf. 84, Fig. 2a; Taf. 77, Fig. 31, 32). Nur am Südfuß der Alpen und zerstreut in den südlichen Alpentälern, isoliert im Inntal . . . . . . . . . . . . . . . . . . . . . . . . . . . . . . . . . . . . . *Ostrya*

## CCVIII. **Betula** L., Gen. plant. ed. 5, 422 (1754). Birke

Einhäusige Holzgewächse mit schraubig gestellten, meist gestielten, wechselständigen Blättern. Männliche Kätzchen lang-zylindrisch, dicht, nackt überwinternd, end- und achselständig. Männliche Blüten dem Tragblatt aufsitzend, zu 3-blütigen Trugdöldchen vereinigt (Fig. 55 i, k), Mittelblüte mit Seitenblüten ohne entwickelte Vorblätter. Blütenhülle 4-blätterig, Staubblätter 2, seltener 3, bis zum Grunde 2-teilig (Taf. 84, Fig. 3b). Pollen kugelig, nicht oder wenig polar abgeflacht, 16–28 μ, nahezu glatt, mit 3 behöften, nach außen vorgewölbten Poren in äquatorialer Anordnung (Fig. 53). Poren durch verdickte Wandleisten verbunden. Weibliche Kätzchen an der Spitze kurzer Seitenäste, unter den männlichen stehend, im Winter von Knospenschuppen eingehüllt, kleiner als die männlichen Kätzchen. Weibliche Trugdöldchen 3-blütig oder durch Verkümmerung der Mittelblüte 2-blütig; ihre beiden Vorblätter (a, b) mit dem Tragblatt (d) zu einer dreilappigen oder 3-spaltigen, nicht verholzenden, zur Fruchtzeit abfallenden Schuppe verwachsen (Fig. 55 f, g, h, q u. 63 d). Weibliche Blüten ohne Perigon. Fruchtknoten 2-fächerig, anfänglich jedes Fach mit einer hängenden, anatropen Samenanlage (Fig. 55n). Narben 2, purpurrot, fädlich, nicht über die Tragblätter hervortretend. Frucht eine einsamige, dünnhäutige, zweiflügelige Nuß (Taf. 84, Fig. 3d; Fig. 55 l, m u. 63 e).

Fig. 53. Pollenkorn von *Betula*, Polaransicht

Die Gattung umfaßt etwa 65 Arten, deren Verbreitung fast ausschließlich auf die nördliche gemäßigte Zone beschränkt ist. Die durch zylindrische, sehr verlängerte Fruchtstände und breit geflügelte Nüßchen gekennzeichneten Arten der Sect. *Betulaster* kommen allein in Zentral- und Ostasien vor, und zwar findet sich *B. alnoides* BUCH.-HAM. vom Himalaya bis Zentralchina, *B. Baeumkeri* H. WINKL. in Südwestchina, *B. luminifera* H. WINKL. in Zentralchina und *B. Maximowiczii* RGL. in Japan. Von den Arten der Sect. *Eubetula*, die durch fast kugelige, eiförmige oder kurz zylindrische Fruchtstände und schmal oder unscheinbar geflügelte Nüßchen ausgezeichnet sind, wurde von der Subsect. *Costatae B. utilis* D. DON in Zentral- und Ostasien von Afghanistan bis Zentralchina, 3 Arten in Südwest- und Zentralchina und 1 Art in Nordchina und Korea, *B. costata* TRAUTV. in der Mandschurei und im Amurgebiet, *B. Ermani* CHAM. im Lena-Kolymagebiet, Dahurien und Kamtschatka, Sachalin und Japan, ferner *B. corylifolia* RGL., *B. carpinifolia* SIEB. et ZUCC. und *B. globispica* SHIRAI in Japan sowie *B. ulmifolia* SIEB. et ZUCC. in Japan und in der Mandschurei beobachtet, 3 Arten kommen im Kaukasus und in Transkaukasien, ferner 3 Arten, und zwar *B. lenta* L., *B. nigra* L. und *B. lutea* MICHX. im atlantischen Nordamerika vor. Der Formenkreis der *B. nana* L. ist durch mehrere nah verwandte Arten in den arktischen, subarktischen und kalt-gemäßigten Gebieten der Alten und Neuen Welt, *B. humilis* SCHRANK und *B. fruticosa* PALL. sowie 2 nah verwandte Sippen im subarktischen und kalt-gemäßigten Europa und Asien, ferner *B. glandulosa* MICHX., *B. Michauxii* SPACH und *B. pumila* L. im subarktischen und kalt-gemäßigten Nordamerika einheimisch. Von den Arten der Sect. *Albae* finden sich neben den in Europa, West- und Nordasien verbreiteten Arten *B. pendula* ROTH und *B. pubescens* EHRH. und ihrer Verwandten. *B. platyphylla* SUKACZ. im Lena-Kolymagebiet, Dahurien und im Amurgebiet, *B. mandschurica* (RGL.) NAKAI in der Mandschurei und im Amurgebiet, *B. japonica* SIEB. in Ostsibirien, in der Mandschurei und in Japan sowie 15 weitere Arten in Zentral-, Nord- und Nordostasien. Ferner sind Vertreter der Sect. *Albae*, und zwar *B. populifolia* MARSH., *B. caerulea-grandis* BLANCH., *B. minor* (TUCKERMAN) FERN., *B. borealis* SPACH im atlantischen Nordamerika, *B. occidentalis* HOOK. und *B. fontinalis* SARG. im pazifischen Nordamerika sowie *B. papyrifera* MARSH. durch den ganzen Kontinent von Labrador und Neufundland bis Alaska und südwärts bis nach Pennsylvanien, Michigan, Wisconsin, South-Dakota, Montana und Idaho einheimisch.

Nach LINDQUIST (1947) entspricht *B. pendula* ROTH, welche der Autor mit dem Namen *B. verrucosa* EHRH. bezeichnet, ebenso wie *B. pubescens* EHRH. der Sammelart *B. alba* L. *B. pendula* ist von dem schwedischen Apotheker GUNNARSSON (1918–25) in drei Stammarten und zahlreiche angebliche Hybriden zerlegt worden. Die zytologischen Untersuchungen von HELMS und JÖRGENSEN (1927), WOODWORTH (1931), JOHNSSON (1941–45) und LEVAN (1947) lassen jedoch nur die diploide Sammelart *B. pendula* (2 n = 28), die tetraploide *B. pubescens* (2 n = 56) und eine kleine

Fig. 54. *Betula pendula* ROTH Rauh-Birke. (Aufn. H. MEYER).

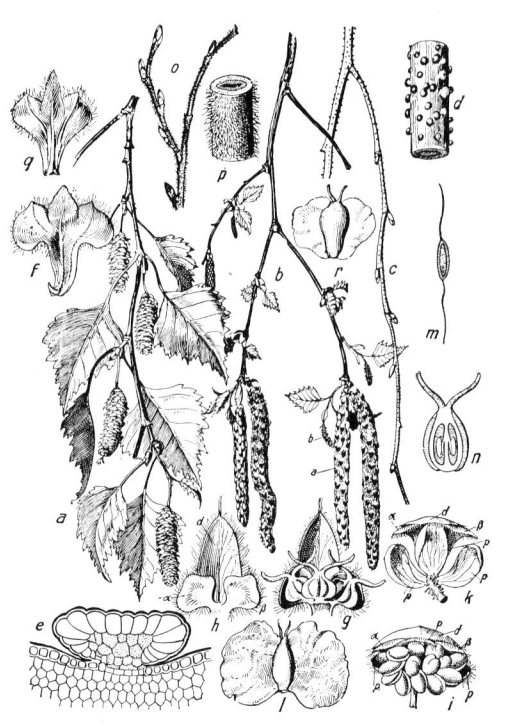

Fig. 55. *Betula pendula* ROTH *a* Zweig mit reifen Fruchtständen. *b* Zweig mit männlichen *(a)* und weiblichen *(b)* Blütenkätzchen. *c* Zweig mit Harzdrüsen. *d* Ein Stück desselben vergrößert. *e* Schnitt durch eine Harzdrüse (nach Hempel und Wilhelm). *f* Fruchtschuppe. *g* Weiblicher Teilblütenstand. *h* Derselbe nach Entfernung der Blüten. (*d* Tragblatt. α, β Vorblätter. *p* Perianthblätter). *i* Männlicher Teilblütenstand. *k* Derselbe nach Entfernung der Staubblätter. *l* Same. *m* Querschnitt durch denselben. *n* Längsschnitt durch eine junge Frucht. – *Betula pubescens* Ehrh. *o* Behaarter Zweig. *p* Ein Teil desselben vergrößert mit Querschnitt. *q* Fruchtschuppe. *r* Same

Zwischengruppe (2 n meist 42) erkennen, weshalb JOHNSSON und LINDQUIST die meisten angeblichen Hybriden als bloße Varietäten bzw. Formen bewerten. LINDQUIST hat 1945 *B. callosa* NOTÖ als Art anerkannt. Innerhalb *B. verrucosa* unterscheidet der Autor nach Wuchs, Borke und Blattform zwölf Varietäten, in Europa die mehr südliche var. *saxatilis*, im wesentlichen wohl synonym mit var. *vulgaris* REGEL, und die nordische var. *lapponica*, wohl synonym mit var. *alba* HARTM., ferner in Sibirien var. *truncata* KRYL. und var. *platyphylla* (SUKACZ.), in Ostasien var. *szechuanica* SCHNEID., var. *japonica* SIEB. und var. *kamtschatica* REGEL, weiterhin in Alaska und Kanada *B. kenaica* EVANS und im nordöstlichen Nordamerika *B. populifolia* MARSH. und *B. coerulea-grandis* BLANCH. Die ostasiatischen Rassen einschließlich *B. mandschurica* (RGL.) NAKAI können als Varietäten von *B. kenaica* gelten, deren letzterer Name dem endgültigen SIEBOLDS vorzuziehen ist (GAMS, brieflich).

Die Pollengrößen der 4 für Mitteleuropa in Betracht kommenden *Betula*-Arten wurden von JENTYS-SZAFER an Frisch- und Herbarmaterial verschiedener Herkünfte variationsstatistisch untersucht. Mit einer gewissen Streuung, die für jede Art rund 7 µ umfaßt, ergaben sich drei Verteilungskurven mit charakteristischen Gipfellagen, eine artspezifische für *Betula nana* L. (kleinste Pollen, häufigster Pollendurchmesser 18,6 µ; nach ENEROTH in FAEGRI 19,1 µ) sowie eine artspezifische für *B. pubescens* EHRH. (größte Pollen, doppelte Chromosomenzahl! häufigster äquatorialer Pollendurchmesser 24,3 µ; nach ENEROTH in FAEGRI 24,6 µ). Die Kurven für *B. pendula* ROTH und *B. humilis* SCHRANK decken sich und liegen in einem charakteristischen mittleren Größenbereich (häufigste Pollendurchmesser 21,5 µ, nach ENEROTH 21,8 µ). – Weitere feine pollenmorphologische Unterschiede zwischen *B. nana* und *B. pubescens* betreffen nach TERASMÄE die relative Porengröße, relative Dicke von Exine bzw. Ektexine und Kugelform bzw. polare Abplattung der Pollenkörner. – Nach HELMS und JØRGENSEN treten an Bastarden von *B. pubescens* mit *B. verrucosa* 1-, 4-, 5- und 7-porige Pollen auf.

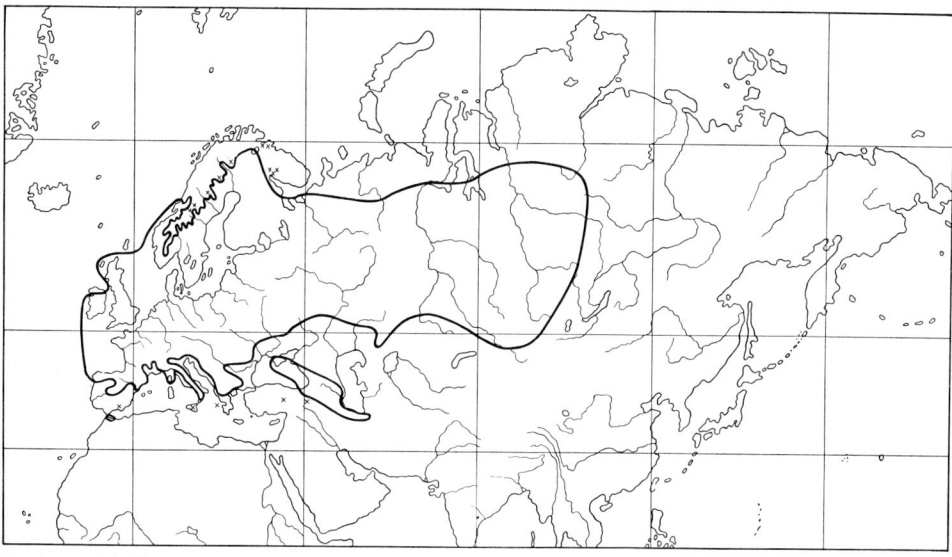

*Betula pendula* ROTH

Fig. 56. Verbreitungskarte von *Betula pendula* ROTH (nach H. MEUSEL, Halle 1957)

Gliederung der Gattung

Sektion 1. *Costatae*: *B. lenta, B. lutea, B. Ermani*.
Sektion 2. *Albae*: *B. pendula, B. populifolia, B. papyrifera, B. pubescens*.
Sektion 3. *Nanae*: *B. humilis, B. nana*.

Schlüssel zum Bestimmen
der in Mitteleuropa und Nachbargebieten wildwachsenden und kultivierten Birken-Arten nach leicht auffindbaren Merkmalen:

1 Laubblätter jederseits mit zahlreichen, und zwar mehr als 7 Seitennerven .......... 2
1* Laubblätter jederseits mit 2–7 (8) Seitennerven ................................. 4
2 Laubblätter länglich-eiförmig, am Rande feinspitzig gesägt, mit (10–) 11–14 Seitennerven ... 3
2* Laubblätter breit-eiförmig, am Rande unregelmäßig und verhältnismäßig grob gesägt, mit 7–9(–11) Seitennerven. Kultiviert ........................................ *B. Ermani* CHAM.
3 Laubblätter oberseits glänzend grün. Einjährige Zweige glänzend purpurbraun. Fruchtschuppen kahl. Kultiviert ........................................ *B. lenta* L.
3* Laubblätter oberseits mattgrün. Einjährige Zweige hell olivgrün. Fruchtschuppen behaart. Kultiviert ........................................ *B. lutea* MCHX.
4 Männliche Blütenstände ungeschützt überwinternd, hängend. Blätter jederseits mit 5–7 Seitennerven. Meist Bäume ................................. 5
4* Männliche Blütenstände im Winter von Knospenschuppen umgeben oder eingeschlossen, aufrecht. Blätter jederseits mit 2–5 Seitennerven. Sträucher ............................ 8
5 Junge Zweige, Samen- und Stocklohden mehr oder minder dicht mit warzigen Drüsen besetzt, junge Samenlohden und Stockausschläge samt den Blättern oft gleichzeitig behaart. Zweige und Blätter älterer Pflanzen stets kahl, erstere oft auch ohne warzige Drüsen. Auch ältere Blätter von dünner Konsistenz .................................. 6
5* Junge Zweige, Samen- und Stocklohden ohne warzige Drüsen. Junge Triebe und Blätter mehr oder weniger samtartig behaart, später Zweige oft ganz verkahlend. Ältere Blätter meist dicklich, lederartig, unterseits in den Nervenwinkeln fast stets gebärtet ......... *B. pubescens* EHRH.
6 Seitenlappen der Fruchtschuppen auf die Seite oder zurückgebogen .......... 7
6* Seitenlappen der Fruchtschuppen aufrecht. Blätter breit eiförmig bis eiförmig-lanzettlich, spitz oder lang zugespitzt. Kultiviert ........................................ *B. papyrifera* MARSH.

7 Laubblätter dreieckig, am Grunde nahezu oder völlig abgestutzt, auffallend lang und fein zugespitzt. Kultiviert . . . . . . . . . . . . . . . . . . . . . . . . . . . . . . . . . . . . *B. populifolia* MARSH.

7* Laubblätter rautenförmig-dreieckig, an der Spitze schief, am Grunde breit keilförmig, weniger lang und fein zugespitzt. Zweige stets hängend, glänzend, rötlich-braun . . . . . . *B. pendula* ROTH

8 Blätter rundlich eiförmig oder eiförmig (Fig. 63 c), deutlich länger als breit, mehr oder weniger zugespitzt, jederseits mit 4–5(–7), sehr selten weniger Seitennerven. Junge Zweige dicht drüsig behaart, bald verkahlend. Weibliche Kätzchen gestielt. Fruchtflügel ⅓ bis ¼ so breit wie die Frucht (Fig. 63 e) . . . . . . . . . . . . . . . . . . . . . . . . . . . . . . . . . . . . . . . . . . . . *B. humilis* SCHRANK

8* Blätter klein, fast kreisrund, meist breiter als lang, an der Spitze stets ganz stumpf oder deutlich abgerundet, jederseits mit 2–4 Seitennerven. Junge Zweige dicht und kurz feinhaarig, ohne Drüsen. Weibliche Kätzchen sitzend. Fruchtflügel mehrmals schmäler als die Frucht (Taf. 84, Fig. 4 b) . *B. nana* L.

## Schlüssel für die im Florengebiet spontan vorkommenden Arten:

1 Bäume oder größere Sträucher. Blätter ästig-aderig, nicht augenfällig netzaderig, zugespitzt, doppelt gesägt, lang gestielt. Männliche und fruchtende weibliche Kätzchen zuletzt hängend. Rinde weiß oder weißlich, seltener rotbraun . . . . . . . . . . . . . . . . . . . . . . . . . . . . . . . . . . . 2

1* Niedrige Sträucher. Blätter unterseits dicht netzaderig, klein, höchstens bis 35 mm lang, stumpfrundlich, kurz gestielt. Alle Kätzchen aufrecht. Rinde graubraun . . . . . . . . . . . . . . . . 3

2 Junge Zweige hängend, glänzend, rötlichbraun, fast kahl, reichlich mit warzigen Harzdrüsen besetzt (Fig. 55 c, d, e). Blätter rautenförmig-dreieckig, fast kahl, doppelt gesägt, an der Spitze meist schief, am Grunde breit keilförmig, ganzrandig. Fruchtflügel 2- bis 3-mal so breit und länger als die Frucht, weit über den Ansatz der Narben hervorragend; Frucht schmal und lang; Seitenlappen der Fruchtschuppe deutlich nach abwärts gebogen (Fig. 55 f; Taf. 84, Fig. 3 c). Rinde stets weiß . . *B. pendula* ROTH

2* Junge Zweige nie hängend, feinhaarig, ohne oder nur mit ganz vereinzelten Harzdrüsen besetzt (Fig. 55 r). Blätter eiförmig oder rautenförmig, flaumig behaart, zuletzt aber meist nur noch in den Aderwinkeln gebärtet, kurz zugespitzt, grob gesägt. Fruchtflügel ungefähr so breit und lang wie die Frucht; Seitenlappen der Fruchtschuppe deutlich nach aufwärts gebogen (Fig. 55 g). Rinde gelblichweiß, grauweiß oder rötlich bis schwärzlich . . . . . . . . . . . . . . . . . . . . *B. pubescens* EHRH.

3 Blätter rundlich-eiförmig oder eiförmig (Fig. 63 c), ungleich gekerbt-gesägt, Sägezähne spitz. Weibliche Kätzchen gestielt. Fruchtflügel ⅓ bis ¼ so breit wie die Frucht (Fig. 63 e). Junge Zweige dicht drüsig behaart, bald verkahlend . . . . . . . . . . . . . . . . . . . . . . . . . . . . . . *B. humilis* SCHRANK

3* Blätter klein, fast kreisrund, breiter als lang, gekerbt, Kerben abgerundet-stumpf. Weibliche Kätzchen sitzend. Fruchtflügel mehrmals schmäler als die Frucht (Taf. 84, Fig. 4 b). Junge Zweige dicht und kurz feinhaarig, ohne Drüsen . . . . . . . . . . . . . . . . . . . . . . . . . . . . . . . . *B. nana* L.

**768a. B. lenta** L. Syn. *B. nigra* DU ROI, *B. carpinifolia* EHRH. Bis etwa 25 m hoher Baum. Stamm in der Jugend glatt, Rinde glänzend braun, auch später nicht abblätternd, schließlich borkig reißend, aber bleibend. Zweige fast kahl, anfangs klebrig-warzig, später glänzend purpurbraun, im zweiten Jahre schwarzgrau. Winterknospen mit 3–4 bewimperten Schuppen, 6–8 mm lang, meist hellbraun. Blätter aus herzförmigem oder abgerundetem Grunde breiter oder schmäler länglich eiförmig, 4–12 cm lang, 2,5–6,5 cm breit, zugespitzt, scharf-doppelt-gesägt, oberseits glänzend grün, fast kahl, unterseits hell oder gelblichgrün, meist nur auf den Nerven und in den Achseln mehr oder weniger zottig, im Herbst lebhaft gelb werdend, gestielt. Fruchtstände länglich-walzlich, 2–3,5 (–4) cm lang, 0,8–1,2 (–1,5) cm breit, kurz gestielt. Fruchtschuppen mindestens so breit wie lang, etwa bis zur Mitte 3-teilig; der Mittellappen kaum länger als die seitlichen. Flügel meist reichlich halb so breit wie die bis 1,6 mm breite Frucht. – IV, V. – Heimat: Atlantisches Nordamerika von Maine bis Quebec und Ontario und südwärts bis Neu-England, Long Island, Maryland, Georgia und Tennessee. In Mitteleuropa in Gärten und auch als Straßenbaum usw. angepflanzt, hie und da auch verwildert.

**768b. B. lutea** MICHX. Stamm mit hell- oder gelbgrauer quer abblätternder Rinde. Junge Zweige behaart, später rötlichbraun. Winterknospen schwach behaart. Blätter meist am Grunde abgerundet, kürzer zugespitzt und meist gröber gesägt, bis 12 cm lang, 7 cm breit, in der Jugend dicht gelbrot behaart, später teilweise verkahlend, doch bisweilen auch oberseits mehr oder weniger behaart bleibend, 0,5–2 cm lang gestielt; Blätter im Herbst sattgelb. Fruchtstände eiförmig, 2,5–3 cm lang, 1,5–2 cm breit, ihre Schuppen ungefähr zweimal so groß wie bei *B. lenta* L., starr, 5–8 mm lang mit gewimperten Lappen. – IV, V. – Heimat: Atlantisches Nordamerika von Quebec und Ontario südwärts bis North-Carolina, Tennessee, Iowa. In Mitteleuropa gelegentlich in Gärten kultiviert.

**768c. B. Ermani** CHAM. Bis 15 m hoher Baum. Stamm und Äste glatt mit gelblich-weißer Rinde, die sich in breiten Querstreifen ablöst. Junge Zweige schwach behaart oder kahl, mit meist sehr reichlichen großen Drüsen besetzt. Einjährige Zweige meist kahl, rotbraun. Rinde häufig sich schon an zweijährigen Zweigen lösend. Winterknospen mit 3–4

Tafel 84

**Tafel 84. Erklärung der Figuren**

Fig. 1. *Corylus Avellana* (pag. 71). Zweig mit Früchten.
Fig. 1a. Zweig mit 6 männlichen Kätzchen und mit einem weiblichen Blütenstand (links unten).
Fig. 1b. Weiblicher Blütenstand.
Fig. 1c. Staubblatt (gespalten).
Fig. 2. *Ostrya carpinifolia* (pag. 69). Links ein Zweig mit einem männlichen Kätzchen, rechts ein solcher mit einem jungen weiblichen Kätzchen (oben) und einem reifen, hängenden Fruchtstand.
Fig. 2a. Fruchtbecher (jung).
Fig. 2b. Nüßchen.

Fig. 2c. Staubblatt (geteilt).
Fig. 3. *Betula pubescens* (nr. 771). Zweig mit einem weiblichen Kätzchen.
Fig. 3a. Zweig mit männlichen Kätzchen.
Fig. 3b. *Betula pendula* (nr. 772). Staubblatt.
Fig. 3c. Fruchtschuppe.
Fig. 3d. Frucht (geflügelt).
Fig. 4. *Betula nana* (nr. 773). Links ein Zweig mit männlichen, rechts mit weiblichen Kätzchen.
Fig. 4a. Männliches Trugdöldchen.
Fig. 4b. Weibliches Trugdöldchen (von innen).
Fig. 4c. Dasselbe von außen (mit Fruchtschuppe).

Schuppen. Blätter aus breit abgestutztem bis stark herzförmigem Grunde breit dreieckig, mit abgerundeten Ecken, zugespitzt, unter der Mitte am breitesten, 4–10 cm lang, 3–7 cm breit, meist grob gesägt, oberseits kahl oder zwischen den Nerven seidig zottig, unterseits meist nur auf dem Mittelnerven und in den Nervenachseln behaart, jederseits mit 7–10 Seitennerven. Fruchtstände eiförmig bis länglich, 2–3 (–4) cm lang, 1,0–1,5 cm breit. Fruchtschuppen etwa 1½-mal so lang wie breit, bis zur Mitte 3-teilig, der Mittellappen wenig bis deutlich länger als die Seitenlappen. Flügel ¼ bis gut so breit wie das Nüßchen. – V. – Heimat: Nordostasien vom östlichen Sibirien vom Lena-Kolyma-Gebiet und Dahurien ostwärts bis Kamtschatka, Sachalin und Japan. In Mitteleuropa seit langem, besonders in Gärten kultiviert.

**768 d. Betula pendula** Roth, Tent. Fl. Germ. 1, 405 (1788). Syn. *B. verrucosa* Ehrh. (1791), *B. alba* L. (1753) p. p., *B. rhombifolia* Tausch (1838), *B. lobulata* Kanitz (1864), *B. odorata* Rchb. (1850). Weiß-, Hänge-, Harz-, Rauh- oder gewöhnliche Birke. Dän.: Vorte-Birk. Engl.: Silver Birch. Franz.: Bouleau, B. verruqueux. B. commun, Bouillard, Bois à balais. Ital.: Betula, B. bianca, Bedollo, Bidillo, Beola. Sorbisch: Běla, Brěza. Poln.: Brzoza brodawkowata. Tschech.: Bříza bělokorá. Taf. 84, Fig. 3b–3d; Fig. 54, 55 u. 56

Wichtigste Literatur. P. Albert, Beiträge zur Entwicklungsgeschichte einiger Laubhölzer in Forstl.-Naturwissensch. Zeitschr. 3, 345–360 (1894). J. Baranetzki in Botan. Zentralbl. 18, 157–158 (1884). A. M. Boubier, Recherches sur l'anatomie systématique des Betulacées-Corylacées in Malpighia 10, 349–436 (1896). F. Czapek, Biochemie der Pflanzen (1905). A. Fischer in Pringsheim Jahrb. f. wissensch. Botanik 22, 120 (1891). C. F. Gaertner, Versuche und Beobachtungen über die Befruchtungsorgane der vollkommeneren Gewächse (1844). N. Geleznoff, Observations sur le dévelopement des bourgeons pendant l'hiver in Flora 36, 480–484 (1853). G. Haberlandt, Lichtsinnesorgane der Laubblätter (1905). N. Hylander, Einige Bemerkungen über die Eriophyidencecidien der Birken und deren Bedeutung für die Systematik unserer *Betula*-Arten in Svensk Botan. Tidskrift 31, 23–41 (1937). H. Lohwag, Zur Kenntnis der Zeit der ersten Blütenanlage bei Holzpflanzen in Österr. Botan. Zeitschr. 60, 369–376 (1910). Kirchner, Loew u. Schröter, Lebensgeschichte d. Blütenpflanzen Mitteleuropas 2, 1, 221–249 (1914). C. Mez, Neue Untersuchungen über das Erfrieren eisbeständiger Pflanzen in Flora 94, 89–123 (1905). W. Rothmaler u. A. A. T. Vasconcellos, *Betula celtiberica* Rothm. et Vasc. in Bot. Soc. Broter. 14, 139–188 (1940). A. Schulz, Beiträge zur Morphologie und Biologie der Blüten in Ber. Deutsch. Botan. Ges. 10, 306 (1892). J. Suroz, Öl als Reservestoff der Bäume in Beih. Botan. Zentralbl. 1, 342 (1891). R. Wettstein ap. Knuth, Handbuch d. Blütenbiologie 2, 2, 391 (1899). K. Wimmenauer, Die Hauptergebnisse zehnjähriger forstl.-phänolog. Beobachtungen in Deutschland 1885–1894 (1897). J. Wolpert, Vergl. Anatomie u. Entwicklungsgeschichte von *Alnus alnobetula* und *Betula* in Flora 100, 37–67 (1909).

Bis 26 (30) m hoher Baum, seltener strauchförmig. Rinde schneeweiß, meist in horizontalen Streifen sich abschälend, bald sich in eine schwarze, steinharte Borke verwandelnd, welche bis in die Krone reicht. Äste spitzwinkelig aufsteigend, Zweige stark überhängend. Junge Zweige ziemlich dicht mit warzigen Harzdrüsen besetzt (Fig. 55 c, d, e), außerdem kahl, die Wasserreiser oder Lohden zuweilen kurz zottig; alte Zweige kahl, oft drüsenlos. Laubblätter aus breit-keilförmigem Grunde rautenförmig-dreieckig mit lang ausgezogener Spitze, 4–7 cm lang, 2,5–4 cm breit, mit nicht abgerundeten Seitenecken, scharf doppelt gesägt, von dünner Konsistenz, klebrig, sehr rasch verkahlend, oberseits lebhaft grün, unterseits heller grün; Blattstiel 2–3 cm lang, kahl. Männliche Kätzchen sitzend, länglich-walzenförmig, hängend (Fig. 55 b), bis 10 cm lang. Weibliche Kätzchen gestielt, zylindrisch, ausgewachsen 2–4 cm lang, 8–10 mm dick (Fig. 55 a), dichtblütig, zuerst gelbgrün, später hellbraun. Fruchtschuppen bräunlich, kahl. Fruchtflügel 2–3-mal so breit und länger als die Frucht (Taf. 84, Fig. 3 d; Fig. 55 l, m), weit über den Ansatz der Narben hervorragend; Frucht schmal und lang. Mittellappen klein, kurz dreieckig, kürzer als die breiten, stets zurückgebogenen Seitenlappen (Taf. 84, Fig. 3 c; Fig. 55 f). — Chromosomenzahl: $n = 14(21)$. — IV, V.

Vorkommen. In lichten Laub- und Nadelwäldern, vor allem auf nährstoffarmen, sauer-humosen und sandhaltigen Lehm- und Steinböden kühl-humider Klimagebiete, angereichert in Verlichtungen, auf Schlägen oder Brandflächen artenarmer Waldgesellschaften (Eichen-Birken-Wald, artarmer Buchenwald und Kiefernwald) oder auf Mittelgebirgsweiden („Birkenberge"), im höheren Gebirge vor allem im Bereich der Hochmoore oder an der Waldgrenze; charakteristischen Alleebaum der atlantischen Eichen-Birkenwald-Gebiete.

Allgemeine Verbreitung. In Europa in Skandinavien nordwärts bis Finmarken in 69° n. Br. und im nördlichen europäischen Rußland bis zum Weißen Meer in etwa 65° n. Br., im Süden bis zu den Ostpyrenäen und bis zum Monseny in Catalonien, bis in die Gebirge der Auvergne und bis zu den Alpes maritimes, auf der Apenninenhalbinsel durch die Apenninenkette bis zum Aspromonte in Südkalabrien, ferner in Sizilien am Aetna; auf der Balkanhalbinsel südlich bis in die Gebirge Albaniens und Makedoniens sowie bis zum Rhodope-Massiv in Thrakien, im Osten im nördlichen und mittleren Rußland südwärts bis in das Mittlere Dnjepr-, Mittlere Wolga-Don-Gebiet und Wolga-Samara-Gebiet sowie auf der Krim; in Asien ostwärts bis zum Jenisseigebiet und im Südosten bis zum Altai, ferner im nordöstlichen und mittleren Kleinasien und isoliert im Mittleren Elburs in Nordpersien. Die Art wird auf der Pyrenäenhalbinsel durch die nah verwandte *B. celtiberica* ROTHM. et VASC. sowie in Nordwestafrika im Rifatlas Marokkos durch *B. Font-Queri* ROTHM. vertreten.

Fig. 57. *Betula pubescens* EHRH. Moor-Birke (Aufn. Th. ARZT)

Verbreitung im Gebiet. Allgemein verbreitet in Deutschland, Österreich und in der Schweiz vom Norddeutschen Tiefland über die Deutschen Mittelgebirge und das Süddeutsche Becken- und Stufenland bis in die Voralpen, in die Alpentäler und in die subalpine Stufe der Hochalpen, am Patscherkofel in Nordtirol bis 1830 m, im Val Bavona im Tessin bis 1950 m, in Graubünden hochstämmig bis 1920 m, als Krüppel im Tale Bergell bis 2010 m ansteigend.

Die Rauhbirke ist in Mitteleuropa im wilden Zustande sehr wenig veränderlich. In Gärten kultiviert finden sich gelegentlich Wuchsformen, fein verzweigte, zierliche Hängeformen mit mehr oder minder kugeliger Krone (f. *tristis*

ZABEL, Trauerbirke), Formen von pyramidenförmigem Wuchse (f. *pyramidalis* hort., Pyramidenbirken), ferner Exemplare mit purpur getönten Blättern (f. *purpurea* hort., Blutbirken) und mit fiederig-gelappten Blättern (f. *lobulata* ANDERS.).

Ökologie. Im Gegensatz zu *B. pubescens* EHRH. findet sich *B. pendula* mit Vorliebe an trockenen und warmen Standorten auf mäßig feuchten, lockeren Böden von nicht zu geringer Fruchtbarkeit, und zwar vor allem auf sandig-lehmigen Böden. Nach den Erfahrungen der Forstleute zählt die Rauhbirke hinsichtlich ihrer Ansprüche an Wasser und Mineralstoffe zu den bescheidensten Laubholzarten. Sie vermag sowohl auf den ärmsten und trockensten Böden, u. a. auf den dürrsten Sandböden, fortzukommen, wie sie sich auch andererseits an feuchten Standorten, z. B. auf Flachmooren und, wenn auch selten, auf Hochmooren einfindet. Ähnlich wie die Kiefer stellt die Rauhbirke nicht nur an Klima und Boden sehr geringe Bedingungen, sondern ist auch gegen Frost und Dürre vollkommen unempfindlich. Im südöstlichen Europa dringt *B. pendula* sogar tiefer in die Steppengebiete ein als *Pinus silvestris*. Im Vergleich zur Moorbirke ist die Rauhbirke wärmebedürftiger; darauf deutet auch ihr nach Süden viel weiter reichendes Verbreitungsareal hin. Aus demselben Grunde oder möglicherweise auch wegen ihrer Windempfindlichkeit fehlt die Rauhbirke im atlantischen Klimagebiet Schleswig-Holsteins. Beide Birken sind sehr raschwüchsig und vermögen bei der raschen Ausbreitungsmöglichkeit ihrer geflügelten Früchte im Walde entstandene Lücken wiederum schnell auszufüllen. Insbesondere *B. pendula* ist eine bezeichnende Pionierholzart, die auf Kahlschlägen oder Weiden basenarmer Standorte, aber auch auf nährstoffreichen Böden mit Vorliebe die Wiederbewaldung einleitet und einen Hauptbestand des „Vorwaldes" bildet. Sie kann dabei ein Alter von 90–100 Jahren erreichen, seltener wird sie 120 Jahre und mehr alt.

KERNER (1863) beschreibt den Kampf zwischen Birke, Buche und Fichte aus dem Waldviertel im nördlichen Niederösterreich.

Fig. 58. *Betula pubescens* EHRH. ssp. *capatica* (WALDST. et KIT.) ASCHERS. et GRAEBN. (Aufn. G. EBERLE)

Auf Schlägen finden sich regelmäßig junge Birken ein, welche zunächst Fichten- und Buchensämlinge überholen, dann aber von den Buchen überwachsen und durch deren Schatten vernichtet werden. Die Fichten dagegen werden durch das Peitschen der Birkenzweige wipfelkrank, bleiben zurück, verkümmern und räumen schließlich ganz das Feld.

Florengeschichte. Nach FIRBAS (1949) ist nicht bekannt, ob in Mitteleuropa Baumbirken die letzte Eiszeit an begünstigten Stellen überdauert haben oder wo sonst etwa ihre eiszeitlichen Rückzugsgebiete lagen. Jedenfalls muß mit der Möglichkeit einer eiszeitlichen Überdauerung der Birken im Gebiet nördlich der Alpen gerechnet werden. Zu einer ersten Ausbreitung von Baumbirken muß es jedenfalls noch vor Beginn der allerödzeitlichen Kiefernausbreitung gekommen sein, in den wärmeren mittel- und süddeutschen Landschaften noch entsprechend früher. In Holstein sind Baumbirken schon in der Birkenzeit vor der eigentlichen Allerödzeit, in Ostpreußen und Dänemark in dieser selbst festgestellt worden. In vielen Landschaften leiteten die Birken die Wiederbewaldung nach der Eiszeit ein. Wir sprechen deshalb von einer Birkenzeit, die sich durch besonders hohe Birkenwerte der Pollendiagramme und einen raschen Abfall von *Salix*- und Nichtbaumpollen auszeichnet. Die Birkenpollen erreichen in dieser Zeit mehrmals Werte bis über 90%, so z. B. die Funde Dannenberg bei Bremen 92%, Grußendorf bei Gifhorn, Hannover 75%, Federsee in Oberschwaben 90%, Sewen, Südvogesen sogar 91%. Durch eine ausgeprägte Birkenzeit eingeleitet, wurde die erste späteiszeitliche Wiederbewaldung nordwestlich einer Linie, die sich etwa vom Bodenseegebiet über den südlichen Schwarzwald zur westpfälzischen Moorniederung und von da nach Sachsen und ins südliche Ostpreußen ziehen läßt. Südöstlich dieser Linie fehlte eine solche Birkenzeit. Der Pollenniederschlag während der frühen Birkenzeiten entspricht dem im heutigen subarktischen Birkengürtel Lapplands; er ist somit deutlich von dem der heutigen wie der glazialen Tundra verschieden. Wir müssen uns die Birkenwälder dieser Zeit als lichte, nicht völlig geschlossene, subarktische Birkenwälder vorstellen. Während der mittleren subarktischen Zeit, der sog. Allerödzeit, wurden die Birken durch die damals kräftig gegen Norden und Nordwesten sich ausbreitende Waldkiefer wieder zurückgedrängt. Im nordwestdeutschen Küstengebiet und in einem schmalen Streifen entlang der Ostseeküste behielt der Birkenpollen dennoch den perzentuell höchsten Anteil im Pollendiagramm. Im übrigen sanken die Birkenwerte tief herab, im inneren Kieferngebiet vielfach unter 10% sowie stellenweise sogar unter 5%. Ob in der folgenden jüngeren subarktischen Zeit, der sog. Dryaszeit, die Birken aus Teilen des Nordwestdeutschen Tieflandes wieder völlig verdrängt wurden, ist nicht mit Sicherheit zu beurteilen. Gegen Ende der Späteiszeit und mit Beginn der Nacheiszeit kam es zu einer neuerlichen und sehr ausgeprägten Ausbreitung der Birken. Es folgte die jüngere, vorwärmezeitliche Birkenzeit oder Birken-Kiefern-Zeit. Zum Unterschied gegenüber der subarktischen Birkenzeit finden sich in diesen Diagrammen neben dem Birkenpollen die Pollen wärmebedürftigerer Gehölze wie die der Hasel. Auch in dieser jüngeren Birkenzeit stuft sich die Häufigkeit der Birke innerhalb des Gebietes von Nordwesten gegen Südosten ab, und auch jetzt heben sich wieder im Südwesten, und zwar besonders im Bodenseegebiet und in den Vogesen, stellenweise sehr birkenreiche Gegenden ab. Im nordwestdeutschen Küstengebiet werden Pollenwerte von 80% nicht selten überschritten, im Gegensatz hierzu halten sich die Werte im bayerischen Alpenvorland auch jetzt unter 10%. Vom Beginn der Wärmezeit an sind die Baumbirken ständig im Rückgang begriffen. Die Baumbirken werden im Wettbewerb mit anderen Holzarten immer weiter zurückgedrängt; ihre Häufigkeit hängt jetzt weit mehr von den Bodenverhältnissen als vom Klima ab. Erst die verstärkte Waldnutzung seitens des Menschen führte dann, wahrscheinlich schon seit vorgeschichtlicher Zeit, im höheren Ausmaß wohl erst im Laufe des letzten Jahrtausends, stellenweise wieder zu einer größeren Häufigkeit der Baumbirken.

Anatomie und Physiologie. Das Holz der Birke ist entsprechend den großen Ansprüchen, welche an die Widerstandsfähigkeit des in lichten Beständen wachsenden Baumes gegen den Wind gestellt werden, zäh, elastisch und schwer zu spalten. Die auf den tangentialen und, wo sie an Markstrahlen angrenzen, auch auf den radialen Wänden mit sehr kleinen Hoftüpfeln versehenen Gefäße erscheinen auf dem Holzquerschnitt einzeln oder in kleinen Gruppen zerstreut. Die 1- bis 4-schichtigen Markstrahlen bestehen aus dickwandigen Zellen. Oft ist die Querschnittsfläche von schmalen, braunen, in der Richtung der Jahresringgrenzen verlaufenden Flecken durchsetzt. Es sind dies die Querschnitte der vernarbten Gänge einer *Agromyza*, die im Kambium frißt. Durch künstliche Entlaubung kann Verdoppelung des Jahresringes erzielt werden. Das Birkenholz zeigt ähnlich wie Ahorn in höherem Grade als andere Bäume die Erscheinung des Blutens. Es dauert in der Umgebung von Dorpat nach SCHRÖDERS Beobachtungen von April bis gegen Ende Mai. Ein in dieser Zeit angebohrter Baum kann in einem Tag 5-8 l Saft liefern. WIELER erhielt in 8 Tagen 36 l Birkensaft. Dieser enthält im Liter 9,4-10,3 g Fruchtzucker, 0,017-0,0065 g Eiweiß, 0,29-1,14 g Asche und 0,23 bis 0,6 g Apfelsäure.

Die Rinde von *B. pendula* entwickelt bereits im ersten Jahr in der äußersten Rindenzellage ein Phellogen, das jahrzehntelang kleine, tafelförmige Peridermzellen erzeugt. Im Periderm wechseln Lagen derbwandiger Korkzellen mit dünnwandigen ab, welche mit feinen Betulinkörnchen erfüllt sind, die die weiße Farbe der Rinde bedingen. Die Membranen der dickwandigen Zellen enthalten viel Zellulose und sind dehnbar, die dünnwandigen Peridermzellen hingegen sind sehr reich an Suberin und nur wenig dehnbar. Der ganze etwa 3-4 mm dicke Kork besteht aus 20-40 dünnen Lamellen, die sich an der Grenze zwischen den derbwandigen und dünnwandigen Zellschichten leicht voneinander lösen und so die Zerlegung des Birkenkorkes in dünne Häute ermöglichen. Als auffallende braune Querstreifen machen sich die Lentizellen in der weißen, glatten Rinde bemerkbar. Außerdem wird die weiße Birkenrinde durch schwarzbraune Borkenschuppen unterbrochen, denen sich die harte, schwarzrissige Borke des unteren Stammteiles anschließt. Unter dem Phellogen liegen einige Schichten des kollenchymatisch ausgebildeten Rindenparenchyms, die nach innen in größere dünnwandige Zellen übergehen, zwischen denen große Interzellularen entstehen, welche durch die Tangentialspannungen infolge des Dickenwachstums bedingt werden. Innerhalb des Phellogens finden sich in der Rinde Kristalldrusen und in der Nachbarschaft des nach innen sich anschließenden Sklerenchymringes auch Einzelkristalle. In der sekundären Rinde wechseln Weichbastlagen mit konzentrisch angeordneten Sklerenchymzellgruppen ab, die aus rundlichen, tropfenförmigen oder knorrigen Steinzellen bestehen. Oft sind sie von Markstrahlen durchsetzt, die auch sklerenchymatisch werden können. Alle Markstrahlenzellen enthalten Gerbstoff. Das Betulin ist eine kristallinische Substanz, die, in Wasser unlöslich, sich durch heißen Alkohol und Äther ausziehen und sublimieren läßt. Das Betulin ist ein dem Lupeol verwandtes Triterpenderivat, das von dem Enzym Betulase in Traubenzucker und Salicylsäuremethylester gespalten werden kann. Das Betulin tritt bei dem allmählichen Zerreißen und Abschürfen der Korkzellen immer wieder an die Oberfläche des Baumes und erschwert dort Angreifern aus dem Tier- und Pflanzenreich das Eindringen. Im Herbst sind zur Zeit des Laubfalles Holz, Rinde und Mark von Stärke erfüllt. Ende Oktober und Anfang November beginnt die Stärke aus Rinde und Holz zu verschwinden. Die Stärke verwandelt sich in ein fettes Öl, welches in die älteren Zweige wandert, so daß in dünnen Zweigen im Februar ein Ölminimum vorhanden ist. Kurze Zeit später läßt sich dann eine umgekehrte Wanderung des Öles feststellen, die zu einem Frühjahrsmaximum in den Zweigen führt, das nach SUROZ' Beobachtungen in Nordeuropa etwa anfangs April zu beobachten ist. Zu Beginn der Vegetationsperiode wird das Öl wieder in Kohlehydrat übergeführt. Die winterliche Umwandlung der Stärke in Öl hat MEZ als eine Anpassung an die Winterkälte angesehen. Das Öl vermindert die Unterkühlung und kann auch aktiv als Wärmespeicher wirken, da Wärme frei wird, wenn es bei niederer Temperatur gefriert.

Die Blätter sind bifazial gebaut. Das Palisadenparenchym ist 2-schichtig, an Blättern von Bäumen aus 1400-1700 m Meereshöhe mehrschichtig. Letztere lassen auch eine größere Zahl von Spaltöffnungen und eine dickere

Kutikula feststellen. Die Epidermiszellen sind kleiner als die Spaltöffnungen. Sowohl im Palisaden- wie im Lückenparenchym finden sich Zellen mit Kristalldrusen. Zahlreiche Epidermiszellen von *Betula pendula* und *B. pubescens* enthalten eine im Wasser quellende Schleimschicht in ihren Innenmembranen. Nach HABERLANDT bewirken diese Schleimpolster Helligkeitsunterschiede auf dem Protoplasma der Palisadenzellen, je nach senkrechtem oder schiefem Lichteinfall. Die Blätter nehmen keine bestimmt fixierte Lichtlage ein, da sie panphotometrisch sind, d. h. nicht nur diffuses Licht, sondern auch direktes Sonnenlicht vertragen. Andererseits dienen die Schleimzellen auch als Wasserspeicher und als Schutzmittel gegen tierische Feinde, wie z. B. Schnecken. Die Funktion der Schleimzellen ist bei *B. pendula* keine geringe, kommt doch diese trotz ziemlich dünner Kutikula und kaum geschützten Spaltöffnungen auch an verhältnismäßig sehr trockenen Standorten vor.

In der Wurzelrinde finden sich ektotrophe Mykorrhizen mit interzellularen Hyphen. Die vom Pilz durchsetzten Wurzelästchen sind kurz, dicht beisammenstehend und stark verästelt, so daß plumpe, unförmige Gebilde entstehen.

Blütenverhältnisse. Die männlichen Kätzchen stehen zu 1–3 am Ende vorjähriger Langtriebe, eines von ihnen terminal, die übrigen in den Achseln der zur Blütezeit abgefallenen Blätter. Ihre Anlage erfolgt bereits im Frühjahr, und zwar anfangs Mai des vorangehenden Jahres. Mitte Mai lassen sich nach LOHWAG in den Achseln von Deckblättern Höcker erkennen. Ende Mai sind nach ALBERT zumindest in der Gipfelknospe Deckschuppen und Vorblätter zu beobachten. Anfang Juni sind bereits Perigon und Staminaanlage sichtbar und die Kätzchen 1–3 mm lang und 0,5–1 mm im Durchmesser. Nach ALBERT's Untersuchungen waren um den 22. Juni die Antheren schon gefächert und die Urmutterzellen des Pollens vorhanden. Am 11. August hatte Tetradenbildung stattgefunden, am 21. August war der Pollen wohl ausgebildet, aber noch nicht locker, am 9. September hingegen als ein lockeres Pulver vorhanden. GELEZNOFF beobachtete, daß die Kätzchen im Winter vom Januar bis in den April ungefähr bis zur doppelten Größe heranwuchsen.

Die weiblichen Kätzchen werden gleichfalls schon im Jahre vor ihrer Reife angelegt, stehen aber am Ende 1- bis 3-blättriger heuriger Triebe. Ein Unterschied gegenüber den männlichen liegt darin, daß sie den Winter über in den Knospen verharren, während die männlichen Kätzchen ohne Knospenschutz überwintern müssen. Anfang Juli des vorausgehenden Jahres erfolgt die Anlage der weiblichen Kätzchen. Gegen Ende Juli sind in den unteren, gegen Ende August auch in den oberen Knospen des Tragzweiges der Muttersprosse bereits Deckschuppen und Vorblätter, am letzten Termin auch schon Narbenanlagen vorhanden. Während des Winters erfolgt kein merkliches Wachstum. Anfangs April fangen die Kätzchenspindeln an, sich zu strecken, und die Kätzchen schieben sich aus der Knospe heraus. Nach ALBERT's Beobachtungen beginnt in der ersten Hälfte des Monats April die Streckung der Narben und die Entwicklung des Fruchtknotens. Die vegetativen Knospen entfalten sich zur selben Zeit, und in den Blattachseln der jungen Triebe sind bereits die Anfänge der künftigen Winterknospen zu finden.

Nach KERNER blühen die weiblichen Kätzchen länger als die männlichen. Nach handschriftlichen Notizen KERNER's sind die Narben bereits 2 Tage früher konzeptionsfähig, als die männlichen Blüten desselben Zweiges Pollen abgeben. Auf die Narben gestreuter Pollen haftet zu dieser Zeit schon. Durch diese, wenn auch geringe Metandrie wird Fremdbestäubung begünstigt. Fremdbestäubung wird ferner auch durch die Stellung der Blütenstände positiv beeinflußt. Die weiblichen Kätzchen stellen sich zur Zeit ihrer endgültigen Ausbildung mehr oder minder vertikal aufrecht, während die männlichen Kätzchen unter Abwärtskrümmen sich strecken und schlaff herabhängen. Der ausstäubende Pollen gelangt zunächst auf den Rücken des tiefer stehenden Dichasiums desselben Kätzchens, wo die Außenseite der Deckschuppe eine flache Mulde oder Rinne bildet. Von hier aus fällt der Pollen ab, wenn das Kätzchen vom Winde bewegt wird, um von diesem in zunächst mehr horizontaler Lage fortgetragen zu werden, wobei es zu den vertikal über den männlichen Kätzchen desselben Zweiges befindlichen Narben nicht gelangt.

Zur Zeit der Bestäubung sind 2–4, meist aber nur 2 Samenanlagen als kleine Höcker an scheinbar axiler, nach WOLPERT wandständiger Plazenta sichtbar. Die Pollenschläuche dringen zwischen die Epidermiszellen der Narbe ein und wachsen interzellular bis in ein kleinzelliges, stärkereiches Gewebe an der Narbenbasis. Hier ruhen sie etwa 4 Wochen, bis anfangs Juni die Ausbildung der Samenanlagen beendet und die Teilung des primären Embryosackkernes eingetreten ist. Dann dringen sie durch den Funikulus von der Chalaza her in die Samenanlage ein und erreichen den Gipfel des Embryosackes noch vor der Bildung der Eizelle. Hat diese stattgefunden, so wachsen aus dem Pollenschlauch lange Fortsätze hervor, die den Embryosack ganz umfassen können. Die beiden Samenanlagen sind zunächst gleich ausgebildet, in jeder kann sich in der ersten Zeit ein ziemlich entwickelter Embryo befinden. Später bildet sich nur eine Samenanlage weiter, so kann z. B. schon Anfang Juli die zur Samenbildung bestimmte Samenanlage die Schwesteranlage bereits um mehr als das Fünffache überholt haben.

Frucht und Same. Die Früchte sind einsamige, flache Nüßchen mit breitem, durchscheinendem Randflügel. Sie fallen mit den Deckschuppen von der Kätzchenspindel ab oder werden wohl auch schon vom Baume durch den Wind hinweggetragen. Die Früchte fallen unter von der Lotrechten stark abweichenden, nach Art einer Schiffsschraube drehenden Bewegungen zu Boden. Sie treiben auch mit dem Wasser, doch soll ihr Schwimmvermögen gering sein.

Keimung und Entwicklung. Die im Sommer oder Herbst abfallenden Samen keimen bereits nach 8 Tagen, die erst später im Herbst oder im Winter abgefallenen Früchte hingegen erst im folgenden März oder April. Die Keimlinge sind auffallend klein und erheben sich kaum 1 cm über den Erdboden. Die kleinen, etwa 2–4 mm langen, oblongen, kurz gestielten Kotyledonen ergrünen und breiten sich aus, bald erscheint ein 3–5-nerviges Primärblättchen, dem nach einiger Zeit schraubig angeordnete Blätter folgen. Die Blätter des ersten und zweiten Jahres sind sowohl bei B. pendula wie auch bei B. pubescens stark behaart. Bald nach der Keimung beginnt die junge Pflanze stark zu wachsen, so daß am Ende des ersten Jahres die Länge von $\frac{1}{3}$ m erreicht und etwa 6 Laubblätter entwickelt sein können. In der Regel wird der erste Jahresproß wohl etwas kürzer bleiben. Die durchschnittliche Höhe von etwa 60 Pflanzen der schweizerischen Versuchsanstalt Adlisberg betrug nach dem ersten Lebensjahr 1–3 cm, nach dem 2. Lebensjahr 20–50 cm, nach dem 3. Lebensjahr 43–149 cm und nach dem 4. Lebensjahr 72–311 cm.

Bildungsabweichungen. Aus der Gartenkultur sind an Wuchsformen Pyramiden- und Trauerbirken bekannt (vgl. S. 137), ferner werden rotblättrige Birken, sog. „Blutbirken", kultiviert, an denen auch einzelne grünblättrige, den roten Zweigen in der Entwicklung vorauseilende Zweige auftreten. Nach WETTSTEIN wurden ferner sowohl bei B. pendula wie bei B. pubescens EHRH. neben den in der Regel monözischen Bäumen einerseits rein männliche, andererseits rein weibliche Exemplare sowie auch Bäume mit zwittrigen Blüten beobachtet.

Phänologie. Der Knospenaufbruch geschieht bei der Birke früher als bei anderen Waldbäumen, zuweilen schon im März. WIMMENAUER gibt nach zehnjährigen Beobachtungen als frühesten Zeitpunkt des Sichtbarwerdens der ersten Blattoberfläche in Nord- und Mitteldeutschland den 13. April, als spätesten in 770 m Meereshöhe den 22. Mai an. Die Knospen schlagen in Lappland, wo der Baum nur 3 Monate Vegetationszeit genießt, bei 7,5° C. aus.

Gallbildungen. Eine Gallmilbe ruft den unter dem Namen *Erineum betulinum* SCHUMACHER bekannten gelblich-weißen, später

Fig. 59. *Betula humilis* SCHRANK, Strauch-Birke (Aufn. O. FRÖHLICH)

bräunlichen und zuletzt rostroten Blattfilz von bald rundlichen, bald länglichen Flecken meist auf der Blattunterseite, seltener auf der Blattoberseite hervor. – *Eriophyes betulae* NALEPA bringt auf der Blattoberseite oder auf dem Blattstiel kleine, grünliche oder rote, später bräunliche Knötchen, meist zwischen den Seitennerven, seltener unmittelbar am Mittelnerv oder an den Zähnen des Blattrandes hervor. Zuweilen trägt das Blatt nur eine einzige oder einige wenige Gallen, jedoch wurden gelegentlich auch 50–60 Gallen auf einem Blatt gezählt. Die Gallmilben und ihre Nachkommen bleiben in den im ersten Frühling angelegten Gallen. Die Infektion findet sich auf den Blättern der früh sich entwickelnden Kurztriebe, die nachfolgende Belaubung der Langtriebe bleibt gallenfrei. – Die Gallmilbe *Eriophyes rudis* CAN. ruft oft auffallend große Knospendeformationen hervor. Das Cecidium tritt in mannigfacher Gestalt auf; es ruft ein Vergrößern und Auseinandertreten der Knospenschuppen hervor und hat eine mehrjährige Lebensdauer. Eine Weiterentwicklung des befallenen Zweiges ist nicht zu erwarten.

Schädlinge. Die *Taphrina*-Arten auf *Betula*: *T. betulina* ROSTR. kommt nur auf *B. pubescens* und *B. odorata* vor. Der Pilz verursacht typische Hexenbesen. Wie bei vielen anderen *Taphrina*-Arten überwintert das Myzel in den Knospen. Auf den befallenen, meist etwas runzeligen Blättern entwickelt sich die zarte, weißliche Fruchtschicht auf der Unterseite.

*T. turgida* SADEB. kommt nur auf *B. pendula* vor. Habituell stimmt sie ganz mit *T. betulina* überein. Auffällig ist, daß die vom Pilz befallenen Blätter sehr lange behaart bleiben und oft erst knapp vor ihrem Absterben verkahlen.

*T. betulae* FUCK. verursacht ohne Bildung von Hexenbesen auf den Blättern von *B. pendula* und *B. pubescens* mehr oder weniger rundliche, hell gelbliche Flecken.

Die auf *B. nana* wachsenden *Taphrina*-Arten, *T. alpina* JOH. und *T. nana* JOH. sind bisher wohl aus Skandinavien bekannt geworden, könnten vielleicht aber noch in Norddeutschland und in den Alpenländern gefunden werden.

Auf allen Birkenarten, also auch auf *B. nana* und *B. humilis*, tritt stellenweise, besonders in den jungen Beständen und auf strauchartigen Exemplaren der dothideale Schlauchpilz *Atopospora betulina* (FR.) PETR. auf, dessen unregelmäßige, schwärzliche Stromata auf der Blattoberfläche erscheinen, meist unregelmäßig und locker zerstreut sind, bisweilen aber auch dichte Herden bilden, zusammenfließen und dann größere oder kleinere, zusammenhängende, dünne, schwärzliche Krusten bilden können. Die ungleich 2-zelligen Schlauchsporen werden erst im nächsten Frühjahr auf den abgefallenen, überwinterten Blättern reif.

Ebenfalls auf allen bei uns vorkommenden Birken ist im Spätsommer und Herbst sehr häufig die Uredinee *Melampsoridium betulinum* (PERS.) KLEB. anzutreffen, die auf der Blattunterseite ihre kleinen, punktförmigen, gelblichen oder hell orange-rötlichen, bald locker zerstreuten, bald herdenweise erscheinenden Uredo- und Teleutosori entwickelt, in denen die Uredo- und Teleutosporen gebildet werden. Die zugehörige Aezidiengeneration entwickelt sich im Frühjahr auf Nadeln der Lärche.

Auf *B. nana* in Skandinavien und auf *Betula* sp. *( B. pendula* oder *B. pubescens)* im Hochgesenke wurde auf lebenden Ästen *Diaporthella aristata* (FR.) PETR. gefunden, deren warzenförmige Stromata sich auf der oberen Hälfte der Äste entwickeln und das Wachstum in dieser Hälfte stark hemmen oder ganz unterdrücken. Das an seiner Oberfläche schwärzliche, hervorbrechende, bis ca. 5 mm große, mehr oder weniger rundliche Stroma des Pilzes wird von den Mündungen der darin befindlichen Perithezien durchbohrt, die etwas vorragen. Die Gehäuse enthalten sehr zahlreiche Schläuche mit je 8 farblosen, 2-zelligen Sporen.

Auf *B. pubescens* und *B. pendula* ist besonders in gebirgigen Gegenden der Birkenporling *Polyporus betulinus* (BULL.) FR. eine häufige Erscheinung. In den Alpen tritt er in jüngeren Birkenbeständen oft häufig auf und verursacht ein vollständiges Absterben der befallenen Bäumchen. Er kommt aber auch auf alten Birkenstämmen vor, die allmählich zugrunde gehen. Die annuellen Fruchtkörper sind flach halbkugelig, bisweilen kurz und dick gestielt, oberseits grau oder graubraun, unterseits weiß, am Rande meist etwas verdickt und eingerollt. Das Myzel des Pilzes breitet sich in vertikaler Richtung sehr schnell aus. Es löst die sekundären Membranen der Zellen auf, während die verholzten Mittellamellen übrigbleiben. Das Holz wird endlich so mürbe, daß es sich zwischen den Fingern zu Pulver zerreiben läßt.

Nutzen. Die weiße Birkenrinde liefert den Birkenteer und durch Destillation das Birkenöl, Juchtenöl oder Döggut. Das Juchtenöl dient zum Einfetten des sogenannten Juchtenleders und verleiht demselben einen charakteristischen Geruch. Wegen des Gehaltes an Betulin ist die Rinde unverweslich und für Nässe kaum durchlässig. Sie dient deshalb zuweilen als Unterlage für Schwellen oder Balken auf feuchtem Boden. Im Norden werden aus der Rinde Schachteln, Tabakdosen, Körbe, Schuhe, Kleidungsstücke, Stricke, Matten, ja sogar Fackeln angefertigt; ferner wird sie auch zum Bedecken der Häuser und Hütten verwendet. In Norwegen und Finnland wurde die Rinde in Kriegs- und Notzeiten sogar zermahlen und zu Brot verbacken. Der Birkenteer ist ein gutes Konservierungsmittel für Leder

Fig. 60. (Aufn. H. FRIEDRICH, München)   Fig. 61. (Aufn. G. EBERLE)

*Betula humilis* SCHRANK, Strauch-Birke

und Holz und dient auch als Wagenschmiere. Das Birkenöl, auch Oleum Betulae empyreumaticum oder Oleum Rusci genannt, sowie der Birkenteer, auch Teeröl, Lithauer Balsam, Huile russe oder Olio di betula geheißen, sind dickflüssig, braunschwarz, von eigenartig brenzlichem Geruche und enthalten eine Anzahl Phenole, unter anderem Guajakol, Kresol und Kreosol. Innerlich findet das Birkenöl als Harn- und Menstrualmittel, äußerlich als Antiseptikum gegen Ausschlag, Rheumatismus und Gicht Anwendung. Als Heilmittel wurde die Birke namentlich von den Ärzten des 16. bis 18. Jahrhunderts geschätzt. In der Veterinärmedizin dient das Birkenöl als Mittel gegen Wunden und Räude sowie innerlich als Wurmmittel. – Das gelblich-weiße Holz bildet keinen Kern aus; es ist ziemlich weich, schwer spaltbar, elastisch, fest und gehört zu den brennkräftigsten Holzarten. Es hat aber den Nachteil, daß es sehr rasch bis auf 93,5% des Frischvolumens schwindet, im Freien leicht fault oder morsch wird und dem Wurmfraß stark ausgesetzt ist. Als Bauholz hat es daher keine Bedeutung, dagegen wird es in der Wagnerei und Tischlerei zur Herstellung von land- und hauswirtschaftlichen Geräten, z. B. zu Mulden, Trögen, Deichseln, Löffeln, Kellen, Holzschuhen, Gewehrschäften, Pfeifenköpfchen, Felgen, Kummethörnern, Radzähnen, Leitern usw. verwendet. Mancherorts werden ältere Bäume im Frühjahr, etwa im April, 2–4 cm tief angebohrt. Der ausfließende Birkensaft ist zuckerhaltig (Lävulose), enthält Extraktstoffe und in der Asche einen großen Überschuß basischer, anorganischer Bestandteile, besonders Kalium. Der „Birkensaft" liefert durch Gärung ein schaumweinartiges Getränk, den sogenannten „Birkenwein". Letzterer ist auch ein bekanntes Volksheilmittel. 50 Stämme von etwa 47 bis 52 cm Durchmesser liefern in 4 Tagen 175 kg Saft. Der Birkensaft findet auch als Haarwuchsmittel Verwendung. – Die Blätter können im jugendlichen Zustande an Ziegen und Schafe verfüttert werden. Mit Alaun bilden sie eine grüne, mit Kreide eine gelbe Farbe, das sogenannte „Schüttgrün" oder „Schüttgelb". Der bei der Verbrennung entstehende Ruß liefert die Kupfer- und Buchdruckerschwärze sowie eine schwarze Malerfarbe. Die Knospen schließlich sind ein beliebtes Futter für Birk-, Auer- und Moorhühner.

Zu Beginn des vorigen Jahrhunderts wurde die Birke als Waldbaum wegen ihrer geringen Ansprüche an Boden, Klima usw. so überschätzt, daß man sie massenhaft aufforstete. Die auf die Birkenbestände gesetzten Hoffnungen bezüglich Nutzholzgewinnung haben sich nicht erfüllt. Es zeigte sich, daß die gewonnenen Holzmassen viel kleiner waren, als sie andere Holzarten an diesen Standorten geboten hätten. Der dadurch bedingte Rückschlag rief eine Vernachlässigung der Birke als Waldbaum hervor. Dies ist fehl am Platz. Die Birke sollte nur nicht in großen Reinbeständen gebaut werden und auf Böden, auf denen Eichen und Buchen wesentlich höhere Erträge geben würden. In kleinen Beständen ist sie der geeignete Baum an solchen Standorten, wo der Kiefernwald in den Erlenbestand übergeht, am Rande und an den trockenen Stellen der Brüche, an Standorten, die für die Kiefer zu naß, für die Erle zu trocken, für die Eiche zu gering sind. Besonders sollte man sie einzeln, als Mischbaum in Laubholzwäldern, namentlich Buchenwäldern, anpflanzen.

**768 e. B. populifolia** MARSH. Bis 10 m hoher buschiger Baum. Rinde der Äste mehr oder weniger gebräunt, am Stamme allmählich in glatte, feste, weiße, nur ganz am Grunde alter Stämme schwarzrissige Borke übergehend. Junge Zweige meist dicht bräunlich wachsdrüsig, ältere Zweige glänzend rotbraun. Knospen eistumpflich, Knospenschuppen mehr oder weniger verklebt, nicht behaart. Blätter dreieckig, aus nahezu oder völlig abgestutztem Grunde lang zugespitzt auslaufend, 3–9 (–12) cm lang, 1,5–6 (–8) cm breit, oberseits glänzend grün, in der Jugend klebrig, unterseits heller mit meist zahlreichen feinen Drüsenschuppen bedeckt, 1,2–3 cm lang gestielt; Blätter im Herbst bleichgelb. Fruchtstände aufrecht, 2–2,5 cm lang, 0,6–0,8 cm breit, gestielt. Fruchtschuppen nahezu horizontal abstehend. 3–4,5 mm lang, gewöhnlich am Rücken behaart. Flügel breiter als das Nüßchen. Heimat: Atlantisches Nordamerika von der Prinz-Edward-Insel und Neuschottland bis in das südwestliche Ontario und südwärts bis Pennsylvanien, Ohio und Indiana. In Mitteleuropa gelegentlich kultiviert und stellenweise wie z. B. in der Umgebung von Hamburg am Elbufer bei Nienstedten verwildert.

**768 f. B. papyrifera** MARSH. Syn. *B. grandis* SCHRAD., *B. latifolia* TAUSCH. Bis 25 m, in der Heimat bis 40 m hoher Baum, oft mehrstämmig mit vom Grunde an abstehenden Stämmen, daher oft einem riesigen Strauche gleichend. Äste mehr oder weniger aufrecht mit nach außen übergeneigten bis hängenden Zweigen. Rinde glatt, sich mit dünnen breiten Querlappen lösend; Borke nur am Fuße alter Stämme. Junge Zweige fast stets behaart und häufig drüsig. Winterknospen 6–10 mm lang, mit 3–4 braunroten bis olivgrünen, meist nur gewimperten und etwas klebrigen Schuppen. Blätter in der Jugend etwas klebrig, breit-eiförmig bis eiförmig-lanzettlich, von wechselnder Größe, spitz oder lang zugespitzt, oberseits bald ganz oder fast ganz verkahlend, tiefgrün, unterseits in den Nervenwinkeln meist gebärtet, hellgelbgrün. Fruchtstände walzenförmig, ziemlich dick, mit großen, bis 7 mm langen Schuppen. Fruchtschuppen mit kurzen und rundlichen Seitenlappen und längerem Mittellappen. Flügel etwa 1½mal so breit wie die Frucht. Heimat: Nordamerika von Labrador und Neufundland bis Alaska und südwärts bis nach Pennsylvanien, Michigan, Wisconsin, South-Dakota, Montana und Idaho. In Mitteleuropa seit langem, besonders in Gärten kultiviert.

**769a. Betula pubescens** EHRH., Beitr. Naturk. **6**: 98 (1791). Syn. *B. tomentosa* REITH. u. ABEL (1790), nom. dub., *B. odorata* BECHST. (1797), *B. alba* L. (1753) p. p. Moor-Birke. Engl.: Birch. Franz.: Bouleau. Ital.: Betulla. Sorbisch: Wonjata brěza. Poln.: Brzoza omszona. Tschech.: Bříza pýritá.
Taf. 84, Fig. 3; Fig. 57, 58, 62 u. 65

Wichtigste Literatur. A. KERNER, Das Pflanzenleben der Donauländer 173–183 (1863). KIRCHNER, LOEW u. SCHRÖTER, Lebensgeschichte d. Blütenpflanzen Mitteleuropas 2,1, 221–249 (1914). E. WARMING, Lehrbuch der ökologischen Pflanzengeographie, 2. Aufl. (1902).

Aufrechter, bis 30 m hoher Baum oder Strauch. Rinde meist lange weiß bleibend, erst spät sich in eine rissige schwarze, in dünnen Lagen sich ablösende Borke verwandelnd. Äste und Zweige stumpfwinkelig aufrecht oder waagrecht, nicht überhängend. Junge Zweige, auch Wasserreiser oder Lohden dicht flaumig behaart (Fig. 55 o, p), drüsenlos oder nur mit ganz vereinzelten Drüsen; ältere Zweige nicht selten fast vollständig kahl. Laubblätter aus meist herzförmigem, abgerundetem oder breit keilförmigem Grunde eiförmig oder rautenförmig, kurz zugespitzt, 3–5 cm lang, 1,5–3,5 cm breit, mit abgerundeten Ecken, grob gesägt, von ziemlich derber Konsistenz, oberseits dunkelgrün, kahl, unterseits heller grün, zunächst flaumig behaart, zuletzt aber meist nur noch in den Aderwinkeln gebärtet; Blattstiel 1–2,5 cm lang, wenigstens anfangs behaart. Männliche Kätzchen sitzend, länglich-walzenförmig, hängend, bis 8 cm lang. Weibliche Kätzchen gestielt, zylindrisch, 2,5–4 cm lang, 6–10 mm dick, grünlich bis hellbraun, anfangs aufrecht, später hängend. Fruchtschuppen bräunlich, behaart. Fruchtflügel ungefähr so breit und lang wie die Frucht (Fig. 55 r). Mittellappen der Fruchtschuppen deutlich vorgezogen, meist zungenförmig verlängert, die gewöhnlich spitzeckig, deutlich nach aufwärts gebogenen, selten wie bei *B. pendula* ROTH zurückgebogenen Seitenlappen überragend (Fig. 55 q). – Chromosomenzahl: $n = 28$. – IV, V.

Vorkommen. Zerstreut auf feuchten kalkarmen moorigen Böden von der Ebene bis ins Gebirge, charakteristisch für die Assoziationsgruppe der Birkenmoore mit *Vaccinium uliginosum*, in den Tieflagen z. B. für das Holco-Betuletum, im Bereich von Eichen-Birken-Wäldern auf wasserstauenden Lehmböden, im Gebirge oder im östlichen Mitteleuropa vor allem für das Lycopodio annotini-Betuletum des Hochmoor-Laggs; entsprechend greift die Moorbirke in der Ebene auch in Erlenbrüche (vor allem das atlantische Carici laevigatae-Alnetum); im Osten und Süden auch in die Kiefernmoore (mit *Pinus silvestris* und *P. Mugo*) über. Schließlich spielt der Baum im Mittel- und Hochgebirge, auch in den Legföhrengebüschen an der Waldgrenze oder in entsprechenden Kieferngesellschaften der subarktischen Waldgrenze da und dort eine Rolle (Vaccinio-Piceetalia).

Allgemeine Verbreitung. In Europa im Norden in Island nördlich bis 65° n. Br., in Skandinavien bis 69° n. Br. und im nördlichen europäischen Rußland bis in den Süden der Halbinsel Kola, bis zum Eingang des Weißen Meeres in 66° n. Br. sowie an der Petschora nördlich bis etwa 67° n. Br., im Süden bis in die Dauphiné, jedoch fehlend im mediterranen Gebiet, ferner vorkommend bis zum Südfuß der Alpen und angeblich noch im Ligurischen Apennin in den Gebirgen um Parma, schließlich bis zu den Südkarpathen und auf der Balkanhalbinsel in den Gebirgen Serbiens und Montenegros sowie durch das südliche europäische Rußland bis zum Kaukasus; in Asien im Norden im Gebiet des Ob bis 67° n. Br., im Osten bis in das Jenisseigebiet, im Südosten bis in das Angara-Sajanische Gebiet und im Südwesten bis in das nordöstliche Kleinasien.

Verbreitung im Gebiet. Verbreitet in Deutschland, Österreich und in der Schweiz vom Norddeutschen Tiefland über die Deutschen Mittelgebirge und das Süddeutsche Becken- und Stufenland bis in die Voralpen, in die Alpentäler und in die subalpine Stufe der Hochalpen, vielfach bis gegen die Baumgrenze, so z. B. beim Fornogletscher im Oberengadin bis 1950 m, im Val Demat in Graubünden bis 2150 m, nahe dem Taschachgletscher im Pitztale in Nordtirol bis 2200 m ansteigend; im Kalkgebiet nur lokal auf kalkarmem Substrat, in manchen Gebieten, so z. B. in der subalpinen Stufe der Schweizer Alpen, nur selten in typischer Form, viel häufiger in hybridogenen Mischformen, die durch ein oder mehrere Merkmale an *B. pendula* ROTH erinnern.

Ändert ab: 1. **ssp. pubescens.** Syn. *B. pubescens* EHRH. var. *typica* WINKL. (1904), *B. alba* L. var. *vulgaris* C. K. SCHNEIDER (1904).

Baum-, seltener strauchförmig, von etwa 1 m bis zu fast 20 m hoch, aufrechten Wuchses und mit schlankem, nicht knorrig verdicktem und auch im Alter nur mäßig wulstigem Stamm und mit rein weißer, papierartig sich ablösender oder bräunlicher bis rotbrauner Rinde. Junge Zweige stets fein behaart, ihre Zweigglieder deutlich gestreckt. Laubblätter eiförmig bis länglich eiförmig, unterhalb der Mitte am breitesten, am Grunde abgerundet oder herzförmig oder keilförmig verschmälert, ungleichmäßig gesägt oder öfters gekerbt-gesägt, bisweilen auch deutlich gelappt mit scharf doppelt gesägten Lappen, 3–8 cm lang, 2–6 cm breit, oberseits meist verkahlend, unterseits später noch mehr

*Betula pubescens Ehrh.*

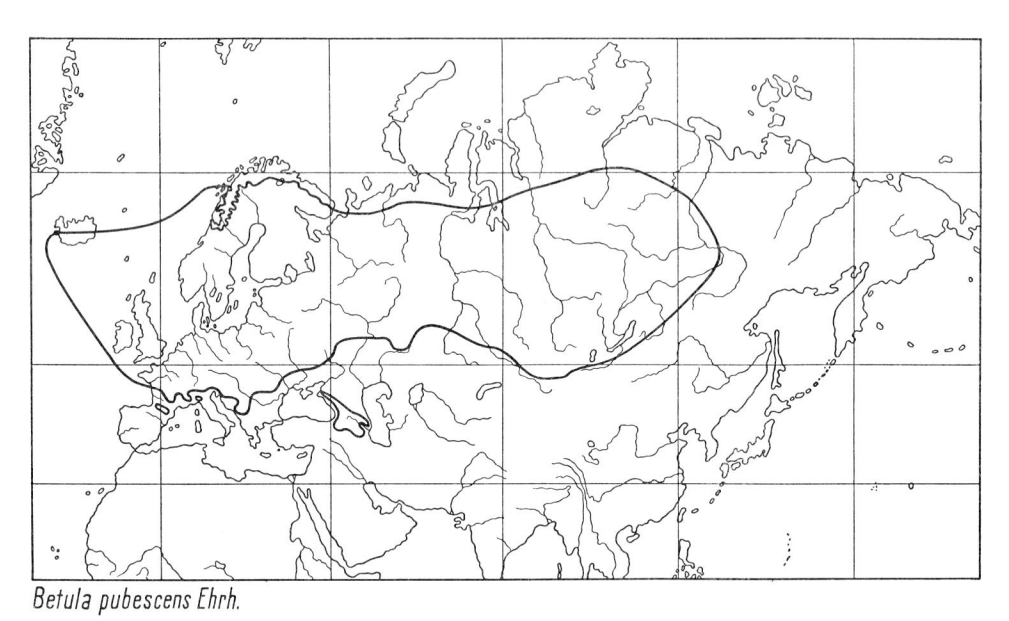

Fig. 62. Verbreitungsgebiete von *Betula pubescens* EHRH. (nach H. MEUSEL, Halle 1957)

oder weniger, oft nur an den Nerven und in den Blattachseln dauernd behaart, trübgrün; Blattstiel 1–2,5 cm lang. Fruchtstand walzlich, meist 2,5–3 cm lang, 6–9 mm dick; Mittellappen der Kätzchenschuppen dreieckig, deutlich vorgezogen, aber nur ein wenig länger als die beiden Seitenlappen, wie diese meist waagrecht abstehend oder sogar etwas zurückgekrümmt. – Häufig im Verbreitungsgebiet der Art.

Die Art variiert ziemlich stark, und es wurde außer den im folgenden genannten Unterarten eine größere Anzahl von Formen aufgestellt, deren systematischer Wert zumeist zweifelhaft erscheint. Näheres findet sich in ASCHERSON und GRAEBNER, Synopsis Mitteleur. Flora **4**, 399–403 (1911) und in C. K. SCHNEIDER, Handbuch der Laubholzkunde **1**, 117–119 (1904).

2. **ssp. carpatica** (WALDST. et KIT.) ASCHERS. et GRAEBN., Flora d. Nordostdeutsch. Flachld. 253 (1899). Syn. *B. carpatica* WALDST. et KIT. in WILLD., Spec. plant. **4**, 464 (1805), *B. ambigua* HAMPE (1842), *B. carpatica* WALDST. et KIT. var. *hercynica* RCHB. (1850). Fig. 58.

Meist strauchförmig, seltener zu einem Baum heranwachsend, meist nur 1–2 (–3) m hoch, mit knorrigem Stamm und glänzend weißlich-gelber bis rötlich-brauner Rinde. Junge Zweige behaart, bald verkahlend. Äste hin- und hergebogen mit kurzgliedrigen Zweigen. Laubblätter rauten- bis rundlich-eiförmig, länger als breit, meist in der Mitte am breitesten, spitz, seltener stumpflich, am Grunde keilig oder abgerundet, am Rande einfach-, seltener doppelt-gesägt, zuweilen auch gekerbt-gesägt, 2,5–5 cm lang, 2–4 (–4,5) cm breit, bald verkahlend, zuletzt nur in den Nervenwinkeln bärtig oder ganz kahl, mattgrün, Blattstiel 1,2–2 cm lang. Fruchtstand dick walzlich, meist 2–3,5 cm lang und bis 1 cm dick; Mittellappen der Kätzchenschuppen mit kurzer Spitze, ein wenig länger und schmäler als die beiden Seitenlappen, wie diese zurückgekrümmt.

Zerstreut im Norddeutschen Tiefland auf feuchten Heiden und Heidemooren, häufiger vor allem im Gebiet der Ostseeküste, zerstreut in den höheren deutschen Mittelgebirgen, häufiger im Osten, nach Westen allmählich seltener werdend.

Die hier als Unterart bewertete Sippe tritt in manchen Gebieten, so besonders im Nordosten, häufig und vorherrschend, auf und es ist anzunehmen, daß ihr als geographischer Rasse der Rang einer Unterart zuzuerkennen ist, wie dies von ASCHERSON und GRAEBNER in Flora d. Nordostdeutsch. Flachld. 253 (1899) und in Synopsis Mitteleur. Flora **4**,

401 (1911) vorgeschlagen worden ist. Nicht immer sind alle Merkmale gleich deutlich ausgeprägt. Als charakteristisch können vor allem die gelbliche bis rötliche Rinde, die Neigung zu frühzeitigem Verkahlen und die annähernd rautenförmige Grundform der Blätter gelten.

3. ssp. **Murithii** (GAUD.) ASCHERS. et GRAEBN, Synopsis Mitteleur. Flora 4, 402 (1911). Syn. B. Murithii GAUD., Fl. Helv. 6, 178 (1830).

Meist strauch-, seltener baumförmig, bis 5 m hoch, mit knorrigem, meist kurzem Stamm und glatter, grauer Rinde. Äste und Zweige schief aufrecht, schwarzgrau; die einjährigen Zweige fein behaart. Laubblätter meist rundlicheiförmig, spitz, mitunter breiter als lang, bis 4 cm breit, oberseits tief olivgrün mit wenigen zerstreuten Haaren, unterseits viel heller, fast ganz verkahlend, in den Blattachseln gebärtet. Fruchtstände walzlich, 1–3 cm lang, bis 1 cm dick; Mittel- und Seitenlappen der Kätzchenschuppen relativ breit, oft vorgezogen.

In der Schweiz im Kt. Wallis im Bagnes-Tal bei Mauvoisin, im Kt. Freiburg und vielleicht auch im Kt. Waadt im Vallée de Joux.

Oekologie und Begleitpflanzen. *B. pubescens* ist eine ausgesprochene Moorpflanze, die mit Vorliebe auf Hochmooren, und zwar als Pionierbaum auf der Torfnarbe, im Callunetum, Sphagneto-Callunetum, Ericetum und im Hochmoorwald auftritt, ohne jedoch im Flachmoor zu fehlen. Sie ist auch in den Alpen weit verbreitet und dringt andererseits im hohen Norden zusammen mit der Fichte oder auch allein bis zur Grenze des Baumwuchses vor, wo sie Krüppel- und Strauchformen bildet. Im allerhöchsten Norden Skandinaviens wird sie durch die nahverwandte *B. tortuosa* Ledeb. vertreten.

*B. pubescens* zählt ebenso wie *B. pendula* Roth hinsichtlich der Ansprüche an Wasser und Mineralstoffe zu den bescheidensten Laubholzarten. *B. pubescens* bedarf größerer Bodenfeuchtigkeit als *B. pendula*, doch ermöglichen ihr ein nebel- und regenreiches Klima die Existenz auch an verhältnismäßig trockenen Standorten.

Wie die Rauhbirke, so hat auch die Moorbirke ein großes Lichtbedürfnis, hingegen ist ihr Wärmebedürfnis ein viel geringeres, wie dies auch ihre Verbreitung in den Alpen und im Norden anzeigt. Die Moorbirke ist auffallend unempfindlich gegen Frost. Nach Beobachtungen von GRÜSS halten selbst halbaufgebrochene Knospen Temperaturen von $-4°$ bis $-5°$ aus, während ganz aufgebrochene Knospen allerdings bei $-5°$ zugrunde gehen.

Auf den oberbayerischen Filzen, auf den Hochmooren des Schweizer Jura und des Schwäbisch-Bayerischen Jura u. a. gehört die Moorbirke zu den nie fehlenden Bestandteilen der Vegetation und trägt in hervorragender Weise zur Physiognomie dieser Formation bei. Als wichtigste Begleitpflanzen sind zu nennen: *Pinus rotundata* LINK, *Salix repens* L., *S. aurita* L., *Populus tremula* L., *Comarum palustre* L., *Rhamnus Frangula* L., *Drosera rotundifolia* L., *Vaccinium Myrtillus* L., *V. uliginosum* L., *V. Vitis-idaea* L., *V. Oxycoccos* L., *Calluna vulgaris* (L.) HILL, *Andromeda polifolia* L., *Eriophorum vaginatum* L. u. a. m.

Die Bodenflora der Moorbirkenwälder kann je nach der Beschaffenheit des Bodens sehr wechseln. Bald überzieht den Boden eine zusammenhängende Grasdecke, bald bildet sich eine dichte Vegetation von *Cladonia rangiferina* WEB., *Polytrichum juniperinum* WILLD. und anderen Flechten und Moosen. Dazu kommen *Salix repens* L., *Molinia coerulea* (L.) MNCH., *Carex*-Arten und vieles andere. Auf Birkenrinde kommt manchenorts *Dicranoweisia cirrhata* (L.) LINDB. und *Ptilidium ciliare* (L.) HAMPE vor, auch *Hypnum cupressiforme* L., *Brachythecium velutinum* (L.) Br. eur. und *Orthotrichum*-Arten, ferner *Radula complanata* (L.) Dum. und *Frullania dilatata* (L.) DUM. finden sich auf Birkenstämmen.

Florengeschichte. Gegen Ende der letzten Eiszeit leiteten nach FIRBAS (1949) in weiten Teilen Mittel- und Nordeuropas Baumbirken die erste Wiederbewaldung ein, es bildete sich ein Gürtel lichter subarktischer Birkenwälder, der eine erste frühe Birken- oder Birken-Kiefernzeit des mitteleuropäischen Spätglazials charakterisiert. Dabei konnte wahrscheinlich die weniger anspruchsvolle *B. pubescens* EHRH. der wärmebedürftigeren *B. pendula* ROTH in der Ausbreitung vorauseilen. Auch zu Beginn der Nacheiszeit i. e. S., während der Vorwärmezeit (Präboreal), erlangten Baumbirken zusammen mit Waldkiefern, besonders in Nord- und Nordwestdeutschland, eine bedeutende Vorherrschaft, und diese frühpostglaziale zweite Birken- (Kiefern-) Zeit, während deren sich wärmebedürftige Gehölze in zunehmendem Maße ausbreiteten, wurde durch die Haselzeit abgelöst. Schließlich kann man stellenweise eine relative Zunahme von Birkenpollen in der Späten Wärmezeit und Nachwärmezeit feststellen, die offensichtlich mit der menschlichen Besiedlung in diesen Zeitabschnitten zusammenhängt, besonders dort, wo Brandrodung geübt worden ist.

Über Anatomie, Physiologie und Biologie vgl. auch unter *B. pendula* ROTH. Zum Unterschied gegenüber *B. pendula* ist das Palisadenparenchym von *B. pubescens* nur einschichtig und die Epidermiszellen sind fast so groß wie die Spaltöffnungen. Die Chromosomenzahl von *B. pubescens* beträgt n = 28. – Die im Gegensatz zu *B. pendula* bei *B. pubescens* stets vorhandenen Bärte in den Blattnervenwinkeln sind Gallbildungen (vgl. HYLANDER 1937). Ferner ruft die Gallmilbe *Eriophyes lionotus* NALEPA gelegentlich auf der Blattunterseite, selten auf der Blattoberseite oder am Blattstiel Gallbildungen in Form gelblich-weißer bis blaß rostfarbener Ausbuchtungen hervor.

Volksnamen. Nach ihrem Standort heißt die Art Moorbirke, Wasserbirke. Der Name Schmerbirke (Thüringen) geht wohl darauf, daß die jungen Blätter der Art klebrig [Schmer ,Fett'] sind. Schwarzbirke weist wohl auf die dunkle Rinde der jungen Triebe hin. Der Name Birke (ahd. bircha, biricha, mhd. birke) ist ein indogermanischer Baumname. Er gehört offenbar zur indogermanischen Wurzel *bherēg ,glänzen; weiß' mit Bezug auf die helle Rinde. Niederdeutsch lautet der Name Berke, oberdeutsch Birche (schweizerisch auch Bilche). Weißbirke (Büchername) heißt der Baum nach der Rindenfarbe, im Gegensatz zur Schwarzbirke *(B. pubescens)*. Andere Namen sind Besenreis (Schwarzwald), Bese(m)ris (Schweiz), Besenholz, -baum (z. B. Niederösterreich). Die Bezeichnungen Hänge-, Hangel-, Trauerbirke gelten besonders für die Formen mit dünnen, stark herabhängenden Ästen. Steinbirke (Thüringen) weist wohl auf den oft steinigen Standort (im Gegensatz zu *B. pubescens*) hin. Maien ist eine allgemeine Bezeichnung für junge grüne Zweige, die im Frühling (Mai, Pfingsten) als Festschmuck dienen, dann im besonderen für die Birke und ihre Zweige. – Die Birke ist der eigentliche „Frühlingsbaum". Der durch fast ganz Deutschland verbreitete Pfingstbrauch, Häuser, Kirchen, Ställe, Brunnen mit frischen Birkenzweigen zu zieren, hatte ursprünglich wohl eine tiefere Bedeutung als den eines bloßen Schmuckes. In katholischen Gegenden genießen die Birken (oder deren Zweige), mit denen die von der Fronleichnamsprozession durchzogenen Straßen geschmückt waren, besonderes Ansehen: sie sollen, im Hause aufbewahrt, vor dem Blitzschlag schützen und im Stall das Vieh vor Unfällen und Krankheiten bewahren. In der Oberpfalz und in Oberfranken werden am Vorabend der Walpurgisnacht (1. Mai) Birkenreiser an die Stalltüren (oder auf den Misthaufen) gesteckt, um die „Hexen" von Haus und Hof fernzuhalten. In manchen Gegenden (z. B. in der Pfalz) glaubt man, daß ein strenger Winter bevorstehe, wenn die Birken im Herbst recht lange ihr Laub behalten. – Viele Orts- und Flurnamen sind von der Birke, die ja ein auffälliger und allgemein bekannter Baum ist, abgeleitet, z. B. Birken, Pirken, Hohenbirken, Birkenreuth (Birkenrodung), Birkig, Birket, Birckach, Birchau ( = Birkenau), Birkenfeld. Vor allem in der Ostschweiz treffen wir entsprechende Flur- und Gehöftnamen wie Bilchenbühl, Bilchenmoos, Bilchäcker, Bilchenfeld. Auch zahlreiche bekannte Familiennamen gehen mittelbar (über einen mit „Birke" zusammengesetzten Ortsnamen) oder unmittelbar auf die Birke zurück, etwa Birkenhauer, Pirchner, Berkenbusch, Berkenkamp u. a.

Über Anatomie, Physiologie und Biologie vgl. unter *B. pendula* ROTH.

Im äußersten Norden Skandinaviens wird *B. pubescens* EHRH. vertreten durch:

**769 b. Betula tortuosa** LEDEB., Fl. Ross. 3, 652 (1851). Syn. *B. pubescens* EHRH. var. *tortuosa* (LEDEB.) KOEHNE in H. WINKL., Pflanzenreich 4, 61, 82 (1904)

Niederer, manchmal buschartiger Baum. Stamm oft gekrümmt. Rinde dunkel. Blätter ziemlich kurz gestielt, von lederartiger Beschaffenheit, breit eiförmig oder eiförmig-dreieckig mit nach vorne gerichteten Zähnen; Nervennetz beiderseits vorspringend: Blattstiel behaart, oft fast wollig. Früchte eiförmig oder elliptisch, in der Mitte oder knapp oberhalb der Mitte am breitesten. Weibliche Fruchtschuppe so breit wie lang mit kurz verschmälerter Basis, breiten abgerundeten Seitenlappen und kurzem, eiförmigem Mittellappen.

In den Hochgebirgen und im äußersten Norden Skandinaviens bis zur Baumgrenze; Verbreitungskarte in HULTÉN, Atlas över växternas utbredning i norden, Karte 596 (1950).

Nach MORGENTHALER (1915) und GAMS (brieflich) kommt *B. tortuosa* auch in den Zentralalpen mindestens von Wallis bis Kärnten vor. Nach GAMS sind die Pflanzen des Ötztales mit den lappländischen völlig identisch.

**770. Betula humilis** SCHRANK, Bayersche Flora 421 (1789). Syn. *B. myrsinoides* TAUSCH (1838), *Chamaebetula humilis* OPIZ (1855). Strauchbirke. Poln.: Brzoza niska. Tschech.: Bříza nízká
Fig. 59, 60, 61 u. 63

Niedriger, 0,5 bis 2 (–3) m hoher, sehr ästiger Strauch. Rinde braun. Junge Zweige mehr oder weniger dicht drüsig-behaart, bald verkahlend. Laubblätter rundlich-eiförmig oder eiförmig, oft etwas ungleichhälftig, 10–35 (–45) mm lang, (5–) 8–25 (–30) mm breit, stumpflich bis etwas zugespitzt, grob und ungleich einfach bis fast doppelt kerbig gesägt (Fig. 63 c), jederseits mit 4 bis 5 (6) Seitennerven, in der Jugend zerstreut behaart, später verkahlend und nur unterseits in den Nervenwinkeln gebärtet oder ganz kahl, unterseits kaum heller als oberseits; Blattstiel 2–5 mm lang, kahl. Alle Kätzchen aufrecht, die männlichen schlanker. Fruchtkätzchen kurz gestielt, eirund bis zylindrisch, 10–15 mm lang, 5–8 mm dick. Seitenlappen der Fruchtschuppen fast gleichlang wie der Mittellappen und wenig abstehend (Fig. 63 d). Fruchtflügel $\frac{1}{2}$ oder $\frac{1}{3}$ so breit wie die Frucht (Fig. 63 e). – Chromosomenzahl: n = 14. – IV, V.

Vorkommen. Selten, aber gesellig auf feuchten, nährstoffarmen Torfböden in lichten Birkenmoorgesellschaften als Charakterart des Betuletum humili-pubescentis (Vaccinio-Piceetalia), hält sich aber nach Entwaldung zäh auch noch in ungedüngten feuchten oder wechselfeuchten Zwischenmoor- und Flachmoorwiesen mit *Carex lasiocarpa* oder *Molinia coerulea*; im Alpenvorland bezeichnendes Glied einer der Eiszeit entstammenden baltischen Reliktvegetation.

Allgemeine Verbreitung. Nördliches Europa vom Nordostdeutschen Tiefland westlich bis Mecklenburg über den Baltischen Schild, die Podolische Platte und das Russische Tafelland bis zum Ural, südwärts bis Galizien, Mittleres Dnjepr-, Wolga-Don-Gebiet und Wolga-Kama-Gebiet; in Mitteleuropa im Alpengebiet vor allem im nördlichen Alpenvorland; in Asien über die Westsibirische Tafel südostwärts bis zum Altai.

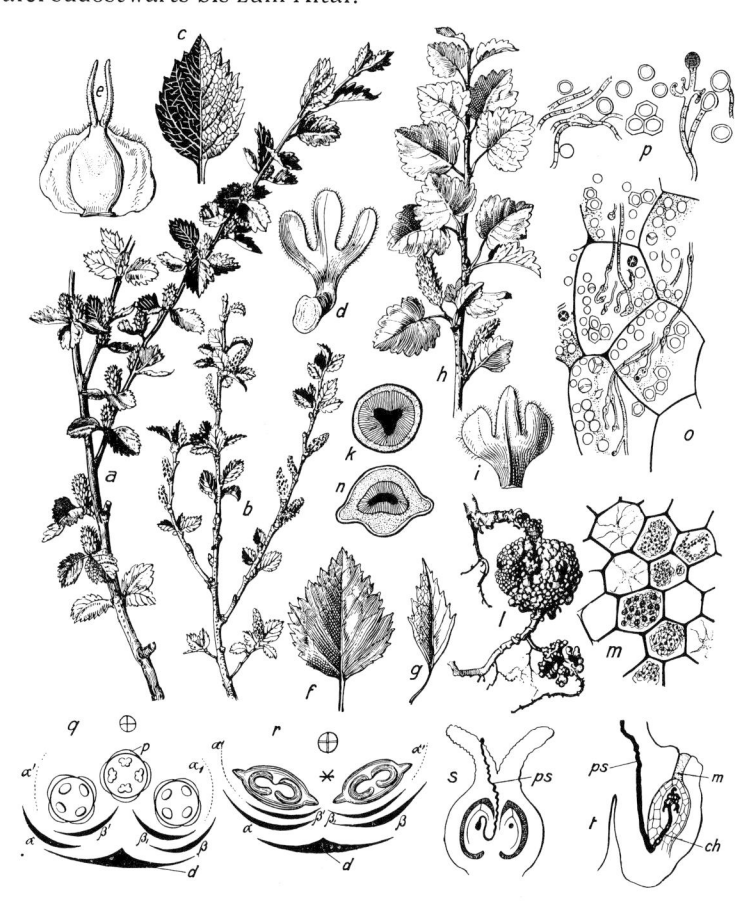

Fig. 63. *Betula humilis* Schrank. *a* Zweig mit weiblichen, *b* mit männlichen Kätzchen. *c* Laubblatt. *d* Fruchtschuppe. *e* Frucht. *f* und *g* Blätter von *Betula pubescens* Ehrh. ssp. *carpatica* (W. ET K.) ASCH. ET GR. *h* Zweig mit weiblichen Kätzchen von *B. pubescens* × *nana*. *i* Fruchtschuppe von diesem Bastard. *k* Stengelquerschnitt von *Alnus glutinosa* (L.) Gaertn., *n* von *A. viridis* (CHAIX) DC. *l* Erlenknöllchen. *m* Querschnitt durch das Zellengewebe mit Pilzfäden (Originalfigur von Dr. Gentner). *p* und *o* Zellengewebe aus den Knöllchen von *A. viridis* (Originalfiguren von Dr. Wolpert). *q* Diagramm der männlichen, *r* der weiblichen Blütengruppen von *A. glutinosa* (L.) GÄRTN. (*d* Tragblatt, α, β Vorblatt der Mittelblüte, α', β' Vorblatt der Seitenblüten, *p* Perianth). *s* und *t* Längsschnitt durch den Fruchtknoten und die Samenanlagen mit chalazogamer Befruchtung von *Betula* (*ps* Pollenschlauch, *m* Mikropyle, *ch* Chalaza; schematisiert nach Nawaschin)

Verbreitung im Gebiet. Zerstreut im Norddeutschen Tiefland, nach Westen allmählich seltener werdend, die Westgrenze in Holstein, die Südgrenze der lokalen Verbreitung in Brandenburg und Posen erreichend. In Ostpreußen ziemlich verbreitet in den Kreisen Heydekrug, Labiau, Königsberg, Wehlau, Insterburg, Stallupönen, Darkehmen, Rastenburg, Braunsberg, Mohrungen, Osterode, Rössel, Sensburg, Lötzen, Angerburg, Goldap, Oletzko, Lyck, Johannisburg, Ortelsburg und Neidenburg; in Westpreußen in den Kreisen Löbau, Strasburg, Briesen, Stuhm, Putzig, Schwetz, Tuchel, Konitz, Flatow, Deutsch-Krone; seltener in Posen z. B. um Bromberg, Ciszkowo nächst Czarnikau und bei Tremessen; zerstreut in Pommern bei Strepenitz, Rötzenhagen, Stettin und Dargebanz; in Mecklenburg bei Anklam, Demin, Greifswald, Jützkranz, Malchin, Marlow, Neubrandenburg, Recknitz und Tessin; in Brandenburg zerstreut in der nördlichen Uckermark sonst sehr selten, und zwar in der Umgebung von Oranienburg bei Grüneberg, an der Ihna bei Reetz, bei Arnswalde, ferner – jedoch fraglich ob heute noch – auf den Blasdorfer Wiesen nächst Jamlitz bei Lieberose in der Niederlausitz; in Holstein in Lauenburg, und zwar im Delvenautal bei Göttin, früher auf den Besenhorster Wiesen und im Sachsenwald, womit die heutige Westgrenze der lokalen Verbreitung erreicht wird. Fehlt im Nordwestdeutschen Tiefland in Hamburg, Bremen, Oldenburg, Niedersachsen, Westfalen und im Rheinland völlig.

Ein zweites Teilverbreitungsgebiet findet sich im südwestdeutschen Alpenvorland und angrenzenden Gebieten. In der Schweiz nur im Gründenwald zwischen Winkeln und Abtwil bei St. Gallen, nur noch sehr spärlich, und, von hier eingepflanzt, im Rotmoos bei Magdenau, Kt. St. Gallen; in Baden nur „im Spieß" östlich Gottmadingen i. Hegau, im Taubenried bei Pfullendorf und im Unterhölzerried bei Donaueschingen, an anderen Fundorten, wie Zollhausried, fraglich geworden; in Württemberg-Hohenzollern fast nur im Altmoränenland, und zwar Klosterwald, Pfrunger Ried, Federseeried, Vorsee, Schussenried, Wurzacher Ried, Schwarzacher Ried, Rötsee, Immenried, Schweinebach, Eichenberg, Rot und Dietenheim; in Bayern in der unteren Bayerischen Hochebene bei Dinkelscherben, Wertingen, Donaumoos, Neuburg a. d. D., Augsburg, zwischen Bannacker und Straßberg, Haspelmoor, Schleißheimer Moor, Zengermoos, Erdinger Moor, Ahrain bei Landshut, Wörth a. d. Isar, verbreitet in der Oberen Bayerischen Hochebene, ferner im Bayerischen Alpengebiet im Oberammergau und nächst dem Pflegersee bei Garmisch; in Salzburg anscheinend ausgestorben, sehr fraglich, ob heute noch auf dem Schleedorfer Moor in der Umgebung der Stadt Salzburg und auf dem Glanegger Moor und Bundschuh im Lungau; in Kärnten auf dem Dobratschmoos bei Feistritz und nächst Keutschach bei Klagenfurt.

In Mähren früher um Kloster Hradisch bei Olmütz. In Südböhmen ist ferner ein subfossiles, in sehr jungen, prähistorischen Schichten datiertes Vorkommen von *B. humilis* in den Torflagern von Julienhain unweit Gratzen festgestellt worden.

Die Art ist nach ASCHERSON und GRAEBNER (1911) im allgemeinen wenig veränderlich, in Westpreußen scheint ihr hingegen eine größere Variationsbreite eigen zu sein, und es läßt sich nach H. PREUSS im 30. Bericht d. Westpreuß. Botan. Zool. Vereins 51–53 (1908) eine Reihe von Formen unterscheiden:

1. var. *microphylla* GRUETTER. Strauch 40–60 cm hoch. Blätter etwa 12 mm lang und höchstens 9 mm breit, fast kreisrund, oft mit schwach herzförmigem Grunde. Kätzchen meist 10 mm lang. Westpreußen: Abrauer Moor im Kreise Tuchel und zwischen Grabarz und Kopaniarze im Kr. Löbau. – 2. var. *cordifolia* H. PREUSS. Strauch 1'–1,5 m hoch. Blätter herzförmig mit mehr oder weniger stark ausgeprägtem herzförmigem Grunde, 21 mm lang, bis 18 mm breit. Westpreußen: Abrauer Moor im Kr. Tuchel. – 3. var. *macrophylla* H. PREUSS. Bis 3 m hoher Strauch. Blätter durchwegs auffällig groß, meist 35 mm lang, bis 24 mm breit, Kerbzähne auffallend stumpf. Westpreußen: Abrauer Moor im Kr. Tuchel. – 4. var. *cuneifolia* ABROMEIT. Blätter länglich elliptisch, am Grunde keilförmig verschmälert. Westpreußen: Ortelsburg.

Ferner ist die folgende Varietät aus Süddeutschland bekannt: 5. var. *subrotunda* SCHUSTER. Blätter 0,5 cm breit, rundlich. Bayern: Haspelmoor in Oberbayern.

Verwandte Arten und Florengeschichtliches. Der Formenkreis von *B. humilis* SCHRANK umfaßt nach der Auffassung von O. KUZENEVA in Fl. URSS. 5, 285 (1936) auch die folgenden drei nord- und nordostasiatischen Arten, die von H. WINKLER in Pflanzenreich 4, 61, 87 (1904) in die Sect. *Albae* eingereiht werden: *B. fruticosa* PALL. im Lena-Kolyma-Gebiet, in Dahurien, in der Mandschurei und im Amurgebiet, *B. ovalifolia* RUPR. im Amurgebiet und *B. Gmelini* BGE. im Angara-Sajanischen Gebiet, in Dahurien und in der Mongolei einheimisch. Die heute zum Teil getrennten Verbreitungsareale der Vertreter dieses Formenkreises standen möglicherweise in nicht fern zurückliegenden erdgeschichtlichen Perioden, etwa noch zu Beginn der Eiszeiten, in Zusammenhang.

Begleitpflanzen. In den Grünlandmooren von Ost- und Westpreußen spielt *B. humilis* eine bedeutende Rolle. Auf dem Abrauer Moor im Kreise Tuchel in Westpreußen erscheint die Strauchbirke nach H. PREUSS in Begleitung der nordischen *Salix Starkeana* WILLD., ferner von *Salix repens* L., *Pedicularis Sceptrum-Carolinum* L., *Campanula glomerata* L., *Hieracium pratense* TAUSCH, *H. cymosum* L., *Poa nemoralis* L., *Orchis Morio* L., *Anacamptis pyramdalis* (L.) RICH. u. a. Auf den oberbayerischen Mooren tritt die Strauchbirke im niederen Molinietum mit Pflanzen auf, die viel Trockenheit und Wärme lieben und Kalksubstrat bevorzugen; so z. B. in Begleitung von *Salix repens* L., *Thesium rostratum* M. et K., *Dianthus Carthusianorum* L., *Genista tinctoria* L., *Trifolium montanum* L., *Viola canina* L., *Pimpinella saxifraga* L., *Asperula cynanchica* L., *Galium boreale* L., *Serratula tinctoria* L., *Brachypodium pinnatum* (L.) BEAUV., *Anthericum ramosum* L., *Allium carinatum* L. und verschiedenen Moosen, u. a. mit *Hylocomium splendens* (HEDW.) Br. eur.

**771. Betula nana** L., Spec. plant. 983 (1753). Syn. *Alnus nana* CLAIRVILLE (1811), *Chamaebetula nana* OPIZ (1855). Zwergbirke. Engl.: Dwarf Birch. Poln.: Brzoza karłowata. Tschech.: Bříza trpasličí. Taf. 84, Fig. 4; Fig. 64, 65

Kleiner, verzweigter Zwergstrauch, niedergestreckt oder nur wenig über den Boden sich erhebend (in Nordeuropa[1]) (Fig. 64), seltener bis 50 (120) cm hoch (in den Alpen und im Schweizer

---
[1]) Nach W. LÜDI.

Jura[1]). Zweige knorrig, niedergestreckt oder aufsteigend, mit braun- oder später schwarzgrauer, wenig abblätternder Rinde. Junge Zweige dicht und kurz samthaarig, drüsenlos, später oft etwas verkahlend. Laubblätter sehr kurz gestielt, rundlich, fast kreisrund oder etwas breiter als lang, 0,4–1,2 (1,5) cm lang, 0,5–1,5 cm breit, stumpf, zierlich stumpf gekerbt, kahl, mit unterseits deutlich vorspringendem Adernetz, jederseits mit 2 bis 4 Seitennerven, oberseits dunkel-, unterseits hellgrün. Männliche Kätzchen sitzend, aufrecht, kurz walzlich, 0,5–1,5 cm lang, mit braunen Tragblättern. Fruchtkätzchen sehr kurz gestielt, eiförmig-länglich, 7–10 mm lang, bis 5 mm dick, hellbraun. Fruchtschuppen keilförmig, ungeteilt oder oft bis zur Mitte, seltener darüber hinaus gelappt. Fruchtflügel mehrmals schmäler als die Frucht (Taf. 84, Fig. 4b, c). – Chromosomenzahl: $n = 14$. – IV, V.

Vorkommen. Selten auf Hochmooren im Gefüge der offenen Hochmoorbulte oder auch im Kiefernmoor des Randgehänges, charakteristisch für das nordisch-kontinentale Sphagnetum fusci (Sphagnion fusci), in der Arktis auch in anderen verwandten Zwergstrauchgesellschaften nährstoffarmer mooriger Standorte.

Allgemeine Verbreitung. Arktisches und nördliches Europa von Island über die Gebirge Schottlands, die Skandinavischen Gebirge, den Skandinavisch-baltischen Schild südwärts bis in das Norddeutsche Tiefland, im Osten über die Podolische Platte und das Russische Tafelland bis zum Ural, südwärts bis in das Obere Dnjepr-, Obere Wolga- und Wolga-Kama-Gebiet; zerstreut

Fig. 64. *Betula nana* (L.) Zwerg-Birken-Moor in Oberbayern. (Aufn. G. EBERLE)

in den Gebirgen Mitteleuropas, u. zw. in den Deutschen Mittelgebirgen, in den Ardennen, im Schweizer Jura und in den Alpen; in Asien über die Westsibirische Tafel bis zum Jenisseigebiet.

Verbreitung im Gebiet. Im Norddeutschen Tiefland einzig in Westpreußen im Kreise Kulm in einem Moor des Drewenzwaldes nordwestlich von Neulinum, früher auch im Kreise Thorn in einem Torfbruch bei Kisin; in Posen bei Bromberg und Tremessen; die Angaben aus Ostpreußen, angeblich bei Osterode, ist nach ABROMEIT sicher unrichtig. Im Nordwestdeutschen Tiefland in Niedersachsen zwischen Bodenteich und Schafwedel im Kreise Ülzen. In den Deutschen Mittelgebirgen im Harz am Brocken nächst Torfhaus und im Lerchenmoor; im Erzgebirge am Fichtelberg und auf der böhmischen Seite zwischen Gottesgab und dem Fichtelberge, um Albertham, Kranischsee bei Frühbuß, zwischen Preßnitz und Sonnenberg, Sebastiansberg und Raizenhain; in den Sudeten im Isergebirge auf der Iserwiese und um die Kobelhäuser sowie im Habelschwerdter Gebirge auf den Seefeldern an der Hohen Mense, früher auch auf der Heuscheuer, doch angepflanzt gewesen und längst wieder verschwunden; im Böhmerwald im Seefilz bei Außergefild, im oberen Moldautal bei Fürstenhut, Kuschwarda, Wolfsaue bei Christiansberg und bei Satava; im Oberpfälzerwald nächst Mooslohe bei Weiden. Im deutschen Alpenvorland nur in der Bayerischen Oberen Hochebene im Reicholzrieder Moor bei Memmingen, Dietmannsried bei Kempten, Peiting bei Schongau, Rothfilz unweit Rechetsberg bei Weilheim, Gallerfilz bei Bernried, Weitfilz bei Penzberg, ferner früher auch bei Rottenbuch, am Schönramer Moor bei Teisendorf und bei Eschenlohe. Die Angabe aus dem südlichen Schwarzwald nächst Blindersee bei Schonach ist unwahrscheinlich.

Im Schweizer Jura an zahlreichen Fundorten auf Mooren in den Kantonen Waadt, Neuenburg und Bern – Etang de la Gruyère in den Freibergen –; früher bei Schwarzenegg im Berner Mittelland; im Kt. Unterwalden im Röhrlimoos

---

[1]) Nach W. LÜDI.

Fig. 65. *Betula nana* L. Zwerg-Birke (links), *Betula pubescens* EHRH. Moor-Birke (rechts).
(Aufn. G. EBERLE)

im Großen Schlierental; im Kt. Schwyz bei Einsiedeln; ferner auf dem Stooß bei Appenzell. – Heute vielfach durch Entwässerung und Abtorfung der Moore bedroht.

Im Alpengebiet Österreichs früher in den Lechtaler Alpen nächst dem Weiler Tannberg bei Lech und in den Nordtiroler Kalkalpen im Wildmoos bei Seefeld sowie im salzburgischen Alpenvorland im Wetmoos (Weitmoos) unter Krögn bei Lamprechtshausen, heute an allen diesen Fundorten wohl ausgestorben, hingegen zerstreut in den Tiroler und Salzburger Zentralalpen, zerstreut im Radurschltal bei Pfunds sowie noch ziemlich zahlreich verbreitet auf der Gerlosplatte und am Paß Thurn; ein angebliches Vorkommen in den Hohen Tauern unter der Pasterze ist sehr fraglich, jedenfalls schon lange nicht mehr beobachtet worden (GAMS, brieflich); im Bereich der Niederen Tauern und der Norischen Alpen zerstreut in 1500–1900 m; im oberen Murtal mehrfach im Lungau, am Überling und Lahnberg bei Tamsweg und auf dem Moor im Hintergrund des Bundschuhtales, ferner auf dem Lasaberge und Einötzen, bei Einach und auf dem Gstoder nächst der Payeralpe in der Umgebung von Murau im Murtal, in den Gurktaler Alpen im obersten Moor auf der Turracher Alm, in den Gräben des Eisenhut bei Turrach, auf dem Rinsennock und um Flattnitz, ferner in den Seetaler Alpen, vor allem am Winterleitensee; im Klagenfurter Becken bei St. Lorenzen in der Reichenau; in den Lavanttaler Alpen im Koralpengebiet bei See-Eben sowie angeblich auch auf dem Pohorje im Bachergebirge; in Oberösterreich im Mühlkreis bei Komau nächst Unterweißenbach; in Niederösterreich im westlichsten Waldviertel bei Karlstift und Altmelon.

Verwandtschaft. Die Zwergbirke ist der Vertreter eines interessanten, echt arktisch-alpinen Formenkreises unserer Flora, welchem im hohen Norden im Gegensatz zu *B. humilis* SCHRANK eine weite, zirkumpolare Verbreitung eigen ist (Fig. 65). Der Formenkreis der *Betula nana* L. wird in Nord- und Nordostasien durch *B. exilis* SUKACZ. vom Jenisseigebiet bis zur Tschuktschen-Halbinsel und südwärts bis in das Angara-Sajanische Gebiet, Dahurien und bis in das Amurgebiet, durch *B. Middendorfii* TRAUTV. in Nordostasien vom Lena-, Kolyma- und Anadyrgebiet südwärts bis Dahurien und in die Mandschurei und durch *B. rotundifolia* SPACH im Altai, im Angara-Sajanischen Gebiet und in der nördlichen Mongolei vertreten; in Nordamerika findet sich *B. Michauxii* SPACH in Labrador und Neufundland sowie verwandte Sippen im übrigen arktischen Nordamerika westwärts bis Alaska.

Begleitpflanzen. In Mitteleuropa erscheint die Zwergbirke ausschließlich auf Hochmooren, seltener auch als Kiefern-Unterholz, an Grabenrändern, in Kolken, zwischen Schilf oder auf halbabgetorften Stellen in Begleitung von anderen Birken: Wichtige Begleiter sind: *Empetrum nigrum* L., *Drosera*-Arten, *Andromeda polifolia* L., *Vaccinium uliginosum* L., *V. Vitis-idaea* L., *V. Oxycoccos* L., *Trichophorum austriacum* PALLA, *Eriophorum vaginatum* L., *Carex pauciflora* LIGHTF., verschiedene Moose, wie etwa *Polytrichum strictum* BANKS, *Aulacomnium palustre* (L.) SCHWAEGR., *Sphagnum fuscum* v. KLINGG. *Sph. balticum* RUSSOW, *Sph. acutifolium* EHRH. u. a. Sph.-Arten, ferner Flechten, wie *Cladonia rangiferina* WEB., *C. pyxidata* FR., *C. fimbriata* FR., *Cetraria islandica* ACH. u. a. In den voralpinen Mooren gesellen sich nicht selten *Rhododendron ferrugineum* L. sowie *Lonicera caerulea* L. hinzu. Stellenweise wie z. B. im Erzgebirge bildet die Zwergbirke ziemlich reine Bestände, sie überragt und ersetzt dort hie und da das Gebüsch von *Vaccinium uliginosum* L.

Florengeschichte. Die Zwergbirke ist eine der häufigsten quartären Fossilpflanzen und gilt mit verschiedenen Gletscherweiden, *Dryas octopetala* L. u. a. als wichtigstes Leitfossil der glazialen *Dryas*-Floren. Eindeutig bestimmbare Blätter, Fruchtschuppen und Früchtchen von ihr wurden in Seeablagerungen wie z. B. im Glazialton, der sich beim Rückzug des Eises in flachen Wasserbecken absetzte und in Torfen in ehemals vereisten Ländern wie Skandinavien, Dänemark, Nordostdeutschland gefunden, aber auch in Gebieten, die weit außerhalb der alpinen Vergletscherung und des nordischen Inlandeises der letzten Eiszeit lagen, u. a. bei Bremen, verschiedentlich in Holland, in Mittel- und Süddeutschland, ja sogar in Gegenden, die heute zu den wärmsten und trockensten Mitteleuropas gehören, wie Rheinpfalz, Untereichsfeld, mitteldeutsches Trockengebiet und innerböhmische Elbniederung. Die meisten dieser Seeablagerungen und Torfe wurden wärend der ältesten, älteren und jüngeren Tundrenzeit, also in waldfreien bzw. waldärmeren Abschnitten des letzten Spätglazials, gebildet. Einige ältere Fossilfunde stammen auch aus der zweitletzten und drittletzten Eiszeit, dem Riß- und Mindelglazial. Die Ansicht von BROCKMANN, daß es sich nur um lokale „Gletscher-Endfloren" handele, die in Eiswassertümpeln in unmittelbarer Gletschernähe konserviert wurden, läßt sich heute nicht mehr aufrechterhalten. Vielmehr muß man der alten Vorstellung von NATHHORST, dem Entdecker der nordischen und alpinen Dryasfloren, beipflichten, der in ihnen Zeugen eines ehemals subarktischen Klimas sah, eine Ansicht, die durch den von FIRBAS u. a. geführten pollenanalytischen Nachweis von der Waldlosigkeit bzw. Waldarmut Mitteleuropas im ältesten Spätglazial eine ausgezeichnete Bestätigung gefunden hat. – Es ist möglich, daß der nacheiszeitlichen Wiederbewaldung Mitteleuropas, namentlich in den küstennahen Landschaften um Nord- und Ostsee, ein *Betula nana*-Gürtel vorausging, ähnlich der heutigen nordrussischen Zwergbirkentundra. Nach den zahlreichen Blatt- und Fruchtfunden läßt sich sagen, daß mindestens bis ins Spätglazial ein Zusammenhang zwischen nordischen und alpinen Populationen bestanden hat. Für viele der heutigen, vom Hauptverbreitungsgebiet abgesprengten Vorkommen, von denen einige sich nach OVERBECK und SCHNEIDER (1938) am Standort über ziemlich lange Zeit zurückverfolgen lassen, läßt sich ein Reliktencharakter wahrscheinlich machen.

Anatomie. Die fast kreisförmigen Blätter sind am Rande gekerbt mit abgerundet-stumpfen Kerbzähnen und mit einem unterseits stark hervortretenden Adernetz versehen, in das Bündel von Sklerenchymfasern eingelagert sind. Die Epidermis der Blattoberseite hat Schleimmembranen. In der Jugend sind die Blätter klebrig und zerstreut behaart, später kahl und glatt. Die Blattunterseite ist drüsig punktiert.

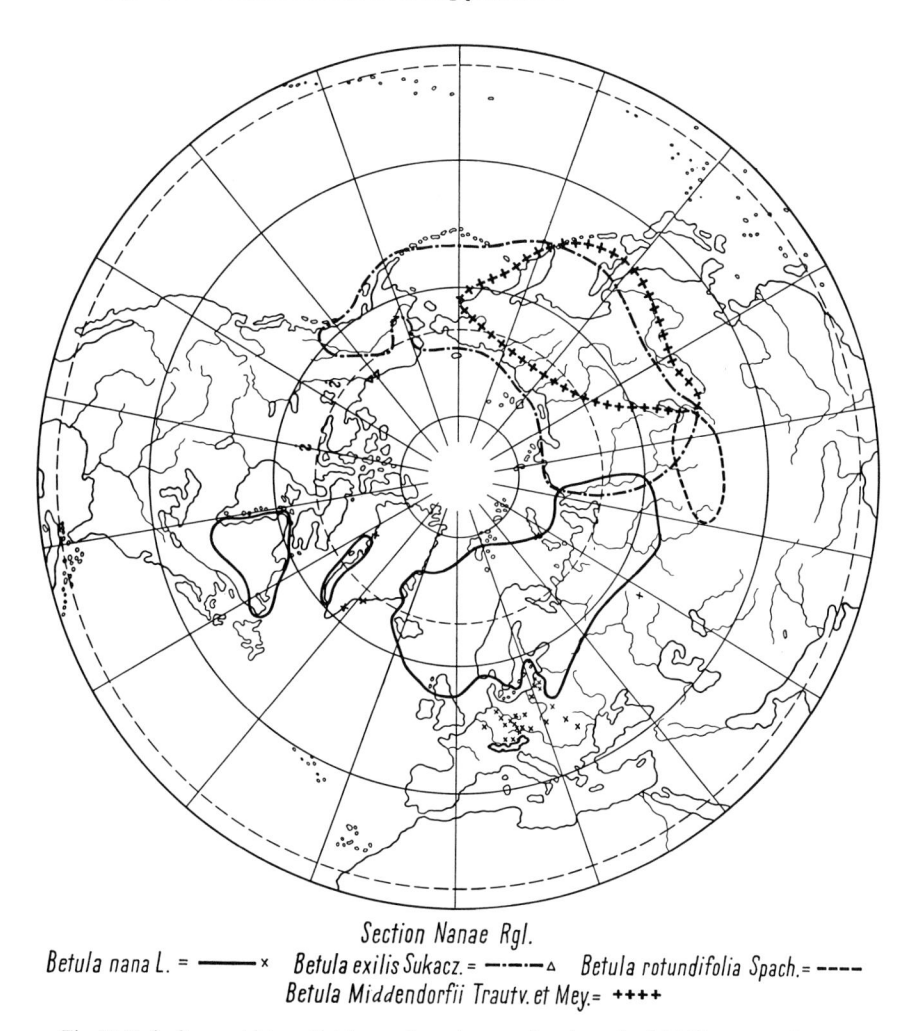

Fig. 66. Verbreitungsgebiet von *Betula nana* L. und verwandten Arten (nach H. MEUSEL, Halle 1957)

Das Areal von *Betula nana* L., Syn. *B. Michauxii* SPACH wurde nach der alten Auflage von BRITTON u. BRAUN in Nordamerika eingezeichnet. In der neuen Auflage wird diese Art nicht mehr angeführt. Für das arktische Nordamerika westwärts bis Alaska fehlen uns z. Zt. genauere Verbreitungsangaben über nahe verwandte Sippen.

Blütenverhältnisse. Die männlichen und die weiblichen Kätzchen werden erst mit dem Austreiben der Knospen zugleich mit dem Laub sichtbar. Sie stehen terminal an heurigen Seitentrieben, die männlichen oft ohne, die weiblichen mit vorausgehenden Seitenblättern. Der Stellung nach finden sich die männlichen Kätzchen ohne Regel bald oberhalb, bald unterhalb der weiblichen. Die weiblichen Kätzchen sind deutlich früher entwickelt als die männlichen. Wieweit als Bestäuber der Wind oder Insekten in Frage kommen, ist zweifelhaft. Die Ausbreitung der Früchtchen kann durch Wasser und durch Wind erfolgen. SERNANDER nennt als Ausbreiter aus dem Tierreich den Schneehasen.

Volksnamen. Im Böhmerwald heißt die Zwergbirke auch Filzbirke (zu bair. Filz „Moor").

### Kreuzungen

Die Neigung der Birkenarten zum Bastardieren ist sehr groß. Die Fertilität ist bei Kreuzungen nicht oder nicht wesentlich herabgesetzt, wodurch es zur Bildung von Rückkreuzungen, wie auch zur Entstehung von drei- und mehrfachen Hybriden kommen kann. Stellenweise in bedeutender Ausdehnung auftretende Mischpopulationen können die Unterscheidung der Arten erschweren. Eine extreme Auffassung von der Rolle der Hybridität bei den Birken vertritt J. G. GUNNARSSON (1925), die jedoch in dieser weitgehenden Form keinen Anklang gefunden hat. In Norddeutschland blühen B. pendula und B. pubescens nahezu gleichzeitig, so daß Bastarde oft häufiger als Stammarten (Hybrid.-Introgression) vorkommen; diese sind u. a. an ihren unregelmäßigen Chromosomenzahlen zu erkennen. In Süd- und Mittelpolen ist die Blütezeit sehr verschieden; Bastarde sind dort selten zu beobachten. – In Mitteleuropa sind die folgenden Birkenbastarde beobachtet worden:

1. *B. nana × pubescens; B. intermedia* THOMAS in GAUD., Fl. helv. 6, 176 (1830). Syn. *B. alpestris* FRIES (1846), *B. fruticosa* WATS. (1825), *B. lagopina* HARTMAN (1868). Strauch oder bis 4 m hoher Baum, sehr ästig. Zweige meist noch im zweiten Jahre behaart. Blätter aus schwach herzförmigem oder breit keilförmigem Grunde fast rundlich bis eiförmig-rhombisch, bis 3 cm lang und breit, an der Spitze abgerundet, stumpf oder spitzlich, gekerbt-sägt, jederseits mit 3–5 Seitennerven, anfangs schwach behaart, später kahl, bis 1,5 cm lang gestielt. Fruchtstände länglich zylindrisch. Fruchtschuppen mit aufgerichteten Seitenlappen, die meist kürzer, selten so lang sind wie der Mittellappen. Flügel der Frucht schmäler oder so breit wie die Nuß. – Unter den Elternarten nicht selten, z. B. in Westpreußen auf dem Hochmoor von Neulinum (1902 von SCHOLZ entdeckt), in der Oberen Bayerischen Hochebene auf dem Weiter Filz bei Peiting (Graf zu LEININGEN) und mehrfach im westlichen Schweizer Jura bei Chaux-d'Abel, Pontins, Chasseral, les Ponts, la Brevine, Tourbière, Sentier und am Lac de Gruyère beobachtet. In den Lavanttaler Alpen vereinzelt auf der See-Eben im Koralpengebiet.

2. *B. humilis × pendula; B. Zimpelii* JUNGE ap. ASCHERSON. Strauch-, seltener baumförmig, in der Tracht der *B. humilis* ähnlich, von ihr aber in folgendem verschieden: Kräftiger und höher. Junge Zweige drüsig. Blätter eiförmig bis länglich-rhombisch, am Grunde abgestutzt bis ziemlich schmal keilförmig, ungleich gesägt, stets spitz, von ziemlich dünner Konsistenz, meist 1,2–1,5 cm lang, selten kürzer gestielt. Fruchtstände bis 2 cm lang und etwa 8 mm breit, ca. 1 cm lang gestielt. Fruchtschuppen mit seitlich oder etwas vorwärts gerichteten Seiten- und ziemlich langen Endlappen. Flügel der Frucht so breit bis doppelt so breit wie die Frucht. – In Holstein im Delvenautal bei Göttin (1886 von ZIMPEL entdeckt); in Ostpreußen im Jungferndorfer Moor bei Königsberg, um Eydtkuhnen im Kreise Stallupönen, im Reuschendorfer Moor und im Sarkener Bruch bei Lyck, im Buschflachmoor nächst Gilgenau im Kreise Ortelsburg, ferner mehrfach im Kreise Lötzen; in Mecklenburg zwischen den Stammarten zerstreut; in Brandenburg bei der Pamminer Mühle im Kreise Reetz und nächst Jamlitz im Kreise Liberose, Reenetal bei Gutzkow, schließlich in Bayern in der Unteren Bayerischen Hochebene am Dachauer Moor zwischen Puchheim und der Fischzuchtanstalt und im Zengermoos.

3. *B. humilis × pubescens; B. Warnstorfii* C. SCHNEID., Handb. d. Laubholzkde. 1, 108 (1904). In der Tracht meist kleinerer *B. pubescens* ähnlich, meist bis 3,5 m hoch, aber auch höher. Junge Zweige meist dicht behaart, ziemlich drüsig. Blätter derb, aus stumpfem oder abgerundetem Grunde eiförmig, meist 2,5–3 cm lang, 1,5–2,5 cm breit, spitz bis kurz zugespitzt, ungleich-, oft fast doppelt gesägt, jederseits mit meist etwa 5 Seitennerven, 0,8–1 cm lang gestielt. Fruchtstände aufrecht oder nickend, länglich-zylindrisch, meist 5–8 mm lang gestielt. Fruchtschuppen mit abstehenden Seitenlappen. Flügel der Frucht etwa so breit wie die Nuß. Zusammen mit den Elternarten in Ostpreußen in den Kreisen Königsberg im Jungferndorfer Moor und um Friedrichstein und Angerburg, ferner mehrfach in den Kreisen Darkehmen, Lötzen, Goldap und Lyck; in Westpreußen nächst dem See zwischen Schönberg und Pulka, am Abrauer Moor und am Moor bei Sehlen und Kensau im Kreise Tuchel, ferner im Ziegenbruch im Kreise Deutsch-Krone sowie am Gorznoer Graben im Kreise Strasburg; in Posen in der Umgebung von Czarnikau bei Ciszkowo; in Mecklenburg mit den Stammarten nicht selten; in Brandenburg auf den Ihnawiesen bei Arnswalde, Reenetal bei Gutzkow; schließlich in Bayern auf der Oberen Bayerischen Hochebene am Schwarzer Filz bei Wolfratshausen, am Bachhausener Moor bei Starnberg und am Riederfilz bei Wasserburg sowie in der Unteren Bayerischen Hochebene am Haspelmoor bei München beobachtet.

4. *B. nana* × *pendula*; *B. Plettkei* JUNGE in Verh. Naturw. Ver. Hamburg, 3. Folge, **13**, 39 (1905). 3, seltener bis 4 m hoher Baum. Junge Zweige drüsig, alle schlank rutenförmig. Blätter meist aus schwach herzförmigem bis breitkeilförmigem Grunde eiförmig-rhombisch bis fast rundlich, an der Spitze abgerundet, stumpf oder spitz, bis 3 cm lang und breit, meist ziemlich ungleich gekerbt-gesägt, jederseits mit 3–5 Seitennerven, anfangs meist etwas behaart und drüsig-klebrig, später kahl, bis 1,5 cm lang gestielt. Fruchtstände länglich-zylindrisch. Fruchtschuppen denen von *B. nana* ähnlich, mit aufgerichteten Seitenlappen und meist längerem Mittellappen. Frucht mit schmalen und breiteren Flügeln. – In Niedersachsen nächst Schafwedel bei Bodenteich und in der Oberen Bayerischen Hochebene am Reichholzrieder Moor bei Memmingen beobachtet.

5. *B. pendula* × *pubescens*; *B. Aschersoniana* HAYEK (1908), Syn. *B. hybrida* WETTSTEIN, non BLOM, vix BECHSTEIN. In der Tracht meist der *B. pubescens* nahestehend, aber die Zweige stets länger und schlanker, anfangs behaart, mehr oder minder deutlich drüsenwarzig. Baum mit schneeweißer, in dünnen Lagen sich ablösender Borke. Blätter rhombisch-eiförmig, spitz, am Grunde abgerundet, doppelt gesägt, oberseits dunkelgrün, kahl, unterseits hellgrün, kahl oder in den Blattwinkeln etwas behaart. – Nicht selten unter den Elternarten. Der Bastard *B. pendula (verrucosa)* × *pubescens* läßt eine Anzahl von Formen unterscheiden, die C. K. SCHNEIDER (1904) wie folgt gliedert:
a) *B. pubescens* × *verrucosa* f. *Callieri* (C. SCHNEID.) ASCHERS. et GRAEBN., Synops. d. Mitteleur. Fl. **4**, 403 (1911). Steht in den meisten Merkmalen der *B. pendula (verrucosa)* am nächsten. Blätter meist rhombisch, 4–5 cm lang, 2,5–3,5 cm breit, am Rande, besonders oberwärts fein gesägt. Früchte und Fruchtschuppen denen von *B. pubescens* ähnlicher. Nicht selten. – b) *B. pubescens* × *verrucosa* f. *Wettsteinii* (C. SCHNEID.) ASCHERS. et GRAEBN., Synops. d. Mitteleur. Fl. **4**, 404 (1911). Steht im wesentlichen intermediär zwischen den beiden Stammeltern. Blätter in der Form, namentlich am Blattgrunde, und in der Behaarung sehr wechselnd, meist undeutlich rhombisch oder dreieckig-herzförmig. Verbreitet. – c) *B. pubescens* × *verrucosa* f. *pseudoalba* (C. SCHNEID.) ASCHERS. et GRAEBN., Synops. d. Mitteleur. Fl. **4**, 404 (1911). Steht in den meisten Merkmalen der *B. pubescens* näher. Zweige meist fein behaart, erst im zweiten Jahre kahl. Blätter denen der *B. pubescens* sehr ähnlich, doch am Grunde meist etwas abgestutzt. Früchte und Fruchtschuppen wechselnd. Nicht selten.

## CCIX. Alnus GAERTN., De Fruct. et sem. 2: 54 (1791). Erle

Einhäusige Bäume oder Sträucher. Junge Äste 3-kantig. Blätter nach ⅓-Blattstellung schraubig angeordnet. Männliche Blüten zu 3-blütigen Trugdöldchen (Dichasien) und diese wiederum zu hängenden Kätzchen vereinigt, welche über den weiblichen Kätzchen stehen und größer als diese sind. Mittelblüte des Dichasiums mit 2, Seitenblüten mit je 1 Vorblatt; männliche Dichasien also im ganzen mit 4 Vorblättern, welche größtenteils mit dem schildförmigen Tragblatt verwachsen sind. Perigon in der Regel 4-spaltig, seltener verwachsen, die vorderen Abschnitte etwas größer. Staubblätter etwa 4, vor den Perigonabschnitten stehend; Staubbeutelhälften (Theken) durch das sehr kurzgabelige Konnektiv voneinander getrennt, daher der Anschein von 8 Staubblättern, an der Spitze ohne Haarschopf. Pollen polar abgeplattet, etwa 20–30 μ, mit 4–6 behöften, nach außen vorgewölbten Poren in äquatorialer Anordnung. Umriß in Polaransicht je nach Porenzahl 4–6-eckig. Exine nahezu glatt, alle Poren durch Wandleisten („Bögen") miteinander verbunden (Fig. 67). Weibliche Trugdöldchen stets 2-blütig (Fig. 63 r, Taf. 85, Fig. 3 c), ohne Mittelblüte. Vorblätter 4, mit dem Tragblatt zu einer verholzenden, zur Fruchtzeit nicht abfallenden Fruchtschuppe verwachsen (Taf. 85, Fig. 1 d, 3 b). Trugdöldchen zu seitenständigen Träubchen, später zu zapfenartigen Fruchtständen vereinigt. Narben 2, länglich, fädlich, über die Tragblätter hervorragend. Fruchtknoten ursprünglich 2 hängende, anatrope Samenanlagen enthaltend (Fig. 63 s, t), von denen sich aber nur eine zu einer einsamigen, etwas abgeplatteten, geflügelten oder ungeflügelten Nuß ausbildet (Taf. 85, Fig. 1 c).

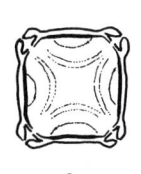

Fig. 67. Pollenkorn von *Alnus*, Polaransicht, a) vierporiges, b) fünfporiges Korn. Vergr. 500 fach.

Die Gattung umfaßt etwa 27 Arten. Die Mehrzahl der Arten ist über die nördliche gemäßigte Zone der Alten und Neuen Welt verbreitet. Nur *A. jorullensis* H. B. K. besiedelt die Kordilleren und Anden Zentral- und Südamerikas von Mexiko bis Argentinien. Von den Arten der Sect. *Alnobetula* findet sich abgesehen von der bei uns einheimischen *Alnus viridis* (CHAIX) DC. noch *A. fruticosa* RUPR. in Europa und Asien in der Arktis und vom östlichen europäischen Rußland vom Dwina-Petschora- und Wolga-Kama-Gebiet durch Sibirien ostwärts bis in das Lena-Kolyma-Gebiet und im Süden bis zum Altai, Angara-Sajanischen Gebiet, Dahurien und bis in die nördliche Mongolei, sowie 3 weitere Arten, und zwar *A. manshurica* (CALL.) HAND.-MZT., *A. Maximowiczii* CALL. und *A. kamtschatica* (CALL.) KOM. in Nordostasien. Ferner sind *A. crispa* (AIT.) PURSH in Nordamerika von Alaska bis Labrador und südwärts bis Alberta, Saskatchewan, Manitoba, Minnesota, Wisconsin, Michigan, North-Carolina und Pennsylvanien sowie *A. sinuata* (RGL.) RYDB. im pazifischen Nordamerika von Alaska südwärts bis Oregon und Colorado einheimisch. Die Vertreter der Sect. *Clethropsis*, *A. nitida* (SPACH) ENDL. und *A. nepalensis* D. DON, kommen allein im Himalaya und in Zentralasien vor, und auch der bisher einzige Vertreter der Sect. *Cremastogyne*. *A. cremastogyne* BURKILL, ist nur aus China bekannt. Von den etwa 17 Arten der Sect. *Gymnothyrsus* findet sich *A. incana* (L.) MNCH. in Europa und Westsibirien sowie nahestehende Sippen in Nordamerika und Ostasien, und zwar *A. rugosa* (DU ROI) SPRENG. im atlantischen und mittleren Nordamerika (vgl. pag. 179), *A. serrulata* (AIT.) WILLD. im atlantischen Nordamerika (vgl. pag. 179), *A. sibirica* FISCH. in Dahurien, in der nördlichen Mandschurei, im Amurgebiet und in Korea, *A. hirsuta* TURCZ. im östlichen Sibirien, in Dahurien, in der Mandschurei, im Amurgebiet, auf Sachalin und in Japan sowie *A. tinctoria* SARG. im Amurgebiet und in Japan, ferner sind an weiteren Vertretern der Sect. *Gymnothyrsus* *A. glutinosa* (L.) GAERTN. in Europa, West- und Südwestasien sowie in Nordafrika, *A. cordata* (LOIS.) DESF. auf Korsika und Sardinien sowie in Italien, *A. orientalis* DECNE. in Kleinasien und auf Zypern, *A. barbata* C. A. MEY. in Kleinasien und im Kaukasus, *A. subcordata* C. A. MEY. im Kaukasus und in Nordpersien, *A. japonica* SIEB. et ZUCC. in Japan einheimisch, und schließlich sind *A. maritima* (MARSH.) NUTT. im atlantischen Nordamerika in Maryland und Delaware, *A. rhombifolia* NUTT. im pazifischen Nordamerika von Britisch Kolumbien und Idaho südwärts bis Nieder-Kalifornien, *A. oregona* NUTT. vom südlichen Alaska südwärts bis Kalifornien, *A. tenuifolia* NUTT. von Yukon und Britisch Kolumbien bis Neu-Mexiko und Nieder-Kalifornien sowie *A. jorullensis* H. B. K. von Mexiko durch die Kordilleren und Anden Zentral- und Südamerikas bis Argentinien verbreitet. – Mehrere fossile Arten wurden aus der Kreideformation, dem Tertiär und aus dem Diluvium nachgewiesen.

Pollen. Spezifische Merkmale betreffen nach ERDTMAN (1954) die relative Porengröße, die auf verschiedene Weise gemessen und berechnet wird, nach DONNER z. B. als relative Porenhöhe im Verhältnis zum äquatorialen Pollendurchmesser. Die Pollen von *A. viridis* (CHAIX) DC. lassen sich nach LÜDI und ERDTMAN noch verhältnismäßig gut von denen der anderen beiden Arten abtrennen, sie sind kleiner (etwa 21–23 μ Äquatorialdurchmesser), dünnwandiger, mit weniger vortretenden Poren und weniger deutlichen Wandleisten. – Artbestimmungen an fossilen Pollen bereiten jedoch Schwierigkeiten.

Gliederung der Gattung

Sektion 1. *Alnobetula*: *A. viridis*.
Sektion 2. *Gymnothyrsus*: *A. incana*, *A. glutinosa*, *A. rugosa*, *A. serrulata*.

## Schlüssel zum Bestimmen der einheimischen und kultivierten Arten

1 Weibliche Blütenstände bereits im Herbst erscheinend, ohne Hülle, überwinternd, einzeln oder traubig angeordnet, in den Achseln von Laubblättern. Seitliche Laubknospen deutlich gestielt. Blütenhülle der männlichen Blüten deutlich entwickelt 4-spaltig . . . . . . . . . . . . . . . . . . . . . 2

1* Weibliche Blütenstände erst im Frühjahr erscheinend, an kurzen Zweigen in endständigen Trauben angeordnet. Früchte mit häutigem, durchscheinendem Flügelrand. Blütenhülle der männlichen Blüten 3- bis 5-blättrig, schwach entwickelt. Kätzchen während der Entfaltung der Blätter blühend. Blattknospen nicht gestielt. Blätter eiförmig, spitz, geschärft doppelgesägt, kahl, beiderseits grün, unterseits auf den Nerven kurzhaarig. . . . . . . . . . . . . . . . . *Alnus viridis* (CHAIX) DC.

2 Fruchtstände alle deutlich, meist ziemlich lang gestielt . . . . . . . . . . . . . . . . . . 3

2* Fruchtstände sitzend oder der unterste gestielt. Blätter unterseits graugrün bis blaugrün, ziemlich gleichmäßig graufilzig, später aber mit Ausnahme der Nerven fast kahl, eiförmig spitz, fast doppelt gesägt. Rinde glatt. Knospen nicht klebrig . . . . . . . . . . . . . *A. incana* (L.) MNCH.

3 Blätter jederseits mit 8–11 Seitennerven, meist spitz oder etwas zugespitzt . . . . . . . . . . 4

3* Blätter jederseits mit 5–8 Seitennerven, meist gestutzt oder ausgerandet, rundlich, sehr stumpf, am Grunde keilförmig, ungleich gesägt . . . . . . . . . . . . . . . . . *A. glutinosa* (L.) GAERTN.

Tafel 85

### Tafel 85. Erklärung der Figuren

Fig. 1. *Alnus glutinosa* (pag. 91). Zweig mit jungen weiblichen Fruchtzapfen.
Fig. 1a. Zweig mit männlichen und weiblichen Blütenständen.
Fig. 1b. Tragblatt eines männlichen Trugdöldchens (nach Entfernung der Blüte). Außenseite.
Fig. 1c. Samen.
Fig 1d. Schuppe des reifen Fruchtzäpfchens.
Fig. 2. *Alnus incana* (pag. 89). Zweig mit vorjährigen Fruchtzäpfchen.
Fig. 2a. Zweig mit männlichen (endständigen) und weiblichen Blütenständen.
Fig. 2b. Männliches Trugdöldchen.
Fig. 2c. Tragblatt mit den 4 Vorblättern der männlichen Blüten (von innen).
Fig. 3. *Alnus viridis* (pag. 87). Zweig mit einjährigen Fruchtzäpfchen.
Fig. 3a. Zweig mit männlichen und weiblichen Blütenständen.
Fig. 3b. Tragblatt mit den 4 Vorblättern der männlichen Blüte.
Fig. 3c. Weibliches Trugdöldchen.
Fig. 3d. Perigonblatt.
Fig. 4. *Fagus silvatica* (pag. 96). Zweig mit „Buchnüßchen".
Fig. 4a. Zweig mit einem endständigen weiblichen und 2 männlichen Blütenständen.

4 Einjährige Zweige rostfarbig filzig behaart. Blätter aus abgerundetem oder schwach herzförmigem Grunde rundlich-eiförmig bis breit-elliptisch, unterseits an den Nerven rostfarbig behaart, in den Nervenwinkeln gebärtet. Nebenblätter breit-elliptisch. Kultiviert . . *A. rugosa* (DU ROI) SPRENG.

4* Junge Zweige kahl oder bald verkahlend. Blätter aus keilförmigem Grund oval bis verkehrt-eiförmig, unterseits kahl, in den Nervenwinkeln gebärtet. Nebenblätter schmal-elliptisch. Kultiviert . . . .
. . . . . . . . . . . . . . . . . . . . . . . . . . . . . . . . . . . *A. serrulata* WILLD.

**772. Alnus viridis** (CHAIX) DC., Fl. fr. 3, 304 (1815). Syn. *Betula viridis* CHAIX in VILLARS, Hist. pl. Dauph. 1: 374 (1786), *Betula Alnobetula* EHRH. (1788), *Alnus Alnobetula* (EHRH.) HARTIG (1851), *Alnaster viridis* SPACH (1841), *Duschekia ovata* OPIZ (1852). Grünerle, Bergerle, Alpenerle. Franz.: Aulne, Aune vert. Ital.: Alno verde, Ontano. Sorbisch: Zelena, Wólša. Poln.: Olsza olcha. Tschech.: Olše zelená. Taf. 85, Fig. 3; Fig. 68, Fig. 69.

Wichtigste Literatur. A. M. BOUBIER, Recherches sur l'anatomie systématique des Bétulacées-Corylacées in Malpighia 10, 349–436 (1896). A. CALLIER in C. K. SCHNEIDER, Handbuch d. Laubholzkunde 1, 120–121 (1904). A. KERNER, Pflanzenleben (1891). KIRCHNER, LOEW u. SCHRÖTER, Lebensgeschichte d. Blütenpflanzen Mitteleuropas 2, 1, 218–221 (1914). M. WILLKOMM, Forstliche Flora von Deutschland und Österreich, 2. Aufl. 333–338 (1887). J. WOLPERT, Vergl. Anatomie u. Entwicklungsgeschichte von *Alnus alnobetula* und *Betula* in Flora 100, 37–67 (1909).

Etwa 0,5 bis 2,5 m hoher, freudig-grüner, vielästiger Strauch, sehr selten bis 4 m hoher Baum. Rinde glatt, an älteren Ästen bräunlich- bis aschgrau. Junge Zweige behaart, später kahl, etwas kantig, olivgrün oder rötlichbraun. Das Mark des Stammes und der Zweige auf dem Querschnitt kreisförmig (Fig. 63n). Knospen ungestielt, sitzend, wenig klebrig (Fig. 89b). Laubblätter eiförmig, in der Regel bis 5 (–9) cm lang, spitz oder kurz zugespitzt, gestielt, am Grunde abgerundet oder schwach herzförmig, scharf doppelt gesägt, in der Jugend klebrig, später meist beiderseits kahl oder unterseits in den Aderwinkeln kurzbärtig, oberseits dunkelgrün, unterseits etwas heller, jederseits mit 5 bis 6 (10) Seitennerven. Männliche Kätzchen unter einer weißlichen Harzkruste geschlossen überwinternd, im Frühjahr mit dem Laub aufbrechend (Taf. 85, Fig. 3a), ungestielt, dick, lebhaft gefärbt, bis 6 cm lang, zu 3 bis 5 endständig. Tragblätter anfänglich grün, später violettbraun. Perigon 4- bis 5-teilig. Staubblätter 4. Staubbeutel gelb. Weibliche Blütenstände zart, traubenförmige Kätzchen bildend, in Knospen überwinternd und erst mit den Blättern hervorbrechend. Narben prächtig rot. Fruchtzapfen 10–15 mm lang, anfangs grün und sehr klebrig, später braun. – Chromosomenzahl: n = 14. – IV, V gelegentlich unter Lawinenschnee bis VII in Knospen verharrend.

Vorkommen. Bestandbildend auf frischen kalkarmen, aber mineralkräftigen Lehmböden der Alpen (vor allem über Gneis, Schiefer oder Mergeln), meist als Knieholz über der Waldgrenze, im Nordteil der Alpen zwischen 1800 und 2000 m Höhe, in Lawinenbahnen auch tiefer, als Charakterart des Alnetum viridis im Adenostylion-Verband (subalpine Hochstaudengebüsche); in weniger ausgedehnten Siedlungen auch in tieferen Lagen des Alpenvorlandes oder der silikatischen Mittelgebirge zum Teil als eiszeitliche Reliktpflanze und dann primär auf waldfreien, aber frischen beschatteten Steinhängen, sekundär als Pioniergebüsch auf Weiden an Wegböschungen; ferner an Bächen auf Auböden in feuchtkühler Standortslage.

Fig. 68. Grünerlen-Hangwald (Aufn. G. EBERLE)

Fig. 69. *Alnus viridis* (CHAIX) DC. Grün-Erle (Aufn. G. EBERLE)

Allgemeine Verbreitung. In den Alpen von der Dauphiné bis Kroatien, zerstreut im Alpenvorland und in den Deutschen Mittelgebirgen sowie in der Lausitz, ferner in den Karpaten und in den Hochgebirgen der Balkanhalbinsel, und zwar auf der Vranica-Planina in Bosnien, auf der Stara-Planina im serbisch-bulgarischen Grenzgebiet und am Vitos-, Rilo- und Ceder-Gebirge in Bulgarien.

Verbreitung im Gebiet. Allgemein verbreitet in der subalpinen und alpinen Stufe der Alpen Bayerns, Österreichs und der Schweiz von ca. 1500 bis 2000 m, in den Schweizer Alpen stellenweise bis 2800 m ansteigend, nicht selten auch tiefer in die Täler herabsteigend; ferner in der Schweiz an zahlreichen Fundorten in den Voralpen und im Mittelland, z. B. bei Frauenfeld, Irchel, Embrach, Dättlikon, Lägern, Schneisingen, Aarau, Safenwil, Wykon, Schönenwerd, Amselberg bei Gümligen, Villars sous Yens u. a., dagegen selten im Schweizer Jura, z. B. um Delsberg, im Fricktal bei Leibstadt, zwischen Olsberg und Rheinfelden. In Baden und Württemberg-Hohenzollern im südlichen und mittleren Schwarzwald nördlich bis Schramberg zwischen 300 und 1000 m, ferner im Moränengebiet von Oberschwaben, im Bodenseegebiet und im Allgäu, verbreitet in der Schwäbisch-Bayerischen Hochebene nördlich bis in das Molassegebiet um Kempten, Memmingen, Ottobeuren, Kaufbeuren, Straßberg und um Gars am Inn, ferner im Bayerischen Wald bei Passau und Obernzell. Im südlichen Böhmen zerstreut in den Vorbergen des Böhmerwaldes bei Schwarzbach, Hohenfurth, häufig im Blanskerwald und im Priethal gegen Kaplitz, ferner im südlichen und östlichen Böhmen bei Budweis, Wittingau, Neuhaus, an der Chrudimka und an der oberen Sazawa, zerstreut im Bereich des Böhmischen Massivs im nördlichen Ober- und Niederösterreich, häufiger im Granitplateau des westlichen Waldviertels, im westlichen Mähren nur am Klein-Liseker-Berg gegen Leschkowitz und bei Roznau, schließlich im böhmisch-sächsischen Grenzgebiet im Elbesandsteingebirge und in der Lausitz von Rumburg und vom Unger bei Neustadt bis zum Pulsnitzbache bei Königsbrück sowie im Heidegebiet zwischen Elstra und Kamenz.

Bis in die letzten Jahrzehnte wurde *A. viridis* so weit gefaßt, daß sich für sie eine arktisch-zirkumpolare Verbreitung ergab. Heute wird die Art allgemein, sowohl von amerikanischen wie von russischen Autoren, enger gefaßt, und es werden die nachstehenden Sippen als vikariierende Arten abgetrennt. *A. crispa* (AIT.) PURSH ist in Nordamerika von Alaska bis Labrador und südwärts bis Alberta, Saskatchewan, Manitoba, Minnesota, Wisconsin, Michigan, North-Carolina und Pennsylvanien sowie *A. sinuata* (RGL.) RYDB. im pazifischen Nordamerika von Alaska südwärts bis Oregon und Colorado verbreitet, während im Nordosten und Norden von Europa und Asien der Formenkreis durch *A. fruticosa* RUPR. vom östlichen europäischen Rußland vom Dwina-Petschora- und Wolga-Kama-Gebiet durch Sibirien ostwärts bis in das Lena-Kolyma-Gebiet und im Süden bis zum Altai, Angara-Sajanischen Gebiet, Dahurien und bis in die nördliche Mongolei, ferner durch *A. manshurica* (CALLIER) HAND.-MZT., *A. Maximowiczii* CALL. und *A. kamtschatica* (CALL.) KOM. vertreten wird.

Die Variabilität der *A. viridis* ist verhältnismäßig groß. Manche der nachstehend als Varietäten unterschiedenen Sippen scheinen lokal eine gewisse Selbständigkeit zu besitzen, andere wieder erscheinen ziemlich regellos im Areal der Art zerstreut. Mehr eingehende Untersuchungen über die geographische Verbreitung und Ökologie der zahlreichen von CALLIER unterschiedenen Sippen stehen noch aus.

Ändert ziemlich stark ab: 1. var. *viridis*. Junge Blätter klebrig-drüsig, oberseits sattgrün, unterseits heller, später ganz kahl oder nur an den Nervenachseln kurzbärtig, selten auf den Nerven zerstreut behaart, 3–4 (–5) cm lang, 2,5 bis 3,5 cm breit, jederseits mit 5–7 vorspringenden Seitennerven. Fruchtzäpfchen 10–13 mm lang. Verbreitet. – Hierher auch: f. *mollis* (BECK) HEGI.[1]) Junge Blätter beiderseits dicht behaart, ältere Blätter nebst dem Stiel und den Zweigen reichlich weich behaart, 3–5 cm lang, 2,5–3 cm breit. – f. *grandifolia* (BECK) HEGI. Blätter 6–11 cm lang, 5–9 cm breit, unterseits kahl oder an den Nerven schwach behaart mit (6) 8–10 Seitennerven.

2. var. *corylifolia* (KERNER) ASCHERS. et GRAEBN. Blätter rundlich, am Grunde häufig herzförmig, 4–7 cm lang, 3–6 cm breit, jederseits mit 7–8 Seitennerven, am Rande fein gezähnt. Blatt- und Fruchtstiele dicht steifhaarig. Tirol.

3. var. *microphylla* (ARV.-TOUV.) HEGI. Blätter elliptisch, 1,5–3 cm lang, 1,5–2 cm breit, an beiden Enden spitz, jederseits mit 5–8 Seitennerven. Fruchtzäpfchen 8–10 mm lang, 5–8 mm breit. In den südlichen Alpen der Schweiz und Italiens sowie in Salzburg.

4. var. *parvifolia* (SAUTER) HEGI. Blätter elliptisch, 15–22 mm lang, zugespitzt, etwas gelappt und meistens tief gesägt, jederseits mit 3–5 Seitennerven, unterseits an den Nerven behaart. Am Paß Thurn in Salzburg und bei Sistrans in Tirol beobachtet.

5. var. *Brembana* (ROTA) HEGI. Niedriger, bis 50 cm hoher Strauch. Blätter elliptisch, 0,8–1,5 cm lang, 0,5 bis 0,8 cm breit, jederseits mit (5–) 6 (–7) Seitennerven, unterseits an den Nerven behaart. Fruchtzäpfchen 3–10 mm lang, 1,5–4 mm breit. Zerstreut im Tessin, in den Bergamasker Alpen und in Südtirol.

Ökologie und Begleitpflanzen. Die Grünerle findet sich mit Vorliebe auf kalkarmem Substrat, auf Granit, Gneis, Schiefer, Flysch und Molasse ein. Sie bildet namentlich in den Zentralalpen und auf Schiefer in den Nördlichen und Südlichen Kalkalpen in einer Höhenstufe von 1500 bis 2000 m nicht selten ausgedehnte dichte, oft schwer durchdringbare Miniaturwälder, ähnlich wie auf Kalksubstrat die Legföhre in dieser Höhenstufe oft große Bestände bildend vorherrscht. Ihre Lieblingsstandorte sind feuchte, schattige Nordlagen. In den Kalkalpen zeigt das Verbreitungsareal der Grünerle große Lücken und ist daselbst auf tonige Substrate beschränkt wie z. B. auf Raiblersandstein und Kieselkalke der Flyschzone. Reines Kalkgeröll hingegen meidet sie und überläßt es der Legföhre. Als charakteristische Begleitpflanzen der Grünerlen-Bestände sind an Sträuchern zu nennen u. a. *Salix hastata* L., *S. appendiculata* VILL., *S. nigricans* SM., *Ribes petraeum* WULF., *Sorbus Aucuparia* L., *Rosa pendulina* L., ferner an Hochstauden *Athyrium distentifolium* TAUSCH *Aconitum Napellus* L., *A. paniculatum* LAM., *Chamaenerion angustifolium* (L). SCOP., *Peucedanum Ostruthium* (L.) KOCH, *Adenostyles Alliariae* (GOU.) KERNER, *Achillea macrophylla* L., *Cicerbita alpina* (L.) WALLR. u. a. m. Stellenweise finden sich in den Grünerlengebüschen auch Kräuter in größerer Zahl ein, wie u. a. *Rumex arifolius* ALL., *Stellaria nemorum* L., *Cerastium carinthiacum* VEST, *Solidago Virga-aurea* L., *Homogyne alpina* (L). CASS., *Senecio Fuchsii* GMEL., *Veratrum album* L. u. a. m. – Nicht selten findet sich die Grünerle ferner in der alpinen Stufe als Unterholz an lichten und etwas feuchten Stellen von Lärchen-, Arven- und Bergföhrenwäldern und in den Ostalpen hie und da auch im Krummholzgürtel ein. Streng genommen ist sie ein Strauch des Koniferengürtels, der

---

[1]) HEGI, Illustr. Fl. v. Mitteleuropa, 1. Aufl., **3**, 88 (1910), zitiert jeweils CALLIER als Autor für viele Varietätskombinationen unter *A. viridis*. Dies entspricht jedoch nicht den Regeln, da CALLIER die entsprechenden Varietäten unter dem Artnamen *A. Alnobetula* (EHRH.) HARTIG verwendet hat. Da mir keine älteren Übertragungen der Varietäten zu *A. viridis* bekannt geworden sind – die von ASCHERSON und GRAEBNER, Synopsis d. Mitteleur. Flora **4**, 414 (1908–1913) – 28. 3. 1911 – sind jüngeren Datums –, führe ich HEGI als Autor nach der Klammer an.

allerdings sehr oft über die Baumgrenze hinaufgeht. Vielleicht sind die Erlenbestände oberhalb der heutigen Waldgrenze als ehemaliges Unterholz zu betrachten; sie würden dann die ungefähre Höhe der ehemaligen Baumgrenze anzeigen.

In der subalpinen Stufe und in den Voralpen tritt die Grünerle stellenweise auf den ausgemagerten Weideböden als lästiges und schädliches Unkraut auf; im Züricher Oberland z. B. in Begleitung von *Gentiana asclepiadea* L., *Teucrium Scorodonia* L., *Stachys alpina* L., *Origanum vulgare* L., *Achillea Millefolium* L., *Leontodon hispidus* L. u. a. Sehr oft steigt die Grünerle an Bächen und Flüssen tief in die Alpentäler hinab und findet sich auch an zahlreichen Standorten im Voralpenland ein. Solche und ähnliche Standorte wie z. B. im Berner Mittelland, auf der Schwäbisch-Bayerischen Hochebene, aber auch in Böhmen werden vielfach als Glazialrelikte gedeutet. Jedoch ist zu berücksichtigen, daß die Früchte ein bedeutendes Flugvermögen besitzen und daß sie auch mit den Alpenflüssen Ausbreitung finden können. An einigen Fundorten wurde die Grünerle nachweisbar mit aus dem Gebirge bezogenen Nadelholzsamen eingeschleppt bzw. forstlich kultiviert und eingebürgert; dies trifft z. B. nach VOGLER mehrfach für die Umgebung von Schaffhausen zu. So verhält es sich wohl auch mit dem Vorkommen der Grünerle in Thüringen, Nordböhmen und in der Lausitz. In Nordböhmen und in der Lausitz tritt sie in den Erlenbrüchen in Begleitung von *Salix pentandra* L., *Comarum palustre* L., *Prunus Padus* L., *Rhamnus Frangula* L., *Lycopus europaeus* L., *Calla palustris* L. u. a. auf.

LÄMMERMAYER (1919) weist auf das Vorherrschen von anemochoren Arten in den Grünerlengebüschen hin, so z. B. neben *A. viridis* selbst *Larix decidua* MILL., *Rumex arifolius* ALL., *Geum montanum* L., *Rhododendron ferrugineum* L., *Adenostyles glabra* (MILL.) DC., *Cicerbita alpina* (L.) WALLR., *Veratrum album* L., ferner *Pulsatilla alpina* (L.) SCHRANK, *Sedum alpestre* VILL., *Saxifraga rotundifolia* L., *Campanula barbata* L., *Homogyne alpina* (L.) CASS., *Luzula albida* (HOFFM.) DC. u. a. m. Endozoochore Arten sind vertreten durch *Juniperus sibirica* LODD., *Rubus idaeus* L., *Sorbus Aucuparia* L., *Vaccinium Myrtillus* L., und *V. Vitis-idaea* L., autochore Arten (Schleuderfrüchtler) durch *Oxalis Acetosella* L. und *Viola biflora* L. Es ergibt sich nach LÄMMERMAYER sowohl in der Oberschicht wie auch in der Mittel- und Unterschicht des Grünerlengebüsches ein Vorherrschen von anemochoren Arten. Zoochore hingegen sind in den Grünerlengebüschen schwach vertreten.

Anatomie und Physiologie. Das Holz gleicht dem der Schwarzerle (vgl. S. 177), zeigt aber keine Scheinmarkstrahlen und wird an der Luft weniger rot. Die bräunliche bis aschgraue, namentlich nach unten mit hellen Korkwarzen versehene Rinde bleibt stets geschlossen. Ihr Kork besteht fast ausschließlich aus plattenförmigen, bald derb-, bald dünnwandigen Zellen, die Phlorogluzin enthalten. Die Blätter weisen Haare von zweierlei Form, nicht dreierlei wie bei *A. glutinosa* und *A. incana* auf. Außer den einfachen einzelligen spitzen und dickwandigen Haaren, die namentlich auf der Epidermis über den Blattnerven sitzen, sind nur noch mehrzellige Drüsenhaare mit subkutikularem Sekret vorhanden. Im Gewebe der bifazialen Blätter fehlt das bei *A. glutinosa* und *A. incana* vorhandene Hypoderm. Oxalatdrusen sind vorhanden. In den zackig ineinandergreifenden Epidermiszellen findet sich nach BOUBIER Membranschleim, während WOLPERT solchen nicht nachweisen konnte. Die Wurzel ist nach WOLPERT zunächst eine Pfahlwurzel, die später Herzwurzelcharakter annimmt. Sie hat dieselben, aus gabelig sich verzweigenden, jahrelang mit apikalen Vegetationspunkten wachsenden Ästchen zusammengesetzten Knöllchen wie andere Erlenarten. Schon dicht unterhalb der Meristeme enthalten die Knöllchen gegliederte und verzweigte Pilzfäden, die oft in dichten Knäueln das Zellumen erfüllen und in Teilstücke zerfallen können. An der Peripherie des Fadenknäuels bilden sich kugelige Bläschen, deren Inhalt in eckige Teile zerfällt. In der weiteren Entwicklung schwinden die pilzlichen Elemente, es scheint Auflösung und Verdauung des Pilzes stattzufinden. Über Wurzelknöllchen und Gallbildung vgl. das unter *A. glutinosa* Gesagte (S. 173).

Blütenverhältnisse. Die Anlage der ungeteilten männlichen Kätzchen erfolgt schon im Mai des ihrer Entfaltung vorangehenden Jahres. Während des Sommers werden die männlichen Kätzchen als etwa 1 cm lange grüne Gebilde sichtbar, die von einer klebrigen Absonderung überzogen sind, welche erstarrt und als weißlicher Überzug die Kätzchen gegen die winterliche Lufttrockenheit schützt. Die Kätzchen stehen oft zu dreien am Sproßende, und zwar eines von ihnen terminal, die anderen seitenständig. Im Frühjahr strecken sich die Kätzchen, und die Blüten öffnen sich mit dem Laubausbruch, der an den meist hochgelegenen Standorten Ende Mai oder noch später stattfindet. Auffallend ist die lebhafte Färbung der roten Schuppen und gelben Staubbeutel. Die männlichen Kätzchen sind im Blütenzustand hängend. Der ziemlich schwere Pollen fällt meist auf die Narben von Blüten aufrecht stehender weiblicher Kätzchen an anderen Ästen, hingegen erreicht er kaum die über ihm befindlichen weiblichen Kätzchen desselben Zweiges.

Die weiblichen Kätzchen werden gleichfalls schon im Jahr vor ihrer Entfaltung angelegt. Die 2 oder 3 Einzelblüten der Dichasien sind beim Eintritt in die Winterruhe als Höcker vorhanden, an denen bereits die beiden Fruchtblätter als stumpfe Erhebungen auftreten. Fruchtknotenhöhle und Samenanlagen sind noch nicht vorhanden. In diesem Zustand verbleiben die weiblichen Blütenstände in den Knospen eingeschlossen während der Winterruhe, um dann im Frühling zu trugdoldenartigen Gesamtblütenständen angeordnet zutage zu treten. Es entwickeln sich 2 fadenförmige rote Narben und die Samenanlagen an einer nach WOLPERT wandständigen Plazenta. Die Fruchtzäpfchen sind kleiner und weit heller gefärbt als jene von *A. glutinosa*. Die Schuppen lassen wie die der männlichen Kätzchen 5 Teilschuppen unterscheiden, die das Deckblatt des Dichasiums und 4 Blütenvorblättchen darstellen. Bei *A. viridis* liegt Proterogynie vor. Nach KERNER's Beobachtungen waren die weiblichen Blüten beispielsweise am 27. April empfängnisfähig, während die männlichen Kätzchen derselben Sträucher erst 4 Tage später zu stäuben begannen. Zur Zeit der Bestäubung stellen die Samenanlagen von *A. viridis* schwache Hervorwölbungen der Plazenta ohne jede Gliederung dar. Die an den klebrigen Narbenpapillen haftenden Pollenkörner treiben Schläuche, welche ohne Ruhepause durch die Chalaza in den Nucellus wachsen. WOLPERT fand am 31. Mai im Schachengebiet bei Garmisch die weiblichen Blüten noch in den Knospen eingeschlossen und die männlichen noch nicht im Stäuben begriffen. Am 24. Juni waren hingegen die Pollenschläuche schon über dem Gipfel des Embryosackes angelangt, und am 29. Juni wurden schon junge Embryonen gefunden.

Frucht und Samen. Die Früchtchen sind ähnlich den Birkenfrüchtchen flach und von einem durchscheinenden Rand umgeben. Die Flügel bestehen nach WOLPERT aus 2 Lamellen und bilden eine unmittelbare Fortsetzung der Epidermis des Fruchtknotens.

Phänologie. Die Blütezeit der Grünerle liegt im Alpengebiet je nach Standort, Höhenlage und Exposition zwischen Ende April und Anfang Juni. Bisweilen wird die Grünerle auch erst anfangs Juli, wie z. B. nach Beobachtungen auf der Schneealpe um den 7. Juli, in voller Blüte gefunden. Auch in den deutschen Mittelgebirgen und angrenzenden Gebieten beginnt die Grünerle erst lange nach dem Aufblühen der Schwesternarten zu blühen.

Schädlinge. *Valsa oxystoma* REHM verursacht ein Erkranken und Absterben ganzer Äste mit allen Seitenzweigen. Besonders in dichten, jungen Grünerlenbeständen tritt der Pilz häufig auf und verursacht großen Schaden. Sein Myzel entwickelt sich in den Gefäßen des Holzkörpers, wodurch die Wasserzufuhr gestört und ein Vertrocknen der Rinde verursacht wird. Die sich in der Rinde entwickelnden Stromata sind von rundlichem Umriß, ca. $1-1\frac{1}{2}$ μ groß und flach kegelförmig. Sie enthalten meist 8–12 rundliche Perithezien, die mit ihren halsartig verlängerten, zusammenneigenden Mündungen in der Mitte des Stromas die Rinde durchbohren und meist etwas vorragen. In den Gehäusen werden sehr viele, keulige Schläuche mit sehr kleinen, zylindrischen, schwach gekrümmten, hyalinen, einzelligen Sporen gebildet. Auf den durch *Valsa oxystoma* zum Absterben gebrachten Ästen entwickelt sich oft eine Corticiee, *Gloeocystidium leucoxanthum* (BRES.) v. HÖHN et. LITSCH., deren dünnhäutige, gelblichweiße, später oft etwas rötliche, dicht und sehr flach warzige, zuletzt meist stark rissige Fruchtkörper oft ganze Äste weithin überziehen und durch ihre helle Färbung sehr auffallen.

Nutzen. Die Grünerle gewährt in den Alpen einen nicht unbedeutenden Nutzen. Vor allem befestigt sie durch ihr Wurzelwerk die steilen, feuchten Abhänge der Schiefergebirge und bewahrt diese vor dem Aufreißen. In den Lawinenzügen, wo sie sich mit Vorliebe ansiedelt, bildet sie einen trefflichen Bodenschutz und verhindert ein häufiges Abrutschen des Schnees. Andererseits verbessert sie den Boden und bereitet die Bewaldung vor. Auf hochgelegenen Almen liefert sie ein gutes Brennmaterial; dagegen ist sie namentlich auf den Weiden der Voralpen sehr schädlich, da sie Hunderte von Hektaren des besten und tiefgründigsten Bodens überwuchert und den Graswuchs fast vollständig unterbindet. Aus diesem Grunde wird sie vielenorts durch Abschneiden und Ausreuten mit den Wurzeln zu bekämpfen gesucht.

Volksnamen. Im Allgäu heißt *Alnus viridis* Druese, in der Schweiz Droosle(stude), Tros, Draussa. Auf romanischem Gebiet treffen wir den Namen als drosole, drau (Piemont), dròs (Tessin), dròussa (Fassatal), droza (Savoyen) an. Der Name stammt wohl aus der Sprache der vorrömischen Alpenbewohner. Im Bereich der bayerischen Mundart nennt man den Strauch Ludern, Luttern (Tirol), Lutterstauden (Bayer. Alpen, Osttirol, Kärnten). Ludrach, Lutterach, Lutternach sind Kollektivbezeichnungen ähnlich wie Haslach (s. *Corylus Avellana*). Auch hier handelt es sich wohl wie bei Druese um einen vorrömischen („archaischen") Namen. Merkwürdig sind die Namen Ampalterstaude, Abfalterstaude (Tauern). Sie scheinen zu den romanischen Bezeichnungen amplis, ambli (Friaul), ampli, ampri (Krain) Beziehungen zu haben. – In der Schweiz erscheint der Name Druse, Trose nicht selten in Flur- und Bergnamen, z. B. in Drusberg (westl. von Muotatal), Drosistock (Bern), Drusenfluh (Rätikon, an der Grenze zwischen Vorarlberg und der Schweiz) [schweiz. Fluh = Felswand, Bergabsturz]. Zu Ludern gehören wohl Luttach (Tirol), Luderenalp (Bern).

**773. Alnus incana** (L.) MOENCH, Meth. 424 (1794). Syn. *Betula Alnus incana* L., Spec. plant. 983 (1753), *Betula incana* L. f. (1781), *Alnus lanuginosa* GILIB. (1792), *A. pubescens* SARTORELLI (1816), *A. februaria* O. KTZE. var. *incana* O. KTZE (1867). Grauerle, Weißerle. Dän.: Graaäl. Engl.: Grey Alder. Franz.: Aune blanc, blanchâtre, grisatre. Ital.: Alno bianco, Ontano bianco, Ontano peloso. Sorbisch: Hórska wólsa. Poln.: Olsza szara, Olszyna. Tschech.: Olše šedá. Taf. 85, Fig. 2, Taf. 77, Fig. 36; Fig. 70 u. 73.

Wichtigste Literatur. A. CALLIER in C. K. SCHNEIDER, Handbuch d. Laubholzkunde **1**, 134–136 (1904). A. KERNER, Pflanzenleben (1891). KIRCHNER, LOEW u. SCHRÖTER, Lebensgeschichte d. Blütenpflanzen Mitteleuropas **2**,

1, 214–218 (1914). SIEGRIST, Beobachtungen über das Verhalten einiger Gehölze bei großer Bodennässe in Der praktische Forstwirt f. d. Schweiz 1913, Heft 5. M. WILLKOMM, Forstliche Flora von Deutschland u. Österreich, 2. Aufl. 349–354 (1887).

Strauch oder bis 10 (25) m hoher Baum. Stämme meist krumm und etwas spannrückig, d. h. im Querschnitt aus- und einspringend. Rinde glatt, glänzend weißgrau, keine Borke bildend. Krone dicht (Fig. 70), dichter als bei *A. glutinosa* (L.) GAERTN. Knospen gestielt, fein zottig-behaart, selten verkahlend, nicht klebrig. Einjährige Zweige flaumig, Rindenporen daher undeutlich. Mark auf dem Querschnitt 3-strahlig. Laubblätter nicht klebrig, bis 3 cm lang gestielt, eiförmig-elliptisch, 4–10 (–12) cm lang, 3–7 (–9) cm breit, meist spitz oder zugespitzt, an der Basis abgerundet oder schwach herzförmig, gewöhnlich doppelt gesägt, jederseits mit 8–13 Seitennerven, oberseits fast kahl, dunkelgrün, unterseits graugrün, ziemlich gleichmäßig graufilzig, später aber mit Ausnahme der Nerven fast kahl; Nebenblätter behaart. Kätzchen vor dem Laubausbruch blühend; männliche Kätzchen braun, 7–9 cm lang, zu 3–5 endständig. Tragblätter braun. Perigon (3-) 4 (–6-)teilig oder verkümmert. Staubblätter 4. Staubbeutel gelb. Weibliche Kätzchen und die eiförmig-kugeligen, bis 2 cm langen Fruchtzapfen sitzend oder fast sitzend. Samen von einem sehr schmalen, undurchsichtigen Flügel umgeben. – Chromosomenzahl: n = 14. – (II), III, IV.

Fig. 70. *Alnus incana* (L.) MOENCH. Grau-Erle (Aufn. K. PFENNINGER, München)

Vorkommen. Zerstreut, aber bestandbildend in Auwäldern, einerseits vor allem an den höher gelegenen Flüssen und Bächen im Umkreis der Alpen und Karpaten, andererseits im tief gelegenen östlichen und nordöstlichen Europa, vorzugsweise auf kalkreichen, tonigen Kies- und Schotterböden (Aue Rohböden) als Charakterart des Alnetum incanae (Alno-Ulmion), ferner aus den Auen als Pionierholzart oft auf feuchte Bergrutschflächen und ähnl. übergreifend sowie künstlich zur Bodenverbesserung als Vorholz auf schlechten Waldböden eingebracht; meidet stagnierende Nässe und torfige Unterlage.

Allgemeine Verbreitung. Nord-, Mittel- und Osteuropa, in Skandinavien nördlich bis 70° 30′ n. Br. und im nördlichen europäischen Rußland nördlich bis zur Halbinsel Kola, südwärts bis zu den Seealpen, bis zum nördlichen Apennin, zu den Gebirgen der Balkanhalbinsel in Albanien, Serbien und Bulgarien sowie bis zum Kaukasus; erreicht auf der Linie Schweizer Jura – Ober- und Mittelrheingebiet – Harz – mittleres Norddeutschland die mutmaßliche Westgrenze der natürlichen Verbreitung.

Verbreitung im Gebiet. Im Norddeutschen Tiefland besonders im Osten verbreitet, nach Westen abnehmend und bereits im mittleren Norddeutschland die Westgrenze des ursprünglich wilden Vorkommens erreichend, fehlt in Schleswig-Holstein und im Nordwestdeutschen Tiefland. Da die Art vielfach kultiviert wird und leicht verwildert, ist oft die Grenze des ursprünglichen, natürlichen Vorkommens nicht mit Sicherheit feststellbar. Ziemlich allgemein verbreitet in West- und Ostpreußen sowie in Pommern und Mecklenburg, in Brandenburg wohl nur im Havelgebiet, z. B. im altstädtischen Forst bei Brandenburg und vielleicht um Landin nächst Friesack an ursprünglichen Standorten, ansonsten vielfach kultiviert und verwildert, in Schlesien ziemlich allgemein verbreitet in den niederen Vorgebirgen und in den angrenzenden Tieflandgebieten, im Tiefland Mittelschlesiens und im Norden des Landes selten und wohl meist nur aus Anpflanzung verwildert, ziemlich selten in Sachsen, so um Löbau, in der Umgebung von Dresden bei Trachau und nächst Chemnitz bei Olbersdorf; in Thüringen und in Hannover wohl nur durch Anpflanzung stellenweise eingebürgert, vielleicht am Brocken wild; in Westfalen vielfach in Berggegenden auf feuchten Stellen, seltener auf Moorboden, im Tiefland angepflanzt und verwildert; in der nördlichen Rheinprovinz wahrscheinlich nicht einheimisch, jedoch eingebürgert und ziemlich verbreitet, im Süden des Landes und in Hessen vor allem im Gebiet des Rheinischen Schiefergebirges stellenweise wohl auch an ursprünglichen Standorten vorkommend; in der Bayerischen Rheinpfalz nur bei Wachenheim, Ludwigswinkel und am Fischbacher Mühlteich; im nördlichen Bayern im Rhöngebiet wild am Kreuzberg, zerstreut im Bayerischen Jura, z. B. bei Neuburg a. d. D., Ingolstadt, Mannheim, Regensburg, Amberg und Weismain sowie im Keupergebiet; im Muschelkalkgebiet nur im Saaletal, hingegen verbreitet in der unteren und oberen Bayerischen Hochebene und im Alpengebiet bis 1400 m ansteigend; in Württemberg-Hohenzollern und Baden allgemein verbreitet im Juragebiet der Schwäbischen Alb, im Bodenseegebiet sowie selten im südlichen Schwarzwald.

In Böhmen einheimisch in gebirgigeren Gegenden, im Böhmerwald bis etwa 800 m allgemein verbreitet, zerstreut und selten ferner bei Budweis, Karlsbad und in Nordböhmen bei Fugau, Schluckenau, Schönlinde und Reichenberg; in den Vorbergen des Riesengebirges vielleicht nur angepflanzt; in Mähren zerstreut im Iglauer Kreis bei Orchov, Datschitz und Zlabings, im Znaimer Kreis bei Nikolsburg und Jaispitz, im Brünner Kreis zwischen Blansko und Oleschna, in der Umgebung von Olmütz und Ung. Hradisch; ziemlich verbreitet im ehem. österr. Schlesien, so im Odertal und Ostrawitza-Tale, ferner bei Teschen, Krasna und Jablunkau.

Allgemein verbreitet im nördlichen Ober- und Niederösterreich sowie in den österreichischen Alpenländern entlang des Donautales und ihrer rechtsseitigen Zuflüsse sowie in allen Alpentälern. *A. incana* kommt besonders auf kalkreichen Alluvionen bestandbildend vor, dringt wesentlich tiefer in die Alpentäler ein und steigt in den Hochalpen höher hinan als *A. glutinosa* (L.) GAERTN., nämlich bis etwa 1500–1600 m.

In den Tälern der Schweizer Alpen allgemein verbreitet in der subalpinen Stufe im Durchschnitt bis etwa 1500 m, im Berner Oberland bis 1600 m, oberhalb Lüsai in Graubünden bis 1850 m ansteigend; mit dem Rhein und seinen Nebenflüssen bis in das Vorland herab verbreitet.

Ändert ziemlich stark ab: 1. var. *incana*. Blätter breit eiförmig, 4–8 cm lang, 3–5 cm breit, deutlich spitz, jederseits mit 7–13 Seitennerven, unterseits grau oder graugrün, mehr oder weniger dicht behaart, später zuweilen kahl. Fruchtkätzchen sitzend oder kurz gestielt. Verbreitet.

2. var. *subrotunda* CALLIER. Blätter rundlich oder rundlich eiförmig, Spitze kurz oder stumpf, Rand schwach abgerundet gelappt, jederseits mit 8–10 (12) Seitennerven, unterseits grau oder graugrün, mehr oder weniger dicht behaart. Fruchtkätzchen sitzend. Zerstreut.

3. var. *argentata* NORRLIN. Blätter rundlich-eiförmig oder kreisrund, stumpf oder mit kurzer stumpfer Spitze, Rand schwach und stumpf gelappt, jederseits mit 8–10 stark hervortretenden Seitennerven, beiderseits dicht silberglänzend zottig behaart. Fruchtkätzchen kurz gestielt. Zerstreut in Schlesien, so bei Grünberg, Breslau, Ohlau, in Sachsen bei Chemnitz, in der Schweiz in den Kantonen Tessin, Freiburg, Graubünden, und zwar zwischen Filisur und Bergün, sowie im Kanton Zürich am Toeßberg bei Wülflingen.

4. var. *glaucophylla* CALLIER. Blätter breit eiförmig, meist spitz, am Rand spitz-eckig gelappt, jederseits mit 10–12 Seitennerven, unterseits blaugrün, kahl oder schwach behaart. Fruchtkätzchen sitzend. Nicht selten.

5. var. *hypochlora* CALLIER. Blätter elliptisch oder breit eiförmig, vorn kurz zugespitzt oder spitz, Rand schwach abgerundet gelappt, jederseits mit 8–10 (–12) Seitennerven, unterseits grün, mehr oder weniger schwach behaart bis fast kahl. Fruchtkätzchen sitzend. Ziemlich selten.

6. var. *ulmifolia* BORNMÜLLER. Blätter relativ klein, ½–⅓ so groß wie die der typischen Pflanze, elliptisch, nach beiden Enden fast gleichmäßig zugespitzt, lang gestielt, Rand mit breiten, gezähnten, stumpfen Lappen, jederseits mit 4–5 Nerven, oberseits kahl, unterseits bläulichgrün und nur an den Nerven schwach behaart. Thüringen, am Nordsaum des Troistedter Forstes.

7. var. *orbicularis* CALLIER. Blätter fast rund, vorn stumpf abgerundet, jederseits mit 5–6 stark hervortretenden Seitennerven, unterseits grün oder seltener schwach graugrün, behaart oder fast kahl. Fruchtkätzchen sitzend. In Schlesien bei Grünberg beobachtet.

Außerdem werden zuweilen in Gärten kultiviert und sehr selten verwildert angetroffen: f. *pinnatifida* WAHLENBG. Blätter eingeschnitten gelappt, Lappen einfach oder scharf doppelgesägt. – f. *acuminata* RGL. Blätter tief fiederspaltig, mit schmalen, schwach und unregelmäßig gesägten Lappen. – f. *aurea* SCHEELE. Blätter mehr oder weniger gelblich gefärbt, Zweige und Blattstiele im Herbst rötlichgelb. – f. *variegata* SCHEELE. Blätter mehr oder weniger weiß-bunt. – f. *pendula* hort. Zweige hängend.

Begleitpflanzen. Die Grauerle bildet im Baltikum nicht selten ausgedehnte Buschwälder, und andererseits erscheint sie in den sog. „Kämpen" der Stromtäler in Gesellschaft von *Populus nigra* L., *P. tremula* L., *Alnus glutinosa* (L.) GAERTN. und *Ulmus carpinifolia* GLED. oder seltener auf trockenem Boden als Bestandteil der Mischwälder, z. B. bei der Czarnaumündung in Westpreußen, nach GRAEBNER in Begleitung von *Pinus silvestris* L., *Betula pubescens* EHRH., *B. pendula* ROTH, *Acer platanoides* L., *Tilia cordata* MILL. u. a. m. Ihren Standort sucht die Grauerle in Deutschland und Österreich namentlich an Bach- und Flußufern sowie in nicht morastigen Flußauen bzw. auf wasserdurchlässigen Alluvionen; sie findet sich aber andererseits bisweilen auch an trockenen Berghängen, Hügeln und Gebirgskämmen. Auf den Donauinseln in Ober- und Niederösterreich bildet die Grauerle zum Teil einen vorherrschenden Bestandteil der Auwaldungen. In den höher gelegenen Auwaldungen der Überschwemmungsgebiete auf der Nord- und Südseite der Alpen und im Alpenvorland bedeckt sie oft bestandbildend weite Flächen, nur selten gemischt, meist alternierend mit Weiden oder Sanddorn-Gesellschaften. So findet sich die Grauerle z. B. bestandbildend in der oberen Bayerischen Hochebene entlang der Isar in Begleitung von *Humulus Lupulus* L., *Asarum europaeum* L., *Melandrium rubrum* (WEIGEL) GARCKE, *Berberis vulgaris* L., *Aquilegia vulgaris* L., *Thalictrum aquilegifolium* L., *Ribes Grossularia* L., *R. rubrum* L., *Crataegus Oxyacantha* L., *Prunus spinosa* L., *Vicia Cracca* L., *Impatiens Noli-tangere* L., *Hypericum perforatum* L., *Daphne Mezereum* L., *Aegopodium Podagraria* L., *Primula elatior* (L). SCHREB., *Lysimachia Nummularia* L., *Symphytum officinale* L., *Lithospermum officinale* L., *Ajuga reptans* L., *Stachys silvatica* L., *Mentha longifolia* (L.) HUDS., *Scrophularia nodosa* L., *Galium Mollugo* L., *Viburnum Opulus* L., *Valeriana dioica* L., *Cirsium arvense* (L.) SCOP., *Taraxacum officinale* WEB., *Melica nutans* L., *Poa pratensis* L., *Deschampsia caespitosa* (L.) BEAUV., *Carex alba* SCOP., *C. flacca* SCHREB., *C. silvatica* HUDS., *Colchicum autumnale* L., *Paris quadrifolia* L., *Orchis militaris* L. u. a. m. In der Physiognomie der südlichen Alpentäler vom Tessin ostwärts bis Kärnten und Steiermark spielen Grauerlenwälder eine nicht unbedeutende Rolle. Meistens handelt es sich um Busch- und Jungwälder, welche einen sehr reichen und üppigen Niederwuchs beherbergen. Darunter finden sich neben einigen allgemein verbreiteten mitteleuropäischen Arten einerseits verschiedene subalpine und alpine Pflanzen wie *Selaginella selaginoides* (L.) Lk., *Alnus viridis* (CHAIX) DC., *Rumex arifolius* ALL., *Gypsophila repens* L., *Arabis alpina* L., *Saxifraga cuneifolia* L., *Rosa rubiginosa* L., *Viola biflora* L., *Astrantia maior* L., *A. minor* L., *Veronica latifolia* L., *Phyteuma betonicifolium* VILL., *Ph. Scheuchzeri* ALL., *Carduus defloratus* L., *C. Personata* (L.) JACQ., andererseits auch einige wärmeliebende, südeuropäische Arten wie z. B. *Lychnis Flos-Jovis* (L.) DESR., *Physalis Alkekengi* L., *Galium rubrum* L., *Luzula nivea* (L.) DC. u. a. m. Schließlich findet sich die Grauerle vielfach nicht bestandbildend, sondern nur eingestreut in Auwaldungen der Bergstufe in Begleitung von *Betula pendula* ROTH, *Salix Elaeagnos* SCOP., *S. nigricans* SM., *S. purpurea* L., *Clematis Vitalba* L., *Sorbus Aucuparia* L., *Prunus Padus* L., *Evonymus europaea* L., *Viburnum Lantana* L. und verschiedenen Hochstauden u. and. z. B. *Aconitum Vulparia* RCHB., *Astrantia maior* L., *Angelica silvestris* L., *Valeriana officinalis* L., *Cirsium oleraceum* (L.) SCOP., *Polygonatum verticillatum* (L.) ALL. u. a. m.

Oekologie. Wie schon aus der Besprechung des Vorkommens und der Begleitpflanzen zu entnehmen ist, hat *Alnus incana* ähnlich wie *A. glutinosa* ein großes Licht- und mittleres Wärmebedürfnis, andererseits kann aber die Grauerle im Gegensatz zur Schwarzerle auch auf einem verhältnismäßig trockenen Boden gedeihen, während sie hingegen stehende Nässe nicht gut verträgt.

Florengeschichte. Nach FIRBAS (1949) ist es unwahrscheinlich, daß die Erlen die letzte Eiszeit in Mitteleuropa nördlich der Alpen überdauert haben. Die heute bis Nordafrika reichende Verbreitung von *Alnus glutinosa* (L.) GAERTN. spricht für einen breiten Gürtel eiszeitlicher Rückzugsgebiete in den Mittelmeerländern und deren Nordrand. Für *A. incana* (L.) MOENCH nimmt BERTSCH eiszeitliche Refugien in den Karpaten und in Mittelrußland an. In spätglazialen Ablagerungen ist *Alnus*-Pollen nördlich der Alpen sehr selten. Etwas häufiger wird *Alnus* in der Vorwärmezeit. Gegen Ende der Vorwärmezeit und im Laufe der frühen Wärmezeit nimmt die Häufigkeit der *Alnus*-Funde weiter zu, und zwar besonders im Norddeutschen Tiefland und stellenweise im Alpenvorland. Jedoch ist auf Grund der Pollendiagrammwerte anzunehmen, daß die Erlen bis weit in die frühe Wärmezeit hinein im Gebiet nördlich der Alpen durchaus selten waren. Mit Beginn der mittleren Wärmezeit erfolgt eine starke Ausbreitung der Erlen, die in kurzer Zeit zu jener Häufigkeitsverteilung führte, die über späte Wärmezeit und Nachwärmezeit bis in jene Zeiten andauerten, in denen die *Alnus*-Bestände der Talböden der Anlage künstlicher Wiesen zum Opfer fielen und das starke Absinken der Erlenkurve die Eingriffe des Menschen in das Naturlandschaftsbild widerspiegelt.

Anatomie und Physiologie. Holz und Rinde gleichen dem der Schwarzerle. Das Phelloderm erreicht eine ansehnliche Mächtigkeit. Der Gerbstoffgehalt beträgt 16–20%. Die scharf sägezähnigen, seicht gelappten spitzen Blätter sind in der Jugend graufilzig, später wenigstens noch unterseits graugrün und ziemlich gleichmäßig behaart. Nebenblätter und Knospen sind gleichfalls behaart. Die Blätter sind bifazial und führen in der oberen Epidermis reichlich Gerbstoff; gerbstoffärmer hingegen ist das einschichtige Hypoderm. Die Spaltöffnungen sind zwischen Epidermispapillen eingesenkt und von zarten Haaren bedeckt. Das Wurzelsystem der Grauerle bleibt flacher als das der Schwarzerle und breitet sich weiter aus. Wie bei der Schwarzerle finden sich auch bei der Grauerle Wurzelknöllchen. Als Anpassung an das Leben auf nassem Boden beobachtete SIEGRIST bei Grauerlen auf den Schotterbänken der Aare in der Schweiz 2 bis 6 cm unter der Erdoberfläche 2 bis 3 m weit laufende Wurzeln, die stellenweise rötliche, aus der Erde heraustretende Atemwurzeln aufwiesen. Auf lang überflutetem Gelände sah SIEGRIST bis 30 cm hoch über dem Boden am Stamm Adventivwurzeln auftreten, die sich zu Stelzwurzeln entwickeln können. Solche Wurzeln und der sie erzeugende Stammteil war von auffallend zahlreichen Lentizellen bedeckt. Über Wurzelknöllchen und Gallbildung vgl. das unter *A. glutinosa* Gesagte S. 177.

Blütenverhältnisse. Die Blütenverhältnisse stimmen mit denen der Schwarzerle überein, nur sind die weiblichen Kätzchen sitzend oder fast sitzend, und ihre Achse ist wie die des männlichen Kätzchens dicht flaumig. Jedes Kätzchen entspringt in der Achsel eines Laubblattrudimentes, das mit den beiden Nebenblättern den Knospenschutz bildet. Auch das terminale Kätzchen hat an der Basis eine ähnliche 3-lappige Schuppe. Die Grauerle ist Windblütler. Nach KERNER sind die weiblichen Blüten bereits 2 Tage empfängnisfähig, bevor die männlichen Blüten desselben Baumes stäuben. BAIL hat auch bei der Grauerle androgyne Blütenstände und Zwitterblüten beobachtet.

Frucht und Same. Die sitzenden oder fast sitzenden Fruchtzäpfchen der Grauerle reifen etwa in der zweiten Septemberhälfte und sind etwas kleiner als die der Schwarzerle. Die Nüßchen sind hellfarbiger, flacher und etwas breiter berandet. Sie sollen nur ein Jahr die Keimfähigkeit behalten und manchmal überliegen.

Keimung und Entwicklung. Die Keimung vollzieht sich wie bei der Schwarzerle. Das Hypokotyl zeigt eine schwache Behaarung. Im ersten Jahr erreicht die Keimpflanze oft schon 0,5 m, im zweiten Jahr 0,16–1,24 m und mit 5 Jahren bereits 4,34–4,96 m. Die Wachstumsleistungen verringern sich im 10.–15. Lebensjahr. Auch dauert die Grauerle nur 40–50 Jahre, auf ungeeignetem Standort selbst nur 20–25 Jahre im gesunden Zustande aus.

Schädlinge. *Taphrina epiphylla* SADEB. verursacht besonders in Skandinavien, in Norddeutschland und in den Alpenländern eine Hexenbesenkrankheit, die stellenweise epidemisch auftritt, so daß ein Baum oft mehr als 100 Hexenbesen tragen kann, die bis ca. ¾ m hoch werden können. Diese sind an der Infektionsstelle stark verdickt, mit abnorm vielen Lentizellen besetzt und meist sehr dicht verzweigt. Das Myzel überwintert in den Knospen und infiziert die Blätter, die meist eine mehr langgestreckte Form haben, auf beiden Seiten die zarte, grauweißliche Fruchtschicht tragen und vorzeitig vertrocknen. Die Hexenbesen leben nur einige Jahre, gehen dann zugrunde und verursachen oft das Absterben größerer Äste oder ganzer Bäume.

Das Myzel von *Taphrina alni-incanae* (KÜHN.) MAGN. entwickelt sich in den Deckschuppen der weibl. Infloreszenzen, die zu gedrehten Narrentaschen auswachsen, schön rot und zur Zeit der Reife durch die Fruchtschicht zart weißlich überhaucht erscheinen. Der Pilz ist in den Alpenländern und in Norddeutschland am häufigsten. Seine Entwicklung scheint durch höhere Luftfeuchtigkeit des Standortes begünstigt zu werden. Nur selten und ausnahmsweise werden durch den Pilz auch vegetative Sprosse befallen.

Im Spätsommer erscheint auf der Blattunterseite oftmals ein zu den *Fungi imperfecti* gehöriger Pilz, *Passalora microsperma* FUCK., der zahlreiche, über die ganze Blattfläche verteilte, graubräunliche, durch Blattnerven oft ziemlich scharf und eckig begrenzte Flecken verursacht, die von dicht stehenden, graubraunen, septierten Konidienträgern gebildet werden, an deren Spitzen sich die keuligen oder gestreckt eiförmigen, zweizelligen, graubräunlichen Konidien entwickeln. Die Hauptfruchtform dieses Pilzes ist eine *Mycosphaerella*-Art, die im nächsten Frühjahr auf den überwinterten Blättern ausreift.

Nutzen. Die Grauerle liefert ein ziemlich geringwertiges Nutz- und Brennholz. Infolge des großen Ausschlagvermögens der Stöcke und der reichlichen Wurzelbrutbildung erweist sie sich allerdings für den Niederwaldbetrieb als sehr geeignet und wird deshalb stellenweise als Bodenschutzholz, als Vorholz sowie zur Befestigung von Flußufern und Kiesbänken angepflanzt.

Volksnamen. Diese Art wird vom Volke allgemein als Weiß- oder Grau-Erle bezeichnet. Der Name „Weiß-Erlen" findet sich mehrfach als Bezeichnung einzelner Häuser oder eines Weilers. Im romanischen Graubünden wird sie ogn, agn, uogn, agno, rassa (Unterengadin) benannt, im italienischen Sprachgebiet der Schweiz an, anisch (Puschlav), alnisca, niscia, uniscia, arniscia bianca (Tessin) oder onizzo, onizz (Bergell).

**774a. Alnus glutinosa** (L.) GAERTN., Fruct. et sem. 2, 54 (1791). Syn. *Betula Alnus glutinosa* L., Spec. plant. 983 (1753), *Alnus rotundifolia* MILL. (1768), *A. nigra* GILIB. (1792), *A. communis* DESF. (1804), *A. vulgaris* PERS. (1807), *A. februaria* O. KTZE. (1867), *Betula Alnus* SCOP. (1772), *B. glutinosa* LAM. (1783), *B. palustris* SALISB. (1796), *B. emarginata* Ehrh. in DC. (1815). Schwarzerle, Roterle. Dän.: Rödäl. Engl.: Alder. Franz.: Aune commun, A. noir, A. glutineux, Aulne, Aulnée. Ital.: Alno, Ontano nero. Sorbisch: Łucna wólša. Poln.: Olsza czarna, Olcha. Tschech.: Olše lepkavá. Taf. 85, Fig. 1, Taf. 77, Fig. 37 u. 38; Fig. 71, 72 u. 73.

Wichtigste Literatur. A. CALLIER in C. K. SCHNEIDER, Handbuch d. Laubholzkunde 1, 128–131 (1904). C. F. GAERTNER, Versuche und Beobachtungen über die Befruchtungsorgane der vollkommeneren Gewächse (1844). H. P. GUPPY, Irregularity of some Cotyledons. Referat: JUST's Botan. Jahresber. 25, 2, 290 (1897). F. M. HÖCK,

Pflanzen der Schwarzerlenbestände in ENGLERS Botan. Jahrb. 22, 551–581 (1896); Studien über die geographische Verbreitung der Waldpflanzen Brandenburgs IV. in Verh. Botan. Ver. Prov. Brandenburg 40, 80–96 (1898) und VII. in l. c. 44, 106–117 (1902). KIRCHNER, LOEW u. SCHRÖTER, Lebensgeschichte der Blütenpflanzen Mitteleuropas 2, 1, 196–218 (1914). L. LOESKE, Moosvereine in Verh. Botan. Ver. Prov. Brandenburg 42, 75–164 (1900). A. SCHULZ, Beiträge zur Morphologie und Biologie der Blüten in Ber. Deutsch. Botan. Ges. 10, 304–306 (1892). K. SHIBATA, Cytologische Studien über die endotrophen Mykorrhizen in PRINGSHEIM Jahrb. f. wissensch. Botanik 37, 643–684 (1902). M. WILLKOMM, Forstliche Flora von Deutschland und Österreich, 2. Aufl. 339–346 (1887).

Strauch oder bis über 20 m (–35 m) hoher Baum. Stamm schlank bis zum Wipfel reichend. Rinde anfangs grünlich-braun, glänzend, glatt, später in eine zerklüftete, dunkelgraue Borke übergehend. Verästelung breit, ziemlich locker. Krone länglich-eiförmig. Zweige anfangs kahl, höchstens sehr zerstreut behaart, klebrig. Im Mark des Stammes und der Zweige auf dem Querschnitt 3-strahlig (Fig. 63 k). Knospen deutlich gestielt (Fig. 89a), rotbraun. Laubblätter 1–2 cm lang gestielt, kreisrundlich oder rundlich-verkehrteiförmig, am Grunde meist etwas keilförmig, (3-) 4–9 cm lang, 3–7 cm breit, an der Spitze stumpf, gestutzt oder ausgerandet, ausgeschweift gesägt, anfangs klebrig, später oberseits kahl, dunkelgrün, unterseits heller grün und nur in den Nervenwinkeln rostgelb gebärtet. Nebenblätter stumpf, schuppenartig, bald abfallend. Männliche Kätzchen im Herbst und Winter violettbraun, im Frühjahr vor dem Laubausbruch blühend, braun (3-) 6–12 cm lang, zu 3–5 endständig. Tragblätter bräunlich purpurrot. Perigon (3-) 4- (–6-)teilig oder verkümmert. Staubblätter 4. Staubbeutel gelb. Weibliche Kätzchen und die rundlichen, 1–2 cm langen Fruchtzäpfchen deutlich gestielt. Samen von einem sehr schmalen, undurchsichtigen Flügel umgeben. – Chromosomenzahl: n = 14 (28). – III, IV.

Fig. 71. *Alnus glutinosa* (L.) GAERTN. (Aufn. H. FISCHER)

Vorkommen. Häufig und bestandbildend in Bruch- und Auwaldgesellschaften, mit Vorliebe auf humus-nährstoffreichen Ton- und Lehmböden mit Wasserstauung oder geringem Wasserzug. Verbreitungsschwerpunkt einerseits im Erlenbruch (Alnion) der Ebene, andererseits in den Alno-Ulmion-Auen an Bachufern und Quellen der Silikatgebirge oder kalkarm-humoser Flußauen.

Allgemeine Verbreitung. Fast ganz Europa von Skandinavien nördlich bis 65° 30′ n. Br. und vom nördlichen europäischen Rußland nördlich bis zum Ladoga- und Onegaseegebiet südwärts bis Nordwestafrika in die Atlasländer Marokko, Algerien und Tunesien, ferner in Westasien vom westlichen Sibirien südwärts bis in das westliche und nördliche Kleinasien und durch Nordpersien ostwärts bis Asterabad (Gorgan).

Verbreitung im Gebiet. Ziemlich allgemein verbreitet in Deutschland, Österreich und in der Schweiz vom Norddeutschen Tiefland über die Deutschen Mittelgebirge etwa bis 1000 m ansteigend, wie z. B. oberhalb Karlsbrunn in Schlesien, über das Süddeutsche Becken- und Stufenland bis in die Voralpen, in die Alpentäler und in die subalpine Stufe der Hochalpen, im Durchschnitt bis etwa 1200 m, bei Oberberg im oberen Drautal in Kärnten bis 1280 m, bei St. Ottilia in Südtirol bis 1300 m, im Schweizer Alpengebiet vereinzelt wie z. B. bei St. Moritz im Oberengadin bis 1800 m ansteigend.

Ändert im Freien nur wenig ab: f. *parvifolia* O. KTZE. Ausgewachsene Blätter klein, nur 3–5 cm lang und breit. – f. *tenuifolia* CALL. Blätter zart, fast kreisrund, an der Spitze nicht oder äußerst selten etwas ausgerandet, undeutlich gelappt, fast ungezähnt, unterseits zart hellgrün. Schlesien.

Ferner werden in Gärten gezogen und sehr selten auch verwildert die folgenden Formen angetroffen: f. *incisa* WILLD. Blätter klein, rundlich-verkehrteiförmig, 5- bis 7-lappig oder nicht selten bis auf den Mittelnerven eingeschnitten. Lappen abgerundet, mehr oder minder kerbig-gesägt. – f. *quercifolia* WILLD. Blätter verkehrteiförmig-länglich, am Grunde keilförmig, mit 3 bis 5 zugespitzten Lappen. Blattstiel rötlich. – f. *pyramidalis* DIPPEL. Wuchs pyramidal. Zweige aufrecht. – f. *rubrinervia* DIPPEL. Wuchs pyramidal. Blätter dunkelgrün, Blattstiele und Hauptnerven rot. – f. *aurea* VERSCHAFF. Strauchartig. Blätter goldgelb. – f. *maculata* (K. KTZE.) H. WINKL. Blätter weißgelb gefleckt.

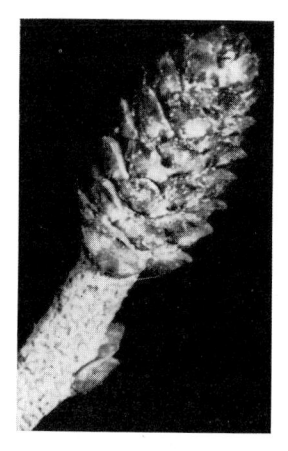

a) Zweig mit weibl. und männl. Blütenständen, Mitte geöffnete Fruchtstände des Vorjahres, unten männliche Blütenstände

b) weiblicher Blütenstand

Fig. 72. *Alnus glutinosa* (L.) GAERTN. Schwarz-Erle (Aufn. TH. ARZT)

Ökologie und Begleitpflanzen. Die Schwarzerle verlangt zu ihrem Gedeihen vor allem ein großes Maß an Bodenfeuchtigkeit. Neben einigen Weidenarten erträgt sie von allen einheimischen Laubhölzern das höchste Maß an Bodennässe. Die Schwarzerle bedarf aber nicht nur eines sehr feuchten, sondern auch eines nährstoff- und mineralreichen Bodens. Sie findet sich deshalb mit Vorliebe einerseits an Flüssen, andererseits auf tiefgründigen, humosen, mineralreichen und namentlich auch im Untergrunde fruchtbaren Böden, den sog. Erlenbrüchen (Alnion). Erlenbrüche in großer Ausdehnung finden sich namentlich im Norddeutschen Tiefland, und zwar vor allem in Oldenburg, in der Lüneburger Heide, in Mecklenburg, im Spreewald, in Schlesien um Liegnitz, in Pommern, West- und Ostpreußen, ferner im Baltikum sowie auch in Böhmen, z. B. um Veseli, Wittingau, Gratzen und Pardubitz, und im ungarischen Tiefland, und zwar namentlich im Theißgebiet. In seiner reinsten Form ist der Erlenbruch ein niedriger Busch- und Mittelwald, der neben *Alnus glutinosa* (L.) GAERTN. an Sträuchern einige Weiden wie *Salix aurita* L., *S. cinerea* L. enthält. Die Krautschicht wird meist aus einer Decke von großen *Carex*-Arten, darunter vor allem *C. acutiformis* EHRH., *C. paniculata* L., *C. gracilis* Curt. u. a. gebildet, daneben stehen Hochgräser wie *Calamgrostis canescens* (WEB.) ROTH. oder Sumpffarne wie *Thelypteris palustris* (S. F. GRAY) SCHOTT. Auf dem nassen, torfigen Boden bilden gelegentlich Torfmoose (*Sphagnum squarrosum* oder *Sph. fimbriatum*) lockere Bestände. Im nördlichen und östlichen Europa ist dabei vor allem ein Erlenbruch verbreitet, für den *Carex elongata* L., *Dryopteris cristata* (L.) A. GRAY und *Ribes nigrum* L. als Charakterarten gelten können (Carici elongatae-Alnetum), im westlichen Europa, östlich bis nach Nordwestdeutschland, ins Rheinische Schiefergebirge und Oberrheingebiet reichend, treten an deren Stelle *Carex laevigata* SM., *Osmunda regalis* L., *Blechnum Spicant* (L.) ROTH u. a. (Carici laevigatae-Alnetum). Für die durchsickerten Erlen-Auen (Alno-Ulmion) sind neben der Erle vor allem *Fraxinus excelsior* L., *Ulmus laevis* PALL., *Prunus Padus* L., *Humulus Lupulus* L., *Carex brizoidis* L., *C. remota* L., *Deschampsia caespitosa* (L.) BEAUV., *Circaea lutetiana* L., *Stachys silvatica* L., *Urtica dioica* L., *Stellaria nemorum* L. u. a. bezeichnend, in Gebirgsnähe treten hierzu gern montane Arten, wie *Chaerophyllum hirsutum* L. oder *Ranunculus aconitifolius* L.

Die Entstehung der Erlenbrüche erfolgt entweder auf versumpftem Mineralboden oder aber auf Moorboden. Im Alpenvorland und im Alpengebiet sind heute Erlenbrüche sehr selten. So finden sich mehrere im südlichen Bayern im Chiemseegebiet und in der Schweiz. Da im Torf sehr häufig Reste von *A. glutinosa* angetroffen werden, muß mit Sicherheit angenommen werden, daß die Schwarzerle und mithin die Erlenbrüche früher im Alpenvorland viel häufiger gewesen sein müssen als heute. Überreste sind auch aus den Pfahlbauten der Schweiz bekannt. Dem eigentlichen Hochmoor fehlt die Schwarzerle vollständig und kommt höchstens in dessen Peripherie vor, hingegen sagt ihr der mineralreiche Boden der Flachmoore besonders zu. Auch in den norddeutschen Mooren bildet der „Alnetumtorf" als Überrest eines semiterrestrischen Pflanzenvereines charakteristische Horizonte, welche dem Übergangsmoore zwischen dem

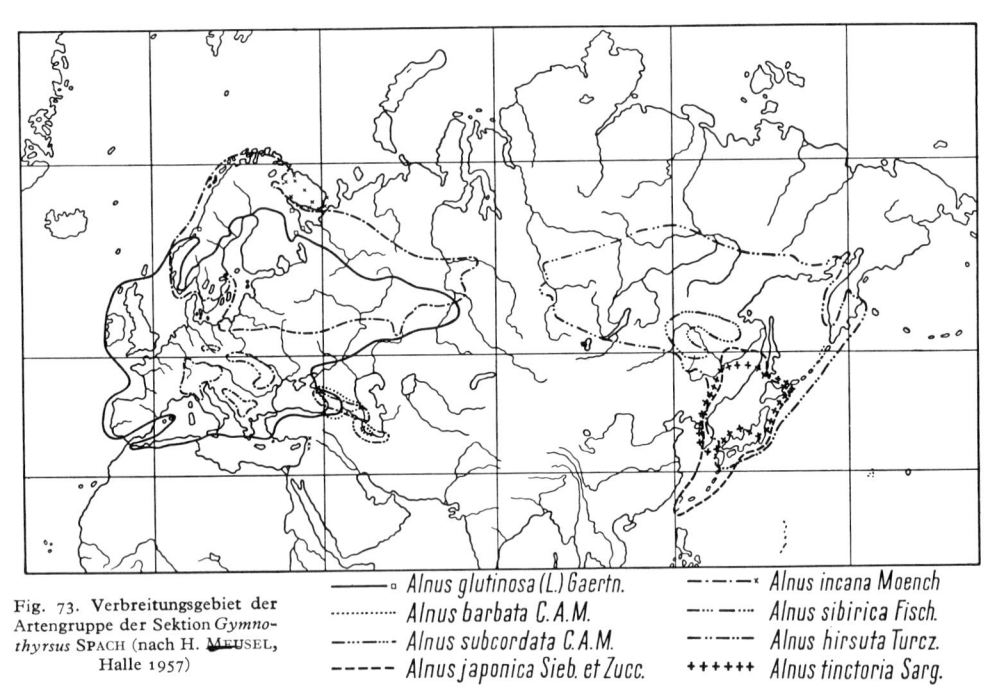

Fig. 73. Verbreitungsgebiet der Artengruppe der Sektion *Gymnothyrsus* SPACH (nach H. MEUSEL, Halle 1957)

—o *Alnus glutinosa* (L.) Gaertn.  
······· *Alnus barbata* C.A.M.  
— · — *Alnus subcordata* C.A.M.  
— — — *Alnus japonica* Sieb. et Zucc.  
—·—× *Alnus incana* Moench  
— — — *Alnus sibirica* Fisch.  
— — — *Alnus hirsuta* Turcz.  
+++++ *Alnus tinctoria* Sarg.

Als nahe verwandte Arten von *Alnus glutinosa* (L.) GAERTN. sind für Nordpersien *Alnus barbata* C. A. M. und *Alnus subcordata* C. A. M, für Ostasien *Alnus japonica* SIEB. et ZUCC. zu nennen.

Phragmitetum- und Pineto-Betuletum-Torf angehören. Die Bildungszeit vieler solcher Erlenbruchtorfe, die mit Hilfe der Pollenanalyse bestimmt werden kann, fällt in die Mittlere Wärmezeit (Atlantikum). Besonders im nordwestdeutschen Flachland, aber auch in anderen Landschaften, haben nach FIRBAS während dieser Zeit Erlen einen erheblichen Anteil an der gesamten Waldfläche innegehabt, wofür sowohl klimatische Verhältnisse – Zunahme der Niederschläge – wie die Förderung der Versumpfung im Zusammenhang mit der Küstensenkung seit Beginn der Litorina-Transgression an der Nord- und Ostsee verantwortlich waren.

Im Fränkischen Jura zeigen die Schwarzerlenbestände im Dogger präzis die Wasserhorizonte des Opalinus- und des Ornatentones an. Ein gewisser Tongehalt des Bodens sagt der Schwarzerle ganz besonders zu. Auf reinen Sand- und Kalkböden hingegen gedeiht sie schlecht. Überhaupt ist *A. glutinosa* – wenigstens gegenwärtig – nicht so allgemein verbreitet, wie vielfach angenommen wird, so tritt sie stellenweise, und zwar vor allem im Alpengebiet, viel seltener und zerstreuter auf als *Alnus incana* (L.) MNCH.

Florengeschichte. Ein Überdauern von *Alnus glutinosa* in Mitteleuropa nördlich der Alpen während der letzten Eiszeit ist nach FIRBAS ganz unwahrscheinlich, vielmehr sind ihre nacheiszeitlichen Rückzugsgebiete in den Mittelmeerländern und an deren Nordrand zu suchen.

Vegetationsorgane. Im Wuchs gleicht die Schwarzerle mehr als ein anderer Laubbaum den Nadelhölzern. Ihr Ausbreitungsvermögen ist verhältnismäßig gering. Der gerade Stamm läßt sich bis in den Gipfel verfolgen und trägt verhältnismäßig schwache, waagrecht abstehende Äste. Die Form der Baumkronen unterliegt je nach dem Standort Schwankungen. Unter den Wuchsformen befindet sich eine Pyramidenerle. – Die Eigenschaft, abgehauen am Boden wieder auszuschlagen, bedingt in den Erlenbrüchen die Ausbildung starker, über den Boden sich erhebender Stöcke, zwischen denen sich die Wurzeln der erstarkten und selbständig gewordenen jungen Bäume in den Boden senken („Stelzenwurzeln"). Solche Stöcke beherbergen oft eine reiche Flora, so z. B. *Dryopteris austriaca* (JACQ.) WAGNER, *D. Filix-mas* (L.) SCHOTT, *Rubus*-Arten, *Vaccinium Myrtillus* L., dann vor allem zahlreiche Laub- und Lebermoose, und zwar nach PAUL am Chiemsee u. a. *Plagiotheciella latebricola* (WILSON) FLEISCHER, *Plagiothecium curvifolium* SCHLIEPHACKE, *P. silvaticum* (HUDSON) BR. EUR., *Mnium hornum* L., *Dicranum scoparium* (L.) HEDWIG, *Georgia pellucida* (L.) RABENH., *Lepidozia reptans* (L.) DUM., *Eurhynchium striatum* (SCHREBER) SCHIMPER, *Plagiothecium silvaticum* (HUDSON) BR. EUR., *Brachythecium salebrosum* (HOFFM.) BR. EUR., *Lophocolea heterophylla* (SCHRADER) DUM., *Cephalozia bicuspidata* (L.) DUM. u. a. Da der Stock seine Ausschlagsfähigkeit bis ins hohe Alter beibehält, so erweist sich *A. glutinosa* für den Niederwaldbetrieb als sehr geeignet.

Anatomie und Physiologie. Das Erlenholz gehört zu den Splinthölzern, ein Kernholz fehlt. Im Holz werden anfangs Schraubentracheiden, später leiterförmig durchbrochene Gefäße gebildet. Das Holz ist zerstreutporig; beim Fällen weißlich oder schwach rötlich, wird es an der Luft durch Oxydation von Inhaltsstoffen der Markstrahl- und Holzparenchymzellen gelbrot. Die Jahresringe und Gefäße treten für das unbewaffnete Auge wenig hervor. Charakteristisch sind die „Scheinmarkstrahlen", d. h. in der Richtung der Radien das Holz durchziehende, an den Seiten unscharf begrenzte Streifen, die aus mehreren einander sehr genäherten schmalen Markstrahlen bestehen, zwischen denen die Grundmasse keine Gefäße enthält. Die rötlich-braunen Flecken auf dem Querschnitt junger und des älteren Holzes alter Stämme sind die Querschnitte nachträglich mit Parenchym ausgefüllter Fraßgänge einer Fliegenlarve (*Agromyza carbonaria*) im Kambium. Das Holz enthält eine glykosidische Gerbsäure, die nicht identisch ist mit dem „Gerbstoff" der Erlenrinde, deren Gehalt zwischen 16% bis 20% schwankt. Holz und Rinde sind im Winter glykosehaltig. Das Mark ist glykosefrei. Die anfangs grünlichbraune, glänzende, von hellen, quer gedehnten Lentizellen durchsetzte Rinde wird später zu einer durch Quer- und Längsrisse in eckige Stücke zerklüfteten, dunkelgrauen Borke. In der primären Rinde entstehen wie bei *Corylus* weite Interzellularen, und in ihrem inneren Drittel findet sich ein geschlossener Sklerenchymring, der aus den primären Bastfasergruppen und diese verbindenden Steinzellennestern besteht. Der sekundären Rinde fehlen die Bastfasern. Sie besteht aus Weichbast mit zahlreichen ordnungslos zerstreuten oder in der Richtung der Tangente an den Stamm gereihten kleinen bis etwa mohnkorngroßen Sklerenchymgruppen, die sich mit hellerer Farbe von den dunkleren übrigen Rindenelementen abheben. Zerstreut finden sich Kristalldrusen und Kristallzellen. Die Borkebildung beginnt spät und dringt nicht tief ein.

Das Wurzelwerk kann schon an der einjährigen Keimpflanze mehrere ansehnliche, gleichstarke Äste besitzen. Die Gesamtlänge der Würzelchen eines solchen in Gartenerde gewachsenen Pflänzchens war 184 cm. Im zweiten Lebensjahr tritt eine aus mehreren gleichstarken Wurzelästen mit reichlichen Seitenwurzeln bestehende Herzwurzel hervor. Die Gesamtlänge der Fasern eines zweijährigen Systems betrug ca. 20 m. Die Weiterentwicklung des Wurzelsystems ist vom Standort abhängig. Wo es der Boden gestattet, können einzelne Wurzeläste in die Tiefe gehen, während auf flachgründigen Standorten sich ein mehr oberflächiges, oft weit ausgebreitetes Wurzelwerk entwickelt. Eine Besonderheit der Erlenwurzeln ist das Vorkommen der „Wurzelknöllchen". Diesen kommt für die Ernährung der Erlen eine große Bedeutung zu. Sie bilden an den Wurzeln Konglomerate bisweilen von der Größe eines kleinen Apfels. WORONIN (1866) beobachtete als erster die Wurzelknöllchen der Erlen und hielt sie für einen Pilz, den er *Schinzia Alni* bezeichnete. BRUNCHORST erkannte in ihnen die Sporangien des Pilzes *Frankia subtilis*. BRUNCHORST, A. MÖLLER, B. FRANK, ZACH und WOLPERT halten die *Frankia* für einen Pilz, HILTNER und SHIBATA hingegen für einen bakterienartigen Organismus, dessen feine Fäden innerhalb des Organismus leicht in stäbchenartige Glieder zerfallen. Nach NOBBE und HILTNER ist die Erle mit Hilfe der im Inneren der Knöllchen lebenden *Frankia* imstande, den Stickstoff der Luft zum Aufbau ihrer Eiweißstoffe zu verwerten, ähnlich wie es für die Leguminosen bekannt ist. Wurden Erlen mit und ohne Knöllchen in stickstofffreien Nährlösungen kultiviert, so gingen die ohne Knöllchen kultivierten Pflanzen nach kurzer Zeit zugrunde, während die anderen jahrelang trefflich gediehen. Der Wurzelsymbiont der Erlen ist nach SCHAEDE (1933) und ROBERG (1934, 1938) *Actinomyces alni*. Die Frage nach dem Erreger dieser Knöllchen ist noch nicht eindeutig beantwortet.

Blütenverhältnisse. Die Erlen sind einhäusig. Sowohl die männlichen wie auch die weiblichen Kätzchen sind in trugdoldenartigen Gesamtblütenständen am Gipfel der blühbaren Äste oberhalb der Laubknospen angeordnet. Ihre Anordnung und Lage im blühreifen Zustand begünstigt Fremdbestäubung. Die weiblichen Blütenstände entspringen zwar der Basis der Trugdolde, stehen zur Zeit des Ausstäubens der männlichen Kätzchen aber doch räumlich über diesen letzteren, welche abwärts nicken. So kann der Pollen nicht direkt auf die Narben der zugehörigen weiblichen Kätzchen fallen. Neben den eingeschlechtigen Blüten sind Zwitterblüten ziemlich häufig. So besitzt nach SCHULZ (1892) nahezu jeder Baum weibliche Kätzchen, in deren basalem Teil sich Zwitterblüten und Übergänge von solchen zu den weiblichen Blüten finden. Seltener sind Zwitterblüten an der Basis männlicher oder im männlichen Teil androgyner Kätzchen. Die Zwitterblüten der weiblichen Kätzchen kommen großenteils zur Fruchtreife, die der männlichen meist nicht, da die männlichen Kätzchen zu früh abfallen. Die Anlage des Blütenstandes erfolgt schon im Spätsommer des der Entfaltung vorangehenden Jahres. Der Blütenstand überwintert ungeschützt. Die benagelten Tragblätter der Blüten schließen mit ihren Rändern dicht aneinander und schützen so die Blüten vor dem Vertrocknen. Zur Blütezeit kann man am Grunde jeder Blütengruppe außer deren Tragblatt vier Vorblätter erkennen, die während des Heranreifens der Frucht mit jenem zu der 5-teiligen holzigen Schuppe verwachsen. Die männlichen Blüten stehen zu dreien in der Achsel dieser Schuppen. Die weiblichen Blüten hingegen finden sich meist zu zweien; die Mittelblüte des 3-blütigen Dichasiums ist ausgefallen. Ausnahmsweise tritt auch im weiblichen Dichasium die Mittelblüte auf, und hin und wieder ist nur sie vorhanden. Die männlichen Kätzchen blühen akropetal auf, während sie sich gleichzeitig auf das Mehrfache ihrer Länge strecken. Die männlichen Blüten scheinen bald vor, bald mit, bald nach den weiblichen Blüten ausgebildet zu sein. Die Pollenabgabe dauert zwei bis vier Tage. Der Pollen fällt aus den Staubbeuteln auf den Rücken der nächstunteren Blütengruppe, wo der Rücken der Schuppe und die Rückseiten der beiden seitlichen Blüten des Dichasiums Platz bieten. Bei der leisesten Bewegung des äußerst leicht im Winde pendelnden Kätzchens fliegt er von da ab. Die Lebensdauer des Pollens beträgt im Freien etwa 28 Tage. Wie für einen anemogamen Frühblüher zweckmäßig, ist er sowohl gegen Trockenheit wie gegen hohe Luftfeuchtigkeit ziemlich widerstandsfähig.

Die Blütenentwicklung und Befruchtung der Erle stimmt nach NAWASCHIN (1909) mit jener der Birke überein. Vor der Bestäubung ist der Fruchtknoten noch unentwickelt; die Blütenachse hat erst 2 Blätter, die Karpellblätter, getrieben; ihr Scheitel bildet eine noch einfache axile Plazenta. Zur Zeit der Bestäubung sind die beiden Karpelle vollkommen ausgebildet, es folgt die Anlage der Samenknospen. Diese haben zur Zeit der Befruchtung ihre vollkommene Ausbildung erlangt. Die Befruchtung findet erst nach einer Ruhepause im Wachstum des Pollenschlauches statt, die nach BENSONS Beobachtungen von Ende März bis Mitte Juni dauerte. Die Pollenschläuche wachsen nicht im Griffelkanal, sondern interzellular im Gewebe der angeschwollenen Karpellränder hinab bis in den oberen Teil der axilen Plazenta. Durch das Gewebe der letzteren in den Funikulus der Samenknospe geleitet, dringt der Pollenschlauch endlich durch die Chalaza in den Nucellus ein und steigt dort zum Scheitel des Embryosackes empor. GÄRTNER hat für die Schwarzerle Fruchtungsvermögen, d. h. die Fähigkeit, ohne Befruchtung oder bei Bestäubung mit fremden Pollen embryolose Früchte zu bilden, angegeben.

Keimung und Entwicklung. Die Samenreife tritt im September bis Oktober ein; das Ausfallen der Samen zieht sich aber bis zum Frühjahr hin. Die Keimung der Erlensamen beginnt im Frühjahr nach 4 bis 5 Wochen, doch sollen manche Früchte überliegen. Das austretende Würzelchen beginnt, nachdem es kaum 0,5 mm lang geworden ist, zahlreiche Haare zu entwickeln, die selbst eine Länge von 2 bis 3 mm erreichen. Die Streckung des Hypokotyls erfolgt auffallend rasch und frühzeitig. Dieses kann schon 1 cm lang sein, wenn das Keimungswürzelchen kaum 2 mm erreicht hat. Anfänglich bildet das Hypokotyl dicht unterhalb der Kotyledonen ein scharfes Knie, dann streckt es sich allmählich gerade, und es entfalten sich die kurzgestielten elliptischen, nur mit einem schwachen Mittelnerv versehenen Kotyledonen. Gelegentlich sind von H. B. GUPPY 3 Kotyledonen beobachtet worden. Die Primärblätter sind kerbig gesägt, am Rande und auf der Fläche kurz behaart und weisen noch nicht die apikale Einbuchtung der späteren Blätter auf. Ihre Nebenblätter sind noch sehr klein. Am Ende des ersten Jahres hat die Keimpflanze etwa 12 cm Höhe erreicht und es sind ca. 6–8 abwechselnd stehende Laubblätter vorhanden, die alle noch die Zuspitzung des ersten Laubblattes besitzen. Im Münchener Botanischen Garten hatten einjährige Erlen (12–) 17 (–29) cm, zweijährige Erlen (40–) 92 (–136) cm, dreijährige Erlen (112–) 164 (–210) cm und vierjährige Schwarzerlen (180–) 290 (–454) cm Höhe zu verzeichnen. Der Höhenwuchs des Stammes ist in den ersten 5 Jahren am bedeutendsten, und zwar sowohl bei Samenpflanzen wie bei Stocklohden. Bei Stocklohden ist bis zum 6. Jahre ein Zuwachs bis zu 1 m im Jahr beobachtet worden. Dann wird der Höhenwuchs geringer, hält sich bis zum 20. Jahre auf durchschnittlich jährlich $2/3$ bis $3/4$ m, bis zum 40. Jahre auf $1/3$ m, und sinkt vom 40. Jahre an auf $1/6$ m und weniger herab. Schwarzerlen zeigten eine maximale Höhe von 33 m auf Marschböden in Kurland und Livland. Das Alter der Schwarzerlen überschreitet gewöhnlich nicht 100–120 Jahre.

Schädlinge. Die von *Taphrina Tosquinetii* (WEST.) MAGN. befallenen Äste sind stark gestreckt, runzelig verdickt und überragen meist deutlich alle gesunden Äste des Strauches. Der überall, besonders an Bach- und Flußufern gebirgiger Gegenden auf strauchartigen Erlen weit verbreitete und häufige Pilz verursacht eine hypertrophische Vergrößerung der Epidermis- und Mesophyllzellen, was auffallende Verkrümmungen und riesige, blasenartige, runzelige Auftreibungen der Blätter bewirkt, die zur Reifezeit von der grauweißlichen Fruchtschicht überzogen erscheinen. Nach der Sporenreife vertrocknen die befallenen Stellen der Blätter und werden braun. Wohl ebenso häufig und weit verbreitet wie *T. Tosquinetii* ist *T. Sadebeckii* JOH. Der Pilz erscheint auf einzelnen Blättern der Äste und verursacht rundliche, unterseits gelbliche, oberseits weißliche Flecken, die später vertrocknen und braun werden. *Passalora bacilligera* MT. et FR. ist habituell der auf *A. incana* auftretenden *Passalora microsperma* sehr ähnlich und gehört als Nebenfruchtform zu der im Frühjahr auf den abgefallenen, überwinterten Blättern zur Reife gelangenden *Mycosphaerella conglomerata* (WALLR.) LINDAU.

Gallbildungen. An Erlen treten zahlreiche Gallbildungen auf. Die sehr häufigen, 2–3 mm großen, köpfchenförmigen Beutelgallen auf der Blattoberseite (Fig. 10 e u. e[1]) werden durch die Gallmilbe *Eriophyes laevis* NAL., Ausstülpungen in den Nervenwinkeln verbunden mit abnormer Behaarung im Inneren der Galle durch *Eriophyes Nalepai* FOCKEN verursacht. Filzartige Behaarung auf Blattober- und Unterseite (Fig. 10 g, g$^1$ u. g$^2$), vielfach auf *Alnus incana* (L.) MNCH. beobachtet, wird durch *Eriophyes brevitarsus* NAL. und Auswachsen der Fruchtschuppe zu flachen, fleischigen, meist geröteten Lappen (Fig. 10 h) durch den Schlauchpilz *Taphrina (Exoascus) alni incanae* hervorgerufen.

Nutzen. Das hellgelbe, trocken rostrote Holz weist neben verschiedenen Vorzügen auch eine Reihe von Nachteilen auf, so ist es einerseits weich, gut spaltbar und in beständiger Feuchtigkeit sehr dauerhaft, andererseits aber wenig tragkräftig, dem Wurmfraß stark ausgesetzt und wenig heizkräftig. Das Schwarzerlenholz wird vielfach bei Wasser- und Grubenbauten, in Glasfabriken als Formholz, ferner zu Tischler- und Drechslerarbeiten, zu Schnitzwaren wie z. B. Schaufeln und Holzschuhen und zur Herstellung von Zigarettenkistchen verwendet. Fischräuchereien verwenden fast ausschließlich Erlenholz. Um Winterfutter für das Kleinvieh zu gewinnen oder um Ruten und Reisig für den Rebbau zu erhalten, werden die Bäume oft geschneitelt. Als Kopfholz eignet sich dagegen die Schwarzerle schlecht. Die Rinde enthält bis 9% Gerbstoffe und wird als Decoctum Corticis Alni äußerlich zum Gurgeln bei Angina und Pharyngitis und als Klysma bei Darmblutungen verwendet.

Volksnamen. Der Name Erle (ahd. erila, das aus einem älteren elira umgestellt ist) erscheint nicht nur in germanischen Sprachen (z. B. angelsächsisch alor, engl. alder), sondern auch in denen der Nachbarn (Kelten, Slawen, Italiker). Allerdings bedeutet z. B. das franz. alisier den Mehlbeerbaum *(Sorbus Aria)*, dessen Blätter denen der Erle entfernt ähnlich sind. Niederdeutsche Formen des Namens sind Eller, Else, rheinisch ist Elder, bayerisch Irl. Der Erlkönig hat nichts mit dem Baume zu tun, es handelt sich vielmehr um eine falsche Übersetzung von dän. ellerkonge (aus elverkonge) 'Elfenkönig'. Nach der (im Alter) schwärzlichen Borke heißt *Alnus glutinosa* Schwarz-Erle im Gegensatz zur Grau-Erle *(A. incana)*, Rot-Erle bezieht sich auf das rötliche Holz. – Ähnlich wie durch Birkenzweige (s. S. 156) schützt man in der Walpurgisnacht (1. Mainacht) Haus und Hof vor den Hexen durch Aufhängen von Erlenzweigen (Thüringen). Im Volksglauben gilt die Erle hier und da als ein „böser" Baum. Das Kreuz Christi soll aus Erlenholz gewesen sein (Mecklenburg). Das Erlenholz ist deswegen rot, weil der Teufel damit seine Großmutter geprügelt hat. Die Hexen benützen Erlenzweige zu ihren teuflischen Künsten, z. B. zum Wettermachen (Allgäu). Vgl. auch H. MARZELL, Die Erle (in der Volkskunde) in: Mitt. d. Deutsch. Dendrolog. Gesellsch. 38, 76–82 (1927). – Orts- und Flurnamen, die sich von der Erle ableiten, sind zahlreich, z. B. Erlau, Erlbach, Erlenbach (wohl meist nach einem Bach, dessen Ufer mit Erlen bestanden sind). Hierher gehörige Familiennamen sind Erlenbeck (bayer. Irlbeck) [zu Beck ‚Bach'], Ellermann, Ellermeier.

**774 b. A. rugosa** (DU ROI) SPRENG. Syn. *A. autumnalis* HARTIG. Runzel-Erle. Engl.: Hazel-leaved Alder. Bis 4 m hoher Strauch. Junge Zweige kantig, schwach glänzend, rostfarben behaart. Blätter breit-elliptisch oder breit-eiförmig, mit kurzer stumpfer oder längerer Spitze, 6–10 cm lang, 4–7 cm breit, größte Breite meist unter der Mitte, am Grunde mehr oder weniger breit abgerundet bis fast schwach herzförmig, jederseits mit 10–12 Seitennerven, oberseits nur in der Jugend behaart, unterseits papillös und mehr oder minder rostfarben behaart, meist undeutlich achselbärtig. Nebenblätter breit-elliptisch, breiter als bei *A. serrulata* WILLD. Fruchtstände zu 6–12, unterste am längsten gestielt, oberste mehr oder minder sitzend. Fruchtstände bzw. Fruchtzäpfchen groß, 10–15 mm lang, 8–10 mm dick, größer als bei *A. glutinosa* (L.) GAERTN. Heimat: Atlantisches und mittleres Nordamerika von Neu-Schottland westwärts bis Michigan und südwärts bis in die Neuengland-Staaten sowie stellenweise bis Pennsylvanien und Indiana. Seit langem kultiviert, stellenweise verwildert oder fast eingebürgert, so in Schleswig, Brandenburg, Preußen, Schlesien, Thüringen, Hessen sowie in Böhmen und Mähren.

**774 c. A. serrulata** WILLD. Syn. *A. rugosa* (DU ROI) SPRENG. var. *serrulata* (AIT.) H. WINKL. Hasel-Erle. Engl.: Smooth Alder. Zweige meist von Anfang an kahl, junge Zweige kantig, olivbraun. Blätter verkehrt eiförmig, 5–9 cm lang, 3–6 cm breit, Rand selten schwach gelappt, am Grunde meist keilförmig, jederseits mit 8–9 Seitennerven. Blätter unterseits fast kahl, selten auf den Nerven behaart, mehr oder minder deutlich achselbärtig. Nebenblätter schmal elliptisch, kahl. Fruchtstände zu 3–4, alle oder nur der unterste bis etwa 0,5 mm gestielt, die übrigen sitzend, 1,2–1,7 cm lang, 1–1,1 mm dick. Heimat: Nordamerika von Labrador bis in das nördliche Florida und westwärts bis Montana und südöstliches Oklahoma. Hin und wieder angepflanzt, z. B. in Hannover bei Hildesheim, in Sachsen in der Umgebung der Festung Königstein, in Schlesien u. a.

### Kreuzungen

1. *A. glutinosa* × *incana*; *A. pubescens* TAUSCH in Flora 1834, 520 (1834). Syn. *A. glutinosa* (L.) GAERTN. b. *pubescens* RGL. (1868), *A. badensis* LANG (1857), *A. hybrida* A. BRAUN (1850), *A. plicata* HOFFMGG. (1850). Meist strauchig. Junge Zweige dicht behaart. Blätter klebrig, eiförmig bis verkehrt-eiförmig, stumpflich, an den oberen Zweigen kurz zugespitzt, am Grunde abgerundet oder plötzlich keilförmig, schwach wellig gelappt und unregelmäßig gesägt, oberseits dunkelgrün, kahl, unterseits heller grün bis blaugrün, an den Nerven oder auch an der Fläche behaart bis schwach filzig. Kätzchen vor dem Laubausbruch blühend, die männlichen mit braunen Deckschuppen, die weiblichen kurz, aber deutlich 0,3–0,6 cm lang gestielt. Unterscheidet sich von *A. glutinosa* durch nicht klebrige, weniger stumpfe, unterseits oft graugrüne, behaarte bis schwach filzige Blätter und kürzer gestielte weibliche Kätzchen, von *A. incana* durch stump-

fere, unterseits schwächer behaarte, mitunter selbst grüne Blätter und kurz gestielte weibliche Kätzchen. Der Bastard ist meist mehr oder weniger intermediär und zufolgedessen ziemlich leicht erkennbar. Er ist nicht sehr häufig, und es kommt nirgends zur Bildung von Mischpopulationen, die die Artgrenzen zwischen den Elternarten verschwimmen ließen. An der relativen Seltenheit des Bastardes ist offenbar die meist deutlich verschiedene Blütezeit der Elternarten schuld. – Wurde in Ostpreußen in den Kreisen Tilsit, Ragnit, bei Fischhausen häufig am Ostseestrand, um Königsberg am Bärwalder Fließ südlich von Metgethen, im Wundlacker Wald und bei Beydritten sowie in den Kreisen Pillkallen, Friedland und Oletzko beobachtet; in Westpreußen in den Kreisen Thorn, Marienburg, Danzig, Putzig, Neustadt und Schwetz; zerstreut auch in Pommern; in Brandenburg sehr selten, z. B. in Berlin, bei Pankow beobachtet; häufiger in Schlesien, und zwar um Bolk, Prausnitz, in der Umgebung von Breslau bei Barteln, Mirkau, Obernigk, Skarsine, Krittern und Brocke, ferner um Ohlau, Säbischdorf und Weistritz nächst Schweidnitz, Görbersdorf bei Friedland, Reisewitz bei Neisse und im Rösnitzer Walde bei Katscher; in Sachsen zerstreut im Lausitzer Gebirge; ferner zerstreut im nördlichen Bayern im Keupergebiet nächst Herrnhütte bei Nürnberg, Erlangen, Buch am Forst bei Lichtenfels und um Würzburg, im Juragebiet nächst Graisbach bei Donauwörth, Keilberg bei Regensburg und Erlach, seltener in der Bayerischen Hochebene, und zwar um Augsburg (hier ursprünglich irrtümlich als *A. viridis* bezeichnet), Tölz, Pähl und Bernau, sowie im Bayerischen Alpengebiet nur bei Lenggries beobachtet. Wurde in Böhmen im Böhmerwald, in Mähren im Bezirk Mähr. Schönberg festgestellt. Wurde in Österreich im Burgenland, in Niederösterreich, Oberösterreich, in der Steiermark, in Nord-Tirol und Vorarlberg beobachtet; in Südtirol bei Trient und am Cimirlopasse. Zerstreut in der Schweiz z. B. in Graubünden um Chur und zwischen Groni und Busen, im Kt. Schaffhausen an der Wutach bei Aachdorf beobachtet.

2. *A. incana* × *viridis*; *A. montana* BRÜGGER? Als Seltenheit angeblich in der Schweiz im Blegnotal im Kt. Tessin, ferner in Tirol im Gschnitztal, in der Umgebung von Bozen am Klobenstein und um Meran am Schlinigbache beobachtet. Sehr zweifelhaft.

3. *A. glutinosa* × *rugosa*; *A. Fiekii* CALL. in Deutsche Botan. Monatsschrift 1889, 83 (1889) Als Seltenheit in Schlesien bei Löwenberg, Goldberg und Krummhübel festgestellt.

4. *A. incana* × *rugosa*; *A. Aschersoniana* CALL. in 69. Jahresber. schles. Ges. 82 (1892). Junge Zweige schwach behaart oder fast kahl. Blätter breit eiförmig oder breit elliptisch, mit kurzer oder stumpflicher Spitze, 5–9 cm lang, 4–5 cm breit, am Grunde keilförmig bis schwach herzförmig, am Rande mit etwas spitzen Lappen, unterseits grau bis bläulich-grün, an den Nerven mehr oder weniger dicht behaart; Blattstiel 1–2 cm lang. Fruchtstände 5–8, kurz gestielt bis sitzend. – In Schlesien bei Liegnitz, Lüben, Goldberg, Jauer, Guhrau und Neisse sowie in Berlin, bei Pankow beobachtet.

## CCX. **Carpinus** L., Gen. plant. ed. 5, 432 (1754). Hainbuche

Bäume oder Sträucher mit schraubig gestellten, längs der Seitennerven gefalteten Blättern. Männliche Kätzchen endständig an blattlosen oder armblättrigen Kurztrieben, weibliche endständig an Langtrieben. Männliche Blüten ohne Blütenhülle, einzeln in den Achseln eiförmiger Deckschuppen zu hängenden Kätzchen angeordnet, ohne Vorblätter. Staubblätter 4–10, Staubfäden 2-teilig. Weibliche Blüten mit unscheinbarem Perigon, zu zweien in den Achseln hinfälliger lanzettlicher Deckschuppen in lockeren Kätzchen angeordnet, jede Blüte mit einem ovalen oder dreilappigen Vorblatt, das sich später zur offenen eiförmigen oder dreiteiligen Fruchthülle ausbildet. Frucht eine einsamige, zusammengepreßte, eiförmige Nuß.

Die Gattung umfaßt etwa 18 Arten. Neben der in Mittel- und Südeuropa und über das nördliche Kleinasien ostwärts bis Nordpersien verbreiteten *C. Betulus* L. ist *C. orientalis* MILL. im südöstlichen Europa und in Kleinasien einheimisch. *C. schuschaënsis* H. WINKL. kommt in Transkaukasien und in Nordwestpersien, *C. macrocarpa* (WILLK.) H. WINKL. in Nordpersien, *C. viminea* LINDL. und *C. faginea* LINDL. im Osthimalaya vor. 6 weitere Arten sind China sowie 1 Art China und Japan eigen; ferner finden sich in Ostasien die beiden Vertreter der Sect. *Digestocarpus*, und zwar *C. japonica* BLUME in Mittel- und Südjapan sowie *C. cordata* BLUME im nördlichen Japan, in Korea und in der Mandschurei. In Nordamerika ist die Gattung allein durch *C. caroliniana* WALT. vom atlantischen Nordamerika südwärts bis Guatemala vertreten.

Gliederung der Gattung:

Sektion 1. *Digestocarpus*: *C. japonica*, *C. cordata*.
Sektion 2. *Eucarpinus*: *C. Betulus*, *C. orientalis*, *C. caroliniana*.

Schlüssel zum Bestimmen der einheimischen und kultivierten Arten:

1 Tragblätter an den männlichen Blütenständen eiförmig-lanzettlich, deutlich gestielt. Fruchtstände dicht. Hochblätter zart . . . . . . . . . . . . . . . . . . . . . . . . . . . . . . . . . . . . . 2

1* Tragblätter an den männlichen Blütenständen breit-eiförmig, fast sitzend. Fruchtstände locker. Hochblätter derb . . . . . . . . . . . . . . . . . . . . . . . . . . . . . . . . . . . . . . . . 3

2 Blätter aus abgerundetem Grunde ziemlich schmal länglich. Früchte durch freie Blattgebilde bedeckt. Kultiviert . . . . . . . . . . . . . . . . . . . . . . . . . . . . . . . C. japonica BLUME

2* Blätter stets mit tief herzförmigem Grunde, eiförmig bis länglich-eiförmig. Frucht mehr oder weniger durch die umgeschlagenen Öhrchen der Hülle bedeckt. Kultiviert . . . . . . C. cordata BLUME

3 Blätter im Mittel länger als 5 cm, Fruchthülle deutlich 3-lappig . . . . . . . . . . . . . . . 4

3* Blätter im Mittel nicht über 5 cm lang. Fruchthülle breit eiförmig, nicht oder kaum gelappt. Kultiviert . . . . . . . . . . . . . . . . . . . . . . . . . . . . . . . . . . . . . . C. orientalis MILL.

4 Blattknospen im Winter meist nicht unter 8–10 mm lang. Fruchtschuppen am Grunde meist nur 3-nervig. Herbstfärbung der Blätter tief gelb oder gelbbraun . . . . . . . . . . C. Betulus L.

4* Blattknospen im Winter nicht über 6–8 mm lang. Fruchtschuppen am Grunde meist 5—7-nervig. Herbstfärbung der Blätter lebhaft orange-scharlachrot. Kultiviert . . . . . . C. caroliniana WALT.

**775 a. C. japonica** BLUME. Blätter 6–9 cm lang, 2,5–3,5 cm breit, mit 14–25 Seitennerven; Fruchtstand *Ostrya*-ähnlich; Fruchthülle am Grunde mit einer freien, die Frucht deckenden Ligula. Heimat: Mittel- und Südjapan.

**775 b. C. cordata** BLUME. Ähnlich der vorigen Art, jedoch Fruchthülle das Nüßchen umschließend. Heimat: Nördliches Japan, Korea und die Mandschurei.

**775 c. Carpinus Betulus** L., Spec. plant. 998 (1753). Syn. *C. vulgaris* MILL. (1768), *C. sepium* LAM. (1778). Hainbuche, Weißbuche, Hagebuche. Dän.: Avnbög. Engl.: Hornbeam, Ironwood. Franz.: Charme, Charmille. Ital.: Carpino, C. bianco, C. commune. Sorbisch: Hrab. Poln.: Grab zwyczajny. Tschech.: Habr obecný. Taf. 79, Fig. 3, Taf. 77, Fig. 28 u. 29; Fig. 74 bis 77

Wichtigste Literatur. W. BERGER, Studien zur Systematik und Geschichte der Gattung *Carpinus* in Botan. Notiser 1953, 1–47 (1953). Th. HARTIG, Vollständige Naturgeschichte d. forstl. Kulturpflanzen Deutschlands (1852). KIRCHNER, LOEW u. SCHRÖTER, Lebensgeschichte d. Blütenpflanzen Mitteleuropas 2, 1, 168–189 (1913). J. JENTYS-SZAFEROWA u. BIALOBRZESKA, Tertiäre Früchte von *Carpinus* und *Ostrya* in Research on Tert. Flores, Warschau 1953. H. SCHACHT, Beiträge zur Anatomie u. Physiologie der Gewächse 44 (1854). A. SCHULZ, Beiträge zur Morphologie und Biologie der Blüten in Ber. Deutsch. Botan. Ges. 10, 308 (1892). M. WILLKOMM, Forstliche Flora von Deutschland und Österreich, 2. Aufl. 358–366 (1887).

6–25 m hoher, meist stattlicher Baum, mit schirmartig ausgebreiteten Ästen. Stamm mit glatter, weißgrauer, spannrückiger Rinde, d. h. am Stamme treten Längswülste und dazwischenliegende Furchen auf, und im Querschnitte erscheint der Stamm unregelmäßig wellig begrenzt, schwach korkzieherartig gewunden; eine Borke fehlt. Knospen braun oder braunrot, spitz-kegelförmig, den Zweigen angedrückt, bewimpert, zuweilen, vor allem an kräftigen Trieben, mit Beiknospen. Junge Zweige und Blattstiele zottig. Äste sich in eine feine, lockere, regelmäßige Verzweigung auflösend. Laubblätter streng 2-zeilig gestellt, länglich-eiförmig, faltig, zugespitzt, am Grunde schief abgerundet bis schwach herzförmig, 11–15 Seitennerven, am Rande scharf doppelt-gesägt, in der Jugend schwach seidig behaart, später oberseits kahl, sattgrün, unterseits heller, nur auf den Nerven und in den Nervenwinkeln spärlich behaart, gewöhnlich 5–8 (–12) cm lang, 2,5–5,5 (–6) cm breit, bis zu 1,5 cm lang gestielt, zugleich mit den Kätzchen sich entwickelnd. Stockausschlag stark. Männliche Kätzchen an blattlosen oder armblätterigen Kurztrieben, endständig, lang zylindrisch, locker, 4–6 cm lang (Taf. 79, Fig. 3), zuletzt schlaff herabhängend. Männliche Blüten ohne Vorblatt und Perianth; in den Achseln des kahnförmigen Tragblattes 7—11 Staubblätter, welche einer Mittelblüte und zwei öfters fehlenden Seitenblüten angehören. Tragblätter rundlich-eiförmig, mit vorgezogener Spitze, bleichgrün, am Rande und an der Spitze rötlichbraun bewimpert. Staubblätter 2-spaltig, Staubbeutel an der Spitze mit einem aus einzelligen, langen Haaren bestehenden Haarschopf (Taf. 79, Fig. 3 b). Pollen annähernd kugelig bis breit ellipsoidisch, 35—40 μ, mit 3—4 (—6) nach außen deutlich vortretenden Poren in äquatorialer Anordnung und nahezu glatter, auch um die Poren ziemlich dünner Exine (Fig. 75). Weibliche Kätzchen an Langtrieben, endständig, zuerst unscheinbar und die roten Narben deutlich zeigend (Taf. 79, Fig. 3), später zu einem ansehnlichen, zapfenähnlichen, herabhängenden, 6—15 cm langen, 5—7 cm dicken Fruchtstande sich entwickelnd. Weibliche Blüten mit unscheinbarem Perianth, zu zweien in der Achsel eines sehr langen, fein zugespitzten, bewimperten Tragblattes stehend; meist ist die Mittelblüte verkümmert, nur selten ist diese dritte Blüte, die Endblüte des Dichasiums, vorhanden. Jede Blüte von einer einseitig offenen, 3-lappigen, anfangs grünen, später gelbbraunen, netzig-geaderten Hülle oder Fruchtbecher umgeben. Dieser besteht aus den beiden verwachsenen Vorblättern und dem Tragblatt (Taf. 79, Fig. 3 a). Seitenlappen des 3—5 cm langen Fruchtbechers viel kürzer als der stark vorgezogene Mittellappen. Narben 2, fädlich, purpurrot. Nüßchen von 7 bis 11 Rippen stark längsrippig, zusammengedrückt eiförmig, 5—10 mm lang, von dem Perigon umgeben und gekrönt (Taf. 79, Fig. 3 c, 3 d), kahl oder gegen die Spitze zu punktiert, 1-samig. — Chromosomenzahl: n = 32. — VI.

Fig. 74. *Carpinus Betulus* L. Blütenzweig (Aufn. Th. ARZT)

Vorkommen. Stellenweise häufig und bestandbildend in Laubmischwaldgesellschaften, optimal auf tiefgründigen nährstoffreichen, lockeren und warmen, aber in der Tiefe frischen und wasserzügigen Lehmböden in sommerwarmem und mäßig trockenem Klima, in Gebüschen, Hecken, an buschigen, sonnigen Abhängen, einzeln oder in kleineren Beständen bis 900 m, vereinzelt bis gegen 1100 m ansteigend. — Carpinion-Verbandscharakterart und bezeichnend für die Eichen-Hainbuchen-Wälder der warmen Tieflagen des gemäßigten Europas. Durch alte Mittel- und Niederwaldwirtschaft z. T. stark über das natürliche Maß hinaus begünstigt und oft fast reine Bestände bildend, in Gebüschgesellschaften an Waldsäumen, gelegentlich auch Pionierholz des Rotbuchenwaldes. Da schnittertragend, ferner häufig als Hecke oder Laube gepflanzt.

Allgemeine Verbreitung. Europa und Südostengland spontan nordwestlich bis Sussex, Oxford und Cambridge, Südschweden nördlich bis 57° 11′ n. Br. und dem Baltikum nordöstlich bis in die Umgebung von Libau in Kurland in etwa 56° 30′ n. Br., Kowno bis etwa 55° n. Br. und Wilna bis etwa 54° 40′ n. Br.; südwärts bis zu den französischen Pyrenäen, bis zum Aspromonte in Süditalien und bis zu den Gebirgen Griechen-

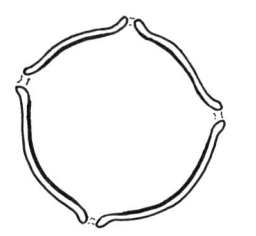

Fig. 75. Pollenkorn von *Carpinus* in Polaransicht, a vierporiges, b dreiporiges Korn. Vergr. 500

lands, Mazedoniens und Thrakiens, ostwärts bzw. südostwärts in Rußland bis in das obere und mittlere Dnjepr- und in das untere Dongebiet sowie im Kaukasus; ferner im nördlichen Kleinasien und in Nordpersien ostwärts bis in die Prov. Asterabad (Gorgan); im Süden des Areals nur in Gebirgslagen, fehlt im engeren Mittelmeergebiet.

Verbreitung im Gebiet. Vom Norddeutschen Tiefland über die Deutschen Mittelgebirge, in Mitteldeutschland häufig in der Niederung und im Hügelland, im Harz z. B. im Rappbodetal bis 480 m, im Erzgebirge bis 530 m ansteigend, über das Süddeutsche Becken- und Stufenland bis in die Voralpen etwa bis 900 m, vereinzelt bis 1100 m ansteigend, stellenweise in die Alpentäler und in die subalpine Stufe der Hochalpen vordringend, fehlt jedoch in allen inneren Alpentälern; im Bayerischen Alpengebiet zerstreut bis etwa 880 m, in Salzburg, Ober- und Nieder-

Fig. 76 a u. b. *Carpinus Betulus* L. Hainbuche a) Zwei männliche und ein weibl. Kätzchen b) Fruchtstand (Aufn. TH. ARZT)

österreich bis in die Voralpen in etwa 1000 m ansteigend, in der Steiermark verbreitet im Süden des Landes, im Murtal zerstreut bis Bruck a. d. M. vordringend, in Kärnten im Lavanttal, im Klagenfurter Becken und im unteren Drau- und Gailtal, in Nordtirol nur im unteren Inntal bis Itter und im Saalachtale bis Waidring, in Südtirol im unteren Etschtal bis in die Umgebung von Trient in die Alpentäler eindringend sowie in Judikarien, in Vorarlberg im Rheintal und im Walgau; in der Schweiz verbreitet im Schweizer Jura, im Mittelland und im Berner Oberland, in den Schweizer Alpen vor allem im Vierwaldstätter-See-Gebiet, etwa bis 800 m ansteigend, fehlt in den inneren Alpentälern, im St. Gallener Oberland, in Appenzell, in Graubünden und im Mittelwallis.

Ändert im allgemeinen im wilden Zustand wenig ab: 1. var. *Betulus*. Syn. var. *serrata* BECK, var. *typica* KOEHNE. Blätter jederseits meist mit etwa 10–14 Seitennerven, am Grunde abgerundet, seltener mehr oder weniger herzförmig. Abschnitte der Fruchthülle meist spitz, ringsum scharf gesägt. Die im größten Teil des Gebietes bei weitem häufigste und verbreitetste Form, im Südosten ziemlich selten.

2. var. *carpinizza* NEILREICH. Syn. var. *edentula* HEUFFEL, var. *typica* BECK. Bläter jederseits meist mit weniger, meist etwa 7–9 Seitennerven, die meist erheblich weiter voneinander entfernt sind als beim Typus, Blattgrund oft deutlich herzförmig. Abschnitte der Fruchthülle mehr oder weniger abgerundet, ganzrandig oder mit wenigen und entfernten Zähnen. Nur im Südosten des Florengebietes (ASCHERSON).

Ökologie. Die Hainbuche verlangt nach WILLKOMM (1887) eine mittlere Jahrestemperatur von mindestens 6° C., wobei die Mitteltemperatur des Winters nicht unter 3,75° C. sinken soll, die des Frühlings soll nicht weniger als 3,6° C., diejenige des Herbstes nicht unter 5,4° C. betragen. In Mitteleuropa ist die Hainbuche völlig frosthart. Früh- und Spätfröste schaden der erwachsenen Hainbuche nicht, und auch ihre Keimlinge werden weniger leicht geschädigt als die der Rotbuche, jedoch sollen die Kätzchen unter Frost leiden. Der Lichtbedarf der Hainbuche ist nach WIESNER's Messungen etwas größer als der der Rotbuche. Nach BURKHARDT haben vor allem die Keimlinge der Hainbuche einen verhältnismäßig hohen Lichtbedarf, später verträgt *Carpinus* starke Beschattung. – In Mitteleuropa ist die Hainbuche vor allem in Laubmischwälder eingestreut; immerhin vermag sie auch kleinere Wälder zu bilden. Dies ist vor allem dort der Fall, wo die Konkurrenz der Rotbuche fehlt, wie im ganzen östlichen Europa (Baltikum, Zentralpolen, Galizien usw.), wo sich der Baum dann vor allem mit der Winterlinde vergesellschaftet, oder auch im oberelsässischen Trockengebiet. Charakteristische Eichen-Hainbuchen-Waldpflanzen (Carpion-Arten) sind vor allem *Prunus avium* L., *Tilia cordata* MILL., *Festuca heterophylla* LAM., *Stellaria holostea* L., *Potentilla sterilis* (L.) GARCKE, *Galium silvaticum* L., *Rosa arvensis* HUDS., *Melampyrum nemorosum* L. (östl. Mitteleuropa!) u. a. – An den Wurzeln findet sich wie bei *Gale*,

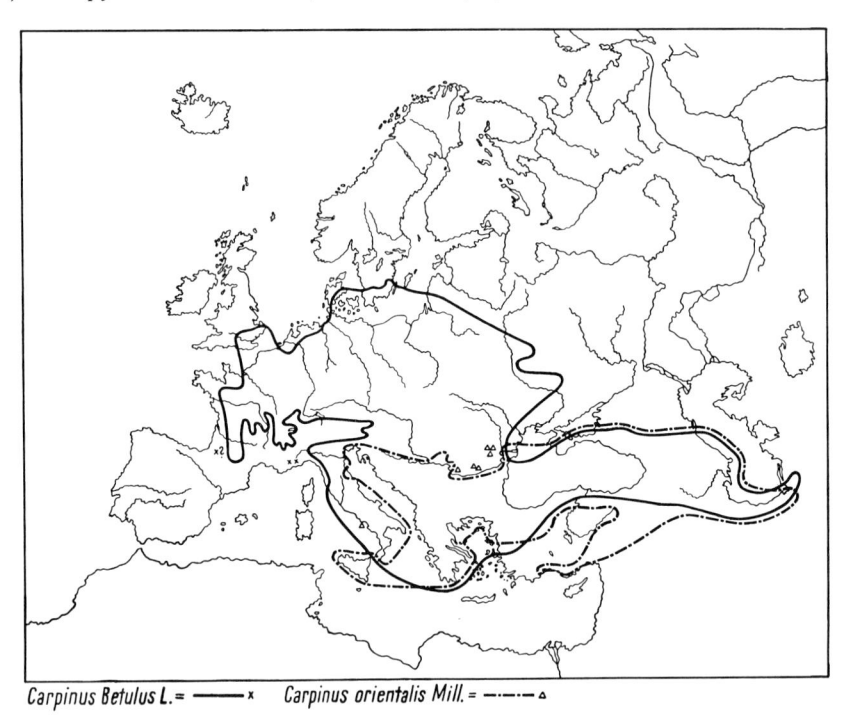

Fig. 77. Verbreitungskarte von *Carpinus Betulus* L. (nach H. MEUSEL, Halle 1957)

*Carpinus Betulus* L. geht im nördlichen Elbursgebirge von der Küstenebene bis ins Gebirge (ca. 1000–1200 m), im östlichen Teil ist die Hainbuche nur auf die Bergketten beschränkt. Im südlichen Teil des Areals siedelt sie vorwiegend in Gebirgslagen.

*Fagus, Alnus* eine *Mykorrhiza*, die nach PEKLO (1909) verschiedenen Waldschimmelpilzen aus den Gattungen *Penicillium* und *Citriomyces* anzugehören scheint. Ähnlich wie bei den Weiden sind auch Überpflanzen oder sog. Gelegenheits-Epiphyten wie etwa *Solanum Dulcamara* L., *Urtica dioica* L., *Poa palustris* L. u. a. mehrfach beobachtet worden (vgl. S. 53).

Florengeschichte. Nach FIRBAS (1949) liegen keinerlei Anhaltspunkte dafür vor, daß die Hainbuche in Mitteleuropa nördlich der Alpen in der Späteiszeit oder in der Vorwärmezeit schon vorhanden war. Das heutige Verbreitungsareal und die kräftige Entwicklung, die *Carpinus* in der Nacheiszeit in den Ostkarpaten gefunden hat, lassen vermuten, daß die eiszeitlichen Rückzugsgebiete der Art in Südosteuropa gelegen waren. Auch auf der Apenninenhalbinsel und im Südwesten der Alpen, möglicherweise in den Seealpen, dürften Rückzugsgebiete der Hainbuche zu suchen sein. Die nacheiszeitliche Ausbreitung der Hainbuche ist im Gebiet nördlich der Alpen durch ein vom Osten und Nordosten gegen Westen und Südwesten fortschreitendes Vordringen gekennzeichnet. Aus der frühen Wärmezeit liegen Pollenfunde mit einiger Regelmäßigkeit nur aus dem westlichen Ostpreußen vor, doch ist die Pollenhäufigkeit noch zu gering, um Fernverbreitung mit Sicherheit auszuschließen. Im Laufe der mittleren Wärmezeit verdichten sich die Pollenfunde in einem Ausmaß, daß die Ausbreitung der Hainbuche über einen Großteil Mitteleuropas nördlich der Alpen angenommen werden kann; südlich der Donau sind jedoch fast keine Pollenfunde zu verzeichnen. In der späten Wärmezeit erfolgte weitere Ausbreitung, mit einem Schwerpunkt in einem Gebiet zwischen dem östlichen Pommern und den masurischen Seen. Süddeutschland ist hingegen noch immer auffallend arm an Hainbuchen. Die Pollendiagramme aus der Nachwärmezeit zeigen noch immer einen Schwerpunkt der Verbreitung der Hainbuche im Nordosten des Gebietes, daneben ist der Baum aber auch schon in Nordwestdeutschland häufig geworden, in einem Gebiet zwischen Harzvorland, östlicher Lüneburger Heide und südlichem Holstein westwärts bis ins Münsterland, jedoch die Küstenstriche der Nordsee meidend. Auch in Mittel- und Süddeutschland nehmen die *Carpinus*-Werte in der Nachwärmezeit zu, obgleich diese Landschaften auch weiterhin als verhältnismäßig hainbuchenarm zu bezeichnen sind. In der älteren Nachwärmezeit scheint die Hainbuche im Gebiet nördlich der Alpen zunächst zurückgegangen, dann aber wieder angestiegen zu sein, wobei ein Maximum an Pollenwerten im ersten nachchristlichen Jahrtausend zu verzeichnen ist.

Vegetationsorgane und Anatomie. Die Hainbuche ist durch ungewöhnlich starkes Vermögen zum Ausschlagen ausgezeichnet, und es kommt daher oft zur Bildung von Wäldern aus mehrstämmigen Bäumchen. Das Holz der Hainbuche besteht, abgesehen von den Markstrahlen, aus Tracheen, Tracheiden, Holzfasern und Holzparenchym. Die Elemente des Holzes nehmen vom Zentrum des Stammes nach außen, jedes für sich, an Länge, Holzfasern und gefäßähnlichen Tracheiden im Spätholz an Wanddicke zu. Gefäßfreie, bis 0,5 mm breite, in der Richtung des Stammradius verlaufende Holzteile täuschen Markstrahlen vor. Mit ihrem Auftreten hängt der wellige Umriß der Jahresringe zusammen, da die Wellentäler gerade da sich finden, wo Scheinmarkstrahlen die Jahresringgrenze durchsetzen und die gefäßführenden Holzteile etwas vorauseilen. Der wellige Umriß der Hainbuchenstämme, auch Spannrückigkeit genannt, scheint sich auf dieselbe Ursache zurückführen zu lassen.

Blütenverhältnisse. Die Blütenstände der Hainbuche sind eingeschlechtige, gelegentlich androgyne, vielblütige hängende Kätzchen. Nach MacLeod erscheinen die männlichen und weiblichen Kätzchen ziemlich gleichzeitig mit den Blättern. Die weiblichen Kätzchen gehen aus den oberen, die männlichen Kätzchen aus den unteren Knospen vorjähriger Zweige hervor, während bei *Betula* und *Alnus* das Umgekehrte zu beobachten ist. Die Infloreszenzen stehen endständig an heurigen Sprossen, die unterhalb der männlichen Kätzchen nur Knospenschuppen, unterhalb der weiblichen einige Laubblätter bilden, von denen das oberste ein zweites Kätzchen in seiner Achsel tragen kann. Die Achselknospen des zweit- oder drittobersten Laubblattes sorgt für die Weiterentwicklung des mit Kätzchen endenden Sprosses im nächsten oder auch schon im selben Jahr.

Frucht und Same. Etwa Mitte Juli haben die Früchte ihre endgültige Größe erreicht, die Fruchtschale ist aber noch leicht mit dem Messer zu durchschneiden. Die beiden Samenanlagen, die von einem großzelligen, saftreichen Gewebe umgeben werden, sind noch gleich groß. Später, etwa im August, entwickelt sich nur eine Samenanlage weiter. Die Nüßchen reifen im Oktober, bleiben aber nicht selten den Winter über am Baume hängen. Die Ausbreitung der Samen bzw. Früchte geschieht durch den Wind. Wie bei der Linde, beim Ahorn u. a. sind die Früchte als Schraubenflieger zu bezeichnen, die sich nur bei heftigen Windstößen vom Baume loslösen und, nach Art einer Schiffsschraube sich drehend, zu Boden sinken. Die Früchte sind genau genommen Scheinfrüchte, da das Flugorgan nicht zur Frucht gehört. Die im Herbst abfallenden Früchte ruhen teilweise nur bis zum nächsten Frühjahr, die erst im Frühling abfallenden Früchte hingegen keimen gewöhnlich erst im darauffolgenden Jahr. Bei der Keimung zerfällt die Fruchtschale der Länge nach in ihre Hälften, wobei der Riß über ihre schmalen Seiten geht. Aus der Spitze der Frucht tritt zwischen den Resten des Perigons das Keimwürzelchen hervor. Das Hypokotyl streckt sich und hebt die verkehrteiförmigen, am Grunde stumpf gezähnten Kotyledonen ans Licht.

Alter. Das Alter, welches die Hainbuche erreicht, hängt sehr vom Standort ab. Meist wird sie mit 100–120 Jahren wipfeldürr, selten erreicht sie 150 Jahre, doch wollen Boppe und Jolyet 250-jährige Bäume beobachtet haben. Für äußerlich noch gesunde Stümpfe von Kopfholzbetrieb gibt Th. Hartig 250 Jahre an. Schätzungen auf 300–400 Jahre nach der Stärke von Exemplaren auf guten, kräftigen Lehmböden vergessen, daß an solchen Standorten die Ringbreite recht groß sein kann.

Bildungsabweichungen. Unter den verschiedenerlei Formen, die nach der Gestalt der Blätter unterschieden werden, ist *C. Betulus* L. f. *quercifolia* Desf. durch kurzgliederige Zweige und eingeschnittene, stumpflappige Blätter gekennzeichnet. Diese Blattform tritt mit normalen Zweigen an demselben Baum auf und verschwindet bei älteren Bäumen allmählich wieder. Buchenau sah sie an einem jungen normalen Baum bei gestörter Ernährung auftreten und allmählich wieder zurückgehen. Bei der Aussaat der Früchte von eichenblättrigen Zweigen wurden nur normalblättrige Pflanzen erhalten. Diese Form wurde von J. Haydn u. a. irrtümlich als Propfchimäre zwischen *Carpinus Betulus* L. und *Quercus Cerris* L. gedeutet. Von Wuchsformen der Hainbuche ist eine hängende Varietät in Frankreich kultiviert worden. Eine Pyramidenhainbuche hat von Kassel aus in Gartenanlagen Verbreitung gefunden. Ein Exemplar im Revier Gahrenberg bei Hann.-Münden, das bei 13–14 m Scheitelhöhe 63 cm Stammumfang hat, soll 1820 aus dem Samen einer gewöhnlichen Hainbuche entstanden sein. Auch aus Flotow wird eine ähnliche Form als wild im Wald neben vielen normalen Bäumen entstanden angegeben. Eine Form mit horizontal ausgebreiteten Ästen stellt f. *horizontalis* hort. dar.

Schädlinge. Die Uredogeneration des besonders im südlichen Teile des Florengebietes auf strauchartigen Exemplaren der Hainbuche häufigen Rostpilzes *Melampsoridium carpini* (FUCK.) DIET. befällt schon im Sommer fast alle Blätter des Strauches, deren Unterseite meist gleichmäßig mit den sehr dicht stehenden, pulverig verstäubenden orangegelblichen Uredosori bedeckt ist. Die Teleutosori entstehen erst später und meist auch viel spärlicher. Eine Äzidiengeneration dieser Art konnte bisher nicht gefunden werden. Die Überwinterung des Pilzes erfolgt durch einen Teil der Uredosporen, die auf den abgefallenen Blättern ihre Keimfähigkeit behalten.

*Mamiania fimbriata* (PERS.) CES. et DE NOT. ist ein weit verbreiteter, besonders auf Stangenholz von Hainbuchen sehr häufiger Pyrenomyzet, dessen unregelmäßig und meist locker zerstreute, glänzend schwarze, im Umriß unregelmäßig rundliche, beiderseits mehr oder weniger konvex vorgewölbte Stromata im Spätsommer erscheinen, aber erst im Winter und Frühjahr auf den abgefallenen Blättern die volle Reife erlangen. Sie enthalten dann mehrere niedergedrückt rundliche, mit zylindrischen, vorragenden Mündungen versehene Perithezien mit sehr zahlreichen, länglich spindeligen Schläuchen. Die 8 farblosen, einzelligen Sporen sind ellipsoidisch oder länglich-eiförmig.

*Taphrina carpini* ROSTR. verursacht den Hexenbesen der Hainbuche. Dieser Pilz ist zwar weit verbreitet, aber doch ziemlich selten. Auf den befallenen Bäumen sind die Hexenbesen oft in großer Zahl vorhanden, fast kugelig im Umriß, sehr dicht und können bis 1 m im Durchmesser erreichen. Die mehr oder weniger gekräuselten Blätter sind auf der Unterseite von der weißlichgrauen Fruchtschicht überzogen und sterben frühzeitig ab.

Der Diskomyzet *Pezicula carpinea* (PERS.) TUL. und die zugehörige Nebenfruchtform *Cryptosporiopsis fasciculata* (TODE) PETR. ist ein besonders in jungen, dichten Hainbuchenbeständen nicht selten anzutreffender Wundparasit. Die Infektion erfolgt durch Wunden oder durch die Reste abgebrochener, unterdrückter Äste. Das Myzel breitet sich in der Längsrichtung viel schneller aus als senkrecht dazu. Deshalb sind die befallenen Stämmchen oft auf einer Seite noch mit gesunden, beblätterten Ästchen besetzt, während die entgegengesetzte Seite schon ganz abgestorben und mit den meist in sehr dichten Längsreihen erscheinenden Fruchtkörpern des Pilzes besetzt ist. Die Apothezien der Schlauchform stehen meist in kleinen Gruppen dicht gedrängt beisammen, sind ca. 1–3 mm groß und haben im reifen Zustande eine gelbliche Fruchtscheibe, die aus dicht parallel nebeneinander stehenden, keulig zylindrischen Schläuchen und zahlreichen, oben gabelig geteilten, an der Spitze verbreiterten, ein zusammenhängendes Epithezium bildenden Paraphysen besteht. Die länglich-ellipsoidischen, zu 8 in den Schläuchen entstehenden Sporen sind lange einzellig, werden aber zuletzt durch 3 Querwände vierzellig. Die *Cryptosporiopsis* – Nebenfruchtform stimmt mit der von *Pezicula coryli* TUL. weitgehend überein, hat aber meist ein viel größeres und dickeres Basalstroma.

Gallbildungen. Eine Gallmilbe ruft die unter dem Namen *Erineum pulchellum* SCHLECHTENDAL bekannten Ausstülpungen in den Blattnervenwinkeln hervor. Diese Ausstülpungen finden sich bald nur vereinzelt, bald in größerer Zahl bis zur Besetzung aller Nervenwinkel der Mittelnerven, gelegentlich auch entlang der Seitennerven. Die Ausstülpungen erreichen 1–3 mm Größe. Das Blatt gelangt nie zur vollen Ausbildung; die Seitennerven verlaufen unregelmäßig. – *Eriophyes macrotrichus* NALEPA verursacht hochgradige Deformierungserscheinungen. Die Milbe befällt das junge Blatt im Knospenstadium. Die Blattlamina wird der Fähigkeit, längs der Seitennerven sich auszubreiten, beraubt und gleichzeitig zu schnellerem Wachstum veranlaßt, wodurch der Nerv auf dem Rücken der Blattfalte kielförmig hervortritt und in zahlreichen Schlangenwindungen verläuft.

Nutzen. Das Hainbuchenholz gehört zu den Splinthölzern. Es liefert ein weißes, feinfaseriges, schweres, hartes, sehr schlecht spaltbares, zähes und festes, aber wenig dauerhaftes Werkholz, das zu Hammer- und Axtstielen, Schrauben, Walzen, Schuhstiften, Schuhleisten, Zapfenlagern, Kammrädern der Mühlen usw. Verwendung findet. Auch besitzt das Holz hohen Brennwert und liefert eine ausgezeichnete Kohle. Da das Holz im trockenen Zustand stark unter Wurmfraß leidet, können die Stämme nicht als Bauholz verwendet werden. Das Laub diente manchenorts als Viehfutter. Da die Hainbuche ein großes Ausschlagvermögen besitzt und daher das Beschneiden sehr gut verträgt, wird sie gern zu Grünhecken oder zu Laubengängen sowie zum Kopfholz- und Schneitelbetrieb verwendet. Im 17. Jahrhundert spielte der Baum in den französischen und deutschen Gärten zur Herstellung architektonischer Formen eine große Rolle.

Volksnamen. Hagebuche (ahd. haganbuohha, mhd. hagenbuoche) gehört zu Hag (ahd. hac, hages) „Umzäunung, Einfriedigung", da sie oft als Hecke verwendet wird. In dem Namen Hainbuche liegt die zusammengezogene Form von „Hagen" vor, vgl. auch Hagebutte, Hanbutte, Hainbutte für die Frucht der Wildrose. Der zweite Bestandteil des Baumnamens geht auf die äußere Ähnlichkeit mit der Buche *(Fagus silvatica)* zurück. Niederdeutsche Formen sind Hainebäuke, Hânbooke, Haböck(en), Häbök u. ä. Nach den im Gegensatz zur Rotbuche etwas rauhen Blättern nennt man sie ab und zu (z. B. auf der Schwäbischen Alb) auch Rauhbuche. Auf das harte, zähe Holz gehen Hartbök (rheinisch), Hornbaum (Büchername), Steinbuche (z. B. in Mittelfranken). Da die Hainbuche weißes Holz hat (das der Rotbuche ist etwas rötlich), heißt sie Weißbuche (vielfach), im Niederdeutschen Wittbök(e), Wittbäuk. Ortsnamen wie Hagenbuch (Bayern, Schweiz), Hainbuch, Heimbuchenthal (bei Aschaffenburg) weisen auf den Baum hin.

**775b. C. orientalis** MILL. Syn. *C. duinensis* SCOP. Blätter viel kleiner als bei der Hainbuche, 2,5–4,5 cm lang, 12–24 mm breit; Fruchthülle eiförmig, ungelappt, gesägt. Heimat: Südöstliches Europa und Kleinasien von Sizilien und Ischia durch den ganzen östlichen Teil der Apenninenhalbinsel bis nach Friaul und Istrien, ferner ostwärts bis Westsiebenbürgen und durch die Länder der Balkanhalbinsel bis Mazedonien und Thessalien, auf der Krim und in den Kaukasusländern sowie in Südwestasien von Armenien und dem Pontus südwärts bis Kilikien.

**775 c. C. caroliniana** WALT. Ähnlich unserer Hainbuche, aber niedriger, gewöhnlich strauchartig, nur 5–6 m hoch. Blätter zuletzt oberseits tief blaugrün, im Herbst lebhaft orange bis scharlachrot. Heimat: Atlantisches Nordamerika von Quebec südwärts bis Florida, westwärts bis Minnesota, Iowa, Missouri, Texas, ferner in Mexiko und Guatemala.

## CCXI. Ostrya Scop., Flor. carniol. 414 (1760). Hopfenbuche

Bäume oder Sträucher mit schraubig gestellten, längs der Seitennerven gefalteten Blättern. Männliche und weibliche Kätzchen endständig an Langtrieben. Männliche Blüten ohne Blütenhülle, einzeln in den Achseln eiförmiger Deckschuppen zu hängenden Kätzchen angeordnet, ohne Vorblätter. Staubblätter 4–10, Staubfäden 2-teilig. Weibliche Blüten mit unscheinbarem Perigon, zu zweien in den Achseln hinfälliger lanzettlicher Deckschuppen zu lockeren Kätzchen angeordnet, jede Blüte mit einem ovalen, später zur ovalen, sackförmigen Fruchthülle sich ausbildenden Vorblatt. Frucht eine einsamige Nuß.

Die Gattung umfaßt 3 Arten. *O. carpinifolia* SCOP. ist in Südeuropa und in Südwestasien, die ihr nahestehende *O. virginiana* (MILL.) K. KOCH im atlantischen und mittleren Nordamerika sowie nah verwandte Formen in Guatemala und Costa Rica und in Japan und China einheimisch. In Guatemala und in Costa Rica erreicht die Gattung *Ostrya* das neotropische Florenreich. Ferner kommt im südwestlichen Nordamerika *O. Knowltonii* COVILLE als Endemit in Arizona vor. – Die etwa 13 fossilen *Ostrya*-Arten lassen eine stärkere und artenreichere Entwicklung der Gattung in früheren Erdperioden, namentlich im Tertiär, vermuten. Der Gattung scheint damals auch ein größeres Verbreitungsareal eigen gewesen zu sein, das sich u. a. bis Grönland erstreckte.

**776. Ostrya carpinifolia** SCOP., Fl. carniol. ed. 2, 2: 244 (1772). Syn. *O. vulgaris* WILLD. (1805), *O. italica* SPACH (1841), *O. italica* SCOP. ssp. *carpinifolia* (SCOP.) H. WINKL. (1904), *Carpinus Ostrya* L. (1753), *C. italica* SCOP. (1840). Gemeine Hopfenbuche. Franz.: Ostrie. Ital.: Carpinello, im Tessin: Carpanella, Carpan negher, Pùtan. Tschech.: Habrovec habrlistý. Taf. 84, Fig. 2, Taf. 77, Fig. 30, 31 u. 32; Fig. 78, Fig. 80c

Wichtigste Literatur. G. BECK, Die Vegetationsverhältnisse der illyrischen Länder (1901). KIRCHNER, LOEW u. SCHRÖTER, Lebensgeschichte d. Blütenpflanzen Mitteleuropas 2, 1, 191–196 (1913–14). J. MURR, Die Einschleppung u. Verwilderung von Pflanzen im mittleren Nordtirol in Botan. Zentralbl. 33, 122 (1888). R. SCHARFETTER, Die Hopfenbuche, *Ostrya carpinifolia* SCOP., in den Ostalpen in Mitt. Deutsch. Dendr. Ges. 1928, 11–19 (1928), mit Literaturverzeichnis.

Strauch oder bis 10 (–20) m hoher Baum mit anfangs glatter, weißgrauer Rinde, später mit einer längs- und querrissigen, dunkelgefärbten Borke. Krone junger Bäume mehr oder weniger kegelförmig, später mehr offen. Junge Zweige mehr oder weniger behaart. Knospen spitzkegelförmig, kahl. Laubblätter eiförmig, zugespitzt, unter der Mitte am breitesten, am Grunde fast herzförmig, 0,4–1,3 cm lang gestielt, in der Jugend an den stark hervortretenden Nerven behaart, später verkahlend, am Rande scharf doppelt gesägt, 5–10 (–13) cm lang, 2,5–6 cm breit, mit 11–17 Seitennerven, oberseits dunkelgrün, glänzend, unterseits hellgrün, zweizeilig angeordnet. Blatthälften ähnlich wie bei den Ulmen meist ungleich breit. Nebenblätter sehr hinfällig. Kätzchen mit den Blättern erscheinend. Männliche Kätzchen nackt überwinternd, schlank, leicht gekrümmt, meist paarweise oder zu dreien an Langtrieben, endständig, beim Aufblühen sich stark verlängernd, bis 12 cm lang und 5 bis 7 mm dick; Tragblätter der männlichen Blüten grünlich, an der Spitze rotbraun (Taf. 77, Fig. 30); Staubblätter 4 bis 10, Staubfäden 2-teilig (Taf. 84, Fig. 2c), Staubbeutel an der Spitze mit Haarschopf. Pollen vom *Carpinus*-Typ, aber nur 20–30µ groß, kugelig, mit 3–4 äquatorial angeordneten Poren und dünner Exine (Fig. 78). Weibliche Kätzchen anfangs aufrecht und locker, später sich zu einem hängenden, zapfenförmigen, eiförmigen, bis 6 cm langen, 1,5–3 cm breiten und dicken Fruchtstand vom Aussehen einer Hopfendolde entwickelnd, weibliche Blüten mit unscheinbarem Perigon, zu zweien in den Achseln hinfälliger, lanzettlicher Tragblätter (Fig. 80c), jede Blüter von einer sackartigen Hülle umgeben, Narben lang, rötlich; Fruchthülle wie bei *Carpinus* durch Verwachsen der beiden Vorblätter mit dem Tragblatt entstanden, groß, eiförmig, flachgedrückt-sackartig, ungeteilt, gelblich-weiß (Taf. 77), Fig. 31, 32), später aufgeblasen, bräunlich netzförmig-geädert, ganzrandig (Taf. 84, Fig. 2a), anliegend behaart, 10–25 mm lang, 6–14 mm breit, am Grunde borstig, mit kurzem, filzigem Spitzchen, je ein kleines, spitz-eiförmiges, zusammengedrücktes, glänzendes, braunes, schwach geripptes, an der Spitze meist behaartes Nüßchen (Taf. 84, Fig. 2b) einschließend. – IV bis VI.

Fig. 78. Pollenkorn von *Ostrya*, Polaransicht. Verg. 500

Vorkommen. An trockenen, warmen Steilhängen, an Felsen, an sonnigen, buschigen, steinigen Hügeln, an Waldrändern, in lichten Wäldern, auf kalkarmem und kalkreichem Substrat, vereinzelt bis etwa 1200 m, in Laas oberhalb Kötschach in Kärnten bis 1280 m, am Monte Generoso bis 1220 m, und am Monte Boglia im Tessin bis 1280 m, an der Gall bei Meran in Südtirol bis 1300 m ansteigend. Bezeichnend für die ostmediterrane Flaumeichenzone, Charakterart des südalpinen Querco-Ostryetum HORVAT 1938 (Orneto-Ostryon, Quercetalia pubescentis).

Allgemeine Verbreitung. Mittelmeergebiet vorwiegend in Gebirgslagen; auf der Pyrenäenhalbinsel nur in Hocharagonien, ursprünglich ferner auf Korsika und Sardinien, auf der Apenninenhalbinsel südwärts bis Kalabrien und auf Sizilien, im Norden bis Südfrankreich, bis zum Südfuß der Alpen und in den südlichen Alpentälern von den Alpes maritimes ostwärts bis zu den Steineralpen und dem Bachergebirge, nördlich der Hauptkette der Zentralalpen einzig in Tirol an der Solsteinkette bei Innsbruck, ferner von Südungarn und Kroatien über die Balkanhalbinsel bis Bulgarien und in den Gebirgen Griechenlands, weiterhin in Kleinasien südwärts bis zu den Taurusketten, bis zum Cassius-, Akher-Dagh- und Amanus-Massiv und ostwärts bis Armenien, Transkaukasien und bis zum Kaukasus.

Verbreitung im Gebiet. Nur in Österreich und in der Schweiz im Süden der Alpen. In der Steiermark im Bereich der Grazer Bucht nur in der Weizklamm bei Weiz, ferner in der Südsteiermark an den Abhängen längs der Drau bei Marburg, auf dem Wotsch und Donatiberg, auf der Gonobitzer Gora, bei Weitenstein, Neuhaus, in der Huda-luknja bei Wöllan und auf dem Dostberg bei Cilli, in der Talenge von Praßberg und um Sulzbach, ferner gegen Süden zu häufiger werdend bei Tüffer, Trifail, Steinbrück, Wissel, Drachenburg u. a. Allgemein verbreitet und häufig in Krain. In Kärnten zerstreut vom Süden in die Alpentäler eindringend, im Canaltal zwischen Pontafel, Malborghet und Saifnitz, um Raibl, im Bereich des Gailtales bei Arnoldstein, Nötsch, im Gebiet der Villacher Alpe, im Oselitzengraben bei Tröppolach nächst Hermagor, bei Mauthen und bis Laas oberhalb Kötschach, im Gitschtal um Weißbriach und über den Gailberg in das obere Drautal eindringend, dort zerstreut im Ochsenschluchtgraben bei Greifenburg, in der Umgebung von Oberdrauburg und in den Schoberwänden bei Pirkach, zwischen Pirkach und Otting, am Hochstadl, sowie bis Nikolsdorf in Osttirol vordringend; zerstreut im Klagenfurter Becken und in seiner Umrahmung, so um Pörtschach am Wörther See, in der Umgebung von Villach, im Bleiberger Tal und bei Paternion, ferner in den Vorbergen der Karawanken, im Rosenbachtal, an den südlichen Hängen der Sattnitz zwischen Schloß Hollenburg und Maria Rain, in der Tscheppaschlucht bei Ferlach, sowie im Bereich des unteren Drautales, z. B. um Burgstall bei Lavamünd, in der Umgebung von Bleiburg und im Feistritzgraben bei Feistritz, weiterhin im Gurktal von St. Johann am Brückl bis Eberstein. In Südtirol im Süden des Landes ziemlich allgemein verbreitet, im unteren Etschtal und in seinen Seitentälern, so in der Umgebung von Rovereto und Trient, um Pergine und Borgo, in Judikarien im Val d'Algone und um Stenico, Banale, Poja, in der Umgebung von Bozen ziemlich häufig, am Ritten bis 1100 m ansteigend, im Eisacktal bis zum Eingang des Villnößtales und bis Säben sowie zerstreut um Brixen, im Sarntale bis unter die Tanzbacheinmündung sowie im oberen Etschtal noch bestandbildend in der Umgebung von Meran, an der Gall bei Meran bis 1300 m ansteigend und im Passeiertal nordwärts bis Saltaus vordringend. Nördlich der Hauptkette der Zentralalpen in Nordtirol nur an der Solsteinkette bei Innsbruck, nämlich um Mühlau und Purenhof und angeblich auch auf der Arzler Alpe. In der Schweiz nur in Graubünden bei Misox oberhalb Grono, im Bergell-Tale zwischen Spino und Castasegna bis 740 m, im unteren Puschlav bei Perpetua, Novaglia, Campocologno, Brusio u. a. etwa bis 750 m ansteigend; ferner im Tessin besonders im südlichen Sottoceneri, am Luganer See, im Muggiotale, auf dem S. Giorgio, bei Medeglia, Isone und Castione oberhalb Bellinzona, am Monte Generoso bis 1220 m und am Monte Boglia bis 1280 m ansteigend.

Begleitpflanzen. Im Veltlin findet sich *Ostrya carpinifolia* im Orneto-Ostryon-Verband in Gesellschaft von *Quercus pubescens* WILLD., *Q. petraea* (MATTUSCHKA) LIEBLEIN, *Amelanchier ovalis* MED., *Rubus ulmifolius* SCHOTT, *Prunus Mahaleb* L., *Cytisus nigricans* L., *Trifolium rubens* L., *Coronilla Emerus* L., *Lathyrus niger* (L.) BERNH., *Geranium sanguineum* L., *Hypericum montanum* L., *Peucedanum Cervaria* (L.) LAPEYR., *Campanula bononiensis* L., *Aster Amellus* L., *Inula Conyza* DC., *Anthericum Liliago* L., *Lilium croceum* (CHAIX) SCHINZ et KELLER, *Tamus communis* L. u. a. m.

Florengeschichtliches. Aus dem heute zerstückelten Verbreitungsareal der Hopfenbuche in Steiermark und Kärnten läßt sich schließen, daß die illyrische Flora früher am Ostrande der Alpen weit nach Norden gereicht hat. Die heutigen Standorte werden von BECK u. a. Autoren als interglaziale Relikte, von SCHARFETTER u. a. als Relikte einer postglazialen Wärmeperiode aufgefaßt. Nach SCHARFETTER ist für die Fundorte in Kärnten eine Erhaltung seit der Interglazialzeit unwahrscheinlich, da sie teils vom Eise bedeckt, teils in zu geringer Entfernung von Gletscherenden lagen. Als ein Tertiärrelikt könnte nur der Fundort in der Weizklamm angesehen werden, ähnlich wie das reliktartige Vorkommen der Edelkastanie am Geschriebenstein, gleich der Weizklamm am Rande des steirischen Tertiärmeeres gelegen, als Tertiärrelikt gedeutet wird. Nach SCHARFETTER ist die Hopfenbuche nach Kärnten auf drei Wanderwegen in postglazialer Zeit gekommen, nämlich 1. von Friaul durch das Canaltal, 2. vom Isonzotal über den Predilpaß ins Gailitztal und 3. durch das Mießlingtal nach Unterkärnten. Die ersten beiden Wege treffen sich bei Arnoldstein, von da wanderte die Hopfenbuche durch das Gailtal über den Gailberg bis ins obere Drautal nach Oberdrauburg und erreichte ihren westlichsten Standort drauaufwärts bei Nikolsdorf in Osttirol. Nach Ostkärnten kam die Hopfenbuche von der Südsteiermark durch das Mießlingtal bei Lavamünd ins Drautal und von hier ins Lavanttal und ins Görtschitztal. Wenn die Schneegrenze in einer postglazialen Periode um 300 m höher lag als heute, konnte die Hopfenbuche über den Predil (1162 m), Loiblpaß (1370 m) und Seeberg (1218 m) einwandern. Es ist nicht unwahrscheinlich, daß früher die Standorte illyrischer Pflanzen im oberen Drautal bei Oberdrauburg in Kärnten und Nikolsdorf in Osttirol mit den Südtiroler Standorten im unteren Eisacktal und in der Umgebung von Bozen über das Pustertal und Franzensfeste in Zusammenhang standen. Ähnliche Verhältnisse wie in Kärnten liegen nach SCHARFETTER auch für den einzigen Fundort von *Ostrya* nördlich der Hauptkette der Zentralalpen in Tirol, nämlich am Südabhang der Solsteinkette bei Innsbruck, vor. In Südtirol steigt heute die Hopfenbuche an der Gall bei Meran bis 1300 m, um Salegg oberhalb Bozen bis 1200 m an. Der Brennerpaß liegt in 1370 m. Wird eine analoge Hebung der Schneegrenze auch für Tirol angenommen, so konnte der Brennerpaß überschritten worden und die Besiedlung der heutigen Standorte in der Solsteinkette bei Innsbruck erfolgt sein. MURR hingegen war der Ansicht, daß das Vorkommen der *Ostrya* in der Solsteinkette bei Innsbruck ein sekundäres sein dürfte; die Einwanderung der für Windverbreitung sehr begünstigten geflügelten Früchte erfolgte wahrscheinlich um 1860 durch den Föhn über die Brennerpaßlücke. Nach GAMS (brieflich) liegen zahlreiche Pollenfunde in inter- und postglazialen Ablagerungen aus den Süd- und Zentralalpen vor, wie z. B. aus dem Wipptal und dem Innsbrucker Mittelgebirge aus der postglazialen Wärmezeit. Die Annahme einer jungen Einwanderung für die von KERNER entdeckten Standorte bei Mühlau sei daher unzutreffend. Hingegen kann das vorübergehende Vorkommen am Inn bei Kufstein auf junger Anschwemmung von Mühlau her beruhen. Nach FIRBAS (1949) reichte das Verbreitungsareal von *Ostrya* möglicherweise in der späten Wärmezeit und in der Nachwärmezeit weiter nach Norden als gegenwärtig, wie dies unter anderem auch durch das heutige Vorkommen der Art bei Innsbruck angezeigt wird. Daß die Hopfenbuche hingegen in Mitteleuropa nördlich der Alpen jemals wild vorkam, ist sehr unwahrscheinlich.

Schädlinge. *Taphrina carpinifolia* MASS. verursacht keine Hexenbesen, scheint kein perennierendes Myzel zu besitzen und bildet auf einzelnen Blättern größere oder kleinere, bald absterbende und vertrocknende Flecken, auf deren Unterseite sich die zart weißlichgraue Fruchtschicht entwickelt.

Nutzen. Forstwirtschaftlich steht *Ostrya* der Hainbuche sehr nahe. Sie zeigt ein sehr rasches Wachstum und siedelt sich durch Samen an freien Stellen sehr leicht an. Sie wird kaum über 100 Jahre alt. Stellenweise ist die Hopfenbuche – auch in historischer Zeit – im Süden sicherlich viel weiter verbreitet gewesen als heute. Schuld an dem Rückgang ist vielfach der Holzfrevel, denn das Holz ist als Werkholz und zur Bereitung von Kohlen sehr gesucht.

## CCXII. **Corylus** L., Gen. plant. ed. 5, 433 (1754). Haselnuß

Sträucher oder Bäume mit schraubig gestellten, in der Knospenlage längs der Mittelnerven gefalteten Blättern. Blüten an den vorjährigen Zweigen. Männliche Blüten ohne Blütenhülle, mit je 2 eiförmigen Vorblättern, einzeln in den Achseln breit eiförmiger Deckschuppen zu hängenden Kätzchen angeordnet. Staubblätter 4, Staubfäden 2-teilig. Weibliche Blüten mit unscheinbarem Perigon, zu zweien in den Achseln hinfälliger Deckschuppen zu knospenförmigen Blütenständen vereinigt, mit einem ovalen, später zur becherförmigen Fruchthülle sich ausbildenden Vorblatt.

Frucht eine einsamige, hartschalige Nuß, von einem tiefgeteilten oder bis auf die Spitze geschlossenen, schlauchförmigen Becher umgeben.

Die Gattung umfaßt etwa 12 Arten, die alle in nördlich gemäßigten Gebieten vorkommen. Außer der bei uns einheimischen *C. Avellana* L. und den bisweilen kultivierten Arten *C. Colurna* L. und *C. maxima* MILL. findet sich *C. colchica* ALBOW und *C. pontica* K. KOCH in den Kaukasusländern, letztere auch auf der Krim, *C. ferox* WALL. im mittleren Himalaya und in Zentralchina, ferner sind in Ostasien *C. heterophylla* FISCH. in Dahurien, in der Mandschurei, östlichen Mongolei, Nord- und Zentralchina, Korea und Japan, *C. manshurica* MAXIM. und *C. brevituba* KOM. in der Mandschurei und im Amurgebiet sowie *C. Sieboldiana* BLUME und verwandte Formen in Japan einheimisch; in Nordamerika schließlich kommen *C. californica* (A. DC.) ROSE von Britisch Columbia bis Kalifornien, *C. cornuta* MARSH. von Neufundland bis Britisch Columbia und südwärts bis Georgia, Tennessee, Montana, Kansas und Colorado sowie *C. americana* WALT. von Massachusetts südwärts bis Florida und westwärts bis Minnesota und Missouri vor. – Des weiteren wurden etwa 20 fossile *Corylus*-Arten beschrieben.

Die zahlreichen Kultursorten werden von GOESCHKE (1887) in folgende 6 Gruppen oder Klassen eingeteilt:

Fig. 79. *Corylus Avellana* L. Haselstrauch (Aufn. O. FRÖHLICH)

I. Waldnüsse. Frucht klein oder mittelgroß, rund oder länglich; Schale dick, nicht gestreift; Fruchthülle 2- bis 3-blättrig, bei der Reife zurückgeschlagen. Diese Klasse mit 19 Sorten wird weiter in 2 Ordnungen mit runden oder rundlichen und mit länglichen Früchten geschieden. Stammpflanze ist *C. Avellana*. – II. Zellernüsse. Früchte groß bis sehr groß. Schale verhältnismäßig dünn, oft gestreift. Fruchthülle 2-blättrig, glockenförmig, später zurückgeschlagen. Hierher 46 Sorten, die nach der Form der Nüsse in die Ordnungen der Platt-, Rund- und Langnüsse geschieden werden. Der Name Zellernüsse soll von dem Kloster Zell bei Würzburg herrühren. Stammpflanze ist *C. pontica* K. KOCH. – III. Lambertsnüsse, auch Langbartsnüsse genannt. Stammpflanze ist *C. maxima* MILL. (vgl. S. 191). – IV. Bastardnüsse. Hier handelt es sich um Kreuzungen zwischen *C. Avellana* L. und *C. maxima* MILL. – V. Amerikanische Haselnüsse. Früchte sehr klein, platt oder seitlich flachgedrückt, mit ungemein dicker und harter Schale. Stammpflanzen sind amerikanische Haselsträucher, namentlich *C. americana* WALT. und *C. cornuta* MARSH. – VI. Baumhaselnüsse. Früchte gleichfalls klein, mit sehr dicker und harter Schale. Stammpflanze ist *C. Colurna* L. (vgl. S. 191).

Abgesehen von dieser großen Zahl von Frucht-Kulturrassen werden in Gärten nicht selten gezogen: f. *atropurpurea* PETZ. et KIRCHN. Laubblätter mehr oder weniger hellrotbraun, aber nicht so schwarzrot wie bei der f. *atrosanguinea*. – f. *aurea* PETZ. et KIRCHN. Zweige besonders im Winter gelblich; Blätter mehr oder weniger gelbgrün bis tiefgelb. – f. *glandulosa* CHRIST. Blattstiele und Fruchtbecher besonders am Grunde mehr oder weniger drüsig; wilde Form. – f. *glomerata* AIT. Früchte zu 7-10 vereinigt; gleichfalls spontan auftretend. – f. *albo-variegata* hort. Blätter weiß panaschiert. – f. *aureo-marginata* hort. Blätter golden berandet. – f. *Zimmermanni* HAHNE. Blätter am Grunde durch Zusammenwachsen der beiden Zipfel der Blattbasis tütenförmig; Westfalen: Schwelm. – f. *brachychlamys* SPACH. Fruchthülle kürzer als die Nuß. – f. *schizochlamys* SPACH. Fruchthülle länger als die Nuß, eingeschnitten gezähnt, grün oder rostfarben, samtartig, mit wenigen Stieldrüsen besetzt; Blattstiele hingegen dicht drüsig. – var. *ovata* WILLD. Frucht kugelig, ebenso breit wie lang, 11-17 mm lang. – var. *oblonga* ANDERSS. Frucht länglich, 17-19 mm lang, 11-13 mm breit. Die var. *ovata* und var. *oblonga* sind auch in den interglazialen Ablagerungen, in den Pfahlbauten und in schwedischen Torfmooren festgestellt worden.

### Schlüssel zum Bestimmen der einheimischen und kultivierten Arten:

1 Fruchthülle mehr oder weniger glockenförmig, über der Frucht nicht oder kaum zusammengezogen, aus 2 meist getrennten Blättern gebildet . . . . . . . . . . . . . . . . . . . . . . . . . . . . 2

1* Fruchthülle über der Frucht mehr oder weniger verengt und röhrenförmig verlängert; Blätter der Fruchthülle auf einer Seite oder ringsum verwachsen. Kultiviert . . . . . . . *C. maxima* MILL.
2  Fruchthülle tief, und zwar bis unter die Mitte, in zahlreiche, lange und schmale Zipfel zerschlitzt. Bäume. Kultiviert . . . . . . . . . . . . . . . . . . . . . . . . . . . . . *C. Colurna* L.
2* Fruchthülle am Rande in kurze, breite Lappen zerteilt. Sträucher . . . . . . . . *C. Avallana* L.

**777a. C. Colurna** L. Syn. *C. arborescens* MÜNCHH. Türkische Hasel oder Baumhasel. Meist baumartig, bis über 20 m hoch. Laubblätter aus tief herzförmigem Grunde rundlich bis breit-länglich, zugespitzt, oberseits dunkelgrün, unterseits heller, 7–15 cm lang, 5,5–10 cm breit. Becherhülle bis unter die Mitte in viele lange und schmale, vereinzelt grobgezähnte, zurückgebogene Zipfel zerschlitzt (Fig. 80a). Nüsse 17–20 mm lang, 12–18 mm breit, bisweilen fast breiter als lang. Heimat: Südöstliches Europa von Slavonien durch Bosnien, Herzegowina, Serbien, Mazedonien bis Thessalien und Griechenland bzw. bis Thrakien und in die Dobrudscha sowie auf der Krim; in Kleinasien durch Bithynien und Anatolien bis zum Kaukasus und durch Nordpersien bis zum Himalaya. Die Baumhasel ist in Mitteleuropa und auch noch im südlichen Skandinavien wie etwa in der Umgebung von Oslo winterhart und wird hie und da in Anlagen kultiviert. In Niederösterreich kam sie angeblich verwildert in den Wäldern um Merkenstein vor. Das Holz wird zu Schnitzwaren und Möbeln verarbeitet.

**777b. C. maxima** MILL. Syn. *C. tubulosa* WILLD. Lamberts-Hasel. Engl.: White oder Red Filbert. Franz.: Noisetier tubuleux, Noisette de Lombardie. Bis 5 m hoher Strauch, ähnlich der *C. Avellana* L., jedoch kräftiger im Wuchs. Fruchtbecher geschlossen oder einseitig gespalten, oben stark verengt, zerschlitzt, weich samtartig und drüsenhaarig, viel länger als die Frucht. (Fig. 80b) Früchte einzeln oder zu 2–8 auf gemeinschaftlichem Stiele beieinanderstehend, zusammengedrückt, etwas verlängert, fast walzlich, 2–2,4 cm lang, 1,4–1,5 cm breit. Heimat: Im südöstlichen Europa in Kroatien, Thrakien und Makedonien, auf der Krim und im Kaukasus sowie in Kleinasien im Pontusgebiet. Wird seiner großen und wohlschmeckenden Früchte wegen nicht selten in Gärten kultiviert, ist aber in Norddeutschland nicht frosthart. Gelegentlich wird die Art an Zäunen oder in Obstgärten verwildert angetroffen, so im Grunewald in Berlin, in der Steiermark bei Vordernberg, in der Südsteiermark bei Kötsch und Pöltschach in der Umgebung von Marburg, ferner in Oberösterreich am Grünberg bei Gmunden. Kommt in der Kultur auch rotfrüchtig („Rote Lampertsnuß") oder als „echte Bluthasel" mit tief- bis schwarzroten, zuweilen metallisch glänzenden Blättern vor (f. *atrosanguinea* hort.). – Nach dem bartartig zerschlitzten Fruchtbecher heißt *C. maxima* Bartnuß, nach ihrer Einführung aus Italien bzw. der Lombardei [mhd. Lampardie bedeutet Lombardei, aber auch Italien überhaupt] Lampertische Nuß (so schon im 16. Jahrhundert), Lammersche Nott, Lammersnott (niederdeutsch), Lampesche oder Lambersche Nuß (rheinisch), Lambertsnuß (Büchername) und daraus umgedeutet Langbartnuß.

Fig. 80. *a* Fruchtstand von *Corylus Colurna* L. *b* ebenso von *C. maxima* Mill. *c* Weibliche Blütengruppe von *Ostrya carpinifolia* SCOP. *d* Diagramm der dichasialen Blütengruppen der Betulaceen (*d* Tragblatt, *b* Mittelblüte mit ihren beiden Vorblättern α und β, *b¹* die beiden Seitenblüten mit ihren Vorblättern α¹ und β¹). *e* Diagramm der männlichen Blüten von *Corylus Avellana* L. *f* Diagramm einer weiblichen Blütengruppe; die Mittelblüte (*) ist abortiert. *g* und *h* unterirdische Keimung der Haselnuß (bei *g* sind die beiden dicken Kotyledonen aus der Nuß herausgetreten). *i* Längsschnitt durch die junge Frucht (mit 2 Samenanlagen). Fig. *g* und *h* nach GOESCHKE

**777c. Corylus Avellana** L., Spec. plant. 998 (1753). Syn. *C. silvestris* SALISB. (1796). Gewöhnliche Hasel oder Haselstrauch. Dän.: Hassel, Nöddeburk. Engl.: Hazel, Cob-nut. Franz.: Noiseteir, Avelinier, Coudrier. Ital.: Nocciulo, Nocciolo, Avellano. Sorbisch: Leska, Lesk. Poln.: Leszczyna pospolita, Orzech laskowy. Tschech.: Liska obecná. Taf. 84, Fig. 1, Taf. 77, Fig. 25, 26 u. 27;
Fig. 81, 82 u. 83

Wichtigste Literatur. L. ADAMOVIĆ, Die Vegetationsverhältnisse der Balkanländer 280 (1909). G. BECK, Die Vegetationsverhältnisse der illyrischen Länder (1901). G. ANDERSSON, Hasseln i Sverige in Sver. Geol. Unders. 3 (1902). C. F. GAERTNER, Versuche und Beobachtungen über die Befruchtungsorgane der vollkommeneren Gewächse

562 (1844). G. GAILINGER, Die Grignagruppe am Comersee in Beih. Botan. Zentralbl. **24**, 2, 119–420 (1909). GOESCHKE, Die Haselnuß, ihre Arten u. ihre Kultur (1887). O. HAGERUP in Naturens Verden, Kobenhavn 1941–42. KIRCHNER, LOEW u. SCHRÖTER, Lebensgeschichte d. Blütenpflanzen Mitteleuropas **2**, 1, 146–166 (1913). L. KNY, Ein Versuch zur Blattstellungslehre in Ber. Deutsch. Botan. Ges. **16**, 60–64 (1898). A. SCHULZ, Beiträge zur Morphologie u. Biologie der Blüten in Ber. Deutsch. Botan. Ges. **10**, 306–308 (1892).

Etwa 1 bis 4 (20) m hoher Strauch (Fig. 81) oder seltener kleiner Baum. Rinde der mehrjährigen Triebe rötlich- oder weißlichgrau, glatt, glänzend, von braunen Korkwarzen durchsetzt; eine Borke fehlt. Zweige grau, in der Jugend ebenso wie die Blattstiele drüsig-rauhhaarig, oft auffallend rotborstig, ohne echte Gipfelknospe. Laubblätter an schwächeren Zweigen zweizeilig, an

Fig. 81. *Corylus Avellana* L., Haselstrauch, vollblühend (Aufn. G. EBERLE)

kräftigen Trieben ringsum angeordnet, 0,5–1 (–2) cm lang gestielt, meist rundlich-verkehrt-eiförmig, am Grunde etwas herzförmig, am oberen Ende in ein mehr oder weniger ausgeprägtes, kurzes Spitzchen vorgezogen, schwach eckig-gelappt, grob doppelt-gesägt, bis 13 cm lang, 6–10 cm breit, an Schößlingen auch größer, oberseits zerstreut behaart, unterseits besonders an den Nerven flaumig-behaart, zuweilen etwas ungleichhälftig, unterseits heller, mit stark hervortretenden Nerven. Nebenblätter eiförmig, stumpf, frühzeitig abfallend. Kätzchen vor dem Laubausbruch blühend; die männlichen geschlossen überwinternd, länglich, walzlich, bis 8 (10) cm lang, meist zu 2 bis 4 beieinanderstehend. Männliche Blüten ohne Blütenhülle, mit je zwei eiförmigen Vorblättern, einzeln in den Achseln von breit-eiförmigen, gelbbraunen, flaumigen Tragblättern. Vorblätter (a, b) mit dem Tragblatt (d) verwachsen (Taf. 77, Fig. 26, 27). Staubblätter 4, gespalten (Taf. 84, Fig. 1c), daher scheinbar 8. Staubbeutel mit endständigem Haarschopf. Pollen an den Polen abgeplattet, mit nahezu glatter Wand und 3 einfachen unbehöften Poren, die äquatorial angeordnet sind und in Polaransicht die Ecken eines sphärischen Dreiecks bilden. Äquatorialdurchmesser 22–32 µ, Polachse 18–15 µ (Fig. 83). Weibliche Blütenstände den Laubknospen ähnlich, jedoch von diesen durch die roten Narben deutlich verschieden, sehr klein, aufrecht, sitzend (Taf. 84, Fig. 1b), zur Zeit des Stäubens der männlichen Blüten noch im Knospenzustand, ca. 0,5 cm lang, aus mehreren kleinen, trugdoldenartigen Blütenständen zusammengesetzt. Jedes Trugdöldchen durch Fehlschlagen der Mittelblüte meist 2-blütig (Taf. 77, Fig. 25).

Weibliche Blüten mit unscheinbarem Perigon, in der Achsel von hinfälligen, behaarten Tragblättern. Perigon mit dem Fruchtknoten verbunden, mit freiem, gezähneltem Rand. Narben 2, fadenförmig, purpurrot (Taf. 84, Fig. 1b). Fruchtbecher glockenförmig, offen, unregelmäßig zerschlitzt, so lang oder länger als die Frucht, zuletzt verholzend. Nuß anfangs gelblich-weiß, später bis auf den Scheitel braun, breit-eirund oder mehr oder weniger gestreckt, oben meist spitz und 2-kantig, 1,5–2 cm lang, im Herbst ausfallend, einzeln oder meist zu mehreren, und zwar bis zu 12, beieinanderstehend. Samenhaut dünn, gelbbraun. Nüsse ursprünglich 2-fächerig, in jedem Fach mit 1, seltener 2 hängenden Samenanlagen (Fig. 80i), später aber zufolge Weiterentwicklung nur 1 Samenanlage 1 Samen enthaltend. – II bis IV.

Vorkommen. Häufig und oft bestandbildend als Unterholz in krautreichen Laubmischwaldgesellschaften auf frischen, lockeren, tiefgründigen und nährstoffreichen Lehmböden in sommerwarmer, aber nicht zu trockener Klimalage. Infolge Niederwald- und Waldweidebetrieb bisweilen

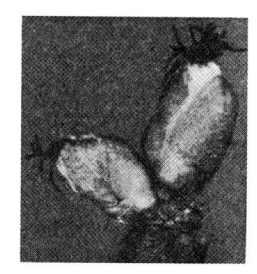

Fig. 82. 2 weibliche Blüten. (Aufn. Th. Arzt)

Fig. 83. Pollenkorn von *Corylus*, a) Äquatorial-, b) Polaransicht. Vergr. 500

Buschwälder bildend, vor allem als Ersatzgesellschaft von Rotbuchenwäldern im Gebirge, seltener auch von Ulmen- oder Erlenauenwäldern in den Tallagen, territoriale Charakterart verschiedener Haselbuschgesellschaften, z.B. des Coryleto-Populetum Br.-Bl. 1938 (Berberidion) in den Zentralalpen oder des Rubo-Coryletum (Rubion subatlanticum) im Schwarzwald. Auf Blockschutthalden des Gebirges auch in natürlichen Dauergesellschaften.

Allgemeine Verbreitung. Fast ganz Europa nördlich bis zu den Orkney-Inseln, an der Westküste Norwegens bis 68° n. Br., in Schweden bis 64° n. Br., in Finnland bis 63° n. Br. und im nördlichen europäischen Rußland bis zum Ladogaseegebiet; ferner in den Kaukasusländern und in Kleinasien; im Süden des Areals nur in Gebirgslagen, fehlt im engeren Mittelmeergebiet.

Verbreitung im Gebiet. Vom Norddeutschen Tiefland über die Deutschen Mittelgebirge im Harz bis 810 m, und im Erzgebirge auf der sächsischen Seite bis 800 m ansteigend, über das Süddeutsche Becken- und Stufenland bis in die Voralpen, in die Alpentäler und in die subalpine Stufe der Hochalpen im Durchschnitt bis etwa 1200 m ansteigend, vereinzelt nicht selten auch höher, so in Kärnten im oberen Drautale bis 1600 m, in der Umgebung von Innsbruck bis 1530 m, in Graubünden im Bergell-Tale in südexponierter Lage bis 1730 m und im Puschlav bis 1810 m beobachtet. Der Haselstrauch ist wenig winterhart. In den Knicks (Wallhecken) Schleswig-Holsteins findet er sich vorzugsweise auf der Ostseite. Demnach hat er mit 17–25% den größten Anteil unter den Sträuchern des Knicks.

Begleitpflanzen. Die Hasel ist auf etwas fruchtbarem Boden fast überall anzutreffen, arme Sand- und Sumpfböden meidet der Strauch im allgemeinen, kommt jedoch auch in Schwarzerlen-Beständen vor. Nördlich der Alpen ist die Hasel vielfach als Unterholz in Buchen- und Eichenwäldern sowie auch am Saum von Fichtenwäldern zu beobachten. Am Südfuß der Alpen hingegen nimmt sie bis über 1300 m nicht selten einen hervorragenden Anteil an der Zusammensetzung der Buschvegetation, wo sie bis 90% des Buschwaldes ausmachen kann und der Landschaft ein charakteristisches Gepräge gibt. In solchen Buschwaldgesellschaften findet sich die Hasel in Begleitung von *Ostrya carpinifolia* Scop., *Populus tremula* L., *Berberis vulgaris* L., *Clematis Vitalba* L., *Sorbus Aria* (L.) Cr., *Rosa rubrifolia* Vill., *R. glauca* Vill., *Crataegus monogyna* Jacq., *Cornus sanguinea* L., und ferner den folgenden Kräutern: *Rumex scutatus* L., *Silene nutans* L., *S. italica* (L.) Pers., *S. rupestris* L., *Dianthus atrorubens* All., *Potentilla argentea* L., *Laburnum anagyroides* Med., *Cytisus hirsutus* L., *Medicago lupulina* L., *Geranium sanguineum* L., *G. nodosum* L.,

*Chaerophyllum aureum* L., *Pimpinella saxifraga* L., *Laserpitium latifolium* L., *Daucus Carota* L., *Symphytum tuberosum* L., *Prunella vulgaris* L., *Melittis Melissophyllum* L., *Lamium Orvala* L., *Clinopodium vulgare* L., *Verbascum Chaixii* Vill., *Galium aristatum* L., *Achillea Millefolium* L., *Carduus defloratus* L., *Cirsium Erisithales* (Jacq.) Scop., *Prenanthes purpurea* L., *Hieracium Pilosella* L., *H. silvaticum* (L.) Grufberg, *Luzula nivea* (L.) DC., *Orchis maculata* L., *Listera ovata* (L.) R. Br. u. a. m. Nach R. Keller dürfen wir den Haselbusch als eine künstliche, zoogene, d. h. durch Tiere stark beeinflußte Pflanzengesellschaft bezeichnen, welche teils durch die Bewirtschaftung des Menschen, teils durch die Folgen des Weideganges entsteht. Ferner kommt die Hasel im Süden auch in Kastanien- und Grauerlenbeständen vor. Im Karstwald findet sich *Corylus* gleichfalls häufig als Ober- oder Unterholz vor neben *Celtis australis* L., *Pirus Piraster* (L.) Borkh., *Prunus spinosa* L., *P. Mahaleb* L., *Pistacia Terebinthus* L., *Acer monspessulanum* L., *Rhamnus fallax* Boiss., *Tilia cordata* Mill., *Fraxinus Ornus* L., *Viburnum Opulus* L., *Lonicera etrusca* Santi u. a. An der Grigna di Lecco am Comer See z. B. bildet die Hasel einen Zwischengürtel zwischen der Eichen-Hopfenbuchen-Stufe und der Buchenstufe. In diesem Haselbuschwald wurden von Gailinger als Begleitpflanzen die folgenden beobachtet: *Alnus incana* (L.) Mnch., *Ostrya carpinifolia* Scop., *Fagus silvatica* L., *Quercus petraea* (Mattuschka) Lieblein, *Populus tremula* L., *Salix caprea* L., *Berberis vulgaris* L., *Rubus caesius* L., *Rosa arvensis* Huds., *Sorbus Aucuparia* L., *Crataegus monogyna* Jacq., *Laburnum anagyroides* Med., *Acer campestre* L., *Rhamnus Frangula* L., *Tilia cordata* Mill., *Cornus sanguinea* L. und *Viburnum Lantana* L., ferner an Kräutern: *Asarum europaeum* L., *Saxifraga cuneifolia* L., *Astrantia maior* L., *Cyclamen europaeum* L., *Galium vernum* Scop., *Galium aristatum* L., *Aposeris foetida* (L.) Less., *Luzula nivea* (L.) DC. sowie *Pteridium aquilinum* (L.) Kuhn.

Florengeschichte. In postglazialen Moortorfschichten der Deutschen Mittelgebirge wurden verschiedentlich Haselnüsse 300–500 m oberhalb der heutigen Verbreitungsgrenze der Hasel gefunden. Schon im Jahre 1713 maß v. Carlowitz dem ersten dieser Funde im Erzgebirge eine historische Bedeutung bei und bemerkte, daß sie nicht mit der heutigen Verbreitung des Haselstrauches im Einklang stehen. Beobachtungen ähnlicher Art wurden in der Folgezeit in fast allen Deutschen Mittelgebirgen gemacht (vgl. Firbas 1949, p. 155) und fanden durch die klassischen Untersuchungen G. Andersson's (1902) über die ehemals viel weiter nach Norden reichende Verbreitung von *Corylus* in Schweden eine wesentliche Bestätigung. Die wichtige Rolle, die die Hasel in der nacheiszeitlichen Vegetationsgeschichte gespielt hat, wurde aber erst durch die Pollenanalyse näher geklärt. Danach hat sie sich in Mitteleuropa der Nacheiszeit früh, rasch und sehr kräftig ausgebreitet. Laut vielen Pollendiagrammen wanderte sie in die lichten Birken-Kiefernwälder der Vorwärmezeit innerhalb kurzer Zeit ein und leitete rasch zu einer eigenen Waldperiode über, der borealen Haselzeit während der frühen Wärmezeit, die in das ältere Mesolithikum fällt. In dieser Zeit war *Corylus* im Pollenniederschlag den lichtbedürftigen Holzarten Birke und Kiefer mengenmäßig weit überlegen und bildete wahrscheinlich in vielen Landschaften eigene „Haselhaine". Im ozeanischen Flachland, aber auch bis in die höchsten Lagen der Mittelgebirge werden für diese Zeit besonders große Mengen *Corylus*-Pollen verzeichnet, und der *Corylus*-Anteil im Pollenspektrum war nahe und über der heutigen oberen Verbreitungsgrenze der Hasel meist größer als in tieferen Lagen. Erst die Ausbreitung des Eichenmischwaldes zu Beginn der mittleren Wärmezeit bereitete der Haselvorherrschaft ein Ende. In vorgeschichtlicher Zeit, besonders im Mesolithikum, aber auch später (Neolithikum, Bronzezeit) war die Hasel, wie viele Funde belegen, eine wichtige Sammelfrucht. – Für die Interglazialzeiten ist *Corylus* in Mitteleuropa durch Pollen- und Großrestfunde regelmäßig belegt. Ihre Ausbreitung im letzten Riss-Würm-Interglazial erfolgte aber im Gegensatz zum Postglazial erst, nachdem die Holzarten des Eichen-Mischwaldes wieder eingewandert waren.

Blütenverhältnisse. Die Blüten sind an verschiedenen Standorten bald homogam, bald proterandrisch, bald proterogyn. Das erstere ist namentlich in einem kalten Frühjahr zu beobachten, während in einem warmen Frühling die männlichen Blüten vor der endgültigen Entwicklung der weiblichen Blüten den Pollen verstäuben. Gelegentlich sind auch schon zwitterige Blüten festgestellt worden.

Frucht und Samen. Die Haselnüsse reifen im Süden schon im August, in südlicheren Gegenden Mitteleuropas in der zweiten Septemberhälfte, im Norden jedoch erst Mitte Oktober. Dieser trotz der frühen Blütezeit späte Reifetermin steht damit in Zusammenhang, daß während der Entwicklung der vegetativen Organe das Wachstum der Früchte nur wenig Fortschritte macht. Dieses wird erst lebhafter, nachdem die Zweige sich völlig entfaltet haben. Die Frucht von *Corylus* ist eine einsamige Nuß. Die zweite Samenanlage findet sich als ein etwa 1 mm langes Schüppchen an der Spitze des Samens, von ihm durch den fadenförmigen Rest der Mittelachse der Frucht getrennt. Doch werden gelegentlich auch zwei- und dreisamige Nüsse gefunden. Die Schale zeigt im Querschnitt unter einer glatten engzelligen Epidermis bis zur Hälfte ihrer Dicke Sklerenchymzellen von rundlichem Querschnitt, hierauf ein Palisadensklerenchym, dessen Zellen senkrecht zur Schalenoberfläche gestreckt sind. Die innersten, dicht miteinander vereinigten Sklerenchymzellen gehen in ein großzelliges Parenchym mit dünnen Wänden über, das die Innenseite der Fruchtwand auspolstert. Die Kotyledonen enthalten sehr viel Stärke, 58,82% Fett und 18,73% Rohprotein. Das Öl besteht hauptsächlich aus Glyceriden der Ölsäure und wenig Palmitinsäure; es hat große Ähnlichkeit mit dem Mandelöl. Das Proteid der Haselnuß, Corylin, ist den Proteiden der Walnuß ähnlich. An Hecken, Rainen und anderen freien Orten tragen die Haseln fast alljährlich Früchte, in Buschwaldbeständen hingegen kehren Samenjahre alle 3–4 Jahre wieder, und in dichten Beständen entwickeln sich die Früchte meist nur sehr spärlich. GÄRTNER gibt Fruchtungsvermögen für *Corylus* an, d. h. sie soll die Fähigkeit besitzen, ohne Befruchtung Früchte und embryolose Samen zu erzeugen.

Die Ausbreitung der Haselnuß geschieht wie die der Buchel und Eichel durch Tiere, und zwar recht wirksam, wie das häufige Auftreten von Haselkeimlingen überall in der Umgebung eines mit Haseln bestandenen Haines oder Waldrandes beweist. Sehr viel trägt zur Ausbreitung die Spechtmeise *(Sitta europaea)* bei, die sich besonders in Laubwaldungen aufhält. Der Vogel klemmt die reifen Haselnüsse in Baumspalten und öffnet sie mit kräftigen Schnabelhieben. Die Härte der Schale begünstigt die Ausbreitung insofern, als ihre Öffnung Zeit kostet und damit die Wahrscheinlichkeit steigt, daß das Tier im Genuß gestört wird oder die Frucht verliert. Auch legt der Vogel Vorratskammern an, in denen sich neben verschiedenen ölhaltigen Sämereien auch Haselnüsse finden. Außerhalb der Wälder trägt für die Ausbreitung der Haselnüsse vor allem der Nußhäher bei.

Keimung und Entwicklung. Die Früchte fallen im Herbst aus. Ihre Keimfähigkeit bleibt meist nur bis zum nächsten Frühjahr erhalten. Die Keimung erfolgt wie bei der Eiche unterirdisch. Die Fruchtschale öffnet sich unter dem Druck des sich entwickelnden Samens und klafft in Hälften auseinander. Keimlingswurzel und Plumula werden durch die Kotyledonarstiele aus dem Fruchtinneren herausgeschoben. Die Kotyledonen hingegen verbleiben in der klaffenden Fruchtschale und werden allmählich ausgesaugt. Die Basen der Kotyledonen sind ähnlich wie bei *Quercus* an der Außenseite ihrer Stiele zu je zwei fleischigen Schuppen herabgezogen, die als rudimentäre Nebenblätter gedeutet werden. Den Kotyledonen, die Knospen in ihren Achseln tragen, folgen einige kleine Primärblätter, dann normale Laubblätter. Die Blattanordnung ist schließlich gewöhnlich eine $1/3$-Stellung. Diese oder eine ähnliche Spiralstellung bleibt der Hauptachse erhalten, so daß das junge Bäumchen von Anfang an radiär gebaut ist.

Bildungsabweichungen. Die Blütenstände der Hasel sind bisweilen Abänderungen unterworfen. Die männlichen Kätzchen, die sich in der Regel zu 3–5 auf kurzen Trieben in Laubblattachseln entwickeln, werden bisweilen quastenartig vermehrt. Abänderungen in weiblichen Kätzchen sind verhältnismäßig gering. Beobachtungen von H. F. SCHMIDT über das Vorkommen großer Büschel dicht gedrängter Nüsse am Ende der gestreckten Blütenstandsachse lassen auf Blütenvermehrung in weiblichen Kätzchen schließen.

Schädlinge. Die Erysiphacee *Phyllactinia suffulta* (REB.) SACC. entwickelt im Spätsommer auf der Blattunterseite ein sehr zartes, spinnwebartiges, weißliches, ganz oberflächliches Myzel, auf dem die unregelmäßig und meist sehr locker zerstreuten, kugeligen, sehr kleinen Perithezien sitzen, die einige dick keulige oder länglich ellipsoidische Schläuche mit 4–8 ellipsoidischen oder länglich-eiförmigen Sporen enthalten. Der Pilz verursacht keinen Schaden.

*Cryptosporiopsis grisea* (PERS.) PETR., die Nebenfrucht des viel selteneren Diskomyzeten *Pezicula coryli* TUL., ist wahrscheinlich ein Schwächeparasit, der dort, wo *Corylus* an schattigen Stellen als Unterholz auftritt, häufig anzutreffen ist. Die Fruchtkörper dieses Pilzes sind kleine, im Umriß mehr oder weniger rundliche Sporenlager, die sich unter dem Periderm entwickeln. Sie bestehen aus einem flachen, weißlichen oder gelblichweißen Basalstroma, welches von den sehr dicht stehenden Konidienträgern überzogen wird, auf dem die ellipsoidischen oder länglich eiförmigen, einzelligen, farblosen Konidien entstehen, die durch Risse der Epidermis als weißlich-graue Ranken entfernt werden.

Gallbildungen. Nicht selten findet man im Herbst die Knospen der Hasel von einer Gallmilbe, *Eriophyes*, befallen. Die Milbe verbleibt während des Winters in den Knospen. Im Frühling beginnen sich die Gallen zu bräunen und zu vertrocknen. Die Milben verlassen nun die Gallen und befallen sofort wieder die neuen Knospen junger Triebe. Wird gegen die Milbe nicht eingeschritten, kann ein Haselstaudenhain an Stelle der Blatt- und Blütenentfaltung grünlich-rötliche Mißbildungen oft zu Tausenden aufweisen.

Nutzen und Kultur. Die Kultur der Hasel ist sehr alt. Schon im Altertum wurde sie bei den Griechen und Römern gepflogen. Auch von den naturwissenschaftlich und landwirtschaftlich orientierten Schriftstellern der Griechen und Römer, wie THEOPHRAST, PALLADIUS, CATO, PLINIUS, VERGIL wird die Hasel erwähnt, ohne daß wir jedoch genau wüßten, um welche Arten es sich hierbei handelt. Nach WITTMACK wurden Reste von *Corylus Avellana* auch in Pompeji (79 n. Chr.) nachgewiesen, ebenso in der römischen Niederlassung Vindonissa in der Schweiz. Heute bildet die Haselnuß namentlich im Süden und Südosten Europas und in Kleinasien einen wichtigen Handelsartikel. Aus der Umgebung von Kerasun im nördlichen Anatolien wurden im Jahre 1903 228580 Zentner Haselnüsse geerntet. Wie im Altertum versendet auch heute die Stadt Avellino in Campanien (Süditalien) ganze Schiffsladungen von Haselnüssen. Größere Kulturen befinden sich auch in Spanien und in Südfrankreich sowie in Böhmen. Die Haselnuß dient als Dessertobst und kann im Haushalt vielfach an Stelle von Mandeln Verwendung finden. Aus den Früchten wird ein wohlschmeckendes, fettes Speiseöl, das Haselnußöl (ca. 60%) hergestellt, welches in der Ölmalerei sowie in der Parfümerie geschätzt wird. Das heiß gepreßte Öl kommt als Brenn- und Maschinenöl in den Handel und wird auch in der Seifenfabrikation herangezogen. Das weiche, feine, gut spaltbare, aber wenig dauerhafte Holz wird zu Faßreifen, Klärspänen in der Bier- und Essigfabrikation, in der Drechslerei und Tischlerei, zur Herstellung des schwarzen Schießpulvers sowie zu Brenn- und Zeichenkohlen verwendet. Die Ruten liefern Material zu Faschinen ähnlich wie verschiedene Weiden, ferner zu Spazierstöcken, Korbbügeln, Armbrustbogen, Ausklopfstäben u. a. Als Brennholz übertrifft das Haselholz dasjenige der Birke. Das Laub wird von Ziegen und Schafen gefressen. Wegen der zeitigen Entwicklung der Blüten im ersten Frühjahr kommt der Haselnuß schließlich Bedeutung als Bienenfutterpflanze zu.

Volksnamen. Der Name Hasel (ahd. hasal) ist urverwandt mit lat. corulus (später corylus). Hier ist das stimmhafte s in r übergegangen (in der Sprachwissenschaft als Rhotazismus bezeichnet). Die niederdeutsche Form lautet Hassel, die alemannische Hasle. Für den Strauch sind zusammengesetzte Namen häufig wie Haselter, Häselter(rheinisch), Haselstaude, -busch. Im Gegensatz zum Nußbaum *(Juglans regia)* ist die Hasel der Nußstrauch, im Niederdeutschen der Notestruk. Um Hamburg ist die Hasel der Klöterbusk, ihre Frucht sind die Klöternöte (zu klätern, klötern „klappern"). Der Name Zellernuß (so schon Ende des 16. Jahrhunderts bei MATTIOLI, der von den Zellernüssen schreibt: „wachsen viel im Land zu Francken um Würtzburg") gilt für eine Kultursorte, deren Stammpflanze *C. pontica* K. KOCH ist. Sie soll diesen Namen nach dem Kloster Zell bei Würzburg führen. Eine große Anzahl von Benennungen haben (besonders in der Kindersprache) die männlichen Blütenkätzchen der Hasel, z. B. Würstlein (fränkisch), Chutscheli [eigentlich „Kälbchen"] (Zürich), Maukätzchen, Mimkätzchen, Musekätzchen (rheinisch), Busili [eigentlich „Kätzchen"]. Haselbüsili (Schweiz), Schäfchen (Thüringen), Lemmerkens, Lämmerken [„Lämmchen"] (niederdeutsch), Lämmerschwänze (Oberhessen), Hammelschwänzchen (Thüringen) u. ä. – Die Hasel spielt eine große Rolle im Volksglauben und -brauch. Vielfach ist sie ein Fruchtbarkeitssymbol (wie die Nüsse überhaupt), was schon aus dem Volksspruch hervorgeht: „Viel Haselnüsse, viel uneheliche Kinder." Wenn der Strauch reichlich blüht, so gibt es in diesem Jahre wenig Jungfrauen (Altbayern, Franken). Die Hasel soll vom Blitze verschont bleiben, was das Volk damit begründet, daß die Gottesmutter auf der Flucht nach Ägypten unter diesem Strauch Schutz vor einem Gewitter fand. Mit einem Haselzweig kann man eine Giftschlange töten, wenn man sie damit nur leicht berührt. Wenn es am Margarethentag (20. Juli) regnet, dann werden die Haselnüsse wurmig: „Regnet's an Margareten – So geh'n die Nüsse flöten" oder „Auf Margareten Regen und Sturm – Bringt der Haselnuß den Wurm." – Viele Orts- und Flurnamen nehmen auf den allgemein bekannten und geschätzten Strauch Bezug, z. B. Haslach (ein Kollektivum, das ähnlich wie Aspach [von Aspe, Espe] eine Ansammlung von Haselsträuchern bedeutet. Allein in Bayern gibt es nicht weniger als 36 Orte, Weiler, Einöden usw., die Haslach heißen. Häsloch, Hesselloh (z. B. Großhesselohe und Kleinhesselohe bei München), Hesselhurst (Baden) [zu Hurst „Strauchwerk, Gebüsch"], Hasli (Schweiz). Auch Familiennamen wie Hasler, Hassel, Häsler, Haselbeck, Haselbrunner, Hasselquist [zu schwed. qvist „Zweig"] gehören hierher.

## 36. Familie. Fagaceae

A. Br. in Aschers., Fl. Prov. Brandenb. 1 : 62, 615 (1864). Syn. *Cupuliferae* L. C. Rich., Anal. fruit. 32, 92 (1808), pr. p.

### Buchengewächse

Wichtigste Literatur. F. Firbas, Spät- und nacheiszeitl. Waldgeschichte Mitteleuropas nördlich der Alpen, Jena 1949–52. Fernald, Gray's Manual of Botany, 8th. Ed. 539–550 (1950). H. Hjelmquist, Studies on the floral Morphology and Phylogeny of the *Amentiferae* in Botaniska Notiser, Supplement 2, 1, 77–121 (1948). E. Irmscher, Pflanzenverbreitung und Entwicklung der Kontinente in Mitteil. d. Instit. f. allg. Botanik in Hamburg, 1. Teil (1922), 2. Teil (1926). E. Janchen, Die Herkunft der Angiospermenblüte und die systematische Stellung der Apetalen in Österr. Botan. Zeitschr. 97, 129–167 (1950). O. Porsch, Geschichtliche Bewertung der Kastanienblüte in Österr. Botan. Zeitschr. 97, 269–321 (1950). K. Prantl, Beiträge zur Kenntnis der Cupuliferen in Englers Botan. Jahrb. 8, 321–336 (1887). K. Prantl in Engler u. Prantl, Natürl. Pflanzenfam. 3, 1, 47–58 (1894). R. Scharfetter, Biographien von Pflanzensippen 50–67 (1953). O. Schwarz, Entwurf eines natürlichen Systems der Cupuliferen und der Gattung *Quercus* L. in Notizbl. Botan. Gart. u. Mus. Berlin-Dahlem 13, 1–22 (1936). O. Schwarz, Monographie der Eichen Europas, besonders des Mittelmeergebietes in Fedde, Repert. spec. nov. Sonderheft [soweit erschienen] 1–160 (1936–37). H. Solereder, Systematische Anatomie der Dikotyledonen 889–896 (1899).

Sommer-, winter- oder immergrüne Bäume oder seltener Sträucher, mit schraubig oder an den abstehenden Seitenzweigen meist 2-zeilig angeordneten, ungeteilten bis tief fiederspaltigen Blättern. Nebenblätter die Knospenschuppen bildend, meist frühzeitig abfallend. Blütenstände am jungen Holz in den Achseln diesjähriger Blätter, meist kätzchenartige Scheinähren bildend oder köpfchenförmig, häufig, und zwar besonders die weiblichen Blütenstände, aus zymösen Teilblütenständen bestehend. Blüten einhäusig, mit einfacher, hochblattartiger, unscheinbarer Blütenhülle. Männliche Blüten mit 5- bis 8-spaltigem bzw. -teiligem Perigon und mit ebenso oder doppelt so vielen bis zahlreichen, nicht gespaltenen Staubblättern (Taf. 77, Fig. 39, 41); zuweilen mit rudimentären Fruchtknoten und Griffeln. Weibliche Blüten einzeln oder zu 2 bis 5 von einer ring- oder becherförmigen, aus der Achse gebildeten, später␣lederigen oder verholzten, oft klappig aufspringenden Hülle, dem Fruchtbecher (Kupula), umgeben, welche auf der Außenseite mit zahlreichen zurückgebildeten oder in Dornen umgewandelten Blättchen besetzt ist (Taf. 77, Fig. 40). Fruchtknoten unterständig, 3- bis 6-fächerig (Taf. 77, Fig. 42), in jedem Fache 2 hängende, umgewendete (anatrope) Samenanlagen enthaltend (Fig. 89 h, 93 m). Griffel 3 bis 6. Narben 3 bis 6, fadenförmig (Fig. 93 d) oder dreilappig (Taf. 86, Fig. 2 b). Frucht meist eine 1-, seltener 2-samige Schließfrucht (Nuß), zuweilen mit Rudimenten der fehlschlagenden Samenanlagen. Samen mit 2 Integumenten, ohne Nährgewebe. Keimblätter nur bei *Fagus* über die Erde tretend (Fig. 90), sonst in der Fruchtschale eingeschlossen.

Die systematische Stellung der Fagaceen hängt im wesentlichen davon ab, welche Vorstellung von der Herkunft der Angiospermenblüte vertreten wird. O. Schwarz (1936) bezeichnet die Fagaceen als blütenbiologisch hochgradig reduziert, sie stehe daher keinesfalls dem ursprünglichsten Angiospermentypus am nächsten. Nach Porsch (1950) besäßen alle Gattungen ursprünglich zwitterige Insektenblüten und bei allen finden sich Reste des anderen Geschlechtes. Diese Blüten konnten bei Eingeschlechtigkeit, Ein- oder Zweihäusigkeit sekundär wieder windblütig werden. So sei z. B. *Castanea* eine einhäusige, primitive Käferblume, die auf dem Weg ist, wieder windblütig zu werden. Nach

JANCHEN (1950) hingegen sind die Fagaceen als primitiv, keinesfalls als hochgradig reduziert zu betrachten. Die Windblütigkeit der meisten Fagaceen sei wahrscheinlich ein primitives, ein ursprüngliches Verhalten.

Die Fagaceen sind nach PRANTL (1894) am nächsten mit den Betulaceen verwandt, mit denen sie die wandständigen Samenanlagen und den Bau der Kätzchen gemeinsam haben, von denen sie aber durch die Dreizahl im Bau des Fruchtknotens und durch den eigentümlichen Fruchtbecher verschieden sind. Von den Myricaceen und Juglandaceen unterscheiden sie sich gleichfalls durch die wandständigen Samenanlagen und durch den Fruchtbecher.

Die Familie umfaßt etwa 9 Gattungen mit ca. 850 Arten. Gegenwärtig lassen sich drei Hauptverbreitungsgebiete der Fagaceen unterscheiden, die sich nach PRANTL (1894), O. SCHWARZ (1936) und SCHARFETTER (1953) etwa wie folgt umreißen lassen: In der nördlich-gemäßigten Zone der Alten und Neuen Welt sind die Gattungen *Fagus* mit etwa 10 Arten, *Castanea* mit ca. 8 Arten und die Hauptmasse der Arten der Gattung *Quercus* einheimisch. Diese zählt im weiteren Sinn gefaßt etwa 500 Arten und hat in Nordamerika ihr Hauptverbreitungszentrum. In die Zahl der *Quercus*-Arten sind auch die in Nord- und Mittelamerika vorkommenden Sektionen *Erythrobalanus* mit etwa 175 Arten und *Macrobalanus* mit 10 Arten inbegriffen, die von FERNALD (1950) zur Gattung *Quercus* gezählt, von O. SCHWARZ (1936) hingegen als eigene Gattung aufgefaßt werden. In Kalifornien finden sich ferner je ein Vertreter der Gattungen *Castanopsis* und *Pasania*, die sonst ausschließlich in reicher Zahl in Ost- und Südostasien verbreitet sind.

In dem zweiten Verbreitungszentrum der Familie, im tropischen und subtropischen Asien, ist *Castanopsis* mit etwa 40 Arten einheimisch, die von O. SCHWARZ (1936) als eigene Gattung, von PRANTL (1894) als Sektion von *Castanea* bewertet wird. Die Gattung *Pasania* im engeren Sinn ist mit etwa 100 Arten in Ost- und Südostasien, vorwiegend in Malesien, verbreitet. Ferner sind die früher als Sektionen von *Pasania* aufgefaßten beiden Gattungen *Cyclobalanus* mit etwa 30 Arten und *Lithocarpus* mit ca. 37 Arten sowie die früher als Sektion von *Quercus* bewertete Gattung *Cyclobalanopsis* mit rund 80 Arten in Südostasien und Malesien verbreitet.

Schließlich ist in einem isolierten dritten Verbreitungsareal der Familie, nämlich in der südlichen gemäßigten Zone, die Gattung *Nothofagus* mit etwa 30 Arten in den Gebirgen von Neuguinea, Neukaledonien und weiteren etwa 18 Arten in Südwest-Australien, Neuseeland und im antarktischen Südamerika, von Chile bis Patagonien, verbreitet.

Nach O. SCHWARZ (1936) haben sämtliche Gattungen der Fagaceen einerseits gewisse primitive Eigenschaften bewahrt, in anderen Merkmalen sich aber spezialisiert, wobei jedoch so viele Spezialisations-Überschneidungen zu beobachten sind, daß keine einzige Gattung von einer anderen direkt abgeleitet werden kann. Beispielsweise ist der zylindrisch verwachsene Griffel gegenüber dem offenen ein abgeleitetes Merkmal, andererseits besitzen aber gerade die Vertreter der Castanoideen-Gattungen in ihren Blütenständen den ursprünglichen Zustand, als deren Reduktionsformen die Quercoideen erscheinen. Die Kupulabildung der Castaneen ist gegenüber der der Pasanieen fortentwickelt, die ersteren zeigen jedoch dadurch, daß in der Kupula mehrere Blüten vereinigt sind, ein primitiveres Stadium. Während Kupula und Nuß der Fagoideen hochgradig spezialisiert sind, sind ihre einfachen Dichasien und ihre grünen, epigäischen Keimblätter dagegen ganz ursprünglich.

O. SCHWARZ weist auf die Wichtigkeit der Merkmale abortierender Samenanlagen und Lage der Kotyledonen hin. Würde man diese als unwesentlich auffassen, müßte man auch andere Merkmale, Form des Griffels, Lage und Aufbau der Blütenstände, als unwesentlich erachten und müßte alle Gattungen bis auf *Castanea* und *Quercus* einziehen. O. SCHWARZ weist ferner darauf hin, daß Hybridisation innerhalb der Gattung *Quercus* stark an der Formenneubildung beteiligt ist.

Nach HJELMQUIST (1948) wäre *Lithocarpus* mit *Pasania* zu vereinigen und aus prioritären Gründen der erste Name voranzustellen. *Pasania* im engeren Sinne hat sicherlich zahlreiche primitive Züge, kann aber wegen der spezialisierten Kupulabildung nicht als ursprünglich gelten. *Lithocarpus* im engeren Sinne ist hochgradig spezialisiert. HJELMQUIST nimmt die „einfachste" Bildung als die primitivste an. In Wirklichkeit ist *Lithocarpus* der weitest fortgeschrittene Typus, bei dem der dichasiale Ursprung der Kupula, vollkommen zu einer geschlossenen Bildung weiterentwickelt, überhaupt nicht mehr sichtbar ist. Am primitivsten ist *Fagus* und *Nothofagus* mit echten Dichasien, auch bezüglich der Kupulabildung und epigäischer Keimung (nach O. SCHWARZ brieflich).

Vegetationsorgane. Bei der Keimung bleiben die Kotyledonen in der Fruchtschale eingeschlossen mit Ausnahme von *Fagus* und *Nothofagus*, deren Keimblätter sich entfalten und ergrünen. Die meisten Vertreter der Fagaceen sind Bäume, von welchen bekanntlich die europäischen Eichen den größten Stammdurchmesser unter unseren einheimischen Laubhölzern erreichen. Andere Vertreter der Familie sind häufig strauchigen Wuchses, wie z. B. *Quercus Ilex* L., und einige *Nothofagus*-Arten bleiben zwergig. Die Blätter stehen bei *Quercus* und *Pasania* schraubig, meist nach $2/5$ Schraube, bei *Fagus* und *Nothofagus* durchgehend 2-zeilig, wobei die beiden Blattzeilen an der Blattunterseite einander genähert sind. Die Blätter sind zum Teil sommer-, zum Teil wintergrün mit fiederigen Nerven.

Anatomische Verhältnisse. Das Holz besteht aus Gefäßen, Tracheiden, Libriformfasern, Holzfasern und Holzparenchym. Die Gefäße sind vorherrschend radial angeordnet, bei den meisten *Quercus*-Arten und *Castanea* im Frühholz viel weiter als im Spätholz; sie sind gegen die Markstrahlzellen hin vorwiegend einfach getüpfelt. Die Libriformfasern sind bei *Nothofagus* einfach, sonst behöft getüpfelt. Bei *Fagus*, *Quercus* und bei den meisten *Pasania*-

Arten kommen neben den schmalen auch sehr breite Markstrahlen vor. Der Bastkörper enthält primäre, bei *Quercus* und *Castanea* auch sekundäre Bastfaserbündel. Ein aus Parenchymzellen hervorgegangenes Sklerenchym verbindet die primären Faserbündel zu einem „gemischten Sklerenchymring", der in besonders mächtiger Ausdehnung bei *Fagus* ausgeprägt ist, wo er sich in die Markstrahlen des Holzes erstreckt. Die Parenchym- und Markstrahlzellen sind besonders bei *Quercus* und *Castanea* reich an Gerbstoff.

Die Korkbildung beginnt in der äußersten Rindenzellschicht. Während bei *Fagus* die primäre Korkschicht zeitlebens erhalten bleibt, bilden *Quercus* und *Castanea* eine aus kleinen, eng zusammenhaftenden Schuppen bestehende Borke aus. Die Gefäßstränge der Wurzel enthalten bei *Quercus* 6–8, bei *Castanea* 6–12, bei *Fagus* 8 Holz- und Bastteile.

Die Haare sind einzellige und einfache wie bei *Fagus* oder Büschelhaare wie bei *Quercus* und *Castanea*, außerdem finden sich bei allen drei genannten Gattungen Drüsenhaare, die bei *Quercus* und *Castanea* einreihig, bei *Fagus* mehrreihig sind. Den Spaltöffnungen der Fagaceen fehlen Nebenzellen.

Blütenverhältnisse. Die Blüten der Fagaceen sind vorherrschend eingeschlechtig, doch kommen Zwitterblüten meist in der Grenzregion der androgynen Kätzchen von *Castanea* und *Pasania* vor. Bei *Fagus* und *Nothofagus* stehen beiderlei Blüten einzeln oder in dichasialen Gruppen in den Laubblattachseln, bei allen übrigen Gattungen sind die Einzelblüten oder dichasialen Gruppen zu traubigen Blütenständen, den Kätzchen, vereinigt. Die Kätzchen enthalten bei *Quercus* stets, bei *Castanea* und *Pasania* teilweise Blüten beiderlei Geschlechtes, und zwar stehen die männlichen Blüten in den unteren Blattachseln, die weiblichen in den oberen Blattachseln vorwiegend diesjähriger Triebe. Bei den meisten Arten von *Castanea* und *Pasania* sind die den Zweigspitzen genäherten Kätzchen androgyn, d. h. sie tragen am Grunde weibliche, oben männliche Blüten. Die männlichen Blüten stehen bei *Castanea* und *Pasania* in dichasischen Gruppen mit 3–7 Deckblättern und 6 Vorblättern, bei *Quercus* einzeln ohne Vorblätter, bei *Fagus* ohne Deck- und Vorblätter in einem reichverzweigten knäuelförmigen Dichasium. Das Perigon der männlichen Blüten ist meist tief in 6–7 Abschnitte geteilt, am Grunde verwachsen. Die Staubblätter finden sich in gleicher oder vermehrter, und zwar bis doppelt so großer Zahl wie Perigonabschnitte. Die weiblichen Blüten stehen in meist 3-blütigen Dichasien bei *Nothofagus*, *Castanea* und einer Reihe von *Pasania*-Arten, in 2-blütigen Dichasien, wobei die Mittelblüte ausgefallen ist, bei *Fagus*, einzeln bei *Quercus* sowie Arten von *Nothofagus*, *Castanea* und *Pasania*. Die Einzelblüten sowie die Blütengruppen von *Nothofagus*, *Fagus* und *Castanea* sind von einem mit zahlreichen Schuppen besetzten Fruchtbecher (Kupula) umgeben. Während dieser Fruchtbecher bei *Fagus* und *Castanea* schon zur Blütezeit die Blüte überragt, kommt er bei *Quercus* und *Pasania* erst später zur vollen Entwicklung, wobei zunächst die Schuppen der nach innen gegen die Achse zu abfallenden Fläche in absteigender Reihenfolge gebildet werden, um erst später durch Streckung emporgehoben zu werden. Da in den 3-blütigen Gruppen der Gattung *Pasania* im engeren Sinn jede einzelne Blüte von einem Fruchtbecher und die gesamte Blütengruppe außen von 6 Vorblättern umgeben ist, ist die Kupula nach PRANTL (1894) und den meisten anderen Autoren als eine von diesen Vorblättern unabhängige Achsenwucherung zu betrachten. Die Schuppen sind umgebildete Blätter. Die weibliche Einzelblüte besteht aus einem unterständigen, aus 3 Fruchtblättern verwachsenen Fruchtknoten und 3 Griffeln sowie einem 6-teiligen Perigon, nur bei der Gattung *Castanea* im engeren Sinn sind (4–) 6 (–zahlreiche) Fruchtblätter und Griffel vorhanden. Die Narben nehmen bei *Nothofagus*, *Fagus* und *Quercus* die ganze Oberseite der verschieden gestalteten Griffel ein, bei *Castanea* und *Pasania* hingegen nur die Spitze der steifen, zylindrischen Griffel. Die Bestäubung erfolgt bei den Fagaceen teils durch Insekten, teils durch den Wind.

Nach O. SCHWARZ (briefl.) ist die Kupula das Verwachsungsprodukt der dichasialen Verzweigungssysteme, wobei entweder die Hochblätter der Verzweigungen zu Schuppen umgewandelt wurden, wie etwa bei *Quercus* und *Fagus*, oder ein Teil der Verzweigungen frei bleibt und die „Stacheln" der Kupula bildet, wie bei *Castanea*. Blütenreste lassen sich in den Schuppenachseln von *Quercus Cerris* L. oder an den Stacheln von *Castanea* nachweisen. Auch die stets nur Blütenanlagen befallenden Gallen von *Cynips caput-medusae* sitzen zuweilen in den Schuppenachseln. Bei *Quercus* ist eine mediane, bei *Fagus* sind die unpaaren Blüten des Dichasiums erhalten geblieben. *Pasania* widerspricht dem nicht, da aus einem rückgegliederten Dichasium auch mehr als eine Kupula entstehen kann. Der Fruchtknoten kann nicht als eigentlich unterständig bezeichnet werden, da die Achse nicht an der Verwachsung mit beteiligt ist, sondern nur die Blütenhülle mit den Fruchtblättern verwächst. An den Blüten von *Q. pontica* KOCH ist der Fruchtknoten oberständig.

Frucht und Samen. Indem in der Regel von den 6 Samenanlagen nur eine befruchtet wird, wird die Frucht zu einer 1-samigen Schließfrucht. Die Fruchtschale ist meist zäh, bei manchen *Pasania*-Arten auch steinhart. An der Spitze der Früchte sind meist die Reste der Blütenhülle und Griffel zu beobachten. Die Samen reifen bei *Pasania*,

Fig. 84. *Fagus silvatica* L. Entwicklung des Buchenkeimlings. *a* Nüßchen. *b* Keimpflänzchen mit gefalteten Keimblättern. *c* Junges Pflänzchen mit 2 Keimblättern und dem ersten Laubblattpaar

*Castanopsis* und mehreren *Quercus*-Arten erst im zweiten Jahre. Die Kupula wächst bei *Fagus*, den meisten Arten von *Nothofagus*, *Castanea* und vielen *Pasania*-Arten so stark in die Höhe, daß sie die Frucht im Reifezustand ganz oder größtenteils umschließt. Die Spaltung der Kupula erfolgt bei *Pasania* und *Castanopsis* unregelmäßig, bei *Fagus* und *Castanea* 4-klappig.

Schlüssel der Gattungen:

1 Männliche Blüten in verlängerten kätzchenförmigen Scheinähren . . . . . . . . . . . . . . . . 2
1* Männliche Blüten in fast kugeligen, lang gestielten Büscheln. Weibliche Blüten zu 2 in gemeinschaftlicher Hülle; Narben 3; Fruchthülle 4-klappig aufspringend, außen mit schmalen Hochblättern besetzt. Blätter eiförmig, ganzrandig oder am Rande wellig, nur selten etwas gezähnt, am Rande gewimpert . . . . . . . . . . . . . . . . . . . . . . . . . . . . . . . . . . . . . . . . . . . . . . . *Fagus*
2 Männliche Blüten zu mehreren in Knäueln; die Knäuel in verlängerten, schmalen Kätzchen. Weibliche Blüten meist zu 2 bis 3, seltener einzeln oder zu mehreren in gemeinschaftlicher Hülle, am Grunde der männlichen Kätzchen stehend: Narben meist 6; Fruchthülle stachelig, 4-klappig aufspringend. Blätter ungeteilt, stachelspitzig gezähnt . . . . . . . . . . . . . . . . . . . . . . . . . . . . . . . *Castanea*
2* Männliche Blüten nicht geknäuelt, wenn auch oft zu mehreren genähert. Weibliche Blüten meist zu mehreren, jede mit besonderer Hülle, von den männlichen Kätzchen entfernt; Narben 2 bis 3; Fruchthülle becherförmig, nicht stachelig, nicht aufspringend, stets nur eine Frucht umschließend. Blätter fiederlappig oder ungeteilt . . . . . . . . . . . . . . . . . . . . . . . . . . . . . . . . . *Quercus*

## CCXIII. Fagus L., Gen. plant. ed. 5, 432 (1754). Buche

Wichtigste Literatur. ASCHERSON u. GRAEBNER, Synopsis d. Mitteleuropäischen Flora 4, 1, 434–440 (1911). M. BÜSGEN in KIRCHNER, LOEW u. SCHRÖTER, Lebensgeschichte d. Blütenpflanzen Mitteleuropas 2, 1, 3–69 (1911). H. CZECZOTT in Veröffentl. d. Geobotan. Instit. Rübel in Zürich, Heft 8 (1932). A. W. EICHLER, Blütendiagramme 1878. A. KERNER in KNUTH, Handbuch d. Blütenbiologie 2, 2, 389 (1899). M. KIENITZ, Über die Formen und Abarten einheimischer Waldbäume in Zeitschr. f. Forst- u. Jagdwesen 1879. L. LÄMMERMAYER in Pflanzenareale, Reihe 1, Heft 2, Karte 17 (1926). M. MARKGRAF, Der deutsche Buchenwald in Veröffentl. d. Geobotan. Instit. Rübel in Zürich, Heft 8, 15–62 (1932). K. RUDOLPH, Grundzüge der nacheiszeitlichen Waldgeschichte Mitteleuropas in Beih. Botan. Zentralbl. 47, 2, 111–176 (1931). R. SCHARFETTER, Das Pflanzenleben der Ostalpen (1938). C. K. SCHNEIDER, Handbuch d. Laubholzkunde 1, 151–156 (1904). A. ÜHLINGER, Der Buchenwald in der Schweiz in Veröffentl. d. Geobotan. Instit. Rübel in Zürich, Heft 8, 261–276 (1932). L. TSCHERMAK, Die Verbreitung der Rotbuche in Österreich in Mitteilung. a. d. forstlichen Versuchswesen Österreichs, Heft 41 (1929). F. VIERHAPPER, Die Rotbuchenwälder Österreichs in Veröffentl. d. Geobotan. Instit. Rübel in Zürich, Heft 8, 388–442 (1932).

Bäume mit an aufrechten Langtrieben schraubig angeordneten, an den seitlich stehenden Zweigen zweizeiligen Blättern, Winterknospen und Zweigen. Stamm meist mit hellgrauer, glatter Rinde. Blätter sommergrün, in der Jugend längsgefaltet, anfangs mit sehr hinfälligen, schmallanzettlichen Nebenblättern. Blütenstände blattachselständig, mit den Blättern erscheinend, langgestielt. Die männlichen Kätzchen hängend, mit dichten, knäuelförmigen, reichblütigen Dichasien. Männliche Blüten mit glockigem, zottigem, 5- bis 7-spaltigem Perigon und 4 bis 15 Staubblättern mit langen Staubfäden, oft mit rudimentären Fruchtknoten. Weibliche Blütenstände aufrechte, langgestielte, 2-blütige Dichasien. Weibliche Blüten zu zweien in einem tief 4-spaltigen, weichstacheligen Fruchtbecher (Kupula), mit 6-spaltigem, haarigem Perigon und unterständigem, 3-fächerigem Fruchtknoten, jedes Fach mit 2 hängenden, anatropen Samenanlagen. Frucht eine 3-kantige Nuß in einem 4-klappig aufspringenden Fruchtbecher. Keimblätter ineinandergefaltet.

Zu dieser Gattung gehören etwa 8 Arten in der nördlichen gemäßigten Zone der Alten und Neuen Welt. Fossile Funde in Nordamerika, Alaska, Grönland, Island, Spitzbergen und Westasien weisen auf eine bedeutend weitere Verbreitung der Gattung in früheren erdgeschichtlichen Perioden hin. Gegenwärtig bewohnt ausschließlich die mit *Fagus* nahverwandte Gattung *Nothofagus* die südlich gemäßigte Zone. Nach ENGLER sind *Fagus* und *Nothofagus* Nachkommen einer gemeinsamen Stammsippe, die nach Norden die Gattung *Fagus*, nach Süden *Nothofagus* entwickelt hat. Diese Stammsippe dürfte möglicherweise im Indischen Archipel einheimisch gewesen sein, wo alle, auch anderswo fehlende

Sektionen der Gattung *Quercus*, sowie *Castanopsis*, vertreten sind. Nach HJELMQUIST (1948) haben *Fagus* und *Nothofagus* eine ziemlich isolierte Stellung im System inne, lassen sich jedoch gleichfalls wie alle übrigen Fagaceen-Gattungen auf *Lithocarpus* zurückführen.

## Bestimmungsschlüssel für die Arten:

1 Blätter meist deutlich gezähnt. Kultiviert . . . . . . . . . . . . . . . *F. grandifolia* EHRH.
1* Blätter nicht oder höchst undeutlich gezähnt . . . . . . . . . . . . . . . . . . . . . . . 2
2 Blätter in der Mitte oder unterhalb am breitesten, mit jederseits 5 bis 9 Seitennerven. Fruchtbecher mit feinen, pfriemenförmigen, braunen, oft zurückgekrümmten, gleichlangen Schuppen besetzt. Männliche Blüten röhrenförmig, mit linealen, schmalen Perigonlappen, die länger als die Röhre sind . .
 . . . . . . . . . . . . . . . . . . . . . . . . . . . . . . . . . . . . . . . . *F. silvatica* L.
2* Blätter oft oberhalb der Mitte am breitesten, mit jederseits 7–14 Seitennerven, oft relativ länger als bei *F. silvatica*. Fruchtbecher mit linearen oder linear-spateligen Schuppen von ungleicher Länge besetzt, die untersten oft grün und länger als die oberen. Männliche Blüten kurz glockig, mit breiten kurzen Perigonlappen, die höchstens die halbe Länge der Röhre erreichen; manchmal ist das Perigon auch ungeteilt und nur am Rande leicht gewellt . . . . . . . . . . . . . *F. orientalis* LIPSKY

**778 a. Fagus grandifolia** EHRH., Beitr. Naturk. 3, 22 (1788). Syn. *F. ferruginea* AIT. (1789), *F. americana* SWEET (1826). – Unterscheidet sich von unserer Rotbuche vor allem durch die meist deutlich gezähnten Blätter. Meist nur bis etwa 20 m hoher Baum. Winterknospen in der unteren Hälfte gleichmäßig walzig, $1/5$–$1/4$ kleiner als bei *F. silvatica*. Junge Zweige lebhaft gefärbt, meist hellgelbbraun. Laubblätter länglich-eiförmig, 6–15 cm lang, 3–9 cm breit, am Grunde keilförmig, gegen das Ende spitz zusammenlaufend bis schwach zugespitzt, am Rande entfernt gezähnt, von derbhäutiger Konsistenz, jederseits mit 11–14 Seitennerven, in der Jugend seidig-zottig und gewimpert, später mehr oder weniger verkahlend, bleich- oder gelblich-grün. Fruchtbecher (Kupula) meist etwa 1,5 cm lang, Stacheln pfriemlich fadenförmig, 4–7 mm lang, die unteren Stacheln zurückgebogen, die oberen aufrecht. – Heimat: Atlantisches Nordamerika von der Prinz-Edward-Insel bis in das westliche Ontario, südwärts bis Virginia und in die Staaten des Seengebietes. Eine dem Typus nahestehende Varietät, die durch am Grunde abgerundete oder fast herzförmig ausgerandete Blätter und kleinere Blattserratur, ferner durch rötliche, filzige, nur bis 3 mm lange Fruchtbecherschuppen ausgezeichnet ist, findet sich auch weiter südwärts bis Florida und Texas. – Bei uns seit dem Ende des 18. Jahrhunderts in Gärten kultiviert.

**778 b. Fagus orientalis** LIPSKY in Acta horti Petropolitani 14, 2, 300 (1898). *F. silvatica* var. *asiatica* DC., Prodr. 16, 2, 119 (1868) pr. p., *F. Hohenackeriana* PALIB. in Bull. Herb. Boiss. 2. sér. 8, 378 (1908). – Heimat: Im südwestlichen Asien am Nordhang des Elburs in Nordpersien, im Kaukasus und in Transkaukasien, im nördlichen Kleinasien sowie an vorgeschobenen Standorten im Amanusgebirge in Nordsyrien und im westlichen und südwestlichen Anatolien, ferner im südöstlichen Europa auf der Krim, in der Dobrudscha, in Ostbulgarien und Ostthrakien sowie an vorgeschobenen Standorten auf der Halbinsel Chalkidike in Nordgriechenland.

Das Areal der *Fagus orientalis* schließt sich im allgemeinen südöstlich an dasjenige der *F. silvatica* an. Im Südosten der Balkanhalbinsel überschneiden sich die Areale der beiden Arten. In diesem Gebiet bewohnt *F. silvatica* im allgemeinen die höheren, freien Lagen, während *F. orientalis* auf die Schluchten beschränkt ist. Übergangsformen werden meist als Hybriden gedeutet. Einzelne Formen, z. B. aus Rumänien, aus der Krim und dem Kaukasus, aber auch aus dem östlichsten Arealteil, dem Nordhang des Elburgebirges in Nordpersien, wurden unter besonderen Art- oder Varietätsnamen beschrieben. Nach Fossilfunden zu urteilen, dürfte die Verbreitung der *F. orientalis* in der Vorzeit im Mittelmeergebiet, aber auch in Mitteleuropa viel weiter westwärts gereicht haben. Vgl. im übrigen CZECZOTT (1932).

**778 c. Fagus silvatica** L., Spec. plant. 998 (1753). Rotbuche. Dän.: Bög. Engl.: Beech. Franz.: Hêtre, Fayard, Foyard, Fau. Ital.: Faggio. Sorbisch: Lesny buk. Poln.: Buk zwyczajny. Tschech.: Buk lesni. Taf. 85, Fig. 4, Taf. 77, Fig. 39, 40; Fig. 85 bis 91

Meist 24 bis 30, seltener bis über 40 m hoher Baum; ausnahmsweise auch strauchartig. Stammälterer Bäume schlank, gerade, anfangs meist hin- und hergebogen, niemals spannrückig (vgl. *Carpinus* pag. 181), mit zunächst kegelförmiger, später breiter und dichter Krone. Rinde grau bis weißgrau, ziemlich glatt, oft mit kleinen Rindenflechten dicht besetzt, nur ausnahmsweise in eine echte Borke übergehend. Äste braungrau. Junge Zweige mehr oder weniger behaart, einjährig meist kahl, glänzend oliv- bis hellgraubraun, erst zweijährige Zweige mit deutlicher wahrnehmbaren Lentizellen. Knospen lang und schmal, lanzettlich bis linealisch-lanzettlich, 1,5–3 cm lang, spitz, am Grunde etwas verschmälert, seitlich weit abstehend, mit hellbraunen, meist mit dunklerem Mittelstreifen versehenen Schuppen, diese gewimpert und meist an der Spitze flaumig behaart (Fig. 89 c). Laubblätter zweizeilig angeordnet, meist eiförmig, 4–10 (–15) cm lang, 2,5–7 (–10) cm breit, spitzlich, am Grunde abgerundet, entfernt gezähnelt oder schwach wellig gerandet, die der langen Wassertriebe oder der Spätsommertriebe zuweilen gelappt, oberseits dunkelgrün, glänzend, unterseits blasser, im Herbst bräunlich-gelbrot, in der Jugend beiderseits dicht seidig behaart, später auf den Flächen verkahlend und nur am Rand und in den Nervenwinkeln gebärtet, jederseits mit 5 bis 7 Seitennerven, 0,8–1,3 (–1,8) cm lang gestielt. Nebenblätter schmal zungenförmig, glänzend braun oder rötlich, bald abfallend (Fig. 89 d, e). Blütenstände seitlich in den Achseln der Laubblätter entspringend, gleichzeitig mit den Blättern erscheinend; weibliche Blütenstände oberhalb der männlichen angeordnet (Taf. 85, Fig. 4 a). Männliche

Fig. 85. *Fagus silvatica* L. Rotbuche (Aufn. H MEYER)

Blütenstände fast kugelige, reichblütige, hängende Dichasien an 15–20 mm langen, zottig behaarten, zarten Blütenstandstielen. Männliche Blüten mit glockiger, zottiger, 5- bis 6-spaltiger, rötlichbrauner Blütenhülle und mit 4 bis 15 Staubblättern (Taf. 77, Fig. 39), zuweilen in der Mitte einen rudimentären Fruchtknoten mit fädlichem, behaartem Griffel enthaltend. Staubfäden lang und zart; Konnektiv die Staubbeutel überragend. Pollen kugelig, etwa 30–45 µ groß, mit feinpunktierter Oberfläche und drei von Pol zu Pol gerichteten Porenfalten (Fig. 86). Weibliche Blütenstände kugelig, mehr oder weniger aufrecht, 2-blütig (Taf. 77, Fig. 40, Fig. 89 n), seltener mehrblütig, meist ohne dritte Mittelblüte, stärker aber kürzer gestielt als die männlichen Blütenstände, von dem gemeinsamen 4-spaltigen, später verholzenden, 15–25 mm langen, braun-filzigen, außen weichdornigen Fruchtbecher umgeben. Einzelne Blütenstände gelegentlich androgyn. Perigon meist 6-teilig, behaart (Fig. 89 f). Fruchtknoten unterständig, im unteren Teile 3-fächerig; in jedem Fach 2 hängende Samenknospen (Fig. 89 g, h). Frucht eine 1–1,6 cm lange, glänzend braune, scharf bis geflügelt-kantige, 1-, seltener 2-samige Nuß (Fig. 89 i). Keimblätter ineinandergefaltet (Fig. 89 l, m). – IV, V.

Fig. 86. Pollenkorn von *Fagus*, a) in Äquatorialansicht, b) in Polaransicht. Vergr. 500

In den meisten Teilen wenig veränderlich. An wildwachsenden Abänderungen sind zu nennen:

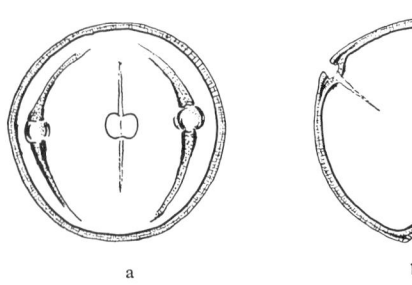

1. f. *purpurea* AIT., Hort. Kew. 3, 262 (1789). Blutbuche. – Laubblätter namentlich im Frühjahr blutrot gefärbt, entweder grün hervorbrechend und sich erst nachher rötend oder aber gleich von Anfang an rot gefärbt. Die Intensität der Färbung ist verschieden. – Sehr selten auch wild beobachtet, so in Thüringen in den Hainleiter Forsten bei Sondershausen, im Kanton Zürich bei Buch am Irchel, in Südtirol bei Arco, Bolognano, Rovereto. – Die Blutbuche erhält sich bei Pfropfung konstant rotlaubig; bei der aus Samen gezogenen Nachkommenschaft sind nur etwa 20–50% rotlaubig, die übrigen grün.

2. f. *quercoides* PERS. in Trans. Linn. Soc. 5, 232 (1800). – Rinde des Stammes und der Hauptäste eichen- oder erlenähnlich durch Längs- und Querrisse in regelmäßige viereckige Felder geteilt. – Sehr selten. Bisher nur im südlichen Harz bei Göttingen und in Thüringen beobachtet.

Die folgenden Spielarten finden sich ausschließlich oder größtenteils nur in Gärten:

3. l. *pyramidalis* PETZ. u. KIRCHN. in Arb. Musc. 662 (1864). – Zweige aufstrebend, Krone schlank pyramidal. – Meist in Gärten, selten wild.

4. l. *pendula* LODD., Catal. 1836. – Zweige stark hängend, schließlich am Boden lagernd. – Nur in Gärten.

5. l. *latifolia* PETZ. u. KIRCHN. in Arb. Musc. 662 (1864). – Blätter bis über 15 cm lang und 10 cm breit, völlig oder fast ganzrandig. – Sehr selten wild, sonst nur in Gärten.

6. l. *asplenifolia* LODD., Catal. 1836. – Blätter schmal, fast linealisch, mit wenigen bis zahlreichen Zähnen am Grunde, oft mehr oder weniger tief spitz gelappt. – Meist in Gärten, selten wild.

7. l. *heterophylla* LODD., Catal. 1836. – Blätter tief, fast fiederspaltig, spitz-gelappt, jene der äußersten Zweige oft schmal. – Meist in Gärten, selten wild.

Vorkommen. Häufiger, bestandbildender Waldbaum vorzugsweise auf mittelgründigen, frischen, mineralkräftigen Kalk- und Lehmböden (Braunerde, Rendsina) in ausgeglichenem mäßig feuchten (subatlantischen) Klima der collinen und montanen Stufe, meidet jedoch Überschwemmungsböden oder Böden mit hohem Grundwasserstand und Neigung zu Wasserstauung (schwere Tonböden), ferner bewegten Steinschutt oder Blockschutthalden.

Allgemeine Verbreitung. Europa im Norden auf den Britischen Inseln nordwärts bis Hertford, Gloucester, Glamorgan, Somerset und Dorset sowie kultiviert und vielfach verwildert bis Northumberland und in Irland, in Skandinavien sehr zerstreut an der norwegischen Küste

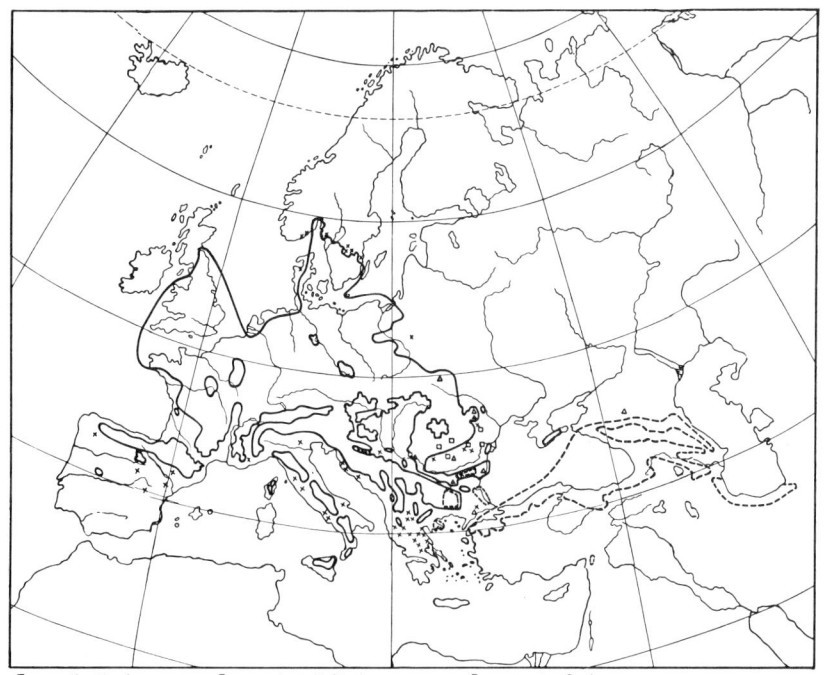

Fig. 87. Verbreitungskarte von *Fagus silvatica* L. *Fagus orientalis* LIPKY, *Fagus taurica* Popl. (nach H. MEUSEL, 1957)

bis 61° n. Br. und im Südosten des Landes sowie im südlichen Schweden nordwärts bis zum Vänersee, Vättersee und bis in die Umgebung von Figeholm, ansonsten stellenweise kultiviert nordwärts bis etwa 63° n. Br., erreicht innerhalb unseres Florengebietes in Ostpreußen die Nordostgrenze der Verbreitung (siehe unten); im Osten bis Warschau, Lublin, Krystynopol, Südfuß der Miodobory-Hügel in Galizien, bis in das westliche Wolhynien, westliche Podolien ostwärts bis Kamenez und westliches Bessarabien ostwärts bis Kischinew, ferner bis zu den Ostkarpaten und den Transsylvanischen Alpen sowie disjunkt auf der Krim im Jailagebirge; im Südosten durch das ganze Balkangebirge sowie auch noch im östlichen Rhodope-Gebirge und im nördlichen Griechenland im Pindos-Gebirge, ferner isoliert auf der Halbinsel Chalkidike; im Süden durch die ganze Länge der Apenninenhalbinsel bis Nordsizilien, ferner in den Gebirgen Korsikas; in Frankreich südwärts im Bereich der Alpen bis in die Seealpen und bis zum Mont Ventoux, im Rhônegebiet bis Lyon, ferner im Südwesten bis zu den Pyrenäen, in den Gebirgen der Iberischen Halbinsel südwärts bis zur Sierra de Monseny, Sierra Miranda, Sierra de Moncayo, Kastilischen Scheidegebirge, Sierra de Guadarrama, bis zu den Gebirgen von Leon und Asturien und des östlichen Galiziens. Im Mittelmeergebiet nur in den Gebirgen, mit deutlicher unterer Verbreitungsgrenze, die von etwa 935 m auf der Südseite der Alpen, ca. 800 m auf Korsika, 1100 m im Apennin bis etwa 1200 m am Ätna und in den Gebirgen Nordgriechenlands ansteigt. Innerhalb des umrissenen Verbreitungsareals ist das Vorkommen der Buche relativ geschlossen, außer im südlichen Schweden, im Norddeutschen Tiefland und in den Zentralalpen, wo sie nur sporadisch vorkommt. Die Buche fehlt im Küstengebiet des westlichen Frankreichs, in der Ungarischen Tiefebene und im mediterranen Küstengebiet gänzlich.

Verbreitung im Gebiet. Erreicht die Nordostgrenze ihrer Verbreitung in Ostpreußen an der Linie Danzig-Dirschau – südlich von Marienburg – östlich von Elbing-Ludwigsort-Heilsberg – östlich von Allenstein-Teistimmen – nördlich von Neidenburg und Soldau-Strasburg; kommt im Norddeutschen Tiefland meist nur zerstreut vor, insbesondere im ganzen Nordwestdeutschen Tiefland sowie innerhalb des Nordostdeutschen Tieflandes im Bereich des Thorn-Eberswalder Urstromtales, ferner auch ziemlich selten im anschließenden Gebiet südwärts bis Schlesien und Sachsen, fehlt völlig in der Gegend des Bromberger Weichselknies, in Mitteldeutschland vom Hügelland bis ins obere Bergland verbreitet, innerhalb des mitteldeutschen Trockengebietes zerstreut, fehlt weitgehend in der Saaleniederung und nördlich davon bis Magdeburg, im Harz bis etwa 750 m, im Erzgebirge bis 950 m, vereinzelt im Bergmischwald bis 1100 m, im Böhmerwald bis etwa 1170 m ansteigend; zerstreut im Süddeutschen Becken- und Stufenland, fehlt jedoch stellenweise im nordöstlichen Bayern und im Mainzer Becken; im Alpengebiet ziemlich verbreitet, jedoch in den Zentralalpen nur zerstreut vorkommend, in den Bayerischen Alpen bis etwa 1500 m, in den Nordtiroler Kalkalpen als Baum bis etwa 1630 m, als Strauch bis 1680 m, in den östlichen Teilen der Nördlichen Kalkalpen sowie in den Südlichen Kalkalpen bis etwa 1600 m, in den Südtiroler Dolomiten als Baum bis etwa 1850 m, als Strauch bis ca. 1915 m ansteigend, im Inneren der Zentralalpen meist nur sehr zerstreut, im Maltatal in Kärnten bis etwa 1400 m, bei Kaprun in Salzburg bis ca. 1200 m, nächst Murau in der Obersteiermark gar nur bis 950 m ansteigend, stellenweise wie im Lungau, in den Stubaier- und Ötztaler Alpen gänzlich fehlend, fehlt ferner auch im Klagenfurter und Judenburger Becken, in der Grazer Bucht, in der Welser Heide, im Linzer, Tullner und Wiener Becken; in den Schweizer Kalkalpen im Durchschnitt bis 1400 m, maximal bis etwa 1690 m, im Tessin im Durchschnitt bis 1500 m, maximal bis ca. 1700 m, im Wallis bis 1800 m ansteigend; fehlt auch in der Schweiz in manchen inneren Alpentälern.

Die ungleichmäßige Verbreitung der Buche innerhalb ihres Gesamtareals und insbesondere innerhalb unseres Florengebietes ist zum großen Teil durch ihre Ansprüche an Klima- und Bodenverhältnisse bedingt. Die Buche bevorzugt ein mittleres Klima, das dem milden, feuchten atlantischen Klima Westeuropas ziemlich nahesteht, jedenfalls diesem bedeutend näherkommt als dem trockenen, große Temperaturgegensätze aufweisenden Klima Osteuropas. Dies zeigt ihre Verbreitung in Norddeutschland, wo sie in den am stärksten ozeanisch beeinflußten Teilen des Norddeutschen Tieflandes massenhaft vorkommt und die nordwestlichen Gebirge, wie etwa Teutoburger Wald, Weserbergland und Deister, geschlossen überzieht. Die kontinentale Buchengrenze im Osten hingegen ist, wie z. B. in Ostpreußen und zwischen Brandenburg und Bischofsburg, scharf ausgeprägt. Sie ist dort kälte- und spätfrostbedingt. Ein anderer kontinentaler Klimafaktor, nämlich Trockenheit, und zwar eine geringere Niederschlagsmenge als 500 mm im Jahresmittel, ist für das sehr zerstreute Vorkommen und stellenweise Fehlen der Buche in manchen Beckenlandschaften Mittel- und Süddeutschlands ausschlaggebend, wie z. B. im Saalebecken und nordwärts bis Magdeburg oder im Mainzer Becken. Daneben wird die Verbreitung der Buche gerade in Norddeutschland auch von edaphischen Faktoren maßgeblich beeinflußt, so fehlt sie auf den Sandböden der Frischen Nehrung, den Niederungsböden des Weichselgebietes; auch ihr nur zerstreutes Vorkommen im Gebiet des Thorn-Eberswalder Urstromtales und im anschließenden Tiefland südwärts bis Schlesien und Sachsen sowie in weiten Gebieten des Nordwestdeutschen Tieflandes ist edaphisch bedingt.

Auch im Alpengebiet ist die Verbreitung der Buche maßgeblich durch ihre ein feuchtes und verhältnismäßig mildes Klima erheischenden Ansprüche beeinflußt. Nach SCHARFETTER (1938) bevorzugt die Buche deshalb die Randketten mit ozeanischem Außenzonenklima und mäßiger Spätfrostgefahr und meidet das kontinentale Klima der Innenzone, gegen deren Inneres sie auch in geringer Meereshöhe und über Kalkunterlage immer seltener wird. Ihr großes Bedürfnis nach Luftfeuchtigkeit bringt es mit sich, daß sie im allgemeinen die Luvseiten der Gebirgszüge gegenüber den Leeseiten bevorzugt. Die Böden der großen Becken und Täler innerhalb des Alpengebietes meidet die Buche wegen der dort lagernden kalten Luft und der erhöhten Frostgefahr. Während die Buche in Gebieten rauhen, humiden Klimas in kühlen feuchten Senken, Gräben und Schluchten fehlt, sucht sie in warmen, trockeneren Lagen solche mit Vorliebe auf, wie dies z. B. im Kalkgebiet des Wienerwaldes südlich von Wien, in der Klause bei Deutschlandsberg in der Steiermark oder im Gurktal in Kärnten zu beobachten ist. In kühlen, feuchten Klimaten und in größerer Meereshöhe hingegen vermag sich die Buche meist nur auf trockenem, warmem Kalkboden zu halten. Im übrigen sind die Beziehungen der Buche zum Boden nach VIERHAPPERS Untersuchungen in den Ostalpen im einzelnen sehr unterschiedlich.

Bemerkenswert ist das Ansteigen der oberen Buchengrenze vom Norden nach Süden innerhalb unseres Florengebietes. Sie verläuft am Harz bei 800 m, im Thüringerwald bei 750 m, im Fichtelgebirge um 1000 m, im Bayerischen Wald bei 1230 m, im südlichen Schwarzwald um 1400 m, in den Bayerischen Alpen bei 1500 m.

Innerhalb der Ostalpen steigt die obere Buchengrenze in den nördlichen Kalkalpen vom Osten nach Westen an, ist in den Südlichen Kalkalpen höher als in den Nördlichen Kalkalpen, hingegen in den Zentralalpen tiefer als in den beiden Außenketten. Das Ansteigen und dann plötzliche Absinken der Buchengrenze von den nördlichen Kalkalpen zu den Zentralalpen ist z. B. vom Wendelstein in Bayern bis zur Mündung des Ötztales in Nordtirol deutlich zu verfolgen. Sie liegt auf der Südseite des Wendelsteins bei 1480 m, am Abfall des Unnutz in Nordtirol bei 1525 m, am Rumerjoch in der Nähe der Fintelalpe bei 1606 m und an der Mündung des Ötztales zwischen Sautens und Tumpen bei 1169 m. Während demnach die obere Buchengrenze in den Nördlichen Kalkalpen vom Norden nach Süden ein gleichmäßiges Ansteigen zeigt, das teils durch die südlichere Breite, teils durch die Massenzunahme des ganzen Gebirges bedingt ist, fällt sie plötzlich in den Zentralalpen, deren Lage noch südlicher und deren Massenerhebung noch bedeutender ist, tief ab.

Begleitpflanzen. Der Buchenwald ist innerhalb unseres Florengebietes wohl fast überall von der Forstkultur mehr oder minder stark beeinflußt. Die Forstkultur drängt in die Richtung reiner Bestände. Aber auch im natürlichen Zustand, wie z. B. in manchen Buchenwäldern der Balkanhalbinsel, ist der Buchenwald dort kaum als Mischwald zu bezeichnen, da die Buche durch ihren starken Schattenwurf die meisten anderen Bäume verdrängt. Eine, wenn auch nur geringe Beimischung anderer Baumarten ist jedoch in den natürlichen Buchenwäldern stets zu beobachten. So ist nach MARKGRAF (1932) in den *Fagus*-Urwäldern der Balkanhalbinsel *Acer Pseudoplatanus* L. konstantester Begleiter, seltener tritt *Carpinus Betulus* L. und *Quercus petraea* (MATTUSCHKA) LIEBLEIN, noch seltener *Tilia cordata* MILL. auf. Mancherorts, und zwar besonders auf tonigem Boden, ist *Fraxinus excelsior* L. regelmäßiger Begleiter. In den Alpen und in den deutschen Mittelgebirgen gesellt sich auch *Abies alba* MILL. dem Buchenwald bei. Bleiben die genannten Baumarten gegenüber der Buche als Dominante an Zahl weit zurück, so ist hingegen an der oberen Buchengrenze im Gebirge *Picea excelsa* (LAM.) LINK, im Tiefland auf kalkarmen Sandböden *Pinus silvestris* L. der Buche ökologisch überlegen.

Die Pflanzenliste des Rotbuchenwaldes ist sehr umfangreich. Im folgenden können hier nur die Arten des Normalbuchenwaldes genannt werden, zu denen nach VIERHAPPER (1932) und SCHARFETTER (1938) zählen: *Taxus baccata* L., *Abies alba* MILL., *Prunus avium* L., *Acer platanoides* L., *A. pseudo-platanus* L., *Evonymus latifolia* (L.) MILL.; *Hepatica nobilis* MILL., *Dentaria bulbifera* L., *Rubus hirtus* WALDST. et KIT., *Lathyrus vernus* (L.) BERNH., *Oxalis Acetosella* L., *Mercurialis perennis* L., *Euphorbia amygdaloides* L., *Viola mirabilis* L., *V. silvestris* LAM., *Daphne Laureola* L., *Epilobium montanum* L., *Hedera Helix* L., *Sanicula europaea* L., *Primula vulgaris* HUDS., *Ajuga reptans* L., *Lamium Galeobdolon* (L.) NATHHORST, *Asperula odorata* L., *Senecio Fuchsii* GMEL., *S. nemorensis* L., *Aposeris foetida* (L.) LESS., *Cicerbita muralis* (L.) WALLR., *Prenanthes purpurea* L., *Hieracium silvaticum* (L.) GRUFBERG, *Melica uniflora* RETZ., *Dactylis Aschersoniana* GRAEBN., *Poa nemoralis* L., *Festuca drymeia* M. et K., *Bromus asper* MURR., *Elymus europaeus* L., *Milium effusum* L., *Brachypodium silvaticum* (HUDS.) BEAUV., *Carex digitata* L., *C. pilosa* SCOP., *C. silvatica* HUDS., *Polygonatum multiflorum* (L.) ALL., *Epipactis atrorubens* (HOFFM.) SCHULT., *Neottia Nidus-avis* (L.) RICH.; ferner an Moosen: *Polytrichum attenuatum* MENZ. und *Hypnum cupressiforme* L. Als Fagion-Verbandscharakterarten, also Begleiter der Rotbuchengesellschaften im engeren Sinne, gelten nach OBERDORFER 1953: *Polystichum lobatum* (HUDS.) WOYNAR, *Abies alba* MILL., *Festuca altissima* ALL., *Elymus europaeus* L., *Luzula luzuloides* (LAM.) DANDY ET WILMOTT, *Cephalanthera Damasonium* (MILL.) DRUCE, *Lunaria rediviva* L., *Dentaria bulbifera* L., *D. pentaphyllos* L., *D. enneaphyllos* L. und andere *Dentaria*-Arten, *Euphorbia dulcis* L., *Aruncus vulgaris* RAFIN., *Rubus tereticaulis* MÜLL. und andere Arten der Sect. *Euglandulosi, Acer pseudo-platanus* L., *Lonicera alpigena* L., *L. nigra* L., *Galium rotundifolium* L., *Petasites albus* (L.) GAERTN., *Prenanthes purpurea* L. u. a.

Der Grundstock der Buchenbegleiter gehört dem baltischen bzw. mitteleuropäischen Florenelement an. Viele dieser Arten haben Areale, die sich mit demjenigen der Buche zum großen Teil decken. Dazu treten in den einzelnen Teilen des Gebietes je nach ihrer Lage und Höhe einzelne atlantische, subalpine, pannonische oder illyrische Arten.

Florengeschichte. Gegen Ende des Pliozäns bzw. im ältesten Pleistozän waren *Fagus*-Arten, die der nordamerikanischen *Fagus grandifolia* EHRH. nahestehen bzw. als *F. decurrens* REID bezeichnet werden, in Mitteleuropa verbreitet (z. B. der Klärbeckenflora von Frankfurt/M., der Reuverflora an der deutsch-holländischen Grenze, am Nordfuß der Tatra u. a.). In den folgenden Interglazialen einschließlich des letzten (Riss/Würm) fehlen hingegen nach FIRBAS (1951) von Vertretern der Gattung *Fagus* sichere Nachweise, selbst Pollenfunde, merkwürdigerweise ganz, obwohl nach dem Vegetationscharakter die klimatischen Voraussetzungen für das Gedeihen von Buchen lange Zeit hindurch gegeben waren. Ob und wieweit die postglaziale Ausbreitung der Rotbuche *(F. silvatica)*, über deren Herkunft noch wenig bekannt ist, in wärmeren Interstadialen der letzten Eiszeit vorbereitet worden ist, bleibt weiter zu klären. Über die eiszeitlichen Rückzugsgebiete von *F. silvatica* L. ist heute noch wenig Sicheres bekannt, sie lagen wahrscheinlich im Mittelmeergebiet westlich wie auch östlich der Alpen. Ältere Angaben, nach denen solche nördlich der Alpen angenommen wurden, lassen sich nicht mit den Ergebnissen der Pollenforschung in Einklang bringen. Fossile Funde, die offenbar aus einer Kaltzeit stammen, wurden in den Pontinischen Sümpfen südlich von Rom, etwa im Niveau des heutigen Meeresspiegels, gemacht. – Im Postglazial hat sich nach FIRBAS (1949) die Buche nördlich der Alpen erst lange Zeit nach den Bäumen der Eichenmischwälder ausgebreitet, dann aber dem letzten großen Abschnitt der Waldgeschichte, der sog. Buchenzeit, die in die Ältere Nachwärmezeit (Subatlantikum) fällt, das Gepräge gegeben. Ihre Zuwanderung und von Süd nach Nord allmählich fortschreitende Ausbreitung in die einzelnen Landschaften läßt sich an Hand vieler Pollendiagramme verfolgen. Einem frühwärmezeitlichen Nachweis in den Westbeskiden und den ersten geringen Pollenanteilen in Süddeutschland gegen Ende der Frühen Würmezeit folgen regelmäßige, wenn auch spärliche Pollenfunde im Schweizer Mittelland, im süddeutschen Alpenvorland und in den meisten deutschen Mittelgebirgen während der Mittleren Wärmezeit (Atlantikum), die Ausbreitung nach Norddeutschland in der Späten Wärmezeit (Subboreal) und – zur Zeit der größten Buchenhäufigkeit in den südlicheren Landschaften – in der Älteren und zu Beginn der Jüngeren Nachwärmezeit ihr Vordringen bis zur heutigen Buchengrenze nach Ostpreußen. In geschichtlicher Zeit, vom ausgehenden Mittelalter an, verkleinerte sich in den meisten Landschaften der Buchen-Waldanteil zugunsten der Nadelhölzer. – Nach KRAHL-URBAN hat somit der Rotbuche in verschiedenen Teilen Mitteleuropas je nach dem Zeitpunkt ihrer Einwanderung eine sehr verschiedene Zahl von Generationen zur Ausbildung von Ökotypen zur Verfügung gestanden.

Fig. 88. *Fagus silvatica* L. Rotbuche. Lainzer Tiergarten.
Bildarchiv d. Österr. Nationalbibliothek

Vegetationsorgane. Der Hauptsproß der jungen Buchenpflanze ist nach ursprünglich orthotroper Lage nach Entwicklung des dritten Laubblattes plagiotrop geworden, d. h. der Gipfel neigt sich etwas über. Auch der Gipfelsproß älterer Buchen ist zumindest im Frühjahr und Vorsommer plagiotrop. An gut beleuchteten Standorten erfolgt im Verlaufe derselben Vegetationsperiode Aufrichtung der Baumspitzen. An schattigen Standorten und namentlich an jüngeren Bäumen im Schatten älterer Stämme kann die Neigung des Gipfelsprosses zum Überhängen auch länger erhalten bleiben.

Die Laubblätter der Buche sind abwechselnd zweizeilig angeordnet. Die Seitenknospen stehen nicht genau in den Blattachseln, sondern sind etwas nach der Spitze des Sprosses hin verschoben, so daß die Zweigsysteme ausgesprochen dorsiventralen Charakter aufweisen. Später entwickelt sich aber dennoch gewöhnlich eine ringsum gleichmäßig ausgebildete Krone. Dies geschieht dadurch, daß die Verzweigungsebenen der aufeinanderfolgenden Sproßgenerationen nicht miteinander zusammenfallen, sowie auch dadurch, daß nicht selten die Spitze des Gipfelsprosses abstirbt und der oberste Seitensproß sich aufrichtet. Zu gleichen Ergebnissen führt ein Übergipfeltwerden des Hauptsprosses durch einen weiter unten entspringenden Seitensproß, ferner Störung der zweizeiligen Sproßanordnung durch äußere Einflüsse und die mit dem Dickenwachstum verbundene Verschiebung der Zweigrichtung.

Im übrigen ist die Gesamtform der Buchenkrone sehr verschieden je nach den äußeren Umständen. Stets wirkt sie harmonisch und regelmäßig, da sich die starken Äste ganz allmählich in die feinen Endverzweigungen zergliedern und auch die Richtungsänderungen von einer Zweiggeneration zur anderen sich nicht unvermittelt vollziehen. Alle belaubten Zweige verschmälern sich gegen die Peripherie der Krone hin und laufen spitz aus, ohne daß aber der abgerundete Gesamteindruck der Kronensilhouette gestört würde. Bei freistehenden Buchen teilt sich der Stamm etwa mit dem 40 bis 50. Jahre bei einer Höhe von 15 m meist in 2 stark aufstrebende Äste. Während die oberen Äste mehr oder minder steil aufwärts streben, sind die unteren Äste dem Boden mehr oder minder parallel gerichtet. Die Richtung der Äste ist übrigens mancherlei Schwankungen ausgesetzt. Zeigen manche freistehende Buchen durchwegs mehr oder minder horizontale Ausbreitung der Äste und Zweige, so findet man auch Exemplare mit durchwegs steil aufgerichteten Ästen und sich etwas zuspitzender Krone. Bei der Buche im Hochwalde bleibt der Stamm bis hoch hinauf einfach, und nur infolge gewaltsamer Störung zeigt sich hin und wieder Gabelung. Die Hängebuche kommt in zwei Formen vor, nämlich in Bäumen, bei denen nur die Zweige zweiter und höherer Ordnung hängen, und solchen, bei denen auch die Hauptäste zum mindesten in in ihren jüngeren Teilen hängen.

Das Alter der Buche beträgt im Durchschnitt 140 bis 160, selten bis etwa 300 Jahre. Gewöhnlich wird die Buche mit 140–160 Jahren, auf warmen Böden oft schon im Alter von 120 Jahren wipfeldürr und kernfaul.

Anatomie und Physiologie. Das Holz der Rotbuche besteht aus Gefäßen, Tracheiden, Fasertracheiden, Holzparenchym und Markstrahlen. Alle Holzelemente werden in der Jugend des Baumes kleiner als später ausgebildet. Im Laufe des Dickenwachstums dringen Fasern und Tracheiden in den Markstrahl ein und zerlegen ihn in die niedrigen Bänder des älteren Holzes. Die parenchymatischen Elemente des älteren Holzes enthalten bräunliche Inhaltsmassen, die dem Holz eine rötliche Färbung verleihen. Dunkel gefärbtes Kernholz mit Thyllen und Schutzgummi bildet sich nur, wenn von Faulästen oder anderen Wundstellen Pilze in den innersten Teil des Stammes gelangen. Der Stammteil hat die Fähigkeit, bis zu erheblichen Entfernungen um die infizierten Fund- und Faulzellen herum braunes Schutzholz zu bilden, das technisch wertvoll ist.

Die Rinde ist glatt und grau mit kleinen, wenig auffallenden Lentizellen. Das Periderm wird von einem in der subepidermalen Rindenzellschicht angelegten Phellogen aus gebildet. Es ist dünn und besteht aus einer geringen Zahl flacher, derbwandiger Korkzellen, deren innerste einen braunen Inhalt führen, während die äußersten farblos sind und sich nach einiger Zeit unmerklich oder in Gestalt sehr dünner Häutchen abschülfern. Bisweilen kann es auch zur Bildung einer längsrissigen Borke kommen. In diesem Falle greift die Phellogenbildung tiefer in die Rinde hinein. Das an das Phellogen nach innen anschließende Rindenparenchym besteht aus einem wenigschichtigen, schwach kollenchymatischen äußeren Teil und einem lückenreichen, großzelligen, parenchymatischen inneren Teil, in den Sklerenchymklumpen und Nester von kalziumoxalathaltigen Zellen eingelagert sind. Die Rinde der Buche ist ferner durch einen „gemischten Sklerenchymring" ausgezeichnet. Dies ist ein nur von schmalen, parenchymatischen Lücken durchbrochener Sklerenchymmantel, der aus sehr dickwandigen, z. T. oxalathaltigen Steinzellen und zerstreuten Sklerenchymfasern besteht. Dem gemischten Sklerenchymring folgen nach innen die zartwandigen Siebteile der primären Gefäßbündel sowie aus dem Kambium gebildete regelmäßig abwechselnde Lagen von Siebröhren nebst Geleitzellen und Bastparenchym. In letzterem finden sich oft in großer Zahl Steinzellen. Bastfasern fehlen der sekundären Rinde.

Die Laubblätter sind durch Epidermiszellen ausgezeichnet, die ober- und unterseits reichlich gerbstoffhältig sind, mäßig dicke Außenwände besitzen und buchtig ineinandergreifen. Nur die Zellen, welche die des Nachts verschließbaren Spaltöffnungen umgeben, zeigen oft weniger gewellte oder ebene Wände. Die Spaltöffnungen finden sich nur auf der Blattunterseite, und zwar in unregelmäßiger Anordnung. Ihre Schließzellen liegen oberflächlich und besitzen keinerlei Verdunstungsschutz. Von allen einheimischen Laubbäumen vermag die Buche am meisten Schatten zu ertragen. Sie vermag mit der geringen Lichtmenge von $1/60$ des vollen Tageslichtes auszukommen. Licht- und Schattenblätter sind bei der Buche in der Größe, in der Lage zum Licht und im anatomischen Bau stark verschieden. Das Schattenblatt erreicht oft doppelte Größe, ist dünner, durchscheinend, mattgrün, zeigt streng horizontale Lichtlage und besitzt ein stark entwickeltes Schwammparenchym. Die Sonnenblätter sind auffallend klein, jedoch wesentlich dicker und undurchsichtiger als die Schattenblätter. Sie besitzen eine stärkere Epidermis und ein kräftiger entwickeltes Palisadenparenchym. Von ökologischem Interesse sind die Stoffumwandlungen, die im Stamm und in den Zweigen im Laufe des Jahres stattfinden. Der Stärkegehalt des Splintes ist im Winter und Sommer ziemlich derselbe, nur die beiden äußeren Ringe geben von Mai bis Ende Juli einen erkennbaren Teil ihrer Stärke ab. Während des Sommers erfolgt eine Speicherung neuer Stärke, die bis zum Oktober anhält. In den Zweigen finden im Sommer wie im Winter ansehnliche Schwankungen im Stärke- und Zuckergehalt statt, während die Mengen der Eiweißstoffe und des Fettes ziemlich gleich bleiben. Im Winter ist in den Zweigen viel Glykose vorhanden und um so weniger Stärke, je kälter es ist. VANDERVELDE (1898) sieht in der Bildung der Glykose ein Schutzmittel gegen die Kälte, da der Zucker das Gefrieren verlangsamt und die Ausfällung der Eiweißstoffe durch die Mineralsalze der Zelle verhindert.

Keimung und Entwicklung. Die Frucht öffnet sich entlang der Kanten von der Spitze her. Das Keimwürzelchen ist reichlich von Schleim umhüllt, der das Gleiten im Boden erleichtert und Schutz gegen Schnecken gewährt. Das Würzelchen ist dicht filzig behaart, es wächst in kurzer Zeit mehrere Zentimeter tief in den Boden hinein, worauf erst das Wachstum des Hypokotyls beginnt. Da Schatten den jungen Keimpflanzen nichts ausmacht, kommen diese auch in allernächster Nähe der Mutterbäume auf. Die Primärblätter gleichen bereits ganz den späteren Laubblättern und besitzen zwei sehr kleine Nebenblätter. Sie sind stets gegenständig und mit den Kotyledonen gekreuzt, können aber durch Drehung des Stengels auch superponiert erscheinen. Ein drittes kleineres Blatt beschließt meist das Wachstum des ersten Jahres. Bisweilen kann aber der Keimling auch noch weiterwachsen und schon im ersten Jahr einen Langtrieb hervorbringen, der mit einer größeren Zahl zweizeilig sich abwechselnder Blätter besetzt ist, die wie die Primärblätter kräftige Achselknospen besitzen. Im zweiten Jahr entwickelt sich das Wurzelsystem lebhaft weiter, und gleich-

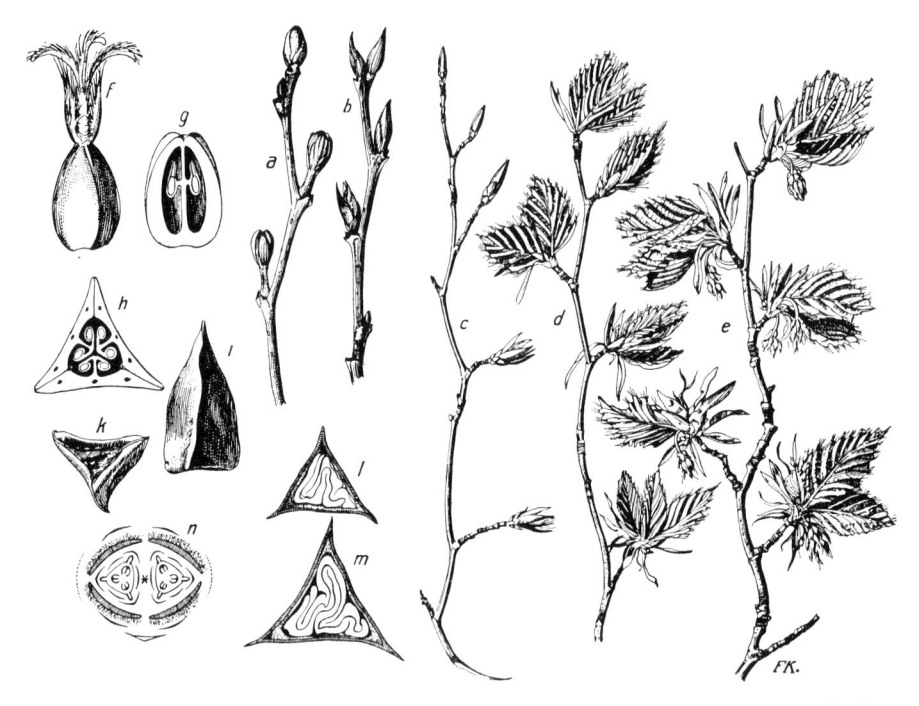

Fig. 89. *a* und *b* Knospen von *Alnus glutinosa* (L.) GAERTN. und *A. viridis* (CHAIX) DC. – *c, d, e* Laubblattentfaltung bei *Fagus silvatica* L. *f* Weibliche Blüte (von außen). *g, h* Längs- und Querschnitt durch den Fruchtknoten. *i, k* Frucht (von der Seite und von unten). *l, m* Querschnitt durch die Frucht. *n* Diagramm eines weiblichen Blütenstandes

zeitig können sämtliche Achselknospen zu zweizeilig beblätterten Langsprossen auswachsen; einzig die Achselknospen der Kotyledonen entwickeln sich nur bei Schädigung und Verkümmern an derer Achselknospen zu Ersatzsprossen. An ungünstigen Standorten, z. B. bei zu starker Beschattung, treiben die unteren Knospen überhaupt nicht aus und auch die übrigen Knospen entwickeln nur Kurztriebe mit je einem, zweien oder eventuell drei Blättern. Dies kann jahrelang so weiter gehen. Im Schatten eines geschlossenen Bestandes findet man nicht selten eine große Zahl von Buchenpflanzen, die man für 2- bis 3-jährig hält, die aber in Wirklichkeit 10, 15 und mehr Jahre alt sind. Jede Kurztriebkette müßte absterben, wenn sie nicht von Zeit zu Zeit durch Langtriebe, „Verjüngerungstriebe", unterbrochen würde. In der Regel folgen nach (5–) 6–10 Kurztrieben ein oder mehrere Langsprosse, die wieder in Kurztriebketten übergehen können. Unter normalen Bedingungen entwickeln von jüngeren Bäumen die oberen Knospen der Zweige Langtriebe, die unteren Kurztriebe. Später überwiegt die Kurztriebbildung, welche das Blattkleid wesentlich bereichert, wodurch auch ältere Achsenteile Blätter tragen.

Phänologie. Der Beginn des Laubausbruches schwankt innerhalb unseres Florengebietes zwischen Mitte April wie etwa in Südwestdeutschland und Mitte Mai, wie z. B. in Oberschlesien. Im einzelnen ist der Laubausbruch der Buche stark vom jahreszeitlichen Witterungscharakter abhängig.

Blütenverhältnisse. Die Buche gehört zu den Windblütlern. Die Blütenstände entwickeln sich gleichzeitig mit den Blättern. Sie stehen in den Blattachseln diesjähriger Sprosse, und zwar sowohl an Lang- wie an Kurztrieben, die weiblichen Blütenstände mehr nach der Sproßspitze, die männlichen mehr nach der Sproßbasis hin. Die männlichen

Kätzchen überwiegen an Zahl und sind an schwächeren Sprossen in der Regel allein vorhanden. Die bis zu 5 cm lange Achse hängt schlaff herab, ist oberwärts etwas verdickt und trägt oberhalb einiger schmaler Hochblätter einen kopfförmigen Knäuel männlicher Blüten. Das Perigon der männlichen Blüten ist glockenförmig, 4- bis 7-spaltig, zottig behaart, die 8–12 Staubblätter sind lang gestielt, zwischen ihnen findet sich meist ein fadenförmiger Rest des Stempels. Nach EICHLER bildet das ganze Köpfchen ein Aggregat dichasialer Blütenknäuel, da das Aufblühen nicht regelmäßig von unten nach oben erfolgt. Die weiblichen Blüten sitzen zu zweien am Ende eines kurzen, starren, nicht hängenden Stieles, welcher unterhalb der Blüten einige wenige Blattgebilde und eine tief 4-teilige Kupula trägt. Diese umschließt schon zur Blütezeit das ganze Dichasium. EICHLER (1878) sieht diese Kupula als ein aus verwachsenen Vorblättern entstandenes Gebilde an, während sie seit PRANTL (1894) allgemein als eine mit haarähnlichen Blattgebilden bedeckte Achsenwucherung aufgefaßt wird. Bisweilen findet sich zwischen den beiden normalen Blüten eine dritte Blüte, welche als Mittelblüte des Dichasiums zu betrachten ist. Der dreifächerige, unterständige Fruchtknoten trägt oben ein aus 6 unscheinbaren Blättern gebildetes Perigon, das von den 3 Narben überragt wird. In jedem Fach des Fruchtknotens sind 2, im ganzen also 6 Samenanlagen vorhanden. Nach A. KERNER (1899) kommen die weiblichen Blüten einige Tage früher als die männlichen zur Entfaltung. Die Samenanlagen kommen erst längere Zeit nach der Bildung der Fruchtknotenhöhle zur Ausbildung. Zur Zeit der Bestäubung, d. i. etwa gegen Mitte Mai, ist von ihnen nach GOEBEL (1898 –1901) noch keine Spur vorhanden.

Frucht und Samen. Mitte Juli läßt sich nach BÜSGEN (1911) im Querschnitt des Fruchtknotens die erste Anlage des Embryos erkennen. Im allgemeinen kommt nur eine einzige Samenanlage zur Ausbildung, doch sind 2-samige Früchte nicht selten und auch 3- bis 6-samige Früchte kommen gelegentlich vor. Zur Zeit der Fruchtreife klafft die holzig gewordene Kupula mit 4, manchmal mit 8 Klappen und entläßt 2, mit brauner lederartiger Schale versehene Früchte. Der Embryo ist von keinem Nährgewebe, sondern nur von einer zarten braunen, Gerbstoff enthaltenden Haut eingeschlossen. Die Spitze der Frucht krönt ein holzig gewordener, wie der obere Teil der Fruchtwände behaarter Griffelrest. BÜSGEN weist darauf hin, daß die Früchte von Baum zu Baum Differenzierungen aufweisen. Innerhalb eines Buchenbestandes hat meist deutlich erkennbar jeder Baum seine eigene, nach Form charakterisierte Buchel und seine eigene Kupula. Für letztere liefern Größe, Stiellänge, Länge und Form der Lappen und die haarartigen Auswüchse Unterscheidungsmerkmale. Nach KIENITZ (1879) betragen die Maße der längsten Bucheln 2,2 cm : 0,9 cm, der kürzesten 1,4 cm : 0,9 cm. Die Samen reifen im September und Oktober, jedoch nicht in jedem Jahr. Reiche Samenausbildung zeigt der Buchenwald – je nach den örtlichen Verhältnisse – alle 5 bis 10 Jahre. Die Samen behalten ihre Keimfähigkeit in der Regel nur ein halbes Jahr. Im Herbst gesäte oder von selbst ausgefallene Samen keimen meist im April oder Mai. Bei Frühjahrsaussaat tritt die Keimung nach 5–6 Wochen ein.

Zur Ausbreitung der Bucheln tragen Eichhörnchen, Schlafmäuse, wilde Tauben, Eichelhäher und Bergfinken bei, die den großen, nahrhaften Samen gerne nachstellen. Eine kurze Strecke kann auch der Wind die Früchte tragen, welche nahe der Spitze an den Kanten mitunter deutliche Flügel haben.

Gallbildungen. An der Buche treten verhältnismäßig wenig verschiedene Gallbildungen auf, einige derselben sind aber dafür um so häufiger. So die der gemeinen Buchengallmücke, *Mikiola (Hormomyia) fagi* HARTIG auf der Oberseite der Blätter. Diese Galle ist spitz-eiförmig, bis 8 mm lang und 5 mm breit, hartwandig, einkammerig, mehr oder minder gelblich oder rotbraun angelaufen; sie hat eine kleine Öffnung auf der Blattunterseite, gehört also zu den Beutelgallen (Fig. 10 i u. i[1]). In der großen inneren Höhlung befindet sich nur eine Larve. Bei der Reife löst sich die Galle vom

Fig. 90. *Fagus silvatica* L. Rotbuche. Links: Keimling. Rechts: 2 Keimlinge mit erstem Folgeblattpaar über den Keimblättern (Aufn. TH. ARZT)

Blatte los und das Galltier überwintert in derselben auf dem Boden, um im ersten Frühjahr als entwickeltes Insekt die schützende Hülle zu verlassen. Außerdem findet sich, wenn auch weniger häufig, auf der Blattoberseite die kleinere, mehr rundliche, anfangs weißliche, später bräunliche und stark behaarte Galle einer anderen Gallmücke, *Oligotrophus annulipes* HARTIG, syn. *Hormomyia piligera* H. LOEW (Fig. 10 k). Ferner werden an den Buchenblättern mehrere durch Gallmilben, Eriophyiden, hervorgerufene Mißbildungen mehr oder minder häufig angetroffen. Diese sind enge, feste, schmale Randrollung, die innen abnorm behaart ist, ferner filzartige Haarbildungen auf der Blattober- und -unterseite, enge, der Knospenlage entsprechende Zusammenfaltung der Blattfläche u. a. m.

Schädlinge. Unter den Insekten hat die Buche im allgemeinen wenige aber gefährliche Feinde. Die Raupen des Rotschwanzes oder Buchenspinners, *Dasychira (Orgyia) pudibunda* L., und der Nonne, *Onceria monacha* L., entlauben namentlich in Norddeutschland oft ganze Buchenwälder. Die Buchenwälder auf der Stubnitz auf Rügen werden fast alljährlich mehr oder weniger vollständig entlaubt.

Eine größere Anzahl von Pilzen parasitiert auf der Buche. *Gloeosporidium fagi* (WEST.) V. HÖHN. verursacht auf den Blättern im Sommer größere oder kleinere, zuerst rotbraune, später verbleichende Flecken, in denen sich die punktförmigen Fruchtkörper entwickeln. Die länglichen Konidien sind einzellig und hyalin. Bei starkem Befall verursacht der Pilz frühzeitigen Laubfall.

*Phyllactinia suffulta* (REB.) SACC. erscheint im Spätsommer auf der Blattunterseite oft massenhaft; einen nennenswerten Schaden verursacht der Pilz nicht (vgl. unter *Corylus* S. 195).

*Nectria*-Arten bewirken eine krebsartige Erkrankung und können in jungen Buchenbeständen großen Schaden verursachen. Das Myzel entwickelt sich vor allem in der Rinde, die vertrocknet und abstirbt. Am Rande der später rissig werdenden kranken Stellen entstehen Überwallungen, wodurch die typischen, rissigen und wulstigen Krebswucherungen zustande kommen. Darauf entwickeln sich später die Räschen der punktförmigen, zinnoberroten Perithezien. Darin werden die farblosen, länglich ellipsoidischen, hyalinen, zweizelligen Sporen in zylindrischen Schläuchen gebildet.

Von den zahlreichen, auf Buchen wachsenden Polyporaceen wären vor allem die als Parasiten auftretenden Arten *Polyporus fomentarius* (L.) FR., *P. igniarius* (L.) FR. und *P. squamosus* (HUDS.) FR. zu erwähnen. Die zuletzt genannte Art wurde schon bei *Juglans* besprochen. *P. fomentarius* ist der echte „Zunder-" oder „Feuerschwamm". Die bis ca. 40 cm im Durchmesser erreichenden Fruchtkörper sind huffärmig, oberseits grau, konzentrisch wulstig gezont und erscheinen oft in großer Zahl an einem Stamm. Das weiche, filzig korkige Innere des Fruchtkörpers wurde früher als Zunder verwendet. Der Pilz verursacht eine Weißfäule des Holzes. *P. igniarius*, der „Falsche Feuerschwamm", ist dem *P. fomentarius* ähnlich. Die meist etwas kleineren, selten über 20 cm großen Fruchtkörper sind oberseits mehr oder weniger konzentrisch rissig, etwas dunkler gefärbt und von härterer Konsistenz.

Fig. 91. *Fagus silvatica* L. Rotbuche (Aufn. TH. ARZT). Geöffnete Cupulae

Nutzen. Die moderne Holztechnologie verarbeitet die Buchenstämme nach Dämpfung zu Schälfournier, das in der Sperrplattenherstellung im weitesten Maße Verwendung findet. Das Buchenholz ist ferner ein Brennholz erster Güte, das kaum von einer anderen Holzart übertroffen wird. Wegen seiner unzulänglichen Dauerhaftigkeit und des starken Schwindens und Reißens ist das Holz für bessere Gebrauchszwecke nur in beschränktem Maße verwendbar. Allerdings wird es mit Vorteil im Grubenbau und zu Schiffskielen herangezogen, da es unter Wasser der Zersetzung lange widersteht. Ferner findet es, mit Metallsalzen und Kreosot imprägniert, Verwendung zu: Sperrholz, Eisenbahnschwellen, Parkettbrettchen, Stiegen, in der Schnitzerei und Drechslerei zu Vorhangstangen, Spinnrädern, Tellern, Schüsseln, gedrehten Knöpfen, Koch- und Eßlöffeln, Hackbrettern, Wäscheklammern, Bürstenböden, Stiefelhölzern, Schuhmacherleisten, Rudern u. a. m., in der Schreinerei und Wagnerei zu Radfelgen, Leimzungen, Pressen, Radschuhen, Schlittenkufen, ferner zu landwirtschaftlichen Geräten wie Pflügen, Schaufeln, Rechen, Futterkrippen, aber auch zu Dachschindeln, Holzpflastern u. a. m. Das Holz liefert neben dem Fichten-, Eichen- und Lindenholz die gepulverte sowie die gereinigte Holzkohle, Carbo ligni pulveratus bzw. Carbo ligni depuratus. Neben Kohlenstoff enthält die Holzkohle noch die Aschenbestandteile des Holzes: Kalk, Kalkerde, Kieselsäure, Phosphate etc. Infolge ihrer absorbierenden Eigenschaften übt die frisch geglühte Holzkohle desinfizierende Wirkung aus. Diese Holzkohle wird meist äußerlich bei Geschwüren und eiterigen Wunden als desodorisierendes und leicht antiseptisches Mittel, seltener innerlich pulverisiert in Tablettenform bei abnormen Gärungsprozessen im Verdauungstrakt, bei Dysenterie, als Antidot bei Vergiftungen mit Phosphor und Alkalien benützt, außerdem auch als Zahnpulver (Pulvis dentificus niger) oder zu Räucherkerzen (Pharm. Germ., Austr., Helv.) verwendet. In früheren Zeiten wurde ferner aus Buchenholz durch Destillation Holzgeist gewonnen; auch die Nutzung von kreosotischem Teer, der später durch Steinkohlenteer verdrängt wurde, ist erwähnenswert. Aus den Samen wird stellenweise wie in Thüringen, Hannover und in den Rheinlanden durch Pressen Öl gewonnen, welches in der Technik, als Brenn- und Speiseöl benützt wird und bisweilen auch zur Fälschung von Nuß-, Mohn- und Olivenöl dient. Im ersten Weltkrieg wurden in Schleswig-Holstein sehr große Mengen Bucheckern gesammelt, aus denen ein sehr geschätztes Speiseöl gewonnen wurde. Die Blätter werden von Ziegen und vom Großvieh gern gefressen, während die Früchte als Schweinefutter geschätzt sind. Das abgefallene Buchenlaub liefert ein ziemlich gutes Streumaterial. In Frankreich, z. B. in den Landes, und stellenweise in Deutschland, wie z. B. im Hohen Venn, werden als Schutz gegen Stürme auf der Westseite der Häuser hohe Buchenwände erstellt, dazu wird die Rotbuche, und nicht wie häufig angegeben, die Hainbuche, *Carpinus Betulus* L., herangezogen.

Volksnamen. Buche (ahd. buohha) ist ein indogermanischer Name, der in altnord. bok, lat. fagus, griech. φηγός [phegós] (dies für eine Eichen-Art) wiederkehrt. Der Name des Buches (ahd. buoh) leitet sich davon ab, daß die Schreibtafeln zuerst aus Buchenholz geschnitten waren. Niederdeutsche Formen des Baumnamens sind Bäuk, Beuke, Böke(n), Bouk, Boük, rheinisch sind Buch, Bich, alemannisch Buech(en). Der Name Rotbuche geht auf das weißlich-rötliche Holz im Gegensatz zur Weißbuche *(Carpinus Betulus)*, deren Holz mehr grau- oder gelblichweiß ist. Maibäuk (Mecklenburg), Maibuche (rheinisch), Maienbuech (Schweiz) nimmt darauf Bezug, daß die jungen, grünen Zweige als „Mai(en)" zum Schmuck der Häuser (besonders an Pfingsten) verwendet werden, vgl. Maien *(Betula pendula)*. Heister (z. B. rheinisch, Hessen) oder Heester sind junge Laubbäume, besonders Buchenstämmchen. Aus dem fränkischen Wort stammt franz. hêtre ‚Buche'. Buchel, Büchel (mittel- und oberdeutsch), Bôk, Bouk (niederdeutsch), Boikelten (Westfalen), Buchnüsse sind die Früchte der Buche. Im Bayerischen heißen sie Akram, Ackeram, in der Schweiz auch Acheram. Das Wort gehört zu got. akran ‚Frucht', altnord. akarn ‚Frucht der Waldbäume'. Ecker ist erst in neuerer Zeit aus dem niederdeutschen Ecker ‚Eichel, Buchecker' entlehnt. Buchecker erscheint schon im 15. Jahrhundert als bucheckir, puchecker. – Der Rest einer alten Baumverehrung (Baumkultes) zeigt sich noch in Wallfahrtsorten, die nach Buchen benannt sind, so in Mariabuchen bei Lohr a. M. (Spessart). Das Wallfahrtskirchlein Rastbuch am Abhang des Büchelsteines (Niederbayern) soll einer „heiligen" Buche die Entstehung verdanken, die früher an der Stelle des Kirchleins stand. Bei Schnaitsee (Oberbayern) liegt die alte Wallfahrtskirche St. Leonhard im Buchet. Der alte Volksspruch „Vor den Eichen mußt du weichen (bei einem Gewitter!), doch die Buchen mußt du suchen" ist nur insofern richtig, als die Buche seltener als die Eiche vom Blitz getroffen wird, was nach den Untersuchungen von Stahl (1912) vielleicht damit zusammenhängt, daß die Rinde der Buche schnell vom Gewitterregen benetzt wird. Dies fördert wohl die Außenableitung des Blitzes, und Blitzschäden sind an der Buche nicht so auffällig wie an vielen anderen Bäumen. Dem Bauern dient das Ausschlagen der Buche im Frühjahr nicht selten als Orakel für die kommende Ernte: „So lange vor oder nach Georgi (23. April) der Buchenwald grün wird, so lange vor oder nach Jakobi (25. Juli) fällt die Ernte", sagt man im Schwäbischen. Aus einem reichen Ansatz der Bucheckern schließt man auf einen strengen Winter, was man übrigens auch von anderen Baumfrüchten (z. B. Eicheln, Vogelbeeren) glaubt. – Daß die Buche im alten Deutschland viel verbreiteter war als jetzt, geht daraus hervor, daß kein Baum in Ortsnamen so häufig auftritt wie sie. Nach einer Zusammenstellung E. von Bergs (1871) kommt sie in den heutigen deutschen Ortsnamen 1567mal (die Eiche 1467mal) vor. Von 59 mit Baumnamen gebildeten Ortsnamen im westlichen Oberbayern treffen 15 auf die Buche (je 8 auf Eiche und Linde, je 7 auf Erle und Tanne, 4 auf die Fichte usw.). In Deutschland gibt es an die 100 kleinere oder größere Siedlungen namens Buch, dazu kommen noch Namen wie Buchen, Büchen, Puch, Puchen, im Niederdeutschen Bochen, Böken. Sehr häufig treten zu diesem Buch, Buchen noch Bestimmungswörter etwa in Ortsnamen wie Rothenbuch, Altenbuch, Reichenbuch, Schönenbuch (bei Basel). Der allein in Ober- und Niederbayern sechsmal auftretende Ortsname Pullach bedeutet Buch(en)lohe, also Buchenwald (ahd. lôh ‚Wald, Hain'). Natürlich begegnet uns der Baum auch in vielen Familiennamen, so in Bucher, Buchmann, Buchwald, Buchberger, Buchholzer, niederdeutsch in Beuker, Baukmann, Bökmann. Vgl. auch H. Marzell, Die Rotbuche (in der Volkskunde) in: Mitt. d. Deutsch. Dendrolog. Gesellsch. 45 (1933), 144-154.

# CCXIV. Castanea Mill., Adans, Fam. d. plant. 2, 375 (1763). Edelkastanie

Wichtigste Literatur. Ascherson u. Graebner, Synopsis d. Mitteleuropäischen Flora 4, 1, 440-445 (1911). M. Büsgen in Kirchner, Loew u. Schröter, Lebensgeschichte d. Blütenpflanzen Mitteleuropas 2, 1, 129-146 (1913). Dalla Torre u. Sarnthein, Flora v. Tirol 6, 2, 59-60 (1909). Arnold Engler, Über die Verbreitung, Standortsansprüche und Geschichte der *Castanea vesca* Gaertn. mit bes. Berücksichtigung der Schweiz in Berichte d. Schweiz. Botan. Gesellsch. 11, 23-63 (1901). F. Kanngiesser, Über Lebensdauer und Dickenwachstum der Waldbäume in

Allg. Forst- u. Jagdztg. 1906. N. KREBS, Die Ostalpen und das heutige Österreich, 2. Aufl. (1928). PENCK u. BRÜCKNER, Die Alpen im Eiszeitalter (1909). O. PORSCH, Geschichtliche Lebenswertung der Kastanienblüte in Österr. Botan. Zeitschr. 97, 269–321 (1950). F. ROSENKRANZ, Die Edelkastanie in Niederösterreich in Österr. Botan. Zeitschr. 72, 377–393 (1923). R. SCHARFETTER, Das Pflanzenleben der Ostalpen (1938). C. K. SCHNEIDER, Handbuch der Laubholzkunde 1, 156–159 (1904).

Bäume, seltener hohe Sträucher. Laubblätter an den aufrechten Trieben schraubig, an den übrigen zweizeilig, ganzrandig oder meist scharf stachelig gezähnt. Blütenstände achselständig, sitzend, nach den Blättern erscheinend. Männliche Blüten zu mehreren in köpfchenförmigen Dichasien, welche zu langen, unterbrochenen Kätzchen angeordnet sind, mit 6-spaltigem Perigon und 8 bis 12 Staubblättern mit langen Staubfäden sowie mit behaarten Fruchtknotenrudimenten. Weibliche Blütenstände einzeln oder zu 2 bis 3 in einem gemeinsamen, dicht von lanzettlichen, schuppenförmigen Blättchen besetzten Fruchtbecher (Kupula) an eigenen Blütenständen oder am Grunde oben männlicher Blütenstände, mit glockigem, 5- bis 8-spaltigem Perigon, unterständigem, (5–) 6 (–8)-fächerigem Fruchtknoten und 5 bis 8 Narben, jedes Fach mit 2 hängenden, anatropen Samenanlagen. Fruchthülle (Kupula) die Früchte völlig umschließend, dicht weichstachelig, 4-klappig oder auch unregelmäßig aufreißend. Früchte halbkugelig, bespitzt, braun, mit großer, hellgrauer Anheftungsstelle. Keimblätter dick, fleischig, gefaltet (Fig. 93).

Die Gattung *Castanea* im engeren Sinn umfaßt etwa 5 einander sehr nahestehende Arten. Die bei uns einheimische *C. sativa* MILL. wird im atlantischen Nordamerika durch 3 Arten vertreten, nämlich *C. dentata* (MARSH.) BORKH. von Florida westwärts bis Mississippi und im Norden bis Maine, südliches Ontario, Michigan und Minnesota, *C. pumila* (L.) MILL. von Florida westwärts bis Texas und nordwärts bis Pennsylvanien sowie *C. ozarkensis* ASHE von Labrador westwärts bis Montana und südwärts bis Oklahoma. Eine fünfte nah verwandte Art., *C. japonica* BL. ist in Japan einheimisch.

Fossile *Castanea*-Arten wurden aus dem westlichen Nordamerika, Alaska und Nordkanada sowie aus Europa, Japan und Sachalin beschrieben. In Mitteleuropa sind fossile Funde aus dem älteren Tertiär, besonders aus dem Pliozän, bekannt.

Die heute noch lebenden Vertreter der Gattung *Castanea* stellen somit nur bescheidene Reste einer in früheren erdgeschichtlichen Perioden in reicherer Artenzahl und in weitaus größerer Ausdehnung über die Erdoberfläche verbreiteten Fagacee dar. Auffallend ist – nach SCHARFETTER – der maritime Zug der heute noch lebenden Arten, indem offensichtlich die Randbezirke der Kontinente bevorzugt werden, sowie andererseits das Fehlen von *Castanea* im pazifischen Nordamerika.

**779. Castanea sativa** MILL., Gard. Dict., ed. 8, no. 1 (1768). Syn. *C. vesca* GAERTN., De fruct. **1**: 181 (1788). *C. vulgaris* LAM., Encycl. **1**: 708 (1783). *C. Castanea* KARSTEN (1882). *Fagus Castanea* L. (1753). Edelkastanie, Echte Kastanie. Engl.: Sweet Chestnut, Spanish Chestnut. Franz.: Châtaignier, Ch. à fruits comestibles. Ital.: Castagno. Sorbisch.: Kastanija. Poln.: Kasztan jadalny. Tschech.: Kaštanovník jedlý. Fig. 92 bis 95

Bis über 30 m hoher Baum, seltener strauchartig, oft vom Grunde an ästig, mit viel Stockausschlag. Stamm stark, eine mächtige, breit ausladende Krone tragend. Rinde glatt, olivgrün bis olivbraun, mit deutlichen, ziemlich zahlreichen Korkwarzen, allmählich in eine von Längsrissen durchfurchte, bräunlichgraue bis schwarzgraue Borke übergehend. Winterknospen gedrungen, eiförmig, spitz, mit wenigen Schuppen, braunrot. Laubblätter länglich-lanzettlich, 8–18 (–25) cm lang und 3–6 (–8) cm breit, kurz zugespitzt, am Grunde keilförmig, abgerundet bis schwach herzförmig, jederseits mit 12 bis 20 unterseits stark hervortretenden Seitennerven, grob ausgeschweift- und stachelspitzig-gezähnt, etwas lederartig, oberseits glänzend, sattgrün, meist kahl, unterseits blaßgrün, anfangs graufilzig, später meist mehr oder weniger verkahlend. Nebenblätter schmal linealisch, etwa 1,5 cm lang, bald abfallend. Männliche Blüten zu mehreren in Knäueln, köpfchenförmigen Dichasien,

Fig. 92. Pollenkorn von *Castanea*, a) Äquatorialansicht, b) Polaransicht. Vergr. 500

vereinigt; diese zu verlängerten, 10–20 cm langen, unterbrochenen, aufrechten Kätzchen angeordnet. Männliche Blüten (Fig. 93 b) mit einem (5–) 6 (–8)-spaltigen Perigon und mit 8 bis 12 Staubblättern, selten mit einem verkümmerten Fruchtknoten. Pollen klein, länglich, etwa $10 \times 15$–$20\,\mu$, glatt, mit 3 von Pol zu Pol gerichteten Porenfalten (Fig. 92). Weibliche Blüten einzeln oder zu 2 bis 3 (–7) am Grunde der männlichen Scheinähre stehend, von einem grünen, mit lanzettlichen, schuppenförmigen Blättchen besetzten Fruchtbecher (Kupula) dicht umschlossen (Fig. 93 c), mit (5–) 6 (–8)-spaltigem Perigon; Fruchtknoten unterständig, meist 6-, selten 3- bis 2-fächerig, mit 5–8 (–12) weißlichen, fädlichen Narben, jedes Fach mit 2 hängenden, anatropen Samenanlagen (Fig. 93 m), von welchen aber in der Regel nur eine zum Samen heranreift. Frucht eine dunkelbraune, glatte, 1-samige, 2–3 cm lange, am Scheitel anliegend seidenhaarige und von den vertrockneten Perigonzipfeln und Narben gekrönte Trockenfrucht (Kastanie), zu (1–) 2 (–3), von dem anfangs grünen, später bräunlich-gelben, bis faustgroßen, innen hellgelben und anliegend behaarten, zuerst kugeligen, im Herbst 4-klappig aufspringenden, außen dicht weichstacheligen Fruchtbecher eingeschlossen (Fig. 93 e), Keimblätter dick, fleischig, gefaltet (Fig. 93 l). – VI.

Vorkommen. Bisweilen bestandbildend in trockenen und lichten Laubwaldgesellschaften, meist auf tiefgründigem, kalkfreiem, saurem, aber mineralkräftigem Silikatgestein oder auf Sandböden im feuchten wintermilden Klima, vor allem im Süden und Südwesten unseres Florengebietes.

Allgemeine Verbreitung. Auf der Pyrenäenhalbinsel im nördlichen Portugal und Spanien sowie im Süden in den Gebirgen, so vor allem in der Hoch-Estremadura, Sierra Nevada und Algarbien, in Frankreich in den Ostpyrenäen vorwiegend zwischen 400 und 600 m, in der Provence, in den Cevennen und auf dem Zentralplateau, von Lyon die Rhône aufwärts bis zum Genfer See, in allen diesen Gebieten jedoch erst seit Römerzeit eingeführt. Im Alpengebiet in den See- und Dauphinéer Alpen sowie am Südfuß der Alpen vor allem im insubrischen Seengebiet und stellenweise in die Alpentäler eindringend, ferner möglicherweise auch autochthon in der Schweiz im oberen Rhonetal und im Vierwaldstätter-See-Gebiet sowie im Bereich des Schweizer Jura, wahrscheinlich auch autochthon innerhalb der Ostalpen in Südtirol und zerstreut in Kärnten und Steiermark sowie am Nordrand der Alpen im Ober- und Niederösterreich; subspontan im Oberrheingebiet, verbreitet auf der Apenninenhalbinsel, im Apennin unterhalb der Buchenzone oft bestandbildend, etwa bis 800–900 m ansteigend, in den Gebirgen Korsikas bis 1100 m, in Si-

Fig. 93. *Castanea sativa* MILL. *a* Blühender Zweig (1 männliche, 2 weibliche Blüten). *b* Männliche Blüte (von außen). *c* Weibliches Trugdöldchen (von außen). *d* Weibliche Blüte (von außen). *e* Aufgesprungener Fruchtbecher mit 3 Früchten. *f*, *g*, *h* Frucht (von der Seite und von vorne). *i* Querschnitt durch ein bestäubtes weibliches Trugdöldchen (nach Hempel und Wilhelm). *k* Frucht von unten. *l* Längsschnitt durch den Samen. *m* Querschnitt durch den Fruchtknoten (vergrößert)

zilien am Ätna bis 1200 m ansteigend; verbreitet am Südostrand der Alpen bis zu den Windischen Büheln in der Südsteiermark, zerstreut im mittelungarischen Bergland in der Magusta und Pilisgruppe, in der Umgebung von Budapest, in den nordwärts einschneidenden Karpatentälern nördlich bis Eperjes und im Bihargebirge, ferner in Krain, im Küstenland und in Istrien, verbreitet auf der Balkanhalbinsel in Kroatien und Slawonien, in Bosnien vor allem um Sarajewo und westlich der Una, in Serbien und in Montenegro besonders in den Gebirgen bestandbildend von 600 bis 1200 m, am unteren Drin, in der Umgebung von Čačak, Vranja, Peć, Tetovo, in Bulgarien am Nordfuß des Balkangebirges, in Thrakien und Mazedonien vor allem an der Südabdachung des Rhodopegebirges, in Albanien, häufig auch im nördlichen Griechenland und selten in der Griechischen Inselwelt, zerstreut hingegen im Süden des Landes; ferner in den Randgebieten des Schwarzen Meeres, auf der Krim im Jailagebirge, in den Kaukasusländern und im nördlichen und westlichen Kleinasien in Lydien und Trapezunt; schließlich in Nordafrika in der Cyrenaika. *Castanea* ist in ganz West- und Südanatolien ein Baum der Schluchtwälder, haufig mit *Juglans* vergesellschaftet, z. T. im reinen Kalkgebirge (nach O. SCHWARZ brieflich).

Verbreitung im Gebiet. Ziemlich sicher innerhalb unseres Florengebietes autochthon vorkommend. Während manche Autoren für ein ursprüngliches Vorkommen der Edelkastanie im südlichen Mitteleuropa eintreten, halten andere die Kastanie auch an diesen Fundorten ebenso wie anderswo weiter nördlich nur für verwildert. – In der Schweiz im oberen Rhônetal vom Genfer See bis Martigny sowie zerstreut bei Sion, Bex, Naters und Mörel, ferner im Gebiet des Vierwaldstätter Sees und oberen Zuger Sees sowie im Gebiet des Schweizer Jura von der Umgebung von Genf nordostwärts bis Neuveville und zum Bielersee; in den Vogesen, im Rheingraben, Mosel-, Saar- und Nahetal oft an Fundorten, die von manchen Autoren als autochthone Vorkommen gedeutet werden, im rechtsrheinischen Gebiet am Westhang des Schwarzwaldes oft in ausgedehnten Beständen, ebenso am Westabfall des Odenwaldes und Spessart, jedoch wahrscheinlich nur verwildert vorkommend; in Südtirol im Etsch- und Eisacktal, in der Umgebung von Meran, im Passeier Tal bis St. Leonhard, im Vintschgau bis Kortsch in die inneren Alpentäler eindringend, ferner im Sarca-, Chiesetal, Val Rendena, an der Brenta und im unteren Fleimser Tal, nördlich der Hauptkette der Zentralalpen in Nordtirol wohl nirgends autochthon, möglicherweise in Vorarlberg bei Frastanz ursprünglich; in Kärnten bei Radl und Dellach im Oberdrautal, an den Südhängen von St. Daniel bei Bleiburg, bei Schloß Teutschach sowie bei Hollenburg und im Lavanttal, verbreitet in der Südsteiermark nordwärts bis zu den Windischen Büheln und zerstreut auch noch in der Steiermark nördlich bis Ligist, Voits, Graz, Raabtal, Riegersburg, Pöllau; ferner am Nordrand der Alpen in Oberösterreich bei St. Nicola nächst Grein, bei Unterach am Attersee sowie bei Gmunden, in Niederösterreich zerstreut im Gebiet südlich der Donau bis etwa 750 m ansteigend westwärts bis zur Erlauf und Ybbs, vor allem am Südrand der St. Pöltener Bucht und am Alpenostrand, in der Buckligen Welt, im Rosaliengebirge und Leithagebirge.

Ähnlich wie bei der Walnuß und vielen anderen wegen ihrer Früchte kultivierten Baumarten ist die Frage nach dem Indigenat auch bei der Kastanie für Mitteleuropa noch nicht endgültig beantwortet. Eine sehr ausführliche Studie hat ARNOLD ENGLER (1901) dieser Frage gewidmet, der die folgenden Gedankengänge im wesentlichen entnommen sind. Auf biologischen und kulturgeschichtlichen Erwägungen fußend kommt ENGLER im Gegensatz zu vielen anderen Autoren wie z. B. DALLA TORRE u. SARNTHEIN (1909), ROSENKRANZ (1923) u. a. zu dem Schluß, daß die Edelkastanie in Mitteleuropa, also nördlich der Alpen sowie im Bereich der Alpen einschließlich deren Südabdachung, nirgends ursprünglich ist, sondern nur in Spanien, Südfrankreich, auf der Apenninen- und Balkanhalbinsel. Buche und Kastanie kommen einander in ihren Ansprüchen an Klima und Boden nahe. Beide verlangen Luftfeuchtigkeit und tiefgründigen, häufig durchfeuchteten, aber nicht nassen Boden, wobei jedoch die Buche ein höheres Maß an Boden- und Luftfeuchtigkeit verlangt als die Kastanie. Darauf deuten auch die Südgrenzen der beiden Holzarten und das häufige Vorkommen der Kastanie zusammen mit Eichen hin. Junge Kastanienpflanzen sind im geschlossenen schattenreichen Bestand, also unter Umständen, wie wir sie für die Urwälder im Bereich der Alpen vor dem Eingriff des Menschen anzunehmen haben, wegen ihres höheren Lichtbedürfnisses gegenüber jungen Buchen stark im Nachteil. Sobald jedoch der Mensch durch Rodung, Feuer, Holzschlag und Weidegang seiner Viehherden die Wälder gelichtet hat, verschieben sich die Verhältnisse zugunsten der Kastanie vor allem dadurch, daß sie im Gegensatz zur Buche nach Abhieb in hohem Maß zum Ausschlagen befähigt ist. So kommt die Kastanie z. B. in den Tälern des Kantons Tessin u. im Misox, Bergell und Puschlav in lichten Wäldern und im Niederwald vor, während sie in den südlichen Alpentälern nirgends geschlossene Hochwaldungen mit schlanken, astreinen Stämmen bildet. Wo Trockenheit des Sommers die Vegetationskraft der Buche einschränkt, vermag die Kastanie den Kampf erfolgreich aufzunehmen. Beide Arten kommen dann entweder in Mischwaldungen zusammen vor oder, wo die Bodenbeschaffenheit der Kastanie besser entspricht, verdrängt diese die Buche. Die Kastanie liebt die Gesellschaft der Eichen, besonders der *Quercus petraea* (MATTUSCHKA) LIEBLEIN und *Qu. Cerris* L., findet sie doch im lichten Eichenwald genügend Raum und Licht. Ähnlich wie die Eiche kann sie auch in der regenarmen Sommerzeit den Transpirationsverlust ersetzen, da sie sehr tief wurzelt. Andererseits kann man aus dem ehemals häufigeren Vorkommen der Eiche nicht auf eine entsprechende Verbreitung der Kastanie schließen. Da das Maß der Bodenfeuchtigkeit, das der Kastanie zusagt, innerhalb bedeutend engerer Grenzen liegt als jenes der Eiche, folgt sie ihr weder in die beständig feuchten Flußniederungen noch auf trockenen Kalkfelsen oder an die Grenze der Steppe. Demnach muß das eigentlich ursprüngliche Vorkommen der Kastanie, durch Zusammenwirken bestimmter klimatischer und ökologischer Faktoren bedingt, als ziemlich beschränkt erscheinen. Ihr heutiges zahlreiches Auftreten in den Mittelmeerländern und ihre weite Verbreitung im übrigen Europa verdankt sie menschlichen Eingriffen.

Als Vertreter der anderen Richtung, die *Castanea* für Teile Mitteleuropas als autochthon betrachten, führt ROSENKRANZ (1923) u. a. folgendes aus: *Castanea sativa* kommt in Niederösterreich in Höhen bis zu 750 m sprungweise im ganzen Gebiet von der burgenländischen Grenze bis ins Erlauf- und Ybbstal, jedoch nur südlich der Donau vor. Obwohl die Edelkastanie in diesem Gebiet nirgends bestandbildend auftritt und daher von einer Begleitflora im engeren Sinne nicht gesprochen werden kann, sind dennoch eine Reihe von Pflanzen zu nennen, die in ihrer Verbreitung der Kastanie ähneln und die auch für Niederösterreich in irgendeiner Beziehung, sei es als meridionales Relikt, sei es als Kalkflüchtlinge u. a. als bedeutsam zu nennen sind. Von diesen Pflanzen erscheinen ROSENKRANZ neun Arten besonders erwähnenswert für die Frage der Spontaneität der Edelkastanie, da sie ähnliche Reliktformen darstellen. Es sind dies: *Helleborus viridis* L., *Saxifraga bulbifera* L., *Lathyrus variegatus* (TEN.) GREN. et GODR., *Peucedanum Carvifolia* VILL., *Lonicera Caprifolium* L., *Danthonia provincialis* DC., *Luzula Forsteri* (SM.) DC., *Ruscus Hypoglossum* L. und *Centrosis abortiva* (L.) Sw. Bei diesen Arten kann man außer bei *Lonicera Caprifolium* und *Helleborus viridis* an eine Kultur wohl nicht denken. Vergleicht man das Vorkommen dieser Arten mit dem der Edelkastanie in Niederösterreich, so ergeben sich zwei Verbreitungszentren, nämlich die Umrahmung der St. Pöltener Bucht und das inneralpine Wiener Becken. In letzterem finden sich alle genannten Pflanzen außer *Ruscus*, außerdem eine Reihe weiterer aquilonarer Relikte und illyrischer Pflanzen. Auch innerhalb des an erster Stelle genannten Verbreitungszentrums stellt das Traisengebiet solch einen Reliktbezirk dar. Außer *Ruscus* sind hier *Paeonia mascula* (L.) MILL., *Ilex Aquifolium* L., *Daphne Laureola* L., *Hacquetia Epipactis* (SCOP.) DC. u. a. hervorzuheben. Daraus ergibt sich, daß die Annahme der Bodenständigkeit von *Castanea* für Niederösterreich nicht unberechtigt sein mag, zumal auch die edaphischen und klimatischen Verhältnisse von heute den Bedürfnissen des Baumes genügen. Die Edelkastanie ist nämlich nach Naturbeobachtungen und Kulturversuchen kalkmeidend. Ein Kalkgehalt von etwa 3 bis 3,5% des Bodens ist die äußerste Grenze. Die Angaben ARNOLD ENGLER's (1901), nach denen die Kastanie in der Zentralschweiz auf Verwitterungsböden mit nahezu 22% Kalkgehalt gedeihe, lassen sich vielleicht dahingehend erklären, daß weniger der Prozentsatz an Kalk als vielmehr die Verwitterungsfähigkeit der einzelnen Bindeglieder oder Beimengungen des Kalkes von Bedeutung sind. In Niederösterreich ist die Kastanie nach ROSENKRANZ fast ausschließlich auf kalkarmen Böden anzutreffen. Wenn von den Standorten am Gahns im Gebiet des Wiener Schneeberges abgesehen wird, finden wir sie nämlich nur auf den tonig-mergeligen Sandsteinen des Wienerwaldes, dem jungtertiären Sandstein und Schotter im Traisengebiet, den kristallinen Gesteinen des Rosaliengebirges und der Buckeligen Welt u. a. Gerade diese Gesteinsarten aber zeichnen sich durch eine relativ große Verwitterungsfähigkeit aus und liefern eine lockere und gute Krume. Aber nicht nur der Boden, sondern auch das Klima von Niederösterreich genügt nach ROSENKRANZ der Edelkastanie im wesentlichen, wenn ein Vergleich mit jenem der Balkanländer, wo die Kastanie sicher autochthon vorkommt, gezogen wird. Die Temperatur steigt im Durchschnitt im Minimum nicht unter $-2,5°$ C herab und bewegt sich im Maximum zwischen 16 und 22° C im Mittel der Vegetationsperiode, was einer minimalen durchschnittlichen Jahrestemperatur von nicht ganz 9° entspricht. Monate mit einem Mittel unter 0° sind selten, es sind ihrer höchstens drei. Das Mittel von ungefähr 7 Monaten hingegen steigt über 9°. Die Niederschlagsmenge schwankt beträchtlich, und zwar zwischen 500 und 1600 mm, ihr Maximum fällt im wesentlichen in die Vegetationszeit; die relative Feuchtigkeit beläuft sich im Durchschnitt auf etwa 60%. In Niederösterreich überschreiten die Niederschläge überall 650 mm, und die relative Luftfeuchtigkeit hält sich um 70%. Genügen einerseits die heute herrschenden edaphischen und klimatischen Bedingungen für ein spontanes Vorkommen der Edelkastanie und macht eine Reihe reliktartig vorkommender Begleitpflanzen ihre Ursprünglichkeit wahrscheinlich, so ergibt sich anderseits aus der allgemeinen Verbreitung der Kastanie in Europa, daß sie ein wärmeliebendes Gewächs ist, und daß ihre Verbreitung demnach in einer wärmeren Epoche wesentlich weiter gewesen sein dürfte.

Der gut kenntliche *Castanea*-Pollen wurde in Mooren Oberitaliens und der Schweiz öfter gefunden. Nach LÜDI dürfte die Edelkastanie im Tessin während des Neolithikums oder der Bronzezeit eingewandert sein und sich dann rasch dort ausgebreitet haben; vereinzelte Pollenfunde reichen jedoch in vorneolithische Zeiten zurück. In Proben aus jüngerer Zeit kann *Castanea*-Pollen im Tessin bis 70% des Waldbaumpollens ausmachen. – Nördlich der Alpen sind nach FIRBAS die bisher ältesten Pollenfunde römerzeitlich und stammen aus den Mittelvogesen. – Vorgeschichtliche Fruchtfunde wurden vom Lac de Bourget und der Römersiedlung Vindonissa bekannt. Angaben über *Castanea*-Holzkohlen aus vorgeschichtlichen Siedlungen werden von manchen Autoren nicht als völlig gesicherte Artnachweise angesehen.

Diese Auffassung ist jedoch mit den Ergebnissen der neueren Forschungen nicht in Einklang zu bringen. Nach unseren heutigen Kenntnissen konnte sich in der letzten Glazialperiode nicht einmal die Kiefer in Niederösterreich halten. Die von ROSENKRANZ angeführten Begleitpflanzen können nicht als Beweis gelten, da *Castanea* sich an klimatisch begünstigten Standorten besonders leicht einbürgern konnte. Zu bemerken ist ferner, daß in Niederösterreich fast nur großfrüchtige Formen vorkommen und die Variationsbreite sehr gering ist (nach O. SCHWARZ brieflich).

Begleitpflanzen. Die Edelkastanie tritt im Süden der Alpen mit Vorliebe in hainartigen, lichten Beständen, den sogenannten „Kastanienselven" auf. Diese Selven liegen meist in der Nähe von Ortschaften und sind vielfach Eigentum der Gemeinden. Jede Bürgerfamilie bekommt im Tessin gegen eine kleine Taxe eine Anzahl Bäume zur Nutzung angewiesen. An anderen Orten ist jeder Bürger durch das „Jus plantandi" berechtigt, auf Weiden Bäume zu pflanzen, welche dann sein Eigentum bleiben. Die Kastanienselven liefern dem Bauer Früchte, Brenn-, Nutz- und Bauholz, auch Stallstreu, Viehfutter und Weideland. Als häufigste Begleitpflanzen der Edelkastanie für die Südalpen mögen genannt sein: *Pteridium aquilinum* (L.) KUHN, *Polypodium vulgare* L., *Asplenium adiantum-nigrum* L.; *Dianthus Seguierii* VILL., *Saponaria ocymoides* L., *Sedum maximum* (L.) HOFFM., *Sempervivum arachnoideum* L., *Saxifraga cuneifolia* L., *Cytisus nigricans* L., *Sarothamnus scoparius* (L.) WIMM., *Genista germanica* L., *G. tinctoria* L., *Trifolium rubens* L., *Teucrium scorodonia* L., *Betonica officinalis* L., *Veronica spicata* L., *Asperula taurina* L., *Galium aristatum* L., *G. rubrum* L., *G. vernum* L., *Campanula spicata* L., *Phyteuma betonicifolium* VILL., *Jasione montana* L., *Festuca ovina* L., *Deschampsia flexuosa* (L.) TRIN., *Danthonia provincialis* DC., *Luzula nivea* (L.) DC., *Anthericum Liliago* L., *Allium montanum* SCHM., *Ruscus aculeatus* L., *Polygonatum odoratum* (MILL.) DRUCE, *Convallaria majalis* L. u. a. m. An manchen Fundorten z. B. in der Südsteiermark, bildet die Kastanie mit anderen Laubhölzern, wie Eichen-Arten, Linde u. a., Laubmischwälder. Zu ihrem Gedeihen verlangt die Edelkastanie vor allem tiefgründigen, lockeren, frischen, hinreichend fruchtbaren Boden, mildes Klima und eine vor Spät- und Winterfrösten geschützte Lage. Im allgemeinen verlangt sie nach ARNOLD ENGLER (1901) kieselsäurereiche Böden wie Gneis, Granit, Porphyr, Sandstein, Flysch, und zwar deshalb, weil dies fast ausschließlich Silikate sind, welche das Kali stark absorbieren und den Pflanzen zuführen. ARNOLD ENGLER nennt die Kastanie eine sehr kalibedürftige Art. Auf Kalk tritt sie nur selten und dann wohl nur in niederen Lagen auf tiefgründigen Verwitterungsböden auf, wie z. B. auf Kreidekalk (Neocom), in eozänen Kalk- und Mergelschichten am Vierwaldstätter See oder im Karst. Im Schwarzwald, Odenwald oder im Pfälzer Wald, wo der Baum in der Eichenstufe bis 600 m (im Schwarzwald in Einzelvorkommen bis 1000 m) ebenfalls subspontane, z. T. ausgedehnte Bestände bildet, begleitet der Baum vor allem die Standorte des Traubeneichen-Birkenwaldes (Quercetum medioeuropaeum) oder des artenarmen Eichen-Buchenwaldes mit *Luzula luzuloides* (Melampyro-Fagetum). Er verhält sich also wie auch sonst im Südwesten Europas wie eine Quercion-roboris-Art (DV). Der Tessiner Kastanienselve entspricht im Nordschwarzwald der „Kastanienbosch", der seit alters wie im Süden zu Rebstecken- sowie Frucht-, Nutzholz- oder Laubstreu-Gewinnung gepflegt wird, früher in der Form bäuerlicher Niederwälder, heute meist hochwaldartig.

Vegetationsorgane. Über dem kurzschaftigen Stamm eines freistehenden Kastanienbaumes breiten sich die stark sparrigen Äste weit aus und bilden eine breite Schirmfläche, deren Schattenwirkung durch die großen, waagrecht ausgebreiteten Blätter sehr groß werden. Schon an der Südabdachung der Alpen erreichen freistehende Kastanienbäume eine Mächtigkeit, die an Glanz und Reichtum des Laubes unsere Eiche weit übertreffen, wenn sie auch in der Wucht des Stammes und in der Plastik der Verästelung hinter dieser zurückbleiben. Vom Ätna wird von vier sehr alten und starken Bäumen von 26,3, 22,6, 22 und 18,7 m Stammumfang berichtet. Dazu kommt der berühmte Castagno dei cento cavalli am Ätna, dessen seit Menschengedenken hohler, fünffach geteilter Stamm 64 m Umfang besitzt. KANNGIESSER (1906) meint, es sei eine Sage, daß die 5 Stämme einst einen Baum gebildet haben. Dem stehen aber die Berichte alter Schriftsteller gegenüber. SWIRNBURNE erzählt, er habe durch Nachgraben gefunden, daß die Stämme zwar bis zum Boden getrennt, unten aber verbunden seien. Leider sind die alten Kastanien am Ätna sehr im Rückgang begriffen. Werden im Süden die Kastanien vielfach 500 Jahre alt, so erreichen sie bei uns im allgemeinen kaum mehr als 200 Jahre.

Nach BÜSGEN (1913) entwickelt sich das Sproßsystem der Kastanie aus Jahrestrieben, deren Hauptglieder im allgemeinen ziemlich gleich lang sind und die nur nach der Sproßspitze hin zuletzt an Länge abnehmen. Die Verzweigung erfolgt zumeist aus den oberen Blattachseln. Bisweilen zeigen alle Blattachseln Blattknospen, oft sind jedoch auch knospenlose Blattachseln eingeschaltet. Neben Langtrieben finden sich 1—3 cm lange Kurztriebe, die Kurztriebketten von 6 und mehr Gliedern bilden können. Die Verzweigung der plagiotropen Sproßsysteme ist zweizeilig, die der orthotropen radiär mit wechselnden Blattstellungen. Das Ausschlagvermögen der Edelkastanie ist langanhaltend, wodurch zu Niederwaldbetrieb zwecks Erziehung von Rebpfählen Gelegenheit geboten wird. Herabhängende Äste alter Kastanien können Wurzeln schlagen und sich dann zu neuen Schäften emporrichten. Eigentümlich ist die Drehwüchsigkeit der Kastanie. Wohl gegen 99% der Bäume zeigen eine Drehung des Stammes in der umgekehrten Richtung des Uhrzeigers.

Anatomie und Physiologie. Das Kastanienholz hat nach BÜSGEN (1913) viel Ähnlichkeit mit dem Holz unserer Eichen, doch fehlen ihm die breiten Markstrahlen. Es besteht aus Gefäßen, Holzparenchym, Tracheiden, Holzfasern und für das bloße Auge kaum erkennbaren einschichtigen Markstrahlen. Die großen, 0,30—0,35 (—0,50) mm weiten Gefäße sind auf das Frühholz beschränkt. Das Holz ist ringporig. Der Splint umfaßt 2—5 Jahresringe und geht dann in anfangs hellbraunes, später nachdunkelndes Kernholz über. Das Holz zeigt jahreszeitliche Schwankungen im Zucker- und Stärkegehalt.

Die Rinde junger Triebe ist gegen die Sproßspitze hin mit kurzen Haaren besetzt, jedoch schon am Ende der ersten Vegetationsperiode sind die Zweige von einem Periderm umgeben. Unter dem Periderm folgt kollenchymatisches Phelloderm und an Oxalatdrusen reiches, dünnwandiges Rindenparenchym. Der wie bei *Quercus* und *Fagus* vorhandene Sklerenchymring zerfällt frühzeitig in getrennte Gruppen von Steinzellen, einzelne Steinzellen und primäre Bastfaserbündel. Sekundäre Bastfasern finden sich in Form konzentrischer Bänder in der Innenrinde. An Stelle der Oxalatdrusen des Bastes jüngerer Rinde finden sich in alter Rinde Einzelkristalle in der Umgebung der Bastfaserbündel. Erst vom 12. Jahre an geht die Rinde in eine Borke über, indem es zur Bildung kleiner, fest aneinander haftender Borkenschuppen kommt, und etwa vom 15. bis 20. Lebensjahr an ist eine dunkelbraune Borke vorhanden.

Keimung und Entwicklung. Im Frühling gesteckte Kastanien keimen nach BÜSGEN (1913) in 30–40 Tagen. Bei der Keimung bleiben die beiden dicken Kotyledonen in der Fruchtschale stecken. Sie erfüllen den ganzen Innenraum des Samens und sind dicht ineinandergefaltet und eng aneinandergepreßt. Das Keimwürzelchen tritt an der Fruchtspitze hervor und krümmt sich gleich geotropisch abwärts; es ist dem Keimlingsproß im Wachstum weit voran. Dieser nickt anfangs, streckt sich dann gerade und geht bald nach Bildung einiger pfriemlicher wechselständiger oder annähernd gegenständiger Primärblätter oder Nebenblattpaare mit kleinem Laubblatt zur Entwicklung von normalen Blättern mit Nebenblättern über. Die Blattstellung an der Achse der Keimpflanzen wechselt; sind die ersten Laubblätter gegenständig angeordnet, folgen häufig einige wechselständige und dann wieder gegenständige Blätter. In den ersten 10 Jahren ist das Wachstum der Edelkastanie gering, dann folgt eine Periode raschen Wachstums, die sich etwa im 40.–50. Lebensjahre erschöpft.

Blütenverhältnisse. Die Blühbarkeit der Kastanie tritt nach BÜSGEN (1913) bei einzelnen freistehenden Bäumen mit 20–30 Lebensjahren, im Bestand jedoch erst mit 40–60 Jahren ein. Stocklohden blühen schon nach 6 Jahren. Die ährenförmigen Blütenstände stehen in der Regel in den Blattachseln diesjähriger Sprosse, gelegentlich kommen auch endständige Infloreszenzen vor. Sie tragen bald nur männliche Blüten in locker aufeinander folgenden Büscheln, bald auch einige weibliche Blütengruppen. Nach WIGAND tragen die 3 untersten Blattwinkel gewöhnlich keine oder nur schwache Knospen, dann folgen einige männliche Kätzchen, hierauf einige Laubknospen, hierauf wieder ein oder mehrere Kätzchen und schließlich wieder mehrere Laubknospen. Bisweilen tragen auch alle Blattwinkel, seltener auch der Gipfel Kätzchen. Vielfach sind die unteren Kätzchen männlich, dann folgen 1–2 weibliche Blütengruppen, hierauf 3–4 Gruppen verkümmerter Zwitterblüten und schließlich zuoberst verkümmerte männliche Blüten. Die männlichen Blüten stehen in zymösen Gruppen von je 7, seltener nur 5 Einzelblüten, also in 7- bis 5-blütigen Dichasien. Jede Gruppe ist von 3 Hochblättern umgeben, und zwar von ihrem Deckblatt und den beiden Vorblättern der zuunterst stehenden Blüte. Das Perigon besteht aus 6 bleich gelblichgrünen, stark behaarten Hüllblättern in 2 Kreisen und umschließt 8–12 Staubblätter. Nach PORSCH (1950) besitzen ferner die männlichen Blüten vielfach im Blütengrunde 6 durch ihre dottergelbe Farbe auffallende, behaarte, fingerstummelartige Nektarien in 2 Dreierreihen, die als in den Dienst der Nektarerzeugung gestellte Griffelstummel gedeutet werden. Die Aufblühfolge der Ähre ist im allgemeinen ziemlich unregelmäßig. Die untersten Blütengruppen entfalten sich zuletzt, doch kann deren Mittelblüte bereits geöffnet sein, ehe die Seitenblüten weiter oben stehender Blütengruppen sich entfaltet haben. Die zymöse Zusammensetzung der Blütengruppen bedingt, daß meist der ganzen Länge der Ähre entlang offene Blüten vorhanden sind, während andere noch nicht entfaltet oder bereits abgeblüht sind. Die weiblichen Blüten sind meist zu dreien oder zu zweien, seltener einzeln in eine mit zahlreichen schuppigen Blättern bedeckte Achsenwucherung eingesenkt. Diese letztere wird später zu der mit 4 Klappen sich öffnenden, weichstacheligen Kupula, die im Süden bis 10 cm im Durchmesser erreichen kann, innerhalb unseres Florengebietes aber an Größe zurückbleibt. Das Perigon der weiblichen Blüte besteht aus 6 außen stark behaarten Hüllblättern in 2 Kreisen. Der unterständige, krugförmige, dreikantige Fruchtknoten ist meist 6-fächerig und enthält in jedem Fach 2 hängende Samenanlagen, von denen aber meist nur eine zu einem Samen heranreift. Meist sind 6, ausnahmsweise bis 9 freie, weit hervorragende Griffel zu beobachten, die an ihrer Spitze eine punktförmige Narbe zeigen, welche zur Zeit der Bestäubung ein Schleimtröpfchen absondert. Nach PORSCH (1950) finden sich in den weiblichen Blüten vielfach auch 12 Staminodien bzw. schwach entwickelte Staubblätter mit kurzen Staubfäden und Staubbeutel, die auch Pollenkörner entwickeln. Die Staubbeutel sind im Schlundbereich verborgen, nach außen unsichtbar. Die innere Wand der Kupula ist mit einem dichten Filz von Seidenhaaren überzogen, die auch die aus ihr hervorragenden Halsteile der 3 Fruchtknoten bedecken.

Die Edelkastanie ist Insektenblütler. Der Pollen wird nach BÜSGEN (1913) nicht leicht vom Winde verstäubt, hingegen vielfach und sicher durch Insekten wie Ameisen, Mücken, Hummeln, Honigbienen, Käfer und Schwebefliegen

Fig. 94. *Castanea sativa* MILL. Edelkastanie, weibliche Blüte (Aufn. TH. ARZT)

Fig. 95a. *Castanea sativa* MILL. Edelkastanie.
Männliche Blütenstände (Aufn. TH. ARZT)

übertragen. Nach PORSCH (1950) sind die Käfer allein mit etwa 60% am Blütenbesuch der Edelkastanie beteiligt. Die Gesamtzahl der bisher bekanntgewordenen Blütenbesucher der Kastanie beträgt 135 Arten, wovon die Käfer allein mit 81 Arten, Fliegen mit 27 Arten, Schmetterlinge und kurzrüsselige Bienen mit je 10 Arten vertreten sind. Nach PORSCH stellt die *Castanea*-Blüte einen alten Typus einer primitiven Käferblume auf dem Weg zur Windblütigkeit dar. Sie ist nicht mehr vollendete Insektenblume und noch nicht vollendeter Windblütler. Merkmale ihrer Insektenblütigkeit sind die Fernlockmittel der männlichen Blütenstände, nämlich Farbe der Blütenhülle und ihr auf Käfer besonders anlockend wirkender Trimethylamin-Duft, ferner die reichliche Nektarabsonderung der männlichen Blüten, der arten- und individuenreiche Insektenbesuch, die, wenn auch nicht stark ausgeprägte Klebrigkeit des Pollens und die Zwittrigkeit der Blütenanlage, die als Erbstück käferblütiger Vorfahren zu werten ist; schließlich ist die große Zahl der noch regelmäßig angelegten, wenn auch nicht zur Samenbildung gelangenden Samenanlagen zu nennen, während Windblütler den Tierblütlern gegenüber eine auffallende Verminderung in der Zahl der Samenanlagen aufweisen. Die Merkmale in der Richtung zur Windblütigkeit sind das zahlenmäßig hohe Überwiegen der männlichen Blüten, das Fehlen jeder Schaueinrichtung und Duftentwicklung der weiblichen Blüte, der geringe Grad der Klebrigkeit des Pollens und vielleicht auch das Schleimtröpfchen der Narbe, wodurch diese trotz Kleinheit des Narbenbereiches schon für Windbestäubung geeignet wird. Geschichtlich gesprochen ist das süße Schleimtröpfchen noch Nektartropfen einer Insektenblüte, könnte aber auch als solcher schon vom Winde herbeigewehten Pollen auffangen, sobald dieser den letzten Rest seiner Klebrigkeit verloren hätte.

Frucht und Samen. Die Früchte reifen im Oktober. Die Fruchtwand schützt durch ihre dunkelbraune, dickwandige Epidermis und durch einige Schichten kurzer, an ihrer Oberfläche etwas gestreckter Sklerenchymzellen den dicken, fleischigen Samen gegen unwillkommene Gäste aus der Insektenwelt. Auf die Sklerenchymzellen folgen zahlreiche Schichten derbwandiger Zellen und schließlich ein, in der unreifen Frucht seideglänzender, später rostbrauner dichter Filz, der aus langen, nicht übermäßig dickwandigen Haaren besteht. Diese letzteren füllen den Raum zwischen Fruchtwand und Samenhaut aus. Die Samenhaut besteht aus mehreren Lagen saftreicher parenchymatischer Zellen und ist sehr gerbstoffhaltig. Die Früchte werden insbesondere durch Krähen, Raben, Eichel- und Nußhäher, Eichhörnchen, Siebenschläfer und Wühlmäuse verbreitet.

Schädlinge. Die als Tintenkrankheit bezeichneten, besonders in Italien große Schäden in den Edelkastanienwäldern verursachenden pathogenen Zustände sind schon seit vielen Jahrzehnten Gegenstand eingehender Untersuchungen gewesen. Als Ursache wurde ein Phykomyzet, *Blepharospora cambirosa*, festgestellt. Die typische Infektion bleibt im Kambium der Stammbasis auf wenige Zentimeter oberhalb des Bodens beschränkt und ist durch die dunkelbraune bis schwarzbraune Verfärbung der kranken Partien sehr auffällig. Wenn das Kambium der Stammbasis ganz infiziert ist, stirbt der Baum ab. Fast gleichzeitig stellen sich dann auch *Polyporus*-Arten als Erreger von Trockenfäule und andere Schwächeparasiten, vor allem *Coryneum perniciosum* CAV., *Endothia parasitica* (MURR.) P. et H. ANDERS., ein. Der zuletzt genannte Pilz verursacht in den Vereinigten Staaten von Nordamerika die dort

Fig. 95b. *Castanea sativa* MILL. Edelkastanie, Fruchtzweig (Aufn. G. EBERLE)

weit verbreitete „Chestnut bark disease" von *Castanea dentata* (MARSH.) BORKH. Auf *Castanea sativa* ist dieser Pilz in Europa ziemlich selten, in Südtirol und in der südlichen Schweiz jedoch verbreitet, wo er nach GAMS (brieflich) ganze Bestände befällt. Er verursacht dann durch Absterben und Rissigwerden der kranken Rinde besonders in den Astgabeln krebsartige Wucherungen, so daß die befallenen Äste oberhalb der Infektionsstelle zugrunde gehen. Die ganz in der Rinde nistenden, bis ca. 1,5 mm großen, aus rundlichem Umriß stumpf kegelförmigen Fruchtkörper enthalten zahlreiche Perithezien, deren verlängerte, büschelig vereinigte Mündungen auf einer zinnoberroten Scheibe hervorbrechen. Die keuligzylindrischen Schläuche enthalten 8 länglich-ellipsoidische, 2-zellige, hyaline Sporen.

Geschichte. Schon zur Römerzeit wurde die Edelkastanie, wie COLUMELLA und PLINIUS mitteilen, vielfach zur Gewinnung von Rebstützen, Rebpfählen, Stützpfählen etc. in Form von Niederwäldern angepflanzt. Die heutige Kastanien-Niederwaldwirtschaft mag vielleicht schon auf die Römerzeit zurückgehen. Später wird die Kastanie in der fränkischen Zeit in dem Kapitulare Karls des Großen erwähnt, dann im Bauriß des Klosters St. Gallen vom Jahre 820, in der Physika der hl. Hildegard aus den Jahren 1150–1160, worin ein Rezept zu einem Trank aus Blättern und Rinde der Kastanie gegen die Viehseuche „schelmo" verzeichnet ist, ferner bei ALBERTUS MAGNUS (1193–1280), CONRAD VON MEGENBERG (1309–1374) u. a. Andererseits sind lebende Zeugen einer ins frühe Mittelalter zurückgehenden Kultur der Edelkastanie jene gewaltigen, bis 15,8 m Stammumfang erreichenden, uralten, und zwar mindestens 1000 Jahre alten Bäume, die wir mehrfach im mittleren und nordwestlichen Europa finden, wie z. B. im Val Lavizzara und Maggiatal im Tessin, Sancerre im Departement Cher, Tortworth in der Grafschaft Gloucester in England, Dannenfels in der Pfalz u. a. In der Westschweiz wird die Kastanie zum ersten Male 1336 bei Vaumarcus, in der Nordschweiz in einer Taxordnung der Stadt Laufenburg von 1401 genannt. Wahrscheinlich ist die Kultur in der Zentralschweiz erst im 14. Jahrhundert aufgekommen; 1406 wird sie von Mels erwähnt. Im 17. und 18. Jahrhundert wurde die Kultur der Kastanie an vielen Orten in der Schweiz wieder aufgegeben. Schuld daran waren einerseits die geringen Erträge und die starke Beschattung der Wiesen, andererseits die Einfuhr von Getreide und Kartoffeln sowie der bessere Verkehr mit Italien und Frankreich. Auch in der zweiten Hälfte des vergangenen Jahrhunderts sind in der südlichen Schweiz viele Kastanienbestände der Axt zum Opfer gefallen. An vielen Stellen mußte sie dem Rebbau und Wiesen, im Süden unseres Florengebietes auch dem Tabakbau weichen.

Nutzen. Das weiße bis hellbraune, sehr feinfaserige, ungemein dauerhafte Holz wird namentlich da verwendet, wo es der Luft- und Bodenfeuchtigkeit zu widerstehen hat. So braucht man es zur Herstellung von Faßdauben und Gefäßen sowie namentlich für Stallböden, bisweilen wird es auch zu Telegraphenstangen oder als Schwellenholz herangezogen. In Frankreich und England dient es als Schiffsbauholz. Früher bedienten sich die Schmiede und Schlosser auch der Kastanienholz-Kohle. Die stärkereichen, wohlschmeckenden Früchte waren besonders in früherer Zeit in Italien neben Mais oder Reis als Nahrungsmittel von hervorragender Bedeutung. Die Samen enthalten 39% Wasser, 3,8% stickstoffhaltige Substanzen, 2,49% Fett, 43,71% Stärke, 8,09% Faser- und 2,09% Mineralstoffe. Die Kastanien werden entweder in der durchlöcherten Pfanne geröstet (Maroni), über Feuer gedörrt, in Wasser gekocht oder im Backofen gedämpft. Zuweilen werden sie auch zu Mehl vermahlen (Kastanienpolenta) oder sie finden als Kaffeesurrogat oder zur Ölbereitung Verwendung. Ein großer Teil der Kastanien geht aber auf dem Boden zugrunde oder wird, wie in der Südschweiz, im Veltlin, in Südkrain, Ungarn u. a. als Viehfutter genutzt. Die Folia Castaneae werden als Infus oder Extractum fluidum als Expectorans, die Samen und besonders der aus den Samenschalen hergestellte Dekokt als Antidiarrhoicum verwendet.

Von der Edelkastanie wird eine große Zahl von Kultursorten, und zwar wilde oder ungepfropfte Sorten, wie z. B. selvatici, sulvadec, und gepfropfte Bäume unterschieden. Bekannte Sorten der letzteren, die teils auf die Kultur, teils auf lokale, klimatische Verhältnisse zurückzuführen sind, sind die folgenden: Torcion, rossera, rosaira oder piatéra, rapiscen, topia, luini, enzat oder marun, magretta, selvaticini, poretta, verdesa, lanosa, carnera, martino, tentosa, vescol oder volpat u. a. m.

Der Name Kastanie (ahd. chestina, mhd. kestene) ist aus dem lat. castanea entlehnt. Dieses wieder geht auf griech. κάστανον [kástanon] zurück. Schon die antiken Etymologen leiteten den Namen von einer thessalischen Stadt Kastanea oder einer (sonst nicht bekannten) Stadt Kastanis am Schwarzen Meere ab, wo der Baum häufig wachse. Jedoch dürfte umgekehrt die Stadt den Namen von dem Baum bekommen haben. Mit dem griech. Namen ist auch der armenische kask „Kastanie", kaskeni „Kastanienbaum" verwandt. Alle diese Namen stammen möglicherweise aus einer (vorgriechischen) ägäischen Sprache. Mundartformen sind Keste, Köste (z. B. bairisch), Käste, Kiste, Käst(l)etz (schwäbisch), Chestele, Chistene (Schweiz). Im Rheinischen treffen wir vielfach Formen an, die mit Kr- beginnen, so Krischtanje, Kraschtei, Krescheteie, Krischtei. In den Gebieten, in denen die Edelkastanie nicht wächst, versteht man unter Kastanie allgemein die Roßkastanie *(Aesculus Hippocastanum)*. Zum ausdrücklichen Unterschied von dieser heißt *Castanea sativa* Edelkastanie, Rechte Kastanie (z. B. Bremen), Zahme Kastanie, Eßkastanie, im Niederdeutschen auch Söte Kastanie [Süße Kastanie] oder Makke Kastanje (Ostfriesland) [zu nl. mak „zahm"]. Maroni (so allgemein in Südtirol) ist entlehnt aus dem gleichbedeutenden ital. marrone.

## CCXV. **Quercus** L., Gen. plant. ed. 5, 431 (1754). Eiche

Wichtigste Literatur. ASCHERSON u. GRAEBNER, Synopsis d. Mitteleuropäischen Flora 4, 1, 445–544 (1911). J. BRAUN-BLANQUET, La Chenaie d'Yeuse méditerranéenne (Quercion ilicis) in Mém. Soc. Etud. Scienc. Nîmes, No. 5 (1936). A. CAMUS, Monographie du Genre *Quercus*. 3 Bände (Paris 1934-1948). M. BÜSGEN in KIRCHNER, LOEW u. SCHRÖTER, Lebensgeschichte d. Blütenpflanzen Mitteleuropas 2, 1, 69–129 (1911–13). F. HÖCK, Studien über die geographische Verbreitung der Waldpflanzen Brandenburgs in Verh. d. botan. Ver. d. Prov. Brandenburg 40 (1898) und 44 (1902). A. KERNER, Das Pflanzenleben (1887–91). T. KOTSCHY, Die Eichen Europas u. d. Orients (1862). M. v. ROCHOW, Die Pflanzengesellschaften des Kaiserstuhls in Pflanzensoziologie 8 (1956). R. SCHARFETTER, Das Pflanzenleben der Ostalpen (1938). C. K. SCHNEIDER, Handbuch d. Laubholzkunde 1, 161–211 (1904). R. SCHRAMM, Über die anatomischen Jugendformen der Blätter einheimischer Holzpflanzen in Flora, Neue Folge, 4 (1912). O. SCHWARZ, Monographie der Eichen Europas, besonders des Mittelmeergebietes, in FEDDE, Repert. spec. nov. Sonderheft D, soweit erschienen 1–160 (1936–37). E. STRASBURGER, Bau und Verrichtungen der Leitungsbahnen in den Pflanzen (1891). M. WILLKOMM, Forstliche Flora von Deutschland u. Österreich, 2. Aufl. 383–427 (1887).

Bäume oder seltener Sträucher mit sommer-, winter- oder immergrünen, schraubig angeordneten, oft ebenso wie die Winterknospen gegen die Spitze der Zweige zusammengedrängten, meist fiederspaltigen, seltener nur gezähnten oder ganzrandigen Laubblättern. Blütenstände mit den Blättern erscheinend. Männliche Kätzchen achselständig, hängend. Weibliche Kätzchen in den Achseln abfallender Niederblätter, end- oder achselständig, unterbrochen ährenähnlich, mit einem endständigen Einzelblütenstande. Männliche Blüten geknäuelt, mit 6- bis 8-teiligem Perigon, 6–10 Staubblättern mit kurzen Staubfäden und mit schuppenförmigem Rudiment des Fruchtknotens oder ohne solches (Taf. 77, Fig. 41). Pollen länglich bis kugelig, Polachse 30–40 μ, Äquatorialdurchmesser 25–40 μ, mit unregelmäßig fein skulpierter Oberfläche und drei von Pol zu Pol gerichteten, meist einfachen Längsfalten (Fig. 96). Weibliche Blüten einzeln oder zu 2–5, einander ährenartig oder kopfig genähert; jede Blüte von einem zur Blütezeit noch unscheinbaren, später becherförmigen, verholzenden, außen beschuppten oder weichstacheligen Fruchtbecher (Kupula) umgeben: Perigon der weiblichen Blüten mehr oder minder undeutlich 6-zähnig; Fruchtknoten unterständig, 3-fächerig, jedes Fach mit 2 hängenden, anatropen extrorsen Samenanlagen (Taf. 77, Fig. 42); Griffel 3 (–4), meist flach, oberseits die Narben tragend (Taf. 77, Fig. 43). Frucht (Eichel) eine eiförmige bis zylindrische, glatte Nuß, welche am Grunde von dem napf- oder becherförmigen Fruchtbecher umschlossen wird. Keimblätter dick, aneinanderliegend (Fig. 100h).

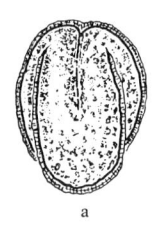

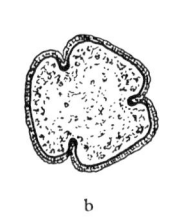

Fig. 96. Pollenkorn von *Zuercus*, a) annähernd Äquatorial-, b) Polaransicht. Vergr. 500

Die Gattung *Quercus* im weiteren Sinne umfaßt etwa 505 Arten, welche in der nördlichen gemäßigten Zone der Neuen und Alten Welt verbreitet sind. Ihr Hauptverbreitungszentrum liegt in Nordamerika, eine größere Zahl von *Quercus*-Arten ist auch in Europa und Westasien einheimisch.

In Nord- und Mittelamerika finden sich die etwa 175 Arten zählenden Vertreter der Sekt. *Erythrobalanus*, die von O. SCHWARZ (1936) als eigene Gattung, von FERNALD (1950) als Sektion von *Quercus* bewertet werden. Diese Arten sind durch abortierte Samenanlagen im oberen Teil des Fruchtknotens, verlängerte, vorne kopfige Griffel, angedrückte Schuppen des Fruchtbechers und meist sommergrüne Blätter gekennzeichnet, deren Ende und Seitenlappen in borstenartig feine Spitzen auslaufen. Zu ihnen zählen u. a. auch die bei uns bisweilen kultivierten Arten *Q. coccinea* MUENCHH., *Q. falcata* MICHX., *Q. imbricaria* MICHX., *Q. incana* BARTR., *Q. laurifolia* MICHX., *Q. marilandica* MUENCHH., *Q. palustris* MUENCHH., *Q. Phellos* L., *Q. rubra* L., *Q. velutina* LAM. u. a. m. (vgl. auch unten). Auf Nord- und Mittelamerika beschränkt sind ferner die etwa 10 Arten der von O. SCHWARZ (1936) gleichfalls als eigene Gattung aufgefaßten Subsekt. *Macrobalanus*, die durch aufrechte, verwachsene Griffel mit kopfiger Narbe innerhalb der im folgenden zu besprechenden Sekt. *Lepidobalanus* ausgezeichnet sind. Dieser Subsektion gehört u. a. *Q. Galeotti* MART. an, die in Mexiko und Zentralamerika beheimatet ist.

Etwa 320 Arten umfaßt die Gattung *Quercus* im engeren Sinne bzw. die Sekt. *Lepidobalanus* im Sinne von PRANTL (1894) unter Ausschluß der Subsekt. *Macrobalanus*. Die Arten dieser Sektion sind durch abortierte Samenanlagen im unteren Teil des Fruchtknotens, verschiedenartig gestaltete Griffel, angedrückte oder abstehende Schuppen des Fruchtbechers und durch winter- oder sommergrüne Blätter gekennzeichnet. Die Mehrzahl der *Lepidobalanus*-Arten findet sich in Europa und Westasien, eine Anzahl von Arten auch in Zentral- und Ostasien sowie in Nordamerika. Zu ihnen zählen: Subsekt. *Cerris* im Mittelmeergebiet, West-, Zentral- und Ostasien mit den bei uns bisweilen kultivierten Eichen *Q. Aegilops* L., *Q. Cerris* L., *Q. macedonica* A. DC., *Q. macrolepis* KY., *Q. vallonea* KY., ferner *Q. castaneifolia* C. A. MEYER im Kaukasus und in Nordpersien, *Q. dilatata* LINDL. im westlichen Himalaya, *Q. serrata* THUNB. in Khasia, im Himalaya und in Japan u. a. m.; dann Subsekt. *Suber* im Mittelmeergebiet mit *Q. coccifera* L., *Q. crenata* LAM. und *Q. Suber* L., Subsekt. *Ilex* mit *Q. Ilex* L. im Mittelmeergebiet; Subsekt. *Gallifera* im Mittelmeergebiet mit *Q. humilis* LAM., *Q. lusitanica* LAM. und *Q. valentina* CAV. auf der Pyrenäenhalbinsel, sowie *Q. Veneris* A. KERN. auf Zypern; weiterhin gehört in diese Sektion die Subsekt. *Robur* mit den bei uns einheimischen Arten *Q. Robur* L., *Q. petraea* (MATTUSCHKA) LIEBLEIN und *Q. pubescens* WILLD., ferner *Q. Frainetto* TEN. im Mittelmeergebiet. In Nordamerika wird die Sekt. *Lepidobalanus* bzw. die Gattung *Quercus* im engeren Sinne durch eine bedeutende Zahl von Arten der Subsekt. *Prinos* vertreten, zu denen u. a. folgende bisweilen auch bei uns kultivierte Eichen zählen: *Q. alba* L., *Q. bicolor* WILLD., *Q. lyrata* WALT., *Q. macrocarpa* MICHX., *Q. Muehlenbergii* ENGELM., *Q. Prinos* L., *Q. stellata* WANGENH. u. a. m.

Pollen. Die Pollen verschiedener Quercus-Arten weichen nur durch feine Unterschiede vom Typus ab. VAN CAMPO und ELHAI (1956) beschrieben pollenmorphologische Merkmale u. a. für *Quercus pubescens*, *Q. Robur*, *Q. petraea* und *Q. Ilex* wie z. B. Pollengröße, Form und Verlauf der drei Falten, doch bedürfen diese Angaben noch der Überprüfung an Pflanzen verschiedener geographischer Herkunft. Auf einige diagnostisch vielleicht brauchbare Unterschiede zwischen *Quercus Robur* und *Q. petraea* hat schon ERDTMAN (seit 1920) aufmerksam gemacht.

Gliederung der Gattung

Untergattung I. *Erythrobalanus*:

Sektion 1. *Rubrae*: *Q. palustris*, *Q. coccinea*, *Q. rubra*, *Q. velutina*.

Untergattung II. *Lepidobalanus*:

Sektion 2. *Cerris*: *Q. macedonica*, *Q. macrolepis*, *Q. Cerris*.
Sektion 3. *Suber*: *Q. pseudosuber*, *coccifera*, *suber*.
Sektion 4. *Ilex*: *Q. Ilex*.
Sektion 5. *Gallifera*: *Q. lusitanica*.
Sektion 6. *Robur*: *Q. pubescens*, *Robur*, *petraea*.

Schlüssel zum Bestimmen
der in Mitteleuropa und Nachbargebieten wildwachsenden und kultivierten Eichen-Arten nach leicht auffindbaren Merkmalen ohne Blüten und Früchte:

1 Laubblätter immergrün oder doch häufig wenigstens wintergrün, deutlich lederartig, das feine Adernetz meist schwer erkennbar, am Rande spitzbuchtig-fiederlappig-gesägt, fast nie tief gelappt oder fiederteilig . . . . . . . . . . . . . . . . . . . . . . . . . . . . . . . . . . . . . . . . . 2

1* Blätter sommergrün, häutig bis lederartig, selten derb lederartig, das feine Adernetz meist deutlich erkennbar, falls es nicht etwa durch die Behaarung verdeckt ist . . . . . . . . . . 5

2 Blätter ganzrandig, unterseits mehr oder weniger deutlich behaart . . . . . . . . *Q. Ilex* L.

2* Blätter gezähnt oder schwach gelappt . . . . . . . . . . . . . . . . . . . . . . . . . . . . . . . . . 3

3 Blätter unterseits verkahlend, starr lederartig, meist nur 1–5 cm lang, am Rande buchtig-wellig, mit kleinen, nicht lappigen, in stark stechende Spitzen auslaufenden Zähnen; Blattstiel kurz, höchstens bis 4 mm lang. Kultiviert . . . . . . . . . . . . . . . . . . . . . . . . . . . *Q. coccifera* L.

3* Blätter unterseits bleibend behaart. Blattstiel meist 5 mm lang oder länger . . . . . . . . . 4

4 Blätter dünn lederartig mit meist jederseits 6–7 stumpf bis zugespitzt dreieckigen Lappenzähnen . . . . . . . . . . . . . . . . . . . . . . . . . . . . . . . . . . . . . . . . . . *Q. crenata* LAM.

4* Blätter derb lederartig mit meist jederseits 4–5 ziemlich kurzen, nicht sehr scharfen Zähnen, seltener fast ganzrandig . . . . . . . . . . . . . . . . . . . . . . . . . . . . . . . . . . . *Q. Suber* L.

5 Seitennerven der Blätter ausschließlich in die Lappen, nicht in die Buchten verlaufend, jederseits 6–18 oder mehr; Blattrand mit scharfen Sägezähnen oder kurzen Lappen . . . . . . . . . . 6

5* Wenigstens die unteren Hälften der Blätter mit auch in die Blattbuchten verlaufenden Seitennerven  7
6 Blätter meist einfach-, hie und da auch doppelt-gesägt Blattzähne in feine scharfe Grannenspitzen auslaufend, mit jederseits 7–12 Seitennerven. Sehr selten kultiviert . . . . *Q. trojana* WEBB
6* Blätter lappig gezähnt bis kurz gelappt mit weichen bis stumpflich stachelspitzigen oder drüsigen, nicht stechenden Lappen, mit jederseits nicht über 7 Seitennerven. Kultiviert . *Q. lusitanica* LAM.
7 Blattlappen meist deutlich abgerundet, niemals mit deutlichen Grannenspitzen, selten stachel- oder knorpelspitzig . . . . . . . . . . . . . . . . . . . . . . . . . . . . . . . . . . . 8
7* Blattlappen spitz, mit grannenartiger, aufgesetzter Spitze . . . . . . . . . . . . . . . 13
8 Blätter im Sommer ganz kahl oder nur unterseits sehr zerstreut an den Nerven und in den Nervenwinkeln behaart; Blattstiel und Zweige stets kahl . . . . . . . . . . . . . . . . . . . . . 9
8* Blätter wenigstens auf der Unterseite bleibend dicht bis zerstreut behaart; Blattstiel behaart oder fast kahl, in diesem Falle die Blattunterseite sternhaarig. Diesjährige Zweige meistens behaart bis filzig . . . . . . . . . . . . . . . . . . . . . . . . . . . . . . . . . . . . . . . 10
9 Blattstiel kurz, meist 0,2–1 cm lang, kürzer als die halbe Breite des meist herzförmigen Blattgrundes
. . . . . . . . . . . . . . . . . . . . . . . . . . . . . . . . . . . . . . . . . . *Q. Robur* L.
9* Blattstiel verlängert, meist 1–3 cm lang (vgl. von dieser und der vorigen Art indessen die zahlreichen abweichenden Formen), Blattgrund meist mehr oder minder keilförmig bis schwach herzförmig . .
. . . . . . . . . . . . . . . . . . . . . . . . . . . . . . . . . . . *Q. petraea* (MATT.) LIEBL.
10 Blätter auch oberseits auf der Fläche bleibend behaart, Blattlappen kurz, meist vorwärts gerichtet, stachel- oder knorpelspitzig. Kultiviert . . . . . . . . . . . . . . . . . *Q. macrolepis* KY.
10* Blätter oberseits verkahlend, höchstens auf den Nerven spärlich behaart . . . . . . . . . . 11
11 Blätter im Durchschnitt nicht über 6–8 cm, selten bis 10 cm lang, meist flachbuchtig (vgl. indessen die Abänderungen), mit meist stumpfen, wenn spitzen, dann krausen, jedenfalls nicht schmalen Lappen. Diesjährige Zweige stets flaumig-filzig. . . . . . . . . . . . . . *Q. pubescens* WILLD.
11* Blätter im Durchschnitt über 10 cm lang. Zweige mehr oder minder verkahlend . . . . . . 12
12 Blätter jederseits mit 6 oder mehr Lappen, mit meist schmalen, nicht oder kaum bis zur Mitte der Spreitenhälften einschneidenden Buchten . . . . . . . . . . . . . . . . *Q. Cerris* L.
12* Blätter jederseits mit 4–10 abgerundeten, mitunter sehr kurzen und wiedergebuchteten, von der Mitte ab beiderseits verkleinerten Lappen. Kultiviert . . . . . . . . . *Q. macrocarpa* MICHX.
13 Blätter unterseits bald nach der Entfaltung verkahlend und höchstens in den Nervenwinkeln gebärtet (vgl. auch *Q. velutina*). Winterknospen kahl . . . . . . . . . . . . . . . . . . 14
13* Blätter unterseits meist bleibend behaart, nur mitunter zuletzt bis auf den Mittelnerven verkahlend. Winterknospen filzig behaart. Kultiviert . . . . . . . . . . . . . . *Q. velutina* LAM.
14 Blätter im Durchschnitt nicht über 10 cm lang, tief fiederspaltig, jederseits mit 2–4, meist schmalen Lappen . . . . . . . . . . . . . . . . . . . . . . . . . . . . . . . . . *Q. palustris* MUENCHH.
14* Blätter im Durchschnitt über 12 cm lang und 10 cm breit . . . . . . . . . . . . . . . . 15
15 Blätter tief fiederspaltig, jederseits mit 3–4 Lappen. Kultiviert . . . . *Q. coccinea* MUENCHH.
15* Blätter seicht fiederspaltig, jederseits mit (4–) 5 (–6) Lappen. Kultiviert. . . . . . *Q. rubra* L.

## Schlüssel für die im Florengebiet spontan vorkommenden Arten:

1 Laubblätter abfällig, fiederlappig oder fiederspaltig, sommergrün . . . . . . . . . . . . . . . 2
1* Laubblätter immergrün, ungeteilt, dabei ganzrandig, gezähnt oder gesägt . . . . . . . . . 5
2 Laubblätter meist mit stachelspitzigen Lappen (Fig. 97 b, c), unterseits sehr rauh, flaumig oder filzig. Nebenblätter fädlich bleibend. Schuppen des Fruchtbechers linealpfriemlich, abstehend, gewunden
. . . . . . . . . . . . . . . . . . . . . . . . . . . . . . . . . . . . . . . . . *Q. Cerris* L.
2* Laubblätter stumpf, wehrlos, nicht rauh. Nebenblätter häutig abfallend. Schuppen des Fruchtbechers angedrückt . . . . . . . . . . . . . . . . . . . . . . . . . . . . . . . . . . . . . . . 3
3 Junge Zweige und Blattstiele weich flaumig-filzig. Laubblätter im Frühling filzig, später unterseits flaumig oder zuletzt kahl werdend . . . . . . . . . . . . . . . . . *Q. pubescens* WILLD.

3\* Junge Zweige und Blattstiele kahl oder nur anfangs etwas behaart. Laubblätter kahl, nur in der Jugend unterseits etwas flaumig . . . . . . . . . . . . . . . . . . . . . . . . . . . . . . . . . 4

4 Fruchtstiele viel länger als die Blattstiele. Früchte voneinander entfernt. Laubblätter meist etwas unsymmetrisch, kurz gestielt oder fast sitzend. Becherschuppen mit den Rändern verschmelzend, nur an der Spitze frei . . . . . . . . . . . . . . . . . . . . . . . . . . . . . . . . . *Q. Robur* L.

4\* Fruchtstiele höchstens so lang wie die Blattstiele. Früchte geknäuelt, selten einzeln. Laubblätter symmetrisch, ziemlich lang gestielt. Becherschuppen, auch bei der Fruchtreife untereinander frei . . . . . . . . . . . . . . . . . . . . . . . . . . . . . . . . . . *Q. petraea* (MATT.) LIEBL.

5 Rinde rissig-schwammig, korkig. Vorjährige Laubblätter kurz vor der Blütezeit abfallend. Schuppen des Fruchtbechers verlängert, zurückgebogen . . . . . . . . . . . . . . . . . *Q. crenata* LAM.

5\* Rinde glatt. Laubblätter 2 Jahre bleibend, in der Form veränderlich. Schuppen des Fruchtbechers angedrückt . . . . . . . . . . . . . . . . . . . . . . . . . . . . . . . . . . *Q. Ilex* L.

**780a. Quercus palustris** MUENCHH., Hausv. 253 (1770). Sumpf-Eiche. – Bis etwa 25 m hoher Baum, mit ausgeprägtem Mittelstamm und pyramidaler, später unregelmäßiger, oft schiefer Krone. Stamm mit dünner, schwach rissiger Rinde. Junge Zweige behaart, später verkahlend, glänzend olivgrün bis bräunlich, die abgestorbenen in der Krone lange dornenähnlich sitzenbleibend. Winterknospen klein, nur etwa 4 mm lang, hellbraun. Blätter 8–12 (–17) cm lang, 6–10 cm breit, tief fiederspaltig, jederseits mit 2–4 länglichen bis schmal eiförmigen gezähnten Lappen und schmalen Buchten, anfangs etwas bronzefarbig und rötlich, später beiderseits glänzend grün, im Herbst meist tief scharlachrot, sich bald braun verfärbend; etwa 2–4 cm lang gestielt. Früchte einzeln oder zu 2–3, kurz gestielt; Fruchtbecher 1 bis 1,5 cm breit mit dicht anliegenden, ovalen, zerstreut behaarten Schuppen; Frucht (Eichel) kugelig, 1–1,5 cm lang, nur im unteren Viertel oder Drittel vom Fruchtbecher umgeben. – Heimat: Atlantisches Nordamerika vom südlichen Labrador bis North Carolina, westwärts bis Ontario, Iowa und Oklahoma. Bei uns seit langem in Gärten und hier und da auch forstlich kultiviert.

**780b. Quercus coccinea** MUENCHH., Hausv. 254 (1770). Scharlach-Eiche. – Bis etwa 30 m hoher Baum mit meist ausgebreiteten Ästen. Stamm mit tief längsrissiger Rinde. Zweige meist etwas kantig, in der Jugend behaart, später olivgrün bis bräunlich, zweijährig meist glänzend grau. Winterknospen bis 7 mm lang, hell-olivbraun, mit gewimperten Schuppen. Blätter im Umriß eiförmig oder elliptisch, 9–18 (–22) cm lang, 5–13 (–15) cm breit, tief fiederspaltig, jederseits mit 3–4 buchtig begrannt-gezähnten Lappen und breiten Buchten, am Grunde breit keilförmig oder abgestutzt, von dünner Konsistenz, in der Jugend in den Nervenwinkeln etwas behaart, später völlig verkahlend, lebhaft grün, sich im Herbst deutlich scharlachrot verfärbend; 3–5 (–6) cm lang gestielt. Früchte meist einzeln. Fruchtbecher am Grunde abgerundet, ziemlich plötzlich in den Stiel verschmälert, mit großen, etwas filzigen Schuppen. Frucht (Eichel) rundlich-eiförmig, bis etwa 2,5 cm lang. – Heimat: Atlantisches Nordamerika von Maine und Ontario südwärts bis Virginia, in den Gebirgen bis Georgia, Alabama, Arkansas und Oklahoma. Bei uns seit langem in Gärten kultiviert.

**780c. Quercus rubra** L., Spec. plant. 996 (1753). Rot-Eiche. – Bis etwa 25–30 m hoher Baum, mit meist breit abstehenden Ästen. Stamm mit ziemlich lange glatter hellgrauer, dann dünnschuppiger braungrauer Rinde. Zweige etwas kantig, in der Jugend behaart, später verkahlend, glänzend olivbraun. Winterknospen bis etwa 1 cm lang und 5 mm dick, kahl, glatt, glänzend braun. Blätter im Umriß eiförmig oder elliptisch, meist 10–20 cm lang, 9–12 cm breit, in der Jugend fast nur grob buchtig gezähnt, unterseits grauflaumig, später etwa bis zur Mitte fiederspaltig mit jederseits (4–) 5 (–6) verhältnismäßig sehr breiten, spitzen und grob gezähnten, sehr fein zugespitzten Lappen und schmäleren Buchten, am Grunde keilförmig oder abgerundet, von derb bis dünnhäutiger Konsistenz, oberseits tiefgrün matt, unterseits in den Nervenwinkeln meist bärtig, im Herbst meist heller oder dunkler orange- bis scharlach- und braunrot, selten grün bleibend; Blattstiel 2–5 cm lang. Früchte einzeln oder zu zweien, sehr kurz gestielt. Fruchtbecher halbkugelig, am abgerundeten Grunde plötzlich aber nicht stielartig zusammengezogen, mit kleinen, eiförmigen, kahlen, angedrückten Schuppen. Frucht (Eichel) rundlich-eiförmig bis fast eiförmig, bis 2,5 cm lang, glänzend glatt, braun, höchstens im unteren Drittel vom Fruchtbecher umschlossen, oben fein stachelspitzig. – Heimat: Atlantisches Nordamerika von Georgia westwärts bis Oklahoma und im Norden bis zu der Prinz-Edward-Insel, New Brunswick, südliches Quebec und Ontario. Bei uns seit über 200 Jahren in Gärten, häufig auch forstlich kultiviert.

**780d. Quercus velutina** LAM., Encycl. 1, 721 (1783). Färber-Eiche. – Bis 25–30 m hoher Baum, selten höher. Stamm mit tief längsrissiger Rinde mit wenigen Querrissen. Junge Zweige rostgelb behaart, einjährige Zweige kahl, rotbraun mit vielen kleinen Lentizellen. Winterknospen etwa 6–10 mm lang, stumpflich. Blätter in der Jugend rötlich, meist 10–20 cm lang, 6–15 cm breit, mitunter an Langtrieben noch bedeutend größer, bald seicht, oder an älteren Bäumen tief fiederspaltig, jederseits mit 3–4 meist buchtig begrannt-gezähnten Lappen, die meist nicht schmäler sind als die dazwischen befindlichen Buchten, zuletzt pergamentartig, spät im Herbst orangerot bis bräunlich. Früchte meist einzeln; Fruchtbecher fast sitzend, am Grunde verschmälert, mit großen, fast staubig filzigen Schuppen; Frucht

(Eichel) fast kugelig, am Grunde bis zu 1/3 oder bis zur Hälfte vom Fruchtbecher umschlossen. – Heimat: Atlantisches und mittleres Nordamerika vom nördlichen Florida westwärts bis Texas und im Norden bis Maine, New Hampshire, Vermont, New York, südliches Ontario, Michigan, Minnesota und Nebraska. Bei uns seit über 150 Jahren in Gärten kultiviert.

**780e. Quercus trojana** WBB. in LOND. Gard. Magaz. **15**, 590 (1839). Syn. *Q. macedonica* A. DC., Prodr. **16**, 2, 50 (1864). Mazedonische Eiche. – Meist nur bis etwa 10 m hoher Baum, mit abstehenden Ästen. Zweige fein, fast mehlig behaart. Winterknospen meist 2–3 mm lang, abstehend, hellbraun mit gewimperten Schuppen. Blätter länglich bis länglich-eiförmig, 3–7 (–9) cm lang, 1,5–2,5 (–3,5) cm breit, beiderseits spitz oder meist stumpf oder am Grunde mitunter schwach herzförmig, am Rande zugespitzt gezähnt mit welligen Buchten, und mit zugespitzten Zähnen und Lappen, beiderseits fein zerstreut sternhaarig, oberseits glänzend grün, jederseits mit 7–12 Seitennerven, sehr kurz gestielt. Nebenblätter linealisch, hinfällig. Männliche Blütenhülle behaart, Staubbeutel kahl. Fruchtbecher etwa 2,5 cm hoch und 3 cm breit, einzeln oder bis zu dreien auf sehr kurzem, dickem, weichhaarigem Stiele, untere Schuppen breit-eiförmig, angedrückt oder ganz schwach abstehend, die mittleren lanzettlich bis schmal länglich, zurückgebogen, die obersten lanzettlich, schwach abstehend oder eingebogen, alle fein seidenhaarig. Frucht (Eichel) kugelig bis länglich, 2,5–3,5 cm lang, hellbraun, ganz oder doch bis über die Hälfte eingeschlossen, im zweiten Jahr reifend. – Heimat: Südost-Italien, Bosnien und Herzegowina, Montenegro, Mazedonien, Albanien, Epirus, Nordwest-Kleinasien. Bei uns sehr selten kultiviert.

**780f. Quercus macrolepis** KOTSCHY, Arkadische Eiche. Die Eichen Europas und des Orients, t. XVI (1862). Syn. *Q. Aegilops* L., Spec. plant. 996 (1753) pr. p. – Bis 25 m hoher Baum mit meist weit abstehenden Ästen, die eine elliptische bis halbkugelige Krone bilden. Junge Zweige bräunlichgelb, dicht filzig behaart, später verkahlend, grau und glatt. Blätter aus meist herzförmigem Grunde oval bis länglich, meist 6–12 cm lang, 3–7 cm breit, am Rande spitz buchtig-fiederlappig gesägt, jederseits mit 2–6 ganzrandigen oder gezähnten, spitzen bis zugespitzten Lappen, die in eine mehr oder weniger verlängerte Grannenspitze auslaufen, anfangs dicht rostgelb sternhaarig-filzig, später oberseits verkahlend, unterseits schwächer graugelb-filzig, zuletzt weißgrau-filzig, mehr oder minder derb lederartig, wintergrün, 1,5–3 cm lang gestielt. Männliche Kätzchen dichtblütig; Perigon der männlichen Blüten in 6 ungleichlange, breit-lanzettlich-längliche, am Rande gewimperte Abschnitte geteilt. Weibliche Blütenstände kurz gestielt von 2 äußeren, linear-lanzettlichen, am Grunde abstehenden und 4–6 inneren, kürzeren, anliegenden Deckblättern umgeben. Früchte einzeln, oder zu 2–3, fast sitzend; Fruchtbecher groß, bis etwa 3,5 cm breit, halbkugelig, mit dicken, oberwärts breiten unteren und mittleren sowie schmalen, langen und zurückgebogenen oberen Schuppen; Frucht (Eichel) im zweiten Jahr reifend, elliptisch-länglich, bis etwa 4,5 cm lang, 2 cm breit, im unteren Drittel oder bis zur Hälfte eingeschlossen. – Heimat: Von Süditalien ostwärts über die südliche Balkanhalbinsel nördlich bis Albanien, Süd-Mazedonien, Thrakien und Rumelien, West- und Südwest-Anatolien. Bei uns sehr selten kultiviert.

**780g. Quercus Cerris** L., Spec. plant. 997 (1753). Syn. *Q. crinita* LAM. (1783), *Q. echinata* SALISB. (1796). Zerr-Eiche. Engl.: Turkey Oak. Franz.: Chêne chevelu, Ch. lombard. Ital.: Cerro, im Tessin: Scerr. Tschech.: Dub cer. Fig. 97 u. 98

Bis über 35 m hoher Baum mit mäßig dichter Krone, bisweilen auch strauchförmig. Stamm schlank mit dunkler Rinde, die später in eine graubraune, harte, tief längs- und querrissige, im Inneren rötliche Längsfurchen aufweisende Borke übergeht. Junge Zweige graufilzig oder flaumig. Einjährige Zweige mehr oder weniger kantig gefurcht, an den verkahlten Stellen bräunlich bis olivgrün glänzend, später grau und mit deutlichen Lentizellen. Winterknospen ziemlich klein, eiförmig, spitz bis stumpflich, mit locker behaarten Schuppen, am Grunde von zungenförmigen, schmalen, gedrehten, fadenartigen Nebenblättern umgeben. Laubblätter aus abgerundetem oder schwach herzförmigem Grunde schmallänglich bis länglich-verkehrt-eiförmig, meist (3–) 12 (–18) cm lang, (2–) 9 (–12) cm breit, meist unterbrochen fiederlappig, selten nur lappig gezähnt, meist jederseits mit 4–9, mehr oder weniger dreieckigen, ganzrandigen oder mit 1–4 Zähnen versehenen Lappen, die an der Spitze kurze, höchstens 1 mm lange Grannenspitzen tragen, in der Jugend beiderseits gelblich sternhaarig, später oberseits verkahlend, etwas heller grün, zuletzt häutig lederartig und beiderseits sehr rauh, im Herbst braun bis gelbbraun; Blattstiel kurz, bis 2,5 cm lang. Nebenblätter lineal-pfriemlich, abstehend, filzig behaart, auch nach dem Abfall der Blätter nicht abfallend. Männliche Kätzchen bis 8 cm lang, hängend, sehr lockerblütig, Blütenstandachse filzig behaart. Männliche Blüten mit verwachsenblättrigem, becherförmigem, stumpflich vierlappigem, außen filzig behaartem, gelblichen Perigon und 4 Staubblättern mit kurzen Staubfäden und ellipsoidischen, behaarten Staubbeuteln (Fig. 97). Weibliche Blüten einzeln oder zu 2–4 (–5) an gemeinsamem, blattwinkelständigem, kurzem bis ca. 1 cm langem, filzigem Stiel sitzend; Tragblätter graufilzig; mit 4 umgebogenen sitzenden Narben. Früchte im zweiten Herbst reifend, einzeln oder zu 2–4, auf kurzem oder verlängertem, bis 27 mm langem Stiel; Fruchtbecher (Kupula) etwa bis zu einem Drittel oder bis zur Hälfte die Frucht umschließend, mit lineal-pfriemlichen, braunfilzig behaarten Schuppen, von denen die untersten abstehenden an der Spitze, die mittleren und oberen über der Basis nach außen umgebogen sind und daher sparrig abstehen. Frucht (Eichel) eiförmig-länglich, bis 3 cm lang, braun, oberwärts filzig behaart, sonst kahl. – Chromosomenzahl: $n = 12$. – IV.

Vorkommen. Auf warmen mineralkräftigen Böden des Kalk- und Silikatgesteins im Süden und Südosten unseres Florengebietes, vor allem im Bereich der Flaumeiche z. T. reine Bestände bildend, z. T. gemischt mit anderen licht- und wärmeliebenden Holzarten (Flaumeiche, Blumenesche, Hopfenbuche usw.). Orneto-Ostryon-Verbandscharakterart; im südwestlichen Europa meist nur angepflanzt und verwildert.

Allgemeine Verbreitung. Südeuropa. Von der französischen Riviera durch das Tessin und die Lombardei, zerstreute Vorkommen in Nordwest-Frankreich, Burgund, am Kaiserstuhl in Baden und in Südtirol, durch Venetien, Küstenland, Krain, Kroatien, Dalmatien bis Bosnien und in die Herzegowina, ferner durch Ungarn, jedoch fehlend im Ungarischen Tiefland, ostwärts bis Siebenbürgen und in die Walachei sowie im Norden durch die Steiermark und Niederösterreich bis in das südliche Mähren.

Fig. 97. *Quercus Cerris* L. *a* Fruchtzweig, *b, c* Blattformen. *d* Männliche Blüte. *e* Staubblatt. *f* Weibliche Blüte. *g* Junge Frucht im Längsschnitt. *h* Q. *Cerris* L. ssp. *Cerris* Laubblatt. – Q. *Ilex* L. *i* Fruchtzweig. *k* Blütenzweig. *l, m, n* Blattformen. *o* Männliche Blüte. *p* Anthere. *q* Weibliche Blüten. *r* Frucht ohne Cupula (verkleinert)

Verbreitung im Gebiet. In der Schweiz nur im südlichen Tessin bis 1250 m ansteigend im Sottocenere: am Monte Generoso, Val Muggio, S. Giorgio, Monte Brè, Sassalto di Caslano, Monte Caprino, Astano, Cureglia, Sureggio; in Südtirol um Margone bei Trient, Daone, Riccomassimo nächst Lodrone; fehlt in Kärnten gänzlich, hingegen ziemlich verbreitet in Krain und im Küstenland; in der Steiermark bei Kapfenstein nächst Gleichenberg, auf dem Gabernig und Wotsch bei Pöltschach, auf dem Donatiberg und bei Rohitsch sowie um Tüffer, Adelsbach, Wisell und Montpreis; in Niederösterreich zerstreut in der Umrahmung des Inneralpinen Wiener Beckens, und zwar vor allem am Alpenostrand vom Kahlenberg bis in die Umgebung von Vöslau etwa bis 475 m ansteigend, ferner in der Umrahmung des St. Pöltener Beckens, im Traisentale, z. B. bei Pirha, Viehhofen, Herzogenburg und Hollenburg, sowie schließlich im tertiären Hügelland des Weinviertels im Schwarzwalde bei Göllersdorf, im Ernstbrunner Walde, im Plattwalde bei Hausbrunn und in den Feldsberger Forsten. Zerstreut in Mähren nördlich bis Esseklee bei Znaim, Grusbach, bis zu den Pollauer Bergen bei Nikolsburg und bis in die Umgebung von Lundenburg; in Südwest-Deutschland nur im südlichen Kaiserstuhl bei Ihringen.

Die Art ist in der Form und Größe ihrer Blätter sehr veränderlich; an Stockausschlägen und Johannistrieben (Fig. 97 b, c), aber auch an erwachsenen Bäumen sind sie zuweilen sehr zierlich gestaltet und erscheinen wie unterbrochen fiederspaltig. Die beiden folgenden Unterarten sind hervorzuheben:

1. ssp. **Cerris**, Syn. *Q. Cerris* L. ssp. *austriaca* (WILLD.) O. SCHWZ., *Q. austriaca* WILLD., *Q. Cerris* L. var. *austriaca* (WILLD.) LOUD., *Q. Cerris* L. var. *laciniosa* SPACH. – Blätter mit meist 7–10 Seitennerven, meistens unterseits bald vergrünend. Blattstiel relativ kurz, bis etwa 2,5 cm lang. Becher relativ klein, kaum über 14 mm im Durchmesser. – Verbreitung: Von Nordwest-Frankreich bis zur Balkanhalbinsel.

2. ssp. **Tournefortii** (WILLD.) O. SCHWZ., *Q. Tournefortii* WILLD. – Blätter mit 9–15 Seitennerven, unterseits meist graufilzig bleibend. Blattstiel 2–4,5 cm lang. Becher groß, 15–30 mm im Durchmesser. – Verbreitung: Anatolien.

Begleitpflanzen. *Q. Cerris* findet sich nach BECK (1901) im Karstwald in Begleitung von *Juniperus Oxycedrus* L., *Carpinus orientalis* MILL., *Ostrya carpinifolia* SCOP., *Quercus pubescens* WILLD, *Prunus Mahaleb* L., *Acer monspessulanum* L., *Fraxinus Ornus* L. u. a., im bosnisch-slavonischen Eichenwald zusammen mit *Juniperus communis* L., *Carpinus Betulus* L., *Quercus petraea* (MATTUSCHKA) LIEBLEIN, *Acer campestre* L., *Fraxinus excelsior* L. u. a. Im südlichen Tessin ist nach BETTELINI (1904) der Baum im Sottocenere ziemlich verbreitet und steigt bestandbildend bis 1100 m an; die Zerr-Eiche findet sich hier u. a. zusammen mit *Ostrya carpinifolia* SCOP., *Celtis australis* L., *Cistus salvifolius* L., *Fraxinus Ornus* L. u. a. m.

Vegetationsorgane. *Q. Cerris* gleicht in ihrem Habitus der *Q. petraea* dadurch, daß der Stamm sich bis in den Wipfel verfolgen läßt und die Zweige ihm untergeordnet erscheinen. Bezeichnend für die Zerr-Eiche zum Unterschied gegenüber den übrigen sommergrünen Eichen unseres Florengebietes ist das lange Erhaltenbleiben der Nebenblätter bis lange nach dem nächstjährigen Laubaustrieb. Sonnenblätter und Schattenblätter weisen nach BÜSGEN (1911–13) ähnliche Unterschiede wie jene anderer Eichenarten auf. Die Blattoberseite der Sonnenblätter ist dunkler grün als die Blattunterseite, zeigt einen eigentümlichen Glanz und fühlt sich zufolge des Vorhandenseins einzelner Sternhaare rauh an. Die Blattunterseite hingegen besitzt einen Sternhaarfilz. Spaltöffnungen finden sich nur auf der Blattunterseite, und zwar 428 auf den qmm. Die Schließzellen der Spaltöffnungen sind nach BÜSGEN nicht eingesenkt, doch ist ein etwas krugförmiger Vorhof zu beobachten.

Fig. 98. *Quercus Cerris* L. Zerr-Eiche. Zweijährige Frucht, Ende Juni (Aufn. TH. ARZT)

Anatomie. Das rötliche Holz der Zerr-Eiche zeichnet sich durch breite Markstrahlen aus, ferner durch weniger zahlreiche Gefäße im Spätholz, die durch bedeutende Wanddicke und große Weite, nämlich 0,04–0,12 mm, auffallen. Bezüglich dieser Tracheen-Merkmale gleicht die Zerr-Eiche den amerikanischen Schwarzeichen-Arten, u. a. *Q. rubra* L. Das Holz von *Q. Cerris* ist härter als das von *Q. Robur* und *Q. petraea*; es ist wegen des hohen Schwindeprozents und der schlechten Spaltbarkeit technisch weniger geschätzt, steht aber an Brennwert dem Buchenholz kaum nach.

Die Frucht der Zerr-Eiche reift wie die der nordamerikanischen *Q. rubra* erst im zweiten Jahr. Im ersten Jahr ist sie wenig augenfällig; erst im Frühling des zweiten Jahres wächst sie bis zu ihrer Reife in der zweiten Septemberhälfte heran.

**781a. Quercus crenata** LAM., Encycl. **1**, 724 (1783). Syn. *Q. pseudosuber* SANTI (1795), *Q. aegylopifolia* PERS. (1807). Falsche Kork-Eiche. Fig. 100 l

Vom Grunde an verzweigter Strauch oder bis zu 12 m hoher Baum mit knorrigem Stamm und reich belaubter Krone. Stamm mit breit abstehenden, langgestreckten, grauen, glatten, dicht mit Blattnarbenpolstern besetzten Ästen. Junge Zweige bräunlichgrau, filzig behaart, später verkahlend und dicht mit Blattnarbenpolstern besetzt. Winterknospen klein und rundlich. Laubblätter länglich bis länglich-eiförmig, meist 4–9 cm lang, 2–4,5 cm breit, spitz, seltener stumpf, am Grunde abgerundet, bisweilen herzförmig ausgerandet, selten keilförmig, jederseits mit meist 6–7, stumpf bis zugespitzt-dreieckigen, in eine scharfe Grannenspitze auslaufenden Lappenzähnen und bis auf ⅓ der Blatthälften einschneidenden Buchten, von mäßig bis ziemlich dünn lederartiger Konsistenz, wintergrün, oberseits tiefgrün, an der Mittelrippe flaumig behaart, unterseits hellgrau filzig, jederseits mit 6–8, unterseits deutlich hervortretenden Seitennerven; Blattstiel 5–10 mm lang, fahlbraun filzig behaart. Männliche Kätzchen 4–7 cm lang, lockerblütig; Blütenstandsachse bräunlich-filzig behaart; Tragblatt sehr lang, die Blüten bedeutend überragend, linear, pfriemenförmig, flaumig behaart, hinfällig; Perigon der männlichen Blüten in 4 eiförmige, zugespitzte, außen behaarte und an der Spitze gewimperte Zipfel geteilt, am Grunde etwa zu einem Drittel verwachsen; Staubblätter mit sehr kurzen Staubfäden und herzförmigen, an der Spitze zweispaltigen, gebärteten Staubbeuteln. Früchte groß, bis 4 cm lang, sehr kurz gestielt; Fruchthülle (Kupula) becherförmig-halbkugelig mit filzig behaarten, gegen die Spitze linear-lanzettlichen, spitzen, bogenartig zurückgekrümmten Fruchtschuppen, zur Reifezeit die Frucht bis zur Hälfte umschließend. Frucht (Eichel) länglich eiförmig, kastanienbraun, mit aufgesetzter Stachelspitze. – IV, V.

Vorkommen. An trockenen bis mäßig feuchten, sonnigen Abhängen, auf Hügeln, meist mit anderen Laubgehölzen gemischt.

Allgemeine Verbreitung. Mittelmeergebiet: Südfrankreich, Italien, Istrien, Görz, Dalmatien, Montenegro, Albanien.

Fehlt innerhalb unseres Florengebietes, kommt jedoch nahe der Südgrenze vereinzelt vor in Krain auf der Vremščica und bei Untervreme, im südlichen Küstenland bei Barka; mehrfach in Istrien.

**781 b. Quercus coccifera** L., Spec. plant. ed. 2, 1413 (1763). Kermes-Eiche, Stech-Eiche. – Bis 12 m hoher Baum, meist jedoch strauchförmig. Äste meist sparrig abstehend, mit grauer, heller und glatter, auch an den alten Ästen nur schwach rissiger Rinde. Junge Zweige fein bräunlich-sternhaarig-filzig, später verkahlend. Winterknospen klein, braun, fast kahl. Blätter derb, starr, lederartig, oval- bis länglich-eiförmig, meist 1–5 cm lang, 0,5–2,5 cm breit, am Grunde fast herzförmig, am Rande buchtig wellig und stechend spitz gezähnt, oberseits kahl, glänzend-dunkelgrün, unterseits fein gelblich-graufilzig, mitunter stärker verkahlend, 1–5 mm lang gestielt. Männliche Kätzchen 13–40 mm lang, lockerblütig; Blütenstandsachse etwas sternhaarig filzig; Perigon der männlichen Blüten napfförmig, kurz 4-lappig, fast kahl; Staubbeutel sehr kurz gestielt, herzförmig zugespitzt. Weibliche Blüten einzeln oder zu zweien in den Blattachseln sitzend, kahl, mit kleinen, bogenförmig gekrümmten Narben. Früchte sehr kurz gestielt, bis 27 mm lang; Fruchtbecher breit-halbkugelig bis halbkugelig, mit ziemlich kurzen allseitig abstehenden, stachelartigen Schuppen, die obersten aufrecht, weich. Frucht (Eichel) breit niedergedrückt-kugelig, oben flach bis länglich-eiförmig, fast spitz, bis 3 cm lang. – Heimat: Mittelmeergebiet. Bei uns im Süden sehr selten kultiviert.

**781 c. Quercus suber** L., Spec. plant. 995 (1753). Kork-Eiche. – Meist bis etwa 16 m hoher Baum oder Strauch, vom Grunde an verzweigt oder stammbildend mit breiter, lockerer Krone. Stamm mit glatter, rostbrauner, bald in dicke Korkleisten aufreißender Rinde. Junge Zweige gelbgrau-filzig behaart, später verkahlend, rostbraun. Winterknospen klein, stumpflich, filzig-behaart. Blätter gedrängt stehend, eiförmig bis länglich, 3–7 cm lang, 1,5–3,5 cm breit, am Grunde kurz keilförmig, jederseits mit meist 4–5 ziemlich kurzen, nicht sehr scharfen Zähnen, seltener ganzrandig oder fast ganzrandig, derb lederartig, oberseits glänzend dunkelgrün, kahl, unterseits bleibend schwach graufilzig behaart, mitunter bis auf die Nerven verkahlend; Blattstiel 5–12 mm lang. Nebenblätter klein, filzig, bald abfallend. Männliche Kätzchen sehr zahlreich, gebüschelt, bis 4 cm lang, lockerblütig, lang gestielt; Blütenstandsachse graufilzig behaart; Perigon der männlichen Blüten 6-lappig, außen rötlich-filzig; Staubbeutel kurz gestielt, stachelspitzig. Weibliche Blüten an einem achselständigen filzigen Stiel einzeln oder ährenförmig angeordnet, sitzend; Perigon weißfilzig behaart. Früchte einzeln oder zu zweien an kurzen, dicken Stielen; Fruchtbecher fast halbkugelig mit graufilzigen, locker zusammenschließenden Schuppen, von denen die unteren breit eiförmig und kurz, die oberen lineal-lanzettlich und lang sind. Frucht (Eichel) länglich-oval, mindestens bis zur Hälfte aus dem Fruchtbecher hervorragend. – Heimat: Mittelmeergebiet. Im Süden unseres Florengebietes sehr selten kultiviert.

**782 a. Quercus Ilex** L., Spec. plant. 995 (1753). Syn. *Q. Smilax* L. (1753), *Q. gramuntia* L. (1753), *Q. sempervirens* MILL. (1768), *Q. ilicifolia* SALISB. (1796), *Q. Pseudoilex* CHATIN (1869). Grün-Eiche. Engl.: Evergreen Oak, Holm Oak. Franz.: Yeuse, Éousé, Chêne vert. Ital.: Elice, Leccio. Fig. 97 u. 99

Strauch oder bis zu 20 m hoher, sparriger und breitkroniger Baum. Rinde glänzend hellgrau, mit weißlichen Rindenporen, später in eine bräunlichgraue, sehr kleinschuppige Borke übergehend. Äste bräunlich, warzig. Zweige fast quirlig gestellt, in der Jugend dicht gelblich-weiß bis gelbbraun filzig, später kahl. Winterknospen klein, stumpf-eiförmig, filzig. Laubblätter besonders an den Zweigspitzen genähert, meist eiförmig-lanzettlich, (1–) 3–6 (–7,5) cm lang, (0,3–) 1,5–3

(–5) cm breit, zugespitzt, am Grunde oft abgerundet, ganzrandig oder am Rande wellig, stumpf- bis dornspitzig-gezähnt, zuletzt derb lederartig, immergrün, oberseits in der Jugend braunrot-sternfilzig, später verkahlend, glänzend dunkelgrün, unterseits anfangs weißlich-, später dicht grau- bis rostbraun-filzig; Blattstiel kurz, (0,5–) 1 (–1,5) cm lang, filzig behaart. Nebenblätter schmal, zungenförmig, bald abfallend. Männliche Kätzchen (Fig. 97 k) 4–6 (–7) cm lang, dicht filzig, lang gestielt, büschelig gestellt, hängend, am Grunde der neuen Triebe stehend. Perigon der männlichen Blüten in (5–) 6 (–7) elliptische, weißliche, zottige Zipfel tief geteilt, am Grunde napfartig verbunden (Fig. 97 o); Staubblätter meist 8, mit kurzen Staubfäden und spärlich behaarten, schwefelgelben, im Mittelband mit kurzen, lanzettlichen Spitzchen versehenen Staubbeuteln (Fig. 97 p). Weibliche Blüten einzeln oder zu zweien an etwa 1 cm langem, filzig behaartem Stiel; Perigon und Fruchtknoten filzig behaart mit zurückgebogenen roten Narben. Früchte gedrängt auf kürzeren bis längeren, hin- und hergebogenen, filzig behaarten Stielen. Fruchtbecher (Kupula) meist kaum die Hälfte der Frucht umschließend, halbkugelig-kreiselförmig, mit dicht anliegenden, stumpfen, weichhaarigen Schuppen. Frucht (Eichel) hellbraun, mit aufgesetzter Spitze. – IV, V.

Vorkommen: Im Süden unseres Florengebietes auf warmen mineralkräftigen Steinböden gemischt mit laubwerfenden Hölzern im lichten Gebüsch sonniger Felshänge, im Bereich der eigentlichen Mittelmeervegetation aber auch auf anderen Standorten, z. T. bestandbildend und wichtiger Bestandteil der immergrünen Gebüsche (Macchien) oder Mischwälder anderer Art, hier „Klimaxbaum" und Quercion ilicis-Verbandscharakterart.

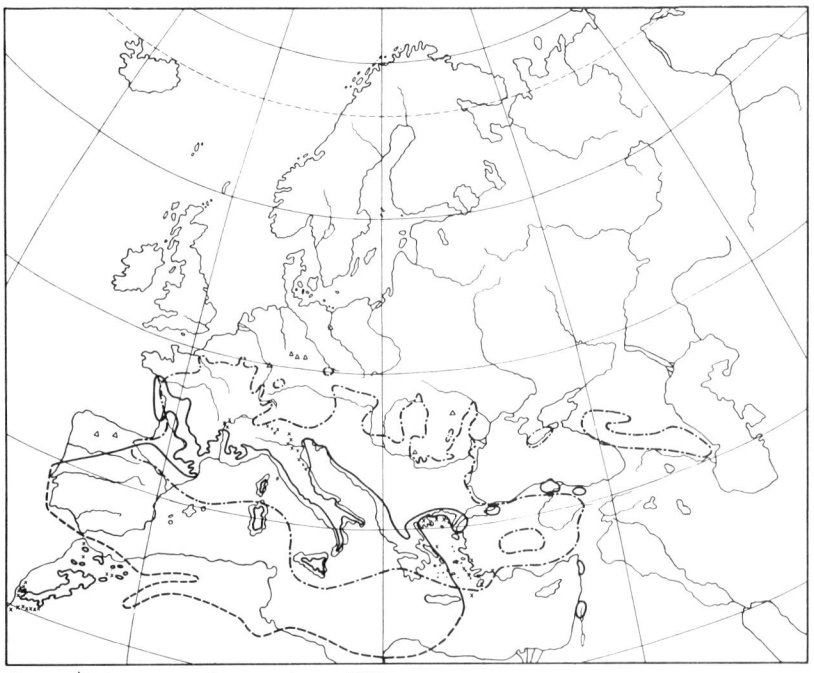

Fig. 99. Verbreitungskarte von *Quercus Ilex* L. und *Quercus pubescens* WILLD. (nach H. MEUSEL, 1957)

Allgemeine Verbreitung. Mittelmeergebiet; besonders häufig und verbreitet im Westen, auf der Balkanhalbinsel mit Ausnahme von Südgriechenland im wesentlichen auf die Küstengebiete beschränkt, ferner in den Küstengebieten des westlichen Kleinasiens und der Cyrenaika.

Verbreitung im Gebiet. In Südtirol im unteren Sarcatale bei Vezzano in der Umgebung von Trient, vereinzelt bis 1000 m ansteigend, häufig im Gardaseegebiet, im Varone- und Ledrotal, im Etschgebiet bei Loppio und gegen

Mori, am Monte Creino bis über 1000 m ansteigend, bei Ala; ferner mehrfach nahe der Südgrenze unseres Florengebietes im ehem. österreichischen Küstenland und im südlichsten Innerkrain.

Die Art ist sehr veränderlich, namentlich in der Blattform. Fast an jedem größeren Baum läßt sich die Formenmannigfaltigkeit der Blätter beobachten. Die Blätter an den kürzeren Trieben, besonders in der Krone älterer Bäume, sind meist ganzrandig, die der vom Grunde aufstrebenden Langtriebe sind mehr oder weniger stark, oft fast stachelig gezähnt. Eine große Zahl von Abänderungen ist beschrieben worden, diesbezüglich vgl. ASCHERSON u. GRAEBNER (1911).

Begleitpflanzen. In Südtirol bildet *Q. Ilex* am Gardasee an felsigen Abhängen einen Hauptbestandteil der Buschvegetation. Sie mischt sich hier den Flaumeichengebüschen bei und findet sich dann z. B. in Begleitung von *Clematis recta* L., *Genista tinctoria* L., *Cytisus sessilifolius* L., *Dorycnium germanicum* (GREMLI) ROUY, *Astragalus glycyphyllos* L., *Coronilla Emerus* L., *Ruta graveolens* L., *Dictamnus albus* L., *Daphne Laureola* L., *Melittis Melissophyllum* L., *Campanula caespitosa* SCOP., *C. sibirica* L., *Inula hirta* L., *Leontodon incanus* (L.) SCHRANK, *Melica ciliata* L., *Carex baldensis* L., *Tamus communis* L. u. a. m. Im Mittelmeergebiet ist der Baum der eigentliche Waldbildner der Tieflagen. Da die ursprünglichen Grüneichenwälder aber meist zerstört sind, ist er heute fast ganz auf die immergrünen Gebüsche (Macchien) oder ins Unterholz von Aleppokiefernforsten usw. zurückgedrängt. Vergleiche im übrigen BRAUN-BLANQUET (1936).

Anatomie. Das Holz von *Q. Ilex* ist sehr hart, fest und schwer. Das Kernholz ist mehr oder weniger dunkel, meist braun. Die Jahresringe treten wenig hervor, da die Gefäße des Frühholzes nicht weiter sind als jene des Spätholzes. BÜSGEN (1911–13) hebt ferner hervor, daß die Gefäße auffallend radial angeordnet sind. Die Markstrahlen sind breit; die meisten sekundären Markstrahlen sind von Holzfasern stark durchsetzt.

Das Holz von *Q. Ilex* findet besonders zu Wasserbauten, ferner auch zu verschiedenen Tischlerarbeiten Verwendung. Als Brennholz ist es gleichfalls geschätzt. Die Rinde dient als Gerberlohe.

**782b. Quercus lusitanica** LAM., Encycl. 1, 719(1783). – Strauchförmig, selten bis 20 m hoher Baum. Junge Zweige kurz gelbgrau sternhaarig, zweijährige Zweige kurz gelbgrau sternhaarig, später verkahlend. Winterknospen 5–6 mm lang, mehr oder minder behaart. Blätter 3–6 cm lang, 1,5–4 cm breit, am Rande jederseits mit 6–9 kleinen, regelmäßigen Zähnen, flach, in den Buchten kaum wellig gebogen, oberseits zuletzt fast ganz kahl, glänzendgrün, unterseits bleibend filzig behaart, hellgrau, jederseits mit 7–9 Seitennerven, 0,5–1,3 cm lang gestielt. Fruchtbecher halbkugelig, fast sitzend oder sehr kurz gestielt. Frucht (Eichel) länglich, aus dem Becher zur Hälfte hervorragend, im zweiten Jahre reifend. – Heimat: Gebirge der Pyrenäenhalbinsel. Bei uns sehr selten in Gärten kultiviert.

**783. Quercus pubescens** WILLD. (1798), emend. WILLD., Spec. plant. **4**, 450 (1805), *Q. lanuginosa* THUILL. (1799), non LAM. (1778) s. str. (quae est *Q. Cerris* L., nomen illegitimum!). Flaum-Eiche. Franz.: Chêne pubescant, Ch. blanc. Fig. 100a bis e

In den meisten Merkmalen der *Q. petraea* ähnlich, unterscheidet sich vor allem durch die weich grau-filzig behaarten Knospen, Zweige, Blätter und Fruchtbecher. Kleiner, bis etwa 20 m hoher Baum oder strauchartig mit schlankem Stamm und divergierenden Ästen, die eine hemisphärische, plattgedrückte Krone bilden. Rinde graubraun, rissig, später in eine harte, besonders unterwärts in etwa rechteckige Brocken zerklüftete Borke übergehend. Junge Zweige dicht graufilzig behaart, erst nach dem ersten Jahre verkahlend, später dunkelgrau und glatt. Winterknospen eiförmig, spitz, mit braunen, flaumig behaarten Schuppen. Laubblätter aus kurz keilförmigem bis herzförmigem Grunde verkehrt-eiförmig bis länglich verkehrt-eiförmig, 5–8 (–10) cm lang, 4–6 cm breit, am Grunde ungleich, fast herzförmig ausgerandet, an der Spitze stumpf, jederseits mit 4–7 (–8) meist seichten abgerundeten, oft etwas gebuchteten oder an der Spitze ausgerandeten Lappen und wellig gebogenen Buchten, seltener tiefer und spitzer gelappt, im Frühling beiderseits dicht filzig, später oberseits trübgrün, flaumig oder weißlich filzig, zuletzt manchmal fast verkahlend; Blattstiel sternhaarig filzig, bis 1 cm lang, an Schößlingen kürzer bis fast fehlend. Nebenblätter spatelförmig, linear-lanzettlich, an der Spitze behaart, hinfällig oder an den Johannistrieben mehr oder weniger beständig. Männliche Kätzchen 4–6 cm lang, hängend, lockerblütig; Blütenstandsachse behaart. Perigon der männlichen Blüten fast bis zum Grunde in 6 linear-lanzettliche, zugespitzte, außen reichlich behaarte Abschnitte geteilt, am Grunde verwachsen (Fig. 100d). Staubblätter 6, mit kurzen Staubfäden und eiförmigen, an der Spitze ausgerandeten, glatten, gelben Staubbeuteln.

Weibliche Blütenstände in der Achsel eines breitlanzettlichen Stützblattes, einzeln oder zu 2–4 (–5) an diesjährigen Zweigen, end- oder blattwinkelständig, sitzend oder auf kurzem, bis 2 cm langem Stiel ährenartig gehäuft (Fig. 100b). Fruchtstände 1 bis 5-früchtig, fast sitzend oder kurz gestielt. Fruchthülle (Kupula) halbkugelig-becherförmig, die Frucht bis etwa $\frac{1}{3}$ bis fast zur Hälfte umschließend, mit dachziegelartig vielreihigen, an den Becher angedrückten, dicht filzig behaarten Schuppen, von denen die untersten ein wenig breiter und an der Spitze gestutzt, die mittleren und oberen dreieckig-spitzig, die obersten lanzettlich schmal und kürzer sind. Frucht (Eichel) kleiner und schlanker als bei Q. Robur und Q. petraea, länglich und glatt, spitz. (Fig. 100a). – Chromosomenzahl: $n = 12$. – IV, V.

Vorkommen. Bestandbildend in wärmeliebenden Trockenwaldgesellschaften, auf nährstoffreichen, kalkhaltigen und lockeren Löß- oder Kalkstein- und Kiesböden, an sonnigen Hügeln, an warmen buschigen steinigen Abhängen, an Waldrändern. Kalkliebend, im Süden aber auch auf Silikatgesteinen. – Quercetalia-pubescentis-Ordnungskennerart.

Allgemeine Verbreitung. Süd- und Mitteleuropa, ostwärts bis zur Krim und bis zum Kaukasus; Kleinasien.

Fig. 100. *Quercus pubescens* WILLD. *a* Zweig mit „Eicheln". *b* Weiblicher, *c* männlicher Blütenstand. *d* Männliche Blüte. *e* Cupula. – *f* *Quercus Robur* L. Wintersproß. *g* Längsschnitt durch eine weibliche Blüte. *h* Längsschnitt durch eine Frucht. – *i* Q. *rubra* L. Laubblatt. – *k* Q. *palustris* MUENCHH. Laubblatt. – *l* Q. *crenata* LAM. Zweig mit Frucht

Verbreitung im Gebiet. In Deutschland nur vereinzelt in Thüringen am Kunitzberg im Saaletal bei Jena, sowie zerstreut im südlichen Baden im Rheintalgebiet bei Grenzach, Istein, Niederweiler, Kastelberg, Ballrechten, Krummrüttiberg, ferner im Anschluß an das ausgedehnte Vorkommen im Oberelsaß im südwestlichen Kaiserstuhl, nach Norden rasch ausklingend, aber mit Einzelvorkommen bis an den Mittelrhein reichend, andererseits über den Hochrhein und Hegau bis zur mittleren Schwäbischen Alb ausstrahlend. Zerstreut im Gebiet des Schweizer Jura und des Mittellandes sowie im Churer und St. Gallener Rheintal und Domleschggebiet, ferner häufig und verbreitet im Süden der Alpen in den Kantonen Wallis, Tessin und Graubünden. In Südtirol im Etschtal aufwärts zerstreut bis Schluderns sowie im Eisacktal bis in die Umgebung von Brixen, häufig und allgemein verbreitet in der Umgebung von Meran und Bozen sowie im Etschtal flußabwärts gegen den Süden; in Kärnten einzig in den Rabensteinerfelsen bei St. Paul im Lavanttal; in der Steiermark in der Umgebung von Graz bei Gösting, auf dem Plabutsch, bei St. Gotthard, Weinzödl, häufiger in der Südsteiermark bei Stattenberg nächst Windisch-Landsberg, auf der Gora bei Gonobitz, um Neuhaus, Weitenstein, Praßberg, auf allen Kalkbergen um Cilli, Tüffer, Römerbad, Trifail, Drachenburg, Reichenburg und von da an südwärts allgemein verbreitet; verbreitet und häufig in Inner- und Unter-Krain, seltener in Ober-Krain; in Niederösterreich verbreitet in der Umrahmung des Inneralpinen Wiener Beckens, und zwar am Alpenostrand vom Bisamberg bis Vöslau, im Rosaliengebirge und im Leithagebirge, im Wiener Becken im Rauhenwarter und Schwadorfer Holze, im Goldwäldchen bei Ebergassing und im Ellender Wald, ferner im tertiären Hügelland des Weinviertels, seltener und nur zerstreut auf den südlichen und östlichen Abfällen des Schieferplateaus des Waldviertels gegen die Donau sowie gegen das Außeralpine Wiener Becken, so z. B. in der Umgebung von Melk, Steinaweg, Göttweig, Hollenburg und Viehhofen. Vereinzelt in Mähren in der Umgebung von Znaim, in den Pollauer und Nikolsburger Bergen, um Auspitz, Kromau, Brünn, Schlapanitz, Nußlau und Bisenz sowie vereinzelt in Böhmen bei Beraun, Karlstein, Prag, Jungbunzlau und in der westlichen Elbeniederung.

In der Blattform und in der Länge des Fruchtstieles ziemlich veränderlich:

1. var. *pubescens*, Syn. *Q. pubescens* var. *typica* POSP., *Q. lanuginosa* var. *typica* BECK – Blätter mittelgroß bis klein, meist nicht über 6 cm lang, breit-verkehrt-eiförmig, schwach fiederlappig mit flachen Buchten, jederseits mit 5–7 ganzrandigen, abgerundeten oder etwas ausgeschweiften, kurzen Lappen, unterseits dicht behaart, auch öfter oberseits etwas bleibend behaart. – Allgemein verbreitet innerhalb der oben angegebenen Grenzen.

2. var. *pinnatifida* (GMEL.) SPENN., Syn. *Q. pinnatifida* GMEL., *Q. lanuginosa* var. *pinnatifida* (GMEL.) BECK, *Q. asperata* PERS. – Blätter meist etwa 3–5 cm lang, mit abgerundeten bis eckigen, öfter wieder eingeschnittenen oder gelappten meist schräg vorwärts abstehenden Lappen, zumeist oberseits verkahlend, unterseits an den Nerven meist seidenhaarig, dazwischen hell filzig mit zerstreuten Sternhaaren. – Seltener.

3. var. *crispata* (STEV.) SPENN., Syn. *Q. crispata* STEV. – Blätter meist nur 2 cm lang, seltener erheblich größer, tief gelappt mit sehr spitzen ringsum ausgebuchteten und an der Spitze zahnartig eingeschnittenen, meist mehr oder weniger stark krausen, vorwärts gerichteten Lappen, oberseits meist bald verkahlend, selten bleibend behaart, unterseits meist graugrün, mehr oder weniger locker sternhaarig, nur auf den Nerven dicht seidenhaarig. – Zerstreut.

Begleitpflanzen. *Q. pubescens* hat ihre Hauptverbreitung im südlichen Europa, wo sie, wie z. B. in Ungarn und im Karstgebiet einen wesentlichen Bestandteil der südeuropäischen Laubwälder bildet. Nach BECK sec. BÜSGEN (1911–13) findet sie sich z. B. im Karstwald zusammen mit *Carpinus orientalis* MILL., *Ostrya carpinifolia* SCOP., *Prunus Mahaleb* L., *Cytisus ramentaceus* SIEBER, *Acer monspessulanum* L., *Fraxinus Ornus* L., u. a. Über weitere Begleitpflanzen im illyrischen Karstwald vgl. unter *Ostrya* S. 189.

In Mitteleuropa stellt sie einen typischen Vertreter der in der postglazialen Trockenperiode wohl weiter verbreiteten xerothermen Flora dar welche von zwei Seiten, Donaugebiet bzw. Rhônetal und Schweizer Jura, die Alpen umrahmt.

In Südwestdeutschland ist der Baum ein wichtiger Bestandteil des Flaumeichenbusches extremer Wärme-Standorte und Charakterart des Querceto-Lithospermetum (BRAUN-BLANQUET 1932). Bezeichnende Begleiter sind: *Colutea arborescens* L., *Coronilla Emerus* L., *Dictamnus albus* L., *Sorbus torminalis* (L.) CR., *Peucedanum Cervaria* (L.) LAP., *Chrysanthemum corymbosum* L., *Orchis purpurea* HUDS., *Melampyrum cristatum* L., *Crepis praemorsa* (L.) TAUSCH, *Trifolium rubens* L. u. a. m.

Im südwestlich anschließenden Schweizer Jura (und schon bei Grenzach in Baden) vergesellschaftet sich die Flaumeiche mit dem Buchs (*Buxus sempervirens* L.) und bildet das bis zu den Pyrenäen verbreitete Buxo-Quercetum. Neben den schon genannten Arten sind für diese Assoziation *Acer Opalus* MILL., *Prunus Mahaleb* L., *Daphne Laureola* L. u. a. charakteristisch.

In den südalpinen Tälern, im Tessin, Südtirol und Friaul tritt *Qu. pubescens* in das Querceto-Ostryetum (HORVÁT 1938) ein und bildet mit *Ostrya carpinifolia* SCOP., *Celtis australis* L., *Fraxinus Ornus* L. u. a. Arten Buschwälder (Niederwälder), die wie der Kastanienniederwald periodisch als Brennholz verwertet oder aber geschneitelt werden.

In der Steiermark und im östlichen Niederösterreich bildet *Q. pubescens* einen wichtigen Bestandteil einer Busch- und Zwergwaldvegetation. Die Flaum-Eiche findet sich nach BECK (1890) hier in Begleitung der folgenden Holzpflanzen: *Juniperus communis* L., *Corylus Avellana* L., *Quercus Robur* L., *Q. petraea* (MATTUSCHKA) LIEBLEIN, *Q. Cerris* L., *Ulmus scabra* MILL., *Sorbus Aria* (L.) CR., *Rosa Braunii* KELL., *R. rubiginosa* L., *Cotoneaster integerrima* MED., *Pirus Piraster* (L.) BORKH., *Prunus fruticosa* PALL., *P. Mahaleb* L., *Crataegus monogyna* JACQ., *Colutea arborescens* L., *Acer campestre* L., *Evonymus europaea* L., *E. verrucosa* SCOP., *Staphylea pinnata* L., *Rhamnus cathartica* L., *Cornus mas* L., *C. sanguinea* L., *Fraxinus excelsior* L., *Lonicera Caprifolium* L., *L. Xylosteum* L., ferner zusammen mit Kräutern und Gräsern: *Aristolochia Clematitis* L., *Silene Otitis* (L.) WIB., *Hepatica nobilis* MILL., *Clematis recta* L., *Adonis vernalis* L., *Hesperis silvestris* CR., *H. tristis* L., *Erysimum pannonicum* CRANTZ, *Conringia austriaca* (JACQ.) SWEET., *Fragaria vesca* L., *Agrimonia Eupatoria* L., *Cytisus hirsutus* L., *C. nigricans* L., *C. procumbens* (W. et K.) SPRENG., *Dorycnium herbaceum* VILL., *D. germanicum* (GREMLI) ROUY, *Galega officinalis* L., *Coronilla coronata* L., *Geranium sanguineum* L., *Lavatera thuringiaca* L., *Althaea cannabina* L., *A. pallida* WALDST. et KIT., *Helianthemum ovatum* (VIV.) DUN., *Viola austriaca* KERN., *V. mirabilis* L., *Anthriscus Cerefolium* (L.) HOFFM., *Siler trilobum* (JACQ.) CR., *Cynanchum Vincetoxicum* (L.) PERS., *Teucrium Chamaedrys* L., *Glechoma hirsuta* WALDST. et KIT., *Galeopsis pubescens* BESS., *Stachys recta* L., *Salvia nemorosa* L., *Origanum vulgare* L., *Veronica dentata* SCHM., *Digitalis lanata* EHRH., *Melampyrum cristatum* L., *Orobanche alsatica* KIRSCHL., *Asperula glauca* (L.) BESS., *A. tinctoria* L., *Galium silvaticum* L., *Inula ensifolia* L., *I. hirta* L., *I. salicina* L., *Artemisia austriaca* JACQ., *A. pontica* L., *Centaurea rhenana* BOR.,

*C. Scabiosa* L., *C. stenolepis* KERN., *Scorzonera hispanica* L., *Lactuca quercina* L.; *Polygonatum latifolium* (JACQ.) DESF., *Iris graminea* L.; *Brachypodium silvaticum* (HUDS.) P. BEAUV., *Poa nemoralis* L., *Carex Michelii* HOST u. a. m. Auf der Balkanhalbinsel verbindet sich *Q. pubescens* mit den Wäldern oder Gebüschen, die hier in den warmen Tieflagen *Quercus Cerris* oder *Carpinus orientalis* bilden. Im östlichen Spanien ist sie ein Bestandteil der *Quercus lusitanica*-Gesellschaften.

Nördlich der Alpen dürfte *Q. pubescens* an einzelnen Standorten angepflanzt und verwildert sein, kommt sie doch vielfach um alte Burghügel vor, wie z. B. im Jura: Schauenburg, Pfeffingerschloß, Farnsburg, wodurch jedoch das spontane Vorkommen in diesen Gebieten keinesfalls ausgeschlossen wird.

In Thüringen, wo die Flaumeiche stets auf die Oberkanten steiler, südexponierter Kalkberge beschränkt ist, setzt sich ihre Begleitflora u. a. aus folgenden thermophilen Arten zusammen, wobei auch *Q. petraea* (MATTUSCHKA) LIEBLEIN und *Q. Robur* L. nie fehlen: *Pinus Mugo* TURRA., *Melica ciliata* L., *Carex humilis* LEYSS., *Anthericum ramosum* L., *Epipactis atrorubens* (HOFFM.) SCHULT., *Gymnadenia conopea* (L.) R. BR., *Orchis purpurea* HUDS., *Ophrys apifera* HUDS., *O. insectifera* L., *Anemone Pulsatilla* L., *A. silvestris* L., *Thalictrum minus* L., *Thlaspi montanum* L., *Contoneaster integerrima* MEDIK., *Sorbus torminalis* (L.) CR., *Rosa eglanteria* L., *R. Jundzillii* BESS., *Trifolium rubens* L., *Astragalus Cicer* L., *Coronilla coronata* NATHHORST, *C. vaginalis* LAM., *Onobrychis viciifolia* SCOP., *Geranium sanguineum* L., *Dictamnus albus* L., *Helianthemum canum* (L.) BAUMG., *H. nummularium* (L.) MILL., *Bupleurum falcatum* L., *B. longifolium* L., *Peucedanum Cervaria* (L.) LAPEYR., *Cornus mas* L., *C. sanguinea* L., *Laserpitium latifolium* L., *Ligustrum vulgare* L., *Gentiana ciliata* L., *Cynanchum Vincetoxicum* (L.) PERS., *Lithospermum purpureo-coerulum* L., *Teucrium botrys* L., *T. Chamaedrys* L., *T. montanum* L., *Prunella grandiflora* (L.) JACQ., *Stachys recta* L., *Melampyrum cristatum* L., *Asperula glauca* (L.) BESS., *A. tinctoria* L., *Viburnum Lantana* L., *Inula hirta* L., *Chrysanthemum corymbosum* L.

Vegetationsorgane. Die Blattgestalt wird nach BÜSGEN (1911–13) durch äußere Bedingungen in hohem Grade beeinflußt. Die Schattenblätter sind gegenüber den Sonnenblättern durch tiefere Buchten, spitzere, mehr geteilte Lappen und längeren Blattstiel ausgezeichnet, während die Sonnenblätter durch etwas dunklere Färbung und stärkeren Glanz der Blattoberseite auffallen. Die Exemplare von südlicheren Standorten entsprechen bezüglich ihrer Blattform in einem hohen Prozentsatz der geschilderten Sonnenblattstruktur, sie haben ferner meist Blätter von derberer Konsistenz.

Die Blätter tragen 2- bis 6-armige Büschelhaare, deren Wirksamkeit als Verdunstungsschutz durch einen Überzug mit Wachskörnchen gesteigert wird, der nur die Innenseite der etwas eingesenkten Spaltöffnungen freiläßt. Auf der Blattoberfläche stehen die Büschelhaare nur zerstreut.

*Q. pubescens* hat ihre Hauptwachstumszeit zwischen dem 60. bis 100. Lebensjahr, sie wird bis über 500 Jahre alt. Auch bei *Q. pubescens* ist ähnlich wie bei *Q. Robur* Johannistriebbildung zu verzeichnen.

Anatomie. Das Holz der Flaum-Eiche ist nach BÜSGEN (1911–13) gegenüber dem der anderen bei uns einheimischen Arten durch größere Breite und dichteres Zusammenstehen der Markstrahlen verschieden. Es ist dauerhafter, härter und schwerer spaltbar, jedoch weniger elastisch und zäher als jenes von *Q. Robur* und *Q. petraea*. Es ist im übrigen dem von *Q. Robur* und *Q. petraea* sehr ähnlich. Kern und Splint sind namentlich am Holz von Bäumen südlicher Standorte nicht immer deutlich gesondert. Die Rinde geht schließlich in eine harte, in längliche Brocken zerklüftete Borke über, die im Querschnitt durch Steinzellgruppen hell gefleckt ist.

Blütenverhältnisse. Blüte und Frucht entwickeln sich später als bei *Q. Robur* und *Q. petraea*. Nach KIRCHNER ist Metandrie zu beobachten.

**784. Quercus Robur** L., Spec. plant. 996 (1753). Syn. *Q. femina* MILL. (1768), *Q. fructipendula* SCHRANK (1789), *Q. pedunculata* EHRH. (1790), *Q. germanica* LASCH (1857), *Q. malacophylla* SCHUR (1860). Stiel-Eiche, Sommer-Eiche. Dän.: Stilkeg. Engl.: Common Oak, Pedunculate Oak. Franz.: Chêne commun, Ch. à grappes, Ch. blanc, Rouvre, Châgne, Gravelin, Gravelier. Ital.: Quercia commune, Farnia, Eschio, Rovero. Sorbisch: Siškaty dub. Poln.: Dąb szypulkowy. Tschech.: Dub letní, Křemelák. Taf. 86, Fig. 1, Fig. 100f bis h, Fig. 101 bis 104.

Bis etwa 50 m hoher, mächtiger Baum mit breiter, unregelmäßiger, starkästiger Krone. Stamm gewöhnlich schon wenige Meter über dem Boden sich in starke, knorrige, gekrümmt-gewundene Äste zerteilend (Fig. 101). Rinde anfangs glatt, glänzend, grünlich bis weißgrau, allmählich in eine graubraune bis schwärzliche, tief rissige Borke übergehend. Zweige glatt, matt, olivbraun, meist bläulichgrau überlaufen, ganz kahl, mit rundlichen, kleinen Lentizellen zerstreut besetzt. Winterknospen hellbraun, dick, etwas kantig-eiförmig, kahl (Fig. 100f). Laubblätter breit keilig verkehrteiförmig, über der Mitte oder gegen die Spitze zu am breitesten, 8–15 cm lang, 3–10 cm breit, an Lohden bisweilen bedeutend größer, buchtig-fiederlappig, jederseits mit etwa 5–6 stumpfen bis spitzlichen Lappen und unregelmäßig offenen bis engen, stumpfen und ziemlich tiefen Buchten, der unterste Lappen meist klein und rund, der zweite bereits viel größer, der dritte und vierte meist zungenartig verlängert und häufig an der Unterseite wiederum grob und ungleich gelappt, die obersten Lappen häufig eiförmig und fast parallel vorgestreckt, alle meist ziemlich breit abgerundet, an Johannistrieben aber auch oft auffallend spitz, jederseits mit etwa 5 bis 7, ziemlich entfernt stehenden und nicht auffallend parallelen Seitenrippen, Sinualnerven stets mehr oder minder reichlich vorhanden und allmählich in das grobe, unregelmäßige, stark netzige Flächensystem übergehend, in der Jugend etwas seidig-behaart, später vollständig kahl, derb- bis lederhäutig, oberseits glänzend grün, unterseits matt, hellgrün bis blaugrau-grün; Blattstiel derb, halbstielrund, meist sehr kurz, 2–7 mm lang, kahl. Nebenblätter schmal pfriemlich, sehr hinfällig. Männliche Kätzchen lockerblütig, hängend, 2–4 cm lang; Perigon der männlichen Blüten gelblich-grün (Taf. 86, Fig. 1 b), 5- bis 8-teilig, mit fein- und langgewimperten linealischen, zugespitzten Zipfeln

Fig. 101. *Quercus Robur* L. Stiel-Eiche (Aufn. H. FISCHER)

und 6–8 diesen etwa gleichlangen kahlen Staubblättern. Weibliche Blüten entfernt, ährig, einzeln oder zu 2- bis 5 auf gemeinsamem, kahlem oder selten spärlich mit einfachen Haaren besetztem

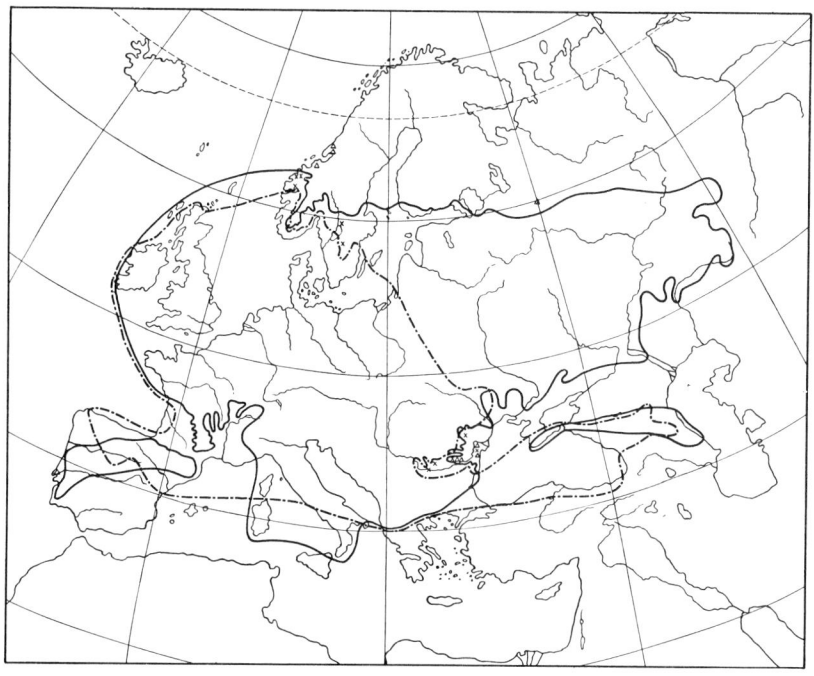

*Quercus Robur* L. = ——— × *Quercus petraea* (Mattüschka) Liebl. = —·—·—△

Fig. 102. Verbreitungskarte von *Quercus Robur* L. und *Quercus petraea* (MATTUSCHKA). LIEBLEIN (nach H. MEUSEL, 1957

Stiel sitzend; Perigon ungleichmäßig und wenig tief 5- bis 7-teilig, außen fein filzig, eng einer durch Zusammentreten der Griffel gebildeten Säule anliegend, auf die die waagrecht abstehend verkehrtherzförmig-rundlichen Narben als Platte aufgesetzt erscheinen. Früchte einzeln oder zu 2 bis 5 auf gemeinsamem, kahlem oder selten spärlich behaartem Stiel sitzend, welcher etwa halb so lang wie das Tragblatt, bisweilen auch kürzer oder länger ist. Frucht (Eichel) länglich-eiförmig, zugespitzt, 18–28 mm lang, 7–15 mm dick, im unteren Viertel oder Drittel, seltener bis zur Hälfte von dem Fruchtbecher (Kupula) eingeschlossen; Becher etwa 8–12 mm hoch, 7–14 mm im Durchmesser, mit fein grau behaarten, eiförmigen, fest anliegenden Schuppen dachziegelig bedeckt, die

Fig. 103. *Quercus Robur* L. Stiel-Eiche. Einzelbaum bei Merenberg (Oberlahnkreis), austreibend. (Aufn. TH. ARZT)

mit den deutlich verwachsenen Rändern Schraubenlinien bilden, an der mehr oder weniger bräunlichen Spitze aber frei und trockenhäutig sind. – Chromosomenzahl: n = 12. – IV, V, (VI).

Vorkommen. Häufig und bestandbildend vor allem auf tiefgründigen und nährstoffreichen Lehm- und sandigen Lehmböden mit oft hohem, aber nicht stagnierendem Grundwasser in sommerwarmem Klima. Verbreitungsschwerpunkt einerseits in armen trockenen Stieleichen-Birkenwäldern (z. B. in W.- und NW.-Europa), andererseits in Auenwäldern (Hartholzauen) oder auenwaldartigen Eichen-Hainbuchenwäldern, aber auch in trocken-warmen Flaumeichengebüschen, erträgt größere Extreme der Temparatur und der Feuchtigkeit als die Traubeneiche.

Allgemeine Verbreitung. Europa im Norden auf den Britischen Inseln nordwärts bis Sutherland, in Skandinavien in Norwegen im Bereich der Westküste bis 63° n. Br. und im Südosten des Landes sowie im südlichen Schweden nordwärts bis Värmland, Västmanland und Gästrikland bis etwa 61° n. Br., in Finnland im Schärengebiet im Bereich der Südküste, ferner im nördlichen Rußland nordwärts im Ladogasee-Gebiet bis etwa 60° n. Br., bis zu den Quellen der Ssuchona sowie über Wjatka und Ochansk bis zum Oberlauf der Ufa, im Osten bis zum Dwina-,

Petschora-, Wolga-Kama-, mittleren und unteren Wolgagebiet, schließlich im Süden bis Südrußland unter Ausschluß des Steppengebietes, auf der Krim und auf der Nordseite des Kaukasus, auf der Balkanhalbinsel südwärts bis Nordbulgarien, Nord- und Westmazedonien sowie Südalbanien, auf der Apenninenhalbinsel bis Apulien, auf Korsika und Sardinien sowie auf der Pyrenäenhalbinsel bis Tordera bei Barcelona, bis zu den Gebirgen Mittelspaniens und bis zur Sierra des Cintra bei Lissabon.

Verbreitung im Gebiet. Allgemein verbreitet in Deutschland, Österreich und in der Schweiz vom Norddeutschen Tiefland über die Deutschen Mittelgebirge, bis etwa 650 m, vereinzelt bis 800 m ansteigend, über das Süddeutsche Becken- und Stufenland, in Baden z. B. bis 900 m, in Württemberg-Hohenzollern bis 980 m, im Bayerischen Wald bis etwa 970 m ansteigend, bis in die Voralpen, durch die großen Längstalfurchen stellenweise weit in das Innere der Alpen eindringend, in manchen Teilen besonders der nordöstlichen Alpen jedoch sehr zerstreut bis fehlend, in den Bayerischen Alpen bis etwa 900 (–950) m, in Nordtirol als Baum bis etwa 1000 m, als Strauch bis etwa 1225 m, im St. Gallener Oberland bis 1000 m, im Kt. Glarus bis 845 m, im Berner Oberland bis 1420 m, im Kt. Wallis bis 1250 m, im Tessin bis 1100 m, und in Graubünden bis 1400 m ansteigend.

Ändert ab: 1. var. *Robur*. Syn. var. *typica* BECK. – Zweige stets kahl, Blätter in der Jugend oft mit winzigen Büschelhaaren besetzt, später verkahlend; Blätter am Grunde mehr oder weniger tief-herzförmig bis geöhrt, tief bis ziemlich tief am Rande eingeschnitten, mit wenigen bis zahlreichen länglichen bis lanzettlichen oder linealischen Lappen. Stiele der Fruchtstände meist halb so lang wie das Tragblatt. – Allgemein verbreitet.

2. var. *cuneifolia* (VUKOT.) BECK. Syn. *Q. cuneifolia* VUKOT. – Zweige und Blätter nur in der Jugend etwas behaart, später verkahlend; Blätter am Grunde mehr oder weniger lang keilförmig verschmälert, oft länger gestielt und oberwärts deutlich verbreitet, mit großen oberen Lappen. Stiele der Fruchtstände meist halb so lang wie das Tragblatt, mitunter einzelne etwas länger oder kürzer. – Ziemlich selten. – Nach O. SCHWARZ (briefl.) wohl eine Kreuzung.

3. var. *puberula* (LASCH) O. SCHWARZ, Syn. *Q. germanica* f. *puberula* LASCH, *Q. pedunculata* f. *pilosa* SCHUR, *Q. Robur* f. *puberula* BECK. – Blätter unterseits meist nur an den großen Nerven, selten auch auf der Fläche behaart, meist mit mehr oder weniger zahlreichen Sternhaaren untermischt. Stiele der Fruchtstände meist halb so lang wie das Tragblatt, mitunter einzelne etwas länger oder kürzer, behaart oder kahl. – Nicht häufig.

4. var. *australis* (HEUFF.) SIMONK. Syn. *Q. Robur* var. *hiemalis* (STEV.) BECK, *Q. hiemalis* STEV., *Q. germanica* f. *longepedunculata* LASCH, *Q. pedunculata* var. *australis* HEUFF., *Q. australis* A. KERN. – Blätter meist ziemlich derb. Stiele der Fruchtstände etwa so lang oder länger als das Tragblatt, meist zuletzt hängend oder überhängend. Früchte meist zu mehreren bis 6 (–8), seltener einzeln; Fruchtbecher meist mit krausen Schuppen. – Meist selten, im Südosten des Florengebietes häufiger.

5. var. *brevipes* (HEUFF.) SIMONK. Syn. *Q. pedunculata* f. *brevipes* HEUFF. – Blätter beiderseits frühzeitig verkahlend. Stiele der Fruchtstände etwa so lang oder länger als der Blattstiel. – Meist sehr zerstreut.

Eine eingehende Übersicht über die zahlreichen Formen sowie Spielarten nach Frucht- und Fruchtbechermerkmalen findet sich bei C. K. SCHNEIDER (1904) und ASCHERSON u. GRAEBNER (1911).

Begleitpflanzen und Ökologie. Als Begleitpflanzen von *Q. Robur*, die auf Grund übereinstimmender Verbreitung in ihren Gesamtarealen als solche in einem engeren Sinne zu bezeichnen sind, führt HÖCK (1898, 1912) nur wenige Holzpflanzen an, und zwar *Prunus spinosa* L., *Cornus sanguinea* L. und *Fraxinus excelsior* L. Zur Begleitflora in einem weiteren Sinne werden gezählt: an Bäumen Hainbuche, Zitterpappel, Ulme, Ahorn, Linde und Esche, an Sträuchern *Rubus idaeus* L., *Crataegus Oxyacantha* L., *Evonymus europaea* L., *Rhamnus Frangula* L., *Viburnum Opulus* L., *Lonicera Xylosteum* L., sowie an Bodenpflanzen *Anemonen*, *Potentilla tormentilla* NECK, *Hypericum perforatum* L., *Viola*-Arten, *Campanula rotundifolia* L., *Achillea millefolium* L. u. a. m. Da die Stieleiche aber ökologisch sehr plastisch ist, bildet sie regional keine Waldgesellschaften, für die sie oder bestimmte Begleitpflanzen, selbst in engerem geographischen Rahmen, als Charakterarten namhaft gemacht werden können.

Ihre schönste Entwicklung erreichen die Eichenwälder in den Fluß- und Stromtälern des Rheins und der unteren Donauländer, namentlich im südlichen Ungarn, bei Rann im Savetal, in Kroatien und Slavonien, andererseits in Ostpreußen. Daneben kommt die Eiche auch häufig in der Bergregion vor.

Nach den Untersuchungen von RICHARD (1945) über die biologische Bodenaktivität verschiedener Waldböden der Schweiz ist die Zersetzungsgeschwindigkeit der Laubstreue z. B. bei den Braunerdeböden der Laubmischwälder im Mittelland nicht nur vom Versauerungsgrad der Waldböden, sondern in besonderem Maße von den Streuearten abhängig.

Auf neutral reagierenden, sog. entwickelten Braunerden, die man z. B. unter den aronstabreichen Eichen-Hagebuchen-Wäldern (Querceto-Carpinetum aretosum) findet, wird das Fallaub jedes Jahr vollständig abgebaut. In der Zersetzungsgeschwindigkeit sieht man aber unter den Holzarten beträchtliche Unterschiede: Schwarzerle, Ulme, Esche, Birke, Hagebuche, Traubenkirsche und Bergahorn liefern Streue, die im Monat Juli nach dem Laubfall vollständig von der Bodenoberfläche verschwunden sind, während Zitterpappel, Stieleiche und vor allem Buche zur selben Zeit erst zu kleineren oder größeren Bruchteilen zersetzt sind. Die Streue der zweiten Baumartengruppe wird erst vor dem neuen Laubfall vollständig zersetzt.

Auf versauerten Braunerden, die wir z. B. unter den Eichen-Birken-Wäldern (Querceto-Betuletum) auf älteren Deckenschottern des Mittellandes finden, ist die Zersetzungsgeschwindigkeit für Laubstreue sehr klein. Eine Jahresproduktion an Fallaub wird in der folgenden Vegetationsperiode nicht vollständig abgebaut. Die nicht oder nur teilweise zersetzte Streue reichert sich in einer durchgehenden sog. Rohhumusschicht an der Bodenoberfläche an. In den unvollkommen zersetzten Pflanzenresten des Rohhumus stecken viele nicht aufgeschlossene pflanzliche Nährstoffe, die bei der geringen biologischen Zersetzungsgeschwindigkeit nur nach und nach mobilisiert und deshalb den Wurzeln nur verzögert zur Verfügung gestellt werden können.

Die Mächtigkeit der Rohhumusschicht hängt nicht nur vom Säuregrad des Bodens und vom Klima, sondern auch von den Baumarten und ihrer Streue ab. Auf den stark versauerten Braunerden der Eichen-Birken-Wälder ist die Buche der wichtigste Rohhumuslieferant. Zu Beginn des neuen Laubfalles waren im Zersetzungsversuch von der letztjährigen Buchenstreuproduktion noch 87% vorhanden, d. h. nur 13% der jährlichen Blattproduktion wurden im folgenden Jahr abgebaut. Auch Eichen- und Zitterpappelstreue werden schlecht, doch immerhin besser als Buchenstreue abgebaut (47% bzw. 51% im Verlaufe des dem Blattfall folgenden Jahres). Den besten Abbaugrund haben Hagebuche (83%), Birke (78%) und Pulverholz (100%).

Von den geprüften Baumarten wurden, wie die Untersuchungen zeigen, das Buchenlaub auf den neutralen wie auf den sauren Braunerden am schlechtesten abgebaut. „Die Bodenlebewelt scheint beim Abbau der Streue auslesend vorzugehen. Bevor nicht die Mehrzahl der Ulmen-, Schwarzerlen-, Eschen- und Kirschbaumblätter von der Bodenoberfläche verschwunden ist, werden Buchen- und Traubeneichenblätter nicht, Zitterpappel- und Bergahornblätter nur wenig angegriffen" (RICHARD 1945).

Florengeschichte Wo die Refugiengebiete der Eichen – eine Trennung der Arten ist bei diesen Angaben leider nicht möglich – während der Eiszeiten lagen, ist nicht bekannt. Nach FIRBAS (1949) kamen spätestens im älteren Teil der Frühen Wärmezeit (Boreal) Eichen in ganz Deutschland vor und bildeten während der Mittleren Wärmezeit (Atlantikum), der sog. „Eichenzeit", zusammen mit Edellaubhölzern wie Ulme, Linde, Esche, und Ahorn weit verbreitete Eichenmischwälder. Besonders in Südwestdeutschland lieferten die Eichen in der Mittleren Wärmezeit vielfach die Hälfte des gesamten Baumpollenniederschlages. Eichenarm blieben das nordostdeutsche und polnische Kieferngebiet und die damals vor der Buchenausbreitung fichten- bzw. tannenreichen Mittelgebirge sowie Teile des Alpenvorlandes. Später führte die zunehmende Buchenausbreitung außer in wenigen, tief gelegenen Trockengebieten ein Ende der Eichenvorherrschaft herbei. Erst im Mittelalter erfuhren die Eichen als für die Schweinemast geschätzte Bäume in vielen Gegenden nochmals eine Förderung gegenüber anderen Laubbäumen. Heute bildet *Q. Robur* in Europa nur selten reine Bestände, sondern tritt meist nur vereinzelt in Mischwäldern, zusammen mit Buche, Hainbuche, Feld-Ahorn, Espe u. a. auf.

Vegetationsorgane. Nach BÜSGEN (1911–13) ist bezüglich der Tracht sowohl von *Quercus Robur* wie auch von *Q. petraea* hervorzuheben, daß sämtliche Sprosse, Blätter und Knospen schraubig, und zwar in $^2/_5$ Schraube, angeordnet sind. Diese Anordnung kann auch durch nachträgliche Drehung der Achse nicht verwischt werden. Auch an horizontalen Zweigen sind Blätter und Tochterzweige nicht zweizeilig orientiert. Eine geringe Dorsiventralität kann durch schräge Anordnung der Blätter horizontaler Zweigsysteme hervorgerufen werden. Die Verteilung der Blätter und Seitensprosse ist an beiden Eichen ziemlich ungleichmäßig. Oft findet sich der Kronenansatz schon in geringer Höhe über dem Erdboden etwa in halber Höhe des Stammes und darunter, bisweilen macht aber auch die Kronenhöhe kaum den fünften Teil der Stammlänge aus. Zu diesen Differenzen tragen nach BÜSGEN einerseits verschiedene ökologische Bedingungen bei, andererseits liegen auch bis zu einem gewissen Grade spezifische Eigenheiten der beiden Eichenarten vor. Während bei *Q. petraea* der Stamm weit in die Baumkrone reicht und die Zweige ihm untergeordnet erscheinen, setzt sich die Krone von *Q. Robur* aus starken, gleichartigen, knickigen Ästen zusammen, von denen keiner als führende Fortsetzung des Hauptstammes bezeichnet werden kann. Während ferner bei *Q. Robur* die Kurztriebbildung vorwiegt, tritt bei *Q. petraea* die Langtriebbildung augenscheinlich hervor. Die Verzweigung des Sprosses erfolgt vorwiegend aus den oberen Blattachseln, so daß häufig mehrere annähernd gleichstarke Zweige dicht nebeneinander entspringen. Die Endknospe der Jahrestriebe kann gleichfalls einen Sproß entwickeln, der aber später oft verlorengeht, wodurch der oft „knickige" Wuchs der Zweigsysteme der Eichen bedingt ist.

Von besonderer Bedeutung für die Ausgestaltung der Baumkrone unserer einheimischen Eichen ist die Johannistriebbildung. Im Juli wachsen mit braunen Schuppen umhüllte Knospen aus und entwickeln anfangs oft rot- oder gelbblättrige Sprosse, die stärker als die Frühjahrssprosse werden können. Dadurch vermag der Baum durch Frost oder Maikäferfraß verlorengegangene Frühlingstriebe wieder zu ersetzen. Im übrigen wird nach BÜSGEN die Ausschlagsfähigkeit von *Q. Robur* und vornehmlich jene von *Q. petraea* von keiner anderen unserer einheimischen Holzarten übertroffen. Bis ins hohe Alter treiben die Eichen lebhaft Stockausschläge. – An Wuchsformen unserer einheimischen Eichen werden Pyramiden- und Hängeformen, aber auch Straucheichen, deren Entstehung auf äußere Einflüsse zurückzuführen sein dürfte, angegeben. Ob die in der Literatur erwähnten Wuchsformen zu *Q. Robur* oder *Q. petraea* gehören, ist nach BÜSGEN nicht immer feststellbar. C. K. SCHNEIDER (1904) erwähnt wohl ohne Allgemeingültigkeit nur für *Q. Robur* Hänge- und Pyramidenform, während für *Q. petraea* nur die Hängeform angegeben wird.

Anatomie und Physiologie. Ein auffallendes Merkmal des Holzes der Eichen gegenüber dem der anderen Fagaceen sind die breiten Markstrahlen und die ringförmige Anordnung der großen Gefäße, die sonst nur selten, z. B. bei *Fraxinus*, *Robinia*, *Castanea* zu beobachten sind. Die Gefäße haben einen Durchmesser von 0,20 bis 0,36 mm und liegen ein- bis dreireihig angeordnet im Frühholz eines jeden Jahresringes. Ihnen folgen im Spätholz weit engere Gefäße von 0,02 bis 0,12 mm Durchmesser, welche in großer Zahl, von Holzparenchym und Tracheiden umgeben, in der Richtung der Stammradien laufende, verzweigte Gruppen bilden. Die weiten Gefäße besitzen nach STRASSBURGER (1891) einfach durchbrochene Glieder, welche breiter als lang sein können, und Röhren, deren Länge häufig 2 m, manchmal selbst 3,6 m erreicht. Dickwandige Fasern und Fasertracheiden finden sich zwischen den Gefäßgruppen, Tracheiden und Markstrahlen. Das Stärke oder Gerbstoff enthaltende Holzparenchym bildet auf dem Querschnitt tangential verlaufende Zellreihen, welche sich vielfach an die Gefäße und Markstrahlen anlehnen. Die Wände der Markstrahlzellen zeigen eine eigenartige Schraubenstruktur, wodurch sie beim Reißen in schraubig gewundene Bänder zerfallen. Unterschiede im Holz von *Q. Robur* und *Q. petraea* sind nach HARTIG nicht vorhanden. Angaben, daß das Holz von *Q. petraea* weicher und leichter zu bearbeiten sei als jenes von *Q. Robur*, sind auf Holzunterschiede zurückzuführen, die sich aus Standortverschiedenheiten ergeben.

In der Eichenrinde kommt es nach BÜSGEN (1911–13) wie bei allen Cupuliferen frühzeitig zur Anlage des Periderms unmittelbar unter der mit einem sehr feinrissigen Wachsüberzug bedeckten Oberhaut, die zum größten Teil bereits in der ersten Vegetationsperiode abgestoßen wird. Im dritten Lebensjahr ist die Epidermis meist nur noch in Resten vorhanden, das Periderm hingegen, dessen Zellen durchschnittlich 2 Jahre erhalten bleiben, zeigt noch keinen tieferen Riß. Nur seine oberflächlichen Schichten blättern als dünne graue Häutchen ab. Erst nach 25–30 Jahren bildet das Phellogen an Stelle der bis dahin glatten, glänzenden, dünnen Außenrinde Borke, deren Schuppen ziemlich dünn sind und fest zusammenhängen. Die primäre Rinde besitzt ähnlich wie bei *Fagus* einen gemischten Sklerenchymring. Im primären Rindenparenchym lassen sich etwas kollenchymatische äußere und an Interzellularräumen reiche innere Zellschichten unterscheiden. Letztere führen reichlich Oxalatdrusen, seltener Einzelkristalle. Im zweiten Jahre sind die Drusen in überwiegender Zahl bereits zerstört. Die sekundäre Rinde ist konzentrisch geschichtet; schmale, nur 2–4 Reihen breite Bänder von Bastfasern wechseln mit doppelt und dreifach so breiten Schichten von Weichbast ab. Die Bastfasergruppen sind von Kammfasern mit großen Einzelkristallen eingehüllt, während die Kammfasern im Weichbast ausschließlich Kristalldrusen enthalten. Daneben kommen im Weichbast auch Steinzellennester und Kristallzellen vor.

Die Blätter von *Q. Robur* weisen Epidermiszellen mit geraden Wänden und blattoberseits dicken Außenwänden auf. Spaltöffnungen sind nur auf der Blattunterseite vorhanden; Nebenzellen fehlen. Die Schließzellen sind oft ein wenig über die Epidermis hervorgehoben und besitzen eine kräftige Kutikularleiste und einen kleinen Vorhof. Das Palisadenparenchym des Sonnenblattes ist meist vierschichtig, das des Schattenblattes einschichtig. Nach Untersuchungen von SCHRAMM (1912) hat das Sonnenblatt einer erwachsenen *Q. Robur* eine Gesamtdicke von 231 $\mu$, wovon auf das Palisadenparenchym 148 $\mu$, auf das Schwammparenchym 37 $\mu$ entfallen. Das Schattenblatt ist nur 122 $\mu$ dick bei einer Dicke des Palisadenparenchyms von 44 $\mu$ und des Schwammparenchyms von 50 $\mu$. Die Epidermiszellen sind beim Sonnenblatt dicker als beim Schattenblatt. Die Anzahl der Spaltöffnungen beträgt beim Sonnenblatt 810, beim Schattenblatt 468 pro Quadratmillimeter.

Keimung und Entwicklung. Eine auffallende Erscheinung ist nach BÜSGEN (1911–13) die Tatsache, daß Keimlinge, die aus horizontal liegenden Eicheln entstanden sind, solchen, die aus vertikal stehenden hervorgegangen sind, im Wachstum der Hauptwurzel sowie Zahl und Länge der Nebenwurzeln gegen 100% vorauseilen. Die Kotyledonen bleiben bei der Keimung unter der Erde. Ähnlich wie bei der Buche überragt auch die junge Keimwurzel der Eiche den jungen Sproß bei weitem an Länge. Die Kotyledonen bleiben in der Fruchtschale stecken und werden allmählich ausgesogen. Der junge Sproß trägt einige kleine schuppenartige Niederblätter in schraubiger Anordnung. Ihnen schließt sich ein Niederblattpaar an, und dann folgen von Nebenblättern begleitete Laubblätter, die anfangs klein und nur an der Spitze gelappt sind, aber bald die normale Form erreichen. Im ersten Lebensjahr kommen 5, seltener bis zu 14, schraubig angeordnete Blätter zur Entwicklung. Im ersten Jahr erreicht die Keimpflanze etwa eine Länge von 20 cm. In den Blattachseln finden sich Knospen, die zum Teil im nächsten Jahr austreiben, wodurch die Pflanze eine Breitenentwicklung erfährt, während die Höhenentwicklung mit etwa bis zu 50 cm nicht sonderlich auffällt. Erst im vierten Jahr wird die Längenzunahme beträchtlich, wobei die Pflanzen eine Höhe von etwa 90 cm erreichen, während sie im fünften Jahr bereits gegen 2 m hoch werden.

Phänologie. Die Eichen zählen mit zu den Bäumen, deren Laubausbruch den „Erstfrühling" der Phänologen einleitet. Sowohl bei *Q. Robur* wie bei *Q. petraea* erscheint nach BÜSGEN (1911–13) das erste Laub in Süddeutschland meist nicht vor dem 24. April, nördlich des Mains frühestens in den letzten Tagen des April, in Norddeutschland hingegen erst Mitte Mai, in Ostpreußen schließlich verzögert sich der Laubausbruch meist gegen Ende Mai. Der durchschnittliche Anfang der Belaubung von *Q. Robur* fällt für den größten Teil Norddeutschlands zwischen den 6. und 12. Mai, für einen nach Osten an Breite zunehmenden Küstenstreifen zwischen Schleswig und Königsberg zwischen den 13. und 19. Mai, für das Fuldatal zwischen Kassel und Hannov.-Münden zwischen den 29. April und 5. Mai und für den Oberrhein zwischen den 22. und 28. April. In den Deutschen Mittelgebirgen und im Alpengebiet zieht sich der Laubausbruch bis zum 26. Mai und später hin. Bisweilen wird angegeben, daß *Q. petraea* bis 14 Tage nach *Q. Robur* Blüten und Laub entfaltet. Die phänologischen Stationen weisen indessen nach BÜSGEN einen weit geringeren Unterschied nach. In Westpreußen, Posen und Braunschweig ist sogar während einer 10jährigen Beobachtungsdauer in den Jahren 1885–94 ein Vorauseilen der *Q. petraea* um 1–4 Tage beobachtet worden. Das Erscheinen der Eichenblüten fällt im allgemeinen mit der Blattentfaltung zusammen; meist blüht *Q. Robur* etwas früher als *Q. petraea*.

Blütenverhältnisse. Die Eichen sind einhäusig. Die Blütenstände stehen an diesjährigen Sprossen, und zwar die männlichen Kätzchen in den Achseln der unteren Sproßblätter, die weiblichen Blütenstände in den der Zweigspitze genäherten Blattachseln. Der Gipfelsproß und die oberen Seitensprosse tragen männliche und weibliche Kätzchen, die unteren Seitensprosse nur männliche Kätzchen. Die männlichen Blüten wenden sich nach BÜSGEN (1911–13) erst während ihrer Streckung nach unten und hängen dann als lockerblütige Infloreszenzen herab. Unterhalb der Blüten sitzen an der Kätzchenachse einige Hochblätter. Jede Blüte sitzt in der Achsel eines sehr kleinen Deckblattes. Bezüglich ihrer diagnostischen Merkmale vergleiche pag. 233. Die Eichen sind metandrisch. Der Pollen haftet leicht an den glänzenden klebrigen Narben und wird nach KERNER (1887–91) erst 2 Tage nach Ausbildung der Narben vom Winde verweht. Der auffallendste Teil der weiblichen Blüten sind ihre zungen- bis lappenförmigen, gelblichen oder rötlichen Narben, welche den kleinen, tief in die Kupula eingesenkten Fruchtknoten krönen. Der Fruchtknoten von *Q. Robur* ist zweifächerig mit 4 Samenanlagen. Über sonstige diagnostische Merkmale vgl. S. 234.

Zur Zeit der Bestäubung, etwa Anfang Mai, sind die Samenanlagen noch nicht vorhanden. Die Entwicklung der Integumente setzt erst 2–3 Wochen später ein. Sie erreichen dann binnen weniger Tage, etwa Ende Mai, Anfang Juni den Scheitel des Nucellus. Die Mikropyle durchsetzt nur das innere Integument, während das äußere völlig geschlossen über den Scheitel der Samenanlage hinläuft. Die Bildung des Embryos erfolgt im Juli. Bis Mitte Juli bleibt auch die Frucht sehr klein und von der fast kugeligen Kupula eingeschlossen. Ende Juli tritt die Eichel aus ihrem Fruchtbecher hervor. Hat sie bis Ende August ihre halbe Größe erreicht, so ist sie bis Ende September völlig ausgewachsen und fällt schließlich in der ersten Oktoberhälfte aus.

Frucht und Samen. Die Frucht der Eiche ist eine meist, doch nicht immer 1-samige Nuß, deren holzige Fruchtwand den von einer dünnen braunen Haut umhüllten Embryo einschließt. Unterhalb der einschichtigen Epidermis finden sich nach BÜSGEN (1911–13) mehrere Lagen von Sklerenchymzellen und schließlich ein dünnwandiges, gerbstoffhaltiges Gewebe, in dem die Gefäßbündel der Fruchtschale eingelagert sind. Der Fruchtbecher (Kupula) besteht aus dünnwandigem Parenchym mit zahlreichen Sklereidengruppen. Die Kupula besitzt anfangs nur 1–2 Reihen von Schüppchen. Die während des Heranwachsens hinzukommenden Schüppchen entstehen am Rande des Bechers akropetal. Der Stärkegehalt der Samen von *Q. Robur* wird mit 34–38%, die Kohlehydrate zu 48–83% der Trockensubstanz angegeben. Die Ausbreitung der Eicheln erfolgt in erster Linie durch Säugetiere, und zwar Hamster, Mäuse und Eichhörnchen, aber auch durch Ringeltauben, Spechte, Häher u. a. m.

104. *Quercus petraea* (MATTUSCHKA) LIEBLEIN Stein-Eiche. Früchte (Aufn. TH. ARZT)

Gallbildungen. Von allen einheimischen Baumarten tragen die Eichen die meisten Gallbildungen. Von den sie hervorbringenden Tieren sind in erster Linie die Gallwespen (Cynipiden) zu erwähnen. Viele Gallwespen sind dadurch ausgezeichnet, daß sie einen Generationswechsel durchmachen, wobei eine sexuelle Form regelmäßig mit einer agamen Form abwechselt. Die häufigste und bekannteste Eichengalle ist der 10–20 mm große, im Sommer und Herbst sich entwickelnde „Gallapfel" auf der Unterseite der Eichenblätter (Fig. 10 l u. l¹). Derselbe wird durch *Dryophanta folii* L. hervorgerufen. Es ist eine ringsum geschlossene Galle, ist somit eine „Kammergalle". In der Mitte findet sich die rundliche, von einer festen Schutzschicht umgebene Kammer, in welcher die Larve lebt und sich auch später verpuppt. Im Herbst oder Anfang des Winters schlüpft dann das fertige Insekt, *Dryophanta folii* L., aus. Diese ist die agame Form und bringt kleine, sammethaarige, dunkelviolette Gallen hervor, welche am Stamm sitzen. Im Mai des folgenden Jahres schlüpft aus diesen die sexuelle Form, *Dryophanta Taschenbergii* SCHL., aus, welche wiederum „Galläpfel" hervorbringt. – Auf der Blattunterseite kommen noch andere, runde, kleine Kammergallen vor; die verbreitetsten sind die von *Dryophanta divisa* HARTIG (Fig. 10 m). – Sehr charakteristisch sind ferner die „Linsengallen", welche ebenfalls völlig geschlossen, aber flachgedrückt oder abgeplattet sind; sie sind an einem kleinen Stiele der Blattfläche angeheftet. Die Gallen von *Neuroterus lenticularis* OLIV. (Fig. 10 n) messen 3–5 mm im Durchmesser und ihr Mittelpunkt ist deutlich erhöht; $n_1$ zeigt einen Längsschnitt und die Lage der Larvenkammer sowie die eigenartigen, sternförmigen Haare. Diese Gallen treten erst im Herbst, und zwar meist sehr zahlreich auf. *Neuroterus numismatis* OLIV. bringt etwas kleinere Linsengallen hervor, deren Rand erhöht und deren Mitte vertieft ist (Fig. 10 o u. o¹). Eine besonders charakteristische Erscheinung sind die „Eichenrosen" (Fig. 10 p), welche durch *Andricus fecundatrix* hervorgerufen werden. Das Ei wird in eine Knospe gelegt; dadurch wird das Längenwachstum derselben gehemmt; die Blattanlagen entwickeln sich aber zu schützenden Schuppen, welche die eigentliche, kleine, im Mittelpunkt befindliche Galle einhüllen (Fig. 10 p¹). – Aber auch Tiere aus anderen Gruppen bringen auf Eichen Gallbildungen hervor. Von den zahlreichen Fällen sei hier die Gallmücke *Macrodiplosis dryobia* F. Löw erwähnt, welche ein Zurückschlagen der Blattlappen bedingt, ohne sonstige wesentliche Veränderungen herbeizuführen (Fig. 10 q). Unter denselben lebt die Larve, welche nach ihrer völligen Entwicklung zur Verpuppung in die Erde geht. Auch Gallmilben, Blattläuse usw. erzeugen Gallen auf Eichen.

Schädlinge. Der Eichenmehltau tritt in Mitteleuropa meist in der Konidienform als *Oidium* auf, wurde um die Jahrhundertwende wahrscheinlich aus Nordamerika eingeschleppt und richtet jetzt besonders an Jungpflanzen und Stockausschlägen großen Schaden an. Die vom Pilz befallenen, mehr oder weniger deformierten Blätter werden von den schneeweißen Konidien- und Myzelmassen meist ganz überzogen und sterben vorzeitig ab. Die befallenen Triebe können nicht ausreifen und werden durch den Winterfrost getötet. Die Schlauchform *Microsphaera alphitoides* GRIFF. et MAUBL. wurde bisher nur selten gefunden; im Süden und im Vorderen Orient scheint sie viel häufiger zu sein.

Krebsartige Wucherungen an jungen Stämmen und Ästen können durch *Nectria*-Arten (s. *Fagus*) und durch *Caudospora taleola* (FR.) STARB. verursacht werden. Dieser Pilz befällt Zweige und Stämmchen, die noch keine Borke gebildet haben. Die im Umriß rundlichen, bis ca. 2,5 mm großen Fruchtkörper nisten in der Rinde, enthalten mehrere, unregelmäßig kreisförmig angeordnete Perithezien, deren verlängerte, halsartige Mündungen gegen die Mitte der Fruchtkörper konvergieren und hier büschelig vereinigt punktförmig hervorbrechen, aber kaum vorragen. Die 8-sporigen, keulig- zylindrischen Schläuche enthalten ellipsoidische, zweizellige, an den Enden mit je 1, an der Querwand mit 2–3 fädigen Anhängseln versehene, hyaline Sporen. Der Pilz verursacht die als „Hirschhörner" bekannte Gipfeldürre junger Eichen.

Im südlichen Teile des Florengebietes verursacht *Taphrina Kruchii* VUILL. eine häufige Hexenbesenkrankheit an *Quercus Ilex*.

Der als Speisepilz geschätzte Honigschwamm oder Hallimasch, *Armillariella mellea* (VAHL) KARST. ist einer der gefährlichsten Wurzelparasiten der Koniferen, kommt aber auch auf vielen Laubhölzern, besonders auf Eiche, Ahorn, Obstbäumen, Ulme, Birke, Pappel usw. vor. Auf den Eichen erscheint dieser Pilz besonders dann, wenn sie durch starken Mehltaubefall geschwächt sind. Die auf dicken Baumstrünken oft massenhaft erscheinenden Fruchtkörper haben relativ dicke, an der Basis verbreiterte Stiele, die so wie der gelbgraue oder rotbraune Hut mit feinen, etwas dunkler gefärbten Schüppchen besetzt sind. Die farblosen, rundlich-eiförmigen Sporen werden auf den zuerst weißlichen, später gelbroten, zuletzt rötlich-braunen Lamellen der Blattunterseite gebildet. Dieser Pilz ist durch die Bildung von Strangmyzelien, sogenannten Rhizomorphen, ausgezeichnet. Diese bestehen aus braunschwarzen, glänzenden, reich verzweigten und anastomosierenden, ca. 1–2,5 mm dicken Strängen. Das zwischen Rinde und Holz wachsende, weiße, fächerförmig verzweigte Myzel leuchtet im Dunklen phosphoreszierend, besonders bei hoher Luftfeuchtigkeit. Das durch den Pilz weißfaul werdende Holz zerfällt zuletzt in mehr oder weniger würfelige Stücke.

*Lenzites quercina* (L.) QUÉL., syn. *Daedalea quercina* PERS., ist ein besonders auf älteren Eichenstrünken sehr häufig auftretender Saprophyt, der gelegentlich auch als Wund- und Schwächeparasit kranke, alte Eichenstämme befallen kann. Die bis ca. 20 cm großen, lederbraunen, später grau- oder dunkelbraunen, nicht oder nur undeutlich gezonten Fruchtkörper haben eine zähe, lederartig-korkige Beschaffenheit. Das Hymenium wird in labyrinthartig gewundenen, mehr oder minder gestreckten, selten rundlichen Vertiefungen der Hutunterseite gebildet.

Zuweilen tritt auf Eichenstämmen auch der falsche „Feuerschwamm", *Polyporus igniarius* (L.) FR. auf (vgl. unter *Fagus* S. 210). Sehr zahlreiche Polyporaceen, Thelephoraceen, Pyrenomyzeten und Diskomyzeten sind als Saprophyten häufige Erscheinungen auf faulenden Stämmen, Ästen und Strünken der Eichen und aller anderen Holzgewächse.

Sage und Geschichte. Im Mittel erreicht die Eiche ein Alter von 500 Jahren, unter günstigen Bedingungen wird sie sogar bis gegen 2000 Jahre alt. Einzelne alte Eichen haben eine große Berühmtheit erlangt und leben in Geschichte und Sage fort. So unter anderen z. B. die „Napoleon-Eiche" auf dem Rittergute Bergfriede bei Allenstein in Ostpreußen, die einen Stammumfang von 9,85 m in etwa 1 m Höhe über dem Boden aufweist und auf ein Alter von ca. 600 Jahren geschätzt wird, dann die „Kaiser-Eiche" bei Cadinen in Westpreußen mit einem Stammumfang von 9,18 m, die „dicke Marie" am Tegeler See bei Berlin, die „Körner-Eichen" auf dem Spießberge in Thüringen und in Ludwigslust bei Schwerin, die „Hardenberg-Eiche" bei Wöbbelin auf dem provisorischen Grabe des am 26. August 1813 zusammen mit THEODOR KÖRNER gefallenen Freiheitskämpfers Th. v. HARDENBERG, die „Königs-Eiche" in Wolkenroda in Thüringen, deren Alter mit ca. 1000 Jahren angegeben wird, ferner die „König-Max-Eiche" bei Kirchseeon in

Oberbayern, benannt zu Ehren König MAXIMILIANS II., die „Wendelini-Eiche" bei Geisfeld in Oberfranken, deren Alter auf 1500 Jahre geschätzt wird, die „1000-jährigen Eichen" bei Rohrbrunn im Spessart und andere mehr.

Nutzen. *Quercus Robur* liefert ebenso wie *Q. petraea* ein erstklassiges, industriell wertvolles, außerordentlich dauerhaftes, dichtes und schweres, durch große Festigkeit und Elastizität ausgezeichnetes Holz, welches unter Wasser geradezu unzerstörbar ist. Es wird daher vielfach bei Hoch-, Erd- und Wasserbauten, ferner zu Eisenbahnschwellen, zum Schiffsbau, in der Waggonfabrikation, zu Fässern, Möbeln, Wagenrädern, Fensterrahmen, Pfählen, Treppen, Parkettböden, Vertäfelungen u. a. m. verwendet. Andererseits dient es zur Gewinnung von Holzessig, Holzkohle und zur Herstellung von Gerbstoffextrakt. Von den Nebenprodukten ist die Rinde, welche die sogenannte „Gerberlohe" oder „Lohrinde" liefert, weitaus am wichtigsten. Zu diesem Zwecke ist namentlich früher die Eiche vielenorts im Niederwaldbetrieb mit einer 12- bis 20-jährigen Umtriebszeit gezogen worden. In Deutschland werden jährlich ca. 5 Millionen Zentner Eichenrinde gebraucht. Die Rinde ist an und für sich geruchlos, entwickelt aber mit Wasser und tierischen Häuten den bekannten Bockgeruch. Der für ihre Verwendung wichtigste Bestandteil ist Gerbsäure, deren Gehalt je nach der Sorte zwischen 8 und 20% schwankt. Wichtige Märkte für den Handel mit Eichenrinde sind in Süddeutschland Heilbronn und Hirschhorn am Neckar. Die Eichenrinde, Cortex Querci, wird als Dekokt zu Umschlägen, als Gurgelwasser und zu Bädern benutzt. Aus den stärkereichen Früchten wird seit den Zeiten Friedrichs des Großen durch Rösten ein Kaffeesurrogat, der Eichelkaffee, hergestellt. Stellenweise, wie z. B. im Tessin und in Tirol, wurden Eichen-Schneitel-Waldungen zur Gewinnung von Brennholz, Ruten und Reisig angelegt. Eine größere volkswirtschaftliche Bedeutung hatte die Eichel vor allem vor Einführung der Kartoffel in Europa.

Volksnamen. Der Name Eiche (ahd. eih) ist gemeingermanisch (z. B. altnord. eik, angelsächs. āc, altsächs. altfriesisch ēk). Sprachlich gehören hierher auch lat. aesculus und griech. αἰγίλωψ [aigilōps], Bezeichnungen für mediterrane, in der Bergregion wachsende Eichen-Arten. Niederdeutsche Mundartformen sind Eek(e), Eike (so in Braunschweig), rheinische Ech, Aich, bairische Aich, Oache, Ache. Die Frucht ist die Eichel (ahd. eihhila), eigentlich ein Verkleinerungswort zu Eiche, ähnlich wie Buchel (Buchecker) von Buche gebildet ist. Niederdeutsche Formen sind Ekker, Ekelte, Aikelte, Ekerte (diese Namen werden z. T. auch für die Bucheckern gebraucht), bairische Aichel (âchl), alemannische Eichele. Die westfälischen Bezeichnungen Sunüte (Saunüsse), Fiärkelnüte (Ferkel-) weisen auf die Eicheln als Schweinemast hin.

Im Volksglauben aller indogermanischen Völker spielt die Eiche als heiliger Baum eine bedeutsame Rolle. Die heilige Eiche zu Dodona (Epirus), aus der die Priester die Stimme des Zeus hören wollten, war vielleicht *Quercus Aegilops*. Bei den Germanen war die Eiche der Baum des Gewittergottes Donar, vielleicht deswegen, weil sie häufig vom Blitz getroffen wird. Donar war aber auch ein Fruchtbarkeitsgott, und die Eiche war in der Urzeit wegen ihrer Früchte ein „Nährbaum". Bekannt ist die heilige, dem Donar geweihte Eiche bei Geismar (Hessen), die der hl. Bonifatius im Jahre 725 angeblich fällen ließ. Noch heute gelten gewisse alte Eichen im Volke als unheimliche Bäume, in deren Nähe es zur Nachtzeit nicht recht geheuer ist. Eine solche „Spuk-eiche" steht z. B. im Kreise Grimmen (Pommern), bei der oft Leute ohne jede sichtliche Ursache gestolpert sein sollen. Dann vernahm man aus der Eiche, so erzählt man, ein höhnisches Lachen. Später traten an die Stelle der heidnischen Götter christliche Heilige, besonders die hl. Maria. Marieneichen sind, oft in Verbindung mit einer Wallfahrtsstätte, weit verbreitet. Bekannt ist der Wallfahrtsort Maria-Eich bei Planegg (südwestl. von München). Auch auf französischem Boden treffen wir viele Wallfahrtsorte mit den Namen Notre Dame du Chêne, La Bonne Dame du Chêne, La Chapelle au Chêne usw. Eichenblätter sollen bösen Zauber abwehren. In manchen Gegenden Mittelfrankens bekamen die Kühe, die zum erstenmal auf die Weide getrieben wurden, drei Eichenblätter zu fressen. In Oberbayern gab man da und dort dem Vieh am Karfreitag vor Sonnenaufgang geholtes Eichenlaub; das sollte die Tiere vor Krankheiten schützen. In der volkstümlichen „Sympathiemedizin" werden Krankheiten auf die Eiche übertragen etwa mit einem „Segensspruch" ähnlich wie der folgende zur Vertreibung der Gicht: „Eichbaum, ich klage dir – Die Gicht, die plaget mir; – Ich wünsche, daß sie mir vergeht – Und in dir besteht" (Mitte des vorigen Jahrhunderts aus Brandenburg mitgeteilt). Im landwirtschaftlichen Glauben bedeutet ein reichliches Fruchten der Eiche eine kommende gute Ernte, eine Volksmeinung, die sich schon in der Antike nachweisen läßt. Es bedeutet aber auch einen bevorstehenden strengen Winter und viel Schnee. Vgl. auch A. DETRING, Die Bedeutung der Eiche seit der Vorzeit. Leipzig 1939. 198 S.; H. MARZELL, Die Eiche (in der Volkskunde) in: Mitteil. d. Deutsch. Dendrolog. Gesellsch. **44**, 164–174 (1932); P. WAGLER, Die Eiche in alter und neuer Zeit. Eine mytholog.-kulturhist. Studie 1891.

Viele Orts- und Flurnamen leiten sich von der Eiche ab, (vgl. auch Buche S. 211), so Aichbichl (Eichenhügel), Eichleiten (Eichenabhang), Eichenmoos, Eichstätt (Mittelfranken), Eichberg usw. Siedler an Eichenbeständen oder an einer Eiche sind die Aichner, Aichinger, Eigner, Eichenmüller. Von Robur unter anderem die südtiroler Namen Rovereto und Rufreit.

*Quercus Robur* heißt zum Unterschied besonders von der Trauben-Eiche *(Quercus petraea)* Stieleiche (nach den lang gestielten Früchten), Sommereiche (blüht meist etwas früher als die Wintereiche, *Qu. petraea*), Früheiche, Haseleiche.

Tafel 86

**Tafel 86. Erklärung der Figuren**

Fig. 1 *Quercus Robur* L. (S. 232). Zweig mit Früchten.
„ 1a Zweig mit männlichen und weiblichen Blütenständen.
„ 1b Männliche Blüte
„ 2 *Quercus petraea* (MATTUSCHKA) LIEBLEIN (S. 241). Zweig mit Früchten.
„ 2a Zweig mit männlichen Kätzchen und 3 weiblichen Blüten (endständig).
„ 2b Weibliche Blüte.

Fig. 3 *Ulmus carpinifolia* GLED. (S. 256). Beblätterter Zweig mit Früchten.
„ 3a Zweig mit Blütenknäueln.
„ 3b Blüte mit Trag- und Vorblättern.
„ 3c Fruchtknoten.
„ 4 *Ulmus laevis* PALL. (S. 262). Beblätterter Zweig mit Früchten.
„ 4a Zweig mit Blütenknäueln.
„ 4b Blüte mit Trag- und Vorblättern.

Fig. 105. *Quercus Cerris* L. Zerr-Eiche. Zweig im Frühling mit vorjährigen Früchten (Aufn. TH. ARZT)

Fig. 106. *Quercus Robur* L. Stiel-Eiche. Frucht (Aufn. TH. ARZT)

**785. Quercus petraea** (MATTUSCHKA) LIEBLEIN, Fl. fuld. 403 (1784). Syn. *Q. Robur* „Spielart" *Q. petraea* MATTUSCHKA, Fl. siles. 2, 375 (1777), *Q. sessilis* EHRH. (1789), *Q. sessiliflora* Salisb. (1796), *Q. intercedens* BECK (1890). Stein-Eiche, Trauben- oder Winter-Eiche. Dän.: Vinter-Eg. Engl.: Durmast Oak, Sessile Oak. Franz.: Chêne à trochets, Ch. noir, Ch. rouvre, Ch. durelin. Ital.: Quercia, Rovere, Ischio. Sorbisch: Čećikaty dub. Poln.: Dab bezszypułkowy. Tschech.: Dub zimni, D. drňák. Taf. 86, Fig. 2, Taf. 77, Fig. 41, 42; Fig. 107, 108

18–30 (–40) m hoher Baum. Stamm meist schlanker als bei *Q. Robur* und gewöhnlich bis zum Wipfel verfolgbar, mit breiter, geschlossener, regelmäßiger Krone. Zweige gleichmäßig belaubt, dunkelgrün, kahl, mit kleinen, nicht zahlreichen Lentizellen. Winterknospen länger und spitzer als bei *Q. Robur*, meist etwa 8 mm lang, stumpflich bis rundlich, kahl. Laubblätter nach den Zweigspitzen hin gedrängt, breit verkehrt-eiförmig bis elliptisch-lanzettlich, in der Mitte oder nach der Spitze zu am breitesten, 8–12 (–16) cm lang, 5–7 (–10) cm breit, an der Basis kurz keilig verschmälert oder geschweift-herabgezogen, seltener ausgerandet oder herzförmig, nach der Spitze zu breit abgerundet oder verschmälert, seicht geschweift-gelappt oder bis zur Hälfte einer Seitenfläche eingeschnitten gelappt, jederseits mit 5–8 (–10) abgerundeten, ganzrandigen oder verlängerten, an der Rückseite zuweilen wiederum 1- bis 2-lappigen Lappen und kurzen, offenen bis ziemlich engen, tiefen Buchten, jederseits mit 6–9 (–11) spitzwinkelig bis waagrecht divergierenden

Seitenrippen; Sinualnerven mehr oder weniger zum mindesten im unteren Blattdrittel vorhanden; Zwischenadernetz unregelmäßig, grobmaschig, dünn und wenig hervortretend; Blattoberseite grün und etwas glänzend, Blattunterseite heller, von anliegenden Büschelhaaren flaumig sowie an den Nerven in der Jugend von einfachen Seidenhaaren dünn behaart, später verkahlend und nur in den Nervenwinkeln gebärtet; Blattstiel meist deutlich rinnig, 12–24 mm lang, kahl. Nebenblätter frühzeitig abfallend, trockenhäutig, kahl oder gewimpert. Männliche Kätzchen bis 6 cm lang. Perigon der männlichen Blüten 6- bis 8-teilig, mit fast bis zum Grunde eingeschnitte-

Fig. 107. *Quercus petraea* (MATTUSCHKA) LIEBLEIN. Stein-Eiche (Aufn. Naturwissenschaftlicher Verein Schaffhausen)

nen, linealen, spitzen, am Rande gewimperten Zipfeln und kleinen, langgestielten Staubblättern. Weibliche Blüten einzeln oder zu 2 bis 3 (–5) an diesjährigen Zweigen, sitzend oder kurz gestielt, meist kopfig gedrängt, mit sehr kurzen Griffeln, die in die bogig nach außen stehenden, ausgerandeten Narben plötzlich verbreitert sind. Früchte einzeln oder bis zu 5, selten mehr, in den oberen Blattachseln sitzend oder an gemeinsamem, bis 15 (–20) mm langem Stiel; Fruchtbecher (Kupula) 6–12 mm hoch, 8–14 mm breit, dünnwandig, mit kleinen, eilanzettlichen, spitzlichen, auf dem Rücken dichtflaumigen und schwach gewölbten, nie knotig gebuckelten, fest anliegenden Schuppen; Früchte (Eicheln) eiförmig, meist deutlich zugespitzt, 16–26 mm lang, 8–14 mm breit. – Chromosomenzahl: $n = 12$. – IV, V, blüht im allgemeinen etwas später als *Q. Robur*.

Vorkommen: Häufig und bestandbildend auf nährstoffreichen und nährstoffarmen, vorwiegend trockenen Gesteinsböden der Tieflagen (kolline bis submontane Stufe) mit deutlicher

Beschränkung (verglichen mit der Stieleiche) auf die mehr luftfeuchten und ausgeglichener temperierten Gebiete Europas. Verbreitungsschwerpunkt in artenarmen Eichen-Buchen-Wäldern oder Eichen-Birken-Wäldern, aber auch im Eichen-Hainbuchen-Wald oder Flaumeichengebüsch des Hügellandes; meidet hohes Grundwasser, Staunässe oder Überschwemmungsgebiete.

Allgemeine Verbreitung. Nur Europa (submediterran-montan-mitteleuropäisch mit atlantischer bis zentraleuropäischer Ausbreitungstendenz). Im Norden auf den Britischen Inseln nordwärts bis Sutherland, in Skandinavien im Küstengebiet bis 62° n. Br. sowie im südlichen Schweden nördlich bis zum Väner- und Vättersee-Gebiet, erreicht innerhalb unseres Florengebietes die Nordostgrenze in Ostpreußen; im Osten bis Polen sowie im südwestlichen Rußland bis in das mittlere Dnjepr- und Schwarze-Meer-Gebiet sowie auf der Krim; im Süden auf der Balkanhalbinsel südwärts bis Nordmazedonien und Albanien, auf der Apenninenhalbinsel südwärts bis Mittelitalien, auf Korsika und schließlich im Südwesten bis zu den Pyrenäen und vereinzelt in den Gebirgen der nordwestlichen Pyrenäenhalbinsel.

Verbreitung im Gebiet. Allgemein verbreitet in Deutschland, Österreich und in der Schweiz vom Norddeutschen Tiefland über die Deutschen Mittelgebirge, im Harz bis etwa 650 m, im Lausitzer Bergland bis 760 m, im Riesengebirge bis etwa 500 m ansteigend, über das Süddeutsche Becken- und Stufenland, im Schwarzwald bis 975 m, im Bayerischen Wald bis 715 m ansteigend, in weiten Gebieten besonders der Nördlichen Kalkalpen und der Zentralalpen fehlend, so z. B. in den Bayerischen und Salzburger Kalkalpen, zerstreut in Ober- und Niederösterreich bis in die Voralpen, in der Steiermark aus der Grazer Bucht sehr zerstreut in das Murtal und in seine Seitentäler eindringend, so z. B. in wärmeren, geschützten Lagen im Lammingtale bei Bruck, Turnau nächst Aflenz, im Murwald bei Judenburg und nächst Oberwölz, in Nordtirol im Inntal z. B. in der Umgebung von Innsbruck, bei Imst am Abhang des Tschirgand zerstreut im Ötztal bis 1040 m ansteigend, in Südtirol im Etsch- und Eisacktal zerstreut um Brixen und Meran, gegen Süden zu häufiger werdend, südlich von Bozen in tieferen Lagen ziemlich allgemein verbreitet, in Vorarlberg zerstreut im Rhein- und Illtal, so z. B. um Bregenz und Feldkirch, in der Schweiz häufig im Jura, in den zentralen Alpentälern und im Tessin, sonst selten und sehr zerstreut bis 1500–1600 (–1800) m ansteigend.

Ändert ab: 1. f. *petraea*. Syn. *Q. sessiliflora* SALISB. var. *typica* BECK, *Q. sessilis* EHRH. var. *typica* C. K. SCHNEIDER – Blätter meist mittelgroß bis groß, meist verkehrt-eiförmig bis oval oder länglich, ziemlich flach eingeschnitten, Lappen breit rundlich, abgerundet, am Grunde verschmälert, deutlich herzförmig oder doch ungleich öhrchenartig gelappt, mitunter unter den Öhrchen noch allmählich in den Blattstiel verschmälert. – Allgemein verbreitet.

2. f. *laciniata* (LAM.) O. SCHWARZ. Syn. *Q. Robur* L. var. *laciniata* LAM. – Blätter meist mittelgroß, im Umriß meist oval bis länglich, mehr oder weniger tief eingeschnitten bis fast fiederlappig; die Lappen meist länglich, die größeren oft wieder buchtig, am Grunde verschmälert deutlich herzförmig oder doch ungleich öhrchenartig gelappt, mitunter unter den Öhrchen noch allmählich in den Blattstiel verschmälert. – Nicht selten.

3. f. *longifolia* (DIPPEL) O. SCHWARZ. Syn. *Q. sessiliflora* SALISB. var. *longifolia* DIPPEL, *Q. sessilis* EHRH. var. *decipiens* C. K. SCHNEIDER – Blätter im Umriß verkehrt-eiförmig, jederseits meist 5–7 Lappen, nach dem Grunde zu allmählich, selten plötzlicher, keilförmig in den Blattstiel verschmälert. – Zerstreut.

Allgemeines. *Q. petraea* ist im allgemeinen eine ähnliche Verbreitung wie *Q. Robur* eigen. Allerdings kommt sie meist weniger häufig als *Q. Robur* vor, sie fehlt in manchen Gebieten, wie z. B. in den nordöstlichen Teilen der Alpen und Zentralalpen, gänzlich und reicht ferner in ihrem Gesamtareal nicht so weit nach Norden, vor allem nicht so weit nach Nordosten und Osten.

*Q. petraea* findet innerhalb unseres Florengebietes und seiner Nachbargebiete ihre Hauptverbreitung von der südlichen Steiermark südwärts und ostwärts bis Kroatien und Siebenbürgen, wo sie vielfach mit *Q. Cerris* zusammen vorkommt. Auch in Mittelfranken, Baden und Elsaß-Lothringen sind nach WILLKOMM (1886) ausgedehnte Traubeneichenbestände zu verzeichnen. Bekannt sind die urwaldartigen Eichenbestände im inneren Spessart, so vor allem in den Forstämtern Rohrbrunn, Rothenbuch, Bischbrunn und Lohr-West, ferner im nördlichen Bayern, wo viele 400- bis 500-jährige Eichen bis zu 46 m Gipfelhöhe im Verein mit 200- bis 300-jährigen Buchen ein großartiges Waldbild darstellen. Innerhalb unseres Florengebietes besiedelt *Q. petraea* bestandbildend am weitesten im Norden einzelne Hügel in Hannover und das Danziger Hochland. Ansonsten kommt sie nach BÜSGEN (1911–13) häufig in niederen und mittelhohen Bergländern, besonders im Gebiet des Sandsteins, Jurakalks, Tonschiefers, Porphyrs vor, so z. B. im Spessart, Rhön, Solling, Pfälzerwald, Harz, Hunsrück, den schlesischen Hügelrücken, und auch im Nordostdeutschen Tiefland, in Pommern, Ost- und Westpreußen ist die Traubeneiche die herrschende Eichenart. – Entsprechend ihrer mehr subatlantischen Klimaansprüche schließt sich die Traubeneiche stärker als die Stieleiche der Rotbuche an und bildet in der Hügelstufe Mitteleuropas zusammen mit ihr besonders auf trockenen Böden ausgedehnte artenarme Eichen-Buchen-Mischwälder (Luzulo-Fagion). Sie zeigt dabei z. T. urwaldartige Bestände, wie die oben erwähnten im inneren Spessart. Der Baum liefert an solchen Standorten hier, wie auch z. B. im Pfälzer Wald die bekannten und begehrten Fourniereichen. Ähnliche hochqualifizierte Vorkommen stehen auch im Gefüge der Eichen-Hainbuchen-Rotbuchen-Mischwälder (Carpinion) auf Lößlehmböden. Schließlich kann die Traubeneiche mit schlechteren Wuchsbildern auch auf extrem bodentrockenen, steinig-flachgründigen Standorten dominieren, und zwar einerseits im Traubeneichen-Birken-Wald (Quercion-robori-petraeae) der Silikatgebirge (mit *Deschampsia flexuosa* (L.) TRIN., *Genista pilosa* L., *Teucrium Scorodonia* L., *Melampyrum pratense* L., *Lonicera Periclymenum* L., *Hieracium glaucinum* JORDAN (Syn. *H. praecox* SCHULTZ-BIP.), *H. umbellatum* L. u. a.), andererseits im Flaumeichenbusch im Verein mit den für diesen charakteristischen wärmeliebenden Arten (vgl. S. 231). – Bezüglich der allgemein biologischen Verhältnisse vgl. die Besprechung von *Q. Robur* S. 236 ff.

Über Namen und volkskundliche Beziehungen s. *Q. Robur* (S. 240). Zum Unterschied von dieser heißt unsere Art Traubeneiche (nach den „traubigen" Fruchtständen), Steineiche (jedoch auch für *Q. Ilex* gebraucht), Späteiche, Wintereiche, Hageiche, Eiseiche, im Niederdeutschen Fâreek, Füereeke, was aber wohl nur an „Feuer" angelehnt ist und in Wirklichkeit zu ahd. vereheih, uîreih (für *Quercus Ilex* ?) gehört.

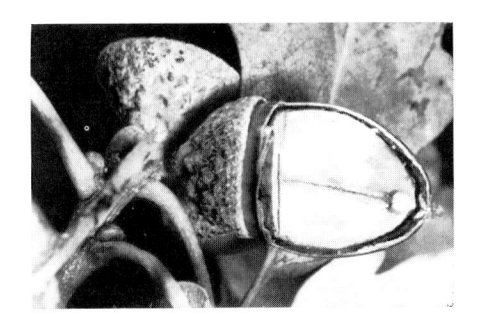

Fig. 108. *Quercus petraea* (MATTUSCHKA) LIEBLEIN. Stein-Eiche. Früchte *a* längsgeöffnet, *b* quergeschnitten (Aufn. ARZT)

Bastarde: Von den Eichen sind verschiedene Bastarde bekannt, welche aber meist schwer zu erkennen sind, zumal die Stammeltern selbst in ihren Merkmalen sehr veränderlich sind. Hervorzuheben sind:

1. *Quercus petraea × Robur*; *Q. rosacea* BECHST., Sylvan 67 (1813). Syn. *Q. intermedia* BOENN. (1830), *Q. brevipes* HEUFF. (1850), *Q. Feketei* SIMONK. (1887). – Bei der großen Veränderlichkeit der beiden Stammeltern und den bei ihrer Windblütigkeit nicht seltenen Bastarden läßt sich keine klare Beschreibung geben. Die meisten Hybriden weichen von *Q. Robur* durch deutlich länger gestielte Blätter, deren Blattgrund meist unregelmäßig herzförmig und mehr oder weniger weit herablaufend erscheint, ferner durch kürzer gestielte Fruchtstände und wechselnd lange Blattstiele ab. Durch ähnlich wechselnde Merkmale weichen die Bastarde von *Q. petraea* ab, und zwar meist durch kürzere Blätter, deutlich gestielte Fruchtstände sowie Blätter, von denen wenigstens ein Teil am Grunde deutlich herzförmig und einzelne bisweilen auch deutlich geöhrt erscheinen. – Zusammen mit den Stammeltern im Gebiet recht selten und nur vereinzelt, hingegen in Skandinavien und in England etwas häufiger, weil dort die Blütezeit der beiden Arten sich nähert. Viele Formen, welche als *Q. petraea × Robur* gesammelt wurden, sind langfruchtstielige Formen der ersteren oder kurzfruchtstielige der letzteren.

2. *Quercus petraea × pubescens*; *Q. Streimii* HEUFF. in Wacht. Zeitschr. 1, 97 (1850). Syn. *Q. Kerneri* SIMONK. (1883). – Unterscheidet sich von *Q. pubescens* durch die im Alter unterseits nur schwach behaarten, länger gestielten Blätter. Der Bastard ist ferner durch folgende Merkmale gekennzeichnet: Junge Zweige meist dichter oder auch lockerer grauhaarig, Blätter seicht oder tiefer gelappt, fast stets unterseits wenigstens anfangs dicht, später mitunter weniger dicht behaart, Blattstiele von wechselnder Länge, meist jedoch ziemlich lang. Fruchtstände kurz gestielt bis fast sitzend. – Unter den Stammarten nicht selten, wurde im gesamten Verbreitungsgebiet der *Q. pubescens* innerhalb unseres Florengebietes beobachtet.

3. *Quercus pubescens × Robur*; *Q. pendulina* KIT. in SCHULTES, Österr. Fl. ed. 2, 1, 620 (1814), *Q. Kanitziana* BORB. (1887), *Q. devensis* SIMONK. (1887). – Der Bastard steht bald bezüglich seiner Merkmalskombinationen intermediär zwischen den Stammeltern, bald erscheint er der einen oder anderen Elternart ähnlicher. Kennzeichnend sind: Junge Zweige dichter oder lockerer grauhaarig, Blätter meist oberwärts etwas verbreitert, meist spitzlappig, unterseits auf der ganzen Fläche, oder doch zumindest auf den Nerven dicht behaart, Fruchtbecher mit meist sich dicht deckenden, filzig behaarten Schuppen. – Unter den Stammarten nicht selten, wurde im ganzen Verbreitungsgebiet der *Q. pubescens* innerhalb unseres Florengebietes beobachtet.

Reihe **Urticales**[1])

Holzgewächse oder krautige Pflanzen mit eingeschlechtigen, seltener zwitterigen, anemogamen oder selten entomogamen Blüten ohne Honigbildung. Laubblätter schraubig angeordnet oder gegenständig, mit Nebenblättern. Blüten in zymösen Blütenständen oder einzeln. Blütenhülle einfach, 4- bis 6-zählig, niemals korollinisch, selten fehlend. Staubblätter vor den Blütenhüllblättern stehend, 4–6, selten mehr. Fruchtknoten oberständig, 1- bis 2-blättrig, einfächerig, mit einer Samenanlage, mit einem Integument. Früchte sind Nüsse oder Steinfrüchte.

## 37. Familie. Ulmaceae[1])

Brisseau-Mirbel, Élém. Physiol. Végét. Bot. 2, 905 (1815)

### Ulmengewächse

Wichtigste Literatur: Ascherson u. Graebner, Synopsis der Mitteleuropäischen Flora 4, 1, 545–574 (1911). J. Bärner, Die Nutzhölzer der Welt 1, 318–341 (1942). Th. Eckardt, Untersuchungen über Morphologie, Entwicklungsgeschichte und systematische Bedeutung des pseudomonomeren Gynoeceums in Nova Acta Leopoldina N.F. 5, 3–112 (1938). G. Erdtman, Pollenmorphology and Plant Taxonomy of Angiosperms 442–554 (1950). W. Gothan u. H. Weyland, Lehrbuch der Paläobotanik (1954). M. L. Fernald, Gray's Manual of Botany, 8th ed. 550–554 (1950). K. Prantl in Engler u. Prantl, Natürl. Pflanzenfam. 3, 1, 59–66 (1894). A. Rehder, Manual of Cultivated Trees and Shrubs 174–187 (1949). C. K. Schneider, Handbuch der Laubholzkunde 1, 211–234 (1904). H. Walter in Kirchner, Loew und Schröter, Lebensgeschichte der Blütenpflanzen Mitteleuropas 2, 1, 601–764 (1931).

Bäume, seltener Sträucher mit meist sympodialem Bau. Blätter zweizeilig, ungeteilt, mehr oder weniger asymmetrisch, oft mit gesägtem Rand. Nebenblätter seitlich oder vor dem Blattstiel stehend, hinfällig. Pflanzen ohne Milchsaft, Zystolithen vorhanden oder fehlend. Blüten polygam oder zweihäusig, in achselständigen, köpfchenartig gestauchten Dichasien oder einzeln. Blütenhülle einfach, Perigonabschnitte frei oder mehr oder weniger verwachsen, 3–8, meist nur 4–6, alle Glieder eines Kreises bzw. einer $^2/_5$-Spirale. Staubblätter in gleicher Anzahl wie Perigonabschnitte und vor diesen stehend, oder doppelt so viele (*Holoptelea*), Staubbeutel ohne deutliches Konnektiv, sich mit seitlichen Längsspalten öffnend. Fruchtknoten oberständig, aus 2 median stehenden Fruchtblättern gebildet, deren hinteres oft abortiert, im vorderen, fruchtbaren Fach 1–2 von der Spitze herabhängende ana- oder amphitrope Samenanlagen. Narben 2, linearisch, seltener zweiteilig, Innenseite papillös. Frucht eine geflügelte Nuß oder Steinfrucht, nicht aufspringend. Samen mit dünner, häutiger Samenschale, meist ohne Nährgewebe. Keimling gerade oder gekrümmt mit flachen oder verschiedenartig gefalteten Keimblättern.

Die Familie setzt sich aus 14 Gattungen mit 120 Arten zusammen und bewohnt nahezu sämtliche tropische und extratropische Gebiete der Erde, in welchen Baumwuchs möglich ist; sie fehlt nur im nordamerikanischen Präriegebiet, im asiatischen und afrikanischen Wüstengebiet, dem südlichen und westlichen Australien sowie in Südamerika südlich des 36. Breitengrades.

Verwandtschaft. Innerhalb der *Urticales* sind die *Ulmaceae* durch zahlreiche ursprüngliche Merkmale ausgezeichnet, die es gerechtfertigt erscheinen lassen, sie an den Anfang der Ordnung zu stellen. Die *Ulmaceae* setzen sich

---

[1]) Bearbeitet von Dr. Annelis Schreiber, München.

ausschließlich aus holzigen Vertretern zusammen, Blütenstandsachsen zeigen traubigen oder dichasialen Aufbau, Laubblattbildung an Blütenstandsachsen kann der von Laubsprossen völlig gleichen, Vorblattbildung ist meist regelmäßig, Perigonabschnitte und Staubblätter entstehen in unterschiedlicher Anzahl und wechselnder Reihenfolge, innerhalb der Familie zwei durchaus verschiedene Blütentypen ergebend, nämlich Blüten mit aufsteigender Deckung einerseits und Blüten mit $^2/_5$-Deckung andererseits. Die Kombination von ursprünglichen und abgeleiteten Merkmalen ist im übrigen so verschiedenartig, daß nicht von primitiven und abgeleiteten Gattungen gesprochen werden kann. – Im Gegensatz hierzu weisen die *Moraceae, Cannabaceae* und *Urticaceae* zahlreiche krautartige Vertreter auf, besitzen durch Achsenstreckung oder -verkürzung bzw. -verdickung, Veränderung der Verzweigungsgeschwindigkeit, Exotrophie und Reduktion stark veränderte Blütenstände von einfach zymösem oder kompliziert zymösem Bau (BERNBECK 1932). Weitere in diese Richtung weisende Merkmale wären: mangelnde Vorblattbildung, Fortfall von Deckblättern, verstärkte Ausprägung von Eingeschlechtigkeit und Diözie. Die Entwicklungsfolge der verschiedenen Primordien am Blütenvegetationspunkt ist bei weitem nicht so plastisch wie bei den Ulmaceen. Während sich also die Ulmaceen ohne Schwierigkeit als primitivste Familie der *Urticales* ansprechen lassen, ist es nicht ohne weiteres möglich, eine rezente Familie zu nennen, an welche unsere Familie nach unten zu angeschlossen werden könnte.

Übersicht der Unterfamilien:

1a. Blüten alle oder wenigstens die männlichen am alten Holz. Frucht eine einsamige Flügelfrucht oder Nuß. Keimling gerade. . . . . . . . . . . . . . . . . . . . . . . . . . . . . . . . . . . *Ulmoideae*
1b. Blüten am diesjährigen Holz. Früchte steinfruchtartig. Keimling gefaltet oder eingerollt . *Celtidoideae*

### 1. Unterfamilie. Ulmoideae

A. BRAUN in ASCHERS., Fl. Prov. Brandenburg 1, 58 (1864). Syn. *Ulmeae* C. A. AGARDH (1825) emend. BENTH. in BENTH. et HOOK. f. (1880)

Blüten zwitterig oder eingeschlechtig, gebüschelt in den Achseln von Niederblättern oder mehr oder weniger voll entwickelten Laubblättern. Früchte nicht steinfruchtartig. Samen flachgedrückt. Keimling gerade mit flachen oder der Länge nach gefalteten Keimblättern. Die Nieder- bzw. Laubblätter der blütentragenden Zweige zweizeilig oder die obersten spiralig angeordnet.

Von den 4 Gattungen der *Ulmoideae* sind 2 ausschließlich in den Tropen verbreitet, *Phyllostylon* CAPAN. in Argentinien, Brasilien, Cuba, San Domingo und Haiti, *Holoptelea* PLANCH. mit einer Art in Tropisch-Westafrika sowie einer zweiten auf den Gebirgen Ostindiens und Ceylons. *Planera* GMEL. findet sich nur in der Küstenebene und sumpfigen Gebieten der südlichen Vereinigten Staaten von Nordamerika, während die Gattung *Ulmus* L. in den subarktischen und gemäßigten Gebieten der Nordhalbkugel und den Gebirgen des tropischen Asiens weit verbreitet ist.

In Mitteleuropa sind nur 3 Arten der Gattung *Ulmus* heimisch und sowohl spontan als auch kultiviert, häufig auch verbastardiert anzutreffen; verschiedene Arten werden angepflanzt. Die meisten Arten der Gattung *Ulmus* wie auch *Phyllostylon brasiliensis* CAP., *Holoptelea integrifolia* PLANCH. und *H. grandis* (HUTCH.) MILDBRAED verdienen als wichtige Nutzholzlieferanten der Weltwirtschaft besondere Beachtung; sie finden beim Haus-, Waggon- und Schiffbau, in der Möbelschreinerei, Wagnerei und Küferei, im Musikinstrumenten- und medizinischen Apparatebau, zu Schnitzarbeiten, für landwirtschaftliche Geräte und in der Kistenfabrikation Verwendung.

## CCXVI. Ulmus L., Spec. plant. 225 (1753), Gen. plant. ed. 5, 106 (1754). Syn. *Microptelea* SPACH (1841). Ulme

Wichtigste Literatur: ASCHERSON u. GRAEBNER, Synopsis der Mitteleuropäischen Flora 4, 1, 546–574 (1911). J. BARNER, Waldbauliche und forstbotanische Grundlagen zur Frage des Anbaus trockenresistenter Pappeln auf grundwassergeschädigten Standorten in Berichte Naturforsch. Ges. Freiburg 42, 2. Heft, 149–220 (1952). J. BÄRNER, Die Nutzhölzer der Welt 1, 332–339 (1942). A. BECHERER, Fortschritte der Systematik und Floristik der Schweizer Flora in den Jahren 1942 und 1943 in Ber. Schweiz. Bot. Ges. 54, 367 (1944). K. BERTSCH, Geschichte des deutschen Waldes (1953). W. BROCKHAUS, Über Schluchtwälder im westlichen Sauerland in Natur und Heimat 12, Heft 1, 1–7 (1952). H. BUDDE, Die Vegetation der Wälder, Heiden und Quellgesellschaften im Astengebirge, Westfalen in Decheniana **105/106**, 219–245 (1951/52). Th. ECKARDT, Untersuchungen über Entwicklungsgeschichte und systematische Bedeutung des pseudomonomeren Gynoeceums in Nova Acta Leopoldina N.F. **5**, 11–14 (1938.). J. ECKDAHL, Die Entwicklung von Embryosack und Embryo bei *Ulmus glabra* HUDS. in Svensk Bot. Tidskr. **35**, Heft 1 (1941). G. ERDTMAN, Pollenmorphology and Plant Taxonomy of Angiosperms (1952). M. L. FERNALD, GRAY's Manual of Botany, 8th ed., 550–554 (1950). F. FIRBAS, Spät- und nacheiszeitliche Waldgeschichte Mitteleuropas nördlich der Alpen (1949–1952). H. A. GLEASON, The New Britton and Brown, Illustr. Flora of the Northeastern United States and the Adjacent Canada **2**, 48–50 (1952). W. GOTHAN u. H. WEYLAND, Lehrbuch der Paläobotanik (1954). H. HEINDL-MENGERT, Die Nematodenflora im Schleimfluß lebender Laubbäume in Sitz.-Ber. physik. mediz. Soz. Erlangen **77**, 158–176 (1954). H. H. HEITMÜLLER, Die vegetative Fortpflanzung europäischer Ulmenarten in Allgemeine Forstzeitschrift **8**, 162–168 (1953). W. KREH, Verlust und Gewinn der Stuttgarter Flora in den letzten Jahren in Verein Vaterl. Naturk. Stuttgart **106**, 94 (1951). G. KRÜSSMANN, Die Laubgehölze (1951). E. KÜSTER, Pathologische Pflanzenanatomie (1925). G. LANG, Neue Untersuchungen über die spät- und nacheiszeitliche Waldgeschichte des Schwarzwaldes in Beiträge zur naturkundlichen Forschung in Südwestdeutschland **13**, Heft 1, 3–43 (1954). R. LAUTERBORN, Beiträge zur Flora der Oberrhein. Tiefebene und der benachbarten Gebiete in Mitteil. Naturk. u. Natursch. Freiburg N.F. **2**, Heft 7/8 (1927). B. LINDQUIST, Om den vildväxande skogsalmens raser och deras utbredning i Nordvästeuropa in Acta Phytogeogr. Suec. **4** (1932). W. LÜDI, Die Pflanzenwelt des Eiszeitalters im nördlichen Vorland der Schweizer Alpen in Veröffentl. geobot. Inst. Rübel, Zürich, 27. Heft (1953). R. MELVILLE, The Variability of Elm-Foliage and the Collection of Elm-Material for Herbaria in Rep. Bot. Exch. Cl. Br. Isl. 590–592 (1937). R. MELVILLE, The Accurate Definition of Leaf Shapes by Rectangular Coordinates in Ann. Bot. N.S. **1**, 4, 673–680 (1937). R. MELVILLE, Is *Ulmus campestris* a nomen ambiguum? in Journ. Bot. **76**, 261–265 (1938). R. MELVILLE, Typification and Variation in the Smooth leafed Elm, *Ulmus carpinifolia* GLED. in Journ. Linn. Soc. **53**, 83–90 (1946). R. MELVILLE, Some Historical Factors in the Distribution of British Elms in J. E. LOUSLEY, The Changing Flora of Britain 180–181 (1953). R. MELVILLE, Morphological Characters in the Discrimination of Species and Hybrids in J. E. LOUSLEY, Species Studies in the British Flora 55–54 (1955). H. MEUSEL, Die Eichenwälder des Mitteldeutschen Trockengebietes in Wiss. Zeitschr. der Martin-Luther-Universität Halle-Wittenberg **1**, 49–72 (1951/52). H. MEUSEL, Die Vegetationsverhältnisse der Gipsberge im Kyffhäuser und im südlichen Harzvorland in Herzynia **2**, 1–372 (1939). M. MOOR, Die Fagiongesellschaften im Schweizer Jura in Beitr. zur geobot. Landesaufnahme der Schweiz, Heft 31 (1947). J. MURR, Neue Übersicht über die Farn- und Blütenpflanzen von Vorarlberg und Liechtenstein S. 85 (1923). R. NORDHAGEN, Om barkebröd og treslaget alm in Danm. geol. Undersøg. **2**, 80, 262–308 (1954). E. OBERDORFER, Der europäische Auenwald in Beitr. naturkundl. Forschung in Südwestdeutschland **12**, Heft 1, 23–69 (1953). E. OBERDORFER, Übersicht der Süddeutschen Pflanzengesellschaften, l. c. **15**, Heft 1, 11–29 (1956). H. PASSARGE, Waldgesellschaften des mitteldeutschen Trockengebietes 3 in Archiv für Forstwesen **2**, Heft 6 (1953). H. PASSARGE, Vegetationskundliche Untersuchungen in Wäldern und Gehölzen der Elbaue in Archiv für Forstwesen **5**, Heft 5/6 (1956). H. PASSARGE, Waldgesellschaften des nördl. Havellandes in Wiss. Abhandl. Deutsche Akad. Landw. Wiss. Nr. 26 (1957). H. PAUL, Die Höhenverbreitung der in Bayern bisher beobachteten Gefäßpflanzen in Ber. Bayer. Bot. Ges. **27**, 153 (1947). K. PRANTL in ENGLER u. PRANTL, Natürl. Pflanzenfam. **3**, 1, 62–63 (1864). A. REHDER, Manual of Cultivated Trees and Shrubs, 2nd. ed., 174–182 (1949). E. RÜBEL, Die Buchenwälder Europas in Veröffentl. geobot. Inst. Rübel, Zürich, Heft 8 (1932). H. Ross, Praktikum der Gallenkunde (1932). E. RUPF, Beiträge zur Chorologie des Laubmischwaldgürtels in Decheniana **107**, 1–104 (1954). E. SCHIMITSCHEK, Die Bestimmung von Insektenschäden im Walde nach Schadensbild und Schädling (1955). TH. SCHMUCKER, Die Baumarten der nördl. gemäßigten Zone und ihre Verbreitung, Silvae Orbis Nr. 4 (1942). C. K. SCHNEIDER, Handbuch der Laubholzkunde **1**, 212–222 (1904). F. SCHWERDTFEGER, Die Waldkrankheiten (1944). G. SENN, Über die Ursachen der Brettwurzelbildung bei der Pyramidenpappel in Verh. Naturf. Ges. Basel **35**, 405–435 (1923). H. SOLEREDER, Systematische Anatomie der Dikotyledonen (1899). R. TÜXEN, Das System der nordwestdeutschen Pflanzengesellschaften in Mitteil. florist. soziol. Arbeitsgemeinschaft Stolzenau, N.F. **5**, 155–176 (1955). H. WALTER, Die Ulmen im Stadtgebiet von Hannover in Jahresberichte der Naturhist. Ges. Hannover **94/98**, 107–111 (1947). H. WALTER in KIRCHNER, LOEW und SCHRÖTER, Lebensgeschichte der Blütenpflanzen Mitteleuropas **2**, 1, 601–739 (1931). HEINR. WALTER, Grundlagen der Pflanzenverbreitung **2** (Arealkunde), 160–161 (1954). J. WILDE, Kulturgeschichte der rheinpfälzischen Baumwelt und ihrer Naturdenkmale (1936). M. und M. J. F. WILSON, Dutch Elm Disease and its Occurence in England in Journ. Bot. **70**, 156 (1928).

Bäume, seltener Sträucher mit heller oder dunkler Borke und bisweilen korkig geflügelten Ästen. Blätter zweizeilig gestellt, fiedernervig mit gesägtem Rand, asymmetrisch. Blütenstände axilläre geknäuelte Doppelwickel oder reine Dichasien, bei der Mehrzahl der Arten vor den Blättern erscheinend. Blüten zwittrig, fast sitzend oder langgestielt mit bis zu 8 mehr oder weniger freien Abschnitten und davorstehenden Staubblättern in gleicher Anzahl. Staubbeutel purpurn oder violettfarben, sich nach außen öffnend (extrors). Pollen annähernd kugelig oder polar etwas abgeflacht, etwa 30 μ im Durchmesser, mit unregelmäßig wellig skulpturierter Oberfläche und 4–5 kleinen Poren in äquatorialer Anordnung (Fig. 109). Fruchtknoten oft gestielt, meist einfächerig mit einer anatropen, von der Spitze des Faches herabhängenden Samenanlage und 2 lang zugespitzten papillösen Narben; ein eigentlicher Griffel fehlt. Frucht eine einsamige, ringsum geflügelte Nuß, Flügel häutig, an der Spitze ausgeschnitten, Keimling gerade. Samen ohne Nährgewebe.

Fossile Verbreitung. Die Gattung *Ulmus* ist aus dem Oligozän Mitteleuropas und der ganzen Nordhalbkugel durch Blattfunde sicher belegt, und zwar in den Arten *U. longifolia* UNG., *U. carpinoides* GOEPP., *U. Brannii* HEER, *U. plurinervia* UNG. und *U. bicornis* UNG., während die vielgenannten zweiflügeligen Früchte von *U. Bronnii* UNG., die zahlreich aus dem europäischen Tertiär bekannt wurden, nach WEYLAND (1954) *Pteleocarpum*-Früchte darstellen *(Rutaceae)*. Vor Bildung des atlantischen Ozeans gab es keine Differenzierung in westliche und östliche Arten, so erklären sich die geringen Unterschiede, die unsere heutigen Artenpaare diesseits und jenseits des Ozeans auszeichnen:

Fig. 109. Pollenkorn von *Ulmus* in Polaransicht (500fach vergr.)

*U. americana* – *U. laevis*;
*U. rubra* – *U. carpinifolia, glabra*.

Zu Beginn der Eiszeiten starben die Ulmen in den nördlichen Gegenden aus, konnten aber während der Interglazialperioden zumindest den südlichen Teil ihres ursprünglichen Wohngebietes wieder besiedeln; sie finden sich z. B. in der Höttinger Breccie bei Innsbruck und am Südfuß der Alpen bei Pianico-Sellere am Iseo-See, nördlich der Alpen bei Fismes an der Aisne (Frankreich) und in Cannstatt (Württemberg). Die Begleitpflanzen lassen darauf schließen, daß die Ulmen auch seinerzeit schon dem Eichenmischwald angehörten, der jedoch in der Höttinger Breccie und in den Südalpen noch durch *Buxus sempervirens* L. und *Rhododendron ponticum* L. bereichert ward.

Florengeschichte. In den meisten deutschen Landschaften wird *Ulmus*-Pollen schon gegen Ende der Vorwärmezeit regelmäßig verzeichnet, und zwar eilte wahrscheinlich *Ulmus laevis* den anderen Arten in der nacheiszeitlichen Wiederausbreitung voraus. In Württemberg wurden an mehreren Wohnplätzen des älteren Mesolithikums Kohlen aus Ulmenholz nachgewiesen. Während der Frühen und im ersten Teil der Mittleren Wärmezeit waren Ulmen an der Zusammensetzung der Eichenmischwälder führend beteiligt und wurden später durch die zunehmende Ausbreitung anderer Edellaubhölzer und der Rotbuche stark zurückgedrängt. Wahrscheinlich schon seit dem Neolithikum lieferten die Ulmen Laubfutter, und aus ihrer Rinde wurden eine Art Stärkebrei und Brotersatz bereitet.

Das heutige Verbreitungsgebiet der Gattung erstreckt sich von den subpolaren Zonen der Nordhalbkugel bis in die Gebirge Nordafrikas und des tropischen Asiens. In Mitteleuropa gehören Feld- und Flatterulme zu den charakteristischen Bestandteilen der Auwaldgesellschaften, die allerdings im Zuge der intensiven Bodenbewirtschaftung in vielen Fällen der Kulturlandschaft weichen mußten. Die Bergulme bewohnt vorzugsweise die Schluchtwälder der unteren montanen Stufe.

Anatomie und Physiologie. a) Stamm: Nach Beendigung der primären Differenzierung bilden sich die ersten Gefäße und Holzzellen. Die Gefäße gruppieren sich in radialen Ketten, sie besitzen leicht polygonale, dünne, farblose Wände, während die Wände der ebenfalls in radialen Gruppen angeordneten Holzzellen farblos und schwach verdickt sind. Die noch sehr schmalen Markstrahlen bilden im Querschnitt einfache Ketten, 8–10mal so lang wie breit. Hoftüpfel werden sowohl zwischen zwei zusammenstoßenden Gefäßen als auch beim Zusammentreffen von Gefäß und Markstrahl gebildet. Die Weite der Gefäße ist starken Schwankungen unterworfen; im Frühjahrsholz konnte SOLEREDER Durchmesser von 0,15 mm feststellen. Gefäßdurchbrechungen sind einfach, kreisrund oder elliptisch; spiralige Wandverdickungen kommen vor.

Der Querschnitt eines einjährigen Zweiges zeigt regelmäßig angeordnete Gefäßbündel und diese unterbrechende, einreihige Markstrahlen; dickwandige Holzzellen bilden gegenüber dünnwandigen Gefäßen das vorherrschende Element. In den älteren Zweigen ist der Übergang vom ersten zum zweiten Jahresring wenig markiert. Im zweiten Jahresring liegen die Gefäße in kleinen Gruppen regelmäßig auf dem Schnitt verteilt, die Holzzellen nach wie vor radial, die Markstrahlen sind jetzt 2–3reihig. Im 3. und 4. Jahresring nehmen die Holzzellen stark an Ausdehnung zu und verlieren die radiale Lagerung. Die Gefäße des Frühjahrsholzes sind weit, die des Herbstholzes schließen sich inselartig zusammen und besitzen ein enges Lumen, die Markstrahlen verbreitern sich. Die neben Gefäßinseln charakteristischen Bänder entstehen im 5. und 6. Jahresring, vom 7. Jahresring ab werden die Gefäßinseln im Herbstholz ganz durch kontinuierliche Bänder kleiner Gefäße ersetzt, die Markstrahlen verbreitern sich auf 7 Reihen. Thyllenbildung setzt vom 3. Jahresring ab ein und schreitet in zentrifugaler Richtung fort.

Der Markkörper besteht im Zentrum aus großen, dünnwandigen, leeren Zellen, nach außen hin aus kleineren, aktiven, dickerwandigen Zellen, die viel Stärke und wenige Einzelkristalle enthalten. Erst mit fortschreitenden Jahren verfärben sich die Zellen der inneren Jahresringe braun durch ein Pigment, das besonders in den Markstrahlen gefunden wird. Im Gegensatz zu diesem „Kernholz" genannten Teil des Stammes werden innere, ungefärbte Jahrringgruppen als „Reifholz" bezeichnet.

Einlagerungen: Kalziumkarbonat findet sich oft in beträchtlichen Mengen im Kernholz, außerdem in totem, verfärbtem Wundholz und in Astknoten. Es erfüllt im Holz vorzugsweise Gefäße und Tracheiden, kann aber auch in allen anderen Holzelementen vorkommen und das Lumen der Gefäße beziehungsweise Zellen völlig auskleiden. Ein Teil der ins Holz ausgeschiedenen Stärke wird nach POJARKOVA (1924) in Öl umgewandelt. FISCHER wies außerdem im Holz Glukose nach.

Spezifisches Gewicht (nach WIESNER): *Ulmus carpinifolia* (Feldulme) 0,740; *U. glabra* (Bergulme) 0,690; *U. laevis* (Flatterulme) 0,660.

Rinde: An einjährigen Stämmchen besteht die Rinde aus einer äußeren, kollenchymatischen und einer inneren Schicht, die zum Teil aus kleineren, chlorophyllhaltigen und daneben aus großen, dünnwandigen Schleimzellen gebildet wird. Die Korkbildung setzt schon in der ersten Vegetationsperiode aus dem subepidermal liegenden Korkkambium ein. Die Korkzellen sind groß, dünnwandig, sogenannte ,,Schwammkorkzellen". Bei den als ,,Korkulmen" bekannten Exemplaren treten sie in besonders großer Zahl auf und führen zur Bildung der Korkleisten oder Korkflügel.

Anatomie der Blätter. a) Sonnenblätter: Die Epidermis der Blattoberseite zeigt auf dem Querschnitt mehr oder weniger quadratische Zellen mit starker Außenwand und je nach der Art des Standortes verschieden dick aufgelagerter Kutikula. Auf dem Flächenschnitt erscheinen die Oberhautzellen viereckig, glattlinig, mehr oder weniger in die Länge gezogen, Spaltöffnungen fehlen. An die Epidermis schließen sich 2–3 Reihen langgestreckter, ziemlich englumiger, dicht aneinander gelagerter Palisadenzellen an, unter diesen folgt in ungefähr gleicher Dicke ein aus regellosen Zellen aufgebautes Schwammparenchym. Die untere Epidermis besteht aus kleineren, dünnwandigen Zellen mit dünner Kutikula und im Flächenschnitt welligen Wänden. In gleicher Höhe mit den Epidermiszellen oder leicht erhöht sind zahlreiche Spaltöffnungen inseriert, die von deutlichen ,,Nebenzellen" flankiert werden oder von gewöhnlichen Epidermiszellen umgeben sind. An den Nervenendigungen treten Wasserspalten auf, durch welche anfänglich Harz und Schleim, später nur noch Wasser ausgeschieden wird.

b) Schattenblätter: im Querschnitt viel dünner als Sonnenblätter. Die Epidermiszellen der Blattoberseite zeigen im Querschnitt stark gewellte Wände, das Palisadenparenchym besteht aus einer einzigen Schicht trichterförmiger Assimilatoren, die Interzellularen des Schwammparenchyms sind wesentlich größer als in Sonnenblättern; dagegen besitzt die untere Epidermis eines Schattenblattes nur 450 Spaltöffnungen pro Qudratmillimeter, das Sonnenblatt auf gleichem Raum 800. Als Einlagerungen finden sich Einzelkristalle von oxalsaurem Kalk im Mesophyll und den Nervensträngen, Drusen nur im Mesophyll. Schleimzellen kommen in beiden Epidermen, in den Blattnerven und im Blattstiel vor; diese unterscheiden sich von den umgebenden Zellen durch hervorstehende Größe und starkes Lichtbrechungsvermögen.

Haartypen. a) Deckhaare: stets einzellig, schlank, kegelförmig, 0,02–0,8 mm lang, am Ende mehr oder weniger scharf zugespitzt, Basis bauchig verdickt. Diese Haare entwickeln sich aus schon ursprünglich etwas vergrößerten Epidermiszellen, stehen senkrecht oder zu ihrer Ursprungsfläche leicht geneigt, sie finden sich besonders auf Blattnerven, auf warzenförmigen Erhebungen der Blattoberseite, am Blattstiel, am Hypokotyl, den einjährigen Trieben des Stammes und den Knospenschuppen; die Wände sind meist stark mit Kieselsäure inkrustiert. Eine Spielart mit dünneren Wänden besetzt den Rand der Knospenschuppen, die Achseln der Blattnerven und bei *Ulmus laevis* auch die Blattflächen, sie ist meist U-förmig gekrümmt oder gewellt. b) Drüsenhaare: keulen- oder becherförmig, meist vierzellig. Zwei farblose, in ihrer Länge sehr variable Zellen bilden den Stiel, zwei weitere, mit braunem oder gelbem Plasma erfüllte Zellen das sezernierende Köpfchen. Das Plasma des Köpfchens enthält unter anderem Gerbsäure. Drüsenhaare finden sich meist auf den Nerven der Blattunterseite, am Hypokotyl, am Rand und auf der Oberfläche der Keimblätter, auf den ergrünten Knospenschuppen und den Blattflächen junger Blätter.

Morphologische Besonderheiten. Brettwurzelbildung: Auch Ulmen können auf der Windseite starke Brettwurzeln ausbilden, wie SENN (1923) erläuterte. Exemplare mit Brettwurzeln werden beispielsweise aus dem Nachtigallenwäldchen und ,,lange Erlen" bei Basel angeführt, ferner aus dem Park des Schlosses Borbeck bei Essen gemeldet. – Bei genügender Luftfeuchtigkeit können an den Internodien der Zweige von Bergulmen Luftwurzeln entstehen.

Phänologie. Die heimischen Ulmenarten blühen normalerweise Ende März bis Anfang April auf, wobei nach H. WALTER (1931) die Bergulme 4–6 Tage vorauseilt. Die Öffnung der Blütenknospen ist stark temperaturabhängig, so beobachtete H. WALTER in den beiden aufeinanderfolgenden Jahren 1929 und 1930 erste Blüten an der Bergulme am 19. April beziehungsweise schon am 27. März. Bei der Feldulme lagen die Verhältnisse ganz ähnlich, 1929 wurden die ersten Blüten am 21. April festgestellt, 1930 schon am 29. März.

Blütenverhältnisse. Das Mindestalter, um fortpflanzungsfähig zu werden, liegt bei Ulmen zwischen dem 35. und dem 40. Jahr. Blütenstände entwickeln sich im Gegensatz zu *Celtis* nur an vorjährigen und älteren Trieben. Zur Zeit der Ulmenblüte beginnen sich die Blattknospen zu strecken, es tragen dann die noch von Knospenschuppen umhüllten jungen Blattsprosse in den Blattachseln bereits Vegetationspunkte für Blatt- oder Blütensprosse des nächstfolgenden Jahres. Diese Vegetationspunkte scheiden im Laufe der nun folgenden Wochen zweizeilig angeordnete Knospenschuppen ab, denen sich später halbverwachsene oder bis zum Grund geteilte Nebenblattpaare anschließen. Zwischen den letztgenannten entwickelt sich in Laubsprossen ein normales Laubblatt, in Blütenknospen seltener ein ebensolches, häufiger nur ein kleines Blättchen oder eine Schuppe. Während dieser ersten Entwicklungsstadien können Blütenknospen von Blattknospen nicht unterschieden werden. Ein erstes Anzeichen der Blütenentwicklung ist die Emporwölbung eines bohnenförmigen Gewebewulstes, wie nun bald, von der 5. Knospenschuppe ab, innerhalb der Achseln von Knospenschuppen und Nebenblattpaaren beobachtet werden kann. Aus diesem Primärwulst entstehen drei kugelige Höcker, die künftigen Mittel- und Seitenblüten des Dichasiums. Wie Verf. bei entwicklungsgeschichtlichen Untersuchungen feststellen konnte, erfolgt die nun beginnende Differenzierung des Perigons innerhalb der Gattung *Ulmus* in verschiedenen Richtungen. Die Vertreter der Sektion *Ulmus*, zu der u. a. auch Feld- und Bergulme zählen, lassen kein festes Schema erkennen, während die Arten der Sektion *Blepharocarpus*, zu der u. a. auch die Flatterulme gehört, eine streng festgelegte Anlagefolge von Perigon- und Staubblättern zeigen. Während also bei Feld- und Bergulme die vorderen, rückwärtigen oder seitlichen Perigonabschnitte zuerst entstehen können, wird bei der Flatterulme die Außenflanke des kugeligen Blütenprimordiums durch verstärktes Wachstum gehoben, so daß eine Schrägabdachung nach innen entsteht. Am höchsten Punkt entsteht der Wulst des ersten Perigonabschnittes und diesem folgend die beiden benachbarten, sodann nach und nach die restlichen; Staubblattanlage 1 steht vor Perigonabschnitt 1. Auch bei der Sektion *Ulmus* wird das erste Staubblatt immer vor dem zuerst entwickelten Perigonabschnitt angelegt. Es kann gefolgert werden, daß Perigon und Staubblätter jeweils nur einen Kreis bilden. Andeutungsweise kann an 5-zähligen Blüten von Feld- oder Bergulme auch beobachtet werden, daß die Anlagefolge einer $^2/_5$-Spirale entspricht, wie es bei der Gattung *Celtis* die Regel ist. Der zuletzt entstehende Fruchtknoten besitzt nur ein fruchtbares Karpell, während das zweite stark verkümmert ist. Nach ECKARDT (1938) ist der Ulmenfruchtknoten pseudomonomer, zeigt sogar hinsichtlich der Morphologie des geminderten Karpells die klarsten Züge, die im Bereich der Pseudomonomerie zu beobachten sind. Gelegentlich kommen nach NAWASCHIN (1898) auch normal zweifächerige Fruchtknoten vor.

Die Differenzierung in Perigon, Staubblattkreis und Fruchtknoten vollzieht sich im Frühsommer und Sommer. Den Winter überdauern die vollentwickelten Blüten im Schutz der Knospenschuppen, im ersten Frühling braucht sodann nur noch Streckungswachstum einzusetzen und die proterogynen Blüten können hervorbrechen. Zuerst werden die Narben ausgestreckt, erst nachdem sich die Blüte geöffnet hat, strecken sich auch die Filamente der Staubblätter und überragen schließlich die Narben. Fremdbestäubung ist die Regel, als Folge langanhaltenden Frischbleibens können die Narben aber auch durch spontane Selbstbetäubung befruchtet werden. Bei der Bergulme wurde zusätzlich mehrfach und regelmäßig Bestäubung durch Honigbienen beobachtet. HINRICHS (1928) wies nach, daß Pollen der Bergulme nicht staubtrocken ist, wie echter Windblütlerpollen, die Oberfläche trägt vielmehr geringe Mengen ölartiger Klebstoffe, die sonst allerdings und in reichlicher Ausbildung nur von tierblütigen Pflanzen bekannt sind. Die Tröpfchen bestehen aus einer dünnflüssigen, ölartigen Substanz, durch welche meist 2–3 Pollenkörner zusammengehalten werden. Die herabhängenden Blüten der Flatterulme sind typisch anemophil, doch wurden auch bei dieser Art ölartige Klebstoffe an der Pollenoberfläche beobachtet und gelegentlich Bienenbesuch registriert.

Pollen. Die Teilung der Pollenmutterzellen erfolgt simultan. Die Pollenkörner von *U. glabra* und *U. americana* enthalten 2 Spermazellen. Nach NAWASCHIN wächst bei *U. glabra* und *U. laevis* der Pollenschlauch (oft unter Verzweigung) endotrop durch den Funiculus und dringt von der Seite her, das innere Integument durchwachsend, zu der Nucellusspitze vor. Er erreicht den Embryosack von oben, gleichgültig in welcher Höhe er zum Nucellus gelangt ist. Bei *U. americana* dringt der Pollenschlauch durch die Mikropyle ein, im übrigen herrschen ähnliche Verhältnisse wie die eben geschilderten.

Embryosack bipolar, mit tetrasporischem Ursprung; im fertigen Embryosack befinden sich durch Degeneration meist nur 2–4 Antipoden.

Frucht und Samen. Die zunächst grünen Früchte übernehmen, solange der Baum unbelaubt ist, allein die Assimilation. Bei sehr starkem Fruchtansatz kann die Belaubung beeinträchtigt werden. Sowohl Berg- als auch Flatterulme fruchten noch an ihren nördlichsten Verbreitungsgrenzen. ULBRICH (1928) rechnet die Ulmenfrüchte zu den Scheibenfliegern, die bei unerheblichen Luftbewegungen unter Beschreibung von sehr großen Spiralen in langsamem Gleitflug zu Boden fallen, bei Wind in unregelmäßigen Bahnen davonfliegen. Die Samen enthalten nach PAWLENKO (1912) 26,1% Fett, das dem Kokosöl nahesteht, 50,2% Caprin-, Butter- und Ölsäure und eine unbestimmte Säure, 14,82% Glyzerin (nach anderen Angaben 7,8–15,3–20% fettes Öl). Nach PASSERINE ist in den Früchten eine dextrinhaltige Substanz nachweisbar. Die vom Flügel befreiten Samen der Bergulme haben nach KÜNZEL (1915) einen vorzüglichen, an Haselnüsse erinnernden Geschmack.

Keimung. Nach BUCH (1919) und WALTER (1931) keimen reife Ulmensamen besonders bei genügender Bodenfeuchtigkeit sofort nach der Aussaat. Anhaltende Trockenheit kann jedoch Keimverzug bis zum nächstfolgenden Frühjahr bewirken; ähnlich wirkt sich auch Dunkelhaltung aus. Bei trockener künstlicher Überwinterung verliert ein großer Teil der Samen seine Keimfähigkeit, ein weiterer geht in einen Ruhezustand über, aus welchem gelegentlich erst nach einigen Jahren Erwachen einsetzt. Bei normaler Keimung wird die Fruchtschale (auf feuchtem Boden liegend schon nach wenigen Tagen in Zersetzung übergehend), zuerst vom Keimwürzelchen durchbohrt, sodann hebt das

U-förmig gekrümmte Hypokotyl den oberen Teil der Samenhaut empor. Der unterste Teil des Hypokotyls bleibt in der Fruchtwand stecken und drückt auf diese Weise die Frucht flach an den Boden. Gelegentlich durchbricht die Keimwurzel die Samenschale auch nach oben, wächst dann über den geflügelten Rand hinweg in den Boden. In solchen Fällen wird die ganze Fruchtschale vom Hypokotyl und den Keimblättern mit emporgehoben und erst abgeworfen, wenn die Keimblätter auseinanderspreizen. Der hypokotyle Stamm bleibt also oberirdisch. Die Keimblätter sind kurzgestielt, verkehrt eiförmig bis keilförmig, an der Spitze abgeflacht oder ein wenig herzförmig gebuchtet, derb, ganzrandig, etwa 7 mm lang und 6 mm breit, bei *U. laevis* etwas kleiner, oberseits dunkelgrün, leicht behaart, unterseits hellgrün, kahl. Im Querschnitt folgen auf eine einschichtige obere Epidermis ein zweischichtiges, lockeres Palisadenparenchym, ein sehr lockeres, umfangreiches Schwammparenchym und eine einschichtige untere Epidermis. Primärblätter sind gegenständig, symmetrisch, beidseitig behaart, mit gesägtem Rand, ihre Größe variiert bei den heimischen Arten von 1,7 bis 3 cm Länge zu 0,9–1,5 cm Breite. Die Folgeblätter gehen im Laufe der ersten Vegetationsperiode *(U. glabra, U. laevis)* oder erst nach derselben *(U. carpinifolia)* von der dekussierten zur zweizeiligen Blattstellung über.

In den nächstfolgenden Vegetationsperioden entwickeln sich die zunächst orthotropen Sprosse zu epinastisch gekrümmten Trieben. Später wird diese Krümmung durch Einwirkung des negativen Geotropismus ausgeglichen und es bildet sich ein orthotroper Hauptstamm mit radiärer Krone aus. Ulmen sind raschwüchsig, ihr Maximalwachstum erreichen sie zwischen dem 20. und dem 40. Jahr, das Höchstalter wird auf 500 Jahre geschätzt. Die Durchschnittshöhe beträgt bei der Bergulme nach SALISBURY (1925) 26,4 m, Maximalhöhe 40 m. Starke alte Bäume weisen 1,5 m über dem Boden einen Umfang von 6 bis 7,8 m auf, z. B. Pfifflligheim in Hessen, Morges am Genfer See u. a.

Bastardierungen. Von züchterischer Seite wurden zahlreiche, erfolgreiche Kreuzungsversuche unternommen, die den Kreis der schon natürlicherweise verbastardierten und nach geographischen Rassen getrennt vorkommenden Ulmen noch vergrößerten. HENRY (1910) konnte beweisen, daß *U. vegeta* C. K. SCHNEIDER durch Kreuzung von *U. carpinifolia* GLED. und *U. glabra* HUDS. entstanden sein dürfte. Ebenso wurde *U. hollandica* MILL. als Kreuzung zwischen Feld- und Bergulme erkannt, *U. arbuscula* WOLF ging aus der Kreuzung *U. glabra* × *U. pumila* hervor. Die Zahl der Kultursorten ist außerordentlich groß (s. KRÜSSMANN 1952), selten trifft man unter angepflanzten Exemplaren auf Vertreter guter Arten, wie erst 1947 H. WALTER an den Ulmen aus dem Stadtgebiet von Hannover erläuterte. Bei der Untersuchung des *U. carpinifolia*-Materials des Bayerischen Staatsherbariums wurde von MELVILLE nur in vier Fällen unverbastardierte *U. carpinifolia* festgestellt. Ähnlich liegen die Verhältnisse in Belgien (LAWALRÉE 1952).

Hieraus erhellt, daß eine kritische Überprüfung der ganzen Gattung dringend geboten wäre, wobei zu berücksichtigen ist, daß zur Bestimmung nur Seitentriebe der Endzweige Verwendung finden können, da diese allein „erwachsen" sind. Alle Stockausschläge, Wasserreiser usw. stehen auf einem jüngeren Entwicklungsstadium, sind demnach zur Bestimmung ungeeignet (BANKROFT 1939, MELVILLE 1955).

Um die als außerordentlich variabel bekannten Ulmenblätter stärker als bisher zu Bestimmungsarbeiten heranziehen zu können, entwickelte R. MELVILLE (1937) eine Methode, die es ermöglicht, bestimmte Punkte an ganz verschiedenen Blättern miteinander vergleichen zu können. Langjährige Beobachtungen führten ihn zu der Erkenntnis, daß nur die distalen und subdistalen Blätter der kurzen Seitenanzweige beblätterter Astenden der Kronenregion zum Bestimmen brauchbar sind (Blätter von Wurzelschößlingen, Stammausschlägen usw. können höchstens mit ihresgleichen, nie mit normalen Laubblättern verglichen werden, da sie in Größe, Behaarung, Dicke stark von den übrigen Blättern desselben Individuums abweichen). Flachgepreßte, distale und subdistale Blätter der lateralen Kurztriebe werden, auf einer von unten beleuchteten Glasplatte liegend, mit Transparentpapier bedeckt und im Umriß abgezeichnet (die Umrißlinie wird durch die Spitzen der Blattzähne gezogen), sowie die Mittelrippe eingetragen. Diese Umrißzeichnung wird mittels Vergrößerungsapparat auf eine Blattlänge von 10 cm vergrößert und sodann auf Millimeterpapier übertragen (Fig. 110). Nun können alle Punkte der Randlinie nach ihrer Lage im Planquadrat, dessen Mittelsenkrechte mit der Blattmittelrippe zur Deckung gebracht wird, genau bezeichnet werden. Zur weiteren Orientierung s. R. MELVILLE, The Accurate Definition of Leaf Shapes by Rectangular Coordinates in Annals of Botany N.S. 1, 4, 673–680 (1937). Diese Methode kann nach MELVILLE bei systematischen Arbeiten Bedeutung erlangen, läßt sich doch mit ihrer Hilfe die Variationsbreite im Blattbereich eines Individuums, ganzer Populationen und Arten feststellen. Auch zum Erkennen von neuen Arten oder Bastarden dürfte sie anwendbar sein. Bislang scheinen sich allerdings auf dem europäischen Festland noch keine Anhänger dieser Methode gefunden zu haben. Wahrscheinlich sind hierfür mitverantwortlich die geforderte strenge Auslese bei der Gewinnung des Untersuchungsmaterials, wie auch dessen nicht ganz leichte statistische Auswertung. Vielleicht ließe sich aber mit Hilfe dieser Methode, ähnlich der südostenglischen, früher mit *U. carpinifolia* GLED. vereinigten *U. coritana* MELVILLE auch bei unseren Ulmen noch Neues ausscheiden!

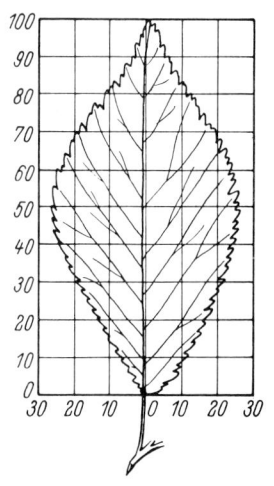

Fig. 110. Umrißzeichnung eines Ulmenblattes im Planquadrat (nach R. MELVILLE 1937)

Weitere Schwierigkeiten verursachen Exemplare, deren Zweige oder Äste zur Korkleistenbildung neigen. Ursprünglich als eigene Art (*U. suberosa* EHRH.), später als Varietät [*U. campestris* L. var. *suberosa* (EHRH.) GÜRKE] unterschieden, wird heute der Korkleistenbildung von verschiedenen Forschern überhaupt kein systematischer Unterscheidungswert mehr zugebilligt. BANKROFT (1939) deutet sie als Antwort auf individuelle Konstitution, Zurückschneiden bzw. den Grad der Verbastardierung des betreffenden Individuums. Auch die früher ausgesprochene Annahme, daß die Fähigkeit zur Korkleistenbildung verlorengehe, wenn die Korkulmen baumartig werden (HEGI 1910), konnte entkräftet werden (SILVA TAROUCA und C. K. SCHNEIDER 1922, H. WALTER 1931). Auch ist die Korkleistenbildung nicht auf Vertreter der *U. carpinifolia* beschränkt, findet sich vielmehr ebenso bei Exemplaren von *U. glabra* HUDS. (Syn. *U. campestris* L. ssp. *montana* (STOKES in WITH.) ASCHERS. et GRAEBN. var. *maior* ASCHERS. et GRAEBN.), *U. japonica* SARG., *U. Thomasii* SARG. u. a.

Krankheiten. Während oder bald nach dem ersten Weltkrieg wurden die Ulmen zuerst in Westeuropa von einer Krankheit befallen, die in der phytopathologischen Literatur als „Ulmensterben" bezeichnet wird. Als erste Anzeichen dieser Krankheit ist rasches Welken und Absterben der Zweigspitzen besonders in der Gipfelregion der erkrankten Bäume zu bemerken. Die kranken Zweige werfen das Laub ab und vertrocknen; später sterben ganze Wipfel und Zweigsysteme ab, bis die Bäume schließlich ganz eingehen. In den Jahren von 1920 bis 1930 breitete sich die Krankheit über ganz Mitteleuropa aus. In manchen Gegenden, z. B. in Oldenburg, sind die Ulmen in Alleen und Parkanlagen ganz oder zum größten Teil abgestorben und konnten mangels resistenter Arten oder Sorten nicht mehr nachgepflanzt werden. Krankheitsursache ist ein zu den Ascomyceten gehöriger Pilz, *Ceratostomella ulmi* (SCHWARZ) BUISM.; die Konidienform wurde bekannt unter dem Namen *Graphium ulmi* B. M. SCHWARZ. Der Pilz verursacht eine Tracheomycose; durch Thyllenbildung werden die Gefäße verstopft und der Saftstrom gehemmt. B. M. SCHWARZ vertrat die Ansicht, daß die Infektion von den Blättern und Blattnarben ausgehe. Wie weiterhin festgestellt wurde, tragen die Ulmensplintkäfer, besonders die beiden Arten *Eccoptogaster scolytus* HBST. und *E. multistriatus* MRSH. den Hauptanteil an der Ausbreitung der Krankheit. Bei ihrem Ernährungsfraß an der Blattstielbasis und den Abzweigungen kleiner Äste schaffen sie erste Verwundungen, durch welche mitgebrachte oder schon auf den Blättern vorhandene Pilzsporen oder Hyphen in die Leitungsbahnen des Baumes eindringen können. Beim Anlegen ihrer Larvengänge, unter der Rinde des Baumes, schleppen sie dann die gefährlichen Krankheitserreger selbst noch ein. Heute ist die Krankheit über ganz Europa verbreitet und hat auch schon nach Amerika übergegriffen. Die Bekämpfung bereitet große Schwierigkeiten. Das durchgreifendste Mittel ist nach wie vor Fällen und Verbrennen der befallenen Bäume, doch sollen auch Kupferkalkspritzungen vom Aufbruch der Knospen an, in Abständen von 10 bis 14 Tagen gegeben, wirksam sein, ebenso Bekämpfung der Käfer mit ölhaltigen DDT-Präparaten usw. In Holland blieben nach Ausbreitung der Ulmenkrankheit nur 5% der Ulmenbestände gesund. In jahrzehntelanger Züchtungs- und Selektionierungsarbeit wurden nun 2 resistente Sorten gewonnen, „Ulmus Christine Buisman" und „Ulmus Bea Schwarz", die jetzt in Baumschulen vegetativ vermehrt werden. – HEITMÜLLER (1953) gelang es, mit Hilfe von Wuchsstoffbehandlung Ulmenstecklinge zur Bewurzelung zu bringen. Sie sind den Sämlingen an Wuchskraft überlegen und besitzen im Gegensatz zu Pfropfreisern den Vorteil, daß auch das Wurzelsystem der resistenten Sorte angehört. – In Escherode wurde mit der vegetativen Vermehrung anscheinend resistenter Mutterbäume aus deutschen Beständen begonnen.

Außer *Melanopus squamosus* (HUDS.) PAT., Syn. *Polyporus squamosus* FR., verursachen vor allem die Agaricaceen *Pholiota squarrosa* (PERS.) QUEL., *Lyophyllum ulmarium* (BULL.) KÜHN und *Flammulina velutipes* (CURT.) SING. eine Weißfäule in den Stämmen alter Ulmen. *Platychora ulmi* (FR.) PETR. ist die Ursache einer Schorfkrankheit der Blätter, die oberseits mit mehr oder weniger zahlreichen, teils kleineren, teils größeren, oft blasig vorgewölbten, schwärzlichen, sich subepidermal auf dem Palisadenparenchym entwickelnden Krusten bedeckt erscheinen. Dieser Pilz ist ein Ascomycet, der erst im nächsten Frühjahr auf den überwinternden Blättern reif wird. *Septoria ulmi* FR. verursacht im Spätsommer und Herbst bräunliche, unscharf begrenzte, oft das ganze Blatt zum Absterben bringende Flecken, in denen sich unterseits die winzigen, punktförmigen Fruchtgehäuse des zu den Sphaeropsideen gehörigen Pilzes entwickeln. Aus ihnen treten zur Zeit der Reife die weißlichen Ranken der Konidien hervor. Diese sind hyalin, dick, fädig, mehr oder minder gekrümmt und mehrzellig. Die beiden Ulmenblattpilze sind zwar sehr häufig, weitverbreitet und auffällig, verursachen aber keinen nennenswerten Schaden. Der braune Schleimfluß, der neben der Ulme auch Pappel, Birke, Roßkastanie und Apfelbaum befällt, wird durch Infektion mit Fusarien, *Micrococcus dendroporthos* LUDW., *Bispora monilioides* CORDA und andere hervorgerufen. Ein infizierter Baum, der nur in den Wintermonaten und Zeiten größter Trockenheit nicht fließt, weist am Stamm oft Flußstrecken bis zu 2 m Länge auf, an welchen eine hell bis dunkelbraune, etwas körnige Masse ausgeschieden wird. Der Schleim riecht nach HEINDL-MENGERT (1954) moderig, aber nicht unangenehm, er wird von zahlreichen Nematoden bevölkert, die wohl durch Dipteren und Käfer, häufige Besucher der Flußstellen, übertragen werden. So wurden Dauerlarven von *Diplogaster Schneideri* unter den Flügeldecken und an den Intersegmentalhäuten von *Nosodendron fasciculare* festgestellt.

An Ulmen schmarotzende höhere Pflanzen scheinen selten zu sein. Über das Vorkommen von *Viscum album* L. auf *Ulmus americana* L. wird bei *Viscum* berichtet, weiter liegt nur eine Befallsmeldung von *Lathraea squamaria* L. vor (STAMM, 1938).

Tierische Schädlinge. Unter den Blattläusen saugt *Oligonychus ulmi* KOCH an Ulmenblättern, die sich daraufhin gelbgrau verfärben und vertrocknen, *Eriosoma lanuginosum* HTG. erzeugt walnuß- bis kartoffelgroße, hohle, beutelförmige Gallen mit höckeriger Oberfläche. Häufig geht das ganze befallene Blatt in der Gallbildung auf, oder der befallene Teil verkümmert. *Eriosoma ulmi* HTG. verrät sich durch die Bildung grüner, blasig aufgetriebener Blattrollen, die sich meist auf die eine Hälfte der Blattfläche beschränken. *Gobaishia pallida* HAL. bringt dickwandige, rundliche, filzigbehaarte Beutelgallen von 15 mm Größe hervor, die meist am Spreitengrund der Mittelrippe ansitzen. *Tetraneura ulmi* DE GEER regt die Bildung kurz keulen- oder sackförmiger, 10–12 mm großer, auf der Blattoberfläche inserierter Gallen an, während *Colopha compressa* KOCH bis 10 mm große, flachgedrückte, oben gezähnte, hahnenkammartige rote oder gelbliche Beutelgallen am Grund der Blattflächen oder auch in den Nervenwinkeln erzeugt. Unter den Käfern müssen neben den schon besprochenen Splint- noch zwei Bockkäfer erwähnt werden, die im Holz Larven- und Verpuppungsgänge anlegen: *Cerambyx scopoli* LCH. und *Saperda punctata* L., der Blattkäfer *Galerucella alni* L. zeichnet sich durch Löcherfraß an Blättern aus. Schließlich seien noch die Klein- und Großschmetterlinge sowie die Dipteren genannt, deren Raupen Blätter, Knospen und Triebteile befressen, auch gelegentlich Gänge im Holz oder Gallenkammern in den Blättern, Blattstielen und jungen Sproßachsen anlegen. Weiteren Schaden richten Wildhasen, Wildkaninchen und Rehe durch Verbiß, gelegentlich auch Biber und Waldmäuse durch Benagen an.

Nutzen. Die Feldulme liefert vor allen anderen Arten wirkliches Qualitätsholz, das, nach sorgfältiger Trocknung Politur gut annimmt und bei der Möbelherstellung gern verwendet wird (Name „Rüster"). Die übrigen Arten besitzen kein so dauerhaftes Holz, werden dennoch zu allen schon in der Familienbeschreibung aufgeführten Bauten und Geräten verarbeitet. Wegen ihrer geringen Empfindlichkeit gegenüber Ruß, Rauch und schlechter Luft wurden Ulmen vor Einsetzen der Ulmenkrankheit selbst in Industriegebieten gern gepflanzt; und so findet man sie auch heute noch als Wald-, Park- und Alleebäume. Besonders in ländlichen Gegenden werden junge Ulmen, deren Zweige noch biegsam sind, an Lattenzäune gepflanzt und zwischen den Latten durchgeflochten, so daß beim Verfaulen des künstlichen Zaunes ein vielgewundener, natürlicher, stehenbleibt, der durch Zurückschneiden kurz gehalten wird (ASCHERSON u. GRAEBNER, 1911).

Ähnlich ist die Verwendung zu lebenden Hecken oder den Knicks in Schleswig-Holstein. Als Viehfutter wird das Laub der Ulmen in den Südalpen noch allgemein genutzt, in Oberitalien pflanzte man Ulmen schon zu VERGILS und COLUMELLAS Zeiten als Stützen für die Weinstöcke. In Friedhöfen stehen häufig Trauerformen von *U. glabra* HUDS., denn die Ulme galt schon im Altertum als Symbol des Todes und der Trauer.

Volksnamen. Der Name Ulme ist erst im späten Mittelalter aus dem lat. ulmus entlehnt worden. Dagegen ist ahd. elmo, ilme, mhd. elm (boum), angelsächsisch, dän. elm, altnord. almr urverwandt mit dem lat. ulmus. Im Oberdeutschen und im Ostmitteldeutschen ist die Mundartform Ilm(e) sehr verbreitet. Auch Formen wie Ilb(e), Elb treten dort auf. Vereinzelt sind Alme (Oberösterreich), Olme (Schweiz). Orme (Pfalz) ist wohl nach dem franz. orme „Ulme" gebildet. Rüster (ahd. rust, ruzbaum) ist eine verhältnismäßig spät gebildete Zusammensetzung, in deren Endsilbe das Baumsuffix -ter (vgl. engl. tree „Baum") steckt ähnlich wie in Affolter „Apfelbaum". Im Niederdeutschen erscheint der Name als Röster, Reuster, Reuste. Dem ahd. rust stehen noch nahe Rusten (Österreich), Russel (Oberösterreich), Ruest (Elsaß), Rusche (z. B. Pfalz, Altbayern, Baden), Ruesche(n) (Schweiz). Im Rheinischen heißt die Ulme vereinzelt Eff(e), Eft(e), in der Pfalz Iffe (dies für *Populus canescens*, manchmal auch für *U. glabra*, Niederdeutsch sind Iper, Jiper, Ieper, Ipe. Sie gehören zu niederl. iep, ieperboom, franz. ypréau. Die öfters angegebene Ableitung dieses Namens von der Stadt Ypern in Flandern ist nicht richtig, eher könnte umgekehrt die Stadt ihren Namen von dem Baum erhalten haben. Der niederdeutsche Name Wieke (Westfalen, Mecklenburg), Wietschke (Zerbst, Kr. Jerichow) erscheint auch im engl. witch, witch, witch-elm (*U. glabra*) und im Slavischen (z. B. russ. vjaz, poln. wiąz). Fliegenbaum (Österreich, Erzgebirge) nimmt auf die Beutelgallen bezug, die von *Tetraneura ulmi* erzeugt werden. Das Volk hält die gallenerzeugenden Insekten für Fliegen. Stoi(n)lind, Spitzlind (Schwäb. Alb) und Wildhasel (Kärnten) gehen auf eine gewisse Ähnlichkeit der Blätter mit Linden- und Haselblättern zurück.

Von der Ulme sind wohl auch abgeleitet die Flußnamen Ilm (rechter Nebenfluß der Donau, ebenso ein linker der Saale), Ilme (Nebenfluß der Leine), Ilmenau (Nebenfluß der Elbe, auch Stadt in Thüringen). Orts- und Flurnamen wie Elm, Elmau, Elmbach können gleichfalls hierher gehören. Dagegen hat der Name der Stadt Ulm (urkundlich aus dem Jahre 845 als Hulma bezeugt) nichts mit dem Baum zu tun. Zu Rüster mögen Ortsnamen wie Rust (z. B. Baden, Niederösterreich), Rüstern (Liegnitz), Rüsterort (Hannover), Rusteck, Rustbauer (beide östlich St. Gilgen) zu stellen sein.

### Gliederung der Gattung:

Sektion 1. *Blepharocarpus*: *U. laevis*, *U. americana*, *U. Thomasii*.
Sektion 3. *Ulmus* (Syn. *Madocarpus*): *U. carpinifolia*, *U. glabra*, *U. elliptica*, *U. japonica*, *U. pumila*, *U. rubra*.
Sektion 5. *Microptelea*: *U. parvifolia*.
(Die Sektionen 2. *Chaetoptelea*, und 4. *Trichoptelea* sind bei uns nicht vertreten.)

Schlüssel zum Bestimmen
der in Mitteleuropa wildwachsenden und kultivierten Ulmen-Arten:

1a Blüten im Herbst aufbrechend. Perigon nur im untersten Drittel verwachsen oder fast bis zum Grunde frei. Kultiviert . . . . . . . . . . . . . . . . . . . . . . . . . . . *U. parvifolia* JACQ.

1b Blüten vor den Blättern erscheinend. Perigon zu $^2/_3$ seiner Länge verwachsen . . . . . . . . . 2

2a Blüten langgestielt, hängend . . . . . . . . . . . . . . . . . . . . . . . . . . . . . . . . 3

2b Blüten kurzgestielt, aufrecht, in dichten Büscheln . . . . . . . . . . . . . . . . . . . . . . 5

3a Blüten an traubig verlängerter Achse. Zweige mehr oder weniger zur Korkleistenbildung neigend. Früchte flaumig behaart. Kultiviert . . . . . . . . . . . . . . . . . . . . . *U. Thomasii* SARG.

3b Blüten gebüschelt an kurzer Achse. Zweige ohne Korkleisten. Früchte nur am Rand gewimpert . . . 4

4a Blüten über der Mitte am breitesten, unterseits mehr oder weniger flaumhaarig. Knospen kegelförmig, scharf spitzig, länger als 1 cm. Staubbeutel purpurn. Spontan und kultiviert. *U. laevis* PALL.

4b Blätter unterhalb der Mitte am breitesten, unterseits fast kahl. Knospen stumpflich-eiförmig, bis 8 mm lang. Staubbeutel violett. Kultiviert . . . . . . . . . . . . . . . . . . *U. americana* L.

5a Knospenschuppen dicht rostrot behaart. Blätter bewimpert. Früchte im Zentrum behaart . . . . 6

5b Knospenschuppen kahl oder mit hellen Haaren besetzt. Blätter nicht bewimpert. Früchte kahl . . 7

6a Knospenschuppen mit rostfarben-filzig aufbrechenden Rändern. Stamm mit schleimiger Innenrinde. Samen in der Fruchtmitte liegend. Kultiviert . . . . . . . . . . . . . . . . . *U. rubra* MUHL.

6b Knospenschuppen nicht rostrot filzig berandet, Innenrinde nicht schleimig. Samen etwas unterhalb der Fruchtmitte inseriert. Kultiviert . . . . . . . . . . . . . . . . . . . . *U. elliptica* K. KOCH

7a Blattrand nahezu einfach gesägt. Blätter fast symmetrisch, 2–5 cm lang. Kultiviert *U. pumila* L.

7b Blattrand doppelt gesägt. Blätter asymmetrisch, 5–20 cm lang . . . . . . . . . . . . . . . . 8

8a Junge Zweige kahl oder zerstreut behaart. Blattoberseite glatt. Griffelkanal kurz. Samen in den oberen Fruchthälften liegend. Pflanzen mit Wurzelschößlingen. Spontan und kultiviert. *U. carpinifolia* GLED.

8b Junge Zweige flaumhaarig. Blattoberseite rauh . . . . . . . . . . . . . . . . . . . . . . . 9

9a Samen in der Fruchtmitte liegend. Frucht 2 cm lang. Blattstiel 3 mm. Längere Blatthälfte den Blattstiel öfter öhrchenartig überdeckend. Blätter oft dreispitzig. Spontan und kultiviert. *U. glabra* HUDS.

9b Samen in der oberen Fruchthälfte liegend. Frucht bis 1,5 cm. Blattstiel 4–8 mm. Blätter am Grund nicht geöhrt, lang zugespitzt. Kultiviert . . . . . . . . . . . . . . . . . *U. japonica* SARG.

Schlüssel zum Bestimmen der wildwachsenden Arten:

1a Blüten an 6–18 mm langen Stielen, in Büscheln von der kurzen Blütenstandsachse herabhängend. Früchte am Rand gewimpert. Blätter elliptisch, lang zugespitzt, am Grund stark asymmetrisch. Rinde braungrau, sich mit flachen, dünnen Schuppen ablösend . . . . . . . . . *U. laevis* PALL.

1b Blüten aufrecht, auf höchstens 5 mm langen Stielen. Früchte kahl . . . . . . . . . . . . . . 2

2a Borke an älteren Bäumen durch Längs- und Querrisse in rechteckige bis achteckige Felder zerspringend. Blattstiel 6–15 mm lang. Blattoberseite kahl, Seitennerven in 8–14 Paaren, Unterseite mit Achselbärten. Samen am Ende des kurzen Griffelkanals im oberen Teil der Frucht liegend. Junge Zweige kahl oder zerstreut flaumig behaart. Pflanzen mit Wurzelschößlingen. Zweige, besonders an strauchigen Exemplaren gern mit Korkleisten . . . . . . . . *U. carpinifolia* GLED.

2b Borke nur durch tiefgreifende Längsrisse gefurcht. Blattstiel 3 mm lang. Blattoberseite rauh, Unterseite weichhaarig, Seitennerven in 14–20 Paaren, Blatt oft dreispitzig, längere Blatthälfte den Stiel oft öhrchenartig überdeckend. Griffelkanal lang. Samen in der Fruchtmitte liegend. Junge Zweige mit kurzen Emergenzen besetzt, rauh oder flaumig behaart. Pflanzen ohne Wurzelschößlinge . . . . . . . . . . . . . . . . . . . . . . . . . . . . . . . . . . . . . *U. glabra* HUDS.

**786 a. Ulmus americana** L., Spec. plant. 226 (1753). Syn. *U. mollifolia* MARSH. (1785), *U. pendula* WILLD. (1811), *U. alba* RAF. (1817) non KIT., *U. floridana* CHAPM. (1865). American Elm, White Elm, Water Elm, Amerikanische oder Weißulme. – Imposante, bis 40 m hohe Bäume mit hellgrauer, schuppiger, tieffrissiger Borke und in der Jugend flaumig behaarten Zweigen, die äußeren häufig hängend. Blätter eiförmig-länglich, 7–15 cm lang, Rand doppelt gesägt, asymmetrisch, lang zugespitzt, Oberseite rauh, kahl, Unterseite flaumig behaart, Blattstiele 5–8 mm lang. Blütenstiele 1–2 cm. Staubblätter 7–8. Narben weiß. Früchte elliptisch, etwa 1 cm lang, Rand gewimpert, Oberfläche kahl, Einschnitt an der Flügelspitze bis zum Samen reichend. Heimat: Atlantisches Nordamerika vom südlichen Neufundland bis Florida und Texas und westlich bis an den Fuß der Rocky Mountains reichend. Baum des Tieflandes und der Auen, ganz ähnlich wie unsere *Ulmus laevis*. In den nordöstlichen Vereinigten Staaten als Alleebaum beliebt, bei uns seit langer Zeit in Gärten und Parkanlagen gepflanzt, gedeiht gut auf feuchten Böden. REHDER (1949) unterscheidet: 1. f. *columnaris* REHD. mit aufstrebenden Ästen und ziemlich ausladender Krone, 2. f. *ascendens* SLAVIN mit weniger ausladender, mehr säulenartiger Krone und 3. var. *pendula* AIT. mit lang herabhängenden Zweigen. – Das Holz von *U. americana* ist schwer, hart, zäh, schwer spaltbar, widerstandsfähig gegen Zerreißen, grobfaserig und fest. Es gilt irrtümlicherweise als dauerhaft bei Verarbeitung im Boden oder bei abwechselnd trockenen und nassen Verhältnissen. Es wird in großem Umfang zu billigen Möbeln, leichten Böttcherwaren, Kisten usw. verarbeitet.

**786 b. Ulmus elliptica** K. KOCH in Linnaea 22, 599 (1849). Syn. *U. americana longifolia* hort., *U. glabra sibirica* hort., *U. longifolia* hort., *U. sibirica* hort., *U. Heyderi* hort. Langblättrige Ulme. – Ziemlich flachkronige, bis 20 m hohe Bäume mit mäßig rissiger, dunkelbrauner Borke, Zweige etwas höckerig, hellgraubraun, in der Jugend steifhaarig, später verkahlend. Winterknospen stumpf, eiförmig, etwa 6 mm lang. Blätter länglich-eiförmig, 8–25 cm lang, Rand grob abstehend ziemlich scharf doppelt gesägt, Zähne nur an der Spitze etwas nach vorne gerichtet, stark asymmetrisch, lang zugespitzt, oberseits locker steifhaarig, zuletzt verkahlend, rauh, ziemlich dünnhäutig. – Heimat: Krim, Kaukasus, Transkaukasien bis Nordpersien, Turkestan und Westsibirien; bei uns ab und zu in Gärten gepflanzt.

**786 c. Ulmus japonica** SARG., Trees and Shrubs 2, t. 101 (1907). Syn. *U. campestris* L. var. *japonica* (SARG.) REHD., *U. Davidiana* PLANCH. var. *japonica* (SARG.), NAKAI. Japanische Ulme. – Bis 30 m hohe Bäume mit blaß gelblich-braunen, höckerigen, in der Jugend dicht flaumhaarigen, manchmal korkig geflügelten Zweigen. Blätter verkehrt-eiförmig oder elliptisch, 8–12 cm lang, Rand doppelt gesägt, Spreite lang zugespitzt, Nervenpaare 12–16, Oberseite flaumhaarig rauh, Unterseite flaumhaarig mit kleinen Achselbärten. Blattstiel 4–5 mm lang, dicht flaumig. Blüten fast sitzend. Staubblätter 4. Früchte verkehrt-eiförmig bis elliptisch, gleichmäßig zum Grund hin verschmälert. Samen direkt unter dem apikalen Flügeleinschnitt sitzend. – Heimat: Nordöstliches China, Japan, Sachalin.

**786 d. Ulmus parvifolia** JACQ., Hort. Schoenbr. 3, t. 262 (1798). Syn. *U. campestris* L. var. *parviflora* (JACQ.) LOUD., *U. chinensis* PERS. (1805), *U. virgata* ROXB. (1814), *Microptelea parvifolia* (JACQ.) SPACH (1841). Chinesische Ulme. – Bis 25 m hoch werdender Baum oder Strauch mit glatter oder rauher Borke, breiter, runder Krone und dünnen, flaumig behaarten Zweigen. Blätter elliptisch, eiförmig bis verkehrt-eiförmig, 2–5 cm lang, ganzrandig oder einfach gesägt, spitzig oder stumpflich, am Grund asymmetrisch, fast ledrig, Oberseite kahl, glänzend, Unterseite in der Jugend flaumhaarig. Blüten im August oder September in achselständigen Büscheln. Früchte elliptisch-eiförmig, 1 cm lang. Samen im Zentrum der Frucht sitzend. Blätter im Herbst rot bis purpurn verfärbend, lange am Baum bleibend, in wärmeren Gegenden immergrün! – Heimat: Nord- und Zentralchina, Korea, Japan.

**786 d. Ulmus pumila** L., Spec. Plant. 226 (1753). Syn. *U. microphylla* PERS. (1805), *U. campestris* L. var. *pumila* (L.) MAXIM. Zwergulme. – Etwa 3–5 (–25) m hohe Bäume oder Sträucher. Borke rauh, Zweige dünn, grau oder grau-bräunlich, in der Jugend mehr oder weniger flaumhaarig. Nebenblätter breit, oft am Grund halbherzförmig, Winterknospen klein, rundlich mit wenigen, meist nur gewimperten Schuppen. Blätter elliptisch, zugespitzt, am Grunde nahezu gleichseitig, Blattrand einfach bis doppelt gekerbt. Blattoberseite kahl, glatt, dunkelgrün, Unterseite mit schwachen Achselbärten. Blattstiel bis 4 mm. Blüten sehr kurz gestielt. Staubblätter 4–5, oft kürzer als das Perigon. Staubbeutel violett. Früchte fast kreisrund, 1–1,5 cm, Flügel nicht eingeschnitten. Samen etwas oberhalb der Fruchtmitte sitzend. – Heimat: Ostsibirien, Nordchina, Turkestan. – Für Ostsibirien und die Mongolei ist die schmalblättrige, strauchige Form charakteristisch, in China, Mandschukuo und Korea wird *U. pumila* dagegen als Baum bis 25 m hoch, die Kronenform ist kugelig (*U. manshurica* NAKAI, 1932); in Kultur befindet sich meist diese Form. *U. pumila* L. var. *pendula* (KIRCHN.) REHD. (1934) hat dünne, herabhängende Zweige, *U. pumila* L. var. *arborea* LITW. (1908), Syn. *U. turkestanica* REGEL (1884), *U. pumila* L. var. *pinnatoramosa* HENRY ist ein Baum mit lockerer Verzweigung, Blätter elliptisch-eiförmig, 4–7 cm lang, Blattstiele 4–8 mm. *U. pumila* L. f. *Androssowi* (LITW.) REHD. besitzt eine dichte Krone, welche aus abstehenden Zweigen geformt wird, an älteren Zweigen bilden sich Korkflügel. – *Ulmus pumila* wird als Alleebaum für trockene Gebiete empfohlen, sie soll gegenüber der „Ulmenkrankheit" widerstandsfähig sein.

**786 e. Ulmus rubra** MUHL. in Trans. Amer. Middl. Phil. Soc. 3, 165 (1793). Syn. *U. americana* MARSH. (1785), *U. fulva* MICHX. (1803), *U. rubra* MICHX. f. (1831). Fuchsulme, Fuchsbaum, Rotulme, Rotrüster. – Bis 20 m hohe Bäume mit abstehenden, eine breite, offene Krone formenden Ästen. Zweige rotbraun oder orangefarben, mehr oder weniger flaumhaarig, Borke tieffrissig, Knospen groß, rostrot flaumhaarig. Blätter verkehrt-eiförmig bis länglich, 10–20 cm lang, Rand doppelt gesägt, Spreite lang zugespitzt, am Grund stark asymmetrisch, Oberseite dunkelgrün, sehr rauh, Unterseite dicht flaumhaarig, im Herbst sich dunkelgrau verfärbend. Blattstiele 4–8 mm lang. Blüten in dichten Büscheln, fast sitzend, Perigonabschnitte 5–9, Staubblätter ebensoviele, Narben rosafarben. Früchte fast kreisförmig bis breit-elliptisch, 1–2 cm lang und breit, bis auf die rostrot-flaumhaarige Mitte kahl, Flügel am apikalen Ende nur leicht eingeschnitten. Samen in der Fruchtmitte inseriert. – Heimat: Atlantisches Nordamerika von Quebec bis Florida, westlich bis Dakota und Texas. Bei uns seit langem in Gärten kultiviert. Das Holz ist fest, zäh, leicht spaltbar, grobfaserig, dauerhaft, aber von geringer Qualität. Es wird zu Bootsrippen, Eisenbahnschwellen, Radnaben, Musikinstrumenten, Küchenmöbeln, Kisten und in der Küferei verwendet. Die aromatische, schleimige Innenrinde ist ein Unterscheidungsmerkmal gegenüber *U. americana* und *U. Thomasii*. Die sehr zahlreichen, bis 0,2 mm großen Schleimzellen füllen zum größten Teil die Mitte der Weichbastschichten aus, die zwischen den lockeren, tangential angeordneten Reihen von Bastfasern stehen. Der Schleim kommt als getrocknete, hornartige Masse in den Handel; er enthält 60% Pentosan, Methylpentosan und Hexosan mit Galaktose, Glukose und Fruktose. Prozentual sind darin vorhanden: 1,4% Stickstoff, etwa 12,2% Pentosan, 10,3% Methylpentosan, 26,3% Galaktan und 13,7% vergärbarer Zucker. Die Indianer Nordamerikas sollen diesen Schleim, der zweifellos sehr nahrhaft ist, ohne jede Zubereitung genossen haben. Die Rinde ist in den USA als Cortex ulmi fulvae offizinell und findet gepulvert zu kühlenden Umschlägen auf entzündeten Stellen und zu erweichenden Cataplasmen Verwendung.

Fig. 111. Auenwald bei Ammendorf in Sachsen. Im Vordergrund *Ulmus carpinifolia* GLED. mit reichlichem Stockausschlag, in der Mitte Stieleiche und Esche (Aufn. H. PASSARGE 1951)

**786 f. Ulmus Thomasii** SARG., Silva **14**, 102 (1902). Syn. *U. racemosa* THOMAS (1831) non BORKH. Felsenulme, Traubenulme. – Bis 30 m hohe Bäume, deren abstehende Zweige eine länglich-runde Krone bilden. Zweige gewöhnlich bis ins zweite Jahr weich behaart, später Korkleisten bildend. Knospen groß, scharf zugespitzt, flaumig. Blätter eiförmig-länglich bis elliptisch, 8–15 cm lang, 3–9 cm breit, flaumig behaart ohne Achselbärte. Blattstiele bis 10 mm lang. Blüten an 5 cm langen, abwärtshängenden, locker traubigen Blütenstandsachsen. Staubblätter 5–8, das Perigon überragend, Narben grünlichweiß. Frucht breit-elliptisch, 1,5–2 cm lang, 0,8–1,5 cm breit, flaumhaarig, Rand gewimpert, an der Spitze leicht eingekerbt. – Heimat: Nordamerika, von Quebec bis Tennessee und westlich bis Nebraska reichend. *U. Thomasii* bevorzugt gute, kalkreiche Böden; sie wird bei uns nur selten in Gärten gepflanzt. Das Holz ähnelt dem von *U. rubra* und wird beim Schiffbau, in der Wagnerei, Klavier- und Möbelfabrikation, bei der Autoherstellung und gelegentlich bei der Fertigung von Eisenbahnschwellen verwendet.

**786 g. Ulmus carpinifolia** GLED., Pflanzenverzeichnis 354 (1773). Syn. *U. campestris* L. (1753) p. p., *U. glabra* MILL. (1768) non HUDS. (1762), *U. sativa* MILL. (1768) nom. illeg., *U. pumila* PALL. (1771) non L., *U. vulgaris* PALL. (1771) nom. illeg., *U. angustifolia* MOENCH (1785), *U. suberosa* MOENCH (1785), *U. nuda* EHRH. (1790), *U. tetrandra* SCHKUHR (1791), *U. foliacea* GILIB. (1792), *U. nana* BORKH. (1800), *U. nemorosa* BORKH. (1800), *U. chinensis* DESF. (1804), *U. fungosa* DUM. COURS. (1811), *U. modiolina* DUM. COURS. (1811), *U. surculosa* STOKES (1812), *U. corylifolia* HOST (1827), *U. sparsa* DUM. (1827), *U. tiliaefolia* HOST (1827), *U. tortuosa* HOST (1827), *U. planifolia* hort. ex LOUD. (1838), *U. major* HOHEN. (1838), *U. scampstoniensis* hort. ex STEUD. (1841), *U. aurea* hort. ex K. KOCH (1853), *U. Bandii* hort. ex K. KOCH (1853), *U. cornubiensis* hort. ex K. KOCH (1853), *U. Webbiana* LEE ex K. KOCH (1853), *Ulmus campestris* L. ssp. *eu-campestris* ASCHERS. et GRAEBN. (1898), *U. campestris* L. var. *genuina* ASCHERS. (1864), *U. purpurea* hort. ex K. KOCH (1873), *U. pseudosuberosa* BLOCKI (1887), *U. Rosseelsii* hort. ex DIPP. (1892), *U. virens* hort. ex

Dipp. (1892), *U. cucullata* hort. ex Dipp. (1895), *U. fastigiata* hort. ex Dipp. (1895), *U. glandulosa* Lindl. ex Dipp. (1895), *U. monumentalis* Rinzer ex Dipp. (1895), *Ulmus glabra* Mill. var. *suberosa* (Moench) Gürke in Richt. et Gürke (1897). Feldulme, Gewöhnliche Ulme, Glatte Ulme, Rotulme, Rüster, Feldrüster, Glattrüster, Rotrüster. Dän.: Smaabladet Ælm. Engl.: Common Elm, Field Elm, Cork Elm. Franz.: Orme champêtre, O. rouge, O. à petites feuilles, Ipreau, Yvet. Ital.: Olmo comune, O. gentile. Poln.: Wiąz pospolity. Tschech.: Jilm habrolistý. Sorb.: Pólny wjaz. Taf. 86, Fig. 3; Fig. 111–113, 114 o, p

Baum oder Strauch, bis 40 m hoch, reichlich Wurzelbrut bildend. Stamm konisch, mit Zweigen besetzt. Rinde anfänglich glatt, bräunlichgrau, später in eine rissige, ziemlich korkreiche Borke übergehend, in recht- bis achteckige Felder zerklüftend. Zweige in der Jugend drüsig, mit wenigen, einfachen, rauhen Haaren besetzt, später kahl, rotgelb bis rotbraun oder olivfarben, an strauchigen Exemplaren oft mit Korkleisten. Winterknospen eiförmig-spitzig, dunkelbraun, kurz, etwas rauh bewimpert, Lentizellen unauffällig, rundlich. Laubblätter der Langtriebe und distale Laubblätter der Kurztriebe auf 8–15 mm langen Stielen, Spreite elliptisch bis verkehrteiförmig mit mehr oder weniger stark keilförmiger Basis, asymmetrisch, längere Blatthälfte mehr oder minder deutlich rechtwinkelig zum Stiel umbiegend, oberes Ende lang spitz zulaufend, (2–)5–11 cm lang, 1,5–5 cm breit, Blattrand besonders in Richtung auf die Spitze hin doppelt gesägt, Blattoberseite anfänglich mit kurzen, zerstreut stehenden Haaren und Drüsen besetzt, später glatt und glänzend, Blattunterseite mit zahlreichen Drüsen und einzelnen Haaren, zwischen dem Hauptnerv und den 8–15 Seitennervenpaaren mit Achselbärten, Seitennerven oft am Rand gegabelt. Unterste Laubblätter der Kurztriebe eiförmig bis lanzettlich, spitz. Nebenblätter lanzettlich bis linealisch, 8–14 mm lang, hinfällig. Blüten in dichtgedrängten Dichasien, 15- bis 35-blütig, Blüten etwa 3 mm lang. Perigon weißbewimpert, Abschnitte 4–5, im unteren Teil verwachsen. Staubblätter ebensoviele und vor den Perigonblättern stehend. Flügelfrüchte verkehrt-eiförmig

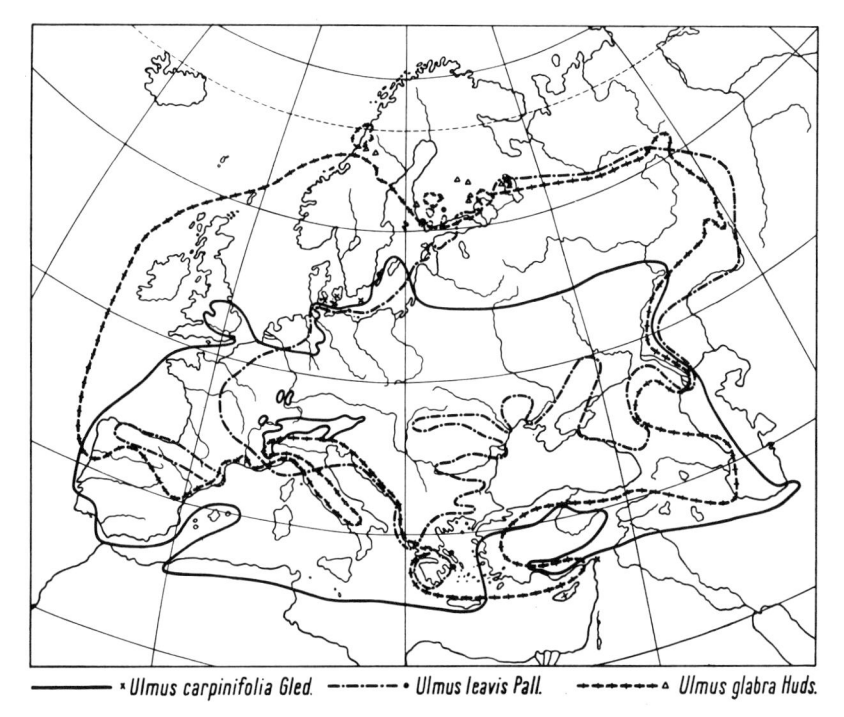

Fig. 112. Verbreitungsgebiet von *Ulmus carpinifolia* Gled., *Ulmus glabra* Huds. und *Ulmus laevis* Pall. (Nach H. Meusel, 1957)

bis herzförmig, am Grund keilförmig verschmälert, Spitze eingeschnitten, 1,3–2,5 cm lang, 0,8–2 cm breit, zerstreut drüsig; Griffelkanal so lang oder kürzer als der Samen, der in der oberen Hälfte der Frucht inseriert ist. Unterste Blattpaare der Keimpflanze gegenständig, erst allmählich zur zweizeiligen Blattstellung übergehend. – Chromosomenzahl: n = 14. – III, IV.

Vorkommen. Stellenweise bestandbildend, vor allem im Süden und Osten des Gebietes in den Hartholzauen der großen Stromtäler oder an deren benachbarten Hängen auf grundfrischen, oberflächlich sommerlich aber oft austrocknenden, nährstoffreichen und meist kalkhaltigen Lehm- und Tonböden (Braune Aueböden). Territoriale Charakterart des mitteleuropäischen Fraxino-Ulmetum, im Mittelmeergebiet in den Silberpappelauen, überregional: Populetalia-Ordnungscharakterart, außerdem im Umkreis der Auen in warmen, bodenfrischen Flaumeichengebüschen oder in entsprechenden Laubmischwaldgesellschaften (wie dem Ulmo-Carpinetum), auch als Pioniergebüsch an Weg- und Waldrändern, ferner vielfach in Parkanlagen oder an Straßen gepflanzt. Am östlichen Harzrand bis 200 m, im allgemeinen kaum über 500 m Höhe, nur im Süden bis über 1000 m ansteigend, z. B. Berner Oberland bis 1420 m, Wallis bis 1300 m, Kärnten bis 1250 m Höhe.

Allgemeine Verbreitung: Südliches und gemäßigtes Europa (Meridional bis boreomeridional-europäisch). Von Südspanien, Westfrankreich und Südostengland (hier nach TANSLEY nur in der Kulturlandschaft) östlich bis Nordpersien, bis zum Kaukasus, zum unteren Wolgagebiet und mittleren Wolga-Kama-Gebiet; im Norden im Nordwestdeutschen Tiefland fehlend, sonst verbreitet bis ins südliche und östliche Schleswig-Holstein, bis zu den Ostseeinseln Langeland, Falster, Ost-Seeland, Bornholm, Öland, Gotland und bis zum Unterlauf der Memel, im Süden bis Sardinien und Sizilien, bis Kreta, Rhodos, Zypern und Nordsyrien, außerdem vereinzelt in den nordafrikanischen Gebirgen von Algerien und Tunesien.

In Asien entspricht unserer *U. carpinifolia* GLED. die von Dahurien über Ussurien und Sachalin bis zur Mongolei verbreitete *U. japonica* SARG.; *U. carpinifolia* GLED. var. *umbraculifera* (TRAUTV.) REHD. ist ein Endemit des Kaukasus und der zentralasiatischen Gebirge. Im synökologischen Verhalten kommt unsere Feldulme *U. pumila* L. am nächsten, die von den ostasiatischen Lößgebieten bis zu den zentralasiatischen Gebirgen verbreitet ist, sowie deren f. *Androssowii* (LITW.) REHD., ein Endemit der zentralasiatischen Gebirge.

Verbreitung im Gebiet. In den großen Stromtälern der Weichsel, Oder und Elbe von Ostpreußen bis zur östlichen Altmark verbreitet, seltener im übrigen Flachland, außerdem an der Ostseeküste; in Mitteldeutschland vorwiegend auf die Flußtäler der Elbe, der oberen und unteren Mulde und der Saale mit ihren Nebenflüssen und auf die warmen Lößhügelländer des mitteldeutschen Trockengebietes beschränkt, häufiger auch in den warmen Mittelgebirgstälern des Nordostharzes, vereinzelt im Sächsischen Hügelland, am Südrand des Harzes und am Nordrand des Thüringer Waldes, ferner seltener im Ostfälischen Hügelland, im Leinebergland, im Osthessischen Bergland und im Westhessischen Hügel- und Beckenland. Südlich des Thüringer Waldes im Oberpfälzisch-Obermainischen Hügelland. In Württemberg nach BERTSCH (1948) nur gepflanzt, KREH (1951) allerdings glaubt Vorkommen um Stuttgart (Bietigheimer Forst, Muckenschupf, Nippenburger Wäldle, Kallenberg und Lemberg bei Feuerbach) als natürlich entstanden bewerten zu dürfen. Die bayerischen Vorkommen auf der oberen und unteren Hochebene (Auenwälder der Isar und Donau) sind schon dem weitverzweigten Auenwaldsystem von Donau, March und Thaya zuzuzählen, wo die Feldulme ein charakteristisches Element der Hartholzauen darstellt. In Niederösterreich und der Südslovakei haben sich außerdem auf Hügelkuppen letzte Reste durch die Kultursteppe völlig verdrängter, einst ausgedehnter Eichenmischwälder erhalten; neben *Quercus pubescens* WILLD. enthalten sie *Corylus Avellana* L., *Ulmus carpinifolia* GLED. (oft in der strauchigen Form mit Korkleisten), *Prunus fruticosa* PALL., *P. Mahaleb* L., *Cornus sanguinea* L. *Viburnum Lantana* L. und *Juniperus communis* L. – In der Schweiz an sonnigen Hängen und in wärmeren Lagen. Ein Bestand am Westhang Bremlen im Freudental bei Schaffhausen soll „vielleicht urwüchsig" sein. Im Kanton Aargau nur in milderen Lagen im nordwestlichen Kantonsteil, im Kanton Basel an Halden, Ufern und in Gebüschen. Nach BRAUN-BLANQUET (1923) sind in Graubünden nur folgende Angaben gesichert: Rosselina gegenüber Campocologna, Valle di Braga; weitere Fundorte aus dem Bergell und diesseitigen Graubünden beruhen auf Verwechslung mit *U. glabra* HUDS. Vom schweizerischen Teil der Simplon-Südseite bisher nur aus Gabi bekannt, im Kanton Waadt bis 800 m ansteigend. Häufig im Unterwallis, Tessin und im benachbarten Südtirol.

Wie diese Verbreitungsangaben zeigen, hat die Feldulme im intensiv bewirtschafteten Mitteleuropa den größten Teil ihres ursprünglich ausgedehnten Areals an die Kulturlandschaft verloren. Lediglich im Mitteldeutschen Trockengebiet konnte sie, im Gefolge von Kulturmaßnahmen, einen kleinen Gebietszuwachs erringen. An Waldrändern und kleinsten Resten ehemaliger Eichen-Hainbuchen-Bestände wird durch unausgesetzte Anwehungen von Lößstaub aus der Kulturlandschaft die Voraussetzung für das Gedeihen von Feldulmen gegeben, die hier in größerer Anzahl hochzukommen vermögen als im natürlichen Bestand der Auenwälder und Randgehänge (MEUSEL 1954).

Ziemlich veränderlich; die wichtigsten Formen sind die folgenden: 1. var. *Dampieri* (WESM.) REHD. Syn. *U. nitens* MOENCH var. *Dampieri* (WESM.) HENRY. Krone schmal pyramidenförmig, Blätter an Kurztrieben gehäuft, breit eiförmig, tief doppelt gezähnter Rand, Zähne gekerbt. – Hierher: f. *Wredei* (JUEHLKE) REHD. Syn. *U. campestris Dampieri Wredei* JUEHLKE. Ähnlich *Dampieri*, aber mit gelblichen bis goldgelben Blättern; beliebter Zierbaum.

2. var. *suberosa* (MOENCH) REHD. Syn. *U. suberosa* MOENCH non EHRH., *U. campestris* L. var. *suberosa* (MOENCH) WAHLB. Pflanzen meist strauchig, junge Zweige mit dicken Korkleisten (Fig. 113). Borke meist rauh, dunkel, in kleine

Fig. 113. *Ulmus carpinifolia* GLED. var. *suberosa* (MOENCH) REHD. am Hundsheimer Berg bei Hainburg, Niederösterreich (Aufn. H. DOPPELBAUER)

Stücke zerspringend, oder nach Abfallen der Borkenschuppen ziemlich glatt, Blätter kleiner als bei normaler *U. carpinifolia*. Oft an Wegrändern oder sonnigen Abhängen, kommt jedoch auch an feuchten Orten vor. – Hierher: f. *propendens* (C. K. SCHNEIDER) REHD. Syn. *U. suberosa* MOENCH var. *pendula* LAV., *U. glabra* MILL. var. *suberosa* (MOENCH) GÜRKE in RICHT. et GÜRKE f. *propendens* C. K. SCHNEIDER. Diese Form zeichnet sich aus durch leicht hängende Zweige und nur 2–3 cm lange Blätter.

3. var. *umbraculifera* (TRAUTV.) REHD. Syn. *U. campestris* L. var. *umbraculifera* TRAUTV., *U. densa* LITW. Bäume mit dichter, kugeliger Krone, dünnen, in der Jugend leicht behaarten Zweigen, elliptischen oder elliptisch-eiförmigen 3–7 cm langen Blättern, diese oberseits etwas rauh, auf 4–8 mm langen Stielen. Heimat: Turkestan, in Kultur seit 1879. – Hierher: f. *gracilis* (SPAETH) REHD. Syn. *U. campestris* L. var. *umbraculifera* TRAUTV. f. *gracilis* SPAETH. – Eine Ausbildungsform der var. *umbraculifera* mit dünneren Zweigen und kleineren Blättern; – f. *Koopmannii* (SPAETH) REHD. Syn. *U. Koopmannii* SPAETH. Ursprünglich bis 1,5 m hohe Sträucher mit reichlich Wurzelschößlingen, wird in der Kultur meist als Hochstamm veredelt, dann mit eiförmiger Krone, Äste mit Korkleisten, Seitentriebe heller, Blätter unterseits graugrün, Blattstiel 3–5 mm lang. Heimat: Turkestan, auch schon vor 1880 eingeführt. KOOPMANN sah sie als mächtige Bäume in den Friedhöfen Turkestans.

Bastarde. Die verschiedenen, zwischen *U. carpinifolia* GLED. und *U. glabra* HUDS. bekanntgewordenen Bastarde wurden von REHDER (1949) alle unter dem Namen *U. hollandica* vereinigt, hierauf stützt sich auch die folgende Anordnung: *Ulmus hollandica* MILL., Gard. Dict. ed. 8, Ulmus no. 5 (1768). Syn. *U. Dippeliana* C. K. SCHNEIDER. Große Bäume mit geradem Stamm und breitausladender Krone, Borke rauh, junge Zweige mehr oder weniger flaumhaarig, Blätter 6–15 mm lang gestielt, Spreite 8–16 cm lang, 5–10 cm breit mit 8–14 Seitennervenpaaren, Blattoberseite etwas rauh, Unterseite ganz oder nur auf den Nerven flaumhaarig. Häufig kultiviert. Die hiervon etwas abweichenden Formen, welche REHDER als Varietäten bezeichnet, werden vielleicht besser mit LAWALRÉE nur als Formen geführt. – 1. f. *belgica* (BURGSD.) REHD. Syn. *U. belgica* BURGSD., *U. latifolia* POEDERLE, *U. bataviana* K. KOCH, *U. campestris* L. var. *latifolia* GILLEK. Wie vorige, Blattstiel 3–5 mm, Blattspreiten 8–16 cm lang, 3,5–7 cm breit, mit 14–18 Seitennervenpaaren, Unterseite mit kleinen weißen Achselbärten. Seit dem 18. Jahrh. in Belgien und Holland kultiviert, später auch im übrigen Europa als Allee- und Parkbaum gepflanzt. – 2. f. *major* (SM.) REHD. Syn. *U. major* SM., *Ulmus Dippeliana* C. K. SCHNEIDER f. *bataviana* C. K. SCHNEIDER. Bis 40 m hoher Baum mit kurzem Stamm und weit ausladenden Ästen, Zweige oft hängend, Wurzelbrut vorhanden, Borke mit tiefen Rissen, junge Zweige kahl oder zerstreut behaart, Blätter elliptisch eiförmig oder breit-eiförmig-elliptisch, Blattstiele etwa 1 cm lang, Zweige oft mit kräftigen Korkleisten, Samen bis zum Grund des Flügeleinschnitts emporgerückt. – 3. f. *pendula* (W. MAST.) REHD. Syn. *U. glabra* MILL. var. *pendula* (W. MAST.) LOUD., *U. Smithii* HENRY. Bäume mit aufsteigenden Ästen und hängenden, in der Jugend mehr oder weniger flaumhaarigen Zweigen, Blattstiel um 8 mm, Blätter etwa 8 cm lang, von kräftiger Konsistenz, oberseits kahl, unterseits zerstreut flaumhaarig, Früchte verkehrteiförmig, 2 cm lang mit deutlichem Flügeleinschnitt, Samen oberhalb der Fruchtmitte liegend. In England schon vor 1830 bekanntgeworden, gepflanzt. – 4. f. *vegeta* (LOUD.) REHD. Syn. *U. glabra* MILL. var. *vegeta* LOUD., *U. vegeta* LINDL., *U. Huntingdoni* hort. Stamm meist gegabelt, Wurzelschößlinge vorhanden, Krone pyramidal, junge Zweige kahl oder zerstreut behaart, Blätter elliptisch, bis 16 cm lang, bis 10 cm breit, Oberseite kahl, Unterseite mit Achselbärten, Seitennervenpaare 14–18, Blattstiel 6–8 mm lang, Früchte elliptisch bis verkehrt-eiförmig, Flügeleinschnitt undeutlich, Samen oberhalb der Mitte liegend. Diese Form entstand schon um 1750, sie ist sehr wüchsig und als Alleebaum geschätzt. – Eine holländische Züchtung „Bea Schwarz" soll nach KRÜSSMANN (1951) sehr widerstandsfähig gegenüber der Ulmenkrankheit sein.

**787. Ulmus glabra** HUDS., Fl. Angl. ed. 1, 95 (1762). Syn. *U. campestris* L. (1753) p. p., nomen ambig., *U. montana* STOKES in WITH. (1787), *U. foliacea* GILIB. (1792), *U. latifolia* MOENCH (1794), *U. corylacea* DUM. (1827), *U. campestris* L. var. *latifolia* (MOENCH) C. A. MEY. (1836). Bergulme. Dän.: Storbladet Ælm. Engl.: Scotch, Wych oder Mountain Elm. Franz.: Orme commun, O. blanc, O. des montagnes. Ital.: Olmo montano. Poln.: Wiaz górski, Brzost. Tschech.: Jilm drsný. Sorb.: Hórsky wjaz. Fig. 112, 114a–n, 115a, b

Baum, bis 40 m hoch, ohne Wurzelbrut. Stamm schlank mit tief längsrissiger Borke. Junge Zweige dicht borstig behaart, olivgrün oder rotbraun, nur sehr selten mit Korkleisten. Knospen stumpf, borstig behaart. Laubblätter sehr kurz gestielt, breit elliptisch bis verkehrt-eiförmig, 8–16 cm lang, bis 11 cm breit, über der Mitte am breitesten, Rand scharf doppelt gesägt, oft dreispitzig, Oberseite dunkelgrün, wenig glänzend, durch angedrückte Borsten rauh, Unterseite flaumhaarig, auf den Nerven verstärkt, mit Achselbärten, Seitennerven in 13–20 Paaren, am Rand oft gegabelt, längere Blatthälfte den 3 mm langen Stiel meist öhrchenartig bedeckend. Nebenblätter hinfällig. Blüten fast sitzend, zu 20–30 in Dichasien, köpfchenartig gedrängt (Fig. 114a). Perigon rostfarben bewimpert, Abschnitte meist 5,3–3,5 mm lang. Staubblätter soviele wie Perigonabschnitte und vor diesen stehend. Flügelfrüchte kreisrund, rundlich, elliptisch bis breit verkehrt-eiförmig, am Grund mehr oder weniger keilförmig verschmälert, an der Spitze eingeschnitten, bis 3 cm lang, bis 2 cm breit. Griffelkanal lang. Samen in der Fruchtmitte liegend (Fig. 114n). – Chromosomenzahl: $n = 14$. III, IV.

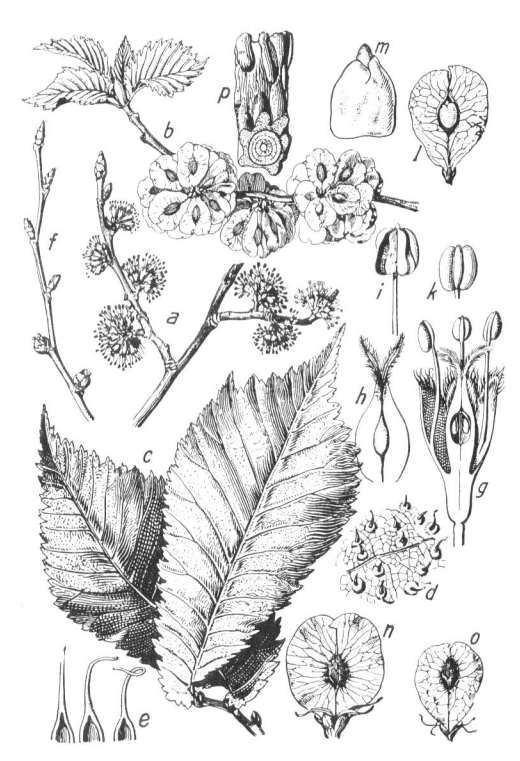

Fig. 114. a bis n *Ulmus glabra* HUDS. a Zweig mit Blüten, b mit Früchten, c Laubblätter, d Ausschnitt der Blattoberfläche (vergrößert), e einzelne Haare der Blattunterseite, f Wintersproß, g Blütenlängsschnitt, h junge Frucht, i, k Staubbeutel (von außen und innen), l reife Frucht nach Entfernen der Fruchtwand, m Embryo, n Frucht. o–p *Ulmus carpinifolia* GLED. o Frucht, p Zweigstück von var. *suberosa* (MOENCH) REHD.

Vorkommen. Ziemlich verbreitet vor allem in Schlucht- und Hangwäldern der kollinen und montanen Stufe in luftfeuchten Lagen auf nährstoffreichen, frisch-humosen, durchsickerten, aber gut durchlüfteten und oft bewegten Steinschuttböden oder skelettreichen Lehmböden, Charakterart staudenreicher Eschen-Bergahornwälder (Ulmo-Aceretum, Arunco-Aceretum, Phyllitidi-Aceretum im Fagion-Verband), seltener auch in Auenwaldgesellschaften, in den Alpen bis gegen 1600 m Höhe ansteigend (Tirol, oberstes Haselbachtal), in den Bayerischen Alpen bis 1380 m, Schweizer Jura bis 1370 m, Berner Oberland bis 1400 m, Wallis bis 1300 m, Graubünden bis 1450 m, Arlberg bis 1250 m, Kärnten 1150 m, Steiermark 1000 m (bei Trieben um 1450 m als winziges Gebüsch). – Außerdem findet sich die Bergulme vielfach an Straßen oder in Parkanlagen gepflanzt.

Allgemeine Verbreitung: Gemäßigtes Europa ([submeridional-montan-]boreomeridional- [subboreal-]europäisch). Von Nordspanien und den Britischen Inseln östlich bis zum Wolga-Kama-Gebiet und zum unteren Wolga-Gebiet, im Norden entlang der Atlantikküste in Skandinavien bis Beiarn (67° n. Br.), nordöstlich bis Mittelschweden, Südfinnland (bei Satakunta), zum Onega-See und der unteren Kolwa (Ural), im Süden in den Gebirgen der Apenninenhalbinsel, der Balkanhalbinsel, Kleinasiens und des Kaukasus.

Verbreitung im Gebiet. Vom baltischen Buchengebiet (Pommern, Mecklenburg, Schleswig-Holstein) bis zum Süder- und Weserbergland, mit stärkerer Auflockerung in den Sander- und Altmoränenlandschaften Mecklenburgs und Brandenburgs sowie in den Lößhügelländern und Börden des mitteldeutschen Trockengebietes

Fig. 115a. *Ulmus glabra* HUDS. Bergulme im Winterzustand (Aufn. H. MEYER)

verbreitet, im unteren Bergland der deutschen Mittelgebirge sowie in den Hang- und Schluchtwäldern der unteren, gelegentlich auch der oberen montanen Stufe des gesamten Alpengebietes.

Ändert ab: 1. var. *scabra* (MILL.) LINDQ. Syn. *U. scabra* MILL. Junge Zweige aufrecht, ältere nach abwärts gebogen, mit dünner, brauner Borke, nie Korkleisten bildend, Blätter breitförmig oder elliptisch, lang zugespitzt, dünn. Verbreitet in Mitteleuropa, Frankreich, Belgien, Dänemark und Südschweden. Wird in Mittelschweden, Nord- und Westnorwegen, Schottland und Nordengland durch – 2. var. *montana* (STOCKES in WITH.) LINDQ. vertreten. – 3. var. *cornuta* (DAVID) REHD. Syn. *U. cornuta* C. DAVID, *U. montana* STOKES in WITH. var. *triserrata* LAV., *U. serrata* hort., *U. tridens* hort., *U. montana* STOKES in WITH. var. *laciniata* hort., non MAXIM. Blätter verkehrt-eiförmig, groß, kräftig, 10–15 cm lang, bis 10 cm breit, größte Breite im oberen Drittel, mit 3(–5) gerade nach vorn gerichteten großen Zähnen; neben diesen Blättern auch normal-einspitzige tragend, im Herbst rotbraun, Zweige rauhhaarig. Die Form ist weitverbreitet, sie wurde 1845 bekannt.

Kulturformen. 1. *Ulmus glabra* HUDS. f. *atropurpurea* (SPAETH) REHD. Syn. *H. montana* STOKES in WITH. var. *atropurpurea* SPAETH. Blätter dunkelpurpurn. Bekannt seit 1883. 2. *U. glabra* HUDS. f. *Camperdownii* (HENRY) REHD. Syn. *U. montana* STOKES in WITH. var. *pendula* KIRCHN. f. *Camperdownii* HENRY, *U. montana* STOKES in WITH. var. *pendula* KIRCHN. non LOUD. Äste und Zweige hängend, eine kugelige Krone bildend, seit 1850 in Kultur. 3. *U. glabra* HUDS. f. *crispa* (WILLD.) REHD. Syn. *U. crispa* WILLD., *U. montana* STOKES in WITH. var. *crispa* (WILLD.) LOUD., *U. urticaefolia* AUDIB., *U. asplenifolia* hort. Blätter mit unregelmäßig tief eingeschnittenen, schlanken Zähnen, am Rande kraus. Bekannt schon vor 1800. 4. *U. glabra* HUDS. f. *exoniensis* (K. KOCH) REHD. Syn. *U. exoniensis* K. KOCH, *U. montana* STOKES in WITH. var. *fastigiata* LOUD., *U. scabra* MILL. var. *pyramidalis* DIPP. Alle Äste und Zweige aufstrebend, einen großen, pyramidalen Busch bildend, Blätter breit-verkehrteiförmig, mit tief und grob gesägtem Rand, oft gedreht und runzelig. Etwa um 1825 aufgetreten. 5. *U. glabra* HUDS. f. *lutescens* (DIPP.) REHD. Syn. *U. scabra* MILL. var. *lutescens* DIPP. Blätter gelb. 6. *U. glabra* HUDS. f. *monstrosa* (C. K. SCHNEIDER) REHD., Syn. *U. scabra* MILL. var. *nana* (DIPP.) C. K. SCHNEIDER. f. *monstrosa* C. K. SCHNEIDER. Kugelige Büsche mit mehr oder weniger krummen Zweigen, Blätter 5–8 cm lang, zum Teil tütenförmig umgebildet, Stiel dünn bis 2,5 cm lang. 7. *U. glabra* HUDS. f. *pendula* (LOUD.) REHD. Syn. *U. montana* STOKES in WITH. var. *pendula* LOUD., *U. montana* STOKES in WITH. var. *horizontalis* KIRCHN. Bäume mit waagrecht abstehenden Ästen und langen, senkrecht herabhängenden Zweigen. DIPPEL unterscheidet noch eine f. *serpentina* mit hin- und hergebogenen bis spiralig gedrehten Zweigen. 8. *U. glabra* HUDS. f. *purpurea* (DIPP.) REHD. Syn. *U. scabra* MILL. var. *purpurea* DIPP. Blätter in der Jugend purpurn.

Bastarde. 1. *U. glabra* × *carpinifolia*; *U. hollandica* MILL. s. Bastarde von *U. carpinifolia*. 2. *U. glabra* × *pumila*; *U. arbuscula* WOLF in Mitt. Deutsche Dendr. Ges. **19**, 286 (1910). – Pflanzen baumförmig oder mit buschförmigem Wuchs, Blätter elliptisch bis elliptisch-länglich 2–7 cm lang, am Grund annähernd gleichseitig, Rand doppelt gesägt. Bekannt seit 1902.

**788. Ulmus laevis** PALL., Fl. Ross. **1**, 1, 75 (1784) t. 48 fig. f. Syn. *U. pedunculata* FOUG. (1787), *U. effusa* WILLD. (1787), *U. ciliata* EHRH. (1791), *U. racemosa* BORKH. (1800). Flatterulme, Flatterrüster, Weiß-, Wasser-, Glatte Rüster. Dän.: Sjærmblomstret Ælm. Engl.: Spreading branched Elm, European White Elm. Franz.: Orme pédonculé, O. blanc, O. diffus. Poln.: Wiąz szypułkowy. Tschech.: Jilm vaz. Sorb.: Dothošiškaty wjaz. Taf. 86, Fig. 4; Fig. 112, 116

Baum, 9–35 m hoch mit meist breiter Krone (Fig. 116), oft mit starkem Stammausschlag. Borke braungrau, sich in flachen Schuppen ablösend. Junge Zweige mehr oder weniger weich behaart, mit deutlichen Lentizellen. Knospen bis 1 cm lang, schlank kegelförmig, scharf zugespitzt, Schuppen bis auf den dunkleren, gewimperten Rand kahl. Laubblätter eiförmig bis rundlich, am Grund stark asymmetrisch, geförderte Blatthälfte mit herzförmigem, den 5–8 mm langen Stiel nicht bedeckendem Grund, geminderte Blatthälfte spitz auf den Stiel zulaufend, oberes Ende spitz oder zugespitzt, in der Mitte am breitesten, 5–15 (–17) cm lang, 2,5–9 cm breit mit 12–19 Seitennervenpaaren, die sich höchstens in unmittelbarer Nähe der scharfen, doppelten, scharf nach vorn gerichteten Blattzähne gabeln. Blätter in der Jugend weichhaarig, später oberseits glatt oder nur spärlich behaart, glänzend, freudig-grün, unterseits heller- bis graugrün, kurz weichhaarig oder fast kahl, nur schwach achselbärtig. Blüten auf bis 18 mm langen Stielen in gedrängten Dichasien, Mittelblüte 1. Ordnung am längsten gestielt. Perigon dorsiventral mit 5–8 Abschnitten. Staubblätter ebensoviele und vor den Perigonabschnitten stehend. Flügelfrüchte 1–1,4 cm lang, rundlich bis breit-eiförmig, am Rand zottig bewimpert, Flügeleinschnitt tief. Samen etwa in der Fruchtmitte liegend. Die ersten 6–8 Blattpaare der Keimpflanze behal-

Fig. 115b. *Ulmus glabra* HUDS. Bergulme im Fruchtzustand (Aufn. Naturf. Gesellschaft Schaffhausen)

ten meist gegenständige Blattstellung oder die obersten gehen zur zweizeiligen über. – Chromosomenzahl: n = 14. – III, IV.

Vorkommen. Zerstreut in Auenwäldern auf grundfeuchten nährstoffreichen Lehm- und Tonböden, z. B. in den Hartholzauen (Fraxino-Ulmetum) der großen Stromniederungen oder in den Erlen-Eschenauen (Pruno-Fraxinetum) der kollinen Talgründe, vor allem im Osten und Norden des Gebietes, Alno-Ulmion-Verbandscharakterart, im Hochgebirge fehlend oder selten und dann nur wenig ansteigend, oft auch als Straßenbaum gepflanzt.

Allgemeine Verbreitung: Mittel-, Südost- und Osteuropa (boreomeridionaleuropäisch mit subatlantischer und sarmatischer Ausbreitungstendenz). Vom mittleren Frankreich und von Norditalien östlich bis zum Wolga-Kama-Gebiet und unteren Wolga-Gebiet, im Norden bis zum nordwestdeutschen Tiefland, bis zur Schleswig-Holsteinischen Geest, zur Insel Öland, zum südlichen Finnland und zum Onega-See, von hier aus zur Dwina (nördliches Vorkommen bei 63° n. Br.), im Süden vor allem in den Gebirgen der Balkanhalbinsel und des westlichen Kaukasus. Disjunktes Vorkommen in den Pyrenäen. Fehlt in großen Teilen der Alpen.

Verbreitung im Gebiet: Von Ostpreußen zerstreut westlich bis zur Schleswig-Holsteinischen Geest und den Niederungen der mittleren Elbe und Weser, zum Fiener Bruch, Havelländischen Luch, Spreewald, Warthe- und Netzebruch. In Mitteldeutschland vorwiegend auf die Flußtäler der mittleren Elbe und unteren Mulde und der unteren Saale nebst ihrer Nebenflüsse beschränkt, nur vereinzelt in den Hügellandschaften bis zum Westhessischen Hügel- und Beckenland. –

Fig. 116. *Ulmus laevis* PALL. Flatterulme in Potsdam (Aufn. H. GÖRITZ)

Süddeutsche Vorkommen im Hauptsmoorwald und den Friesener Bergen bei Bamberg, am Main zwischen Kitzingen und Schweinfurt und im Schweinfurter Becken. An der Donau bekannt von Marxheim, nordöstlich Donauwörth an abwärts. Ferner ziemlich häufig im Oberrheintal. Dagegen fehlt die Flatterulme spontan in Württemberg, und auch aus der Schweiz liegen nur wenige Angaben vor (Neuenburg, Freiburg). Sie fehlt in Tirol und Kärnten, ist sodann wieder verbreitet in den Auenwäldern von Mur und Donau, besonders zwischen Krems und Preßburg. In der „Lobau" ziemlich dichte Bestände von Feld- und Flatterulmen mit dichtem Unterwuchs von *Parietaria erecta* MERT. et KOCH. Weitere Vorkommen in den Auenwäldern im Vorland der Sudeten, im Eichenwald am Fuß der Sudeten, in der Hügelregion der Karpaten und den Hainbuchenwäldern Ostgaliziens.

*Ulmus germanica* HARTIG, Forstl. Kulturpfl. 460 (1851), nomen seminud. Nach HARTIG „Eine in Blattform, Blattgröße und Serratur der *U. montana* sehr nahe stehende Rüster aus Schlesien, vorzugsweise unterschieden durch die gewimperten Knospenschuppen, durch die scharfe Behaarung der oberen und die dichtere Behaarung der unteren Blattfläche, die an halbausgewachsenen und jungen Blättern so dicht ist, daß sie die Grundfarbe der Blattfläche fast völlig verdeckt. Auch hier fehlt den Achseln der Blattrippen die Anhäufung der Haare zu Bärten". – Über die Blüten und Früchte wird nichts ausgesagt! POSPICHAL in Fl. Österr. Küstenland. (1897) bildet eine var. β von *U. campestris* (im Sinne der *U. carpinifolia* GLED.), LINDQUIST (1932) führt *U. germanica* HARTIG als Synonym von *U. glabra* HUDS. var. *scabra* LINDQ., und HERMANN (1956) stellt sie als eigene Art neben *U. carpinifolia* GLED. Hier können nur eingehende Herbarstudien oder Wiederauffinden Klarheit erbringen.

## 2. Unterfamilie Celtidoideae

A. BRAUN in ASCHERS., Fl. Prov. Brandenburg 1, 58 (1864)

Blüten zwitterig oder eingeschlechtig, gebüschelt oder einzeln, die Einzelblüten oder Dichasien in den Achseln voll entwickelter Laubblätter stehend. Früchte mehr oder weniger kugelig, steinfruchtartig, Keimling gekrümmt mit gefalteten oder eingerollten Keimblättern.

Die Unterfamilie ist mit 10 Gattungen in den gemäßigten und tropischen Zonen beider Hemisphären, besonders zahlreich in Asien und Ostasien, verbreitet.

Einzig die Art *Celtis australis* L. ist im Süden unseres Verbreitungsgebietes spontan anzutreffen, einige andere *Celtis*- und *Zelkova*-Arten werden in Mitteleuropa angepflanzt. – Das Holz von *Aphananthe aspera* PLANCH. gilt als hochwertiges Nutzholz. Zahlreiche Arten der Gattungen *Celtis*, *Trema* und *Gironniera* finden in ihrer Heimat als Zimmer-, Bau- und Werkholz Verwendung.

Schlüssel zum Bestimmen der in Mitteleuropa wildwachsenden und kultivierten Gattungen:

1 a Blätter dreinervig. Perigonabschnitte fast bis zum Grunde frei. Griffel zentral. Wildwachsend und kultiviert . . . . . . . . . . . . . . . . . . . . . . . . . . . . . . . . . . . . . . . . . . . . . . . . . . *Celtis* L.
1 b Blätter fiedernervig. Perigonabschnitte fast in ihrer ganzen Länge verwachsen. Griffel exzentrisch. Kultiviert . . . . . . . . . . . . . . . . . . . . . . . . . . . . . . . . . . . . . . . . . . . . . . . . *Zelkova* SPACH.

## CCXVIIa. Celtis[1]) [TOURN.] L., Spec. plant. 1043 (1753); Gen. Plant. ed. 5, 467 (1754). Zürgelbaum

Wichtigste Literatur. ASCHERSON u. GRAEBNER, Synopsis d. Mitteleurop. Flora 4, 570–574 (1911). C. K. SCHNEIDER, Handbuch d. Laubholzkunde 1, 228–234 (1904). H. WALTER in KIRCHNER, LOEW u. SCHRÖTER, Lebensgeschichte d. Blütenpflanzen Mitteleuropas 2, 1, 739–764 (1931).

Bäume, seltener Sträucher, mit oder ohne axilläre Dornen, laubwerfend, tropische und subtropische Arten, auch immergrün. Rinde grau, glatt, gelegentlich mit korkig-warzigen Auswüchsen. Winterknospen klein, an die Achse gedrückt. Blätter gestielt, mit drei vom Grunde ausstrahlenden Nerven, asymmetrisch, ganzrandig oder gezähnt, Nebenblätter frei. Männliche Blüten in den unteren Blattachseln zu Dichasien vereinigt, nach dem Verstäuben des Pollens abfallend. Zwitterblüten in den oberen Blattachseln der Blütenstandsachsen einzeln auf Stielen, die sich nach der Befruchtung stark verlängern. Blütenhülle 4- bis 6-teilig, ihre Abschnitte bis fast zum Grunde frei, nach dem $2/5$-Schema sich deckend. Staubblätter ebenso viele wie Blütenhüllblätter, vor diesen stehend, eiförmig. Fruchtknoten einfächerig mit kurzem Griffel und zwei langen, federigen Narben. 1 Samenanlage, hängend. Steinfrucht eiförmig oder fast kugelig mit fleischigem, bei einigen Arten eßbarem Exokarp und hornigem Steinkern, dessen Oberfläche glatt oder durch Leisten und Vertiefungen geprägt sein kann. Samen ohne oder mit wenig Nährgewebe, Keimling mit breiten, gefalteten Keimblättern.

Die Gattung *Celtis* ist mit 60 Arten von den tropischen bis in die gemäßigten Gebiete der Alten und Neuen Welt weit verbreitet.

Schlüssel zum Bestimmen der in Mitteleuropa anzutreffenden Arten:

1 a Blattunterseite blaßgrün, kahl oder nur auf den Nerven behaart, Oberseite glänzend hellgrün. Früchte fade schmeckend. Kultiviert . . . . . . . . . . . . . . . . . . . . . . . . . . . . . . *C. occidentalis* L.
1 b Blattunterseite graugrün, flaumhaarig, Oberseite dunkelgrün. Früchte eßbar, süßlich schmeckend. Im Süden spontan . . . . . . . . . . . . . . . . . . . . . . . . . . . . . . . . . . . . . . . *C. australis* L.

---

[1]) Bei PLINIUS (Nat.hist. XIII, 104) Name eines in Afrika und („in veränderter Form") in Italien vorkommenden Baumes, den er auch „lotos" nennt.

**789 a. Celtis australis** L., Spec. plant. 1043 (1753). Syn. *C. excelsa* SALISB. (1796), *C. lutea* PERS. (1805), *C. acuta* BUCH.-HAM. (1837), *C. eriocarpa* DECNE. (1844). Südlicher Zürgelbaum, in Tirol: Sulgenholz, im Burgenland: Zuckererbsenbaum. Engl.: Hackberry. Franz.: Micocoulier, M. de Provence, Fabrecoulier. Ital.: Arcidiavolo, Spaccasassi, Bagolaro, Perlaro, Pellegrino, Lodogno, Fraggiragolo. Tessin: Romiglia, Fregieè. Fig. 117, 118

Mittelgroße Bäume oder Sträucher. Rinde glatt, grau, erst an alten Stämmen gelegentlich etwas aufreißend, etwas warzig. Junge Zweige zerstreut behaart. Knospen zweizeilig angeordnet (Fig. 117d), wenig abstehend, kegelförmig, zuweilen von zwei seitenständigen kürzeren und stumpferen Beiknospen begleitet. Blätter zweizeilig gestellt, schief eiförmig, länglich, lang zugespitzt, asymmetrisch, Basis keilförmig, Rand scharf einfach bis doppelt gesägt, oberseits etwas borstig rauh, unterseits meist weichhaarig, seltener stark verkahlend, 4–15(–20) cm lang, 1–6 cm breit; Blattstiel 0,5–1,8 cm lang. Blütenstandsachsen im Gegensatz zu den meisten Ulmenarten bis zur Spitze mit normal entwickelten Laubblättern. Im apikalen Teil des Blütenstandes werden fruchtbare Zwitterblüten, jeweils in Einzahl pro Blattachsel, gebildet, im Basalteil wenigblütige Dichasien; die Fruchtknoten der letztgenannten Blüten sind reduziert. Nach dem Verstäuben des Pollens fallen diese Blüten ab. Perigon 5- bis 7-teilig, Abschnitte bis fast zum Grunde frei, rostbraun, Spitze häutig, Rand gezähnelt und etwas gewimpert. Staubbeutel groß, gelb, intrors, kurzgestielt (Fig. 117i). Fruchtknoten einfächerig, grün, mit sehr kurzem Griffel und zwei großen, federigen Narben (Fig. 117e). Steinfrucht im Durchmesser 9–12 mm, einsamig, anfangs gelblichweiß, später rötlich, zuletzt violettbraun, wohlschmeckend. Oberfläche des Samens mit netzig-grubigen Vertiefungen und einer ringsherum verlaufenden Längsleiste. Keimling hakenförmig, fleischig, enthält weißes Nährgewebe und fettes Öl. – Chromosomenzahl: $n = 20$. – V.

Vorkommen: An trocken-warmen, vorzugsweise felsigen Abhängen, an Mauern, in Hecken oder an Wegen als Pionierholz, vor allem in Fels- und Mauerfugengesellschaften, aber auch in wärmeliebenden Haselgebüschen (Berberidion) oder anderen Vorwaldgehölzen im Wuchsgebiet der Flaum- oder Steineiche südlich der Alpen; zuweilen angepflanzt und verwildert.

Fig. 117. *Celtis australis* L. *a* Zweig mit Zwitterblüten. *b* Zweig mit männlichen Blütenständen. *c* Fruchtzweig. *d* Wintersproß. *e* Zwitterblüte. *f, g* Längs- und Querschnitt durch den Fruchtknoten. *h* Männliche Blüte. *i* Staubblatt (von außen). *k* Frucht (halb aufgeschnitten). *l* Längsschnitt durch die Frucht

Allgemeine Verbreitung. Mittelmeergebiet.

Verbreitung im Gebiet. Nur im Süden der Alpen, in der Schweiz, im Sottoceneri bis 780 m, im Bergell und Puschlav bis 680 m ansteigend. Am Ostabfall der Walliser Alpen im Becken von Domodossola, in Südtirol nicht selten im Etschtal und in dessen Seitentälern, um Meran allgemein verbreitet, im Vintschgau etschaufwärts bis Schlanders, im Eisacktal aufwärts bis Brixen und Neustift, am Monte Baldo noch bei 1083 m und im Schnalsertal bis 1150 m ansteigend, ferner in der Südsteiermark südlich der Linie Weitenstein-Gonobitz-Luttenberg, so bei Cilli, Gairach, Montpreis. – In Österreich, der Nordschweiz, Bayern, Böhmen und Mähren mancherorts angepflanzt.

Florengeschichte. Im gemäßigten Europa in Fossilfundstätten mehrfach nachgewiesen, z. B. mit Steinkernen in unterpliozänen Mergeln des Hegaus (Bodenseegebiet) nach JÖRG, REST und TOBIEN (1955).

Anatomie: Das Holz ist von ulmenähnlicher Struktur, aber mit deutlichen Markstrahlen, deren Zellen teils in axialer, teils in radialer Richtung gestreckt sind. Die Rinde unterscheidet sich von Ulmenrinde durch einen geschlossenen Sklerenchymring in der Mittelrinde und spärliche Bildung von Bastfasern, Mangel an Schleimzellen und abweichende Kristallformen. Von allen verwandten Gattungen unterscheidet sich *Celtis* durch schichtenweise Sklerosierung des Periderms. Schon während der ersten Vegetationsperiode bildet sich unter dem Periderm ein aus ziemlich derbwandigen Zellen bestehender geschlossener Korkmantel. Die Tätigkeit des Phellogens ist aber sehr träge. Die Borke bildet sich viel später als bei *Ulmus*. An zwölfjährigen Stämmen ist noch Oberflächenperiderm erkennbar. Bei kräftiger Entwicklung der Gesamtborke sind ihre Schuppen unregelmäßiger, kleinflächiger und dünner als bei *Ulmus*. In mehreren Schichten folgen auf dünnwandige Korkzellen unvermittelt mehrere Lagen Steinkork, die nach innen allmählich in zunächst dünnwandige, dann sklerotische Korkzellen übergehen. Auch das Phelloderm ist häufig schichten-

● *Praehistorische Funde* ▨ = *Celtis australis* L. ▭ = *Celtis occidentalis* L.

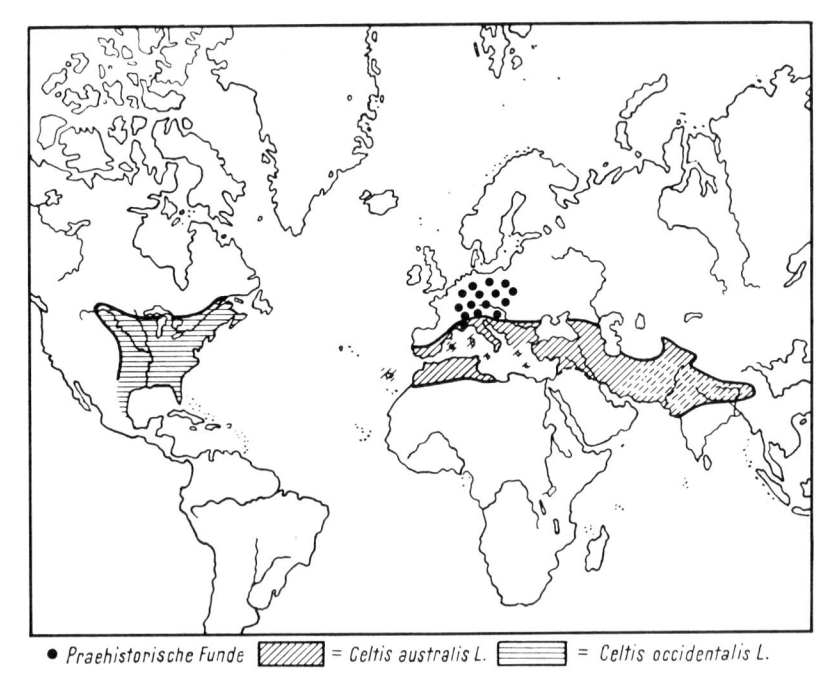

Fig. 118. Verbreitungsgebiete von *Celtis australis* L. und *C. occidentalis* L. (nach H. WALTER, 1931)

weise sklerosiert. Die halbmondförmigen Gruppen primärer Bastfasern werden frühzeitig von Steinzellen eingesäumt und zu einem geschlossenen Sklerenchymring verbunden. Während des sekundären Dickenwachstums werden die Lücken zwischen dem auseinanderweichenden primären Bastfaserbündel durch Sklerosierung von Parenchymzellen ausgefüllt. Sehr früh schon wird das Bild der sekundären Rinde mit regelmäßig wechselnden Schichten von Weichbast und Bastfaserzellen durch Steinzellen und sklerosierte Kristallzellen stark verändert, und alte Rinden bestehen häufig zum größten Teil aus Sklerenchym, in dem sich nur noch zerstreut Bastfasern vorfinden. Die Bastfasern der sekundären Rinde messen $1,5 : 0,012$ mm, sie sind zugespitzt und glatt und ähneln denen von *Ulmus*. Die Steinzellen sind fast bis zum Schwinden des Lumens verdickt und besitzen grobe, reichverzweigte Porenkanäle. Mit ihnen vergesellschaftete, sklerosierte Kristallzellen enthalten große, reguläre Kristalle. Die Weichbastelemente entsprechen denen von *Ulmus*. Der Markkörper wird im Zentrum von ziemlich großen, dünnwandigen, leeren, an der Peripherie von kleineren, dickwandigen, aktiven Zellen gebildet. Der Splint ist gelb, der Kern grau.

Verwendung. Für Städte in warmer Lage wird *C. australis* als guter Straßenbaum empfohlen; bei $-19°$ C. erfrieren die jungen Triebe, bei $-25°$ C. der ganze Baum bis zur Wurzel herunter. – Das Holz ist fest, elastisch und dauerhaft. Spez. Gew. (lufttrocken) $0,78$. Verarbeitung zu feinen Maßstäben, Blasinstrumenten, Deichseln und anderen Stellmacherarbeiten. Die jungen Stämmchen dienen zur Herstellung von Peitschenstöcken und Tiroler Geisserstöcken. Forstlich ist *C. australis* insofern von Bedeutung, als er noch auf trockenen, bodenarmen Karstgründen gedeiht.

Parasiten. *Gyroceras celtidis* MONT. et CES. verursacht auf den Blättern braune, oft große Teile derselben zum Absterben bringende Flecken. Die sehr dichten, schwarzbraunen Konidienrasen entstehen nur hypophyll. Sie bestehen aus septierten, locker verzweigten, dunkel olivbraunen Hyphen, auf denen kurze, einzelne Träger entspringen, an denen die vielzelligen, dunkel schwarzbraunen, kurzgliederigen, mehr oder weniger wurmförmig gekrümmten Konidien gebildet werden. In Ungarn, Dalmatien und dem Park von Balaine in Frankreich wurden auf *C. australis* Laubholzmisteln beobachtet.

Volksnamen. Der Name Zürgelbaum wird zuerst von MATTHIOLI angegeben, der in seinem „Kräuterbuch" (Frankfurt a. M., 1586) schreibt: „Im Teutschland hab ich diesen Baum niergend gesehen / dann allein in der Landtschaft Tyrol / in dem Kreiß oder refierédarinnen die Statt Tramin ligt / daselbst nennet man ihn Zürgelbaum und die Beer Zürgle." Ob der Name aus dem Romanischen stammt (in Nordsardinien heißt der Baum surzàga, zurgàxi) oder zu mhd. zürch, zurch „Kot von Schweinen, Schafen, Pferden" (etwa nach der Kotballenform der Früchte) gehört, ist unsicher.

**789b. Celtis occidentalis** L., Spec. plant. 1044 (1753). Westlicher Zürgelbaum. Bis 25 (–30) m hoher Baum, der vorhergehenden Art sehr ähnlich, zeichnet sich jedoch durch folgende Unterscheidungsmerkmale aus: Stamm mit unregelmäßig schuppiger Borke, oft mit großen Wülsten. Einjährige Zweige meist mehr oder weniger hin- und hergebogen, höchstens oberwärts behaart, olivgrün oder mehr oder weniger gebräunt. Blätter meist kurz, selten lang zugespitzt, 6–12 cm lang, 3–6 cm breit, in der Jugend oberseits kurzhaarig, bald jedoch kahl, fast glänzend grün, unterseits anfänglich meist weißlich-filzig, später nur auf den Nerven kurzhaarig. Blüten 6-zählig, mit schmalen Perigonabschnitten. Narben ziemlich kurz, plötzlich zugespitzt. Frucht viel kleiner als bei *C. australis*, rundlich-eiförmig, orange bis fast schwarz, bis 3 cm lang gestielt. Fruchtfleisch orangefarben, dünn, trocken, nicht wohlschmeckend. – Chromosomenzahl n = 10, 14. – Heimat: Nordamerika, von Massachusetts westwärts bis Idaho, im Süden bis Florida, Tennessee, Arkansas und Oklahoma. – Bei uns seit langem in Gärten kultiviert, da weniger frostempfindlich als *C. australis*, gelegentlich verwildernd: in Schlesien bei Breslau, in Böhmen bei Welwarn, in der Steiermark bei Marburg.

## CCXVIIb. Zelkova[1]) SPACH in Ann. Sc. Nat. 2. Sér. **15**, 356 (1841). Syn. *Abelicea* RCHB. (1828). Zelkowa

Wichtigste Literatur. ASCHERSON u. GRAEBNER, Synopsis d. Mitteleurop. Flora **4**, 568–570 (1911). J. BÄRNER, Die Nutzhölzer der Welt **1**, 340–341 (1942). A. ENGLER in ENGLER u. PRANTL, Natürl. Pflanzenfam. **3**, 1, 65 (1894). C. K. SCHNEIDER, Handb. d. Laubholzkunde **1**, 224–226 (1904).

Bäume oder Sträucher mit ziemlich kahler, schuppiger Rinde. Winterknospen eiförmig zugespitzt, kahl, mit vielen dachziegelig deckenden dunkelbraunen, breiten Knospenschuppen. Blätter sehr kurz gestielt, fiedernervig, einfach gesägt. Blüten polygam, kurzgestielt, zwitterige in den Blattachseln gehäuft, weibliche, fruchtbare Blüten einzeln in den oberen Blattachseln, männliche gebüschelt im unteren Teil der Zweige. Perigon 4- bis 5-teilig. Staubblätter 2–5, vor den Perigonabschnitten stehend. Griffel exzentrisch. Frucht eine kurzgestielte Steinfrucht, breiter als hoch. Kotyledonen frei.

Die Gattung *Zelkova* zählt nur 4–5 Arten; diese bewohnen Kreta, den östlichen Kaukasus, die Gebirge um Peking und die japanischen Gebirge. Im Tertiär, Oligozän bis Pliozän, war die Gattung in Europa weit verbreitet, in den Südalpen sogar bis ins Altquartär. Es wurden Funde von *Z. carpinifolia* in den Südalpen und Karpaten bis zur Mindeleiszeit nachgewiesen. – In Europa kultivierte Arten:

**789c. Zelkova carpinifolia** (PALL.) K. KOCH, Dendr. **2**, 425 (1872). Syn. *Rhamnus ulmoides* GÜLDENST. (1787), nom. nud., *Rhamnus carpinifolia* PALL. (1788), *Ulmus polygama* JUSS. ex LAM. (1797), *Planera Richardi* MICHX. (1803), *Planera crenata* DESF. (1829), *Zelkova crenata* (DESF.) SPACH (1841), *Abelicea ulmoides* (DESF.) O. KUNTZE (1891), *Abelicea carpinifolia* (PALL.) ASCHERS. et GRAEBN. (1911). Kaukasische Zelkowa.

---

[1]) Zelkwa, transkaukasischer (imeretischer) Name für *Z. carpinifolia*.

Bäume oder Sträucher, bis 25 m hoch. Einjährige Zweige behaart, rot oder hellbraun mit orangefarbenen Lentizellen. Winterknospen meist 1–3, fest an die Abstammungsachse gepreßt, nur an der achsenabgewandten Seite von zwei am Grunde meist verwachsenen Knospenschuppen umhüllt. Schuppen hellgewimpert. Blätter elliptisch-länglich, 2–5 (–9) cm lang, 2,5 cm breit, gegen die Spitze zu scharf zugespitzt, am Grund abgerundet oder annähernd herzförmig, grob gesägt mit 6–8 Nervenpaaren, oberseits etwas rauh oder glatt, sattgrün, unterseits viel heller und auf den Nerven flaumhaarig. Blattstiel 1–2 cm lang. Früchte etwa 5 mm groß, schief, fast halbkugelig-nierenförmig. – IV, V.

Heimat: Kaukasus und Nordpersien. Bei uns schon seit langem in Parkanlagen und Gärten kultiviert; so findet sich z. B. ein besonders schönes Exemplar mit ausladenden Ästen im Botanischen Garten der Univ. Zürich. In der Jugend frostempfindlich, später auch im nördlichen Teil des Gebietes winterhart.

**789 d. Z. serrata** (THUNB.) MAKINO. Sehr anspruchsvoll und wärmebedürftig, wohl nur selten in Kultur. Ein 70–80 Jahre alter Baum im Schloßpark zu Schwetzingen (frdl. Mitt. von Dr. Dr. HEINE).

## 38a Familie. Moraceae[1])

LINK, Handb. 2, 444 (1831) „*Moriformes*", nom. corr. LINDLEY (1844)

### Maulbeergewächse

Wichtigste Literatur. ASCHERSON u. GRAEBNER, Synopsis d. Mitteleurop. Flora 4, 575–601 (1911). A. ENGLER in ENGLER u. PRANTL, Natürl. Pflanzenfam. 3, 1, 66–98 (1894). HEGI, Illustr. Flora v. Mitteleuropa, 1. Aufl. 3, 123–136 (1910). C. K. SCHNEIDER, Handbuch d. Laubholzkunde 1, 234–245 (1904). O. TIPPO in Botan. Gazette 100, 1–99 (1938). H. WALTER in KIRCHNER, LOEW u. SCHRÖTER, Lebensgeschichte d. Blütenpflanzen Mitteleuropas 2, 1, 765–909 (1933–35).

Bäume, Sträucher oder Kräuter, laubwerfend oder immergrün, milchsaftführend, mit oder ohne Dornen. Blätter zweizeilig, schraubig, seltener fast gegenständig, ganzrandig, gesägt oder gelappt mit mehr oder weniger abfälligen Nebenblättern. Pflanzen ein- oder zweihäusig; Blüten in Trugdolden, die häufig durch Vereinigung und Verdickung der Achsen zu fleischigen, scheiben- oder krugförmigen Blütenständen verbunden sind. Perigon der männlichen Blüten aus 2–4 (–6) freien oder mehr oder weniger verwachsenen Perigonblättern bestehend, Staubblätter ebensoviele (Taf. 87 Fig. 36), vor den Perigonblättern stehend, in der Knospe gerade oder elastisch eingekrümmt (Fig. 117h). Perigonabschnitte der weiblichen Blüten 4, mehr oder weniger verwachsen. Fruchtknoten ober- oder unterständig, aus 2 Fruchtblättern gebildet, einfächerig, mit einer Samenanlage, diese kampylotrop (Fig. 119c), mit nach oben gerichteter Mikropyle, selten grundständig und aufrecht. Frucht eine Nuß oder Steinfrucht, häufig von der fleischig werdenden Blütenhülle umgeben. Keimling häufig gekrümmt (Fig. 136g, h), Nährgewebe vorhanden oder fehlend, Keimblätter dick, gefaltet oder ausgebreitet, oft sehr ungleich groß (Fig. 134f, i).

Die Familie ist größtenteils in den Tropen beheimatet und zählt nach PHILLIPS (1951) etwa 64 Gattungen mit ungefähr 1000 Arten. – In Mitteleuropa ist einzig *Humulus Lupulus* L. einheimisch, einige Arten aus anderen Gattungen werden kultiviert.

Bestimmungsschlüssel für die Unterfamilien:

1a Staubblätter in der Knospenlage eingekrümmt. Blätter in der Knospe gefaltet, mit kleinen Nebenblättern. Kultiviert . . . . . . . . . . . . . . . . . . . . . . . . . . . . . . . . . . . . . . . . . . . *Moroideae*

1b Staubblätter auch in der Knospenlage gerade. Blätter in der Knospenlage eingerollt, mit meist stengelumfassenden, hinfälligen Nebenblättern. Kultiviert . . . . . . . . . . . . . . . . . *Artocarpoideae*

### 1. Unterfamilie Moroideae

A. BR. in ASCHERS., Fl. Prov. Brandenburg 1, 57 (1864). Syn. *Moreae* BENTH. in Benth. et HOOKER (1880)

Die Unterfamilie *Moroideae* läßt sich in 5 Tribus gliedern, nämlich in die *Fatoueae, Moreae, Broussonetieae, Strebleae* und *Dorstenieae*. Die *Moroideae* sind Holzpflanzen, welche größtenteils dem Unterholz der Tropenwälder angehören. Ihre Blüten zeigen eine 4-teilige Blütenhülle und 4 Staubblätter; Nebenblätter sind klein und hinterlassen keine stengelumfassenden Narben. Zahlreiche Vertreter der *Moroideae* sind wertvolle Nutzpflanzen, so ist das „Eisenholz" von *Sloetia sideroxylon* TEJISM. et BINNEND. aus Sumatra und Borneo ein geschätzter Handelsartikel; *Chlorophora tinctoria* D. DON. aus dem tropischen Amerika liefert Gelbholz, *Chlorophora excelsa* (L.) GAUD. Nutzholz, *Cardiogyne africana* BUR. aus Ostafrika Farbholz. Zur Papierherstellung verwendet wird die Rinde von *Broussonetia papyrifera*

---

[1]) Bearbeitet von Dr. ANNELIS SCHREIBER, München.

(L.) Vent., welche in China einheimisch und gegenwärtig auch in Japan, auf Formosa, Timor, Java, in Nordamerika und im Mittelmeergebiet kultiviert wird, sowie jene von *B. Kaempferi* Sieb. et Zucc. Die Blätter von *Cudrania tricuspidata* Burm. und *Maclura pomifera* (Raf.) C. K. Schneider sind neben den Blättern von *Morus alba* L. geeignetes Seidenraupenfutter. Die auffälligen becher-, scheiben- oder geweihartigen Blütenstände der *Dorstenia*-Arten boten von jeher Anreiz, diese in Gewächshauskultur zu halten. Die giftigen Wurzeln von *Dorstenia Contrajerva* L. und einigen anderen Arten finden in Amerika als Bezoarwurzeln zur Wundheilung nach Schlangenbissen Anwendung.

### Übersicht der Tribus:

1a Männliche und weibliche Blütenstände in Scheinähren. Pflanzen ein- oder zweihäusig . . . *Moreae*
1b Männliche Blütenstände ährig, traubig oder kopfig, weibliche kugelig oder kopfartig. Pflanzen zweihäusig . . . . . . . . . . . . . . . . . . . . . . . . . . . . . . . . . . *Broussonetieae*
1c Pflanzen einhäusig. Zahlreiche männliche und einzelne bis zahlreiche weibliche Blüten auf linealischem, kreisel- oder scheibenförmigem Blütenboden angeordnet . . . . . . . . . . . . *Dorstenieae*

Tribus 1. *Moreae* Gaud., Voy. Freyc. 510 (1826) emend. Bur. in DC. (1873). Syn. *Eumoreae* Benth. in Benth. et Hook. (1880).

Von den 7 Gattungen ist in Mitteleuropa nur *Morus* anbaufähig. *Paratrophis* Blume kommt in einigen Arten auf den Fidji-Inseln, den Philippinen und Tahiti vor. *Pseudomorus* Bur. ist auf der Insel Norfolk beheimatet, *Ampalis* Bojer und *Pachytrophe* Bur. auf Madagaskar. *Trophis* Browne, Syn. *Bucephalon* L. ist in einigen Arten in Westindien, Mexiko und im andinen Südamerika verbreitet.

## CCXVIIIa. Morus[1]) L., Spec. plant. 986 (1753), Gen. plant. ed. 5, 424 (1754). Syn. *Morophorum* Neck. (1790), *Ditrachyceras* Sulzer (1802), *Diceras* Rudolphi (1810). *Ditrachyceros* Endl. (1842). Maulbeerbaum

Wichtigste Literatur. Ascherson u. Graebner, Synopsis d. Mitteleurop. Flora 4, 576–581 (1911). J. Bärner, Die Nutzhölzer der Welt 1, 394–397 (1942). G. Koidzumi, Synopsis Specierum Generis *Mori* in Bulletin of the Imperial Sericultural Experiment Station Japan 2, 1 (1923). H. Walter in Kirchner, Loew und Schröter, Lebensgeschichte d. Blütenpflanzen Mitteleuropas 2, 1, 772–794 (1933).

Bäume oder Sträucher mit schuppiger Borke. Knospen mit 3–6 dachziegelig deckenden Schuppen. Blätter zweizeilig gestellt, ungeteilt oder buchtig-gelappt, eiförmig bis rundlich-eiförmig mit herzförmigem Grund, in der Knospenlage gefaltet; Rand gesägt oder gezähnt, beidseitig oder nur unterseits mehr oder weniger rauhhaarig, am Grund 3- bis 5-nervig; Nebenblätter lanzettlich, hinfällig. Blüten eingeschlechtig, ein- oder zweihäusig verteilt. Männliche Blütenstände 2–4 cm lange Kätzchen auf 1 cm langen Stielen, Perigon 4-teilig, Staubblätter 4, in der Knospe elastisch nach innen gekrümmt. Fruchtknoten mit 2 Narben, Früchte eiförmige, zusammengepreßte Nüßchen, welche von der fleischig gewordenen, weißen bis schwarzen Blütenhülle umhüllt werden und zu vielen einen brombeerähnlichen Fruchtstand bilden. Samen endospermreich.

Die Gattung ist mit 12 Arten in den gemäßigten und subtropischen Gebieten der nördlichen Hemisphäre verbreitet. Kleine Bäume oder Sträucher, die ihrer eßbaren Früchte wegen, als Seidenraupen-Futterpflanzen oder als Ziersträucher in Kultur genommen sind.

### Bestimmungsschlüssel für die in Mitteleuropa kultivierten Arten:

1a Blätter kahl oder höchstens unterseits flaumig behaart, Fruchtstände weiß . . . . . . *M. alba* L.
1b Blätter oberseits rauh, unterseits flaumig behaart . . . . . . . . . . . . . . . . . . . . . . 2
2a Blätter am Grunde tief herzförmig eingebuchtet, Blattunterseite hauptsächlich entlang der Nerven behaart. Fruchtstände schwarz . . . . . . . . . . . . . . . . . . . . . . . . . *M. nigra* L.
2b Blätter am Grunde leicht herzförmig oder keilförmig, Blattunterseite in der Jugend filzig, später weich flaumhaarig. Fruchtstände leuchtend rot, vollreif schwärzlich rot, walzlich . . . . . *M. rubra* L.

---

[1]) μορέα, μόρον, μῶρον Maulbeere, lat. morus; auch wohl = Brombeere. Vielleicht verwandt mit μέρος = Teil, man denke an die Zusammensetzung der Früchte aus kleinen Beeren.

**790a. Morus alba** L., Spec. plant. 986 (1753). Syn. *M. tatarica* L. (1753), *M. indica* L. (1763) p. p., *M. italica* POIR. ex LAM. (1793), *M. constantinopolitana* POIR. ex LAM. (1793), *M. pumila* BALB. (1813), *M. macrophylla* MORETTI (1829), *M. nervosa* DEL. (1835), *M. heterophylla* LOUD. (1838), *M. byzantina* SIEB. (1840), *M. tortuosa* AUDIB. ex MORETTI (1841), *M. venosa* DEL. ex SPACH (1845), *M. Tok-wa* SIEBOLD ex PETZOLD et KIRCHNER (1864), *M. alba* L. var. *vulgaris* BUR. in DC. (1873), *M. alba* HEMSLEY (1894) p. p. Weißer Maulbeerbaum. Dän.: Hvidt Morbærtræ. Engl.: White Mulberry. Franz.: Mûrier blanc. Ital.: Gelso, Moro bianco; im Tessin (Dialekt): Moron. Poln.: Morwa biała. Tschech.: Morušovnik bilý. Sorb.: Běla marušnja. Taf. 87, Fig. 2; Fig. 119a–e, 120

Bis 15 m hoher Baum oder Strauch mit rundlicher, sparrig verästelter Krone. Rinde hellgraubraun, ziemlich glatt, später in eine längsrissige Borke übergehend. Junge Zweige zerstreut flaumhaarig oder kahl. Blätter 1–2,5 cm lang gestielt, sehr vielgestaltig, eiförmig bis breit-eiförmig, ungeteilt oder durch stumpfe Buchten 3- bis 5-lappig oder 3- bis 5-spaltig, Spreite 6–18 cm lang, spitz oder zugespitzt, am Grund herzförmig, Rand ungleich grob sägezähnig, papierartig dünn, oberseits glatt, unterseits auf den Nerven flaumhaarig oder fast kahl. Männliche Blütenstände ährig, länglich, walzlich, gestielt, weibliche nur halb so lang (5–10 mm). Perigon am Rand kahl oder spärlich kurzhaarig, Narben kurzhaarigrauh. Fruchtstand 1–2,5 cm lang, weiß, rosa oder purpurviolett, süßlich, fade schmeckend. Samen hellbraun, 2 mm lang. – Chromosomenzahl: n = 14. – V. – Verbreitung durch Vögel, z. B. Amsel, Dorngrasmücke, Schwarzkopf, Finken.

Heimat. China, Mandschurei, Korea; eingebürgert in weiten Teilen Asiens, Europas und Amerikas. – In Asien ist *M. alba* seit ungefähr 4500 Jahren in Kultur genommen, in Europa vor allem im Mittelmeergebiet etwa seit dem 11. und 12. Jahrhundert. Die Nordgrenze für die Maulbeerkultur verläuft in Europa in Norwegen bei 59° 55' n. Br.; die Früchte reifen in dieser nördlichen Lage noch aus. Über Gotland, Schweden und England erstreckt sich das Anbaugebiet von *M. alba* südwärts über Holland, Frankreich, Deutschland, Österreich und die Schweiz nach den Ländern des Mittelmeergebietes, ein Schwerpunkt der *Morus*-Kultur liegt im submediterranen Flaumeichengebiet (Trockenwaldgebiet) am Nordsaum der Mittelmeerländer.

Fig. 119. *Morus alba* L. *a* Zweig mit männlichen Blüten. *b* Weibliche Blüte. *c* Längsschnitt durch den Fruchtknoten. *d* Narbe. *e* Staubblatt (von außen). – *Morus nigra* L. *f* Beblätterter Zweig. *g* Fruchtzweig. *h* Weibliche Blüte. *i* Narbe. *k* Same. *l, m* Quer- und Längsschnitt durch denselben

Hauptkulturzentren der Schweiz sind das Mendrisiotto, die unteren Teile des Val Colla und Val Vedeggio, ferner die „Riviera" von Locarno nach Bellinzona-Biasca, sowie das Val Maggia unterhalb Cevio. Im Avisiotal unterhalb von Cavalese, im Sarcatal vielfach in Kultur bis Pinzolo, einzeln noch im Val Genova bis 990 m, im Val Nambino um Tione bis 700 m, im Chiesetal bis Daone bei 800 m und Bondo bei 841 m; bei Bozen liegt die Höhengrenze am Ritten bei 900 m, ebenso an der Grigna bei Esino superiore, im Wallis bei Staldenried um 1000 m. – In den Dolinen der Balkanhalbinsel und in Südspanien (Granada) gedeiht *M. alba* noch bei 1200 m und im Hissargebirge in Mittelasien sogar bei 1600 m.

Der erste Maulbeerbaum Tirols wurde unter der Regierung der Republik Venedig um 1416 in Rovereto gepflanzt. Die Clarissinen von Brixen hatten von 1479–85 Maulbeerpflanzungen angelegt, allgemeiner bürgerte sich die Kultur erst im 17. Jahrhundert ein. Heute werden besonders um Pfatten, Branzoll, Auer, Neumarkt, Salurn, Tione, Trient, Arco und Riva Maulbeerbäume gezogen. Die ersten Maulbeerpflanzungen Deutschlands dürften aus dem 16. Jahrhundert stammen, wenn auch *M. alba* erstmals schon viel früher, und zwar im westpreußischen Schöppenbuch bereits um 1392 erwähnt wird; es ist aber nicht sicher, ob er nicht der Früchte wegen gezogen wurde. Zur Zeit Friedrichs des Großen (1740–1786) gaben die hohen Preise der Rohseide Anlaß, die Seidengewinnung auch nördlich der Alpen zu versuchen, so z. B. in Westpreußen, Schlesien z. B. Poischwitz, Brandenburg, Steglitz bei Berlin usw. In Hannover wurden zur selben Zeit Pflanzungen angelegt, so unter anderem bei Celle 1764, Herrenhausen, Pattensen, Coldingen. In Bayern versuchte man in den Jahren 1825–1837 in Nürnberg und Regensburg die Maulbeer- und Seidenraupenzucht; im Netzedistrikt wurden am Ende des 18. und zu Beginn des 19. Jahrhunderts Maulbeerpflanzungen auf behördliche Anordnung hin angelegt. Auch in der Pfalz wurde der Anbau befohlen. In der Westschweiz dürfte die Maulbeerkultur durch die Hugenotten bekanntgeworden sein, jedenfalls bezogen die Bürger von Aarau um 1693 Pflanzen aus dem Kt. Waadt.

Vereinzelte alte Bäume aus früherer Kultur werden angegeben: Brandenburg: Mixdorf bei Frankfurt a. d. Oder, vor der Plönebrücke an der Straße nach Siede i. d. Neumark; Nordbayern: auf der Plassenburg bei Kulmbach, Trebgast, Oberpreuschwitz, Eremitage bei Bayreuth, bei Ahorn, Kleuckheim, Nürnberg, Regensburg; in der Rheinpfalz bei Speyer (verwildert), in Mußbach; in der Nordschweiz, im Sarganserland bei Herbrugg und Goldach; im Kanton Thurgau als Hecken gepflanzt in Feldbach-Steckborn, Bäume in Moosburg-Keßwil, Ittingen und Leisi; Kt. Aargau Hecken verwildert: Oberdorf-Hägglingen, Grünrain-Oberburg, Schinznach-Dorf, Kirch-Bösberg; Kt. Solothurn: Relikte am „Vogelherd" und „obere Mutten"; in der Steiermark als Alleebäume bei Leibnitz um Seggauberg; in Vorarlberg bei Frastanz; um Wien und im übrigen Niederösterreich, dort auch gelegentlich in den Auen und an Zäunen verwildert, so z. B. im Prater, Ober-St.Veit, ferner als Alleebäume am Neusiedler See.

Fig. 120. *Morus alba* L. in Pommern (Aufn. H. GÖRITZ)

Varietäten. Wie bei vielen alten Kulturpflanzen lassen sich bei *M. alba* eine Reihe von Varietäten und Formen unterscheiden, die allerdings von verschiedenen Autoren sehr unterschiedlich bewertet werden. Es würde zu weit führen auf diese hier näher einzugehen [vgl. SCHNEIDER (1904), KOIDZUMI (1923), REHDER (1949)].

Verwendung. Die Hauptnutzung liegt in der Verwendung der Blätter als Futter für die Seidenraupen. Im Kriege bekam die Seidenraupenzucht und damit Maulbeerkultur in Deutschland neue Impulse. So berichten MEYER (1949) aus Oldenburg, BERTSCH (1948) für Württemberg, CHRISTIANSEN (1957) für Schleswig-Holstein und ROTHMALER (1957) für Brandenburg und Mecklenburg, daß dort in jüngster Zeit *M. alba* häufig angepflanzt werde. In Südtirol Kultivierung im großen südlich von Brixen. Daneben ergeben sich noch zahlreiche andere Verwertungsmöglichkeiten. Die Blätter können sehr gut auch an Schafe und Großvieh verfüttert werden, in Mazedonien wird aus jungen Blättern sogar Salat bereitet. Die „Beeren" werden roh gegessen oder eingemacht, sie eignen sich ferner zur Likör-, Spiritus- und Essigbereitung. In den kornarmen Gegenden Mittelasiens stellen sie ein wichtiges Nahrungsmittel dar, in Notzeiten werden sie gemahlen und zu einem klebrigen Brot verbacken; auch als Hühner- und Schweinefutter finden sie Verwendung. Das gelbliche Holz ist hart, ziemlich leicht und dauerhaft, dabei sehr politurfähig, es eignet sich für Drechsler- und Tischlerarbeiten. Der Bast wurde schon früher bei der Papier- und Strickfabrikation mitverwendet; TOBLER (1938) erwähnt, daß in Italien die Fasern chemisch aufgeschlossen und dann der Jutefaser in der Sackfabrikation beigemischt werden. Hierzu können nur die jungen, glatten, unverzweigten Triebe herangezogen werden, mit deren Laub die Seidenraupen gefüttert werden. Nach JARMOLENKO (1935) werden in Rußland die Fasern der einjährigen Triebe Baumwollfasern beigemischt. Wurzelrinde und Blätter dienen auch als Arzneimittel. Um Innsbruck und längs der Seestraße in Traubenberg/Zollikon wird *M. alba* als „lebender Zaun" gepflanzt. In Oberitalien dienen die lebenden Stämme als Stützen für die Weinreben, die von Baum zu Baum gezogen werden. Schließlich seien noch Trauerformen erwähnt, die zu Schmuckzwecken, z. B. in Friedhöfen, gepflanzt werden, wie z. B. bei Zürich, Enzenbühl (HEGI, Handexemplar, handschriftl. Nachtrag 1931).

Schädlinge (wenn nicht anders angegeben auch für *M. nigra* gültig). Im Sommer erscheinen auf den Blättern mehr oder weniger zahlreiche, grau- oder lederbraune, später ausbleichende, meist ganz unregelmäßig eckige, oft auch zusammenfließende und größere Teile des Blattes zum Absterben bringende Flecken, in denen oberseits in winzigen, punktförmigen Fruchtgehäusen von *Septoria mori* LÉV. die dickfädigen, septierten, mehr oder weniger wurmförmig gekrümmten, hyalinen Konidien gebildet werden.

*Fusarium lateritium* NEES bringt junge, nicht ausgereifte Äste zum Absterben. In den blaßrosa gefärbten Fruchtlagern werden auf pfriemlich-stäbchenförmigen Trägern die spindeligen, mehr oder weniger halbmondförmig gekrümmten, mehrzelligen, hyalinen Konidien gebildet. Der zugehörige Schlauchpilz ist *Giberella moricola* (DE NOT.) SACC. mit winzigen, kleine Räschen bildenden Perithezien, in denen die 8 keuligen, länglich spindeligen, mehrzellige hyaline Sporen enthaltenden Asci gebildet werden. In Ungarn wurde 1940 erstmals der „fall webworm" (*Hyphantria cunea* DRURY oder Bärenspinner) beobachtet (auf *M. alba*); in Ermangelung natürlicher Feinde hatte er bis 1947 schon in über 2/3 des Landes Verbreitung gefunden. Es ist zu befürchten, daß er sich in Mitteleuropa ausbreiten wird.

Im besonderen muß schließlich noch auf die Frostempfindlichkeit von *M. alba* hingewiesen werden. Haben die *M. alba*-Kulturen Deutschlands nach H. WALTER (1933) dem kalten Winter 1928/29 getrotzt, so litten sie durch die Kälte im Winter 1955/56 sehr stark, froren z. T. in den oberirdischen Teilen ganz ab oder trieben erst spät und spärlich aus schlafenden Augen aus. Gegen Rauch und Ruß zeigen sich beide Arten ziemlich unempfindlich; sie haben sich bewährt in der Bepflanzung von Fabrikgegenden und rauchigen Bezirken Londons und Südenglands. Auch Windexponierung scheint *M. alba* zu vertragen, davon zeugt ein Exemplar auf der Südost-Ecke des Oberlandes von Helgoland.

Volksnamen. Maulbeere (ahd. mōr, mūrberi, mhd. mōrber, mūlber) ist aus lat. morum, das sowohl Maulbeere wie auch die Brombeere bedeutete, entlehnt. Auch jetzt heißen die Brombeeren noch ab und zu (z. B. im Rheinischen, in Kärnten) Moren. In Maulbeere ist das r der ersten Silbe zu l dissimiliert. Im Alemannischen sind Formen wie Mulbeer, Mulbeeri gebräuchlich. In Tirol heißen die Früchte des Maulbeerbaumes Mûren oder Mûrelen. Der Baum selbst ist der Mûrbaum. Vereinzelte Benennungen sind Sîde(n)boum [Seidenbaum] (St. Gallen) und Süeßberi (Graubünden) [dies für die Früchte]. Nach J. WILDE (1936) hieß *M. alba* in der Pfalz „allgemein" Zwing-uff, da unter der Herrschaft des Kurfürsten Karl Theodor (1733–99) die pfälzischen Bauern z. T. mit Gewaltmaßnahmen gezwungen wurden, den Weißen Maulbeerbaum anzupflanzen.

**790 b. Morus nigra** L., Spec. plant. 986 (1753). Syn. *M. laciniata* MILL. (1768), *M. scabra* MORETTI (1841), non WILLD., *M. siciliana* MILL. (1768) in erratis, *M. nigra* L. var. *laciniata* BUR. in DC., (1873). Schwarzer Maulbeerbaum. Dän.: Sort Morbærtræ. Engl.: Black Mulberry. Franz.: Mûrier noir. Ital.: Moro nero, Tessin (Dialekt): Moron negar. Poln.: Morwa czarna. Tschech.: Morušovnik černy. Sorb.: Čorna marušnja. Fig. 119 f–m, 121

Bäume bis 15, selten 25 m hoch, meist größer und robuster als *M. alba*; Krone dicht, gedrungen, mit kurzen, flaumig behaarten, hellrotbraunen Zweigen. Rinde graubraun, rissig. Blätter 1,5–2,5 cm lang gestielt; Spreite 6–12(–20) cm lang, 7–15 cm breit, derb, oberseits sehr rauh, meist ungeteilt oder aber unregelmäßig gelappt, Rand grob gesägt, am Grunde ziemlich gleichseitig, abgerundet oder herzförmig. Männliche Blütenstände etwa 2,5 cm lang, etwa 1 cm lang gestielt; weibliche Blütenstände ungefähr halb so lang wie die männlichen, kurz gestielt oder fast sitzend. Perigon rauh behaart. Fruchtstände 2–2,5 cm lang, 1,5–2 cm dick, purpurn bis schwärzlich-violett, angenehm säuerlich-süß schmeckend, durch Vögel verbreitet. – Chromosomenzahl: $n = 154$ (nach DARLINGTON 1955). – V.

Heimat. Vorderasien (angeblich Persien, Pontus, Transkaukasien). – *M. nigra* kam schon sehr früh nach Europa. Der Schwarze Maulbeerbaum war bereits THEOPHRAST und PLINIUS bekannt, und auch HORAZ, MARTIAL, VERGIL und COLUMELLA erwähnen ihn; in Pompeji findet sich eine bildliche Darstellung von *M. nigra*.

Heute wird *M. nigra* in den wärmeren Gegenden Mitteleuropas seiner Fruchtstände wegen kultiviert, er soll zwar im allgemeinen etwas frostempfindlicher als *M. alba* sein, kommt in den Alpen jedoch noch in größerer Höhe als letzterer vor, so z. B. im Kt. Wallis (Vispertal) bei 1000 m. In der Schweiz wird *M. nigra* vor allem in den Kantonen Waadt, Wallis und Tessin kultiviert, subspontan kommt die Art zerstreut, z. B. in den Schluchten bei Gandria, vor. In Vorarlberg wird *M. nigra* um Bregenz, in Tirol um Innsbruck und Lienz nicht selten angepflanzt, vielfach kultiviert und stellenweise fast verwildert findet sich die Art in Südtirol, so z. B. im Passeiertal und im Sarntal, sowie vielfach in der Umgebung von Brixen, Bozen, Trient, Arco, Rovereto und anderswo. Auch in Kärnten und in der Steiermark nicht selten kultiviert, alte Exemplare finden sich z. B. bei Wolfsberg, in der Umgebung von Klagenfurt bei Feldkirchen und Moosburg. In Deutschland wird *M. nigra* vor allem vielfach in der Pfalz kultiviert, stellenweise, wie z. B. in Speyer, kommt die Art verwildert vor.

Verwendung. Die Fruchtstände von *M. nigra* werden roh und gekocht gegessen, zu Gelee, Konfitüren und Sirup verarbeitet (Syrupus mororum). Im Mittelalter stellte man besonders in Klöstern Maulbeerwein her (Vinum moratum, mhd. morat). Noch heute dienen die Fruchtstände zum Färben des Weines. Die scharfe, bittere Wurzel fand früher Anwendung als Bandwurm- und Abführmittel. Das Holz ist ebenso verwendbar wie jenes von *M. alba*, besonders an der Riviera ist die graugeäderte, goldgelbe Wurzelrinde als Material für Einlegearbeiten beliebt.

Bei den Griechen war *Morus nigra* dem Pan geheiligt und galt als Symbol der Klugheit, da er seine Knospen erst entfaltet, wenn keine Kälte mehr zu befürchten ist. PLINIUS (Nat. hist. XVI, 41) bezeichnet ihn als „sapientissima arborum".

Fig. 121. *Morus nigra* L. Unreifer und reifer Fruchtstand. (Aufn. TH. ARZT)

**790 c. Morus rubra** L., Spec. plant. 986 (1753). Syn. *M. canadensis* POIR. in LAM. (1797), *M. scabra* WILLD. (1809); *M. tomentosa* RAF. (1817); *M. pensylvanica* NOIS. (1830); *M. rubra* L. var. *canadensis* (POIR.) LOUD. (1838), *M. rubra* L. var. *scabra* (WILLD.) LOUD. (1838); *M. missouriensis* AUDIB. (1841); *M. rubra* L. var. *incisa* BUR. in DC. (1873). Roter Maulbeerbaum. Engl.: Red Mulberry

Bis 20 m hohe Bäume mit brauner, schuppiger Rinde. Junge Zweige flaumhaarig. Blätter breit-eiförmig bis länglich-eiförmig, 7–20 cm lang, 8–20 cm breit, plötzlich in eine lange Spitze verschmälert, am Grund keilförmig bis fast herzförmig, Rand scharf und dicht gesägt; Blattoberseite rauh oder manchmal fast glatt, Blattunterseite weich flaumig behaart, Blattstiele 2–3 cm lang, in der Jugend filzig behaart. Männliche Blütenstände 2–5 cm, weibliche 2–2,5 cm lang. Fruchtstände 2–3 cm lang, walzlich, leuchtend rot bis dunkel purpurrot. – Chromosomenzahl: $n = 14$. – V.

Heimat: Nordamerika, von Massachusetts bis Florida, westlich bis Michigan, Nebraska, Kansas und Texas.

*M. rubra* wird in Gärten als Zierstrauch angepflanzt, er ist winterhärter als *M. nigra* und verwildert gelegentlich. Sein dunkelbraunes Kernholz wird in Amerika zum Schiffbau, in der Küferei und zur Herstellung landwirtschaftlicher Geräte verwendet.

Tribus 2. *Broussonetieae* BUR. in DC., Prodr. **17**, 221 (1873) emend. BENTH. in BENTH. et HOOK. (1880).

## Übersicht der Gattungen:

1 a Blattachseln ohne Dornen, Blätter ganzrandig. Frucht in die fleischige Blütenstandsachse eingesenkt . . . . . . . . . . . . . . . . . . . . . . . . . . . . . . . . . . . . . . . . . *Maclura* NUTT.

1 b Jede Blattachsel mit einem geraden Dorn, Blätter gesägt und oft gelappt. Früchte fleischig, auf einem verlängerten Träger emporgehoben . . . . . . . . . . . . . . . . . . . . . . . *Broussonetia* L'HÉR.

## CCXVIII b. **Maclura** Nutt., Gen. N. Am. Pl. **2**, 233 (1818). Syn. *Ioxylon* Raf. (1818), *Toxylon* Raf. (1819), Osagedorn. Fig. 122

Wichtigste Literatur. Ascherson u. Graebner, Synopsis d. Mitteleurop. Flora **4**, 582–583 (1911). J. Bärner, Die Nutzhölzer der Welt **1**, 393–394 (1942). C. K. Schneider, Handbuch der Laubholzkunde **1**, 239–240 (1904).

Strauch oder Baum. Blätter schraubig gestellt, meist groß, ungelappt und ganzrandig. Blüten zweihäusig. Männliche Blütenstände walzlich; Blütenhülle 4-teilig; Staubblätter 4, in der Knospenlage eingekrümmt. Weibliche Blütenstände dichte, kugelige Köpfchen; Perigon tief 4-teilig, zur Fruchtzeit fleischig. Samenanlagen hängend, Nährgewebe fehlend, Keimling gekrümmt.

Monotypische Gattung:

**791 b. Maclura pomifera** (Raf.) C. K. Schneider, Handb. d. Laubholzkunde **1**, 806 (1904). Syn. *Ioxylon pomiferum* Raf. (1818), *M. aurantiaca* Nutt. (1818), *Broussonetia tinctoria* Torr. (1828), non Kunth, *Toxylon Maclura* Raf. (1836), *Toxylon pomiferum* Sudw. (1897). Apfelfrüchtiger Osagedorn. Engl.: Osage Orange, Bow wood. Franz.: Bois d'Arc, Oranger des Osages. Fig. 122

Bis 20 m hoher Baum mit tief rinniger, dunkel orangefarbener Borke. Zweige hellgrün, bald verkahlend; Axillärdornen kräftig, 1–2,5 cm lang. Blätter eiförmig bis länglich-lanzettlich, 5–12 cm lang, 3,5–12 cm breit, lang zugespitzt, am Grunde breit keilförmig bis fast herzförmig, oberseits glänzend, bald kahl werdend; 3–5 cm lang gestielt. Männliche Blütenstände 2,5–3,5 cm lang, weibliche 2–2,5 cm im Durchmesser. Fruchtstand fast kugelig, 10–14 cm im Durchmesser, orangefarben, Samen etwa 1 cm lang. – V, VI.

Heimat: Arkansas, Oklahoma und Texas.

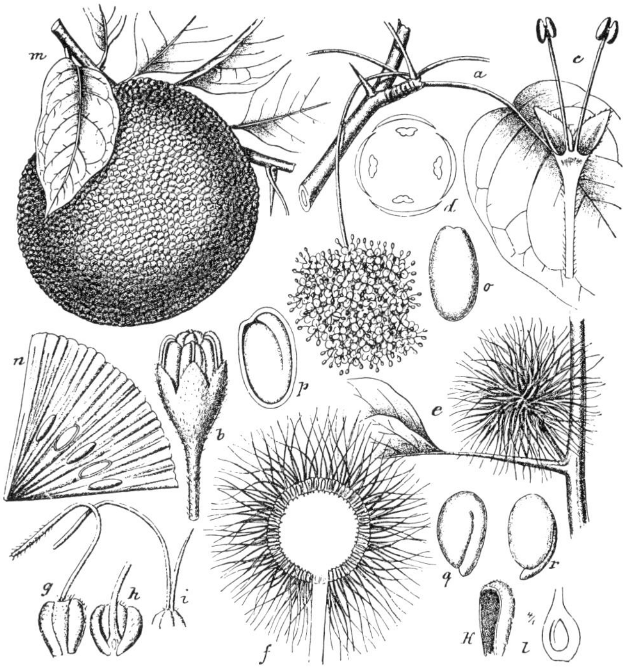

*M. pomifera* wird im Mittelwesten der USA häufig als Heckenpflanze benützt und erhält durch die orangefarbenen großen Früchte ein sehr charakteristisches Aussehen. Bei uns seit 1818 in Gärten angepflanzt, so z. B. in Südtirol zu „lebenden Zäunen", gelegentlich auch verwildernd, wie z. B. am rechten Etschufer bei Calliano oder in der Gegend um Genf. Der Baum ist im Norden unseres Florengebietes besonders in der Jugend frostempfindlich, die eßbaren Fruchtstände reifen nur im Süden unseres Gebietes (Bozen und Umgebung) aus, das Holz ist sehr fest und dauerhaft. Eine unbewehrte Varietät: var. *inermis* (André) C. K. Schneider führt Rehder (1949) an, ebenso einen Bastard mit *Cudrania tricuspidata*: *Macludrania hybrida* André.

Fig. 122. *Maclura pomifera* (Raf.) C. K. Schneider. *a* Zweig mit männlichem Blütenstand, *b* junge männliche Blüte mit eingekrümmten Staubblättern, *c* Längsschnitt durch geöffnete männliche Blüte mit ausgestreckten Staubblättern, *d* Diagramm einer männlichen Blüte, *e* weiblicher Blütenstand, *f* weiblicher Blütenstand im Längsschnitt, *g* weibliche Blüte, *h* dieselbe, vorderes Perigonblatt entfernt, *i* Griffel mit Seitenast, *k* Perigonblatt, *l* Fruchtknoten im Längsschnitt, *m* Fruchtstand, *n* Ausschnitt, die ins Rezeptakulum eingebetteten Früchte zeigend, *o* Frucht, *p* dieselbe im Längsschnitt, *q–r* Embryo.
(Aus C. K. Schneider 1904)

## CCXVIII c. **Broussonetia** L'Hér. in Vent. Tabl. **3**, 547 (1799). Syn. *Papyrius* Lam. (1798), *Stenochasma* Miq. (1851). Papiermaulbeerbaum. Fig. 123

Wichtigste Literatur. Ascherson u. Graebner, Synopsis d. Mitteleurop. Flora **4**, 583–584 (1911). J. Bärner, Die Nutzhölzer der Welt **1**, 355 (1942). C. K. Schneider, Handbuch der Laubholzkunde **1**, 240–242 (1904).

Unbewehrte Bäume oder Sträucher. Blätter gestielt, ungeteilt oder gelappt mit gesägtem Rand, Nebenblätter eiförmig-lanzettlich, abfällig. Blüten zweihäusig. Männliche Blütenstände zylindrische, hängende Kätzchen. Weibliche Blütenstände kugelige Köpfchen mit röhriger Blütenhülle; Fruchtknoten gestielt, Narben dünn, fadenförmig. Frucht mit fleischiger Außenschicht, durch einen dicken, fleischigen Träger (Gynophor) über den ebenfalls fleischigen Blütenboden emporgehoben. Der orangefarbene Fruchtstand erhält durch die auf den Trägern überall hervorquellenden Früchte ein sehr eigenartiges Aussehen.

Die Gattung ist mit 3–4 Arten in Ostasien einheimisch. Bei uns ist nur eine Art in Kultur.

**791 c. Broussonetia papyrifera** (L.) L'Hér. in Vent., Tabl. Règn. Végét. **3**, 547 (1799). Syn. *Morus papyrifera* L. (1753), *Papyrius japonica* Poir. ex Lam. (1804). Fig. 123

Bäume mit glatter, grauer Borke, in ihrer Heimat bis 16 m hoch, bei uns auch im südlichen Gebiet nicht mehr als 6 m erreichend. Zweige kräftig, weich oder fast filzig behaart. Blätter eiförmig, 7–20 cm lang, 5–15 cm breit, meist 2- bis 3-lappig, lang zugespitzt, am Grund herzförmig, oberseits rauh, unterseits grau, weich flaumig behaart, 3–10 cm lang gestielt. Männliche Blütenstände 6–8 cm lang. Fruchtstände 2 cm im Durchmesser, orangefarben mit hervorstehenden roten Früchten. – Chromosomenzahl: n = 13. – V. – Heimat: China, Japan.

In Ostasien, Nordamerika und Südeuropa seit langem in Kultur und stellenweise völlig eingebürgert. Die Rinde wird zur Papierfabrikation verwendet. Bei uns nur als Ziergehölz im südlichsten Teil des Gebietes sowie in der Pfalz angepflanzt und stellenweise völlig verwildert, z. B. an der Etsch. Von Meran an südwärts nicht selten in Kultur, um Bozen bei Klobenstein am Ritten noch gut gedeihend, verwildert bei Schloß Ried und in einem Weinberg bei Bozen. Auch im Kanton Tessin verwildert. Ändert in Gärten ab:

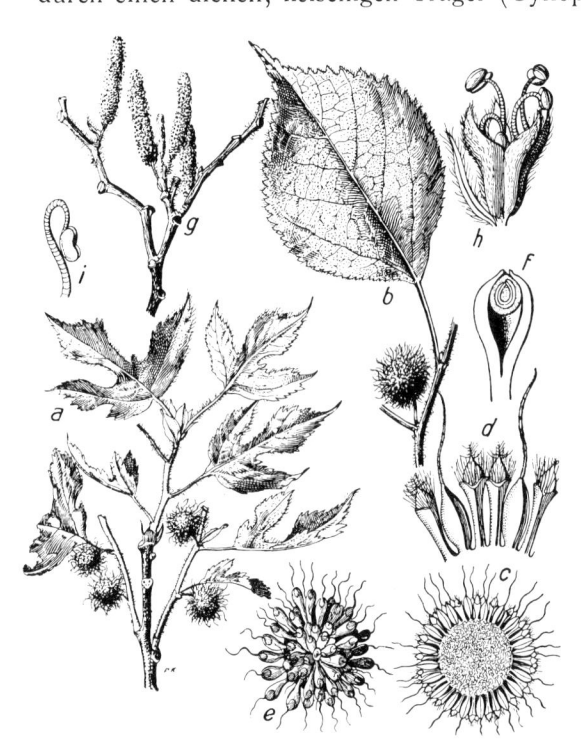

Fig. 123. *Broussonetia papyrifera* (L.) L'Hér. *a, b* Zweige mit weiblichen Blütenständen und verschiedenen Blattformen. *c* Weiblicher Blütenstand durchschnitten. *d* Details desselben: 2 Blüten und 4 Brakteen. *e* Fruchtstand. *f* Schnitt durch eine Teilfrucht. *g* Zweigstück mit männlichen Blütenständen. *h* Männliche Blüte. *i* Unreifes Staubblatt

1. var. *laciniata* Ser., Descr. cult. Mûr. 237 (1855). Syn. *B. dissecta* Senécl. (1878). Blätter fast ganz auf die 3 Hauptnerven reduziert, die an der Spitze kleine Blättchen tragen.

2. var. *cucullata* (Bon.) Ser., Descr. cult. Mûr. 237 (1855). Syn. *Morus cucullata* Bon. (1833); *M. navicularis* Lodd. (1783). Blätter fast kahnartig gewölbt.

## 2. Unterfamilie Artocarpoideae

A. Br. in Aschers. Fl. Prov. Brandenburg **1**, 57 (1864). Syn. *Artocarpaceae* Bureau in DC. (1873), *Artocarpeae* Benth. et Hook. (1880)

Die Unterfamilie *Artocarpoideae* ist mit ihren beiden Tribus *Artocarpeae* und *Ficeae* in den Tropen der Alten und Neuen Welt verbreitet, einzig die Gattung *Ficus* stößt ins Mittelmeergebiet vor und findet sich kultiviert und adventiv außerhalb ihres natürlichen Areals auch noch in Mitteleuropa. Wichtige tropische Nutzpflanzen sind *Artocarpus altilis* (Parkinson) Fosberg, Syn. *A. incisa* L. f., der Brotfruchtbaum, und *A. heterophylla* Lam., Syn. *A. integrifolia* Forst., non L. f.

Tafel 87

**Tafel 87. Erklärung der Figuren**

Fig. 1 *Ficus Carica* L. (S. 278). Zweig mit zwei Feigen.
„ 1a Gallenblüte.
„ 1b Fruchtbare weibliche Blüte.
„ 2 *Morus alba* L. (S. 271). Zweig mit Maulbeeren.
„ 2a Männliche Blüte.
„ 2b Weibliche Blüte.

Fig. 3 *Humulus Lupulus* L. (S. 284). Zweig einer weiblichen Pflanze mit Fruchtständen.
„ 3a Blütenstand einer männlichen Pflanze.
„ 3b Männliche Blüte von oben.
„ 3c Weibliche Blüte mit Tragblatt.
„ 4 *Parietaria erecta* MERT. et KOCH (S. 305). Habitus.
„ 4a. Scheinfrucht
„ 4b Zwitterblüte.

## CCXIX. Ficus[1]) L., Spec. plant. 1059 (1753). Gen. plant. ed. 5, 482 (1754) Feige[2]), Feigenbaum

Wichtigste Literatur. ASCHERSON u. GRAEBNER, Synopsis d. Mitteleurop. Flora 4, 586–594 (1911). P. D. CALDIS, Souring of Fighs by yeast and the transmission of the disease by insects in Journ. Agric. Res. 40, 1031–1051 (1930). J. CARMIN, The Fig Tree in Israel in Bull. Indep. Biol. Labor. Kefar-Malai 10, 4, 67 (1954) und 11, 71 (1955). I. J. CONTIT, The Fig (1947). L. DIELS, Über ungewöhnliche Abwandlungen des *Ficus*-Receptaculums in Flora 128, 28–33 (1933). O. SCHWARZ, Beiträge zur Pathologie der Feige *Ficus Carica* L. I in Phytopatholog. Ztschr. 6, 589–618 (1934). A. TSCHIRCH, Die Feigenbäume Italiens und ihre Beziehungen zueinander in Ber. Deutsch. Bot. Ges. 29, 83–96 (1911). H. WALTER in KIRCHNER, LOEW u. SCHRÖTER, Lebensgeschichte d. Blütenpflanzen Mitteleuropas 2, 1, 796–821 (1933).

Aufrechte Bäume oder Sträucher oder kletternde Lianen mit schraubig gestellten, selten gegenständigen Blättern. Nebenblätter groß, verwachsen, die Fortsetzungsknospe einhüllend, hinfällig, am Zweig eine Ringnarbe hinterlassend. Blätter ganzrandig, gezähnt oder gelappt. Blütenstände mit hohler Blütenstandsachse, an deren Innenwand die sehr kleinen Blüten stehen. Blütenstandsachse und Perigonblätter zuletzt fleischig werdend, einen Fruchtstand bildend. Keimling gekrümmt.

Die Gattung *Ficus* ist durch besonderen Artenreichtum ausgezeichnet und zählt weit über 1000 Arten; ihr Hauptverbreitungsgebiet liegt in den tropischen Regenwäldern. Als wichtige Kautschuklieferanten dienen die Arten: *F. elastica* ROXB. (Heimat: Ostindien), bei uns als Zimmerpflanze unter dem Namen „Gummibaum" beliebt, *F. Vogelii* MIQ. (Trop. Westafrika), *F. Schlechteri* WARB. (Neukaledonien), *F. Brassii* R. BR. (Sierra Leone), *F. obliqua* FORST. (Fidji-Inseln). Aus dem harten Holz von *F. Sycomorus* L. werden Mumiensärge hergestellt, mehrere Arten, wie *F. Carica* L., werden ihrer eßbaren Früchte wegen geschätzt und vielfach gepflanzt, andere Arten finden sich in Gewächshauskultur, z. B. *Ficus pumila* L., eine mit Haftwurzeln kletternde kleine Zierpflanze, die am Luganer See zwischen Melide und Morcote und bei Castagnola, wie auch am Lago Maggiore und am Garda-See aus Gewächshäusern verwilderte. Als Dekorationspflanze wird neben *F. elastica* und *F. pumila* auch *F. lyrata* WARB., Syn. *F. pandurata* hort. non HANCE, geschätzt, die aus dem tropischen Afrika stammt.

Die Gattung *Ficus* ist fossil schon aus der Kreidezeit bekannt. Sie ist unter anderem auch auf erdgeschichtlich frühzeitig isolierten Inseln wie Neukaledonien, Madagaskar und Hawaii verbreitet.

Als einzige Art der Gattung wird *F. Carica* L. im südlichen Mitteleuropa angebaut und findet sich gelegentlich adventiv auch in nördlicheren Gegenden.

---

[1]) Lat. ficus, Feige, Feigenbaum ist aus einer Mittelmeer- oder kleinasiatischen Sprache entlehnt.
[2]) Das deutsche Feige (ahd. figa, nur für die Frucht) ist über prov. figa aus lat. ficus entlehnt.

**792. Ficus Carica**¹) L., Spec. plant. 1059 (1753). Syn. *F. communis* LAM. (1786). *Ficus Carica* L. planta monoeca *Erinosyce* TSCHIRCH et RAVASINI (1911). Echter Feigenbaum. Engl.: Fig Tree, Fig. Franz.: Figuier, Carique. Ital.: Fico, Dialekt: Fighe, Figh. Poln.: Figa. Tschech.: Fikovník.
Taf. 87, Fig. 1; Fig. 124–130

Bis etwa 10 m hoher, selten höherer Baum oder Strauch mit meist lockerer, breiter Krone. Junge Zweige kahl, dunkel olivgrün, dunkelrot, grauweiß, schließlich tiefgrau bis bräunlich. Winterknospen kahl. Blätter wechselständig, 4–8 cm lang gestielt, 3- bis 5- (7-) lappig, 8–15 cm lang, 6–8 cm breit, vielgestaltig, seltener einfach, Buchten und Lappen gegen die Spitze verbreitert, grobgekerbt, von lederiger Konsistenz, dunkelgrün, oberseits mit kleinen Borsten besetzt, rauh, unterseits heller, mehr oder weniger weich behaart wie der Blattstiel. Endknospe von den Nebenblättern umschlossen, Pflanzen einhäusig; auf fleischiger, birnförmiger Blütenstandsachse sitzen die weiblichen Blüten am Grunde, die männlichen in der Umgebung des Ostiolums. Perigon weißlich, unscheinbar, an männlichen Blüten 3–5teilig (Fig. 127e), an weiblichen Blüten 5teilig (Fig. 127b). Staubblätter 3–5, gewöhnlich frei; Pollenkörner rundlich, glatt orangefarben, 10–12 μ, Griffel 1, mit 2 Narben. Fruchtknoten mit 1 anatropen Samenanlage; Integumente 2, später rückgebildet. „Frucht" (Feige) ein Fruchtstand, birnförmig, grün, braun, violett bis schwarz, auch gestreift oder bereift, kahl, 5–8 cm lang; Fruchtfleisch grün oder rot, wohlschmeckend, im Inneren Einzelfrüchte (Nüßchen) enthaltend. – Chromosomenzahl: $n = 13$.

Fig. 124. *Ficus Carica* L. im Botanischen Garten Les Cèdres, Cap Ferrat (Aufn. H. C. FRIEDRICH)

Vorkommen: Die Wildform kommt an trocken-warmen Felshängen mit Vorliebe als Pionierholz in Felsspaltengesellschaften der Asplenietea usw. vor, nach BRAUN-BLANQUET 1951 im westlichen Mittelmeergebiet z. B. charakteristisch für die Ordnung der Asplenietalia glandulosi.

Heutige Verbreitung der Wildform: Nordwest-Indien, Beludschistan, östliches, südliches und westliches Persien, Mesopotamien, Kaukasus-Gebiet und Kleinasien, Krim, südliche Balkanhalbinsel, Apenninenhalbinsel, im Norden bis an den Südrand der Alpen und stellenweise in den südlichen Alpentälern, Südfrankreich, Pyrenäenhalbinsel; ferner von Saudi-Arabien durch Nordafrika bis Französisch-Marokko und auf den Kanarischen Inseln.

Fossile Vorkommen. *F. Carica* ist seit dem Diluvium in Europa mit Sicherheit nachweisbar. Fossile Funde liegen vor aus: Nancy, Montpellier, Aygalades bei Marseilles, Mayrargues bei Aix, Vistal zwischen Gorniès und Madieres, Toskana. Durch die letzten Eiszeiten wurde die Art aus den nördlichen Teilen Mitteleuropas verdrängt, nachdem es ihr gelungen war, während der Interglaziale nochmals nach Norden vorzudringen, worauf Funde von Celle bei Moret nicht weit von Paris, Perle bei Fismes, Dept. Aisne nördlich von Reims hindeuten (Fig. 126).

Eine Anzahl von Arten stehen *F. Carica* verwandtschaftlich sehr nahe. Ihre gegenseitige Abgrenzung stößt auf Schwierigkeiten. Hierher zählen *F. pseudocarica* HOCHST. und *F. Petitiana* RICH. aus Abessinien, *F. geraniifolia* MIQ.

---

¹) Aus Karien (lat. Caria), einer Landschaft in Kleinasien, stammend.

aus Oman, Südpersien und Beludschistan, *F. serrata* FORSK. aus Arabien, *F. virgata* ROXB. aus dem westlichen Vorderindien und Afghanistan. *Ficus pseudocarica*, *F. geraniifolia* und *F. serrata* werden von derselben *Blastophaga*-Art bestäubt wie *F. Carica*. SOLMS-LAUBACH (1882) schließt daraus, daß auch die Stammart dieses Formenkreises auf Bestäubung durch *Blastophaga* angewiesen war. Er sucht daher die Heimat der Stammart in Südwestasien.

In den trockeneren Gebieten des östlichen Mittelmeergebietes tritt neben der typischen Pflanze var. *rupestris* HAUSSKN. auf, deren Blätter ungeteilt sind; hierher zählt auch eine in Ägypten gezogene hellfrüchtige Form. Aus dem westlichen Mittelmeergebiet ist var. *silvestris* WILLK. et LANGE bekannt, ein Strauch mit tiefer geteilten, rauher behaarten Blättern und saftlosen, ungenießbaren Früchten, welcher z. B. auch verwildert auf Kalkfelsen bei Gersau im Kt. Schwyz vorkommt.

Die Feigenkultur. Hauptproduktionsgebiet der Feigenkultur ist auch heute noch das Mittelmeergebiet, z. T. übergreifend in das atlantische Klimagebiet (Nordspanien, Westfrankreich), wo sich besonders in Kleinasien ausgedehnte Pflanzungen befinden (Fig. 126). Daneben finden sich Feigenkulturen in allen wärmeren Ländern der Erde, so in Kalifornien, Mexico, Chile, Ostaustralien, Neuseeland, China, Nordwestindien, Persien, Kurdistan, Syrien, Nordarabien, Ost-, Süd- und Südwestafrika.

In Deutschland wird die Feige in der Pfalz kultiviert, und zwar in der Nordpfalz mehr am Spalier, in der Südpfalz als Hochstamm, sie hält hier und da völlig ungeschützt aus. In Deidesheim ist eine ganze Straßenlänge mit Feigenbüschen geziert, ebenso gedeiht die Feige in Bergzabern, Landau, Gleisweiler, Burrweiler, Flemlingen, Rhodt, Edenkoben, Neustadt, Königsbach, Ruppertsberg, Grünstadt und an anderen Orten des Oberrheingebietes. Auch in der Lößnitz (Elbtal bei Radebeul) wird in jüngster Zeit die Feige wieder mehrfach am Spalier gezogen.

Fig. 125. *Ficus Carica* L. (Aufn. G. EBERLE)

Fundorte verwilderter Feigenbäume in Mitteleuropa: In einer als Felsenheide beschriebenen Pflanzengesellschaft wird *F. Carica* aus Graubünden, Puschlav, angeführt, wo der Feigenbaum zusammen mit *Celtis australis* L., *Clematis Vitalba* L., *Berberis vulgaris* L., *Silene Otites* (L.) WIBEL, *S. Cucubalus* WIBEL, *Tunica saxifraga* (L.) SCOP., *Erysimum helveticum* (JACQ.) DC., *Sedum album* L., *Sempervivum arachnoideum* L., *Prunus Mahaleb* L., *Prunus spinosa* L., *Teucrium Chamaedrys* L., *Stachys recta* L., *Thymus Serpyllum* L., ferner Gräsern wie *Festuca valesiaca* SCHLEICH., *Poa bulbosa* L., *Melica ciliata* L., *Koeleria pyramidata* (LAM.) DOM., *Phleum phleoides* (L.) KARSTEN und anderen Arten vorkommt, im Wallis neuerdings (BECHERER 1956) verwildert festgestellt an Felsen bei St. Maurice, La Bâtiaz bei Martigny und Isières bei Ardon. Ebenso um alle Seen am Alpensüdrand verwildert, in Südtirol bis um Meran reichend (wärmeliebende Buschgesellschaft des Berberidion BR.-BL.).

Adventivstandorte außerhalb des Kulturgebietes: Wien: Schillerplatz, wieder verschwunden; Steiermark: Graz, an der Verladerampe eines aufgelassenen Bahnhofes, Köflach, am Zigöllerkogel, sonst auch mehrfach in der Steiermark innerhalb des Weinbaugebietes; Tirol: Innsbruck, Brennerstraße, nächst der

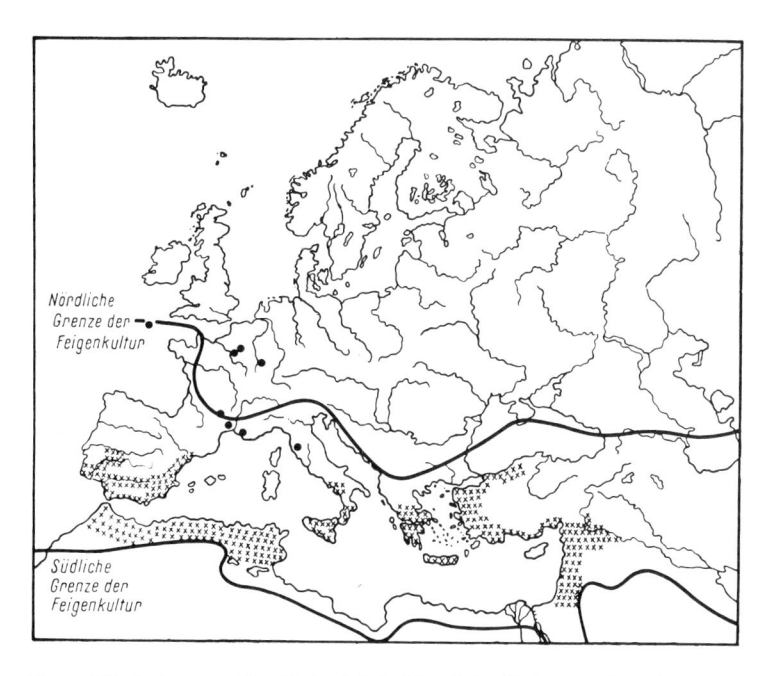

Fig. 126. Verbreitung von *Ficus Carica* L. I. Prähistorisches Vorkommen des Feigenbaumes während des Diluviums. Die Fundorte sind mit ● bezeichnet. II. Verbreitung der Feigenkultur im Mittelmeergebiet. Die Gegenden, in denen kaprifiziert wird, sind mit ××× bezeichnet. (Nach H. WALTER, 1933)

Abzweigung des Natterer Weges, beobachtet 1927, seither wieder verschwunden; Vorarlberg: Götzis, Bludenz, Feldkirch, Nofels, Frastanz, Satteins, z. T. wieder verschwunden; Kt. Basel: Basel, Rheinhalde und -ufer; Kt. St. Gallen: bei Thal und Bernegg; Kt. Zürich: Umgebung der Stadt; Kt. Aargau: an Mauern besonders in Rebbergen, verwildert Untererlisbach, Brücke Aarau, Brugg und Ennetbaden; Baden: Heidelberg, Philosophenweg; Westfalen: Dortmund, Osnabrück, Melle, auf Schuttplätzen; Thüringen: Nordhausen; Sachsen: Leipzig.

Wachstumsbegrenzende Faktoren der Feigenkultur: Länger andauernder Frost bei Temperaturen von —10° C und darunter bringt die Pflanze bis zu den Wurzeln herunter zum Absterben. Blüten und junge Früchte fallen schon bei —2° C ab, während das Laub nicht geschädigt wird. Temperaturhöchstwerte, die ertragen werden, liegen um etwa 55° C.

In vertikaler Richtung steigt die Feige auf der Alpensüdseite zu beachtenswerten Höhen empor: Tessin: Blegnotal 892 m, Val Malvaglia 770 m, Puschlav bei Brusio 745 m, Maienburg bei Meran 730 m, usw. Im südlichen Gebiet gedeiht die Feige auch noch in größeren Höhen: so in Kalabrien und Sardinien bis 1000 m, in Sizilien bis 1100 m, ähnlich in Südgriechenland und auf der Balkanhalbinsel; in Spanisch-Marokko bis 1300 m, Kanaren Südseite bis 1470 m, in den Gebirgen um Kerman (Persien) bis 3600 m und im Sakri Sakron-Gebirge bis 4000 m.

Nördlich der Alpen werden Feigenbäume meist in Kübeln kultiviert oder die oberirdischen Teile werden durch Einbinden vor Frost geschützt. Im atlantischen Gebiet allerdings gedeiht die Feige im Schutz von Gebäuden, so z. B. auf Helgoland, der Hallig Hooge, Husum, Gelting, Augustenburg in Schleswig, Südengland, den Kanalinseln. Auf der Südseite von Christiansöe, 20 km nordöstlich von Bornholm, vermag *Ficus* in normalen Jahren auch noch zu überwintern.

Bodenansprüche: Feigenbäume gedeihen noch auf mageren, steinigen und schotterigen Böden, an Mauern und auf Felsen. Sonnige Lage wird bevorzugt. Ausschließlich in südexponierter Lage tritt *F. Carica* in Gebieten auf, die im übrigen einen kühleren jährlichen Temperaturgang aufweisen. In heiß-trockenen Gegenden erschließen die Langwurzeln Wasservorräte aus tieferliegenden Schichten; junge Bäume besonders in Sandgebieten, wie z. B. in der judäischen Ebene Palästinas, sind allerdings häufig einem sommerlichen Dürrelaubfall ausgesetzt. Schroffe Temperaturwechsel und austrocknende Winde oder Stürme wirken besonders schädigend, während Rauch und Ruß in den südenglischen Fabrikbezirken keine negativen Auswirkungen zeigen.

Anatomie und Morphologie. Keimung: *Ficus Carica* ist Lichtkeimer. Die Keimblätter sind ungleich groß (Fig. 127 h–k); die Primärblätter haben elliptischen Umriß und leicht gekerbten Rand. Die Blattstellung geht bei den ersten Folgeblättern aus gegenständiger in wechselständige über. Aus Keimlingen entwickeln sich teils Caprificusindividuen (Erklärung s. u.), teils verschiedenartige, meist schlechte Früchte hervorbringende Varietäten. Die Vermehrung der Kulturfeige erfolgt stets durch Ableger (Marcotten).

Knospenschuppen tragen nach H. WALTER (1933) keine Spaltöffnungen. Als Einlagerungen wurden in der Randzone Gerbstoff, im Mesophyll Drusen und große Einzelkristalle beobachtet.

Die Anatomie der Laubblätter wurde von SLUYTER (1900) untersucht. Als Einlagerungen treten in den Blattnerven Kalziumoxalatkristalle, in den Palisaden Kalziumoxalatdrusen auf. Einzelne Zellgruppen der Blattoberseite besitzen besonders dicke Außenwände, die mit knopfartigen Fortsätzen in die Zellumina vorspringen. Auf der Blatt-

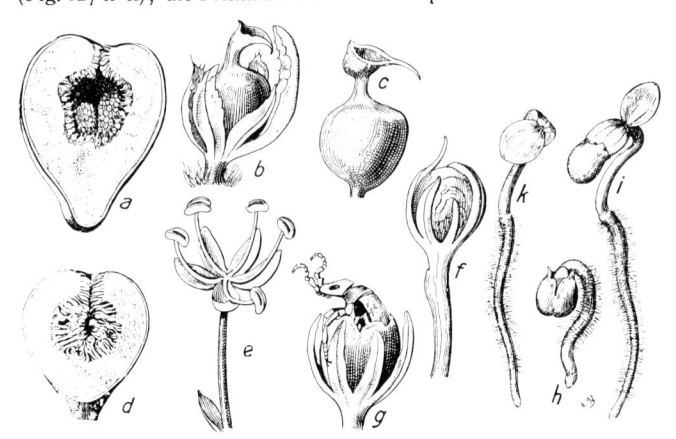

Fig. 127. *Ficus Carica* L. *a* Blütenstand des „Ficus" längs durchschnitten. *b* Einzelblüte. *c* Fruchtknoten. *d* Blütenstand des Caprificus längs durchschnitten. *e* Männliche Blüte (nach CELI). *f* Gallenblüte mit durchschimmernder Larve, *g* mit ausschlüpfendem Imago (nach KERNER). *h, i, k* Verschiedene Keimungsstadien

unterseite liegen große Zellen mit Zystolithen, die nach MOEBIUS (1897) als modifizierte Trichome angesehen werden können. Oft sind die Zystolithen auch nur als warzenartige Verdickungen der Zellwand ausgebildet. Die Spaltöffnungen der Blattunterseite liegen in Höhe der Epidermiszellen. Die Haare sind einzellig, kugelig mit bauchiger Basis.

Ungegliederte Milchröhren durchziehen die jüngeren Zweige, alle krautigen Teile und die Fruchtstände, in denen der Milchsaft erstarrt.

Entwicklung des Blütenstandes: Blattachselständig erhebt sich aus ebenem Boden ein ringförmiger Wall, dessen oberer Rand sich in Schuppen auflöst. Durch Emporwachsen wird der Wall in einen krugförmigen Becher (Receptaculum) umgewandelt, dessen obere Öffnung das Ostiolum, ein schuppenbesetzter Kanal, ist (Abb. 128, 2 a–e). Die den Becher umhüllende Stipulartüte fällt bald ab, die schuppenförmigen Deck- und Vorblätter bleiben erhalten. Die Einzelblüten entwickeln sich vom Grund des Bechers aus beginnend in zentrifugaler Richtung den Wänden entlang, wobei immer wieder neue Blüten zwischen die älteren eingeschoben werden.

Anatomischer Bau des Blütenstandes: Die äußere Epidermis besteht aus isodiametrischen Zellen mit vereinzelt eingeschobenen Spaltöffnungen und mehr oder weniger vielen einzelligen Haaren. In der hypodermalen Schicht ist viel Chlorophyll eingelagert, außerdem finden sich Kalziumoxalatdrusen in einem kleinzelligen, dickwan-

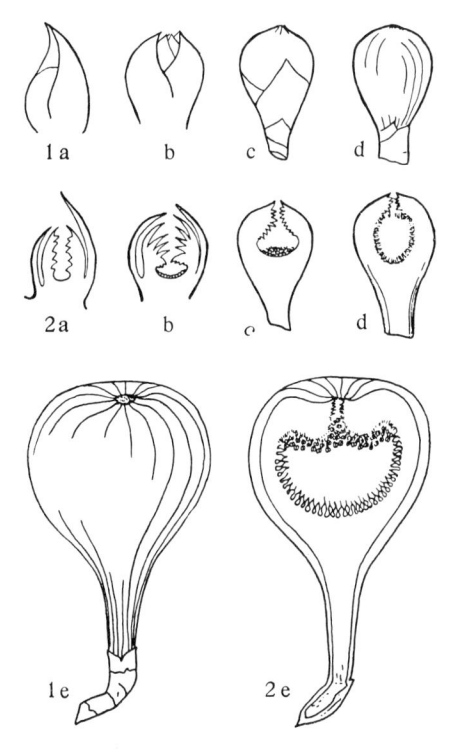

Fig. 128. Verschiedene Entwicklungsstadien der Feige *Ficus Carica* L. von der Knospe bis zum völligen Erblühen. 1 a–1 e Blütenstände in Aufsicht, 2 a–2 e dazugehörige Längsschnitte.
(Aus H. WALTER 1933)

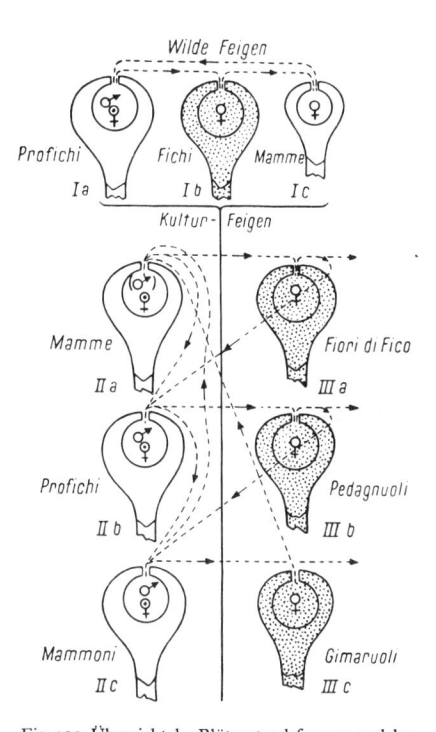

Fig. 129. Übersicht der Blütenstandsformen und der Bestäubungsverhältnisse von *Ficus Carica* L. *I a–c*. Die 3 Blütenstandgenerationen der wilden Feige. *II a–c* Capri-ficus, *III a–c* Kulturfeige. – ♀ weibliche Blüten, ⚥ Gallenblüten, ♂ männliche Blüten, (♂) und (♀) verkümmerte männliche bzw. weibliche Blüten. Die punktierten Blütenstände können eßbare Feigen liefern. ----- Wege des Insektes.
(Nach RAVASINI aus WETTSTEIN, 1935)

digen Gewebe. Darunter folgt eine an Milchröhren reiche Schicht. Schließlich folgt dem Gefäßbündelsystem ein großzelliges, oxalatdrusenführendes Gewebe, das besonders in den weiblichen Blütenständen im Laufe der Entwicklung zahlreiche Interzellularen bildet und sich sehr mit Zucker anreichert; einzelne Milchröhren führen auch durch diese Gewebezone. Die abschließende innere Epidermis besteht aus polygonalen, mehr oder weniger gestreckten Zellen, die zahlreiche Haare tragen.

Verteilung der Blüten im Blütenstand. Die Wildform von *Ficus Carica* entwickelt im Laufe des Jahres 3 Blütenstandsgenerationen, die sich durch unterschiedliche Verteilung von männlichen, weiblichen langgriffeligen (fruchtbaren) und weiblichen kurzgriffeligen Blüten (Gallblüten) auszeichnen.

Die erste Generation des Jahres (Profichi oder Vorfeigen) enthält männliche Blüten, die in der Umgebung des Ostiolums inseriert sind, ferner Gallblüten in allen übrigen Teilen des Receptaculums. Die Sommergeneration (Fichi oder echte Feigen) entwickelt nur fruchtbare weibliche Blüten, während im Receptaculum der Herbstgeneration (Mamme oder Nachfeigen) nur Gallblüten zur Ausbildung gelangen.

Bestäubung. Die weiblichen Blüten der ‚Fichi' können nur Fruchtbildung anregen, wenn sie einen Bestäuber finden. Dieses wird gewährleistet durch die Hymenoptere *Blastophaga psenes* (L.) GRAV., deren ganzer Lebenszyklus in den *Ficus*-Blütenständen abläuft. Ende März wandern überwinterte *Blastophaga*-Weibchen in die sich eben öffnenden krugförmigen Profichi-Blütenstände ein. Die Tiere befördern mittels Legestachel jeweils ein Ei durch die kurzen Griffel in die Fruchtknoten der Gallblüten. Die ausschlüpfenden Larven ernähren sich bis zur Verpuppung vom Fruchtknoten, geschlechtsreife Tiere treten schließlich im Juni auf. Die ungeflügelten, stark in der Minderzahl befindlichen Männchen (Fig. 130) durchbeißen die Wand ihres Nähr-Fruchtknotens und suchen die noch von Weibchen bewohnten Knoten auf, beißen deren Wände an präformierten, dünnen, durchscheinenden Stellen unterhalb der Griffel auf, begatten die Weibchen und gehen anschließend zugrunde. Die geflügelten Weibchen verlassen sodann ihre Wohnung durch das Loch der Fruchtknotenwand und streben durch das Ostiolum ins Freie. Auf dem Wege beladen sie sich mit dem Pollen der eben stäubenden männlichen Blüten. Zu dieser Zeit öffnen sich die Blütenstände der Sommergeneration, die von den Weibchen sofort aufgesucht werden. Die Tiere bemühen sich vergeblich, Blüten, die zur Eiablage geeignet wären, aufzufinden, da sie nicht imstande sind, die langgriffeligen (fruchtbaren) weiblichen Blüten zu belegen; doch werden diese hierbei bestäubt. Viele Tiere gehen hierauf zugrunde ohne ihre Eier abgelegt zu haben, andere überdauern bis zum Herbst und legen dann ihre Eier in den Gallblüten der Mamme ab. Aus diesen Eiern schlüpfende Larven überdauern den Winter und schlüpfen im März, wenn sich die Profichi öffnen. Wie dieser Kreislauf zeigt, dienen bei der Wildform des Feigenbaumes die Frühlings- und Herbstblütenstände nur der Vermehrung des Bestäuberinsekts, während die Sommerblütenstände der Vermehrung des Baumes dienen.

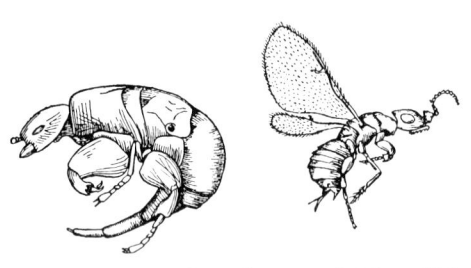

Fig. 130. Feigenwespe, *Blastophaga psenes* (L.) GRAV. Links männliches, rechts weibliches Tier. (Aus H. WALTER 1933)

Aus der Wildform leiten sich die heutige Kulturfeige, die in allen drei Generationen ausschließlich weibliche, fruchtbare Blüten hervorbringt, und der Caprificus (Bocksfeige) ab, der entsprechend hierzu jeweils nur männliche und Gallblüten entwickelt. Hieraus erhellt, daß die Kulturfeige nur Früchte ansetzen kann, wenn ihre Blüten Bestäuber finden. Um dies zu garantieren, werden seit etwa 2000 Jahren Kränze von Caprificus-Blütenständen in den Kronen der Kulturfeigenbäume aufgehängt, oder Caprificus-Bäume werden in der Nähe von Feigenplantagen angepflanzt, denn der Entwicklungszyklus von *Blastophaga psenes* vollzieht sich in den Gallblüten der Caprificus-Blütenstände entsprechend denen der Wildform. Das umseitige Schema (Fig. 129) veranschaulicht die Wege der bestäubenden *Blastophaga*-Weibchen I bei den Blütenstandsgenerationen der Wildform II und III zwischen den Blütenstandsgenerationen von Kulturfeige und Bocksfeige.

Neben diesen auf Bestäubung angewiesenen Rassen der Kulturfeige bilden andere auf parthenogenetischem Wege Fruchtstände aus. Nach RAVASINI gibt es allein in Italien 51 Spielarten der Kulturfeige. Natürliche Verbreitung erfolgt durch Vögel, besonders durch Alpendohle, Nebelkrähe, Kolkrabe, Eichelhäher und Blaudrossel. Diese verschleppen die Feige oft weit über ihr normales Verbreitungsgebiet hinaus, so z. B. ins Französische Zentralplateau.

Abnormitäten. Männliche Blüten mit Fruchtknotenrudimenten oder blattartig entwickelten Staubblättern wurden beobachtet. Freiliegende Blüten bei gewölbtem, inwendig mit Gewebe ausgefülltem Receptaculum beschreibt DIELS (1933).

Krankheiten. Wichtigste Schädigungen sind Wurzelrost, Naß- und Trockenfäule und Feigenfermentation der Fruchtstände, Gummifluß, Mehltau. Diese Krankheiten treten im ganzen Kulturgebiet auf. Das weiche Holz ist sehr anfällig gegen Insekten, bes. Termitenfraß (CARMIN 1954). *Ascochyta caricae* RABH. verursacht im Sommer auf den lebenden Blättern unregelmäßige graugrünliche Flecken. In den darin befindlichen punktförmigen Gehäusen werden die hyalinen, zweizelligen, länglichen oder gestreckt ellipsoidischen Konidien gebildet. Durch Frost geschädigte Triebe werden oft von *Fusarium*-Arten (s. *Morus*) befallen und zum Absterben gebracht.

Bei reifenden Feigen öffnet sich das Auge (Ostiolum) weit, damit ist Gelegenheit zur Infektion gegeben. So wurde beispielsweise nachgewiesen, daß *Carpophilus hemipterus* L., der Überträger von mindestens 3 Hefen ist, die ihm äußerlich anhaften und so ins Innere der Fruchtstände verschleppt werden. Die Folge ist eine alkoholische Fermentation, der infolge der Anwesenheit von Essigbakterien eine Essigsäurebildung folgt. In der englischen Literatur werden diese und andere Formen von Feigen-Verderben „Souring" genannt.

Verwendung. Frische Feigen bilden im Süden ein beliebtes Nahrungsmittel und Obst; sie bleiben bis zur Vollreife am Baum. Zum Versand gelangen sie in Büchsen konserviert, oder, nachdem sie in der Sonne bzw. im Dörrapparat bei 40—50° C getrocknet wurden, gepreßt zu Kränzen aufgereiht oder abgepackt wurden. Geröstete Feigen werden zu Karlsbader Feigenkaffee verarbeitet. Aus gegorenen Feigen wird in Kleinasien Alkohol destilliert, ebenso ist Feigenwein ein orientalisches Getränk. – Das Holz des Feigenbaumes hat ein spez. Gewicht von etwa 0,552, es ist hell, weich und wird im Mittelmeergebiet zu Drechsler- und Tischlerarbeiten verwendet oder dient zur Feuerung.

## 38b Familie. Cannabaceae[1])

ENDL., Gen. Plant. 286 (1837). Syn.: *Moraceae* subfam. *Cannaboideae* ENGL. (1888)

### Hanfgewächse

Zweihäusige, aufrechte oder windende Kräuter mit ganzrandigen, gelappten oder fingerförmig geteilten Laubblättern in gegen- oder wechselständiger Folge. Nebenblätter frei oder verwachsen. Blütenstände cymös, Deck- und Vorblätter reich mit Drüsen besetzt. Männliche Blütenstände in lockeren Trauben oder Rispen, weibliche dichter und nicht so reichblütig. Blüten klein, grünlich; männliche mit 5 freien Perigonblättern und in der Knospenlage aufrechten Staubfäden, weibliche mit becherförmiger Blütenhülle und auf ein einsamiges Fach reduziertem Fruchtknoten. Samenanlagen kampylotrop mit zwei Integumenten, Narben zwei, fadenförmig. Die trockenen Schließfrüchte enthalten mehr oder weniger endospermreiche Samen, der Keimling ist aufgerollt oder hakig gekrümmt.

Gattungsschlüssel:

1 a Stengel windend. Blätter ungeteilt oder gelappt. Staubfäden aufrecht. Weibliche Blüten in zapfenartigen Scheinähren. Spontan und kultiviert . . . . . . . . . . . . . . . . . . . . . *Humulus* L.
1 b Stengel aufrecht. Blätter handförmig geteilt. Staubfäden hängend. Weibliche Blüten in beblätterten, ährenartigen Blütenständen. Kultiviert und verwildert . . . . . . . . . . . . . *Cannabis* L.

## CCXX. Humulus[2]) L., Spec. plant. 1028 (1753) Gen. plant., ed. 5, 453 (1754). Syn. *Lupulus* [TOURN.] MILL. (1768). Hopfen

Wichtigste Literatur. ASCHERSON u. GRAEBNER, Synopsis d. Mitteleurop. Flora 4, 595–598 (1911). H. FRANZ, Beiträge zur Kenntnis des Dickenwachstums der Membranen (Untersuchungen an den Haaren von *Humulus Lupulus*) in Flora 29, 287–308 (1935). G. KUMMER, Die Kulturpflanzen 1. Teil in Neujahrsblätter der Naturf. Ges. Schaffhausen auf das Jahr **1954**, 87–89. H. PAUL, Die Höhenverbreitung der in den bayerischen Alpen bisher beobachteten Gefäßpflanzen in Bericht. Bayer. Bot. Ges. 27, 152 (1947). H. WALTER in KIRCHNER, LOEW u. SCHRÖTER, Lebensgeschichte d. Blütenpflanzen Mitteleuropas 2, 822–874 (1933–35). H. L. WERNECK, Bausteine zur Geschichte der Kulturpflanzen in den österreichischen Alpenländern in Angewandte Botanik 20, 186–218 (1938). R. V. WETTSTEIN, Fakultative Parthenogenesis beim Hopfen in Flora 118—119, 600–640 (1925).

Pflanzen krautig, einjährig oder mit unterirdischem mehrjährigem Rhizom. Triebe rechtswindend, mit Klimm- oder Amboßhaaren besetzt. Blätter gegenständig, mehr oder weniger gelappt oder herzförmig, Rand grob stachelspitzig gezähnt, oberseits rauh, da dicht mit angedrückten Borsten besetzt, unterseits schwächer borstig, 5- bis 7-nervig. Pflanzen in der Regel zweihäusig. Männliche Blütenstände aus Dichasien aufgebaute, lockere Rispen, endständig oder in den Achseln mehr oder weniger reduzierter Laubblätter. Männliche Blüten etwa 3 mm lang, mit 5 weißlichgrünen, freien Perigonblättern und 5 kurzfädigen Staubblättern (Taf. 87, Fig. 3b), Staubbeutel

---

[1]) Bearbeitet von Dr. ANNELIS SCHREIBER, München.
[2]) Ein mittellateinisches Wort, das auf mittelniederdeutsch homele, angelsächsisch hymele, altschwedisch humbli, lauter Bezeichnungen für den angebauten Hopfen, zurückgeht. Aus den germanischen Namen stammen auch altslavisch chmělĭ, russisch chmel, finnisch humala 'Hopfen'.

aufrecht, gelb, mit oder ohne Harzdrüsen, Pollen schwefelgelb, unregelmäßig, glatt, tetraedrisch bis polyedrisch. Weibliche Blütenstände einzeln oder zu mehreren an axillären Kurztrieben oder endständig, dicht zapfenartig, langgestielt. Blüten meist zu 4 in Doppelwickeln angeordnet; in den Achseln der zwei mehr oder weniger verwachsenen Nebenblätter eines normalerweise unentwickelten Laubblattes sitzen jeweils zwei weibliche Blüten (Fig. 134 b–d). Frucht ein glattes weißgraues bis schwarzes Nüßchen, 3 mm lang, eiförmig, zusammengedrückt. Keimling im Samen schneckenförmig aufgerollt, arm an Nährgewebe.

Die Gattung besteht aus zwei Arten und ist infolge langewährender Kultur in den gemäßigten Gebieten Europas, Asiens und Nordamerikas, sowie Chiles und Australiens verbreitet.

1 a Pflanzen mit ausdauerndem Rhizom. Die blütenbedeckenden, verwachsenen Nebenblätter zur Zeit der Fruchtreife stark vergrößert, ihre Innenseite wie auch die Blattunterseiten und Früchte mit gelben Drüsen besetzt. Spontan und kultiviert . . . . . . . . . . . . . . . . . . . . . *H. Lupulus* L.
1 b Pflanzen ohne Rhizom. Nebenblätter sich nur wenig vergrößernd. Pflanzen ohne Drüsen. Kultiviert und verwildert . . . . . . . . . . . . . . . . . . . . . . . . . *H. japonicus* SIEB. et ZUCC.

**793 a. Humulus Lupulus**[1]) L., Spec. plant. 1028 (1753). Syn. *Lupulus humulus* MILL. (1768), *Cannabis Lupulus* SCOP. (1772), *Lupulus scandens* LAM. (1778), *Lupulus communis* GÄRTN. (1788), *Lupulus Amarus* GILIB. (1792), *Humulus volubilis* SALISB. (1796), *Humulus vulgaris* GILIB. (1798). Hopfen. Dän.: Almindelig Humle. Engl.: Hop, Hops. Franz.: Houblon, Houbl. vulgaire, Houbl. à la bière, Vigne du Nord. Ital.: Luppolo., Poln.: Chmiel zwyczajny, Tschech.: Chmel otáčivý.
Taf. 87, Fig. 3; Fig. 131–135

Ausdauerndes Schlinggewächs, dessen einjährige Triebe 3–6 m (in Kultur bis 12 m) Länge erreichen. Blätter gegenständig, an den weiblichen Blütenständen zweizeilig gestellt, langgestielt, rundlich bis eiförmig, tief 3- bis 7-spaltig oder wie die oberen Blätter der weiblichen Pflanzen ungeteilt, oberseits dunkelgrün, rauh, dicht anliegend borstig behaart, unterseits heller mit zerstreut sitzenden, gelben Drüsen besetzt. Nebenblätter eiförmig, mehr oder weniger verwachsen, 13 mm lang, 8 mm breit. Männliche Blüten in achselständigen Rispen, deren einzelne Zweige sich aus Dichasien mit Wickeltendenz zusammensetzen. Die blütenbedeckenden verwachsenen Nebenblätter sind mit der weiblichen Blütenstandsachse verwachsen, auf der Innenseite dicht mit Lupulindrüsen bedeckt. Fruchtknoten mit zwei Narben, am Grunde von einem häutigen, eng anliegenden Perigon umschlossen; das spathaartige Hüllblatt 5–8 nervig, sein oberes Ende abgerundet, zur Zeit der Reife ähnlich den Brakteen stark heranwachsend. – Chromosomenzahl: $n = 10$, daneben kommen tetraploide Rassen vor. – V.

Vorkommen: Häufig in Gebüschen und Auenwäldern, auch Erlenbruchwaldgesellschaften auf nährstoff-(stickstoff-)reichen, sickerfeuchten oder wenigstens frischen mildhumosen Sand- und Tonböden; vor allem in Heckensäumen der Auelandschaften oder in stickstoffliebenden Buschgesellschaften im Umkreis menschlicher Kultur, Prunetalia spinosae-Ordnungscharakterart, zugleich bezeichnend für die Gesamtheit der europäischen Auenwälder (Populetalia-Ordnungsdifferentialart).

Allgemeine Verbreitung. Südliches Europa bis Westasien. – Die Heimat des Hopfens ist schwer zu definieren, da fossile Vorkommen so gut wie völlig fehlen und die langandauernde Kultur zur Verbreitung weit über das ursprüngliche Areal beigetragen hat. Sicherlich sind das südliche Europa und Südwestasien Gebiete ursprünglichen Vorkommens. Entgegen der weitver-

---

[1]) Mittellateinisch lupulus 'Hopfen' offenbar in Anlehnung an „lupus salictarius" [Weidenwolf], wie PLINIUS, Nat. hist. **21**, 86 den an der Weide (*Salix*) hinaufkletternden Hopfen nennt.

breiteten Ansicht, der Hopfen sei aus Europa nach Nordamerika gebracht worden, wird in neueren nordamerikanischen Floren streng geschieden zwischen eingeführtem Hopfen, der sich längs der Ostküste in der Nähe von Wohnstätten, auf Ödland usw. ausbreitete, und einheimischem Hopfen, der in „alluvial thickets" zu finden sei.

Verbreitung im Gebiet. Vom Norddeutschen Tiefland bis in die Alpentäler ansteigend stellt der Hopfen ein spontanes Element der Auwälder und Alneten dar; häufig ist er auch kultiviert und verwildert anzutreffen. – Auf den Nordseeinseln Sylt und Föhr wurde der Hopfen erstmalig 1950 beobachtet, während er nach Norderney schon früher eingeschleppt worden war. Auf den Ostseeinseln Fehmarn und Arö wurde der Hopfen gleichfalls beobachtet, ebenso im Küstengebiet zwischen Lübecker Bucht und Kurischer Nehrung. Nichtblühende Exemplare finden sich noch in der überfluteten Strandzone von Tarnewitz in der Lübecker Bucht; in Mecklenburg verbreitet. Im Tessin steigt der Hopfen bis 1800 m an, in Graubünden bis 1560 m, im Kt. Wallis bis 1540 m, in Tirol bis 1300 m, in den Bayerischen Alpen bis 810 m, im Bayerischen Wald bis 800 m, in der Steiermark bis 720 m.

Florengeschichte: Samen von *Humulus Lupulus* L. wurden in dänischen Mooren in der mittleren Wärmezeit (Ancylus-Zeit) nachgewiesen (JESSEN 1920), mutmaßliche Pollen bereits in der Vorwärmezeit (Praeboreal) (ANDERSEN und MØLLER 1946).

Ändert ab: var. *brachystachyus* ZAPAL. (1908). Blätter kleiner; Fruchtstände 1–1,5 cm lang, Schuppen zum größten Teil zugespitzt, zerstreut behaart, Spitze rot. – Galizien.

Anatomie und Morphologie. Der Hopfen bildet typische Sonnen- und Schattenblätter aus, welche nur unterseits Spaltöffnungen aufweisen; die letzteren liegen in Höhe der Epidermiszellen und bilden keine ‚Nebenzellen' aus. Die rinnenartigen Vertiefungen der Blattstieloberseite wurden von STAHL (nach NEGER 1913) als Aufnahmeorgane tropfbar flüssigen Wassers gedeutet, und H. WALTER (1933) konnte diese Annahme durch Versuche bestätigen. Das Regenwasser wird, von den Spitzen tropfend, von Blatt zu Blatt abgeleitet.

Schutz- und Klimmhaare: Einfache, einzellige, am oberen Ende zugespitzte Haare, die im erwachsenen Zustand mit Luft erfüllt sind, finden sich besonders auf den oberirdischen Achsen, den Laub-, Hoch- und Nebenblättern. Sie schützen die jungen

Fig. 131. *Humulus Lupulus* L. (Aufn. TH. ARZT). Blühende Zweige. Links weibliche, rechts männliche Pflanze

Organe, an älteren Pflanzen schrumpfen sie und fallen ab. Im Gegensatz hierzu bleiben die kurzen, steifen Borsten und Stachelhaare, welche sich schon frühzeitig auf die Spitze des Tragorgans hin ausrichten, erhalten. Charakteristisch für den Hopfen sind ferner die besonders auf den vorspringenden Kanten der oberirdischen Achsen und den Blattstielen sitzenden sowie auf den Unterseiten der Blattnerven inserierten Klimm- und Kletterhaare, welche die windende Pflanze an der Stütze befestigen. Auch die Klimmhaare gehen aus Epidermiszellen hervor, deren Basalteil zu einem „Fuß" erweitert wird, nach erfolgtem, verstärktem Wachstum der Nachbarzellen sehr fest im Gewebe verankert ist und auf einen Sockel emporgehoben werden kann. Die Oberfläche der Klimmhaare ist in zwei Schenkel ausgezogen und besitzt durch Zelluloselamellen versteifte, deutlich geschichtete Wände. Die besonders auf der Blattoberseite häufigen Zystolithenhaare stellen Epidermiszellen dar, deren Basalteil blasenartig erweitert ist, während der Scheitel stachelspitzig ausgezogen ist. Die Membran verdickt sich besonders an der Spitze; am erweiterten Grund des Körpers treten zahlreiche Knötchen auf. (Zur Entwicklung der Haartypen vgl. Fig. 132).

Drüsen: Die ausgedehnte Kultur des Hopfens gründet sich auf die Verwendung der Inhaltsstoffe der gelben, sekretreichen Drüsen bei der Bierbereitung. Es werden 3 Arten von Drüsen unterschieden: Köpfchen- und Scheibendrüsen tragen besonders die jungen Triebe, die Blattunterseiten, die Deck- und Vorblätter der Blüten- und Fruchtzapfen; Becherdrüsen sitzen in großer Zahl auf dem Perigon der weiblichen Blüten, weniger auf den Nebenblättern und jungen Laubblättern. Diese mehrzelligen Drüsen gehen durch Teilungen aus Epidermiszellen hervor und haben im fertigen Zustand einen Durchmesser von 0,14 bis 0,25 mm. Nur die becherförmigen Drüsen finden bei der Bierbereitung Verwendung, denn sie allein enthalten das Sekret Lupulin, das bei der Zellteilung unter die Kutikula abgeschieden wird und diese stark aufwölbt (Fig. 133b und 134l bis q).

Geschichte der Hopfenkultur und Hauptanbaugebiete. Die ältesten Bierbrauer waren die Ägypter, die ihren Emmer- und Weizenbieren die Schalen einer in Eritrea heimischen wilden Zitrone zusetzten. Erste Spuren der Verwendung des Hopfens in der Bierbrauerei finden sich in der Karolingerzeit, wobei es durchaus möglich erscheint, daß es Mönche waren, die, auf Verbesserung des Bieres bedacht, den Hopfen „entdeckten". Aus den ersten Jahren des 9. Jahrhunderts wird der Hopfen im Palyptichon des IRMINO erwähnt. In Bayern besaß das Hochstift Freising schon um das Jahr 850 Hopfengärten und legte solche auch in seinen zahlreichen Besitzungen im Bereiche des damaligen Herzogtums Bayern an. So nennen urbariale Aufzeichnungen aus dem Jahre 1160 Meierhöfe aus verschie-

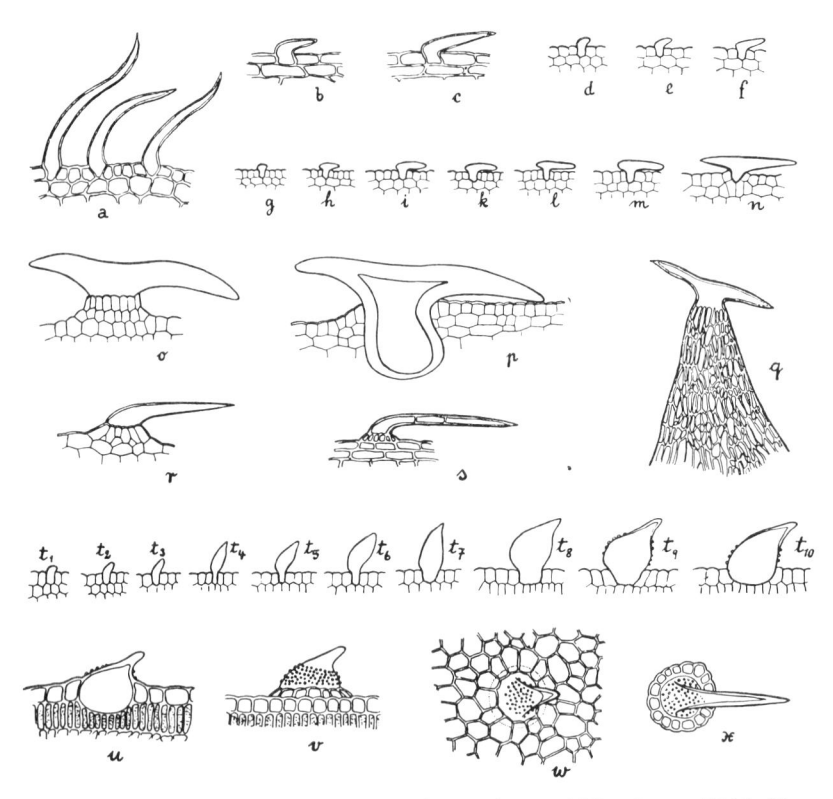

Fig. 132. Haargebilde des Hopfens, *Humulus Lupulus* L. Schutz- und Klimmhaare. *a* Weiche Haare von der Achsenoberfläche, *b* Kurzes Stachelhaar, *c* Längeres stachelförmiges Haar, Übergang zu einer Borste bildend, *d–f* Bildung der Stachelhaare an den Blatträndern, *g–n* Entwicklung der Klimmhaare, *o* Klimmhaar von der Seite gesehen (nicht völlig ausgewachsen), *p* Längsschnitt durch ein ausgewachsenes Klimmhaar mit stark geschichteter Membran, *q* Klimmhaar von einem der unteren Internodien, einer Emergenz aufsitzend, *r* Einfaches Haar, *s* Ein anstelle eines Klimmhaares entstandenes gegliedertes Haar, $t_1$–$t_{10}$ Entwicklung der Zystolithenhaare der Laubblattoberseite, *u* Längsschnitt durch ein Zystolithenhaar mit umgebendem Gewebe, *v* Seitenansicht eines Zystolithenhaares mit Rosette und anlingendem Zellgewebe, *w* Zystolithenhaar der Blattoberseite in Aufsicht, *x* Zystolithenhaar der Blattunterseite in Aufsicht. (Aus H. WALTER 1933)

denen Gegenden des heutigen Österreichs, die dem Stift Hopfen ablieferten, z. B. in Niederösterreich: Hollenburg an der Donau, in Steiermark: bei Katsch im oberen Murtal, in Kärnten: Friesach, und Krain: Lack. Die im Pustertal gelegenen Besitzungen des Freisinger Stiftes in und um Innichen, Vierschach und Apfaltern besaßen zumindest im Jahre 1308 Hopfengärten. Das Hochstift St. Peter in Salzburg erhielt im Jahre 1180 Hopfen als Dienstleistung zahlreicher links und rechts der Salzach gelegener Meierhöhe. Der Hopfenbau des Klosters Admont im steirischen Ennstal wird ebenfalls schon um 1160 urkundlich bezeugt, ob von den Salzburger Gründern des Stiftes oder von den in Oberwölz gelegenen Freisinger Besitzungen überbracht, ist nicht erwiesen. Der Weiler „Hopfgarten" der Gemeinde St. Veit (Pongau) wird in einer Urkunde des Domkapitels Salzburg aus dem Jahre 1175 genannt. Hopfgarten bei Gars am Inn (ehemals salzburgischer Besitz) wird um 1170 urkundlich bezeugt. In Oberösterreich nahm der Hopfenbau des Mühlviertels, im Verlauf der Rodungen des aus Oberbayern stammenden Geschlechtes der Wilhering-Waxenberger, seinen Zug von der Donau über den Kamm des Böhmerwaldes gegen den Oberlauf der Moldau nach Südböhmen; nach WERNECK (1938) darf angenommen werden, daß der Hopfenbau in der Umgebung des Stiftes Wilhering schon um 1206 in Blüte stand.

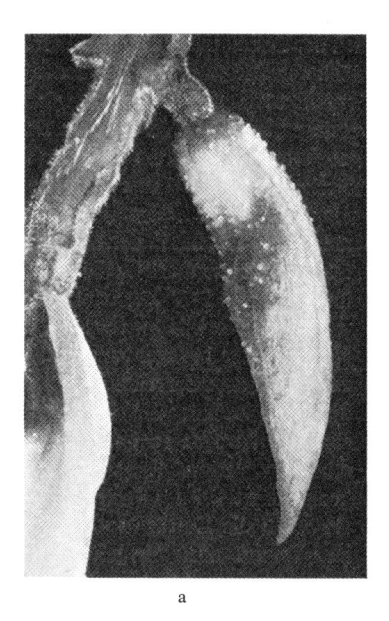

Fig. 133. *Humulus Lupulus* L. *a* Weibliche Blüte stark vergrößert, Oberfläche des Tragblattes mit Lupulindrüsen besetzt. – *b* Längsschnitt durch einen weiblichen Blütenstand. (Aufn. TH. ARZT)

Fig. 134. *Humulus Lupulus* L. *a* Weiblicher Blütenzweig. *b* Weiblicher Teilblütenstand mit Hochblatt. *c* Längsschnitt durch denselben. *d* Weiblicher Teilblütenstand mit 4 Blüten (ausgebreitet); jede Blüte von einem Tragblatt umgeben (*t* = Stipularschuppen; nach EICHLER). *e* Same. *f*, *g* Längs- und Querschnitt durch denselben. *h*, *i*, *k* Verschiedene Keimungsstadien. *l–q* Entwicklung der Hopfendrüsen (nach HOLZNER).
*r* Glandula lupuli

Für das heute weltberühmte Hopfenbaugebiet um Saaz in Nordböhmen liegt eine erste, urkundliche Bestätigung aus dem Jahre 1348 vor. Böhmen und Bayern entwickelten sich in der Folgezeit zu den führenden Ländern der Hopfenkultur. In Böhmen wurde der Anbau besonders im Gebiet von Auscha, Raudnitz, Saaz, Pilsen, Leitmeritz, Falkenau, Melnik und Dauba gepflegt. Besondere Berühmtheit hat das „Saazer Siegelgut" erlangt. Im Laufe dieser nun schon über ein Jahrtausend währenden Kultur bildeten sich bis gegen 300 Klone des Kulturhopfens aus.

In Bayern verteilt sich der Hopfenbau auf zwei Gebiete: nördlich der Donau um Spalt, Hersbruck, Lauf, Langenzenn, Altdorf, Neustadt, Hochstedt, Feuchtwangen usw., und südlich der Donau in der „Holledau" um die Städte Wolnzach und Meinburg, ferner am Bodensee im Kreis Lindau. Benachbart ist das Württembergische Hopfengebiet von Tettnang; in Baden wird Hopfenbau in der Gegend von Schwetzingen betrieben. In der Schweiz ging der Anbau stark zurück; nach KUMMER (1953) ist er im Kanton Schaffhausen ganz erloschen, während er in den Kantonen Zürich und Thurgau noch betrieben wird. Der Hopfenbau im oberösterreichischen Mühlviertel ist der Konkurrenz des Saazer Hopfens in den vierziger Jahren erlegen. In Steiermark wird Hopfen in der Umgebung von Fürstenfeld, in Südsteiermark im Cillier Becken, in Kärnten im großen um St. Veit gebaut.

Mehr oder weniger tausend Jahre dauerte die Hopfenkultur in sogenannten „Hoppentuums" in Oldenburg an, zuletzt konzentrierte sich der Anbau um Ammerland; der letzte Hoppentuum aus Elmendorf wurde 1909 ins Freilichtmuseum Zwischenalm verbracht. Der Anbau in Thüringen konzentriert sich im Saaletal um Jena, Zeitz und Gera. Ob die Kultur in der Altmark, Posen und Neu-Tomysl noch fortgeführt wird, ist aus der neueren Literatur nicht ersichtlich.

Hopfenanbau und Klima. Die Nordgrenze liegt für Kulturhopfen in Norwegen bei 68° 13', in Finnland nach alten Angaben noch nördlich des Polarkreises bei Kemijärvi, in Sibirien bei 62°, im Süden dringt der Hopfenbau bis Italien und Ägypten vor, kann aber im allgemeinen mit hitzeresistenten Pflanzen nicht konkurrieren. Hauptanbau in Europa zwischen 48° n. Br. und 60° n. Br. (im östlichen Nordamerika zwischen 39° und 47° n. Br., im westlichen Nordamerika zwischen 37° und 50° n. Br., in Australien zwischen 30° und 46° s. Br.). Die obere Höchstgrenze liegt in Europa zwischen 500 und 600 m, in den östlichen USA bei 450 m, in den westlichen Staaten bei 750 m. Jahresmitteltemperaturen in Hopfenbaugebieten müssen sich zwischen $+3°$ und $+15°$ C bewegen, das Optimum liegt zwischen 9° und 10° mittlerer Jahrestemperatur. Frühfröste sind weniger gefährlich als Spätfröste, da erstere dem unter der Erde liegenden Rhizom geringen Schaden zufügen, während letztere die krautigen Teile zum Absterben bringen, bevor die Assimilationsprodukte ins Rhizom zurückgeleitet werden.

Fig. 135. Hopfengarten. Bodenseegebiet bei Eriskirch, 1954.
(Aufn. G. EBERLE)

Bodenansprüche. Qualitativ bester Hopfen gedeiht auf Sandboden bei geringen Erträgen. Tiefgründiger, silikatreicher Mergelboden, der sich in südexponierten Lagen stark erwärmt, liefert große Erträge. In Norddeutschland wird demnach Hopfen in den flachen, feuchten, mehr oder weniger moorigen Niederungen gebaut, während man in Süddeutschland südexponierte Abhänge oder Kuppen zur Anlage von Hopfengärten bevorzugt. Kalkhaltige, durchlässige, nicht zu trockene Böden sind für die Hopfenkultur geeignet, meist wird daneben Düngung mit K, P und N nötig sein, da Hopfen ein großes Nährstoffbedürfnis aufweist. Bei Aschenanalysen zeigt es sich, daß Kalk besonders in den Blättern, Kali in Blättern und Früchten und Phosphor in den Früchten gespeichert wird.

Anbau und Ernte. Die Hopfenkultur erfolgt in „Hopfengärten", die zweckmäßig in windgeschützter Lage angelegt werden. Zur Neuanlage werden Setzlinge, auch „Fechser" oder „Setzer" genannt, benötigt. Hierzu schneidet man von Rhizomen weiblicher 3- bis 12-jähriger Pflanzen (5–)18 cm lange Stücke, die 2–3 Paar Augen tragen sollen. In gleichen Abständen (mehr oder weniger 1,5 m) legt man sie in vorbereitete Löcher, die mit Erde und Stallmist gefüllt wurden und bedeckt sie handhoch mit Erde. Im ersten Jahr entwickeln sich niedrige, schwache Stengel, meist ohne Zapfen auszubilden. Vom zweiten Jahr ab sprießen die häufig rot überlaufenen Triebe Ende April kräftig aus dem Boden hervor und werden an 5–6 m hohen Hopfenstangen oder an Drähten zum Emporranken gebracht (Fig. 135). Der Hopfen blüht von Ende Juli bis Anfang August, es muß streng darauf geachtet werden, daß in der näheren und weiteren Umgebung der Hopfengärten keine männlichen Pflanzen des Wildhopfens zum Blühen gelangen, da der

Samenansatz an den Kulturpflanzen unterbleiben soll. Ende August oder Anfang September kann der Hopfen geerntet werden. Die Ranken werden abgeschnitten, von den Stützen gestreift und von den „Hopfenzupfern", oft von weither kommenden Saisonarbeitern, abgeleert. Es sind auch schon Hopfenpflückmaschinen in Verwendung, die das Abpflücken der „Dolden" ( weibliche Blütenstände) besorgen. Die abgeleerten Ranken werden als Düngematerial, Streu, die Blätter gelegentlich als Viehfutter verwendet. – Die Dolden werden getrocknet, auf Sieben geschüttelt, „gereppelt", hierbei fallen die Lupulindrüsen, die bis zu $^1/_{10}$ des Fruchtstandes ausmachen können, ab und bilden in frischem Zustand ein grünlichgelbes, klebriges, später goldgelbes Pulver (glandulae Lupuli) oder Hopfenmehl. Dieses besitzt einen durchdringenden, an Baldriansäure erinnernden Geschmack. Dem Bier zugesetzt verleiht es diesem den aromatisch-bitteren Geschmack und erhöht seine Haltbarkeit, indem die Hopfenharze die Entwicklung der Milchsäurebakterien hemmen. – In den meisten europäischen Ländern und in den USA sind die glandulae offizinell. Sie enthalten Humulon und Lupulon und finden Anwendung als Sedativum, Hypnoticum und Narkoticum. – Die jungen Triebe, „Hopfensprossen", werden abgekocht und ähnlich wie Spargel als Salat verzehrt oder z. B. in die italienische Gemüsesuppe „Minestra" gegeben. Brot soll sich lange frisch halten, wenn beim Hebeln ein Absud von Hopfendolden dem Teig beigemischt wird (KUMMER). – Auch die Fasern der Hopfenstengel können versponnen werden, man verarbeitet sie aber praktisch nur in Schweden und Rußland zu Stricken, Matten, Säcken, als Zusatz zu Wolle oder auch feineren Geweben.

Gelegentlich kommen als Verfälschung des Kulturgutes die Dolden des Wildhopfens zur Verwendung, sie sind ungeeignet, da sie viel weniger Lupulindrüsen enthalten als die des Kulturhopfens. Hopfensurrogate sind außerdem *Aloe, Gale palustris* (LAM.) CHEV., *Anamirta Cocculus* WIGHT et ARN., *Quassia, Daphne Mezereum* L., *Ledum palustre* L., *Gentiana, Menyanthes trifoliata* L., *Capsicum annuum* L., *Artemisia Absynthium* L., *Centaurium minus* MOENCH, *Cnicus benedictus* L.

Abnormitäten. a) Hermaphroditismus. Es wurden Hopfenpflanzen beobachtet, die männliche, weibliche und zwitterige Infloreszenzen tragen, letztere können andro- oder gynomorphen Charakter haben. Der Pollen der Zwitterblüten ist bestäubungsfähig, auch reifen in einem Teil der Zapfen die Samen heran. Nach ZELINKA (1896) wird der Zwittercharakter der Hopfenpflanzen auf einen Teil der Fechser übertragen. TOURNOIS erzeugte Zwitterpflanzen durch verfrühte Aussaat, womit verfrühtes Aufblühen erreicht wird, das von Sexualanomalien begleitet wird. b) Geschlechtswechsel. Aus männlichen bzw. weiblichen Pflanzen gewonnene Fechser können sich jahrelang dem Geschlecht ihrer Mutterpflanze entsprechend weiterentwickeln, dann plötzlich Blüten des anderen Geschlechtes ausbilden und im nächsten Jahr wieder ins ursprüngliche Geschlecht zurückschlagen. c) Parthenogenesis. Die Versuche R. v. WETTSTEINS haben die KERNERschen Beobachtungen bestätigt, wonach weibliche Pflanzen bei vollständiger Isolierung ganz normale Früchte auszubilden vermögen. Aus den keimfähigen Samen wurden im folgenden Jahr wieder lauter weibliche Pflanzen gezogen. Die zytologische Untersuchung zeigte den normalen diploiden Satz von 20 Chromosomen. Die Embryonen gingen aus normalen Eizellen, nicht etwa aus dem Nucellus hervor. d) Verlaubung, auch unter den Namen Gelte, Blindsein, Lupel oder Narrenkopfbildung bekannt. Tritt nur eine Vergrößerung der Deckblätter und allgemeine Verlängerung der Fruchtzapfen ein, so spricht man vom „brauschen Hopfen". Im Extremfall brechen aus dem Blütenstand die gewöhnlich unterdrückten Laubblätter hervor und entwickeln sich zu normaler Größe. Als Ursache hierfür werden anhaltende Regen bei stark stickstoffgedüngten Böden genannt. Auch Verletzung durch Hagelschlag zeitigt ähnliche Ergebnisse. Durch fortgesetzte Entlaubung kann man auch experimentell die Bildung der Laubblätter in den Hopfendolden auslösen.

Krankheiten: Parasiten. Der Falsche Mehltau des Hopfens, *Pseudoperonospora humuli* (MIY. et TAK.) WILSON, wurde um die Jahrhundertwende erstmals in Japan beobachtet, wo er in den Hopfenkulturen großen Schaden anrichtete. Während der folgenden zwei Jahrzehnte hat sich der Pilz weit verbreitet und überall, besonders in Europa und in den Vereinigten Staaten von Nordamerika, großen Schaden angerichtet. Die Blätter sterben frühzeitig ab und sind unterseits mit den sehr zarten, flockigen, hell graubräunlichen Konidienrasen überzogen. Die rundlich-eiförmigen oder breit ellipsoidischen, subhyalinen Konidien entstehen auf reich verzweigten Trägern. Kupferoxychlorid und das Kupferschwefelpräparat „Wacker 83" haben sich bei der Bekämpfung dieses Schädlings bewährt. Weiteren ernstlichen Schaden richten *Sphaerotheca humuli* (DC.) BURR. und *Fumago salicina* TULASNE, Syn. *Capnodium salicinum* (MONT.) KTZE. an. Auf wildem Hopfen schmarotzt häufig *Cuscuta europaea* L. Von tierischen Schädlingen sind Hopfenlaus (*Phorodon humuli* SCHRK.) und Hopfenerdfloh (*Psylliodes*-Arten), ferner die Larven verschiedener Schnellkäferarten zu nennen. Die Reihe ließe sich mit Hopfeneule, Hopfenspinne usw. fortsetzen.

Nur auf hochsommerlichen Wassermangel der Luft ist der „Sommerbrand" zurückzuführen, der auch unter Namen wie Brand, Fuchs, rote Lohe bekannt ist. Das Blattwerk stirbt von unten nach oben fortschreitend ab und wird abgeworfen. Bodenbewässerung allein kann keine nennenswerte Abhilfe schaffen.

Der Lichtkeimer Hopfen kann andererseits in Wäldern mit Lichtholzarten selbst zum Forstschädling werden. In diesem Fall wird er durch Aushungern der Rhizome, d. h. ständiges Rückschneiden der oberirdischen Triebe, bekämpft, oder besser durch Anlage zweistufiger Mischwälder, die dem Hopfen nicht genügend Licht zur Entwicklung lassen.

Volksnamen. Die Herkunft des Wortes Hopfen (spätahd. hopfo, mhd. hopfe) ist nicht sicher. Jedenfalls stammt das mittellateinische hupa „Hopfen" aus dem Germanischen. Nieder- und z. T. auch mitteldeutsch sind Hopp, Hoppe, alemannisch Hopfe, Hupfe. Der angebaute Hopfen wird ab und zu als Feld-, Garten-, Bier- oder Brauerhopfen bezeichnet, der wildwachsende als Hecken-, Stauden-, Holt- oder Zaunhopfen. Der männliche Hopfen ist der Femel- oder Fimelhopfen, vgl. Femel, Fimel für den männlichen Hanf. – Orts- und Flurnamen wie Hopfgarten, Hopfenbach, Hopfenweiler, Hopferau, Hopferbach deuten oft auf einen früheren Hopfenanbau hin. Familiennamen wie Hopfen, Höpfner, Hopfmann, Höppner, bezeichnen den einstigen Hopfenbauer oder -händler. In Kiel erinnern die Straßennamen Hopfenstraße und Hummelwiese an ehemaligen Hopfenanbau.

**793 b. Humulus japonicus** SIEB. et ZUCC., Fl. Jap. Fam. Nat. 2, 89 (1846). Syn. *Humulus lupulus* THUNBG. (1784) non L. Japanischer Hopfen

Von der oben besprochenen Art unterscheidet sich *H. japonicus* durch das Fehlen eines Rhizoms, tiefer 5- bis 7-spaltige Blätter, die auch oberseits hellgrün sind und deren Rand ausgesprochen gezähnt ist. Die männlichen Blütenstände stehen in lockeren Rispen, die weiblichen stellen kurz-eiförmige Ähren dar. Hochblätter des Blütenstandes sind herzförmig, stachelspitzig, vergrößern sich während der Fruchtreife nur unerheblich. Lupulindrüsen fehlen. – Chromosomenzahl: $n = 8$.

Heimat: Japan, China und benachbarte Inseln. In europäischen Gärten seit 1886 angepflanzt. *H. japonicus* wird gern zur Umkleidung von Lauben und Zäunen verwendet, da er sehr schnell emporwächst. Durch Selbstaussaat ist er schon verschiedentlich verwildert anzutreffen, so z. B. mehrfach in Hamburg, bei Dortmund und im Hafengelände um Osnabrück und Mannheim zwischen 1945 und 1947; im Kanton Aargau kultiviert und verwildert z. B. bei Aarau, Auenstein-Au, Stein.

Von *H. japonicus* wird auch eine panaschierte Form kultiviert.

# CCXXI. Cannabis[1]) L., Spec. plant. 1027 (1753) Gen. plant. ed. 5, 453 (1754). Hanf

Wichtigste Literatur. ASCHERSON u. GRAEBNER, Synopsis d. Mitteleurop. Flora 4, 598–601 (1911). A. ENGLER in ENGLER u. PRANTL, Natürl. Pflanzenfam. 3, 1, 97 (1894). HEGI, Illustr. Flora v. Mitteleuropa, 1. Aufl. 3, 133–136 (1910). A. JARMOLENKO in V. L. KOMAROV, Flora URSS 5, 383–384 (1936). K. MÜLLER, Vogelfutterpflanzen in Mitteil. d. Vereins f. Naturwissenschaften u. Mathematik in Ulm/Donau, 23. Heft, 55–85 (1950). F. TOBLER, Deutsche Faserpflanzen und Pflanzenfasern (1938). H. WALTER in KIRCHNER, LOEW u. SCHRÖTER, Lebensgeschichte d. Blütenpflanzen Mitteleuropas 2, 1, 875–909 (1935). A. ZANDER, Über Verlauf u. Entstehung der Milchröhren des Hanfes in Flora 23, 191–128 (1928).

Einjährige, hohe Kräuter mit aufrechtem, meist ästigem Stengel. Blätter und Zweige unterwärts gegenständig, oberwärts zuweilen wechselständig. Blätter lang gestielt, gefingert, 5–7teilig. Blütenstände zweihäusig, seitenständig, in den Achseln schuppenartiger Blätter am Grunde der Zweige. Männliche Blütenstände lockere, rispenartige Trugdolden, in den letzten Verzweigungen wickelartig, im oberen Abschnitt des Stengels und der Äste einen lockeren, rispenartigen Gesamtblütenstand bildend. Weibliche Blütenstände auf eine Blüte reduziert; jede Blüte von einem Vorblatt kapuzenartig umhüllt. Die weibliche Blüten tragenden Zweige meist kurz und dicht beblättert, in ihren Blattachseln wieder blütentragende Zweige, so daß die Gesamtblütenstände beblätterte Scheinähren bilden. Samen arm an Nährgewebe. Keimling weiß, ölig-fleischig, hakenförmig gekrümmt (Fig. 136).

Monotypische Gattung, einzige Art:

**794. Cannabis sativa** L., Spec. plant. 1027 (1753). Hanf. Dän.: Hamp. Engl.: Hemp. Franz.: Chanvre. Ital.: Canapa, Canape. Poln.: Konopie. Tschech.: Konopě. Sorb.: Konop.

Taf. 88, Fig. 1; Fig. 136, 137

Einjähriges, 30 cm bis 3,50 m hohes Kraut, zweihäusig, weibliche Pflanzen größer und dichter belaubt als die männlichen (Taf. 88, Fig. 1; 136). Wurzel spindelförmig, bis 2 m lang werdend. Stengel aufrecht, von angedrückten Borsten rauh, meist ästig. Blätter gegenständig, oberste zuweilen

---

[1]) Lat. cannabis ist entlehnt aus griech. κάνναβις, Hanf, das wahrscheinlich aus dem Skytischen stammt.

Tafel 88

## Tafel 88. Erklärung der Figuren

Fig. 1 *Cannabis sativa* L. (S. 290). Männliche Pflanze Habitus.
,, 1a Männliche Blüte.
,, 2 *Urtica dioica* L. (S. 299). Habitus.
,, 2a Männliche Blüte.
,, 2b Längsschnitt durch die weibliche Blüte.
,, 2c Junge männliche Blüte mit elastisch gespannten Staubfäden.

Fig. 2d Weibliche Blüte.
,, 3 *Urtica urens* L. (S. 298). Habitus.
,, 3a Scheinfrucht.
,, 3b Weibliche Blüte.
,, 4 *Viscum album* L. (S. 310). Zweigstück mit Beeren.
,, 4a Weiblicher Blütenstand.
,, 4b Junger männlicher Blütenstand.
,, 4c Längsschnitt durch den Samen.

wechselständig, bis 6 cm lang gestielt, jene der Zweigenden fast sitzend. Blattstiel krautig, grün, zuweilen rot überlaufen, rauh behaart, oberseits etwas rinnig, unterseits mit schwacher Leiste, oberseits mit zahlreichen, aufwärts gerichteten Haaren und wenigen Drüsen besetzt, am Grunde mit 2 freien, etwa 5 cm langen, hinfälligen Nebenblättern. Blätter gefingert, 5–9–(–11)-teilig, lanzettlich, grob gesägt, am Grunde und an der Spitze ganzrandig, jene der Triebspitzen dreiteilig oder ungeteilt, linealisch, mit weniger stark ausgeprägter Zähnelung des Blattrandes. Mittelblättchen bis 20 cm lang, 2,5 cm breit, seitliche Blättchen allmählich an Größe abnehmend, oberseits dunkelgrün, rauh, unterseits in der Jugend angedrückt flaumig behaart, später verkahlend und heller, beiderseits drüsig punktiert. Männliche Blüten in lockeren, rispenartigen Trugdolden im oberen Abschnitt des Stengels. Blütenhülle tief 5-teilig, weißlich-gelbgrün. Perigonblätter mit durchscheinendem, bewimpertem Rand. Staubblätter 5, gelbgrün, vor den Blütenhüllblättern stehend, hängend; Staubbeutel groß, länger als die haarförmigen Staubfäden, mit zwei schmalen Längsrissen aufspringend. Pollen weiß, kugelig oder kaum merklich elliptisch, dreiporig, 22,5 : 28 μ, Sexine an den Öffnungen verdickt. Weibliche Blüten jeweils zu zweien in den Achseln von Laubblättern, zu Scheinähren vereinigt. Jede Blüte von einem Vorblatt kapuzenartig umhüllt, dessen Oberseite dicht mit Drüsen bedeckt ist. Perigon kurz, becherförmig, ungeteilt, nur den Grund des Fruchtknotens umgebend, oft verkümmernd. Fruchtknoten grün, kahl, aus 2 median stehenden Fruchtblättern gebildet (das vordere ist meist steril und abortiv), einfächerig, eine kampylotrope Samenanlage enthaltend. Griffel 2, grünlichweiß, allmählich in langgestreckte, purpurrote, stark papillöse Narben übergehend. Frucht eine breit-eiförmige stumpfe, 3–5 : 2 mm messende Nuß, an beiden Rändern schwach gekielt, Fruchtwand glatt, glänzend, graubraun, Samenschale dünn, brüchig und netzaderig. – Chromosomenzahl: n = 10. – VII, VIII.

Vorkommen. Vielfach der Bastfasern wegen angebaut; nächst Brachfeldern, an Wegrändern, auf

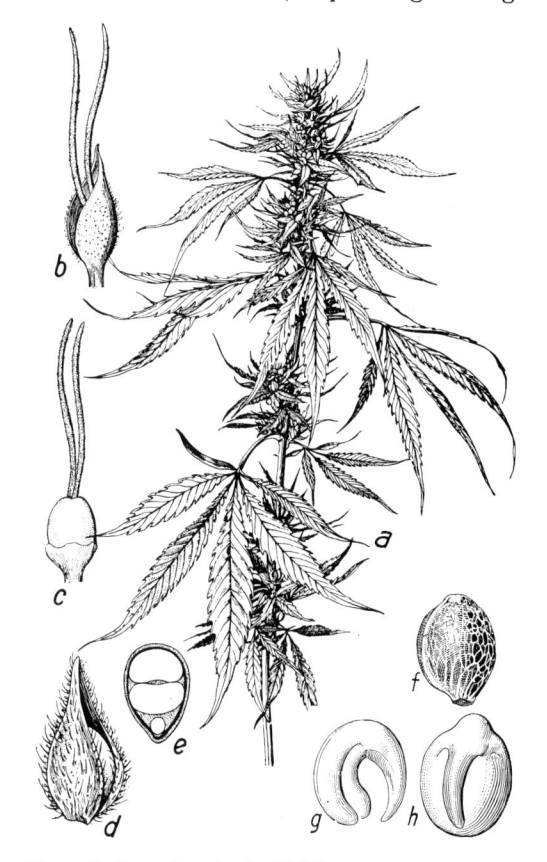

Fig. 136. *Cannabis sativa* L. Weibliche Pflanze. *a* Habitus. *b* Weibliche Blüte (von der Seite), vom Vorblatt eingeschlossen. *c* Weibliche Blüte. *d* Scheinfrucht. *e* Querschnitt durch die 1-samige Nuß. *f* Same. *g, h* Freipräparierter Embryo

Schutt, im Bereich von menschlichen Ansiedlungen vielfach verwildernd, im Norden des Florengebietes jedoch meist bald wieder verschwindend, im Süden und Südosten eingebürgert und verbreitetes Unkraut auf Mais- und Rübenfeldern, Brachäckern usw. (Chenopodietea-Art).

Allgemeine Verbreitung. Einheimisch in den Steppengebieten Asiens und wohl auch in Teilen Ost- und Südosteuropas; angebaut und stellenweise verwildernd in den gemäßigten und tropischen Gebieten der Alten und Neuen Welt.

Ähnlich wie bei anderen, seit langer Zeit in Kultur genommenen, andererseits auch leicht verwildernden Pflanzen ist es nicht mit Sicherheit möglich, das ursprüngliche Verbreitungsareal der Art zu skizzieren. In Sibirien wurde Hanf sicher nachgewiesen in Dahurien im Gouvernement Irkutsk und südlich des Baikalsees, an den Ufern des Irtysch in der Kulundirsker und Barabinsker Steppe und in den Tälern des Altai. Weiter werden Nord- und Westchina, Kaschgar, der Himalaya, Kaschmir, vielleicht sogar die Kachin-Hills in Nordost-Burma und Arracan-Assam als Ursprungsgebiete angegeben. Im Westen dringt er bis zum Süd- und Südwestende des Kaspi-Sees vor, wo er bei Astarabad und Lenkoran wild festgestellt wurde. Mittel- und Südrußland, das Donaudelta, das Gebiet der unteren Donau, Bulgarien, Serbien, Ungarn und das Banat werden neben Nordpersien noch zu den Heimatgebieten des Hanfs gerechnet. E. HOFMANN fand Hanfsamen in der Mammutschicht von Nevlje von Kroatien (Beginn der Würmeiszeit, 20000 v. Chr.).

Im westlichen Asien und in Indien wurde der Hanf des Bastes und der ölreichen Früchte wegen schon 800–900 v. Chr. angebaut; in Ägypten zeugen Abbildungen an Tempelwänden davon, daß er schon im 16. Jahrh. v. Chr. bekannt war. In Griechenland dürfte der Hanf zu HERODOTS Zeiten noch unbekannt gewesen sein, auch wird er im Alten Testament nirgends erwähnt. Der römische Satiriker LUCILIUS nennt ihn erstmals um 100 v. Chr.

TOBLER (1938) beschreibt zwei Ausbreitungswege, auf denen der Hanf nach Mitteleuropa gelangt sei: 1. von Südrußland zur Ostseeküste, ihm entspricht die kürzere, stämmige Rasse mit reichem Samenertrag, die heute in diesen Gebieten gebaut wird; 2. von Kleinasien über das Mittelmeergebiet nach Frankreich; diese Hanfsorte zeichnet sich durch höhere Pflanzen mit längerer Faser und geringerem Samenertrag aus. Über beide Ausbreitungswege kam der Hanf im Mittelalter nach Deutschland.

Heute ist der Hanf in den gemäßigten und zum Teil auch in den tropischen Zonen beider Hemisphären in Kultur genommen und vielfach verwildert und eingebürgert. Sein sekundäres Verbreitungsgebiet erreicht in Norwegen 67° 56' n. Br., mit der var. *gigantea* sogar 68° 7' n. Br. In Finnland und in Rußland (Archangelsk) erreicht er fast den Polarkreis. Andererseits scheint die Kultur des Hanfes auch in den Tropen, wie z. B. im Kongo- und Sambesigebiet, schon alt zu sein, denn LIVINGSTONE fand dort Hanf überall verwildert vor.

Hauptanbaugebiete des Hanfes sind heute Rußland und Italien, so in Rußland das Wolga-, Dnjepr- und Don-Gebiet, die Umgebung von Poltawa und Woronesch, in Italien die Provinzen Venezia, Emilia, Romagna und Latium. Im übrigen ist die Hanfkultur in Europa weit verbreitet. In jüngster Zeit geht sie vielerorts sehr zurück, wird doch das Angebot der Kunstfasern immer reichhaltiger.

Varietäten und Kultursorten. HEUSER zeigte, daß den früher unterschiedenen Varietäten: *macrosperma, chinensis, americana* nur der Charakter von Spielarten zukommt. In ihren extremen, ausgeprägtesten Formen besitzen sie zwar unterschiedliche Merkmale, aber zwischen diesen Endgliedern, die meist durch eine auf ganz bestimmte Nutzungszwecke hin ausgerichtete Zucht entstanden sind, kennt man kontinuierliche Zwischenglieder. Auch wurde bei veränderten Umweltbedingungen eine rasche Anpassung unter Abänderung äußerer Merkmale beobachtet.

Unter den mehr oder weniger bekannten 20 Hanfsorten sind folgende von Wichtigkeit: Der Russische Hanf. 1,50–1,80 m mit fast keulenförmigen weiblichen Blütenständen und hoher Samenproduktion. Verzweigung bei den einzeln stehenden Pflanzen außerordentlich dicht. Der Italienische Faserhanf (Bologna- oder Ankonahanf) wird 3–3,5 m hoch. Auch einzeln stehende Pflanzen sind nur sehr locker verzweigt, Blütenansatz und Samenproduktion sind gering. Der Kleine italienische Hanf ist nur halb so hoch, reift früher und setzt wesentlich mehr Samen an. Im übrigen Mitteleuropa wird eine Rasse gebaut, die sich bei Dichtsaat zur Fasergewinnung, bei Lichtsaat zur Samenernte verwenden läßt. In der Türkei findet sich eine ähnliche Rasse, neben der noch eine weitere Form existiert, die bei Dichtlaubigkeit reichlichen Samenansatz zeigt, und als Zwischenstufe von Faser-, Samen- und Drogenhanf angesehen werden kann. Sie leitet über zu den in Afrika, Arabien und Indien kultivierten Rassen, die nur der Drogengewinnung dienen. Von diesen ist der bekannteste der Indische Hanf, der sich durch reiche Verzweigung und sehr dunkles, kleinblättriges Laub auszeichnet und in seiner Heimat hauptsächlich zur Gewinnung der narkotischen Droge „Haschisch" angebaut wird. Der in Rußland als Unkraut wachsende, von JANISCHEWSKI (1924) als *Cannabis ruderalis* bezeichnete Hanf, *C. sativa* ssp. *spontanea* SEREBRJAKOVA (1940) wurde in Brandenburg gelegentlich beobachtet, z. B. Berlin-Schöneberg, Frankfurt a. d. Oder und im Oberspreewald (SCHOLZ in Verh. Bot. Ver. Brandenburg, 1957). Er zeichnet sich aus durch kleineren Wuchs, Ausbildung eines Perigons, kleinere, am Grund durch einen kallusartigen Ringwulst mit dem Blütenboden verbundene Früchte und abfallende Samen; die Fasern sind gut und industriell verwertbar.

SEREBRJAKOVA beschrieb 1928 eine var. *praecox*, die im Norden des europäischen Rußlands sowie Jakutien verbreitet ist; im Gouvernement Archangelsk wird sie um Mesen und Petschora schon kultiviert. In Flora URSS **5** wird weiters darauf hingewiesen, daß im russischen Steppengebiet noch andere Formen vorhanden sein können.

Kulturbedingungen: Hanf entzieht dem Boden ungeheure Mengen von Nährstoffen, vor allem Kalk; er ist die Kulturpflanze mit dem größten Kalkbedürfnis. Zum Hanfbau geeignet sind fruchtbare Alluvialböden und gut gedüngte, lehmige Sandböden, auch umgebrochene, lockere Niederungsmoorböden. Auf unbebaut gewesenen Flächen verhindert er das Aufkommen allen Unkrautes und ist ein guter Wegbereiter für Gemüsebau.

Jungpflanzen sind sehr frostempfindlich, besonders in den ersten $1-1\frac{1}{2}$ Monaten nach dem Auflaufen. Im weiteren Verlauf der Entwicklung gedeiht Hanf am besten bei 80% Bodenfeuchtigkeit (der vollen Wasserkapazität des Bodens), und selbst temporäre Abnahme macht sich in einer Wachstumshemmung des Stengels bemerkbar.

Der Hanf beendet seinen Entwicklungszyklus in 90–110 Tagen, so bietet er sich geradezu an für Untersuchungen auf dem Gebiet der Vererbungsforschung. Dies um so mehr, da er als alte, begehrte, aber sehr anspruchsvolle Kulturpflanze heutzutage mehr denn je Gefahr läuft, durch Baumwolle und die in voller Entwicklung befindlichen Kunstfasern verdrängt zu werden. Es sei hier nicht auf die zahlreichen Untersuchungen, die von züchterischer Seite nach wie vor zur Verbesserung der Faserqualität, Erhöhung des Samenertrages usw. unternommen werden, näher eingegangen (Veröffentlichung neuer Arbeiten z. B. im „Züchter").

Ernte und Verarbeitung: Der Unterschied in der Entwicklungsdauer der männlichen und weiblichen Hanfpflanzen kann einen Monat und mehr betragen. Vielfach werden die früher reifenden männlichen Pflanzen einzeln geerntet („Femeln"). Es kann aber auch die Gesamternte früher abgehalten werden, solange die männlichen Stengel noch gut brauchbar sind, nachteilig wirkt sich dann aber der Umstand aus, daß die weiblichen Pflanzen erst unvollkommen Frucht angesetzt haben. In südlichen Ländern, wo die Hauptbedeutung der Fasergewinnung zukommt, wird die zweite Art des Erntens bevorzugt. Sortierung nach männlichen und weiblichen Pflanzen wird vorgenommen, denn die ersteren liefern feinere Fasern. Daneben ist aber auch eine zweite Hanfsorte bekannt, deren männliche und weibliche Pflanzen zur gleichen Zeit ausreifen, nämlich var. *monoica*. Diese Hanfsorte wird in der Slowakei vielfach kultiviert, sie dürfte für die Züchtung noch an Bedeutung gewinnen.

Das Schneiden erfolgt mit Mähmaschinen 20 cm über dem Boden; die untersten Teile sind zu grob, als daß sie verarbeitet werden könnten. Bei der Ernte sind starke Öl- und Harzabsonderungen lästige Nebenerscheinungen. Der gemähte Hanf trocknet auf den Feldern etwas an, die Blätter fallen ab. Fruchtstände bleiben ziemlich geschlossen erhalten, mit Maschinen werden diese oberen Teile schließlich von den Garben abgeschnitten. Die frühere „Tauröste" ist einer Röste in Warmwasserbecken gewichen, Einbringen und Heben aus der Röste erfolgen maschinell. Dann werden die Stengel gebrochen (geknickt) und so grob vom Holzkörper und einem Teil der Rinde befreit. Sie können dann auch beim Durchlaufen von mit Zähnen besetzten Walzensystemen (Karden) gereinigt werden und so in einen, dem Flachs gleichenden, sauberen, spinnbaren Zustand überführt werden. Im Hausbetrieb „Hecheln".

Gröberes Fasermaterial für Stricke usw. kann auch durch rein mechanisches Brechen und Knicken unter Umgehen des Röstprozesses gewonnen werden, es ist im Gegensatz zu dem graubraunen, durch Röste gewonnenen Material grünlich (Grünhanf). Bei dieser Art der Gewinnung muß zum Brechen mehr Gewalt aufgewandt werden, dadurch können die Fasern geschädigt werden.

Das Verspinnen gleicht dem des Flachses, dabei werden die langen Fasern um die Zwille oder den Wocken, einen mit Astansätzen versehenen Stock gewickelt. Weiterverwendung in bäuerlichen Betrieben als Pechdraht, Peitschenschnur, Ziehstränge und Seile, Verarbeitung zu Segeltuch und Spitzen. Zur Verfeinerung der Hanffaser finden verschiedene Rezepte Verwendung: BÖHM (1794) empfahl, während der Röste mit Seifenwasser oder Lauge von Pottasche zu waschen oder nach der ersten Röste und dem daran anschließend erfolgenden Brechen eine zweite Röste einzufügen und anderes mehr. Heute erreicht man dies im Rahmen einer Bleiche nach dem Verspinnen mit Baumwolle. Stoffe dieser Erzeugungsart gehen unter der Bezeichnung „Gminder Linnen", nicht Leinen! – In Italien wird als weitere Verfeinerung die Kotonisierung angewendet, die zur Folge eine größere Festigkeit bei verblüffender Ähnlichkeit mit Baumwolle hat.

Anatomie. 1. Stengel. Epidermis mit unregelmäßig 6-eckigen Zellen, wenigen Spaltöffnungen und zahlreichen, derben, auf ihrer Oberseite warzigen, einfach kegelförmigen, an der Basis etwas gekrümmten Haaren besetzt, die leicht abbrechen und kreisrunde Narben hinterlassen. Die kollateralen, durch ein Innenxylem ausgezeichneten Gefäßbündel werden nach außen vom Rindenparenchym, nach innen vom Mark begrenzt. Holzteile: Die Gefäße verlaufen radial, sie sind in der Größe sehr variierend. Es fallen solche mit besonders großem Querschnitt auf, die sehr zartwandig sind und eine beträchtliche Anzahl mehrreihig angeordneter Tüpfel besitzen. Nach dem Mark zu Übergänge zu Netz-, Treppen-, Ring- und Spiralgefäßen. Die Hauptmasse des weißen Holzkörpers wird von 0,5 mm langen Prosenchymfasern gebildet, deren Zellenden häufig gegabelt sind. Siebteil: normale Siebröhren und Geleitzellen. Im Perikambium, der Zone zwischen Siebteil und Rinde, folgen die Bastzellen, denen der Hanf seine Bedeutung verdankt. Mit Rücksicht auf seine große praktische Bedeutung ist der Bast des Hanfs, die sogenannte Hanffaser, Objekt zahlreicher Untersuchungen geworden (Zusammenstellung der Literatur bei SCHILLING, HEUSER, TSCHIRCH).

Die Bastfasern sind in wechselnder Anzahl einzeln oder in Gruppen angeordnet. Während sie im oberen, jüngeren Stengelteil einen einfachen, vielfach unterbrochenen Ring bilden, ist ihre Anordnung im unteren Stengelteil gruppenförmig, in peripherer Richtung ausgedehnt. Querschnitt der Einzelfaser rundlich oder 3-7-eckig, 18-24 μ im Durchmesser, Länge 0,7-10 cm, meist 3-4 cm. Die Enden der langgestreckten Zellen verjüngen sich, die Spitzen sind leicht abgerundet oder gegabelt. Mark findet sich nur in jüngeren Stengelteilen, später zerreißt es und lagert sich der Wand des Holzkörpers an. Vom Mark aus verlaufen zwischen den Gefäßbündeln Markstrahlen, die tangential stark zusammengedrückt etwa doppelt so hoch als breit sind. Milchsaftröhren finden sich im Stamm (über ihre Entstehung s. u. 4).

2. Wurzel. Pfahlwurzel spindelförmig mit horizontal gerichteten Seitenwurzeln 1. Ordnung und sich weitverzweigenden Nebenwurzeln niederer Ordnung. In den Wurzelhaaren sind Öltröpfchen eingelagert. Die primäre Wurzel ist diarch, ihre Xyleme rücken früh zusammen und schieben ein weitlumiges Gefäß ein. Daneben bilden sich frühzeitig zwei Hartbastanlagen. In der sekundären Wurzel durchziehen zahlreiche 1-5-reihige Markstrahlen den kompakten Holzkörper, der mit zahlreichen z. T. ziemlich weitlumigen Gefäßen durchsetzt ist. Die Rinde ist im Verhältnis zum Holzkörper schmal. Mit den breit auslaufenden Markstrahlen wechseln zahlreiche Hartbastgruppen ab. Der Kork ist dünn und besteht aus wenigen Zellschichten.

3. Blätter. Obere Epidermis mit kegelförmigen, meist kurzen Haaren mit gekrümmter Spitze; der bauchig erweiterte Basalteil ragt tief in das Palisadengewebe hinein und enthält einen großen, traubigen Zystolithen. Untere Epidermis mit viel längeren Haaren, die in eine kegelförmige Spitze mehr oder weniger rechtwinkelig umbiegen und einen länglich gestreckten traubigen Zystolithen enthalten. Alle Haare sind zur Blattspitze hin ausgerichtet. Nach CHAREYRE erzeugen Hanfpflanzen, die in reiner Kieselerde gezogen werden, nur die aus Zellulose bestehenden Gerüste der Zystolithen. Spaltöffnungen befinden sich in der Hauptsache auf der Blattunterseite, sie sind über die Epidermis emporgehoben. An den Blattzähnen bilden sich außerdem über den Nervenenden je zwei

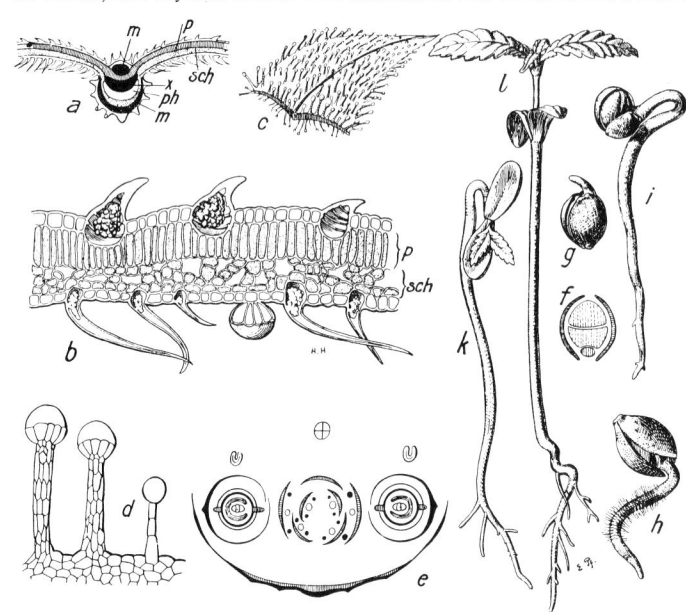

Fig. 137. *Cannabis sativa* L. *a* Schnitt durch ein Laubblatt mit Mittelnerven (schematisiert. *p* = Palisadengewebe, *sch* = Schwammparenchym, *ph* = Phloëm, *x* = Xylem, *m* = mechanisches Gewebe). *b* Ein Teil derselben vergrößert. *c* Tragblattspitze einer weiblichen Blüte. *d* Drüsen desselben vergrößert. *e* Grundriß des weiblichen Blütenstandes, in der Mitte der beblätterte Laubsproß (nach EICHLER). *f* bis *l* Verschiedene Keimungsstadien

oder drei eingesenkte, große Stomata aus, die durch eine große „Wasserhöhle" mit den Gefäßen in Verbindung stehen.

4. Harzdrüsen finden sich an allen oberirdischen Pflanzenteilen, besonders zahlreich an den oberen Teilen des Stengels, an den oberen Blättern in der Zone des Blütenstandes und an den Deckblättern. Die Trag- und Stielzellen heben die aus bis zu 16 Sezernierungszellen bestehenden Drüsenköpfchen weit über die Epidermis empor. Die Drüsenköpfchen fallen leicht ab und ergießen ihr Sekret über die Pflanze, wodurch das eigentümliche Verkleben hervorgerufen wird. Das Sekret bildet sich im mittleren Teil der äußeren Wand der sezernierenden Zellen unterhalb der Kutikula. Auf der Blattunterseite finden sich ferner noch Drüsen vom Typ der Labiatendrüse mit einer Tragzelle der Epidermis eingefügt, einer kurzen, bisweilen geteilten Stielzelle und meist 8 sezernierenden Zellen. Eine dritte Art von Drüsen besteht aus einer Stielzelle mit einzelligem Drüsenkopf oder aus mehrzelligem Stiel und mehrzelligem Drüsenkopf (Fig. 137 d). Das Palisadengewebe ist einreihig, das Schwammparenchym reich durchlüftet, enthält zerstreut Zellen mit Kalkoxalat-Drüsen. Das Nervenbündel des Blattes ist kollateral, der Holzteil strahlig, im Siebteil verlaufen einfache Milchröhren.

Die Milchröhren sind nach ZANDER (1928) ungegliedert-unverzweigt; sie finden sich in allen Teilen der Pflanze, in denen Phloëm vorhanden ist. Sie fehlen den Wurzeln, den Keimblättern und dem größten Teil des Hypokotyls. Die Abgliederung der Milchröhren erfolgt fortlaufend am Vegetationspunkt, wenn die Blätter angelegt sind. Sie halten mit dem Wachstum der Pflanze Schritt und erreichen durch Streckung und vielleicht Spitzenwachstum eine außerordentliche Länge. Die Milchröhren stellen also Zellen dar, nicht Zellfusionen. Der Zellinhalt besteht zur Hauptsache aus einer äußerst schwer löslichen, körnigen, gelbbraunen Masse.

6. Frucht. Die Fruchtschale besteht aus einer weichen, äußeren und einer harten, inneren Schicht. In der subepidermalen Zone verlaufen die zarten Gefäßbündel, die die Aderung der Frucht bedingen. Die Hartschicht der Fruchtschale besteht aus Palisadenskleraiden. Auf diese folgt die Samenschale, welche sich aus einer äußeren einreihigen Schicht schlauchförmiger Zellen und einer inneren, breiten, stark obliterierten Nährschicht zusammensetzt. Das aleuronreiche, der Samenschale anhaftende Endosperm ist gegen die Kotyledonen hin durch eine Quellschicht begrenzt.

Das Gewebe der Kotyledonen und der Radikula ist von Aleuronkörnern erfüllt, die Globoide und Kristalloide enthalten und in Ölplasma eingebettet sind.

Die Verbreitung der Früchte erfolgt durch Vögel, z. B. Elster, Alpendohle und andere.

Die Hanfsamen enthalten 30—35% fettes Öl, das abgepreßt und zu Schmierseife, Firnis und Ölfarben verarbeitet wird; die Rückstände finden als Konzentratfutter bei der Viehmast Verwendung. Außerdem stellen Hanfsamen ein wichtiges Vogelfutter dar. Die als *Cannabis indica* (LAM.) SEREBR. erwähnte Form wird häufig in Ostindien (Nepal, Kaschgar, Herat, Bengalen und Bombay) wegen ihres narkotisch wirkenden Harzes (Haschisch, Ganja, Charas, Momeka oder Bhang genannt) kultiviert. Wirksam sind nicht die Triebspitzen der Pflanzen, die als Herba *Cannabis indicae* oft in den Handel kommen, sondern die von ihnen abgeklopften Drüsen bzw. ihr Sekret. Dieses bildet mit beigemengten Drüsen, Haaren und viel Sand eine grünlichbraune, klebrige Masse, die zu Kuchen zusammengeknetet wird. Das Harz wirkt, in geringen Mengen genossen, angenehm, erweckt Sinnestäuschungen und stimmt fröhlich, im Übermaß genossen kann es zu völligem körperlichen und geistigen Verfall führen.

In der Medizin wird es als Sedativum, Hypnoticum und Narkoticum, Diureticum, Soporiticum bei Kinderkrankheiten, bei Lungenaffektationen, Keuchhusten, Migräne, in der Tiermedizin bei Koliken verwendet. In der Schweiz ist der Hanfsame offizinell und wird als reizmildernde Emulsion zu Umschlägen oder als reizlinderndes Mittel bei Urogenitalleiden verabreicht. In Rußland ist der Hanf ein Volksheilmittel.

Abnormitäten: „Gummihanf" ist die Bezeichnung für Hanfstengel mit auffallend geringer Verholzung, die sich durch schlaffen, oft niederliegenden Wuchs zu erkennen geben. Während die Bastfasern normal ausgebildet werden, unterbleibt die Ligninbildung zum größten Teil. Die Mittellamellen sind meist verholzt; die Sekundärlamellen weisen mit Chlorzinkjod starke Quellungserscheinungen auf, die normalem Material fehlt. An die Stelle des Lignins treten Zellulose und Pektin, die normalerweise in den sekundären Lamellen als Vorstufen des Lignins vorhanden sind.

Krankheiten: Der Ascomycet *Sclerotinia Libertiana* FUCK. ruft den Hanfkrebs hervor. Die Mycelfäden durchwuchern die Stengel und dringen bis ins Mark vor. Hier oder in der Rinde werden schwarze Sklerotien gebildet. Die Pflanze braucht nicht zugrunde zu gehen, aber die Bastfasern werden unter der Einwirkung des Pilzes brüchig und Samenbildung unterbleibt. Die „Brusonekrankheit", eine Bakteriose, kündigt sich durch schwarze Flecke auf den Blättern an, das Blattgewebe wird durchlöchert und die Spreite rollt sich auf; am Stengel entstehen vorspringende, weißgraue Flecke, und das Gewebe stirbt bis zum Holzkörper ab. Der Falsche Mehltau des Hanfs, *Pseudoperonospora cannabina* (OTTH.) WITS. verursacht eine dem Falschen Mehltau des Hopfens sehr ähnliche Krankheit, durch welche die Blätter frühzeitig zum Absterben gebracht werden. Der Pilz stimmt habituell und morphologisch weitgehend mit *P. Humuli* überein. Unter den höheren Pflanzen parasitieren *Orobanche ramosa* C. A. MEY. und *Cuscuta europaea* L. auf *Cannabis*, sie werden als Hanfwürger und Hopfenseide bezeichnet. *Orobanche* schmarotzt auf den Hanfwurzeln und kann die völlige Abtötung der Wirtspflanze herbeiführen, zumindest bilden die befallenen Pflanzen an Stelle der normalen nur noch dreizählige Blätter aus, am Gipfel sogar nur linealische. Die Hopfenseide schmarotzt oberirdisch, unter ihrem Einfluß kann der Hanf seine volle Größe nicht erreichen, und die Fasern sind von geringer Qualität.

Volksnamen. Das deutsche Wort Hanf (ahd. hanaf, hanif) gehört zum selben Stamm wie griech. κάνναβις (kánnabis) und russ. konoplia, poln. konopie, vgl. Fußnote auf S. 290. Niederdeutsche Formen sind: Hennep, Hannup, Hemp, Hamp, bayerische: Hanef, Hanif, Hunef; allemannische: Hanft, Hampf, Haf, Hauf. Die männliche Pflanze heißt Fimel, Femel, Entlehnungen aus dem Lateinischen: femella = Weibchen, da die männlichen Pflanzen schwächer und unansehnlicher sind, wurden sie für weibliche gehalten. Die weibliche, kräftigere Pflanze galt als der männliche Hanf, *Cannabis mascula*, aus diesem „mascula" wurden deutsche Namen wie Mäsch, Mäschel, Mäschele, Mischel, Mastel, Mäschelhanf. Im Niederdeutschen gibt es für die männliche Hanfpflanze auch noch folgende Bezeichnungen: Geil-, Gull-, Güsthemp (güst = unfruchtbar) und Ruuns = verschnittener Hengst; in Österreich Bästling, Pastök, Bahstrik, die letzten beiden sind slavischen Ursprungs (tschech. poskonek, kroat. poskon). Die weibliche Pflanze führt im Rheinland noch den Namen Bock, Saadhemp in Oldenburg und Friesland, Samenhanf in Baden, Samtrage, Sambor(e) in Schwaben. Aus dem Niederländischen entlehnt sind niederrheinische Namen wie Kenn(e)f, Ken(e)p, Kemp, Ort Kempen. Im romanischen Graubünden heißt der Hanf Kanuf (Puschlav) oder chanva (Unterengadin); die weiblichen Pflanzen „femella". Im Patois der französischen Schweiz wird der Hanf als tsenéva bezeichnet. Gelegentlich findet sich das Wort auch in Flurnamen wie Hanfgarten (Kanton Zürich), Schanf im Unterengadin, Canazei im Fassatal (Dolomiten), les Cheneveyres (bei Vevey am Genfer See), les Chambretts (nach JACCARD von der provençalischen Form cambre), Canevet (bei Nyon) usw. Familiennamen wie Hanfer, Haft, Hampf, Hanf(t)mann bedeuten wohl ursprünglich einen, der Hanf anbaut. Der Name Hanfstengel, Hanfstingel dürfte ein Übername (Spitzname) eines Hanfbauern sein.

# 39. Familie. Urticaceae[1]

A. L. Juss., Gen. plant. 400 (1789) „*Urticae*", nom. corr. Endl. (1837)

## Nesselgewächse

Wichtigste Literatur. Ascherson u. Graebner, Synopsis d. Mitteleurop. Flora **4**, 601–627 (1911). A. Engler in Engler u. Prantl, Natürl. Pflanzenfam. **3**, 1, 98–118 (1894). Hegi, Illustr. Flora v. Mitteleuropa, 1. Aufl., **3**, 136–145 (1910). K. Kolumbe in Kirchner, Loew u. Schröter, Lebensgeschichte der Blütenpflanzen Mitteleuropas **2**, 1, 910–951 (1935).

Ein- oder zweihäusige Bäume oder Sträucher oder ein- oder mehrjährige Kräuter ohne Milchsaft, mit weichem Holz, Zystolithen und häufig mit Brennhaaren versehen, einige Arten besitzen lange, verspinnbare Fasern. Blätter gegen- oder wechselständig, ungeteilt, selten in viergliedrigen Quirlen angeordnet. Zystolithen auf Blattober- und -unterseite, Spaltöffnungen ohne besondere Schließzellen. Nebenblätter vorhanden oder fehlend. Blütenstände sehr variabel, Übergänge von reinen Dichasien zu hochdifferenzierten dorsiventralen Infloreszenzen. Blüten zwittrig oder durch Abort eingeschlechtig, Blütenhülle der männlichen Blüten meist strahlig; weibliche Blüten unregelmäßig mit 2–5 freien oder verwachsenen Perigonabschnitten. Staubblätter so viele wie Perigonabschnitte und vor diesen stehend. Staubfäden in der Knospenlage zur Mitte eingekrümmt, beim Öffnen der Blüte elastisch zurückschnellend (Fig. 140 b, c) und dabei den trockenen Pollen ausschleudernd. Weibliche Blüten ohne Staubblätter oder höchstens mit kleinen Staminodien, Fruchtknoten sitzend oder gestielt, mit dem Perigon mehr oder weniger zusammenhängend, eiförmig oder linsenförmig. Narben lang oder kurz papillös. Im Fruchtknoten eine grundständige, aufrechte oder gekrümmte Samenanlage mit deutlichem Funiculus und zwei Integumenten. Frucht eine Steinfrucht oder eine Nuß. Samen mit dünner brauner Schale, reich an öligem Nährgewebe. Keimling gerade, mit fleischigen, eiförmigen oder kreisförmigen Keimblättern.

Die Familie setzt sich aus 40 Gattungen mit mehr als 500 Arten zusammen. Das Verbreitungsgebiet der Urticaceen umfaßt nahezu die gesamte Erdoberfläche; Verbreitungszentren finden sich in den tropischen und subtropischen Gebieten der Alten und Neuen Welt. Fossile Funde sind aus der Kreide bekannt. Die Gattungen *Urera, Laportea, Fleurya, Pilea, Pellionia, Elatostema, Procris, Boehmeria, Pipturus, Debregeasia* sind außerhalb der Tropen nur schwach vertreten. *Urtica urens* L. und *U. australis* Hook. f. nähern sich den polaren Gegenden am meisten, während *U. hyperborea* Jacquem. und *U. andicola* Wedd. in den Anden bis etwa 4500 m Seehöhe hinansteigen. Wertvolle Faserpflanzen sind *Boehmeria nivea* (L.) Hook. et Arn., die in Indien, China und Japan schon sehr lange in Kultur genommen ist (Chinagras oder Ramie), ferner *Pipturus argenteus* Wedd. auf den Inseln des Pazifik, welche die „Roa-Fasern" liefert, *Laportea canadensis* Gaud. – Nordamerika, *Girardinia heterophylla* Decne. – Sikkim, *Urtica cannabina* L. – gemäßigtes Sibirien, Persien und die auch bei uns einheimische *U. dioica* L. In Gewächshäusern werden einige Arten der Gattungen *Pilea* (*P. Cadierei* Gagnep. et Guillaum.), *Laportea, Pellionia* (*P. repens* (Lour.) Merill, *P. Daveauana* N. E. Brown), *Elatostema* und *Helxine* (*H. Soleirolii* Req.) kultiviert.

In Mitteleuropa sind nur die beiden Gattungen *Urtica* und *Parietaria* einheimisch.

## Gattungsschlüssel:

1 a Laubblätter gegenständig, gezähnt. Pflanze mit Brennhaaren und Nebenblättern . . . . . *Urtica*
1 b Laubblätter wechselständig, ganzrandig. Pflanze weder Brennhaare noch Nebenblätter tragend . . .
. . . . . . . . . . . . . . . . . . . . . . . . . . . . . . . . . . . . . . . . . . . . *Parietaria*

---

[1]) Bearbeitet von Dr. Annelis Schreiber, München.

## CCXXII. Urtica[1]) L., Spec. plant. 983 (1753); Gen. plant., ed. 5, 423 (1754). Nessel

Wichtigste Literatur. ASCHERSON u. GRAEBNER, Synopsis d. Mitteleurop. Flora 4, 603–616 (1911). A. BECHERER, Fortschritte in der Systematik u. Floristik der Schweizerflora in den Jahren 1946 und 1947 in Ber. Schweiz. Bot. Ges. **58**, 146 (1948). A. BECHERER, Florae Vallesiacae Supplementum 145–147 (1956). F. BERNBECK, Vergleichende Morphologie der Urticaceen- und Moraceen-Inflorenszenzen in Bot. Abhandlungen, herausgegeben von K. Goebel, Heft 19 (1932). H. BREDEMANN, Die Nessel als Faserpflanze in Forschungsdienst 5, 148–161 (1938). E. KOLUMBE in KIRCHNER, LOEW u. SCHRÖTER, Lebensgeschichte d. Blütenpflanzen Mitteleuropas 2, 1, 923–948 (1935). B. ZOLYOMI, *Urtica kioviensis* ROGOWITSCH neu für die deutsche Flora in Verhandl. Bot. Vereins Prov. Brandenburg 76, 152–156 (1936).

Ein- oder mehrjährige Kräuter, zweihäusig oder einhäusig, mit vierkantigen, meist mit Brennhaaren besetzten, mehr oder weniger aufrechten Trieben. Nebenblätter frei oder intrapetiolar verwachsen. Blätter gegenständig, gestielt, gezähnt, gelappt, seltener ganzrandig, (3–)5–7-nervig. Blütenstände einfach oder kompliziert zymös. Blüten grün, gewöhnlich ohne Hochblätter. Männliche Blüten mit 4-teiligem Perigon, dessen Abschnitte untereinander gleich sind. Staubblätter 4, vor den Perigonabschnitten stehend, im Inneren der Blüte ein knopf-becherförmiges Fruchtknotenrudiment vorhanden. Weibliche Blüten mit 2 kurzen äußeren und 2 langen inneren Perigonabschnitten, die bei der Reife die Frucht flügelartig umhüllen. Fruchtknoten oberständig, einfächerig, einsamig; Narbe groß, kopfig, mit pinselförmigem Haarschopf (Fig. 138 p). Frucht eine eiförmig-längliche Nuß, deren einziger Samen nahezu mit dem Perikarp verwachsen ist.

Die Gattung zählt etwa 40 Arten, welche zum größten Teil in den gemäßigten Gebieten der Alten und Neuen Welt verbreitet sind, einige Arten kommen auch in der Bergstufe äquatornaher Gebiete vor.

Anatomie. Ein Charakteristikum mancher Urticaceen sind die Brennhaare. Die einzelligen Brennhaare entstehen aus jugendlichen Epidermiszellen. Mit einer zwiebelartig verdickten Basis sitzen sie einer sockelförmigen Emergenz auf, die aus Periblemzellen und emporgehobenen Epidermiszellen gebildet wird. Der Spitzenteil des Haares endet in einem kleinen, schief aufgesetzten Köpfchen (Fig. 138 o), das längs einer vorgezeichneten Linie leicht abbricht; diese Abbruchlinie ist durch eine Verdünnung der Kieselsäureeinlagerungen in der Zellwand gegeben. Die entstehende scharfe Spitze hat nach HABERLANDT die Form einer Einstichkanüle. Schon $^1/_{10\,000}$ mg Zellsaft genügen, die bekannte Hautentzündung hervorzurufen.

### Artenschlüssel:

1a Weibliche Blütenstände kugelig, lang gestielt. Adventiv. . . . . . . . . . . . . *U. pilulifera* L.
1b Alle Blütenstände in Rispen . . . . . . . . . . . . . . . . . . . . . . . . . . . . . . . . . . 2
2a Pflanzen einjährig. Wurzeln spindelförmig. Blätter eiförmig oder elliptisch, eingeschnitten gesägt, am Grund mehr oder weniger stumpflich bis keilförmig. Rispen kürzer als der Blattstiel . *U. urens* L.
2b Pflanzen ausdauernd. Blätter länglich, grob gesägt, lang zugespitzt, am Grunde herzförmig. Blütenrispen länger als der Blattstiel . . . . . . . . . . . . . . . . . . . . . . . . . . . . . . . . . . . . . . . . 3
3a Alle Nebenblätter, auch die oberen, frei. Pflanze zweihäusig. Stengel aufrecht, mit Brennhaaren und zahlreichen Borstenhaaren besetzt . . . . . . . . . . . . . . . . . . . . . . . . . . . . . *U. dioica* L.
3b Obere Nebenblätter paarweise bis zur Hälfte verwachsen. Pflanze einhäusig. Stengel aufrecht oder aufsteigend, nur wenige Brennhaare, aber keine Borstenhaare tragend. Blattunterseite mit auffälligen, gelblichweißen Nerven . . . . . . . . . . . . . . . . . . . . . . . . . . . . . . . . . . . . . *U. kioviensis* ROGOW.

**795 a. Urtica pilulifera** L., Spec. plant. 983 (1753). Syn. *U. balearica* L. (1774), *U. cordifolia* MOENCH (1794). Römische Nessel, Pillen-Brennessel. Engl.: Roman Nettle. Franz.: Ortie Romaine. Ital.: Ortica romana. Fig. 138 a–d, 143

Pflanzen einjährig, einhäusig, 30–90 cm hoch. Stengel meist aufrecht, ästig. Blätter länglich bis eiförmig, zugespitzt, am Grunde keil- bis herzförmig, meist länger als ihr Stiel, Rand einge-

---

[1]) Lat. Name der Brennessel von urere (brennen).

schnitten-gesägt; Nerven der Blattunterseite häufig neben den Brennhaaren noch kurze normale Haare tragend. Männliche Blütenstände rispig, wickelartig, auf gleicher Höhe mit den weiblichen inseriert; im unteren Teil der Pflanzen können sie auf langen, dicht borstigen Stielen sitzen. Perigon der weiblichen Blüten dicht mit Borstenhaaren bedeckt (Fig. 138c), die eiförmigen, spitzigen Früchte umschließend. Samenanlage mit zwei verwachsenen Integumenten. – Chromosomenzahl: n = 12, 13. – VI bis Herbst.

Heimat: Mittelmeergebiet und hier charakteristisch für frische Müll- und Schuttplätze in stickstoffliebenden Ruderalgesellschaften mit *Silybum Marianum* (L.) GAERTN., *Carduus tenuiflorus* SIBTH. et SM. oder *Echallium Elaterium* A. RICH. (Chenopodion muralis); von der Dauphiné (Rhonetal bis Lyon) über die Provence zur Riviera, Istrien, Insel Cherso, Dalmatien, Herzegowina (nördlich bis Mostar, Stolac, Trebinje), Montenegro. – In Mitteleuropa wurde die Art früher, der ölig-schleimigen Samen wegen, die als Semen Urticae Romanae in Apotheken Verwendung fanden, in Kräutergärten gezogen. Von hier aus verwilderte sie gelegentlich. In Thüringen sollen die Wenden im 10. Jahrhundert oder die Vläminger im 12. Jahrhundert die Römische Nessel eingeschleppt haben. Heute kommt die Art gelegentlich zerstreut innerhalb des Florengebietes vor, so geben sie ROTHMALER (1953) für Thüringen und Sachsen-Anhalt: Harzvorland, sowie RUNGE (1955) mehrfach adventiv in Dortmund an.

**795b. Urtica urens** L., Spec. plant. 984 (1753). Syn. *U. minor* LAM. (1778), *U. monoica* GILIB. (1792), *U. quadristipulata* DULAC (1867), *U. intermedia* FORMAN. (1896). *U. ovalifolia* STOKES (1812). Kleine Brennessel. Dän.: Brænde Nælde. Engl.: Small Nettle. Franz.: Ortie brûlante, O. grièche, Petite Ortie. Ital.: Ortica minore. Poln.: Pokryzwa zegawka. Tschech.: Kopřiva žahavka. Sorb.: Mata kopřiwa. Taf. 88. Fig. 3

Einjährige Pflanzen mit spindelförmiger Wurzel. Behaarung einzig aus Brennhaaren bestehend. Stengel 10–60 cm hoch, aufrecht oder aufsteigend, hellgrün, vierkantig, besonders an schattigen Standorten weich. Nebenblätter lanzettlich, ganzrandig. Untere Stengelblätter mit Blattstielen, die länger sind als die Spreite; diese 1–5 cm lang, 1–4 cm breit, elliptisch oder eiförmig, am Grunde keilförmig abgestumpft bis fast herzförmig, gegen die Spitze zu scharf zugespitzt, Rand eingeschnitten gesägt, Endzähne kaum größer als die Seitenzähne. Blütenstände mit männlichen und weiblichen Blüten, letztere in der Mehrzahl der Blütenstände stark überwiegend. Perigonblätter hellgrün, auf der Innenseite 1–2 Borsten tragend. Inneres Integument nur unvollständig verwachsend, eine Mikropyle wird noch gebildet; Embryosack im Gegensatz zu *U. dioica* mit Synergiden ausgestattet. Frucht eiförmig, abgeplattet, gelbgrün, glänzend. – Chromosomenzahl: n = 12, 13, 26. – V bis XI, im Süden das ganze Jahr hindurch blühend.

Vorkommen. Zerstreut (als Archaeophyt) vor allem im Umkreis bäuerlicher Siedlungen, auf frischen, basenreichen (deshalb meist auch kalkreichen) und stark ammoniakalischen offenen Lehmböden als ruderale Pionierpflanze im Traufbereich von Häusern oder Stallungen, in Mitteleuropa Charakterart der *Urtica urens-Malva neglecta*-Assoziation (Sisymbrion) und bis in die alpine Stufe ansteigend, im Mittelmeergebiet in den verwandten Gesellschaften des Chenopodion muralis, hier auch in Gärten und auf Äckern und im ganzen häufiger als in der gemäßigten Zone.

Allgemeine Verbreitung. Von den südlichen bis in die nördlichen gemäßigten Breiten Eurasiens und Nordamerika (meridional bis boreal), in Europa nordwärts bis 71° n. Br. in Nordnorwegen (Havesund) und bis Island. Nach ADANSON und SALTER (1952) im Kapland eingeschleppt.

Verbreitung im Gebiet. Ziemlich allgemein verbreitet vom Norddeutschen Tiefland bis zu den Alpen; steigt in den Alpen bis zu bedeutenden Höhen an; Schönbühlhütte ober Zermatt, 2694 m, an. Die Art scheint stellenweise auch zu fehlen, wie z. B. im Schwarzwald und in Oberschwaben auf weiten Strecken, oder auch in Westfalen im Gebiet des Süderberglandes: im Stadtkreis Iserlohn, bei Plettenberg, im Siegerland, sowie in der Umgebung von Dortmund. In den nordschweizerischen Kantonen Aargau und Thurgau gehört *U. urens* zu den „selten gewordenen" Pflanzen.

Ändert ab: 1. var. *podolica* ZAPAL. (1908). Stengel braun überlaufen, mit Brennhaaren und Borstenhaaren besetzt. Blätter fast rundlich, 2–3,8 cm lang, 1,7–3,2 cm breit, dunkelgrün. Blütenstände bis 7 mm lang. Kelch und Perigonblätter borstig behaart; innere Perigonblätter 2 mm lang. – Galizien.

2. var. *montana* ZAPAL. (1908). Stengel oft einfach, unverzweigt. Blätter etwa 5,2 cm lang, 3,5 cm breit. Brennhaare zerstreut. Blütenstände 0,4–1 cm lang. – Galizien.

3. var. *iners* (FORSK.) WEDD. ex DC. (1869). Im Gegensatz zum Typus kahl, ohne Brennhaare. Selten zusammen mit der typischen Pflanze, var. *urens*, gemeinsam vorkommend.

4. var. *lanceolata* NILSSON (1924). Syn. *U. urens* L. f. *cuneifolia* A. BLYTT (1870). Blätter kleiner, schmaler, mit weniger Zähnen als die typische Pflanze, Frucht gegen die Basis und Spitze zu gleichmäßig verschmälert, wenig abgeplattet, schmutzig weißgelb und glanzlos. – Wurde 1918 in Schonen entdeckt. NILSSON stellt die Varietät zur Gruppe der Verlustmutanten.

Als Wolladventivpflanzen wurden aus Derendingen (Kt. Solothurn) die Varietäten *parvula* RICHT. und *major* ZABUL. bekannt (PROBST 1949).

Nutzen und Verwendung. Offizinell gegen Rheumatismus. Findet Verwendung: gelegentlich als Spinat, zur Aufzucht von Enten und Gänsen, in Skandinavien als Futter für Milchkühe und Hühner, regt Milchproduktion und Legetätigkeit an. Die Fasern sind zum Verspinnen ungeeignet.

Volksnamen. Der Name Eiternessel, Heiternessel (ahd. eiternezzila, heiternezzela, mhd. eiternezzel) gehört zu mhd. eiter '(brennendes) Gift'. Er kommt in vielen (oft entstellten oder umgedeuteten) Formen vor, z. B. Heddernettel, Hernetele, Hadernettel, Hiddernettel (niederdeutsch); Hedenessel, Hednessel (rheinisch); Hüttennessel (Lausitz, Schlesien), angelehnt an Hütte, wegen ihres Standortes; Eiternessel z. B. in Thüringen, Mittelfranken; Etternessel (Thüringen, Oberhessen), wird zuweilen zu oberdeutsch Etter = Zaun gestellt, wegen des häufigen Vorkommens an Zäunen. Da die jungen Hühner, besonders Truthühner, mit zerhackten Nesseln gefüttert werden, nennt man die Pflanze Hönernettel, Puternettel (Altmark) [Puter = Truthahn]; im Egerland Pipanestl [Piper = Truthahn]. Andere Namen sind ferner Habernessel (oberdeutsch), Steennettel = Steinnessel (Oldenburg, Ostfriesland), Hausnessel (Untere Wupper). Im übrigen vgl. die unter *U. dioica* angegebenen Namen.

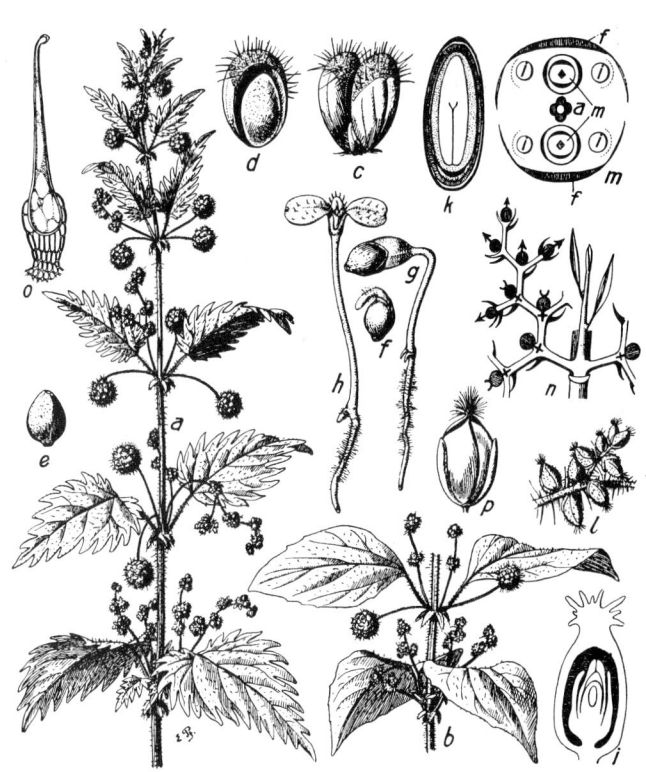

Fig. 138. *Urtica pilulifera* L. *a* Habitus. *b* 2 Blattpaare. *c* Einzelblüte mit den 4 Perigonblättern. *d* Einzelnes Perigonblatt mit Samen – *Urtica dioica* L. *e* Frucht. *f, g, h* Keimstadien. *i* Längsschnitt durch den Fruchtknoten. *k* Längsschnitt durch die junge Frucht (*i* und *k* nach MODILEWSKY). *l* Teil eines weiblichen Blütenstandes. *m* Diagramm (*f* = Laubblatt, *m* = Mittelblüte, *i* = seitlicher Partialblütenstand). *o* Brennhaar (vergrößert). – *Urtica kioviensis* ROGOWITSCH. *p* Einzelblüte. – *Parietaria erecta* MERT. et KOCH. *n* Schema des Blütenstandes (nach EICHLER)

**796. Urtica dioica** L., Spec. plant. 984 (1753). Syn. *U. gracilis* AIT. (1789), *U. maior* KANITZ (1862). Große Brennessel. Dän.: Tvebo Nælde. Engl.: Great Nettle, Stinging Nettle. Franz.: Grande Ortie. Ital.: Ortica maschia. Poln.: Pokrzywa zwyczajna. Tschech.: Kopřiva dvoudomá. Sorb.: Wulka kapřiwa. Taf. 88, Fig. 2; Fig. 138 e–m, o, Fig. 139, 140 a–d

Ausdauernde, zweihäusige Pflanzen mit kurzem, ästigem, stark verholzendem Rhizom. Stengel 30 cm bis 1,50 m, seltener bis 2,50 m hoch, aufrecht, vierkantig, meist unverzweigt; an den Internodien ausgefüllt, nicht hohl. Nebenblätter lineallanzettlich. Blätter gegenständig, 5–15 cm lang, 2–8 cm breit, an Schattenpflanzen bisweilen noch größer, eiförmig-länglich, am Grunde herzförmig oder abgerundet, gegen die Spitze zu lang zugespitzt, Rand grob gesägt, Zähne nach vorwärts gerichtet, Endzähnchen viel größer als die seitlichen, angedrückt kurz behaart mit drüsenlosen Haaren, untermischt mit Brennhaaren. Nebenblätter ziemlich schmal lanzettlich, alle, auch die obersten, nicht miteinander verwachsen. Blütenstände eingeschlechtig dorsiventral; männliche Blütenstände auch nach dem Stäuben schräg aufwärts gerichtet oder horizontal bleibend,

Fig. 139. *Urtica dioica* (Aufn. TH. ARZT)

Fig. 140 a. *Urtica dioica* L. Männlicher Blütenstand, eine Blüte nach Ausschleuderung des Pollens. (Aufn. TH. ARZT)

weibliche Blütenstände nach der Befruchtung hängend. Alle Blüten lang gestielt. Perigonabschnitte grünlich, am Rande von kurzen Borsten und Brennhaaren bewimpert. Frucht eiförmig, am Rücken gekielt, hellgrün. – Chromosomenzahl: – n = 24, 26. – VI bis X.

Vorkommen: Häufig und meist gesellig in den Unkrautgestrüppen der Schutt- und Müllplätze, der Wegränder und Zäune, ferner auf feuchten Waldschlägen, in nassen Wäldern und Gebüschen auf frischen bis (sicker-)feuchten, vor allem nährstoffreichen humosen Lehm- und Tonböden; ursprünglich wohl vor allem an Flußufern und in Auenwäldern erst sekundär und nur im gemäßigten Europa bezeichnend geworden (als Differentialart) für die siedlungsbedingten ruderalen Kletten-Distel- und Beifuß-Gesellschaften (Onopordetalia) bis in die alpine Stufe; im Mittelmeergebiet dagegen fast ausschließlich auf die Auenlandschaften und Auengesellschaften beschränkt.

Allgemeine Verbreitung. Von den südlichen bis zu den nördlichen gemäßigten Breiten Eurasiens und Nordamerikas (meridional bis boreal-cirkumpolar).

Verbreitung im Gebiet. Ziemlich allgemein verbreitet vom Norddeutschen Tiefland bis in die Alpen; steigt in den Alpen, den menschlichen Ansiedlungen folgend, hoch hinan und ist vielfach noch an höher gelegenen Standorten als *U. urens* anzutreffen, so z. B. am Glungezer im Inntal bei 2400 m, am Nordgrat des Piz Beverin bei 2400 m, nächst dem Hospiz auf dem Großen St. Bernhard bei 2472 m, bei Zermatt nächst der Kienhütte ob Randa bei 2584 m. Hütten der Fluhalp 2610 m. Unterrothorn ob Zermatt 2820 m, Gornergrat ob Zermatt 3125 m.

Von *U. dioica* L. wurden zahlreiche Varietäten beschrieben, die allerdings in neueren Lokalfloren nur sehr wenig Berücksichtigung finden:

Ändert ab: 1. var. *androgyna* BECK (1890). Untere Blütenstände männlich, mittlere gemischt, obere weiblich. – Niederösterreich, beim Gaisloch der Raxalpe; Schleswig-Holstein: Cronsforde.

2. var. *angustifolia* (FISCH.) LEDEB. (1833). Blätter mit lang vorgezogener Spitze, oberste lineallanzettlich mit fast keilförmigem Grund. – Schleswig-Holstein: Borby; Schwerin, vor dem Wittenberger Tor; Neudorf im Rheingau; München; Graz, in Menge beim Hauptbahnhof (mit Zwischenformen), um Branson und Fully im Wallis.

3. var. *carpatica* (ZAPAL., 1908, pro forma). Pflanze bis 1,5 m hoch. Blätter bis 20 : 12 cm, unterste Blätter herzförmig. Nach ASCHERSON u. GRAEBNER (1911) wohl allgemein verbreitet. Angaben fanden sich nur für Schleswig-Holstein und München.

4. var. *elegans* CHENEV. (1904). Pflanze etwa 1 m hoch, mit sehr wenigen Brennhaaren besetzt. Laubblätter fein gezähnt. – Tessin, um Locarno, bei S. Carlo im Val Bavona; Kloster Solothurn; in den Kantonen Bern und Aargau, möglicherweise durch den Bahnverkehr am Gotthard; im Wallis in Stalden und Winkelmatten bei Zermatt.

5. var. *hispida* (DC.) GREN. et GODR. (1855). Ganze Pflanze (auch Perigonblätter der weiblichen Blüten) sehr reichlich mit Brennhaaren bedeckt. Blätter dunkelgrün, kurz zugespitzt, schwach eiförmig-lanzettlich oder herzförmig. – Nordbayern: Bärleinsgrund bei Sonneberg, Wegränder bei Grub am Forst, bei der Kirche Oeslau; Südbayern: Reichenhall; in Österreich bis in die alpine Stufe, in Friaul bis 1500 m ansteigend, auch auf Lägern um die Alphütten im Val Onsernone oft in Menge.

6. var. *hispidula* (CARIOT) HEGI (1910). Männliche Pflanzen hell mit weißlichen Blütenständen; weibliche Pflanzen dunkelgrün mit zur Zeit des Fruchtens schwärzlichen Blütenständen, so lang oder kaum länger als das Blatt. – In der Schweiz mehrfach beobachtet; Tessin: Ghirone; Freiburg: Les Alliers, Montbavon, Colombiér, Reculet.

7. var. *microphylla* HAUSM. (1852). Syn. *U. dioica* var. *parvifolia* WIERZB. ex HEUFF. (1858). Pflanzen niedrig, meist ziemlich ästig. Stengel am Grund holzig. Blätter meist nur $\frac{1}{2}$ oder $\frac{1}{3}$ so lang wie bei der

Fig. 140 b. *Urtica dioica* L. Männliche Blüte. 2 Staubblätter vor und 2 nach der Ausschleuderung des Pollens. (Aufn. TH. ARZT)

Fig. 140 c. *Urtica dioica* L. Dieselbe Blüte wie Fig. 140 b. nach Ausschleuderung des Pollens aus allen 4 Staubblättern (Aufn. TH. ARZT)

Fig. 140 d. *Urtica dioica* L. Weiblicher Blütenstand. (Aufn. TH. ARZT)

typischen Pflanze, am Grunde kaum herzförmig, oft lanzettlich. – Nach Aschers. u. Graebn. (1908) an Abhängen, auf sonnigen Hügeln, Geröll oder Felsen fast nur im südöstlichen Gebiet. Nordbayern: Rödengrund bei Sonneberg; Vorderpfalz; Vorarlberg: Dornbirn; Südtirol: Völs, Bozen, Torbole, Loppio.

8. var. *mitissima* Haussknecht (1901). Stengel unverzweigt, über 1 m hoch, dunkel rotbräunlich gestreift, nur am Grunde der oberen Blattachseln einzelne Borstenhaare tragend; Brennhaare fehlen. Blätter dunkelgrün, länglich-lanzettlich, untere beiderseits kahl, obere mit einzelnen kürzeren Brennhaaren, Spreite bis über 12 cm Länge erreichend. – Katharinenberg bei Wunsiedel im Fichtelgebirge.

9. var. *pilosa* (Aschers. et Graebn.) Hegi (1910). Besonders junge Blätter dicht grau behaart. – Auf Mooren und im Röhricht der Fluß- und Seeufer Nordostdeutschlands.

10. var. *spicata* (Aschers. et Graebn.) Hegi (1910). Pflanzen groß, untere Blätter ansehnlich. Ostpreußen: Stadtwald von Insterburg.

11. var. *subinermis* Uechtr. (1863). Pflanzen der Brennhaare vollständig entbehrend oder doch nur sehr spärlich mit solchen besetzt (darf nicht mit im Herbst verkahlenden, nicht mehr brennenden Exemplaren der typischen Pflanze verwechselt werden!). – Schleswig-Holstein: Lauerholz; Württemberg: Windischenbach b. Oehringen; Nordbayern: Rödengrund bei Sonneberg, Neuhof, Finkenmühle bei Coburg; Niederösterreich: Zwischen Baumgarten und Zwerndorf (2,5 m hoch), Auen bei Marchegg; Wallis: Vernayaz-Salvan, Les Cergneux bei Les Marécottes.

Florengeschichte. *U. dioica* wurde mit Früchten und Pollen in Dänemark bereits für das Spätglazial nachgewiesen (Iversen 1954). Sie ist also in Mitteleuropa gewiß bodenständig.

Parasiten. Im Frühjahr und Frühsommer erscheint auf den Blättern von *Urtica dioica* dort, wo in der Nähe auch *Carex*-Arten wachsen, das *Aecidium*-Stadium der *Puccina caricis* (Schum.) Reb. Dieser Pilz verursacht an den hypertrophisch verdickten Blattstielen und Blattnerven starke, dadurch sehr auffällige Verkümmerungen. In den etwa $1/3-1/2$ mm großen, rundlichen, oben becherförmig aufreißenden Aezidien werden die hell orangegelben, rundlichen, breit elliptischen oder eiförmigen, oft stumpfeckigen und mehr oder weniger unregelmäßigen Aezidiosporen gebildet. Diese infizieren in der Nähe befindliche *Carex*-Arten, auf deren Blättern im Spätsommer und Herbst die Teleutosporen in mehr oder weniger punktförmigen oder kurz streifenförmigen Lagern entstehen.

Im Spätsommer werden die Nesselblätter oft von *Ramularia urticae* Ces. befallen. Dieser Pilz bildet auf beiden Blattseiten mehr oder weniger rundliche, oft ziemlich große, weißliche, äußerst zarte Überzüge, in denen die zylindrisch-stäbchenförmigen, 1- bis 2-zelligen, oft in kurzen Ketten zusammenhängenden, hyalinen Konidien auf zarten, einfachen, mehr oder weniger büschelig aus den Spaltöffnungen hervortretenden, hyalinen Trägern entstehen. Der zugehörige Schlauchpilz, *Mycosphaerella superflua* (Auersw.) Petr. entwickelt sich im nächsten Frühjahr auf den abgestorbenen Stengeln. Bär (1915) beobachtete im Val Onsernone (Tessin) starken Befall von *Cuscuta europaea* L., doch nur an Pflanzen, die unterhalb 1500 m wuchsen, höher vermag die Europ. Seide nicht zu steigen.

Verwendung. *Urtica dioica* spielte vor Einführung der Baumwolle in Europa eine bedeutende Rolle als Gespinstfaser. Albertus Magnus erwähnt die Verwendung der Nessel bei der Herstellung von Nesseltuch schon im 12. Jahrh. Im 15. und bis ins 17. Jahrh. wurde in Deutschland mehrfach versucht, die Nesselgarnindustrie heimisch zu machen. 1723 gab es in Leipzig eine Nesselmanufaktur; ausgedehnter war die Nesselbearbeitung zu Netzen und Kleidungsstücken aber nur in Frankreich. In Süddeutschland und der Schweiz bevorzugte man Nesselgewebe für Müllereizwecke. In der Schweiz wurden diese später durch Seidengewebe, in Süddeutschland durch Baumwollgewebe ersetzt, die alten Namen gingen jedoch auf die neuen Gewebe über. Auch Gewebe aus *Boehmeria*-Fasern werden mit dem Namen „Nessel" belegt.

Die Nesselfaser ist fein und fest, doch wird ihre Aufbereitung dadurch erschwert, daß die Faserzellen einzeln, nicht in Bündeln zwischen den gewöhnlichen Rindenzellen liegen. In den vergangenen Jahrzehnten wurden zahlreiche Züchtungsversuche angestellt, in deren Verlauf die Faserausbeute von früher 3–4% auf 13–14% gesteigert werden konnte. Die Hektarerträge der Zuchtfasernessel entsprechen mit 750–1000 kg/ha denen des Flachses. Nesselpflanzungen können auf Niederungsmoorböden angelegt werden, wenn durch Düngung genügend $CaCO_3$, N, K bereitgestellt werden können (wichtig zur Festigung der Faserzellen); der Phosphorbedarf ist gering. Die Auspflanzung der aus Stecklingen gewonnenen Pflänzlinge erfolgt im Mai oder Anfang August.

Die Nessel spielte in Volksmedizin und Kultanschauungen unserer Vorfahren eine nicht unbedeutende Rolle. Hieronymus Bock hielt die Nesseln sogar für die wichtigsten Pflanzen überhaupt und setzte sie in seinem Kräuterbuch allen anderen voran. Der Wurzelabsud galt als blutreinigendes Mittel, als Diureticum, gegen Wassersucht. Um Rheumatismus zu vertreiben, schlug man sich mit Nesseln; Brennesselspiritus wird noch heute als Haarwuchsmittel angewandt. Es sei ferner auf die Verwendung junger Brennesseln als Spinat oder zum „Strecken" desselben hingewiesen; ferner sind noch die Sergnesselküchlein aus dem Elsaß zu erwähnen und die Kräutersuppe, die am Gründonnerstag gegessen wird; ein Bestandteil ist auch hier die Brennessel.

Volksnamen. Das Wort Nessel (ahd. nezzila, mhd. nezzel) gehört zu einem indogermanischen Verbalstamm ned – mit der Bedeutung „zusammendrehen, knüpfen", weist also auf die uralte Verwendung der Nessel als Gespinstpflanze hin. Zum gleichen Stamm sind zu stellen Nestel „Schnürriemen, Binde" und Netz. Niederdeutsch sind Nettel, Niedel und Niärdl (so bei Osnabrück), bairisch Nestl (z. B. Kärnten). Formen wie Essel, Estl, Essle finden sich besonders im Oberdeutschen. Der Name Brennessel ist oft weitgehend entstellt oder umgedeutet, z. B. Brunnessel, Brennressel, Brennhestel (rheinisch), Bornnessel (Oberhessen), Brennössel (Tirol), Branneckel (Ostfriesland), Brenneckel (Emsland), Brühnestel, Brühnetzel (rheinisch) wird auch damit erklärt, daß man bei der Berührung der Brennessel das Gefühl bekomme, als habe man sich verbrüht. Das besonders im Rheinfränkischen verbreitete Sengnessel (Sengel-Zeng-, Singnessel) gehört zu sengen = anbrennen. Auf dieses Brennen weisen noch hin Jucknessel (Schlesien), Feuernessel (Rastenburg), Pikes, Pikessen (rheinisch) von picken = stechen, Bitzcher (rheinisch) zu bitzeln = stechen, jucken. Als Futter für Haustiere ist die Nessel durch folgende Namen gekennzeichnet: Swiensneddel (Hamburg), Söuwnessle (Luzern), Gänsgras (Niederbayern), Gänsnessel (Schlesien). Der niederdeutsche Name Dunnernettel (Schleswig, Mecklenburg, Altmark) weist auf den alten Volksaberglauben hin, daß ein Bund Nesseln während eines Gewitters auf einen Bottichrand gelegt, verhindere, daß das Bier umschlage, d. h. daß es sauer werde. Die oben angegebenen Namen werden z. T. auch für *U. urens* gebraucht. – Die Nessel tritt oft in Orts- u. Flurnamen auf, so in Nesselwang (an der Wertach bei Füssen), Nesselwangen (bei Überlingen), Nesselwängle (Bezirk Reutte/Tirol). Der zweite Bestandteil dieser Ortsnamen gehört zu Wang(en) = Au, Gefilde, vgl. auch Ellwangen, Feuchtwangen (Mittelfranken). Andere zusammengesetzte Ortsnamen sind Nesselau (Nesslau), Nesselbach, Nesselgrund usw.

**797. Urtica kioviensis** ROGOW. in Bull. Soc. Impér. Nat. Moscou **16**, 324 (1843). Syn. *U. dioica* L. var. *kioviensis* (ROGOW.) WEDD. (1856); *U. radicans* BOLLA (1856); *U. Bollae* KANITZ (1872). Sumpf-Brennessel. Fig. 138 p

Ausdauernde Pflanzen mit langem Rhizom, das sich in den niederliegenden Stengel fortsetzt. Stengel 60 cm bis 2 m lang, dunkelgefärbt, mit Adventivwurzeln, wodurch die Pflanze mitunter größere Rasen bildet. Untere Stengelteile kräftig, fleischig, wenig verholzt, untere Internodien hohl; Querschnitt rundlich-quadratisch mit locker verteilten Gefäßbündeln, Stengel daher kaum kantig. Blätter oval-lanzettlich, Rand grob gesägt mit abstehenden Zähnen und langem, kräftigem Endzahn, frisch-grün, glänzend, mehr oder weniger 15 cm lang, 7 cm breit, Spreite 1,5–2 mal länger als der Blattstiel. Vegetative Teile fast ohne Borstenhaare, jedoch im Jugendzustand – besonders die Stengel – mit zerstreuten jedoch gut ausgebildeten Brennhaaren besetzt. Nebenblätter eiförmig bis lanzettlich zugespitzt, ganzrandig, die oberen mit den gegenüberliegenden mehr oder weniger zur Hälfte verwachsen. Pflanzen immer monözisch, untere Blütenstände männlich, mittlere z. T. gemischt, obere weiblich. Männliche Blütenstände meist kürzer als die Blattstiele. Perigonabschnitte der männlichen Blüten elliptisch-eiförmig, nur im untersten Drittel verwachsen. Perigon der weiblichen Blüten in äußere schmale, längliche oder eiförmig-elliptische, stumpfe und innere breitere Abschnitte von ähnlichem Umriß geteilt, welche nur spärlich mit Borstenhaaren besetzt sind.

Vorkommen: Ziemlich seltene osteuropäische Auenpflanze auf beschatteten, nährstoffreichen und grundfeuchten oder nassen humosen Tonböden in Erlenwäldern oder im Unterwuchs des Röhrichts (vergleiche das ungarische Phragmitetum urticosum kioviensis v. Soó 1951) im Gegensatz zu voriger Art nicht auf ruderale Standorte übergehend.

Allgemeine Verbreitung. Von Südrußland westwärts bis Siebenbürgen, Ungarn und in die Slowakei sowie das östliche Grenzgebiet Niederösterreichs, ferner westwärts zerstreut bis ins Havelland und in die mittlere Elbeniederung.

Verbreitung im Gebiet. Zerstreut in den Urstromtälern im Havelland, so am Tornow bei Potsdam, Hermanswerder und Sacrow bei Potsdam, Riewendt-See bei Wachow, nächst dem See bei Badow, Dornswalde bei Baruth, sowie in den Elb-Auen von Magdeburg bis Stendal. In Niederösterreich in den Marchauen zwischen Baumgarten a. d. March und Marchegg.

Über *U. kioviensis*, ihre Unterscheidung von *U. dioica* und ihre geographische Verbreitung vergleiche man ZÓLYOMI in Verh. Bot. Ver. Prov. Brandenburg **76**, 152 (1936).

Nach PROBST (1949) wurde die australische *U. incisa* POIRET in Derendingen Kt. Solothurn in den Jahren 1914, 1920 und 1927 als Wolladventivpflanze beobachtet.

## CCXXIII. Parietaria[1]) [TOURN.] L., Spec. plant. 1052 (1753); Gen. plant. ed. 5, 471 (1754). Glaskraut

Wichtigste Literatur. ASCHERSON u. GRAEBNER, Synopsis d. Mitteleurop. Flora **4**, 621–627 (1911). E. KOLUMBE in KIRCHNER, LOEW u. SCHRÖTER, Lebensgeschichte d. Blütenpflanzen Mitteleuropas **2**, 1, 948–951 (1935). I. PACLT, Über die Identität von *Parietaria ramiflora* MOENCH mit *P. erecta* MERT. et KOCH ( = *P. officinalis* L.) in Phyton **4**, 46–50 (1952) und **5**, 242–246 (1954). H. SCHOLZ, *Parietaria erecta* MERT. et KOCH und *P. ramiflora* MOENCH in Phyton **6**, 31–32 (1955).

Ein- oder mehrjährige, meist behaarte Kräuter ohne Brennhaare. Blätter wechselständig, ganzrandig. Nebenblätter fehlen. Blüten nach neueren Untersuchungen gynomonözisch, proterogyn, zu gedrängten, blattwinkelständigen, knäueligen Trugdolden (Wickel) vereinigt (Fig. 138n). Tragblätter der Blüten am Grund verwachsen oder frei. Perigon grünlich, röhrig-bauchig, vierteilig mit 4 Staubblättern. Staubfäden innen querfaltig (Fig. 141b), wie Uhrfedern gespannt, beim Aufblühen sich geradestreckend. Fruchtknoten einfächerig mit einer einzigen Samenanlage (Fig. 141g). Äußeres Integument viel länger als das innere, zwischen beiden oft ein Hohlraum. Griffel kurz, Narbe sprengwedelförmig. Frucht eine einsamige, gerade, eiförmige, glänzende, von der vertrocknenden Blütenhülle eingeschlossene Nuß.

Die Gattung zählt etwa 30 Arten, von denen die meisten in den gemäßigten und subtropischen Gebieten Europas und Asiens verbreitet sind. Das Verbreitungsgebiet einiger Arten reicht in Asien und Afrika, das Areal einer Art in Südamerika, und zwar in Brasilien, bis in die Tropen.

Die beiden bei uns vorkommenden Arten sind Pflanzen des Mittelmeergebietes; sie sind in unserem Gebiet Neophyten. Die Art ihres Vorkommens ist in Norddeutschland, Thüringen, Württemberg und Bayern noch durchaus ruderalen Charakters, wie an Stadtmauern, Gräben und Wällen, Hecken, Friedhöfen, Gärten und Schuttplätzen, während im südlichen Verbreitungsgebiet, wie in den Donauauen von Krems flußabwärts, in den Marchauen, ferner in Südtirol, aber auch im Rhein- und Moseltal eine wirkliche Eingliederung in die natürlichen Pflanzengesellschaften erfolgt ist. – Im Berliner Stadtgebiet konnte sich in den Nachkriegsjahren *Parietaria pensylvanica* MUHLENBERG auf Ruinenschutt sehr stark ausbreiten (SCHOLZ in litt.), während sie vor der Zerstörung nur in Friedhöfen, Parkanlagen und auf Bahngelände zu finden war. Die Art kann heute als in Berlin voll eingebürgert betrachtet werden. *P. pensylvanica* ist im Gegensatz zu *P. erecta* MERT. et KOCH und *P. ramiflora* MOENCH einjährig, ihre Früchte sind braun, nicht schwarz wie bei unseren beiden Arten.

Bestimmungsschlüssel:

1a Hochblätter am Grunde frei. Stengel aufrecht, meist unverzweigt mit länglich-eiförmigen, durchscheinenden Blättern . . . . . . . . . . . . . . . . . . . . . . . . . . . . *P. erecta* MERT. et KOCH.

1b Hochblätter am Grunde verwachsen. Stengel ausgebreitet, ästig. Blätter eiförmig, kleiner als bei *P. erecta*, nicht durchscheinend . . . . . . . . . . . . . . . . . . . . . . . *P. ramiflora* MNCH.

---

[1]) *Parietaria* zuerst im „Herbarius" des (PSEUDO-) APULEIUS [4.–5. Jahrh. n. Chr.]. Der Name ist abgeleitet von lat. paries, 'Wand', da die Pflanze mit Vorliebe an Mauern oder in deren Spalten wächst.

**798. Parietaria erecta** Mert. et Koch, Deutschl. Flora 1, 825 (1823). Syn. *P. officinalis* L. (1753) p. p., *P. officinalis* L. var. *erecta* (Mert. et Koch) Wedd. (1857), *P. officinalis* L. ssp. *erecta* (Mert. et Koch) Béguinot (1908). Aufrechtes Glaskraut. Dän.: Opret Springknap. Engl.: Pellitory, Day and Night Wort. Franz.: Pariétaire vitriole, Herbe des Murailles, H. des Nonnes, H. des Sainte Anne. Ital.: Vitriola, Murajola, Calataria, Parietaria, Tessin: Vedricula, Vedraja Vedrieura. Poln.: Pomurnik lekarski. Tschech.: Drnavec lékařský. Sorb.: Sčenowc.

Taf. 87, Fig. 4; Fig. 138n, 141 e–h

Ausdauernd. Wurzelstock walzlich-langfaserig. Stengel aufrecht, 30–80 cm. Blätter mehr oder weniger langgestielt, ganzrandig, spärlich behaart oder kahl, oberseits dunkelgrün, glasartig glänzend, unterseits matter, bis 10 cm lang, lang zugespitzt, am Grunde verschmälert; Epidermis sehr fein, assimilierendes Gewebe nur schwach ausgebildet. Blütenstände kugelig, sehr kurz gestielt. Tragblätter kürzer als die Blüten, sitzend, am Grund frei. Perigonblätter nach der Blüte nicht verlängert. Fruchtknoten von den Blütenhüllblättern dicht umhüllt, nur Griffel und Narben freilassend. Die Samenanlage ragt schief in den vom Fruchtknoten gebildeten Hohlraum hinein. Die kleinen Früchte sind mit Kletthaaren versehen, die am Grunde eine besondere Gelenkzone besitzen. Nüsse 2–2,5 mm lang, schwarz. – Chromosomenzahl: $n = 7$. – VI bis IX.

Vorkommen. Ziemlich selten in beschatteten Ruderalgesellschaften oder im Bereich von Auenwäldern und Auengebüschen vor allem im Süden des Gebietes auf frischen, nährstoff- und stickstoffreichen mild-humosen Lehm- und Tonböden, in Kletten- und Beifußgestrüppen, in Zaunwindengesellschaften an Schuttplätzen, unter Felsen und Mauern, in Heckensäumen der Auen und ähnl., Onopordetalia-Ordnungscharakterart.

Allgemeine Verbreitung. Mittelmeergebiet, in Mitteleuropa nordwärts bis Belgien, Holland, Dänemark sowie auch in Südschweden eingebürgert (mediterran-mitteleuropäisch).

Verbreitung im Gebiet. Im Norddeutschen Tiefland vom äußersten Westen Ostpreußens bis ins Schleswig-Holsteinische Hügelland, in die Schleswig-Holsteinische Geest und in die Ostfriesische Geest bei Norden, mehrfach dann südlich im unteren und oberen Weserbergland, in der Westfälischen Tieflandsbucht und im Süderbergland. Im Einzelnen: In Ostpreußen: nur im äußersten Westen der Provinz; in Mecklenburg (selten, nur als Neophyt): Parchim, Neustrelitz, Röbel, Rügen, Barth, Stralsund, Heringsdorf; Schleswig-Holstein: Strandweg Haddeby, Eckernförde, Weißenhaus, Deutsch-Nienhof, Ahrensböck, Lübeck, um Hamburg; auf den ostfriesischen Inseln fehlend; Oldenburg: Osnabrück, Bentheim am Schloß, Klosterkirche Mallgarten; Westfalen: a) Westfälische Bucht: Dortmund, Coesfeld, Wolbeck, Rietberg, Paderborn; b) Süderbergland: Meschede; Weserbergland: Lemgo, Bielefeld, Ibbenbüren, Höxter, Lüchtringen, Holzminden, Heinsen, Polle, Brevörde, Reileifzen, Bodenwerder, Hameln, Rinteln; Westfälisches Tiefland: Minden. In Mitteldeutschland zerstreut im Thüringer Becken, in den Obersächsischen Börden, in der Sächsischen Tieflandsbucht, der Niederlausitz und in der Niederschlesischen Heide; in Südwest- und Süddeutschland nur sehr vereinzelt anzutreffen. Im Einzelnen: Thüringen: Nordhausen, Obernitz bei Saalfeld, Kemnatenberg bei Orlamünde, Kunitzer Mühle, Schloß Beichlingen, Steinbach, Böse Sieben bei Wimmelburg; Pfalz: Deidesheim, Neustadt, Speyer und Hardenberg; Hessen: Stadtmauer von Treffurt, Dorfstraße in Eltmannshausen, Groß-Krotzenburg am Main; Bayern: Klein-Ostheim am Main, Aschaffenburg, Würzburg, Gochsheim bei Schweinfurt, Bamberg, Bayreuth, Nürnberg, Marloffstein-Rathsberg,

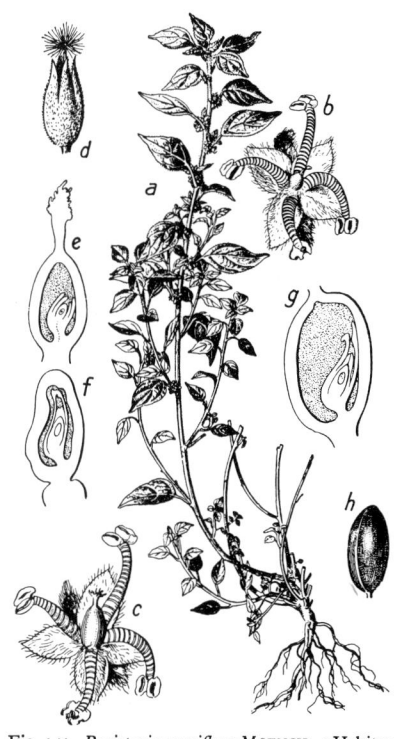

Fig. 141. *Parietaria ramiflora* Moench. *a* Habitus. *b* Männliche Blüte. *c* Zwitterblüte. *d* Weibliche Blüte. – *Parietaria erecta* Mert. et Koch. *e, f, g* Längsschnitte durch den Fruchtknoten in drei aufeinanderfolgenden Entwicklungsstadien (nach Modilewsky). *h* Frucht (von außen)

Altdorf, Dinkelsbühl, Neuburg a. d. Donau, Regensburg, Landshut, Deching bei Augsburg, München (Engl. Garten und Obermenzing), Andechs und Finsterwald bei Gmund am Tegernsee; Württemberg: Ulm, Briel bei Ehingen, Hofen bei Cannstadt und Ruine Staufeneck. – Kanton Thurgau: Gailingen, Bischofszell; Kt. Aargau: Mauern von Königsfelden, in Laufenburg; Graubünden: Maladers 1100 m, verbreitet um Maienfeld, Jenins, Malans, Fläsch und Prätigau; ebenso im Gebiet von Chur: Igis, Zizers, Untervaz, Trimmis, Masans 700 m, Chur, Hecken bei Alt-Felsberg, Schloßhügel bei Ems, Zäune bei Reichenau, Trins-Digg und Trins-Dorf 880 m; selten im Vorderrheintal, nur bei Duvin, Valendas, Kastris und Riein-Pitasch, weniger Fundorte im Domleschg: Scheid, Canova bei Paspels, bei Thusis bis 750 m, Scharans 800 m; im Puschlav bis 980 m ansteigend, bei le Prese; im Bergell bei Castasegna 700 m; Misox: Rovereda, Sta. Maria im Val Calanca, S. Vittore, Molina, Leggia, Cama, Verdabbio 700 m, Cremeo, Lostallo 425 m. Wallis: St. Gingolph, Martigny-Combe, Outre Rhône, Branson-Saillon bis 1315 m bei Randome, Eisten im Saastal, Gondoschlucht unterhalb des Forts und westlich der Presa, Zwischbergental beim Hof, Termen und Mörel; Waadt: Lucens, Sassel, Yvonand. Berner Jura: Charmoille. – Liechtenstein: reichlich am Hirschensprung bei Rüthi, Levis, Nähe der Weinberge bei Guttenberg, Vaduz, in Menge unter den Felsen bei Sennwald, Azmoos. – In Vorarlberg nur bei Feldkirch; in Nordtirol sehr selten z. B. bei Innsbruck am Fuß der Martinswand, in Osttirol in Lienz an der alten Stadtmauer sowie um Lengberg beim Schloß und beim Körberhof; in Südtirol allgemein verbreitet in den Niederungen des Sacra- und Etschtales, so z. B. bei Arco, Torbole, Rovereto, in der Umgebung von Trient, Doss Trento, Valsugana, nicht selten auch noch um Tramin, in der Umgebung von Bozen: Leuchtenburger Wald, Neumarkt, und um Klausen und Meran; in Kärnten nur zerstreut und sehr selten z. B. bei Hochosterwitz und Hollenburg; in der Steiermark nördlich bis Peggau, am Weg zur Peggauer Wand, nicht selten in der Grazer Bucht, so am Fuß des Grazer Schloßberges, an der Straße nach St. Gotthard, am Rosenberge, an der Mur bei Kalvarien, ferner am Bahndamm von Wildon, bei Riegersburg und nicht selten in der Umgebung von Radkersburg; nicht selten in der Südsteiermark so z. B. an der Drau bei Melling nächst Marburg, bei Pettau, Friedau, auf dem Wotsch, bei Bad Neuhaus, Weitenstein, Cilli; in Niederösterreich häufig in den Donauauen bei Wien, in den Marchauen, nicht selten im Wienerwald und im südlichen Wiener Becken, bis nach Reichenau und im Waichtal des Schneeberges bis 1000 m ansteigend.

Fig. 142. *Parietaria ramiflora* MOENCH. Lahntal bei Dausenau, 1950. (Aufn. G. EBERLE)

*P. erecta* MERT. et KOCH ist ein mediterranes Florenelement, das sich in Mitteleuropa durch langwährende Kultur an vielen Stellen vollständig eingebürgert hat. Es wurde die Vermutung geäußert, die Pflanze habe sich in der Römerzeit von den Kastellen aus verbreitet. Sicher ist, daß die Pflanze früher vielfach zu Heilzwecken angebaut wurde. In älteren Floren wird sie unter den „erweichenden Kräutern" (gegen Harn- und Darmleiden) angeführt, auch gegen den Kornwurm wurde sie angewendet. Die Asche diente als Zahnputzmittel. Der Name Glaskraut[1]) deutet ferner auf die Verwendung als Glas- und Geschirrputzmittel hin[2]). Auch die ital. Bezeichnung vitriola und im Tessin vedrieula zeigen an, daß das Kraut, ähnlich wie Schachtelhalm-Arten, zum Reinigen der Fensterscheiben (vetri) Verwendung fand.

**799. Parietaria ramiflora** MOENCH, Meth. 327 (1794) excl. *P. judaica* STRAND. Syn. *P. officinalis* L. var. *ramiflora* (MOENCH) ASCHERS. et GRAEBN. (1911), *P. diffusa* MERT. et KOCH (1823), *P. officinalis* L. var. *diffusa* (MERT. et KOCH) WEDD. (1857). Ästiges Glaskraut. Franz.: Casse-pierre, Perce-muraille, Panatage, Herbe de Notre-Dame. Ital.: Murajola. Fig. 141 a–d, 142, 143

Ausdauernd, bis 40 cm hoch, Wurzelstock vielköpfig, niederliegend oder aufsteigend, vielästig, mit kurzen, weichen Haaren bedeckt. Blätter eiförmig, ganzrandig, 2–3 cm lang, zugespitzt,

---

[1]) Schon seit dem 16. Jahrhundert. Eine alte Bezeichnung lautet Tag und Nacht (s. auch im Engl.), offenbar weil die Blätter durchscheinend punktiert sind, also helle und dunkle Stellen aufweisen.
[2]) Dazu kommt, daß die Blätter glasartig glänzen.

am Grunde verschmälert, nicht durchscheinend, Rand gewimpert. Blütenstände kugelig, locker, wenigblütig, Tragblätter am Grunde verwachsen, Perigon nach der Blüte verlängert. – Chromosomenzahl: n = 13. – V bis X.

Vorkommen. Ziemlich selten im Süden und Westen des Gebietes als wärmeliebende und frostempfindliche Mauerfugenpflanze, vor allem an den frischen, beschatteten und stickstoffbeeinflußten Standorten der Mauerfüße oder abwasserüberrieselter Mauerstellen, im gemäßigten Europa Charakterart des ruderalen Cheirantho-Parietarietum ramiflorae (Arction), im Mittelmeergebiet sehr häufig im entsprechend ausgebildeten Parietarietum murale BR.-BL. (1951).

Allgemeine Verbreitung. Mittelmeergebiet, West- und südliches Mitteleuropa: mediterran-mitteleuropäisch mit atlantischer Ausbreitungstendenz. Im Norden bis Holland, England, Wales und Irland, zerstreut in Schottland, im Süden bis zu den Azoren, Madeira und den Kanarischen Inseln, sowie bis Nordafrika, ferner in Kleinasien ostwärts bis zum Kaukasus und Armenien.

Verbreitung im Gebiet. In Deutschland nur im Gebiet des Rheins und seiner Nebentäler in Baden; ferner im Elsaß und in Lothringen; in der Schweiz vom Süden eindringend im insubrischen Gebiet in den Kt. Genf, Wallis, Tessin und Graubünden, so z. B. auch im Bergell, zwischen St. Giacomo und Chiavenna, Castasegna 700 m sowie im Misox: Roveredo, Soazza, Castello, Logiano, in Südtirol allgemein verbreitet in den Niederungen des Sarca- und Etschtales, um Trient, Salurn, ferner auch noch um Bozen und Meran.

Es liegt also im Gegensatz zu *P. erecta*, bei der sich eine von Süd- nach Nordeuropa verlaufende Einbürgerung

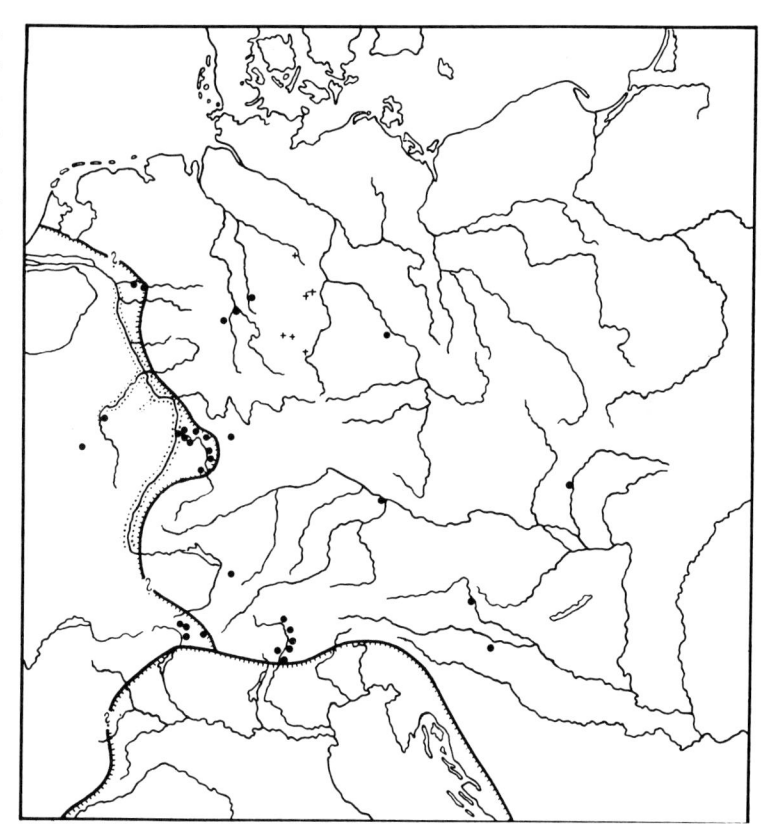

Verbreitungskarte zur *Urtica pilulifera* (⁺) und *Parietaria ramiflora*
(● sichere Fundortsangaben, ⁝ allgemeine Angaben, ⁓⁓⁓ vermutete Grenze)

Fig. 143. Verbreitung von *Urtica pilulifera* L. und *Parietaria ramiflora* MOENCH
(nach E. KOLUMBE, 1935)

feststellen ließ, eine engere Beziehung zur mittel- und ostfranzösischen Flora vor, die Verbreitungsgrenze verläuft in Nord-Süd-Richtung. Die jenseits dieser Grenze liegenden Einzelfundstellen tragen wohl adventiven Charakter; Schleswig-Holstein: Kiel; Westfalen: zerstreut im Westen des Landes, so in Dülmen und bei Dorsten (nicht mehr auffindbar), Recklinghausen, Güterbahnhof Dortmund-Süd, an der Burg in Blankenstein; Rheinprovinz: Traben-Trarbach; Hessen: Bingen; Baden: am Neckar zwischen Mannheim und Heilbronn an alten Hochwassermauern; Württemberg: Mergentheim, Gundelsheim, Jagstfeld, Heilbronn, Lauffen, Vaihingen a. Enz, adv. Stuttgarter Müllplatz, Ulm; Bayern: Bayreuth, Passau; Steiermark: Grazer Schloßberg.

Schädlinge: Dichte *Parietaria*-Bestände werden oft von *Ramularia parietariae* SACC. befallen. Dieser, in morphologischer Beziehung mit der auf *Urtica* lebenden *Ramularia*-Art weitgehend übereinstimmende Pilz verursacht zahlreiche, kleine, unregelmäßig eckige, dunkel graubraune, später mehr oder weniger verbleichende Flecken. Die Konidienrasen sind hier viel zarter und erscheinen meist nur hypophyll.

Reihe **Santalales**

Holzgewächse oder krautige Pflanzen mit eingeschlechtigen oder zwitterigen, anemogamen oder entomogamen Blüten. Laubblätter schraubig angeordnet oder gegenständig, ohne Nebenblätter. Blütenhülle 2- bis 8-blättrig, meist einwirtelig, kelchartig oder mit Kelch und Blumenkrone. Staubblätter meist vor den Blütenhüllblättern stehend. Fruchtknoten unterständig, 2- bis 3- (-5), selten nur 1-blättrig, meist einfächerig, meist ohne Integument. Halbfrüchte sind Nüsse oder Steinfrüchte oder steinfruchtartig.

## 40. Familie. Loranthaceae

A. L. JUSS in Ann. Mus. Hist. Nat. Paris 12, 292 (1808) „Lorantheae", nom. corr.
D. DON, Prodr. (1825). Syn. *Viscaceae* AGARDH (1858)

Mistelgewächse

Wichtigste Literatur. A. ENGLER u. K. KRAUSE in ENGLER, PRANTL u. HARMS, Natürl. Pflanzenfam., 2. Aufl., **16 b**, 98–203 (1935), mit Literaturverzeichnis! KIRCHNER, LOEW u. SCHRÖTER, Lebensgeschichte d. Blütenpflanzen Mitteleuropas 2, 1, 953–1231 (1937–38), mit Literaturverzeichnis.

Meist auf den oberirdischen Teilen von Holzpflanzen vermittels Haustorien wachsende, halbstrauchige, selten krautige, chlorophyllhaltige Halbparasiten, mit zumeist ledrigen, einfachen, meist gegenständigen, ganzrandigen, selten (*Arceuthobium* M. B.) schuppenförmigen Blättern. Blüten in der Regel strahlig, selten Neigung zur Zygomorphie, zwitterig oder eingeschlechtig 2- bis 3-gliedrig, in zymösen oder razemösen Blütenständen, Blütenachse oft mehr oder weniger becherförmig, in den weiblichen Blüten mit dem Fruchtknoten vollständig vereinigt, nicht selten *(Loranthoideae)* um die Basis der Blüte als geteilter, gekerbter oder gezähnter Rand (calyculus) hervortretend. Blütenhülle 4–6-blättrig, frei oder unterwärts verwachsen, hochblattartig oder korollinisch. Staubblätter stets so viele wie Perigonabschnitte, vor denselben stehend, frei (Fig. 150 h) oder mit ihnen mehr oder weniger verwachsen (Fig. 150 n, o). Staubbeutel unbeweglich, meist dithezisch, aber Pollensäcke zuweilen durch steriles Gewebe gefächert. Fruchtknoten unterständig, in die Blütenachse ganz eingesenkt (Fig. 150 p), 1-fächerig, gewöhnlich ohne deutliche Ausgliederung der Plazenta und der Samenanlagen; im zentralen Gewebe liegen 1 bis 3 Embryosäcke, welche ebenso vielen Samenanlagen entsprechen. Griffel fädlich, mit kopfförmiger Narbe. Frucht mit der Blütenachse zu einer beerenartigen Scheinfrucht vereinigt, selten eine Steinfrucht; Innenschicht (Viszinschicht) der Blütenachse verschleimend und klebrig. Keimlinge 2 bis 6 oder fehlend, meist von einem reichlichen Nährgewebe umgeben, keine deutlichen Keimblätter zeigend.

Die Familie umfaßt etwa 1300 Arten. Die meisten Loranthaceen sind Bewohner der Tropenzone, doch gehen sie in Ostasien, Australien und Südafrika sowie in Amerika mit größerer Artenzahl in die montane Höhenstufe und in die subtropische Zone über. Im gemäßigten Europa sowie im gemäßigten Asien nördlich vom Himalaya, in Japan und in Nordchina sind sie dagegen nur schwach entwickelt. In allen durch die Kürze der Vegetationszeit oder durch allzu große Trockenheit baumlosen Gebieten fehlen sie völlig. In Afrika und Asien ist die etwa 500 Arten zählende Gattung *Loranthus* L. die herrschende, in Amerika *Phoradendron* NUTT. mit etwa 300 Arten. In Europa kommt außer den beiden Gattungen *Loranthus* L. und *Viscum* L. nur noch die Gattung *Arceuthobium* M. B. vor. Sie ist in Europa durch *Arceuthobium Oxycedri* (DC.) M. B., Syn. *Razoumofskya Oxycedri* (DC.) F. W. SCHULZ, vertreten und findet sich auf *Juniperus Oxycedrus* L., *J. drupacea* LABILL. und *J. Sabina* L. vom Mittelmeergebiet bis zum westlichen Himalaya.

Die bisher etwa 15 bekannten *Arceuthobium*-Arten, von denen 9 in Nordamerika einheimisch sind, kommen ausschließlich auf Koniferen vor. *A. minutissimum* HOOK. f. wächst im Himalaya, in Kumaon um 3000 m ü. M. und stellt wohl die kleinste Dikotyledone dar. Die Art parasitiert auf *Pinus Wallichiana* A. B. JACKSON und läßt nur die kleinen Blüten über die Rinde der Wirtspflanze hervortreten.

Weitaus die Mehrzahl der Loranthaceen sind halbparasitische Sträucher, welche durch verschiedenartige Saugorgane mit dem Leitungsgewebe anderer Holzgewächse verbunden sind. Von diesen beziehen sie einen Teil ihrer Nahrung, während sie andererseits durch ihren Chlorophyllgehalt befähigt sind zu assimilieren. Die Sprosse und die Blätter der meisten Arten verraten nichts von der parasitischen Lebensweise. Die Laubblätter sind meistens grün, stets einfach und ganzrandig, bei den tropischen Formen gewöhnlich breit, bei den subtropischen, namentlich bei den australischen, schmal bis stielrundlich. Bei verschiedenen Formen von *Viscum* und *Phoradendron* sowie bei *Arceuthobium* sind die verdickten und verbreiterten Stengelglieder die Träger der Assimilation. Die meisten Loranthaceen kommen auf verschiedenen Nährwirten vor, bisweilen finden sich auch Loranthaceen auf Loranthaceen parasitierend, so *Viscum album* L. auf *Loranthus europaeus* Jacq., ja sogar *Viscum* auf *Viscum* selbst. Bei vielen Arten werden an den Nährpflanzen durch die Parasiten eigentümliche Wucherungen (Hypertrophien) erzeugt, welche als Holzrosen, in Mexiko Rose de Palo, in Guatemala als Rose de Madera bezeichnet werden. Die Früchte mancher Arten von *Struthanthus* MART., *Phoradendron* NUTT. und *Arceuthobium* M. B. enthalten bedeutende Mengen von Kautschuk. Dieser hüllt als kompakte Schicht die Samen ein.

Gattungsschlüssel:

1 Blüten in sitzenden Knäueln. Laubblätter gelbgrün, lederartig, überwinternd . . . . . . . *Viscum*
1\* Blüten in lockeren Trauben oder Ähren. Laubblätter dunkelgrün, sommergrün . . . . . *Loranthus*

## CCXXIV. Viscum[1]) L., Spec. plant. 1023 (1753); Gen. plant., ed. 5, 448 (1754). Mistel

Wichtigste Literatur. v. TUBEUF, Monographie der Mistel (1923). A. ENGLER u. K. KRAUSE in ENGLER, PRANTL u. HARMS, Natürl. Pflanzenfam., 2. Aufl., **16 b**, 196–203 (1935), ausführliches Literaturverzeichnis! KIRCHNER, LOEW u. SCHRÖTER, Lebensgeschichte d. Blütenpflanzen Mitteleuropas **2**, 1, 972–1146 (1937–38), ausführliches Literaturverzeichnis! A. ENGLER in ENGLER u. PRANTL, Natürl. Pflanzenfam. **3**, 1, 156–198 (1889). H. HEINRICHER, Ist die Mistel wirklich nur Insektenblütler? in Flora **113**, 155–167 (1920). Wie erfolgt die Bestäubung der Mistel, scheiden ihre Blüten wirklich Nektar ab? in Biolog. Zentralbl. **40**, 514–527 (1920). Über die Bestäubung bei *Viscum cruciatum* SIEB. in Biolog. Zentralbl. **40**, 168–173 (1922). Hygronastische Öffnungs- und Schließbewegungen bei den männlichen Blüten der Mistel in Botan. Zentralbl. **43**, 366–372 (1925). KOELREUTER, Vorläufige Nachricht von einigen das Geschlecht der Pflanze betreffenden Versuchen und Beobachtungen 71 ff. (1763). E. LOEW, Über die Metamorphose vegetativer Sproßanlagen in Blüten bei *Viscum album* in Botan. Zeitg. **48**, 565–573 (1890). A. PISEK, Chromosomenverhältnisse, Reduktionsteilung und Revision der Keimentwicklung der Mistel, *Viscum album*, in Jahrb. f. wissensch. Bot. **62**, 1–19 (1923) und in Ber. Deutsch. Botan. Ges. **40**, 406–409 (1922). J. WIESNER, Vergleichende physiologische Studien über die Keimung europäischer und tropischer Arten von *Viscum* und *Loranthus* in Sitzungsber. Akad. Wissensch. Wien, Math.-Naturw. Kl. 1. Abt., **103** (1894); Über die Ruheperiode und einige Keimungsbedingungen der Samen von *Viscum album* in Ber. Deutsch. Botan. Ges. **15**, 503–516 (1897).

Parasitische Sträucher mit Rindensaugsträngen und gegenständigen, wiederholt gabelig verzweigten Ästen. Blätter dick, lederig, seltener schuppenförmig oder ganz fehlend. Blütenstände aus einfachen Trugdolden zusammengesetzt, die 3-blütig oder infolge Reduktion der seitlichen Blüten nur 1-blütig sind (Fig. 150l). Blüten klein, unansehnlich, grünlich, gelb oder weißlich, eingeschlechtig, einhäusig oder zweihäusig. Männliche Blüten mit sehr kurzem, nicht hohlem Basalteil und meist 4, seltener 3 oder 6 mit den Staubbeuteln vereinigten Abschnitten; Staubbeutel (Fig. 150n) sitzend, breit eiförmig oder mehr länglich, auf der Innenseite mit mehr als 4 oder zahlreichen, unregelmäßigen, nach innen durch Poren sich öffnenden Fächern. Weibliche Blüten

---

[1]) Name der Mistel sowie des aus den Beeren bereiteten Vogelleims bei den Römern; vgl. das gleichbedeutende griech. ἰξός [ixós, ursprünglich vixós mit dem verschwundenen griech. Buchstaben Digamma].

(Fig. 150 p) mit meist vierteiligem Saum, dicker, polsterförmiger Narbe, mit kurzem, kegelförmigem Griffel oder ohne solchen. Scheinfrucht (Fig. 150 q) beerenartig, rot, orange, gelb oder weiß, von den Perigonzipfeln gekrönt oder ohne diese, mit dicker, klebriger Schleimschicht; 1–3 stielrundliche Keimlinge von reichlichem Nährgewebe eingeschlossen.

Die Gattung zählt etwa 65 Arten. Die meisten Arten finden sich im tropischen und subtropischen Afrika, einige auch im tropischen und gemäßigten Asien und in Nordaustralien. In Europa ist die Gattung neben *Viscum album* L. einzig durch *V. cruciatum* SIEBER vertreten. Diese Art hat rote Beeren und parasitiert auf *Olea europaea* L., *Amygdalus communis* L., *Castanea sativa* MILL., *Populus nigra* L. ssp. *pyramidalis* (ROZ.) ČELAK. und einigen anderen Pflanzen in Südspanien (Andalusien), Süditalien (Calabrien), Marokko und Palästina.

**800. Viscum album** L., Spec. plant. 1023 (1753). Weiße Mistel, Gewöhnliche Mistel. Dän.: Misteltein. Engl.: Mistletoe. Franz.: Gui, G. commun, G. des Druides. Ital.: Visco, Vischia, Visch. Poln.: Jemiola pospolita. Tschech.: Jmelí bílé. Sorbisch: Jamjel, Ptači lěp. Taf. 88, Fig. 4; Fig. 144 bis 149, 150 l–t

Kleiner, bis 1 m und mehr im Durchmesser erreichender, mehrfach gabelästiger, oft fast kugeliger, immergrüner, auf Bäumen schmarotzender Strauch (Fig. 145). Stamm kurz, dick. Zweige grünbraun, gegliedert; jedes Gabelglied in eine kurze, meist blütentragende Spitze mündend, in den Gelenken leicht abbrechend. Laubblätter gegenständig, oft 3- bis 4-quirlig, sitzend, lederig, länglich-verkehrteiförmig bis breit-zungenförmig, gelbgrün, 2½- bis 6-mal so lang wie breit, stumpf, nach dem Grunde zu verschmälert, ganzrandig, kahl, überwinternd. Blüten unscheinbar, eingeschlechtig, zweihäusig, zu 3–5 in sitzenden Trugdolden, in der Achsel kleiner Hochblätter stehend (Fig. 150 l), die männlichen größer und auffälliger als die weiblichen. Männliche Blüte: Kelch fehlend; Blütenhülle gelbgrün, 4-teilig, mit kurzer Röhre (Fig. 150 m); Staubblätter 4, ohne Staubfäden, sitzend, mit den Perigonabschnitten vollständig verwachsen (Fig. 150 n), mit zahlreichen porenförmig sich nach innen öffnenden Pollenfächern (Taf. 88, Fig. 4 b; Fig. 150 o); Perigonblatt auf der Innenseite daher scheinbar siebartig durchbrochen (Fig. 150 o). Weibliche Blüte: Blütenhülle klein, schmal, 3- bis 4-teilig; Fruchtknoten unterständig (Fig. 150 p); Griffel kurz oder fehlend; Narbe dick, polsterförmig. Scheinbeere (die Blütenachse ist an der Fruchtbildung auch beteiligt) beerenartig, erbsengroß, zuerst grün, dann weiß bis gelblich, mit zähem, schleimigem Fleische, meist 1-, seltener 2-samig. Frucht, d. i. das Endokarp mit seinen Einschlüssen, oft fälschlich als Samen bezeichnet, oval oder 2-kantig (Fig. 150 q), mit 1–3 stielrundlichen, grünen Keimlingen in reichlichem Nährgewebe (Taf. 88, Fig. 4 c; Fig. 150 r), ohne deutliche Keimblätter. – Chromosomenzahl: $n = 10$. – (II) III–V.

Vorkommen: Auf verschiedenen Laub- und Nadelhölzern parasitierend (siehe unten!). Vom Tiefland bis in die Voralpen und Alpentäler, in der Schweiz bis 1400 m (Val Leventina, Tessin) ansteigend.

Allgemeine Verbreitung. Von Südskandinavien nördlich bis 59° 30' n. Br. und Mittel- und Südengland nördlich bis 55° n. Br., südwärts bis Nordwestafrika und ostwärts durch Südwest- und Zentralasien (Anatolien, Persien, Afghanistan, Himalaya, Tibet) bis in die Mandschurei (Amurgebiet) und nach Japan (boreomeridional-eurasisch-ozeanisch).

Während man sich früher allgemein (R. KELLER, WIESBAUR, KRONFELD usw.) bemühte, auf Grund morphologischer Verschiedenheiten einzelne Mistelformen zu unterscheiden, machte Frh. v. TUBEUF (1887, 1923, Monographie der Mistel) zuerst den Versuch, solche Varietäten auf Grund ihres biologischen Verhaltens zu unterscheiden. Durch zahlreich aufgeführte Masseninfektionen in der Natur konnte v. TUBEUF feststellen, daß es keine konstanten groß- und kleinblättrigen Formen gibt und daß die Größendifferenzen lediglich auf Ernährungsverhältnisse zurückzuführen sind. Größe und Gestalt der Blätter und Beeren sind starken Schwankungen unterworfen. Da diese letzteren nach dem Zustande des Nährastes und seiner Stellung verschieden sein können, ist es leicht möglich, daß an dem gleichen Baume (z. B. Linde) groß- und kleinblättrige Mistelformen auftreten. Drei Unterarten lassen sich unterscheiden:

**ssp. *album*.** Syn. *V. album* L., Spec. plant. 1023 (1753), *V. album* L. var. *platyspermum* R. KELLER (1890), *V. album* L. var. *typicum* BECK (1892), *V. album* L. var. *Mali* TUBEUF (1923), *V. album* L. ssp. *Mali* (TUBEUF) JANCHEN (1942). Laubholzmistel.

Scheinbeeren meist weiß, seltener etwas gelblich. Gestalt der Scheinbeeren wechselnd, bald etwas länger als breit, dann wieder breiter als lang, am Narbenansatz oft schwach eingedrückt. Frucht, d. i. das Endokarp mit seinen Einschlüssen, oft fälschlich als Samen bezeichnet, oval oder dreikantig, mit flachen Breitseiten, die schildförmige Gestalt besonders von der Zahl der eingeschlossenen Keimlinge (2, 1, 3, 4) abhängig. Blätter in Form, Größe und Lebensdauer wechselnd, meist breiter als bei der Föhrenmistel.

Vorkommen: Diese Unterart findet sich ausschließlich auf Laubhölzern; sie geht von einem Laubholz auf das andere über und kommt in der Natur auf Arten folgender Gattungen vor: *Populus, Salix, Juglans, Carya, Alnus* (nur selten), *Betula, Corylus, Carpinus* (nur selten), *Ostrya, Castanea, Quercus* [sehr selten auf einheimischen Eichen, nämlich von H. PREUSS bei Buchwalde im Kreise Stuhm in Westpreußen auf *Q. Robur* L. entdeckt, ferner in der Schweiz bei Sils im Domleschg, Genf und Chigny sowie in der Rheinprovinz beobachtet, mehrfach aber auf angebauten amerikanischen Roteichen konstatiert, obgleich *V. album* in Nordamerika gänzlich fehlt], *Ulmus* (sehr selten, wurde erstmalig von H. GROSS im Winter 1928/29 bei Allenstein in Ostpreußen festgestellt), *Amelanchier, Crataegus, Cotoneaster, Rosa, Pirus, Sorbus* [*S. Aria* (L.) CR., *S. aucuparia* L. (Südtirol), *S. Mougeotii* SOY., WILL. ET GODR. (Baselland)], *Mespilus, Prunus ( P. avium* L., *P. Cerasus* L.), *Robinia, Gleditschia, Caragana, Cladrastis, Cytisus, Spartium, Acer* (einheimische und eingeführte Arten), *Aesculus, Tilia, Hibiscus, Nerium, Fraxinus* (nur selten), *Syringa, Olea* (selten), endlich auf *Viscum* selbst und auf *Loranthus*. Unsicher sind die Angaben des Vorkommens der Mistel auf *Vitis, Azalea, Pistacia* und *Eucalyptus*. *Viscum* fehlt auf *Fagus*. Durch künstliche Infektion wurde die Mistel auf *Nerium Oleander* L. (durch GASPARD und PEYRITSCH) sowie *Cornus* gezogen.

Allgemeine Verbreitung. Gemäßigtes Eurasien (boreomeridional-submeridional-eurasisch-ozeanisch). Von Südskandinavien nördlich bis 59° 30′ n. Br. (Westufer des Oslofjordes und östliche Mälargegend) sowie von Mittel- und Südengland nördlich bis 55° n. Br. durch Dänemark (nur im südlichen Teil von Seeland, im östlichen Laaland und an der Ostküste von Jütland bei Fredericia), Deutschland, Holland, Belgien, Luxemburg (fehlend im nordwestdeutschen Küstengebiet, im nördlichen Holland, nördlichen Belgien und nordöstlichen Frankreich), südwärts durch Frankreich, das nördliche Spanien und Portugal bis Nordwestafrika, ostwärts durch Nord-, Mittel- und Süditalien, Sizilien, durch die Länder der Balkanhalbinsel (Kroatien, Dalmatien, Bosnien, Herzegowina, Serbien, Bulgarien, Thrazien, Mazedonien und Thessalien), durch Polen, Westrußland und die Ukraine bis Minsk, Kursk, Nowotscherkask und bis in die Kaukasusländer, ferner durch Südwest- und Zentralasien: Anatolien, Persien, Afghanistan, Himalaya (von Kashmir bis Nepal) und Tibet ostwärts bis Nordchina, in die Mandschurei (Amurgebiet) und nach Japan. In Europa mit deutlichem Verbreitungsschwerpunkt in den milden, luftfeuchten Gebieten und sich wie eine Art von meridional-subatlantischer Verbreitung verhaltend.

Verbreitung im Gebiet. Im Norddeutschen Tiefland von Ostpreußen bis in die Schleswig-Holsteinische Geest, nach Westen bis in die Westfälische Tieflandbucht, in den küstennahen Gebieten des Nordwestdeutschen Tieflandes fehlend, in Mitteldeutschland verbreitet in der Niederung und im Hügelland, verbreitet in Süddeutschland und in Österreich von der Ebene bis in die untere Voralpenstufe, verbreitet in der Schweiz in den Tälern der großen Flußgebiete und im Hügelland, bis etwa 1120 m ansteigend.

Im Einzelnen nach TUBEUF (1923): In Schleswig-Holstein nur: Seegalendorf, Krummesse und Langenhorn. In Hamburg, Bremen und Oldenburg fehlend. In Niedersachsen in den küstennahen Gebieten fehlend, hingegen zertreut im Inneren und vor allem im Süden des Landes, so: Alfeld, Bovenden, Bramwalde, Celle, Coppenbrügge, Diekholzen, Ebergötzen, Ebstorf, Fallersleben, Göhrde, Göttingen, Goslar, Grohnde, Grubenhagen, Hameln, Herzberg, Ilfeld, Hann.-Münden, Langeloh, Lauenau, Liebenburg, Lonau, Mollenfelde, Polle, Seelzerthurm, Sillium, Uchte, Uslar, Wendhausen, Wennigsen. In Westfalen zerstreut; verbreitet nur im Hellweg-Haarstrang-Gebiet sowie am Nordfuße des Wiehengebirges. Zerstreut in Schaumburg-Lippe: Brandshof, Bückeburg, Spießingshof, Diestelbruch. Verbreitet in Braunschweig, so: Blankenburg, Braunschweig, Danndorf, Gandersheim, Grünenplan, Heimburg, Helmstedt, Holzminden, Langelsheim, Lichtenberg, Rübeland, Schöningen, Wolfenbüttel. Zerstreut in Anhalt: Kühnau, Wörlitz, Roßdorf, Steckby, Coswig, Dessau, Oranienbaumer Heide. Zerstreut in der Provinz Sachsen, so: Altenplatow, Annaburg, Bischofswald, Dingelstedt, Doberschütz, Elsterwerda, Erzhausen, Falkenberg, Freyburg, Grünewalde, Hinternah, Hohenbuckow, Javenitz, Lohra, Magdeburgerforth, Pölsfeld, Rosenfeld, Rothehaus, Söllichau, Worbis, Zeitz. Zerstreut in Sachsen: Dresden, Langebrück, Markersbach, Moritzburg, Okrilla, Pillnitz, Seidewitz. Verbreitet in Brandenburg, so: Alt-Lüdersdorf, Biesenthal, Carzig, Chorin, Colpin, Crossen, Driesen, Eberswalde, Falkenhagen, Freienwalde, Friedersdorf, Grimnitz, Groß-Schönebeck, Grünhaus, Grumsin, Himmelpfort, Hohenwalde, Königswusterhausen, Kremmen, Lagow, Liebenwalde, Lubiathfließ, Marienwalde, Menz, Pechteich, Potsdam, Reiersdorf, Reppen, Sorau, Staackow, Steinbusch, Steinspring, Vietz, Wildenbruch, Zehdenick. In Mecklenburg und Vorpommern nahe der Küste selten oder meist fehlend, sonst zerstreut, im Süden verbreitet, so: Franzensberg, Friedrichsmoor, Güstrow, Jasnitz, Ludwigslust,

Malchow, Rabensteinfeld, Radelübbe, Schelfwerder; Friedland, Hinrichshagen, Langshagen, Lüttenhagen, Mirow, Neubrandenburg, Neustrelitz, Rowa, Stargard, Steinförde, Strelitz, Wesenberg u. a. Zerstreut in Pommern: Abtshagen, Falkenwalde, Grammentin, Jädkemühl, Jakobshagen, Kehrberg, Klaushagen, Linichen, Mühlenbeck, Mützelburg, Neuenkrug, Podejuch, Rothenfier, Rothmühl, Stepenitz, Stolp, Torgelow, Treten, Greifswald, Jatzwich, Anklam, Ducherow. Verbreitet in Westpreußen, so: Bülowsheide, Charlottenthal, Chotzenmühl, Deutschheide, Drewenzwald, Eisenbrück, Friedrichsberg, Gildon, Gnewau, Gohra, Goslau, Grünfelde, Kielau, Klein-Lutau, Königswiese, Krausenhof, Lautenburg, Lindenberg, Lindenbusch, Oliva, Rehberg, Rehhof, Ruda, Sobbowitz, Stangenwalde, Thorn, Wilhelmsberg, Wirthy, Zanderbrück u. a. Verbreitet in Ostpreußen, so: Alt-Christburg, Alt-Sternberg, Commusin, Cruttinen, Drusken, Drygallen, Födersdorf, Friedrichsfelde, Gertlauken, Grüneberg, Hohenstein, Jablonken, Johannisburg, Klein-Nanjock, Kullik, Leipen, Liebemühl, Mehlauken, Nikolaiken, Puppen, Ramuck, Ratzeburg, Rotebude, Taberbrück, Warnen, Wormditt u. a. Zerstreut in Schlesien: Bodland, Dembio, Donnerswalde, Karmunkau, Hammer, Kottwitz, Kreutzburg, Neiße, Nimkau, Paruschowitz, Peisterwitz, Poppelau, Proskau, Rybnik, Stoberau, Töppendorf, Tschiefer.

Zerstreut in der Rheinprovinz: Daun, Drohnecken, Hambach, Kaisersesch-Neef, Kastellaun, Koblenz, Kottenforst, Krofdorf, Meisenheim, Morbach, Osburg, Rheinwarden, Saarbrücken, Siebengebirge, St. Wendel, Trier, Ville, Wadern, Wenau. Allgemein verbreitet in Hessen-Nassau, Oberhessen, Hessen-Starkenburg und Rheinhessen. In Thüringen ziemlich verbreitet, wenn auch mit unterschiedlicher Dichte und durch die Verbesserungen der Obstbaumpflege vielerorts stark zurückgegangen oder verschwunden, so z. B. verbreitet um: Altershausen, Bienstedt, Koburg, Deubach, Döllstädt, Hohenbergen, Neukirchen, Rödlichen, Schwarzhausen, Volkenroda, ferner um Saasa, Schöngleina, Tautenhain, Altenstein, Waldfisch, Allstedt, Kreuzburg, Dermbach, Erbenhausen, Geisa, Jena, Ostheim, Vacha, Völkershausen, Wasungen, Rathsfeld, Rudolstadt, Bebra, Ebeleben, Jecha-Stockhausen. Allgemein verbreitet in Baden, vor allem sehr häufig in der Rheinebene. Allgemein verbreitet in Württemberg und Hohenzollern. In Bayern allgemein verbreitet, tritt die Mistel vor allem als Apfelbaummistel auf. Als solche folgt sie der Kultur und ist vor allem im offenen Land, an den Landstraßen, in Obstgärten nahe den Ortschaften anzutreffen und geht von da auf andere Laubhölzer in Anlagen, Feldgehölzen, an Ränder der Laubwälder über; seltener im Inneren der Laubwälder. Der Kultur folgend findet sich die Mistel auch in den Tälern des Spessarts und des Bayerischen Waldes, an Ilz und Frey bis Wolfstein-Freyung, am Regen bis Viechtach, ferner in den Bayerischen Alpen entlang des Inn, in den Tälern der Weißbach, Schlierach, Leitzach, Iller u. a. Fehlt in der Gegend um Füssen-Hohenschwangau-Pfronten und im Dreieck München-Ismaning-Schleißheim sowie in großen Teilen des Frankenwaldes, des Fichtelgebirges und im zentralen Teil der Pfalz.

Fig. 144. *Viscum album* L. ssp. *album*. (Aufn. G. EBERLE)

Zerstreut in Böhmen, so in der Umgebung von Prag, um Beraun, Kladno, Pilsen, Tabor, Pisek, Budweis, Neuhaus, Pardubitz; in Nordböhmen bei Aussig, Leitmeritz, Teplitz u. v. a. Verbreitet in Mähren und ehem. österr. Schlesien, so um Brosdorf, Groß-Wisternitz, Littenschitz, Lundenburg, Mährisch-Weißkirchen, Passek, Rossitz, Teschen, Trübau u. v. a.

In Niederösterreich zerstreut, so um Wien, Tullnerbach, Preßbaum, Breitenfurt, Alland, Mödling, Wiener-Neustadt, St. Pölten, Melk, Horn. Ziemlich allgemein verbreitet in Oberösterreich, so um Ried, Eferding, Vöcklabruck, Schwanenstadt, Mondsee, Gmunden, Ebensee, Bad Ischl, Hallstatt, Grünau, Kirchdorf a. d. K., Windischgarsten, Steyr, Linz, Urfahr, Perg, Freistadt u. a. Zerstreut in der Steiermark, so um Groß-Reifling, Admont, Steinach-Irdning, Bad Aussee, Graz, Leibnitz; in der Südsteiermark um Marburg, Cilli u. a. Zerstreut in Kärnten, so um Wolfsberg, Völkermarkt, St. Veit, Villach, Spittal. Verbreitet in Krain, so um Radmannsdorf, Loitsch, Laibach, Rudolfswert u. a. Verbreitet in Salzburg, so um Salzburg-Stadt, Hallein, Golling, Zell a. S., Saalfelden, Lofer. Verbreitet in Tirol, vorwiegend in den Tälern in tieferen Lagen, so in Nordtirol um Landeck, Imst, Innsbruck, Schwaz, Jenbach, Rattenberg, Mayrhofen i. Zillertal, Wörgl, Kufstein, in Osttirol um Lienz und Windisch-Matrei; in Südtirol um Sterzing, Meran, Kaltern bei Bozen. Allgemein verbreitet in Vorarlberg, so um Bregenz, Dornbirn, Feldkirch, Bludenz u. v. a.

Verbreitet in der Schweiz in den Tälern der großen Flußgebiete und im Hügelland, bis 1120 m ansteigend: Isérables bei Martigny, Wallis. Kanton Appenzell: Appenzell, Oberegg. Kanton St. Gallen: Flums, Mels, Wallenstadt,

Kappel, Rorschach, St. Gallen, Straubenzell, Tablat, Vilters u. a. Kanton Thurgau. Kanton Schaffhausen: Stein a. Rh. Kanton Zürich: Zürich, Winterthur, Bremgarten, Rykon, Töß, Ober-Embrach. Aargau: Zofingen, Aarau, Kulm, Brugg, Lenzburg, Laufenburg, Rheinfelden u. a. Kanton Luzern: Hochdorf, Entlebuch, Dogleschwand, Werthenstein, Sursee. Kanton Basel: Basel, Pruntrut. Kanton Solothurn: Solothurn, Olten. Kanton Bern: Hasle, Daxfelden, Interlaken, Trutingen, Schwarzenburg, Bern, Aarberg, Seeland, St. Immerthal, Burgdorf, Oberaargau, Tavannes, Münster, Delsberg u. a. Kanton Freiburg: Gruyère. Neuenburg (Neuchâtel): Val des Travers, Boudry, Neuenburg. Waadt: Aigle, Vevey, Lausanne, Cossonay, Mimorey, Yverdon u. a. Kanton Genf: Genf. Wallis: Brig, Visp, Siders, Sion, Saillon, Saxon, Martigny u. a. Uri: Altdorf. Kanton Schwyz: Schwyz. Kanton Glarus: Glarus. Graubünden: Thusis, Bonaduz, Plessur, Fünfdörfer, Jenaz, Misox. Tessin: Anzonico, Bellinzona, Lugano u. a.

Fig. 145. *Viscum album* L. auf Salix. Mündungsgebiet der Schussen bei Eriskirch (1953) (Aufn. G. EBERLE)

ssp. *Abietis* (WIESB.) ABROMEIT, in WÜNSCHE, Pfl. Deutschl. ed. 12, 182 (1924). Syn. *V. austriacum* WIESB. var. *Abietis* WIESB., Deutsch. Botan. Monatsschr. 2, 60 (1884), *V. album* L. var. *hyposphaerospermum* R. KELLER f. *latifolia* R. KELLER (1890), *V. album* L. var. *Abietis* BECK (1892), *V. laxum* BOISS. et REUT. var. *Abietis* (WIESB.) HAYEK (1908, 1924), *V. Abietis* (WIESB.) FRITSCH (1922). Tannenmistel.

Scheinbeeren meist größer als bei der Föhrenmistel, wie bei dieser meist länger als breit. Frucht, d. i. das Endokarp mit seinen Einschlüssen, oval bis eiförmig, mit stark gewölbten Seitenflügeln, also ähnlich wie bei der Föhrenmistel, aber größer; wie bei der Föhrenmistel öfter mit 1, seltener mit 2 Keimlingen. Blätter größer und relativ breiter als bei der Föhrenmistel.

Vorkommen. Kommt auf *Abies alba* MILL. (Weißtanne), *A. cephalonica* LOUD. und anderen *Abies*-Arten vor, geht aber nicht auf Föhren und Laubhölzer über. Wurde im Park des Schlosses Thal in der Steiermark auf *Abies Nordmanniana* (STEV.) SPACH und auf *A. Pinsapo* BOISS. beobachtet, bezeichnend für bodenständige Tannenwälder.

Allgemeine Verbreitung. Mittel- und Südosteuropa im Südwesten bis zu den Ligurischen Alpen und auf Korsika, im Westen bis zum französischen Jura, in den Vogesen und Cevennen, im Norden bis in die Pfalz und in das nördliche Baden und Württemberg, bis Thüringen, Sachsen, Brandenburg (nur bei Sorau) und Schlesien, im Nordosten bis in das südliche Polen und Westrußland (Russisch-Galizien, Krzeszow und Ojcow), auf der Balkanhalbinsel in Kroatien, Bosnien, Herzegowina, Mazedonien und Griechenland, auf Kreta, ferner im Kaukasus und in Kleinasien (Cilicien).

Verbreitung im Gebiet. Fehlt im Norddeutschen Tiefland, im Norden in der Niederlausitzer Heide nur bei Forst (Preschener Mühlbusch), ferner in der submontanen Stufe des Lausitzer Berglandes, des Sächsischen Mittelgebirges und im Sächsischen Hügelland. Die Grenze deckte sich hier etwa mit der natürlichen Verbreitungsgrenze der Tanne. Im Vogtland, im Muldegebiet, im Elbsandsteingebirge und im Lausitzer Bergland sind die Vorkommen wohl fast erloschen. Wurde zerstreut in Schlesien beobachtet: Kreuzburgerhütte, Krascheow, Peisterwitz, Klodnitz, Paruschowitz, Poppelau, Bodland, Arnsberg, Karlsberg, Stoberau, Rogelwitz, Zobten, Reichenau, Neiße, Grudschütz, Proskau, Nesselgrund, Reinerz, Nimkau, Rybnik.

Im Westen zerstreut im Thüringisch-fränkischen Mittelgebirge und im südlichen Thüringer Becken. Fehlt in der Rheinprovinz, in Hessen-Nassau, Oberhessen, Hessen-Starkenburg und Rheinhessen. In Baden allgemein verbreitet im Schwarzwald bis etwa 900 m ansteigend und im Süden und Südosten des Landes. In Württemberg und Hohenzollern allgemein verbreitet im Bereich des Schwarzwaldes, im Südosten des Landes im Gebiet der Schwäbisch-Bayerischen Hochebene und im Nordosten des Landes etwa im Dreieck Aalen, Schorndorf und Bartenstein. Allgemein verbreitet in Bayern südlich der Donau außer im Gebiet von Regensburg-Illmünster-Dillingen, selten in der Oberpfalz, in Oberfranken und Mittelfranken, sehr selten in der Rheinpfalz, und zwar bei Dahn, Bergzabern und Schweigen.

Verbreitet in Böhmen, so in der Umgebung von Prag, Pribram, Budweis, Neuhaus, Deutschbrod, Jičin; in Nordböhmen bei Bodenbach, Aussig, Reichenberg u. v. a. Verbreitet in Mähren und im ehem. österr. Schlesien, so bei Biskupitz, Groß-Meseritsch, Groß-Wisternitz, Iglau, Ratschitz, Rossitz, Trübau, Mährisch-Weißkirchen, Brosdorf, Freudenthal, Jägerndorf, Jauernig-Johannisberg.

In Niederösterreich zerstreut, so um Wien, Tullnerbach, Preßbaum, Breitenfurt, Alland, Mödling, Wiener-Neustadt, St. Pölten, Melk, Horn u. a. Verbreitet in Oberösterreich, so um Ried, Eferding, Vöcklabruck, Mondsee, Unterach, Ebensee, Bad Ischl, Spital a. P., Peilstein, Steyr, Linz, Urfahr, Perg, Freistadt u. a. Zerstreut in der Steiermark, so bei Groß-Reifling, Bad Aussee, Judenburg, Bruck a. d. M., Graz, Leibnitz. In der Südsteiermark um Marburg und Cilli. In Kärnten nur um Völkermarkt beobachtet. Zerstreut in Krain, so um Radmannsdorf, Loitsch, Laibach, Rudolfswert u. a. Verbreitet in Salzburg, so um Salzburg-Stadt, Hallein, Golling, Abtenau, Zinkenbach, Zell a. S. u. a. Zerstreut in Tirol, so in Nordtirol um Schwaz, Rattenberg und Kufstein. In Osttirol um Lienz. In Südtirol um Sterzing,

Fig. 146. *Viscum album* L. ssp. *Abietis* (WIESB.) ABROMEIT. Ringham (Oberbayern), 1939. (Aufnahme G. EBERLE)

Klausen, Bozen, Trient, Borgo, Cles, Riva, Ala. Zerstreut in Vorarlberg um Bregenz, Feldkirch, Bludenz u. a.

Verbreitet in der Schweiz. Im Val Leventina, Tessin, bis 1400 m ansteigend. Fehlt im Hochgebirge und in den engen oder hochgelegenen Tälern der großen Gebirgsstöcke. Kanton Appenzell: Appenzell, Oberegg. Kanton St. Gallen: Eichberg, Benken, St. Gallen, Rorschach, Straubenzell, Tablat, Quarten, Schännis, Kappel, Uznach u. a. Kanton Schaffhausen: Reiath. Kanton Zürich: Adlisberg bei Zürich, Horgen. Aargau: Zofingen, Aarau, Kulm, Brugg, Lenzburg, Muri, Laufenburg, Rheinfelden. Kanton Luzern: Hochdorf, Sursee, am Pilatus, Wäggis, Entlebuch, Dopleschwand, Werthenstein. Kanton Basel: Basel. Kanton Solothurn: Solothurn, Olten. Kanton Bern: Seeland, St. Immerthal, Burgdorf, Oberaargau, Daxfelden, Thun, Schwarzenburg, Bern, Aarberg, Tavannes, Laufen, Delsberg, Pruntrut u. a. Kanton Freiburg: Côte à Bourgeois. Neuenburg (Neuchâtel): Boudry, Neuchâtel, Romainmôtier, Val de Travers u. a. Waadt: Aigle, Vevey, Lausanne, Nyon, Cossonay, Orbe, Yverdon u. a. Wallis: Visp, Sitten, Saillon, Saxon, Martigny, Charrat, Monthey u. a. Uri: Altdorf. Kanton Schwyz: Schwyz. Kanton Glarus: Glarus. Graubünden: Stampa, Thusis, Bonaduz, Plessur, Fünfdörfer, Fläsch, Chur.

**ssp. *austriacum*** (WIESB.) VOLLMANN, Flora v. Bayern 212 (1914). Syn. *V. austriacum* WIESB., Deutsch. Botan. Monatsschr. 2, 154 (1884), *V. austriacum* WIESB. var. *Pini* WIESB. (1884), *V. laxum* BOISS. et REUT. (1842), *V. album* L. var. *laxum* (BOISS. et REUT.) FIECK (1881), *V. album* L. var. *hyposphaerospermum* R. KELLER f. *angustifolia* R. KELLER (1890), *V. album* L. var. *microphyllum* CASP. (1868), *V. laxum* BOISS. et REUT. var. *albescens* WIESB. (1888), *V. laxum* BOISS. et REUT. var. *Abietis* (WIESB.) HAYEK (1908, 1924), *V. album* L. var. *Pini* (WIESB.) TUBEUF (1923). Föhrenmistel.

Scheinbeeren oft gelblich, doch auch weiß und etwas kleiner als bei der vorigen Unterart, aber wie bei dieser meist länger als breit. Frucht, d. i. das Endokarp mit seinen Einschlüssen, oval bis eiförmig, mit stark gewölbten Seitenflügeln. Blätter schmäler als bei der Tannen- und Laubholzmistel.

Vorkommen. Auf *Pinus silvestris* L. und *P. nigra* ARN., unter günstigen Bedingungen auch auf *P. Mugo* TURRA zu beobachten. Findet sich bisweilen auch auf der Fichte, *Picea Abies* (L.) KARSTEN. Durch künstliche Infektion wurde die Unterart auf die *Pinus resinosa* AITON, *P. divaricata* (DUM.) COURS., *P. Mugo* TURRA, *P. Cembra* L., *Cedrus atlantica* MANETTI, *Larix leptolepis* (SIEB. et ZUCC.) GORD. gezogen. Charakterart natürlicher Kiefernwaldgesellschaften (Pinetalia).

Allgemeine Verbreitung. Süd-, Mittel- und Osteuropa (südeuropäisch-montan-mitteleuropäisch mit sarmatischer Ausbreitungstendenz); im Nordwesten bis zu den Vogesen, bis zur Rheinpfalz, Rheinhessen und Hessen-Starkenburg, im Norden bis Sachsen, Brandenburg, Mecklenburg, Pommern, West- und Ostpreußen, nur an wenigen Orten (Stettin, Usedom und Wollin, Danzig) bis zur Ostseeküste vordringend, im Osten durch Polen bis Westrußland und in die Ukraine ostwärts bis Kijew, im Süden auf der Balkanhalbinsel in Kroatien, Bosnien und Herzegowina, in Italien nur im Alpengebiet, auf Korsika und Sizilien (Aetna), im südöstlichen Frankreich in den Hautes-Alpes, Basses-Alpes und in Savoyen, ferner auf der Pyrenäenhalbinsel in den nordwestlichen Pyrenäen und im zentralen und südöstlichen Spanien, so in der Sierra de Guadarrama, Sierra de Gedros und Segura de Cazorla.

Verbreitung im Gebiet. Fehlt im Nordwestdeutschen Tiefland, sowie weitgehend in den küstennahen Gebieten Pommerns, West- und Ostpreußens außer in der Umgebung von Stettin, auf Usedom und Wollin sowie um Kulm und Danzig; sonst verbreitet im Nordostdeutschen Tiefland, nach Südwesten bis zum Fläming, bis zur mittleren Elbeniederung und bis zur Dübener und Dahlener Heide, ferner vereinzelt im Sächsichen Hügelland bei Altgeringswalde in der Nähe von Rochlitz und bei Plaue in der Nähe von Flöha. Zerstreut in der Provinz Sachsen: Altenplatow, Annaburg, Doberschütz, Falkenberg, Glücksburg, Halle, Hohenbuckow, Liebenwerda, Magdeburgerforth, Rosenfeld, Rothehaus, Schweinitz, Sitzenroda, Söllichau, Tornau, Zöckeritz. Zerstreut in Anhalt: Hundeluft, Nedlitz, Roßdorf, Roßlau, Mosigkauer Heide, Bernsdorf, Grimme, Oranienbaumer Heide. Zerstreut in Sachsen: Dresden, Reudnitz, Langebrück, Pillnitz, Moritzburg, Kreyern, Wendischkarsdorf, Plaue, Halbendorf, Weissig a. R., Okrilla, Laußnitz, Markersdorf, Altgeringswalde u. a. Allgemein verbreitet in Brandenburg. Verbreitet in Mecklenburg-Strelitz anschließend an das Brandenburger Kieferngebiet um Neustrelitz, Strelitz, Mirow, Wesenberg, Steinförde und Blumenhagen. In Pommern in der Umgebung von Stettin, auf Usedom und Wollin und zerstreut im Landesinnern, so: Eggesin, Falkenwalde, Friedrichsthal, Friedrichswalde, Hohenbrück, Jädkemühl, Kehrberg, Misdroy, Mühlenbeck, Mützelburg, Neuenkrug, Rieth, Rothmühl, Torgelow, Warnow, Ziegenort. In Westpreußen zerstreut im Landesinneren: Döberitz, Drewenzwald, Golda, Kielau, Krausenhof, Lautenburg, Lindenberg, Lindenbusch, Oliva, Plienitz, Rohrwiese, Schönthal, Steegen, Thorn, Wilhelmsberg; sowie in der Umgebung von Danzig. Zerstreut in den südlichen Teilen Ostpreußens: Grüneberg, Klein-Nanjock, Ratzeburg, Turoscheln, Wolfsbruch. Zerstreut im Nordwesten, verbreitet im Süden, Osten und Nordosten von Schlesien: Donnerswalde, Grudschütz, Hoyerswerda, Jellowa, Karmunkau, Klodnitz, Kreutzburg, Kreutzburgerhütte, Neiße, Nesselgrund, Nimkau, Panten, Peisterwitz, Poppelau, Proskau, Rogelwitz, Rybnik, Schelitz, Schöneiche, Stoberau, Töppendorf, Tschiefer u. a.

Fehlt in der Rheinprovinz, in Oberhessen und Thüringen. In Hessen-Starkenburg zerstreut im zentralen, südlichen und westlichen Teil des Landes, in Rheinhessen nur noch in der Rheinebene, so: Bensheim, Bessungen, Birkenau, Darmstadt, Dornberg, Eberstadt, Ernsthofen, Gernsheim, Groß-Bieberau, Groß-Gerau, Heppenheim, Hirschhorn, Jägersberg, Isenburg, Kelsterbach, Lampertheim, Langen, Lorsch, Raunheim, Trebur, Viernheim u. a. Ziemlich allgemein verbreitet in Baden nördlich einer Linie Metz–Bischweiler–Forbach–Eßlingen–Plochingen, sehr häufig in der Rheinebene: Bretten, Bruchsal, Buchen, Durlach, Ettlingen, Karlsruhe, Langensteinbach, Mannheim, Mittelberg, Philippsburg,

Fig. 147. *Viscum album* L. ssp. *austriacum* (WIESB.) VOLLMANN. Männlicher Strauch. (Aufn. G. EBERLE)

Fig. 148. Samen von *Viscum album* L. (Aufn. G. EBERLE)

Rothenfels, Sinsheim, Weinheim u. a.; fehlt südlich der oben genannten Linie und im Nordosten des Landes. In Württemberg und Hohenzollern nur bei Meistern. In Bayern ziemlich allgemein verbreitet in der Rheinpfalz: Albersweiler, Blankenloch, Dürkheim, Edenkoben, Elmstein, Eppenbrunn, Eusserthal, Forchheim, Frankenstein, Germersheim, Hardenburg, Hochspeyer, Hockenheim, Hohenecken, Kaiserslautern, Kandel, Laufenberg, Neustadt, Pirmasens, Ramsen, Scheibenhardt, Schönau, Speyer, Waghal, Wiesenthal, Zweibrücken u. a.; allgemein verbreitet in Unterfranken, Mittelfranken, Oberfranken und in der Oberpfalz: Großostheim, Hundelshausen, Oberschwarzbach, Würzburg; Allersberg, Altdorf, Eichstätt, Flachslanden, Heilsbronn, Hofstetten, Kadolzburg, Kipfenberg, Lellenfeld, Neustadt a. A., Nürnberg, Pertersgmünd, Rapperszell, Schnaittach, Schwabach, Triesdorf, Bamberg, Ebrach, Erlangen, Kronach, Maineck, Pegnitz, Zentbechhofen; Amberg, Bodenwöhr, Burglengenfeld, Ensdorf, Freudenberg, Grafenwöhr, Kemnath, Neuhaus, Neumarkt, Nittenau, Parsberg, Pfaffenhofen, Plößberg, Pressath, Pyrbaum, Regensburg, Roding, Teublitz, Vilseck, Wernberg; verbreitet in Niederbayern im Raum Regensburg–Illmünster–Dillingen sowie Passau–Griesbach–Simbach; sehr zerstreut in Oberbayern und in Schwaben: Geisenfeld, Kösching, Schrobenhausen und Neuburg.

Verbreitet in Böhmen, so in der Umgebung von Prag, Kladno, Příbram, Neuhaus, Deutschbrod, Jičin, Pardubitz; in Nordböhmen bei Aussig, Bodenbach-Elbleiten u. v. a. Zerstreut in Mähren und im ehem. österr. Schlesien, so bei Lundenburg, Butschowitz, Buchlau, Mährisch-Weißkirchen, Rossitz, Wischenau, um Teschen u. a.

Zerstreut in Niederösterreich, so um Wien, Mödling, Vöslau, Wiener-Neustadt, St. Pölten, Melk, Horn u. a. Zerstreut in Oberösterreich: Freistadt, Ried, Vöcklabruck. Sehr zerstreut in der Steiermark, so bei Bruck a. d. M., Graz, Straßgang, Söchau und Leibnitz. In Kärnten nur bei Völkermarkt. Fehlt in der Krain. Fehlt in Salzburg. Zerstreut in Nord- und Osttirol, so um Landeck, Ötz, Imst, Telfs, Zirl, Innsbruck, in Osttirol um Lienz. In Südtirol allgemein verbreitet im Eisack- und Etschtal zwischen Franzensfeste und Kaltern bei Bozen, so bei Franzensfeste, Vahrn, Brixen, Klausen, Bozen, Kaltern, ferner bei Trient, Borgo, Cles, Val di Ledro, Volano, Albaredo, Ala. Fehlt in Vorarlberg.

In der Schweiz im Rhonetal von Aigle bis Brig, im Rhein- und Reußtal und im Tal der Orbe. Wallis: Brig, Visp, Siders, Sion, Martigny, Charrat, Monthey u. a. Waadt: Aigle, Cossonay, Orbe. Graubünden: Thusis, Ilanz, Bonaduz, Plessur, Fünfdörfer, Chur. Uri: Reußtal, Maderainertal, Flüelen. Kanton St. Gallen: Schännis in der Linthebene. Kanton Appenzell: Walzenhausen.

Blütenverhältnisse. Nach KOELREUTER (1763), LOEW (1890) und TUBEUF (Monographie der Mistel, 1923) ist die Mistel Insektenblütler. Nach HEINRICHER (1919, 1920, 1922, 1925) ist die Mistel nicht nur Insektenblütler, sondern teilweise Windblütler. Obgleich ihren Blüten typische Merkmale der Windblütler fehlen, trägt die Windbestäubung zu recht beträchtlichem Teil zur Befruchtung bei. In Anbetracht der frühen Blütezeit der Mistel, in der häufige Witterungsumschläge das Insektenleben stark zurückdrängen, erscheint die zweifache Art der Bestäubungsmöglichkeit sehr zweckmäßig. Nach K. KRAUSE (1935) ist die Mistel wohl zunächst als Insektenblütler anzusprechen, wofür das Vorhandensein eines charakteristischen Duftes und die Schauwirkung der Blüten, der klebrige, auf der Exine mit feinen, kurzen Stacheln besetzte Pollen sowie der oft beobachtete Insektenbesuch sprechen. Bienen, Hummeln und Fliegen besuchen die Mistel, doch scheinen die eigentlichen Bestäuber nur die Fliegen zu sein, die nicht den Unterschied zwischen den nektarlosen männlichen und den nektarhaltigen weiblichen Blüten erkennen und gleichmäßig alle Pflanzen besuchen. Daneben kann vielleicht gelegentlich auch Windbestäubung auftreten.

Während ENGLER (1889) annahm, daß die Bestäubung im Herbst stattfinde, erfolgt sie nach LOEW (1890) und TUBEUF (1923) im ersten Frühjahr (März-April). Zu dieser Zeit sind die weiblichen Blüten, welche im Sommer des Vorjahres sich zu bilden begonnen haben, voll entwickelt. Die Beeren reifen im November und Dezember. Sie sind klebrig-schleimig und werden durch Vögel, besonders durch Misteldrossel und Seidenschwanz, aber auch andere Drosselarten von Ast zu Ast und von Baum zu Baum verbreitet. Es wurde auch beobachtet, daß Marder und Dachs Mistelbeeren verzehren. Die weiße Farbe der Beeren wird von TUBEUF als Schutz gegen Erwärmung gedeutet, indem dadurch das Keimen der Samen in den Beeren verhindert wird. Die Drosseln fressen die Beeren und werfen die unverdaulichen Früchte, nämlich das Endokarp mit seinen Einschlüssen, wieder aus, zum Teil passieren diese den Verdauungskanal der Vögel und gelangen in noch keimfähigem Zustand auf die Zweige. Ein anderer Teil der Früchte wird aber von den Vögeln beim Abwetzen der klebrigen Beerenteile mit dem Schnabel auf die Zweige übertragen, wo sie dann durch den schnell eintrocknenden Schleim befestigt werden. Der viszinhaltige Beerenschleim ist als Anheftungsmittel der Früchte zu betrachten. Sehr häufig wird das Endokarp der Mistel mit seinen Einschlüssen fälschlich als Samen bezeichnet, jedoch entsprechen nach KRAUSE (1935) seine Einschlüsse wenigstens bisweilen einem Komplex von einigen Samenanlagen.

Keimung und Entwicklung. Die Keimung der Samen erfolgt bei der Mistel in recht eigentümlicher Weise, und zwar nach WIESNERS Untersuchungen (1894) nur bei Licht. Bei der Keimung tritt das hypokotyle Glied des Keimlings aus den Samen heraus und biegt sich, da es etwas negativ heliotropisch (lichtfliehend) ist, gewöhnlich einer weniger belichteten Stelle des Zweiges zu. Das Wurzelende wird klebrig und verbreitert sich durch einen Kontaktreiz zu einer Haftscheibe, aus deren Mitte sich dann die primäre Wurzel (primäre Senkerwurzel) entwickelt. Die primäre Senkerwurzel durchbricht das Periderm des Nährastes und dringt in dessen Rindenparenchym ein, wobei die Rindenzellen durch Ausscheiden eines Enzyms aufgelöst werden. Sie dringt bis in den Holzkörper vor. Im nächsten Jahr entspringen rechtwinklig von der primären Senkerwurzel eine oder mehrere grüne, stielrunde oder etwas zusammengedrückte Wurzelstränge, welche parallel der Astachse nach aufwärts und abwärts in der Rinde des Nährastes verlaufen (Rindenwurzeln). Kurz hinter der Spitze der Rindenwurzel zweigen wiederum im rechten Winkel nach der Achse die sekundären Senkerwurzeln ab, welche durch Rinde, Bast und Kambium bis auf den Holzkörper des Nährastes vordringen, von welchem sie nach und nach umwachsen werden. Später sterben sie ab und hinterlassen im Holz Kanäle, welche auf den Brettern als Löcher erscheinen.

Anatomie und Physiologie. Das Hautsystem besteht aus einer Epidermis, die meist sehr dicke Außenwände besitzt, stark kutikularisiert ist und sowohl am Stamm wie an den Blättern Chlorophyll enthält. Die primäre Rinde ist als Assimilationsgewebe entwickelt. Korkbildung unterbleibt bei *Viscum* völlig. Das Assimilationsgewebe wird zunächst in dem einjährigen Blatt durch isodiametrische Zellen gebildet, im zweiten Jahr strecken sich aber die unter der Epidermis liegenden Zellschichten palisadenartig in die Länge, und der Blattbau wird isolateral. Das Leitungsgewebe besteht in seiner Hauptmasse aus zahlreichen und kleinlumigen Gefäßen mit meist horizontalen, einfach durchbrochenen Scheidewänden und mit spaltenförmigen Tüpfeln. Die Markstrahlen des Holzes sind mehrschichtig. Das mechanische System ist hoch entwickelt. Isolierte Bastfasergruppen finden sich im Perizykel, dagegen wird sekundärer Bast nicht gebildet. Steinzellen treten im Assimilationsgewebe der Blätter, im Stamm und in den Früchten auf. Die Leitbündel sind auf der Außenseite mit einer Lage von Bastfasern und mit Sklerenchymzellen sowie auf der Innenseite mit einem Bündel von dickwandigem Bast versehen, ferner weisen sie Libriformfasern auf.

Die zu ihrer Entwicklung notwendigen Baustoffe (organische Substanz) bildet die Mistel wie die anderen grünen Pflanzen mit Hilfe des Chlorophylls ihrer grünen Blätter und Zweige selbst. Da die Mistel nicht in der Erde wurzelt, sondern ihre Wurzeln in die Rinde und in das Holz der Wirtspflanzen (Fig. 149) versenkt, muß sie der letzteren Wasser und darin gelöste anorganische Nährsalze entnehmen. Dabei wird sie wahrscheinlich auch einige organische Stoffe erhalten. Der anatomische Bau der Saugorgane zeigt in dem weitlumigen Parenchym des Rindensaugstranges den Gefäßbündelstrang. Das Leptom ist nicht in Siebröhren und Geleitzellen differenziert. Die

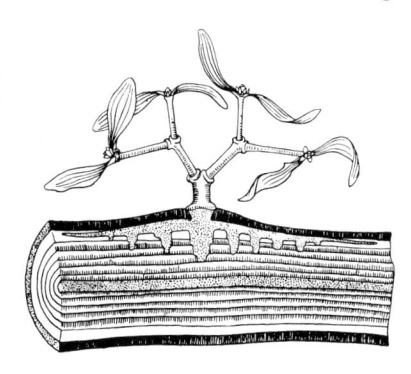

Fig. 149. Junge Mistelpflanze mit Senkern; Längsschnitt durch Ast der Wirtspflanze

Spitze des Rindensaugstranges kann mit einer Wurzelhaube verglichen werden. Die sekundären Senker bestehen aus parenchymatischem Gewebe mit mehreren Tracheensträngen; typische Leptomelemente fehlen auch ihnen. Die Endglieder dieser Gefäßreihen legen sich den wasserleitenden Röhren des Wirtes dicht an. Die gemeinsamen Wände werden durchbrochen, indem große Öffnungen hergestellt oder nur die Schließhäute der Hoftüpfel resorbiert werden. Mit nicht tracheidalen Elementen des Wirtes wurde keine Kommunikation festgestellt. Die Mistel zählt somit zu den Halbparasiten und wird vielleicht am besten als Salzparasit bezeichnet, welcher der Wirtspflanze, solange er nicht in allzu großer Menge auftritt, keinen erheblichen Schaden zufügt (s. unten).

Zytologie. Die Kerne aller Gewebezellen fallen durch relative Größe und durch Chromatinreichtum auf. Die somatischen Teilungsstadien, die an Querschnitten durch Vegetationspunkte von A. PISEK (1922) studiert wurden, zeichnen sich durch relativ große Chromosomen von V- oder U-Form mit langen Schenkeln aus. Die diploide Zahl beträgt 20. Die Pollen- und Embryosackmutterzellen erfahren typische Reduktion der Chromosomenzahl. Die haploide Zahl beträgt 10. Hieraus ergibt sich, daß somatische Parthenogenese ausgeschlossen ist. Die Embryonalentwicklung zeigte, daß die Pollenschläuche nach längstens 10 Tagen den Embryonalsack erreichen. Fast einen Monat hindurch tritt dann keine weitere Veränderung ein. Ende April findet die erste Endospermteilung statt, der zunächst langsam, dann rascher weitere Teilungen folgen, so daß Ende Mai ein 15—20 und noch mehr Zellen umfassender Endospermkörper gebildet ist. Die Eizelle ruht dagegen noch immer und nimmt noch nicht an Größe zu. Ende April, fast 2 Monate nach der Befruchtung, beginnt sie sich zu teilen. Der Embryo stellt anfangs einen ungegliederten, rundlichen Zellkomplex vor, an welchem kein Suspensor zu erkennen ist. Die Mistel entwickelt sich also normal-amphimiktisch; als Besonderheit ist u. a. die auffallend spät einsetzende Teilung der Eizelle und der anfangs ganz ungegliederte Embryo zu erwähnen.

Bildungsabweichungen. Von Bildungsabweichungen können ziemlich häufig 3-gliedrige Laubblattwirtel beobachtet werden, seltener sind 4 oder 5 Blätter in einem Quirle vereinigt. P. BUGNON (1924) hat folgende Anomalie der Blattgabelung festgestellt: die zweizähligen Quirle gehen in vierzählige über, wobei die Art der Nervatur deutlich erkennen läßt, daß es sich um eine Gabelung handelt. Vom einfachen Blatt mit ungegabeltem Mittelnerv über das einfache Blatt mit Mittelnervgabelung lassen sich alle Übergänge bis zum gespaltenen Blatt finden. A. MICKER berichtet (1923) von einem Mistelbusch von riesiger Ausdehnung aus einem Dorf bei Zürich. Der Stammumfang an der dicksten

Stelle betrug 13 cm, der Ausdehnungsradius 1,40 m. Der Mistelbusch war durch 10 Jahre von der einheimischen Bevölkerung beobachtet worden. – Nach TUBEUF haben sich die Angaben über das Vorkommen von monözischen Formen nicht bewahrheitet.

Schädlinge. Wohl der häufigste, besonders auf abgestorbenen und abgefallenen Mistelbüschen anzutreffende Pilz ist *Botryosphaerostroma visci* (DC.) PETR., dessen ziemlich gleichmäßig und dicht zerstreut oder in lockeren Herden wachsenden Fruchtkörper meist alle Blätter und Äste gleichmäßig überziehen. Sie sind ca. $\frac{1}{3}$–$\frac{1}{2}$ mm groß, rundlich, vollständig angewachsen und brechen nur mit dem breit abgestutzt kegelförmigen Ostiolum durch unregelmäßig rundliche Risse der Epidermis punktförmig hervor. Die Innenfläche der Gehäusewand wird von sehr kurz zylindrischen Trägern überzogen, auf denen die sehr großen, länglich-ellipsoidischen oder länglich-eiförmigen, in der Mitte oft etwas zusammengezogenen, schön olivbraunen einzelligen Konidien entstehen. Die zugehörige Schlauchform *Phaeobotryon visci* (KALCH.) v. HÖHN ist außerordentlich selten.

Nutzen und Schaden. Manchenorts findet die Mistel als Futter für Kaninchen, Ziegen, Schafe, Pferde und Rindvieh Verwendung. Ebenso bilden Blätter und Zweige im Winter Hirschen, Rehen und Hasen, aber auch Gemsen, die weit oberhalb der Mistelregion leben, im Winter aber oft bis zu ihr herabkommen, eine willkommene Nahrung. In der Volksmedizin gilt die Mistel seit Jahrhunderten als ein Mittel gegen Fallsucht (Epilepsie) und Schwindel, wovon schon PLINIUS zu berichten weiß. Auch in neuerer Zeit wird in Apotheken noch gelegentlich die Droge *Viscum quernum* geführt. Nach DINAND wirken die Mistelbeeren narkotisch und haben mutterkornähnliche Wirkung. Nach DIXON seien die Beeren giftig, hingegen weiß KANNGIESSER zu berichten, er hätte 25 Beeren samt den zerkauten Samen unbeschadet gegessen. Die Mistel findet in einigen Gegenden gegen Lungenblutungen Anwendung als Tee. Von GAULTIER angestellte experimentelle Untersuchungen über die Wirkungsweise eines wässerigen Extraktes zeigten eine ziemlich lang andauernde Herabsetzung des Blutdruckes zentraler Natur. Die Erfolge bei Hämoptysen waren recht ermutigend. Irgendeine schädliche Wirkung wurde nicht beobachtet. GAULTIER wendete am liebsten das wässerige Extrakt in Pillenform an, 6mal 0,05 g pro Tag.

*Viscum* bewirkt, wenn es massenhaft auf seiner Wirtspflanze auftritt oder wenn es reich entwickelte Saugstränge besitzt, durch starken Verbrauch von Nährsäften des Wirtes Störungen in dessen Entwicklung, die sich teils im Absterben einzelner Zweige, teils in krebsartigen Veränderungen äußern. So können beispielsweise Apfel- und Birnbäume durch allzu reichlichen Mistelbefall in ihren Erträgen geschädigt werden. Schaden erleiden auch die Tannen durch die Misteln, da die Senker hier oft tief in den Stamm eindringen, so daß die später aus dem Holz geschnittenen Bretter von zahlreichen Löchern durchbrochen sind. Bedeutend weniger schädlich ist die Föhrenmistel, weil sie meist in den Kronen der Bäume wächst und so den Nutzholzwert wenig beeinträchtigt.

Mythologie. Die Mistel spielt sowohl in der antiken als auch in der germanischen Mythologie eine große Rolle. Schon THEOPHRAST (371–286 v. Chr.) berichtet uns in Historia Plantarum und in De Causis Plantarum eingehend über die Mistel in Griechenland. Bekannt ist auch die Erzählung des PLINIUS G. P. SECUNDUS, des Älteren (23–79 n. Chr.) in Historia naturalis, nach der die Druiden, die Priester der alten Gallier und Britannen, der Eichenmistel die höchste Verehrung entgegenbrachten. Die Druiden betrachteten die Eichenmistel als eine Himmelsgabe, die man nur selten findet. Findet man sie, dann wird sie mit großer Feierlichkeit eingeholt. Der Druide, mit weißem Kleide angetan, besteigt den Baum und schneidet mit goldener Sichel die Mistel ab. In einem weißen Mantel wird sie aufgefangen. Dann werden die Opfertiere mit dem Gebet geschlachtet, die Gottheit möge ihre Gabe denen günstig werden lassen, welche sie damit beschenkt haben.

Es gibt ferner zwei mythologische Misteln: die „goldene Zauberrute", die bei VERGIL dem Äneas den Zugang in die Unterwelt öffnet, und den „mistilteinn" der Edda des Isländers SNORRI STURLUSON, jenes um 1220 verfaßten ehrwürdigen Denkmals altnordischer Literatur, in dem uns erzählt wird, daß der blinde Wintergott Hödur den lichten Sonnengott Balder mit einem „mistilteinn" als Lanze tötete. Der Zweig des Äneas heißt nicht geradezu Mistel, er ist nur das traumhafte Abbild einer solchen, der „mistilteinn" des Balder jedoch ist eine wirkliche, unzweideutige Mistel und ein unentbehrlicher Bestandteil einer spannenden, merkwürdigen Sage:

Balder, der Gute, Odins und der Frigg Sohn, hat unheildrohende Träume. Frigg nimmt alle Dinge und Wesen in Eid, daß sie Balder nichts antun wollen. Nun treiben die Götter auf dem Dingfest ihr Spiel mit Balder, indem sie ihn mit allerlei Gegenständen schlagen und bewerfen, und sie frohlocken, daß auch Waffen und Steine ihm nicht schaden. Aber der böse Loki erkundet hinterlistig bei der arglosen Frigg, daß ein Ding unvereidigt geblieben ist, weil es ihr zu unbedeutend schien: ein „mistilteinn" westlich von Walhall. Er geht und reißt diesen Zweig aus der Erde. Bei den Asen auf dem Ding steht der blinde Höd, auch ein Sohn Odins, beteiligt sich aber wegen seiner Blindheit nicht an der Bewerfung Balders. Ihm reicht Loki die Mistel und weist ihn an, sie wie einen Speer auf Balder zu schleudern. Höd folgt der Aufforderung, und das treffende Geschoß durchbohrt den Gott, so daß er tot zur Erde sinkt. Die Asen sind fassungslos. Dann aber erwacht in Frigg eine Hoffnung, und sie sendet ihren Sohn Hermod den Kühnen, daß er auf Odins Roß Sleipnir zur Hel reite und versuche, Balder loszukaufen. Hermod reitet neun Tage lang durch tiefe, dunkle Täler bis zur Brücke über den Unterweltsfluß Gjöll, dann weiter nordwärts hinab zum Helhause. Unter den Toten drinnen findet er Balder auf dem Hochsitz. Und Hel verspricht Balder freizulassen, wenn wirklich die Liebe zu dem

Toten so groß ist, wie sie geschildert wird. Das soll daran erkannt werden, ob alle Wesen und Dinge um ihn weinen. Die Asen schicken Boten aus in die weite Welt, und alles weint, auch Steine und Metalle. Aber auf dem Heimweg treffen die Boten in einer Felshöhle eine Riesin an, die sich weigert, eine nasse Träne zu vergießen um den Sohn des Alten (Odins). So muß denn Balder in der Unterwelt bleiben. Die Asen hoffen weiter auf seine Rückkehr, aber sie werden sie nicht erleben. Erst am Ende der Zeiten, wenn die Götter in dem großen Schlußkampf den Riesen erlegen sind, die Sonne erloschen und die Erde ins Meer gesunken ist, dann wird mit einem neuen Göttergeschlecht auch Balder wieder einziehen in die neuerstandene Welt.

Der norwegische Germanist SOPHUS BUGGE sucht die Heimat der Baldersage mit dem Mistelschuß auf den Britischen Inseln. Er meint, Wikinger hätten christliche und jüdische Sagen vom Tode Christi zu der Baldersage umgebildet. Balder sei ein umgedichteter nordischer Christus, ein Ergebnis, das viel Bestechendes für sich haben mag, denn die Ähnlichkeit ist unverkennbar.

Noch heute gilt die Mistel als dämonenabwehrende Pflanze. Als Weihnachtsschmuck hat die Mistel weite Verbreitung gefunden. Der Engländer könnte sich ein Weihnachten ohne Mistelzweige gar nicht denken. Altehrwürdig ist in England die Sitte, zu Weihnachten Mistelbüsche an der Decke des Zimmers oder über der Tür anzubringen. Im Zusammenhang damit steht nach SCHÜBBELER der in Schweden in früheren Zeiten vielfach geübte Brauch, Mistelbüsche über dem Dachfirst oder über der Stalltür zu befestigen, wodurch dem Haus und dem Vieh Schutz vor Blitz, Feuer, Krankheit, bösen Geistern u. dgl. erwirkt werden sollte und Glück erhofft wurde, ähnlich wie es beim heute noch gebräuchlichen Anschlagen von Hufeisen an die Stalltüre und dem Anschreiben von C. M. B. (Kaspar, Melchior, Balthasar) und drei Kreuzen erfleht wird. Auch in Deutschland und Österreich hat der Brauch, die Mistel als Weihnachtsschmuck zu verwenden, in ständig zunehmendem Maße Eingang gefunden, ähnlich wie dies in umgekehrter Richtung für den ursprünglich deutschen Lichter- oder Christbaum in den skandinavischen Ländern, in England und Frankreich zu verzeichnen war. In Norddeutschland ist die Mistel dadurch in einzelnen Gegenden bereits selten geworden. So kommt sie in Schleswig-Holstein heute nach CHRISTIANSEN (1953) nur noch bei Seegalendorf, Krummesse und Langenhorn vor. In Hamburg und Lübeck hat die Mistel auf dem Weihnachtsmarkt schon lange eine herrschende Stellung inne. Die Misteln werden zur Dekoration der Kronleuchter, Zimmer und Tische verwendet. In Hamburg und Lübeck werden die Misteln, die dort nicht wild wachsen, hauptsächlich aus Süd- und Südwestdeutschland bezogen. Auch in Frankreich, besonders in Paris, wird die Mistel in ähnlicher Weise verwendet. In Frankreich ziehen die Kinder zum Jahreswechsel mit dem Neujahrswunsch „Aquillaneuff", entstanden aus Au gui l'an neuf, von Haus zu Haus. In Nordamerika wird an Stelle unserer dort nicht vorkommenden Mistel eine amerikanische Loranthacee, *Phoradendron flavescens* (PURSH) NUTT., verwendet.

Der Name Mistel (ahd. mistil) erscheint auch im englischen mistle sowie in den skandinavischen Sprachen (altnord. mistiltein). Mundartformen sind z. B. Mestel, Meistel (rheinisch), Mischl (schwäbisch), Muschel, Muschle (Lothringen, Elsaß). Die häufig (besonders im Alemannischen und im Rheinfränkischen) gebrauchte Form Mispel beruht auf einer lautlichen Vermengung mit dem Namen der Mispel (*Mespilus germanica*). Formen, in denen der Anlaut wechselt, sind Nistel (vielfach im Ober- und Mitteldeutschen), Nispel (besonders im Moselfränkischen), Wispel (z. B. Westfalen, auch Schwäbischen), Wispe, Wösp (Ostpreußen), Ristel, Rispel (rheinisch). Nach dem besen- (busch-, nest-) ähnlichen Aussehen des schädlichen Gewächses, dessen Entstehung man im Volke oft mit den „Hexen" oder dem Teufel in Verbindung bringt, nennt man die Mistel Hexenbesen (vielfach) [der Name gilt auch für die durch gewisse Schmarotzerpilze (*Taphrina, Melampsorella*) hervorgerufenen besenartigen Wucherungen auf Birken, Kirschbäumen usw.], Teufelsbesen, Besenteufel (rheinisch), Hexennest (Aargau), Drudennest (Crailsheim) [Drude „Zauberin, Hexe"], Marentacken (niederdeutsch) [zu Mahr „Nachtgeist" und Tack „Zweig"]. Nach dem zähen, fadenziehenden, schleimigen Saft der Beeren heißen diese Schnuder-, Schnudelbeeren (alemannisch), Kraigensnüder (Westfalen) [zu Kraige „Krähe" und Snud „Nasenschleim"], Schnozlöffel (Hessen) [zu schneuzen „die Nase putzen", vgl. auch „Rotzlöffel"], Leimbeere (vielfach im Oberdeutschen). Auf die Verwendung zu Vogelleim gehen Vogelchläb (Schweiz) [zu „kleben"]. Das rheinische Lakster-, Liksterkraut bezieht sich auf Lickster (niederl. lijster) „Misteldrossel". Als immergrüne Pflanze nennt man die Mistel Immergrün (z B. Südtirol, Graubünden), Wintergrün (vielfach). Manchenorts werden die Misteln als Futter für Ziegen verwendet, daher Geißkraut (Elsaß, Schwaben), Geißenlaub (rheinfränkisch), Geißspeck, -zucker (rheinisch), Bocksfutter (Eßlingen).

## CCXXV. Loranthus[1]) L., Spec. plant. 331 (1753); Gen. plant. ed. 5, 154 (1754). Riemenmistel, Eichenmistel

Wichtigste Literatur. A. ENGLER und K. KRAUSE in ENGLER, PRANTL u. HARMS, Natürl. Pflanzenfam. 2. Aufl., 16 b, 144–168 (1935), ausführliches Literaturverzeichnis! KIRCHNER, LOEW u. SCHRÖTER, Lebensgeschichte d. Blütenpflanzen Mitteleuropas 2, 1, 1147–1190 (1938). H. CAMMERLOHER, Blütenbiologische Beobachtungen an *Loranthus europaeus*

---

[1]) Griech. λῶρον [lóron] = Riemen und ἄνθος [ánthos] = Blume.

JACQ. in Ber. Deutsch. Bot. Ges. 39, 64–70 (1921). S. J. MAYR, Über die Keimung und erste Entwicklung der Riemenmistel, *Loranthus europaeus* JACQ. in Sitzungsber. Akad. Wissensch. Wien, Math.-Naturw. Kl., Abt. 1, **137**, 345–362 (1928). A. PISEK, Antherenbau und Chromosomenzahlen von *Loranthus europaeus* JACQ. in Sitzungsber. Akad. Wissensch. Wien, Math.-Naturw. Kl., Abt. 1, **133** (1924). F. SCHILLER, Zur Kenntnis der Frucht von *Viscum album* und *Loranthus europaeus* und der Gewinnung von Vogelleim in Sitzungsber. Akad. Wissensch. Wien, Math.-Naturw. Kl., Abt. 1, **137**, 243–258 (1928)

Parasitische Sträucher mit gegenständigen oder wechselständigen, dicken, ganzrandigen, fiedernervigen oder 3–5-nervigen Blättern und selten kleinen, meist ziemlich großen, ansehnlichen, in einfachen oder zusammengesetzten, traubigen Blütenständen (Fig. 150b, c, e) stehenden Blüten. Blüten zwitterig oder eingeschlechtig, diözisch. Saum des Calyculus (Fig. 150c) kurz, abgestutzt oder gezähnt, bisweilen nur undeutlich entwickelt. Blütenhüllblätter 4–6, frei oder unterwärts in eine ringsum geschlossene oder rückseitig geöffnete Röhre vereinigt, mit abstehenden oder zurückgeschlagenen Zipfeln, innen bisweilen am Grunde mit Schüppchen. Staubblätter nur am Grunde oder höher hinauf mit den Blütenhüllblättern vereinigt, fadenförmig oder auch verdickt (Fig. 150h, i, k); Staubbeutel mit länglichen, meist durch einen Längsspalt sich öffnenden Fächern, unbeweglich, am Grunde rückseitig dem Ende des Staubfadens anliegend. Griffel fadenförmig, bisweilen keulig oder etwas gedreht, mit endständiger, stumpfer oder kopfförmiger Narbe (Fig. 150c). Scheinfrucht beerenartig, meist kugelig oder eiförmig, seltener länglich (Fig. 150a), mit saftreicher, klebriger Mittelschicht und dünner, nicht deutlich abgesonderter Innenschicht. Keimling von reichlichem Nährgewebe umgeben, stielrundlich.

Die Gattung zählt etwa 450–500 Arten in der Alten Welt. Die meisten Arten sind in den Tropen verbreitet, nur wenige Arten finden sich außerhalb der Tropenzone. Die meisten Arten parasitieren auf dikotylen Bäumen, nur wenige auf Koniferen. Einziger Vertreter der Gattung in Europa ist *Loranthus europaeus* JACQ.

**801. Loranthus europaeus** JACQ., Enum. stirp. Vindob. 230 (1762). Europäische Riemenmistel, Europäische Eichenmistel. Poln.: Gazewnik europejski. Tschech.: Ochmet evropský.

Fig. 150 a–k

Auf Bäumen parasitierender, 20–40 (–50) cm hoher Strauch, mit gabelig-verzweigten, leicht zerbrechlichen, stielrunden, dunkelbraunen Zweigen. Laubblätter sommergrün, fast gegenständig, dick, kurz gestielt, verkehrteiförmig-länglich, stumpf, in den Blattstiel verschmälert, ganzrandig, dunkelgrün. Blüten eingeschlechtig, zweihäusig, gegenständig, die männlichen Blüten in endständigen Trauben, die weiblichen Blüten in endständigen, lockeren Ähren. Blütenachse unterhalb der Blüte eine einen Kelch vortäuschende Wucherung (calyculus) bildend (Fig. 150c); letzterer kurz, etwas gezähnt. Blütenhüllblätter 4–6, länglich, gelblich-grün, 3–4 mm lang, frei. Staubblätter so viele wie Blütenhüllblätter, vor denselben stehend und an deren unterem Teile eingefügt (Fig. 150h), in den weiblichen Blüten als Staminodien vorhanden (Fig. 150d), mit unbeweglichen, am Grunde rückseitig dem Ende des Fadens anliegenden, länglichen, mit Längsspalten sich öffnenden Staubbeuteln (Fig. 150i, k). Fruchtknoten unterständig. Griffel fädlich, mit kopfförmiger Narbe (Fig. 150c). Scheinfrucht beerenartig, birnförmig-kugelig, nach dem Grunde zu rasch verschmälert, ca. 10 mm lang, mit saftreicher, klebriger Mittelschicht, oben den Griffelrest tragend (Fig. 150a). Der Keimling von reichlichem Nährgewebe umgeben, stielrundlich. – Chromosomenzahl: $n = 9$. – V, VI.

Vorkommen. Zerstreut auf verschiedenen Eichenarten, namentlich *Quercus pubescens* WILLD. und *Q. Cerris* L., seltener auf *Quercus Robur* L. und *Q. petraea* (MATTUSCHKA) LIEBLEIN, bisweilen auch auf *Castanea sativa* MILL., so bei Szombathely, Ungarn.

Allgemeine Verbreitung. Südöstliches Mitteleuropa, Süd- und Südosteuropa (pontisch-pannonisch), westlich bis Sizilien, Süd- und Mittelitalien (Gebirge von Pistoja, Modena, Bologna), Triest, Südsteiermark und Niederösterreich, nordwestlich bis Nordböhmen (Erzgebirge) und Sachsen (nur bei Pirna), nördlich bis zu den Waldkarpaten und in die Bukowina (Czernowitz), östlich bis Südrußland (Dnjepr-Gebiet, Krim) und durch das südliche Kleinasien bis Persisch-Kurdistan.

Verbreitung im Gebiet. In Deutschland nur in Sachsen bei Pirna. Zerstreut in Böhmen, so um Prag und im Norden des Landes bei Teplitz, Kosmanos, Münchengrätz, Sobotka, Jičin, Königgrätz, Opočno, ferner im Südosten

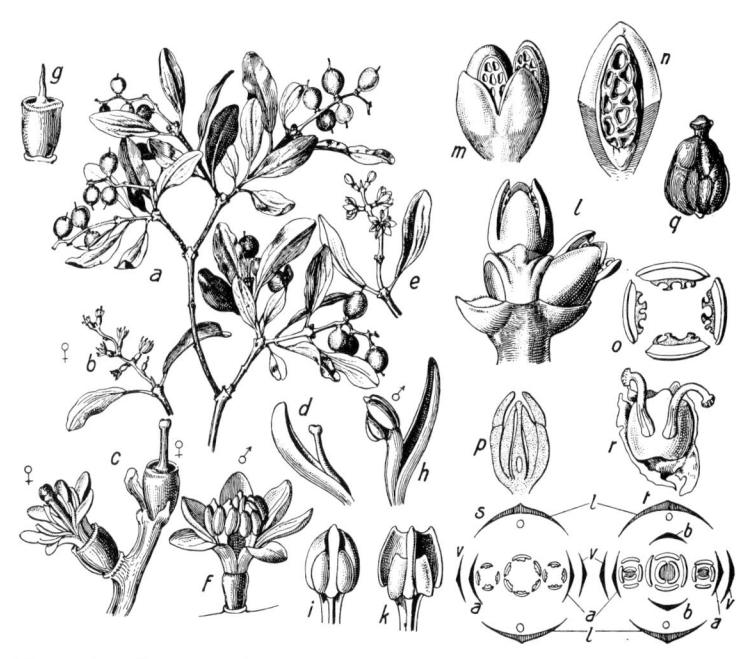

Fig. 150. *Loranthus europaeus* JACQ. *a* Fruchtzweig. *b* Weiblicher Blütenstand. *c* Ein Teil desselben vergrößert: Weibliche Blüte und Fruchtknoten. *d* Perigonblatt mit rudimentärem Staubblatt. *e* Männlicher Blütenstand. *f* Einzelblüte. *g* Rudimentärer Fruchtknoten. *h* Perigonblatt mit Staubblatt. *i, k* Staubblatt (geschlossen und geöffnet). – *Viscum album* L. *l* Männlicher Blütenstand. *m* Einzelblüte. *n* Perigonblatt mit ausgewachsenem Staubblatt. *o* Querschnitt durch die Blüte. *p* Längsschnitt durch die weibliche Blüte. *q* Frucht. *r* Keimender Same mit 2 Embryonen (Fig. *p, q, r* nach v. TUBEUF). *s, t* Grundriß eines männlichen und weiblichen Blütenstandes (*v* = Vorblatt, *l* = Laubblatt, *a, b* = Hochblätter des Blütenköpfchens; in den Achseln von *l* die Erneuerungssprosse). Fig. *s* und *t* nach EICHLER

des Landes im Sazavagebiet bei Selau. Verbreitet in Mähren, so um Znaim, Kromau, Namiest, Dürnholz, Nikolsburg, Polau, Brünn, Olmütz, Littau, Proßnitz, Kremsier, Chropin, Ungarisch-Hradisch, Göding, Bisenz. In Niederösterreich verbreitet in niedrigeren Gegenden, so im Wiener Becken und im Hügelland nördlich der Donau; häufig in der Umgebung von Wien: Bisamberg, Ellender Wald, Mödling; ferner Leithagebirge, Thernberg, Gloggnitz, Payerbach, Reichenau, Hollenburg a. d. Donau, St. Pölten, Seitenstetten; sehr selten im Waldviertel, so bei Steinegg am Kamp. In der Südsteiermark zerstreut in den Windischen Büheln, bei Marburg, Wurmberg, Pettau, Sauritsch, Lovrečan, Monsberg, Stattenberg, Bad Neuhaus, Cilli, Praßberg. Zerstreut in Krain. In Oberösterreich nächst Pasching bei Linz. Fehlt in Salzburg, Kärnten, Tirol sowie in der Schweiz vollkommen.

Blütenverhältnisse. *L. europaeus* JACQ. ist Insektenblütler. Nach CAMMERLOHER (1921) sondern sowohl die männlichen wie auch die weiblichen Blüten am Grunde aus einer 4- bis 5-lappigen Scheibe Honig ab. Als häufigster Besucher wurden Bienen festgestellt, doch wurden auch Vertreter anderer Insektengattungen in den Blüten gefunden.

Keimung und Entwicklung. Untersuchungen von S. I. MAYR (1928) zeigten, daß der Keimling vor allem durch vollständige Verwachsung der Keimblätter ausgezeichnet ist. Der Embryo ist histologisch von dem umgebenden Endospermgewebe scharf geschieden. Die Samen machen keine Ruheperiode durch; sie weisen vielmehr im frisch geernteten Zustand die höchste Keimungsfähigkeit auf. Ein negativer Einfluß von Dunkelkeimung wurde nicht festgestellt. Im Gegensatz zu *Viscum album* L. bedingt höhere Temperatur (bis über 40°) keine Schädigung der Keimlinge von *L. europaeus*. Das Haustorium wird angelegt, indem zunächst das Hypokotyl das Endosperm verläßt, gleichmäßig in die Dicke wächst und dabei gegen die Unterlage abbiegt. Das Haustorium dringt unverzweigt in das Wirtsgewebe ein. Im Gegensatz zu *Viscum album* verlaufen die Rindensaugstränge von *L. europaeus* nicht in der Rinde, sondern im Kambium sowie in den jungen Holzgeweben der Wirtspflanze. Dabei leisten die allmählich erhärteten Holzelemente der vordringenden Saugstrangspitze einen ziemlich großen Widerstand, so daß diese im spitzen Winkel umkehrend die weicheren, weiter peripher gelegenen Holzschichten aufsuchen muß.

Zytologie. Nach Untersuchungen von A. PISEK (1924) beträgt die diploide Chromosomenzahl 18, die haploide Zahl 9. Im Gewebe der Perigon- und Fruchtknotenbasis junger weiblicher Blüten wurden an Meta- und Anaphasen wiederholt ca. 18 mehr oder weniger schleifenförmige Chromosomen gezählt. Metaphasen der heterotypischen Teilung von Pollenmutterzellen ließen mehrmals mit Sicherheit neun Chromatinelemente feststellen.

Nutzen. *L. europaeus* liefert allein den Vogelleim. Da lange Zeit in der Literatur über das zur Gewinnung des Vogelleims heranzuziehende Material große Unstimmigkeiten herrschten, wurden von F. SCHILLER (1928) vergleichend-anatomische und mikrochemische Untersuchungen angestellt. Außer in anatomischen Merkmalen unterscheiden sich die Beeren von *Viscum album* und *Loranthus europaeus* darin, daß *Loranthus*, nicht aber *Viscum*, Kautschuk enthält. Dieser findet sich vor allem in der fleischigen Hülle und im Endokarp. Die in der Schleimschicht von *Viscum* auffallenden, vielfach für Kautschuk gehaltenen, stark glänzenden Kugeln erwiesen sich als fettartiger Natur. Nur der Schleim von *Loranthus* bleibt beim Trocknen klebrig, der von *Viscum* aber erstarrt zu einer spröden, trockenen Masse. Im käuflichen Vogelleim fanden sich tatsächlich nur Fragmente von *Loranthus*, welche Pflanze somit einzig für die Bereitung des Vogelleims in Frage kommt.

## 41. Familie. Santalaceae

R. Br., Prodr. Fl. Nov. Holl. 350 (1810)

Sandelholzgewächse

Wichtigste Literatur. R. PILGER in ENGLER, PRANTL u. HARMS, Natürl. Pflanzenfam., 2. Aufl., **16 b**, 52–91 (1935), mit Literaturverzeichnis.

Bäume, Sträucher, oder – so z. B. alle mitteleuropäischen Arten – Kräuter, zum großen Teil Parasiten oder Halbparasiten. Laubblätter wechsel- oder gegenständig, ungeteilt, zuweilen schuppenförmig und sehr hinfällig. Nebenblätter fehlend. Blüten meist klein, ziemlich unscheinbar, strahlig, 5- (seltener 3-, 4- oder 6-) zählig, zwitterig oder eingeschlechtig, einzeln achsenständig oder zu Trauben, Dolden, Köpfchen, Rispen usw. vereinigt. Blütenhülle einfach, blumenkron- oder kelchartig, aus 3–6 in der Knospenlage meist klappigen, oft mehr oder weniger verwachsenen Blättern gebildet, welche am Grunde hinter den Staubblättern häufig ein Haarbüschel aufweisen (Fig. 156 k), in der Sonne zu einem 5–6 mm breiten, flachen Stern ausgebreitet. Staubblätter ebenso viele wie Perigonabschnitte und vor diesen stehend, meistens der Perianthröhre eingefügt. Staubbeutel intrors, mit Längsfalten aufspringend. Fruchtknoten unterständig (Fig. 156 i, m) oder halbunterständig, selten oberständig, aus 3–6 Fruchtblättern gebildet, mit dem Grunde dem Diskus eingesenkt, 1-fächerig. Griffel endständig, zylindrisch, kegelförmig oder sehr kurz. Narbe kopfig oder lappig. Samenanlagen 1–3 (5), ohne Integumente, an der Spitze einer zentralen, zuweilen mit der Wand des Fruchtknotens verwachsenen Plazenta hängend (Fig. 156 o). Frucht eine 1-samige, nicht aufspringende Nuß oder Steinfrucht. Exokarp bei Formen mit unterständigem Fruchtknoten zum Teil von der Fruchtknotenwand oder von der ausgehöhlten Blütenachse gebildet. Exokarp bald trocken, bald fleischig, saftreich, zuckerhaltig. Samen ohne Schale, mit reichlichem, fleischigem Nährgewebe. Keimling oft schief eingebettet, gerade, mit schmalen, halbstielrunden, zuweilen sehr kurzen Keimblättern.

Die Santalaceen sind in etwa 400 Arten über die Tropen, Subtropen und über die gemäßigten Zonen der Alten und Neuen Welt verbreitet. Der überwiegende Teil der Gattungen kommt nur in trockneren Gegenden vor, nur verhältnismäßig wenige gehören auch feuchteren Klimaten an. In Europa ist die etwa 220 Arten umfassende Gattung *Thesium* durch eine größere Zahl von Arten vertreten.

Ferner findet sich *Osyris alba* L. im ganzen Mittelmeergebiet und *O. lanceolata* HOCHST. et STEUD. in Südspanien, Algier und Marokko. *Osyris alba* ist ein kleiner, stark verzweigter Halbstrauch mit rutenförmigen Ästen, linealisch-lanzettlichen, 10–20 mm langen Blättern und diözischen, gelblichen Blüten; die männlichen Blüten stehen in zahlreichen kurzen traubenförmigen Zymen, die weiblichen Blüten einzeln endständig an kurzen Zweigen; die Frucht ist eine rote, etwas saftige, bald eintrocknende, erbsengroße Steinfrucht. *O. lanceolata* hat breitere Blätter, männliche Blüten in dreiblütigen achselständigen Zymen und einzeln stehende achsenständige weibliche Blüten. Sonst kommt in Europa nur noch *Comandra elegans* (ROCHEL) RCHB. f. in den Sandpußten Südungarns und über die Balkanhalbinsel bis zum nördlichen und mittleren Griechenland und bis zum nördlichen Kleinasien vor. *Comandra elegans* ist ein bis 40 cm hohes Halbsträuchlein mit kriechendem Rhizom, aufrechten, verzweigten, abwechselnd beblätterten Sprossen, oblong-lanzettlichen Blättern und kleinen gelblichen Blüten in endständigen dreiblütigen Zymen.

In Afrika sind die Santalaceen in etwa 190 Arten verbreitet; an dieser Zahl ist allein *Thesium* mit etwa 175 Arten in Südafrika und im tropischen Afrika und die von *Thesium* durch diözische Blüten verschiedene Gattung *Thesidium* mit etwa 7 Arten in Südafrika beteiligt. Von der Gattung *Osyris* ist *O. abyssinica* HOCHST. von Abessinien bis zum Kapland und in Südwestafrika verbreitet, *O. Wightiana* WALL. ist Ostafrika und Süd- und Südostasien gemeinsam. *Osyridocarpus* findet sich in 6 Arten von Abessinien bis zum Kapland, die monotypischen Gattungen *Rhoiacarpus* und *Colpoon* sind Südafrika eigen. In Asien sind etwa 10 *Thesium*-Arten einheimisch, einzelne Vertreter reichen nordwärts bis 60° n. Br. in den Gebirgen Sibiriens. Von Osyrideen findet sich *Pyrularia edulis* (WALL.) A. DC. im Himalaya, *Santalum album* L. in Indien und auf den Sunda-Inseln, *Buckleya* mit 3 Arten in China und Japan, *Osyris Wightiana* WALL. von Indien bis Südchina, *Phacellaria* mit 6 Arten von Indien bis China und *Henslowia* mit etwa 30 Arten von Indien bis Südchina und über die malayische Inselwelt, die Sunda-Inseln, Neu-Guinea bis zu den Philippinen. In Australien sind *Anthobolus* (5 Arten), *Eucarya* (etwa 6 Arten), *Thesium* (1 Art), *Choretrum* (etwa 8 Arten), *Leptomeria* (etwa 16 Arten), *Omphacomeria* (1 Art) einheimisch, ferner findet sich *Exocarpus* (8 Arten) in Australien, auf Neuseeland, Tasmanien, den Norfolk- und Lord-Howe-Inseln, auf Hawaii und Neukaledonien, sowie *Mida* (1 Art) auf Neuseeland. Nordamerika hat mit dem tropischen Asien *Pyrularia*, mit Ostasien *Buckleya* durch je eine Art und mit Europa *Comandra* durch 5 Arten gemeinsam, es weist ferner noch zwei endemische monotypische Gattungen, *Darbya* und *Geocaulon* auf. Reicher an Santalaceen ist das andine und extratropische Südamerika; hier sind *Quinchamalium* mit etwa 20 Arten und *Arjona* mit etwa 12 Arten, ferner *Thesium* (2 Arten), *Cervantesia* (4), *Jodina* (1), *Acanthosyris* (2), *Nanodea* (1) und *Myoschilos* (1 Art) einheimisch. Die eigentümlich disjunkte Verbreitung mancher Gattungen, wie *Comandra, Buckleya, Pyrularia, Santalum*, läßt eine mehr geschlossene Verbreitung in früheren Erdperioden vermuten.

Der Hauptnutzen, den die Santalaceen bieten, liegt in der Verwendung des Holzes einer Anzahl von Arten wie *Santalum, Eucarya, Acanthosyris* u. a. An erster Stelle steht *Santalum*, dessen Holz auch das wohlriechende, schwer spaltbare Sandelholz liefert. Das junge Holz von *Santalum album* L. ist weiß, das Kernholz gelb und stärker im Geruch; das erstere wird zu kleineren Holzarbeiten, Kästchen usw. verwendet, das letztere dient zur Gewinnung des stark duftenden, dicken, gelben Sandelöles, welches in der Medizin und Parfümerie Verwendung findet. Wertvolles Nutzholz liefern auch *S. Freycinetianum* GAUDICH. (Hawaii), *S. lanceolatum* R. BR. (Nord- und Ostaustralien), *S. austro-caledonicum* VIEILL. (Neu-Kaledonien), *Exocarpus cupressiformis* LABILL. (Süd- und Ostaustralien), *Acanthosyris spinescens* (MART. et EICHL.) GRISEB. (Südbrasilien, Argentinien), *A. falcata* GRISEB. (Argentinien, Paraguay, Ostbolivien), *Osyris Wightiana* WALL. (Ostafrika, Somaliland, Sokotra, Indien, Burma, Siam, Südchina). Verschiedene „Sandelhölzer" des Handels stammen jedoch von der Gattung *Epicharis (Meliaceae)* oder von *Pterocarpus santalinus* L. f. (*Leguminosae*), liefert das sogenannte „rote Sandelholz". Das oft süße Fruchtfleisch mancher Santalaceen ist eßbar, so z. B. das von *Eucarya acuminata* (R. BR.) SPRAGUE et SUMMERHAYES, Syn. *Fusanus acuminatus* R. BR. (West-, Süd- und Südostaustralien) und das von *Acanthosyris falcata* GRISEB. (Argentinien, Paraguay, Ostbolivien). Die Knollen von *Arjona tuberosa* CAV. (Feuerland, Patagonien) sind süß und werden von den Eingeborenen gegessen. *Osyris Wightiana* WALL., Syn. *O. arborea* WALL. (Ostafrika, Somaliland, Sokotra, Indien, Burma, Siam, Südchina) liefert *Osyris*-Tee und wurde früher vielfach gebaut.

## CCXXVI. Thesium[1]) L., Spec. plant. 207 (1753), Gen. plant. ed. 5, 97 (1754). Bergflachs, Leinblatt

Wichtigste Literatur. R. PILGER in ENGLER, PRANTL u. HARMS, Natürl. Pflanzenfam., 2. Aufl., **16b**, 85–89 (1935), mit Literaturangaben! BACHMANN, Über Kleistogamie bei *Thesium montanum* EHRH. in Mitt. Bayer. Bot. Ges. **2**, 376 (1911). L. ČELAKOVSKY, Über Thesien in Lotos **13**, 120–127, 133–136 (1863). M. F. EWART, On the staminal hairs of *Thesium* in Ann. of Bot. **6**, 271–290 (1892). TH. IRMISCH, Keimpflanzen von *Thesium montanum* in Flora **36**, 522–523 (1853). A. KERNER, Pflanzenleben **2**, 124 (1891). E. LOEW, Blütenbiol. Floristik 328 (1894). W. MITTEN, On the Economy of the Roots of *Thesium linophyllum* in HOOK. Lond. Journ. of Bot. **6**, 146–148 (1847). J. MODILEWSKI, Die embryologische Entwicklung von *Thesium intermedium* in Bull. Jard. Bot. Kieff, Livr. 7–8, 65–70 (1928). H. SCHULLE, Zur Entwicklungsgeschichte von *Thesium montanum* EHRH. in Flora **127**, 140–184 (1933). R. SERNANDER, Myrmekochorie bei *Thesium alpinum* L. in K. Sv. Vetensk. Ak. Handl. **7**, 41 (1906), Nr. 7. H. GRAF zu SOLMS-LAUBACH, Über den Bau und die Entwicklung der Ernährungsorgane parasitischer Phanerogamen, Teil *Santalaceae*, in PRINGSHEIMS Jahrb. wissensch. Bot. **6**, 539–560 (1867–68). VAN TIEGHEM, Anatomie de la fleur des Santalacées in Ann. Sc. Nat. 4. Ser., **12**, 340–346 (1869), Origine exodermique des poils poststaminaux des sépales chez les Santalacées in Journ. de Bot. **11**, 41–45 (1897).

Ausdauernde, grüne Halbparasiten, deren Wurzeln mit Haustorien (Saugnäpfen) an den Wurzeln anderer Pflanzen anhängen (Fig. 154 h). Stengel am Grunde zuweilen verholzt. Laubblätter wechselständig, schmal, lineal, seltener eilanzettlich, spitz, sitzend. Blütenstand ährig, traubig oder rispig, 1- bis 5-blütige Trugdolden tragend. Tragblatt lineal, dem Blütenstiel angewachsen, bis an die Blüte hinaufgerückt, mit den beiden Vorblättern, sofern diese vorhanden sind, auf glei-

---

[1]) ϑησεῖον [theseíon] bei THEOPHRAST (Hist. plant., VII, 11) Name einer nicht näher zu bestimmenden Pflanze. PLINIUS (Hist. nat. XXI, 107 und XXII, 66), erwähnt ebenfalls die Pflanze *thesium*.

cher Höhe stehend, unter jeder Blüte daher 1 oder 3 Hochblätter. Blüten klein, zwitterig. Perigon bleibend, trichterförmig-röhrig (Fig. 156 m, i) oder glockenförmig, 5- (seltener 4-) spaltig, außen grün, innen weiß, auf der Innenseite von nach rückwärts gerichteten Haaren bärtig oder hinter den Staubblättern ein Haarbüschel tragend (Fig. 153 i, 156 k). Perigon zur Blütezeit ausgebreitet (Fig. 156 d), später tief eingerollt (Taf. 89, Fig. 1a). Fruchtknoten unterständig (Taf. 89, Fig. 2a). Griffel verschieden lang, Narbe kopfförmig oder undeutlich 3-lappig. Fruchtknoten einfächerig, mit 2 oder 3, von der Spitze einer dünnen, gewundenen Plazenta herabhängenden Samenanlagen. Frucht meist nußartig, seltener saftig, klein, kugelig oder eiförmig, außen erhaben netzig geadert, von der verwelkenden, eingerollten, später abfallenden Blütenhülle gekrönt (Fig. 153 c, d, 154 b, e). Endokarp krustig oder wenig verhärtet. Samen kugelig oder eiförmig. Keimling in der Mitte oder in der oberen Hälfte des fleischigen Nährgewebes (Fig. 156 m).

Allgemeine Verbreitung. Die Gattung umfaßt etwa 220 Arten, von denen allein 175 Arten in Südafrika und im tropischen Afrika einheimisch sind. Zwei Arten kommen in Südamerika (Südbrasilien) vor. Die übrigen etwa 40 Arten sind vor allem im Mittelmeergebiet, dann in Mitteleuropa bis Dänemark und Südschweden, einige in Südwest-, Zentral- und Ostasien bis China, Japan und zu den Philippinen verbreitet. Eine Art findet sich in Australien.

Vegetationsorgane. Die europäischen *Thesium*-Arten [vgl. ČELAKOVSKY (1863), PILGER (1935)] sind meist ausdauernde Kräuter von geringer Höhe. Die blatt- und blütentragenden Stengel sterben im Herbst bis auf eine kürzere oder längere Basis ab, und durch die überlebenden verketteten Basalteile wird das Rhizom gebildet. Werden nun in den Achseln von nahe beieinander stehenden Niederblättern Knospen gebildet, so werden die Stengel des nächsten Jahres gedrängt stehen, das Rhizom wird kurzgliederig (*Th. alpinum* L., *Th. ramosum* HAYNE). Sterben die Stengel nicht so tief ab und die Niederblätter stehen entfernter, so besteht das Rhizom aus mehr gestreckten Gliedern und die Stengel des nächsten Jahres stehen weniger gedrängt (*Th. pyrenaicum* POURR., *Th. humifusum* DC.). Schließlich kann auch die Achsenbasis sehr gestreckte, dünne Glieder haben, niederliegen und ausläuferartig kriechen (*Th. ebracteatum* HAYNE, *Th. Linophyllon* L.); die oberen Knospen werden zu kürzeren Sprossen, die unteren zu ausläuferartigen Trieben. Für *Th. Linophyllon* L. wies IRMISCH (1853) darauf hin, daß schon die Kotyledonen Knospen in den Achseln tragen und daß am Hypokotyl und auch am oberen Teil der Wurzel Adventivknospen vorkommen. Sehr mannigfaltig ist der Habitus der zahlreichen *Thesium*-Arten Südafrikas, die teilweise stark xeromorph ausgebildet sind. Neben Formen, die den europäischen ähnlich sind, kommen bis über meterhohe sparrige Halbsträucher vor, deren Äste oft dornig werden und deren Blätter zu kleinen Schuppen reduziert sind (*Th. lineatum* L. f., *Th. rigidum* SOND.) oder selbst dornartig hart werden (*Th. spinosum* L. f.). Anderseits kommen bei *Th. euphorbioides* L. sehr breite, fast rundliche Blätter vor, die bis fast 2 cm groß werden.

Anatomie. Untersuchungen von SCHULLE (1933) an *Th. bavarum* SCHRK. weisen darauf hin, daß die kantigen Stengel eine verhältnismäßig hohe Biegungsfestigkeit besitzen. Zwischen den zahlreichen kollateralen Gefäßbündeln finden sich vielfach verholzte Markstrahlen. Die Wände der Markstrahlen sind stark verdickt und mit einfachen Tüpfeln versehen. Von diesen Festigungszellen unterscheiden sich die ebenso stark verdickten und vielfach verholzten Elemente des Hadroms durch das Vorkommen von gehöften Tüpfeln. In älteren Stengeln sind die Tracheen vorwiegend mit spiraligen Wandverdickungen ausgestattet. Auf der Außenseite sind die Gefäßbündel jeweils von einer Scheide typischer Bastfasern geschützt. Das vom Holzring umschlossene Mark besteht aus einem weitlumigen Parenchym mit engen Interzellularen. Das Rindengewebe setzt sich aus runden Parenchymzellen zusammen, die in den äußeren Lagen Chlorophyll enthalten. An den Stengelkanten ist das Rindenparenchym in einen Strang von Eckenkollenchym umgewandelt. Die Stengelepidermis ist von zahlreichen Spaltöffnungen durchsetzt, deren Anordnung dadurch bemerkenswert ist, daß sie stets unter sich parallel und quer zur Längsachse des Stengels stehen. Ihre länglichen Schließzellen werden beiderseits von 1–3 ihnen parallelen Nebenzellen begleitet. Die Epidermiszellen des Blattes sind meist seitlich nicht stark verdickt. Die Spaltöffnungen stehen auf der Blattoberseite quer zur Längsachse des Blattes, hingegen ist ihre Verteilung auf der Blattunterseite weniger regelmäßig. Das Blattgewebe besteht bei fast allen *Thesium*-Arten gleichförmig aus rundlichen oder aus mehr längsgestreckten palisadenähnlichen Zellen, bei *Th. alpinum* L. hingegen lassen sich Palisaden- und Schwammgewebe unterscheiden. Neben Kristallen in Form von Drusen und Einzelkristallen kommen im Mesophyll vielfach Kieselkörper vor. Der Gefäßteil der Hauptnerven besteht aus englumigen, spiralig verdickten Gefäßen und Tracheiden, der Siebteil aus zahlreichen zarten Elementen. Am Ende der Nerven treten Tracheiden mit netzförmiger oder spiraliger Wandverdickung auf. Daneben sind Speichertracheiden parallel mit den Bündeln der Nerven und unabhängig von diesen im Blatt vorhanden.

Anatomie und Physiologie der Saugorgane. Die *Thesium*-Arten sind grüne, in der Erde wurzelnde Halbparasiten, die mit Haustorien an den Wurzeln oder unterirdischen Stengelteilen anderer Pflanzen ansitzen und ihnen

Nährstoffe entziehen. MITTEN (1847) wies darauf hin, daß dieselbe Pflanze von *Thesium* durch ihre Haustorien mit verschiedenen Nährpflanzen in Verbindung treten kann. Nach PILGER (1935) entstehen die Haustorien seitlich an den Wurzeln; sie können dadurch scheinbar terminal werden, wenn das über das Haustorium hinausgehende Wurzelspitzchen später vertrocknet und abfällt. Man kann zunächst zwei Teile unterscheiden, die Haftscheibe und den bis zum Holzteil der Wirtspflanze vordringenden Senker oder Saugfortsatz. Die Haftscheibe hat die Form einer mehr oder weniger konischen oder mehr flachgedrückten Warze. Sie sitzt mit ihrer Grundfläche der Nährwurzel an und schiebt sich mit zwei breiten Lappen über deren gerundete Fläche vor; dünne Wurzeln können mantelartig umschlossen werden. Kommen in den äußeren Schichten der Nährpflanze viele mechanische, verdickte Elemente vor, die schwer aufzulösen sind, so werden innerhalb der ersten Lappen des Haustoriums neue angreifende Lappen gebildet, die die ersteren nach außen drängen. Es entsteht so ein zusammengesetztes Haustorium zur Auflösung der äußeren Schichten der Wurzel. Über die Entwicklung des Haustoriums berichten Graf SOLMS-LAUBACH (1868) und PILGER (1935), daß dieses sich in der Wurzel durch Streckung und Teilung der Zellen von Perizykel, Endodermis und Rinde bilde, und daher nicht als eine Seitenwurzel, sondern als Anhangsgebilde der Wurzel zu betrachten sei. Ein ganz junges Haustorium sei von etwa birnförmiger Gestalt. Die Mitte des breiteren Endes nimmt ein Kern, umgeben von plasmareichen Zellen, ein. Wird eine Nährwurzel erreicht, so legt sich der Kern an diese an, die Rinde hingegen schiebt sich jederseits lappig über die Wurzel vor, wie weiter oben geschildert wurde. Von den äußersten Zellschichten des Kernes gehen wurzelhaarähnliche Gebilde aus, die über den kleinen Zwischenraum zwischen Kern und Nährwurzel hinweg sich an diese anlegen und auflösende Enzyme aussenden. Der Kern des Haustoriums vergrößert sich dauernd; an jeder Seite entsteht ein schmales Band von länger gestreckten Zellen, aus denen zunächst die prokambialen Stränge und später die Gefäßstränge entstehen, die in Verbindung mit den von der Mutterwurzel ausgehenden Gefäßsträngen stehen. Nunmehr stößt der Senker keilförmig in das Innere vor, um sich an das Holz der Nährwurzel anzulegen. Gleichzeitig beginnt im Inneren des Haustoriums eine weitere Differenzierung. Der innere Teil des Haustoriums verlängert sich sehr rasch, der äußere Teil hingegen bleibt wie er ist, es muß also zu Zerreißungen im Gewebe kommen. Die Rinde teilt sich in eine innere Region von turgeszenten, inhaltsreichen Zellen und in eine äußere Region von Dauerzellen. Hat der Senker das Holz der Nährwurzel erreicht, so legt er sich an dieses an. Einzelne Stränge im Gewebe des Senkers werden leitend und treten einerseits mit den prokambialen Strängen des Kernes, andererseits mit dem Holz des Wirtes in Verbindung. Unsere Abbildung Fig. 154h stellt ein einfaches, nicht zusammengesetztes Haustorium von *Thesium* nach Graf SOLMS-LAUBACH (1868) dar. Der Senker liegt dem Holzteil der Wurzel an. Der lappig die Nährwurzel umfassende Teil des Haustoriums stellt den Rindenkörper dar. Es sind an ihm die inneren, kleinen polygonalen, wenig Stärke führenden Zellen und äußere, aus größeren Parenchymzellen mit größeren Stärkekörnern gebildete Zellschichten zu unterscheiden. Diese beiden Zonen sind scharf voneinander getrennt, und zwar befindet sich zwischen ihnen ein Streifen aus zerknitterten, zusammengefallenen, sich allmählich auflösenden Zellen und aus luftführenden, größeren Parenchymzellen, die meist eine größere Luftlücke umschließen oder derselben anliegen. Unten an dem Teil des Rindenlappens, der der Nährwurzel anliegt, gehen beide Zonen der Rinde ineinander über. Im Kern des Haustoriums sind ebenfalls drei verschiedene Gewebe zu unterscheiden. Im Inneren liegt das Kernparenchym, das aus kleinen, dicht aneinanderliegenden, plasmareichen Zellen gebildet wird. An das Parenchym grenzen die Leitungsstränge, welche mit dem Holzteil der Nährwurzel auf kürzestem Weg in Verbindung treten. Den Übergang vom Gefäßsystem der Mutterwurzel zu dem des Haustoriums bilden netzartig verdickte Tracheiden. Auch die Tracheiden des Haustoriums im Kern und im Senker haben locker netzig verdickte Wände; sie sind im Kern kurz und unregelmäßig gestaltet, im Senker länger und regelmäßiger. An die Tracheidenstränge grenzt außen eine Zone eines an Kambium erinnernden Gewebes aus dünnwandigen stärkelosen Zellen, die aus zwei ineinander übergehenden Lagen, und zwar einer inneren mehr gestrecktzelligen und einer äußeren, parenchymatische Zellen aufweisenden Lage, besteht. Die inneren Zellen sind wirkliches Kambium, das ein sekundäres, den Kern und auch die Rinde vergrößerndes Dickenwachstum ermöglicht.

Blütenverhältnisse. Am Grunde der Perigonblätter findet sich ein Büschelchen weicher, aufrechter Haare, die am oberen Ende den Staubbeuteln anhaften. Nach VAN TIEGHEM (1897) nehmen sie ihren Ursprung nicht von der Epidermis, sondern von der unter dieser liegenden Zellschicht, die aus hohen und breiten Zellen besteht. Daneben kommen noch andere Trichomformen vor; so sind die Perigonblätter mancher *Thesium*-Arten mit rückwärts gerichteten Haaren dicht bärtig bekleidet, hingegen die anderer Arten kahl und nur mit den hinter den Staubblättern stehenden, mit den Staubbeuteln verbundenen Haarbüscheln versehen. Nach SCHULLES Untersuchungen (1933) an *Th. bavarum* SCHRK. entstehen die einzelligen Härchen aus Epidermiszellen. Die Verklebung der Enden der Haare mit dem Staubbeutel ist auf die Bildung eines harz- und ölhaltigen Sekretes in den Haaren zurückzuführen, das durch Abbrechen der Kappe des Haares leicht austreten kann. – Der Fruchtknoten ist mehr oder minder unterständig, das heißt die Blütenachse umgibt den Fruchtknoten außen, der völlig mit ihr verwachsen ist. Meist nimmt der Fruchtknoten nur den oberen Teil des Inneren der Blütenachse ein; die Blütenachse ist im unteren Teil fleischig und geht in den Stiel über. Die Samenanlagen sind nackt, stellen also einen integumentlosen Nuzellus dar; sie hängen von der Spitze einer zentralen, freien Plazenta herab. Die Plazenta ist nach VAN TIEGHEM (1869) kein Achsengebilde, sondern karpellären Ursprungs.

Nach SCHULLE (1933) sind hingegen Karpelle und Blütenachse während der ganzen Entwicklung so innig miteinander verwachsen, daß eine Abgrenzung nicht möglich ist, die Frage nach der Zugehörigkeit der Plazenta ist daher nicht zu entscheiden.

Die Bestäubung der *Thesium*-Arten erfolgt durch Insekten, vor allem durch die Honigbiene, welche den am Blütengrunde abgeschiedenen Nektar aufsucht. Außerdem kann bei jenen Arten, bei denen Narben und Staubbeutel auf gleicher Höhe stehen, auch Selbstbestäubung eintreten. Bei einzelnen Arten ist Hetero- bzw. Tristylie beobachtet worden. Bei *Thesium Linophyllon* L. kommt Heterostylie vor; bei der homogamen langgriffeligen Form ragt die Narbe über die Staubbeutel heraus, so daß Selbstbestäubung erschwert ist, bei der kurzgriffeligen Form sitzen die Staubbeutel dicht über der Narbe, wodurch Selbstbestäubung begünstigt wird. Über Kleistogamie bei *Thesium bavarum* SCHRK. berichtet BACHMANN (1911) (Einzelheiten siehe unter *Th. bavarum*). Nach KERNER (1891) ist die Blütenöffnung immer auch nachts und bei Regen nach oben gerichtet. Die von oben hereinfallenden Regentropfen sowie der Tau kommen dadurch unvermeidlich auf die offenen Blüten. Regen und Tau lagern in Form von Tropfen auf dem Perigonsaum, ohne daß die Staubbeutel zunächst unmittelbar getroffen werden. Trotzdem schließen sich diese sehr rasch nach der Auflagerung der Wassertropfen, weil die Perigonblätter mit den vor ihnen stehenden Staubbeuteln durch ein Büschel gedrehter Haare verbunden sind, welches nicht nur leicht benetzbar ist, sondern wie ein Docht das Wasser zu den Staubbeuteln hinleitet und dadurch das Schließen der Antherenwände in 30 Sekunden veranlaßt. Nach EWART (1892) liegt die Bedeutung der Haare darin, daß diese einerseits den Pollen nahe am Blüteneingang zurückhalten, andererseits den nektarsuchenden Insekten das Aufsuchen des Nektars erleichtern. LOEW (1894) erblickt in den Fäden einen Apparat, welcher die Stellung der Staubbeutel zur Narbe während des Aufblühens zu regulieren hat. Durch diese Fäden sollen nämlich die Staubbeutel von der Narbe ferngehalten und dadurch die Selbstbestäubung namentlich bei kurzgriffeligen Formen verhindert werden.

Keimung und Entwicklung. Nach MODILEWSKIS Untersuchungen (1928) an *Thesium Linophyllon* L. entwickeln sich zunächst in den frühen Stadien der Embryonalentwicklung alle drei Samenanlagen gleichmäßig. Später degenerieren zwei Samenanlagen und nur eine entwickelt sich weiter. Auffallend für die jungen Samenanlagen von *Th. Linophyllon* ist ein deutlich ausgeprägtes Archesporium, das zunächst aus drei, zuletzt aus 9–11 Zellen besteht. Die Archesporzellen zeichnen sich durch auffallende Größe aus, sie trennen keine Tapetenzellen ab und verwandeln sich direkt in Embryosackmutterzellen. Nicht selten beobachtet man neben den Embryosackmutterzellen große Zellen, die vegetativer Herkunft sind, da ihre Kerne keine typischen Prophasen der Reduktionsteilung aufweisen. Später entwickeln sich nur die Embryosackmutterzellen in einer der Samenanlagen weiter, während alle übrigen Embryosackmutterzellen degenerieren. Schließlich ist in dem Fruchtknoten nur ein einziger Embryosack vorhanden, obwohl anfangs drei mehrzellige Archesporien angelegt wurden. Bei der Kernteilung und Zellbildung im Embryosack ist bemerkenswert, daß die drei unteren Kerne (Antipoden) rasch verschwinden. Es ist fast unmöglich, das Stadium von 8 Kernen zu beobachten. Neben den beiden sich bald zum sekundären Embryosackkern vereinigenden Polkernen sind die Eizelle und zwei kleine Synergiden vorhanden. Der Eiapparat, bestehend aus der Eizelle und zwei kleinen Synergiden, befestigt sich asymmetrisch im oberen Teil des Embryosackes. Der Embryosack verlängert sich mittlerweile stark schlauchartig an seiner Basis und dringt, nach unten sich wendend, als Haustorium tief in die Plazenta ein. Nach der Befruchtung teilt sich der sekundäre Embryosackkern in zwei erste Endospermkerne, die annähernd polartig angeordnet sind; zwischen den Teilkernen wird eine Zellwand gebildet. Während die obere Zelle und ihr Kern weitere Teilungen erleiden und das Nährgewebe bilden, in welchem die Eizelle eingebettet liegt, erfährt die untere Zelle und ihr Kern keine weiteren Teilungen mehr. Die untere Endospermzelle und ihr Kern vergrößern sich und verwandeln sich in das lange Haustorium, welches tief in den Funikulus hinunterwächst. Der Haustorialkern, der bei der ersten Teilung des sekundären Embryosackkernes entstanden ist, bleibt während der ganzen Entwicklung des Embryos erhalten. Das Plasma, welches den Haustorialkern umgibt, weist wirbelähnliche Strömungen auf, und in ihm sind deutlich die Chondriosomen sichtbar. Bei der Bildung des Embryos und des Nährgewebes streckt sich der Embryosack ganz aus dem Nuzellus heraus. Der heranwachsende Same verdrängt die Plazenta und die Reste der beiden anderen Samenanlagen; auch ein innerer Teil des Karpellgewebes löst sich auf. Der Same erfüllt die ganze Höhlung des Fruchtknotens. – Nach MODILEWSKI beträgt die diploide Chromosomenzahl 24, die haploide Zahl 12.

Frucht und Samen. Myrmekochorie ist nach SERNANDER (1906) bei *Th. alpinum* L. festgestellt worden. Diesbezügliches vgl. bei der genannten Art. – Nach SCHULLE (1933) bestätigten Kulturversuche mit *Th. bavarum* SCHRK. die bekannte Tatsache, daß die Samen nur dann keimen, wenn sie sofort nach der Reife ausgesät werden, und zwar im ersten und in den folgenden Jahren nach der Aussaat. Winterkälte wirkt fördernd auf die Keimung ein, vielleicht auch die Beigabe von Wirtspflanzen.

Schädlinge. Der Rostpilz *Puccinia Mougeotii* LAGH. kommt nur auf *Thesium alpinum* L., *P. thesii* (DESV.) CHAILL. auf *Th. divaricatum* JAN, *Th. Linophyllon* L., *Th. bavarum* SCHRK., *Th. pyrenaicum* POURR. *Th. ramosum* HAYNE und *Th. simplex* VELEN., die damit sehr nah verwandte Art, *P. Passerinii* SCHRÖT. auf *Th. ebracteatum* HAYNE, *Th. Linophyllon* L. und *Th. bavarum* SCHRK. vor. Diese 3 Arten sind einander habituell sehr ähnlich und nur durch mikroskopische Merkmale zu unterscheiden. Sehr auffällig ist die schon im Frühjahr erscheinende Aezidiengeneration, die oft alle Blätter der Pflanze überzieht, nicht selten auch am Stengel erscheint und dann starke Verkrümmungen verursacht. Die kranken Pflanzen sind von den gesunden schon von weitem durch die hellgelbgrünliche Farbe der Blätter zu unterscheiden, deren Unterseite dicht mit den becherförmigen, weißlich und fransig berandeten, im Inneren durch die Sporen orangegelben Aezidien besetzt ist.

## Artenschlüssel:

1  3 Hochblätter (1 Tragblatt und 2 Vorblätter) unter jeder Blüte. Stengel oberwärts traubig oder rispig, bis zur Spitze mit Blüten besetzt . . . . . . . . . . . . . . . . . . . . . . . . . . . . 2

1* Nur ein Hochblatt (kein Vorblatt) unter jeder Blüte. Fruchttragende Stengel an der Spitze durch unfruchtbare Tragblätter schopfig . . . . . . . . . . . . . . . . . . . . . . . . . . . 9

2  Saum der Blütenhülle nach dem Verblühen bis auf den Grund eingerollt (Taf. 89, Fig. 1 a), so lang wie die Frucht, auf der letzteren einen kurzen Knopf bildend . . . . . . . . . . . . . . . 3

2* Saum der Blütenhülle nach dem Verblühen röhrig und nur an der Spitze eingerollt (Fig. 156e), so lang oder länger als die Frucht . . . . . . . . . . . . . . . . . . . . . . . . . . . . . 8

3  Stengel oberwärts rispig verzweigt, mit trugdoldig angeordneten Blüten. Frucht deutlich, zuweilen allerdings kurz gestielt (Fig. 153 d) . . . . . . . . . . . . . . . . . . . . . . . . . 4

3* Stengel oberwärts traubig oder wiederholt traubig verzweigt. Früchte fast ungestielt (Fig. 153 h) . 6

4  Laubblätter deutlich 3-nervig oder 5-nervig, breit lanzettlich, lang zugespitzt. Niederblätter am Stengelgrund in langer Spirale gedrängt angeordnet. Frucht rundlich, eiförmig. Grundachse ohne Ausläufer . . . . . . . . . . . . . . . . . . . . . . . . . . . . . . . . *Th. bavarum* SCHRK.

4* Laubblätter 1-nervig oder undeutlich 3-nervig, lineal oder lineal-lanzettlich. Frucht oval oder länglichwalzlich . . . . . . . . . . . . . . . . . . . . . . . . . . . . . . . . . . . . . . 5

5  Grundachse dünn, kriechend, mit dünnen, verlängerten, zerbrechlichen Ausläufern. Niederblätter am Stengelgrund entfernt angeordnet. Blätter lineal-lanzettlich, zugespitzt. Frucht oval . . . . . . .
. . . . . . . . . . . . . . . . . . . . . . . . . . . . . . . . . . . . *Th. Linophyllon* L.

5* Grundachse ohne Ausläufer. Blätter lineal, spitz. Frucht länglich-walzlich. Nur in Südtirol, Krain und Küstenland . . . . . . . . . . . . . . . . . . . . . . . . . . . . . *Th. divaricatum* JAN

6  Fruchtstiele viel kürzer als die Frucht (Fig. 154 c), aufrecht. Frucht dem Stengel anliegend. Blätter lineal, 1-nervig. Nur in Niederösterreich und in Mähren . . . . . . . . . . . . . *Th. Dollineri* MURB.

6* Fruchtstiele so lang oder länger als die Frucht (Fig. 154 f), abstehend. Blätter lineal oder lanzettlich, 1- oder 3-nervig . . . . . . . . . . . . . . . . . . . . . . . . . . . . . . . . . . 7

7  Fruchtstiele so lang oder wenig länger als die Frucht (Fig. 153 h), zuletzt fast waagrecht abstehend. Blätter schmal, lineal, 1-nervig. Nur in Lothringen bei Metz . . . . . . . . . *Th. humifusum* DC.

7* Fruchtstiele 3- bis 4-mal so lang wie die Frucht (Fig. 154 f), aufrecht abstehend. Blätter lanzettlich oder lineal, undeutlich 3-nervig. Nur in Böhmen, Mähren und Niederösterreich . . *Th. ramosum* HAYNE

8  Blütenstand einseitswendig, Blütenhülle meist 4-spaltig. Fruchtstiele aufgerichtet. Blätter lineal, 1-nervig. Obere Hochblätter am Rande glatt . . . . . . . . . . . . . . . . . *Th. alpinum* L.

8* Blütenstand allseitswendig. Blütenhülle meist 5-spaltig. Fruchtstiele aufgerichtet oder waagrecht abstehend. Blätter lineal-lanzettlich, schwach 3-nervig. Obere Hochblätter am Rande von feinen Zähnen rauh . . . . . . . . . . . . . . . . . . . . . . . . . . . . . . . *Th. pyrenaicum* POURR.

9  Grundachse mit Ausläufern. Frucht kurz gestielt (Fig. 156 g), oval, lederig, mindestens so lang wie die eingerollte Blütenhülle. Nord- und Mitteldeutschland, selten in Böhmen und Niederösterreich . . . .
. . . . . . . . . . . . . . . . . . . . . . . . . . . . . . . . . . . . *Th. ebracteatum* HAYNE

9* Grundachse ohne Ausläufer. Frucht sitzend, fast kugelig (Fig. 156 l), beerenartig, saftig, zitronengelb, halb so lang wie die röhrige, nur an der Spitze eingerollte Blütenhülle. Böhmen, Kärnten, Salzburg, Tirol, Bayern, Bodenseegebiet, nordöstliche Schweiz . . . . . . . . . *Th. rostratum* MERT. et KOCH

Tafel 89

**Tafel 89. Erklärung der Figuren**

Fig. 1 *Thesium bavarum* (S. 329). Blütensproß
,, 1a Blüte mit Tragblatt und den beiden Vorblättern nach der Befruchtung (vergrößert)
,, 2 *Thesium pyrenaicum* (S. 335). Blütensproß
,, 2a Längsschnitt durch die Blüte
,, 3 *Asarum europaeum* (S. 343). Habitus

Fig. 3a Längsschnitt durch die Blüte.
,, 3b Staubblatt (vergrößert)
,, 3c, 3d Same mit Anhängsel
,, 4 *Aristolochia Clematitis* (S. 349). Blütensproß
,, 4a Längsschnitt durch die Blüte (weibliche. Stadium)
,, 4b Gynostemium (vergrößert)

**802. Thesium bavarum**[1]) SCHRANK, Baiersche Reise 129 (1786), Baiersche Flora 1, 507 (1789). Syn. *Th. montanum* EHRH. (1790). *Th. Linophyllon* L. var. *latifolium* BERTOL. (1835). Bayerischer Bergflachs, Berg-Leinblatt. Franz.: Thésion de Bavarière. Poln.: Leniec górski. Tschech.: Lněnka bavorská. Taf. 89, Fig. 1; Fig. 151

Ausdauernd, 30–80 cm hoch. Grundachse verkürzt, knorrig, hinabsteigend, holzig, ästig, zuletzt vielstengelig, ohne Ausläufer. Niederblätter am Stengelgrund in langer Spirale gedrängt. Stengel aufrecht, oberwärts rispig verzweigt, kantig, kahl, reichlich beblättert. Laubblätter grasgrün, lanzettlich bis eilanzettlich, etwa im untersten Drittel am breitesten, stark 3-nervig bis undeutlich 5-nervig, dunkelbläulichgrün, 2–7 mm breit, lang zugespitzt, ganzrandig, kahl. Blüten in 1- bis 3-blütigen Trugdolden, letztere zu einer pyramidalen, lockeren Rispe vereinigt. Jede Blüte (Taf. 89, Fig. 1a) gewöhnlich von 3 Hochblättern umgeben, zuweilen die mittlere kurzgestielte Blüte nur mit 1 Hochblatt. Perigon glockig, 2–3 mm lang, bis über die Mitte 5-, seltener 4-spaltig. Frucht eiförmig-kugelig, netzig geadert, gestielt, 4 mm lang, bis 3-mal so lang wie der bis zum Grunde eingerollte Perigonsaum. — Chromosomenzahl: n = 12. — V bis VII.

Vorkommen: In lichten, wärmeliebenden Trockenbusch-, seltener offenen Trockenrasen-Gesellschaften auf Mergelböden oder auch flachgründigen Kalksteinböden, vorzugsweise in lichten Föhrenwäldern oder Eichenmischwäldern oder an deren Rändern und in deren Verlichtungen, auf warmen Bergwiesen bis in die Alpentäler; im Unterengadin bis 1750 m, um Afers bei Brixen in Südtirol bis 1800 m, kalkliebend, Verbreitungsschwerpunkt in Erico-Pinion- und in Quercion-pubescentis-Gesellschaften.

Fig. 151. *Thesium bavarum* SCHRK. Inendorf bei Beuron. (Aufn. G. EBERLE)

Allgemeine Verbreitung. Südosteuropa und südöstliches Mitteleuropa [(pontisch-)pannonisch]. Pflanze östlicher Herkunft, die ihre Hauptverbreitung in Kleinasien und auf der Balkanhalbinsel hat; in Süd- und Mitteleuropa von Thessalien und Mazedonien sowie auf der Apenninen-

---

[1]) Bayerisch, von Bavária = Bayern.

halbinsel von Calabrien im Nordosten bis Siebenbürgen und in das südliche Polen (Krakau), im Norden bis in die Luckauer Heide, im Nordwesten bis zum Harz, im Westen bis zum Schwarzwald, Schweizer Jura und bis zu den Alpes maritimes.

Verbreitung im Gebiet: Zerstreut im mittleren und südlichen Deutschland. Im Norden bis in das Elbetal bei Meißen, früher auch am Lößnitzgrund bei Dresden, nördlich davon vereinzelt in der Niederlausitzer Heide bei Luckau, Drehna und Mahlsdorf bei Golßen, im Nordwesten bis zum Harz und bis zum nördlichen Harzvorland, im Westen bis zum Osthessischen Bergland. Im nördlichen Bayern ziemlich verbreitet, vor allem im Malm- und Keupergebiet, seltener im Gebiet des Lias, und zwar bei Rosenbach und Erlangen, im Muschelkalkgebiet in Mittel- und Unterfranken um Karlstadt und Würzburg, im Rhöngebiet bei Frickenhausen und Klein-Eibstadt, in der Bayerischen Pfalz nur bei Neustadt, in Baden und Württemberg-Hohenzollern ziemlich verbreitet über die Schwäbische Alb bis zum östlichen Schwarzwaldvorland, zerstreut im Tauber-, Jagst- und Kochergebiet, im Neckargebiet und in Oberschwaben, in der unteren Bayerischen Hochebene am Lechfeld und um Augsburg, in der oberen Hochebene bei Herrsching, Tölz, Grünwald, Maising und Allmannshausen, fehlt in den Bayerischen Alpen, im Bayerischen (Böhmer-) Wald bei Bach.

Sehr zerstreut in Böhmen um Karlstein bei Beraun, in der Umgebung von Prag, im Leitmeritzer Mittelgebirge z. B. am Gipfel des Lobosch, im Erzgebirge bei Hennersdorf und Komotau, ferner bei Pilsen. In Mähren sehr zerstreut auf den Böhmisch-Mährischen Höhen.

In Niederösterreich zerstreut in der Berg- und Voralpenstufe, so z. B. in der Umgebung von Wien, auf der Dürren Wand, um Gutenstein, Grünbach a. Schneeberg, Bad Fischau, Thernberg sowie zwischen Schwarzenbach und Wiesmath im Bez. Neunkirchen, Reichenau, im Leithagebirge bei Mannersdorf, Ober-Bergern und Hardegg, im westlichen Niederösterreich bei Buchberg und Grubberg im Bez. Gaming; zerstreut und sehr selten in Oberösterreich, z. B. bei Spital am Phyrn; zerstreut in der Steiermark bis in die Voralpen, z. B. bei Murau, Judenburg, Leoben, Vordernberg, Graz, Fürstenfeld und Radkersburg; in der Südsteiermark bei Marburg, Cilli und im Bachergebirge u. a.; zerstreut in Kärnten im Lavanttal, in der Umgebung von Villach bei Bleiberg, im Canaltal, am Wischberg u. a.; in Südtirol im Eisacktal bei Sterzing, Brixen, Waidbruck, in der Umgebung von Bozen, Meran, Salurn, Trient, Valsugana, Arco, Ala. Aus Salzburg, Nordtirol und Vorarlberg nicht angegeben.

Zerstreut in der Schweiz in den Kantonen Graubünden, z. B. bei Bonaduz, in der Umgebung von Chur, seltener im Unter-Engadin bei Ardez, Schleins, Fetan, auf der Saraplana u. a., zerstreut im Tessin, im Kt. Bern um Radelfingen und von der Balsthaler Klus im Kt. Solothurn längs der Aare und des Rheins durch die Kantone Aargau, Zürich und Schaffhausen bis Stein a. Rh. und Mammern im Kt. Thurgau.

Ändert wenig ab: var. *bavarum*. Griffel so lang wie das Perigon, an der Frucht von demselben umschlossen. – var. *macrostylum* (BECK) ASCHERS. et GRAEBN. Griffel so lang wie das Perigon, an der Frucht aus dem Perigon hervortretend.

Die Art gehört in Südwest- und Süddeutschland der sogenannten pontischen Steppenheideformation an. Im Lechgebiet kommt sie mancherorts in Gesellschaft mit *Linum viscosum* L., auf Alluvionen zusammen mit *Melampyrum cristatum* L. usw. vor. – BACHMANN (1911) hat das Vorkommen kleistogamer Blüten bei *Th. bavarum* SCHRK. beobachtet.

Die jüngsten Blüten messen im Durchmesser etwa 1 mm. Das Perigon ist grün mit weißem Rand, bleibt stets geschlossen und ist verkümmert und eingebogen. In der künstlich geöffneten Blüte findet man einen Griffel mit weißem Kopf und grünem Hals und gelbe Rudimente von Staubbeuteln. Aus diesen kleistogamen Blüten geht eine reife Frucht hervor mit einem 1 mm langen Stiel, einem 3–4 mm langen und 2 mm dicken becherförmigen Bauch und 1–1,5 mm langen Hals. Im Inneren des dreiteiligen Fruchtknotens liegt ein weißer Keimling.

### 803. Thesium Linophyllon[1]) L., Spec. plant. 207 (1753). Syn. *Th. linifolium* SCHRANK (1786), *Th. intermedium* SCHRAD. (1794). Leinblätteriger Bergflachs. Poln.: Leniec pospolity. Tschech.: Lněnka lnolistá. Fig. 152, Fig. 153a bis d

Ausdauernd, 15–50 cm hoch. Grundachse dünn, ästig-verlängert, dünne, gelbliche, zerbrechliche, entfernt beschuppte Ausläufer treibend. Niederblätter am Stengelgrund entfernt angeordnet. Stengel zahlreich, aufrecht oder aufsteigend, kantig, kahl, oberwärts rispenartig verzweigt. Laubblätter sitzend, schmal lineal-lanzettlich, etwa in der Mitte am breitesten, 1–4 mm breit, 1- oder undeutlich 3-(5-)nervig, spitz, kahl, meist bläulichgrün. Blütenstand rispig. Trugdolden 1- bis 3-(–5-)blütig, ihre Stiele abstehend (Fig. 153b). Jede Blüte von drei Hochblättern gestützt. Perigon

---

[1]) Griech. λίνον (línon) = Lein und φύλλον (phýllon) = Blatt; nach den leinähnlichen Blättern.

glockenförmig, 2–3 mm lang, 5-spaltig, bis zum Grunde eingerollt (Fig. 153 c, d). Frucht ellipsoidisch, mit schwachen Nebennerven, kurz gestielt, 3-mal so lang wie der eingerollte Perigonteil und doppelt so lang wie der Blütenstiel (Fig. 153 d). – Chromosomenzahl: n = 12. – V, VI.

Vorkommen. Zerstreut in Trocken- und Steppenrasengesellschaften auf neutralen bis milden, aber meist kalkfreien, lockeren Stein- und Sandböden, an kurzrasigen Abhängen, auch in lichten Bergwäldern oder an Felsen, in den Alpen besonders in der zentralalpinen Föhrenregion, im Süden auch im Bereich des Flaumeichenbusches, am Ritten in Südtirol bis 1390 m, im Münstertal in Graubünden in der *Festuca-vallesiaca-Carex-supina*-Assoziation bis 1500 m ansteigend, Festucetalia-vallesiacae-Ordnungscharakterart.

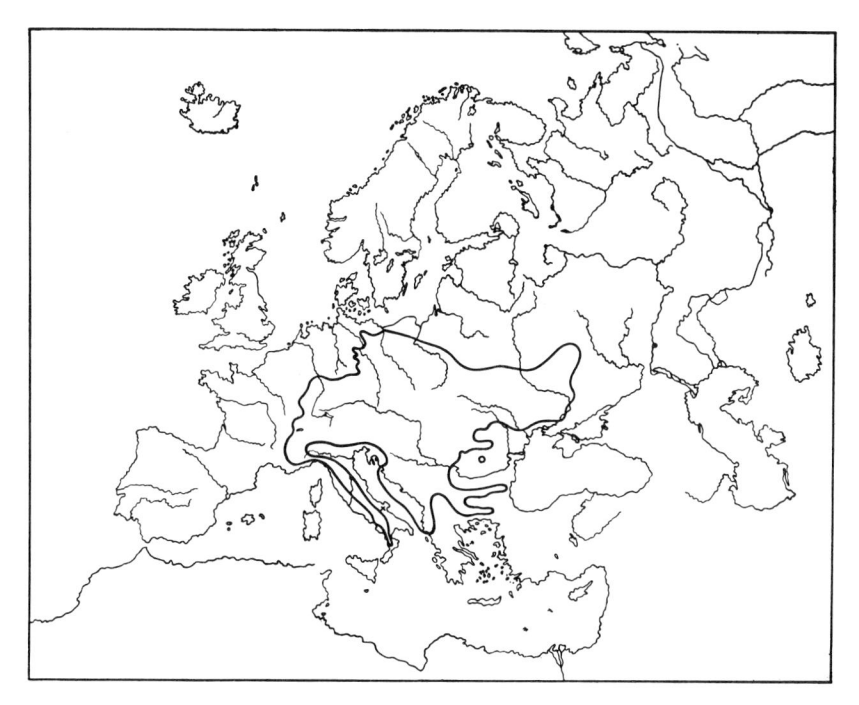

Fig. 152. Verbreitung von *Thesium Linophyllon* L. (nach H. MEUSEL, Halle 1957)

Allgemeine Verbreitung. Südosteuropa und südöstliches Mitteleuropa (pontisch-pannonisch). In Mittel- und Südeuropa westwärts bis Italien, in die Dauphiné und zu den Vogesen, im Norden bis zum nördlichen Harzvorland und bis zum Nordostdeutschen Tiefland, ostwärts bis in das südwestliche europäische Rußland, im Süden auf der Balkanhalbinsel durch Dalmatien, Bosnien, Herzegowina, Montenegro bis Albanien, Serbien und Bulgarien, auf der Apenninenhalbinsel bis zum La-Sila-Gebirge in Kalabrien.

Verbreitung im Gebiet. Zerstreut im Nordostdeutschen Tiefland, in der Nähe der Ostseeküste sehr selten oder ganz fehlend, westlich bis in die Südmecklenburgisch-Nordbrandenburgische Heide- und Ackerflächen bei Ludwigslust und im Havelland bei Friesack, ferner bis in die Magdeburger Börde bei Wolmirstedt und Neuhaldensleben; häufiger im Thüringer Becken, vereinzelt auch im Osthessischen Bergland, dagegen selten in der Sächsischen Tieflandsbucht und im Sächsischen Hügelland, zerstreut in Schlesien z. B. bei Rothenburg, Glogau, Parchwitz, Liegnitz, Oppeln, Leobschütz, etwas häufiger im Tiefland Mittelschlesien in der Umgebung von Breslau, Ohlau, Brieg u. a. Orten; im nördlichen Bayern verbreitet auf Keuper und Jura, im Muschelkalkgebiet bei Würzburg, im Buntsandstein bei Aschaffenburg, im Rhöngebiet bei Neustadt a. d. S., verbreitet in der Rheinpfalz, in Baden und Württemberg-Hohenzollern, im Tauber- und Neckargebiet, im östlichen Vorland des Schwarzwaldes und auf der Schwäbischen Alb, im Hegau und in

Oberschwaben sowie in der unteren Bayerischen Hochebene im Donau-, Lech- und Isargebiet, zerstreut in der oberen Bayerischen Hochebene bei Kaufbeuren, Ellbach, Tölz, Allmannshausen und Deisenhofen.

Zerstreut in Böhmen in der Umgebung von Prag, Liblic, Poděbrad, Königgrätz, Jičin, Münchengrätz, um Leitmeritz, Lobosits, Tetschen, Brüx, Komotau, Marienbad, Franzensbad u. a. In Mähren häufig in den Nikolsburger Bergen und in der Umgebung von Brünn, Eibenschitz, Lautschitz und Ung. Hradisch.

In Ober- und Niederösterreich ziemlich allgemein verbreitet vom Flachland bis in die Kalkvoralpen und in die Alpentäler, zerstreut in der Steiermark bei St. Gotthardt, St. Martin, Plabutsch bei Graz und um Radkersburg, häu-

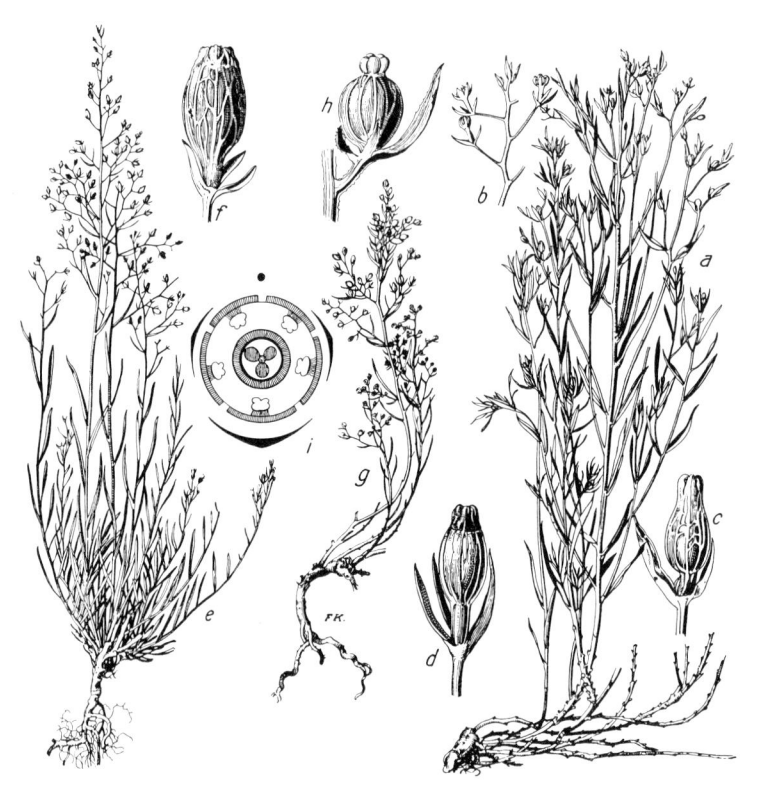

Fig. 153. *Thesium Linophyllon* L. *a* Habitus. *b* Blütenzweig. *c* Blüte kurz nach dem Verblühen. *d* Frucht. – *T. divaricatum* JAN *e* Habitus. *f* Frucht. – *T. humifusum* DC. *g* Habitus. *h* Frucht. – *T. pyrenaicum* POURR. *i* Blütendiagramm (nach EICHLER)

figer in der Südsteiermark bei Marburg, Pöltschach, Neuhaus, Cilli, Steinhaus u. a., zerstreut in Kärnten z. B. bei St. Paul im Lavanttal, Weißbriach in den Gailtaler Alpen, Raibl in den Julischen Alpen u. a. und in Südtirol in der Umgebung von Meran, im Eisacktal bei Sterzing und Brixen, in der Umgebung von Bozen, Trient, Arco, Riva; zerstreut in Salzburg in der Umgebung der Stadt Salzburg; für Nordtirol und Vorarlberg nicht angegeben.

In der Schweiz zerstreut bis selten in den Kantonen Graubünden bei Münster, Taufers, Lumino und Castione, im Kt. Tessin, im Kt. Wallis von Charrat bis Saxon und bei Bieudron, in den Kantonen Waadt und Genf und vom badischen Hegau her im Kt. Schaffhausen bei Thayingen und rheinabwärts bis Nurren oberhalb Rekingen im Kt. Aargau.

Ändert etwas ab: var. *latifolium* (WIMM.) HEGI. Pflanze höher. Laubblätter lanzettlich, deutlich 3- bis 5-nervig. Selten an etwas schattigen Stellen. – var. *fulvipes* (GRIESSELICH) HEGI. Fruchtstiele und zuweilen unterer Teil der Frucht saftig-gelb oder fuchsrot. Selten.

Die Art gehört der sogenannten pontischen Steppenheideformation an, die sich z. B. in Westpreußen u. a. aus *Scorzonera purpurea* L., *Hieracium echioides* LUMN., *Oxytropis pilosa* (L.) DC., *Alyssum montanum* L., *Potentilla rupestris* L., *Veronica austriaca* L., *Peucedanum Cervaria* (L.) LAPEYR., *Androsace septentrionalis* L., *Allium montanum* SCHM., *Stipa pennata* L. u. a. zusammensetzt.

*Th. Linophyllon* ist heterostyl und homogam. Während bei der langgriffeligen Form die Antheren nur etwas über die Mitte des Griffels reichen, stehen sie bei der kurzgriffeligen dicht über der Narbe, so daß spontane Selbstbestäubung unvermeidlich ist. Von Interesse ist, daß die Pflanze infolge ihres für den Menschen nicht besonders auffälligen Honiggeruches auf die Insekten eine so starke Anziehungskraft ausübt wie nur wenig andere noch so bunte Pflanzen. SCHULZ beobachtete, wie Bienen aus 40—50 m Entfernung direkt auf die Pflanze zuflogen, und zwar über die verschiedensten grell gefärbten Blüten hinweg, so daß der Schluß gerechtfertigt erscheint, daß nicht hauptsächlich die Farbe, sondern der spezifische Geruch des Nektars die Insekten anlockt (nach KNUTH [1899]).

**804. Thesium divaricatum** JAN in MERT. et KOCH, Deutschlands Flora 2, 285 (1826). Syn. *Th. humifusum* GRISEB.(1844) non DC. Sparriger Bergflachs. Franz.: Thésion à rameaux divariqués.
Fig. 153e, f

Ausdauernd, bis 60 cm hoch, im Habitus ähnlich *Th. bavarum* SCHRK. Grundachse ästig, vielstengelig, ohne Ausläufer. Stengel ziemlich zahlreich, aufrecht oder aufstrebend, oberwärts rispenartig verzweigt. Laubblätter linealisch, spitz, 1- oder schwach 3-nervig. Blütenstand pyramidenförmig, mit abstehenden Ästen. Jede Blüte von 3 am Rande etwas rauhen Hochblättern gestützt; letztere kürzer als die Frucht. Das bis zum Grunde eingerollte Fruchtperigon ⅓ so lang wie die länglich-walzliche Frucht (Fig. 153f). – V.

Vorkommen. Sehr selten am Südrand unseres Florengebietes in xerothermen Gras- und Zwergstrauchgesellschaften der Festuco-Brometea als Einstrahlung der mediterranen Vegetation, in deren Bereich sie nach BRAUN-BLANQUET die Rolle einer Ononido-Rosmarinetea-Klassencharakterart spielt.

Allgemeine Verbreitung. Mittelmeergebiet.

Verbreitung im Gebiet. Nur in Südtirol bei Cles, zerstreut in Krain, z. B. bei Adelsberg, und im Küstenland. Fehlt in Deutschland, Österreich und in der Schweiz.

**805. Thesium Dollineri** MURB. in Lunds Univ. Årsskr. 27, 43 (1891). Syn. *Th. humile* KOCH (1844) et auct. al. non Vahl. Niedriger Bergflachs. Tschech.: Lněnka Dollinerova. Fig. 154a–c

Ausdauernd, seltener 1- oder 2-jährig, 10—20 cm hoch. Grundachse kurz, vielköpfig. Stengel zahlreich, aufrecht oder aufstrebend, einfach oder wenig ästig, oben etwas rauh. Laubblätter linealisch, 1-nervig, die oberen am Rande gezähnelt rauh. Blütenstand einfach oder wiederholt traubig verzweigt. Blütentragende Äste viel kürzer als die Frucht (Fig. 154c). Blüten kurz gestielt, 1,5—3 mm lang, Saum bis zum Grunde eingerollt, jede Blüte von 3 am Rande nebst den Stielen gezähnelt-rauhen Hochblättern gestützt. Mittleres Hochblatt länger als die Frucht, die beiden seitlichen ungefähr ebenso lang (Fig. 154c). Frucht fast bauchig, dem Stengel fast anliegend, beinahe sitzend, bis über 3-mal so lang wie der eingerollte Perigonteil (Fig. 154b), fast netznervig, mit dem sehr kurzen, zuletzt pyramidenförmigen Perigonsaum 4 mm lang. – IV bis VIII.

Vorkommen. Zerstreut auf Äckern, an Wegen und Rainen vorzugsweise auf Sandboden, in Ungarn (nach Soó) Secalinion-Art.

Allgemeine Verbreitung. Südöstliches Mittel- und Südosteuropa (pontisch-pannonisch) westwärts bis Südmähren und östliches Niederösterreich, durch Ungarn (Gran) und Siebenbürgen ostwärts bis in die Ukraine (Odessa) sowie im Süden bis Nordserbien (Gradište).

Verbreitung im Gebiet. Zerstreut in Mähren um Znaim, Sokolnitz, Lateiner Berg bei Brünn, Bisenz, Pisek bei Ung. Hradisch, Keltschan bei Gaya und Auspitz. – Zerstreut in Niederösterreich im Wiener Becken und am Alpenostrand z. B. bei Wiener Neustadt, Gramatneusiedl, ferner bei Angern im Marchfeld.

*Th. Dollineri* MURB. wurde lange Zeit mit *Th. humile* VAHL verwechselt, das aber als mediterrane Art im südlichen Spanien, auf Korsika und Sardinien, im südlichen Italien und Griechenland sowie in Afrika von Algier und Tunis bis Ägypten verbreitet ist. *Th. Dollineri* unterscheidet sich von *Th. humile* VAHL durch mehr oder weniger ellipsoidische (und nicht kugelförmige) Früchte, durch ziemlich parallel laufende, entfernt anastomosierende (und nicht dicht netzaderige) Nervatur der Fruchtoberfläche und ferner durch den 2–6 mm (und nicht etwa 1 mm) langen infrabraktealen Teil der Blütenstiele.

**806. Thesium ramosum** HAYNE in SCHRAD. Journ. **3**, 1, 30 (1801). Ästiger Bergflachs. Tschech.: Lněnka větevnatá. Fig. 154d–g

Ausdauernd, seltener 1- oder 2-jährig, 15–30 cm hoch. Grundachse holzig, vielköpfig. Stengel gestreift, zahlreich, der mittlere gewöhnlich der stärkste, im oberen Teil meist verzweigt und etwas rauh. Laubblätter schmal lanzettlich-linealisch oder linealisch, 1–2,5 mm breit, 1- bis schwach 3-nervig, an der Spitze in ein kleines Zähnchen auslaufend (Fig. 154g), obere Stengelblätter am Rande gezähnelt-rauh. Blütenstand eine zusammengesetzte Traube. Blütentragende Äste bis 1 cm lang, 3- bis 4-mal so lang wie die Frucht (Fig. 154f). Blüten klein, sehr kurz gestielt, fast sitzend, 1,5–2,5 mm lang; jede Blüte von 3 am Rande gezähnelt-rauhen Hochblättern gestützt. Mittleres Hochblatt (Tragblatt) am längsten, stets länger als die Frucht und fast doppelt so lang wie die beiden seitlichen (Fig. 154f). Frucht eiförmig, fast sitzend, erhaben verzweigt-nervig, 3,5–4 mm lang, bis 3-mal so lang wie das bis zum Grunde eingerollte, kaum 1 mm lange Perigon (Fig. 154e). – VI bis VIII.

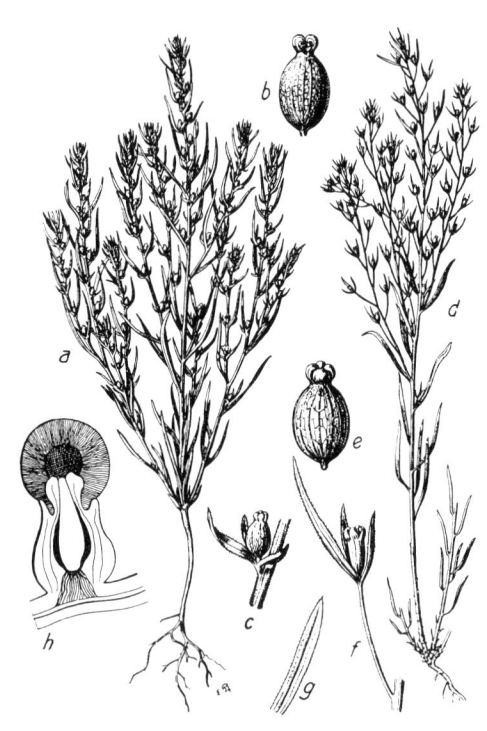

Fig. 154. *Thesium Dollineri* MURB. a Habitus. b Frucht. c Teil des Blütenstandes. – *T. ramosum* HAYNE. d Habitus. e Frucht. f Teil des Blütenstandes. g Laubblatt. – *T. pyrenaicum* POURR. h Haustorium (schematisiert nach SOLMS-LAUBACH)

Vorkommen. Zerstreut in Steppenrasen, an kurzrasigen Abhängen oder buschigen Stellen des Tieflandes und der kollinen Stufe, auch in Kiefernwäldern, in trockenen Wiesen oder auf Brachäckern, in Ungarn (nach Soó) Festucion-vallesiacae-Art.

Allgemeine Verbreitung. Südost-Europa (pontisch-pannonisch) westwärts bis Galizien, Mähren, Böhmen und Niederösterreich, über das europäische westliche, mittlere und südliche Rußland, die Krim und die Kaukasusländer ostwärts bis Russisch-Zentralasien sowie über die Länder der Balkanhalbinsel (Bosnien, Herzegowina, Montenegro, Serbien, Bulgarien, Thrazien und Mazedonien) und über Kleinasien ostwärts bis Nordwestpersien.

Verbreitung im Gebiet. Zerstreut im östlichen Böhmen westwärts bis Kolin, in Mähren bei Eisgrub, Kromau, Pratzer Berg, zwischen Diedlitz und Ratzlawitz, bei Wischau, Mönitz, Gaya, Czeitsch, Austerlitz, Nikoltschitz bei Auspitz, Göding, Keltschan. – In Niederösterreich vor allem im Gebiet der pannonischen Flora, und zwar im Marchfelde, im südlichen Wiener Becken vom Laaer Berg über Himberg bis Wiener Neustadt und über den Königsberg an der Fischa bis Hainburg, seltener am Alpenostrand und im Hügelland nördlich der Donau, wie z. B. bei Langenlois, Gneixendorf und Mittelberg in der Umgebung von Krems u. a. Zerstreut im Burgenland.

Wurde in Oberösterreich eingeschleppt auf dem Bahndamm bei Ried beobachtet.

**807. Thesium humifusum** DC., Fl. Franç. **6**, 366 (1815). Syn. *Th. gallicum* F. SCHULTZ (1838). Niedergestreckter Bergflachs. Engl.: Bastard Toadflax. Franz.: Thésion couché. Fig. 153g, h

Ausdauernd, 20–30 cm hoch. Grundachse ästig, vielköpfig, mehrere niederliegende, gestreckte oder aufstrebende Stengel treibend. Laubblätter schmal linealisch, 1-nervig, die oberen am Rande wie die Ästchen gezähnelt-rauh. Blütenstand eine einfache oder zusammengesetzte Traube. Blütentragende Äste so lang oder wenig länger als die Frucht, zuletzt fast waagrecht abstehend. Blüten sitzend, jede von 3 Hochblättern gestützt. Mittleres Hochblatt (Tragblatt) so lang oder länger als die Frucht. Perigon bis zum Grunde eingerollt. Frucht eiförmig, fast sitzend, 3-mal so lang wie das eingerollte Fruchtperigon (Fig. 153 h). – VI, VII.

Vorkommen. Sehr selten in wärme- und kalkliebenden Trockenrasen, an kurzrasigen Hängen oder Rainen, Xerobromion-Verbandscharakterart (BRAUN-BLANQUET).

Allgemeine Verbreitung. Westliches Mitteleuropa (mitteleuropäisch-atlantisch). Frankreich nordwärts bis Flandern, Belgien, Süd- und Mittelengland.

Verbreitung im Gebiet. Im Westen des Gebietes ostwärts bis Metz.

**808. Thesium pyrenaicum** POURR. in Mem. Acad. Toul. 3, 331 (1788). Syn. *Th. pratense* EHRH. (1790). Wiesen-Bergflachs. Franz.: Thésion des prés. Poln.: Leniec łąkowy. Tschech.: Lněnka pyrenejská.
Taf. 89, Fig. 2; Fig. 153 i, 154 h, 155, 156 m–o

Ausdauernd, 10–50 cm hoch. Grundachse kurz, ästig, vielköpfig, mehrere fruchtbare und unfruchtbare Stengel entwickelnd. Stengel aufrecht oder aufsteigend, lichtgrün, kantig-gestreift, meist einfach oder oben verzweigt. Laubblätter gelbgrün, linealisch oder lanzettlich-lineal, 1- bis 3-nervig, 0,5–2 mm breit, spitz. Blütenstand einfach-traubig oder im unteren Teil rispenartig verzweigt, meist allseitswendig. Blüten meist 5-zählig (Fig. 153 i), jede von 3 Tragblättern gestützt,

Fig. 155. *Thesium pyrenaicum* POURR. Breungeshainer Heide, Vogelsberg. (Aufn. G. EBERLE)

die oberen am Rande von feinen Zähnen rauh. Perigon trichterförmig, bis zur Mitte (meist) 5-spaltig (Taf. 89, Fig. 2a), der untere verwachsene Teil des Perianths nach der Blüte an der lebenden Pflanze kürzer und ebenso breit wie der obere. Perigonröhre nur an der Spitze eingerollt (Fig. 156 m, n). Fruchtstiele waagrecht abstehend. Frucht fast kugelig, erhaben längsaderig, 1,5–2 mm lang, kurz gestielt (Fig. 156 n). – V bis VII.

Vorkommen. Zerstreut in Magerwiesen meist mit *Nardus* oder *Festuca rubra* auf sauer humosen, meist kalkfreien oder oberflächlich entkalkten, aber mineralkräftigen Lehmböden, auch in lichten Wäldern, an buschigen Abhängen oder auf Kies von Flußalluvionen, vor allem im Mittelgebirge und in den Alpen, in Graubünden bis 2500 m ansteigend; Nardetalia-Ordnungscharakterart (OBERDORFER), als Versauerungszeiger auch in Mesobromion-Gesellschaften übergreifend.

Allgemeine Verbreitung. Süd- und Mitteleuropa (süd-mitteleuropäisch-montan). In Süd- und Mitteleuropa namentlich in gebirgigen Gegenden. Im Norden bis Holland (Gorsel), Rheinprovinz und südöstliches Westfalen, bis zum Harz, Erzgebirge und Landshuter Kamm in Schlesien, im Osten bis zu den Karpaten und Transsylvanischen Alpen, im Süden auf der Balkanhalbinsel bis Serbien, Bosnien und Herzegowina, auf der Apenninenhalbinsel bis zum Mte. Ragola im Etruskischen Apennin und auf der Pyrenäenhalbinsel in den Pyrenäen und in den Gebirgen Nordspaniens.

Verbreitung im Gebiet. Zerstreut im südlichen und mittleren Deutschland nordwärts bis in das Vennvorland, zum Westerwald und zum Süderbergland, ferner im Harz, im Thüringer Becken und im Thüringer Wald, selten im Sächsischen Mittelgebirge, in Schlesien nur auf dem Landshuter Kamm bei Hohwalde, Adlersruh, Kupferberg, u. a.; in Süd- und Südwestdeutschland zerstreut im nördlichen Bayern, und zwar im Fichtelgebirge um Münchberg u. a., häufiger im Frankenwald, zerstreut im Gebiet des Jura, so bei Neuburg a. d. D., Eichstätt, Otting, Fünfstetten, Dollnstein, Kelheim, Sulzbach, Amberg und Kronach, im Keupergebiet bei Schwandorf, Bodenwöhr, Rüdenhausen, Gerolzhofen, Michelau und Lichtenfels, verbreitet im Rhöngebiet, in der Bayerischen Rheinpfalz bei Grünstadt und Battenberg sowie im Nahetal, in Baden und Württemberg-Hohenzollern vor allem im südlichen Schwarzwald und im östlichen Schwarzwaldvorland, im Neckargebiet, im Gebiet des Jura über Randen und über die Schwäbische Alb bis zum Ries, in Oberschwaben und im Bodenseegebiet, selten in der Rheinebene, verbreitet im Bayerischen Alpengebiet, bis 1950 m ansteigend, sowie in der oberen und unteren Bayerischen Hochebene, zerstreut im Bayerischen (Böhmer-) Wald bei Donaustauf, Regenstauf, Stallwang, Cham, Furth, Untertraubenbach, Kötzting und St. Oswald.

Zerstreut in Böhmen bei Karlsbad, Elbogen, Franzensbad und in der Umgebung von Budweis bei Wittingau und Gratzen. In Mähren und in ehem. österr. Schlesien bei Friedland a. d. M. im Niederen Gesenke.

In Niederösterreich nur im Granitplateau des Waldviertels, z. B. am Jauerling, in der Umgebung von Krems bei Großmotten im Bez. Gföhl und bei Grainbrunn im Bez. Ottenschlag, in der Umgebung von Zwettl zwischen Ratzenhof und Ritzmannshof und in der Umgebung von Waidhofen a. d. Th. bei Erdweiß, Schrems und Kirchberg a. Wald; zerstreut in Oberösterreich angeblich im Traunkreis; in der Südsteiermark in der Umgebung von Marburg, im Bachergebirge, bei Maria-Neustift, Leskovetz, Pöltschach und Bad Neuhaus; zerstreut in Kärnten, z. B. im oberen Drautal um Greifenburg bei Berg, in der Umgebung von Spittal bei Sagritz und in den Gailtaler Alpen um Weißbriach nächst Hermagor, in Salzburg angeblich bei Lofer, hier bis 1900 m ansteigend, bei Bruck-Fusch u. a., in Nordtirol um Kitzbühel, in der Umgebung von Innsbruck, bei Steinach am Brenner und um Reutte, im oberen Inntal bei Oetz u. a. In Südtirol in der Umgebung von Meran, bei Glurns, Trient, Cles u. a. Zerstreut aber nicht selten in Vorarlberg.

Ziemlich allgemein, wenn auch zerstreut verbreitet in der Schweiz, fehlt jedoch im Kt. Tessin.

Ändert wenig ab: var. *contractum* (DC.) SCHINZ et THELL. Syn. *Th. pratense* EHRH. var. *refractum* BRÜGGER, *Th. pratense* EHRH. var. *grandiflorum* A. DC., *Th. grandiflorum* (A. DC.) HAND.-MAZZ. ex JANCHEN und NEUMAYER, Oesterr. Bot. Zeitschr. **91**, 230 (1942). Pflanze niedrig, etwa 10–15 cm hoch. Stengel bogig aufsteigend. Blütenstand dichtblütig. In den Schweizer Alpen in den Kt. Schwyz und Graubünden und im Kt. Thurgau beobachtet.

**809. Thesium alpinum** L., Spec. plant. 207 (1753). Alpen-Bergflachs. Franz.: Thésion des Alpes. Poln.: Leniec alpejski. Tschech.: Lněnka alpinská. Fig. 156a–e, 157

Ausdauernd, 10–30 (–50) cm hoch, im Habitus ähnlich dem *Th. pyrenaicum* POURR. Grundachse holzig, kurz, vielköpfig, mehrere aufrechte, aufsteigende oder liegende Stengel treibend. Stengel kahl, kantig-gefurcht, meist einfach, seltener oben etwas verzweigt. Laubblätter schmallinealisch, 0,7–2 mm breit, spitz, etwas gelbgrün, kahl, 1-, seltener 3-nervig. Blüten meist in einer einfachen, zuletzt in der Regel einseitswendigen (Fig. 156b) Traube, seltener die untersten Äste trugdoldig verzweigt. Blüten meist 4-, seltener 3-, 5- oder 6-zählig (Fig. 156c, d); jede Blüte von 3 Hochblättern gestützt, die oberen am Rande glatt. Perigon trichterförmig, kaum bis zur Hälfte 4-spaltig. Unterer, verwachsener Teil des Perianths nach der Blüte so lang oder länger und schmäler als der obere freiblättrige Teil (Fig. 156e). Frucht ellipsoidisch oder fast kugelig, deutlich erhaben-netzaderig, 2–2,5 mm lang, so lang oder kürzer als der nur an der Spitze eingerollte Perigonsaum. – Chromosomenzahl: $n = 6$. – VI, VII.

Vorkommen. Zerstreut auf Magerwiesen auf trockenen, mineralkräftigen, neutralen und basischen, bisweilen auch neutral-sauer-humosen Böden; in lichten Wäldern, an buschigen Abhängen vom Tiefland bis in die alpine Stufe, im Val Chamuera im Ober-Engadin bis 2770 m, am Monte Vago in Graubünden bis 2800 m ansteigend. Vor allem in Magerrasen des Eu-Nardion (BRAUN-BLANQUET), aber auch in Kalksteinrasen mit *Sesleria* (Seslerion-coeruleae-Gesellschaften).

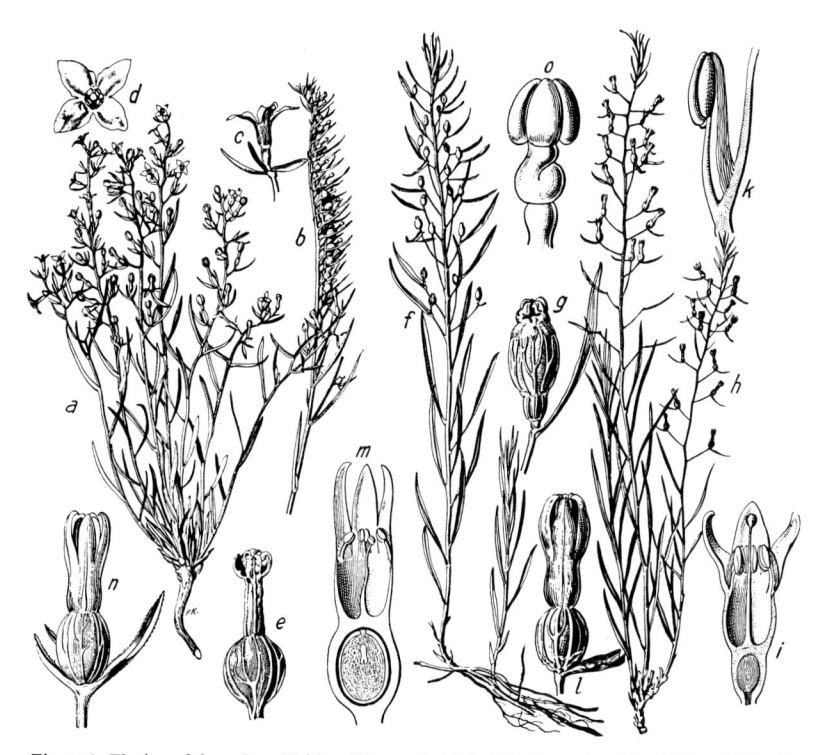

Fig. 156. *Thesium alpinum* L. *a* Habitus (⅓ nat. Größe). *b* Fruchtzweig. *c* Einzelblüte. *d* Dieselbe von oben gesehen. *e* Frucht. – *T. ebracteatum* HAYNE. *f* Habitus (⅓ nat. Größe). *g* Frucht. – *T. rostratum* MERT. et KOCH. *h* Habitus (⅓ nat. Größe). *i* Blüte im Längsschnitt. *k* Einzelnes Staubblatt mit Haarbüschel. *l* Frucht. – *T. pyrenaicum* POURR. *m* Längsschnitt durch die Frucht. *n* Frucht von außen. *o* Samenanlagen mit Plazenta

Allgemeine Verbreitung. Gebirge Mittel- und Südeuropas (süd-mitteleuropäisch-montan bis alpin [dealpin-baltisch]) im Norden bis Südschweden, im Osten bis in das nordwestliche und mittlere europäische Rußland, im Süden auf der nördlichen und mittleren Balkanhalbinsel südwärts bis Albanien, Mazedonien und Bulgarien, auf der Apenninenhalbinsel südwärts bis zum Mte. Vettore in den Abruzzen und auf der Pyrenäenhalbinsel in den Pyrenäen und in den Gebirgen Nord- und Mittelspaniens.

Verbreitung im Gebiet. In der Schweiz allgemein verbreitet in der Berg-, Voralpen- und Hochalpenstufe, fehlt im Kanton Genf.

In den Ostalpen allgemein verbreitet und häufig in der alpinen und subalpinen Stufe der Nördlichen und Südlichen Kalkalpen, in den Ötztaler Alpen bis 2370 m, in der Serles-Gruppe bis 2100 m, in den Salzburgisch-Oberösterreichischen und Steirisch-Niederösterreichischen Kalkalpen bis etwa 2000 m ansteigend, vielfach bis auf die Talsohle der großen Längstäler herabreichend, so z. B. in Vorarlberg bis 400 m, im Oberinntal und um Innsbruck bis etwa 600 m, im Unterinntal bei Rattenberg bis 570 m, bei Kufstein bis 500 m herabreichend, in Salzburg, Ober- und Niederösterreich in den Kalkhochalpen und Kalkvoralpen, ferner in den Südlichen Kalkalpen von Kärnten, Krain und Südtirol ziemlich häufig. Seltener in den Zentralalpen, und zwar in Steiermark und Kärnten in den Lavanttaler Alpen auf der Koralpe und Saualpe sowie in den Seetaler Alpen auf der Krebenze, am Brandriegel und Kreiskogel, in den Fischbacher Alpen auf dem Hochlantsch und in der Grazer Bucht auf dem Schöckl sowie Geierkogel, bei Gösting und in der Weizklamm;

zerstreut in den Gurktaler Alpen und im Nockgebiet, z. B. bei Flattnitz, Winterthal, auf der Kruckenspitz u. a.; in den Niederen Tauern im Tamsweg-Seckauer Höhenzug; in den Rottenmanner Tauern an den Bösensteinseen und im Sunk bei Trieben, in den Wölzer Tauern sowie in den Schladminger Tauern auf dem Hochgolling, am Rießachsee, Stierkaarsee und auf dem Soaleck bei Sölk; in den Hohen Tauern im Maltatal, um Launsberg bei Obervellach, zerstreut in der Sadnig-Kreuzeck- und Ankogel-Gruppe, zerstreut in den westlichen Hohen Tauern Salzburgs und Tirols, in den Zillertaler Alpen, Ötztaler und Rhätischen Alpen.

Verbreitet im Bayerischen Alpengebiet bis 2260 m ansteigend, auf der Schwäbisch-Bayerischen Hochebene an der Iller bis Memmingen, am Lech bis Schongau und am Lechfeld bei Mering, an der Isar bis München; in Württemberg-Hohenzollern nur bei Aumühle-Ellenberg im Kreise Ellwangen; in Baden sehr zerstreut im südlichen Schwarzwald, z. B. am Feldberg und Belchen, sehr selten in der südlichen Rheinebene; zerstreut in der Rheinpfalz, z. B. im Bienwald, bei Grünstadt, Dürkheim, Neustadt, Edenkoben, Annweiler, Eusserthal und Kaiserslautern (Vorkommen z. T. fraglich), im nördlichen Bayern bei Hesselberg, Weißenburg, Artelshofen, Hollenberg, Elbersberg bei Pegnitz, im Rednitz-, Pegnitz-

Fig. 157. *Thesium alpinum* L. Weißachauen bei Kreuth. (Aufn. G. EBERLE)

und Regnitzgebirge, bei Bayreuth, zerstreut im Frankenwald bei Gefrees, Bischofsgrün und Oberkotzau, im Sächsischen Mittelgebirge und im Lausitzer Bergland und sehr zerstreut im Sächsischen Hügelland, in der mittleren Elbeniederung, in der Altmark, im Havelland und im Fläming, im Harz nur am Brocken sehr selten (fraglich); in Schlesien sehr zerstreut im Tiefland z. B. bei Rothenburg in der Oberlausitz, verbreitet im Isergebirge, Riesengebirge, z.B. auf den Elbwiesen, am Kleinen Teich, Aupagrund, bei Krummhübel, Arnsdorf u. a., am Zobten, im Waldenburger Bergland bei Weißstein, im Eulengebirge, Adlergebirge, auf der Heuscheuer und am Glatzer Schneeberg, im Altvater und im Gesenke.

In Böhmen im böhmischen Anteil der obengenannten deutschen Mittelgebirge, z. B. bei Münchengrätz, Weißwasser, Ridka, Komotau, Joachimstal, Karlsbad, Ronsperg i. Böhmerwald u. a.

Ändert ab: var. *alpinum*. Pflanze 10-20 cm hoch, fast unverzweigt. - var. *tenuifolium* (SAUTER) A. DC. 15-50 cm hoch. Pflanze locker, rispig-ästig. Äste meist verlängert. Blätter schmal lineal-lanzettlich. Blütenstand nicht einseitswendig. Zerstreut, namentlich in den Alpen, doch auch am Untersee und in Baden beobachtet. Zwischen den beiden Formen kommen zahlreiche Übergangsformen vor, z. B. var. *media* O. NAEGELI. - var. *pubescens* HEGI et BRUNIES. Pflanze im oberen Teil stark flaumig, daher graugrün erscheinend. In Graubünden (Ofenberg).

Bei *Th. alpinum* tritt entweder Fremdbestäubung oder bei ausbleibendem Insektenbesuch spontane Selbstbestäubung ein, und zwar letztere dadurch, daß beim Abblühen und dem dadurch bedingten Schließen der Perigonblätter die Staubbeutel gegen die Narbe gedrückt werden.

Nach SERNANDER (1908) zählt *Th. alpinum* L. zu den myrmekochoren Pflanzen. Der Fruchtstiel stellt einen ölhaltigen Futterkörper für Ameisen (Eläosom) dar. Dieser wird von den Ameisen gefressen, während sie die Früchtchen unberührt lassen und bei der „Hausreinigung" aus ihrem Wohnbau hinauswerfen.

**810. Thesium ebracteatum**[1]) HAYNE in SCHRAD. Journ. 3, 1, 33 (1801). Syn. *Th. comosum* ROTH (1800). Vorblattloser Bergflachs. Dän.: Hörbladet Naalebæger. Poln.: Leniec bezpodkwiatkowy. Tschech.: Lněnka bezlistenná. Fig. 156f, g

Ausdauernd, 7–30 cm hoch. Grundachse kriechend, Ausläufer treibend, nach oben mehrere aufrechte, gewöhnlich unverzweigte, glatte, locker beblätterte Stengel entwickelnd. Letztere an der Spitze durch unfruchtbare Tragblätter schopfig. Laubblätter linealisch, schwach 3-nervig, kahl, das Stengelglied unter dem Tragblatt der Blüte zuletzt aufrecht-abstehend. Blütenstand eine einfache, unverzweigte Traube. Blüten kurz gestielt, jede nur von 1 Hochblatt (Tragblatt) gestützt. Perigon röhrig, an der Spitze stark eingerollt, kürzer als die Frucht (Fig. 156g). Frucht eiförmig, kurz gestielt. – V, VI.

Vorkommen. Zerstreut in wärmeliebenden Rasen- oder Heidegesellschaften auf trockenen Hügeln, an Waldrändern und auf Waldlichtungen, gelegentlich auch in wechselfeuchten Wiesengesellschaften, bevorzugt (nach STEFFEN) Sandböden.

Allgemeine Verbreitung. Östliches Mitteleuropa und Osteuropa (sarmatisch). In Mittel- und Osteuropa westwärts bis Norddeutschland bis Magdeburg–Salzwedel–Lüneburg, westlich dieser Linie nur an isolierten Standorten in Hannover, Oldenburg und in Holland bei Valkenburg; zerstreut in Thüringen, Böhmen und Niederösterreich, verbreitet durch Polen, Galizien, Rumänien ostwärts bis West-, Mittel- und Südrußland.

Verbreitung im Gebiet. Im Nordwestdeutschen Tiefland sehr zerstreut in der Lüneburger Heide, westlich davon nur zwischen Wildeshausen und Alhorn in der Ems-Hunte-Geest, vereinzelt in der Schleswig-Holsteinischen Geest; im Nordostdeutschen Tiefland von Ostpreußen, Westpreußen und Pommern zerstreut südwestwärts bis zum Havelland, zur Magdeburger Elbeniederung und zum Mittelmärkischen Plattenland, im Thüringer Becken nur bei Erfurt und Allstedt, im Süden bis zur Lausitzer Niederung bei Bergheide in der Nähe von Senftenberg; in Schlesien nur um Bunzlau, auf den Wittgenauer Bergen, bei Trachenberg, Rosenberg und zwischen Chronstau und Malapane bei Oppeln. – In Böhmen bei Sadska, Böhmisch-Aicha und Bochowitz. – In Niederösterreich nur im südlichen Wiener Becken bei Laxenburg, Guntramsdorf, Münchendorf und Moosbrunn.

Ändert wenig ab: f. *tribracteatum* MADAUSS. Ein oder auch beide Vorblätter vorhanden, namentlich im unteren Teil des Blütenstandes.

Die Art kommt im Nordostdeutschen Tiefland vor allem in der *Calluna*-Heide vor, zusammen mit *Pulmonaria angustifolia* L., *Anemone patens* L., *Asperula tinctoria* L. usw. An den einzelnen, isolierten Standorten im Nordwestdeutschen Tiefland ist die Art sehr unbeständig und bleibt manchmal jahrelang aus.

**811. Thesium rostratum** MERT. et KOCH, Deutschlands Flora 2, 287 (1826). Schnabelfrüchtiger Bergflachs. Franz.: Thésion à fruit rostré. Tschech.: Lněnka zobánkatá. Fig. 156h-l, 158

Ausdauernd, 20–30 cm hoch. Grundachse dick, schräg im Boden liegend, holzig, unten abgebissen, vielköpfig. Stengel aufrecht oder aufsteigend, nicht verzweigt, kahl, locker beblättert, an der Spitze durch unfruchtbare Tragblätter schopfig. Laubblätter sehr schmal, linealisch, 1-nervig, kahl, am Grunde verschmälert. Blütenstand eine einfache Traube. Blüten fast sitzend, jede nur von einem Hochblatt (Tragblatt) gestützt. Zipfel der Blütenhülle nach aufwärts gerichtet (Fig. 156i). Staubfäden und Staubbeutel weiß, letztere durch ein Büschel weißer Haare mit dem Perigon verbunden (Fig. 156k). Reife Frucht weich, beerenartig, saftig, gelblich, sitzend, etwa halb so lang wie die bis gegen die Mitte zu eingerollte Perigonröhre (Fig. 156l). – Chromosomenzahl: $n = 13$. – IV, V.

---

[1]) Deckblattlos; lat. *bráctea* = dünnes Blatt, Deckblatt, Tragblatt.

Vorkommen. Zerstreut in Kiefernwaldgesellschaften vor allem der Ostalpen und deren Vorland, meist in Begleitung von *Erica carnea* oder *Cytisus*-Arten (östlicher Verbreitung) auf trockenwarmen Kalkstein- oder Mergelböden steiler Hänge, auch auf trockenen Moränen-Schottern oder Kiesalluvionen der Talauen und des Alpenvorlandes, in den Alpentälern vereinzelt bis 1500 m, oberhalb Zirl in Nordtirol bis 1600 m, Erico-Pinion-Verbandscharakterart.

Allgemeine Verbreitung. Südliches Mitteleuropa (dealpin). Im südlichen Baden und Bayern, Böhmen, Kärnten, Salzburg, Nord- und Südtirol, Vorarlberg und in der nordöstlichen Schweiz.

Fig. 158. *Thesium rostratum* MERT. et KOCH. Weißachauen bei Kreuth. (Aufn. G. EBERLE)

Verbreitung im Gebiet. In Süddeutschland nur im südwestlichen Baden, im Hegau und im Kriegertal sowie zerstreut im südlichen Bayern von der Unteren Hochebene bis ins Alpengebiet, bis etwa 830 m ansteigend, und zwar in den Bayerischen Alpen bei Hohenschwangau, Griesen bei Garmisch und Kreuth, in den Berchtesgadener Alpen bei Hohenaschau und Reichenhall, in der Oberen und Unteren Hochebene ziemlich verbreitet, ferner zerstreut im nördlichen Bayern bei Neuburg a. d. D. und zwischen Kelheim und Tegernheim nächst Regensburg. – Zerstreut in Böhmen im Bilichauer Gebiet bei Schlan und um Prestic zwischen Pilsen und Klattau. – Zerstreut in Kärnten, z. B. auf der Schütt bei Föderaun, um Bleiberg bei Villach und nächst Berg im oberen Drautal, in Salzburg in der Umgebung von Salzburg-Stadt bei Großgmain und nächst Unken im Bezirk Zell am See, häufiger in Nordtirol, so vor allem im oberen Inntal und in der Umgebung von Innsbruck, in Südtirol im Pustertal, Eisacktal, in der Umgebung von Meran und Trient u. a., in Vorarlberg nur zwischen Schoppernau und Hopfreben. – In der Schweiz nur in den nordöstlichen Kantonen, im Kanton Schaffhausen z. B. bei Herblingen und Dörflingen, im Kanton Thurgau bei Mammern, im Kanton St. Gallen nur an der Warthalde oberhalb Vilters und in Graubünden z. B. um Chur, zwischen Ems und Ilanz, Bonaduz, Reichenau u. a., im Kanton Zürich z. B. am Irchel, bei Adelfingen, am Uto bei Zürich, um Winterthur und im Kanton Aargau z. B. im Lägerngebiet bei Baden, Würenlingen und Rekingen.

Von Bastarden ist einzig bekannt: *Th. ramosum* × *Linophyllon*; *Th. hybridum* BECK. In Niederösterreich auf dem Diernberge bei Falkenstein.

Reihe **Aristolochiales**

Krautige Pflanzen oder Holzgewächse mit meist zwitterigen, seltener eingeschlechtigen, anemogamen oder zoidiogamen Blüten. Laubblätter schraubig angeordnet, ohne Nebenblätter. Blütenhülle meist 3- (bis 5-)zählig, gleichartig, korollinisch. Staubblätter 6 bis zahlreich. Fruchtknoten meist unterständig, 3- bis 6-fächerig mit zentralwinkelständiger Plazenta oder einfächerig mit wandständiger Plazenta und mit zahlreichen Samenanlagen, mit 2 oder 1 Integument. Kapseln oder Beeren.

## 42. Familie. Aristolochiaceae

A. L. JUSS., Gen. plant. 72 (1789) „*Aristolochiae*", nom. corr., BLUME (1830)

### Osterluzeigewächse

Wichtigste Literatur. O. CHR. SCHMIDT in ENGLER, PRANTL u. HARMS, Natürl. Pflanzenfam., 2. Aufl., **16 b**, 204–242 (1935), mit Literaturverzeichnis.

Ausdauernde Kräuter oder meist windende Holzgewächse, mit wechselständigen, 2-zeiligen, gestielten, meist ungeteilten, oft herzförmigen, ganzrandigen Blättern. Nebenblätter gewöhnlich fehlend. Blüten zwitterig, strahlig (aktinomorph) oder zweiseitig-symmetrisch (zygomorph). Blütenhülle oberständig, einfach, meist 3-zählig, verwachsenblättrig, blumenblattartig, bauchig, röhrenförmig oder glockenförmig, 3-spaltig oder mit lippenförmigem Saum. Staubblätter (5) 6–12 (36), frei oder mit der Griffelsäule zu einem Gynostemium verwachsen. Staubfäden kurz, dick oder fehlend. Staubbeutel fast stets nach außen aufspringend. Fruchtknoten meist unterständig, 4- bis 6-fächerig, mit zahlreichen umgewendeten, horizontalen oder hängenden Samenanlagen (Taf. 89, Fig. 3a). Griffel 6, zu einer Säule verwachsen (Taf. 89, Fig. 4b), oben eine scheibenförmige, 6-strahlige Narbe tragend. Frucht eine durch Längsspalten oder etwas unregelmäßig sich öffnende Kapsel. Samen flach oder länglich 3-kantig, zuweilen mit Anhängsel (Taf. 89, Fig. 3c, d), stets mit reichlichem Nährgewebe. Embryo sehr klein, mit wenig entwickelten Keimblättern.

Den Aristolochiaceen ist eine ziemlich isolierte Stellung im System eigen. Sie stehen mit keiner Familie in wirklich engem verwandtschaftlichen Zusammenhang. WETTSTEIN, R. WAGNER, L. LANGE und MEZ haben sich für eine Zugehörigkeit zu den *Ranales (Polycarpicae)* ausgesprochen, worauf ähnliche Blütenverhältnisse, z. B. der Perianthbau mancher Formen, das Vorkommen extrorser Antheren, Plazentation sowie zytologische Befunde hindeuten. R. WAGNER, L. LANGE und MEZ haben eine nähere Verwandtschaft der Aristolochiaceen mit den Anonaceen festgestellt, was nach neueren morphologischen und anatomischen Untersuchungen zweifellos richtig sein dürfte. WETTSTEIN nimmt hingegen eine extreme Sonderstellung der Aristolochiaceen an, die durch den unterständigen Fruchtknoten und durch die Zygomorphie gegeben sei. ENGLER, WARMING, MOEBIUS, RENDLE und HUTCHINSON fassen die Aristolochiaceen als Glied einer eigenen Reihe, der *Aristolochiales*, auf. Nach ENGLER sind die Aristolochiaceen nach den Loranthaceen einzuordnen. WARMING und MOEBIUS bringen sie mit den Hydnoraceen, Rafflesiaceen, Santalaceen und Loranthaceen in Zusammenhang, während HUTCHINSON ein verwandschaftliches Verhältnis zu den diözischen Nepenthaceen zu erkennen glaubt.

Die Familie umfaßt 7 Gattungen mit etwa 380 Arten. Das Verbreitungsgebiet der Familie erstreckt sich nahezu über die gesamte Erde, mit Ausnahme der arktischen, subantarktischen und antarktischen Zone. Die meisten Arten finden sich in den tropischen und subtropischen Gebieten der Alten und Neuen Welt, jedoch im einzelnen in verhältnismäßig ungleichmäßiger Verbreitung. Zahlreich sind die Aristolochiaceen in Südamerika vertreten, während sie in Australien fast völlig fehlen.

## CCXXVII. Asarum L., Spec. plant. 442 (1753), Gen. plant. ed. 5, 201 (1754).
### Haselwurz

Wichtigste Literatur. Y. ARAKI, Systema generis *Asari* in Acta phytotax. et geobot. (Kyoto) **28**, 33–36 (1953). L. DIELS, Beiträge zur Kenntnis der Blattfolge bei *Asarum europaeum* in Ztschr. f. Botanik **23**, 203–216 (1930). H. KUGLER, Zur Blütenökologie von *Asarum europaeum* L. in Ber. Deutsch. Botan. Ges. **52**, 348–354 (1934). K. PAECH, Die Differenzierung der Ölzellen und die Bildung des ätherischen Öles bei *Asarum europaeum* in Ztschr. f. Botanik, **40**, 53–66 (1952). E. J. SCHWARTZ, Observations on *Asarum europaeum* and its Mycorhiza in Ann. of. Bot. **26**, 769–776 (1912). E. WERTH, *Asarum europaeum*, ein permanenter Selbstbefruchter in Berichte d. Dtsch. Botan. Ges. **64**, 287–294 (1951).

**Niedrige Stauden; Rhizom mit schuppigen Niederblättern; Stengel kriechend. Laubblätter wechselständig, herzförmig, nierenförmig oder nahezu pfeilförmig, langgestielt, lederig und glänzend, kahl oder seltener behaart, oft hell gefleckt oder geadert. Blüten einzeln, endständig, kurz gestielt, häutig bis fleischig, braun, grau- oder schwarzpurpurn. Blütenhülle einfach, regelmäßig dreilappig, glockig oder krugförmig, unterhalb der Perianthabschnitte eingeschnürt, eiförmig oder halbkugelig, kahl. Staubblätter 12, frei oder nur ganz wenig angewachsen, in 2 Kreisen angeordnet (Fig. 163 m). Staubfäden kurz. Staubbeutel (Taf. 89, Fig. 3b) mit pfriemenförmig verlängertem Konnektiv. Griffel 6, frei oder zu einer Griffelsäule (Gynostemium) verwachsen (Taf. 89, Fig. 4b), die an der Spitze 6-lappig oder 6-strahlig ist. Fruchtknoten unterständig oder halbunterständig, halbkugelig, 6-fächerig, mit wandständigen Plazenten und zahlreichen, in 2 Längsreihen angeordneten Samenanlagen. Frucht eine rundliche, lederige, leicht unregelmäßig aufspringende Kapsel, die von dem stehenbleibenden Perianth und den Staubbeuteln gekrönt wird. Samen länglich-eiförmig, stark abgeflacht, mit querrunzeliger Samenschale und kräftiger Rhaphe (Taf. 89, Fig. 3c, d).**

Die Gattung umfaßt etwa 60 Arten, die vor allem in den Wäldern der nördlichen gemäßigten Gebiete, und zwar nur mit je einer Art in Europa und Sibirien, nämlich *A. europaeum* L., sowie in Zentralasien mit *A. himalaicum* HOOK. f. et THOMS., jedoch in zahlreichen Arten in Ost- und Südostasien u. a. mit *A. Blumei* DUCH., *A. albivenium* RGL., *A. elegans* DUCH. verbreitet sind. Etwa 12 Arten finden sich in Nordamerika, u. a. auch *A. virginicum* L., *A. arifolium* MICHX. und *A. canadense* L. – Ein südliches Gegenstück zu *Asarum* stellt die in den trockenen Gebieten von Paraguay und Argentinien nur durch eine Art verbreitete Gattung *Euglypha* dar.

Vegetationsorgane. Der Sproß beginnt bei *A. europaeum* L. mit drei, seltener vier schuppenförmigen, behaarten Niederblättern, auf die nach einem gestreckten Internodium zwei fast gegenständige Laubblätter folgen. Zwischen diesen schließt die Achse mit einer Blüte ab. Aus der Achse des oberen Laubblattes geht im nächsten Jahr ein neuer Sproß hervor. Bei etwaigem Verlust der diesjährigen Laubblätter entwickelt sich bereits die im Vorjahr angelegte Fortsetzungsknospe frühzeitig weiter und liefert aus den zwei ersten Niederblättern zwei Ersatzlaubblätter. Diese Blätter weichen von den normalen Laubblättern bisweilen dadurch ab, daß sie nicht breit, sondern nur schmal herzförmig, kleiner und nur mit einer engen Bucht am Blattgrunde ausgestattet sind, wobei sich die Blattlappen vielfach überdecken.

Anatomie. Im Rhizom der *Asarum*-Arten sind Ölzellen und leptozentrische Leitbündel vorhanden, die von einer gemeinsamen Endodermis umschlossen werden. In den Wurzeln ist endotrophe Mykorrhiza festgestellt worden, die zu einem Pilz gehört, der dem bei *Neottia Nidus-avis* (L.) RICH. auftretenden sehr ähnlich ist. Sekret- bzw. Ölzellen finden sich vorwiegend in den Blättern, aber auch in den Blattstielen, an der Unterseite der Niederblätter und in den Wurzeln. An besonderen Inhaltsstoffen sind ätherische Öle, aber auch fettes Öl bzw. Wachs, ferner Bitterstoffe, und zwar das kristallinische Asaron, in den Wurzeln festgestellt worden. In den Zellen, besonders der unterirdischen Organe, ist oft Stärke in sehr beträchtlicher Menge gespeichert, z. T. finden sich einfache Körner, zuweilen auch zusammengesetzte Körner, die aus 2–6 gleichen Teilstücken bestehen.

Blütenverhältnisse. *Asarum* besitzt nur Einzelblüten, die endständig an den diesjährigen Sprossen stehen; ihre Anlage erfolgt bereits im Vorjahr. *A. europaeum* L. zählt zu den kleinblütigen Arten von unscheinbarer Blütenfarbe, während besonders viele asiatische Arten durch weit größere und vielfach farbenfrohere Blüten ausgezeichnet sind. Bei *Asarum* ist bisher nur Selbstbestäubung nachgewiesen worden. Die Blüten von *A. europaeum* L. sind proterogyn. Die Blüte ist zur Zeit der Narbenreife noch nicht voll geöffnet. Die 12 Staubblätter sind anfangs weit nach außen und unten gebogen, sie berühren fast den Blütenboden, so daß die Narbe völlig frei dasteht. Erst wenn die Blüte sich zu öffnen begonnen hat, richten sich die 6 Staubblätter des inneren Kreises auf und legen sich dicht an die Narbe stets zwischen je zwei Lappen, wobei leicht Selbstbestäubung erfolgen kann. Später richten sich auch die äußeren kleinen Staubblätter einzeln nacheinander auf und fügen sich unterhalb der Narbenlappen zwischen die größeren ein. In dem jetzt erreichten männlichen Zustand der Blüte neigen sich die Perigonzipfel nach außen, und die volle Öffnung der Blüte ist erfolgt.

Schädlinge. *Puccinia asarina* KZE. verursacht rundliche, gelbbräunliche, oft blasig vorgewölbte, bis ca. 1 cm große Flecken, in denen die meist in größerer Zahl dicht gehäuft beisammenstehenden, dann oft ganz zusammenfließenden bis ca. 5 mm großen, braunen Teleutolager entstehen. Diese entwickeln sich oft auch auf den mehr oder weniger stark gekrümmten Blattstielen und verursachen ein frühzeitiges Absterben der Blätter.

Nutzen. Die Wurzeln und Wurzelstöcke von *A. europaeum* L. werden unter dem Namen Radix Asari und Rhizoma Asari als Brech- und Hustenmittel, gegen Augenentzündungen, zur Tinktur und als Nießpulver verwendet. Die Droge wird zuweilen auch mit den Blättern gebraucht; sie riecht aromatisch kampferartig, schmeckt brennend scharf, enthält 1% ätherisches Öl und in diesem das kristallinische Asaron. *A. europaeum* galt schon im Altertum sowie im Mittelalter als ein wichtiges Arzneimittel. Die Wirkung mancher nordamerikanischer Arten wie etwa *A. arifolium* MICHX., *A. canadense* L., *A. virginicum* L. und ostasiatischer Arten wie *A. albivenium* RGL., *A. Blumei* DUCH. und *A. Sieboldii* MIQ. ist ähnlich, aber milder. Rhizoma bzw. Radix Asari canadensis findet in Nordamerika als Aromatikum Verwendung.

**812. Asarum europaeum** L., Spec. plant. 442 (1753). Europäische Haselwurz. Engl.: Asarabacca. Franz.: Asaret, Cabaret, Rondelle, Oreillette, Oreille d'homme, Nard sauvage. Ital.: Baccaro, Renella. Poln.: Kopytnik pospolity. Tschech.: Kopytnik evropský. Sorb.: Smólnik.

Taf. 89, Fig. 3; Fig. 159–161, Fig. 163 m, n

Ausdauernd, 4–10 cm hoch. Grundachse (Scheinachse) dünn, kriechend, ästig, gegliedert, meist mit 3 (4) schuppenförmigen, bräunlichgrünen Niederblättern besetzt. Stengel aufsteigend, kurz beschuppt, wie die ganze Pflanze etwas zottig-behaart, an der Spitze 2, seltener 3 oder 4 lang gestielte, fast gegenständige, aus tief herzförmiger Bucht nierenförmige bis rundliche, trübgrüne, oberseits spiegelnde, etwas lederige Laubblätter tragend und durch eine kurz gestielte, endständige, etwas nickende Blüte abgeschlossen. Perigon strahlig, bleibend, krugförmig-glockig, mit 3- (4-) spaltigem Saum, außen bräunlich, innen dunkelpurpurn. Perigonabschnitte aufrecht,

Fig. 159. *Asarum europaeum* L. (Aufn. TH. ARZT). Pflanze, Ausschnitt, mit Wurzelansatz, Stengel, Blüte u. Blättern

Fig. 160. *Asarum europaeum* L. (Aufn. TH. ARZT). Wurzelwerk, Stengel mit Blüte und Blattansatz

eiförmig, plötzlich in eine eingebogene Spitze verschmälert. Staubblätter 12, in 2 Reihen angeordnet (Fig. 163 m), auf dem Fruchtboden stehend, die äußeren kürzer, mit verlängertem, pfriemförmigem Konnektiv (Taf. 89, Fig. 3 b); letzteres die nach auswärts aufspringenden, ganz freien Staubbeutel überragend. Fruchtknoten oben flach. Griffel dick, kurz, nicht hohl. Narbe 6-strahlig. Fruchtkapsel behaart, durch falsche Scheidewände (Plazenten) 6-fächerig (Fig. 163 m, n), unregelmäßig aufspringend. Samen in jedem Fach wenig zahlreich, länglich kahnförmig vertieft, mit schwammigen Anhängseln (Taf. 89, Fig. 3 c, d). – Chromosomenzahl: n = 12, (20). – III bis V.

Fig. 161. *Asarum europaeum* L. Bei Braunfels an der Lahn. (Aufn. TH. ARZT)

Vorkommen. Ziemlich häufig in frischen, krautreichen Laubmischwald- und Buchen-Tannenwald-Gesellschaften, seltener auch im Auwald, auf nährstoffreichen, vorzugsweise kalkhaltigen, sickerfeuchten, mildhumosen Lehm- und Tonböden; bodenlockernde Mullpflanze, Lehm- und Feuchtigkeitsanzeiger, auf Kalk auch auf trockeneren Standorten, im Tiefland und in der Bergstufe, stellenweise bis in die Alpentäler vordringend und z. B. im Achental in Nordtirol bis 1300 m ansteigend. Subkontinentale Waldpflanze. Querceto-Fagetea-Klassencharakterart.

Allgemeine Verbreitung. Nördliches Südeuropa, zentrales und östliches Mitteleuropa ([südeuropäisch-montan-]mitteleuropäisch mit zentraleuropäisch-sarmatischer Ausbreitungstendenz). Von Südengland, Belgien, Deutschland (ausgenommen dem Nordwesten), Südschweden und Finnland südwärts bis in das nördliche und nordöstliche Spanien, Mittelitalien, Mazedonien, Bulgarien, Südrußland und bis zur Krim, ostwärts bis in das westliche Westsibirien, Enklave im Altai-Gebiet.

Verbreitung im Gebiet. Im Nordostdeutschen Tiefland in Ost- und Westpreußen ziemlich verbreitet, westlich der Oder nur vereinzelt und selten, im Westen bis in die untere Mittelelbeniederung bei Redefin, bis ins Havelland und in die Mittlere Elbeniederung, im Süden selten in der Niederlausitzer und Niederschlesischen Heide, in Mitteldeutschland zerstreut im Sächsischen Hügelland und im unteren Sächsischen Bergland bis 670 m, verbreitet im Thüringer Becken, weniger häufig im Thüringer Wald und im Harz, im Leinebergland, die Nordwestgrenze des mitteleuropäischen Verbreitungsgebietes verläuft in Westfalen vom Oberen Weserbergland von Hameln–Lügde–Leopoldsthal–Driburg–Geometer Holz bei Warburg–Hillershausen–Frankenberg/Eder–Laasphe nach Dillkreis im Süderbergland. Ziemlich verbreitet in der Rheinprovinz und in Hessen, verbreitet in Südwest- und Süddeutschland durch Baden, Württemberg-Hohenzollern und Bayern, im bayerischen Alpengebiet bis 1200 m ansteigend, in der Oberrheinischen Tiefebene und im Schwarzwald aber selten bis fehlend.

Verbreitet durch Böhmen und Mähren, vor allem in der Hügel- und Bergstufe.

Ziemlich allgemein verbreitet im nördlichen Nieder- und Oberösterreich und in den österreichischen Alpenländern in der kollinen sowie Berg- und Voralpenstufe, in den Alpentälern und in der subalpinen Stufe der Kalkhochalpen und Zentralalpen, in Tirol z. B. in der Umgebung von Innsbruck bis 1000 m, im Achental bis 1300 m ansteigend; stellenweise auch selten, in der Nordoststeiermark nur bei St. Johann bei Herbenstein.

Allgemein verbreitet auch in der Schweiz von der kollinen bis in die subalpine Stufe; fehlt im Kanton Uri.

Der Name Haselwurz (ahd. hasel-, hasilwurz) wird meist dahin gedeutet, daß die Pflanze gern unter Haselsträuchern wächst. Wahrscheinlicher hat aber bei der Bildung des Namens ihre lat. Benennung *asarum* mitgewirkt. Manchmal wird der Name auf den Hasen umgedeutet, so in Hase(n)wurz (Thurgau), Hasenblätter (Schwäbische Alb). Das gilt wohl auch für Bezeichnungen wie Hasenohr, -öhrlein (z. B. Schlesien, Böhmerwald), denn mit den länglichen Hasenohren haben die nierenförmigen Blätter unserer Pflanze kaum Ähnlichkeit. Auf den scharfen, pfefferartigen Geruch bzw. Geschmack des Krautes beziehen sich Weirákraut [Weihrauch-] (Niederösterreich), Pfefferkraut, Wilder

Pfeffer (Oberbayern), Pfefferwurz (Thurgau), Pfefferblätter (Riesengebirge). Die Verwendung der Blätter als volkstümliches Tierheilmittel hat die Benennungen Drüsenkraut (Nordböhmen) [gegen die Druse, Drüsenkrankheit der Pferde, gebraucht], Kollerblätter (Riesengebirge) [gegen den Pferdekoller] veranlaßt. Neidkraut (Oberösterreich) heißt die Haselwurz, weil sie dem Milchvieh gegen das „Verneiden" (d. h. wenn die Milch durch den Neid einer mißgünstigen Nachbarin zum Versiegen gebracht worden ist) gegeben wird. Die Tiroler Bezeichnung Haselmünich, -munnich ist in ihrem zweiten Bestandteil unklar. Hängt sie etwa mit mhd. münich, münech „Mönch" zusammen?

## CCXXVIII. Aristolochia[1]) L., Spec. plant. 960 (1753); Gen. plant. ed. 5, 410 (1754). Osterluzei, Pfeifenblume

Wichtigste Literatur. H. CAMMERLOHER, Zur Biologie der Blüte von *Aristolochia grandiflora* Sw. in Österr. Botan. Ztschr. **72**, 180-198 (1923); Blütenbiologie I. (1931). H. DIEHL u. H. MOSER, Die Osterluzei als Wundheilmittel in Münch. Medizin. Wochenschr. **81**, 473-474 (1934). B. M. JOHRI and S. P. BHATNAGAR, A Contribution to the Morphology and Life History of *Aristolochia* in Phytomorphology (Delhi) **5**, 123-137 (1955). P. KNUTH, Handbuch d. Blütenbiologie **2**, 2, 366-373 (1899); **3**, 1, 265-269 (1904). L. KNY, Bestäubung der Blüten von *Aristolochia Clematitis* L., Botanische Wandtafeln, Text zu Tafel 92 (1895). H. SOLEREDER, System. Anatomie d. Dikotyledonen 769-775 (1899). E. ULE, Über Blüteneinrichtungen einiger Aristolochien in Brasilien in Ber. Deutsch. Botan. Ges. **16**, 74-91 (1898). A. WEISSE, Zur Kenntnis von Blattstellung und Blütenständen der Aristolochiaceen, II, *Aristolochieae* in Ber. Deutsch. Botan. Ges. **45**, 237-244 (1927).

Kräuter mit ausdauerndem Rhizom oder windende, oft baumartige Holzpflanzen. Laubblätter wechselständig, meist ungeteilt, am Grunde meist herzförmig, kahl, mit 5-7 vom Blattgrunde ausstrahlenden Nerven. Blüten einzeln oder in Büscheln in den Blattachseln. Blütenhülle unregelmäßig mit vielgestaltigem Blütensaum, am Grunde rings um die Fortpflanzungsorgane bauchig zu einem Kessel erweitert; auf den Kessel folgend eine zylindrische, gerade oder gebogene Röhre, die sich bei den bei uns vorkommenden Arten zu einem 1-lippigen Blütensaum erweitert (Taf. 89, Fig. 4a; Fig. 163 l). Staubblätter meist 6, einreihig um die Griffelsäule gestellt und mit letzterer zu einem Gynostemium verwachsen (Taf. 89, Fig. 4b). Griffel kurz, hohl, mit 6 Narbenlappen, oben von einem 6-kerbigen Ring umgeben. Fruchtknoten unterständig, 6-fächerig (Fig. 163 h), mit zahlreichen, in 1-2 Längsreihen parietal angeordneten Samenanlagen. Samenanlagen anatrop, mit zwei Integumenten. Frucht eine birnförmige (Fig. 163 b, e), 6-spaltige, transversal gefächerte Kapsel. Samen abgeplattet, zahlreich (Fig. 163 c, f).

Die Gattung umfaßt etwa 300 Arten, die über die tropischen, subtropischen und gemäßigten Gebiete der Alten und Neuen Welt in einer Anzahl mehr oder minder voneinander geschiedener Areale verbreitet sind. Dem nordamerikanischen, madagassischen, papuasischen und australischen Verbreitungsgebiet der Gattung sind nur wenige Arten eigen. So finden sich in Nordamerika vorwiegend im Osten und Süden der Vereinigten Staaten *A. Serpentaria* L., *A. reticulata* NUTT. und *A. durior* HILL. Artenreicher ist das mediterrane, afrikanische, indisch-malesische und das ostasiatische Teilverbreitungsgebiet. So sind im Mittelmeergebiet und z. T. in Kleinasien *A. longa* L., *A. pallida* WILLD., *A. Clematitis* L., *A. sempervirens* L., *A. altissima* DESF., *A. maurorum* L. u.a. einheimisch. In Westafrika kommen *A. Goldieana* HOOK. f., in Nigeria und Kamerun *A. promissa* MAST., in Ostafrika *A. rigida* DUCH. vor. Dem indisch-malesischen Florengebiet ist u. a. *A. indica* L. und *A. tripartita* BACKER eigen. Reich an *Aristolochia*-Arten ist das tropische und subtropische Zentral- und Südamerika, das die Mehrzahl aller Arten, die meisten Endemiten und die schönst- und größtblütigen Formen birgt. Zentralamerika, die Andenstaaten und Brasilien sind durch auffallende Formen ganz besonders ausgezeichnet. So finden sich in Zentralamerika u. a. *A. grandiflora* ARRUDA und *A. maxima* JACQ.; *A. macroura* GOMEZ in Brasilien, Bolivien, Paraguay und Argentinien, *A. barbata* JACQ., *A. Burelae* HERZOG, *A. trilobata* L., *A. gigantea* MART. et ZUCC., *A. elegans* MAST. u. v. a. in Brasilien; *A. fimbriata* CHAM. in Brasilien, Uruguay und Argentinien, *A. floribunda* LEM. in Brasilien und Peru, *A. chilensis* MIERS in Chile.

---

[1]) Griech. ἀριστολοχία [aristolochía] (THEOPHRAST, Hist. plant. 9, 20, 4), ἀριστολοχεία [aristolocheía] (DIOSKURIDES, Mat. med. 3, 4), lat. aristolochia (z. B. PLINIUS, Nat. hist. 25, 95) ist zusammengesetzt aus ἄριστος [áristos] „sehr gut" und λοχεῖος [locheíos] „zum Gebären gehörig" (vgl. den Beinamen der Artemis Λοχία [Lochía] als der Helferin der Gebärenden. Schon DIOSKURIDES schreibt, daß die Pflanze sehr gut den Wöchnerinnen helfe (vgl. Lochien „Wochenbettfluß").

Vegetationsorgane. Viele krautige Arten, z. B. *A. Clematitis* L. und *A. Serpentaria* L., besitzen ein längliches, kriechendes, mehr oder minder stark bewurzeltes Rhizom, andere Arten wie z. B. *A. rotunda* L., *A. pallida* WILLD. ein großes, knollig-rundliches Rhizom, das oft nur wenige Wurzeln hat.

Die Mehrzahl der Arten, wie etwa auch *A. sempervirens* L. u. a. mediterrane Arten sind wintergrün, andere, wie z. B. *A. durior* HILL, abgesehen von unserer einheimischen *A. Clematitis* L., sind sommergrün. Die Blätter sind stets ganzrandig und bei den meisten Arten ungeteilt, jedoch von verschiedener Form. Meist sind sie mehr oder minder herzförmig, so z. B. bei *A. Clematitis* L., *A. durior* HILL, *A. elegans* MAST., *A. brasiliensis* MART. et ZUCC., *A. grandiflora* ARRUDA, seltener nierenförmig wie etwa bei *A. chilensis* MIERS, deltaförmig bei *A. deltoidea* H. B. K., lanzettlich bei *A. bilobata* L. oder pfeilförmig wie etwa bei *A. rumicifolia* MART. et ZUCC. Selten sind 2- oder 3-lappige oder 3-geteilte Blätter, z. B. bei *A. bilobata* L., *A. trilobata* L., *A. tripartita* BACKER u. a. Tiefgeteilte Blätter weist allein *A. platanifolia* DUCH. auf. Die Blattgröße schwankt zwischen 0,8 und 25 cm.

Anatomie. Die Blätter der weitaus meisten Arten sind bifazial gebaut, nur wenige Arten wie z. B. *A. maurorum* L. weisen zentrischen Blattbau auf. Vielfach ist die Epidermis mit einer starken Außenwand versehen, so z. B. bei *A. durior* HILL, bei *A. Clematitis* L. hingegen ist sie blattunterseits papillös. Die Spaltöffnungen sind meist auf der Blattunterseite. Das Assimilationsgewebe ist als typisches Palisadenparenchym ausgebildet. Wo Leitbündel auftreten, ist das umgebende Gewebe kollenchymatisch, meist treten um die Bündel Sklerenchymscheiden auf. Die Blätter der meisten Arten sind glatt und unbehaart, jedoch kann auch ober- und unterseits, wie etwa bei *A. tomentosa* SIMS, *A. Burelae* HERZOG, oder nur unterseits z. B. bei *A. durior* HILL, eine Behaarung auftreten. Der Blattstiel zeigt die kollateraloffenen Leitbündel in halbmond- oder ringförmiger Anordnung. Die Achse weist nur einen Leitbündelring mit einer meist ungeraden Zahl von Bündeln auf, die von breiten Markstrahlen umgeben sind. Das Hadrom besitzt vor allem bei den Schlingpflanzen sehr weite Gefäße mit einfacher Perforation, doch kommen auch Ring- und Spiralgefäße vor. Das Holzparenchym ist meist schwach entwickelt, die Holzfasern besitzen große Tüpfeln, das Mark besteht aus unverholzten Zellen. Die Struktur des Holzes zeigt, z. B. bei *A. durior* HILL, deutlich hervortretende, radiale Holzkeile, die oft infolge der Zerklüftung durch sekundäre und tertiäre Markstrahlen ein fächerförmiges Aussehen annehmen. Die Rhizome sind in ihrer Struktur den oberirdischen Achsenteilen ähnlich.

Sekretbehälter, Ölzellen und verschiedene Inhaltsstoffe sind in z. T. großem Ausmaß den *Aristolochia*-Arten eigen. Sie finden sich vorwiegend in den Blättern, und zwar bei vielen Arten in beiden Epidermen, bei *A. Clematitis* L. u. a. jedoch nur auf der Blattunterseite. Sekret- bzw. Ölzellen treten vielfach außer in den Blättern auch in Blüten, Früchten und Samen, aber auch in der Achse selbst, in den Rhizomen bzw. Wurzeln auf. *A. Clematitis* L. hat auch in den Blüten Sekretzellen. Von besonderen Inhaltsstoffen sind ätherisches Öl, und zwar Aristolochin und Aristin, zu nennen, häufig tritt Calciumoxalat auf, meist in der Form gut ausgebildeter Drusen, z. B. bei *A. durior* HILL, vielfach sind aber auch Einzelkristalle anzutreffen, so finden sich auch Gruppen verkieselter Zellen vor allem in der Epidermis der Blattoberseite, u. a. auch bei *A. Clematitis* L. In den Zellen, besonders der unterirdischen Organe, ist oft Stärke in großer Menge gespeichert, sowohl in Form einfacher Körner, wie z. B. bei *A. Clematitis*, als auch in Form zusammengesetzter Körner, wie z. B. bei *A. Serpentaria* L.

Blütenverhältnisse. Die Gattung *Aristolochia* zeigt große Mannigfaltigkeit in der Anordnung der Blüten sowie im Blütenbau. Axilläre Einzelblüten weisen u. a. *A. Goldieana* HOOK. f. und *A. longa* L. auf; häufig sind achselständige Blütenstände, durch sehr armblütige Fächel ist z. B. *A. Serpentaria* L., durch verzweigte Blütenstände, deren Teilinfloreszenzen Fächel sind, *A. maxima* JACQ. ausgezeichnet; Wickel finden sich z. B. bei *A. indica* L., stammbürtige, dem alten Holz entspringende Blütenstände etwa bei *A. cauliflora* ULE und *A. promissa* MAST.

Mannigfaltig sind auch die Blüten gebaut. Bei *A. Clematitis* L. z. B. sitzt dem unterständigen Fruchtknoten ein unterster, bauchig erweiterter Teil der Blütenhülle, der Blütenkessel, auf. Er verengt sich nach oben zur Blütenröhre, um schließlich in den zungenförmig ausgebreiteten Blütensaum auszumünden. Der Blütenkessel umschließt die zu einer Griffelsäule verwachsenen Griffel, ihre kurzen, freien Enden stellen die Narbenlappen dar; die Staubbeutel sind mit dieser Griffelsäule zu einem Gynostemium verwachsen. Die Blütenröhre ist innen mit zahlreichen, dichtstehenden Sperr- oder Reusenhaaren ausgestattet, die in der jungen und unbestäubten Blüte sperrig starr und weit von der Innenwand abstehen, in der bestäubten aber schlaff herunterhängen. Die Reusenhaare bestehen aus drei Teilen, aus dem in einer seichten Vertiefung der Perigonwand sitzenden Fuß, aus dem Gelenk, in welchem die Biegung des ganzen Haares erfolgt, und aus dem eigentlichen aus mehreren zartwandigen, scheibenförmigen Zellen zusammengesetzten Haar (Fig. 163 i, k). Lippe und Kessel sind unbehaart. Bei vielen tropischen Formen tritt eine, wenn auch bisweilen nur feine Behaarung zumindest im Kessel auf.

Der für *A. Clematitis* L. geschilderte Blütenbau ist außerordentlich weit verbreitet. Ähnlich gebaut, jedoch mit stark U-förmig gebogener Blütenröhre und großem, schildförmigem und langgeschwänztem Saum versehen, sind die Blüten von *A. grandiflora* ARRUDA (Fig. ENGLER-PRANTL, 2. Aufl., **16 b**, 213, Fig. 110-B). Bei *A. elegans* MAST. hingegen ist der Kessel im Verhältnis zu den übrigen Blütenteilen quergestellt, er ist glatt und unbehaart bis auf ein kleines Polster, dicht unterhalb der engen, reusenartigen Blütenröhre. Einen ähnlichen Blütenbau zeigt auch *A. brasiliensis* MART. et ZUCC. *A. durior* HILL, hat pfeifenkopfähnliche Blüten mit dreilappigem Saum; die in ihrem unteren Teil rechtwinkelig abgebogene und dort bauchig erweiterte Blütenröhre ist reusenlos und völlig glatt, der nur verhältnismäßig schwach abgesetzte Kessel hingegen ist ganz kurz und dicht behaart. Mannigfaltig ist die Form des Blütensaumes. Einen einlippigen, geschwänzten Blütensaum haben *A. macroura* GOMEZ und *A. flagellata* STAPF, bei letzterer wird der Schwanz bis über 30 cm lang. Mit kräftigen Tentakeln versehen ist der Blütensaum z. B. bei *A. tentaculata* O. SCHMIDT, *A. macradenia* HOOK. u. a. Zweilippige Blütensäume zeigen viele tropische Arten, so hat z. B. *A. brasiliensis* MART. et ZUCC. eine lanzettlich schwertförmige Oberlippe und eine „langgestielte", leicht 2-lappige, handtellerförmige Unterlippe. Auch bei zweilippigen Arten sind die Blüten bisweilen reich mit Tentakeln versehen, wie z. B. bei *A. barbata* JACQ. Dreizipfelige Blütensäume hat *A. triactina* HOOK. f., dreizipfelige, lang geschwänzte Blüten *A. tricaudata* LEM.

Die Blüten der palaearktischen Arten sind z. T. ziemlich einförmig, ja fast unscheinbar gefärbt. Die vielfach kultivierte *A. durior* HILL entfaltet außen auf grünem Untergrunde braunrot geädert und überhauchte Blüten, deren Saum innen auf grünlichgelbem Grunde stark dunkelpurpurn genetzt und gestreift ist. Die größte Farbenmannigfaltigkeit ist den tropischen Formen eigen. So sind z. B. die Blüten der *A. elegans* MAST. innen intensiv dunkelpurpurn, weiß marmoriert und am Schlunde grünlichgelb, der Blütensaum ist außen farbenprächtig, der Blütenkessel hingegen grünlichgelb. Die Blüten von *A. saccata* WALL. sind außen purpur-rosa, im Kessel und am Blütensaum blauviolett überlaufen, am Innenrande violettpurpurn und im Schlunde gelb gefärbt. Prächtig sind die innen karminroten, weißlich marmorierten Blüten der *A. clypeata* LINDEN et ANDRÉ, dunkelpurpurn gefleckt und geädert auf grünlichgelbem Grunde die der *A. grandiflora* ARRUDA. Eine seltene Blütenfarbe, nämlich außen braun, innen bläulich-purpurn und braun sowie gelblich im unteren Teil des Saumes ist *A. arborea* LINDEN eigen. Daneben gibt es aber auch tropische Arten mit einfach gefärbten Blüten.

Auch die Blütengröße der *Aristolochia*-Arten ist sehr verschieden. *A. Clematitis* L. und die anderen mediterranen Arten zählen gleich *A. durior* HILL zu den kleinblütigen Formen. Die afrikanische *A. Goldieana* HOOK. f. (Fig. ENGLER-PRANTL l. c. Fig. 110-C) erreicht 50–60 cm, die westindisch-mittelamerikanische *A. grandiflora* ARRUDA (Fig. ENGLER-PRANTL l. c. Fig. 110-B) bis zu 50 cm große Blüten, mit Einschluß des fast ebenso langen Schwanzes sind die letzteren gar bis gegen 1 m lang. Daneben gibt es aber auch in den Tropen kleinblütige Arten.

Interessant sind die Bestäubungsverhältnisse bei *Aristolochia*. Jene bei *A. Clematitis* L. wurden schon 1793 von C. K. SPRENGEL beschrieben. Die unbefruchteten Blüten stehen aufrecht. Kleine Insekten kriechen vom Blütensaum in die enge, von sparrigen, einzelreihigen Reusenhaaren ausgekleidete Blütenröhre und geraten schließlich in den Kessel. Hier müssen sie die Bestäubung vollziehen, da ihnen von den sparrigen, mit einer Widerlage versehenen Reusenhaaren die Rückkehr ins Freie so lange verwehrt wird, bis die Narbe bestäubt ist. Alsdann richten sich die vorher abwärts gekehrten Narbenlappen auf, die Staubbeutel öffnen sich, und mit Pollen beladen finden die Insekten ihren Weg ins Freie und zu neuen Blüten, da die Reusenhaare nunmehr verwelken. Die Blüte macht also zuerst ein weibliches, dann ein männliches Stadium durch. Nach der Anthese krümmt sich der Blütenstiel abwärts und der zungenartige Blütensaum beugt sich, die Blüte verschließend, vornüber. Beim Ausbleiben von Fremdbestäubung ist Selbstbestäubung nicht ausgeschlossen, da nach KNYS Beobachtungen (1895) die Pollenkörner oft in der Blüte mit langen Pollenschläuchen auskeimen.

Die Bestäubungsverhältnisse tropischer Aristolochien sind von ULE (1898) bei einigen brasilianischen Arten untersucht worden. Die Blüten von *A. macroura* GOMEZ sind proterogyn. Der Eingang zum schrägliegenden Kessel ist mit einer halbbogenförmigen Anschwellung überdeckt. In der Höhe der Griffelsäule ist der Kessel mit einem durchscheinenden „Fenster" versehen, durch das schräg von oben Licht hereinfällt. Die Fliegen verlassen die Blüte erst nach erfolgter Bestäubung zu Beginn des Welkens der Reusenhaare und einsetzender Verdunkelung des Perianthfensters, wenn die Lippe die Blüte zudeckt. Mit komplizierten Beleuchtungseffekten geht auch die Bestäubung der durch stark duftende Blüten ausgezeichneten *A. Lindneri* BERGER vor sich. Die Blüte selbst ist innen glatt, die den Kessel abschließende Querwand nur mit einer kleinen trichterförmigen Öffnung versehen. Den aus der dunklen Blütenröhre herannahenden Insekten wird durch sie der Ausblick in den helleren Kessel gewährt. Nach erfolgter Bestäubung erschlaffen die äußeren Blütenteile, der Kessel färbt sich dunkler, dagegen wird die bisher dunkelbraune Blütenröhre entfärbt, so daß nunmehr die Helligkeit in umgekehrter Richtung zunimmt und den Insekten den Ausweg ins Freie weist.

Selbstbestäubung ist von BURCK an kultivierten Exemplaren von *A. elegans* MAST., *A. barbata* JACQ. und *A. ridicula* N. E. BR. beobachtet worden. Im Gegensatz dazu hat CAMMERLOHER (1923) bei gleichfalls kultivierten Exemplaren von *A. grandiflora* ARRUDA festgestellt, daß ohne Insektenhilfe keine Bestäubung stattfinden kann.

Schädlinge. Der Rostpilz *Puccinia aristolochiae* (DC.) WINT. kommt auf verschiedenen *Aristolochia*-Arten vor und ist im Mittelmeergebiet nicht selten. Auf *A. Clematitis* L. dürfte er nur im südlichen Teile unseres Florengebietes vorkommen. Seine Äzidien entwickeln sich schon im Frühjahr und befallen oft alle Blätter der Pflanze. Die Uredo- und Teleutolager erscheinen vom Sommer bis in den Herbst auf der Blattunterseite und am Stengel. Sie sind bald locker, bald dicht zerstreut und verursachen ein frühzeitiges, von unten nach oben fortschreitendes Absterben der Blätter.

*Cercospora olivascens* SACC. ist ein Hyphomyzet, dessen Rasen sich hypophyll in unregelmäßig eckigen, oft zusammenfließenden und dann größere Teile der Blätter zum Absterben bringenden, dunkelolivgrünen oder olivbraunen

Flecken entwickeln. Sie bestehen aus einfachen, septierten, hell olivbraunen Trägern, auf denen die sehr dünn und verlängert zylindrischen, mit vielen Querwänden versehenen, gelbbräunlichen Konidien entstehen.

Nutzen. Die Wurzeln, Rhizome und Knollen mediterraner Arten finden als Radix, Rhizoma bzw. Tuber Aristolochiae longae, A. rotundae u. a. Arten Anwendung gegen Fieber, Frauenkrankheiten, Magenleiden, als schweiß-, harn- und bluttreibende Mittel u. dgl. Den gleichen Zwecken dienen die unterirdischen Organe vieler indischer und südamerikanischer Arten. Die Wirkung der Mittel beruht auf den in ihnen enthaltenen Bitterstoffen, vor allem auf dem Aristolochin. Die Rhizome der in Mittel- und Südeuropa verbreiteten *A. Clematitis* L. dienten besonders in früheren Zeiten als Brech-, Husten- und Wundmittel, ferner auch bei Wöchnerinnen als Blutungsmittel. Den Rhizomen sind zahlreiche Bezeichnungen eigen wie Rhizoma Aristolochiae tenuis, Radix clematidis, Radix oder Rhizoma Aristolochiae longae vulgaris, Biberwurz, Donnerwurz, Fieberwurz, Falsche Hohlwurz, Waldrebenhohlwurz u. a. m. Von großer Bedeutung sind die vorwiegend aus den Rhizomen und Wurzeln von *Aristolochia*-Arten gewonnenen Mittel gegen Schlangenbiß, die in besonderen Gefahrengebieten wie in Brasilien in Laboratorien im großen hergestellt und als Sera ausgegeben werden. Ihre Wirkung beruht auf dem schon oben genannten Alkaloid Aristolochin. Eines der ältesten Schutzmittel liefert die nordamerikanische *A. Serpentaria* L.; der frisch ausgepreßte Saft der als Radix Serpentariae virginicae oder R. S. virginianae bezeichneten Wurzeln, aber auch das Kraut an sich werden äußerlich und innerlich verwendet. Auch die nahverwandte, nordamerikanische *A. reticulata* NUTT. wird in gleicher Weise benutzt. In Zentralamerika, Westindien und in Südamerika dient eine größere Anzahl von Arten als Ausgangsmaterial für Schlangengegengifte, so *A. brasiliensis* MART. et ZUCC, *A. galeata* MART. et ZUCC., *A. cymbifera* MART. et ZUCC., *A. rumicifolia* MART. et ZUCC. u. a. Arten.

Die Verwendung der *Aristolochia*-Drogen ist recht alt. Zweifellos war sie schon im Altertum in Griechenland bekannt. Aus der Zeit der römischen Kolonisation mag zum Teil ihre Anwendung in Nordeuropa herrühren. Nach H. FISCHER wurde *Aristolochia Clematitis* L. im Mittelalter fast in jedem Kräutergarten angebaut und als Bywerwurz oder Troswurz bezeichnet.

Arten-Schlüssel:

1 Kräuter mit aufrechtem, nicht windenden Stengel . . . . . . . . . . . . . . . . . . . . . 2

1* Holzgewächse, meist hochkletternd und windend, mit großen herzförmigen Blättern. Kultiviert . . .
. . . . . . . . . . . . . . . . . . . . . . . . . . . . . . . . . . . . . . *A. durior* HILL

2 Blüten in den Blattachseln gebüschelt, blaßgelb, nicht gestreift, Grundachse kurz kriechend . . . . .
. . . . . . . . . . . . . . . . . . . . . . . . . . . . . . . . . . . . . . *A. Clematitis* L.

2* Blüten in den Blattachseln einzeln, gelblich, grünlich oder rötlich, innen purpurn gestreift. Grundachse knollig . . . . . . . . . . . . . . . . . . . . . . . . . . . . . . . . . . . . . . . . . . 2

3 Laubblätter fast sitzend, herzeiförmig. Blütenstiele viel länger als die Blattstiele. Blütenhülle von rotbrauner Grundfarbe; Lippe der Blütenhülle stumpf oder ausgerandet, so lang wie die Röhre . .
. . . . . . . . . . . . . . . . . . . . . . . . . . . . . . . . . . . . . . *A. rotunda* L.

3* Laubblätter gestielt, dreieckig nierenförmig. Blütenstiele kürzer als die Blattstiele. Blütenhülle von gelblicher Grundfarbe; Lippe der Blütenhülle zugespitzt, höchstens halb so lang wie die Röhre . . . .
. . . . . . . . . . . . . . . . . . . . . . . . . . . . . . . . . . . . . . *A. pallida* WILLD.

**Aristolochia durior** HILL, Veg. Syst. **21**, 57 (1772). Syn. *A. macrophylla* LAM. (1783), *A. Sipho* L'HER. (1784). Meist 4–10 m hohe, hochkletternde, windende, ästige Holzgewächse. Einjährige Zweige grün, zweijährige Zweige grau mit zusammenfließenden korkigen Lentizellen, ältere Äste mit rissiger Rinde. Winterknospen kurz kegelförmig, wenig hervorragend. Blätter langgestielt, eiförmig–herzförmig, meist 10–23 cm lang, in der Jugend gelblich, später oberseits dunkelgrün, unterseits grau- bis bläulichgrün, zerstreut behaart. Blüten langgestielt, groß, einzeln oder zu zweien in den Blattachseln, am Grunde des Blütenstieles mit einem sehr kleinen und schmalen, unter der Mitte desselben mit einem den Laubblättern gleichgestalteten, aber viel kleinerem Vorblatte. Blütenhülle außen kahl, grünlich-braun, der Saum aber schmutzig-dunkelpurpurn; Perigonröhre aufwärts gekrümmt mit regelmäßig dreilappigem Saume. – VI, VII, (VIII).

Heimat: Atlantisches Nordamerika vom südwestlichen Pennsylvanien und vom westlichen Virginia südwärts bis Georgia und Alabama. Bei uns seit langer Zeit zur Überkleidung von Mauern usw. kultiviert.

**813. Aristolochia Clematitis**¹) L., Spec. plant. 962 (1753). Gewöhnliche Osterluzei. Dän.: Slangerod. Engl.: Birthwort. Franz.: Sarrasine, Aristoloche Clématite. Ital.: Erba astrologa, Bacciocch de fraa. Poln.: Kokornak powojnikowy. Tschech.: Podražec křovištni. Sorbisch: Kokornak.
Taf. 89, Fig. 4; Fig. 162, 163 g–l

Ausdauernd, 25–50 (–100) cm hoch. Grundachse gegliedert, gelblichbraun, kurzkriechend, stielrund, ästig. Stengel krautig, einfach, aufrecht, im oberen Teil hin und her gebogen, wie die ganze Pflanze gelbgrün, kahl und von eigentümlichem, obstartigem Geruch, am Grunde einige eiförmige, bräunliche, angedrückte Schuppen tragend. Laubblätter lang gestielt, aus tief ausgebuchtetem, herzförmigem Grunde rundlich bis eiförmig, bis 10 cm lang und breit, stumpf, schwach ausgerandet, am Rande durch kleine Zähnchen rauh, unterseits hellgrün. Blüten mittelgroß, viel kürzer als die Blätter, in achselständigen, 2- bis 8-blütigen, doldenähnlichen Wickeln, am Grunde des Stiels mit einem sehr kleinen Vorblatt, zur Blütezeit aufrecht, später herabgeschlagen. Blütenhülle schwefelgelb, am Grunde bauchig erweitert, mit gerader Röhre, oben in eine eiförmige Zunge verbreitert. Perigonröhre inwendig mit anfangs nach abwärts gerichteten Haaren besetzt; ungefähr zweimal so lang wie die Zunge (Taf. 89, Fig. 4 a; Fig. 163 l). Fruchtknoten stielförmig verlängert, grün. Frucht grün, birnförmig bis kugelig, überhängend, unten zugespitzt, 6-klappig aufspringend, von der Größe einer Nuß, sehr oft nicht ausgebildet. Samen flach, dreieckig, kastanienbraun, in jedem Fach einreihig angeordnet, mit schwammiger Außenschicht. – Chromosomenzahl: n = 7. – V, VI.

Fig. 162. *Aristolochia Clematitis* L. Bei Wetzlar. (Aufn. TH. ARZT)

Vorkommen: In Mitteleuropa verwildert und eingebürgert vor allem im Bereich von Weingärten oder in Tieflandauen auf lockeren, nährstoff- und kalkreichen Lehm- und Lößböden, im Schlehengebüsch, im Ulmenauenwald, an Waldrändern, Rainen und Mauern, auch in der Hackunkrautgesellschaft der Weinberge (Geranio-Allietum vinealis, Polygono-Chenopodion), unterhalb Klobenstein am Ritten bei Bozen bis 1000 m ansteigend, gilt im Mittelmeergebiet nach BRAUN-BLANQUET als Charakterart des Diplotaxidetum erucoides (Diplotaxidion), dort aber auch im Populetum albae (Populion).

Allgemeine Verbreitung. Süd- und Mitteleuropa (mediterran-submediterran, in Mitteleuropa Kulturbegleiter). Im südlichen und südöstlichen Europa von Frankreich, dem Südalpengebiet und dem mittleren und südlichen Rußland (Wolga-Kama-Gebiet) südwärts bis Mittelspanien und Portugal, Süditalien, Albanien, bis zum nördlichen Thrakien und zum Kaukasus; Kleinasien. In Mittel- und Nordwesteuropa ursprünglich eingeschleppt und verwildert, heute gebietsweise allgemein verbreitet.

---

¹) DIOSKURIDES (Mat. med. 3, 4) führt eine *Aristolochia*-Art auf, die er κλεματῖτις [klematítis] nennt (gr. κλῆμα [klēma] „Zweig, Ranke"), offenbar wegen ihrer windenden Stengel. Vielleicht ist damit die mediterrane *A. sempervirens* L. (oder *A. altissima* DESF.) gemeint.

Verbreitung im Gebiet. *A. Clematitis* ist nördlich der Alpen nirgends als ursprünglich zu betrachten. Sie stellt einen alten Kulturbegleiter und eine Arzneipflanze dar, welche sich an zahlreichen Stellen, nordwärts bis Westpreußen, Mecklenburg, Bremen, und im Rheinland vollständig eingebürgert hat. Auch im Süden unseres Verbreitungsgebietes zeigt sie als Weingartenunkraut vielerorts, z. B. nach SCHARFETTER in Kärnten und nach WILLI am Mönchsberg bei Salzburg, ehemalige Weingärten an. Gelegentlich erscheint sie in Gärten als Unkraut.

Verwildert und stellenweise eingebürgert in Böhmen, so in der Umgebung von Prag, Zaběhlič, Lieben, Stechovitz, Chrastawitz, Jičin, Liebeschitz, Ploskovitz, Tetschen, Bilin u. a.; verbreitet durch das südliche und mittlere Mähren, so in den Kreisen Znaim, Brünn, Lundenburg, Ung.-Hradisch, Olmütz u. a., vereinzelt auch im ehem. Österr. Schlesien, so um Troppau.

In Niederösterreich namentlich im Gebiet der pannonischen Flora und in Weinbaugebieten, und zwar im Hügelland unter dem Manhartsberg, auf den Donauinseln und in den Marchauen, im südlichen Wiener Becken bei Lanzendorf, Achau, Laxenburg, Möllersdorf, am Alpenostrand zwischen Mödling und Vöslau, ferner im Gebiet des Manhartsberges und von Langenlois, über Schönberg, Mautern, Aggsbach durch die Wachau bis Melk. In der Steiermark im mittleren Gebiet und im Süden des Landes, in der Umgebung von Graz, bei St. Gotthard, Gösting, Plabutsch, Eggenberg, Baiersdorf, bei Leibnitz und Mureck und in den windischen Bühcln bei Radkersburg. In der Südsteiermark in der Umgebung von Marburg, im Bachergebirge, bei Groß-Sonntag, Pettau, Sauritsch, Neuhaus, Weitenstein, Hohenegg, Cilli, St. Peter am Königsberg; in Kärnten bei Annabichl im Bezirk Klagenfurt und bei Glödnitz nächst St. Veit beobachtet. Verbreitet und häufig in Unter- und Innerkrain und im Küstenland. Zerstreut in Oberösterreich, z. B. im Innkreis um Lohnsburg und Waldzell, und in Salzburg verwildert um die Stadt Salzburg. In Südtirol um Brixen, Bozen, Meran, Trient, Borgo, Riva, Rovereto u. a. In Vorarlberg um Feldkirch.

Nicht häufig, oft nur verwildert in der Schweiz; fehlt in den Kantonen Neuenburg, Uri, Schwyz, Unterwalden, Luzern, Glarus und Appenzell.

Der Name Osterluzei (schon im ausgehenden 13. Jahrhundert ostirlucie) ist entlehnt aus dem mittellat. aristo-, astrolocia (dies aus griech.-lat. aristolochia). Der deutsche Name ist vielfach volksetymologisch umgedeutet (besonders an „Ostern" angelehnt) z. B. Osterlizen (Thüringen), Osterlazei (Unterfranken), Usterzei, Uscheletzei, Oschelezey (rheinisch), Austerlitz, Osterlotz, Osterlotsch (Pfalz), Hosselatsch (Maikammer bei Edenkoben) [offenbar angelehnt an

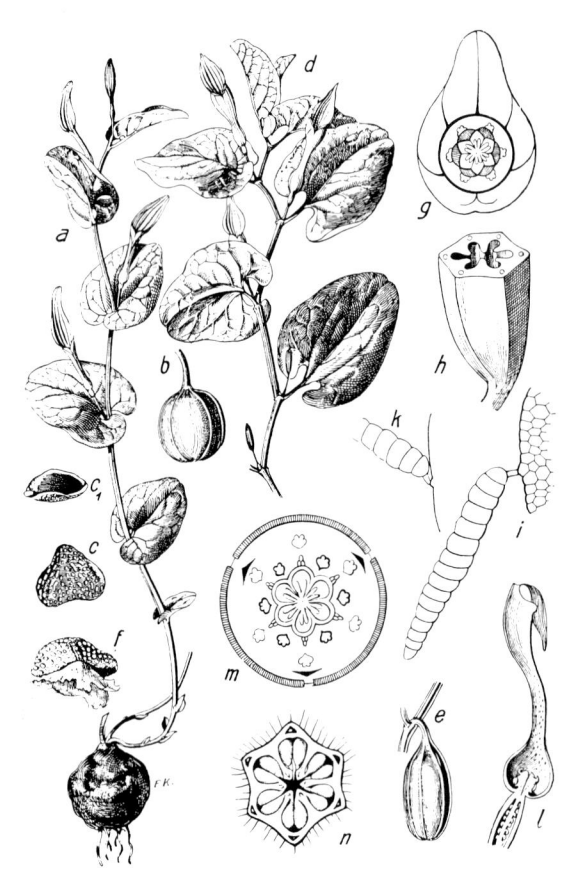

Fig. 163. *Aristolochia rotunda* L. *a* Habitus ($^1/_3$ nat. Gr.). *b* Fruchtkapsel. *c, c$_1$* Same. — *A. pallida* WILLD. *d* Habitus ($^1/_3$ nat. Gr.). *e* Fruchtkapsel. *f* Same. — *A. Clematitis* L. *g* Diagramm. *h* Querschnitt durch den Fruchtknoten. *i* Reusenhaar in normaler Stellung. *k* Dasselbe arretiert (nach SOLMS-LAUBACH). *l* Längsschnitt durch die Blüte (männliches Stadium). — *Asarum europaeum* L. *m* Diagramm. *n* Querschnitt durch den Fruchtknoten (Fig. *g* und *m* nach EICHLER)

„Hosenlatz"], Austerluzzige, Österlikke, Österlikke Sigge (Westfalen), Österliche Zeit [!], Osterzeit (Mittelfranken), Österliverzeihmerskraut [!] (Ettenheim/Baden), Oster-latt-sauerkraut [!] (Bachenau bei Neckarsulm), Wotselatzei (Gegend von Köln), Wurzellazei (Esch/Kreis Bergheim im Regierungsbezirk Köln), Urschlazei (Kleinenbroich/Bezirk Düsseldorf). Nach der Blütenform heißt die Pflanze Lepelkruut [Löffel-] (Hütten in Schleswig), Kleine Piepblume (Schravelen bei Geldern) [die Blütenkrone ähnelt einer kleinen Tabakspfeife]. In Niederösterreich und in Südmähren nennt man unsere Art auch Wolfskraut, -wurz, -staude, vielleicht weil sie in Weinbergen als Unkraut auftritt.

**814. Aristolochia rotunda** L., Spec. plant. 962 (1753). Rundknollige Osterluzei. Franz.: Aristoloche ronde. Ital.: Erba astrologa, Starloggio. Fig. 163 a–c

Ausdauernd, 30–40 cm hoch. Grundachse eine harte, holzige, runde, fast kugelige Knolle von der Größe einer mittleren Kartoffel. Stengel dünn, schlank, niederliegend oder aufsteigend, kahl, einfach oder wenig ästig, locker beblättert. Laubblätter fast sitzend oder bis höchstens 3 mm lang gestielt, am Grunde umfassend, herzeiförmig, an der Spitze abgerundet, stumpf, unterseits bläulich. Blüten einzeln, aufrecht, in den Achseln der Laubblätter. Perianth grünlich, mit halbmondförmigen, braunschwarzen Flecken. Lippe der Blütenhülle stumpf oder ausgerandet, so lang wie die Perigonröhre. Fruchtknoten keulenförmig, nach oben plötzlich verengt. Fruchtkapsel lang gestielt, eirund-kugelig (Fig. 163 b). – V.

Vorkommen: Auf warmen frischen und nährstoffreichen Lehmböden im Süden der Alpen vor allem in Auenwäldern mit *Populus alba*, auch als Waldzeuge in sekundären Gebüschen, an Rainen oder auf wechselfeuchten Wiesen. Populion-albae-Verbandscharakterart.

Allgemeine Verbreitung. Mittleres und östliches Mittelmeergebiet (ostmediterran). Von Südfrankreich, Italien und Sizilien über Länder der Balkanhalbinsel, und zwar Kroatien, Dalmatien, Bosnien, Herzegowina, Montenegro, Thrakien, Mazedonien, Albanien und Griechenland bis Bithynien in Kleinasien.

Verbreitung im Gebiet. In der Schweiz im südlichen Tessin in der weiteren Umgebung von Lugano verbreitet, z. B. zwischen Lugano und Cadro, Hügel von S. Bernardo, Castagnola, Gandria, Monte San Salvatore, Carona, Melano, Muzzano, Casoro, Ponte Tresa. Zerstreut im südlichen Küstenland (Vipavska dolina; Triester Umgebung) und Istrien.

**815. Aristolochia pallida** WILLD., Spec. plant. 4: 162 (1805). Bleiche Osterluzei. Franz.: Aristoloche pâle. Fig. 163 d–f

Ausdauernd, 20–50 cm hoch. Wurzelstock wie bei voriger Art einen harten, holzigen, runden, fast kugeligen Knollen darstellend. Stengel aufrecht, einfach, kantig-gestreift, kahl. Laubblätter bis über 1 cm lang gestielt, im Umriß dreieckig bis fast nierenförmig, am Grunde tief herzförmig ausgerandet, an der Spitze abgerundet oder fast ausgerandet, stumpf, kahl, unterseits bläulich. Blüten einzeln in den Achseln der Laubblätter, 3–5 cm lang, von gelblicher Grundfarbe, meist mit roten Längsstreifen. Lippe zugespitzt, eiförmig-lanzettlich, höchstens halb so lang wie die Perigonröhre. Fruchtkapsel 6-seitig, kurz gestielt (Fig. 163 e). – IV, V.

Vorkommen. Selten im Süden der Alpen auf nährstoffreichen Lehm- und Kalkböden, in Gebüschen, an Rainen und in wechselfeuchten Wiesen, Auenpflanze.

Allgemeine Verbreitung. Mittelmeergebiet (mediterran). Von Spanien und Nordwestafrika ostwärts bis Bithynien in Kleinasien.

Verbreitung im Gebiet. Fehlt in Deutschland, in der Schweiz und im heutigen Österreich vollständig. In Südsteiermark am Wotsch gegen Pöltschach, bei Cilli, auf den Dolomitenbergen des Sanntales bei Tüffer, Römerbad, im Sanntale bei Steinbrück und Lichtenwald. Verbreitet in Innerkrain, z. B. bei Adelsberg, Vrhnika, Zirknitz, Mühltal bei Planina, Wippach, Senožeče, Vreme, am Nanos, Podkraj usw., zerstreut in Unterkrain, z. B. Möttling, Tschernembl u. a., sowie vereinzelt in Oberkrain, Rašica nördlich der Save, ferner im Küstenland. In Südtirol bei Moerna und Turano im Val Vestino und am Monte Baldo.

Wie zahlreiche pontisch-illyrische Pflanzen, z. B. *Sesleria autumnalis* (SCOP.) FR. SCH., *Carex Halleriana* Asso, *Gladiolus illyricus* KOCH, *Polygala carniolica* KERN., *Ferulago galbanifera* KOCH, *Convolvulus cantabricus* L., *Melampyrum barbatum* W. et K., *Senecio lanatus* SCOP., *Scorzonera villosa* SCOP., *S. austriaca* WILLD. u. a. schließt *A. pallida* WILLD. in Krain um Adelsberg ihre Verbreitung nach Norden innerhalb dieses Gebietes ab. In Unterkrain kommt sie z. B. im Savetal auch außerhalb des illyrischen Florengebietes vor.

# Reihe **Polygonales**

Krautige Pflanzen, selten Holzgewächse mit eingeschlechtigen oder zwitterigen, anemogamen oder zoidiogamen Blüten. Laubblätter schraubig angeordnet oder gegenständig, meist mit stengelumfassender, häutiger oder fleischiger Ochrea (Nebenblattscheide). Blüten meist klein, in zusammengesetzten Blütenständen. Blütenhülle stets vorhanden, meist gleichartig, einfach, dabei azyklisch oder zyklisch oder in 2 Wirteln, kelchartig oder mit Kelch und Blumenkrone. Staubblätter vor den Blütenhüllblättern stehend, in gleicher Zahl wie diese oder vermehrt, seltener weniger. Fruchtknoten oberständig, 3- oder 2-, selten 4-blättrig, einfächerig, mit einer grundständigen, meist geradläufigen Samenanlage mit 2 Integumenten. Frucht eine Nuß.

## 43. Familie. **Polygonaceae**

A. L. JUSS., Gen. plant. 82 (1789) „*Polygoneae*", nom. corr., LINDLEY (1836)

### Knöterichgewächse

Wichtigste Literatur. ASCHERSON u. GRAEBNER, Synopsis der Mitteleuropäischen Flora **4**, 692–881 (1912–13). R. BAUER, Entwicklungsgeschichtliche Untersuchungen an Polygonaceenblüten in Flora **115**, 273–292 (1922). U. DAMMER in ENGLER u. PRANTL, Natürl. Pflanzenfam. **3**, 1a, 1–36 (1893). R. HÄNSEL und L. HÖRHAMMER, Phytochemisch-systematische Untersuchung über die Flavonglykoside einiger Polygonaceen in Arch. Pharm. **287/59**, 189–198 (1954). J. HUTCHINSON, The Families of Flowering Plants **1**, 130 (1926). R. JARETZKY, Beiträge zur Systematik der *Polygonaceae* unter Berücksichtigung des Oxymethylanthrachinon-Vorkommens in FEDDE Repert. spec. nov. **22**, 49–83 (1925). R. V. WETTSTEIN, Handbuch der Systematischen Botanik, 4. Aufl., 651–655 (1935).

Einjährige oder ausdauernde Kräuter, seltener Holzgewächse. Stengel gegliedert mit deutlich entwickelten Knoten. Laubblätter wechselständig, meist ungeteilt, seltener gelappt oder fiederschnittig geteilt, in der Knospenlage am Rande zurückgerollt, am Grunde mit stengelumfassenden, röhrenförmigen, vom Blattstiel mehr oder minder freien, häutigen Nebenblättern (Tuten, Ochreen) umgeben (Fig. 164). Blüten meist klein, strahlig, zwitterig oder polygam eingeschlechtig. Perigonblattkreise 2-, 3- oder 5-zählig. Blütenhüllblätter 3–6, frei oder verwachsen, unterständig, in der Knospenlage dachziegelartig sich deckend, meist einfach, blumenkron- oder kelchartig, zur Blütezeit gewöhnlich gleichartig, bis zur Fruchtreife bleibend und oft mit der Frucht abfallend. Innere Perigonblätter während der Fruchtreife häufig auswachsend, die sogenannten Valven bildend. Staubblätter ebenso viele wie Blütenhüllblätter bzw. Perigonabschnitte oder mehr, oft in 2 Kreisen angeordnet, dem Grund der Blütenhüllblätter eingefügt. Fruchtknoten 1, oberständig, aus (2–) 3 (–4) Fruchtblättern gebildet, einfächerig, am Grunde eine einzige, gerade, aufrechte, atrope Samenanlage tragend, mit 2–3 freien oder den Kanten des Fruchtknotens etwas angewachsenen Griffeln. Frucht eine 2- bis 3-kantige (Taf. 91, Fig. 2c), freie, zuweilen von den drei inneren, vergrößerten Perigonblättern umgebene, einsamige Nuß (Taf. 93, Fig. 1a). Samen groß, mit reichlichem Nährgewebe (Taf. 92, Fig. 2c). Keimling gerade oder gekrümmt (Taf. 94, Fig. 4b, 4c), exzentrisch oder seitlich, mit flachen, schmalen oder breiten, seltener gefalteten Kotyledonen.

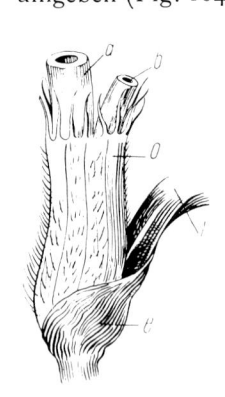

Fig. 164. Ochrea von *Polygonum Persicaria* L. *l* Abgeschnittenes Laubblatt. *e* Blattscheide. *o* Ochrea. *a* Hauptachse. *b* Seitensproß

Die *Polygonaceae* repräsentieren als einzige Familie die Reihe der *Polygonales*, charakterisiert u. a. durch eingeschlechtige oder zwitterige Blüten mit einfächerigem, oberständigem Fruchtknoten. Ein Perianth ist stets ausgebildet, azyklisch oder zyklisch in zwei Kreisen angeordnet. Die Staubblätter stehen über den Perianthblättern, in gleicher Zahl wie diese oder vermehrt und dann z. T. mit ihnen alternierend, seltener weniger. Ein wesentliches vegetatives Merkmal der meisten *Polygonaceae* ist die charakteristische Nebenblattscheide bzw. Ochrea. Die Stellung der *Polygonaceae* ist ziemlich isoliert. WETTSTEIN (1935) hebt die Übereinstimmung des Grundplanes der Blüten mit den *Urticales* und den *Centrospermae* hervor. HUTCHINSON (1926) betrachtet die *Polygonales* und *Chenopodiales* als reduzierte Abkömmlinge seiner *Caryophyllales*. An Flavonglykosiden enthalten die Polygonaceen Querzitrin, Hyperosid und Rutin.

Die Familie umfaßt etwa 32 Gattungen mit mehr als 800 Arten. Sie ist in allen Erdteilen vertreten, am stärksten jedoch in der nördlich-gemäßigten Zone. Die weiteste Verbreitung haben die Gattungen *Polygonum* und *Rumex*, die Mehrzahl der übrigen Gattungen hat zumeist beschränktere Areale. Als eines der Verbreitungszentren der *Polygonaceae* kann das westliche Nordamerika gelten. Vier monotypische Gattungen sind auf Kalifornien beschränkt, *Chorizanthe* mit 50 Arten und *Eriogonum* mit mehr als 150 Arten haben ihre Hauptverbreitung in den Trockengebieten des südwestlichen Nordamerikas; bei *Eriogonum* fehlt übrigens die für die überwiegende Mehrzahl der *Polygonaceae* so charakteristische Nebenblattscheide. Die Gattung *Coccoloba* mit 125 Arten hat ihre Hauptverbreitung im tropischen Amerika, sie umfaßt im Gegensatz zu den meisten übrigen *Polygonaceae* durchaus Holzpflanzen.

## Gattungsschlüssel:

1 Blütenhüllblätter 6 oder 4, deutlich in 2 Kreisen stehend (Fig. 174o, 178i), die inneren zur Zeit der Fruchtreife vergrößert. Narbe pinselförmig (Taf. 92, Fig. 1 b; Taf. 93, Fig. 4 a) . . . . . . . . . 2

1* Blütenhüllblätter (3–) 5 (–6), die inneren zur Zeit der Fruchtreife nicht vergrößert. Narbe kopfig . . . . . . . . . . . . . . . . . . . . . . . . . . . . . . . . . . . . . . . . . . . . 3

2 Blütenhüllblätter 6, die 3 inneren nach dem Verblühen zusammenneigend, der Nuß ziemlich eng anliegend. Staubblätter 6. Griffel 3. Frucht 3-kantig (Taf. 91, Fig. 2 c, 3 c), ungeflügelt. . . . . *Rumex*

2* Blütenhüllblätter 4, die 2 inneren der Nuß angedrückt (Taf. 92, Fig. 4 c, d), die 2 äußeren zurückgeschlagen. Hochgebirgspflanze . . . . . . . . . . . . . . . . . . . . . . . . . . . . . *Oxyria*

3 Nuß (2–) 3 (–4)-flügelig. Blätter sehr groß, langgestielt, mit handförmig verlaufenden Nerven, ungeteilt oder lappig eingeschnitten . . . . . . . . . . . . . . . . . . . . . . . . . . . . . *Rheum*

3* Nuß 3-kantig. Blätter nicht auffallend groß und langgestielt, länglich oder herzförmig-pfeilförmig oder breit herzförmig . . . . . . . . . . . . . . . . . . . . . . . . . . . . . . . . . . . 4

4 Nuß 3-kantig oder linsenförmig, von der Blütenhülle eingeschlossen oder wenig länger als dieselbe. Blätter länglich oder bei windenden Arten herzförmig bis pfeilförmig . . . . . . . . *Polygonum*

4* Nuß 3-kantig, 2- bis 3-mal so lang wie die Blütenhülle (Taf. 94, Fig. 4 d). Blätter breit, herzförmig. Stengel aufrecht . . . . . . . . . . . . . . . . . . . . . . . . . . . . . . . . . *Fagopyrum*

## CCXXIX. Rumex L., Spec. plant. 333 (1753); Gen. plant. ed. 5, 156 (1754). Ampfer

Wichtigste Literatur. B. H. DANSER, Beitrag zur Kenntnis der Gattung *Rumex* in Nederland. Kruidkund. Arch. **1925**, 414–484 (1926). A. LÖVE, Cytogenetic Studies in *Rumex* in Botan. Notiser **1940**, 157–169 (1940). A. LÖVE, Cytogenetic Studies on *Rumex* Subgen. *Acetosella* in Hereditas **30**, 1–136 (1944). A. LÖVE, The dioecious forms of *Rumex* Subgen. *Acetosa* in Scandinavia in Botan. Notiser **1944**, 237–254 (1944). J. E. LOUSLEY, Notes on British *Rumices* I, in Rep. Botan. Exch. Cl. **1938**, 118–157 (1939), II, l. c. **1941–42**, 547–585 (1944). S. MURBECK, Die nordeuropäischen Formen der Gattung *Rumex* in Botan. Notiser **1899**, 1–42 (1899). S. MURBECK, Zur Kenntnis der Gattung *Rumex* in Botan. Notiser **1913**, 201–237 (1913). K. H. RECHINGER, Vorarbeiten zu einer Monographie der Gattung *Rumex* in Beih. Botan. Centralbl. **49**, 2, 1–132 (1932). K. H. RECHINGER, *Rumex* Subsekt. *Patientiae* in Fedde, Repert. spec. nov. **31**, 225–283 (1933). K. H. RECHINGER, Die süd- und zentralamerikanischen Arten der Gattung *Rumex* in Arkiv för Botanik **26**, 3, 1–58 (1934). K. H. RECHINGER, Die australischen und neuseeländischen Arten der Gattung *Rumex* in Österr. Botan. Zeitschr. **84**, 31–52 (1935). K. H. RECHINGER, The North American Species of *Rumex* in Publ. Field Museum Natural History, Botan. Ser. **17**, 1–151 (1937). K. H. RECHINGER, Versuch einer natürlichen Gliederung des Formenkreises von *Rumex bucephalophorus* L. in Botan. Notiser **1939**, 485–504 (1939). K. H. RECHINGER, *Rumices* asiatici in Candollea **12**, 9–152 (1949). K. H. RECHINGER, Monogr. of the Gen. *Rumex* in Africa in Botan. Notiser Supplement Vol. **3**, 3, 1–114 (1954).

Ausdauernde, seltener 1- oder 2-jährige Kräuter oder Halbsträucher. Blätter grund- und stengelständig, seltener Grundblätter fehlend, mit häutiger, sehr selten gewimperter Nebenblattscheide (Fig. 164). Blüten zwitterig (Taf. 91, Fig. 1a) oder vielehig, zuweilen auch zweihäusig, in zymösen Einzelblütenständen, den Blütenknäueln, welche in den Achseln von Nebenblattscheiden, seltener von Laubblättern stehen und zu traubigen oder rispenartig verzweigten Gesamtblütenständen vereinigt sind. Rispen endständig oder überdies an später entwickelten, den Hauptsproß übergipfelnden Axillärsprossen. Blütenstiele gegliedert. Blütenhülle 6-teilig, in der Regel aus zwei 3-zähligen Kreisen gebildet (Fig. 1740, 178i), kelchartig, grün oder rötlich, die 3 inneren Blütenhüllblätter meist größer als die äußeren (Taf. 90, Fig. 1a), ganzrandig oder gezähnt, zur Fruchtzeit meist vergrößert, die sogenannten Valven bildend und die Frucht eng umschließend (Taf. 92, Fig. 1c), an der Außenseite oft mit einer zuletzt gelblichen, braunen oder rötlichen Schwiele. Staubblätter 6, dem Grund der Blütenhülle eingefügt, paarweise von den äußeren Blütenhüllblättern angeordnet (Taf. 92 Fig. 4a). Griffel kurz, an den Kanten des Fruchtknotens herabgeschlagen, mit 3 großen, unregelmäßig sternförmigen, vielfach geteilten, pinsel- oder sprengwedelförmigen, meist rötlichen Narben (Taf. 91, Fig. 3c, Taf. 90, Fig. 2c). Frucht 3-kantig, ungeflügelt, meist schwarzbraun, glänzend, mit den Valven abfallend, einfächerig und einsamig. Keimling etwas gekrümmt, seitlich an einer Fläche des hornigen Nährgewebes (Taf. 92, Fig. 2c).

Die Gattung *Rumex* ist mit etwa 200 Arten über alle Erdteile verbreitet. Die Mehrzahl der Arten hat ihre Heimat in der nördlich-gemäßigten Zone beider Hemisphären, die südliche gemäßigte Zone ist wesentlich ärmer an Arten. Am schwächsten ist die Gattung in den Tropen verbreitet, wo sie nur durch einige wenige Arten in weit voneinander entfernten Gebirgen oder Inselgruppen vertreten wird. Mehrere Arten haben eine sehr weite natürliche Verbreitung. Sie setzen sich meist aus mehreren geographischen Rassen zusammen. Andere sind offenbar sekundär weit über ihr ursprüngliches Areal hinaus verschleppt worden und in weiten Gebieten seit langer Zeit so vollständig eingebürgert, daß ihr ursprüngliches Wohngebiet sich heute nicht mehr oder nur mehr vermutungsweise feststellen läßt. Andere Arten wieder sind von einem oder wenigen Fundorten bekannt und so gut wie gar nicht variabel.

Die Gattung *Rumex* gliedert sich in vier Untergattungen *Acetosella* (MEISN.) RECH. f., *Acetosa* (MEISN.) RECH. f., *Rumex* [Syn. *Lapathum* (CAMPD.) RECH. f.] und *Platypodium* (WILLK.) RECH. f. Drei davon sind in Mitteleuropa durch einheimische Arten vertreten. Abgesehen von ihren morphologischen Merkmalen sind auch zytologische Unterschiede und wesentliche Differenzen in den Fortpflanzungsverhältnissen vorhanden.

Alle bisher zwischen Arten verschiedener Untergattungen angegebenen Bastarde haben sich als unrichtig gedeutet erwiesen. Dagegen spielt Hybridisation innerhalb der Untergattung *Rumex* (Syn. *Lapathum* (CAMPD.) RECH. f.) eine sehr große Rolle.

Es liegt nahe, die bei manchen Arten zu ziemlich großen, häutigen, flügelartigen Gebilden auswachsenden inneren Perigonblätter, Valven genannt, als prädestiniert zur Verbreitung durch den Wind aufzufassen. Arten mit großen Schwielen an den Valven erscheinen als vorwiegend an die Verbreitung durch Wasser, Arten mit haken- oder zahnförmigen Bildungen am Rand der Valven an die Verbreitung durch Tiere angepaßt. Zur ersten Kategorie gehört z. B. der saharo-sindische *R. vesicarius* L. und seine Verwandten sowie der nordamerikanische *R. hymenosepalus* TORR., zur zweiten der südamerikanische *R. cuneifolius* CAMPD., in geringerem Maße auch der europäische *R. conglomeratus* MURR. und die Unterart *silvestris* von *R. obtusifolius* L., zur dritten Kategorie an nicht mitteleuropäischen Arten vor allem *R. nepalensis* SPRENG. und *R. Brownii* CAMPD., aber auch die mitteleuropäischen Arten *R. maritimus* L., *R. palustris* SM., *R. obtusifolius* L. ssp. *obtusifolius* u. a. Überblickt man die primäre und sekundäre Verbreitung dieser Arten, so findet man, daß die scheinbar so auffälligen, eine weitere Verbreitung begünstigenden Bildungen den durch sie ausgezeichneten Arten offenbar nur in eingeschränktem Maß Vorteile gegenüber anscheinend weniger begünstigten Arten verschaffen. So haben vor allem *R. Acetosella* L. und seine nächsten Verwandten zusammengenommen ein außerordentlich großes ursprüngliches Verbreitungsgebiet, während ihr sekundäres Areal fast die ganze Erde umfaßt. Aber gerade diese Artengruppe besitzt keine der besprochenen Verbreitungseinrichtungen, im Gegenteil, sie ist die einzige Artengruppe in der ganzen Gattung, bei der die Valven sich bei der Fruchtreife weder vergrößern, noch Schwielen, noch Zähne ausbilden. Auch *R. crispus* L. und *R. conglomeratus* L., die nach den Arten der *Acetosella*-Gruppe die weiteste Verbreitung haben, weisen im Vergleich zu vielen anderen Arten nur schwach vergrößerte Valven, mäßig stark ausgebildete Schwielen und keinerlei Zähne auf. Dagegen haben *R. nepalensis* SPRENG. und seine afrikanischen Verwandten sowie der australische *R. Brownii* CAMPD., die durch kräftig ausgebildete, überdies an der Spitze hakig gekrümmte Valven ausgezeichnet sind und daher zur Verbreitung durch Mensch und Tier geradezu prädestiniert erscheinen, ihre ursprünglichen Wohngebiete kaum vergrößert, und sie sind als Adventivpflanzen teils überhaupt nicht, teils nur ausnahmsweise verstreut aufgetreten und haben sich nirgends eingebürgert, geschweige denn sekundär ausgebreitet. Ähnliches gilt von *R. maritimus* L. und seinen Verwandten, die zumeist zahlreiche lange Zähne an den Valven haben. Offensichtlich überwiegt in diesen Fällen eine geringe ökologische Anpassungsfähigkeit die Wirkung der günstigen Verbreitungseinrichtungen. So ist es wahrscheinlich, daß der südamerikanische, durch besonders kräftige Schwielen ausgezeichnete *R. cuneifolius* CAMPD. durch Meeresströmungen einerseits auf die Insel Tristan da Cunha und Gogh Island, andererseits an die Küsten Großbritaniens gelangt ist (vgl. LOUSLEY 1944; RECHINGER f. 1952).

Brandpilze kommen auf vielen *Rumex*-Arten vor, sind weit verbreitet, treten meist nur an isolierten Standorten auf, befallen aber dann fast alle dort vorhandenen Pflanzen. Infloreszenzen, Blätter und Stengel von *R. Acetosa* L. und *R. Acetosella* L. werden von drei nahe verwandten Arten, *Ustilago acetosae* SCHROET., *U. Goeppertiana* SCHROET. und *U. Kuehneana* WOLFF befallen. Auf Stengeln, Blattstielen und Hauptnerven der Blätter von *R. alpinus* L., *R. Hydrolapathum* HUDS., *R. maritimus* L. und *R. obtusifolius* L. kommt *U. Parlatorei* F. v. WALDH. vor, während Infloreszenzen und Blattränder von *R. aquaticus* L., *R. crispus* L. und *R. longifolius* DC. von *Ustilago Warmingii* ROSTR. befallen werden.

Auch Rostpilze sind auf vielen *Rumex*-Arten sehr häufig anzutreffen. *Uromyces rumicis* (SCHUM.) WINT. befällt die Blätter der meisten zu subgen. *Rumex* gehörigen Arten. *U. acetosae* SCHROET. kommt nur auf *R. Acetosa* L. und *R. Acetosella* L. vor. Auf *R. scutatus* L. ist *Puccinia rumicis-scutati* (DC.) WINT. nicht selten. *P. acetosae* (SCHUM.) KOERN. kommt nur auf *R. Acetosa* und *R. Acetosella* vor. Auf den Arten von subgen. *Rumex* ist im Frühjahr in der Nähe von *Phragmites*-Beständen das Aezidium der auf Blättern des Schilfes überaus häufigen *Puccinia phragmitis* (SCHUM.) KOERN. häufig anzutreffen. Es verursacht auf den Blättern rundliche, bis 1,5 cm große, rotbraune oder schmutzig purpurne Flecken.

Gliederung der Gattung:

Untergattung I. *Acetosella:*
  Sektion 1. *Acetosella:* R. Acetosella, R. tenuifolius, R. angiocarpus.
Untergattung II. *Acetosa:*
  Sektion 2. *Scutati:* R. scutatus.
  Sektion 3. *Acetosa:* R. Acetosa, R. ambiguus, R. thyrsiflorus, R. arifolius, R. nivalis.
Untergattung III. *Rumex* (Syn. *Lapathum*):
  Sektion 4. *Axillares:*
  Untersektion 4a. *Salicifolii:* R. triangulivalvis, R. altissimus.
  Sektion 5. *Rumex.*
  Untersektion 5a. *Longifolii:* R. longifolius, R. pseudonatronatus.
  Untersektion 5b. *Aquatici:* R. aquaticus.
  5c. *Alpini:* R. alpinus.
  5d. *Conferti:* R. confertus.
  5e. *Patientiae:* R. Patientia, R. Kerneri, R. cristatus.
  5f. *Crispi:* R. crispus.
  5g. *Stenophylli:* R. stenophyllus.
  5h. *Conglomerati:* R. conglomeratus, R. sanguineus.
  5i. *Hydrolapatha:* R. Hydrolapathum.
  5j. *Obtusifolii:* R. obtusifolius, R. pulcher.
  5k. *Flexuosi:* R. flexuosus.
  5l. *Hamati:* R. nepalensis, R. Brownii.
  5m. *Dentati:* R. dentatus, R. obovatus, R. paraguayensis.
  5n. *Maritimi:* R. palustris, R. maritimus, R. ucranicus.
Untergattung IV. *Platypodium:* R. bucephalophorus.

Schlüssel:

1  Blüten zweihäusig oder vielehig. Blätter mit spieß- oder pfeilförmiger Basis . . . . . . . . . . 2
1* Blüten zwittrig, nur ausnahmsweise vielehig. Blätter mit herzförmiger, abgerundeter oder verschmälerter Basis, niemals pfeilförmig . . . . . . . . . . . . . . . . . . . . . . . . . . . . 9

| | | |
|---|---|---|
| 2 | Valven nicht oder kaum größer als die reife Nuß, immer ohne Schwielen | 3 |
| 2* | Valven deutlich größer als die reife Nuß | 5 |
| 3 | Valven mit der Nuß dauernd fest verbunden. Nüsse etwa 1 mm lang und 1 mm breit . . . . . . . . . . . . . . . . . . . . . . . . . . . . . . . . . . . . . . . . . . . . . . . . . . . . . . . . . . . R. angiocarpus MURB. | |
| 3* | Valven nicht mit der Nuß verbunden | 4 |
| 4 | Stengel aufsteigend, mit aufrechten blühenden Ästen. Alle Blätter sehr schmal linealisch. Grundblätter bis zu 10-mal so lang wie breit, am Rande oft eingerollt. Reife Nuß 0,9–1,3 mm lang, 0,6–0,8 mm breit . . . . . . . . . . . . . . . . . . . . . . . . . . . . . . . . . . . . . . . . . R. tenuifolius (WALLR.) LÖVE | |
| 4* | Stengel aufrecht. Blätter lanzettlich, breiter als bei R. tenuifolius, flach. Reife Nuß 1,3–1,5 mm lang, immer deutlich länger als breit . . . . . . . . . . . . . . . . . . . . . . . . . . . . . . . . . R. Acetosella L. | |
| 5 | Äußere Perigonblätter zur Zeit der Fruchtreife der Basis der Valven angedrückt. Valven vollkommen schwielenlos. Blüten vielehig . . . . . . . . . . . . . . . . . . . . . . . . . . . . . . R. scutatus L. | |
| 5* | Äußere Perigonblätter zur Zeit der Fruchtreife zurückgeschlagen. Valven am Grunde mit einer winzigen zurückgebogenen Schwiele versehen. Pflanze zweihäusig. | 6 |
| 6 | Stengel niedrig, blattlos bis höchstens zweiblättrig. Blütenstand nicht oder kaum verzweigt. Blätter klein, wenigstens die äußeren stumpf, fast ohne Nerven, kaum bis anderthalbmal so lang wie breit, am Grunde gestutzt oder kurz breit spießförmig . . . . . . . . . . . . . . . . R. nivalis HEGETSCHW. | |
| 6* | Stengel hoch, mehrblättrig. Blütenstand immer verzweigt | 7 |
| 7 | Nebenblattscheiden ganzrandig oder an der Spitze schwach zerschlitzt. Äste des Blütenstandes einfach. Blätter (1–) 3- bis 6-mal so lang wie breit, mit herabgebogenen Basallappen. Innere Perigonblätter im Fruchtzustand 3,5–4,3 mm lang. Nuß blaß, nicht glänzend . . . . . . R. arifolius ALL. | |
| 7* | Nebenblattscheiden rundherum deutlich gefranst. Nuß dunkel, glänzend | 8 |
| 8 | Äste des Blütenstandes einfach. Blätter 2- bis 6-mal so lang wie breit, mit herabgeschlagenen Basallappen. Valven 3,5–5 mm lang . . . . . . . . . . . . . . . . . . . . . . . . . . . . R. Acetosa L. | |
| 8* | Äste des Blütenstandes mehrfach verzweigt. Blätter 4- bis 14-mal so lang wie breit. Valven 2,5–3,3 mm lang (siehe auch 8**). . . . . . . . . . . . . . . . . . . . . . . . . . . . . . . R. thyrsiflorus FINGERH. | |
| 8** | Äste des Blütenstandes mehrfach verzweigt. Blätter 2- bis 4-mal so lang wie breit. Valven 3 (–4) mm lang . . . . . . . . . . . . . . . . . . . . . . . . . . . . . . . . . . . . . . . . . . . R. ambiguus GREN. | |
| 9 | Keine Grundblätter vorhanden. Stengel aufsteigend, regelmäßig Axillärsprosse bildend, die später sekundäre Blütenstände bilden, welche den primären Blütenstand übergipfeln | 10 |
| 9* | Grundblätter vorhanden. Stengel aufrecht, ohne Axillärsprosse | 11 |
| 10 | Blätter lanzettlich oder lineal-lanzettlich. Valven 3–4 mm lang. Nuß etwa 2 mm lang. Adventiv . . . . . . . . . . . . . . . . . . . . . . . . . . . . . . . . . . . . . . R. triangulivalvis (DANSER) RECH. f. | |
| 10* | Blätter eiförmig-lanzettlich, unter der Mitte am breitesten. Valven 4–6 mm lang. Nuß etwa 3 mm lang. Selten, adventiv . . . . . . . . . . . . . . . . . . . . . . . . . . . . . . . R. altissimus WOOD | |
| 11 | Alle Valven ohne Schwielen | 12 |
| 11* | Die vordere oder alle Valven mit Schwiele | 15 |
| 12 | Grundblätter stumpf, mit tief herzförmiger Basis, höchstens doppelt so lang wie breit | 13 |
| 12* | Grundblätter an der Basis verschmälert, mehr als doppelt so lang wie breit | 14 |
| 13 | Valven 4,5–5 mm lang, 3,5–5 mm breit. Grundblätter so lang oder höchstens anderthalbmal so lang wie breit . . . . . . . . . . . . . . . . . . . . . . . . . . . . . . . . . . . . . . . . . . . R. alpinus L. | |
| 13* | Valven (5–) 6–8,5 mm lang, 5–7 mm breit. Grundblätter doppelt so lang wie breit . . R. aquaticus L. | |
| 14 | Untere Stengelblätter mindestens 4-mal so lang wie breit. Valven 4,5–6 mm lang, 6–8 mm breit . . . . . . . . . . . . . . . . . . . . . . . . . . . . . . . . . . . . . . . . . . . . . . . . . . . . . . R. longifolius DC. | |
| 14* | Alle Blätter schmal lanzettlich, untere Stengelblätter meistens mehr als 8-mal so lang wie breit. Valven 3,5–5 mm lang, 3,2–4,8 mm breit . . . . . . . . . . R. pseudonatronatus (BORB.) MURB. | |
| 15 | Valven ganzrandig oder fast ganzrandig, nur ausnahmsweise sehr klein und unregelmäßig gezähnelt oder gekerbt, Zähne 0,5–1 mm lang | 16 |
| 15* | Valven deutlich gezähnelt, mindestens 1 mm lang, meistens länger | 24 |
| 16 | Grundblätter und untere Stengelblätter mit tief herzförmiger Basis, an der Spitze abgerundet, nicht oder kaum länger als breit, unterseits an den Nerven papillös-rauh. Valven nieren- oder schildförmig, | |

immer breiter als lang, die vordere mit einer verhältnismäßig kleinen Schwiele. Selten, adventiv . . . . . . . . . . . . . . . . . . . . . . . . . . . . . . . . . . . . . . . . . . . . . . R. confertus WILLD.
16* Grundblätter und untere Stengelblätter niemals tief herzförmig, doppelt so lang wie breit . . . . . . . . . . . . . . . . . . . . . . . . . . . . . . . . . . . . . . . . . . . . . . . . . . . . . . . . 17
17 Valven mindestens doppelt so breit wie die Schwielen. Scheinwirtel zumeist genähert, blattlos . . . . . . . . . . . . . . . . . . . . . . . . . . . . . . . . . . . . . . . . . . . . . . . . . . . . . . 18
17* Valven klein, zungenförmig, die Schwiele nimmt fast die ganze Breite der Valven ein. Scheinwirtel voneinander entfernt . . . . . . . . . . . . . . . . . . . . . . . . . . . . . . . . 23
18 Grundblätter und untere Stengelblätter meist groß und breit, bis 3-mal so lang wie breit. Schwielen der Valven spät entwickelt, verhältnismäßig klein, Valven relativ groß, meist nur eine mit Schwiele 19
18* Grundblätter und untere Stengelblätter meistens schmal, mehr als 3-mal so lang wie breit. Schwielen der Valven bald nach dem Abblühen entwickelt und verhärtet, verhältnismäßig groß. Valven relativ klein, oft alle mit Schwiele . . . . . . . . . . . . . . . . . . . . . . . . . . . . . . . . . . . . . . . . . . 21
19 Seitennerven der Blätter in der Mitte der Blattfläche unter einem Winkel von 60 bis 90° von der Mittelrippe abzweigend . . . . . . . . . . . . . . . . . . . . . . . . . . . . . . . . . . . . 20
19* Seitennerven der Blätter in der Mitte der Blattfläche unter einem Winkel von 45 bis 60° von der Mittelrippe abzweigend. Blätter unterseits, Blattstiele und junge Zweige nie rauh, Fruchtstand sehr dicht. Valven ganzrandig oder fast ganzrandig . . . . . . . . . . . . . . . R. Patientia L.
20 Blätter unterseits, Blattstiele und junge Zweige nie rauh, Fruchtzustand sehr dicht. Valven scharf aber kurz unregelmäßig gezähnt, reif rotbraun, von ziemlich zarter Textur. Adventiv. . R. cristatus DC.
20* Blätter unterseits, Blattstiele und junge Zweige papillös rauh. Wenigstens die unteren Scheinwirtel des Fruchtstandes voneinander entfernt. Fruchtstand locker. Valven fein regelmäßig gezähnelt, reif schwarzbraun, von derber Textur. Adventiv . . . . . . . . . . . . . . . . . R. Kerneri BORB.
21 Valven dreieckig, mit länglichen Schwielen. Grundblätter sehr groß, flach, beiderseits verschmälert, mit rechtwinkelig von der Mittelrippe abzweigenden Seitennerven . . . . R. Hydrolapathum HUDS.
21* Valven rundlich-herzförmig, mit rundlichen Schwielen. Grundblätter kleiner, nie völlig flach, mit mehr oder minder spitzwinkelig abzweigenden Seitennerven . . . . . . . . . . . . . . . . . 22
22 Valven ganzrandig, höchstens ausnahmsweise undeutlich gezähnt . . . . . . . . . R. crispus L.
22* Valven kurz, aber deutlich gezähnt . . . . . . . . . . . . . . . . R. stenophyllus LEDEB.
23 Alle Valven mit Schwielen. Schwielen oft die ganze Valvenfläche einnehmend. Fruchtstiele so lang oder kaum länger als die Valven. Blütenknäuel meist alle beblättert . . . R. conglomeratus MURR.
23* Nur eine Valve mit Schwiele, diese wohl die ganze Breite, aber nie die ganze Länge der Valven einnehmend. Fruchtstiele immer deutlich länger als die Valven. Nur die unteren Blütenknäuel beblättert . . . . . . . . . . . . . . . . . . . . . . . . . . . . . . . . . . . . . . . . . . . R. sanguineus L.
24 Pflanze ausdauernd . . . . . . . . . . . . . . . . . . . . . . . . . . . . . . . 25
24* Pflanze ein- oder zweijährig . . . . . . . . . . . . . . . . . . . . . . . . . . . 29
25 Zähne der Valven an der Spitze hakig gebogen . . . . . . . . . . . . . . . . . . 26
25* Zähne der Valven gerade . . . . . . . . . . . . . . . . . . . . . . . . . . . . 27
26 Valven stumpf oder spitz, nicht in eine hakige Spitze auslaufend. Grundblätter breit, mit herzförmiger Basis. Adventiv . . . . . . . . . . . . . . . . . . . . . . . . . . R. nepalensis SPRENG.
26* Valven an der Spitze in einen hakigen Zahn auslaufend, der den seitlichen Zähnen ähnlich ist. Grundblätter schmal, oberhalb der Basis geigenförmig zusammengezogen, abgestutzt oder plötzlich verschmälert. Adventiv . . . . . . . . . . . . . . . . . . . . . . . . . . . R. Brownii CAMPD.
27 Valven nur etwa 2,5 mm lang. Äste dünn, verflochten. Blätter schmal. Adventiv. . R. flexuosus SOL.
27* Valven größer . . . . . . . . . . . . . . . . . . . . . . . . . . . . . . . . . 28
28 Fruchtstiel dick, ungefähr so lang wie die Valven, in der Mitte oder ein wenig unterhalb gegliedert, sich bei der Reife schwer abgliedernd. Grundblätter klein. Pflanze oft stark papillös . R. pulcher L.
28* Fruchtstiel zart, deutlich länger als die Valven, weit unter der Mitte gegliedert, sich bei der Reife leicht abgliedernd. Grundblätter groß, an der Basis deutlich herzförmig . . . . R. obtusifolius L.
29 Scheinwirtel nur 2- bis 3-blütig. Grundblätter winzig, 1–2 cm lang, spatelig oder kurzeiförmig-lanzettlich. Fruchtstiele wenigstens teilweise flächig verbreitet. Adventiv . . . . . R. bucephalophorus L.
29* Scheinwirtel vielblütig. Grundblätter größer. Fruchtstiele immer fadenförmig . . . . . . 30

30  Mittlere Stengelblätter kurz gestielt, mehrmals länger als breit, am Grunde plötzlich verschmälert oder schmal keilförmig . . . . . . . . . . . . . . . . . . . . . . . . . . . . . . . . . . . . . 31

30* Mittlere Stengelblätter lang gestielt, mehr oder minder kraus, nur etwa 3-mal so lang wie breit, am Grunde verschmälert oder schräg gestutzt oder fast geigenförmig . . . . . *R. ucranicus* FISCH.

31  Valven 3,5 mm lang oder länger. Blätter höchstens 2-mal so lang wie breit . . . . . . . . . . 32

31* Valven höchstens 3,5 mm lang, meist kürzer. Blättre meist mehr als 3-mal so lang wie breit . . . 34

32  Untere Blätter in der Mitte oder unter der Mitte am breitesten. Adventiv . . . . . . *R. dentatus* L.

32* Untere Blätter immer oberhalb der Mitte am breitesten . . . . . . . . . . . . . . . . . . . 33

33  Valven 4–5 mm lang, etwa 3 mm breit, Schwiele runzelig oder höckerig, uneben. Adventiv . . . . . . . . . . . . . . . . . . . . . . . . . . . . . . . . . . . . . . . . . . . . . . *R. obovatus* DANSER

33* Valven 3 mm lang, etwa 2 mm breit. Schwiele glatt. Adventiv . . . . . *R. paraguayensis* D. PARODI

34  Pflanze bei der Fruchtreife goldgelb. Blütenknäuel alle genähert. Valven spitz, 2,5 mm lang. Zähne mindestens so lang wie die Länge der Valven . . . . . . . . . . . . . . . . . *R. maritimus* L.

34* Pflanze bei der Fruchtreife bräunlich-grün. Blütenknäuel voneinander entfernt. Valven stumpflich, 3–3,5 mm lang, Zähne kürzer als die Länge der Valven. Schwiele vorne stumpf . . *R. palustris* SM.

**816a. Rumex Acetosella** L., Spec. plant. 338 (1753). Kleiner Sauerampfer, Zwergsauerampfer. Dän.: Rödknæ. Engl.: Sheep's Sorrel. Franz.: Petite Oseille, Oseille de brebis, Vinette sauvage. Ital.: Acetosella; im Tessin: Pan cucch, Panicüca. Poln.: Szczaw polny. Tschech.: Štovík menší. Sorb.: Drobny zdžer, Šćehelk. Taf. 92, Fig. 3

Ausdauernd. Stengel gewöhnlich mehrere aus demselben Wurzelstock und oft aus Adventivknospen der Wurzeläste entspringend, 10–40 cm hoch, meist aufrecht, von der Mitte an verzweigt und Blüten tragend, kahl, gestreift, beblättert, manchmal wie die Blätter rötlich überlaufen. Blätter verschieden gestaltet, Grundform spießförmig, Mittellappen lanzettlich, beiderseits verschmälert, Basallappen dreieckig, meist horizontal abstehend bis aufgebogen, mehr oder weniger spitz, ganzrandig oder zerschlitzt (f. *multifidus*), seltener fehlend (f. *integrifolius*), die unteren lang gestielt, die oberen kürzer gestielt, die obersten Blätter fast sitzend, glatt und kahl, seltener etwas papillös. Nebenblattscheiden mit lanzettlicher, schließlich zerschlitzter Spitze. Blütenstände gestreckt, lockerblütig, blattlos, mit aufrechten oder etwas bogig abstehenden Zweigen. Blütenstiel ungefähr so lang wie die Blüten, mit undeutlicher Gliederung am Grund der Blüte. Blüten zweihäusig, selten vielehig (Taf. 92, Fig. 3a, b). Äußere Perigonblätter der weiblichen Blüten vorwärtsgerichtet, den Rändern der Valven mehr oder weniger angedrückt. Valven nicht oder kaum größer als die Nuß, ohne Schwiele, mit mehr oder weniger undeutlich erhabenen Nerven (Taf. 92, Fig. 3b), mit der Nuß nicht verwachsen. Nüsse 1,3–1,5 mm lang, immer länger als breit. – Chromosomenzahl: $n = 21$. – V bis VII, vereinzelt bis X.

Vorkommen. Verbreitet und gewöhnlich gesellig auf Brach- und Sandfeldern, trockenen Wiesen, an Rainen, Mauern, Bahndämmen, auf Schotter, offenen Erdstellen, Maulwurfshaufen, in Ackerunkrautgesellschaften, in Heidegesellschaften und Silbergrasfluren, in Bergwiesen, immer als Pionierpflanze, saurer, kalkfreier und mäßig nährstoffreicher (aber oft stickstoffhaltiger) Lehm- und Sandböden. Entsprechend Zeiger armer Acker- und Waldböden.

Allgemeine Verbreitung. Nördliche bis gemäßigte Breiten von Eurasien (boreal bis submeridional-eurasiatisch). Nord-, Mittel- und Südosteuropa, östliches Mittelmeergebiet, westliches und nördliches Kleinasien, Nord- und Nordostasien von Westsibirien bis China und Japan, ferner zerstreut in Nordamerika.

Verbreitung im Gebiet. Wohl innerhalb unseres Florengebietes ziemlich allgemein verbreitet. Verbreitung im einzelnen erst festzustellen, da bisher von den beiden nah verwandten Arten *R. tenuifolius* (WALLR.) LÖVE und *R. angiocarpus* MURB. nicht konsequent unterschieden.

Von den zahlreichen aufgestellten Formen, die wenig systematischen Wert haben, mögen nur die folgenden genannt sein:

1. f. *multifidus* (L.) MURB. – Spießecken der Laubblätter handförmig zwei- bis vielteilig, mit lanzettlichen oder linealen, oft fädlichen Zipfeln. – Häufig.

2. f. *integrifolius* (WALLR.) MURB. – Blätter nicht spießförmig, schmal, länglich, lanzettlich oder linealisch, nach dem ganzrandigen Grunde zu verschmälert oder kurzzähnig. – Nicht häufig.

LÖVES Darstellung (1944) der Untergattung *Acetosella* weicht von der herkömmlichen Auffassung dieses Formenkreises in zwei wesentlichen Punkten ab. *R. angiocarpus* MURB. wird als selbständige Art aufgefaßt und *R. tenuifolius* (WALLR.) LÖVE wird als vierte Art neben dem im Gebiet nicht vorkommenden *R. graminifolius* LAMB. unterschieden. Die Unterscheidung der vier *Acetosella*-Arten geht in erster Linie auf die Erkenntnis zurück, daß sie eine Polyploiden-Reihe mit der Grundzahl $n = 7$ bilden. *R. angiocarpus* ist diploid ($2n = 14$), *R. tenuifolius* tetraploid ($2n = 28$), *R. Acetosella* s. str. hexaploid ($2n = 42$) und *R. graminifolius* oktoploid ($2n = 56$). Die sich ergebenden morphologischen Unterschiede sind teilweise gradueller Natur und nicht immer leicht zu erfassen, erscheinen aber konstant. Die geographische Verbreitung der vier Arten ist insofern die für eine Polyploidenreihe charakteristische, als die diploide Art das südlichste Areal, die oktoploide das nördlichste innehat. Für die tetraploide und hexaploide Art gilt diese Regel nicht, da die erstere in höheren Breiten als die letztere auftritt.

Der Kleine Sauerampfer erscheint in Kleeäckern, auf sandigen Triften, in Torfmooren, auf Aufschüttungen als ein lästiges Unkraut, dessen geselliges Vorkommen durch die an den Wurzeln reichlich vorkommenden Adventivsprosse bedingt wird. Starkes Auftreten dieser Art ist stets als ein Zeichen von Kalkmangel des betreffenden Bodens anzusehen, denn *R. Acetosella* fehlt im allgemeinen auf kalkhaltigem Substrat. Er ist als eine schlechte Futterpflanze anzusehen, welche höchstens für Schafe ein geeignetes Futter liefern kann. Wie die folgende Art erzeugt sie beim Vieh, wenn in größeren Mengen genossen, durch Oxalsäurevergiftung leicht Durchfall. Mehrfach wurde *R. Acetosella* auch als Überpflanze auf Weiden u. a. angetroffen. Andererseits stellt sich *R. Acetosella* gern auf Maulwurfshügeln sowie auf früheren Kohlenmeilern ein, an letzterem Standort zuweilen in Begleitung von *Urtica dioica* L., *Chamaenerion angustifolium* (L.) Scop., *Veronica officinalis* L. u. a. m.

Volksnamen. Zum Unterschied von *R. Acetosa* heißt diese Art Kleiner Sauerampfer, Schafampfer. Auf die oft rot überlaufenen Stengel und Blätter gehen Rode Ritter, Roden Hinrick, Roden Hinnerk [roter Heinrich] (niederdeutsch).

**816b. Rumex tenuifolius** (WALLR.) LÖVE in Bot. Notis. **1941**, 99 (1941). Syn. *R. Acetosella* L. var. *tenuifolius* WALLR., Sched. crit. 186 (1822), *R. Acetosella* L. var. *angustifolius* KOCH (1837).
Schmalblättriger Zwergsauerampfer

Ausdauernd. Stengel aufsteigend, oft schon unter der Mitte verzweigt. Pflanze in der Jugend meergrün, später rötlich überlaufen. Blätter krautig-fleischig; Grundblätter der heurigen Triebe von schmal-linealischer Grundform, fast 10-mal so lang wie breit, am Rande umgerollt, mit zwei sehr schmalen abstehenden, schwach aufwärts gebogenen Basallappen; Stengelblätter älterer Exemplare fast 2–3 cm lang, selten mehr als 2 mm breit, am Rande herabgebogen und oft mit sehr schmalen Basallappen versehen. Blütentragende Zweige blattlos, die Internodien ihrer Verzweigungen 2–6 mm lang. Blütenknäuel 6- bis 10-blütig. Blütenstiele äußerst kurz und dünn. Blüten zweihäusig. Valven kaum länger als die Nüsse, grünlich und rot überlaufen, nicht mit der Nuß verwachsen. Nüsse dreiseitig, bräunlich-schwarz, 0,9–1,3 mm lang, 0,6–0,8 mm breit. – Chromosomenzahl: $n = 14$. – V bis VII.

Vorkommen. Ziemlich verbreitet auf warmen, vorzugsweise kalkarmen Sandböden, vor allem in Silbergrasfluren und Mauerpfeffergesellschaften, Festuco-Sedetalia-Ordnungscharakterart.

Allgemeine Verbreitung. Nördliche und gemäßigte Breiten von Eurasien (boreal bis boreo-meridional-eurasisch). Nord-, Mittel-, Nordost- und Südosteuropa, jedoch selten im Mittelmeergebiet; verbreitet ferner in den Kaukasusländern, im nördlichen Kleinasien, in Transbaikalien und Westsibirien, schließlich auf Island und Grönland.

Verbreitung im Gebiet. Die West- und Südgrenze der Verbreitung verläuft offenbar durch unser Florengebiet. Verbreitung im einzelnen erst festzustellen, da bisher von den beiden nah verwandten Arten *R. Acetosella* L. s. str. und *R. angiocarpus* Murb. nicht unterschieden.

Herbarbelege wurden gesehen: Nordfriesische Inseln: Sylt; Ostfriesische Inseln: Juist; Brandenburg: Köpenick bei Berlin; Hessen-Nassau: Wiesbaden; Bayern: Schweinfurt, Erlangen, Sallernberg bei Sallern i. d. Oberpfalz, Abensberg bei Kelheim. – Mähren: Göding, Sandsteppe bei Rohatetz. – Niederösterreich: Egelsee bei Krems; Oberösterreich: Welser Heide. – Schweiz: Weiler Rain bei Basel; Wallis: Simplongebiet; Graubünden: San Lorenzo bei Sondrio.

Stimmt bis auf geringfügige, aber konstante Unterschiede in der Größe der Blütenteile und der reifen Nuß mit *R. Acetosella* überein; ferner auch darin, daß sich die Valven bei der Reife von der Nuß abheben lassen. Der aufsteigende Wuchs, die meist relativ weit unten beginnende Verzweigung des Blütenstandes, besonders aber die schmal-lineale Grundform der Blätter sind für diese Art kennzeichnend, ferner ökologisch die Vorliebe für nährstoffarme sandige Böden. Die Verbreitung der Art ist, da sie erst kürzlich unterschieden wurde, noch höchst unvollständig bekannt.

**816c. Rumex angiocarpus** Murb., Beitr. Fl. Südbosn. in Lunds Univ. Årsskr. **27**, 46 (1891).
Syn. *R. Acetosella* L. ssp. *angiocarpus* (Murb.) Murb. (1899).
Verwachsenfrüchtiger Zwergsauerampfer

Ausdauernd, oft vielstengelig. Stengel 15–50 cm hoch, dünn, aufrecht oder seltener aufsteigend, niemals niederliegend. Äste des Blütenstandes dünn, aufrecht oder abstehend oder bogig aufsteigend, einfach oder bei kräftigen Exemplaren wieder verzweigt, unbeblättert. Alle Blätter graugrün oder fast meergrün, im Leben dicklich, mit dünnem Mittelnerv und undeutlichen Seitennerven, kahl, seltener undeutlich papillös, flach; Rosettenblätter und untere Stengelblätter in Gestalt und Größe sehr veränderlich, ohne die Lappen meist 3- bis 4-mal so lang wie breit, spießförmig-lanzettlich oder breiter oder schmäler schildförmig, gegen die Spitze zugespitzt oder spitz mit ganzrandigen, spitzen, lanzettlichen oder linealen, rechtwinkelig oder schiefwinkelig abstehenden basalen Seitenlappen, bisweilen auch in schmale, handförmig eingeschnittene Abschnitte geteilt; Blattstiel fast gleichlang wie die Blattspreite; Stengelblätter wenig an Größe abnehmend, meist schmäler mit kleinen basalen Seitenlappen oder ohne solche, lang gestielt. Nebenblattscheiden dünnhäutig, groß, lang persistierend. Blütenknäuel armblütig, voneinander entfernt, ohne Tragblätter. Blüten zweihäusig. Blütenstiele dünn, meist kürzer als die Blütenhülle, oberhalb der Mitte gegliedert. Äußere Perigonblätter länglich-lanzettlich, gegen die Basis hin an die inneren Perigonblätter angepreßt, etwa 0,5–0,7 mm lang. Valven mit der Nuß innig verwachsen und mit dieser gleich lang, undeutlich nervig, schwielenlos. Nüsse 1 mm lang, etwa 1 mm breit, scharf dreiseitig, oft gleichlang wie breit, bisweilen auch breiter als lang, unterhalb der Mitte am breitesten. – Chromosomenzahl: $n = 7$. – V bis VII.

Vorkommen. Ähnlich *R. Acetosella* L. s. str. Eingehende ökologisch-soziologische Beobachtungen fehlen noch.

Allgemeine Verbreitung. Mittel- und Westeuropa sowie im westlichen Mittelmeergebiet; eingebürgert in Nord-, Mittel- und Südamerika, in Südafrika und in Australien sowie in Japan.

Verbreitung im Gebiet. Die Nord- und Ostgrenze der Verbreitung verläuft offenbar durch unser Florengebiet. Die Verbreitung muß erst genauer festgestellt werden, da bisher von den beiden nah verwandten Arten *R. Acetosella* L. s. str. und *R. tenuifolius* (Wallr.) Löve nicht konsequent unterschieden.

Herbarbelege wurden gesehen: Südwestdeutschland: Baden: Gehrenmoos bei Hagnau am Untersee; Bayern: Berg am Laim bei München, Obergriesbach bei Aichach i. Oberbayern. – Schweiz: Kt. Aargau: Aarau; Kt. Schwyz: Zwischen Goldau und dem Rigi; Kt. Graubünden: Güterbahnhof Chur. – Österreich: Von vereinzelten Fundorten aus dem Burgenland, Niederösterreich, Oberösterreich und Kärnten.

Stimmt im wesentlichen bis auf geringfügige, aber konstante Unterschiede in der Größe der Blütenteile und der reifen Nuß mit *R. Acetosella* überein, jedoch sind die Valven im Reifezustand unlösbar mit den Nüssen verkittet. Blattform und Wuchs variiert in vieler Hinsicht homolog zu *R. Acetosella*.

**817. Rumex scutatus** L., Spec. plant. 337 (1753). Syn. *R. alpestris* JACQ. (1762), p. p., nom. amb., *R. pubescens* C. KOCH (1849), *Acetosa scutata* (L.) MILL. (1768), *Lapathum alpestre* (JACQ.) SCOP. (1772), *Lapathum scutatum* (L.) LAM. (1778). Schild-Ampfer. Franz.: Oseille ronde, Patience écusson. Ital.: Erba pan a vin. Poln.: Szczaw tarczolistny. Tschech.: Štovík štitnatý. Taf. 91, Fig. 4; Fig. 165

Ausdauernd. Wurzelstock verholzend, spindelförmig verlängert, vielköpfig, Ausläufer treibend. Stengel 10–50 cm hoch, am Grunde verholzend, meist unterwärts fast strauchig verzweigt, aufsteigend, nicht selten hin- und hergebogen, gestreift, zerbrechlich, wie die ganze Pflanze seegrün bereift oder fast grasgrün. Blätter in ihrer Gestalt veränderlich, lang gestielt, spießförmig, dreieckig, rundlich herzförmig oder fast geigenförmig-spießförmig, oberhalb der Blattlappen mehr oder weniger zusammengezogen, Mittellappen meist breit, vorne breit zugespitzt oder fast abgerundet, Basallappen mehr oder weniger verschmälert spitz. Nebenblattscheiden ganzrandig. Blütenstand äußerst locker rispenartig, aus wenigen, aufrecht-abstehenden entfernt blütentragenden Ästen zusammengesetzt. Blüten zwitterig oder vielehig, zu wenigblütigen Blütenknäueln vereinigt. Blütenstiele fadenförmig, meist kürzer als die Valven, unterhalb der Mitte gegliedert. Äußere Perigonblätter der weiblichen Blüten zur Fruchtzeit der Basis der Valven angepreßt (Taf. 91, Fig. 4a), krautig, kaum 2 mm lang, elliptisch, fast kahnförmig, frei, stumpflich. Valven meist bleich, fast durchscheinend, 4,5–6 mm lang, bis zu 5 mm breit,

Fig. 165. *Rumex scutatus* L. Weinberggelände bei Kaub am Rhein. (Aufn. TH. ARZT)

am Grunde schmal und tief herzförmig, breit elliptisch, vorne abgerundet, auf der Fläche äußerst dünn netznervig, am Rande völlig ganzrandig, vollkommen schwielenlos. Nüsse grau-gelblich, 3–3,5 mm lang, unterhalb der Mitte am breitesten. – Chromosomenzahl: n = 10. – V, VI.

Vorkommen. Selten, aber gesellig vor allem in offenen, sonnigen Steinschuttgesellschaften bewegter feinerdearmer Steinhalden aus Kalk, Porphyr oder anderen basenreichen Grundgesteinen, auch in Felsspalten oder im Flußgeschiebe, vor allem in den Alpen von den gebirgsnahen Tieflagen bis 2700 m ansteigend, Thlaspeetea-rotundifoliae-Klassencharakterart.

Allgemeine Verbreitung. In den Gebirgen Mittel- und Südeuropas, sowie Südwestasiens (süd-mitteleuropäisch-montan-alpin).

Verbreitung im Gebiet. Verbreitet in den Alpen, Voralpen und im Jura, in Nordtirol im Wettersteingebirge bis 2200 m, in Südtirol in der Ortlergruppe bei Sulden bis 2694 m, in der Schweiz am Riffel im Kt. Wallis bis 2700 m ansteigend; außerhalb des Alpengebietes ursprünglich im südlichen Baden im Donautal und im Hegau sowie in Württemberg-Hohenzollern, vor allem im Schwäbischen Jura, außerdem im nordpfälzischen Bergland und im Rheinischen Schiefergebirge. Sonst erscheint *R. scutatus* vielerorts als Gartenflüchtling oder Kulturrelikt, so vielfach im außeralpinen Bayern, am Mittelrhein vielfach an Weinbergmauern, in Mitteldeutschland und im Nordostdeutschen Tiefland, in Schlesien und in Böhmen.

Die Variabilität des *R. scutatus* ist groß. Über den systematischen Wert der hier vorläufig angeführten, zum Teil recht auffälligen Varietäten besteht mangels spezieller Untersuchungen noch keine Klarheit. Folgende Varietäten werden unterschieden:

1. var. *scutatus*. Syn. var. *typicus* BECK. – Stengel einfach oder wenig ästig, gewöhnlich nur einen Blütenstand tragend. Blütenstiele meistens gegliedert. Valven 6–7 mm lang. – Verbreitet.

f. *hippocrepidus* BECK. – Untere und mittlere Stengelblätter so lang wie breit, am Grunde nieren-herzförmig, sehr stumpf, mit auseinanderweichenden, abgerundeten oder dreieckigen Lappen und ohne seitliche Buchten. – Selten.

f. *tenax* BECK. – Pflanze meergrün bereift. Blütenstiele ungegliedert, unter den Valven kreiselförmig verdickt. Sonst wie var. *hortensis*. – Angebaut.

2. var. *hastaefolius* (M.B.) ROEM. et SCHULT. – Pflanze grün oder meergrün. Blätter mit Ausnahme der untersten zu beiden Seiten mit einer mehr oder weniger tiefen Bucht versehen, spieß-geigenförmig, die unteren breiter, oft nierenförmig oder ungleich dreilappig, stumpf, fast breiter als lang, mit stumpfen oder spitzen Lappen, die oberen mit länglichen, schmäleren, kreuzförmig angeordneten, ziemlich gleichen Lappen oder mittlere Zipfel breiter. – Häufig.

3. var. *hastatus* SCHULT. Syn. var. *hastilis* KOCH, var. *triangularis* KOCH, var. *subcordatus* DOELL. – Unterste Blätter wie bei voriger Varietät, untere und mittlere Stengelblätter dreieckig, meist spitz, mit verlängert spießförmigen oder dreieckigen Lappen mit undeutlichen Seitenbuchten. – Seltener.

4. var. *hortensis* DC. in LAM. et DC. Syn. var. *luxurians* hort. – Pflanze meergrün. Untere Stengelblätter breiter, bald breit nierenförmig, mit undeutlichen oder seichten seitlichen Buchten, bald breit dreilappig, mit einem fast kreisrunden Mittellappen. Blütenstiele gegliedert. – Angebaut.

5. var. *glaucus* (JACQ.) GAUD. – Pflanze meergrün bereift, seltener grün. Stengel in der Mehrzahl im unteren Teil fast strauchig, reichlich verzweigt, mehrere – 1–4 – Blütenstände tragend. Blätter meistens denen der var. *hastifolius* gleichend. – Nur im Süden.

6. var. *reniformis* MARCHESETTI. – Blätter meergrün, unterseits weißlich, die unteren Blätter relativ groß, ausgeschweift nierenförmig-herzförmig, die oberen dreieckig mit undeutlichen oder fehlenden Seitenlappen. Perigonabschnitte im Fruchtzustand abgerundet. – Umgebung von Triest, südliches Küstenland.

Begleitpflanzen. In den Alpen gehört *R. scutatus* zu den weitverbreiteten Geröll- und Schuttpflanzen. Mit Vorliebe tritt er in südlicher Exposition auf, auf Kalk gern in Gesellschaft von *Thelypteris Robertiana* (HOFF.) SLOSSON, *Salix retusa* L., *Gypsophila repens* L., *Biscutella laevigata* L., *Thlaspi rotundifolium* (L.) GAUD., *Arabis alpina* L., *Teucrium montanum* L., *Linaria alpina* (L). MILL., *Globularia cordifolia* L., *Valeriana tripteris* L., *Achillea atrata* L., *Petasites paradoxus* (RETZ.) BAUMG., *Festuca rupicaprina* (HACK.) KERN., *Poa minor* GAUD. u. a.

Auf Silikatgestein finden wir *R. scutatus* häufig in Begleitung von *Silene Cucubalus* WIBEL, *Sempervivum montanum* L., *Saxifraga Aizoon* JACQ., *Potentilla grandiflora* L., *Trifolium nivale* SIEB., *Lotus corniculatus* L., u. a.

Nicht allzu selten wird *R. scutatus* von den Flüssen in die Niederungen der Alpentäler hinabgeschwemmt, so in Tirol an der Sillmündung bei Innsbruck, bei Bozen, Trient, Arco, Verona, in der Steiermark bei Mitterndorf, Johnsbachtal, Sulzbach, Salzatal, im Logartal, in Kärnten an der Gail unterhalb Möderndorf und bei Schwarzenbach.

Am Hohentwiel begegnen wir auf der Südseite *R. scutatus* var. *glaucus* in Gesellschaft von *Alyssum montanum* L., *Sedum album* L., *Geranium sanguineum* L., *Chrysanthemum corymbosum* L., *Lactuca perennis* L. u. a.; an den warmen Abhängen des Schweizer Jura neben *Saponaria ocymoides* L., *Rosa spinosissima* L., *Genista sagittalis* L., *Hippocrepis comosa* L., *Linum tenuifolium* L., *Fumana procumbens* (DUM.) GREN. et GODR., *Ajuga Chamaepitys* (L.) SCHREB., *Teucrium Botrys* L.

Vielerorts wird *R. scutatus* als Gemüse unter dem Namen römischer oder französischer Spinat oder aber als saftiger und wohlschmeckender Salat in Gärten angebaut – vgl. var. *hortensis* und var. *tenax*. Früher war das Kraut als Herba Acetosa Romana offizinell. Aus den Gärten hat es sich vielfach verwildert in der Umgebung angesiedelt. An der Festung Ehrenbreitstein bei Koblenz findet sich *R. scutatus* in der Gesellschaft von zahlreichen anderen interessanten Ruderal- und Adventivpflanzen wie *Isatis tinctoria* L., *Cheiranthus Cheiri* L., *Alliaria officinalis* ANDRZ., *Sedum album* L., *S. boloniense* LOIS., *Geranium pyrenaicum* BURM., *Artemisia Absynthium* L.

**818a. Rumex Acetosa** L., Spec. plant. 337 (1753). Syn. *R. acidus* SALISB. (1796), *R. micranthus* CAMPD. (1819), *Acetosa pratensis* MILL. (1768), *Lapathum pratense* (MILL.) LAM. (1778), *Lapathum Acetosa* (L.) SCOP. (1772). Großer Sauerampfer, Wiesen-Sauerampfer. Dän.: Almindelig Syre. Engl.: Sorrel. Franz.: Oseille commune, O. sauvage, O. des prés, Grande Oseille, Surelle, Surette, Vinette. Ital.: Acetosa, Saleggiola. Poln.: Szczaw zwyczajny. Tschech.: Štovík kyselý. Sorb.: Kisały zdźer, Šćehel, Lompuch. Taf. 29, Fig. 1

Ausdauernd, 30–100 cm hoch. Wurzelstock ästig, mit langen Fasern. Stengel aufrecht, gestreift, beblättert, wie die ganze Pflanze kahl oder seltener papillös. Blätter pfeilförmig, dicklich, etwas fleischig, mit undeutlichen Nerven, sauer schmeckend; Grundblätter 2–4 (–6)-mal so lang wie breit, elliptisch-länglich, am Grunde herz-, spieß- oder pfeilförmig, mit abwärts gerichteten Basallappen, ganzrandig, gewöhnlich stumpf, lang gestielt; Stengelblätter allmählich kürzer gestielt, die obersten sitzend, spitz, pfeilförmig, mit stengelumfassenden Spießecken. Nebenblattscheiden durchsichtig, fransig zerschlitzt oder gezähnt. Blütenstand schmal, mehr oder weniger verlängert, aus meist einfachen, selten wenig verzweigten Ästen zusammengesetzt, deren untere bisweilen verlängert sind. Blüten gestielt, zweihäusig, zu Blütenknäueln vereinigt. Perigonblätter blaßgrün, nur am Rande oder vollkommen rot werden, die äußeren zurückgeschlagen, dem gegliederten Blütenstiel anliegend. Valven fast kreisförmig, 3–3,5 mm im Durchmesser, dünnhäutig, netznervig, nahe der Basis eine sehr kleine, zurückgebogene Schwiele aufweisend (Taf. 92, Fig. 1c). Nüsse braunschwarz, am Grunde mit einem hellen Fleck, glänzend, 1,8–2,2 mm lang. – Chromosomenzahl: $n = 7$ (♀), $\frac{15}{2}$ (♂). – V bis VII.

Vorkommen. Verbreitet in frischen und nassen Natur- und Kulturwiesen, auf Mäh- und Streuwiesen, auf Weiden, auch in Gebüschen und Uferunkrautgesellschaften der Talauen oder sonstiger Ruderalgesellschaften, immer auf nährstoffreichen, stickstoffbeeinflußten, frischhumosen Lehmböden, Molinio-Arrhenatheretea-Klassencharakterart.

Allgemeine Verbreitung. Arktisches bis südliches Eurasien und Nordamerika (arktisch bis submeridional-zirkumpolar). Europa, gemäßigtes und subarktisches Asien, Nordamerika, Grönland.

Verbreitung im Gebiet. Verbreitet in Deutschland, Österreich und in der Schweiz; u. zw. im Norddeutschen Tiefland, in Mitteldeutschland von den Niederungen bis ins Obere Bergland z. B. bis zum Kamm des Erzgebirges, vom Süddeutschen Becken- und Stufenland bis in die Voralpen, bis etwa 1600 m ansteigend, gelegentlich wie z. B. in Kärnten bis 1750 m, Alp Nadels im Bündner Oberland bis 1800 m, im Kt. Wallis bis 2130 m ansteigend.

Die gelegentlich auftretenden Formen mit geschlitzten Blattlappen: var. *fissus* KOCH, mit papillöser Behaarung der Stengel und Blätter: var. *hirtulus* FREYN, und mit wellig-krausem Blattrand: var. *crispus* ROTH, dürften keinen oder doch nur einen sehr geringen systematischen Wert haben.

Wenn auch ein umfassendes monographisches Studium des *R. Acetosa* und der verwandten Sippen noch ausständig ist, so läßt sich nach vorläufigen orientierenden Untersuchungen schon jetzt feststellen, daß seine Vielgestaltigkeit nicht so groß ist, wie vielfach angenommen worden ist. LÖVE (1944) stützt sich bei der weiten Fassung des *R. Acetosa* – einschließlich *R. ambiguus*, *R. thyrsiflorus*, *R. arifolius* und *R. nivalis* – auf die größtenteils durch Untersuchungen an skandinavischem Material gewonnene Feststellung, daß diese Sippen die gleiche Chromosomenzahl haben und daß keine Sterilitätsbarriere zwischen ihnen bestehe. Eine so einseitige Auswertung zytologischer und genetischer Momente unter Vernachlässigung morphologischer und ökologischer Tatsachen ist keineswegs zulässig. Sie würde auch in manchen anderen Fällen ein in systematischer Hinsicht völlig nihilistisches Ergebnis haben, man denke z. B. an die hochgradige Fertilität vieler *Salix*- und *Cirsium*-Bastarde. Aufgabe des Systematikers ist, ebenso wie bei der Auswertung morphologischer und geographischer Tatsachen auch bei zytologischen und genetischen Gegebenheiten, ein sorgfältiges Gegeneinanderabwägen aller verfügbaren Befunde. Was den speziellen Fall des *R. Acetosa* und der verwandten Arten anbelangt, so wird übrigens die Forderung des Genetikers nach einer Sterilitätsbarriere in den weitesten Teilen des natürlichen Areales dadurch erfüllt, daß diese Schranken unter natürlichen Umständen durch die verschiedene Ökologie und Soziologie der einzelnen Arten aufgerichtet sind; man vergleiche die diesbezüglichen Angaben unter „Vorkommen".

Volksnamen. Der Name Ampfer (ahd. ampfaro) geht auf eine Wortwurzel zurück, die „scharf, sauer" bedeutet, vgl. auch schwed. amper ‚scharf'. Möglicherweise ist der Name urverwandt mit lat. amarus ‚bitter'. Das Wort Ampfer erfährt im Volksmund die mannigfachsten Veränderungen z. B. Amper, Ampes (rheinisch), Hampes (Nassau), Rampes, Rampel (rheinisch), Pampfer (Niederbayern). Diese Namen sind dann mit Bezug auf den Geschmack der Pflanze mit „sauer" zusammengesetzt und vielfach in der Volkssprache umgebildet z. B. Sûrampert (niederdeutsch), Sauerampel, Sauerrampel (z. B. Pfalz), Sauerromp (Riesengebirge), Sauerhampf u. ä. (Obersachsen, Erzgebirge, Lausitz), Surhampfle (Schweiz), Sauerlump (ostmitteldeutsch), Sauzompfer (Böhmer Wald). Lediglich nach dem sauren Geschmack heißt die Art Sür, Süren, Sürken, Süerling (niederdeutsch), Surele, Säuerle (Schwaben), Sûr, Sûri, Süri (Schweiz) oder im Zusammensetzung Suurkruut, Sürkenkrut (niederdeutsch), Sauerkraut (vielfach), Sürkeblatt (Ostfriesland), Sauerblätter (vielfach in Mundartformen), Sauerstengel (Thüringen), Sauerlaub (Schlesien), Sauerbrot (Düsseldorf). Als Frühlingspflanze wird der Sauerampfer oft nach dem Kuckuck benannt (auch werden seine Blätter besonders im Frühling gegessen), daher Gugezer [eigentlich ‚Kuckuck'], Gugezerkraut (bairisch), Kukuksuur (Schleswig), Gugger-, Guggisuur (Schweiz), Gugerzerbrod (Niederbayern). Die Blätter, die gern von Kindern gegessen werden, heißen Himmel- oder Johannisbrod (Niederbayern) oder auch Kühkaas [Kuhkäse], Schneiderkas (Böhmer Wald). Die Früchte werden nach ihrer Form mit Läusen verglichen, daher Lüs, Lüsere (Schweiz) genannt, die Pflanze selbst ist das Lauskraut (Mittelfranken) oder die Lauswurz (Schongau in Oberbayern). Man sagt auch den Kindern, der Genuß der Sauerampfers mit Blüten und Früchten erzeuge (im Magen) Läuse.

Vergiftungen. Beim Weidevieh können, wenn der Sauerampfer massenhaft im Grasbestand auftritt, Oxalsäurevergiftungen beobachtet werden. Auch bei Kindern sind nach dem Verzehren größerer Mengen frischer Sauerampferblätter Reizerscheinungen vorgekommen, die sich im Erbrechen und starken Durchfällen äußern. Neben anderen Sulfatstoffen führen die Blätter Quercetinglykoside, vor allem Hyperosid.

**818b. Rumex ambiguus** GREN. in GREN. et GODR., Fl. France 3, 44 (1855). Syn. *R. Acetosa* L. ssp. *ambiguus* (GREN.) LÖVE, Botan. Notis. **1944**, 250 (1944), *R. Acetosa* L. var. *hortensis* DIERBACH (1827). Garten-Sauerampfer

Ausdauernd. Stengel aufrecht, hochwüchsig, bis 1,20 m hoch, blaßgrün, kantig-gefurcht, an kräftigen Exemplaren oft hohl, mit gestreckten Internodien. Blätter verhältnismäßig groß, hellgrün, im Leben saftig, fast fleischig, trocken zart und dünn, 2- bis 4-mal so lang wie breit, im Umriß verkehrt-eiförmig, größte Breite oberhalb der Mitte, an der Spitze abgerundet oder breit zugespitzt, mit dreieckigen, abwärts gerichteten Basallappen; obere Stengelblätter an Größe und Breite allmählich abnehmend, die obersten mit mehr oder weniger breit herzförmiger Basis sitzend, gegen die Spitze allmählich verschmälert. Nebenblattscheiden meist mehr oder weniger schwach zerschlitzt. Blütenstand reichästig; Äste immer wiederholt verzweigt, die unteren oft zu mehreren entspringend; endständige Rispe dicht gedrängt. Valven klein, 3 (–4) mm lang und breit, zarthäutig, blaß fleischfarben oder blaß bräunlich, mit sehr feinem Nervennetz, mit kleiner, flacher, zurückgekrümmter Schwiele. Nüsse knapp 2 mm lang, wenig unterhalb der Mitte am breitesten, dunkelbraun. – Von dem durch die wiederholt verzweigten Blütenstandsäste und die kleinen Valven und Nüsse ähnlichen *R. thyrsiflorus* FINGERH. durch die großen, breiten, verkehrt-eiförmigen hellgrünen Blätter mit nach abwärts gerichteten Basallappen auf den ersten Blick verschieden. – Chromosomenzahl: n = 7 (♀), $\frac{15}{2}$ (♂). – V bis VII.

Vorkommen und Allgemeine Verbreitung. Im wildwachsenden Zustand nicht mit Sicherheit bekannt. In vielen Teilen Europas als Gemüsepflanze kultiviert und gelegentlich verwildernd.

**818c. Rumex thyrsiflorus** FINGERH., Linnaea 4, 380 (1829). Syn. *R. haplorhizus* CZERN. (1859), *R. Acetosa* L. var. *haplorhiza* (CZERN.) TRAUTV. (1867), *R. Acetosa* L. var. *auriculatus* WALLR. (1822), *R. Acetosa* L. var. *angustatus* MEISN. in DC. (1856), *R. Acetosa* L. ssp. *thyrsiflorus* (FINGERH.) HAYEK (1908), *R. Acetosa* L. ssp. *auriculatus* (WALLR.) BLYTT et DAHL (1903). Straußblütiger Sauerampfer. Poln.: Szczaw rozpierzchly. Tschech.: Štovík rozvětvený

Ausdauernd. Wurzelstock vielköpfig, ohne Seitenwurzeln. Stengel straff aufrecht, bis 1,20 m hoch. Ganze Pflanze glatt und kahl, seltener fein papillös. Nebenblattscheiden durchscheinend, am Rande fransig zerschlitzt. Blätter blaßgrün, etwas fleischig, mit undeutlichen Nerven, 4- bis 14-mal so lang wie breit, sauer schmeckend; Grundblätter lineal- oder schmal lanzettlich, spießoder pfeilförmig, am Rande meist gewellt, mit abstehenden oder gekrümmten, oft gespaltenen Spießecken, lang gestielt. Stengelblätter allmählich kürzer gestielt, die oberen stark verkleinert, außerordentlich schmal linealisch, fast sitzend. Blütenstand mit wiederholt verzweigten, bogig abstehenden Ästen, im Fruchtzustand sehr dicht, vielblütig. Blüten zweihäusig, gestielt. Blütenknäuel mehrblütig. Äußere Perigonblätter scharf zurückgeschlagen, dem gegliederten Fruchtstiel anliegend, rundlich, blaß, dünnhäutig. Valven im Fruchtzustand breit herzförmig bis nierenförmig, 2,5–3,5 mm lang, oft breiter als lang, am Grunde mit einer kleinen abgeflachten zurückgeschlagenen Schwiele. Nuß dunkelbraun, 1,8–2,2 mm lang. – Chromosomenzahl: n = 7 (♀), $\frac{19}{2}$ (♂). – VII, VIII.

Vorkommen. Zerstreut, aber gesellig und sich ausbreitend in wärmeliebenden trockenen Unkrautgesellschaften, an trockenen Wegrändern, auf meist mehr oder weniger offenen nährstoffreichen Kies- und Schotterböden oder auf sandigem Lehm; in Südwestdeutschland lokale Charakterart der *Echium-Melilotus*-Assoziation (Onopordion), seltener in Halbtrockenrasen und in trockenen Fettwiesen auf dichten, sommertrockenen, tonigen und kalkhaltigen Lehmböden.

Allgemeine Verbreitung. Östliches Mitteleuropa bis Sibirien (boreomeridional-eurasisch-kontinental). Sibirien, Ost- und Mitteleuropa, in Skandinavien den 60. Breitegrad nur selten überschreitend. Natürliche Westgrenze wohl in Mitteleuropa, heute schwer feststellbar, da längs Bahnen und Straßenzügen in starker Ausbreitung westwärts begriffen; die Südgrenze bleibt noch festzustellen, auf der Balkanhalbinsel verläuft sie anscheinend durch Mazedonien und Bulgarien. Die Art fehlt im eigentlichen Mittelmeergebiet.

Verbreitung im Gebiet. Zerstreut, stellenweise häufig, im Norddeutschen Tiefland und in den Talzügen der großen Flußsysteme vom Tiefland bis an den Rand der Alpen, in Mitteldeutschland vor allem in der Niederung und im Hügelland; in Österreich vor allem im Wiener Becken, im Tal der Donau und ihrer größeren Nebenflüsse, so in Niederösterreich, Oberösterreich und in der Steiermark, ferner im Rheintal in Vorarlberg; in der Schweiz im Kt. St. Gallen am Bahndamm bei Buchs und Wil, im Kt. Zürich im Glatt-Tal, in Basel am Badischen Bahnhof, sowie im Tessin am Langensee bei Tenero und zwischen Mendrisio und Coldrerio.

Unterscheidet sich von *R. Acetosa* durch die wiederholt verzweigten Äste des meist dichten Fruchtstandes, die langen, schmalen Blätter und die kleineren Valven und Nüsse, überdies durch spätere Blütezeit.

**818d. Rumex arifolius** ALL. in Misc. Taur. 5, 1770/3 (1774) et Fl. pedem. 2, 204 (1785). Syn. *R. alpestris* JACQ. (1762) p. p., nom. ambig., *R. montanus* DESF. (1815), *R. Acetosa* L. var. *arifolius* (ALL.) NEILR. (1859), *R. Acetosa* L. ssp. *arifolius* (ALL.) BLYTT et DAHL (1903), *R. Acetosa* L. ssp. *alpestris* (SCOP.) LÖVE (1944) exclus. var. *nivalis*, *Lapathum alpestre* (JACQ.) SCOP. (1772), p. p., nom. ambig., *Acetosa arifolia* (ALL.) SCHUR (1853). Berg-Ampfer. Franz.: Oseille de montagne. Ital.: Giccherio di montagna. Poln.: Szczaw górski. Tschech.: Štovík áronolistý. Taf. 92, Fig. 2

Ausdauernd, 30–100 cm hoch. Wurzelstock kurz, abgebissen, ästig, mehrköpfig. Stengel aufrecht, kräftig, gestreift, in der Regel kahl, meist einfach, seltener oberwärts ästig, beblättert. Blätter dünnhäutig, am Grunde 5- bis 7-nervig, dunkel- oder schwarzgrün; die grundständigen Blätter ungefähr doppelt so lang wie breit, am Grunde herzförmig mit kurz abgestutzten oder abgerundeten oder kurz zugespitzten Basallappen, obere Stengelblätter kürzer gestielt bis sitzend, zugespitzt, am Grunde geöhrelt, mit breiten, gegen den Blattstiel eingekrümmten, eckigen oder abgerundeten Lappen. Nebenblattscheiden meist ganzrandig, spitz, bis 1,5 cm lang. Blütenstand länglich, locker, aus einfachen, nur ausnahmsweise wenig verzweigten Ästen zusammengesetzt. Blüten zweihäusig, in zumeist unterbrochenen und blattlosen, aufrechten, in verzweigten Scheinähren angeordneten Blütenknäueln. Äußere Perigonblätter zurückgeschlagen (Taf. 92, Fig. 2b). Valven breit rundlich, 3,5–4,5 mm lang und mehr oder weniger gleichbreit, dünnhäutig, netzignervig, an der Basis mit einer kleinen, zurückgebogenen, kaum hervortretenden Schwiele versehen, länger als der gegliederte Blütenstiel. Nüsse 2,5–3 mm lang, meist graugelblich, matt oder kaum glänzend (Taf. 92, Fig. 2c). – Chromosomenzahl: $n = 7$, $(\female)$, $\frac{15}{2}$ $(\male)$. – VI bis IX.

Vorkommen. Zerstreut aber gesellig in hochmontanen und subalpinen Hochstaudenfluren oder Bergwiesen auf frischen nährstoffreichen, lockeren und mildhumosen Lehmböden, in den Alpen vor allem im Adenostylo-Mulgedietum sowie im Alnetum viridis, ferner (den *R. Acetosa* der Tieflagen ersetzend) als Verbandsdifferentialart in den *Trisetum-flavescens*-Wiesen, seltener im Caricetum ferrugineae, schließlich mit *Adenostyles* auch in den hochstaudenreichen Bergmischwäldern an der Waldgrenze in den mitteleuropäischen Mittelgebirgen, hier als lokale Charakterart des Acero-Fagetum (Fagion); im ganzen: Betulo-Adenostyletea-Klassencharakterart.

Allgemeine Verbreitung. Gemäßigtes bis nördliches Eurasien ([boreomeridional-montan]-boreal-eurasisch). Nordasien, Sibirien, Altaigebirge, ferner auf Kamtschatka und Sachalin; Nordeuropa; Gebirge Mittel- und Südeuropas, und zwar Gebirge der nördlichen Pyrenäenhalbinsel, Pyrenäen, Französisches Zentralplateau, Deutsche Mittelgebirge, Alpen, Apenninen, Gebirge der nördlichen Balkanhalbinsel, Karpaten, ferner im Kaukasus; vielleicht auch im nordwestlichen Nordamerika.

Verbreitung im Gebiet. Ziemlich allgemein verbreitet in den Alpen, vor allem in den Voralpen und in der subalpinen Stufe der Hochalpen, in den Bayerischen Alpen bis 2270 m, in Nordtirol in den Stubaitaler Alpen bis 2370 m, in den Oetztaler Alpen im Venter Tal bis 2000 m, in Graubünden am Pischakopf bis 2740 m ansteigend, verbreitet im Schweizer Jura, in den Hochvogesen, im südlichen Schwarzwald: Belchen, Blauen, Feldberg, Kandel, Schauinsland, Hornisgrinde u. a., im Bayerischen Wald in höheren Lagen des Hauptzuges verbreitet, ferner auch bei Hirschenstein, Dreitannenriegel und Rusel, im Thüringerwald bei Schmücke und Oberhof, am Brocken bis Spiegellust herab und an der Heinrichshöhe bis zum Königsberge, im oberen Erzgebirge über 900 m besonders am Fichtelberg und Keilberg verbreitet, ziemlich verbreitet im Riesengebirge, ferner im Isergebirge bei Hochstein, auf der Hohen Eule, am Glatzer Schneeberg, ziemlich häufig im Gesenke, schließlich auf der Lysa-Góra, in den Beskiden und auf der Barania.

Da eine eingehende monographische Untersuchung von *R. Acetosa* L., *R. arifolius* ALL. und mehreren verwandten Arten noch aussteht, haben sowohl die morphologischen wie auch die geographischen Angaben über diese Arten provisorischen Charakter. Allem Anschein nach ist *R. arifolius* in einzelnen Teilen seines Areales durch besondere Rassen vertreten – so z. B. in Nordeuropa, in den Pyrenäen, in den Karpaten, u. a. – von denen einige mehr, andere weniger zur Bildung fertiler Kreuzungen mit *R. Acetosa* neigen. Dies würde widersprechende Angaben über die Abgrenzbarkeit dieser beiden Arten erklären. In den Alpen ist *R. arifolius* im allgemeinen durch die im Schlüssel angegebenen Merkmale von *R. Acetosa* leicht zu unterscheiden.

**819a. Rumex nivalis** HEGETSCHW. in HEGETSCHW. und HEER, Flora d. Schweiz 345 (1840). Syn. *R. arifolius* L. var. *nivalis* (HEGETSCHW.) DUFTSCHMID, Fl. Oberösterr. **2**, 377 (1876), *R. Acetosa* L. ssp. *alpestris* (SCOP.) LÖVE var. *nivalis* (HEGETSCHW.) LÖVE, Botaniska Notiser **1944**, 244 (1944). Schnee-Ampfer. Franz.: Rumex des neiges. Fig. 166, Fig. 167

Ausdauernd, 7–20 cm hoch. Wurzelstock holzig, vielköpfig. Stengel einfach, aufrecht oder aufsteigend, kahl, blattlos oder seltener mit 1–2 Blättern versehen, am Grunde dicht mit braunen Blattresten bedeckt. Blätter klein, etwas dicklich, mit kaum sichtbaren Nerven, rundlich-eiförmig; Grundblätter lang gestielt, abgerundet, stumpf, die äußeren rundlich, eirund, nieren- oder herzförmig, die inneren oft spießförmig; Stengelblätter falls vorhanden kleiner, lanzettlich oder etwas spießförmig. Blütenstand klein, nicht oder nur wenig verzweigt, fast walzlich. Blüten zweihäusig, zu einander genäherten Blütenknäueln vereinigt (Fig. 167b), welche eine blattlose, lockere Scheinähre bilden. Äußere Perigonblätter fast spatelförmig, zurückgeschlagen, dem gegliederten Blütenstiel anliegend (Fig. 167c, d). Valven herzförmig bis fast rundlich,

Fig. 166. *Rumex nivalis* HEGETSCHW. Nebelhorn. (Aufn. G. EBERLE)

ganzrandig oder etwas ausgeschweift, außen am Grunde mit einer kurzen, zurückgeschlagenen Schwiele, rot, etwa 3 mm lang, ungefähr so lang wie der gegliederte Blütenstiel, die hellgefärbte Nuß überragend. – Chromosomenzahl: n = 7 (♀), $\frac{15}{2}$ (♂). – VII bis VIII.

Vorkommen. Stellenweise, aber bestandbildend auf mildhumosen, kalk- und feinschuttreichen, durchfeuchteten Schneeböden (Gänsekreseböden) der Alpen über der Waldgrenze (etwa 1600–2700 m) in Karen und Schneetälchen als Charakterart des Rumici-Arabidetum (vgl. JENNY-LIPS, Arabidion coeruleae).

Allgemeine Verbreitung. In den Alpen, vor allem in den östlichen Gruppen, vom Berner Oberland und Tessin bis Krain, in etwa 1600–2750 m, ferner in den Gebirgen Montenegros.

Verbreitung im Gebiet. In der Schweiz nur in den östlichen und mittleren Kantonen, mehrfach in den Berner Alpen, z. B. Engstlenalp, Faulhorn, Suleck usw., westlichster Fundort am Nollenkopf im Ober-Wallis, verbreitet in den Vierwaldstätter Alpen, im Tessin nur im Blegno-Tal, verbreitet im Kt. Graubünden in den Albula-Alpen und in der Adula-Gruppe, ferner mehrfach in den Glarner Alpen, in den Appenzeller Alpen, im Säntis-Gebiet, Altmann, Kurfirsten und in den Flumser Alpen, auch am Südhang des Speer im Kt. St. Gallen auf Molasse. – In Bayern und Tirol in den Allgäuer Alpen zwischen 1690 und 2400 m: Rappensee, Obermädelejoch, Kreuzeck, Rauheck, Dietersbachwanne, Kaufbachereck, Schneck, Nebelhorn, Daumen, Kratzer, Almajurjoch; in den Lechtaler Alpen im Arlberg-Gebiet, z. B. auf der Valluga nächst der Ulmer Hütte, gegen den Kalten Berg und Fasul; in der Ferwall-Gruppe, Silvretta-Gruppe und im Rhätikon, z. B. auf der Scesaplana, sowie: Schweizerthor, Lüner See, Vermalenalpe, Solaruel, Oefentobel, Tilisunaalpe u. a.; in der Ortler-Gruppe am Lago di Trento und im Val Bresimo; in Salzburg in den Naßfelder Tauern, am Zederhauser Weißeck; in Oberösterreich und in der Steiermark zwischen 1900 und 2200 m im Toten Gebirge am Hohen Priel, im Feuertal am Abstieg vom Hohen Priel nach Grundlsee, sowie in der Hochschwab-Gruppe am Fuß des Hochwart zwischen Speikboden und den Hundsböden, auf dem Ebenstein und im Sattel zwischen Ebenstein und Polster. In Krain und im nördlichen Küstenland nur in den Julischen Alpen: Triglav-Gruppe und in den Wocheiner Alpen (Bohinske Alpen).

Fig. 167. *Rumex nivalis* HEGETSCHW. *a* Habitus (²/₅ nat. Gr.). *b* Teil des Blütenstandes (vergr.). *c* Weibliche Blüte. *d* Perianth im Fruchtzustand

Die kleinste Art unter den einheimischen Vertretern der Untergattung *Acetosa*. Auf den ersten Blick gekennzeichnet durch den meist unverzweigten, blattlosen Stengel, die kleinen dicklichen Blätter mit undeutlichen Nerven sowie die rundlich-eiförmigen oder fast herzförmigen, ganz stumpfen äußeren Grundblätter. Die Art ist morphologisch und ökologisch vollkommen scharf gekennzeichnet. Es bestehen nach keiner Richtung irgendwelche Übergangsformen, die den Vorgang LÖVES (1944), *R. nivalis* als Varietät der ssp. *alpestris* von *R. Acetosa* unterzuordnen, rechtfertigen würden. LÖVES Vorgehen erklärt sich offenbar dadurch, daß er den echten alpinen *R. nivalis* nicht genauer kannte und ihn mit gewissen noch näher zu untersuchenden subarktischen und arktischen Sippen aus der Verwandtschaft des *R. arifolius* verwechselt hat.

**820a. Rumex triangulivalvis** (DANS.) RECH. f., FEDDE Repert. spec. nov. **40**, 297 (1936). Syn. *R. salicifolius* WEINM. ssp. *triangulivalvis* DANS., Nederl. Kruidk. Archief **1925**, 415 (1926), *R. salicifolius* auct. mult., non WEINM., *R. mexicanus* FERNALD, Rhodora **10**, 119 (1908), non MEISN.

Ausdauernd. Stengel einzeln oder mehrere, in der Jugend mehr oder weniger aufrecht, mit Ausnahme des rispigen Blütenstandes unverzweigt, später verlängert, hin- und hergebogen oder bisweilen niederliegend. Aus den Blattachseln entwickeln sich beblätterte Seitentriebe, die in später zur Blüte kommende Infloreszenzen endigen. Blätter von bleichgrüner Farbe, flach; untere Stengelblätter lineal-lanzettlich, etwa 5-mal so lang wie breit, 12–15 cm lang, am Grunde kurz, gegen die Spitze lang verschmälert. Seitennerven von der Mittelrippe unter einem Winkel von etwa 45° abgehend, Blattstiel meist kürzer als die Breite der Blattspreite; obere Stengelblätter und jene der Äste allmählich schmäler werdend, etwa 7-mal länger als breit, kürzer gestielt, die obersten Blätter fast sitzend. Blütenstandsäste einzeln, einfach, nur die untersten bisweilen wieder verzweigt und verlängert und von einem Tragblatt gestützt. Fruchtstiele meist kürzer, selten bis zu 1,5-mal länger als das Perigon zur Fruchtzeit. Valven 3 (–4) mm lang, 2,5–3 mm breit, im Umriß dreieckig, an der Basis gestutzt oder schwach herzförmig, gegen die Spitze spitzlich, am Rande ganzrandig oder öfters gegen die Basis hin unregelmäßig klein gekerbt. Alle Valven gleichmäßig Schwielen tragend; Schwielen an der Basis abgerundet, vorne spitz, 1,8–2,5 mm lang, 0,6–0,9 mm breit, stets viel schmäler als die Valvenbreite, oft schwach kleingrubig-runzelig. Nüsse 2 mm lang, etwa 1,3 mm breit.

Heimat: Nordamerika. Ziemlich häufig adventiv in Europa, so z. B. in Hamburg-Altona, scheint sich stellenweise einzubürgern, Elbufer bei Nienstedten, München, Bahnhof Kissing bei Augsburg, in der Schweiz in Basel, Solothurn und Genf, ferner vorübergehend in Wien-Westbahnhof beobachtet. Die Art ist nach Mitteilung von HILDMAR SCHOLZ in den nordwestlichen Stadtteilen von Berlin völlig eingebürgert.

**820 b. Rumex altissimus** WOOD, Class Bk. ed. 2, 477 (1847). Syn. *R. britannicus* MEISN. in DC. (1856)

Ausdauernd. Stengel aufrecht, bis zu 80 cm hoch, kräftig, von der Mitte an oder unterwärts in beblätterte, später stark verlängerte und Blüten tragende Äste verzweigt. Alle Blätter von bleichgrüner Farbe, flach, kahl und glatt, Seitennerven unter einem Winkel von etwa 50–60° von der Hauptrippe abgehend; untere Stengelblätter breit oder eiförmig-lanzettlich oder länglich-lanzettlich, 12–18 cm lang, 4–5,5 cm breit, 2,5- bis 4-mal so lang wie breit, unter der Mitte am breitesten, am Grunde leicht keilförmig oder fast abgerundet, gegen die Spitze hin allmählich verschmälert, gestielt. Fruchtstiele etwas kürzer oder fast gleichlang, selten etwas länger als das Perigon zur Fruchtzeit. Valven schließlich 4–6 mm lang, 3–4 (–5) mm breit, im Umriß eiförmig-schildförmig, an der Basis abgestutzt oder herzförmig, gegen die Spitze hin spitz, am Rande ganzrandig oder fast ganzrandig, zur Reifezeit olivbraun. Meist nur eine Valve mit Schwiele, die der übrigen, wenn ausgebildet, kleiner. Schwiele eiförmig, spindelförmig, stark hervortretend, etwa 3 mm lang, etwa 1 mm dick, glatt oder etwas runzelig, bräunlich-orange. Reife Nüsse schwarzbraun, etwa 3 mm lang, 2 mm breit, an der Basis kurz, an der Spitze etwas länger verschmälert, ein wenig unterhalb der Mitte am breitesten. – VII, VIII.

Heimat: Nordamerika. Adventiv in Nordeuropa beobachtet, auch bei uns zu erwarten.

**820 c. Rumex longifolius** DC., Fl. Franç. 6: 368 (1815). Syn. *R. aquaticus* L. var. *crispatus* WAHLENBG. (1812), *R. domesticus* HARTM. (1820), *R. Hippolapathum* FRIES var. *domesticus* (HARTM.) FRIES (1828). Nordischer Ampfer. Fig. 178 g, h

Ausdauernd. Stengel aufrecht, 60–120 cm hoch, bräunlich oder grünlich, seltener purpurn überlaufen, fein gerillt, meist mit ziemlich zahlreichen kurzen Internodien. Blütenstand ungefähr die obere Stengelhälfte einnehmend, verlängert, dicht. Äste gebüschelt, aufrecht, die unteren wiederholt verzweigt. Grundblätter verlängert eiförmig oder lanzettlich, am Grunde verschmälert oder gestutzt oder abgerundet, 2,5 bis 4,5-mal so lang wie breit, bis 35 cm lang, bis 10 cm breit, in der Mitte oder wenig unterhalb am breitesten, gegen die Spitze allmählich verschmälert, am Rande mehr oder weniger wellig-kraus, im Leben lebhaft grün, weich, etwas fleischig, glatt und kahl oder unterseits an den Nerven sehr fein papillös, Seitennerven im Winkel von 45–60° von der Mittelrippe abzweigend; Blattstiel auf der Oberfläche ziemlich schmal, rinnig, meist kürzer als die Blattfläche. Stengelblätter am Grunde keilig verschmälert oder abgerundet, lanzettlich, die oberen allmählich kleiner werdend und kürzer gestielt, am Rande stärker gewellt. Fruchtstiele dünn fadenförmig, unterhalb der Mitte zart aber deutlich gegliedert, bis 2,5-mal so lang wie das Fruchtperigon, gegen dessen Basis schwach erweitert. Äußere Perigonblätter lineal-lanzettlich, in der Ausrandung der Valven mehr oder weniger zurückgeschlagen, meist etwas kürzer als deren halbe Breite. Valven (Fig. 178 h) aus der Ausrandung gemessen 4,5–6 mm lang, 6–8 mm breit, von rundlich-nierenförmigem Umriß, mit deutlich herzförmiger Basis, ganzrandig oder äußerst fein und

Tafel 90

**Tafel 90. Erklärung der Figuren**

Fig. 1 *Rumex alpinus* (S. 372). Seitenzweig und grundständiges Blatt
,, 1a Perianth im Fruchtzustand
,, 2 *Rumex conglomeratus* (S. 381). Oberer Teil des Blütenstandes
,, 2a Perianth im Fruchtzustand
,, 2b Perianth der weiblichen Blüte (geöffnet)
,, 2c Fruchtknoten mit Narben

Fig. 3 *Rumex crispus* (S. 378). Oberer Teil des Blütenstandes
,, 3a Weibliche Blüte (von außen)
,, 3b Junge männliche Blüte
,, 3c Perianth im Fruchtzustand
,, 4 *Rumex scutatus* (S. 361). Habitus
,, 4a Perianth im Fruchtzustand

unregelmäßig gekerbt, an der Spitze mehr oder weniger abgerundet oder sehr breit zugespitzt, zarthäutig, sehr fein netznervig, ohne Schwielen, Mittelnerv an der Basis gelegentlich undeutlich verdickt. Nuß dunkelbraun, dicklich, 2,5–3 mm lang, an beiden Enden fast gleichmäßig zugespitzt. – VII, VIII.

Vorkommen. An Gräben, Wegrändern, auf bebautem Boden, gern an Dorfstraßen, überhaupt in der Nähe menschlicher Ansiedlungen. Chenopodietea-Art.

Allgemeine Verbreitung. Nördliches Eurasien (boreal-eurasisch). Sibirien, nördliches europäisches Rußland, Finnland, Skandinavien, Norddeutschland, Nordengland, Schottland, isolierte Fundorte in den Pyrenäen, auf Island, im nördlichen Ostasien sowie in Nordamerika. Selten, adventiv. – Eine nah verwandte Art, *R. angulatus* RECH. f., in Kaschmir und Westtibet.

Verbreitung im Gebiet. Häufig im nördlichen Schleswig, gegen Süden seltener werdend; erreicht im nördlichen Holstein die Südgrenze der lokalen Verbreitung. Herbarbelege wurden gesehen: Umgebung von Flensburg bei Adelby, Estrup, Havetoft, Mühlenbrück, Wasserleben und Weseby, um Breklum, Ohrstedt, Silberstedt, Schuby, aus der Umgebung von Schleswig, Groß-Rheide, Bistensee, Rendsburg. Mehrfach wurden Herbarbelege aus der Umgebung von Hamburg gesehen: Elbufer, Neumühlen bei Hamburg, Weg ins Borsteler Moor; nach CHRISTIANSEN ist jedoch das Vorkommen der Art heute um Hamburg unsicher. Zerstreut, jedoch sicher ursprünglich, findet sich *R. longifolius* in der Umgebung von Bremen, am Weserufer nächst Gröpelingen, ferner in Ostfriesland bei Iheringsfehn im Bez. Aurich. – Adventiv wurde die Art beobachtet: In Ostpreußen bei Königsberg, in Westpreußen auf der Westerplatte bei Danzig, im sächsischen Hügelland bei Chemnitz, im Thüringer Becken bei Erfurt und im mittleren Saaletal bei Naumburg; in der Schweiz bei Zürich und Buchs.

*R. longifolius*, der lange Zeit unter dem jüngeren Namen *R. domesticus* HARTM. bekannt war, ist außer *R. aquaticus* L. und *R. pseudonatronatus* (BORB.) MURB. die einzige einheimische *Lapathum*-Art mit im Reifezustand schwielenlosen Valven. Von *R. aquaticus* ist sie u. a. durch den rundlich herzförmigen Umriß der Valven und die gegen den Grund verschmälerten Blätter leicht zu unterscheiden, von *R. pseudonatronatus* durch die etwa doppelt so großen Valven und viel breiteren Blätter. – Trotz seines subruderalen Vorkommens hat *R. longifolius* kaum die Tendenz, sich über sein ursprüngliches Areal hinaus zu verbreiten, welches offenbar dem subarktisch-zirkumpolaren Typus angehört.

**820 d. Rumex pseudonatronatus** (BORB.) MURB., Botan. Notiser 1899, 16 (1899). Syn. *R. fennicus* MURB. (1899), *R. domesticus* HARTM. var. *pseudonatronatus* BORB. (1881), *R. crispus* L. var. *nudivalvis* MEISN. in DC. (1856), *R. crispus* L. var. *nudus* REGEL (1873). Finnischer Ampfer

Ausdauernd. Wurzel spindelförmig. Stengel 50–150 cm hoch, straff aufrecht, sehr fein, gegen die Basis zu kaum gerillt, meist purpurn überlaufen, mit gestreckten Internodien. Blütenstand ungefähr die obere Stengelhälfte einnehmend, schmal, fast zylindrisch, mit kurzen aufrechten Ästen, fast blattlos. Alle Blätter schmal lineal-lanzettlich, ungefähr in der Mitte am breitesten, mit schmal keiliger Basis, gegen die Spitze allmählich verschmälert, am Rande stark wellig-kraus, seltener fast flach, beiderseits glatt und kahl oder unterseits an den Nerven fein papillös; Grundblätter und untere Stengelblätter 8- bis 15-mal so lang wie breit, bis 30 cm lang, bis 2,6 cm breit, ziemlich kurz gestielt, obere Stengelblätter allmählich kleiner werdend, die obersten fast sitzend, linealisch. Blütenknäuel reichblütig, meist alle genähert oder ganz zusammenfließend. Fruchtstiele dünn fadenförmig, von verschiedener Länge, ungefähr so lang bis doppelt so lang wie das Fruchtperigon, unter der Mitte dünn aber deutlich gegliedert, gegen die Basis des Perigons schwach erweitert. Äußere Perigonblätter zungenförmig bis verlängert linealisch, ungefähr so lang wie die halbe Breite der Valven, deren Basis angedrückt. Valven 3,5–5 mm lang, 3,2–4,8 mm breit, am Grunde schwach herzförmig oder seltener fast gestutzt bis abgerundet, ganzrandig, an der Spitze stumpf, zarthäutig, schwielenlos, sehr fein netznervig, nur ausnahmsweise die vorderste Valve mit einer winzigen, mit freiem Auge kaum wahrnehmbaren, kugeligen Schwiele. Nüsse blaßbraun, 2–3 mm lang, 1–1,5 mm breit, in der Mitte oder knapp unterhalb der Mitte am breitesten, beiderseits allmählich verschmälert. – Chromosomenzahl: n = 20. – VI.

Vorkommen. Auf zeitweise überschwemmten, wechselfeuchten und nährstoffreichen Aueböden, im Weidengebüsch und in Stieleichenauenwäldern, nach Soó in Ungarn z. T. mit *Festuca pseudovina* (HACKEL) KRAJ.

Allgemeine Verbreitung. Nördliches und gemäßigtes Eurasien (boreal bis boreomeridional-eurasisch-kontinental). Ost- und Westsibirien, europäisches Rußland, westwärts bis Finnland, Schweden, Ungarn und Niederösterreich.

Verbreitung im Gebiet. Nur in Niederösterreich im Überschwemmungsgebiet der March bei Angern.

Von dem nah verwandten *R. longifolius* DC. durch den schlanken Wuchs, die schmalen, beiderseits gleichmäßig verschmälerten Blätter, die mindestens 6-mal so lang wie breit sind, und durch die nur halb so großen Valven und Nüsse leicht zu unterscheiden.

Das Vorkommen in Niederösterreich im Überschwemmungsgebiet der March ist sicher spontan und entspricht dem nächstliegenden Vorkommen bei Vesztö in der Großen Ungarischen Tiefebene. Es handelt sich um einen isolierten westlichen Vorposten einer durch Osteuropa und Sibirien weit verbreiteten Art. Im Gegensatz zu *R. longifolius* scheint sie die Nähe menschlicher Siedlungen zu meiden.

**821. Rumex aquaticus** L., Spec. plant. 336 (1753), Syn. *Lapathum aquaticum* (L.) SCOP. (1772), *R. Hippolapathum* FRIES, var. *palustris* FRIES (1828), *R. latifolius* G. F. W. MEY. (1836). Wasser-Ampfer. Dän. Dynd-Skræppe. Franz.: Parelle, Grande Parelle. Ital.: Pazienza. Poln.: Szczaw wodny. Tschech.: Štovík vodní. Sorb.: Wódny zdžer. Taf. 90, Fig. 1, Fig. 168, Fig. 169

Ausdauernd. Stengel aufrecht, hochwüchsig, 0,8–2 m hoch, braun, oft purpurn überlaufen, gefurcht-gestreift, in der oberen Hälfte verzweigt; untere Äste an typischen Exemplaren oft erneut verzweigt, eine weite, mehr oder weniger dicht gedrängte Rispe bildend. Grundblätter im Leben dicklich-krautig, dunkelgrün, trocken membranös, kahl und glatt, 1,5- bis 2,5(–5)-mal so lang wie breit, bis zu 35(–50) cm lang, 20(–30) cm breit, nahe der Basis am breitesten, verlängert- oder eiförmig-dreieckig, am Grunde breit herzförmig, mit abgerundeten Basallappen, gegen die abgerundete, seltener zugespitzte Spitze verschmälert, flach oder leicht wellig; untere Seitennerven fast rechtwinkelig, obere Seitennerven unter einem Winkel von 60 bis 80° von der Hauptrippe abzweigend; Blattstiel der Grundblätter gleichlang oder etwas länger als die Blattspreite, oberseits mit schmaler Rinne. Stengelblätter aus breit herzförmigem Grunde länglich-dreieckig oder länglich- bis lanzettlich-eiförmig, gegen die Spitze allmählich verschmälert; oberste Blätter aus abgerundetem Grunde linear-lanzettlich, mit schiefwinkelig-bogig aufsteigenden Seitennerven. Blütenknäuel vielblütig, die unteren entfernt, die mittleren und oberen einander genähert, fast alle ohne Tragblätter. Fruchtstiele dünn fadenförmig, nahe der Basis undeutlich gegliedert, bis zu 2,5-mal länger als das Fruchtperigon, unterhalb der Blüte verdickt. Äußere Perigonblätter etwas kürzer als die halbe Breite der Valven, länglich, stumpf oder spitzlich. Valven 5–8,5 mm lang, 4,5–7 mm breit, aus abgestutztem oder abgerundetem Grunde eiförmig-dreieckig, meist nahe dem Grunde am breitesten, länger als breit, (5–)6–8,5 mm lang, ganzrandig oder fast ganzrandig, sehr selten kleinkerbig, dünnhäutig, bräunlich-rötlich oder grünlich, stets schwielenlos (Taf. 90, Fig. 1 b). Nuß braun, 3,2–3,7 mm lang, dicklich, ein wenig unterhalb der Mitte am breitesten. – Chromosomenzahl: n = etwa 100. – VII, VIII.

Vorkommen. Zerstreut in nassen Staudengesellschaften – seltener auch im Röhricht – der Bach- und Flußufer, in Gräben und an Altwässern auf meist kalkreichen Schwemmböden, Filipendulo-Petasition-Verbandscharakterart.

Allgemeine Verbreitung. Nördliches bis gemäßigtes Eurasien (subarktisch bis boreo-meridional-eurasisch-kontinental). Gemäßigtes und subarktisches Europa und in Asien östlich bis Kamtschatka, im Süden bis zur nördlichen Mongolei und vereinzelt bis Mittelchina; fehlt im Mittelmeergebiet, selten in Schottland, in Ostfrankreich und in der Auvergne, in der Schweiz nur im Flußgebiet des Doubs und an der Wutach im Kt. Schaffhausen; die Südgrenze verläuft durch die Alpen, ein isoliertes Vorkommen findet sich in Serbien bei Vranja.

Verbreitung im Gebiet. Allgemein verbreitet in Deutschland und Österreich, sowie zerstreut in der Schweiz; im Norddeutschen Tiefland, in Westfalen vorzugsweise an der Oberweser und an der unteren Ruhr, sonst sehr zerstreut; in Mitteldeutschland ziemlich verbreitet bis ins untere Bergland, doch stellenweise fehlend; vom Süddeutschen Becken- und Stufenland bis in die Voralpen; im Alpengebiet vor allem in den großen ostalpinen Längstalfurchen früher vielleicht weiter verbreitet, heute in manchen Teilen der Alpen noch ziemlich häufig, in anderen Gegenden durch Entwässerung im Rückgang begriffen und schon ziemlich selten. – Herbarbelege wurden gesehen: aus Brandenburg: Templin, Wriezen; Mecklenburg; Pommern: Polzin, Stettin; Ostpreußen: Königsberg, Lyck; Schlesien: Görlitz, an der Neiße, Löwenberg am Bober, Schmiedeberg, Kochel im Riesengebirge, Wartha; Mitteldeutschland: Dresden, an der Weißeritz nächst Tharandt bei Dresden; Pforta, Schleusingen; Rheinprovinz: Moselufer bei Winningen; Bayern: Offenbach/Pfalz, Nürnberg, Regensburg, Riedensburg, Eggersberg, bei Riedenburg, Augsburg, Umgebung von München, Garching, Ismaning, Oberwiesenfeld, Schleißheim, Puchheim/Oberbay., Memmingen; Baden: Heidelberg. – Böhmen: Moldauufer bei Prag, Pilsen, Brüx, Leitmeritz, Böhm.-Leipa,

Fig. 168. *Rumex aquaticus* L. An der Wutach im Kt. Schaffhausen. (Aufn. A. UEHLINGER)

Hohenelbe, Chrast bei Jaroměř, Deutschbrod; Mähren: Adamstal bei Brünn, an der Zwittawa bei Czernowitz, Göding bei Lundenburg; Weidenau bei Freiwaldau in ehem. österr. Schlesien. – Niederösterreich: An der Donau nächst Altenwörth und nächst Meidling bei Krems, um Wien bei Klosterneuburg, Stockerau, Stadlau, häufig am Kamp z. B. bei Seebarn, Schönberg; Oberösterreich: im Mühlkreis, zwischen Ebensee und Steinkogl a. d. Traun, Obertraun; Steiermark: Mur-Gebiet: Fischerau und Gösting bei Graz, Kraubath, Judenburg und Murau, Mürztal: Marein-St. Lorenzen, stellenweise häufig im Ennstal, z. B. bei Selzthal, St. Martin und Gröbming; Salzburg: Tamsweg im Lungau; Tirol: Kitzbühel, Tristach nächst Lienz, Winnbach a. d. Drau, zwischen Sillian und Weitlanbrunn. – In der Schweiz nur in den Kantonen Bern und Neuchâtel am Doubs, sowie an der Wutach im Kt. Schaffhausen.

In Europa kommt nur *R. aquaticus* ssp. *aquaticus* vor, in Asien wird die Art durch mehrere nahverwandte Sippen vertreten, u. a. durch ssp. *protractus* RECH. f. in Sibirien und in der Mongolei, durch ssp. *Schischkinii* (LOSINSKAJA) RECH. f. im Altai und durch ssp. *Lipschitzii* RECH. f. im Pamir. Im höchsten Norden Europas und Asiens sowie Nordamerikas wird der Formenkreis durch den arktisch-zirkumpolaren *R. arcticus* TRAUTV. repräsentiert. An der Südspitze Südamerikas, in Westpatagonien, kommt der mit *R. aquaticus* nah verwandte *R. aquaticiformis* RECH. f. vor. In Nordamerika ist dieser Formenkreis durch die nah verwandten Arten *R. occidentalis* S. WATS. und *R. fenestratus* GREENE vertreten.

**822a. Rumex alpinus** L., Spec. plant. 334 (1753). Syn. *Acetosa alpina* (L.) MOENCH (1794), *Lapathum alpinum* (L.) LAM. (1778), Alpen-Ampfer, Mönchsrhabarber. Engl.: Monk's Rhubarb. Franz.: Rumex des Alpes, Patience des Alpes, Rhubarbe des moines, Rhapontie des moines. Ital.: Rabarbaro alpino. Poln.: Szczaw alpejski. Tschech.: Štovík alpinský. Taf. 91, Fig. 1; Fig. 170

Ausdauernd, bis 2 m hoch. Wurzelstock dick, waagrecht kriechend, derb, mehrköpfig, mit schwarzen borstenförmigen faserartigen Überresten der Nebenblattscheiden und durch Blattnarben quergeringelt, verlängerte, dickliche, gelbliche Wurzelfasern tragend. Stengel kräftig, tief gefurcht, spärlich kurzflaumig, zuletzt völlig verkahlend. Grundblätter sehr groß, bis 50 cm

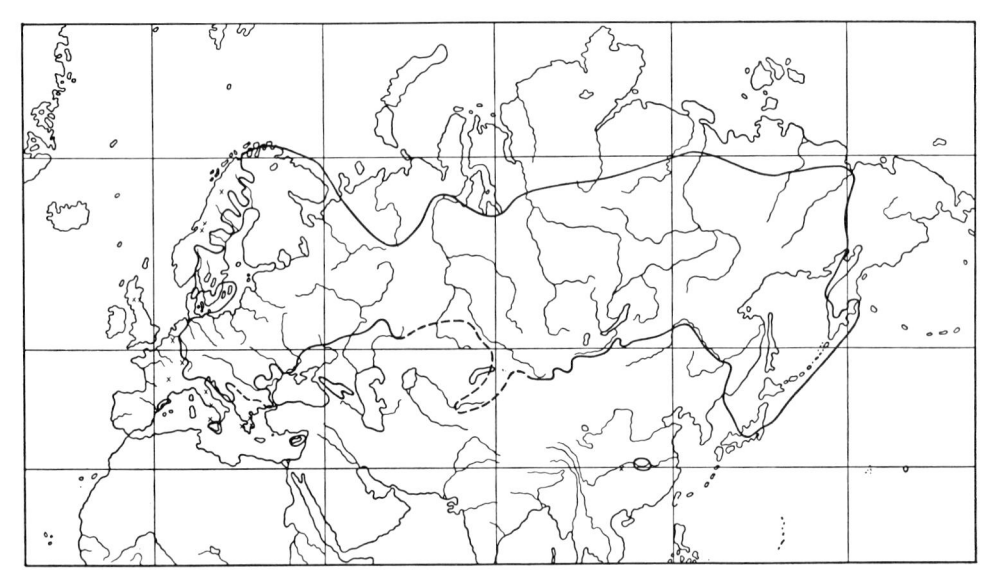

Fig. 169. Verbreitung von *Rumex aquaticus* L. (nach H. MEUSEL, Halle 1957)

lang, oft fast gleich breit, langgestielt; Blattstiel so lang oder auch länger als die Blattspreite, stumpf kantig gerillt; Blattspreite rundlich-herzförmig, stumpf, selten undeutlich zugespitzt, am Grunde breit und tief herzförmig, flach oder am Rande etwas wellig, zuweilen klein gekerbt, mit breit abgerundeten Basallappen. Untere Stengelblätter eiförmig-lanzettlich, die untersten am Grunde herzförmig, kurz gestielt, die mittleren am Grunde abgerundet, in den Blattstiel rasch verschmälert, die oberen keilig verschmälert, alle deutlich gestielt, mit großen weißen Nebenblattscheiden. Blüten zwitterig oder die untersten oft weiblich, in einem zusammengesetzten, länglichen, dichten, großen, stark rispig verzweigten, die halbe Stengellänge einnehmenden Blütenstand. Äste des Blütenstandes gebüschelt, reichlich verzweigt; Fruchtstand dicht, geschlossen, oft fast kolbenartig. Äußere Perigonblätter länglich, der Basis der inneren angedrückt. Valven herzförmig bis eiförmig, fast häutig, fein und weit netzartig, breit dreieckig eiförmig, 4–6 mm lang, 4 mm breit, ganzrandig (Taf. 91, Fig. 1a), schwielenlos, grünlich, reif, rotbraun. Fruchtstiele fadenförmig, von wechselnder Länge, bis dreimal so lang wie die Frucht, an der Basis der Frucht kreiselförmig verdickt, zur Reifezeit nahe der Basis oder im unteren Viertel gegliedert. – Chromosomenzahl: $n = 10$. – VI bis VIII.

Vorkommen. Häufig und bestandbildend in der hochmontanen und subalpinen Stufe der Alpen und Mittelgebirge, vor allem in der Nähe von Alm- und Sennhütten und auf Weideplätzen auf sehr nährstoff- und stickstoff- bzw. ammoniakreichen, frischhumosen Lehm- und Tonböden

Tafel 91

**Tafel 91. Erklärung der Figuren**

Fig. 1 *Rumex aquaticus* (S. 370). Sproßstück mit Fruchtstand
,, 1a Zwitterblüte
,, 1b Perianth im Fruchtzustand
,, *Rumex maritimus* (S. 394). Habitus
,, 2a und 2b Perianth im Fruchtzustand

Fig. 2c Nuß
,, 3 *Rumex pulcher* (S. 389). Sproßstück
,, 3a Inneres Perianthblatt
,, 3b Perianth im Fruchtzustand
,, 3c Junge Nuß mit Griffel und Narbe

kalkarmer und kalkreicher Grundgesteine als Charakterart des Rumicetum alpini (Chenopodion subalpinum), mehr vereinzelt auch in nassen Hochstaudenfluren mit *Adenostyles* und hier wohl ursprünglich! – Das Rumicetum alpini zeigt oft noch nach vielen Jahren abgegangene Siedlungen oder Hütten an.

Allgemeine Verbreitung. Gebirge von Mittel- und Südeuropa, auf der Balkanhalbinsel südlich bis in den Pindus, Kaukasus, Transkaukasien, Armenien, Nord-Anatolien (süd-mitteleuropäisch-montan bis subalpin). In Schottland, Nordamerika (Vermont) und auf Java verwildert und eingebürgert.

Verbreitung im Gebiet. Ziemlich allgemein verbreitet in den Alpen von etwa 1000 bis 2500 m, am Riffel im Kt. Wallis bis 2550 m, in der Bernina-Gruppe bis 2640 m ansteigend, an Bächen zuweilen in die Täler herabgeschwemmt bis 600 m; im Schweizer Jura fehlend, hingegen zerstreut im Süddeutschen Stufenland und in den Deutschen Mittelgebirgen, so im Schwarzwald mehrfach zwischen 1050 und 1300 m, z. B.: Feldberg, Belchen, Schauinsland, Alpirsbach, Bankgallihöhe, Fürsatz, Kandel; im Erzgebirge z. B. bei Preßnitz, im Isergebirge auf den Iserwiesen, im Riesengebirge im Kessel, am Kleinen Teich, um die Hampel-, Pudel-, Spindler- und Schlesische Baude, Spindelmühle, Krummhübel, Petersdorf und Agnetendorf, im Adlergebirge, am Glatzer Schneeberg, im Reichensteiner Gebirge am Grenzgrund, ferner im Gesenke am Altvater, um Thomasdorf und Reihwiesen bei Freiwaldau, Altstadt und Karlsbrunn bei Freudenthal, Landeck bei Schwarzwasser, Kleppel bei Mähr. Schönberg u. a. – Außerdem in den Gebirgsdörfern in Gärten angepflanzt und daraus verwildernd, so im Schweizer Jura bei Chaumont, im Züricher Oberland, im Fichtelgebirge und anderswo.

*R. alpinus* ist eine der am wenigsten variablen Arten der Gattung. Dieser äußerst leicht kenntliche Ampfer treibt unmittelbar nach der Schneeschmelze kleine gelblichgrüne bis kupferrote Blätter, welchen schon nach 8 Tagen die ersten Blütenstände folgen. *R. alpinus* ist eine ausgesprochene Lägerpflanze, die sich überall da einstellt, wo Dünger abfällt bzw. liegenbleibt, oder wo Jauche hinfließt. Als ausgesprochene Ammoniakpflanze kommt er auf magerem Boden kaum vor. Um die Sennhütten bildet *R. alpinus* häufig ausgedehnte, fast reine Bestände (Fig. 170) und unterdrückt, zumal er sich sehr reichlich vegetativ vermehrt, neben sich fast jede andere Vegetation. An anderen Stellen dagegen erscheint er in Begleitung des gelbköpfigen *Senecio alpinus* (L.) Scop., des blauen Eisenhutes *Aconitum Napellus* L., von *Urtica dioica* L., *Cardamine amara* L., *Mentha longifolia* (L.) Huds. u. a. Obgleich der Alpen-Ampfer dem Vieh durchaus unschädlich ist, wird er nur im Notfall – namentlich von Jungvieh – gefressen, sonst jedoch vom Vieh unberührt gelassen. Jedenfalls muß er auf der Alpe als ein schädliches Un-

Fig. 170. *Rumex alpinus* L. Kuhgehrenalp im Kleinen Walsertal.
(Aufn. G. Eberle)

kraut bezeichnet werden, das durch seine starke Beschattung den Graswuchs unterdrückt und den Nutzertrag der Weide wesentlich herabsetzt. Wegen seines außerordentlich widerstandsfähigen Rhizoms und der langen Keimfähigkeit der Samen im Boden – bis zu 13 Jahren – gelingt es nur sehr schwer, den einmal angesiedelten Alpen-Ampfer zu vertreiben. Vollständiges Umbrechen des Bodens mit Hacke oder Pflug mag zum Ziele führen. Andererseits wird aber der Alpen-Ampfer auch oft als wertvolle Futterpflanze für Schweine in besonderen Blacken- oder Krautgärten kultiviert. Die Blätter, welche 3-mal im Jahre ausgerissen werden können, werden in großen Kesseln gesotten und hernach in viereckigen Holzbehältern oder in runden Standen wie Sauerkraut aufbewahrt. In den Zentralalpen und in den Südalpen findet der Alpen-Ampfer auch als Nahrungsmittel wie Spinat Verwendung. Das Rhizom, das früher als Rad. Rhapontici montani oder als Rad. Rhei Monachorum („Mönchsrhabarber") wegen seiner Anthrachinonderivate in doppelt so hohen Dosen wie Rhiz. Rhei als brauchbares Abführmittel verwendet wurde, findet sich immer wieder als Verfälschung des offizinellen Rhabarber-Pulvers. Seine Anwesenheit verrät sich durch die charakteristische Blau-Fluoreszenz im ultravioletten Licht.

*R. alpinus* kreuzt sich nur äußerst selten mit *R. obtusifolius*. Die Hybride ist im Habitus intermediär und völlig steril.

Volksnamen. Diese Ampfer-Art hat die meisten Volksbenennungen nach ihren großen, breiten Blättern erhalten. Die bairischen Bezeichnungen Plotschen, Pletschen gelten allgemein für große, breite Blätter (z. B. von Kraut, Salat usw.), s. auch *Rumex obtusifolius* L. Im besonderen heißt der Alpen-Ampfer Scheißpletschen, -plotschen [wächst besonders in der nächsten Umgebung der Sennhütten, wo viel Mist liegt] (Oberbayern, Kärnten), Sauplotschen [die Blätter dienen als Schweinefutter] (Kärnten), Schmalz-, Butterpletschen [die großen Blätter dienen zum Einwickeln der Butter] (Tirol). Weitere Benennungen sind Fabes-, Fobispletschen (Tirol). In der Schweiz gilt Blacke, Blackte als Bezeichnung für große, breite, mastige Pflanzenblätter, daher hier Alpblagge, Staffelblacke [zu Staffel ‚Alpweide'], Süblacke [Sau-], Ankeblacke [Anke ‚Butter']. Örtlichkeiten mit üppigem Blackenwuchs heißen daher auch Blackerne(n) Blachterne (Wallis), im Kt. Uri gibt es eine „Blackenalp" und einen „Blackenstock". Im romanischen Graubünden heißt unsere Art lavazza, lavazin, platese. Wegen der großen Blätter vergleicht man die Art gern mit dem Rhabarber, daher Rhabarberwurzel (St. Gallen), Deutscher Rhabarber, Wilder Rhabarber (Kärnten), Bergrhabarber (Berner Oberland). Andere Namen sind noch Butterkraut (Oberösterreich), Chille(n) (Berner Oberland, Graubünden), Fobesen, Fabesen, Foissen (Tirol).

**822b. Rumex confertus** WILLD., Enum. Hort. Berol. 397 (1809). Syn. *R. retroflexus* LAG., Elench. pl. 13 (1816), *R. pauciflorus* CAMPD., Monogr. Rum. 104 (1819). Poln.: Szczaw omszony. Tschech.: Štovík hustý

Ausdauernd. Stengel aufrecht, bis zu 1 m hoch. Grundblätter lang gestielt, Blattstiel oft die Länge der Blattspreite überragend, bis zu 25 cm lang, von weißen, kurzen Haaren rauh, Blattspreite 15 (–30) cm lang, 12 (–27) cm breit, im Umriß herzförmig-dreieckig, am Grunde breit und tief ausgerandet mit abgerundeten Lappen, an der Spitze mehr oder weniger abgerundet, Seitennerven unterseits stark hervortretend, unter einem Winkel von etwa 70° von der Hauptrippe abgehend, unterseits hauptsächlich entlang den Nerven papillös-rauh, obere Stengelblätter kürzer gestielt, allmählich kleiner werdend und weniger tief herzförmig. Blütenstandsachse oft gebogen, untere und mittlere Äste gebüschelt und wieder verzweigt. Fruchtstiele fadenförmig, verschieden lang, im untersten Drittel oder Viertel dünn; aber deutlich gegliedert, bis zu 2-mal so lang wie die Valven. Valven aus breit herzförmigem Grunde sehr breit nierenförmig-schildförmig, etwa 6 mm lang, 8 mm breit, stets deutlich breiter als lang, an der Spitze breit zugespitzt, am Rande gegen die Basis hin klein und unregelmäßig gezähnt, netznervig, mit deutlich verlängerten Seitenmaschen; die vordere Valve mit einer oval-spindelförmigen Schwiele. Nüsse 3,9–4,2 mm lang, ca. 2 mm breit, an der Basis kurz, an der Spitze länger zugespitzt, braun. – VII bis IX.

Heimat: Ost- und Westsibirien, europäisches Rußland, Polen, Siebenbürgen, Ungarn. Adventiv bei Wien-Floridsdorf, Heilsberg in Ostpreußen, Thorn in Westpreußen und nächst Steilshop bei Hamburg beobachtet.

Vorkommen. In ruderalen Unkrautgesellschaften, nach Soó: Onopordetalia-Art.

**823a. Rumex Patientia** L., Spec. plant. 333 (1753). Syn. *Lapathum hortense* MOENCH (1794). Englischer Spinat, Mönchsrhabarber. Engl.: Patience, Dock. Franz.: Patience[1]), Epinard-Oseille, Parelle, Patience des moines, Epinard immortel. Ital.: Pazienza. Poln.: Szczaw zólty. Tschech.: Štovík zahradní. Fig. 171 a–d, Fig. 172

Ausdauernd. Stengel aufrecht (0,5–) 0,8–2 m hoch, schwach gefurcht, von der Mitte an verzweigt und Blüten tragend. Untere Äste gebüschelt und erneut verzweigt, obere Äste unverzweigt, alle bogig aufsteigend, eine zur Fruchtzeit mehr oder weniger dichte Rispe bildend. Blätter fast alle fleischig; im Leben bleichgrün, bisweilen fast meergrün, unterseits völlig kahl, kaum papillös, mit Sekundärnerven, die unter einem Winkel von 45 bis 80° von der Mittelrippe abgehen, weit wellig,

Fig. 171. *Rumex Patientia* L. *a* Fruchtstand (³/₈ natürl. Größe). *b* Grundständiges Blatt. *c* Perianth im Fruchtzustand. *d* Junger Sproß mit Wurzelstock. – *R. Hydrolapathum* HUDS. *e* Teilstück des Fruchtstandes. *f* Perianth im Fruchtzustand. *g* Querschnitt durch den Blattstiel. – *R. obtusifolius* L. *h, i, k* Keimstadien. – *R. crispus* L. *l, m* Keimstadien

---

¹) Die französische Bezeichnung la patience für unsere Art scheint aus dem mittellateinischen lapacium ‚Ampfer‘ (s. Loddik u. ä. bei den Volksnamen von *Rumex obtusifolius*!) entstanden zu sein. Nach dem französischen patience ‚Geduld‘ heißt die Art in alten botanischen Wörterbüchern Geduld, Geduldkraut, was dann „mit der langsamen medizinischen Wirkung" (bei Hautleiden usw.) erklärt wurde!

bisweilen außerdem am äußersten Rande gekräuselt gekerbt oder auch vollkommen flach. Grundblätter (Fig. 171b) aus abgestutztem oder breit keilförmigem, seltener fast herzförmigem Grunde eiförmig- oder länglich-lanzettlich, (15–) 20–30 (–40) cm lang, (4–) 7–9 (–12) cm breit, spitz, 3- bis 4-mal so lang wie breit; Blattstiel der Grundblätter oft ⅓ der Länge der Blattspreite erreichend, meist völlig kahl, seltener undeutlich papillös, auf der Oberseite breit abgeflacht. Stengelblätter kürzer gestielt, allmählich kleiner werdend, untere Stengelblätter am Grunde abgesetzt, obere Stengelblätter am Grunde keilförmig oder fast abgerundet, im Umriß länglich-lanzettlich, spitz, 2,5- bis 4 (–5)-mal so lang wie breit, oberste fast sitzend, lanzettlich oder fast linear. Blütenknäuel vielblütig, einander genähert, nur die untersten beblättert oder alle blattlos, im Fruchtzustand sich berührend oder die unteren voneinander entfernt. Fruchtstiele dünn fadenförmig, ungefähr im untersten Viertel gegliedert, am Grunde der Blüte trichterförmig verdickt, ungefähr 2-mal so lang wie das Fruchtperigon. Äußere Perigonblätter oft deutlich kürzer als die halbe Breite der Val-

● *R. Patientia* L. ssp. *Patientia*

▲ *R. Patientia* L. ssp. *recurvatus* (RECH. pat.) RECH. f.

△ *R. Patientia* L. ssp. *orientalis* (BERNH.) DANSER

× *R. Kerneri* BORB.

⊙ *R. cristatus* DC.

Fig. 172. Verbreitung von *Rumex Patientia* L. und verwandten Arten in Südost-Europa (nach K. H. RECHINGER, 1933)

ven, der Ausrandung der Valven angedrückt. Valven rundlich herzförmig (Fig. 171c), etwa so lang wie breit, dünnhäutig, bleichbraun, ganzrandig oder sehr klein, oft unscheinbar gekerbt, 4–8 mm lang, 4–10 mm breit, auf der Fläche dünn erhaben netznervig, eine oder seltener alle unregelmäßig oder mehr oder weniger regelmäßig schwielentragend; Schwielen kugelförmig oder eiförmig, höchstens die Hälfte der Länge und den vierten Teil der Breite der Valven einnehmend, Mittelnerv der nicht schwielentragenden Valven bisweilen ein wenig verdickt. Reife Nuß braun, 3–4 mm lang, oben zugespitzt. – Chromosomenzahl: $n = 30$. – V bis VII.

Vorkommen. Selten in Unkrautgesellschaften nährstoffreicher und frischer Standorte an Weg- und Waldrändern, an Dämmen und Rainen, auch auf Äckern oder in Auegebüschen, öfter mit *Conium maculatum* L. vergesellschaftet, Onopordetalia- bzw. Arction-Art.

Allgemeine Verbreitung. Östliches Mittel- und Südosteuropa (pontisch-pannonisch). Südöstliches Niederösterreich, mittleres und südliches Ungarn, zerstreut in Siebenbürgen, dort z. T. durch die beiden Unterarten ssp. *recurvatus* (RECH. pat.) RECH. f. und ssp. *orientalis* (BERNH.)

DANSER vertreten, Serbien, Bulgarien, vereinzelt im südlichen Rußland bis Transkaukasien, ferner in Südwestasien in Syrien und Kurdistan. – Ehemals in ganz Mittel- und Westeuropa als Gemüsepflanze kultiviert, stellenweise verwildert und eingebürgert, z. B. im Rheinland und in Thüringen. – Sonst adventiv in Europa und Nordamerika.

Verbreitung im Gebiet. Zerstreut, aber oft herdenweise und sicher einheimisch im südöstlichen Niederösterreich und im Burgenlande, zerstreut im Marchfeld bei Gänserndorf, Marchegg und Schloßhof, verbreitet im südlichen Wiener Becken, z. B. Oberlaa, Münchendorf, Moosbrunn, Gramatneusiedl, Ebergassing, Himberg, Schwechat, Albern, Kaiserebersdorf, Fischamend, ferner um Deutsch-Altenburg und Hundsheim; im Burgenland zwischen Bruck a. d. Leitha und Parndorf, Jois, Hackelsberg bei Winden, Eisenstadt, Neusiedl a. See, Weiden a. See, Podersdorf, St. Andrä. – Ferner adventiv, verwildert, stellenweise eingebürgert; z. B. in Niederösterreich: Langenlois; Oberösterreich: Linz; Kärnten: Klagenfurt; Südtirol: Klausen, Brixen; in Deutschland z. B. in Baden: Siegelau; Rheinprovinz: Koblenz, St. Tönis; Thüringen: Jena, Rudolstadt; im mittleren Saaletal bei Sachsenburg und Pforta; Brandenburg: in der Uckermark bei Penzlau; Schlesien: Löwenberg, Obergörisseiffen, und anderswo.

Auch für *R. Patientia* trifft wie für manche andere *Rumex*-Arten zu, daß man sie lange nicht richtig erfaßt, irrtümlich für Bastarde gehalten oder mit anderen Arten verwechselt hat. Tatsächlich ist *R. Patientia* das westlichste Glied einer Gruppe von Arten, Subsect. *Patientiae*, deren Gesamtverbreitung von Osteuropa quer durch Asien reicht. An seinem Indigenat ist im pannonischen Florengebiet, so auch im südöstlichen Wiener Becken nicht zu zweifeln, wenn er auch vorwiegend an mehr oder weniger ruderalisierten Standorten gedeiht. *R. Patientia* neigt stark zur Bastardierung. Kreuzungen, besonders mit *R. crispus* L. und *R. obtusifolius* L., pflegen überall und oft in großer Menge aufzutreten, wo die Elternarten zusammentreffen. Der Einfluß des *R. Patientia* macht sich vor allem durch hohen Wuchs, etwas bleichgrüne Farbe der Blätter und Neigung zur Vergrößerung der Valvenfläche geltend.

*R. Patientia* gliedert sich in mehrere geographische Rassen, von denen nur eine, ssp. *Patientia*, im Gebiet einheimisch ist. Als seltene Adventivpflanze findet sich gelegentlich ssp. *orientalis* (BERNH.) DANS., der vor allem durch größere Dimensionen aller Teile, besonders der Valven, abweicht. Diese Unterart wurde z. B. adventiv in Wien-Hauptzollamt beobachtet.

**823 b. Rumex Kerneri** BORB., Temes megye veget. 60 (1884), emend. RECH. f. in FEDDE Repert. spec. nov. **31**, 240–245 (1933). Syn. *R. Patientia* auct. fl. balcan. p. p., non L.; *R. confertoides* BIHARI (1928); *R. crispus* × *patientia* Beck (1904) p. p. nec al.; *R. orientalis* E. H. L. KRAUSE (1909) p. p.
Kerners Ampfer

Ausdauernd. Stengel zart oder ziemlich kräftig, gerillt, aufrecht, von der Mitte an oder schon unterhalb der Mitte verzweigt und fruchttragend, 60–150 cm hoch. Äste des Fruchtstandes einzeln, meist bogig abstehend, Fruchtstand unterwärts unterbrochen, offen. Blätter alle etwas fleischig, unterseits und am Blattstiel immer papillös-rauh, Seitennerven von der Mittelrippe unter einem Winkel von 60–80° abzweigend, Blattspreite eben oder selten grob gewellt, am äußersten Rande meist fein gekerbt-kraus. Grundblätter verlängert-elliptisch, an der Basis gestutzt oder keilig, seltener schwach herzförmig, stumpflich oder spitz, verhältnismäßig klein, 10–22 cm lang, 3–7 cm breit; Blattstiel der Grundblätter so lang oder länger als die Blattspreite. Stengelblätter allmählich kleiner werdend, kürzer gestielt, untere mit gestutzter, obere mit keiliger Basis, im Umriß verlängert lanzettlich, spitz, 2,5- bis 3,5-mal so lang wie breit, die obersten Blätter fast sitzend, linear-lanzettlich. Scheinwirtel 8- bis 13-blütig, die untersten immer voneinander entfernt, die oberen im Fruchtzustand oft zusammenfließend, nur die untersten mit Stützblättern. Fruchtstiele dünn, ungefähr im untersten Drittel gegliedert, gegen die Basis des Perigons trichterförmig erweitert, 1,5- bis 2,5-mal so lang wie das Fruchtperigon. Äußere Perigonblätter 2–2,5 mm lang, der Basis der Valven angedrückt. Valven im Fruchtzustand 6–8 (–9) mm lang und ebenso breit, rundlich-herzförmig, fast rundherum klein gezähnelt, nur ausnahmsweise fast ganzrandig, im Jugendzustand oliv-grünlich, bei der Reife matt dunkelbraun, niemals rötlich, derb lederhäutig, durchaus kräftig netznervig, Netzmaschen in der Mitte der Valven isodiametrisch, gegen den Rand zu gestreckt. Alle Valven mit Schwielen, die der beiden inneren kleiner, seltener fast fehlend; Schwiele eiförmig-kugelig, unter der Lupe etwas grubig, etwa 2 mm lang, 1,5 mm breit. Nuß dunkelbraun oder fast schwarz, 3 mm lang, 2 mm breit, am Grunde plötzlich, an der Spitze allmählich verschmälert. – V bis VII.

Vorkommen. Im Gebüsch, an Hecken, an Bächen und Flüssen, auf Wiesen und Waldlichtungen, im Süden des Areals besonders in den Gebirgen, weiter nördlich aber auch an Weg- und Feldrändern in niederen Lagen.

Allgemeine Verbreitung. Südöstliches Mittel- und Südosteuropa (pannonisch); Südungarn, südliches Siebenbürgen, Banat, Rumänien, Kroatien, Serbien, Bosnien, Herzegowina, Montenegro, Albanien, Bulgarien, Mazedonien, Thessalien und nördliches Griechenland.

Wurde innerhalb unseres Florengebietes adventiv in Niederösterreich in der Umgebung von Wien, z. B. in Wien-Matzleinsdorf und bei Neuwaldegg, in der Umgebung von Linz a. d. Donau sowie in Kärnten an der Plöckenstraße oberhalb Mauthen im Gailtal in etwa 850 m beobachtet; anscheinend stellenweise in Einbürgerung begriffen.

Diese Art steht dem *R. Patientia* nahe und wurde lange Zeit mit ihm bzw. seinen Hybriden verwechselt. *R. Kerneri* unterscheidet sich durch eine Reihe völlig konstanter Merkmale von *R. Patientia* L., von denen die wichtigsten die folgenden sind: Offener, unterwärts oft unterbrochener Fruchtstand, olivgrüne Färbung der ganzen Pflanze, auch der Valven, im Jugendzustand, in weniger spitzem Winkel abzweigende Seitennerven der Blätter, Vorhandensein von Papillen an den Blattstielen und der Blattunterseite, derbe Beschaffenheit und dunkelbraune Färbung, größere Dimensionen und gekerbt-gezähnelter Rand der Valven im Reifezustand.

**823 c. Rumex cristatus** DC., Cat. Hort. Monsp. 39 (1813). Syn. *R. graecus* BOISS. et HELDR. ex BOISS., Diagn. Ser. 2, 4, 80 (1859), *R. orientalis* BERNH. var. *graecus* (BOISS. et HELDR.) BOISS. (1879). Griechischer Ampfer

Ausdauernd. Stengel kräftig, gefurcht, aufrecht, (40–) 60–120 cm hoch, oberwärts verzweigt; Äste meist einfach, mehr oder weniger starr oder bogig-abstehend, eine zur Fruchtzeit mehr oder weniger dichte Rispe bildend. Alle Blätter fast fleischig, im Leben meergrün, Seitennerven unter einem Winkel von 60–70° von der Mittelrippe abgehend; Grundblätter aus herzförmigem Grunde eiförmig-lanzettlich oder eiförmig-länglich, gegen die Spitze hin verschmälert, etwa 20–30 cm lang, 10–15 cm breit; Blattstiel etwa halb so lang wie die Spreite der Grundblätter; Stengelblätter kürzer gestielt, allmählich kleiner werdend, die unteren aus herzförmigem, die oberen aus abgestutztem oder keilförmigem Grunde länglich-lanzettlich, spitz. Fruchtstiele dünn, im untersten Drittel gegliedert, 1,5- bis 2 (–3)-mal länger als das Perigon zur Reifezeit. Valven 6–8 mm lang, 6–7 mm breit, membranös, herzförmig, jederseits spitz, unregelmäßig gezähnt, mit höchstens bis zu 1 mm langen Zähnchen, auf der Fläche dünn netznervig, alle schwielentragend; Schwiele der vorderen Valve 2–3 mm lang, Schwielen der übrigen Valven kleiner. Reife Nüsse 3–3,2 mm lang.

Heimat: Südliche Apenninen- und südliche Balkanhalbinsel, westliches Anatolien. Adventiv: Wien-Arsenal, Genf-La-Treille, dort völlig eingebürgert.

**824 a. Rumex crispus** L., Spec. plant. 335 (1753). Syn. *R. elongatus* GUSS., Pl. rar. Nap. 150, tab. 28 (1826), *Lapathum crispum* (L.) SCOP., Fl. carn. ed. 2, **1**, 261 (1772). Kraus-Ampfer. Dän.: Kruset Skræppe. Engl.: Curled Dock. Franz.: Rumex crépu, Reguette, Parène. Ital.: Rombice cavolaia. Poln.: Szczaw kedzierzawy. Tschech.: Štovík kadeřavý. Sorb.: Krzózkaty zdźer.
Taf. 91, Fig. 3; Fig. 171 l, m

Ausdauernd. Stengel aufrecht, (0,3–) 0,6–1 (–1,5) m hoch, rillig-gefurcht, meist braun überlaufen, oberwärts verzweigt. Äste aufrecht, unverzweigt oder die unteren verzweigt, aufrecht-abstehend, locker beblättert. Grundblätter mehr oder weniger schmal lanzettlich, am Grunde keilförmig, seltener schmal abgerundet oder mehr oder weniger abgestutzt, ungefähr in der Mitte am breitesten, beiderseits allmählich verschmälert, spitz, am Rande mehr oder weniger wellig-kraus, selten fast flach, bis 30 (–35) cm lang, bis 8 cm breit; Blattstiel kürzer bis höchstens so lang wie die Blattspreite, oberseits mehr oder weniger gekielt. Blätter im Leben krautig-fleischig, trocken derb membranös oder fast lederartig; Seitennerven unter einem Winkel von etwa 45° (–69°) von der Mittelrippe abgehend, kahl und glatt, aber unterseits entlang der Nerven sehr fein und unscheinbar papillös. Stengelblätter allmählich kleiner werdend und kürzer gestielt, am Grunde mehr oder weniger keilförmig, unterhalb der Mitte am breitesten; oberste Blätter oft fast linear. Blütenknäuel vielblütig, alle einander berührend oder die unteren voneinander entfernt. Fruchtstiele verschieden lang, (1,5–) 2,0- bis 2,5-mal so lang wie das Perigon, fadenförmig, im untersten Drittel verdickt-gegliedert (Taf. 91, Fig. 3a, b). Äußere Perigonblätter kaum kürzer als die halbe Breite der Valven, an deren Basen angepreßt oder zurückgebogen. Valven 3,5–5 (–6,5) mm lang und ungefähr gleichbreit, membranös bis fast lederartig, etwas ungleich, abgerundet- oder länglich-herzförmig, seltener fast dreieckig, fein gleichmäßig netznervig, ganzrandig oder seltener klein und unregelmäßig gekerbt oder selten undeutlich gezähnt, alle gleichmäßig oder ungleichmäßig oder nur die vordere Valve schwielentragend (Taf. 91, Fig. 3c); Schwiele ansehnlich, deutlich fast kugelig oder eiförmig-spindelig, fast glatt, meist bräunlich-orange. Nüsse 2–3 (–3,5) mm lang, unterhalb der Mitte am breitesten, kastanienbraun, an der Basis kürzer, an der Spitze länger zugespitzt. – Chromosomenzahl: n = 30. – VII, VIII.

Vorkommen. Verbreitet in Unkrautgesellschaften, an Ufern, Wegen und auf Äckern, auch in Wiesengesellschaften, immer auf frischen nährstoffreichen, oft schweren, dichten Lehm- und Tonböden, Pionierpflanze, Staunässezeiger, Agropyro-Rumicion-Verbandscharakterart.

Allgemeine Verbreitung. Fast Kosmopolit (ursprünglich wohl boreomeridional-eurasisch-ozeanisch). *Rumex crispus* gehört zu den Arten, die heute offenbar weit über ihr primäres Areal hinaus, nämlich fast über die ganze Erde verbreitet sind. Es ist schwer, Anhaltspunkte dafür zu gewinnen, welche Ausdehnung das primäre Areal gehabt haben könnte. Vermutlich dürfte *R. crispus* ursprünglich außer in Europa nur in der südlichen Hälfte von Westasien, höchstens noch in den gemäßigten und subtropischen Gebieten Zentralasiens bis Südwestchina einheimisch gewesen sein. Die übrigen Gebiete dürften von Hafenplätzen und Verkehrswegen aus besiedelt worden sein.

Verbreitung im Gebiet. Allgemein verbreitet in Deutschland, Österreich und in der Schweiz vom Norddeutschen Tiefland vereinzelt bis in die Voralpen und in die Alpentäler, in Mitteldeutschland bis ins untere Bergland, im Alpengebiet weniger häufig und weniger hoch ansteigend als *R. obtusifolius*, in den Bayerischen Alpen z. B. bis 830 m, im Kt. Wallis bis 1600 m ansteigend.

Sehr formenreich. Die wichtigsten Varietäten sind die folgenden: 1. var. *crispus*. Syn. var. *arvensis* HARDY, var. *typicus* BECK. – Äste mehr oder weniger bogig-abstehend. Blätter am Grunde keilförmig, am Rande wellig-gekerbt. Valven 4–5 mm im Durchmesser, rundlich-herzförmig, ganzrandig, alle ungleichmäßig schwielentragend. – Verbreitet.

2. var. *unicallosus* PETERMANN. – Unterscheidet sich vom Typus dadurch, daß nur eine der Valven Schwielen aufweist. – Nicht selten.

3. var. *strictissimus* RECH. pat. – Valven kleiner als beim Typus, 3–4 mm breit, eiförmig-dreieckig, spitzlich, an der Basis herzförmig, am Rande völlig ganzrandig, fast länger als breit, regelmäßig schwielentragend. Blütenstandsäste sehr starr aufrecht, der Blütenstandsachse angepreßt. Blätter schmal, spitz, sehr wellig. – Nicht selten, besonders im Süden und Osten Europas.

4. var. *robustus* RECH. pat. – Valven größer als beim Typus, 6–7 mm breit, 5–6 mm lang, breit eiförmig-herzförmig, an der Spitze breit abgerundet, zuletzt zugespitzt, bisweilen fast breiter als lang, alle aber oft unregelmäßig schwielentragend. Blütenstandsäste mehr oder weniger bogig-abstehend. Blütenstand oberwärts oft unterbrochen. Blätter meist nicht sehr wellig. – Nicht selten.

*R. crispus* ist im Tiefland und Hügelland die häufigste Art der Untergattung *Rumex*. Ihre Variabilität ist sehr groß. Die hier beschriebenen Varietäten stellen nur eine Auswahl aus den auffälligeren, häufiger auftretenden Abänderungen dar. Die angewandten Varietätsnamen sind notgedrungen z. T. vielleicht nicht die ältesten, da von diesen zumeist keine Typen vorhanden sind und sie ohne solche nicht mit Sicherheit gedeutet werden können. Die mehrfach beschriebenen schwielenlosen Formen beruhen zumeist auf Beobachtung nicht ausgereifter Valven, bei denen die Schwielen beim Trocknen geschrumpft sind, seltener auf Verwechslung mit dem tatsächlich schwielenlosen *R. pseudonatronatus*.

Eine befriedigende systematische Gliederung des *R. crispus* ist unter Anwendung der vergleichend-morphologischen und geographisch-morphologischen Methode nicht gelungen. Der Anschein spricht für das Auftreten gewisser stenözischer, nur z. T. auch morphologisch erfaßbarer Ökotypen neben euryözischen, sehr aggressiven. Nur ausgedehnte Kultur- und Kreuzungsversuche mit sorgfältig ausgewählten Klonen, kombiniert mit zytologischen Untersuchungen, könnten hier eventuell Klarheit schaffen. – *R. crispus* neigt außerordentlich stark zur Bastardierung. Abgesehen von dem mehr oder weniger straffen Wuchs vieler seiner Formen und den gekrausten, am Grunde verschmälerten Blättern macht sich der Einfluß des *R. crispus* bei Bastarden mit Arten mit schmalen Valven durch eine starke Tendenz zur Vergrößerung der Valvenbreite und bei Bastarden mit Arten mit gezähnten Valven durch eine deutliche Verringerung der Zahnlänge, oft auch durch eine sozusagen schwimmhautartige Verbindung zwischen den Basen der Valvenzähne bemerkbar.

**824 b. Rumex stenophyllus** LEDEB., Fl. alt. **2**, 58 (1830). Syn. *R. obtusifolius* L. var. *cristatus* NEILREICH, Fl. Niederösterr. 290 (1859). *R. pratensis* MERT. et KOCH f. *biformis* MENYH. (1877), *R. biformis* (MENYH.) BORB. ex KERNER (1884), *R. odontocarpus* SÁNDOR ex BORB. (1887). Schmalblättriger Ampfer. Tschech.: Štovík úzkolistý. Fig. 174 n

Ausdauernd, 60–110 cm hoch. Stengel aufrecht, einfach oder häufiger von der halben Höhe an verzweigt und fruchttragend. Grundblätter lanzettlich, spitz, an der Basis mehr oder weniger breit keilförmig, gegen die Spitze zu allmählich verschmälert, flach oder am Rande etwas wellig; Blattstiel ungefähr so lang wie die Blattspreite, selten länger als diese. Stengelblätter lanzettlich, beiderseits in gleicher Weise verschmälert, meistens flach, nur am äußersten Rand kleinkerbig-gekraust, 4- bis 6-, ausnahmsweise bis 7-mal so lang wie breit, glatt und kahl, Seitennerven unter einem Winkel von 45 bis 60° von der Mittelrippe abzweigend, oberste Stengelblätter allmählich verkleinert und kürzer gestielt. Blütenknäuel vielblütig, die untersten manchmal etwas voneinander entfernt und in der Achsel von Tragblättern, die obersten oder auch häufig alle einander berührend, ohne Tragblätter. Fruchtstiele dünn fadenförmig, von wechselnder Länge 1,5- bis 2-mal so lang wie das Fruchtperigon, im unteren Drittel oder Viertel fein, aber deutlich ringförmig gegliedert, an der Basis des Perigons plötzlich kurz trichterförmig oder fast knotenartig verdickt. Äußere Perigonblätter linear-lanzettlich, etwa halb so breit wie die inneren, den Rändern der inneren Perigonblätter angedrückt. Valven herzförmig dreieckig, an der Basis leicht ausgerandet oder fast abgestutzt, vorne spitz, von häutiger Beschaffenheit, mit ziemlich gleichmäßig erhabener, fein netziger Oberfläche, nur die randständigen Maschen des Nervennetzes etwas verlängert, die übrigen ungefähr isodiametrisch, mit Ausnahme der ganzrandigen Spitze ungleichmäßig fein bis scharf gezähnt, Zähne ungefähr 0,5 mm, selten bis 1 mm lang (Fig. 174 n); Valven 3,5–4 (–5) mm lang und ebenso breit, seltener etwas breiter als lang, alle fast gleichmäßig schwielentragend. Schwiele bräunlich, orange, fast glatt, stark vorragend, vorn zugespitzt, in den Mittelnerven der Valve übergehend, meist kürzer als die halbe Länge der Valven, ein Drittel bis ein Viertel der Valvenbreite einnehmend. Reife Nuß dunkel schwarzbraun, bis 2 mm lang, bis 1,5 mm breit, beiderseits kurz, an der Spitze etwas länger zugespitzt. – Chromosomenzahl: n = 30. – VII, VIII.

Vorkommen. Zerstreut als Pionierpflanze auf periodisch überschwemmten, meist salzhaltigen Niederungsböden, vor allem der kontinentalen und subkontinentalen Gebiete, nach Soó Beckmannion-eruciformis-Verbandscharakterart (Plantaginetalia).

Allgemeine Verbreitung. Gemäßigtes Asien und östliches Mitteleuropa (boreomeridional-eurasisch-kontinental). Ost- und Westsibirien, Zentralasien, Ost- und Mitteleuropa westwärts bis Niederösterreich und Mähren, isoliert in Mitteldeutschland; außerdem verschleppt nach Skandinavien, England, Holland und Nordamerika, dort in den mittleren Weststaaten stellenweise eingebürgert.

Verbreitung im Gebiet. Zerstreut, aber sicher einheimisch im östlichen Niederösterreich und in Südmähren, möglicherweise auch in Mitteldeutschland im Gebiet der unteren Saale bei Bernburg.– Herbarbelege wurden gesehen: Niederösterreich: Im Prater und am Laaerberg bei Wien, im südlichen Wiener Becken um Achau, Münchendorf, Himberg, im Marchfeld bei Marchegg, Baumgarten, Angern, Stillfried a. d. March; Burgenland: Weiden a. See, Gols,

St. Andrä, Illmitz. Mähren: Mönitz, Niemtschitz und Saitz bei Auspitz, Lautschitz, Sokolnitz und Tellnitz bei Brünn, Mährisch-Weißkirchen, Hustopetsch. Mitteldeutschland: Bernburg. – Überdies stellenweise adventiv, z. B. in Brandenburg: Bredower Forst bei Nauen.

Auch *R. stenophyllus* hatte, ähnlich wie *R. paluster*, das Schicksal, lange mit anderen Arten und vor allem mit dem häufigen Bastard *R. crispus* × *obtusifolius* verwechselt zu werden, mit dem er im Umriß und der Zähnung der Valven allerdings eine oberflächliche Ähnlichkeit hat. Abgesehen von der völlig normalen und gleichmäßigen Fruchtbarkeit des *R. stenophyllus* im Gegensatz zur mehr oder weniger hochgradigen Sterilität des genannten Bastardes ist *R. stenophyllus* besonders an folgenden Merkmalen zu erkennen: Wuchs und Blattform ähnlich *R. crispus*, Valven fein gezähnt, an der Spitze nicht vorgezogen, randliche Maschen des Nervennetzes der Valven gestreckt.

**825. Rumex conglomeratus** MURR., Prodr. Stirp. Goett. 52 (1770). Syn. *R. nemolapathum* EHRH. (1787) p. p., *R. glomeratus* SCHREB. (1771), *R. paludosus* WITH. (1796), *R. acutus* SM. (1800), non L. Knäuelblütiger Ampfer. Dän.: Nøgleblomstret-Skræppe. Engl.: Sharp Dock. Franz.: Rumex aggloméré. Ital.: Lapazio. Poln.: Szczaw skupiony. Tschech.: Štovík klubkatý. Sorb.: Kłubkaty zdźer. Taf. 90, Fig. 2; Fig. 173

Ausdauernd. Stengel aufrecht, (20–) 30–80 (–120) cm hoch, unterwärts mehr oder weniger starr-aufrecht, nur oberwärts oder seltener schon vom Grunde an hin- und hergebogen, dünn gefurcht-gestreift, bräunlich, bisweilen purpurn überlaufen, oft schon vom Grunde, seltener von der Mitte an verzweigt; Äste bogig abstehend, oft verlängert, die unteren Äste wiederum verzweigt, einen offenen, mehr oder weniger weiten Blütenstand bildend. Grundblätter gestielt, Blattstiel gleichlang, bisweilen auch länger als die Spreite, diese klein, bis zu 16 cm lang, 5 cm breit, glatt und kahl, dünn membranös, dunkelgrün, flach, am Grunde seicht herzförmig oder abgestutzt, im Umriß schmal länglich-eiförmig oder eiförmig-lanzettlich, an der Spitze abgerundet stumpf. Stengelblätter aus leicht herzförmigem oder abgerundetem Grunde länglich-eiförmig oder eiförmig-lanzettlich, spitzlich oder kurz zugespitzt, flach, nur am äußersten Rande bisweilen fein gekraust. Blütenstände ziemlich vielblütig, alle entfernt und meist alle von Tragblättern gestützt. Fruchtstiele und Fruchtperigon etwa gleichlang, dicklich, mehr oder weniger starr, ungefähr in der Mitte oder etwas unterhalb der Mitte gegliedert, nur selten länger als die Blütenhülle. Äußere Perigonblätter breit zungenförmig spitzlich oder stumpflich, deutlich länger als die halbe Breite der Valven.

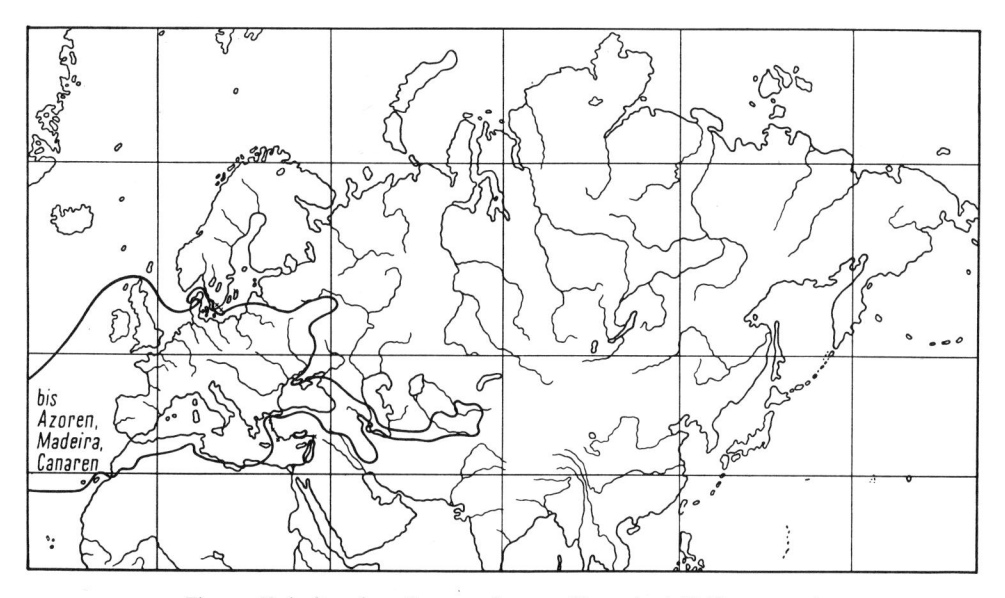

Fig. 173. Verbreitungskarte *Rumex conglomeratus* MURR. (nach H. MEUSEL 1957)

Valven 2,5–3,2 mm lang, 1–1,7 mm breit, von fast lederartiger Konsistenz, länglich-eiförmig, ganzrandig oder fast ganzrandig mit fast parallelen Seitenrändern oder gegen die abgerundete Spitze undeutlich verschmälert (Taf. 91, Fig. 2a), alle regelmäßig schwielentragend; Schwielen bräunlich-orange, stark hervortretend, fast glatt, länglich-ellipsoidisch oder länglich-eiförmig, oft fast die ganze Fläche der Valven einnehmend. Nüsse schwarzbraun, 1,3–1,7 mm lang, dicklich, ein wenig unterhalb der Mitte am breitesten, an der Spitze kurz, am Grunde äußerst kurz zugespitzt. – Chromosomenzahl: n = 10. – VII bis IX.

Vorkommen. Zerstreut in Unkrautgesellschaften an Ufern, in feuchten Gebüschen, an Gräben und Wegen auf frisch-humosen nährstoffreichen Lehmböden, vor allem in Flußuferunkrautgesellschaften mit *Convolvulus sepium* (Convolvulion) oder *Bidens* (Bidention), seltener auch auf Kahlschlägen, bevorzugt die wärmeren Tieflagen.

Allgemeine Verbreitung. Mittel-, Südeuropa und Südwestasien (süd-mitteleuropäisch-[westasiatisch-submontan]). Von West- und Mitteleuropa nordwärts bis England und Südschweden sowie vom mediterranen Südwesteuropa und Nordwestafrika ostwärts durch das ganze Mittelmeerbecken, das südliche europäische Rußland, die Kaukasusländer, Anatolien, Syrien, Palästina, Mesopotamien, Persien, Turkmenien bis zum Syr-Darja und Pamir-Alaj in Zentralasien.

Verbreitung im Gebiet. In Deutschland, Österreich und in der Schweiz vom Tiefland bis in die Bergstufe, nicht oder nur ausnahmsweise in die Alpentäler eindringend, in den nördlichen Gebieten verhältnismäßig selten, in den südlichen Gebieten verbreitet und ziemlich häufig. – Herbarbelege wurden gesehen: Schleswig-Holstein: Lübeck, in Schleswig-Holstein im Ei-Hai-Gebiet zerstreut bis verbreitet; Mecklenburg: Schwerin; Pommern: Insel Rügen; Brandenburg: Prenzlau i. d. Uckermark, Umgebung von Berlin, Finsterwalde in der Niederlausitz; Schlesien: Umgebung von Liegnitz und Breslau; Mitteldeutschland: Dresden, Leipzig; Winningen bei Magdeburg, Naumburg a. d. Saale; Sondershausen; Hessen-Nassau: Rheinufer bei Biebrich, Hanau am Main; Baden: Heidelberg; Württemberg: Stuttgart, Tübingen; Bayern: Eichstätt a. d. Altmühl, Donauufer bei Regensburg und Donaustauf, Donauleiten unterhalb Obernzell, Umgebung von Augsburg, München, München-Nymphenburg, Schleißheim, an der Isar bei Pullach und Großhesselohe, Rosenheim, Berchtesgaden. – Böhmen: Leitmeritz, Böhm.-Leipa, Jung-Bunzlau, Umgebung von Prag, Pilsen; Mähren: Olmütz, Mähr.-Weißkirchen, Kremsier, Brünn, Trebitsch, Voitelsbrunn bei Nikolsburg. – Niederösterreich: Verbreitet um Wien, z. B. Schönbrunn, Mauer, Kalksburg, Liesing, Perchtoldsdorf, Mödling, Baden, Wiener-Neustadt, Baumgarten a. d. March; Burgenland: Kittsee; Steiermark: Murauen bei Graz. Wetzelsdorf, Radkersburg; Oberösterreich: Ischl; Kärnten: Oberdrauburg; Vorarlberg: Feldkirch; Südtirol: an der Etsch bei Trient.

*R. conglomeratus* ist durch seine relativ kurzen Fruchtstiele, die die Länge des Fruchtperigons nicht oder kaum übertreffen, und durch die schmal zungenförmigen, ganzrandigen, durchaus schwielentragenden Valven leicht erkennbar. Die Schwielen nehmen fast die ganze Breite der Valven ein. Fast immer sind die durchaus voneinander entfernten Fruchtknäuel von je einem Laubblatt gestützt. Ausnahmsweise treten besonders im Süden des Areals Formen auf, bei denen der Fruchtstiel deutlich länger ist als das Fruchtperigon. Manchmal ist die ganze Pflanze purpurn überlaufen: f. *atropurpureus* ASCHERS.; selten sind die Grundblätter der Basis seitlich geigenförmig eingezogen. Die var. *pycnocarpus* (WALLR.) MERT. et KOCH mit besonders kräftig entwickelten, etwas grubigen Schwielen und stark spreizenden Ästen halte ich für eine Standortsmodifikation heißer Lagen. – Auf seine Bastarde überträgt *R. conglomeratus* vor allem die spreizenden Äste, die beblätterten Scheinwirtel und die kleinen ganzrandigen Valven mit stark entwickelten Schwielen.

**826. Rumex sanguineus** L., Spec. plant. 334 (1753), *R. nemolapathum* EHRH. (1787) p. p., *R. nemorosus* SCHRAD. (1809). Hain-Ampfer, Blut-Ampfer. Dän.: Skov-Skræppe. Engl.: Red-veined Dock. Franz.: Patience-sang-dragon. Poln.: Szczaw gajowy. Tschech.: Štovík krvavý.

Fig. 174g–m

Ausdauernd. Stengel 0,5–1 (–1,2) m hoch, verhältnismäßig dünn, dünn gefurcht-gestreift, grünlich oder purpurn überlaufen, im oberen Teil verzweigt und Blüten tragend. Äste dünn, meist einzeln und unverzweigt, bogig-abstehend, einen mehr oder weniger weiten, offenen Blütenstand bildend. Grundständige Blätter gestielt, Blattstiel fast gleichlang oder etwas länger als die Blattspreite, diese dünn, flach, kahl und glatt, im Umriß länglich-eiförmig, gegen die abgestutzte oder breit abgerundete Basis verschmälert, gegen die Spitze abgerundet stumpf oder kurz zugespitzt, bis 14 cm lang, bis 6 cm breit, dunkelgrün (Fig. 174h). Obere Stengelblätter allmählich kleiner werdend, kürzer gestielt, spitzer und verhältnismäßig schmäler, am Grunde abgerundet oder mehr oder minder breit keilförmig. Blütenknäuel mehr oder weniger lockerblütig, alle oft weit voneinander entfernt, nur die untersten von Tragblättern gestützt. Fruchtstiele starr, oberhalb der Basis deutlich gegliedert (Fig. 174m), zuletzt ein wenig verdickt, immer deutlich, bisweilen bis 1,7-mal länger als das Fruchtperigon. Äußere Perigonblätter länglich-zungenförmig, stumpflich, immer deutlich länger als die halbe Breite der Valven. Valven oft etwas ungleich ausgebildet (Fig. 174i), 3–3,8 mm lang, 0,8–1,5 mm breit, zungenförmig, vorne oft ein wenig verbreitet, an der Spitze abgerundet, dünnhäutig, undeutlich nervig, die reife Nuß bisweilen unvollständig umhüllend; die vordere Valve mit einer fast ihre ganze Breite einnahmenden Schwiele (Fig. 174k), die übrigen Valven schwielenlos (Fig. 174l) oder bisweilen am Mittelnerven etwas verdickt. Reife Nuß 1,6 bis 2 mm lang, fast schwarzbraun, unterhalb der Mitte am breitesten, am Grunde äußerst kurz, an der Spitze kurz zugespitzt. – Chromosomenzahl: n = 10. – VII, VIII.

Vorkommen. Häufig in Auwäldern, feuchten Eschen- und Laubmischwaldgesellschaften, an schattigen, feuchten oder quelligen Waldstellen, an Bächen, in Ufergebüschen, auf humosen, vorzugswiese kalkfreien, tonigen Lehmböden mit Wasserzug, auch auf etwas verdichteten Böden an Wegen und auf Waldschlägen mit zeitweiliger Wasserstauung. Alno-Ulmion-Verbandscharakterart, örtlich lokaler Charakter des Bacheschenwaldes (Carici-remotae-Fraxinetum).

Allgemeine Verbreitung. Süd- und Mitteleuropa ([südeuropäisch-montan]-mitteleuropäisch mit atlantischer und zentraleuropäischer Ausbreitungstendenz). West-, Mittel- und Südeuropa, Kaukasusländer, Anatolien, Nordpersien. Fehlt im engeren Mittelmeergebiet; auf den drei südlichen Halbinseln nur zerstreut in höheren Lagen im Bereich der Buchen- und laubwerfenden Eichenwälder.

Verbreitung im Gebiet. Verbreitet in Deutschland, Österreich und in der Schweiz; im Norddeutschen Tiefland, in Westfalen in den höchsten Lagen seltener, in Mitteldeutschland vorwiegend in der Niederung und im Hügelland, vom Süddeutschen Becken- und Stufenland bis in die Voralpen, gelegentlich in die Alpentäler eindringend, so z. B. im steirischen Salzkammergut bis 750 m ansteigend; fehlt in manchen Teilen der Zentralalpen, z. B. von Tirol und Graubünden.

*R. sanguineus* hat im Gegensatz zu *R. conglomeratus* MURR. Fruchtstiele, die immer deutlich länger als das Fruchtperigon und relativ näher der Basis gegliedert sind; meist ist nur die vordere Valve mit einer Schwiele versehen und nur die untersten Schwielen jedes Astes sind von Tragblättern gestützt. – Die Art hat ihren Namen von der nur selten auftretenden, anthokyanreichen, blutrot überlaufenen Form; die anthokyanarme Normalform wird oft als var. *viridis* (SM.) KOCH bezeichnet, hat aber keinen systematischen Wert. Im Wuchs und in der Blattextur ist *R. sanguineus* zarter als *R. conglomeratus*; auch ist er mehr schattenliebend. Auf diese Eigenschaft ist wohl zurückzuführen, daß *R. sanguineus* kaum verschleppt wird und sich kaum im ruderalisierten Gelände dauernd zu erhalten vermag.

### 827. Rumex Hydrolapathum HUDS., Fl. Angl. ed. 2, 154 (1778). Syn. *R. britannica* HUDS. (1762), non L., *R. aquaticus* POLL. (1776), non L., *R. maximus* GMEL. (1806), non SCHREB., *Lapathum giganteum* OPIZ (1852). Fluß-Ampfer, Teich-Ampfer. Dän.: Vand-Skræppe. Engl.: Great Water Dock. Franz.: Grande Patience des Eaux, Parelle des marais. Poln.: Szczaw lancetowaty. Tschech.: Štovík koňský. Fig. 171 e–g

Ausdauernd, stattlich, 1–2,5 m hoch. Wurzelstock mehrköpfig, rübenförmig, schwärzlich, fleischig, mit dicken, verlängerten Fasern besetzt. Stengel kräftig, aufrecht ästig, kantig-gefurcht, meist purpurbraun. Grundblätter lang gestielt, mit oberseits flachem Blattstiel, 30–70

(–100) cm lang, 5–12 (–15) cm breit, in der Mitte am breitesten, starr aufrecht, dicklich, trocken lederartig, lanzettlich mit schmal keilförmigem Grunde und lang ausgezogener Spitze, graugrünlich, Seitennerven unter fast rechtem Winkel von der Mittelrippe abzweigend, flach oder am äußersten Rande etwas gekraust; Stengelblätter schmal lanzettlich, mit breit keiliger bis mehr oder weniger abgerundeter Basis, größte Breite unterhalb der Mitte, am Rande schwach wellig ausgeschweift, gegen die Spitze allmählich lang verschmälert; die obersten Blätter linealisch. Blütenstand weitläufig, fast blattlos, untere Äste mehrfach verzweigt. Fruchtstiele höchstens 2-mal so lang wie die Frucht, an deren Basis stark verdickt, ziemlich derb, unter der Mitte mit deutlich ringförmig verdickter Gliederung. Äußere Perigonblätter der Basis der inneren angedrückt, dadurch etwas vorwärts gerichtet, nicht oder unbedeutend länger als die halbe Breite der inneren, mehr oder weniger spitz. Valven dreieckig, mit gestutzter oder abgerundeter Basis und kurzer Spitze, 5–7 mm lang, 4,5–5,5 mm breit, derb, fast lederig, ganzrandig oder gegen die Basis undeutlich gekerbt, auf der Fläche mit oft etwas undeutlicher Netznervatur; alle Valven schwielentragend (Fig. 171f); Schwielen verlängert, fast spindelförmig, vorne spitz auslaufend, fast $2/3$ der Valvenlänge erreichend. Nuß 3,5–4 mm lang, ziemlich dick, mit größter Breite ungefähr in der Mitte. – Chromosomenzahl: n = 100. – VII, VIII.

Vorkommen. Zerstreut, meist ziemlich selten in Röhricht- und Großseggengesellschaften in stehenden oder langsam fließenden nährstoffreichen Gewässern, auf humosen, meist seicht überschwemmten Schlickböden, an Ufern, Gräben, Teichen, in Sümpfen; Phragmition-Verbandscharakterart, wärmeliebend.

Allgemeine Verbreitung. Nördliches Südeuropa und Mitteleuropa (mitteleuropäisch mit subatlantischer bis sarmatischer Ausbreitungstendenz). Europa von den Britischen Inseln, Südskandinavien – in Schweden nördlich bis etwa 60°, in Finnland bis etwa 62° n. Br. – südwärts bis auf die mittlere Pyrenäen- und Apenninenhalbinsel sowie bis auf die nördliche Balkanhalbinsel, im Osten bis Mittel- und Südrußland. In Niederungen und großen Stromtälern, nicht in Gebirgslagen; dringt auch nicht in die Alpentäler ein.

Verbreitung im Gebiet. Ziemlich verbreitet im Norddeutschen Tiefland und weiter südwärts in den Talzügen der großen Flußsysteme; in Mitteldeutschland in den Stromtalauen jedoch auch zerstreut längs der Flüsse im Hügelland; im Tal der Donau und ihrer größeren Nebenflüsse wohl ehemals allgemeiner verbreitet, jetzt durch die Trockenlegung der Altwässer vielfach seltener werdend; fehlt im Alpengebiet. – Herbarbelege wurden gesehen: Ostsee-Gebiet: Pregel: Königsberg. – Oder-Flußsystem: Friedrichswartha bei Breslau. – Falkenburg in Pommern. – Trave: Segeberg. – Schlei: Kappeln. – Nordsee-Gebiet: Stör: Brocklande bei Neumünster i. Schleswig-Holstein. – Elbe-Flußsystem: an der Elbe nächst Blankenese bei Hamburg: Lenzen an der Elbe; Havel: Potsdam, Lychen; Kleine Elster: Finsterwalde; Saale: Naumburg, Pforta, Schleiz; an der Elbe bei Dresden; Böhm.-Leipa am Polzen. – Weser-Flußsystem: Northeim a. d. Leine. – Rhein-Flußsystem: Bingerbrück am Rhein, Mannheim, Oggersheim i. d. Pfalz, Speyer; Mainz: Höchst am Main; Erlangen a. d. Regnitz; am Rheinufer bei Basel; Wallbach im Kanton Aargau; längs der Wutach auf schweizerischem und badischem Gebiet. – Rhône-Gebiet: Villeneuve am Genfer See; am Doubs in den Kantonen Bern und Neuchâtel. – Etsch-Gebiet: Salurn a. d. Etsch. – Donau-Gebiet: Riedenburg und Eichstätt a. d. Altmühl; an der Nab bei Penk; Isar: an der Isar bei Plattling und Landau, Amperufer bei Unterbruck; an der Donau bei Niederaltaich; Vils: Vilshofen; Salzach: Golling; Aschbach in Niederösterreich; Kamp: Seebarn a. Kamp; Umgebung von Wien: Klosterneuburg, Moosbrunn, Achau, Gramatneusiedl, häufig an der March, z. B. bei Marchegg und Angern.

*R. Hydrolapathum* ist unter den einheimischen *Rumex*-Arten die ansehnlichste. Durch seinen hohen Wuchs, die starren, aufrechten, nicht gewellten, beiderseits verschmälerten Blätter mit Seitennerven, die im rechten Winkel von der Mittelrippe abzweigen, die langgestreckten, vorne spitz zulaufenden, spindelförmigen Schwielen an allen Valven, nicht zuletzt durch den Standort im Wasser ist *R. Hydrolapathum* sehr auffällig und mit keiner Art zu verwechseln. Die meisten der hervorgehobenen Eigenschaften pflegt *R. Hydrolapathum* auch auf seine Bastarde zu vererben. Diese pflegen jedoch im Gegensatz zu *R. Hydrolapathum* nicht unmittelbar im Wasser zu wachsen. Bastarde des *R. Hydrolapathum* sind im Norden seines Verbreitungsgebietes viel häufiger als im Süden. Die Art variiert nur unwesentlich.

**828. Rumex obtusifolius** L., Spec. plant. 335 (1753). Syn. *Lapathum silvestre* LAM. (1778), *Lapathum obtusifolium* (L.) MOENCH (1794). Stumpfblättriger Ampfer. Dän.: Blegbladet Skræppe. Engl.: Broad-leaved Dock. Franz.: Patience sauvage. Poln.: Szczaw tępolistny. Tschech.: Štovík tupolistý. Sorb.: Słodki zdžer. Fig. 171h bis k, Fig. 174a bis f, Fig. 175, Fig. 178e, f

Ausdauernd, 50–120 cm hoch. Wurzelstock ästig, mehrköpfig. Stengel aufrecht, in der oberen Hälfte verzweigt und Blüten tragend, papillös behaart oder kahl, gefurcht, grün, später braun werdend, blutrot überlaufen. Äste des Blütenstandes einzeln stehend, einfach, nur die untersten schwach verzweigt, auch im Fruchtzustand nicht zusammenschließend. Blattstiel der Grundblätter

Fig. 174. *Rumex obtusifolius* L. ssp. *obtusifolius* a Habitus (⅓ nat. Gr.) b Grundständiges Blatt c Einzelner Scheinquirl (vergrößert). d, e Inneres Perianthblatt mit und ohne Schwiele. f Weibliche Blüte. – *R. sanguineus* L. g Habitus (⅓ nat. Gr.). h Grundständiges Laubblatt. i Perianth im Fruchtzustand (vergrößert). k, l Inneres Perianthblatt mit und ohne Schwiele. m Weibliche Blüte. – *R. stenophyllus* LEDEB. n Perianth im Fruchtzustand. – o Diagramm einer Zwitterblüte der Gattung *Rumex* (nach EICHLER)

meist länger als die Spreite, grundständige Blätter (Fig. 174b) groß, flach, bis höchstens doppelt so lang wie breit, breit elliptisch bis eiförmig, an der Spitze stumpf bis schwach zugespitzt, am Grunde herzförmig, mittlere Stengelblätter aus schwach herzförmiger oder abgerundeter Basis länglich spitz, kürzer gestielt, die obersten Blätter länglich lanzettlich, allmählich zugespitzt, aus abgerundetem Grunde allmählich verschmälert, alle Blätter ganzrandig, unterseits kahl und glatt oder mit Papillen bedeckt. Blüten zwitterig in reichblütigen Blütenknäueln, mindestens die untersten voneinander entfernt, nur diese beblättert, die oberen genähert, blattlos. Blüten bzw. Früchte ziemlich lang gestielt, Fruchtstiel bis etwa 2,5-mal so lang wie die Frucht, unter der Mitte gegliedert (Fig. 124c, f). Valven länglich-dreieckig, in eine stumpfe ganzrandige Spitze vorgezogen, immer deutlich länger als breit, 2,5–4, selten bis 5 mm lang, mehr oder minder undeutlich netzadrig, am Rande ungezähnt oder mit mehreren kurzen oder 2–5 pfriemlichen Zähnen versehen (Fig. 174d, e, Fig. 178f), alle Perigonblätter schwielentragend oder 1–2 ohne Schwiele. Nüsse 2,5–3,2 mm lang, spitz, größte Breite knapp über der Basis, am Grunde zusammengezogen. – Chromosomenzahl: n = 20. – VI bis VIII.

Vorkommen. Verbreitet in frischen Unkrautgesellschaften auf humosen, ammoniakalischen Lehmböden in der Umgebung von Siedlungen, an Wegrändern, auf wüsten Plätzen, an Gräben, auch auf Wiesen, Äckern oder Kahlschlägen, Arction-Verbandscharakterart mit Schwerpunkt in Gesellschaften luft- oder bodenfeuchter Standorte. Die Soziologie der Unterarten ist noch zu ermitteln. Stellenweise, besonders ssp. *silvester*, längs der Flußufer; ssp. *silvester* steigt in den Ostalpen bis in die subalpine Stufe und findet sich gelegentlich zusammen mit *R. alpinus*.

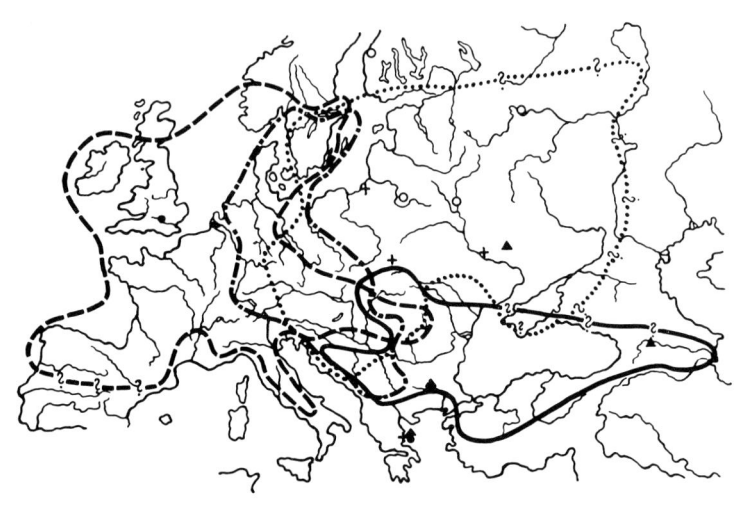

Fig. 175. Verbreitung von *Rumex obtusifolius* L. (nach K. H. RECHINGER, 1932)
ssp. *obtusifolius* ———— und +     ssp. *silvester* ·········· und ●
ssp. *transiens* —·—·—·— und ▲     ssp. *subalpinus* ▬▬▬ und ○

Allgemeine Verbreitung. Nördliches Südeuropa, Mitteleuropa und Südwestasien (südeuropäisch-westasiatisch-montan-mitteleuropäisch). Europa mit Ausnahme der arktischen, subarktischen und mediterranen Zone; Gebirge Südwestasiens ostwärts bis in den mittleren Elburs in Nordpersien; verschleppt und stellenweise eingebürgert, und zwar meist in der ssp. *obtusifolius*, in Ostasien, Nord- und Südamerika, Südafrika und Australien.

Wie die Verbreitungskarte zeigt, ist *R. obtusifolius* im Osten seines Areales ausschließlich durch ssp. *silvestris*, im Westen durch ssp. *obtusifolius* vertreten. In einer ziemlich breiten Zone in Mitteleuropa – etwa von der Adria bis ins südliche Skandinavien – überdecken sich die Areale dieser beiden Unterarten. Die Verbreitung der intermediären, wohl ursprünglich hybridogenen ssp. *transiens* deckt sich im wesentlichen mit dieser Vermischungszone. Im Südosten des Gesamtareales ist die ssp. *subalpinus* herrschend, die vereinzelt und zum Teil nur in Annäherungsformen bis in die Ostalpen hinein vorkommt. Einzelfunde von ssp. *obtusifolius* im Areal der ssp. *silvestris* und umgekehrt sind offenbar auf Verschleppung durch menschlich. Einwirkung zurückzuführen.

Übersicht der Unterarten:

1 Valven ganzrandig oder fast ganzrandig bis undeutlich gezähnt, alle drei mit mehr oder weniger deutlich ausgebildeten Schwielen . . . . . . . . . . . . . . . . . . . . . ssp. *silvestris* (WALLR.) RECH. pat.
1* Valven länger oder kürzer gezähnt . . . . . . . . . . . . . . . . . . . . . . . . . . . 2

2   Nur die vordere Valve mit Schwiele, selten alle drei, in letzterem Falle Valven breit-eiförmig mit ziemlich langen Zähnen . . . . . . . . . . . . . . . . . . . . . . . . . . . . . . . . . . . . . 3
2*  Alle drei Valven mit mehr oder weniger deutlich entwickelten Schwielen. Valven schmal, eiförmig-dreieckig, Zähne ziemlich kurz . . . . . . . . . . . . . . . . ssp. *transiens* (SIMK.) RECH. f.
3   Valven eiförmig bis breit eiförmig-dreieckig, stumpf, etwa 6 mm lang, Blattunterseite und Blattstiele meist papillös . . . . . . . . . . . . . . . . . . . . . . . . . . . . . . . . . . . . ssp. *obtusifolius*
3*  Valven schmal dreieckig, spitz, etwa 5 mm lang. Pflanze meist kahl . . . ssp. *subalpinus* (SCHUR) SIMK.

1. **ssp. obtusifolius.** Syn. *R. obtusifolius* L. ssp. *agrestis* (FRIES) DANS. in Nederl. Kruidk. Arch. **1925**, 429 (1926), *R. obtusifolius* L. var. *agrestis* FRIES, Novit. Fl. Suec. ed. 2, 99 (1828), *R. obtusifolius* L. var. *macrocarpa* DIERB. (1826), *R. divaricatus* FRIES (1842), non L., *R. obtusifolius* L. ssp. *Friesii* (GREN. et GODR.) RECH. pat. (1892).

Valven eiförmig-dreieckig, stumpf oder stumpflich, etwa 6 mm lang, eine oder alle drei (f. *trigranis* DANS.) schwielentragend, am Rande gezähnt. Zähne gleichlang oder kürzer als die Breite der Valven, selten länger. Blattstiele und Blätter vor allem auf der Unterseite der Nerven oft papillös-rauh.

Allgemeine Verbreitung. West- und Mitteleuropa von Süd-Skandinavien, dem südlichen Schottland und Irland südwärts bis in die mittlere Pyrenäen-, mittlere Apenninen- und nordwestliche Balkanhalbinsel, die Ostgrenze verläuft durch unser Florengebiet etwa entlang der Elbe-Linie und schließt im Südosten Ungarn und Siebenbürgen ein.

Verbreitung im Gebiet. Verbreitet in Deutschland, Österreich und in der Schweiz. Herbarbelege wurden gesehen: Deutschland: Insel Borkum, Minden, Hildesheim; Winningen bei Magdeburg, Halle a. d. Saale, Naumburg, Erfurt, Schleusingen; Blankenburg am Unterharz, Alter Stollberg im Harz; Rheinprovinz: Koppers bei Grevenbroich; Lorsbach, Frankfurt am Main; Mainz; Baden: Karlsruhe, Konstanz, Rohrdorf-Heudorf bei Konstanz; Eppstein in der Rheinpfalz, Riedenburg in der Oberpfalz, Mauthäusel bei Reichenhall. – Mähren u. ehem. österr. Schlesien: Brünn, Teschen. – Niederösterreich: Zwischen Zöbing und Schönberg sowie bei Kollersdorf am Kamp; an der Traisen nächst St. Pölten und Herzogenburg; Umgebung von Wien, z. B.: Klosterneuburg, Neuwaldegg, Hütteldorf, Mödling, Baden, Moosbrunn, Schwechat, ferner Schönfeld im Marchfeld, Pachfurth a. d. Leitha; Burgenland: Rosaliengebirge nächst Sauerbrunn; Steiermark: Hartberg, Umgebung von Graz, Pernegg, Grundlsee; Kärnten: Kühnsdorf, zwischen Bad Fellach und Eisenkappel, Klagenfurt, Velden am Wörthersee, Görjacher Alpe bei Tarvis; Oberösterreich: Gmunden; Salzburg: Oberburgau; Tirol: Umgebung von Innsbruck, Höttinger Au, Hungerburg, Vöels, Imst, Kartitsch i. Osttirol; Südtirol: Meran, Umgebung von Bozen und Trient, Val di Ledro, Arco, Riva; Vorarlberg: Schruns. – Schweiz: Kanton Basel: Rheinufer bei Basel, Arlesheim; Berner Oberland: Haslital, Guttauen; Freiburg: Lac Noir; Neuchâtel; Waadt: Bex, Aubonne, Villette, Lausanne, Montreux; Kanton Genf: Genf, Bernex, Paquis, Valleyres; Kanton Wallis: Village de Simplon; Tessin: Cerentino, Fresco, Val di Campo, Val di Maggia, Val Bavona, Lugano.

2. **ssp. transiens** (SIMK.) RECH. f. in Beih. Botan. Centralbl. **49**, 2, 52 (1932). Syn. *R. silvestris* WALLR. var. *transiens* SIMK., Math. term. Közl. **16**, 119 (1881).

Valven eiförmig-dreieckig, stumpf oder seltener spitzlich, etwa 5 mm lang, alle drei Valven unregelmäßig schwielentragend, und alle nahe der Basis gezähnt. Zähne meist viel kürzer als die halbe Breite der Valven. Pflanze meist kahl oder seltener Blattstiele unterseits und an den Nerven manchmal papillös-rauh.

Allgemeine Verbreitung. Süd-Skandinavien, Mitteleuropa etwa zwischen Rhein und Oder, nördliche Balkanländer; ferner an isolierten Standorten wahrscheinlich eingeschleppt in Thessalien, Rußland und auf den Färöern.

Verbreitung im Gebiet. Herbarbelege wurden gesehen: Pommern: Insel Rügen; Brandenburg: aus der Uckermark, Neuruppin, Brandenburg a. d. Havel, Umgebung von Berlin, Finsterwalde; Schlesien: Liegnitz; Elbtal bei Magdeburg; Thüringen; Hessen-Nassau: Kassel; Württemberg: Umgebung von Stuttgart; Bayern: Erlangen, Reichenhall. – Böhmen: Frauenberg a. d. Moldau, Karlsbad; Mähren: Brünn, Nikolsburg; ehem. österr. Schlesien: Teschen. – Niederösterreich: Umgebung von Wien, Mauerbach, Prater, Freudenau, mehrfach aus dem südlichen Wiener Becken, z. B. Münchendorf, Moosbrunn, Baden, ferner Hohe Wand; Steiermark: Umgebung von Graz, Bad Aussee, Spital a. Semmering; Salzburg: Itzling, Golling, Tweng im Lungau; Tirol: Umgebung von Innsbruck, Trins im Gschnitztal, Maurach im Achenseegebiet; Südtirol: Niederdorf im Pustertal.

3. **ssp. silvestris** (WALLR.) RECH. pat. in Österr. Botan. Ztschr. **42**, 51 (1892). Syn. *R. silvestris* WALLR., Sched. crit. **1**, 161 (1822), *R. obtusifolius* L. var. *silvestris* (WALLR.) FRIES (1828), *R. obtusifolius* L. var. *microcarpa* DIERB. (1826).

Valven schmal zungenförmig oder schmal eiförmig-dreieckig, spitz oder stumpflich, 3–4,5 (–5) mm lang, 2–2,5 mm breit, völlig ganzrandig oder nahe der Basis undeutlich gezähnt, alle schwielentragend. Schwielen gleichmäßig oder fast gleichmäßig, seltener zwei kleiner, meist fast die ganze Breite der Valven einnehmend. Pflanze fast völlig kahl.

Allgemeine Verbreitung. Ost- und Mitteleuropa westwärts bis Süd-Skandinavien, östliches Mitteleuropa und bis in die nordwestliche Balkanhalbinsel.

Verbreitung im Gebiet. Herbarbelege wurden gesehen: Brandenburg: Umgebung von Berlin, Brandenburg a. d. Havel, Wriezen, Prenzlau i. d. Uckermark; Pommern: Kolberg; Ostpreußen: Königsberg; Schlesien: Umgebung von Breslau, Pöpelnitz, Oderufer bei Neuscheitnig, Hirschberg im Riesengebirge, Dittmannsdorf bei Waldenburg, Neiße, Leobschütz; Mitteldeutschland: am Großen Winterberge, Elbufer bei Schmilka; Umgebung von Magdeburg, Wallgraben der Zitadelle Petersberg, Merseburg, Pforta, Umgebung von Erfurt, Möbisburg, Nordhausen, Schleusingen; Thalleben; Hessen: Frankfurt am Main, Lorsbach; Bayern: Reichenhall. – Böhmen: Umgebung von Prag, nächst Frauenberg und Haida, in Nordböhmen nächst Hammer bei Wartenberg und Böhm.-Leipa; Mähren: Mähr.-Schönberg, Landshut bei Lundenburg. – Niederösterreich: Verbreitet in der Umgebung von Wien, im südlichen Wiener Becken, im Wienerwald und am Alpen-Ostrand, im Rosaliengebirge und Leithagebirge sowie im Marchfeld, z. B. bei Hütteldorf, Purkersdorf, Rekawinkel, Kalksburg, Mödling, Laxenburg, Baden, Münchendorf, Moosbrunn, an der Triesting zwischen Tattendorf und Oberwaltersdorf, Grünbach a. Schneeberg, Gloggnitz, Prein bei Reichenau, zerstreut auch im westlichen Niederösterreich z. B. an der Erlauf bei Peutenburg, Raabs a. d. Thaya; Burgenland: Zwischen Bruck a. d. Leitha und Parndorf, im Leithagebirge zwischen Mannersdorf und Purbach, im Rosaliengebirge zwischen Forchtenstein und Katzelsdorf; Steiermark: in der Grazer Bucht, Murtal bei Bruck, St. Michael, Judenburg, Gaishorn im Paltental, Bad Aussee, Grundlsee; Oberösterreich: Hinterstoder, Gmunden; Salzburg: St. Gilgen, Neslangeralm bei Kuchl, Dürnberg bei Hallein, Pinzgau, Saalfelden, Leogang; Tirol: Umgebung von Innsbruck, Innufer bei Mühlau, in Osttirol bei Kartitsch und Kals und bei Innergschlöß.

4. **ssp. subalpinus** (SCHUR) SIMK., Enum. Fl. Transs. 472 (1886). Syn. *R. obtusifolius* L. var. *subalpinus* SCHUR Enum. Pl. Transs. 579 (1866), *R. silvestris* WALLR. var. *Schurii* RECH. pat. (1923).

Valven schmal dreieckig, spitz, etwa 5 mm lang, nur eine schwielentragend, alle drei Valven am Rande an der Basis gezähnt. Zähne meist drei, kürzer als die halbe Breite der Valven. Pflanze meist völlig kahl.

Allgemeine Verbreitung. Östliches Mittel- und Südosteuropa, in der Berg- und Voralpenstufe der Karpaten und Gebirge der Balkanhalbinsel, zerstreut in Mittelrußland, und zwar zumeist in Annäherungsformen an ssp. *silvestris*, ferner auf der Krim und im westlichen und mittleren Kaukasus; in Südwestasien in den Gebirgen des nördlichen Kleinasiens, Armeniens und Persiens. Annäherungsformen besonders in den Ostalpen und Sudeten.

Verbreitung im Gebiet. Annäherungsformen bzw. Übergangsformen zu ssp. *silvestris* wurden in Schlesien nächst Kleinburg bei Breslau, in Mähren bei Brünn, in Niederösterreich bei Mödling, in Salzburg bei St. Gilgen und Hallein, in Kärnten in der Römerschlucht bei Velden am Wörthersee und in Südtirol im Passeiertal oberhalb St. Leonhardt beobachtet.

*R. obtusifolius* bastardiert mit den meisten Arten der Untergattung *Rumex*. Auf die Bastarde werden meist die folgenden Merkmale vererbt: relativ breite, weiche, am Grunde mehr oder weniger herzförmige Grundblätter, bogig abstehende Äste der Blütenstände, mehr oder weniger gezähnte, an der Spitze etwas vorgezogene Valven.

Volksnamen. Da das Volk die großblättrigen Ampfer-Arten wie *R. obtusifolius*, *R. crispus*, *R. conglomeratus* usw. in der Benennung meist nicht näher unterscheidet, so mögen diese hier zusammen abgehandelt werden. Wie bei *R. alpinus* (s. d.), so beziehen sich auch hier die meisten Volksnamen auf die großen Blätter so Bletschen (bairisch), Blacke, Blackte (Schweiz), Mistblacke (Schweiz), Stofl-Blacken [vgl. Staffelblacke für *R. alpinus*] (Arlberg), Spitzblacke (Schweiz), Butterplätschen (Oberbayern), Ankeblacke (Muotatal im Kt. Schwyz), Schmalzblacke (St. Gallen), Tittiblacke (Schweiz). Zu Docke (Schwäbische Alb), Dockenblätter (vielfach im Ostmitteldeutschen) vgl. englisch dock als Bezeichnung für großblättrige Ampfer-Arten. Mitteldeutsche und bairische Namen sind Strupferwurz (Mittelfranken), Strupfenblätter (Böhmer Wald), Streifer, Straffer (Mittelfranken), Strupfinger (Niederösterreich), Stripsel (Pfalz). Diese Namen gehören anscheinend zu „streifen", weil die Früchte von den reifen Fruchtständen abgestreift werden. Diese abgestreiften Früchte dienen als Heilmittel (z. B. gegen Durchfall). Als große kräftige Pflanzen heißen die eingangs erwähnten Ampfer-Arten auch Halber Gaul, Halbgaul (z. B. Hessen, Pfalz, Franken), Halbes Roß (Oberösterreich), Halbpferd (z. B. Thüringen). Manchmal findet sich auch dafür die Bezeichnung Alter Gaul (an der Lahn), Altes Roß (z. B. Böhmer Wald, Oberösterreich). Möglicherweise gehen diese Namen auch auf das „verwahrloste Aussehen der Pflanze zur Fruchtzeit". Ferner wären hier aufzuführen die Volksnamen Halbe Kuh (Thüringen), Alte Kuh (Rottal in Niederbayern), Rotkuh (Eifel, Westerwald). Auf die Gestalt des Fruchtstandes gehen Fuchsschwanz (rheinisch, schwäbisch), Kuh-, Ochsenschwanz (Lausitz), auf die der Blätter Ochsenzunge, Kuhzunge (mitteldeutsch), Hundszunge (Oberpfalz). Da die Stengel (besonders von *Rumex conglomeratus*) oft rot überlaufen sind, heißen die genannten Arten auch Roodstrunk (niederdeutsch), Roodschink (Ostfriesland), Roode Hinnerk, Râd Hendreck [roter Heinrich] (niederdeutsch), Namen, die auch für *Rumex Acetosella* gebraucht werden. Als verdämmendes, den Boden aussaugendes Unkraut nennt man sie auch (besonders *R. crispus*) Hunger oder Hungerstamm (Egerland), Hungerstengel (Plauen), Hummagraud [Hungerkraut] (Oststeiermark). Die großen Blätter dienen zum Einwickeln (und Kühlhalten) der Butter, daher Butterblätter (vielfach). Die kühlenden Blätter werden auf Brandwunden, auf Grind usw. aufgelegt, daher Brandblatt (Pfalz), Grindwurz, -kraut (ostmitteldeutsch). Zum ahd. leticha u. ä. (aus mlat. lapatica und dies zu griech. lapathon ‚Ampfer') gehören Namen wie Loddik, Lödke (niederdeutsch), Ladche(n) (rheinisch), Leddekenkrut (Oberharz), Lättichblätter (Gotha), Dockelatschen (Thüringer Wald) [s. dazu oben Docke!]. Aus Löddike u. ä. sind niederdeutsche Benennungen wie Lörk, Lerken, Lorke, Lorkenblatt zusammengezogen. Im Volk werden sie oft zu Lork ‚Lurch, Kröte' gestellt, weil sich unter den großen Blättern nicht selten Kröten aufhalten, wie ja auch im Alemannischen die Blätter als Krötenblätter bezeichnet werden. Nicht geklärt sind die schweizerischen Bezeichnungen Ländeblätter, Lentestengel, -stöck.

**829a. Rumex pulcher** L., Spec. plant. 336 (1753). Schöner Ampfer. Engl.: Fiddle Dock. Franz.: Patience violon, Parelle violon, P. pandurée, P. sinuée. Ital.: Cavolaccio. Taf. 90, Fig. 3, Fig. 176

Ausdauernd. Stengel 20–60 cm hoch, straff aufrecht oder mehr oder weniger hin- und hergebogen, oft schon im unteren Teil verzweigt; Äste sparrig oder zurückgebogen oder ineinander verflochten; seltener einfach oder fast einfach oder erst oberwärts gegen die Spitze hin verzweigt, oft wie die Blätter, Blattstiele und Nebenblattscheiden mit weißen Papillen mehr oder weniger dicht besetzt. Grundblätter relativ klein, aus herzförmigem Grunde länglich-eiförmig, am Rande etwas

- • *R. pulcher* ssp. *pulcher*
- × *R. pulcher* ssp. *divaricatus*
- ○ *R. pulcher* ssp. *anodontus*
- △ *R. pulcher* ssp. *cassius*
- ▲ *R. pulcher* ssp. *Raulini*

Fig. 176. Verbreitung von *Rumex pulcher* L. (nach K. H. RECHINGER, 1932)

gekraust, an der Spitze stumpflich, ungefähr 2-mal so lang wie breit, in der unteren Hälfte bisweilen geigenförmig zusammengezogen, im Leben fleischig, trocken derb, fast lederig, verhältnismäßig klein; Blattstiel kürzer, seltener gleichlang wie die Blattspreite. Stengelblätter kürzer gestielt, aus herzförmigem Grunde länglich-eiförmig spitz; oberste Stengelblätter aus abgestutztem oder verschmälertem Grunde lanzettlich spitz, die Blütenknäuel stützend, allmählich kürzer und schmäler werdend. Alle Blütenknäuel entfernt stehend und von Blättern gestützt; oberste Tragblätter äußerst klein, die Blütenknäuel nicht überragend. Fruchtstiele meist kürzer als die Blütenhülle, seltener etwa gleichlang, dick, kräftig, in der Mitte oder etwas unterhalb der Mitte gegliedert. Äußere Perigonblätter gleichlang oder etwas länger als die halbe Breite der Valven. Valven derb lederartig, starr, in ihrer Gestalt sehr veränderlich (siehe Schlüssel der Unterarten), 4,5–6 mm lang, 2,5–4,5 mm breit, auf der Fläche kleingrubig-runzelig oder derb netzaderig, am Rande ganzrandig, fast ganzrandig oder häufiger verschiedenartig gezähnt (Taf. 91, Fig. 3a, b), alle mit Schwiele, doch diese meist ungleich kräftig entwickelt, länglich-eiförmig, spitz, hervortretend, meist warzig oder runzelig. Nüsse 3–4 mm lang, unterhalb der Mitte am breitesten. – Chromosomenzahl: $n = 10$. – V bis VII.

Vorkommen. In Unkrautgesellschaften nährstoffreicher und oft salzhaltiger warmer und austrocknender Ton- und Sandböden, an Wegrändern, Ufern, unbebauten Orten und auf Schuttplätzen, Verbreitungsschwerpunkt in mediterranen Chenopodietalia-muralis-Gesellschaften (Ordnungscharakterart), in warmen Lagen des gemäßigten Europa als mediterrane Einstrahlung selten im Sisymbrion.

Allgemeine Verbreitung. Mittelmeergebiet (mediterran-mitteleuropäisch mit atlantischer Ausbreitungstendenz). Im Mittelmeergebiet mit Ausstrahlungen in das atlantische Westeuropa, in die Ungarische Tiefebene und die submediterranen Gebiete der Balkanhalbinsel sowie nach Südwestasien. Verschleppt und teilweise eingebürgert in Amerika.

### Übersicht der Unterarten:

1  Valven im Umriß eiförmig bis gestreckt, mit wenigen, meist längeren Zähnen; Nervennetz in der Breite von nur 1–2 Netzmaschen jederseits der Schwiele. Fruchttragende Äste zurückgeschlagen und verflochten. . . . . . . . . . . . . . . . . . . . . . . . . . . . ssp. *pulcher*

1* Valven im Umriß rundlich, mit kurzer, breiter, ungezähnter Spitze, jederseits bis 8 kurze, oft gespaltene oder verwachsene Zähne; Nervennetz in der Breite von 3 Netzmaschen jederseits der Schwiele. Fruchttragende Äste bogig abstehend . . . . . . . . . . . . . . ssp. *divaricatus* (L.) MURB.

1. **ssp. pulcher.** Syn. *R. pulcher* L. ssp. *eu-pulcher* RECH. f. in Beih. Botan. Centralbl. **49**, 2, 26 (1932), *R. pulcher* L. (1753) s. str., *R. pulcher* L. var. *heterodus* BECK (1904) pr. p.

Valven länglich oder länglich-dreieckig, meist ungleichmäßig schwielentragend, an der Spitze stumpflich oder spitzlich, Nervennetz in der Breite von nur 1–2 Netzmaschen jederseits der Schwiele, jederseits mit 4–5 Zähnen, welche gleichlang oder kürzer als die Breite der Valven sind. Blätter, Blattstiele und Nebenblattscheiden behaart, seltener kahl. Grundblätter oft geigenförmig zusammengezogen.

Allgemeine Verbreitung. Mittelmeergebiet mit Ausstrahlungen in das atlantische Westeuropa, in die Ungarische Tiefebene und in die submediterranen Gebiete der Balkanhalbinsel und Südwestasiens, fehlt im Inneren Südwestasiens. Verschleppt und teilweise eingebürgert in Amerika.

Verbreitung im Gebiet. Zerstreut in der südlichen und westlichen Schweiz in den Kantonen Tessin und Waadt, in Südtirol sowie in Südwestdeutschland in Baden. Herbarbelege wurden gesehen: Tessin: Lugano, Cassarate, Gandria, Locarno; Kanton Waadt: Lausanne, Vevey, Marans, Nyon, Chailly, Pandex, Lutry, Bex, Montreux; Kanton Genf: Franchées de Rive, Genthod, Chambesy, Villette, Bernex, Compesières, Champel. Südtirol: Riva, zwischen Riva und Torbole, Ala, Trient, Bozen, Brixen. Baden: Neuenburg a. Rh., Freiburg i. Breisgau, Kaiserstuhl. Verbreitet und häufig in Innerkrain, im südlichen Küstenland und in Istrien. – Die Unterart wurde ferner adventiv in der Umgebung von Wien, München, Nürnberg, ferner auch mehrmals in Norddeutschland beobachtet.

2. **ssp. divaricatus** (L.) MURB., Beitr. z. Kenntnis d. Fl. v. Südbosnien u. d. Herzegowina in Fysiogr. Sällsk. Handl. **2**, 45 (1891). Syn. *R. divaricatus* L., Spec. plant. ed. 2, 478 (1762), *R. pulcher* L. var. *microdon* HAUSSKN. (1897), *R. pulcher* L. var. *microdus* BECK (1904), *R. pulcher* L. var. *micropliodus* BECK (1904).

Valven eiförmig-rundlich, meist ungleichmäßig schwielentragend, an der Spitze ganzrandig, abgerundet oder breit zugespitzt; Nervennetz in der Breite von 3 Netzmaschen jederseits der Schwiele, jederseits 4–6 (–8) Zähne, welche meist viel kürzer als die Valven breit sind. Nuß meist groß und dunkelbraun, nahe der Basis am breitesten, mehr oder weniger dreieckig.

Die Unterart ist in der Behaarung veränderlich ähnlich wie ssp. *pulcher*, unterscheidet sich von dieser aber u. a. durch nur selten geigenförmig zusammengezogene Blätter.

Allgemeine Verbreitung. Zerstreut im südlichen Teil des ganzen Mittelmeergebietes; adventiv in Mittel- und Westeuropa und in verschiedenen Teilen von Amerika und Südafrika.

Verbreitung im Gebiet. Wurde innerhalb unseres Florengebietes adventiv in der Schweiz im Kanton Zürich beobachtet.

Die Art ist vor allem an den kurzen, dicken Fruchtstielen und an den derben Valven mit grober, grubiger Nervatur leicht zu erkennen. Sie ist in mehreren, stark voneinander abweichenden Rassen über das ganze Mittelmeergebiet und

Südwestasien verbreitet. Die typische Sippe, ssp. *pulcher*, ist im nördlichen Arealteil herrschend und strahlt auch allein weit in das atlantische Westeuropa und in die submediterranen Gebiete des Inneren der Balkanhalbinsel und darüber hinaus bis Ungarn aus. Dagegen sind an den Ausstrahlungen bis tief ins Innere von Vorderasien hauptsächlich die Unterarten ssp. *divaricatus* (L.) MURB. und ssp. *anodontus* (HAUSSKN.) RECH. f. beteiligt, die auch anscheinend am Südrand des Mittelmeerbeckens vorherrschen. Vieles spricht dafür, daß ssp. *pulcher* ursprünglich auf den Norden des Gesamtareales der Art beschränkt war und erst nachträglich in die Areale der übrigen Unterarten verschleppt worden ist, ebenso wie er sich auch am stärksten von allen Unterarten in die übrigen Erdteile ausgebreitet hat.

**829 b. Rumex flexuosus** SOLAND. ex FORST., Flor. Ins. Austral. Prodr. 90 (1786), nomen nudum; SOLAND. ex SPRENG., Syst. 2, 162 (1825), descriptio. Syn. *R. Cunninghamii* MEISN. in DC., Prodr. 14, 62 (1856)

Ausdauernd. Stengel aufrecht, winkelig hin- und hergebogen, von der Basis an stark verzweigt, 30–60 cm hoch. Äste bogig, sehr sparrig hin- und hergebogen, wiederholt verzweigt, verlängert, einen großen weitschweifigen rispenartigen Blütenstand bildend. Grundblätter 6–12 (–20) cm lang, 1,5–3 cm breit, eiförmig- oder länglich- oder linear-lanzettlich, am Grunde fast herzförmig oder abgestutzt oder mehr oder weniger breit keilförmig, am Rand wellig, an der Spitze spitzlich, etwa 3,5- bis 5-mal so lang wie breit, Seitennerven unter einem Winkel von ca. 60–80° von der Mittelrippe abgehend, Blätter unterseits vor allem entlang den Nerven papillös rauh; Blattstiel die Breite der Spitze überragend. Stengelblätter lanzettlich, kurz gestielt, Blütenknäuel 5- bis 10-blütig, alle voneinander entfernt, in der Achsel von Tragblättern. Fruchtstiele mehr oder weniger dünn, im untersten Drittel gegliedert, 1,5- bis 2-mal länger als das Perigon zur Fruchtzeit. Valven (2,5–) 3 (–4) mm lang, (1,5–) 2 mm breit, schmal dreieckig-zungenförmig, auf der Fläche zerstreut erhaben nervig, am Rande gegen die Basis hin mit wenigen kurzen oder etwas verlängerten Zähnen, vorne in eine verlängerte Spitze vorgezogen. Alle Valven schwielentragend, Schwielen klein und rund. Nüsse etwa 2 mm lang, 1,2 mm breit.

Heimat: Neuseeland. Adventiv angeblich in der Schweiz im Kanton Solothurn bei Derendingen beobachtet. – Ich sah keine Belege, es könnte sich auch um eine der nah verwandten australischen Arten handeln.

**829 c. Rumex nepalensis** SPRENG., Syst. 2, 159 (1825). Syn. *R. Roxburghianus* SCHULT. f., Syst. 7, 1402 (1830) pr. p. saltem e descr., *R. hamatus* TREVIR., Nov. act. Nat. cur. 13, 174 (1826)

Ausdauernd. Stengel 0,6–1,7 m hoch, aufrecht, in der oberen Hälfte verzweigt, seltener fast unverzweigt, mit aufrecht abstehenden Ästen. Grundblätter breit eiförmig-länglich, 1,5- bis 2,5-mal so lang wie breit, am Grunde herzförmig, seltener abgestutzt, an der Spitze abgerundet, stumpf oder spitzlich, flach, trocken membranös, Seitennerven unter einem Winkel von 45° bis 60° von der Mittelrippe abgehend; Blattstiel kürzer oder gleichlang wie die Spreite. Stengelblätter aus herzförmigem Grunde breit eiförmig-lanzettlich, oberste Blätter aus abgerundetem oder abgestutztem Grunde lanzettlich spitz. Alle Blätter unterwärts kurz papillös-rauh. Valven schon bald nach der Blütezeit deutlich gezähnt, jederseits mit 6–8, im Fruchtzustand 3–4 mm langen, an der Spitze hakenförmig eingekrümmten Zähnen. Valven im Umriß eiförmig-dreieckig, 5–7 mm lang, 3,5–4 mm breit, dicklich membranös, netznervig, an der Spitze schmal zungenförmig vorgezogen, meist nur eine schwielentragend, mit großer, länglich-eiförmiger Schwiele, die übrigen Valven schwielenlos oder am Mittelnerv mehr oder weniger verdickt. Nüsse etwa 4 mm lang, schwarzbraun, unterhalb der Mitte am breitesten.

Heimat. Asien von Südwestchina über den Himalaya, Afghanistan, Nordpersien bis Syrien und Anatolien. – Isolierte Fundorte auf der Balkan- und Apenninenhalbinsel. – Selten adventiv in Westeuropa beobachtet, im Gebiet zu erwarten.

**829 d. Rumex Brownii** CAMPD., Monogr. Rum. 64, 81 (1819). Syn. *R. fimbriatus* R. BROWN, Prodr. Fl. Nov. Holl. 116 (1810)

Ausdauernd. Stengel zunächst niederliegend, schließlich bogig aufsteigend, 50–80 (–100) cm hoch, zunächst fast unverzweigt, später auch unterwärts beblätterte und zuletzt auch blütentragende Äste entsendend. Grundblätter verlängert-eiförmig, lanzettlich oder fast linear, oberhalb der verbreiterten Basis meist geigenförmig zusammengezogen, 2,5- bis 4,5-mal so lang wie breit, bis zu 10 cm lang, etwa 3 cm breit, am Grunde fast herzförmig abgestutzt oder plötzlich verschmälert, an der Spitze spitz oder stumpflich. Seitennerven unter einem Winkel von 45° bis 60° von der Mittelrippe abgehend; Blattstiel etwa so lang wie die Spreite. Stengelblätter allmählich schmäler werdend. Rispenförmiger Blütenstand weit und offen, Blütenknäuel entfernt angeordnet, nur 6- bis 9-blütig, ohne Stützblätter. Fruchtstiele gleichlang oder ein wenig länger als die Valven, im untersten Drittel deutlich verdickt-gegliedert. Die stark netznervigen Valven sind (2,5–) 3 (–4) mm lang, etwa 2 mm breit, im Umriß eiförmig-dreieckig, ihre Nerven laufen in Zähne aus, welche kräftig, oft die halbe Breite der Valven überragend und an der Spitze hakenförmig eingekrümmt sind; der Mittelnerv ist niemals schwielenförmig verdickt, läuft in eine ca. 1–2 mm lange, hakenförmig eingekrümmte Spitze aus. Nüsse schwarzbraun, ca. 2 mm lang, 1,25 mm breit.

Heimat. Australien. Adventiv bei Hamburg und Kettwig im Ruhrgebiet sowie bei Leipzig, ferner in der Schweiz im Kanton Solothurn bei Derendingen und im Kanton Zürich: Wädenswil beobachtet.

### 829e. Rumex dentatus L., Mant. alt. 226 (1771). Syn. *R. strictus* LINK (1821)

Einjährig. Pflanze glatt, niemals papillös. Stengel 0,2–0,7 m hoch, unverzweigt oder mehr oder weniger verzweigt; Äste aufrecht-abstehend, niemals zurückgebogen oder ineinander verflochten. Grundblätter länglich oder eiförmig-länglich, unterhalb der Mitte oft, aber nicht immer geigenförmig zusammengezogen, 2- bis 3-mal so lang wie breit, klein, gestielt, Blattstiel kürzer oder gleichlang wie die Blattspreite. Blütenknäuel von lanzettlichen oberwärts kleiner werdenden Blättern gestützt; oberste Blätter die Blütenknäuel nicht überragend. Fruchtstiele meist etwas länger als das Perigon zur Fruchtzeit, genügend kräftig und starr, aber stets weniger dick als bei *R. pulcher* und nahe der Basis gegliedert. Valven in Form und Größe sehr veränderlich, ganzrandig oder fast ganzrandig oder verschiedenartig gezähnt, 3,5–5 mm lang, 2–3 mm breit, auf der Fläche netznervig, alle unregelmäßig oder fast regelmäßig, seltener nur eine Valve schwielentragend. Nüsse 2–2,75 mm lang, ein wenig unterhalb der Mitte am breitesten. – VI bis VIII.

Heimat. Tropisches und subtropisches Asien, Südosteuropa und Nordafrika. – Die Art ist äußerst polymorph und läßt sich in sieben Unterarten gliedern (RECHINGER f. 1932, 1949). – Mehrfach adventiv beobachtet, z. B. Hamburg-Altona (1926), Solothurn (1915).

### 829f. Rumex obovatus DANS. in Neederl. Kruidk. Arch. 1920, 241 (1921), l. c. 1921, 217 (1922), l. c. 1925, 442 (1926)

Einjährig, Stengel aufrecht, steif, etwas gebogen, 20–70 cm hoch, verzweigt. Grundblätter und untere Stengelblätter aus abgerundeter oder fast keilförmiger Basis verkehrt-eiförmig, mittlere Stengelblätter verkehrt-eiförmig oder länglich, am Grunde keilförmig, obere Stengelblätter schmäler, beiderseits verschmälert. Fruchtstiele dicklich, meist kürzer oder höchstens gleichlang wie die Valven, ungefähr in der Mitte oder ein wenig unterhalb der Mitte verdickt-gegliedert. Obere Blütenknäuel in gedrängter Traube, alle in der Achsel von Stützblättern. Valven 4–5 mm lang, etwa 3 mm breit, im Umriß rundlich-dreieckig oder dreieckig, an der Basis abgestutzt, an der Spitze stumpflich oder spitz, am Rande gegen die Basis hin jederseits mit 4 oder 5 pfriemenförmigen Zähnen, die kürzer oder seltener gleichlang wie die Valven breit sind; Valven gegen die Spitze hin ganzrandig, auf der Fläche hervortretend und gleichmäßig netznervig; alle Valven schwielentragend; Schwielen eiförmig, stumpflich, warzig; die vordere Valve etwa 2,5 mm lang, die übrigen meist kleiner. Nüsse etwa 2,8 mm lang, 1,6 mm breit.

Heimat. Argentinien und Paraguay. – Mehrfach adventiv in West- und Nordeuropa, seltener in Mitteleuropa, so z. B. im Ruhrgebiet bei Essen, Kupferdreh a. d. Ruhr, mit südamerikanischen Ölfrüchten eingeschleppt.

### 829g. Rumex paraguayensis D. PARODI in An. Soc. Scient. Arg. 5, 160 (1878)

Einjährig. Stengel kräftig, bis zu 70 cm hoch, meist von der Basis an verzweigt. Grundblätter verkehrt-eiförmig, unterhalb der Mitte geigenförmig zusammengezogen. Stengelblätter aus fast herzförmiger oder ausgeschweift-abgestutzter oder breit keilförmiger Basis länglich oder verkehrt-eiförmig-länglich, oft in der Mitte oder im untersten Drittel mehr oder weniger zusammengezogen, am Rande mehr oder weniger kraus, untere Blätter langgestielt, obere Blätter viel kürzer gestielt. Fruchtstiele kräftig, etwa gleichlang oder 1,5 (–2)-mal so lang wie die Valven, in der Mitte oder im untersten Drittel verdickt-gegliedert. Valven etwa 3 mm lang, etwa 2 mm breit, im Umriß verkehrt-eiförmig-dreieckig, an der Basis abgestutzt, gegen die Spitze spitz, am Rande gegen die Basis hin jederseits mit 2–3 (–4) spitzen, ungleichen Zähnen versehen, die meistens kürzer oder seltener gleichlang wie die halbe Breite der Valven sind. Valven auf der Fläche kleingrubig, mit einer sehr deutlich hervortretenden Netznervatur. Schwiele der vorderen Valve größer, etwa 1,5–2 mm lang, 0,5–0,75 mm breit, glatt, nicht runzelig, nur schwach und fein eingedrückt-punktiert. Nüsse 1,7–1,9 (–2) mm lang, braun, an der Basis kurz, gegen die Spitze länger zugespitzt, ein wenig unterhalb der Mitte am breitesten.

Heimat. Argentinien und Paraguay. – Adventiv in West- und Nordeuropa beobachtet. Auch im Gebiet zu erwarten.

**830. Rumex palustris** SM., Fl. brit. 394 (1800). Syn. *R. conglomeratus* × *maritimus* auct. pr. p., *R. maritimus* L. var. *paluster* (SM.) ASCHERS. (1864), *R. maritimus* L. var. *limosus* (THUILL.) ČELAK. (1871), *R. limosus* auct., vix THUILL. (1799). Sumpf-Ampfer. Dän.: Sump-Skræppe. Engl.: Marsh Dock. Franz.: Rumex des marais, Oseille des marais. Ital.: Rombice sottile. Poln.: Szczaw błotny.

Fig. 177, a, b

Ein- oder zweijährig, 10–100 cm hoch. Wurzel spindelförmig, ästig. Stengel straff aufrecht, gerillt, bräunlich-rot, meist ungefähr im oberen Drittel verzweigt und blütentragend. Äste bogig abstehend. Ganze Pflanze bei der Reife bräunlich oder rötlich werdend, niemals goldgelb. Grundblätter lanzettlich, an beiden Enden verschmälert, bis 6-mal so lang wie breit. Untere Stengelblätter verlängert lanzettlich, 10–12 cm lang, bis 2,8 cm breit, in der Mitte am breitesten, von da gegen die Basis allmählich verschmälert. Blattfläche flach, nur am äußersten Rand ganz fein gekerbt-gekraust, beiderseits glatt und kahl; Seitennerven unter einem Winkel von ungefähr 60° von der Mittelrippe abzweigend. Obere Stengelblätter allmählich schmäler werdend, bis 8-mal so lang wie breit. Blütentragende Äste einzeln, in spitzem Winkel bogig abstehend (Fig. 177 a); Blütenknäuel vielblütig, die unteren voneinander entfernt, die oberen genähert, alle mit schmal linearen Stützblättern. Fruchtstiele straff, nahe der Basis deutlich gegliedert, gegen den Grund des Perigons schwach verdickt, so lang oder höchstens anderthalbmal so lang wie das Fruchtperigon. Äußere Fruchtblätter linear-lanzettlich, etwa 1,5 mm lang, länger als die halbe Breite der inneren, am Rücken gekielt, an der Spitze vorwärtsgebogen. Valven im Fruchtzustand etwa 3 mm lang, an der Basis ohne die Zähne 1,2–1,5 mm breit, von schmal zungenförmigem Umriß, gegen die etwas stumpfliche Spitze stark verschmälert, beiderseits mit je 2–3 am Grunde verbreiterten, fein zugespitzten, abstehenden Zähnen, die ungefähr so lang oder selten etwas länger als die Valvenbreite sind (Fig. 177 b). Nervatur der Valven undeutlich netznervig mit je 1–2 Netzmaschen jederseits der Schwiele. Alle Valven mit Schwiele, diese bei allen drei Valven fast gleich stark entwickelt, gelblich-bräunlich, etwa 1,6 mm lang, nußbraun, 1,8–2 mm lang, knapp unter der Mitte am breitesten. – Chromosomenzahl: $n = 20$. – VII bis IX.

Fig. 177. *Rumex palustris* SM. *a* Partie des Gesamtblütenstandes. *b* Perianth im Fruchtzustand (von außen). *Rumex ucranicus* FISCHER. *c* Habitus (⅓ natürl. Größe). *d* Perianth im Fruchtzustand (von außen). *e* Inneres Perianthblatt

Vorkommen. Auf dürftigen, lehmigen Böden in der Nähe von Gewässern, an überschwemmten Stellen, Flußufern, Teichrändern, an ausgetrockneten Teichen, gelegentlich auf feuchten Grasplätzen, Charakterart des Rumici-Ranunculetum scelerati (Bidention).

Allgemeine Verbreitung. Gemäßigtes Eurasien (boreomeridional-eurasisch). Europa nordwärts bis England und Südschweden bis etwa 56° n. Br., zerstreut im Mittelmeergebiet, an isolierten Fundorten in Marokko und Syrien; zerstreut im gemäßigten Asien.

Verbreitung im Gebiet. Ziemlich verbreitet im Norddeutschen Tiefland und weiter südwärts in den Talzügen der großen Flußsysteme Mittel- und Süddeutschlands, fehlt in der Schweiz sowie in den Alpen völlig. – Herbarbelege wurden gesehen: Bremen: Gröpfingen; Hamburg; Schleswig-Holstein: Lauenburg, Lübeck; Braunschweig: Blankenburg; Rheinprovinz: Duisburg, Rheinufer nächst Oberkassel bei Bonn; Brandenburg: Elbufer bei Lenzen und

Mödlich, an der Havel bei Potsdam, Umgebung von Berlin, Wannsee, Wriezen, Frankfurt a. d. Oder; Pommern: Insel Rügen, Greifswald, Stralsund, Wolgast, Zinnowitz; Westpreußen: Weichselufer bei Dirschau und Thorn; Ostpreußen: Umgebung von Königsberg; Schlesien: am Seedorfer See bei Liegnitz, Umgebung von Breslau, Schweidnitz; Rheinhessen: Rheinufer bei Mainz und Kostheim; Hessen-Nassau: Rheinufer um Biebrich und Östrich, Mainufer bei Hochheim und Frankfurt a. M.; Bayern: Oggersheim und Ruchheim i. d. Pfalz, Mainufer oberhalb Würzburg, Randersacker, Haßfurt, an der Regnitz bei Bamberg, am Nab bei Schwandorf, Donauufer nächst Gundelshausen, Regensburg und Donaustauf, Isarauen bei Fischersdorf gegen Plattling, am Lech nächst Hardt bei Augsburg; Württemberg: Dischingen; Baden: Umgebung von Mannheim, Heidelberg und Karlsruhe. – Mähren: an der Schwarzawa. – Niederösterreich: an der March bei Angern, Umgebung von Wien in der Lobau, Simmering und Schwechat, um Deutsch-Wagram sowie bei Mannswörth und um Gallbrunn gegen Bruck a. d. Leitha, im Burgenland bei Jois und Weiden a. See sowie um Pamhagen.

Die Art ist durch die folgenden Merkmale leicht von *R. maritimus* zu unterscheiden:

*R. palustris:*
Fruchtstiele ziemlich dick und steif; die meisten nicht länger als das Fruchtperigon.
Äußere Perigonblätter krautig, ziemlich derb, länger als der halbe Durchmesser der inneren und mit krallenförmig vorwärtsgebogener Spitze.
Valven mit schmaler, aber stumpfer, fast zungenförmiger Spitze; ihre Zähne steif borstenartig und kürzer als die Valve; Schwiele ziemlich stark erhaben, eiförmig, vorne stumpf.
Antherenlänge 900–1300 μ.

*R. maritimus:*
Fruchtstiele fein und weich; die meisten länger als das Fruchtperigon.
Äußere Perigonblätter dünn, fast membranös, nicht länger als der halbe Durchmesser der inneren, horizontal abstehend oder schwach zurückgebogen.
Valven mit dreieckiger, scharfer Spitze; ihre Zähne weich, fast haarfein, alle oder wenigstens einige länger als die Valve; Schwiele niedriger, schmal lanzettlich, vorne zugespitzt.
Antherenlänge 450–620 μ.

Dennoch hatte *R. palustris* das Schicksal, bis in die neueste Zeit verkannt zu werden. Noch in ASCHERSON und GRAEBNERS Synopsis (1913) wird die Art, BECK (1904) folgend, mit dem Bastard *R. conglomeratus* × *maritimus* verwechselt und in der ersten Auflage von HEGIS Flora von Mitteleuropa (1910) als Varietät von *R. maritimus* angegeben. Wenn auch die Frage der systematischen Bewertung mancher Sippen stark vom Standpunkt des Beurteilers abhängig ist, so trifft dies gerade für diesen Fall durchaus nicht zu. Wie schon manche Forscher erkannt haben und MURBECK (1912) eindeutig nachgewiesen hat, sind die Artmerkmale beider Arten völlig konstant und stehen in fixer Korrelation. Sie sind von Standortseinflüssen unabhängig und samenbeständig, überdies besteht eine sogenannte Sterilitätsbarriere, d. h. die, übrigens äußerst selten auftretenden, Hybriden sind hochgradig steril.

**831. Rumex maritimus** L., Spec. plant. 335 (1753). Syn. *Lapathum maritimum* (L.) MOENCH (1794). Strand-Ampfer. Dän.: Strand-Skræppe. Engl.: Golden Dock. Franz.: Rumex maritime. Poln.: Szczaw nadmorski. Tschech.: Štovík přimořský. Sorb.: Hatny zdžer. Taf. 90, Fig. 2

Einjährig. Stengel 10–50 (–70) cm hoch, von der Mitte oder unterhalb der Mitte verzweigt, selten unverzweigt, gerillt, braungrün bis gelblich grün, seltener purpurn überlaufen. Äste bogig abstehend, einen weiten, offenen Blütenstand bildend. Grundblätter zur Blütezeit schon verwelkt, linear-lanzettlich, jederseits gleichmäßig verschmälert, spitz, höchstens 2 (–3) cm breit, bis zu 6-mal länger als breit, lang gestielt; Stengelblätter allmählich kleiner werdend, die oberen schmal linear, die Blütenknäuel stützend; alle Blätter dunkelgrün, kahl und glatt, am Rande sehr fein gekraust; Blattstiel etwa so lang wie die Breite der Blattspreite. Blütenknäuel vielblütig, von Tragblättern gestützt, nur die untersten voneinander entfernt, die mittleren und oberen einander genähert, einen zur Reifezeit dichten Fruchtstand bildend. Fruchtstiele dünn fadenförmig, nahe der Basis gegliedert, meist etwas länger als das Fruchtperigon. Äußere Perigonblätter dünnhäutig, nicht länger als die halbe Breite der Valven, horizontal abstehend oder zurückgebogen. Valven 2,5–3 (–3,5) mm lang, an der Basis ohne die Zähne 1,5 (–2) mm breit, eiförmig-dreieckig, 3 (–5)-mal breiter als die Schwiele, jederseits deutlich netznervig, in eine schmal dreieckige Spitze vorgezogen, alle schwielentragend, am Rande mit zwei feinen langen Zähnen, deren einer die Länge der Valven übertrifft (Taf. 90, Fig. 2a, b). Schwielen spindelförmig, spitz, stets deutlich schmäler als die Valve. Reife Nuß gelblich-braun, 1,3–1,5 (–1,8) mm lang, etwa in der Mitte am breitesten, jederseits gleichmäßig verschmälert (Taf. 90, Fig. 2c). – Chromosomenzahl: $n = 20$. – VII bis IX.

Vorkommen. Zerstreut vor allem in Küstennähe und in den subkontinentalen Gebieten Mitteleuropas als Pionierpflanze auf nährstoffreichen und oft salzhaltigen Schlammböden trockenfallender Ufer, Gräben und Altwässer, an Dorfteichen und Viehtränken, Charakterart des Rumici-Ranunculetum scelerati (Bidention).

Allgemeine Verbreitung. Nördliches und gemäßigtes Eurasien (boreal bis boreomeridional-eurasisch). In Europa nordwärts bis Irland, England, Südschweden nördlich bis etwa 60° n. Br., sowie in Nord-Rußland bis zum Ladogasee- und Onegasee-Gebiet, gegen Süden seltener werdend, nur sehr zerstreut im Mittelmeergebiet; ferner in Nord- und Ostasien: Sibirien, Mongolei, Mandschurei, nach Norden bis Sachalin und bis zum Ochotskischen Gebiet.

Verbreitung im Gebiet. Ziemlich verbreitet in Norddeutschland, zerstreut in Süddeutschland, in Österreich und in der Schweiz, fehlt im allgemeinen in den Alpen, findet sich nur ausnahmsweise in den Alpentälern wie z. B. im Ennstal bei Admont. – Herbarbelege wurden gesehen: Westfalen: Bielefeld, Holzwickede; Hannover: Osnabrück; Schleswig-Holstein: Lübeck; Mecklenburg-Schwerin: Wismar, Zierow; Mecklenburg-Strelitz: Falkenhagen bei Schönberg; Brandenburg: Umgebung von Berlin, Humboldshafen bei Potsdam; Westpreußen: Zoppot; Ostpreußen: Königsberg; Schlesien: Oderufer bei Glogau, Guhrau, an der Katzbach bei Liegnitz, Plagwitz bei Liegnitz, Leippe, Umgebung von Breslau; Mitteldeutschland: Zittau, mehrfach um Dresden, Umgebung von Leipzig, Umgebung von Merseburg, Heringen, Grochlitz, Artern, Naumburg a. d. Saale, Sondershausen; Rheinprovinz: Koblenz, Moselufer bei Winningen; Hessen-Nassau: Rheinufer bei Hochheim; Rheinhessen: Oppenheim, Kostheim; Oberhessen: Südseite des Gederner Teiches; Hessen-Starkenburg: Ginsheim a. Rh.; Baden: Umgebung von Karlsruhe, mehrfach im Hegau; Württemberg: am Neckar nächst Heilbronn, Heidenheim; Bayern: Rüdenhausen bei Gerolzhofen, an der Reglitz bei Erlangen, Buchdorf bei Donauwörth, an der Donau bei Regensburg und Donaustauf, Umgebung von Augsburg und München. – Böhmen: Teplitz, Böhm.-Leipa, Heřmanic bei Königinhof, Polna; Mähren: Eisgrub a. d. Thaya, Wischau. – Niederösterreich: Feldsberg a. d. Zwettl, Eggenburg, Umgebung von Wien, z. B. Höflein a. d. Donau, Breitenlee, Maria-Lanzendorf, Vöslau, ferner an der March nächst Baumgarten, Angern, Stillfried, Dürnkrut; Burgenland: Kittsee; Steiermark: Umgebung von Graz bei Maria Trost, St. Mörten und Krottendorf, im Ennstal bei Admont; Oberösterreich: Umgebung von Linz an der Donau. – In der Schweiz nur im Kanton St. Gallen bei Winkeln und Waldkirch, im Grenzgebiet des Kanton Schaffhausen gegen den Hegau, im Wutachtal bei Oberwiesen und Wunderklingen, ferner zerstreut am Doubs in den Kantonen Neuchâtel und Bern.

*R. maritimus* hat unter den einheimischen Arten mit gezähnten Valven die kleinsten Früchte. Er ist schon durch den bei der Reife sehr dichten goldgelben Fruchtstand sehr leicht zu erkennen. Die Art variiert nur unwesentlich. Die gelegentlich auftretenden unverzweigten Zwergformen haben keine systematische Bedeutung. – *R. maritimus* bastardiert weniger häufig als andere Arten der Untergattung *Rumex*. Seine Bastarde sind durch schmale Blätter, schlanke, stark verlängerte Äste des Blütenstandes und sehr stark betonte, dabei unregelmäßige Zähnung der Valven auffällig.

**832a. Rumex ucranicus** FISCH., Cat. hort. Gorenk. 16 (1812), nomen; SCHULT. f., Syst. 7, 1393 (1830), descr. Syn. *R. pulcherrimus* hort. ex SCHULT. f., Syst. 7, 1394 (1830) in syn., *R. rubellus* STEUD. (1821). Ukrainischer Ampfer. Poln.: Szczaw ukraiński. Fig. 177c–e

Einjährig. Stengel dünn, hin- und hergebogen, vom Grunde an verzweigt, vielstengelig, fein gefurcht-gestreift, sehr oft purpurn überlaufen, niedrig, (4–) 8–15 (–20) cm hoch, fast vom Grunde an blütentragend. Blätter dünn, kahl und glatt, an der Basis abgestutzt oder mehr oder weniger breit keilförmig oder geigenförmig, stets sehr lang gestielt, Blattstiel bedeutend länger als die Breite der Blattspreite. Grundblätter klein, verkehrt-eiförmig, stumpf, am Grund keilförmig, flach oder mehr oder weniger gekräuselt, Blattstiel fast gleichlang wie die Blattspreite. Stengelblätter linear-lanzettlich, spitz, 3- bis 4-mal so lang wie breit; oberste Stengelblätter linear, jederseits fast gleichmäßig verschmälert, 3- bis 4-mal so lang wie breit; oberste Stengelblätter linear, jederseits fast gleichmäßig verschmälert, flach, nur am äußersten Rande ein wenig gekräuselt, lang gestielt; ihr Blattstiel die Blütenknäuel überragend. Seitennerven dünn und unscheinbar, unter einem Winkel von etwa 45° von der Mittelrippe abgehend. Blütenknäuel in der Achsel von Stützblättern, die untersten voneinander entfernt, die obersten genähert. Fruchtstiele dünn, fadenförmig, gleichlang oder bis anderthalbmal so lang wie das Fruchtperigon, nahe am Grunde gegliedert, oberwärts verdickt. Äußere Perigonblätter spitz, zungenförmig, der Basis der Valven angedrückt, oft etwas länger als deren halbe Breite. Valven 2 (–2,5) mm lang, ohne die Zähne etwa 1 mm breit, im Umriß schmal dreieckig-linealisch, sehr spitz, mit undeutlicher Nervatur, jederseits mit meist drei Zähnen versehen, welche aus verbreitertem Grunde fein pfriemlich zugespitzt und gleichlang oder etwas länger als die Breite der Valven sind; Schwielen groß, orangegelb, sehr fein eingedrückt punktiert, fast die ganze Breite der Valven überziehend (Fig. 177d, e). Reife Nüsse sehr klein, etwa 1,2 mm lang, 0,7–0,8 mm breit, bräunlich-orange, am Grunde kurz, an der Spitze etwas länger zugespitzt. – VII, VIII.

Vorkommen. Sehr zerstreut an sandigen und schlammigen Ufern.

Allgemeine Verbreitung. Sibirien und östliches Mitteleuropa (boreomeridional-eurasisch-kontinental). Von der Mongolei und Sibirien bis ins europäische Rußland, westwärts bis Galizien, Polen und Westpreußen.

Verbreitung im Gebiet. Zerstreut, aber nicht selten im unteren Weichselgebiet von Thorn und Bromberg, die Weichsel abwärts bis in die Danziger Bucht, z. B. bei Zoppot, Hoch-Redlau und am Frischen Haff.

**832 b. Rumex bucephalophorus** L., Spec. plant. 336 (1753). Syn. *R. aculeatus* L., Syst. ed. 1, 991 (1758–59), *Lapathum bucephalophorum* (L.) LAM. (1778)

Einjährig. Stengel einzeln, oft unverzweigt, aufrecht und kräftig, oder mehrere, aufsteigend und dünn. Grundblätter eiförmig, eiförmig-lanzettlich oder fast kreisförmig, oft spatelförmig, stumpf, seltener spitzlich, klein; Blattstiel mehr oder weniger gleichlang oder bis zu 3-mal länger als die Blattspreite. Stengelblätter allmählich verschmälert, spitzlich, kurz gestielt. Blüten zu (1–) 2–3 (–4) in den Achseln der Nebenblattscheiden, oft zweigestaltig; Blütenstiele entweder kurz dicklich stielrund, in der Mitte oder ein wenig unterhalb der Mitte gegliedert, oder verlängert keulig verbreitert, mehr oder weniger verbreitert, nahe der Basis gegliedert, um ein Vielfaches länger und bisweilen auch breiter als das Perigon. Valven in Größe, Form und Zähnung sehr veränderlich, nahe der Basis eine zurückgebogene, äußerst kleine und mehr oder weniger ausgebreitete Schwiele tragend. Nüsse 1,3–2,3 mm lang.

Heimat. Mittelmeergebiet. – Äußerst polymorphe Art, die sich in sieben Unterarten gliedert (vgl. RECHINGER f. 1939). – Selten adventiv in Mitteleuropa.

Bastarde:

Bastarde spielen in der Untergattung *Rumex* eine große Rolle. Manche sind schon frühzeitig als solche erkannt worden, andere wurden ursprünglich als Arten beschrieben und ihre Bastardnatur erst später erkannt. In anderen Fällen wurden umgekehrt Arten irrtümlich für Bastarde gehalten. Zum Unterschied von vielen anderen stark zur Bastardierung neigenden Gattungen sind die meisten *Rumex*-Bastarde – wenigstens die zwischen Arten der Untergattung *Rumex* – hochgradig steril, es kommt daher nicht oder nur ganz selten zur Bildung von mehreren Bastardgenerationen, zu Rückkreuzungen oder zur Bildung von Tripelbastarden. Im Zusammenhang mit der meist hochgradigen Sterilität weisen die meisten *Rumex*-Bastarde Eigentümlichkeiten auf, die sie leicht als solche erkennbar und von reinen Arten unterscheidbar machen, nämlich durch Unregelmäßigkeit in der Fruchtbildung. Nur ein kleiner Teil der Früchte kommt wenigstens äußerlich zur vollen Entwicklung, ein großer Teil bleibt auf verschiedenen früheren Entwicklungsstufen stehen und fällt früher oder später ab. Die Nüsse sind, soweit sie überhaupt herangewachsen sind, leicht zusammendrückbar und steril. Die Pollenkörner bleiben in den Antherenfächern als breiige Masse verklebt, oder, wenn sie ausfallen, so zeigen sie ungleiche Größe und sind zum großen Teil leer oder nur mit spärlichem Inhalt versehen. Hand in Hand mit der Sterilität gehen bei den *Rumex*-Hybriden gewisse sekundäre Wachstumserscheinungen. Nach dem Vertrocknen der zum großen Teil unfruchtbaren Blütenstände treiben nämlich viele *Rumex*-Bastarde aus den Blattachseln sowohl wie auch aus dem Wurzelhals ganz regellos neue blühbare Seitenzweige, deren Früchte aber ebensowenig wie die der primären Stengel zur Reife gelangen. Diese manchmal einzeln, manchmal in Büscheln auftretenden Zweige verändern natürlich das Wuchsbild der Pflanzen bedeutend. Bei reinen Arten habe ich dies nur in ganz vereinzelten Fällen beobachten können, da bei diesen alle verfügbaren Aufbaustoffe zur Fruchtreifung verwendet werden; nur nach Verstümmelung der Hauptachse tritt dies auch bei reinen Arten ziemlich regelmäßig auf. Manche Bastarde werden höher und kräftiger als ihre Stammarten, z. B. *R. crispus* × *obtusifolius* im Wiener Botanischen Garten, der seine im selben Beet kultivierten Stammeltern um etwa 20 cm überragte.

Tripelbastarde werden hier nicht behandelt. Soweit an solchen die Kombination *R. conglomeratus* × *maritimus* als beteiligt angegeben wurde, handelt es sich um Bastarde des früher vielfach verkannten *R. palustris*. Alle übrigen Deutungen halte ich für zweifelhaft.

Von einer Beschreibung der einzelnen *Rumex*-Bastarde wird mit Ausnahme von kurzen Bemerkungen zu den häufigsten abgesehen, da sie nur bei genauester Kenntnis der Elternarten, dann aber leicht als Kreuzungsprodukte erkannt und richtig gedeutet werden können.

1. *R. alpinus* × *obtusifolius*; *R. Mezei* HAUSSKN. (1885), ältester Name für den ganzen Formenkreis. Syn. *R. rhaeticus* BRÜGG. – Nordtirol, Vorarlberg. Die beteiligte Unterart von *R. obtusifolius* ist unbekannt. Baden: Feldberg; Bayern; Schweiz.

*R. alpinus* × *obtusifolius* ssp. *silvestris*; *R. austriacus* TEYBER (1908). – Niederösterreich: Voralpe bei Groß-Hollenstein; Steiermark: Totes Gebirge; Salzburg: Hoher Göll.

2. *R. aquaticus* × *conglomeratus*; *R. ambigens* HAUSSKN. (1885). Syn. *R. dumulosus* BECK. – Thüringen, mehrfach. Deutung zweifelhaft.

3. *R. aquaticus* × *crispus*; *R. conspersus* HARTM. (1820). Syn. *R. similatus* HAUSSKN.; *R. Rechingeri* BLOCKI; *R. Haussknechtii* BECK. – Brandenburg: Pritzerbe, Schneidich; Thüringen: Erfurt; Zeutsch, Allendorf bei Salzungen; Baden: Geisingen, in der Baar. – Mähren: Adamstal bei Brünn. – Niederösterreich, mehrfach, z. B. Klosterneuburg; Steiermark: St. Martin a. d. Enns.

4. *R. aquaticus* × *Hydrolapathum*; *R. heterophyllus* K. F. SCHULTZ (1819). Syn. *R. maximus* SCHREB., non GMEL.; *R. acutus* K. F. SCHULTZ, non L., *R. Bastelaeri* BECK. – Schleswig-Holstein: Kiel; Hannover: Hameln, Northeim; Mecklenburg-Strelitz: Neubrandenburg; Pommern: Stargard; Westpreußen; Ostpreußen: Königsberg, Waldau, Lyck; Schlesien: Liegnitz; Mitteldeutschland: Elbufer bei Waldschlößchen, Kösen, Naumburg a. d. Saale; Zeutsch; Hessen-Nassau: Östrich; Baden: Pfohren; Bayern: Erlangen, Neustadt a. d. Donau, Altmühlufer bei Riedenburg. – Böhmen: Jaroměř. – Niederösterreich: Umgebung von Wien, Klosterneuburg.

Im Norden unseres Florengebietes ein häufiger Bastard, gelegentlich auch ohne eine oder beide Stammarten. Fruchtbarkeit im Vergleich zu anderen Bastarden wenig herabgesetzt. Im Habitus dem *R. Hydrolapathum* ähnlich, aber durch an der Basis mehr oder weniger herzförmige Grund- und untere Stengelblätter verschieden. Valven breiter als bei reinem *R. Hydrolapathum*, gegen die Basis oft etwas gekerbt.

5. *R. aquaticus* × *obtusifolius*; *R. platyphyllos* ARESCH. (1862), ältester Name für den ganzen Formenkreis. – Hierher gehören:

*R. aquaticus* × *obtusifolius* ssp. *obtusifolius*; *R. Schmidtii* HAUSSKN. (1885). – Baden.

*R. aquaticus* × *obtusifolius* ssp. *silvestris*; *R. finitimus* HAUSSKN. (1885). Syn. *R. garsensis* TEYBER (1905). – Niederösterreich: Gars; Steiermark: Rottenmann, St. Martin a. d. Enns; Nord-Tirol: Innsbruck.

6. *R. aquaticus* × *longifolius*; *R. armoraciifolius* L. M. NEUM. (1855). – Mehrfach in Schweden beobachtet. In Schleswig-Holstein zu erwarten.

7. *R. confertus* × *crispus*; *R. Skofitzii* BLOCKI (1888). – Niederösterreich: Wien, Rangierbahnhof Floridsdorf gegen Leopoldau.

8. *R. conglomeratus* × *crispus*; *R. Schulzei* HAUSSKN. (1885). – Schleswig-Holstein; Brandenburg; Schlesien; Thüringen, mehrfach; Mähren: Brünn; Niederösterreich, mehrfach; Steiermark: Graz.

*R. conglomeratus* × *crispus* var. *lingulatus* (SCHUR) BECK; *R. inundatus* SIMK. (1886). – Niederösterreich: Wien, Lobau.

9. *R. conglomeratus* × *Hydrolapathum*; *R. digeneus* BECK (1904). Syn. *R. hybridus* HAUSSKN. (1885), non KINDBERG. – Mitteldeutschland: Halle a. d. Saale, Rollsdorf.

10. *R. conglomeratus* × *maritimus*; *R. Knafii* ČELAK. (1871). Syn. *R. Warrenii* TRIMEN (1879). – Mitteldeutschland: Halle a. d. Saale, Rollsdorf, Frauensee bei Eisenach; Rheinhessen: Oppenheim; Böhmen: Libanice, Prag, zwischen Kaisermühle und Troja; Mähren: Brünn, Kostel bei Göding.

11. *R. conglomeratus* × *obtusifolius*; *R. abortivus* RUHMER (1881). – Schlesien: Liegnitz, Katzbachufer; Thüringen: Waldau bei Schleusingen; Mähren: an der Zwitta bei Obrzan; Niederösterreich: mehrfach in der Umgebung von Wien, z. B. Mödling, Baden, Fischamend u. a. – Hierher auch:

*R. conglomeratus* × *obtusifolius* ssp. *silvestris*; *R. salisburgensis* FRITSCH et RECH. pat. (1898). – Bayern: Thumsee bei Reichenhall; Salzburg: Grödig; Niederösterreich: An der Wien bei Hütteldorf, Unt. St. Veit, ferner: Mannswörth, an der March bei Angern und Baumgarten.

12. *R. conglomeratus* × *palustris*; *R. Wirtgenii* BECK (1904). Syn. *R. Steinii* ARESCH. (1866), non BECKER (1823). – Westpreußen: Danzig; Rheinprovinz: Oberkassel bei Bonn, Rheinufer bei Honnef; Niederösterreich: Umgebung von Wien, z. B. bei Klosterneuburg, Stockerau und in der Lobau; Burgenland: Weiden a. See.

13. *R. conglomeratus* × *pulcher*; *R. Muretii* HAUSSKN. (1885). – Schweiz: Versoix bei Genf.

14. *R. conglomeratus* × *sanguineus*; *R. Ruhmeri* HAUSSKN. (1885). – Thüringen, mehrfach; Mähren: Brünn; Niederösterreich: Umgebung von Wien: zwischen Hütteldorf und Hadersdorf, Klosterneuburg, Lobau, Anninger bei Mödling.

15. *R. conglomeratus* × *stenophyllus*; *R. Niesslii* WILDT (1904). – Niederösterreich: Marchfeld; Mähren: Saitz. – Deutung nicht ganz sicher.

16. *R. crispus* × *Hydrolapathum*; *R. Schreberi* HAUSSKN. (1885). – Nord- und Mitteldeutschland, mehrfach; Mähren: Tracht (Strachotin).

17. *R. crispus* × *longifolius*; *R. propinquus* ARESCH. (1840). – Schleswig-Holstein: Silberstedt, Flensburg, Apenrade, Tondern, Hostrup.

18. *R. crispus* × *maritimus*; *R. fallacinus* HAUSSKN. (1885). – Bremen: Gröpelingen a. d. Weser; Hessen-Nassau: Frankfurt a. Main; – Böhmen: Klösterle b. Kaaden; – Niederösterreich: Stillfried a. d. March. – Deutung in mehreren Fällen unsicher.

19. *R. crispus* × *obtusifolius*; *R. pratensis* MERT. et KOCH (1826), ältester sicherer Name für den ganzen Formenkreis. Syn. *R. acutus* L. (?), *R. cristatus* WALLR., non DC. – Schleswig-Holstein: An der Eider bei Rendsburg, Umgebung von Flensburg; Brandenburg: Triglitz an der Prignitz, Pritzwalk bei Triglitz; Schlesien: Görbersdorf i. Waldenburger Gebirge, Umgebung von Breslau; Mitteldeutschland: Altenhausen, Oberheldrungen, Suhl, Erfurt; Berka, Ettersburg; Rheinprovinz: Bonn; Baden: Freiburg i. Breisgau; Bayern: Bocklet i. Oberfranken. – Böhmen: Umgebung von Prag; Mähren: Brünn, Zwittatal bei Adamstal. – Niederösterreich: Umgebung von Wien, mehrfach, z. B. Neuwaldegg, Hütteldorf, Hadersdorf, Gießhübel, ferner: Baden, Gloggnitz, Drösing a. d. March, Zöbing a. Kamp; Steiermark: Pernegg, Umgebung von Graz, St. Leonhart, Bruck a. d. Mur, Alt-Aussee, Grundlsee; Salzburg: Werfen; – Schweiz: Solothurn. – Hierher gehören auch:

*R. crispus* × *obtusifolius* ssp. *obtusifolius*; *R. Khekii* RECH. pat. (1923). – Hannover: Hameln; Rheinprovinz: Trier; Hessen-Nassau: Kassel, Östrich; Rheinhessen: Mainz; Baden: Heidelberg, Karlsruhe, Geisingen, Gutmadingen; – Tirol: Innsbruck, Brixen, Vahrn bei Brixen, Bozen, Ritten bei Bozen, Arco; Niederösterreich: Langenlois, zwischen Zöbing und Schönberg am Kamp, Umgebung von Wien, Klosterneuburg.

*R. crispus* × *obtusifolius* ssp. *silvestris*; *R. confinis* HAUSSKN. (1885). Syn. *R. bihariensis* SIMK. ex BECK (1904). – Pommern: Buddenhagen bei Wolgast; Ostpreußen: Tilsit, am Memelufer; Thüringen: Schleusingen, Rappelsdorf, Zeutsch; Bayern: Mauthäusel nächst Reichenhall; – Mähren: Schimitz bei Brünn; – Niederösterreich: mehrfach an der March, z. B. bei Drösing, Angern, Baumgarten, Marchegg, an der Donau bei Deutsch-Altenburg, Mannswörth, Umgebung von Wien; Burgenland: Zwischen Neusiedl und Weiden a. See; Steiermark: Alt-Aussee, Grundlsee; Kärnten: Tarvis; Tirol: Kartitsch i. Osttirol.

*R. crispus* var. *strictissimus* × *obtusifolius* ssp. *silvestris*; *R. gieshueblensis* RECH. pat. (1923). – Niederösterreich: Gießhübl bei Perchtolsdorf.
Der häufigste aller *Rumex*-Bastarde, entsprechend dem Polymorphismus der Stammarten sehr vielgestaltig; gewöhnlich in der Mehrzahl der Merkmale intermediär, so im Wuchs und in der Blattform. Oft höher als die Stammeltern am selben Standort. Früchte oft äußerlich gut ausgebildet, d. h. Valven erreichen ihre volle Größe, meist von herzförmiger Grundform, mit deutlicher, aber unregelmäßiger Randzähnung und mehr oder weniger vorgezogener Spitze, aber Nüsse meist taub.

20. *R. crispus* × *palustris*; *R. Areschougii* BECK (1904). – Rheinprovinz: Oberkassel bei Bonn; Niederösterreich: Baumgarten a. d. March, Burgenland.

21. *R. crispus* × *Patientia*; *R. confusus* SIMK. (1877). – Im Verbreitungsgebiet des *R. Patientia* eine häufige Hybride. Fruchtbarkeit oft relativ wenig herabgesetzt. Bei der Ansehnlichkeit der Elternarten im Umriß der herzförmig-rundlichen, ganzrandigen Valven oft nicht leicht zu erkennen, verrät sich aber durch die ungleiche Größe und ungleiche Ausbildung der Valven an ein und demselben Individuum. – Wurde mehrfach in Niederösterreich und im Burgenland beobachtet.

22. *R. crispus* × *pseudonatronatus*; *R. salicetorum* RECH. pat. (1925). – Niederösterreich: Angern a. d. March.

23. *R. crispus* × *sanguineus*; *R. Sagorskii* HAUSSKN. (1885). – Thüringen: Weimar; Mähren: Brünn; Niederösterreich: Umgebung von Wien, Hadersdorf, Klosterneuburg, Hinterbrühl bei Mödling, Kaiserebersdorf; ferner: an der March bei Hohenau und Baumgarten.

24. *R. crispus* × *stenophyllus*; *R. intercedens* RECH. pat. (1892). – Niederösterreich: Umgebung von Wien bei Jedlesee und Kaisermühlen, an der March bei Baumgarten, Angern und Zwerndorf; Burgenland: Gols.

25. *R. cristatus* × *Patientia*; *R. xenogenus* RECH. f. (1947). – Niederösterreich: Wien, Ostbahn beim Arsenal.

26. *R. Hydrolapathum* × *obtusifolius*; *R. Weberi* FISCHER-BENZON (1890). Fig. 178, a bis d – Schleswig-Holstein: Lübeck; Mecklenburg; Niederösterreich: Mannswörth.

Fig. 178. *Rumex Hydrolapathum* × *obtusifolius*. *a* Habitus und grundständiges Laubblatt (⅓ natürliche Größe). *b* Blattstielquerschnitt. *c* Teil des Fruchtstandes vergrößert. *d* Perianth im Fruchtzustand. – *R. obtusifolius* L. ssp. *obtusifolius*. *e* Habitus (⅓ natürliche Größe). *f* Perianth im Fruchtzustand. – *R. longifolius* DC. *g* Teil des Fruchtstandes (⅓ natürliche Größe). *h* Perianth im Fruchtzustand. – *Oxyria digyna* (L.) HILL. *i* Diagramm (nach EICHLER)

27. *R. maritimus* × *obtusifolius*; *R. callianthemus* DANS. (1921). – Niederösterreich: Zwischen Stillfried und Angern a. d. March. Deutung fraglich.

28. *R. maritimus* × *stenophyllus*; *R. stenophylloides* SIMK. (1877). Syn. *R. Heimerlii* BECK. – Niederösterreich: Maria Lanzendorf, früher auch Wien-Simmering und am Laaerberg.

29. *R. obtusifolius* × *stenophyllus*; *R. Wachteri* DANSER (1922). – Niederösterreich: Gutenhof nächst Velm. – Hierher gehören:

*R. obtusifolius* ssp. *obtusifolius* × *stenophyllus*; *R. moedlingensis* RECH. pat. (1914). – Niederösterreich: Wiener Neudorf bei Mödling.

*R. obtusifolius* ssp. *silvestris* × *stenophyllus*; *R. Toepfferi* RECH. pat. (1923). – Niederösterreich: An der March bei Stillfried, Baumgarten und Angern.

30. *R. obtusifolius* × *Patientia*; R. erubescens SIMK. (1877), ältester Name für den ganzen Formenkreis. Syn. R. pannonicus RECH. pat. (1891). – Niederösterreich: Umgebung von Wien, z. B. Moosbrunn, Velm, Fischamend; Burgenland: Neusiedl a. See. – Hierher gehören:

*R. obtusifolius* ssp. *obtusifolius* × *Patientia*; R. Danseri RECH. pat. (1923). – Niederösterreich: Schwechat.

*R. obtusifolius* ssp. *silvestris* × *Patientia*; R. erubescens SIMK. (1877), s. str. – Niederösterreich: Umgebung von Wien, Fischamend.

31. *R. obtusifolius* × *pseudonatronatus*; R. leptophyllus MURB. et RECH. pat. (1925). – Niederösterreich: Angern a. d. March.

32. *R. obtusifolius* × *pulcher*; R. ogulinensis BORB. (1904). – Tessin: Locarno.

33. *R. obtusifolius* × *sanguineus*; R. Dufftii HAUSSKN. (1885). – Schleswig-Holstein: Kollerup bei Flensburg; Schlesien: Maltsch a. d. Oder; Regnitz bei Breslau; Mitteldeutschland: Erfurt, Ettersburg, Zeutsch; – Mähren: Brünn; – Niederösterreich: Umgebung von Wien, z. B. Neuwaldegg, Purkersdorf, ferner: Rottenschachen nächst Gmünd im Waldviertel. – Hierher gehören:

*R. obtusifolius* ssp. *silvestris* × *sanguineus*; R. Degenii RECH. pat. (1923). – Niederösterreich: An der March bei Baumgarten, Angern und Zwerndorf, am Mauerbach bei Hadersdorf im Wiener Wald; Steiermark: Zwischen Aussee und Alt-Aussee.

34. *R. palustris* × *Patientia*; R. Peisonis RECH. pat. (1925). – Burgenland: Weiden a. See.

35. *R. palustris* × *stenophyllus*; R. heteranthus BORB. (1878). – Burgenland: Gols, Jois.

## CCXXX. Oxyria Hill, Veg. Syst. 10, 24 (1765). Säuerling

Wichtigste Literatur. G. EDMAN, Zur Entwicklungsgeschichte der Gattung *Oxyria* HILL nebst zytologischen, embryologischen und systematischen Bemerkungen über einige andere Polygonaceen in Acta Horti Bergiani **9**, 165–291 (1929).

Ausdauerndes Kraut. Grundachse oft reich büschelig verzweigt. Stengel niedrig bis nur mäßig hoch, meist nicht oder nur spärlich ästig. Blätter meist ziemlich breit und etwas fleischig. Blütenstand wenig verzweigt. Blüten zweigeschlechtig, mit nur 2 äußeren und 2 inneren Perigonabschnitten (Taf. 92, Fig. 4a), die beiden äußeren zuletzt abstehend, die beiden inneren großen aufgerichtet, der Frucht angedrückt. Staubblätter 6. Fruchtknoten zusammengedrückt mit 2 sehr kurzen Griffeln; diese mit pinselförmigen Narben (Taf. 92, Fig. 4b). Frucht zusammengedrückt mit 2 seitlichen großen durchsichtigen Flügeln (Taf. 92, Fig. 4c) und nur einem Samen. Keimling seitlich, gerade oder schwach einwärts gekrümmt, mit länglich-linealischen Keimblättern. – Im Gebiet nur:

**833. Oxyria digyna** (L.) HILL, Hort. Kew. 158 (1769). Syn. *Rumex digynus* L., Spec. plant. 337 (1753), *Acetosa digyna* (L.) MILL. (1768), *Lapathum digynum* (L.) LAM. (1778), *Rheum digynum* (L.) WAHLENBG. (1812), *Donia digyna* (L.) R. BR. (1819), *Oxyria reniformis* HOOK. (1821), *Oxylapathum digynum* (L.) ST. LAG. (1881). Alpen-Säuerling. Engl.: Mountain Sorrel. Franz.: Oseille glaciaire. Poln.: Szczawiór alpejski. Tschech.: Štovíček dvoublizný. Taf. 92, Fig. 4, Fig. 178i

Ausdauernd, 5–15 (–30) cm hoch. Wurzel spindelförmig, ästig, vielköpfig, mit Blattresten bedeckt. Stengel einfach, krautig, kahl, aufrecht oder aufsteigend, am Grunde beblättert, sonst blattlos oder 1- bis 2-blättrig. Grundblätter lang gestielt, mit fast stielrundem Blattstiel, nierenförmig, breiter als lang, stumpf oder vorn etwas ausgerandet, von 5 bis 9 Nerven handförmig durchzogen, bleichgrün, sauer schmeckend. Blüten zwitterig, 2-zählig (Taf. 92, Fig. 4a, 4d), in stützblattlosen Blütenknäueln, welche zu einer endständigen lockeren Rispe angeordnet sind. Blütenstiel gegliedert. Blütenhülle 4-blättrig, kelchartig, krautig, die beiden äußeren länglich, zuletzt abstehend, die beiden inneren größer, fast löffelförmig, aufrecht, der Nuß angedrückt (Taf. 92,

Tafel 92

**Tafel 92. Erklärung der Figuren**

Fig. 1 *Rumex Acetosa* (S. 362). Blütenstengel
„ 1a Junge Blüte (von der Seite)
„ 1b Fruchtknoten mit Narben
„ 1c Perianth im Fruchtzustand
„ 2 *Rumex arifolius* (S. 365). Blütenstengel
„ 2a Zweig mit fruktifizierenden Blüten
„ 2b Perianth im Fruchtzustand
„ 2c Querschnitt durch die Nuß

Fig. 3 *Rumex Acetosella* (S. 358). Habitus
„ 3a Männliche Blüte (von oben)
„ 3b Perianth im Fruchtzustand
„ 4 *Oxyria digyna* (Nr. 400). Habitus
„ 4a Zwitterblüte
„ 4b Fruchtknoten mit Narben.
„ 4c Perianth im Fruchtzustand
„ 4d Querschnitt durch die Blüte

Fig. 4c). Staubblätter 4 (–6), zu zweien über den äußeren Perigonblättern stehend (Fig. 178i). Fruchtknoten vorn ausgerandet, mit 2 sehr kurzen Griffeln und pinselförmigen Narben (Taf. 92, Fig. 4b). Frucht breitflügelig, linsenförmig, 3–4 (–5) mm lang, flachgedrückt; Flügel häutig, anfangs lichtgrün oder hellgrün, später blutrot, vorn ausgeschnitten, ganzrandig oder ausgeschweift, seltener deutlich herzförmig, am Grunde gestutzt oder ausgeschweift, seltener deutlich herzförmig. – Chromosomenzahl: $n = 7$. – VII, VIII.

Vorkommen. Zerstreut im Hochgebirge von etwa 1700–2800 m in frischen kalkarmen Steinschuttgesellschaften, auf feinschuttreichen Schneeböden, oder als Erstbesiedler im Moränenschutt, vor allem über Ton- und Schieferböden, Charakterart des Oxyrietum (Androsacion alpinae).

Allgemeine Verbreitung. In den arktischen und subarktischen Gebieten von Europa, Asien, Nordamerika und Grönland. Im Süden ausschließlich in den Gebirgen: Pyrenäen, Alpen, Mt. Rotondo auf Korsika, Gebirge der Balkanhalbinsel, Kleinasiens und des Kaukasus, im Libanon-Gebirge, außerdem in den Gebirgen von Nordpersien, Zentralasien, im Fernen Osten und in China. In Nordamerika südlich bis zu den Gebirgen von Kalifornien und Neu-Mexiko. (Arktisch-boreo-meridional-alpin-zirkumpolar.)

Mit *Ranunculus glacialis* L. Hauptbestandteil der *Oxyria-Oxygraphis*-Gesellschaft in Skandinavien und in den Alpen.

Diese kleine windblütige Polygonacee, welche in ihrem Habitus mit *R. nivalis* HEGETSCHW. oder *R. scutatus* L. (S. 366, 361) große Ähnlichkeit besitzt, ist ein charakteristischer Vertreter der Hochalpenflora. Mit Vorliebe erscheint er im Geröll, an lettigen, kahlen oder wenig begrasten, vom Schneewasser durchfeuchteten Stellen, oft in Gesellschaft von *Minuartia Gerardi* (WILLD.) HAYEK, *Ranunculus glacialis* L., *Saxifraga exarata* VILL., *S. oppositifolia* L., *Alchemilla pentaphyllea* L., *Linaria alpina* (L.) MILL., *Achillea nana* L., *Chrysanthemum alpinum* L., *Poa laxa* HAENKE, *Luzula spicata* (L.) DC. Als Bewohnerin von kalkarmen Böden ist das Fehlen dieser Art in Nieder- und Oberösterreich, in Krain und in den Karawanken leicht verständlich. In tieferen Lagen, d. h. unter 1700 m, wird *Oxyria* nur sehr selten angetroffen, so z. B. in Kärnten von der Valentinalpe zum Wolayertörl, in Tirol im Brennergebiet bis etwa 900 m und im Eisackgeschiebe bis 600 m herab. Selten und sehr zerstreut in den östlichen Julischen Alpen (Mangart-, Triglav- und Krn-Gruppe), stellenweise häufiger in den westlichen Julischen Alpen.

Auf den Blättern und Blattstielen ist *Puccinia Oxyriae* FUCK. nicht selten und verursacht frühzeitiges Absterben derselben. Die Fruchtknoten werden oft von *Ustilago vinosa* (BERK.) TUL. befallen und enthalten dann nur das grau-violette Sporenpulver dieses Pilzes.

## CCXXXIa. Rheum L., Spec. plant. 371 (1753); Gen. plant. ed. 5, 174 (1754).
### Rhabarber

Wichtigste Literatur. T. C. CHIN and H. W. YOUNGKEN, The Cytotaxonomy of *Rheum* in Amer. Journ. Bot. **34**, 401–407 (1947). Pharmakognostische Angaben zu Rhizoma Rhei: F. BERGER, Handbuch **4**, 400–409 (1954), U. WEBER, Lehrbuch 76–82 (1956).

Ausdauernde Kräuter. Grundachse und Wurzel dick, holzig. Blätter sehr groß, lang gestielt, mit handförmig verlaufenden Nerven, ganzrandig oder lappig eingeschnitten. Blütenstände meist groß, schlank. Blüten klein, zweigeschlechtig oder durch Fehlschlagen männlich, in meist rispenartig angeordneten, büschelförmigen Wickeln, welche in den Achseln kurzer, nebenblattscheidenartiger Hochblätter stehen. Blütenhülle regelmäßig 6-teilig, seltener die äußeren Abschnitte etwas größer, alle nach der Blüte welkend. Staubblätter 9, in 2 Kreisen angeordnet, und zwar im äußeren Kreis 6, im inneren Kreis 3, die äußeren paarweise über den äußeren Perigonblättern. Griffel (2–) 3 (–4), sehr kurz. Nüsse (2–) 3 (–4)-flügelig.

Die Gattung umfaßt etwa 40 Arten in der gemäßigten Zone Asiens. Das Hauptverbreitungszentrum von *Rheum* befindet sich in den zentralasiatischen Gebirgen und in China, von dort strahlt das Gattungsareal durch *Rh. Rhaponticum* L. und *Rh. compactum* L. bis Sibirien in das untere Jenisseital, durch *R. tataricum* L. f. bis Südrußland und bis Armenien, ferner durch *Rh. Ribes* L. bis Syrien aus. Ob *Rh. Rhaponticum* L., wie mehrfach angenommen wurde, selbst im Rhodope-Gebirge in Bulgarien ursprünglich einheimisch war, ist äußerst zweifelhaft; die Art dürfte dort nur kultiviert und verwildert vorkommen.

1  Blätter gelappt oder eingeschnitten . . . . . . . . . . . . . . . . . . . . . . . . . . . . 2
1* Blätter ganzrandig, nicht gelappt, höchstens am Rand wellig-kraus . . . . . . . . . . . . . . . 3
2  Blätter handförmig gelappt, mit länglich eiförmigen bis lanzettlichen, spitzen, ungeteilten oder eingeschnittenen gezähnten oder fiederspaltigen Lappen . . . . . . . . . . . . . . . *Rh. palmatum* L.
2* Blätter rundlich nierenförmig, am Rande mit 5 kurzen Lappen . . . . . . . *Rh. officinale* BAILLON
3  Untere Blätter rundlich-eiförmig, am Rande etwas wellig, mit unterseits gefurchten Stielen . . . . .
   . . . . . . . . . . . . . . . . . . . . . . . . . . . . . . . . . . . . . . . *Rh. rhaponticum* L.
3* Untere Blätter eiförmig, stets länger als breit, am Rande stark wellig, mit unterseits nicht gefurchten Stielen . . . . . . . . . . . . . . . . . . . . . . . . . . . . . . . . . . . . *Rh. rhabarbarum* L.

**833a. Rheum palmatum** L., Syst. Nat. ed. 10, 1010 (1759). Syn. *R. tanguticum* (MAXIM.) TSCHIRCH (1910), *R. laciniatum* PRAIN (1908). Handlappiger Rhabarber, Tangutischer Rhabarber

Ausdauernde, große, kräftige Staude. Stengel bis über 1,5 m hoch. Blätter rundlich-herzförmig, handförmig gelappt, oberseits etwas rauh oder glatt, 3- bis 5-nervig, mit länglich-eiförmigen bis lanzettlichen, spitzen, ungeteilten bis eingeschnittenen gezähnten oder fiederspaltigen Lappen. Blattstiele fast stielrund. Hochblätter der Blütenstände laubartig. Blütenstand eine hohe beblätterte Rispe. – V, VI.

Heimat. Nordosttibet, Nordwestchina: Kansu, Nordszechuan. – In Europa schon seit langem, etwa seit 1763, in Gärten, vielfach als ornamentale Staude angepflanzt. Das Rhizom enthält Anthrachinonderivate. Es findet als bekannte offizinelle Abführdroge Verwendung.

**833b. Rheum officinale** BAILLON, Adansonia 10, 246 (1872). Südchinesischer Rhabarber, Kanton-Rhabarber.

Ausdauernde, ansehnliche Staude. Stengel meist 2,5–3 m hoch, beblättert, meist reich verzweigt. Blätter groß, rundlich-nierenförmig, 5-nervig, am Rande mit 5 kurzen Lappen; diese ungleich eingeschnitten. Blütenstand aus dichten, ährenartigen Teilblütenständen zusammengesetzt. Hochblätter der Blütenstände laubartig. Blüten klein, grünlich. – V, VI.

Heimat. Südosttibet, Südwestchina, Burma. Bei uns etwa seit der zweiten Hälfte des vergangenen Jahrhunderts – etwa seit 1867 – in Gärten kultiviert.

**833c. Rheum Rhaponticum** L., Spec. plant. 371 (1753). Sibirischer Rhabarber, Österreichischer Rhabarber, Rhapontik

Ausdauernde Staude. Stengel meist 1,2–1,5 m hoch. Untere Blätter rundlich eiförmig, am Rande etwas wellig, mit unterseits gefurchten Stielen; obere Blätter länglich-eiförmig, kurz gestielt. Blütenstand nur unterwärts beblättert, obere Hochblätter klein, die Blüten nicht verdeckend. Blütenhülle grünlich. Fruchtstiele unterhalb der Mitte gegliedert, kürzer als die eiförmigen, beiderseits ausgerandeten Nüsse. – V, VI.

Heimat. Südsibirien: Altai-Gebirge und Dahurien. Wird seit Beginn des 17. Jahrhunderts in Europa kultiviert, jetzt vielfach als Zierpflanze angepflanzt, zuweilen verwildernd, wie z. B. bei Neustrelitz in Brandenburg. – Die Art wurde auch als Heilpflanze kultiviert und steht vor allem als Abführmittel und für Tierheilzwecke in Verwendung.

**833 d. Rheum rhabarbarum** L., Spec. plant. 372 (1753). Syn. *R. undulatum* L. (1763), *R. Franzenbachii* MUENTER (1879). Wellblatt-Rhabarber, Speise-Rhabarber.

Ausdauernde Staude. Stengel meist etwa 1,5 m hoch. Untere Blätter eiförmig, stets länger als breit, am Rande stark wellig, mit unterseits nicht gefurchten Stielen. Blütenstand nur unterwärts beblättert, obere Hochblätter klein, die Blüten nicht verdeckend. Blütenhülle grünlich. Fruchtstiele nahe am Grunde gegliedert, so lang wie die Frucht. Nüsse eiförmig, nach oben hin schmäler, beidseitig ausgerandet oder an der Spitze abgerundet. – V, VI.

Heimat. Nordwestchina, Mongolei, Südostsibirien. – In Europa seit langem, etwa seit 1734, in Gärten häufig als Zierpflanze oder wegen der gekocht stachelbeerartig schmeckenden Blattstiele angepflanzt.

Gelegentlich werden außer den genannten Arten in Mitteleuropa *Rheum acuminatum* HOOK. f. et THOMS. in Botan. Mag. tab. 4877 (1855) und *Rh. Alexandrae* BATALIN in Act. Hort. Petrop. 13, 384 (1894) in Gärten kultiviert.

## CCXXXI b. Polygonum L., Spec. plant. 359 (1753); Gen. plant. ed. 5, 170 (1754). Knöterich

Wichtigste Literatur. B. H. DANSER, Bijdrage tot de kennis van eenige *Polygonaceae* in Nederland. Kruidkund. Arch. 1920, 208–250 (1921). B. H. DANSER, Contribution à la Systematique du *Polygonum lapathifolium* in Recueil Trav. Bot. Néerland. 18, 125–210 (1921). B. H. DANSER, Zur Polymorphie des *Polygonum lapathifolium* in Nederland. Kruidkund. Arch. 1931, 100–125 (1932). L. GEITLER, Zur Morphologie der Blüten von *Polygonum* in Österr. Botan. Zeitschr. 78, 229–241 (1929). H. GROSS, Beiträge zur Kenntnis der Polygonaceen in ENGLERS Botan. Jahrb. 49, 234–339 (1913). H. GLÜCK, Biologische und morphologische Untersuchungen über Wasser- und Sumpfgewächse 4, 452–459 (1924). O. HEDBERG, Pollen Morphology in the Genus *Polygonum* in Svensk Botan. Tidskr. 40, 371–404 (1946). F. HERMANN, *Polygonum oxyspermum* MEYER et BUNGE neu für Deutschland in Verhandl. Botan. Ver. Prov. Brandenburg 80, 48 (1940) und 81, 162–164 (1941). C. A. M. LINDMAN, Wie ist die Kollektivart *Polygonum aviculare* zu spalten? in Svensk Botan. Tidskr. 6, 673–696 (1912). A. and D. LÖVE, Chromosomes and Taxonomy of Eastern North American *Polygonum* in Canadian Journ. of Botany 34, 501–521 (1956). P. A. RYDBERG, Flora of the Rocky Mountains and Adjacent Plains, 2nd Ed., 232–237 (1922). G. SAMUELSSON, *Polygonum oxyspermum* MEY. et BGE. und *P. Raji* BAB. ssp. *norvegicum* SAM. in Acta Horti Bergiani 11, 67–80 (1931). H. SCHOLZ, Über ein Vorkommen des Strandknöterichs *Polygonum raii* BABINGTON in Deutschland in Ber. Deutsch. Botan. Zeitschr. 70, Heft 10 (1957). J. SCHUSTER, Versuch einer natürl. Systematik d. *Polygonum lapathifolium* L. in Mitt. Bayer. Botan. Ges. 2, 50–59 (1907). J. K. SMALL, A Monograph of the North American Species of the Genus *Polygonum* in Memoirs from the Department of Botany of Columbia College 1, 1–183 (1895). A. N. STEWARD, The *Polygoneae* of Eastern Asia in Contrib. Gray Herb. Harvard Univ. 88, 1–129 (1930).

Ausdauernde oder einjährige Kräuter, seltener Sträucher von sehr verschiedenem Habitus, mit oft weitkriechenden Rhizomen, Blätter von sehr verschiedener Gestalt, meist ganzrandig, selten fiederspaltig, mit Nebenblattscheide, welche bald dick und fleischig, bald dünn und trockenhäutig, ganzrandig, regelmäßig gezähnt, gewimpert oder unregelmäßig zerschlitzt ist (Fig. 185 d, e, k, n, 187 m, n, 189 b). Blüten zwei-, selten eingeschlechtig, meist zu Scheintrauben bzw. Scheinähren oder zu achselständigen Blütenknäueln vereinigt, seltener einzeln stehend. Blütenstiele oft gegliedert. Blütenhülle einfach, meist blumenkronartig, (4-) 5 (–6)-teilig (Fig. 184 g, k), zur Fruchtzeit meist nur wenig vergrößert. Staubblätter (4–) 8, die äußeren mit den Perigonabschnitten abwechselnd, alle am Grunde der Blütenhülle eingefügt. Äußere Staubbeutel intros, innere extros. Fruchtknoten zuweilen am Grunde von einem Drüsenring umgeben, aus 2 oder 3 Fruchtblättern gebildet. Griffel 2 oder 3, bisweilen am Grunde miteinander verwachsen, Frucht von der Blütenhülle eingeschlossen, seltener herausragend (Taf. 93, Fig. 2 b), linsenförmig oder dreikantig (Fig. 93, 1 a, 4 c). Keimling seitenständig, gekrümmt, mit flachen länglichen Keimblättern.

Die Gattung *Polygonum* hat seit der Bearbeitung von MEISNER in DE CANDOLLES Prodromus 14 (1856) keine Zusammenfassung mehr erfahren. Da sowohl über die Begrenzung der Gattung wie auch über die Artbegrenzung innerhalb mehrerer äußerst polymorpher Formenkreise bis in die neueste Zeit in der Literatur einander sehr widersprechende Ansichten gegenüberstehen, ist es nicht möglich, für eine Schätzung der Artenzahl eine einigermaßen solide Grundlage zu finden. DAMMER in ENGLER-PRANTL (1893) gibt für die weitgefaßte Gattung 150 Arten an; bei ebenso weiter Fassung der Gattung und einem mäßig weiten Artbegriff müßte man heute wohl doppelt so viele Arten annehmen. Das Areal der Gattung ist kosmopolitisch. Die kosmopolitische Verbreitung einzelner Arten ist jedoch wohl durchwegs sekundärer Natur und auf direkte oder indirekte Einwirkung des Menschen zurückzuführen. Mehrere Entwicklungszentren, deren Lage und Ausdehnung sich gegenwärtig nur vermuten läßt, sind für *Polygonum* im weiteren Sinn anzunehmen. Das wichtigste stellt wohl Ostasien dar, vielleicht mit sekundären Zentren in Südwestasien und im Mittelmeergebiet einerseits sowie in Nordamerika andererseits.

Eine wesentliche Schwierigkeit bei der systematischen Gliederung der Gattung bilden gewisse Schwankungen im Blütenbau, siehe z. B. GEITLER (1929), LAUBENGAYER (1937). Wenn man das Grundschema der *Polygonum*-Blüte als trimer annimmt, muß die Gattung als abgeleitet gelten. Anderseits sind auch Schwankungen im Fruchtbau zu verzeichnen, so etwa das Auftreten von linsenförmigen und dreikantigen Nüssen bei ein und derselben Art, ja sogar an ein und demselben Individuum, so z. B. bei *Polygonum Hydropiper* L. Viele der von MEISNER (1856) als Sektionen gefaßten Artgruppen wurden später von einzelnen Autoren wie GROSS (1913), SMALL (1895), RYDBERG (1922) und anderen als Gattungen betrachtet. Diese Auffassung hat durch die pollenmorphologischen Untersuchungen von HEDBERG (1946) in vieler Hinsicht eine wesentliche Stütze erfahren, und es ist wohl möglich, daß sie sich in Zukunft durchsetzen wird, wenn die Pollenmorphologie aller Arten bekannt sein wird und wenn deren Ergebnisse auch durch für viele Gruppen noch ausständige zytologisch-genetische Untersuchungen bestätigt werden sollten.

Die meisten *Polygonum*-Arten werden gelegentlich von Brandpilzen befallen, die entweder in den Fruchtknoten oder auf Blättern, Blattstielen und Stengeln auftreten, seltener alle Teile der Pflanze befallen können. Sie verursachen größere oder kleinere Brandblasen, die bei der Reife platzen und das schwarze, seltener hell-violettgraue Sporenpulver entleeren. Als die am häufigsten vorkommenden, auf manchen Standorten zuweilen fast alle vorhandenen Pflanzen befallenden Arten wären die folgenden zu nennen: *Sphacelotheca bosniaca* (BECK) MAIRE in den Infloreszenzen von *P. alpinum* ALL., *Sphacelotheca hydropiperis* (SCMUM.) DE BY. in den Fruchtknoten von *P. Hydropiper* L., *P. alpinum* ALL., *P. lapathifolium* L., *P. minus* HUDS., *P. mite* SCHRK. und *P. Persicaria* L., *Ustilago utriculosa* (NEES) UNG. in den Fruchtknoten zahlreicher *Polygonum*-Arten, besonders von *P. Hydropiper* L., *P. lapathifolium* L., *P. minus* HUDS., *P. mite* SCHRK. und *P. Persicaria* L.; *Ustilago pustulata* (DC.) WINT. und *U. marginalis* (DC.) LEV. entwickeln sich auf den Blättern von *Polygonum Bistorta* L., während *Sphacelotheca borealis* (CLINT.) SCHELL. die Infloreszenzen dieser Knöterich-Arten befällt.

Von Rostpilzen ist vor allem *Uromyces Polygoni* (PERS.) FUCK. sehr häufig, deren Uredosori schon frühzeitig auf den Blättern von *P. aviculare* erscheinen und sie frühzeitig zum Absterben bringen. *Puccinia Polygoni-amphibii* PERS. kommt auf *P. amphibium* L., *P. lapathifolium* L. und *P. Persicaria* L., *Puccinia Polygoni* ALB. et SCHW. auf *P. Convolvulus* L. und *P. dumetorum* L. vor. *Puccinia Bistortae* (STRAUSS) DC. auf *P. Bistorta* umfaßt mehrere Kleinarten, deren Äzidien auf verschiedene Umbelliferen spezialisiert sind.

## Gliederung der Gattung:

Sektion 1. *Acontogonum*: *P. alpinum*, *P. polystachyum*.

Sektion 2. *Amblygonum*: *P. orientale*.

Sektion 3. *Bistorta*: *P. Bistorta*, *P. viviparum*, *P. vacciniifolium*.

Sektion 4. *Persicaria*: *P. amphibium*, *P. tinctorium*, *P. lapathifolium*, *P. Persicaria*, *P. Hydropiper*, *P. mite*, *P. minus*, *P. serrulatum*.

Sektion 5. *Polygonum* (Syn. *Avicularia*): *P. romanum*, *P. maritimum*, *P. aviculare*, *P. rurivagum*, *P. aequale*, *P. calcatum*, *P. Raii*, *P. oxyspermum*, *P. Kitaibelianum*, *P. pulchellum*, *P. arenarium*.

Sektion 6. *Tiniaria*: *P. Convolvulus*, *P. dumetorum*.

Sektion 7. *Pleuropterus*: *P. baldschuanicum*, *P. cuspidatum*, *P. sachalinense*.

## Schlüssel der Arten:

1  Einjährige oder ausdauernde, meist niedrige, niederliegende oder kriechende, oder auch aufsteigende, nur gelegentlich über 1 m hohe, dann aber einjährige Kräuter, oder bisweilen auch windende oder kletternde Pflanzen, teils bei uns einheimisch, teils kultiviert . . . . . . . . . . . . . . . . . 2

1\* Ausdauernde, aufrechte, meist mehrere Meter hohe, kultivierte und nur gelegentlich verwildernde Pflanzen . . . . . . . . . . . . . . . . . . . . . . . . . . . . . . . . . . . 29

2  Stengel windend oder kletternd. Blätter mehr oder weniger herzförmig-pfeilförmig oder pfeilförmig . . . . . . . . . . . . . . . . . . . . . . . . . . . . . . . . . . . . . . . . . . 27

2* Stengel nicht windend und nicht kletternd. Blätter nicht herzförmig-pfeilförmig oder pfeilförmig . . . . . . . . . . . . . . . . . . . . . . . . . . . . . . . . . . . . . . . . . . . . . . . . . . . . . . . . 3
 3 Nebenblattscheiden membranös, meist braun, grün oder rötlich überlaufen, nicht silberglänzend oder hyalin. Teilblütenstände in den Achseln von Hochblättern oder Nebenblattscheiden, endständige ährenförmige Scheintrauben bildend. Perigonabschnitte gleichartig flach. Drüsenring vorhanden . . . . . . . . . . . . . . . . . . . . . . . . . . . . . . . . . . . . . . . . . . . . . . . . . . . . . . . . 4
 3* Nebenblattscheiden oberwärts sehr dünn trockenhäutig, silberweiß glänzend, zuletzt zerschlitzt. Teilblütenstände in den Achseln von Laubblättern, nur selten sind die Tragblätter der oberen Teilblütenstände durch Nebenblattscheiden vertreten, so daß endständige, unterbrochene Scheintrauben entstehen. Äußere Perigonabschnitte meist gekielt. Drüsenring fehlt . . . . . . . . . . . . . 17
 4 Stengel meist unverzweigt, Griffel 3, getrennt, mit kleinen Narben . . . . . . . . . . . . . 5
 4* Stengel ästig. Griffel 2 (–3), bis zur Mitte verbunden, mit kopf- oder pilzförmiger Narbe . . . . 7
 5 Stengel krautig, im Winter absterbend . . . . . . . . . . . . . . . . . . . . . . . . . . . 6
 5* Stengel holzig, ausdauernd. Kultiviert . . . . . . . . . . . . . . . . . *P. vacciniifolium* WALL.
 6 Scheinähren dick, zylindrisch, gedrungen. Blätter länglich-eiförmig, am Rande glatt . . *P. Bistorta* L.
 6* Scheinähren schmal-zylindrisch, am Grunde in der Regel Brutknospen tragend. Blätter lanzettlich, am Rande umgerollt . . . . . . . . . . . . . . . . . . . . . . . . . . . . . *P. viviparum* L.
 7 Ausdauerndes oder einjähriges Kraut . . . . . . . . . . . . . . . . . . . . . . . . . . . 8
 7* 1–2 m hoher Strauch. Adventiv . . . . . . . . . . . . . . . . . . . . *P. polystachyum* WALL.
 8 Pflanze ausdauernd . . . . . . . . . . . . . . . . . . . . . . . . . . . . . . . . . . . 9
 8* Pflanze einjährig . . . . . . . . . . . . . . . . . . . . . . . . . . . . . . . . . . . . 10
 9 Blätter am Grunde abgerundet oder kurz herzförmig. Blütenstand endständig, einzeln stehend oder neben ihm meist noch ein kurz gestielter seitlicher . . . . . . . . . . . . . . . *P. amphibium* L.
 9* Blätter am Grunde verschmälert. Blütenstand end- und oft auch seitenständig, daher meist rispenartig-pyramidal . . . . . . . . . . . . . . . . . . . . . . . . . . . . . . . *P. alpinum* ALL.
 10 Scheinähren dicht und ziemlich dick . . . . . . . . . . . . . . . . . . . . . . . . . . . 11
 10* Scheinähren locker und schlank . . . . . . . . . . . . . . . . . . . . . . . . . . . . . 14
 11 Nebenblattscheiden dem Stengel locker anliegend, kahl oder sehr kurz bewimpert . . . . . . . 12
 11* Nebenblattscheiden dem Stengel eng anliegend, ziemlich lang bewimpert oder rauhaarig . . . . 13
 12 Blätter kurz gestielt, stumpflich. Kultiviert . . . . . . . . . . . . . . *P. tinctorium* AIT.
 12* Blätter 3 cm lang gestielt, spitz oder zugespitzt . . . . . . . . . . . . *P. lapathifolium* L.
 13 Pflanze niemals rauhhaarig. Blätter lanzettlich bis länglich-lanzettlich, stumpflich oder spitz, oft lang zugespitzt. Scheinähren mäßig lang, aufrecht. Blüten 2–3 mm lang . . . . . . . *P. Persicaria* L.
 13* Ganze Pflanze rauhhaarig. Blätter eiförmig bis länglich eiförmig, zugespitzt. Scheinähren bis 10 cm lang, nickend. Blüten 3–4 mm lang. Kultiviert . . . . . . . . . . . . . . . . *P. orientale* L.
 14 Blütenhülle auffallend drüsig punktiert, (3–) 4 (–5)-teilig . . . . . . . . . . *P. Hydropiper* L.
 14* Blütenhülle nicht oder nur sehr schwach drüsig punktiert, 5-teilig . . . . . . . . . . . . . 15
 15 Blätter ganzrandig . . . . . . . . . . . . . . . . . . . . . . . . . . . . . . . . . . . 16
 15* Blätter am Rande feingesägt, länglich- lanzettlich, sehr lang zugespitzt, am Grund etwas zusammengezogen bis abgerundet . . . . . . . . . . . . . . . . . . . . . . . . . *P. serrulatum* LAG.
 16 Blätter eiförmig- bis länglich-lanzettlich, beiderseits gleichmäßig verschmälert, mit deutlichen Seitennerven. Fruchtperianth 2,5–3,5 (–5) mm lang . . . . . . . . . . . . . . . *P. mite* SCHRANK
 16* Blätter linealisch oder lineal-lanzettlich, mit fast parallelen Seitenrändern, mit undeutlichen Seitennerven. Fruchtperianth 2,5 mm lang . . . . . . . . . . . . . . . . . . . *P. minus* HUDS.
 17 Pflanze ausdauernd. Stengel am Grunde mehr oder weniger holzig. Nebenblattscheiden mit zahlreichen, 6–12, verzweigten Nerven . . . . . . . . . . . . . . . . . . . . . . . . . . . . . . 18
 17* Pflanze einjährig, selten zweijährig. Nebenblattscheiden mit wenigen, unverzweigten Nerven . . 19
 18 Blätter schmal lanzettlich oder linealisch, 1–3 cm lang, 2–5 mm breit. Nebenblattscheiden 6-nervig. Blüten ungleich lang, oft nur sehr kurz gestielt. Blütenhülle ziemlich klein. Nüsse 2–3 mm lang, matt oder schwach glänzend. Kultiviert . . . . . . . . . . . . . . . . . . . *P. romanum* JACQ.

18* Blätter eiförmig- bis elliptisch-lanzettlich, 1–1,5 cm lang, 4–5 mm breit, immergrün. Nebenblattscheiden 12-nervig. Blütenstiele so lang oder länger als das Perigon. Nüsse 2,5–4 mm lang, glänzend braun. Strandpflanze . . . . . . . . . . . . . . . . . . . . . . . . . . . . . . . . . . . *P. maritimum* L.

19 Blütentragende Zweige fast stets bis zur Spitze beblättert. Blütenstiele sehr kurz. Perigonabschnitte meist unansehnlich . . . . . . . . . . . . . . . . . . . . . . . . . . . . . . . . . . . . . . . . . . . . . . . . 20

19* Blütentragende Zweige ohne Blätter oder in den Achseln sehr kleiner Blätter. Blütenstiele so lang oder länger als die Blüten, Perigon ansehnlich, blumenkronartig . . . . . . . . . . . . . . . . . 25

20 Nüsse die persistierende Blütenhülle um etwa ⅓ oder die Hälfte überragend . . . . . . . . . 21

20* Nüsse so lang oder ein wenig länger als die persistierende Blütenhülle . . . . . . . . . . . . . 22

21 Blätter lanzettlich, bis 3 cm lang, bis 0,5 cm breit. Perigonabschnitte einander kaum deckend. Nüsse bis 6 mm lang, bis 3 mm breit, die persistierende Blütenhülle um die Hälfte überragend. Hiddensee, Rügen, Halbinsel Hela . . . . . . . . . . . . . . . . . . . . . . . . . . . . . . . . *P. oxyspermum* MEY. et BGE.

21* Blätter elliptisch, bis 3 cm lang, bis 1 cm breit. Perigonabschnitte einander mehr oder weniger deckend. Nüsse bis 5,5 mm lang, bis 3,5 mm breit, die persistierende Blütenhülle etwa ⅓ der Länge überragend. Helgoland . . . . . . . . . . . . . . . . . . . . . . . . . . . . . . . . . . . . *P. Raii* BABINGTON

22 Blätter an Haupt- und Seitensprossen verschiedenartig ausgebildet. Nüsse die persistierende Blütenhülle gewöhnlich ein wenig überragend, nicht oder kaum glänzend . . . . . . . . . . . . 23

22* Alle Blätter an Haupt- und Seitensprossen fast gleichartig ausgebildet. Nüsse die persistierende Blütenhülle nicht überragend . . . . . . . . . . . . . . . . . . . . . . . . . . . . . . . . . . . . . . . . . . 24

23 Pflanze kräftig, oft bis zu 1 m lang. Größere Blätter des Hauptstengels bis zu 4–5 cm lang. Nüsse etwa 3 mm lang . . . . . . . . . . . . . . . . . . . . . . . . . . . . . . . . . . . . . *P. aviculare* L. s. str.

23* Pflanze zart, selten mehr als 30 cm lang. Größere Blätter des Hauptstengels etwa bis zu 3,5 cm lang. Nüsse etwa 2 mm lang . . . . . . . . . . . . . . . . . . . . . . . . . . . . . . . . . . . . *P. rurivagum* JORD.

24 Blätter breit oder schmal elliptisch. Nüsse etwa 2,5 mm lang, gerieft oder punktiert, matt . . . . . . . . . . . . . . . . . . . . . . . . . . . . . . . . . . . . . . . . . . . . . . . . . . . . . . . . . . . . *P. aequale* LINDM.

24* Blätter elliptisch bis eiförmig oder verkehrt-eiförmig, auffallend klein. Nüsse etwa 2 mm lang, glatt oder kaum punktiert, glänzend . . . . . . . . . . . . . . . . . . . . . . . . . . . . . . *P. calcatum* LINDM.

25 Blüten an der Spitze der Zweige nicht gedrängt, stets mehr oder weniger voneinander entfernt oder doch nur ausnahmsweise an der Spitze genähert . . . . . . . . . . . . . . . . . . . . . . . . . . . . . 26

25* Blüten an den Spitzen der Stengel und Zweige genähert, dort ziemlich dichte, längliche bis verlängertzylindrische Scheinähren bildend. Adventiv . . . . . . . . . . . . . . . . . . . *P. arenarium* W. et K.

26 Stengel meist aufrecht. Nebenblattscheiden hyalin, 6- bis 8-nervig. Untere Wickel 3- bis 5-blütig, obere Wickel 2- bis 3-blütig. Nüsse schwarz-purpurn, von dem verbundenen, verhärteten Perigon umgeben. Adventiv . . . . . . . . . . . . . . . . . . . . . . . . . . . . . . . . . . . . . *P. Kitaibelianum* SADL.

26* Stengel niederliegend bis aufsteigend. Nebenblattscheiden am Grunde braun, gegen die Spitze hin hyalin, 4- bis 6-nervig. Untere Wickel 2- bis 3-blütig, obere Wickel 1- bis 2-blütig. Nüsse dunkelbraun, nicht eng vom Perigon umschlossen. Adventiv . . . . . . . . . . . *P. pulchellum* LOIS.

27 Ausdauernder Strauch, mehrere Meter hoch windend. Blütenstände rispig, bis 50 cm lang. Blüten 5–8 mm im Durchmesser. Kultiviert . . . . . . . . . . . . . . . . . . . . . *P. baldschuanicum* RGL.

27* Einjährige Kräuter . . . . . . . . . . . . . . . . . . . . . . . . . . . . . . . . . . . . . . . . . . . . . . . . . . . . . . 28

28 Blütenhüllblätter glatt, die äußeren wenigstens teilweise geflügelt. Fruchtstiele bis 8 mm lang, in der Mitte oder unterhalb der Mitte gegliedert. Nüsse glänzend, glatt . . . . . . . *P. dumetorum* L.

28* Blütenhüllblätter dicht drüsig-punktiert, die äußeren nicht oder nur schwach geflügelt. Fruchtstiele 1–2 mm lang, oberhalb der Mitte gegliedert. Nüsse glanzlos, runzelig gestreift . *P. Convolvulus* L.

29 Blätter breit eiförmig, bis 13 cm lang, bis 10 cm breit, am Grunde gestutzt oder plötzlich verschmälert. Blüten grünlich-weiß. Kultiviert . . . . . . . . . . . . . . . . *P. cuspidatum* SIEB. et ZUCC.

29* Blätter länglich-eiförmig, bis 30 cm lang, 15 cm breit, die unteren am Grunde schwach herzförmig, die oberen am Grunde gestutzt. Blüten grünlich-gelb. Kultiviert . . *P. sachalinense* F. SCHMIDT

**834a. Polygonum alpinum** ALL., Fl. Pedem. 2, 206 (1785). Syn. *P. undulatum* MURR. (1774) p. p., *P. divaricatum* VILL. (1789), non L. Alpen-Knöterich. Franz.: Renouée des Alpes. Ital.: Persicaria alpina. Fig. 179a–c

Ausdauernd. Wurzelstock kriechend, walzlich, dick, an den Knoten wurzelnd. Stengel aufrecht, meist 30–50 cm, selten bis zu 1 m hoch, einfach oder ästig, kahl, seltener spärlich behaart, kantig gestreift. Blätter eiförmig-lanzettlich oder länglich-lanzettlich, lang zugespitzt, am Grunde in einen kurzen Stiel verschmälert, flach oder schwach wellig, unterseits auf den Nerven und am Rande gewimpert, oberseits dunkelgrün, unterseits blässer; die oberen Blätter schmäler. Nebenblattscheiden weit, zuletzt zerschlitzt, rauhhaarig. Blütenstand eine endständige, bisweilen auch seitenständige, aus vielblütigen, locker-zylindrischen Scheinähren zusammengesetzte, blattlose, pyramidenförmige Rispe. Nebenblattscheiden der Blüten klein, häutig, stumpf, rötlich. Blüten einzeln oder meist in 2- bis 3-blütigen Teilinfloreszenzen. Blütenstiel über der Mitte gegliedert, kürzer als die gelblichweiße, weiße oder blaßrote, (2–) 3–3,5 (–5) mm lange Blütenhülle. Griffel 3, sehr kurz, mit 3 purpurroten, kopfigen Narben (Fig. 179b). Nuß 4–5 mm lang, undeutlich 3-seitig, glänzend, glatt, braun, die Blütenhülle kaum überragend. – Chromosomenzahl: n=10. – VI bis IX.

Vorkommen. Auf kalkarmem Substrat in Bergwiesen, im Grünerlen- und *Rhododendron*-Gebüsch.

Allgemeine Verbreitung. Bergland des gemäßigten Eurasiens (europäisch-alpin-altaisch-ostasiatisch). Westliche und südliche Alpen von etwa 700 bis 1500 (–2200) m, Gebirge Südeuropas und Südwestasiens.

Verbreitung im Gebiet. In Österreich einzig in der Obersteiermark am Kirchkogel nächst Kirchdorf bei Pernegg, von 680 bis 1000 m, auf Serpentin (vgl. MELL, 1953). Für Südtirol: Rendena sehr zweifelhaft. In der Schweiz im Kanton Graubünden im Rheinwald bei Nufenen, Calancatal bei Rossa, Roveredo, Braggio, Arvigo, Grono, Buseno, Sta. Domenica, am Mte. Stabiucco, Alpe Ajano und auf der Alpe Memo in 2200 m, ferner im Kanton Uri im Urserental, im Berner Oberland zerstreut im Oberhasle, z. B. bei Guttannen, mehrfach im Tessin und im Kanton Wallis, und zwar im Oberwallis von Münster bis Obergestelen, im Binntal, an der Südseite des Simplon, Gondo und Divera. Diese recht auffällige Knöterich-Art gehört in den genannten Alpentälern der Schweiz neben *Centaurea nervosa* WILLD. und *Cirsium heterophyllum* (L.) ALL. zu den charakteristischen Pflanzen der Fettwiesen. Wie die südalpine *Saxifraga Cotyledon* L. hat auch *P. alpinum* an mehreren Stellen den Kamm der Zentralalpen überschritten. Der in den österreichischen Alpen einzige Standort in der Steiermark ist von besonderem pflanzengeographischem Interesse. Er stellt das Relikt einer Verbindungsbrücke dar zwischen den Arealen in den südöstlichen Karpaten und den Balkangebirgen einerseits sowie den Westalpen andererseits.

**834b. Polygonum polystachyum** WALL., Cat. nr. 1686 (1828) nomen, MEISN. in Wall., Pl. rar. 3, 61 (1832) descriptio

Strauch, 1–2 m hoch. Blätter breit-lanzettlich, 5–15 cm lang, gegen die Spitze ausgeschweift bis zugespitzt, am Grunde pfeilförmig-herzförmig oder abgestutzt oder spitz zusammenlaufend, kurz gestielt oder fast sitzend. Blüten-

Fig. 179. *Polygonum alpinum* ALL. *a* Habitus eines fruktifizierenden Blütensprosses (⅓ natürliche Größe). *b* Fruchtknoten mit Griffel und Narben. *c* Perianth mit Staubblättern (ausgebreitet)

stände weitausgebreitete Rispen bildend; Blütenstandsachse oft verkahlend und manchmal zurückgebogen. Blütenhülle etwa 4 mm lang; die äußeren Perigonabschnitte größer als die 3 inneren. Früchte 3-kantig, in der Blütenhülle eingeschlossen.

Heimat. Himalaya. – Wurde adventiv in Schleswig-Holstein, Oberösterreich und in der nördlichen Steiermark beobachtet.

### 834c. Polygonum orientale L., Spec. plant. 362 (1753)

Einjährig. Ganze Pflanze rauhhaarig. Stengel aufrecht, meist fast 1 bis etwa 3 m hoch. Blätter lang gestielt, eiförmig bis länglich-eiförmig, bis 20 cm lang, zugespitzt, am Grunde verschmälert oder etwas zugespitzt herzförmig, am Blattstiel herablaufend. Nebenblattscheiden deutlich geflügelt, kurz gewimpert. Teilblütenstände 2- bis 6-blütig, in den Achseln schief abgestutzter, dicht behaarter und gewimperter Tragblätter, axillär und endständig, nickend, in locker rispigen Gesamtblütenständen angeordnet. Blüten ziemlich groß; Blütenhülle rosa oder weiß; Staubblätter die Blütenhülle überragend. Nüsse 3 mm lang, schwarz glänzend, von der Blütenhülle eingeschlossen. – VII bis Herbst.

Heimat. Indien, China. – Bei uns seit mehr als 200 Jahren kultiviert, hie und da auch verwildernd, aber meist unbeständig, nur im südlichen Gebiete sich erhaltend und wohl mehrfach fest eingebürgert, wie z. B. bei Triest, in Friaul (ASCHERSON).

### 835. Polygonum Bistorta[1]) L., Spec. plant. 360 (1753). Syn. *P. amoenum* SALISB. (1796), *Bistorta maior* S. F. GRAY (1821), *Polygonum ellipticum* WILLD. ex SPRENG. (1825), *Colubrina intorta* MONTAND. (1856). Schlangen-Knöterich, Wiesen-Knöterich, in Tirol: Schafzunge. Dän.: Tvevreden Pileurt. Engl.: Snake-root, Easterledges, Bistort. Franz.: Bistorte, Serpentaire, Feuillotte. Ital.: Bistorta, Serpentina, Sanguinaria bistorta. Poln.: Rdest łąkowy, R. wężownik. Tschech.: Rdesno hadí kořen, Hadowec. Sorb.: Łučna wuroć, Hadźacy korjeń. Taf. 93, Fig. 2; Fig. 180

Ausdauernd. Grundachse hart, dickwalzlich, schlangenartig gewunden, kurzgliedrig, mit Blattresten bedeckt, Ausläufer treibend. Blütenstengel seitenständig, 30–90 cm hoch, entfernt beblättert, einfach, kahl. Grund- und untere Stengelblätter länglich-eiförmig oder länglich-lanzettlich, 5–15 cm lang, bis 3 cm breit, spitz oder zugespitzt, am Grunde gestutzt oder herzförmig, in einen langen, fast dreikantigen, wellig geflügelten Stiel fast plötzlich verschmälert, obere Stengelblätter lanzettlich oder linealisch, kurz gestielt bis sitzend, alle am Rande kerbig-wellig, oberseits dunkelgrün, kahl, unterseits bläulich-grün, kahl – wie die ganze Pflanze – oder bisweilen etwas kurzhaarig. Nebenblattscheiden lang, in eine lanzettliche Spitze auslaufend, nicht zerschlitzt, ungewimpert. Scheinähren endständig, dicht, walzlich-länglich, 3–5 (–9) cm lang, etwa 1 cm dick, dichtblütig, stumpf. Tragblätter häutig, plötzlich bespitzt. Blütenhülle hellrosa oder dunkelrosa, selten weiß, etwa 3 mm lang, Staubblätter 8, aus der Blütenhülle hervorragend (Taf. 93, Fig. 2a); Griffel 3, frei, an der Spitze schwach verdickt. Nuß 4–5 mm lang, scharf dreikantig, glatt, glänzend braun, die persistierende Blütenhülle überragend (Taf. 93, Fig. 2b). – Chromosomenzahl: $n = 22\ (23)$. – V bis VIII.

Vorkommen. Häufig und herdenbildend auf feuchten und nassen Wiesen, an Bachufern, in Auenwäldern und Hochstaudenfluren, auf sickerfeuchten und kühlen, nährstoffreichen und stickstoffbeeinflußten, anmoorig-humosen Lehm- oder Tonböden. Verbreitungsschwerpunkt in gedüngten Naßwiesen, im Süden des Gebietes vor allem im Gebirge, Calthion-Verbandscharakterart, in den Hochlagen auch in die Fettwiesen des Polygono-Trisetion übergreifend, ferner, und hier wohl ursprünglich, in Auenwäldern des Alno-Ulmion (z. B. im Alnetum incanae).

Allgemeine Verbreitung. Arktisches bis gemäßigtes Eurasien einschließlich Alaska (arktisch bis submeridional-montan-eurasisch). Gemäßigtes Europa, Westasien und Sibirien bis

---

[1]) Lat. bis = zweimal, tortus = gedreht, wegen der Form der Grundachse.

Tafel 93

### Tafel 93. Erklärung der Figuren

Fig. 1 *Polygonum aviculare* (S. 423). Habitus
,, 1a Frucht
,, 1b Junge Frucht, vom Perianth eingeschlossen
,, 2 *Polygonum Bistorta* (S. 408). Habitus
,, 2a Blütenlängsschnitt
,, 2b Frucht, vom Perianth eingeschlossen
,, 3 *Polygonum amphibium* (S. 412). Wasserform. Habitus

Fig. 3a Landform (steril)
,, 3b Blüte
,, 3c Frucht mit Griffel
,, 4 *Polygonum lapathifolium* (S. 415). Habitus
,, 4a Blüte
,, 4b Fruchtknoten, vom Perianth eingeschlossen
,, 4c Frucht mit Griffel

Nordchina, im Süden meist nur in Gebirgslagen, ferner in den Gebirgen Südwest- und Zentralasiens, ssp. *plumosum* (SMALL) HULTÉN (1944) in Alaska und Yukon. Sonst adventiv in Nordamerika.

Verbreitung im Gebiet. Stellenweise häufig und meist gesellig vom Norddeutschen Tiefland bis in die obere subalpine Stufe der Alpen, gelegentlich auch in die alpine Stufe, vereinzelt bis 2500 m ansteigend. In Norddeutschland in der Nähe der Küste meist häufig, in Westfalen vorwiegend in den höheren Lagen des Süderberglandes (nördlich bis etwa zur mittleren Ruhr und zum oberen Diemeltal) und stellenweise im südöstlichen Teil des Weserberglandes häufig. In den unteren Lagen des Süderberglandes, im nordwestlichen Teil des Weserberglandes, in der Westfälischen Bucht und im Westfälischen Tiefland zerstreut bis selten. In Mitteldeutschland häufig im Bergland und im oberen Hügelland, dagegen zerstreut im unteren Hügelland und in den Niederungen. Hauptverbreitung in den Alpen zwischen 800 und 1900 m.

Fig. 180. *Polygonum Bistorta* L. Feldberg, Schwarzwald. (Aufn. G. EBERLE)

Mehrere Abänderungen, die jedoch nur geringen systematischen Wert haben, wurden beschrieben. Die wichtigeren sind:

1. var. *Bistorta*. Syn. *P. Bistorta* L. var. *latifolium* HAYNE, *P. Bistorta* L. var. *vulgare* MEISN. in DC. — Grundblätter breiter, eiförmig oder länglich-eiförmig, am Grunde etwas herzförmig oder gestutzt, plötzlich in den geflügelten Stiel verschmälert, obere Blätter länglich-lanzettlich. Scheinähren meist zylindrisch, bis 9 cm lang. — Sehr häufig.

2. var. *angustifolium* HAYNE. Syn. *P. confusum* MEISN. in WALL., *P. Bistorta* L. var. *capitatum* K. KOCH, *P. carneum* K. KOCH, *P. splendens* KLOTZSCH, *P. Bistorta* L. var. *confusum* (MEISN.) GÜRKE. — Stengel unverzweigt oder oberwärts mitunter etwas ästig, mit 2–3 je einen Blütenstand tragenden Zweigen. Grundblätter länglich-lanzettlich, allmählich in den schmal geflügelten Stengel verschmälert. Obere Blätter länglich-lanzettlich bis linealisch. Scheinähre oft kurz, länglich-eiförmig. — Selten.

Die Art ist eine typische Berg- und Voralpenpflanze, welche mit ihren pfirsichblütenfarbenen Scheinähren truppweise (Fig. 180) die etwas feuchten und fetten Bergwiesen besiedelt. Häufig findet sie sich in Begleitung von *Trollius europaeus* L. Ihr geselliges Auftreten, ihr nesterweises Vorkommen wird durch die Entwicklung von zahlreichen Ausläufern bedingt.

Das Aufblühen der einzelnen Scheinähren erfolgt von unten nach oben, und zwar in zwei „Blütenwellen"; jede Scheinähre zeigt mithin ein zweimaliges Aufblühen. Die pfirsichfarbenen, nektarhaltigen Blüten sind proterandrisch und werden von Insekten reichlich besucht.

*P. Bistorta* eignet sich besonders zur Grünfütterung; es ist in erster Linie eine Mähpflanze. Vom Weidevieh wird sie stehengelassen. Da die unteren Blätter ziemlich früh abdorren und leicht zu Pulver zerfallen, kann *P. Bistorta* nicht als Heu genutzt werden. Im Riesengebirge stellt sie sich stets an solchen Stellen in Massen ein, wo im vorangegangenen Sommer das Heu um einen Pfahl aufgeschichtet war. Während die anderen Pflanzen unter dem Heu absterben, kann sich *P. Bistorta* durch die unterirdischen Ausläufer leicht erhalten. In der Rhön und auch in anderen Gegenden finden die jungen Blätter bisweilen als Spinat Verwendung.

Volksnamen. Der schlangenartig gekrümmte Wurzelstock dieses Knöterichs veranlaßte Namen wie Otterwurz (Oberharz), Ottergras (Riesengebirge), die Form seiner Blätter Natternzunge (Österreich), Otterzunge (Thüringen, Erzgebirge, Riesengebirge), Ochsenzunge (z. B. Oberlausitz, Egerland, Schweiz), Kuhzunge (Oberharz), Lämmerzunge (Schwaben, Elsaß), Hirschzunge (z. B. Thüringen, Böhmerwald, Baden), Nach den weichen, walzenförmigen Blütenähren heißt die Pflanze Lämmerschwanz (rheinisch), Hammelschwanz (Gotha), Katzenschwänzchen (Eifel), Fuchsschwanz (Riesengebirge), Mietschlan [auch Kosename für die Katze] (Riesengebirge), Nudle (schwäbisch), Würstle (Baden), Zahnbürstel (z. B. Erzgebirge, Thüringer Wald), Lampen-, Zylinderputzer [die Blütenstände gleichen den walzenförmigen Besen, mit denen man früher die gläsernen Lampenzylinder für die Petroleumlampen reinigte] (Erzgebirge). In manchen Gegenden werden die Blätter der Pflanze besonders im Frühjahr als Wiesenkohl (rheinisch), Grünkraut (Lausitz), Wilder Spinat (Sächs. Felsengebirge) gegessen. Weitere Namen sind noch Luche, Lauche, Lukeblätter (besonders in Hessen), Slippete, Slippen (Westfalen), Schlippen, Schlippert (Hessen-Nassau), Schlauche (Gotha) Schlûche, Schlûhe, Schluckere (Schweiz).

**836a. Polygonum viviparum** L., Spec. plant. 360 (1753). Syn. *Bistorta vivipara* (L.) S. F. GRAY (1821), *P. angustifolium* D. DON (1825), *P. bracteatum* SPRENG. (1827), *Colubrina vivipara* (L.) MONTAND. (1856). Knöllchen-Knöterich. Dän.: Topspirende Pileurt. Engl.: Alpine Bistort. Franz.: Renouée vivipare. Ital.: Sanguinaria vivipara. Poln.: Rdest zyworodny. Tschech.: Rdesno živorodé. Taf. 94; Fig. 1, Fig. 181, Fig. 182

Ausdauernd. Ganze Pflanze kahl, Grundachse dick-walzlich, mit vorjährigen Blattresten bedeckt. Stengel an der Grundachse seitenständig, fast stets unverzweigt, 5–30 (–50) cm hoch, aufrecht, kahl. Blätter 1,5–7 cm lang, derb lederig, kahl, oberseits dunkelgrün, unterseits bläulichgrün, netznervig, am Rande umgerollt und mehr oder minder knorpelig; Grundblätter gestielt, länglich-eiförmig, spitz, am Grunde gestutzt oder schwach abgerundet, zur Blütezeit bereits vertrocknet, die oberen sitzend, schmäler, lineal-lanzettlich, lang zugespitzt. Nebenblattscheiden lang röhrenförmig, kahl. Scheinähren endständig, dünnwalzlich, 4–8 mm im Durchmesser, aufrecht, meist ziemlich lockerblütig, im unteren Abschnitt Brutknospen, im oberen Blüten tragend, oft auch beide gemischt, seltener nur Blüten oder nur Brutknospen vorhanden. Brutknospen sitzend, oft schon am Blütenstande Blätter hervorbringend. Tragblätter eiförmig, mehr oder weniger plötzlich zugespitzt. Blüten kurz gestielt, entweder zweigeschlechtig und dann proterandrisch oder auch heterostyl oder eingeschlechtig, und zwar ein- oder zweihäusig. Blütenhülle etwa 3 mm lang, 5-spaltig (Taf. 94, Fig. 1a), meist rosa, seltener weiß oder rot. Staubblätter 6–8, aus den Blüten hervorragend (Taf. 94, Fig. 1b). Nüsse selten entwickelt; etwa 3 mm lang, eiförmig, stumpf dreikantig, spitz oder stachelspitzig, dunkelbraun, glänzend. – Chromosomenzahl: $n = 44$ (50, 55). – VI bis VIII.

Vorkommen. Häufig in frisch-humosen Rasengesellschaften der Alpen über Kalk und Silikatgestein von etwa 1500–3000 m, im Nardetum und Caricetum curvulae ebenso wie im Elynetum oder Caricetum firmae, seltener auch als Rasenpionier auf Schneeböden oder im Gefüge von Flachmoorsümpfen, örtlich wie z. B. in der Schwäbischen Alb als Eiszeitrelikt lokale Charakterart einer Borstgrasgesellschaft mit *Salix Starkeana* WILLD., in Oberbayern aber auch in Halbtrockenrasen des Mesobromion.

Allgemeine Verbreitung. Arktisches und nördliches Europa, Asien und Nordamerika sowie in den Gebirgen weiter südwärts, so in den Pyrenäen, Mt. Dores, im Jura, in den Alpen, Apenninen, Karpaten, Gebirgen der Balkanhalbinsel, im Kaukasus, in den Gebirgen Südwest- und Zentralasiens sowie in den Rocky Mountains (arktisch-subarktisch-boreomeridional-alpin-zirkumpolar).

Verbreitung im Gebiet. Allgemein verbreitet und ziemlich häufig in den Alpen von etwa 1500–3000 m, nicht selten aber auch tiefer herabsteigend, im Jura vom Reculet bis zur Tête-de-Rang und zum Creux-du-Vent in Neuenburg, auf der Schwäbischen Alb im südwestlichen und mittleren Teil vom Heuberg im Oberamte Spaichingen bis ins Gebiet der Kirchheimer und Ulmer Lauter, im Allgäu bei Wolfegg, Isny, Oberopfingen, Laupheim und auf der Bayerischen Hochebene nördlich bis zur Garchinger Heide und bis zu den Lechheiden bei Thierhaupten und Münster. Fehlt im Schwarzwald und in den Vogesen. Angeblich früher in Ost- und Westpreußen, doch sehr fraglich.

Mehrere Abänderungen wurden beschrieben, von denen die wichtigsten sind:

1. var. *viviparum*. Syn. *P. viviparum* L. var. *typicum* ASCHERS. et GRAEBN. – Pflanze meist nur 5–20 (–30) cm hoch. Stengel ziemlich dünn. Brutknospen klein. – Sehr häufig.

2. var. *elongatum* BECK. – Stengel kräftig, meist 40–60 cm hoch. Blätter groß, meist stärker verlängert, lang gestielt. Brutknospen sehr groß. – Vor allem im Osten unseres Florengebietes.

*P. viviparum* ist ein weit verbreitetes arkto-alpines Florenelement. In den Alpen ist die Art in den verschiedenen Wiesentypen, im Curvuletum, im *Carex sempervirens*-Typus, in der Blaugrashalde, in den Schneetälchen u. a.

Fig. 181. *Polygonum viviparum* L. Hupfleitenjoch. (Aufn. G. EBERLE)

weit verbreitet. Daneben erscheint *P. viviparum* aber auch in der Zwergstrauchheide, in der Verlandungszone, an Bächen u. a. Auf der Bayerischen Hochebene gehört *P. viviparum* wie *Carex sempervirens* VILL., *Gentiana Kochiana* PERR. et SONG., *G. Clusii* PERR. et SONG., *Calamintha alpina* (L.) LAM., *Euphrasia salisburgensis* FUNCK, *Globularia cordifolia* L., *Hieracium Hoppeanum* SCHULT. u. a. zu den alpinen Bestandteilen der süddeutschen Heidewiesen.

Die Blüten, bald zwitterig, bald rein weiblich oder rein männlich, bald monözisch, bald diözisch, setzen trotz des zahlreichen Insektenbesuches doch nur höchst selten Früchte an. Die Vermehrung erfolgt fast ausschließlich auf vegetativem Wege durch Bildung kleiner, hirsekorngroßer, stärkehaltiger Körnchen, Bulbillen. Diese nehmen gewöhnlich die untere Hälfte, seltener den ganzen Blütenstand ein und können gelegentlich bereits am Stengel einzelne Blätter tragen (Taf. 94, Fig. 1). Die Bulbillen fallen sehr leicht ab und werden dann vom Winde verweht. Außerdem trägt das Schneehuhn, in dessen Kröpfen man mehrfach solche Bulbillen vorgefunden hat, nicht unwesentlich zur Ausbreitung der Bulbillen bei. – An den Wurzeln von *P. viviparum* ist ektotrophe Mykorrhiza festgestellt worden. – *P. viviparum* ist in Mitteleuropa auch in Tieflagen mehrfach in den sogenannten *Dryas*-Tonen nachgewiesen worden.

Volksnamen. Die merkwürdig klingenden Namen Bring ma's wida [Bring mir's wieder] (Niederösterreich), Bringherwieder (Obersteiermark) geht darauf zurück, daß man die Pflanze den Kühen gab, um ihnen die versiegte Milch „wiederzubringen". Ähnliche Namen sind Bringwieder *(Potentilla argentea)*, Verloren, Kehrwieder *(Lathraea squamaria)*, Wiederkum *(Polytrichum commune)*.

**836b. Polygonum vacciniifolium** WALL., Cat. nr. 1695 (1828), nomen, MEISN.
in WALL., Pl. As. rar. **3**, 54 (1832), descriptio

Niederliegender Strauch mit oft kriechenden oder zuletzt aufsteigenden Zweigen und mit Adventivwurzeln. Blätter kurz gestielt, eiförmig bis rundlich-eiförmig, 1–2,5 cm lang, 0,6–1,2 cm breit, spitz, am Grunde verschmälert, ganzrandig, oberseits dunkelgrün, unterseits bläulich-weiß. Nebenblattscheiden etwa 1 cm lang, zerschlitzt, mit zahlreichen hervortretenden Nerven. Scheinähren zart, bis 8 cm lang, nicht über 1 cm dick, endständig, zu etlichen bis zahlreichen zu Gesamtblütenständen angeordnet. Blütenhülle lebhaft rosa, 3–4 mm lang, Staubblätter hervorragend. – VIII, IX.

Heimat. Himalaya. Bei uns gelegentlich in Gärten kultiviert.

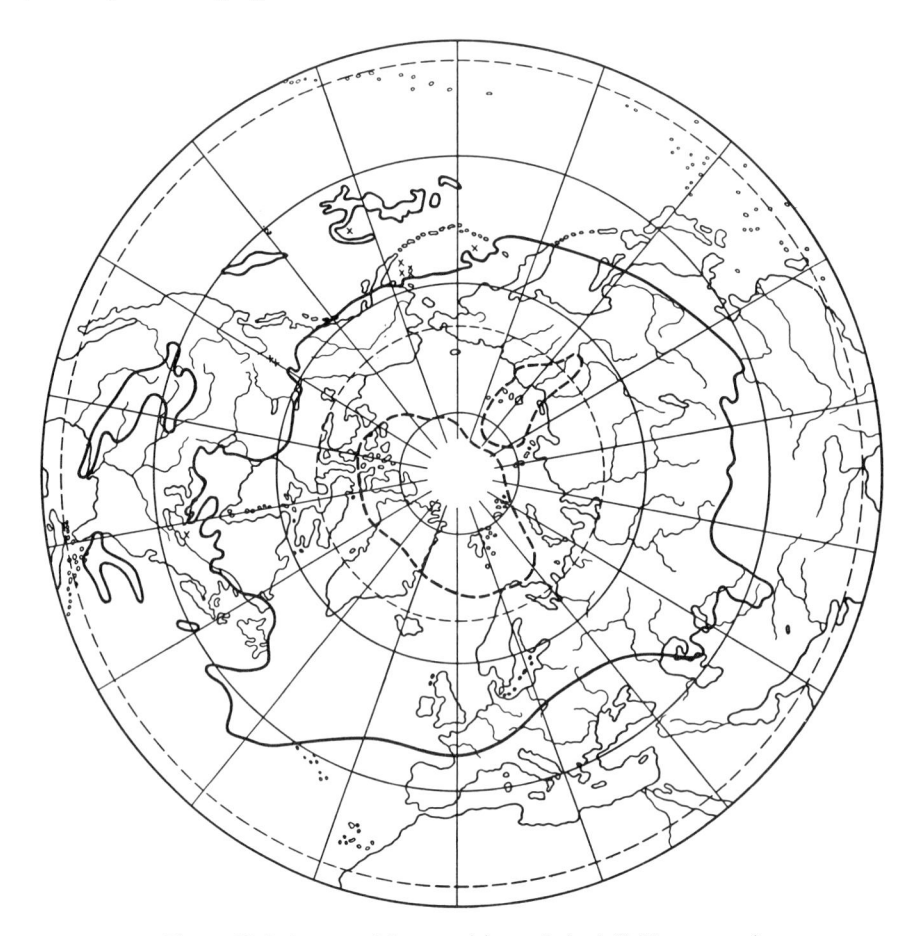

Fig. 182. Verbreitung von *Polygonum viviparum* L. (nach H. MEUSEL, 1957)

**837a. Polygonum amphibium** L., Spec. plant. 361 (1753). Syn. *P. purpureum* GILIB. (1792), *Persicaria amphibia* (L.) S. F. GRAY (1821), *Persicaria fluitans* MONTAND. (1856). Wasser-Knöterich. Dän.: Vand-Pileurt. Engl.: Amphibious Bistort. Franz.: Renouée amphibie. Ital.: Persicaria amphibia. Sorb.: Wódna wuroć. Poln.: Rdest ziemnowodny. Tschech.: Rdesno obojživelné.
Taf. 93, Fig. 3; Fig. 183, Fig. 184a–g

Ausdauernd. Grundachse kriechend, ästig, oft sehr verlängert, stielrund, knotig gegliedert, an den Gliedern faserig; kurze Ausläufer treibend. Pflanze 30–75 (–100) cm hoch bzw. lang, kahl oder behaart, je nach dem Wasserstand sehr veränderlich in der Tracht. Wasserformen sind kahl; ihr Stengel flutend und an den Knoten wurzelnd, unverzweigt oder am Grunde ästig; die Blätter sind flutend, 5–15 cm lang, länglich-eiförmig, spitz, am Grunde abgestutzt oder fast herzförmig, oberseits graugrün bis grasgrün, unterseits heller, durch warzige, schildförmige Drüsen mehr oder weniger punktiert, 2–6 cm lang gestielt. Die Landformen sind aufsteigend oder aufrecht, nur an den unteren Knoten wurzelnd, kahl oder schwach behaart, meist rot oder rötlich überlaufen; die Blätter sind 5–12 (–15) cm lang, länglich-lanzettlich, stumpf, am Grunde mehr oder weniger verschmälert und zuletzt abgerundet, am Rande mit kurzen, angedrückten Borsten und oft mit Drüsenhaaren mehr oder weniger dicht besetzt (Fig. 184 e, f). Nebenblattscheiden häutig, verlängert, gestutzt, die untergetauchten glatt, die terrestrischen mehr oder weniger angedrückt rauhborstig und drüsenhaarig. Blattstiele über der Mitte der Tuten abgehend. Scheinähren endständig, einzeln, selten zu 2 oder 3, aufrecht, walzlich, dichtblütig, meist 3–5 cm lang, 7–12 mm im Durchmesser. Blütenstiele glatt oder bei Landformen etwas angedrückt rauhhaarig bzw. drüsenhaarig. Tragblätter eiförmig, spitz, kahl. Blüten meist zweihäusig-vielehig; Blütenhülle etwa 4 mm lang, rosa, drüsenlos (Taf. 93, Fig. 3 b); Staubblätter meist (4–) 5 (–8), Griffel zweiteilig mit kugeligen Narben (Taf. 93, Fig. 3 c). Nüsse 2–3,5 mm lang, scharfkantig, glänzend braun-schwarz, fast glatt, von der Blütenhülle eingeschlossen. – Chromosomenzahl: $n = 33$. – VI bis IX.

Fig. 183. *Polygonum amphibium* L. Wasserform auf der Lahn bei Wetzlar. (Aufn. TH. ARZT)

Vorkommen. Zerstreut in Laichkrautgesellschaften und im Röhricht über humos-schlammigen Böden in ruhigen Buchten stehender oder langsam fließender Gewässer, in Altwässern, Gräben, gelegentlich auch an kiesigen Ufern, in der Wasserform Potamogetalia-Ordnungscharakterart, in der Landform auch auf nassen Wiesen oder in Ackerunkrautgesellschaften als Anzeiger von Bodenverdichtung und zeitweiliger Grund- oder Staunässe.

Allgemeine Verbreitung. Nördliches gemäßigtes bis südliches Eurasien und Nordamerika (boreal bis meridional-zirkumpolar). Vereinzelt auch eingeschleppt auf der Südhemisphäre.

Verbreitung im Gebiet. Zerstreut vom Norddeutschen Tiefland bis in die Alpentäler; in Norddeutschland häufig, in Nordwestdeutschland im Süderbergland und im Weserbergland zerstreut und meist nur auf die Täler beschränkt, in den höchsten Lagen fehlend, in Mitteldeutschland nur bis ins Bergland häufig, in den Alpen gelegentlich auch höher ansteigend, wie z. B. in Tirol bis 1200 m, im Kanton Wallis: Esserze bis 2200 m.

*P. amphibium* bildet in seiner Wasserform in kleineren Teichen und Gräben nicht selten größere, fast reine Bestände. Andererseits erscheint es an Seen und Flüssen gern in der Verlandungszone, und zwar sowohl in der Binsenzone, in der Röhricht- und Schilfzone als auch in der Seerosenzone; in letzterer entfernt es sich allerdings nie weit vom Ufer. Im nichtblühenden Zustand kann die Wasserform leicht mit *Potamogeton natans* L. verwechselt werden, mit welcher Art es nicht selten auch gemeinsam auftritt. In der Landform erscheint *P. amphibium* auch im Magnocaricetum. Wird der Wasserstand in den Gräben, Tümpeln oder Teichen zu niedrig und trocknen die Weiher und Lachen allmählich aus, so stirbt *P. amphibium* nicht ab, sondern vermag sich, selbst wenn der Boden schon ziemlich trocken ist, noch zu erhalten. Die Pflanze besitzt also die Fähigkeit, sich in hervorragender Weise dem Land- und Wasserleben anzupassen.

Im Wasser bildet *P. amphibium* lange, meist mäßig verzweigte Stengel, die 100–270 cm lang sein können und die zahlreiche Stengelglieder aufweisen, von denen die unteren und mittleren am längsten, die untersten am dünnsten und die obersten am dicksten sind. Das Sproßende trägt 4–5 gestielte Schwimmblätter, die am Grunde stumpf abgerundet oder abgestutzt, gegen die Spitze zugespitzt sind. Die Schwimmblätter sind bis 7 cm lang gestielt, kahl, oberseits glatt, dunkelgrün, glänzend und fein punktiert, unterseits hell mit deutlicher Nervatur. Die Schwimmblattform bildet regelmäßig dicke, sich senkrecht über den Wasserspiegel erhebende, rote Blütenähren. Nach IRMISCH ist nur sehr selten Fruchtbildung zu verzeichnen, da Staubblätter und Pollen ganz oder teilweise verkümmern.

Trocknet der Tümpel aus, so erhebt sich der Stengel steif aufrecht; in seinem Inneren werden zur Aussteifung mechanische Zellen eingelagert. Die Sprosse der Landform sind nach GLÜCK (1924) im allgemeinen 30–64 cm lang, meist aufrecht, mitunter auch horizontal am Boden hingestreckt und fast strahlenartig ausgebreitet. Die erstgebildeten Blätter der Landform sind Niederblättchen, bestehend aus einer Nebenblattscheide und einem länglich-lanzettlichen, sitzenden Spreitenrudiment. Erst am 4.–5. Stengelknoten bildet sich allmählich ein Stielchen aus. Das definitive Blatt der Landform ist kurz gestielt, breit-lanzettlich, am Grunde stumpf, gegen die Spitze zugespitzt, graugrün im Gegensatz zu dem dunkelgrünen Schwimmblatt, und es ist oberseits dicht mit vielzelligen Borsten- sowie Drüsenhaaren, unterseits nur zerstreut mit Borsten- und Drüsenhaaren besetzt.

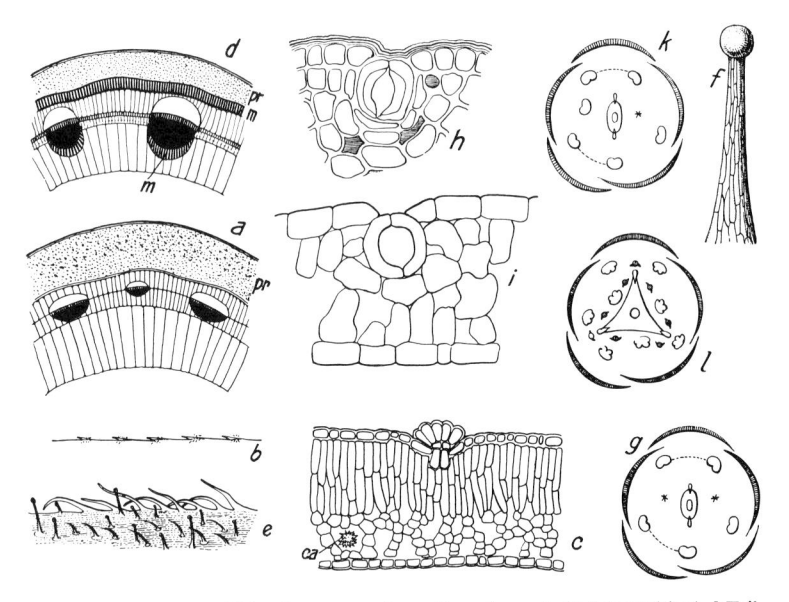

Fig. 184. *Polygonum amphibium* L. stat. *aquaticus*: *a* Stengelquerschnitt (schematisiert). *b* Teil des Blattrandes. *c* Blattquerschnitt mit sitzender Drüse. – stat. *terrestris*: *d* Stengelquerschnitt (schematisiert). *e* Teil des Blattrandes. *f* Drüsenhaar (vergrößert). *g* Blütendiagramm (nach EICHLER). – *P. Hydropiper* L. *h, i* Eingesenkte Drüsen (nach LITSCHAUER). – *k, l* Diagramm von *P. lapathifolium* L. und *Fagopyrum vulgare* HILL (nach EICHLER). – *pr* = primäre Rinde (Schwammparenchym). *m* = mechanisches Gewebe. *ca* Druse von Calciumoxalat

Bezeichnend ist, daß die eine klebrige Flüssigkeit absondernden Drüsenhaare nur bei der Landform vorkommen (Fig. 184 f); sie dürften als Schutz gegen Insektenfraß dienen.

Die rosaroten, angenehm duftenden Blüten sind heterostyl, verschiedengestaltet und zuweilen auch bei der Landform unfruchtbar. Meistens sind sie zweihäusig-vielehig, seltener zweigeschlechtig oder monözisch bzw. diözisch; in letzterem Falle ragen dann die Griffel und Staubblätter aus der Blüte heraus.

Die Früchte sind zwar schwerer als das Wasser, jedoch unbenetzbar und können sich deshalb gleich einer eingefetteten Stahlnadel sehr lange auf der Oberfläche erhalten. In höheren Lagen reifen die Früchte gewöhnlich nicht aus; die Pflanze vermehrt sich dann auf vegetativem Wege durch Stocksprosse.

Nach GLÜCK bleibt die im Wasser lebende Pflanze nicht immer auf dem Schwimmblattstadium stehen. Es kommt vor, daß gesellig wachsende Pflanzen sich mit ihrer Sproßachse noch 20–30 cm hoch über den Wasserspiegel erheben und Blätter hervorbringen, die Übergänge zwischen den beiden Blattformen darstellen oder sich auch den Blättern der Landform stark nähern. Auch kommen solche Sprosse häufig zur Blüte.

Volksnamen. Nach den weidenähnlichen Blättern heißt die Art Wille Wichel [wilde Weide], Wieden (Westfalen), Wilgenweed (Oldenburg).

### 837 b. Polygonum tinctorium AIT., Hort. Kew. 2, 31 (1789)

Einjährig. Stengel aufrecht, 30–80 cm hoch, einfach oder nahe am Grunde wenig verzweigt, meist rot überlaufen. Blätter kurz gestielt, länglich bis eiförmig, stumpflich, am Grunde verschmälert, am Rande schwach gewimpert, sonst kahl, durchscheinend punktiert. Nebenblattscheiden mittelgroß, schmal, auf der Fläche fast kahl, am Rande kurz gewimpert. Blütenstand eine endständige Rispe; Teilblütenstände mehr oder weniger gebüschelt, 3- bis 5-blütig, blattwinkelständig und endständig, eiförmig bis länglich, dichtblütig. Tragblätter so lang wie die Blütenstiele. Blütenhülle rot; Staubblätter 6–8, wie die Griffel die Blütenhülle nicht überragend. Nüsse 2–3 mm lang, linsenförmig, bikonvex, glatt, glänzend, in der Blütenhülle eingeschlossen. – VII bis IX.

Heimat. China. – Früher in Europa vielfach zur Gewinnung von Indigo aus den Blättern angepflanzt; sehr selten verwildert oder verschleppt, so z. B. bei Mannheim (ASCHERSON).

**838. Polygonum lapathifolium** L., Spec. plant. 360 (1753). Ampfer-Knöterich. Dän.: Bleg-Pileurt. Engl.: Pale Persicaria. Franz.: Renouée à feuilles de Patience. Ital.: Persicaria punteggiata. Poln.: Rdest kolankowaty. Tschech.: Rdesno blešník. Taf. 93, Fig. 4; Fig. 184 k, Fig. 188 n–p

Einjährig. Wurzel spindelförmig. Stengel aufrecht, aufsteigend oder niederliegend, 20–60 (200) cm hoch, einfach oder ästig, kahl, oft rot überlaufen oder rot gefleckt, mit walzlichen oder nach abwärts allmählich birnförmig verdickten, im Inneren dann hohlen, verschieden – 0,5–15 cm – langen Stengelgliedern. Blätter deutlich, bis etwa 3 cm lang gestielt, eiförmig bis lineal-lanzettlich, spitz oder zugespitzt, in den Blattstiel verschmälert, meistens im unteren Drittel am breitesten, an den Stielen, Nerven und am Rande etwas angedrückt behaart, unterseits von warzigen Drüsen punktiert, im übrigen kahl oder unterseits, seltener oberseits spinnwebig-filzig, zuweilen oberseits mit einem bogigen, schwarzen, blutroten oder braunroten Fleck versehen, von bitterem Geschmack. Nebenblattscheiden röhrig, locker anliegend (Fig. 188 n), am Rande mit kurzen, dem bloßen Auge nicht sichtbaren, 0,05–0,16 mm langen Drüsenhaaren oder mehr oder weniger kahl bei Exemplaren von feuchten und nassen Standorten. Blütenhülle 5-spaltig (Taf. 93, Fig. 4a; Fig. 184 k, 188 o, p), 2–3 mm lang, rosa, weiß oder grünlich, zur Fruchtzeit mit stark erhabenen, oben ankerförmig verzweigten Leitbündeln und deutlich länger als die Frucht. Staubblätter (5–) 6 (–7); Griffel tief 2-teilig (Taf. 93, Fig. 4c). Nüsse 2–3 mm lang, in der Regel linsenförmig, bikonkav, sehr selten 3-seitig, glänzend schwarzbraun, in der Blütenhülle eingeschlossen. – Chromosomenzahl: n = 11. – VII bis IX.

Vorkommen. Ziemlich häufig in Hack- und Ufer-Unkrautgesellschaften auf nährstoffreichen, stickstoffbeeinflußten, frisch-humosen Sand-, Lehm- oder Tonböden, auf Äckern, in Gärten und an Ufern, vor allem in der Nähe menschlicher Siedlungen; ssp. *lapathifolium* ist Bidention-Verbandscharakterart und wie ssp. *Brittingeri* im besonderen Charakterart der Flußknöterich-Gesellschaft des Polygono-Chenopodietum (Bidention), ssp. *pallidum* dagegen ist als Ackerpflanze Charakterart des Panico-Chenopodietum (Polygono-Chenopodion), ähnlich dürfte sich auch ssp. *mesomorphum* verhalten.

Allgemeine Verbreitung. Gemäßigtes Eurasien und Nordamerika (boreomeridional-eurasisch). Vereinzelt auch auf der Südhemisphäre (verschleppt).

Verbreitung im Gebiet. Verbreitet und häufig vom Norddeutschen Tiefland bis in die Alpentäler, gelegentlich auch höher ansteigend, wie z. B. bei Trins in Nordtirol bis 1200 m, bei Nairs im Unterengadin bis 1340 m.

Bestimmungsschlüssel für die Unterarten von *Polygonum lapathifolium*:

1 Scheinähren zufolge der kleinen Früchte ziemlich dünn. Früchte 1,8–2,5 mm lang . . . . . . . 2
1* Scheinähren dick- und dichtzylindrisch. Früchte 2,5–3,5 mm lang . . . . . . . . . . . . . 3
2 Pflanze mehr oder weniger lebhaft hell- oder dunkelgrün, bisweilen verschiedenartig rot überlaufen. Blätter nur äußerst spärlich behaart. Perigon während der Blüte weiß mit grüner Basis, nach der Blüte weiß bleibend oder hell rötlich, nicht grün werdend. Frucht 1,8–2 mm lang ssp. *lapathifolium*

2* Pflanze meist blaß- oder graugrün, seltener dunkel oder rötlich grün. Blätter oberseits dicht, unterseits nur schwach filzig behaart. Perigon während der Blüte weiß mit grüner Basis, nach der Blüte weiß bleibend oder grün werdend, bisweilen mehr oder weniger rot überlaufen. Frucht 2–2,5 mm lang (vgl. auch 2**) . . . . . . . . . . . . . . . . . . . . . . . ssp. *mesomorphum* (DANS.) DANS.

2** Pflanze nicht lebhaft hell- oder dunkelgrün. Blätter sehr breit, die am Grunde der Zweige oft fast rundlich, unterseits dicht grau-spinnwebig behaart. Perigon während der Blüte weiß, mit grüner Basis, nach der Blüte weiß bleibend oder hell rötlich, nicht grün werdend. Frucht 2–3 mm lang . . . . . . . . . . . . . . . . . . . . . . . . . . . . . . . . . . . . . ssp. *Brittingeri* (OPIZ) RECH. f.

3 Stengelglieder mehr oder weniger kräftig. Seitenzweige kürzer als der Hauptstengel, Verzweigung daher nicht gabelig erscheinend. Blätter eiförmig-lanzettlich, stumpf, selten spitz, bisweilen, wenn auch selten, breit bis rundlich-elliptisch, meist dicht filzig-behaart, besonders blattunterseits . . . . . . . . . . . . . . . . . . . . . . . . . . . . . . . . . . . . . . ssp. *pallidum* (WITHERING) FRIES

3* Stengelglieder sehr schlank. Seitenzweige nicht kürzer als der Hauptstengel, diesen vielmehr überragend, wodurch die Verzweigung gabelig erscheint, Blätter schmal lanzettlich, mehr oder weniger spitz, meist sehr spärlich, nur an trockenen Standorten reichlich filzig behaart . . . . . . . . . . . . . . . . . . . . . . . . . . . . . . . . . . . . ssp. *leptocladum* (DANS.) THELL.

1. **ssp. lapathifolium.** Syn. *P. lapathifolium* L. ssp. *nodosum* (DANS.) DANS., Ned. Kruidk. Arch., **1923**, 300 (1924), *P. nodosum* PERS., Synops. **1**, 440 (1805), *P. lapathifolium* L. var. *nodosum* (PERS.) GREN. in GREN. et GODR., Fl. France **3**, 47 (1856), *P. lapathifolium* L. var. *nodosum* (PERS.) BECK und var. *Brittingeri* (PERS.) BECK in REICHENBACH, Icon. **24**, 75–76 (1906).

Einjährig. Schlank- und hochwüchsig, lebhaft gefärbt, selten blaß, grau oder gelblich, meist hell- oder dunkelgrün, bisweilen auch rot überlaufen, in der Regel 30–120 cm hoch. Stengel meist aufrecht, die unteren Äste aufsteigend, oder die ganze Pflanze mehr oder weniger ausgebreitet. Blätter lineal-lanzettlich bis eilanzettlich, spitz oder zugespitzt oder rundlich-elliptisch, in letzterem Falle die Grundblätter kreisrund oder annähernd verkehrt-eiförmig. Scheinähren durch die kleinen Früchte ziemlich dünn, dicht zylindrisch, trauben- bis rispenartig angeordnet. Blütenhülle während der Blüte weiß mit grüner Basis, nach der Blüte nicht grün werdend, meist schwach drüsig. Nüsse 1,8–2 mm lang, ebenso breit oder schmäler als lang.

Die Unterart ist weit verbreitet in den kalten, gemäßigten und subtropischen Teilen Europas und Asiens. In Nordwesteuropa ist ssp. *lapathifolium* viel allgemeiner, in Mitteleuropa hingegen weniger weit verbreitet als ssp. *mesomorphum*.

2. **ssp. Brittingeri** (OPIZ) RECH. f., comb. nov. Syn. *P. Brittingeri* OPIZ, Natural. **8**, 74 (1824), *P. lapathifolium* L. var. *Brittingeri* (OPIZ) BECK in REICHENBACH, Icon. Fl. Germ. et Helv. **24**, 76 (1906), *P. nodosum* PERS. var. *Brittingeri* (OPIZ) ASCHERS. et GRAEBN. Synopsis d. Mitteleuropäischen Flora **4**, 819 (1913), *P. danubiale* A. KERN. in Österr. Botan. Zeitschr. **25**, 255 (1875).

Einjährig. Niederliegend und stark verzweigt, oder mit wenigstens am Grunde niederliegenden und gegen die Spitze aufsteigenden Ästen. Blätter sehr breit, kurz elliptisch oder eiförmig, die am Grunde der Zweige oft von fast rundlicher Gestalt, die unteren meist stumpflich, die oberen spitz, plötzlich oder etwas allmählich in den Stiel verschmälert, unterseits dicht spinnwebig weiß- oder graufilzig. Blütenstände oft auffallend kurz. Blütenhüllblätter und vor allem die Blütenstiele drüsig-rauh. Nüsse 2–3 mm lang.

Südliches Mitteleuropa, vor allem in den großen Strom- und Flußtälern, besonders an der Donau und ihren größeren Nebenflüssen, in der Schweiz z. B. an der Thur, gelegentlich auch auf Schutt bei Rorschach, am Bodenseestrand bei Staad, mehrfach auch an der Aare von Aarau bis Koblenz, Verbreitung im einzelnen noch genauer festzustellen.

3. **ssp. mesomorphum** (DANS.) DANS., Ned. Kruidk. Arch., **1923**, 303 (1924). Syn. *P. mesomorphum* DANS., Rec. Trav. Bot. Néerl. **18**, 139 (1921), *P. lapathifolium* L. var. *virescens* GREN. in GREN. et GODR., Fl. Franç. **3**, 47 (1856).

Einjährig. Ganze Pflanze blaß- oder graugrün bis dunkel- oder rötlich-grün, sehr veränderlich, aber unter normalen Bedingungen 30–60 cm hoch. Stengel meist aufsteigend bis aufrecht, schwach filzig behaart. Blätter lineal-lanzettlich bis ei-lanzettlich, unterseits dichtfilzig, oberseits gleich den Nebenblattscheiden nur schwach filzig behaart. Scheinähren durch die kleinen Früchte ziemlich dünn, aber doch dicht zylindrisch, meist traubenartig zu größeren Blütenständen zusammengefügt. Perigon während der Blüte weiß mit gelber Basis, nach der Blüte weiß bleibend oder grün werdend, bisweilen mehr oder weniger rot überlaufen, wechselnd drüsig. Frucht meist 2–2,5 mm lang und ungefähr ebenso breit.

Die Unterart ist weit verbreitet in den kalten, gemäßigten und subtropischen Gebieten Europas und Asiens; seltener kommt sie auch im tropischen Asien vor. In Nordwesteuropa ist ssp. *mesomorphum* weniger allgemein, in Mitteleuropa hingegen weiter verbreitet als ssp. *lapathifolium* und ssp. *pallidum*.

4. **ssp. pallidum** (WITH.) FRIES, Mant. 2, 24 (1839). Syn. *P. pallidum* WITH., Nat. Arr. ed. 3, 2, 381 (1796), *P. lapathifolium* L. ssp. *tomentosum* (SCHRANK) DANS., Rec. Trav. Bot. Néerl. **18**, 138 (1921), *P. tomentosum* SCHRANK, Baiersche Flora **1**, 669 (1789), *P. lapathifolium* L. var. *genuinum* GREN. in GREN. et GODR., Fl. France **3**, 47 (1856).

Von ssp. *lapathifolium* in entgegengesetzter Richtung abweichend wie ssp. *mesomorphum*. Im allgemeinen niedrig und mit weit abstehenden Zweigen, oft niederliegend oder aufsteigend, bisweilen auch aufrecht mit aufsteigenden unteren Zweigen, 1–2 Fuß hoch, meist graulich- oder gelblich-grün, seltener schmutzig-rötlich, filzig behaart, vor allem blattunterseits, blattoberseits jedoch nur an trockenen Standorten. Blätter eilanzettlich, stumpf, selten spitz, bisweilen, wenn auch selten, breit bis rundlich-elliptisch. Scheinähren dick und dicht zylindrisch, traubenförmig. Blütenhülle während der Blüte weiß mit grüner Basis, nach der Blüte bald grün werdend, zuweilen auch rot überlaufen, meist stark drüsig. Frucht 2,5–3,5 mm lang und fast ebenso breit.

Ziemlich allgemein verbreitet im nördlichen, westlichen und südlichen Europa. Im nordwestlichen Europa weit verbreitet auf sandigen Äckern, wo sie unvermischt mit anderen Unterarten meist sehr einförmige Populationen bildet.

5. **ssp. leptocladum** (DANS.) THELL., Veröffentl. Geobotan. Inst. Rübel, Zürich **3**, 758 (1925). Syn. *P. leptocladum* DANS., Rec. Trav. Bot. Néerl. **18**, 139 (1921), *P. linicola* SUTULOV (1914), *P. lapathifolium* L. var. *linicola* (SUTULOV) DANS., Ned. Kruidk. Arch. **1923**, 303 (1924).

Steht der Unterart ssp. *pallidum* nahe, mit welcher es ein im allgemeinen graues Kolorit, lanzettliche, stumpfliche Blätter, grüne, dicke Ähren, die zu traubenartigen Gesamtblütenständen vereinigt sind, und 2,5–3,5 mm lange Nüsse gemeinsam hat, unterscheidet sich aber durch folgende Merkmale: Stengelglieder sehr schlank, schlanker als bei allen anderen Unterarten; die Seitenzweige nicht kürzer als der Hauptstengel, diesen vielmehr überragend, wodurch die Verzweigung gabelig erscheint; Blätter stets schmal lanzettlich; filzige Behaarung nur an trockenen Standorten reichlich, gewöhnlich sehr spärlich; Blütenhülle sogar bei völliger Reife der Nüsse sich nicht leicht von den Blütenstielchen loslösend, ein wenig kürzer als die Nuß, an der Spitze geöffnet; an feuchten Standorten sind die seitlichen Perigonzipfel an den unteren Blüten einer Ähre oft zu blattartigen Gebilden ausgewachsen.

Allgemein verbreitet auf den Flachsfeldern Mittelrußlands. Wurde adventiv in den Niederlanden und in Tirol beobachtet.

In der ersten Auflage der Flora von Mitteleuropa wurde für die Gliederung von *P. lapathifolium* L. s. l. das System von SCHUSTER (1907) angenommen, das sich im wesentlichen auf das Vorhandensein oder Fehlen von Calciumoxalatdrusen in den Blättern stützt, ein Merkmal, das außer gelegentlich zur Dichte des Blütenstandes keinerlei Korrelation zu anderen Merkmalen aufweist. DANSER (1921) hat die Unbrauchbarkeit dieses Systems nachgewiesen und es durch ein neues ersetzt, bei welchem eine äußerst komplizierte nomenklatorische Hierarchie angewandt wird. Später (1931) hat DANSER seine ursprüngliche Auffassung wesentlich modifiziert. Diese letztere Gliederung wurde mit Ausnahme der dort zu niedrigen systematischen Bewertung von *P. Brittigeri* OPIZ als Grundlage der vorangegangenen Darstellung angenommen. Außer den hier behandelten Unterarten beschreibt DANSER noch folgende Unterarten aus außereuropäischen Erdteilen, die im Gebiet adventiv vorkommen könnten: *P. lapathifolium* L. ssp. *lanigerum* (R. BR.) DANS. – Heimat. Tropisches Asien, Malesien und Australien. – ssp. *africanum* (MEISN.) DANS. – Heimat: Tropisches und südliches Afrika. – ssp. *glandulosum* (R. BR.) DANS. – Heimat: Japan, tropisches und subtropisches Asien, Australien, Süd- und Südostafrika. – ssp. *oligocladum* (DANS.) DANS. – Heimat: Südafrika. – ssp. *syringifolium* (DANS.) DANS. – Heimat: unbekannt. Adventiv aus Holland bekannt.

*P. lapathifolium* s. l. gehört einerseits der Morast- und Ufervegetation an, andererseits erscheint es in der Nähe von Ortschaften vielfach als Ruderalpflanze. Auf feuchten Kartoffeläckern wird die Pflanze leicht zu einem lästigen Unkraut. Am Strande von Norddeutschland gehört *P. lapathifolium* zur Vegetation der sog. „Treibgutwälle" in Begleitung von *Atriplex hastata* L., *A. littoralis* L., *Thalictrum flavum* L., *Cochlearia anglica* L., *Rorippa silvestris* (L.) BESS., *Potentilla Anserina* L., *Aster Tripolium* L., *Bidens tripartitus* L., *Artemisia vulgaris* L., *Chrysanthemum vulgare* (L.) BERNH., *Senecio viscosus* L. *Sonchus oleraceus* L. u. a. (FOCKE).

Früchte dieser Art sind ebenso wie solche von *P. Persicaria* L. mehrfach in den Pfahlbauten gefunden worden.

Volksnamen. Auf den Standort der Art gehen Namen wie Weiherkraut (Eifel), Krötenkraut (Mülheim a. d. Ruhr), Mistichrut [wächst gern an Miststätten] (Schweiz) zurück. Die Blätter werden wie die verwandter Knöterich-Arten (s. *P. amphibium*) mit denen der Weide verglichen, daher Wille Wilg (Oldenburg), Wichelskruut [Wichel ‚Weide'] (Vierlande). Die Namen Ruik (Hannover), Ruttig (Schlesien), Roddle (Baden) gelten auch für das ähnliche *P. Persicaria* (s. d.).

**839. Polygonum Persicaria** L., Spec. plant. 361 (1753). Syn. *Persicaria mitis* GILIB. (1792), *Polygonum maculatum* RAF. (1817), *Persicaria pusilla* p. p., *P. incana* und *P. maculosa* S. F. GRAY (1821), *Polygonum rivulare* ROTH (1827), *Persicaria vulgaris* WEBB et MOQ. ex WEBB et BERTH. (1836–50). Floh-Knöterich. Dän.: Færsken Pileurt. Engl.: Persicaria. Franz.: Renouée Persicaire, Persicaire, P. douce, Pied rouge, Pilingre. Ital.: Persicaria, Cucitoli, Salcerella. Poln.: Rdest plamisty. Tschech.: Rdesno červivec. Sorb.: Kusata wuroć. Fig. 188 d–m

Einjährig; in der Tracht *P. lapathifolium* ähnlich. Wurzel spindelförmig. Stengel aufrecht, aufsteigend oder niederliegend, meist ästig, seltener unverzweigt, 25–60 (–80) cm hoch, kahl, über den Knoten angeschwollen. Blätter lanzettlich oder länglich-lanzettlich, 5–10 cm lang, stumpflich oder spitz, meist lang zugespitzt, in der Mitte am breitesten, in einen kurzen oder sehr kurzen Stiel verschmälert, unterseits auf den Nerven und am Rande, seltener beiderseits kurz angedrückt behaart, oberseits oft schwarz gefleckt. Nebenblattscheiden röhrig, dem Stengel eng anliegend, auf der Fläche mit kurzen, angedrückten, zuweilen etwas krausen oder rauhen Haaren besetzt, am Rande lang gewimpert (Fig. 188 m). Scheinähren end- und blattwinkelständig, oft rispenartig angeordnet, gestielt, aufrecht oder etwas nickend, mäßig lang, länglich oder zylindrisch, dichtblütig oder im unteren Teil etwas lockerblütig. Blütenstandsachse und Blütenstiele drüsenlos, letztere kürzer als die Blütenhülle. Blütenhülle 2–3 mm lang (Fig. 188 g, h), rosa bis purpurrot, weiß oder gegen den Grund zu grünlich, zur Fruchtzeit mit nicht oder nur wenig hervortretenden Nerven. Staubblätter 6 (–8). Griffel tief zweigeteilt (Fig. 188 i). Nüsse (Fig. 188 k, l) etwa 2–2,5 (–3) mm lang, linsenförmig, beiderseits flach oder auf einer Seite gewölbt, spitz, glatt, schwarz, glänzend, von der etwa gleichlangen, persistierenden Blütenhülle umgeben. – Chromosomenzahl: $n = 22$. – VII bis IX.

Vorkommen. Verbreitet vor allem in Hackunkrautgesellschaften nährstoff- und stickstoffreicher, frisch-humoser Sand- und Lehmböden, auf Äckern und in Gärten, seltener auch in den Ruderalgesellschaften der Wege oder Schuttplätze sowie in der Schlammufervegetation des Bidention, im gemäßigten Europa: Polygono-Chenopodion-Verbandscharakterart.

Allgemeine Verbreitung. Gemäßigtes und südliches Eurasien (boreomeridional bis submeridional-eurasisch).

Verbreitung im Gebiet. Verbreitet und ziemlich häufig vom Norddeutschen Tiefland bis in die subalpine Stufe der Alpen, im Kanton Wallis bis etwa 1360 m, in Nordtirol bei Lisens bis 1640 m ansteigend.

Mehrere Formen wurden beschrieben, die wichtigsten sind:

1. f. *Persicaria*. Syn. *P. Persicaria* L. f. *biforme* FRIES, *P. Persicaria* L. var. *elatum* GREN. in GREN. et GODR., *P. Persicaria* L. f. *elatius* MEISN. in DC., *P. Persicaria* L. f. *erectum* GLAAB. – Pflanze groß und kräftig. Stengel aufrecht oder aufsteigend, mit nach abwärts meist deutlich verdickten Stengelknoten. Blätter groß, breit-lanzettlich, lang zugespitzt, unterseits nur kurz angedrückt behaart, mit oder ohne Flecken. Scheinähren lang gestielt, rispig angeordnet. Blütenhülle meist rosa. – Auf feuchtem Boden nicht selten.

2. f. *agreste* MEISN. in DC. Syn. *P. Persicaria* L. var. *genuinum* GREN. in GREN. et GODR. – Niedrig. Stengel aufrecht oder aufsteigend, selten niederliegend. Blätter kleiner, länglich-lanzettlich, oft an der Spitze abgerundet, nur unterseits auf den Nerven und am Rande kurzhaarig. Scheinähren kurz gestielt, meist kurz. – Sehr häufig, an trockenen Standorten, auf Feldern, Äckern, an Ruderalstellen.

3. f. *angustifolium* BECKH. – Stengel aufrecht oder aufsteigend, selten niederliegend. Blätter schmäler, schmal lanzettlich, beiderseits lang verschmälert, unterseits nur kurz angedrückt behaart. – Selten.

4. f. *ruderale* (SALISB.) MEISN. in DC. Syn. *P. ruderale* SALISB. – Meist niedrig, selten kräftiger, ausgebreitet ästig. Stengel niederliegend, seltener etwas aufsteigend. Blätter oft angedrückt kurzhaarig. – Nicht selten, auf Äckern, an Ruderalstellen, auf feuchten Sandböden.

*P. Persicaria* tritt fast nur als Ackerunkraut und Ruderalpflanze auf, als Ackerunkraut oft in Begleitung von *Equisetum arvense* L., *Polygonum Convolvulus* L., *Chenopodium album* L., *Amaranthus retroflexus* L., *Capsella Bursa-pastoris* (L.) MEDIK., *Euphorbia Helioscopia* L., *Solanum nigrum* L., *Senecio vulgaris* L., *Cirsium arvense* (L.) SCOP., *Sonchus arvensis* L., *S. oleraceus* L., *Echinochloa Crus-galli* (L.) PAL. BEAUV. u. a. m. – Im Herbst erscheint zuweilen noch eine zweite Generation, kleinere, fast unverzweigte Pflänzchen (Fig. 188e). – Die Blüten werden nur selten von Insekten besucht. Sie sind wohl lebhaft gefärbt und stehen dicht beieinander, sind aber doch klein, geruchlos und enthalten wenig Nektar. Häufig erfolgt spontane Selbstbestäubung. – Die Nüsse finden sich häufig als Begleitsamen in nordamerikanischem Rotklee und in Wiesenschwingelsaat.

Volksnamen. Die Bezeichnung Rietacher (Schweiz), Riedocker (Oberpfalz), Rietach (Steiermark), Riederer (Böhmer Wald), Rottich (Schlesien), verkürzt auch Rük, Ruik, Rök (Braunschweig) finden sich bereits im Mittelhochdeutschen als rietacher, rietach, rotich u. ä. Sie werden ab und zu auch für ähnliche Knöterich-Arten wie für *P. Persicaria* und *P. lapathifolium* gebraucht. Nach den blutroten Flecken, die oft auf den Blättern dieser Art zu finden sind, gehen Volksnamen wie Blutstropfen (Niederösterreich), Christi Blutstropfen (Lippe). Der bittere bzw. scharfe Geschmack der Pflanze veranlaßte Bezeichnungen wie Bitterkrut (niederdeutsch), Bittertunge [-zunge] (Westfalen), Bitterweide [nach den weidenähnlichen Blättern] (Brandenburg). Früher benutzte man das Kraut zum Vertreiben von Flöhen, daher Flohkraut (vielfach), Flohgras (Niederbayern).

**840. Polygonum Hydropiper** L., Spec. plant. 361 (1753). Syn. *Persicaria acris* GILIB. (1792), *Polygonum gracile* SALISB. (1796), *P. glandulosum* POIR. in LAM. (1804), *Persicaria Hydropiper* (L.) OPIZ (1852), *Persicaria urens* MONTAND. (1856). Wasserpfeffer-Knöterich, Pfeffer-Knöterich. Dän.: Bidende Pileurt. Engl.: Water-pepper. Franz.: Renouée Poivre d'eau, Poivre d'eau, Curage, Persicaire brûlante, P. acre. Ital.: Cuociculo, Pepe d'acqua. Poln.: Rdest ostrogorzki, Piprz wodny. Tschech.: Rdesno peprnik. Sorb.: Hórka wuroć, Hĕrkuš.
Taf. 94, Fig. 2; Fig. 184h, i, Fig. 185n, o

Einjährig, ganze Pflanze scharf pfefferartig schmeckend. Wurzel oft zuletzt fast holzig, derb. Stengel aufrecht oder aufsteigend, oft am Grunde niederliegend und an den Knoten wurzelnd, meist schon vom Grunde an ästig, 30–60 (–100) cm hoch, kahl, grün oder oberwärts purpurbraun überlaufen, über den Knoten zuweilen angeschwollen. Blätter länglich-lanzettlich, beiderseits verschmälert, 3–6 cm lang, 0,7–1,5 cm breit, stumpflich oder spitz, auf den Flächen kahl oder unterseits kurzhaarig, am Rande von kurzen angedrückten Borsten rauh und mehr oder weniger deutlich, oft unregelmäßig wellig, deutlich geadert, durchscheinend drüsig punktiert, mit einem schwarzen Fleck versehen, sehr kurz aber deutlich gestielt. Nebenblattscheiden kurz, fast aufgeblasen, auf der Fläche kahl, am Rande mit wenigen ungleich langen Wimpern besetzt, die oberen Nebenblattscheiden oft kahl. Scheinähren schlank, dünn, meist etwa 4–6 cm lang, unterbrochen, oft nickend, nur unterwärts beblättert. Blütenhülle (3–) 4 (–5)-geteilt, 3–4 mm lang; Perigonabschnitte stumpflich, grünlich, an der Spitze rötlich-weiß bis rosa oder weiß, durch zahlreiche eingesenkte, fast goldgelbe Drüsen durchscheinend punktiert (Taf. 94, Fig. 2a, b). Staubblätter 6 (–8), Pollen ein reliefartiges Gitterwerk zeigend, am Rande daher wie granuliert. Griffel 2–3, aufrecht, Blütenstiele meist kürzer als die Nuß. Nuß (Fig. 185n, o) 2,5–3,5 mm lang, eiförmig-elliptisch, bald linsenförmig und auf der einen Seite gewölbt, bald stumpf dreiseitig, höckerig, rauh, in der persistierenden Blütenhülle eingeschlossen. – Chromosomenzahl: $n = 10$. – IV bis VII.

Vorkommen. Häufig in unkrautigen Pioniergesellschaften auf nassen, stickstoffbeeinflußten und nährstoffreichen, aber meist kalkarmen Sand- und Schlammböden, an Gräben und auf feuchten Waldwegen oder Dorfstraßen, an Teichen und Ufern, Charakterart des Polygono-Bidentetum (Bidention), als Staunässezeiger auch auf Äckern.

Allgemeine Verbreitung. Gemäßigtes und südliches Eurasien und Nordamerika (boreo-meridional bis meridional). Europa, fehlend auf Island; Nordafrika; Syrien, gemäßigtes Asien und Nordamerika; fehlt in den arktischen Gebieten.

Verbreitung im Gebiet. Verbreitet und ziemlich häufig vom Norddeutschen Tiefland bis in die Voralpen und in die subalpine Stufe der Alpen, im Kt. Wallis bis 900 m, in Oberbayern bis 1130 m, in Tirol bis etwa 1200 m ansteigend.

Mehrere Abänderungen wurden beschrieben, die wichtigsten sind:

1. f. *Hydropiper*. Syn. *P. Hydropiper* L. var. *vulgare* MEISN. in DC., *P. Hydropiper* L. var. *genuinum* BECKH. – Stengel meist aufsteigend, oft am Grunde wurzelnd. Blätter breit-lanzettlich, stumpflich oder spitz, meist beiderseits lang verschmälert, die stengelständigen meist 1,5–3 cm breit, oft schwarz gefleckt. Nebenblattscheiden entfernt gewimpert. – Sehr häufig.

2. f. *obtusifolium* A. BRAUN. Syn. *P. obtusifolium* (A. BRAUN) SCHUR, *P. Hydropiper* L. var. *pauciflorum* KLETT et RICHT. – Stengel meist niedrig, ausgebreitet ästig, am Grunde meist niederliegend. Blätter klein, länglich-eiförmig bis keilförmig-verkehrt-eiförmig, stumpf. Scheinähren blattachselständig, die endständigen kurz, armblütig. – Sehr zerstreut.

3. f. *angustifolium* (DUVAL) A. BRAUN. Syn. *P. angustifolium* DUVAL. – Pflanze meist klein. Stengel mehr oder weniger niederliegend. Blätter klein, lineal-lanzettlich, sehr schmal. Scheinähren armblütig. – Selten.

In Stengeln, Blättern, Nebenblattscheiden und in der Blütenhülle finden sich schizogene Sekretbehälter (Fig. 184 h, i) in Form eingesenkter, ursprünglich aus 4–8 Epidermiszellen hervorgegangener Drüsen. Die größten Drüsen, welche einen Durchmesser bis zu 100 μ erreichen, sind in der Blütenhülle zu beobachten. Auf diese Sekretionsorgane ist wahrscheinlich der bittere pfefferartige Geschmack dieser Art zurückzuführen; er wird als Schutzmittel gegen Tierfraß gedeutet. – Früchte dieser Art wurden in den Pfahlbauten von Robenhausen in der Schweiz in Menge aus dem Getreide herausgelesen, so daß angenommen werden kann, daß *P. Hydropiper* wie andere *Polygonum*-Arten schon damals als Unkraut vorhanden war.

Volksnamen. Der bittere, scharfe, pfefferartige Geschmack der Pflanze veranlaßte die Namen Wasserpfeffer (Büchername), Pfefferkraut (Baden), Bitterblatt, Bitterkrut (Altmark). Das niederdeutsche (z. B. Ostfriesland, Westfalen) Smattkarn, Schmartkarn bedeutet „Schmerzkorn" [niederdeutsch smarten ‚brennen, schmerzen'], weil die Samenkörner der Pflanze auf der Zunge zerbissen einen stechenden, brennenden Schmerz verursachen. Teilweise gelten für unsere Art auch die bei *Polygonum Persicaria* (s. d.) angeführten Namen Riedacker, Riederer, Rottich.

**841. Polygonum mite** SCHRANK, Baiersche Flora 1, 668 (1789). Syn. *P. hybridum* CHAUB. (1821), *P. dubium* STEIN (1824), *P. Braunii* BLUFF et FINGERH. (1825), *P. laxiflorum* WEIHE (1826), *Persicaria laxiflora* (WEIHE) OPIZ (1852), *Polygonum paludosum* SCHUR (1866), *Persicaria dubia* (STEIN) FOURR. (1869). Milder Knöterich. Schlaffer Knöterich. Franz.: Renouée douce, R. insipide. Ital.: Persicaria dolce. Poln.: Rdest wielokwiatowy. Tschech.: Rdesno útlé. Fig. 185 a–g

Einjährig, in der Tracht *P. Hydropiper* ähnlich, 15–60 (–80) cm hoch. Stengel aufrecht oder aufsteigend, am Grunde niederliegend und an den Knoten wurzelnd, einfach oder verzweigt. Äste schlank, schräg aufrecht bis waagrecht abstehend, aber etwas hängend. Blätter länglich-lanzettlich, meist etwa 4–10 cm lang, 1–2 cm breit, von der Mitte nach beiden Seiten gleichmäßig verschmälert, stumpf oder stumpflich, oft kurz gestielt, oberseits kahl, unterseits am Rande und auf den Nerven kurz angedrückt behaart, deutlich fiedernervig. Nebenblattscheiden auf der Fläche mehr oder weniger angedrückt rauhhaarig, am Rande 3–5 mm lang borstig gewimpert. Scheinähren dünn, fast stets aufrecht, zierlich verlängert, lockerblütig; untere Wickel der Scheinähren blattwinkelständig, obere Wickel von den an der Mündung kurz bewimperten Tuten gestützt, 2- bis 4-blütig (Fig. 185 d, e). Blütenhülle 4- bis 5-teilig (Fig. 185 b, c), 3–3,5 mm lang, weißlich, rosa bis fast purpurrot, an der Basis mit meist einigen wenigen, meist zwei Drüsenpunkten. Staubblätter meist 6, Pollen mit einem flachen Gitterwerk bedeckt, am Rande daher glatt. Nuß 2,5–3 (–4) mm lang, mehr oder weniger 3-kantig, spitz, glatt, fast schwarz, glänzend, undeutlich punktiert (Fig. 185 f, g), Blütenstiele kürzer oder etwas länger als die Nuß. – Chromosomenzahl: $n = 20$. – VII bis X.

Vorkommen. Zerstreut in unkrautigen Pioniergesellschaften nasser, stickstoffbeeinflußter Sand- und Schlammböden an Gräben, Ufern und Quellen, auf nassen Wegen, Bidention-Verbandscharakterart.

Allgemeine Verbreitung. Gemäßigtes Europa (süd-mitteleuropäisch). In Europa nordwärts bis Südschweden; Kleinasien.

Verbreitung im Gebiet. Verbreitet und mäßig häufig vom Norddeutschen Tiefland bis in die Voralpen, in Westfalen ziemlich häufig, im Bergland seltener, dagegen in den höheren Lagen ganz fehlend, in Mitteldeutschland vor allem in den Stromtalauen der Elbe und in der Lausitz, in Bayern bis 680 m, im Kt. Wallis bis 1000 m ansteigend.

Fig. 185. *Polygonum mite* SCHRANK. *a* Habitus (⅓ nat. Gr.), *b, c* 5- und 4-zählige Blüte. *d, e* Ochreen. *f, g* Nüsse. – *P. minus* HUDS. *h* Habitus (⅓ nat. Gr.). *i* Blüte. *k* Ochrea. *l, m*, Nüsse. – *P. Hydropiper* L. *n, o* Nüsse

**842a. Polygonum minus** HUDS., Fl. Angl. 1, 148 (1762). Syn. *P. pusillum* LAM. (1778), *P. strictum* ALL. (1785), *P. angustifolium* ROTH (1789), *P. intermedium* EHRH. (1790), *Persicaria pusilla* S. F. GRAY (1821) p. p., *Persicaria minor* (HUDS.) OPIZ (1852). Kleiner Knöterich. Dän.: Liden Pileurt. Franz.: Renouée fluette. Poln.: Rdest mniejszy. Tschech.: Rdesno menši. Fig. 185 h–m

Einjährig. Stengel meist schlaff und zierlich, niederliegend oder aufsteigend, 15–30 (–50) cm hoch, zart, kahl, unterwärts an den Knoten oft wurzelnd, einfach oder am Grunde wenig ästig. Blätter etwas dicklich, lineal-lanzettlich bis fast linealisch, mit fast parallelen Seitenrändern, aus abgerundetem oder kaum verschmälertem Grunde bis zur Mitte gleich breit, dann allmählich verschmälert, zugespitzt, meist 5–7 cm lang, 3–5 mm breit, kaum aderig, ganz kahl oder meist nur an den Nerven und am Rande kurz angedrückt behaart, mit einem schwarzen Fleck. Nebenblattscheiden röhrig, auf der Fläche von angedrückten Borsten mehr oder weniger rauh, am Rande mit zahlreichen längeren, ungleich langen Wimpern (Fig. 185 k). Scheinähren dünn, zart, aufrecht oder etwas nickend, meist lockerblütig, am Grunde oft unterbrochen, meist 1–4 cm lang, drüsenlos. Alle Wickel von gewimperten Nebenblattscheiden gestützt oder höchstens die untersten blattwinkelständig. Blütenhülle 2–2,5 mm lang, 5-spaltig, weiß, rosa oder purpurrot, drüsenlos. Staubblätter 5 (–8), Pollen mit einem flachen Gitterwerk bedeckt, am Rande daher glatt. Blütenstiele meist kürzer als die Frucht. Nüsse 2–2,4 mm lang, meist linsenförmig, seltener 3-kantig, glatt, schwarz, glänzend (Fig. 185 l, m). – Chromosomenzahl: $n = 20$. – VII bis X.

Vorkommen. Zerstreut in unkrautigen Pioniergesellschaften nasser stickstoffbeeinflußter nährstoffreicher aber kalkarmer Sand- und Schlammböden, an Ufern, Quellen, Wassergräben, auf nassen Wegen oder auf nackten Torfflächen, Charakterart des Polygono-Bidentetum (Bidention).

Allgemeine Verbreitung. Gemäßigtes und südliches Eurasien (boreomeridional-submeridional-eurasisch). Europa, fehlt im hohen Norden, nordwärts in Schweden bis etwa 62°, in Finnland bis etwa 63° n. Br.; gemäßigtes Asien.

Verbreitung im Gebiet. Zerstreut vom Norddeutschen Tiefland bis in die Voralpen, in Mitteldeutschland vor allem in den Niederungen und im Hügelland, in Bayern bis etwa 750 m, im Kt. Wallis bis 660 m, in Kärnten bis 1280 m ansteigend.

Wenig veränderlich, die beiden wichtigsten Formen sind: 1. f. *minus*. Syn. *P. minus* HUDS. var. *commune* A. BRAUN, *P. minus* HUDS. var. *typicum* BECK. – Stengel meist kürzer bis mittelhoch, meist am Grunde ästig. Blätter mäßig groß, oft fast linealisch. Scheinähren kurz, unterwärts kaum unterbrochen. – Sehr häufig.

2. f. *latifolium* A. BRAUN. Syn. *P. minus* HUDS. var. *elongatum* BLUFF et FINGERH., *P. minus* HUDS. var. *elatum* FRIES, *P. minus* HUDS. var. *maius* GAUD., *P. minus* HUDS. var. *strictum* A. BRAUN. – Stengel meist kräftiger, bis über 30 cm hoch, meist aufsteigend oder fast aufrecht, oberwärts ästig. Blätter lanzettlich, im untersten Drittel am breitesten. Scheinähren meist verlängert, schlank, lockerblütig. – Nicht selten.

**842b. Polygonum serrulatum** LAG., Nov. gen. et spec. **14**, 181 (1816). Syn. *P. scabrum* POIR. in LAM., (1804), *P. salicifolium* BROUSS. ex WILLD. (1809), non DELILE, *P. minus* TEN. (1831), non HUDS., *P. strictum* MEISN. (1840)

In der Tracht dem *P. minus* ähnlich, von ihm hauptsächlich durch folgende Merkmale verschieden: Blätter groß, länglich-lanzettlich, sehr lang zugespitzt, am Grunde etwas zusammengezogen bis abgerundet, am Rand fein angedrückt gewimpert-gesägt. Blütenstände deutlich gestielt, zierlich lockerblütig, ihre Wickel am Grunde mit mehr oder weniger gewimperten Nebenblattscheiden, niemals in Blattachseln. Nüsse 1,5 mm lang, meist dreiseitig, sehr stark glänzend. – VII bis IX.

Heimat: Mittelmeergebiet: Mediterranes Südfrankreich, Pyrenäen- und Apenninenhalbinsel, Balkanhalbinsel nördlich bis Bulgarien, ferner südliches Asien, Afrika, Australien, Neuseeland. – Bei uns gelegentlich adventiv.

**843a. Polygonum romanum** JACQ., Obs. **3**, 8, t. 58 (1789). Syn. *P. flagellare* BERT. (1818), *P. flagelliforme* LOIS. (1827), *P. aviculare* L. var. *romanum* MEISN. (1826)

Strauchförmig. Grundachse hart, holzig, hin- und hergebogen. Stengel niederliegend, nur mit den Spitzen aufsteigend, meist 0,40 bis 1 m hoch, sehr dünn, auf dem Boden ausgebreitet niederliegend oder nur mit den Spitzen aufstrebend, im unteren Teil unbeblättert, nur an den Spitzen Blätter tragend. Untere Stengelglieder verlängert, meist 3–4 cm lang, die der blütentragenden Zweige verkürzt. Blätter schmal lanzettlich bis fast linealisch, 1–3 cm lang, 2–5 mm breit, etwas dicklich, graugrün, fast sitzend, flach, kahl, mehr oder weniger nervig, an den kurzen Zweigen meist büschelig angeordnet. Nebenblattscheiden viel kürzer als die Stengelglieder, 6-nervig, zerreißend. Blüten einzeln oder bis zu 4 in den Wickeln, mit ungleich langen, oft sehr kurzen Blütenstielen. Blütenhülle ziemlich klein, grünlich bis weißlich, an den Rändern meist rötlich. Nüsse klein, 2–3 mm lang, dreikantig, längs gestreift und fein genarbt, matt oder schwach glänzend. – VIII.

Heimat: Mittelmeergebiet. Bei uns gelegentlich in Gärten kultiviert.

**843b. Polygonum maritimum** L., Spec. plant. 361 (1753). Syn. *P. glaucum* NUTT. (1817), *P. parvifolium* SCHOTT (1818), *P. litorale* LINK (1821) pr. p.

Halbstrauch oder ausdauerndes Kraut. Wurzel holzig, im Alter oft mit dickem, holzigem Kopfe. Stengel der jungen Pflanze meist aufstrebend, später flach niederliegend, rutenförmig, 10–40 cm lang, kantig gestreift, etwas rauh, graugrün, mehr oder weniger ästig, meist ziemlich gleichmäßig beblättert; obere Stengelglieder kurz. Blätter immergrün, derb, eiförmig- bis länglich-linealisch, etwa 1–1,5 cm lang, 5 mm breit, in den kurzen oder fast fehlenden Stiel verschmälert, stumpf oder spitzlich, flach oder meist am Rande zurückgerollt, fiedernervig, im Trockenen meist bläulich gefärbt. Nebenblattscheiden bleibend, 12-nervig, anliegend, unterwärts braun bis braunrot, oberwärts durchscheinend häutig, tief zerschlitzt. Blüten meist einzeln oder bis zu drei; Blütenstiele so lang oder länger als die Blütenhülle; diese ziemlich ansehnlich, 3–4 mm lang, ihre Abschnitte rundlich, rötlich, seltener weiß, außen am Rücken grün, an der Frucht locker abstehend. Nüsse dreikantig, lanzettlich, am Grunde abgerundet bis gestutzt, zugespitzt, stumpfkantig, glänzend braun, 2,5–4 mm lang, meist länger als die Blütenhülle. – Chromosomenzahl: 2 n = 20. – VI bis VIII.

Heimat: Mittelmeergebiet. Nahe der Südgrenze unseres Florengebietes im ehemaligen österreichischen Küstenland und in Istrien. – Bezeichnend für nitrophile Strandwall- und Spülsaumgesellschaften der wärmeren Meere, nach TÜXEN Euphorbion-peplis-Verbandscharakterart (Cakiletea maritimae).

**843 c. Polygonum aviculare** L., Spec. plant. 362 (1753) s. str. Syn. *P. aviculare* L. var. *erectum* (LED.) MEISN. in DC. (1856), *P. aviculare* L. var. *vegetum* (LED.) MEISN. (1856), *P. heterophyllum* LINDM., Svensk Bot. Tidskrift **6**, 690 (1912). Vogel-Knöterich. Dän.: Vej-Pileurt. Engl.: Knotgrass. Franz.: Renouée des oiseaux, Trainasse, Centinode, Herbe à cochon, Herbe aux panaris. Ital.: Centinodia, Corregiola, Centimorbia. Poln.: Rdest ptasi, Wróble jezyczki. Tschech.: Rdesno ptačí. Sorb.: Ptača wuroć, Swinjaca trawa. Taf. 93, Fig. 1; Fig. 186

Einjährig, kräftig. Hauptstengel in der Jugend aufrecht, bis 1 m lang, vielfach verzweigt; Äste niederliegend, bis 60 cm lang, untere Stengelglieder ungefähr 3–5 cm lang. Blätter kurz gestielt, an Haupt- und Seitensprossen verschiedenartig ausgebildet, breit elliptisch bis linealisch, die größeren Blätter des Hauptstengels bis zu 4–5 cm lang, die kleineren Blätter der achselständigen Zweige nur etwa halb so lang, gegen die Spitze der Zweige oft ziemlich klein, gewöhnlich hinfällig. Nebenblattscheiden mehr oder weniger häutig, zur Fruchtzeit zerschlitzt, gegen den Grund zu braun, gegen die Spitze hin silberglänzend. Blütenstände wenigblütig bis einblütig. Blüten kurz gestielt. Perigonabschnitte in wechselnder Zahl, meist rosa, weiß berandet. Staubblätter meist 8. Nüsse (Taf. 93, Fig. 1a, b) eiförmig bis fast elliptisch, (2–) 3 mm lang, ungefähr halb so breit,

Fig. 186. *Polygonum aviculare* L. Straßenrand in Wetzlar. (Aufn. TH. ARZT)

dreiseitig abgeflacht, Seitenflächen konkav, gerieft oder fast glatt, kastanienbraun oder dunkelbraun, selten fast schwarz, punktiert, nicht glänzend, die persistierende Blütenhülle gewöhnlich ein wenig überragend. – Chromosomenzahl: n = 30, (25). – (V–) VII bis X (–XI).

Vorkommen. Verbreitet in stickstoffliebenden Pioniergesellschaften vorwiegend trockener Sand- und Lehmböden, vor allem in Trittgesellschaften, auf Wegen, Plätzen, zwischen Pflastersteinen oder über Kies als Polygonion-avicularis-Verbandscharakterart, aber auch in den Unkrautgesellschaften der Äcker, Gärten sowie Schutt- und Müllplätze (Secalinetea und Chenopodieta).

Allgemeine Verbreitung. In den gemäßigten Gebieten der Alten und Neuen Welt; fehlt in der Arktis und Antarktis sowie in den Tropen der Alten und Neuen Welt, in letzteren jedoch gelegentlich eingeschleppt zu beobachten. Die Verbreitung ist im einzelnen zur Zeit noch unvollständig bekannt, da *P. aviculare* in Mitteleuropa bisher meist als Kollektivart gefaßt wurde unter Einbeziehung von *P. rurivagum* JORD., *P. aequale* LINDM. und *P. calcatum* LINDM.

Verbreitung im Gebiet. Allgemein verbreitet und sehr häufig vom Norddeutschen Tiefland bis in die obere subalpine Stufe der Alpen, gelegentlich auch in die alpine Stufe ansteigend, so z. B. in Südtirol im Trafoiertal bis 2390 m.

Ändert ab: 1. var. *aviculare*. Syn. *P. aviculare* L. var. *vulgare* DESV. (1818), *P heterophyllum* LINDM. (1912) p. p., ? *P. erectum* ROTH (1783), *P. aviculare* L. var. *erectum* (ROTH) HAYNE (1817). — Pflanze groß bis mittelgroß. Stengel in der Jugend aufrecht, unverzweigt oder ästig; Äste gewöhnlich 50–60 cm lang. Blätter bis zu 4–5 cm lang und bis zu 2–2,5 cm breit, meist länglich bis lanzettlich, die unteren meist viel größer, oft in einen deutlichen Stiel verschmälert, die obersten Blätter meist schmal, spitz bis zugespitzt. – Auf Äckern, an Wegrändern, stellenweise häufig.

2. var. *procumbens* (GILIB.) HAYNE, Arzneygew. 5, 23 (1817). Syn. *P. procumbens* GILIB., Exerc. phyt. 2, 434 (1792). – Pflanze mittelgroß bis groß. Stengel meist kräftig, niederliegend bis aufsteigend, fächerförmig oder fiederförmig verzweigt, meist nach allen Seiten kreisförmig ausgebreitet, oft polsterartig, die Äste und Spitzen mitunter aufsteigend. Blätter meist länglich bis lanzettlich, in einen kurzen Stiel verschmälert oder fast sitzend, spitz bis zugespitzt, die obersten Blätter meist schmal. – Allgemein verbreitet. Diese Abart ist die bei uns am häufigsten vorkommende Varietät.

3. var. *angustissimum* MEISN. in DC., Prodr. 14, 98 (1856). Syn. *P. heterophyllum* LINDM. var. *angustissimum* (MEISN.) LINDM. (1912). – Pflanze mittelgroß. Stengel und Äste meist zart und schlaff, niederliegend; Stengelglieder mehr oder weniger verlängert. Blätter sehr schmal linealisch bis lineal-lanzettlich, sehr spitz. Nebenblattscheiden deutlich verlängert. – Am Meeresstrand, z. B. auf Helgoland und bei Kiel, jedoch auch im Binnenland auf Sandfeldern, besonders im Süden des Florengebietes verbreitet.

4. var. *litorale* KOCH, Synopsis 618 (1837). Syn. *P. aviculare* L. ssp. *litorale* (LINK) ROUY (1910), *P. heterophyllum* LINDM. var. *litorale* (LINK) LINDM. (1912). – Pflanze mittelgroß bis groß. Stengel kräftig, oft sehr verlängert, niederliegend, am Boden kriechend, oft bis meterlang. Blätter meist länglich-lanzettlich bis breit spatelig, gewöhnlich viel stumpfer auslaufend als bei den anderen Varietäten, gegen die Astendigungen zu oft auffallend groß, ziemlich sukkulent, an den Rändern oft knorpelig. – Am Meere, auf Dünen, in Dünentälern, auf Salzwiesen. Seltener im Binnenlande, dann wohl eingeschleppt. – Ist vielleicht als eigene Art aufzufassen.

Eine zusammenfassende monographische Bearbeitung des Formenkreises von *P. aviculare* und der verwandten Arten ist noch ausständig. Es ist daher nicht möglich, eine vollständige Synonymie für die einzelnen hier angenommenen Arten anzuführen. Die Gliederung des *P. aviculare* in Varietäten hat aus demselben Grund provisorischen Charakter.

Ein Gliederungsversuch des Formenkreises von *P. aviculare* L. im weiteren Sinn wurde von LINDMAN (1912) unternommen. Die Kollektivart *P. aviculare* wurde in die beiden Arten *P. heterophyllum* LINDM. und *P. aequale* LINDM. aufgespalten und dabei der LINNÉsche Name fallen gelassen. Bei beiden von LINDMAN als neu beschriebenen Arten wird als Synonym „*P. aviculare* L. sp. pl., sec. specim. in Herb. Cliffort. (Mus. Brit.) et Herb. Linn." angeführt. Der älteste Name, *P. aviculare* L., der im engeren Sinn gefaßt nach den Nomenklaturregeln für eine der aus der Aufteilung hervorgegangenen Arten beibehalten werden muß, wird von vielen Autoren, u. a. in Flora URSS (1936) und neuerdings von LÖVE (1956) auf *P. aequale* LINDM., Svensk Bot. Tidskrift 6, 692 (1912) bezogen. In dieser Bearbeitung wird, wie zuerst in The Cambridge British Flora (1914) und wie neuerdings bei CLAPHAM, TUTIN und WARBURG (1952), *P. aviculare* L. im engeren Sinn auf die von LINDMAN als erste beschriebene Art, *P. heterophyllum* LINDM., l. c. 690 (1912) bezogen.

Von LÖVE (1956) werden zwei Rassen des *P. aviculare* im engeren Sinn unterschieden. Neben der typischen und am weitesten verbreiteten Rasse, die von LÖVE als *P. heterophyllum* LINDM. ssp. *heterophyllum* bezeichnet wird, ist an den Küsten des nördlichen Nordamerikas sowie an den Küsten Grönlands, Islands und Skandinaviens eine zweite Rasse, *P. heterophyllum* LINDM. ssp. *boreale* (LGE.) LÖVE et LÖVE, einheimisch. Dieser Rasse ist gleichfalls die Chromosomenzahl $2n = 60$ eigen, sie ist aber mehr fleischig und ihre Perigonabschnitte sind entweder weiß oder rosa berandet.

Der Vogel-Knöterich, in Mitteleuropa wohl die häufigste Knöterichart, nimmt mit den trockensten und unfruchtbarsten Böden vorlieb. Er findet sich mit Vorliebe in der Nähe von menschlichen Siedlungen und ist für die Plätze und Straßen der Städte und Dörfer, für Bahndämme, Mauern usw. sehr bezeichnend. Hier erscheint *P. aviculare* oft in Gesellschaft von *Urtica urens* L., *Chenopodium album* L., *Stellaria media* (L.) VILL., *Capsella Bursa-pastoris* (L.) MEDIK., *Echium vulgare* L., *Verbena officinalis* L., *Senecio vulgaris* L., *Poa annua* L. – Außerdem kommt *P. aviculare* in Äckern und Getreidefeldern vor, zusammen mit *Scleranthus annuus* L., *Thlaspi arvense* L., *Capsella Bursa-pastoris* (L.) MEDIK., *Erophila verna* (L.) CHEVALL., *Sinapis arvensis* L., *Geranium dissectum* JUSLEN., *Erodium cicutarium* (L.) L'HÉR., *Viola tricolor* L., *Convolvulus arvensis* L., *Myosotis arvensis* (L.) HILL, *Galeopsis Tetrahit* L., *Veronica arvensis* L., *V. hederaefolia* L., *Sherardia arvensis* L., *Valerianella Locusta* (L.) BETCKE, *Campanula rapunculoides* L., *Anthemis arvensis* L., *Cirsium arvense* (L.) SCOP., *Apera Spica-venti* (L.) PAL. BEAUV., *Gagea arvensis* (PERS.) DUM. *P. aviculare* ist also ein typischer Kulturbegleiter. In Innerasien dringt der Vogel-Knöterich so weit in die Wildnis vor, als die Hufe der Pferde reichen. In Mitteleuropa bereits in Kulturschichten der jüngeren Steinzeit nachgewiesen. – Die sehr kleinen, wenig auffälligen Blüten sind geruch- und nektarlos und werden deshalb nur sehr selten von Insekten besucht. Häufig erfolgt Selbstbestäubung.

Volksnamen. Nach ihrem Standort an und auf (betretenen) Wegen heißt die Pflanze schon im Althochdeutschen wegetreta, getrat, mundartlich z. B. Wegetred (Vierlande), Wägtrett (Pfalz), Wegtrettle (Schaffhausen), Wegeträe (niederdeutsch), ferner Wegkraut (Schwaben), Weggras (vielfach), Wegspreite (Schweiz), Heinzel beim Weg (Südtirol), Hansl am Weg (Niederösterreich). Die dem Boden aufliegenden, sich weit umherdehnenden, zähen Stengel veranlaßten Namen wie Plattsaad (Ostfriesland), Plattfoot (Osnabrück), Flacken [zu Flack 'Stück, Fetzen'] (Mittelfranken), Laufrasen (Jena), Dehngras (Schlesien), Zerrgras (Thüringen), Eisengras, -kraut (Niederbayern). Als Futter für Schweine nennt man diese Knöterich-Art auch Swiengras (niederdeutsch), Saugras (rheinisch), Saugruse, Schweinegruse (Brandenburg), Saukraut (Schwaben). Die Samen werden von Vögeln gefressen, daher Vogel-Knöterich (allgemein), Vogel-, Spatzechrut (Schweiz). Im Anhaltischen hieß die Pflanze Cholerakraut, weil sie als angeblich wirksames Choleramittel besonders im Jahre 1866 angewendet wurde. Als Harngras, Harnzwangkraut (Egerland), Zwangkraut (Oberösterreich) wurde diese Knöterich-Art gegen Harnzwang (Strangurie) verwendet.

**843 d. Polygonum rurivagum** JORD. ex BOREAU, Fl. Centr. France ed. 3, **2**, 560 (1857). Syn. *P. aviculare* L. var. *longifolium* DESV. (1818), *P. aviculare* L. var. *rurivagum* (JORD.) SYME (1868), *P. aviculare* L. ssp. *rurivagum* (JORD.) ROUY (1910), *P. heterophyllum* LINDM. ssp. *rurivagum* (JORD.) LINDM. (1912)

Wurzel zart. Stengel in der Jugend zart, aufrecht, zuletzt niederliegend, mehr oder weniger verzweigt. Äste oft sehr sparrig, bis 60 cm lang, aber meist nicht mehr als 30 cm erreichend. Blätter deutlich gestielt, an Haupt- und Seitensprossen verschiedenartig ausgebildet, die größeren Blätter des Hauptstengels schmal-lanzettlich, die kleineren Blätter der achselständigen Zweige schmal-linealisch, nur ⅓ bis ¼ so lang, vor allem gegen die Spitze der Zweige auffallend klein. Nebenblattscheiden mehr oder weniger häutig, zur Fruchtzeit zerschlitzt, gegen den Grund zu bräunlichrot, gegen die Spitze hin silberglänzend. Blütenstände wenigblütig bis einblütig. Blüten kurz gestielt. Perigonabschnitte rosa oder weiß. Nüsse kleiner als bei *P. aviculare*, etwa 2 mm lang, schmal, Seitenflächen konkav, nur schwach glänzend, die persistierende Blütenhülle ein wenig überragend. – Chromosomenzahl: n = 10 (bei kanadischen Pflanzen). – VII bis IX.

Vorkommen. Auf Feldern, an Wegen, Vorkommen ähnlich jenem von *P. aviculare* L. im engeren Sinn, im einzelnen zur Zeit noch nicht genau untersucht.

Allgemeine Verbreitung. Die Verbreitung der Art ist zur Zeit noch unvollständig bekannt, da *P. rurivagum* JORD., zusammen mit *P. aequale* LINDM. und *P. calcatum* LINDM., bisher meist in die Kollektivart *P. aviculare* einbezogen wurde. Ihr Areal dürfte weite Gebiete der gemäßigten Zone der Alten und Neuen Welt umfassen; nach LÖVE (1956) kommt *P. rurivagum* zumindest in den östlichen Gebieten Nordamerikas vor. Die Art fehlt in der Arktis und Antarktis sowie in den Tropen und Subtropen der Alten und Neuen Welt.

Verbreitung im Gebiet. Verbreitet vor allem im Süden unseres Florengebietes, im Norden oft auf weite Strecken fehlend.

**843 e. Polygonum aequale** LINDM., Svensk Bot. Tidskrift **6**, 692 (1912). Syn. *P. aviculare* L. (1753) p. p., *P. arenastrum* BOREAU (1857) p. p., non NORMAN (1863), *P. aviculare* L. f. *arenastrum* (BOREAU) SYME (1868), *P. aviculare* L. var. *arenastrum* (BOREAU) ROUY (1910)

Einjährig. Stengel in der Jugend aufrecht oder aufsteigend, vielfach verzweigt, Äste fast einfach, sparrig, 10–40 cm lang, untere Stengelglieder 10–30 cm lang, obere Stengelglieder meist viel kürzer. Blätter an Haupt- und Seitensprossen mehr oder minder gleichartig ausgebildet in Größe und Gestalt, breit oder schmal elliptisch, stumpf, etwa 1,2–2,0 cm lang, oft mehr oder minder gehäuft gegen die Enden der Äste. Nebenblattscheiden viel kürzer als bei *P. aviculare*, gegen die Spitze mehr oder minder häutig, silberglänzend. Blüten in wenigblütigen, achselständigen Wickeln. Perigonabschnitte gewöhnlich weiß oder grünlichweiß, manchmal rosa oder rot, am Rücken trüb grün, am Rande weiß berandet. Staubblätter 5 (–8). Nüsse etwa (2–) 2,5 mm lang, dreiseitig abgeflacht, zwei Seitenflächen konkav, eine Seitenfläche konvex, deutlich gerieft oder punktiert, gewöhnlich dunkelbraun oder fast schwarz, kaum glänzend, die persistierende Blütenhülle gewöhnlich nicht überragend. – Chromosomenzahl: n = 20. – VII bis X.

Vorkommen. An Straßenrändern und an wüsten Plätzen. Vorkommen ähnlich jenem von *P. aviculare* L. im engeren Sinn, im einzelnen zur Zeit noch nicht genau untersucht.

Allgemeine Verbreitung. In den gemäßigten Gebieten der Alten und Neuen Welt, fehlt in der Arktis und Antarktis sowie in den Tropen der Alten und Neuen Welt. Die Verbreitung der Art ist zur Zeit noch unvollständig bekannt, da *P. aequale* LINDM. zusammen mit *P. rurivagum* JORD. und *P. calcatum* LINDM. bisher meist in die Kollektivart *P. aviculare* einbezogen wurde.

**843f. Polygonum calcatum** LINDM., Bot. Notiser **1904**, 139 (1904). Syn. *P. aviculare* L. var. *depressum* MEISN. in DC. (1856) p. p., *P. aviculare* L. ssp. *calcatum* (LINDM.) THELL. (1914)

Einjährig, kleiner und zarter in der Tracht als die vorausgehenden Arten aus dem Verwandtschaftskreis des *P. aviculare*. Stengel niedergestreckt, verzweigt, Äste kurz, dem Untergrund meist dicht anliegend. Blätter an Haupt- und Seitensprossen mehr oder minder gleichartig ausgebildet in Größe und Gestalt, elliptisch bis eiförmig oder verkehrt-eiförmig, stumpf, kleiner als bei den vorausgehenden Arten aus dem Verwandtschaftskreis des *P. aviculare*. Blütenstände wenigblütig, achselständig. Blütenhülle etwa bis zur Mitte verwachsen, zusammengedrückt röhrenförmig, klein, Perigonabschnitte ungefähr so lang wie die Röhre, grünlichweiß, weiß berandet. Staubblätter 5. Nüsse klein, etwa 2 (–2,5) mm lang, dreiseitig abgeflacht, Seitenflächen konvex, zwei Seitenflächen gewöhnlich breiter als die dritte, glatt oder kaum punktiert, dunkelfarbig, glänzend, die persistierende Blütenhülle gewöhnlich nicht überragend. – Chromosomenzahl: n = 20. – VII bis IX.

Vorkommen. An Straßenrändern, auf Äckern, Vorkommen ähnlich jenem von *P. aviculare* L. im engeren Sinne, im einzelnen zur Zeit noch nicht genau untersucht.

Allgemeine Verbreitung. Nordwest-, Nord-, Mittel-, Südost- und Osteuropa von den Britischen Inseln ostwärts bis Rußland (Karelien, Mittleres Dnjepr-Gebiet) und bis Klein-Asien. Die Verbreitung der Art ist zur Zeit noch unvollständig und lückenhaft bekannt, da *P. calcatum* LINDM. zusammen mit *P. rurivagum* JORD. und *P. aequale* LINDM. bisher vielfach in die Kollektivart *P. aviculare* L. einbezogen wurde.

**844a. Polygonum Raii** BABINGTON, Trans. Linn. Soc. **17**, 458 (1834). Syn. *P. dubium* DEAKIN (1845), *P. litorale* Link var. *latifolium* GREN. in GREN. et GODR. (1855), *P. maritimum* L. var. *Raii* (BABINGTON) LLOYD (1868). Fig. 187

Einjährig oder zweijährig. Wurzel lang. Stengel niedergestreckt, verzweigt, Äste bis 1 m lang; Stengelinternodien 2–4 cm lang. Blätter deutlich gestielt, elliptisch, ziemlich stumpf bis spitz, etwa 1–3 cm lang, bis 1 cm breit, am Rande ein wenig nach unten umgeschlagen, wie der Stengel bläulich-graugrün, ziemlich dicklich, unterseits ziemlich deutlich genervt. Nebenblattscheiden viel kürzer als die Internodien, häutig, oberseits silberglänzend, zunächst eingerissen, zuletzt zerschlitzt, ungefähr 6-nervig. Blütenstände 2- bis 6-blütig. Blüten kurz gestielt. Perigonabschnitte breit, einander mehr oder weniger deckend, rosa oder grünlichweiß, breit weiß bis rosafarbig gerandet. Nüsse

4–5,5 mm lang, 2,5–3,5 mm breit, gleichmäßig dreikantig, rötlichbraun, glänzend, die persistierende Blütenhülle etwa ⅓ der Länge überragend. – Chromosomenzahl: n = 30 (nach Pflanzen von Nova Scotia). – VI bis IX.

Vorkommen. An sandigen Stellen am Meeresstrand.

Allgemeine Verbreitung. Küstengebiete Nordwesteuropas: Britische Inseln, Nord-Frankreich, Helgoland, ferner in der ssp. *norvegicum* SAM. in Nordwest-Jütland, Norwegen und Finnland, sowie nach LÖVE (1956) an den Küsten Neufundlands und des östlichen Kanadas.

Verbreitung im Gebiet. Im Gebiet bisher einzig auf Helgoland beobachtet.

Die Art findet sich nach CHRISTIANSEN (brieflich) auf Helgoland am flachen Sandstrand der Insel sowie zwischen den Steinen des Steindeiches in Gesellschaft von *Polygonum aviculare* L. var. *littorale* KOCH, *Atriplex glabriuscula* EDM., *A. hastata* L. var. *microtheca* SCHUM., *A. hastata* L. var. *macrotheca* SCHUM. subvar. *deltoides* MOQ., *A. patula* L. und *Chenopodium rubrum* L.

Die Art ist in den Küstengebieten der Britischen Inseln nordwärts bis Lanark und Northumberland sowie lokal bis Angus, ferner zerstreut in den Küstengebieten Nord-Frankreichs und nach LÖVE (1956) südwärts bis Nord-Spanien einheimisch. An der Nordseeküste Nordwest-Jütlands, an der West- und Nordküste Norwegens und an der finnländischen Eismeerküste, sowie nach LÖVE auch an den Küsten Neufundlands und des östlichen Kanadas wird *Polygonum Raii* ssp. *Raii* durch ssp. *norvegicum* SAM. vertreten. Diese Unterart unterscheidet sich durch mehrblütige Blütenstände sowie schmälere, einander nicht überdeckende, breit weiß gerandete Perigonabschnitte. Zerstreut in den Küstengebieten der Ostsee, des Kattegats und Skagerraks findet sich das nah verwandte *P. oxyspermum* MEY. et BGE. Die Funde von *Raii*-ähnlichen Formen an den Küsten des Mittelmeeres an der französischen und italienischen Riviera dürften sich nach SAMUELSSON (1931) auf eine eigene geographische Rasse, nach LÖVE auf *P. Roberti* LOIS. beziehen; diejenigen an den Küsten des Schwarzen Meeres von Bulgarien, Süd-Rußland und Lazistan beziehen sich nach Flora URSS. (1936) auf *P. Roberti* LOIS.

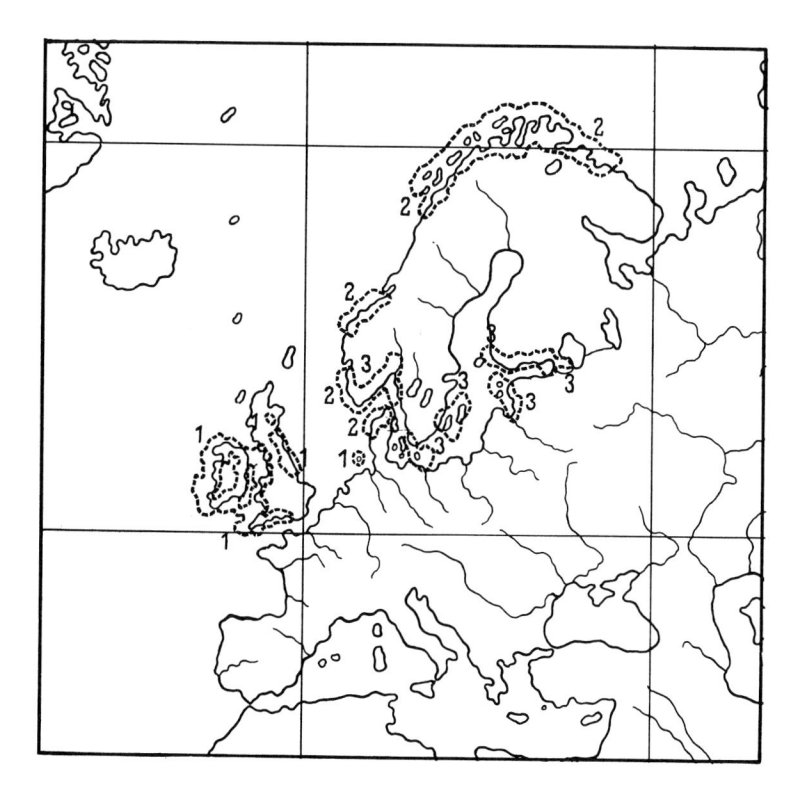

Fig. 187. Verbreitungskarte von 1. *Polygonum Raii* BABINGT. ssp. *Raii*. 2. *Polygonum Raii* BABINGT. ssp. *norvegicum* SAM. 3. *Polygonum oxyspermum* MEY. et BGE.

**844b. Polygonum oxyspermum** MEY. et BGE. in LEDEBOUR, Ind. Sem. Hort. Acad. Dorpat, Suppl. **2**, 5 (1824). Syn. *P. Raii* auct. p. p., non BABINGTON Fig. 187, Fig. 188 a–c

Einjährig. Wurzel spindelförmig, vielköpfig, mit langen Fasern besetzt. Stengel am Grunde mehr oder weniger verholzend, kräftig, niedergestreckt, bis 1 m lang, mittlere Stengelglieder bei größeren Exemplaren 2–4 cm lang, wie die ganze Pflanze grün, kaum graugrün, gestreift, ästig;

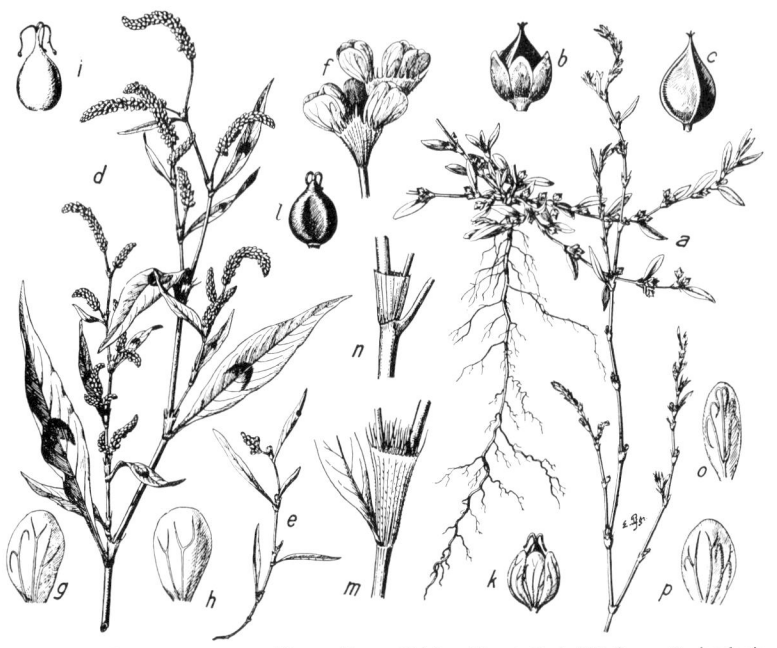

Fig. 188. *Polygonum oxyspermum* MEY. et BGE. *a* Habitus (⅓ nat. Gr.). *b* Nuß, vom Perianth eingeschlossen. *c* Nuß. – *P. Persicaria* L. *d* Habitus (⅓ nat.Gr.). *e* Im gleichen Jahre erzeugte zweite Generation. *f* Teil des Blütenstandes. *g, h* Perigonblätter. *i* Fruchtknoten. *k* Nuß, vom Perianth eingeschlossen. *l* Nuß. *m* Ochrea. – *P. lapathifolium* L. *n* Ochrea. *o, p* Perigonblätter

Äste oft rutenförmig verlängert. Blätter lanzettlich, spitz, 1–3 cm lang, bis 0,5 cm breit, meist bedeutend kürzer als die entsprechenden Stengelglieder, spitz, am Grunde in einen sehr kurzen Stiel verschmälert, am Rande ein wenig nach unten umgeschlagen. Nebenblattscheiden sehr kurz, an größeren Zweigen etwa ¼ bis ⅕ der Länge der Stengelglieder entsprechend, häutig, am Grunde 6- bis 8-nervig, oberwärts silberglänzend oder durchscheinend, zuletzt zerschlitzt. Blütenstände (1–) 3 (–6)-blütig, blattwinkelständig. Blüten 3–3,5 mm lang, so lang wie die Blütenstiele. Perigonabschnitte breit-elliptisch, einander kaum deckend, rötlich gerandet, am Rücken grün. Nüsse bis 6 mm lang, bis 3 mm breit, oliv- bis bleichbraun, glänzend, die persistierende Blütenhülle etwa um die Hälfte überragend (Fig. 188b, c). – VII bis IX. – Chromosomenzahl: $n = 40$ – VII bis IX.

Vorkommen. Zerstreut und selten an sandigen Stellen am Meeresstrand.

Allgemeine Verbreitung. Gemäßigtes Europa (baltisch). In Nordeuropa, zerstreut und ziemlich selten in den Küstengebieten der Ostsee an der schwedischen, finnischen, estnischen und deutschen sowie dänischen Küste, ferner in den Küstengebieten des Kattegats und Skagerraks. Nach SAMUELSSON (1931) auch isoliert in Schottland und im östlichen Canada (Nova Scotia).

Verbreitung im Gebiet. Die Art wird von Rügen am Kleinen Jasmunder Bodden sowie von der Halbinsel Hela angegeben, mit Sicherheit wurde sie in unserem Jahrhundert nur auf Hiddensee, westlich von Rügen, gefunden.

Man vergleiche über diese und die nahverwandte Art *P. Raii* BABINGT. G. SAMUELSSON (1931), ferner über ihr Vorkommen auf Rügen und der Halbinsel Hela F. HERMANN (1940 und 1941).

**844c. Polygonum Kitaibelianum** SADL., Fl. Pest. **1**, 287 (1825). Syn. *P. patulum* M. B. ssp. *Kitaibelianum* (SADL.) ASCHERS. et GRAEBN., Synops. Mitteleurop. Flora **4**, 865 (1913), *P. virgatum* LOIS. (1827), *P. Bellardii* RCHB. var. *Kitaibelianum* (SADL.) BORB. (1884), *P. Bellardii* RCHB. var. *typicum* BECK (1906), *P. patulum* M. B. var. *virgatum* (LOIS.) ROUY (1910)

Einjährig. Stengel meist einzeln, aufrecht, dünn, mit verlängerten, rutenförmigen Ästen und mit verlängerten, deutlich gefurchten Stengelgliedern. Blätter länglich bis lanzettlich, beiderseits verschmälert, flach, fiedernervig. Nebenblattscheiden halbdurchscheinend, 6- bis 8-nervig, zuletzt zerschlitzt. Scheinähren verlängert, aufgerichtet, unterbrochen. Untere Wickel in den Achseln von Laubblättern, 3- bis 5-blütig, die oberen in den Achseln kurzer meist eingerollter Blätter 2- bis 3-blütig, die obersten ohne entwickelte Tragblätter, einblütig, alle, auch die oberen, durch deutliche Stengelglieder getrennt, daher voneinander entfernt. Blütenhülle 2–2,5 mm lang, rosa oder rot, auf etwas längerem Blütenstiele. Nüsse 4–5 mm lang, kürzer als die persistierende Blütenhülle, von ihr vollkommen eingeschlossen, zugespitzt, klein-punktiert-gestreift, etwas glänzend, schwarz-purpurn. – Chromosomenzahl: n = 10. – VII bis Herbst.

Heimat: Mittelmeergebiet, im Osten bis Syrien, Kleinasien und Südrußland. Bei uns gelegentlich adventiv, vor allem im Süden des Florengebietes, nach Soó in Ungarn vor allem in Weiderasen mit *Festuca vaginata* WALDST. et KIT. und *F. pseudovina* HACK.

**844d. Polygonum pulchellum** LOIS., Mém. Soc. Linn. Paris **6**, 411 (1827). Syn. *P. flagelliforme* LOIS. (1827), *P. Bellardi* RCHB. var. *effusum* MEISN. in DC. (1856), *P. rubrifolium* FRIV. (1856)

Einjährig. Stengel am Grunde meist sehr ästig, niederliegend bis aufsteigend, gestreift, ziemlich abstehend ästig, mit oft verlängerten, dünnen Ästen und verlängerten Stengelgliedern. Blätter länglich bis linealisch-lanzettlich, spitz, die oberen zu sehr kleinen Hochblättern verkümmert. Nebenblattscheiden am Grunde braun, 4- bis 6-nervig, oberwärts durchscheinend und zerschlitzt. Untere Wickel 2- bis 3-blütig, obere 1- bis 2-blütig, alle voneinander entfernt oder nur die obersten bisweilen einander genähert, alle am Grunde mit einem kleinen Laubblatte oder nur mit einer Nebenblattscheide mit ganz kleiner angedrückter Spreite. Blütenstiele 2–4 mm lang, so lang oder etwas länger als die Blütenhülle, letztere 2–3 mm lang, trichterförmig, mit eiförmigen, abgerundeten, roten, außen grünen Abschnitten. Nüsse klein, nur 2 mm lang, sehr fein runzelig, fast glatt, etwas glänzend, dunkelbraun, nicht eng von der Blütenhülle eingeschlossen. – VII bis IX.

Heimat: Mittelmeergebiet. Bei uns bisweilen adventiv vorkommend, wurde z. B. im Hafen von Mannheim beobachtet (ASCHERSON).

**844e. Polygonum arenarium** WALDST. et KIT., Descr. Icon. plant. rar. Hung. **1**, 69 (1802)

Einjährig. Stengel niederliegend bis aufsteigend, gestreift, ausgebreitet ästig, mit verlängerten Stengelgliedern und meist schlanken zierlichen Ästen. Blätter meist lineal-lanzettlich, beiderseits zugespitzt. Nebenblattscheiden zerschlitzt. Wickel 3- bis 5-blütig, die unteren entfernt angeordnet in den Achseln kleiner, schmaler Blätter, die oberen einander genähert, in den Achseln ziemlich ganzrandiger Nebenblattscheiden. Blütenstiele zum Teil länger als die Blütenhülle. Blütenhülle 2–2,5 mm lang, Perigonabschnitte fast rundlich, weißlich-rosa bis purpurn. Nüsse etwa 2 mm lang, ganz glatt und stark glänzend, etwa so lang wie die Blütenhülle, nicht eng von dieser eingeschlossen. – Chromosomenzahl: n = 10. – VII bis IX.

Heimat: Südost- und Osteuropa, Kaukasus. Bei uns gelegentlich adventiv vorkommend, wurde z. B. eingeschleppt in der Umgebung von Wien beobachtet, in Ungarn nach Soó vor allem in Weiderasen mit *Festuca vaginata*.

## 845. Polygonum Convolvulus L., Spec. plant. 364 (1753).

Syn. *P. volubile* GILIB. (1792), *P. convolvulaceum* LAM. (1805), *Fagopyrum carinatum* MOENCH (1794), *Fagopyrum Convolvulus* (L.) H. GROSS (1913), *Tiniaria Convolvulus* (L.) WEBB et MOQ. ex WEBB et BERTH. (1836–50), *Bilderdykia Convolvulus* (L.) DUMORT (1827). Winden-Knöterich. Dän.: Snerle Pileurt. Engl.: Black Bindweed. Franz.: Renouée Liseron, Vrillée sauvage, V. bâtarde. Ital.: Erba leprina, Vilucchio. Poln.: Rdest powojowy. Tschech.: Svlačec. Sorb.: Wijata wuroć, Čorny sobołk. Taf. 94, Fig. 3; Fig. 189 d, e

Einjährig. Wurzel spindelförmig. Stengel dünn, mehr oder minder hin- und hergebogen oder rechts windend, kantig gefurcht, oft rot überlaufen, bis 1 m lang. Blätter gestielt, im Umriß rundlich bis länglich-eiförmig, zugespitzt, am Grunde buchtig herzförmig oder pfeilförmig, mit dreieckigen, zugespitzten Lappen, körnig-rauh, von wechselnder Größe. Nebenblattscheiden kurz, kahl, mehr oder weniger zerschlitzt. Blüten zu 2–6 in armblütigen Scheinähren. Blütenhülle 2–2,5 mm lang, 5-geteilt, grün, am Rande und innen weißlich, glatt, ungeflügelt, die 3 äußeren Perigonabschnitte stumpf, gekielt (Taf. 94, Fig. 3b); Blütenstiele etwas kürzer als die Blütenhülle, oberhalb der Mitte gegliedert (Taf. 94, Fig. 3a). Nüsse 4–5 mm lang, dreiseitig, schwarz, körnig-feingestreift, glanzlos (Fig. 189d, e), von der Blütenhülle dicht umschlossen. – Chromosomenzahl: n = 10 (20). – VII bis X.

Vorkommen. Häufig in Ackerunkrautgesellschaften, insbesondere des Getreides auf nährstoffreichen aber vorwiegend kalkarmen Sand- und Lehmböden mit Verbreitungsschwerpunkt in den gemäßigten Zonen, Centauretalia-cyani-Ordnungscharakterart, infolge der Fruchtwechselwirtschaft aber auch häufig in den Hackunkrautgesellschaften der Kartoffeläcker, Mais- und Rübenkulturen, auch Weinbergen usw., seltener in der Ruderalvegetation der Weg- oder Gebüschränder, sowie der Schuttplätze.

Allgemeine Verbreitung. Südliches und gemäßigtes Eurasien (meridional bis boreal-eurasisch). Europa, jedoch fehlend in der Arktis, ferner Nordafrika, gemäßigtes Asien; eingeschleppt in Nordamerika und Südafrika.

Verbreitung im Gebiet. Verbreitet und häufig vom Norddeutschen Tiefland bis in die Voralpen, gelegentlich bis in die subalpine Stufe der Alpen, vereinzelt, wie z. B. im Kt. Wallis, bis 1980 m, in Tirol bis 1580 m.

*P. Convolvulus* ist wohl als Archaeophyt anzusehen, d. h. als eine Pflanze, welche erst seit prähistorischer Zeit als Unkraut auftritt. Heute erscheint sie ziemlich häufig auf Stoppelfeldern, Äckern, Kartoffelfeldern, nicht selten in Begleitung von *P. Persicaria* L., *Stellaria media* (L.) VILL., *Scleranthus annuus* L., *Raphanus Rhaphanistrum* L., *Capsella Bursa-pastoris* (L.) MEDIK., *Thlaspi arvense* L., *Viola tricolor* L. ssp. *arvensis* (MURR.) GAUD., *Daucus Carota* L., *Anagallis arvensis* L., *Convolvulus arvensis* L., *Galeopsis Ladanum* L., *Mentha arvensis* L., *Linaria vulgaris* MILL., *Anthemis arvensis* L., *Cirsium arvense* (L.) SCOP. Diesen Unkräutern gesellen sich auf quarzhaltigen Böden gern hinzu: *Rumex Acetosella* L., *Spergula arvensis* L., *Spergularia rubra* (L.) PRESL, *Papaver Argemone* L., *Apera Spica-venti* (L.) PAL. BEAUV. Gelegentlich wurde *P. Convolvulus*, ebenso wie *P. dumetorum* L., auch als Überpflanze auf Weiden beobachtet. – Der Stengel windet nach rechts, jedoch nur während der Mitte des Sommers. An den Blattstielen befinden sich grubenförmige, extranuptiale Nektarien. – Die kleinen, wenig auffälligen Blüten werden nur selten von Insekten besucht. Selbstbestäubung ist daher die Regel. – Beobachtungen lassen vermuten, daß die Nüsse vor allem durch Ameisen verbreitet werden.

Volksnamen. Als windende Pflanze heißt diese Art Winde (Schwäbische Alb), Wierwinne [gilt sonst für *Convolvulus*] (niederdeutsch), Stockwinde (Oberhessen), Klimm-up [weil sie an anderen Pflanzen hinaufklimmt] (niederdeutsch), Deiwelsneigorn [Teufels Nähgarn] (Westfalen). Die Ähnlichkeit mit dem verwandten Buchweizen *(Fagopyrum sagittatum)* drückt sich in Namen wie Willen Bookweten, Wille Baukweiten (niederdeutsch), Wildes Heidekorn (Anhalt) aus.

**846a. Polygonum dumetorum** L., Spec. plant. ed. 2, 522 (1762). Syn. *Polygonum alatum* DULAC (1867), *Fagopyrum dumetorum* (L.) SCHREB. (1771), *F. membranaceum* MOENCH (1794), *Bilderdykia dumetorum* (L.) DUMORT. (1827), *Tiniaria dumetorum* (L.) OPIZ (1852). Hecken-Knöterich. Dän.: Vinge-Pileurt. Engl.: Hedge Buckwheat. Franz.: Renouée des buissons, Grande Vrillée bâtarde. Ital.: Erba leprina, Convolvulo nero. Poln.: Rdest zaroślowy. Tschech.: Powleka. Sorb.: Kerčna wuroć. Fig. 189 a–c

Einjährig. In der Tracht *P. Convolvulus* sehr ähnlich. Wurzel spindelförmig. Stengel 0,60–1,50 (3) m hoch, glatt, kantig, wie die ganze Pflanze kahl, rechts windend. Blätter gestielt, am Grunde buchtig herzförmig bis pfeilförmig, mit abgerundeten oder dreieckigen Lappen, lang zugespitzt; Blattstiele am Grunde mit einer Nektargrube. Blütenstiele etwa so lang wie die Blütenhülle, etwas unterhalb der Mitte gegliedert (Fig. 189b). Blütenwickel 2- bis 5-blütig, blattwinkelständig oder in lockeren, endständigen Scheinähren angeordnet. Blütenhülle zur Fruchtzeit 7–9 mm lang, äußere Perigonblätter 1–3 mm breit, häutig geflügelt, mit oben abgerundeten, unten am Blütenstiel herablaufenden Flügeln. Nüsse etwa 2,5 mm lang, dreiseitig, mit abgerundeten Kanten, schwarz, glänzend, fast ganz glatt, mit dem oberen Teil des Blütenstieles abfallend (Fig. 189c). – Chromosomenzahl: n = 10. – VII bis IX.

Vorkommen. Zerstreut aber gesellig vor allem im südlichen Mitteleuropa an Waldsäumen, in Waldverlichtungen und am Rand von Hecken und Gebüschen auf frisch-humosen, stickstoff-

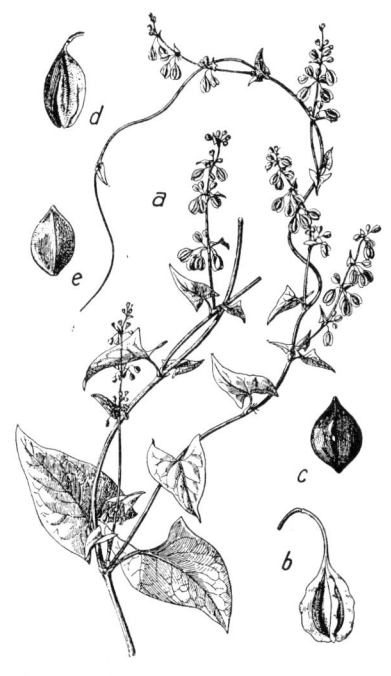

Fig. 189. *Polygonum dumetorum* L. *a* Habitus (⅓ natürl. Größe). *b* Perianth im Fruchtzustand mit gegliedertem Stiel. *c* Nuß. – *Polygonum Convolvulus* L. *d* Perianth im Fruchtzustand mit Stiel. *e* Nuß

Fig. 190. *Polygonum cuspidatum* SIEB. et ZUCC. *a* Blühender Zweig (²/₅ natürl. Größe). *b* Stück der Blütenachse. *c* Blüte (von oben). *d* Fruchtknoten mit Narben. *e* ebenso, mit Staubblättern

beeinflußten, kalkarmen und kalkreichen Sand- und Lehmböden, vor allem im Bereich von Auenwäldern und Auengebüschen, Charakterart der Waldunkrautgesellschaft des Alliario-Chaerophylletum (Arction).

Allgemeine Verbreitung. Gemäßigtes Eurasien submeridional bis boreomeridional-eurasisch(-ozeanisch). In Europa nordwärts bis Südschweden, nördliches und westliches gemäßigtes Asien ostwärts bis zum Amurgebiet und Nordostchina.

Verbreitung im Gebiet. Verbreitet und meist ziemlich häufig im Norddeutschen Tiefland, in Mitteldeutschland vor allem in der Niederung und im Hügelland, selten im Bergland, in Süddeutschland bis in die Voralpen, vereinzelt bis in die subalpine Stufe, im Kt. Wallis bis etwa 1250 m, in der Steiermark bis etwa 1000 m ansteigend.

Die Art ist stellenweise in Ufergebüschen reich vertreten. Zusammen mit den beiden Spreizklimmern *Galium Aparine* L. und *Cucubalus baccifer* L. sowie mit *Humulus Lupulus* L., *Urtica dioica* L., *Rubus caesius* L., *Vicia Cracca* L., *Lathyrus pratensis* L., *Calystegia sepium* (L.) R. Br., *Bryonia dioica* JACQ. u. a. bildet sie zuweilen in Norddeutschland dichte, oft schwer passierbare Bestände. Auf feuchtem, graslosem Boden stellt *P. dumetorum* gelegentlich wie z. B. auf der Pfaueninsel bei Potsdam zusammen mit *Oenothera biennis* L. die einzige Vegetation dar (BUCHENAU).

**846 b. Polygonum baldschuanicum** RGL., Act. Hort. Petrop. 8, 3, 684 (1883). *Fagopyrum baldschuanicum* (RGL.) H. GROSS, Botan. Jahrb. **49**, 326 (1913), *Tiniaria baldschuanica* (REGEL) HEDBERG, Svensk Bot. Tidskr. **40**, 398 (1946)

Strauchförmig, bis mehrere Meter hoch, windend, ganze Pflanze kahl. Stengel mit hellgrauer bis bräunlich-grauer Rinde mit zahlreichen Lentizellen. Junge Zweige kantig gestreift, an den Kanten mit feinen Drüsen. Blätter länglich-eiförmig, 2,5–9 cm lang, 1,5–5,6 cm breit, oft an den Rändern 1- bis 2-mal ausgeschweift gebuchtet und undeutlich fein gezähnt, am Grunde mehr oder weniger herzförmig oder bisweilen pfeilförmig, gegen die Spitze zugespitzt, etwas knorpelig gerandet, unterseits heller, 2–4 cm lang gestielt. Nebenblattscheiden kurz zylindrisch, ungewimpert. Blütenstand rispig verzweigt, bis 50 cm lang; Scheinähren 6–15 cm lang, endständig; Wickel mehrblütig. Blüten 5–12 mm lang gestielt, 5–8 mm im Durchmesser; Blütenhülle anfangs weiß, später rötlich; Staubfäden am Grunde behaart. Nüsse etwa 5 mm lang, dreiseitig, schwarz, glatt, von der Blütenhülle eingeschlossen. – VII bis X.

H e i m a t : Gebirge von Turkestan. Bei uns gelegentlich an Mauern, Lauben und Zäunen, an sonnigen Orten angepflanzt und selbst im nördlichen Teil des Gebietes, z. B. auf Helgoland, winterhart (ASCHERSON).

**846 c. Polygonum cuspidatum** SIEB. et. ZUCC., Fl. Jap. Fam. nat. 2, 84 (1844). Syn. *P. Sieboldii* der Gärten, nicht MEISN. in DC. (1856), *Pleuropterus cuspidatus* (SIEB. et. ZUCC.) H. GROSS, Botan. Jahrb. **49**, 326 (1913), *Tiniaria japonica* (HOUTT.) HEDBERG, Svensk. Bot. Tidskr. **40**, 398 (1946). Fig. 190 a–e

Ausdauernd, ganze Pflanze mehr oder weniger kahl. Grundachse kriechend, lange unterirdische Ausläufer treibend. Stengel bis über 2 m hoch, oberwärts buschig verzweigt, oft rot überlaufen. Blätter zweizeilig angeordnet, gestielt, 5–10 (–13) cm lang, 10 cm breit, breit eiförmig, am Grunde abgerundet, gestutzt oder keilförmig verschmälert, gegen die Spitze plötzlich zugespitzt, von ziemlich derber, fast lederartiger Konsistenz. Nebenblattscheiden kurz, hinfällig. Blütenstand rispenartig verzweigt; Scheinähren 3–8 cm lang, zahlreich in den Achseln der oberen Laubblätter stehend, ziemlich dichtblütig. Tragblätter ziemlich klein, häutig. Blüten klein, zweihäusig; Blütenhülle grünlichweiß, die äußeren Abschnitte am Rücken geflügelt, die Flügel am gegliederten Blütenstiel herablaufend; Narben gewimpert. Fruchtperigon vergrößert, 4,5–6 mm im Durchmesser. Nüsse etwa 4 mm lang, dreiseitig, glänzend, von der Blütenhülle eingeschlossen. – VIII bis IX.

H e i m a t : Ostasien. Seit 1825 in Europa eingeführt; neuerdings vielfach als Zierpflanze in Gärten kultiviert oder auch auf Äckern als Viehfutter oder in lichten Wäldern und an Waldrändern als Wildfutter angepflanzt, bisweilen auch verwildert und eingebürgert (ASCHERSON). – Verwildert besonders auf kalkarmen Auerohböden im Ufergebüsch und Erlen-Eschensaum von Gebirgsbächen (z. B. im mittleren Schwarzwald) in unduldsamen Herden, die einheimische Vegetation auf kilometerlangen Strecken bis in eine Höhenlage von 600–700 m verdrängend.

**846 d. Polygonum sachalinense** FRDR. SCHMIDT in MAXIM., Primit. Fl. Amur. 233 (1859). Syn. *Pleuropterus sachalinensis* (FRDR. SCHMIDT) H. GROSS, Botan. Jahrb. **49**, 326 (1913), *Tiniaria sachalinensis* (FRDR. SCHMIDT) JANCHEN, Phyton **2**, 75 (1950)

Ausdauernd, kräftig, Ausläufer treibend. Stengel aufrecht, 2–4 m hoch, kantig gestreift, Blätter gestielt, sehr groß, bis 30 cm lang, 15 cm breit, länglich-eiförmig, zugespitzt, die unteren am Grunde schwach herzförmig, die oberen am Grunde gestutzt, unterseits mit vorspringenden Nerven, graugrün. Blütenstand rispenartig verzweigt; Scheinähren blattwinkelständig; Blütenstandsachsen 1. Ordnung bräunlich filzig behaart, jene 2. Ordnung schwächer behaart; Blütenstiele geflügelt. Blüten etwa 2 mm im Durchmesser, Blütenhülle grünlich-gelb, im Fruchtzustand vergrößert, 4–5 mm im Durchmesser, am Rücken kantig-geflügelt. Nüsse dreiseitig, von der Blütenhülle eingeschlossen. – IX, X.

H e i m a t : Südsachalin. Seit 1869 in Europa eingeführt und bisweilen, wenn auch nicht allzu häufig in Gärten kultiviert und als Viehfutter angepflanzt, oft verwildernd und nicht selten eingebürgert (ASCHERSON). – Vorkommen ähnlich *P. cuspidatum*, aber im allgemeinen seltener.

Gelegentlich wird in Deutschland auch *P. amplexicaule* D. DON, Prodromus Florae Nepalensis 70 (1825) in Gärten kultiviert.

Bastarde

1. *Polygonum Convolvulus* × *dumetorum; P. convolvuloides* BRÜGGER in Jahresber. Nat. Ges. Graubünden **29**, 187 (1886). Syn. *P. heterocarpum* BECK (1906), *Fagopyrum heterocarpum* (BECK) DOMIN et PODPĚRA, Preslia **13–15**, 64, (1935), *Tiniaria heterocarpa* (BECK) JANCHEN Phyton **2**, 75 (1950). Einjährig. Stengel meist bis etwa 1 m hoch, kahl, mehr oder weniger kantig; Äste kurz rauhaarig. Blütenstiele zur Fruchtzeit meist nur 4–5 mm lang, kürzer als die Blütenhülle und über der Mitte gegliedert. Äußere Perigonabschnitte scharf gekielt bis schmal häutig-geflügelt, an einer Pflanze oder gar einer Blüte wechselnd, mit mehr oder weniger herablaufendem Flügel. Nüsse runzelig gestreift,

Tafel 94

### Tafel 94. Erklärung der Figuren

Fig. 1. *Polygonum viviparum* (S. 410). Habitus.
,, 1a. Blüte (von innen).
,, 1b. Junge Blüte (von außen).
,, 1c. Blütenstengel mit ausgetriebenen Bulbillen.
,, 1d. Einzelne Bulbille.
,, 2. *Polygonum Hydropiper* (S. 419). Habitus.
,, 2a. Blüte (von außen).
,, 2b. Perianth (von innen).

Fig. 3. *Polygonum Convolvulus* (S. 429). Habitus.
,, 3a. Blüte (von außen).
,, 3b. Blüte (von innen, ausgebreitet).
,, 4. *Fagopyrum vulgare* (S. 434). Habitus.
,, 4a. Blüte (von innen).
,, 4b bis 4e. Querschnitte durch die Nuß und äußere Ansicht.

kaum glänzend. – VII bis in den Herbst. – Bisher nur selten beobachtet; in Niederösterreich in der Umgebung von Wien: Kierling, Dreimarkstein, sowie in Böhmen bei Sloupnice.

2. *Polygonum Hydropiper × lapathifolium; P. Figerti* BECK in RCHB., Icon. **24**, 79 (1906). Blätter schwarz gefleckt, unterseits nicht drüsig, hingegen grubig punktiert. Scheinähren sehr zahlreich, etwas locker, etwas mehr zusammengezogen als bei *P. Hydropiper*. Blütenhülle wenig-drüsig, hellgrün, seltener rosa. – Selten. Wurde in Schlesien nächst Barschdorf bei Liegnitz, in der Provinz Sachsen bei Delitzsch und in Westfalen bei Beverungen beobachtet. – Das öfters zu diesem Bastard gezogene *P. laxum* RCHB. (1827) gehört nach BECK (1906) zu *P. nodosum* bzw. *P. lapathifolium*.

3. *Polygonum Hydropiper × minus; P. subglandulosum* BORB., Fl. Comit. Temes. 59 (1884). Syn. *P. hungaricum* BORB. (1881), *P. Martinianum* HY (1909). Einjährig. Stengel und Blätter denen von *P. minus* ähnlich. Scheinähren länger, unterbrochen. Blüten etwas größer; Blütenhülle spärlich oder undeutlich drüsig. Stengelglieder unterhalb der Nebenblattscheiden oft rot überlaufen wie bei *P. Hydropiper*. – Selten. Wurde in Schlesien bei Liegnitz, in Brandenburg um Driesen, in Westfalen an der Weser, in Bayern bei Donaustauf und in der Pfalz bei Neustadt a. d. H. beobachtet.

4. *Polygonum Hydropiper × mite; P. hybridum* CHAUB. ex ST. AMANS, Fl. Agen. 163 (1821). Syn. ? *P. ambiguum* PERS. in Act. Congr. Bot. 160 (1867). Einjährig. In der Tracht, der Haltung der Stengel und der Gestalt der Blätter an *P. Hydropiper* erinnernd, jedoch nicht von scharfem Geschmack. Nebenblattscheiden meist am Rande lang gewimpert. Blüten und Nüsse kleiner als bei *P. Hydropiper*. – Zusammen mit den Stammeltern wohl nicht selten und oft übersehen. Wurde in Bayern bei Aeschach, nächst Burgweinting bei Regensburg und um Donaustauf, in Württemberg bei Boll, sowie in Nordtirol und in Niederösterreich beobachtet.

5. *Polygonum Hydropiper × Persicaria; P. intercedens* BECK in RCHB., Icon. **24**, 81 (1906). – Einjährig. Stengelglieder unterhalb der Nebenblattscheiden rotbraun beringelt. Blätter gefleckt. Nebenblattscheiden lang gewimpert. Scheinähren länglich, dünn lockerblütig. Blütenhülle rosa, undeutlich drüsig. – Bisweilen zusammen mit den Stammarten. Wurde in Schlesien bei Liegnitz, in Hannover, in Westfalen an der Weser, in der Schweiz bei Villeneuve beobachtet.

6. *Polygonum lapathifolium × minus; P. Hervieri* BECK in RCHB., Icon. **24**, 81 (1906). – Einjährig. Stengel meist sehr ästig. Blätter schmal lanzettlich, spitz. Nebenblattscheiden kurz gewimpert. Scheinähren verlängert, schmal-zylindrisch, etwas überhängend, meist am Grunde mehr oder weniger unterbrochen. Blüten kleiner als bei *P. lapathifolium*, größer als bei *P. minus*. Blütenstiele etwas rauh; Perigonabschnitte z. T. drüsig, deutlich nervig. Nüsse meist fehlschlagend, wenn vorhanden 2- oder 3-kantig. – Selten. Wurde in Schlesien bei Liegnitz, in Bayern nächst Kissing bei Augsburg, in Tirol in der Umgebung von Innsbruck, in der Schweiz um Genf beobachtet.

7. *Polygonum lapathifolium × mite; P. silesiacum* BECK in RCHB., Icon. **24**, 81 (1906). – Einjährig. Stengelknoten wenig verdickt. Blätter meist lanzettlich. Nebenblattscheiden schwach angedrückt behaart, nicht oder kurz gewimpert. Scheinähren zylindrisch, schmal, mehr oder weniger unterbrochen, meist aufrecht, stumpf. Blütenstiele kahl oder etwas rauh. Blütenhülle 5-teilig, nicht drüsig, mit schwachen, nicht netzigen Nerven. – Selten. Wurde mehrfach in Schlesien: Nieder-Royn, Bischdorf, Wallstatt bei Liegnitz, Liebenau, ferner in Bayern bei Bernau, Lindenhof bei Althegnenberg beobachtet.

8. *Polygonum lapathifolium × Persicaria; P. lenticulare* HY in Bull. Soc. Bot. France **56**, 544 (1909). – Einjährig. Wegen der Ähnlichkeit der Stammarten oft schwer erkennbar. Blätter lanzettlich bis schmal lanzettlich, meist schwarz gefleckt, lang gestielt. Nebenblattscheiden bald locker, bald enger anliegend, mit gemischten kurzen feinen und längeren Wimperhaaren. Blütenstände von wechselnder Gestalt; Achsen der Scheinähren meist drüsig; Blüten meist rosa. – Selten. Wurde in Schlesien bei Liegnitz, in Bayern bei Würzburg und in der Pfalz beobachtet.

9. *Polygonum minus × mite; P. Wilmsii* BECK in RCHB., Icon. **24**, 81 (1906). – Einjährig. In der Tracht meist dem *P. mite* ähnlich, meist kräftiger als *P. minus*. Blätter in der Gestalt meist denen von *P. minus* ähnlich, aber größer

und breiter, meist länglich bis länglich-lanzettlich, bis 11 cm lang und 2 cm breit, meist nach dem Grunde zu mehr oder weniger deutlich verschmälert. Blüten denen von *P. mite* ähnlich, jedoch etwas kleiner. Nüsse etwa 3 mm lang, dreiseitig, glänzend, punktiert. – Nicht selten. Wurde in Schlesien in der Umgebung von Breslau und Liegnitz, in Brandenburg, in Westfalen, in Bayern bei Untersteinach, Neuenmarkt, Haßfurt und Würzburg und in Niederösterreich bei Seebarn am Kamp beobachtet.

10. *Polygonum minus* × *Persicaria*; *P. Braunianum* F. SCHULTZ, Fl. Pfalz 394 (1846). Syn. *P. minorifolium* F. SCHULTZ (1854). – Einjährig. In der Tracht und der Blattgestalt meist dem *P. Persicaria* ähnlich. Stengel meist ausgebreitet oder aufsteigend, meist reichlich verzweigt, Äste aufrecht abstehend. Blätter meist schmal lanzettlich bis lanzettlich, spitz, unterseits drüsig punktiert. Nebenblattscheiden dem Stengel eng anliegend, reichlich angedrückt kleinborstig, an der Mündung gewimpert. Scheinähren zahlreich verlängert, schmal zylindrisch, dichtblütig, am Grunde unterbrochen, ziemlich locker, dichter als in der Regel bei *P. minus*, jedoch viel lockerer als bei *P. Persicaria*. Blütenhülle rosa, kleiner als bei *P. Persicaria*, kahl, drüsenlos, undeutlich nervig. – Nicht selten. Wurde mehrfach beobachtet, u. a. in Schlesien bei Liegnitz und Liebenau, in Baden bei Freiburg i. Br., Neureuth und Karlsruhe, in Bayern nächst Kissing, Donaustauf, Würzburg, in der Pfalz bei Schaidt und Fischbach, in Niederösterreich um Hoheneich, in Vorarlberg bei Tosters und in der Schweiz nächst Ermatingen am Untersee.

11. *Polygonum mite* × *Persicaria*; *P. condensatum* F. SCHULTZ, Arch. 128 (1848). – Einjährig, meist kräftig. Stengel meist aufrecht bis aufsteigend, ästig, mit aufrechten, aufsteigenden oder zuweilen niederliegenden Ästen. Untere Blätter oft länglich, obere lanzettlich oder länglich-lanzettlich, beiderseits lang verschmälert. Nebenblattscheiden behaart und ziemlich gewimpert. Scheinähren zahlreich, mehr oder weniger schmal zylindrisch, aufrecht, unterwärts bisweilen unterbrochen, dichtblütiger als bei *P. mite*. Blüten etwas größer als bei *P. mite*. Blütenhülle weißrosa, 5-teilig, nicht drüsig, mit undeutlichen Nerven. Nüsse meist fehlschlagend. – Nicht selten. Wurde u. a. in Bayern zwischen Oberreutin und Mozach, bei Laufen, Bernau, Neuburg a. d. D., Amerbach, Würzburg und mehrfach in der Pfalz, in Württemberg bei Boll und Eckwälden, ferner mehrfach in Niederösterreich, Kärnten, Nordtirol, Vorarlberg und in der Schweiz beobachtet (ASCHERSON).

## CCXXXII. Fagopyrum GAERTN., De fruct. et sem. 2, 182 (1791).
### Buchweizen

Wichtigste Literatur. K. u. F. BERTSCH, Geschichte unserer Kulturpflanzen, 232–234 (1947). P. DUQUÉNOIS, La culture des espèces de *Fagopyrum* (TOURN.) GILIB. comme matières premières de l'industrie pharmaceutique, in Materia veget. (Den Haag) 1, 233–237 (1953). H. LEHMANN, Der deutsche Buchweizenanbau und seine Entwicklung in den letzten 100 Jahren, in Forschungen zur deutschen Landeskunde (Leipzig), 35 (1940). K. L. MAHONY, Morphological and Cytological Studies in *Fagopyrum esculentum*, in Amer. Journ. Bot. 22, 460–477 (1935).

Einjährige, aufrechte Kräuter mit wechselständigen, gestielten, herzförmigen oder dreieckigen, glänzenden Laubblättern. Blüten zwitterig, in blattwinkel- und endständigen, ährenartig vereinigten Wickeln angeordnet. Blütenhülle blumenkronartig, fünfteilig (Fig. 184 l), trichterförmig, zur Zeit der Fruchtreife nicht vergrößert, die Nüsse umhüllend, jedoch viel kürzer als diese. Staubblätter 8, frei. Fruchtknoten von einem drüsigen Ring umgeben. Griffel 3, miteinander verwachsen (Fig. 191 b). Nüsse dreikantig, aus der Blütenhülle hervorragend. Keimling mit sehr breiten, mehrfach zusammengefalteten Keimblättern (Taf. 94, Fig. 4 b–e).

Zu dieser Gattung, welche mit den Sektionen *Helxine* und *Tiniaria* der Gattung *Polygonum* verwandtschaftliche Beziehungen aufweist, zählen einzig die beiden folgenden Arten:

1 Kanten der Nüsse in der ganzen Länge scharf, ganzrandig (Fig. 191 e). Blätter so lang oder länger als breit . . . . . . . . . . . . . . . . . . . . . . . . . . . . . . . . . . . . . . . *F. vulgare* HILL
1* Kanten der Nüsse unterwärts stumpf, meist ausgeschweift gezähnt (Fig. 191 c). Blätter meist breiter als lang . . . . . . . . . . . . . . . . . . . . . . . . . . . . . . . . . . . . . . *F. tataricum* (L.) GAERTN.

**847. Fagopyrum vulgare** HILL, Brit. Herb. 486 (1756). Syn. *Polygonum Fagopyrum* L., Spec. plant. 364 (1753), *Fagopyrum sagittatum* GILIB. (1792), *F. esculentum* MOENCH (1794), *P. cereale* SALISB. (1796), *F. sarracenicum* DUMORT. (1827), *F. cereale* (SALISB.) RAFIN. (1836), *Phegopyrum* *esculentum* (MOENCH) PETERM. (1841). Echter Buchweizen, Heidenkorn. Dän.: Boghvede. Engl.: Buckwheat. Franz.: Renouée Sarrasin, Sarrasin, Blé noir, Bucail. Ital.: Fagopiro, Grano saraceno. Poln.: Gryka właściwa. Tschech.: Pohanka, Heyduše, Hrečka. Sorb.: Prawa hejduška.

Taf. 94, Fig. 4; Fig. 1841, Fig. 191e

Einjährig, 15–60 cm hoch. Wurzel spindelförmig. Stengel aufrecht, wenig ästig, kahl, zuletzt meist rot überlaufen. Blätter lang gestielt, herzpfeilförmig, so lang oder länger als breit, fast fünfeckig, mit weit abgerundeten, seltener eckigen Lappen, am Rande weit ausgeschweift, gegen die Spitze hin zugespitzt, die oberen Blätter kürzer, die obersten fast ungestielt. Nebenblattscheiden kurz, schief gestutzt, ungewimpert. Blüten in kurzen, zu Doldenrispen zusammengestellten, blattwinkel- und endständigen Scheintrauben. Hochblätter nur am Rande häutig durchscheinend. Blütenstiel über der Mitte gegliedert, etwa so lang wie die Blütenhülle. Blütenhülle 3–4 mm lang, rosarot oder weiß, am Grunde zuweilen grün; Drüsenring gelb. Nüsse kastanienbraun, 5–6 mm lang, dreiseitig, zuerst glänzend, später matt, mit scharfen ganzrandigen Kanten (Fig. 191e). – Chromosomenzahl: n = 8. – VII bis X.

Heimat. Zentralasien: Nordchina, Südsibirien, Steppen von Turkestan. – In Mitteleuropa stellenweise auf sandigen Böden als Mehlfrucht oder als Bienenfutterpflanze angepflanzt, jedoch seit längerer Zeit in der Kultur im Rückgang begriffen. Außerdem hie und da auf Schutt, wüsten Plätzen, auf Äckern oder an lichten Waldplätzen verwildernd.

Nach ASCHERSON (1913) wurde der Echte Buchweizen vermutlich zuerst von den Bewohnern der ostasiatischen Steppengebiete, wo er vom Baikalsee bis in die Mandschurei wild wächst, in Kultur genommen. Von da verbreitete sich der Anbau vom 10. Jahrhundert an nach China und gelangte, wohl sicher durch die Züge der Mongolen, gegen das Ende des Mittelalters nach Ost-, und später nach Mittel- und Westeuropa. Sichere Angaben besitzen wir aus Mecklenburg aus dem Jahre 1436 und aus Frankreich etwa um 100 Jahre später. Durch Pollenfunde ist der Buchweizen schon für die Bronzezeit in Norddeutschland nachgewiesen.

Der Buchweizen gedeiht am besten auf einem leichten, mäßig sauren Sandboden; auf besseren Böden wird die Pflanze leicht zu blattreich. Von größerer Bedeutung als Mehlfrucht ist er namentlich für die Heidegebiete Norddeutschlands sowie für die österreichischen Alpenländer, wo der Mais nicht mehr recht gedeiht. Die gemahlenen, etwas schwer verdaulichen Nüsse liefern die Buchweizengrütze; in Tirol heißt das Gericht Sterz, in Kärnten Heidensterz. Im Süden werden daraus Mehlspeisen und die sogenannte Polenta nerestra bereitet. Als Mehlfrucht wird der Buchweizen – wenigstens in tieferen Lagen – in der Regel als zweite Frucht angebaut. Er wird dann etwa Ende Juli ausgesät und reift etwa im Oktober. In höheren Lagen kann er allerdings nur als Sommerfrucht kultiviert werden. Der Genuß des frischen, gelegentlich auch des trockenen Krautes oder der Früchte ruft bei weißen oder scheckigen Tieren unter der Einwirkung des Sonnenlichtes – abgesehen von anderen Symptomen – an den weißbehaarten Stellen Hautentzündungen, Fagopyrismus, hervor. Außer als Mehlfrucht wird der Echte Buchweizen auch als Bienennährpflanze und zu Gründüngung angepflanzt. Auch kann er als Ausgangsmaterial für die Gewinnung von Stärke dienen.

Als Unkräuter der Buchweizenfelder ist in erster Linie das nah verwandte *F. tataricum* (L.) GAERTN. zu nennen, ferner verschiedene, fast ausschließlich einjährige Kräuter wie *Polygonum aviculare* L., *Silene Cucubalus* WIBEL, *Stellaria media* (L.) VILL., *Spergula arvensis* L., *Scleranthus annuus* L., *Capsella Bursa-pastoris* (L.) MEDIK., *Vicia angustifolia* L., *V. hirsuta* (L.) S. F. GRAY, *Geranium pusillum* L., *Convolvulus arvensis* L., *Lamium purpureum* L., *Setaria italica* (L.) PAL. BEAUV., *S. viridis* (L.) PAL. BEAUV.

Die Blüten sind andromonözisch und heterostyl und durch ihre Färbung und dichte Stellung sehr auffällig. Sie duften außerdem und sondern in den 8, am Grunde der Staubblätter vorkommenden, goldgelben Drüsen reichlich Nektar ab. Deshalb werden die Blüten von zahlreichen und sehr verschiedenartigen Insekten besucht.

*Ascochyta Fagopyri* BRES. verursacht auf den Blättern rundliche, grau- oder gelbbraune Flecken, in denen sich die kleinen, punktförmigen Pykniden entwickeln,

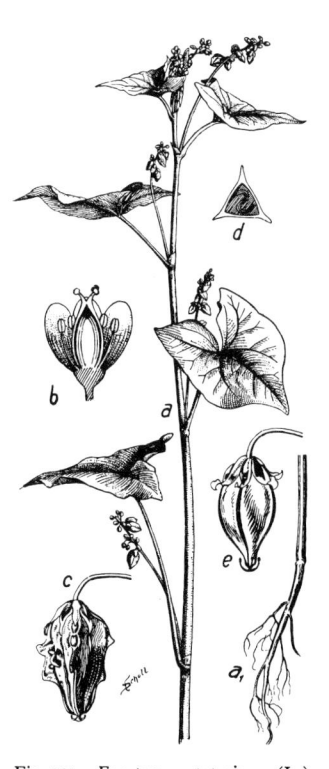

Fig. 191. *Fagopyrum tataricum* (L.) Gärtner. *a, a₁* Habitus (⅓ nat. Größe). *b* Längsschnitt durch die Blüte. *c* Nuß (von außen). *d* Querschnitt durch die Nuß. – *F. vulgare* HILL. *e* Frucht

die längliche oder kurz zylindrische, hyaline, zweizellige Konidien enthalten. Durch frühzeitiges Absterben der Blätter kann dieser Pilz in feuchten Sommern den Buchweizenkulturen großen Schaden zufügen.

Volksnamen. Der Name Buchweizen (niederdeutsch Bookweeten, Baukweiten) nimmt darauf Bezug, daß die dreikantigen Früchte mit den Bucheckern Ähnlichkeit haben. Als Mehlfrucht wird die Pflanze mit dem Weizen verglichen. Verkürzte Formen des Namens sind z. B. Bokert, Bukert, Bokelter (rheinisch). Auf die fremde Herkunft („Korn aus heidnischen Landen") weisen hin Heidekorn (z. B. rheinisch), Herekorn (Pfalz), Heiden, Haden (bairisch). Hednisch, Hednesch, Hedelisch, Hentsch u. ä. (rheinisch) bedeuten „heidnisch, wobei das Wort „Korn" zu ergänzen ist. Entlehnungen sind die schleswigschen Namen Tater, Tarr („Korn der Tataren", vgl. dän. tadderkorn), Gricken [entlehnt aus lett. grikis, eigentlich „Griechisches Korn"] (Ostpreußen), Plenten, Schwarz-Plent [aus ital. polenta ‚Brei aus Maismehl', vgl. auch Weiß-Plent für den Mais] (Tirol).

**848. Fagopyrum tataricum** (L.) GAERTN., De fruct. et sem. 2, 182 (1791). Syn. *Polygonum tataricum* L. Spec. plant. 364 (1753), *Fagopyrum subdentatum* GILIB. (1792), *F. dentatum* MOENCH (1794), *F. rotundatum* BABINGTON (1841), *Phegopyrum tataricum* (L.) PETERM. (1841). Tatarischer Buchweizen, Falscher Buchweizen. Dän.: Tatarisk Boghvede. Engl.: Tartary Buckwheat. Franz.: Sarrasin de Tartarie. Poln.: Gryka tatarka. Tschech.: Pohanka tatarka. Sorb.: Njepraw hejduška.

Fig. 191 a–d

Einjährig, 30–75 cm hoch, meist höher und kräftiger als *F. vulgare* HILL. Stengel aufrecht, wenig ästig, meist grün, kahl. Blätter breit, gewöhnlich breiter als lang, herzpfeilförmig, fast dreieckig, zugespitzt, kahl, die unteren gestielt, die obersten fast sitzend. Blüten in verlängert traubigen, oft einzeln stehenden, unterbrochenen, lockeren Blütenständen. Blütenhülle meist grün, etwa 2 mm lang. Nüsse schwarzbraun, 5–6 mm lang, glanzlos, dreikantig, Kanten unterwärts stumpf, meist ausgeschweift gezähnt, dreimal so lang wie die Blütenhülle (Fig. 191c). – Chromosomenzahl: $n = 8$. – VII bis IX.

Heimat. Sibirien und Zentralasien. – In Mitteleuropa gelegentlich adventiv als Unkraut in Buchweizenfeldern, auf Äckern, in den Südalpen bis etwa 1500 m ansteigend.

Der Tatarische Buchweizen wird vielfach mit den Früchten des Echten Buchweizens eingeschleppt und tritt dann unkrautartig in den Buchweizenfeldern auf. Nach ASCHERSON (1913) ist die Geschichte des Tatarischen Buchweizens noch weniger bekannt als die des Echten Buchweizens. Es läßt sich vermuten, daß *F. tataricum* ungefähr um dieselbe Zeit nach Europa gelangte wie *F. vulgare*. Kurz vor der Ernte läßt er sich schon von weitem unschwer an den grünen Stengeln erkennen, während jene von *P. vulgare* zuletzt rot überlaufen sind. Da *P. tataricum* gegen Frost wenig empfindlich ist, wird er vielfach für rauhe und höhere Gegenden empfohlen. Im Puschlav in der Südschweiz liefert er – daselbst Zibaria geheißen – die Polenta nera. Im allgemeinen liefert aber die Pflanze geringe Erträge, auch als Bienenfutter eignet sie sich weniger.

Bastard

*Fagopyrum tataricum* × *vulgare*: *F. Kuntzei* BECK in RCHB., Icon. 24, 90 (1907)

Einjährig. Pflanze meist groß und kräftig. Blätter hellgrün, etwa so breit wie lang. Scheintrauben einfach ährenförmig oder z. T. doldig angeordnet. Blüten ziemlich groß. Blütenhülle grün, Perigonabschnitte weißlich bis rötlich gerandet.

Zerstreut und selten. Wurde von KUNTZE für die Flora von Leipzig angegeben.

Gelegentlich werden in Mitteleuropa Arten der Gattung *Eriogonum* in Gärten kultiviert. Vergleiche ASCHERSON u. GRAEBNER, Synopsis der Mitteleuropäischen Flora 4, 694–697 (1912) und S. G. STOKES, Gen. *Eriogonum* (1936).

# I. Register der deutschen Pflanzennamen

Die Artnamen sind in das Alphabet der Gattungsnamen eingeordnet, z. B. ,,aufrechtes Glaskraut'' unter ,,Glaskraut, aufrechtes''
oder ,,Kraus-Ampfer'' unter ,,Ampfer, Kraus-''

Abfalterstaude 169
Alber 30
Ampalterstaude 169
Ampes 363
Ampfer 353, 363
-, Alpen- 372
-, Berg- 365
-, Blut- 382
-, Finnischer 369
-, Fluß- 383
-, Griechischer 378
-, Hain- 382
-, Kerners 377
-, knäuelblütiger 381
-, Kraus- 378
-, Nordischer 368
-, Schild- 361
-, schmalblättriger 383
-, Schnee- 366
-, schöner 389
-, Strand- 394
-, stumpfblättriger 380
-, Sumpf- 393
-, Teich- 383
-, Ukrainischer 395
-, Wasser- 370
Aspe 38

Bändli(stude) 70
Bästling 295
Bäweresch 40
Bandfelber 120
– stock 120
Belle 30
Bergflachs 324
-, ästiger 334
-, Alpen- 336
-, Bayerischer 329
-, leinblättriger 330
-, niedergestreckter 334
-, schnabelfrüchtiger 339
-, vorblattloser 339
-, Wiesen- 335
Besenbaum 156
– reis 156
– teufel 319
Birke 141, 155
-, Hänge- 145, 156
-, Harz- 145
-, Moor- 153
-, Rauh- 145
-, Schwarz- 155
-, Stein- 156
-, Strauch- 156
-, Trauer- 156
-, Wasser- 155
-, Weiß- 145, 156
-, Zwerg- 158
Bitterblatt 420
– kraut 419
Bitzcher 303
Blacke 374, 388
-, Alp- 374
-, Anken- 374
-, Mist- 388
-, Spitz- 388
-, Staffel- 374
Bletschen 388
Blutstropfen (Christi) 419

Bock 295
Bôk 211
Bokert 438
Bookweeten 435
-, wille 430
Brastelfelber 68
Brennessel 303
-, große 299
-, kleine 298
-, Pillen- 297
-, Sumpf- 303
Bringherwieder 411
Buche 200, 211
-, Hain- 181
-, Rauh- 186
-, Rot- 201
-, Stein- 186
-, Weiß- 181, 186
Buchweizen, echter 434
-, falscher 436
-, Tatarischer 436
Bukert 435
Butterblätter 388
– pletschen 374, 388
Bywerwurz 348

Chille(n) 374
Cholerakraut 425

Dehngras 425
Docke(n)blätter 388
Droosle 169
Drudennest 319
Druese 169
Drüsenkraut 345

Eff(e) 253
Eiche 240
-, Arkadische 224
-, Färber- 223
-, Flaum- 229
-, Grün- 227
-, Kork- 227
-, Mazedonische 224
-, Rot- 223
-, Scharlach- 223
-, Sommer- 232
-, Stein- 241
-, Stiel- 232
-, Sumpf- 223
-, Trauben- 241
-, Winter- 241
-, Zerr- 224
Eisengras 425
Elb 253
Erle 179
-, Alpen- 165
-, Berg- 165
-, Grau- 169
-, Grün- 165
-, Rot- 173
-, Schwarz- 173
-, Weiß- 169
Espe 38
Essel 303

Fabespletschen 374
Feigenbaum 278
Felber 54

-, Band- 120
-, Brastel- 68
Femel 290, 295
Fimel 290, 295
Flacken 425
Flauwien 22
Fliegenbaum 253
– busch 22
Flitteresche 40
Flohholz 22
– kraut 22
Fluderesch 40
Fobesen 374
Fuchsbaum 255
– schwanz 388

Gagelstrauch 18
Gaul, halber 388
Geduld(kraut) 375
Geilhemp 295
Geißenlaub 319
Geißzucker 319
Glaskraut, ästiges 306
-, aufrechtes 305
Gricken 435
Grindkraut 389
– wurz 389
Grüttkraut 22
Grût 22
Güsthemp 295
Gugezer 363
Guggisuur 363

Haböke 186
Haden 435
Hagebuche 181, 186
Hainbuche 181, 186
Halber Gaul 388
Hampes 363
Hanf 290, 295
-, Samen- 295
Hansl am Weg 425
Harngras 425
Hasel 191
-, Baum- 191
-, Blut- 191
-, Lamberts- 191
-, Türkische 191
Haselmünich 345
– wurz 343
Hasenohr 344
Hedelisch 435
Heiden 435
– korn 434
Heinzel beim Weg 425
Hemp 295
Hennep 295
Hentsch 435
Hexenbesen 319
Himmelbrot 363
Hinnrk, roter 388
Hopfen 283, 289
– buche 187
Hornbaum 186
Hunger 388
– stengel 388

Ilb(e) 253
Iper 253

Käste 219
Kakfiste 40
Kastanie, echte 212, 219
-, Edel- 212
-, Eß- 212
Keste 219
Klöterbusk 196
Knöterich 403
-, Alpen- 407
-, Ampfer- 415
-, Floh- 418
-, Hecken- 430
-, kleiner 421
-, Knöllchen- 410
-, milder 420
-, Pfeffer- 419
-, schlaffer 420
-, Schlangen- 408
-, Vogel- 423
-, Wasser- 412
-, Wasserpfeffer- 419
-, Wiesen- 408
-, Winden- 429
Köste 219
Kollerblätter 345
Koltkutte 40
Kristanje 219

Ladche(n) 389
Ländeblätter 389
Lättichblätter 389
Lauskraut 364
Leinblatt 324
-, Berg- 329
Licksterkraut 319
Loddik 389
Löffelkraut 350
Lörk 389
Lorke(nblatt) 389
Luttern 169

Mäsch(el) 295
Marentacken 319
Maroni 219
Maulbeerbaum 270, 273
-, roter 274
-, schwarzer 273
-, weißer 271
Mischel 295
Mistel 309 f., 319
-, Eichen- 320
-, Föhren- 314
-, Laubholz- 311
-, Riemen- 320
-, Tannen- 313
Mistkraut 417
Mûren 273
Muschel 319
Myrte, Brabanter 18
-, Heide- 18
-, Mäuse- 18

Neidkraut 345
Nessel 303
-, Brüh- 303
-, Donner- 303
-, Eiter- 299
-, Gänse- 303
-, Haber- 299
-, Heiter- 299

Nessel, Juck- 303
-, Römische 297
-, Seng- 303
-, Stein- 299
Nettel 303
-, Hidder- 299
-, Puter- 299
Nistel 319
Nuß, Bart- 191
-, Lamberts- 191
-, Zeller- 196
Nußbaum 6
- strauch 196

**O**chsenzunge 388
Österlikke 350
Orme 253
Osagedorn 275
Osterluzei 345, 350
-, bleiche 351
-, gewöhnliche 349
-, rundknollige 351
Osterzeit 350

**P**almkatzlbaum 94
Papiermaulbeerbaum 275
Pappel 24
-, Pyramiden- 35
-, Schwarz- 33
-, Silber- 41
-, Spitz- 35
-, Weiß- 41
-, Zitter- 38
Pastök 295
Pfefferkraut 344, 420
- wurz 345
Pfeifenbaum 345
- holz 54
Plattsaad 425
Plenten 435
Pletschen 374
-, Scheiß- 374
-, Schmalz- 374
Plotschen 374
Porsch 22
Possen 22

**R**ampel 363
Reuste 253
Rhabarber, Deutscher 374
-, Kanton- 402
-, Mönchs- 372, 375
-, Österreichischer 402
-, Sibirischer 402

-, Speise- 403
-, Südchinesischer 402
-, Tangutischer 402
-, Wellblatt- 403
-, wilder 374
Rhapontik 402
Riedacker 420
Riederer 419, 420
Riemenmistel 320
Rietacher 419
Rispel 319
Roddle 417
Röster 253
Roodstrunk 388
Roß, halbes 388
Rottich 419
Rüster 253, 257
-, Flatter- 262
-, Glatt- 257
-, Rot- 257
-, Wasser- 262
-, Weiß- 262
Ruik 417, 419
Rusche 253
Russel 253
Ruttig 417
Säuerling, Alpen- 400
Salweide 94
Sambor(e) 295
Sauerampfer, Garten- 364
-, großer 362
-, kleiner 358
-, Wiesen- 362
-, Zwerg- 358
Sauerkraut 363
- laub 363
- lump 363
- rampel 363
Saugras 425
- kraut 425
- plotschen 374
Schafzunge 408
Scheißpletschen 374
Schmalzpletschen 374
Schneiderkäse 363
Schnuderbeeren 319
Smattkarn 420
Spatzenkraut 425
Spinat, Englischer 375
Sprockwied 68
Stockwinde 430
Straffer 388
Stripsel 388
Strupfer 388
Süren 363

Sulgenholz 265
Surele 363

**T**arr 435
Tater 435
Teufels Nähgarn 430
Tros 169
Troswurz 348

**U**lme 246, 253
-, Berg- 260
-, Feld- 257
-, Felsen- 256
-, Flatter- 262
-, Fuchs- 255
-, Rot- 255, 257
-, Trauben- 256
-, Weiß- 255
-, Zwerg- 255
Usterzei 350

**V**ogelkraut 425

**W**alnußbaum 8
Wasserpfeffer 420
Weene 54
Wegeträe 424
- trett 424
Weggras 425
Weide 54
-, Asch- 94
-, Bäumchen- 108 f.
-, Band- 118
-, Bitter- 66, 419
-, Blau- 89
-, bleiche 103
-, Braun- 109
-, Bruch- 66
-, Dotter- 70
-, Elb- 118
-, Filzast- 121
-, Flaum- 102
-, gelbe 70
-, Grau- 94
-, Großblatt- 99
-, Hanf- 118
-, Heide- 104
-, Hochtal- 85
-, kahle 112
-, Kaspische 126
-, Knack- 66
-, Korb- 118
-, Kraut- 74
-, Kriech- 105

-, Küfer- 120
-, Lappländische 114
-, Lavendel- 122
-, Lorbeer- 65
-, Mandel- 71
-, Matten- 81
-, Moor- 104
-, Myrten- 80, 81
-, Netz- 72
-, Ohr- 96
-, Palm- 91
-, Pock- 66
-, Purpur- 123
-, Quendel- 78
-, Reif- 125
-, Ruch- 108
-, Sal- 94
-, Salbei- 96
-, Schimmel- 125
-, Schlesische 97
-, Schlucht- 99
-, Schwarz- 87
-, Schweizer 116
-, Seiden- 83
-, Spieß- 111
-, Spitz- 126
-, Stein- 123
-, stumpfblättrige 76
-, Tränen- 70
-, Trauer- 70
-, Ufer- 122
-, zweifarbige 84
Weiherkraut 417
Welschnuß 14
Wichel, wilde 414
-, Moor- 66
Wie 54
Wied 54
-, Amts- 120
-, Prassel- 68
-, Sprock- 68
Wieke 253
Wierwinne 430
Wilg, wilde 417
Wilgenweed 414
Wintergrün 319
Wispel 319
Wolfskraut 350

**Z**ellernuß 196
Zerrgras 425
Zuckererbsenbaum 265
Zürgelbaum 265, 267
Zwangkraut 425

## II. Register der fremdsprachigen Pflanzennamen

Abkürzungen: $d$ = dänisch, $e$ = englisch, $f$ = französisch, $i$ = italienisch, $p$ = polnisch, $s$ = sorbisch, $t$ = tschechisch

Abele $e$ 41
Acetosa $i$ 362
Acetosella $i$ 358
Albera $i$ 38
Alberello $i$ 38, 41
Albero $i$ 33
Alno $i$ 173
– bianco 169
Arcidiavolo $i$ 265
Aristoloche $f$ clématite 349
– pâle 351
– ronde 351
Asarabacca $e$ 343
Asaret $f$ 343
Aspen $e$ 38
Aulne $f$ 173
Aulnée $f$ 173
Aune $f$ blanc 169
– vert 165
Avelinier $f$ 191
Avellano $i$ 191
Avnbög $d$ 181

Baccaro $i$ 343
Bacciocch de fraa $i$ 349
Bævre-Asp $d$ 38
Bagolaro $i$ 265
Bay Bush $e$ 18
Bedollo $i$ 145
Beech $e$ 201
Běla $s$ 145
Bindweed, Black $e$ 429
Birch $e$ 153
–, Dwarf 158
–, Silver 145
Birthwort $e$ 349
Bistort $e$ 408
–, Alpine 410
–, Amphibious 412
Bistorta $i$ 408
Bjelma $s$ 91
Blanc de Hollande $f$ 41
Blé noir $f$ 434
Bög $d$ 201
Boghvede $d$ 434
–, Tatarisk 436
Bois à balais $f$ 145
– d'Arc 275
– sentbon 18
Bouillard $f$ 145
Bouleau $f$ 145, 153
– commun 145
– verruqueux 145
Brěza $s$ 145
–, wonjata 153
Brillo $i$ 118
Bříza bělokorá $t$ 145
– nízká 156
– pýritá 153
– trpasličí 158
Brzost $p$ 260
Brzoza brodawkowata $p$ 145
– karlowata 158
– niska 156
– omszona 153
Bucail $f$ 434
Buckwheat $e$ 434
–, Hedge- 430
–, Tartary 436
Buk lesni $t$ 201
–, lesny $s$ 201
– zwyczajny $p$ 201

Cabaret $f$ 343
Calataria $i$ 305
Canapa $i$ 290
Canape $i$ 290
Carique $f$ 278
Carpan negher $i$ 187
Carpinello $i$ 187
Carpino $i$ 181
– bianco 181
– commune 181
Casse-pierre $f$ 306
Castagno $i$ 212
Cavolaccio $i$ 389
Centimorbia $i$ 423
Centinode $f$ 423
Centinodia $i$ 423
Cernjenca $s$ 123
Cerro $i$ 224
Châgne $f$ 232
Chanvre $f$ 290
Charme $f$ 181
Charmille $f$ 181
Châtaignier $f$ 212
Chêne blanc $f$ 229
– chevelu 224
– commun 232
– durelin 241
– à grappes 232
– lombard 224
– noir 241
– pubescant 229
– rouvre 241
– à trochets 241
– vert 227
Chestnut, Spanish $e$ 212
–, Sweet 212
Chmel $t$ 284
Chmiel $p$ 284
Civette $f$ 91
Cobnut $e$ 191
Convolvulo nero $i$ 430
Corregiola $i$ 423
Coudrier $f$ 191
Cucitoli $i$ 418
Cuociculo $i$ 419
Curage $f$ 419

Dąb bezszypulkowy $p$ 241
– szypulkowy $p$ 232
Day and Night Wort $e$ 305
Dock $e$ 375
–, Broad-leaved 385
–, Curlet 378
–, Fiddle 389
–, Golden 394
–, Marsh 393
–, Red-veined 382
–, Sharp 381
–, Great Water 383
Drnavec lékařský $t$ 305
Dub cer $t$ 224
– čečikaty $s$ 241
– drňák $t$ 241
– letni $t$ 232
– siškaty $s$ 232
– zimni $t$ 241

Easter Ledges $e$ 408
Eg $d$ 232
–, Stilk- 232
–, Vinter- 241
Elice $i$ 227

Elm, Cork $e$ 257
–, Field 257
–, Scotch 260
–, Water 255
–, White 255
Éousé $f$ 227
Epinard immortel $f$ 375
Erba astrologa $i$ 349
– leprina 429, 430
– pan a vin $i$ 361
eschio $i$ 232

Fabrecoulier $f$ 265
Faggio $i$ 201
Fagopiro $i$ 434
Farnia $i$ 232
Fayard $f$ 201
Feuillotte $f$ 408
Fico $i$ 278
Fig Tree $e$ 278
Figa $p$ 278
Figuier $f$ 278
Fikovnik $t$ 278
Filbert, White $e$ 191
Fraggiragolo $i$ 265

Gattice $i$ 41
Gazewnik europejski $p$ 320
Gelso $i$ 271
Giccherio di montagna $i$ 365
Grab zwyczajny $p$ 181
Grano saraceno $i$ 434
Gravelier $f$ 232
Gravelin $f$ 232
Gryka tatarka $p$ 436
– wlasciwa 434
Gui $f$ 310

Habr obecný $t$ 181
Habrovec habrlistý $t$ 187
Hackberry $e$ 265
Hadovec $t$ 408
Hadźacy korjeń $s$ 408
Hamp 290
Hazel $e$ 191
Hejduška, njepraw $s$ 436
–, prawa 434
Herbe à cochon $f$ 423
– des murailles 305
– des Nonnes 305
– de Notre-Dame 306
– aux panaris 423
– de Sainte Anne 305
Hemp $e$ 290
Hěrkuš $s$ 419
Hêtre $f$ 201
Heyduše $t$ 434
Hop $e$ 284
Hops $e$ 284
Hornbeam $e$ 181
Houblon $f$ 284
– à la bière 284
– vulgaire 284
Hrab $s$ 181
Hrečka $t$ 434
Humle $d$ 284

Ipreau $f$ 257
Ironwood $e$ 181
Ischio $i$ 241

Jamjel $s$ 310
Jemiola $p$ 310
Jilm drsný $t$ 260
– habrolistý 257
– vaz 262
Jiwa $s$ 91
Jmelí $t$ 310

Kastanija $s$ 212
Kaštanovnik jedlý $t$ 212
Kasztan jadalny $p$ 212
Knotgrass $e$ 423
Kokornak $p$, $s$ 349
Konop $s$ 290
Konopě $p$ 290
Konopie $p$ 290
Kopřiva dvoudomá $t$ 299
– žahavka 298
Kopriwa, mala $s$ 298
–, wulka 299
Kopytnik $p$, $t$ 343
Křemelák $t$ 232

Lapazio $i$ 381
Leccio $i$ 227
Leniec bezpod kwiatkowy $p$ 339
– górski 329
– lakowy 335
– pospolity 330
Leska $s$ 191
Leszczyna pospolita $p$ 191
Liardier $f$ 33
Liska obecná $t$ 191
Lněnka alpinská $t$ 336
– bavorská 329
– Dollinerova 333
– lnolistá 330
– Pyrenejská 335
– větevnatá 334
– zobánkatá 339
Lodogno $i$ 265
Lompusch $s$ 362
Lorette $f$ 18
Loza $p$ 94
Luppulo $i$ 284

Marsault $f$ 91
Marušnja, běla $s$ 271
–, čorna 273
Micocoulier $f$ 265
Misteltein $d$ 310
Moro bianco $i$ 271
– nero 273
Morušovnik bily $t$ 271
– cerny 273
Morwa biala $p$ 271
– czarna 273
Mulberry, Black $e$ 273
–, White 27
Murajola $i$ 305
Mûrier blanc $f$ 271
– noir 273
Myrtle, Bog $e$ 18
–, Dutch 18

Nælde, Brænde $d$ 298
Nard sauvage $f$ 343
Nettle, Great $e$ 299
–, Roman 297
–, Small 298
–, Stinging 299
Nocciolo $i$ 191

Noce *i* 8
Nöddebusk *d* 191
Noisette de Lombardie *f* 191
Noisetier *f* 191
Noyer *f* 8
Nut, Cob- *e* 191

**O**ak, Common *e* 232
-, Durmast 241
-, Evergreen 227
-, Holm 227
-, Sessile 241
-, Turkey 224
Ochmet evropský *t* 320
Olmo commune *i* 257
- gentile 257
- montano 260
Olše lepkavá *t* 173
- šedá 169
- zelená 165
Olsza czarna *p* 173
- olcha 165
- szara 169
Ontano bianco *i* 169
- nero 173
- peloso 169
- verde 165
Oreille d'homme *f* 343
Oreillette 343
Ořešák královský *t* 8
Orme blanc *f* 260, 262
- champêtre 257
- diffus 262
- des montagnes 260
- pedonculé 262
- rouge 257
Ortica maschia *i* 299
- minore 298
- romana 297
Ortie brûlante *f* 298
-, grande 299
- grièche 298
-, petite 298
- Romaine 297
Orzech laskowy *p* 191
- wloski 8
Osage Orange *e* 275
Oseille de brebis *f* 358
- commune 362
- glaciaire 400
-, grand 362
- des marais 393
- de montagne 365
-, petite 358
- des prés 362
- ronde 361
- sauvage 362
Osier blanc *f* 118
- brun 71
- franc 71
- des Iles 118
- noir 118
- de rivière 118
- rouge 71
- vert 71
Osier Common *e* 118
- Willow 118
Ostrie *f* 187

**P**an cucch *i* 358
Panatage *f* 306
Parelle *f* 370, 375
- des marais 383
- pandurée 389
- sinuée 389
- violon 389
Parène 378
Pariétaire vitriole *f* 305
Parietaria *i* 305
Patience *e*, *f* 375
- des Alpes 372
-, grande des eaux 383

- écusson 361
- des moines 375
- sang-dragon 382
- sauvage 385
- violon 389
Pazienza *i* 370. 375
Pellegrino *i* 265
Pellitory *e* 305
Pepe d'acqua *i* 419
Pepper, Water- *e* 419
Perce-muraille *f* 306
Perlaro *i* 265
Persicaire acre *f* 419
- brûlante 419
- douce 418
Persicaria *i* 418
- alpina 407
- amphibia 412
- dolce 420
- punteggiata *i* 415
Persicaria *e* 418
-, Pale 415
Peuplier blanc *f* 41
- commun 33
- franc 33
- noir 33
- tremble 38
Piedrouge *f* 418
Pil, Baand- *d* 118
-, Femhannet 65
-, Öret 96
-, Hvid 68
-, Skjör 66
Pileurt, Bidende *d* 419
-, Bleg 415
-, Faersken 418
-, Liden 421
-, Snerle- 429
-, Topspirende 410
-, Tvevreden 408
-, Vand- 412
-, Vej- 423
-, Vinge- 430
Pilingre *f* 418
Piment royale *f* 18
Pioppo bianco *i* 41
- commune 33
- nero 33
- tremolo 38
Piprz wodny *p* 419
Podražec křovištni *t* 349
Pohanka *t* 434
- tatarka 436
Poivre d'eau *f* 419
Pokryzwa zegawka *p* 298
- zwyczajna 299
Pomurnik lekarski *p* 305
Poplar, Black *e* 33
-, White 41
Powleke *t* 430
Ptačí lèp *s* 310
Pùtan *i* 187

**Q**uercia *i* 241
- commune 232

**R**abarbaro alpino *i* 372
Rdesno blešnik *t* 415
- červivec 418
- hadi kořen 408
- menši 421
- obojživelné 412
- peprnik 419
- ptači 423
- útlé 420
- živorodé 410
Rdest kolankowaty *p* 415
- lakowy 408
- mniejszy 421
- ostrogorzki 419
- plamisty 418
- powojowy 429

- ptasi 423
- węzownik 408
- wielokwiatowy 420
- zaroślowy 430
- ziemowodny 412
- zyworodny 410
Reguette *f* 378
Renella *i* 343
Renouée des Alpes *f* 407
- amphibie 412
- des buissons 430
- douce 420
- fluette 421
- insipide 419
- liseron 429
- des oiseaux 423
- persicaire 416
- poivre d'eau 419
- sarrasin 434
- vivipare 410
Rhapontic des moins *f* 372
Rhubarb, Monk's *e* 372
Rhubarbe des moines *f* 372
Rödknæ *d* 358
Rokot *s* 96
-, šèra 94
Rombice cavolaia *i* 378
- dei prati 385
- sottile 393
Romiglia *i* 265
Rondelle *f* 343
Rouvre *f* 241
Rovere *f* 241
Rovero *i* 232
Rumex aggloméré *f* 381
- des Alpes 372
- crépu 378
- des marais 393
- maritime 394
- des neiges 366

Salcerella *i* 418
- fragile 66
- laurino 65
- di monte 87
- nero 125
- odoroso 65
- da pertiche 68
- reticulato 72
- rosso 123
- sassatile 74
- sdraiato 105
- Sermollino 76
Saleggiola *i* 362
Salicastro *i* 68
Salice *i* 91
- bianco 68
- cenerognolo 94
- daphnoide 125
- nero 125
- ripajuolo 122
- viminale 118
Salicello *i* 123
Salicone *i* 91
Sallow, Great *e* 91
Sanguinaria bistorta *i* 408
- vivipara 410
Sares ross *i* 123
Sarrasin *f* 434
- de Tartarie 436
Sarrasine *f* 349
Saule amandier *f* 71
- argenté 68
- blanc 68
- bleuâtre 89
- brillant 65
- cendré 94
- des chèvres 91
- drapé 122
- émoussé 76
- faux-Daphné 125

- à feuille de laurier 65
- à feuilles cotonneuses 122
- à feuilles odorantes 65
- à feuilles de serpolet 78
- à grandes feuilles 99
- à longues feuilles 118
- fragile 66
- glabre 112
- hasté 111
- herbacé 74
- nain 104
- noir 125
- noircissant 87
- à oreillettes 96
- pourpre 123
- rampant 105
- réticulé 72
- de Suisse 116
- viminale 118
Šćehel *s* 362
Šćehelk *s* 358
Šćenowe *s* 305
Scerr *i* 224
Serpentaire *f* 408
Serpentina *i* 408
Skræppe, Blegbladet *d* 385
-, Dynd- 370
-, Kruset 378
- Nögleblomstret 381
-, Skov- 382
-, Strand- 394
-, Sump- 393
-, Vand- 394
Slangerod *d* 349
Smólnik *s* 343
Snake-root *e* 408
Sobolk čorny *s* 429
Sorrel *e* 362
-, Mountain 400
-, Sheep's 358
Spaccasassi *i* 265
Stariloggio *i* 351
Štovíček dvoublizný *t* 400
Štovík alpinský *t* 372
- áronolistý 365
- hustý 374
- kadeřavý 378
- klubkatý 381
- koňský 383
- krvavý 382
- kyselý 362
- menši 358
- přimořský 394
- rozvětvený 364
- štitnatý 361
- tupolistý 385
- úzkolistý 380
- vodní 370
- zahradní 375
Surelle *f* 362
Surette *f* 362
Surzäga *i* 267
Svlačec *t* 429
Swinjaca trawa *s* 423
Szczaw alpejski *p* 372
- blotny 393
- gajowy 382
- górski 365
- kędzierzawy 378
- lancetowaty 383
- nadmorski 394
- omszony 374
- polny 358
- rozpierzchly 364
- skupiony 381
- tarczolistny 361
- tępolistny 385
- ukraiński 395
- wodny 370
- zolty 375
- zwyczajny 362
Szczawiór alpejski 400

Toadflax, Bastard *e* 334
Topol, bely *s* 41
–, libotaty 38
Topol černý *t* 33
– linda 41
– osika 38
Topola biala *t* 41
– czarna 33
– osika 38
Trainasse *f* 423
Tremble *f* 38
Tremolo *i* 38

Vedraja *i* 305
Verdiau *f* 123
Vetrice *i* 118
– bianca 122
– rossa 123
Vigne du Nord *f* 284
Vilucchio *i* 429
Vimine *i* 118
Vimini *i* 123
Vinco *i* 118
Vinette *f* 362
– sauvage 358
Visch *i* 310
Vischia *i* 310
Visco *i* 310
Vitriola *i* 305
Vrba bílá *t* 68

– borůvkovitá 104
– bylinná 74
– červenice 123
– hlošinovitá 122
– jíva 91
– košarská 118
– křehká 66
– lýkovcová 125
– mandlovka 65
– plazivá 105
– popelavá 94
– šedozelená 103
– šipovitá 111
– sitnatá 72
– slezská 97
– trojmužná 71
– ušatá 96
– utatá 76
Vrillée bâtarde *f* 429

Walnut *e* 8
Water-Pepper *e* 419
Wiaz górski *p* 260
– pospolity 257
– szypulkowy 262
Wierzba biala *p* 68
– borówkolistna 104
– czarniawa 87
– iwa 91
– krucha 66

– laurowa 65
– nibyzielna 74
– oszczepowata 111
– purpurowa 123
– rokita 105
– siwa 122
– ślaska 97
– śniada 103
– szara 94
– trójprecikowa 71
– uszata 96
– wawrzynkolistna 125
– wiciowa 118
– wykrojona 76
– zylkowana 72
Wiklina *p* 123
Wjaz, dothošiškaty *s* 262
–, hórsky 260
–, polny 257
Wjerba, blyščata *s* 65
–, pikota 66
–, šěra 94
–, witkowa 118
–, wšědna 91
–, wuškata 96
Willow, Almond *e* 71
–, Bay 65
–, Crack 66
–, Creeping 105
–, Darkleaved 87

–, Least 74
–, Reticulate 72
–, White 68
Witwa *p* 118
Włóska worješina *s* 8
Wólša, hórska *s* 169
–, lučna 173
–, zelena 165
Woskownica *p* 18
Wosyca *s* 38
Wróble języczki *p* 423
Wuroć, hórka *s* 419
–, kerčna 430
–, kusata 418
–, lučna 408
–, ptača 423
–, wijata 429
–, wódna 412

Yeuse *f* 227
Ypréau *f* 41
Yvet *f* 257

Zdler, dróbny *s* 358
–, hatny 394
–, kisaly 362
–, klubkaty 381
–, krzózkaty 378
–, slodki 385
–, wódny 370

# III. Register zu den lateinischen Namen

Gültige Namen sind durch * gekennzeichnet; unbezeichnete Namen sind Synonyme

Abelicea 267
– carpinifolia (Pall.) Aschers. et Graebn. 267
– ulmoides (Desf.) O. Ktze. 267
*Acanthosyris 324
*– falcata Griseb. 324
*Acanthosyris spinescens (Mart. et Eichl.) Griseb. 324
Acetosa alpina (L.) Moench 372
– arifolia (All.) Schur 365
– digyna (L.) Mill. 400
– pratensis Mill. 362
– scutata (L.) Mill. 361
*Alfaroa 4
– Alnaster viridis Spach 165
*Alnus 163
– Alnobetula (Ehrh.) Hartig 165
*– Aschersoniana Callier 180
– autumnalis Hartig 179
– badensis Lang 179
*– barbata C. A. Mey. 164
– communis Desf. 173
*– cordata (Lois.) Desf. 164
*– cremastogyne Burkill 164
– crispa (Ait.) Pursh 164
– februaria O. Ktze. 173
– februaria O. Ktze. var. incana O. Ktze. 169
*– Fiekii Callier 180
*– fruticosa Rupr. 164
*– glutinosa (L.) Gaertn. 173
*– – f. aurea Verschaff. 175
*– – f. incisa Willd. 175
*– – f. maculata (O. Ktze.) H. Winkl. 175
*– – f. parvifolia O. Ktze. 175
*– – f. pyramidalis Dippel 175
*– – f. quercifolia Willd. 175
*– – f. rubrinervia Dippel 175
*– – f. tenuifolia Callier 175
– – var. pubescens Rgl. 179
*– glutinosa × incana 179
*– glutinosa × rugosa 180
*– hirsuta Turcz. 164
– hybrida A. Braun 179
*– incana (L.) Moench 169
*– – f. acuminata Rgl. 171
*– – f. aurea Scheele 171
*– – f. pendula hort. 171
*– – f. pinnatifida Wahlenbg. 171
*– – f. variegata Scheele 171
*– – var. argentata Norrlin 171
*– – var. glaucophylla Callier 171
*– – var. hypochlora Callier 171
*– – var. incana 171
*– – var. orbicularis Callier 171
*– – var. subrotunda Callier 171
*– – var. ulmifolia Bornm. 171
*– incana × rugosa 180
*– incana × viridis 180
*– japonica Sieb. et Zucc. 164
*– jorullensis H. B. K. 163
*– kamtschatica (Call.) Kom. 164
– lanuginosa Gilib. 169
*– manshurica (Call.) Hand.-Mzt. 164
*– maritima (Marsh.) Nutt. 164
*– Maximowiczii Call. 164
*– montana Brügger 180
*– nepalensis D. Don 137
– nigra Gilib. 173

*– nitida (Spach) Endl. 164
*– oregona Nutt. 164
*– orientalis Decne. 164
– plicata Hoffmgg. 179
– pubescens Tausch 179
– pubescens Sartorelli 169
*– rhombifolia Nutt. 164
– rotundifolia Mill. 173
– rugosa (Du Roi) Spreng. 179
– rugosa (Du Roi) Spreng. var. serrulata (Ait.) H. Winkl. 179
*– serrulata (Ait.) Willd. 179
*– sibirica Fisch. 164
*– sinuata (Rgl.) Rydb. 164
*– subcordata C. A. Mey. 164
*– tenuifolia Nutt. 164
*– tinctoria Sarg. 164
*– viridis (Chaix) DC. 165
*– – var. Brembana (Rota) Hegi 167
*– – var. corylifolia (Kern.) Aschers. et Graebn. 167
*– – var. microphylla (Arv.-Touv.) Hegi 167
*– – var. parvifolia (Sauter) Hegi 167
*– – var. viridis 167
*– – – f. grandifolia (Beck) Hegi 167
*– – – f. mollis (Beck) Hegi 167
– vulgaris Pers. 173
*Ampalis 270
– Amentaceae 23
– Amentiferae 23
*Anthobolus 324
*Aphananthe aspera Planch. 264
*Arceuthobium minutissimum Hook. f. 309
*– Oxycedri (DC.) M. B. 308
*Aristolochiales 341
*Aristolochiaceae 341
*Aristolochia 345
*– altissima Desf. 345
*– barbata Jacq. 345
*– Burelae Herzog 345
*– chilensis Miers 345
*– Clematitis L. 349
*– durior Hill 348
*– elegans Mast. 345
*– fimbriata Cham. 345
*– floribunda Lem. 345
*– gigantea Mart. et Zucc. 345
– Goldieana Hook. f. 345
*– grandiflora Arruda 345
*– indica L. 345
*– longa L. 345
*– macroura Gomez 345
*– maurorum L. 345
*– maxima Jacq. 345
*– pallida Willd. 351
*– promissa Mast. 345
*– reticulata Nutt. 345
*– rigida Duch. 345
*– rotunda L. 351
*– sempervirens L. 345
*– Serpentaria L. 345
*– trilobata L. 345
*– tripartita Backer 345
*Arjona tuberosa Cav. 324
– Artocarpaceae 276
– Artocarpeae 276
*Artocarpoidae 276

*Artocarpus altilis (Parkinson) Fosberg 276
– heterophylla Lam. 276
– incisa L. f. 276
– integrifolia Forst. 276
*Asarum 342
*– albivenium Rgl. 342
*– arifolium Michx. 342
*– Blumei Rgl. 343
*– canadense L. 342
*– elegans Duch. 342
*– europaeum L. 343
*– himalaicum Hook. f. et Thoms. 342
*– Sieboldii Miq. 343
*– virginicum L. 342

*Betulaceae 136
Betula alba L. 145, 153
– – var. vulgaris C. K. Schneid. 154
– Alnobetula Ehrh. 165
*– alnoides Buch.-Ham. 141
– Alnus Scop. 173
– Alnus glutinosa L. 173
– Alnus incana L. 169
– alpestris Fries 162
– ambigua Hampe 154
*– Aschersoniana Hayek 163
*– Baeumkeri H. Winkl. 141
*– borealis Spach 162
*– caerulea-grandis Blanch. 141
– carpatica Waldst. et Kit. 154
– carpatica Waldst. et Kit. var. hercynica Rchb. 154
*– carpinifolia Sieb. et Zucc. 141
– carpinifolia Ehrh. 144
*– celtiberica Rothm. et Vasc. 146
*– corylifolia Rgl. 141
*– costata Trautv. 141
– emarginata Ehrh. 173
*– Ermani Cham. 144
*– exilis Sukacz. 160
*– fontinalis Sarg. 141
*– Font-Queri Rothm. 146
*– fruticosa Pall. 141
– fruticosa Wats. 162
*– glandulosa Michx. 141
*– globispica Shirai 141
– glutinosa Lam. 173
– grandis Schrad. 152
*– Michauxii Spach 141
*– humilis Schrank 156
*– – var. cordifolia H. Preuss 158
*– – var. cuneifolia Abromeit 158
*– – var. macrophylla H. Preuss 158
*– – var. microphylla Gruetter 158
*– – var. subrotunda Schuster 158
*– humilis × pendula 162
*– humilis × pubescens 162
– hybrida Wettst. 163
– incana L. f. 169
*– intermedia Thomas 162
*– japonica Sieb. 141
– lagopina Hartman 162
– latifolia Tausch 152
– lenta L. 144
– lobulata Kanitz 145
*– luminifera H. Winkl. 141
*– lutea Michx. 144

*Betula Maximowiczii Rgl. 141
*– Michauxii Spach 160
*– Middendorfii Trautv. 160
*– minor (Tuckerman) Fern. 141
*– Murithii Gaud. 155
– myrsinoides Tausch 156
*– nana L. 158
*– nana × pendula 163
*– nana × pubescens 162
*– nigra L. 141
– nigra Du Roi 144
*– occidentalis Hook. 141
– odorata Bechst. 153
– odorata Rchb. 145
– palustris Salisb. 173
*– papyrifera Marsh. 152
*– pendula Roth 145
*– – f. lobulata Anders. 147
*– – f. purpurea hort. 147
*– – f. pyramidalis hort. 147
*– – f. tristis Zabel 146
– pendula × pubescens 163
*– platyphylla Sukacz. 141
*– Plettkei Junge 163
*– populifolia Marsh. 152
*– pubescens Ehrh. 153
*– – ssp. carpatica (Waldst. et Kit.) Aschers. et Graebn. 154
*– – ssp. Murithii (Gaud.) Aschers. et Graebn. 155
*– – ssp. pubescens 154
– – var. tortuosa (Ledeb.) Koehne 156
– – var. typica H. Winkl. 154
*– pubescens × verrucosa f. Callieri (C. K. Schneider) Aschers. et. Graebn. 163
*– pubescens × verrucosa f. pseudoalba (C. K. Schneider) Aschers. et Graebn. 163
*– pubescens × verrucosa f. Wettsteinii (C. K. Schneider) Aschers. et Graebn. 163
– pumila L. 141
– rhombifolia Tausch 145
*– rotundifolia Spach 160
– tomentosa Reith. et Abel 153
*– tortuosa Ledeb. 156
*– ulmifolia Sieb. et Zucc. 141
*– utilis D. Don 141
– verrucosa Ehrh. 145
– viridis Chaix 165
*– Warnstorfii C. K. Schneider 162
*– Zimpelii Junge 162
Bilderdykia Convolvulus(L.)Dumort.429
– dumetorum (L.) Dumort. 430
Bistorta maior S. F. Gray 408
– vivipara (L.) S. F. Gray 410
*Boehmeria 296
*– nivea (L.) Hook. et Arn. 296
*Broussonetia 275
– dissecta Senécl. 276
*– Kaempferi Sieb. et Zucc. 270
*– papyrifera (L.) L'Hér. 276
*– – var. cucullata Ser. 276
*– – var. laciniata Ser. 276
– tinctoria Torr. 275
Bucephalon 270
*Buckleya 324

*Cannabaceae 283
*Cannabis 290
– Lupulus Scop. 284
*– sativa L. 290
*Cardiogyne africana Bur. 269
*Carpinus 180
*– Betulus L. 181
*– – var. Betulus 183
*– – var. carpinizza Neilreich 183
– – var. edentula Heuffel 183
– – var. serrata Beck 183

– – var. typica Beck 183
– – var. typica Koehne 183
*– caroliniana Walt. 187
– cordata Blume 181
– duinensis Scop. 186
– faginea Lindl. 180
– italica Scop. 187
*– japonica Blume 181
*– macrocarpa (Willk.) H. Winkl. 180
– orientalis Mill. 186
– Ostrya L. 187
*– schuschaënsis H. Winkl. 180
– sepium Lam. 181
*– viminea Lindl. 180
– vulgaris Mill. 181
*Carya 4
– alba K. Koch 5
*– cordiformis (Wangenh.) K. Koch 5
*– glabra (Mill.) Sweet 4
*– tomentosa (Lam.) Nutt. 5
*Castanea 211
– Castanea Karsten 212
– dentata (Marsh.) Borkh. 212
– japonica Blume 212
*– ozarkensis Ashe 212
*– pumila (L.) Mill. 212
– sativa Mill. 212
– vesca Gaertn. 212
– vulgaris Lam. 212
*Castanopsis 198
*Celtis 264
– acuta Buch.-Ham. 265
*– australis L. 265
– eriocarpa Decne. 265
– excelsa Salisb. 265
– lutea Pers. 265
*– occidentalis L. 267
*Celtoideae 264
*Cervantesia 324
Chamaebetula humilis Opiz 156
– nana Opiz 158
Chamitea reticulata (L.) Kern. 72
*Chlorophora excelsa (L.) Gaud. 269
– tinctoria D. Don 269
*Choretrum 324
*Choripetalae 1
*Chorizanthe 353
*Coccoloba 353
*Colpoon 323
Colubrina intorta Montand. 408
– vivipara (L.) Montand. 410
*Comandra elegans (Rochel) Rchb. f. 323
*Comptonia peregrina (L.) Coult. 17
*Corylus 189
*– americana Walt. 190
*– arborescens Münchh. 191
*– Avellana L. 190
*– – f. albo-variegata hort. 190
*– – f. atropurpurea Petz. et Kirchn. 190
*– – f. aurea Petz. et Kirchn. 190
*– – f. aureo-marginata hort. 190
*– – f. brachychlamys Spach 190
*– – f. glandulosa Christ. 190
*– – f. glomerata Ait. 190
*– – f. schizochlamys Spach 190
*– – f. Zimmermanni Hahne 190
– – var. oblonga Anderss. 190
– – var. ovata Willd. 190
*– brevituba Kom. 190
– californica (A. DC.) Rose 190
– colchica Albow 190
*– Colurna L. 191
*– cornuta Marsh. 190
*– heterophylla Fisch. 190
*– manshurica Maxim. 190
*– maxima Mill. 191
*– – f. atrosanguinea hort. 191
*– pontica K. Koch 190
*– Sieboldiana Blume 190
– silvestris Salisb. 191
– tubulosa Willd. 191

*Cudrania tricuspidata Burm. 270
Cupuliferae 197
*Cyclobalanus 198
*Cyclobalanopsis 198
*Cyclocarya 4

*Darbya 324
*Debregeasia 296
*Dialypetaleae 1
Diceras 270
*Dicotyledones 1
Ditrachyceras 270
Ditrachyceros 270
Donia digyna (L.) R. Br. 400
*Dorstenia Contrajerva L. 270
Duschekia ovata Opiz 165

*Elatostema 296
*Engelhardtia Oreomunnea C. DC. 4
*Eriogonum 436
*Eucarya acuminata (R. Br.) Sprague et Summerhayes 324
*Euglypha 342
Eumoreae 270
*Exocarpus cupressiformis Labill. 324

*Fagaceae 197
*Fagopyrum 434
– baldschuanicum (Rgl.) H. Gross 432
– carinatum Moench 429
– cereale Rafin. 434
– Convolvulus (L.) H. Gross 429
– dentatum Moench 436
– dumetorum (L.) Schreb. 430
– esculentum Moench 434
– heterocarpum (Beck) Domin et Podpera 432
*– Kuntzei Beck 436
– membranaceum Moench. 430
– rotundatum Babington 436
– sagittatum Gilib. 434
– sarracenicum Dumort. 434
– subdendatum Gilib. 436
*– tataricum (L.) Gaertn. 436
– tataricum × vulgare 436
*– vulgare Hill 434
– vulgare Nees 434
*Fagus 200
– americana Sweet 201
– Castanea L. 212
– ferruginea Ait. 201
*– grandifolia Ehrh. 201
*– Hohenackeriana Palib. 201
*– orientalis Lipsky 201
*– silvatica L. 201
*– – f. quercoides Pers. 203
*– – f. purpurea Ait. 203
*– – l. asplenifolia Lodd. 203
*– – l. heterophylla Lodd. 203
*– – l. latifolia Petz. et Kirchn. 203
*– – l. pendula Lodd. 203
*– – l. pyramidalis Petz. et Kirchn. 203
*– – var. asiatica DC. 201
*Ficus 277
*– Brassii R. Br. 277
*– Carica L. 278
– Carica L. planta monoeca Erinosyce Tschirch et Ravasini 278
*– Carica L. var. rupestris Hausskn. 279
*– – var. silvestris Willk. et Lange 279
– communis Lam. 278
*– elastica Roxb. 277
– geraniifolia Miq. 278
*– lyrata Warb. 277
*– obliqua Forst. 277
*– pandurata hort. 277

443

*Ficus Petitiana Rich. 278
*– serrata Forsk. 279
*– pumila L. 277
*– pseudocarica Hochst. 278
*– Schlechteri Warb. 277
*– Sycomorus L. 277
*– virgata Roxb. 279
*– Vogelii Miq. 277
*Fleurya 296
Fusanus acuminatus R. Br. 324

*Gale 18
– Gale C. K. Schneider 18
*– palustris (Lam.) Chev. 18
*– tomentosa (DC.) Rech. f. 17
*Geocaulon 324
*Girardinia heterophylla Decne. 296
*Gironniera 264

*Helxine Soleirolii Req. 296
*Hicoria 4
– glabra Britton 4
– minima Britton 5
*Holoptelea integrifolia Planch. 246
*– grandis (Hutch.) Mildbraed 246
*Humulus 283
*– japonicus Sieb. et Zucc. 290
*– Lupulus L. 284
*– – var. brachystachyus Zapal. 285
– Lupulus Thunbg. 290
– volubilis Salisb. 284
– vulgaris Gilib. 284

Ioxylon pomiferum Raf. 275

*Jodina 324
*Juglandaceae 3
*Juglandales 3
*Juglans 6
*– cinerea L. 14
– cordiformis Maxim. 15
– cordiformis Wangenh. 5
– fraxinifolia Lam. 4
– glabra Mill. 4
*– mandschurica Maxim. 14
*– nigra L. 8
– oblonga Mill. 14
*– regia L. 8
*– rupestris Engelm. 8
*– Sieboldiana Maxim. 14
– tomentosa Lam. 5

Lapathum Acetosa (L.) Scop. 362
– alpestre (Jacq.) Scop. 361, 365
– alpinum (L.) Lam. 372
– aquaticum (L.) Scop. 370
– bucephalophorum (L.) Lam. 396
– crispum (L.) Scop. 378
– digynum (L.) Lam. 400
– giganteum Opiz 383
– hortense Moench 375
– maritimum (L.) Moench 394
– obtusifolium (L.) Moench 385
– pratense (Mill.) Lam. 362
– scutatum (L.) Lam. 361
– silvestre Lam. 385
*Laportea 296
*– canadensis Gaud. 296
*Leptomeria 324
*Lithocarpus 198
*Loranthaceae 308
*Loranthus 319
*– europaeus Jacq. 320

Lupulus 283
– Amarus Gilib. 284
– communis Gaertn. 284
– humulus Mill. 284
– scandens Lam. 284

*Maclura 275
– aurantiaca Nutt. 275
*– pomifera (Raf.) C. K. Schneider 275
*– – var. inermis (André) C. K. Schneider 275
Microptelea 246
– parvifolia (Jacq.) Spach 255
*Mida 324
*Monochlamydeae 1
*Moraceae 269
*Moreae 270
Moreae 269
*Moroideae 269
Morophorum 270
*Morus 270
*– alba L. 271
– alba Hemsley 271
– – var. vulgaris Bur. 271
– byzantina Sieb. 271
– canadensis Poir. 274
– Constantinopolitana Poir. 271
– cucullata Bon. 276
– heterophylla Loud. 271
– indica L. 271
– italica Poir. 271
– laciniata Mill. 273
– macrophylla Moretti 271
– missourensis Audib. 274
– navicularis Lodd. 276
– nervosa Del. 271
*– nigra L. 273
– – var. laciniata Bur. 273
– papyrifera L. 276
– pensylvanica Nois. 274
– pumila Balb. 271
– rubra L. 274
*– – var. canadensis (Poir.) Loud. 274
– – var. incisa Bur. 274
– – var. scabra (Willd.) Loud. 274
– scabra Moretti 273
– scabra Willd. 274
– siciliana Mill. 273
– tatarica L. 271
– Tok-wa Siebold 271
– tomentosa Raf. 274
– tortuosa Audib. 271
– venosa Del. 271
*Myoschilos 324
*Myrica 17
*– aethiopica L. 17
*– cerifera L. 17
*– Faya Ait. 17
– Gale L. 18
– palustris Lam. 18
*– sapida Wall. 17
– tomentosa (DC.) Aschers. et Graebn. 17
*Myricaceae 16
*Myricales 16

*Nanodea 324
*Nothofagus 198

*Omphacomeria 324
*Oreomunnea 4
*Ostrya 187
*– carpinifolia Scop. 187
– italica Spach 187
– italica Scop. ssp. carpinifolia (Scop.) H. Winkl. 187

*– Knowltonii Coville 187
*– virginiana (Mill.) K. Koch 187
– vulgaris Willd. 187
*Ostryopsis Davidiana Decne. 137
*Osyridocarpus 323
*Osyris abyssinica Hochst. 323
*– alba L. 323
– arborea Wall. 324
*– lanceolata Hochst. et Steud. 323
*– Wightiana Wall. 324
Oxylapathum digynum (L.) St. Lag. 400
Oxyria reniformis Hook. 400

*Pachytrophe 270
Papyrius 275
– japonica Poir. 276
*Paratrophis 270
*Parietaria 304
– diffusa Mert. et Koch 306
*– erecta Mert. et Koch 305
– officinalis L. 305
– – var. diffusa (Mert. et Koch) Wedd. 306
– – ssp. erecta (Mert. et Koch) Beguinot 305
– – var. ramiflora (Moench.) Aschers. et Graebn. 306
*– pensylvanica Muhlenberg 304
*– ramiflora Moench 306
*Pasania 198
*Pellionia 296
*– Daveauana N. E. Brown 296
*– repens (Lour.) Merill 296
Persicaria acris Gilib. 419
– amphibia (L.) S. F. Gray 412
– dubia (Stein) Fourr. 420
– fluitans Montand. 412
– Hydropiper (L.) Opiz 419
– incana F. S. Gray 418
– laxiflora (Weihe) Opiz 420
– maculosa S. F. Gray 418
– minor (Ait.) Opiz 421
– mitis Gilib. 418
– pusilla S. F. Gray 418, 421
– urens Montand. 419
– vulgaris Webb et Moq. 418
*Phacellaria 324
Phegopyrum esculentum (Moench) Peterm. 434
– tataricum (L.) Peterm. 436
*Phoradendron 308
*Phyllostylon brasiliensis Cap. 246
*Pilea Cadierei Gagnep. et Guillaum. 296
*Pipturus argenteus Wedd. 296
*Planera 246
– crenata Desf. 267
– Richardi Michx. 267
*Platycarya 4
Pleuropterus cuspidatus (Sieb. et Zucc.) H. Gross 432
– sachalinensis (Frdr. Schmidt) H. Gross 432
*Polygonaceae 352
*Polygonales 352
*Polygonum 403
*– aequale Lindm. 425
– alatum Dulac 430
– alpinum All. 407
– ambiguum Pers. 433
– amoenum Salisb. 408
*– amphibium L. 412
– amplexicaule D. Don 432
– angustifolium D. Don 410
– angustifolium Duval 420
– angustifolium Roth 421
*– arenarium Waldst. et Kit. 429
– arenastrum Boreau 425
*– aviculare L. 423
– aviculare L. 425

*Polygonum aviculare L. f. arenastrum (Boreau) Syme 425
- - ssp. calcatum (Lindm.) Thell. 426
- - ssp. litorale (Link) Rouy 424
- - ssp. rurivagum (Jord.) Rouy 425
*- - var. angustissimum Meisn. 424
- - var. arenastrum (Boreau) Rouy 425
*- - var. aviculare 423
- - var. depressum Meisn. 426
- - var. erectum (Roth) Hayne 424
*- - var. litorale Koch 424
- - var. longifolium Desv. 425
*- - var. procumbens (Gilib.) Hayne 424
- - var. romanum Meisn. 422
- - var. rurivagum (Jord.) Syme 425
- - var. vegetum (Led.) Meisn. 423
- - var. vulgare Desv. 423
*- baldschuanicum Rgl. 432
- Bellardi Rchb. var. effusum Meisn. 429
- - var. Kitaibelianum Borb. 429
- - var. typicum Beck 429
*- Bistorta L. 408
*- - ssp. Bistorta var. angustifolium Hayne 409
*- - var. Bistorta 409
*- - ssp. plumosum (Small) Hultén 409
*- - var. capitatum K. Koch 409
- - var. confusum (Meisn.) Gürke 409
- - var. latifolium Hayne 409
- - var. vulgare Meisn. 409
- bracteatum Spreng. 410
*- Braunianum F. Schultz 433
- Braunii Bluff et Fingerh. 420
- Brittingeri Opiz 416
*- calcatum Lindm. 426
- carneum K. Koch 409
- cereale Salisb. 434
*- condensatum F. Schultz 434
- confusum Meisn. 409
- convolvulaceum Lam. 429
*- convolvuloides Brügger 432
*- Convolvulus L. 429
*- Convolvulus × dumetorum 432
*- cuspidatum Sieb. et Zucc. 432
- danubiale A. Kern. 416
- divaricatum Vill. 407
- dubium Deakin 426
*- dumetorum L. 430
- ellipticum Willd. 408
- erectum Roth 424
- Fagopyrum L. 434
*- Figerti Beck 433
- flagellare Bert. 422
- flagelliforme Lois. 429
- glandulosum Poir. 419
- glaucum Nutt. 422
- gracile Salisb. 419
*- Hervieri Beck 433
- heterocarpum Beck 432
- heterophyllum Lindm. 424
- - ssp. rurivagum (Jord.) Lindm. 425
- - var. angustissimum (Meisn.) Lindm. 424
- - var. litorale (Link) Lindm. 424
- hungaricum Borb. 433
*- hybridum Chaub. 433
- hybridum Chaub. 420
*- Hydropiper L. 419
*- - f. angustifolium (Duval) A. Braun 420
*- - f. Hydropiper 420
*- - f. obtusifolium A. Braun 420
- - var. genuinum Beckh. 420
- - var. pauciflorum Klett et Richt. 420
- - var. vulgare Meisn. 420
*- Hydropiper × lapathifolium 433
*- Hydropiper × minus 433
*- Hydropiper × mite 433
*- Hydropiper × Persicaria 433
- incana Gray 418
*- intercedens Beck 433
- intermedium Ehrh. 421

*- Kitaibelianum Sadl. 429
*- lapathifolium L. 415
*- - ssp. Brittingeri (Opiz) Rech. f. 416
*- - ssp. lapathifolium 416
*- - ssp. leptocladum (Dans.) Thell. 417
*- - ssp. mesomorphum (Dans.) Dans. 416
- - ssp. nodosum (Dans.) Dans. 416
*- - ssp. pallidum (With.) Fries 417
- - ssp. tomentosum (Schrank) Dans. 417
- - var. Brittingeri (Opiz) Beck 416
- - var. genuinum Gren. 417
- - var. nodosum (Pers.) Beck 416
- - var. linicola (Sutulov) Dans. 417
- - var. nodosum (Pers.) Gren. et Godr. 416
- - var. virescens Gren. 416
*- lapathifolium × minus 433
*- lapathifolium × mite 433
*- lapathifolium × Persicaria 433
- laxiflorum Weihe 420
- lenticulare Hy 433
- leptocladum Dans. 417
- linicola Sutulov 417
- litorale Link 422
- - var. latifolium Gren. 426
- maculatum Raf. 418
- maculosa Gray 418
*- maritimum L. 422
- - var. Raii Lloyd 426
- Martinianum Hy 433
- mesomorphum Dans. 416
- minorifolium F. Schultz 433
- minus Huds. 421
- minus Ten. 422
- - var. elongatum Bluff et Fingerh. 422
- - f. latifolium A. Braun 422
- - f. minus 422
- - var. commune A. Braun 422
- - var. elatum Fries 422
- - var. minus Gaud. 422
- - var. strictum A. Braun 422
- - var. typicum Beck 422
*- minus × mite 433
*- minus × Persicaria 433
- mite Schrank 420
*- mite × Persicaria 434
- nodosum Pers. 416
- - var. Brittingeri (Opiz) Aschers. et Graebn. 416
- obtusifolium (A. Braun) Schur 420
*- orientale 408
*- oxyspermum Mey. et Bge. 428
- pallidum With. 417
- paludosum Schur 420
- parvifolium Schott 422
*- patulum M. B. ssp. Kitaibelianum (Sadl.) Aschers. et Graebn. 429
- - var. virgatum (Lois.) Rouy 429
- Persicaria L. 418
*- - f. agrestis Meisn. 418
*- - f. angustifolium Beckh. 418
- - f. biforme Fries 418
- - f. elatius Meisn. 418
- - f. erectum Glaab 418
- - f. Persicaria 418
*- - f. ruderale (Salisb.) Meisn. 418
- - var. elatum Gren. 418
- - var. genuinum Gren. 418
*- polystachyum Wall. 407
- procumbens Gilib. 424
*- pulchellum Lois. 429
- purpureum Gilib. 412
- pusilla Gray 418
- pusillum Lam. 421
- Raii Babington 426
- Raii auct. 428
- Raii Babington ssp. norvegicum Sam. 427

*- Roberti Lois. 427
*- romanum Jacq. 422
- rubrifolium Friv. 429
- ruderale Salisb. 418
*- rurivagum Jord. 425
- rivulare Roth 418
*- sachalinense Frdr. Schmidt 432
- salicifolium Brouss. 422
- scabrum Poir. 422
- Sieboldii hort. 432
- silesiacum Beck 433
- splendens Klotzsch 409
- strictum All. 421
- strictum Meisn. 422
- subglandulosum Borb. 433
- tataricum L. 436
*- tinctorium Ait. 414
- tomentosum Schrank 417
- undulatum Murr. 407
*- vacciniifolium Wall. 412
- virgatum Lois. 429
- viviparum L. 410
*- - var. elongatum (Wahlenbg.) Beck 411
- - var. typicum Aschers. et Graebn. 411
*- - var. viviparum 411
- volubile Gilib. 429
*- Wilmsii Beck 433
*Populus 24
*- alba L. 41
*- - var. alba 42
- - var. Bolleana Wesmaël 43
- - var. croatica Wesmaël 43
- - var. genuina Wesmaël 42
- - var. globosa Späth 42
*- - var. heteroloba (Dode) Aschers. et Graebn. 42
- - var. nivea Dippel 42
*- - var. Personaeana (Dode) Aschers. et Graebn. 43
- - var. pyramidalis Bunge 43
*- - var. Treyviana (Dode) Aschers. et Graebn. 42
*- alba × tremula 43
- ambigua Beck 43
*- angulata Ait. 32
*- angulata × balsamifera 43
- angulata (männl.) × nigra (weibl.) 43
- angulata × nigra ssp. pyramidalis 44
*- angulata (weibl.) × ? P. e sectione Tacamahaca 43
*- angulata (weibl.) × trichocarpa (männl.) 43
- australis Ten. 38
*- balsamifera L. 37
- - var. candicans A. Gray 43
*- berolinensis (K. Koch) Dippel 43
- berolinensis (männl.) × Maximowiczii (weibl.) 43
- betulifolia Pursh 36
*- canadensis Moench 43
- - var. marylandica (Bosc.) Rehder 43
- - var. regenerata (Henry) Rehder 43
- - var. serotina (Hartig) Rehder 43
- candicans Michx. fil. et auct. plur. 43
*- canescens (Ait.) Sm. 43
- carolinensis Fougeroux 32
- certinensis hort. 43
*- deltoides Marsh. 32
- deltoides C. K. Schneider et auct. nonnull. 43
*- deltoides × nigra 43
- Eugenei × nigra ssp. plantierensis 44
*- euphratica Oliv. 32
- heterophylla L. 37
- hudsonica Michx. fil. 36
*- generosa Henry 43
*- gileadensis Rouleau 43
- graeca Griseb. 38
*- grandidentata Michx. 41

\*Populus grandidentata × tremula 44
- helvetica Poederlé 43
- hybrida M. B. 43
- italica Moench. 35
\*- lasiocarpa Oliv. 25
\*- laurifolia Ledeb. 36
- marylandica Bosc. 43
\*- nigra L. 33
\*- - ssp. betulifolia (Pursh) W. Wettstein 36
- - ssp. genuia Čelak. 34
- - ssp. italica (Duroi) v. Seemen 35
\*- - ssp. nigra 34
- - ssp. pyramidalis (Roz.) Čelak. 35
- - var. betulifolia (Pursh) Torrey 36
- - var. helvetica (Poederlé) Poir. 43
- - var. italica Duroi 35
- - var. pyramidalis (Roz.) Spach 35
- - var. typica Beck 34
- - var. typica C. K. Schneider 34
- nigra (weibl.) × serotina (männl.) 43
- nigra var. italica × laurifolia C. K. Schneider 43
- ontariensis auct. 43
- pyramidalis Roz. 35
- pyramidata Moench 35
- regenerata Henry 43
\*- robusta C. K. Schneider 44
- serotina Hartig 43
\*- Sieboldii Miq. 40
\*- Simonii Carr. 36
\*- suaveolens Fisch. 37
\*- tomentosa Carr. 41
\*- tremula L. 38
- - var. Freynii Hervier 39
- - var. tremula 39
- - var. typica Koehne 39
- - var. villosa Lang 39
\*- tremuloides Michx. 40
- trichocarpa Torr. et Gray 37
\*- tristis Fisch. 36
- Virginiana Fougeroux 32
\*- Wettsteinii forest. austr. 43
\*Procris 296
\*Pseudomorus 270
\*Pterocarya 4
- caucasica C. A. Mey. 4
\*- fraxinifolia (Lam.) Spach 4
\*- stenoptera C. DC. 4
\*- strobilacea Sieb. et Zucc. 4
\*Pyrularia edulis (Wall.) A. DC. 354


\*Quercus 220
\*- Aegilops L. 221
- Aegilops L. 224
- aegylopifolia Pers. 226
\*- alba L. 221
- asperata Pers. 231
- australis A. Kern. 235
- austriaca Willd. 226
\*- bicolor Willd. 221
- brevipes Heuff. 244
- castaneifolia C. A. Meyer 221
- Cerris L. 224
- - ssp. austriaca (Willd.) O. Schwz. 226
- - ssp. Cerris 226
\*- - ssp. Tournefortii (Willd.) O. Schwz. 226
- - var. austriaca (Willd.) Loud. 226
- - var. laciniosa Spach 226
\*- coccifera L. 227
\*- coccinea Muenchh. 223
\*- crenata Lam. 226
- crinita Lam. 224
- crispata Stev. 231
- cuneifolia Vukot. 235
- devensis Simonk. 244
\*- dilatata Lindl. 221
- echinata Salisb. 224
\*- falcata Michx. 220

- Feketei Simonk. 244
- macedonica A. DC. 224
\*- macrolepis Kotschy 224
- malacophylla Schur 232
\*- marilandica Muenchh. 220
\*- Muehlenbergii Engelm. 221
\*- palustris Muenchh. 223
- pedunculata Ehrh. 232
- - f. pilosa Schur 235
- - var. australis Heuff. 235
- - var. brevipes Heuff. 235
- pendulina Kit. 244
\*- petraea (Mattuschka) Lieblein 241
\*- - f. laciniata (Lam.) O. Schwarz 243
\*- - f. longifolia(Dippel) O. Schwarz 243
- - f. petraea 243
\*- petraea × pubescens 244
- petraea × Robur 244
- Phellos L. 220
- pinnatifida Gmel. 231
\*- Prinos L. 221
- Pseudoilex Chatin 227
- pseudosuber Santi 226
\*- pubescens Willd. 229
- - var. crispata (Stev.) Spenn. 231
- - var. pinnatifida (Gmel.) Spenn. 231
- - var. pubescens 231
- - var. typica Posp. 231
- femina Mill. 232
\*- Frainetto Ten. 221
- fructipendula Schrank 232
\*- Galeottii Mart. 220
- germanica Lasch 232
- - f. longepedunculata Lasch 235
- - f. puberula Lasch 235
- gramuntia L. 227
- hiemalis Stev. 235
\*- humilis Lam. 221
- Ilex L. 227
- ilicifolia Salisb. 227
\*- imbricaria Michx. 220
- incana Bartr. 220
- intercedens Beck 241
- intermedia Boenn. 244
- Kanitziana Borb. 244
- Kerneri Simonk. 244
- lanuginosa Thuill. 229
- - var. pinnatifida (Gmel.) Beck 231
- - var. typica Beck 231
\*- laurifolia Michx. 220
\*- lusitanica Lam. 229
- lyrata Walt. 221
\*- macedonica A. DC. 221
\*- pubescens × Robur 244
\*- Robur L. 232
- - f. puberula Beck 235
- „Spielart" Q. petraea Mattuschka 241
- - var. brevipes (Heuff.) Simonk. 235
- - var. australis (Heuff.) Simonk. 235
- - var. cuneifolia (Vukot.) Beck 235
- - var. hiemalis (Stev.) Beck 235
- - var. laciniata Lam. 243
\*- - var. puberula (Lasch) O.Schwarz 235
- - var. Robur 235
- - var. typica Beck 235
\*- rosacea Bechst. 244
- rubra L. 226
- sempervirens Mill. 227
- serrata Thunb. 221
- sessiliflora Salisb. 241
- - var. longifolia Dippel 243
- - var. typica Beck 243
- sessilis Ehrh. 241
- - var. decipiens C. K. Schneider 243
- - var. typica C. K. Schneider 243
- Smilax L. 227
- stellata Wangenh. 221
- Streimii Heuff. 244
- suber L. 227
- Tournefortii Willd. 226
\*- trojana Wbb. 224
\*- valentina Cav. 221

\*- vallonea Kotschy 221
\*- velutina Lam. 223
\*- Veneris A. Kern. 221
\*Quinchamalium 324


Razoumofskya Oxycedri (DC.) F. W. Schulz 308
\*Rheum 401
- digynum (L.) Wahlenbg. 400
- Franzenbachii Muenter 403
- laciniatum Prain 402
\*- officinale Baillon 402
- palmatum L. 402
- rhabarbarum L. 403
\*- Rhaponticum L. 402
- tanguticum (Maxim.) Tschirch 402
- undulatum L. 403
\*Rhoiacarpus 323
\*Rumex 353
- abortivus Ruhmer 397
\*- Acetosa L. 362
- - ssp. alpestris (Scop.) Löve 365
- - ssp. alpestris (Scop.) Löve var. nivalis (Hegtschw.) Löve 366
- - ssp. ambiguus (Gren.) Löve 364
- - ssp. arifolius (All.) Blytt et Dahl 365
- - ssp. auriculatus (Wallr.) Blytt et Dahl 364
- - ssp. thyrsiflorus (Fingerh.) Hayek 364
- - var. angustatus Meisn. 364
- - var. arifolius (All.) Neilr. 365
- - var. auriculatus Wallr. 364
\*- - var. crispus Toth 363
\*- fissus Koch 363
- - var. haplorhiza (Czern.) Trautv. 364
\*- - var. hirtulus Freyn 363
- - var. hortensis Dierbach 364
\*- Acetosella L. 358
- - f. integrifolius (Wallr.) Murb. 359
- - f. multifidus (L.) Murb. 359
- - ssp. angiocarpus (Murb.) Murb. 360
- - var. angustifolius Koch 359
- - var. tenuifolius Wallr. 359
- acidus Salisb. 362
- aculeatus L. 396
- acutus L. 398
- acutus K. F. Schultz 397
- acutus Sm. 381
- alpestris Jacq. 361
\*- alpinus L. 372
\*- alpinus × obtusifolius 397
\*- - alpinus × obtusifolius ssp. silvestris 397
\*- altissimus Wood 368
\*- ambigens Hausskn. 397
- ambiguus Gren. 364
\*- angiocarpus Murb. 360
\*- aquaticiformis Rech. f. 371
\*- aquaticus L. 370
\*- - ssp. aquaticus 371
\*- - ssp. Lipschitzii Rech. f. 371
\*- - ssp. Schischkinii (Losinskaja) Rech. f. 371
- - var. crispatus Wahlenbg. 368
\*- aquaticus × conglomeratus 397
- aquaticus × crispus 397
- aquaticus × Hydrolapathum 397
- aquaticus × longifolius 397
\*- aquaticus × obtusifolius 397
\*- aquaticus × obtusifolius ssp. obtusifolius 397
\*- aquaticus × obtusifolius ssp. silvestris 397
- aquaticus Poll. 383
\*- Areschougii Beck 398
\*- arifolius All. 365
- - var. nivalis(Hegetschw.)Duftschmid 366
\*- armoraciifolius L. M. Neum. 397

*Rumex austriacus Teyber 397
- Bastelaeri Beck 397
- biformis (Menyh.) Borb. 380
- bihariensis Simk. 398
- britannica Huds. 383
- britannicus Meisn. 368
*- Brownii Campd. 391
*- bucephalophorus L. 396
*- callianthemus Dans. 399
- confertoides Bihari 377
*- confertus Willd. 374
- confertus × crispus 397
*- confusus Simk. 398
- conglomeratus Murr. 381
*- - f. atropurpureus Aschers. 382
*- - var. pycnocarpus (Wallr.) Mert. et Koch 382
- conglomeratus × crispus 397
*- conglomeratus × crispus var. lingulatus (Schur) Beck 397
*- conglomeratus × Hydrolapathum 397
- conglomeratus × maritimus 397
- conglomeratus × maritimus auct. 393
*- conglomeratus × obtusifolius 397
*- - ssp. silvestris 398
*- conglomeratus × palustris 398
*- conglomeratus × pulcher 398
*- conglomeratus × sanguineus 398
*- conglomeratus × stenophyllus 398
*- confinis Hausskn. 398
*- conspersus Hartm. 397
- crispus L. 378
- - var. arvensis Hardy 379
*- - var. crispus 379
- - var. nudivalvis Meisn. 369
- - var. nudus Regel 369
*- - var. robustus Rech. pat. 379
*- - var. strictissimus Rech. pat. 379
- - var. typicus Beck 379
*- - var. unicallosus Petermann 379
*- crispus × Hydrolapathum 398
*- crispus × longifolius 398
*- crispus × maritimus 398
*- crispus × obtusifolius ssp. obtusifolius 398
*- crispus × palustris 398
*- crispus × Patientia 398
- crispus × Patientia 377
*- crispus × pseudonatronatus 398
*- crispus × sanguineus 399
*- crispus × stenophyllus 399
*- crispus var. strictissimus × obtusifolius ssp. silvestris 398
*- cristatus DC. 378
- cristatus Wallr. 398
*- cristatus × Patientia 399
- Cunninghamii Meisn. 391
*- Danseri Rech. pat. 400
*- Degenii Rech. pat. 400
- dentatus L. 392
*- digeneus Beck 397
- digynus L. 400
- divaricata Fries 387
- divaricatus L. 390
- domesticus Hartm. 368
- - var pseudonatronatus Borb. 369
*- Dufftii Hausskn. 400
- dumulosus Beck 397
- elongatus Guss. 378
- erubescens Simk. 400
*- fallacinus Hausskn. 398
*- fenestratus Greene 371
- fennicus Murb. 369
- fimbriatus R. Brown 391
*- finitimus Hausskn. 397
*- flexuosus Soland. 391
- garsensis Teyber 397
*- gieshueblensis Rech. pat. 398
- glomeratus Schreb. 381
- graecus Boiss. et Heldr. 378
- hamatus Trevir. 391
- haplorhizus Czern. 364

- Haussknechtii Beck 397
- Heimerlii Beck 399
*- heteranthus Borb. 400
- heterophyllus K. F. Schultz 397
- - var. domesticus (Hartm.) Fries 368
- - var. palustris Fries 370
- hybridus Hausskn. 397
- Hydrolapathum Huds. 383
*- Hydrolapathum × obtusifolius 399
*- intercedens Rech. pat. 399
- inundatus Simk. 397
- Kerneri Borb. 377
*- Khekii Rech. pat. 398
*- Knafii Čelak. 397
- latifolius G. F. W. Mey. 370
*- leptophyllus Murb. et Rech. pat. 400
- limosus auct. 393
- longifolius DC. 368
- maritimus L. 394
- - var. limosus (Thuill.) Čelak. 393
- - var. paluster (Sm.) Aschers. 393
*- maritimus × obtusifolius 399
*- maritimus × stenophyllus 399
- maximus Gmel. 383
- maximus Schreb. 397
- mexicanus Fernald 367
*- Mezei Hausskn. 397
- micranthus Campd. 362
- moedlingensis Rech. pat. 399
- montanus Desf. 365
*- Muretii Hausskn. 398
- nemolapathum Ehrh. 381, 382
- nemorosus Schrad. 382
*- nepalensis Spreng. 391
*- Niesslii Wildt 398
- nivalis Hegetschw. 366
*- obovatus Dans. 392
*- obtusifolius L. 385
- - ssp. agrestis (Fries) Dans. 387
- - ssp. Friesii (Gren. et Godr.) Rech. pat. 387
- - ssp. obtusifolius 387
*- obtusifolius ssp. obtusifolius × Patientia 400
*- - ssp. silvestris (Wallr.) Rech. pat. 387
*- - ssp. subalpinus (Schur) Simk. 388
*- - ssp. transiens (Simk.) Rech. f. 387
- - var. agrestis Fries 387
- - var. cristatus Neilreich 380
- - var. macrocarpa Dierb. 387
- - var. microcarpa Dierb. 387
- - var. silvestris (Wallr.) Fries 387
- - var. subalpinus Schur 388
*- obtusifolius × Patientia 400
*- obtusifolius × pseudonatronatus 400
*- obtusifolius × pulcher 400
*- obtusifolius × sanguineus 400
*- obtusifolius ssp. silvestris × Patientia 400
*- obtusifolius ssp. silvestris × sanguineus 400
*- obtusifolius ssp. silvestris × stenophyllus 399
*- occidentalis S. Wats. 371
- odontocarpus Sandor 380
- ogulinensis Borb. 400
- orientalis E. H. L. Krause 377
- orientalis Bernh. var. graecus (Boiss. et Heldr.) Boiss. 378
- paludosus With. 381
- palustris Sm. 393
*- palustris × Patientia 400
*- palustris × stenophyllus 400
- pannonicus Rech. pat. 400
- paraguayensis D. Parodi 392
- Patientia auct. fl. balc. 377
*- Patientia L. 375
- - ssp. orientalis (Bernh.) Dans. 377
- - ssp. Patientia 377
*- pauciflorus Campd. 374
*- Peisonis Rech. pat. 400

- platyphyllos Aresch. 397
*- pratensis Mert. et Koch 398
- - f. biformis Menyh. 380
*- propinquus Aresch. 398
- pseudonatronatus (Borb.) Murb. 369
- pubescens C. Koch 361
*- pulcher L. 389
- pulcher L. s. str. 390
- - ssp. eu-pulcher Rech. f. 390
*- - ssp. divaricatus (L.) Murb. 390
*- - ssp. pulcher 390
- - var. heterodus Beck 390
- - var. microdon Hausskn. 390
- - var. microdus Beck 390
- - var. micropliodus Beck 390
- pulcherrimus hort. 395
- Rechingeri Blocki 397
- retroflexus Lag. 374
- Roxburghianus Schult. 391
- rubellus Steud. 395
*- Ruhmeri Hausskn. 398
*- Sagorskii Hausskn. 399
*- salicetorum Rech. pat. 398
- salicifolius auct. mult. 367
- salicifolius Weinm. ssp. triangulivalvis Dans. 367
*- salisburgensis Fritsch et Rech. pat. 398
*- sanguineus L. 382
*- Schmidtii Hausskn. 397
*- Schreberi Hausskn. 398
*- Schulzei Hausskn. 397
- scutatus L. 361
*- - f. hippocrepidus Beck 362
*- - f. tenax Beck 362
*- - var. glaucus (Jacq.) Gaud. 362
*- - var. hastaefolius Roem. et Schult. 362
- - var. hastatus Schult. 362
- - var. hastilis Koch 362
- - var. hortensis DC. 362
- - var. luxurians hort. 362
- - var. reniformis Marchesetti 362
*- - var. scutatus 361
- - var. subcordatus Doell 362
- - var. triangularis Koch 362
- - var. typicus Beck 361
- silvestris Wallr. 387
- - var. Schurii Rech. pat. 388
- - var. transiens Simk. 387
*- similatus Hausskn. 397
*- Skofitzii Blocki 397
- Steinii Aresch. 398
- stenophyllus Ledeb. 380
*- stenophylloides Simk. 399
- tenuifolius (Wallr.) Löve 359
- thyrsiflorus Fingerh. 364
*- Toepfferi Rech. pat. 399
*- triangulivalvis (Dans.) Rech. f. 367
*- ucranicus Fisch. 395
- Warrenii Trimen 397
*- Weberi Fischer-Benzon 399
*- Wirtgenii Beck 398
*- xenogenus Rech. f. 399
*Salicaceae 23
*Salicales 23
*Salix 44
*- aberrans A. et G. Camus 134
- acuminata Mill. 94
- acuminata Sm. 120
*- acutifolia Willd. 126
- acutifolia × caprea Floderus 127
- acutifolia × caprea × purpurea 134
- acutifolia × cinerea Figert 127
- Aellenii Rech. f. 128
- alba L. 68
- alba L. 69
*- - ssp. alba 69
- - ssp. vitellina (L.) Arcang. 69
- - var. rubens G. F. W. Meyer 127
*- alba × fragilis 127
*- alba × fragilis × pentandra 134
*- alba × pentandra 127

447

*Salix alba × triandra 127
*– alba ssp. vitellina × babylonica 127
– – var. vitellina (L.) Ser. 69
– albicans Bonjean 102
– algovica Bornmüller 132
*– alopecuroides Tausch 132
*– alpigena A. Kern. 132
– alpina Scop. 80
*– alpina Schleich. 111
– alpina × retusa 127
*– Amaniana Willd. 87
– ambigua Ehrh. 129
– – var. glabrata Koch 133
– americana hort. 114
– amygdalifolia Gilib. 71
– amygdalina L. 71
– – var. concolor Koch 72
– – var. discolor Koch 72
– amygdalina × aurita Fiek 129
– amygdalina × cinerea 131
– amygdalina × dasyclados 131
*– Andreae Woloszczak 131
– angustifolia Fries 133
– angustifolia Wulf. 107
– angustissima Wimm. 133
*– appendiculata Vill. 99
– – f. parva Toepffer 101
*– – var. angustifolia (A.Kern) Rech. f. 101
*– – var. cinerascens (Buser) Schinz et Thell. 101
– – var. fagifolia (Wimm.) Schinz et Thell. 101
– – var. lancifolia (Wimm.) Schinz. et Thell. 101
*– – var. latifolia (A. Kern.) Rech. f. 101
*– – var. microphylla (Buser) Schinz et Thell. 101
*– appendiculata × aurita 127
*– appendiculata × breviserrata 127
*– appendiculata × caprea 127
*– appendiculata × cinerea 127
*– appendiculata × Elaeagnos 128
*– appendiculata × foetida 128
*– appendiculata × (foetida × helvetica) 134
*– appendiculata × glabra 128
*– appendiculata × hastata 128
*– appendiculata × helvetica 128
*– appendiculata × nigricans 128
*– appendiculata × pubescens Buser 128
*– appendiculata × purpurea 128
*– appendiculata × repens 128
*– appendiculata × viminalis 128
*– appendiculata × Waldsteiniana 128
*– arborescens Hartig 133
– arbuscula auct. alpin. 108
– arbuscula Pall. 104
– arbuscula L. ssp. foetida (Schleich.) Braun-Blanquet 108
– – ssp. Waldsteiniana (Willd.) Braun-Blanquet 109
– – var.Waldsteiniana (Willd.) Koch 109
– arbuscula × helvetica × grandifolia 134
– arbuscula × herbacea 131
– arbuscula × incana 131
– arbuscula × phylicifolia 131
– arbutifolia Willd. 81
– arenaria (helvetica) Willd. 116
– arenaria L. ssp. marrubifolia Tausch 118
– argentea Sm. 106
*– Aschersoniana Seem. 134
– assimilis Woloszczak 133
– atrichocarpa Borb. 129
– attenuata A. Kern. 127
– aurea Salisb. 68
– auriculata Mill. 71
*– aurita L. 96
*– – f. caerulescens (A. Mayer) Toepffer 97

*– – f. cinerascens (Anderss.) Toepffer 97
*– – f. crispato-crenata (Anderss.) Toepffer 97
*– – f. cylindrica Schatz 97
*– – f. glabriuscula (Ser.) Toepffer 97
*– – f. integerrima (Anderss.) Toepffer 97
*– – f. subglobosa Schatz 97
*– – f. virescens (Anderss.) Toepffer 97
*– – var. angustifolia Schatz 97
*– – – f. cuneiformis (A. Mayer) Toepffer 97
*– – – f. lanceolata (Petzi) Toepffer 97
*– – – f. lingulata (A. Mayer) Toepffer 97
*– – var. erecta Toepffer 96
*– – var. latifolia (Schatz) Toepffer 96
*– – – f. cordata (Lasch) Toepffer 97
*– – – f. elliptica (Lasch) Toepffer 97
*– – – f. glabriuscula Toepffer 97
*– – var. latifolia (Schatz) Toepffer f. normalis A. Mayer 97
*– – – f. macrophylla Toepffer 97
*– – – f. obovata (Lasch) Toepffer 97
*– – – f. parva A. Mayer 97
*– – – f. rhomboidalis Wimm. 97
*– – – f. rotundata Toepffer 97
*– – – f. tenuifolia Toepffer 97
*– – – f. valida (Hartwig) Toepffer 97
*– – var. procumbens Toepffer 96
– aurita × appendiculata Dalla Torre et Sarnth. 127
*– aurita × bicolor × caprea 134
– aurita × caprea 128
– aurita × caprea × cinerea 134
– aurita × caprea × cinerea × repens 134
– aurita × caprea × phylicifolia 134
– aurita × caprea × purpurea 134
– aurita × caprea × repens 134
– aurita × caprea × silesiaca 134
– aurita × caprea × silesiaca × viminalis 134
– aurita × caprea × viminalis 134
– aurita × cinerea 128
– aurita × cinerea × purpurea 134
– aurita × cinerea × repens 134
– aurita × cinerea × silesiaca 134
– aurita × cinerea × viminalis 134
– aurita × Elaeagnos 128
– aurita × glabra 128
– aurita × grandifolia A. Kern. 127
– aurita × hastata 128
– aurita × hastata × silesiaca 134
– aurita × helvetica ssp. marrubifolia × silesiaca 134
– aurita × incana Wimm. 128
*– aurita × Lapponum × myrtilloides 134
*– aurita × Lapponum × repens 134
*– aurita × myrtilloides 128
– aurita-myrtilloides Wimm. 128
– aurita × nigricans 128
– aurita × nigricans × repens 134
– aurita × purpurea 128
– aurita × purpurea × repens 134
– aurita × purpurea × silesiaca 134
– aurita × purpurea × viminalis 134
– aurita × repens 129
*– aurita × repens ssp. rosmarinifolia 129
– aurita × repens × viminalis 134
– aurita × silesiaca 129
*– aurita × Starkeana 129
– aurita × Starkeana 130
– aurita × triandra 129
– aurita × viminalis 129
*– aurita × Waldensteiniana 129
– auritoides A. Kern. 128
– aurora Laest. 133
– Aussendorferi Huter 132

*– austriaca Host 128
*– babylonica L. 70
*– babylonica × fragilis 129
– badensis Döll 130
*– Beckeana Beck 133
*– bicolor Willd. 84
– – ssp. rhaetica (Anderss.) Floderus 85
*– bicolor × caprea 129
*– bicolor × caprea × cinerea 134
*– bicolor × caprea 129
*– bicolor × repens 129
*– bicolor × silesiaca 129
– bifida Wulf. 131
– bigemmis Hoffm. 125
*– blanda Anderss. 129
*– Blumrichii Murr 133
*– Blyttiana Anderss. 132
*– Blyttii A. Kern. 132
*– Boettcheri Seem. 135
– bottnica Rouy 130
*– Boulayi F. Gerard 132
*– Boutignyana A. et G. Camus 130
– Breunia Huter 133
*– breviserrata Floderus 81
*– breviserrata × cinerea 129
*– breviserrata × hastata 129
*– breviserrata × herbacea 129
*– breviserrata × nigricans 129
*– breviserrata × retusa 129
*– breviserrata × serpyllifolia 129
– Buseri Favrat 131
*– buxifolia Schleich. 132
*– caesia Vill. 89
*– caesia × hastata Buser 129
*– caesia × nigricans 129
*– calcigena Poell 132
*– calliantha J. Kern. 131
*– Calodendron Wimm. 120
*– canescens Fries 130
– canescens-Laestadiana Fries 130
*– canthiana A. Kern. 131
*– capnoides A. et. J. Kern. 130
*– caprea L. 91
*– – var. angustifolia (Ser.) Toepffer 92
*– – – f. lancifolia Lasch. 92
*– – – f. parvifolia Lasch. 92
*– – – var. humilis Hartman 92
*– – – f. pendula hort. 92
*– – – var. latifolia Anderss. 92
*– – – f. cordifolia Lasch. 92
*– – – f. elliptica Anderss. 92
*– – – f. grandifolia Toepffer 92
*– – – f. obovata (Anderss.) Toepffer 92
*– – – f. ovalis Anderss. 92
*– – – f. rotundifolia (Ser.) Toepffer 92
*– caprea × cinerea 129
*– caprea × cinerea × silesiaca 134
*– caprea × cinerea × viminalis 134
*– caprea × daphnoides 129
*– caprea × Elaeagnos 129
*– caprea × glabra 129
– caprea-grandifolia Wimm. 127
*– caprea × hastata 129
*– caprea × hastata × silesiaca 134
*– caprea × helvetica ssp. marrubifolia 129
*– caprea × helvetica ssp. marrubifolia × silesiaca 134
*– caprea × Lapponum 130
– caprea-limosa Laest. 130
*– caprea × nigricans 130
*– caprea × purpurea 130
*– caprea × purpurea × silesiaca 134
*– caprea × purpurea × viminalis 134
*– caprea × repens 130
*– caprea × silesiaca 130
*– caprea × viminalis 130
– caprea Vill. 94
*– caprea × Waldsteiniana 130
– capreaeformis Wimm. 130
*– capreola A. Kern. 128
– caspica hort. 126

Salix cerasifolia var. pilosa Schleich. 128
\*- Chasei Murr 128
- chlorocarpa Schur 127
\*- chrysocoma Dode 127
- cinerascens Willd. 99
- cinerea L. 94
\*- - var. angustifolia Döll 95
\*- - - f. crispata A. Mayer 95
\*- - - f. densiflora Anderss. 95
\*- - - f. integra Anderss. 95
\*- - - f. lancifolia Lasch 95
\*- - - f. laxiflora Anderss. 95
\*- - - f. oblongifolia Lasch 95
\*- - - f. spuria Wimm. 95
\*- - var. latifolia Lasch 95
\*- - - f. brevifolia Anderss. 95
\*- - - f. ovalifolia Spenner 95
\*- - - f. rotundifolia Döll 95
\*- - - f. subcordata A. Mayer 95
\*- cinerea-aurita Wimm. 128
\*- cinerea × daphnoides 130
- cinerea × daphnoides var. acutifolia Gürke 127
- cinerea × daphnoides var. angustifolia A. et G. Camus 127
\*- cinerea × depressa 130
\*- cinerea × Elaeagnos 130
\*- cinerea × glabra 130
\*- cinerea × hastata 130
\*- cinerea × Lapponum 130
- cinerea × livida 130
\*- cinerea × nigricans 130
\*- cinerea × purpurea 130
\*- cinerea × purpurea × viminalis 135
\*- cinerea × repens 130
\*- cinerea × repens × viminalis 135
\*- cinerea × silesiaca 130
\*- cinerea × Starkeana 130
\*- cinerea × triandra 131
\*- cinerea × viminalis 131
\*- coerulescens Döll 130
\*- combinata Huter 132
\*- confinis A. et G. Camus 134
- conformis Schleich. 128
\*- cordata Mühlenberg 114
\*- coriacea Schleich. 128
- corruscans Willd. pr. p. 112
\*- Cottetii Lagger 133
- cremsensis A. et J. Kern. 129
- cuspidata K. F. Schultz 131
\*- daphnoides Vill. 125
- - ssp. acutifolia (Willd.) Blytt et Dahl 126
- - var. acutifolia (Willd.) Döll 126
- - var. angustifolia A. Kern. 126
- - - f. concolor Hartig 126
- - - f. discolor Toepffer 126
- - var. angustifolia Weinm. 126
- - var. latifolia A. Kern. 125
- - - f. pilosa Toepffer 125
- - - f. concolor Toepfer 125
- - - f. discolor Toepffer 125
\*- daphnoides × Elaeagnos 131
\*- daphnoides × nigricans 131
\*- daphnoides × purpurea 131
\*- daphnoides × purpurea × repens 135
\*- daphnoides × repens 131
\*- daphnoides × viminalis 131
\*- dasyclados Wimm. 121
- dasyclados Wimm. 120
\*- dasyclados × purpurea 131
- dasyclados × triandra 131
\*- decumbens Schleich. 128
- dendroides A. et J. Kern. 127
- depressa × repens × viminalis 135
\*- dichroa Döll 128
\*- digenea J. Kern. 131
- discolor Host 130
\*- Doniana Sm. 133
- dubia Anderss. 133
- dumetorum Sut. 94
\*- Ehrhartiana Sm. 127

- Ehrhartiana G. F. W. Meyer pr. p. 127
- Eichenfeldii Gander 133
- elaeagnifolia Tausch 133
\*- elaeagnoides Schleich. 132
\*- Elaeagnos Scop. 122
\*- - ssp. angustifolia (Cariot) Rech. f. 123
\*- Elaeagnos × foetida 131
\*- Elaeagnos × glaucosericea 131
\*- Elaeagnos × nigricans 131
\*- Elaeagnos × helvetica 131
\*- Elaeagnos × purpurea 131
\*- Elaeagnos × repens 131
\*- Elaeagnos × silesiaca 131
\*- Elaeagnos × viminalis 131
- elegans Bess. 104
- elegans Host 111
\*- elegantissima K. Koch 68
\*- Erdingeri J. Kern. 129
- erythroclados Simk. 127
- euryadenia Woloszczak 132
- excelsior Host 132
- fagifolia Waldst. et Kit. 97
- fallax Woloszczak 130
\*- fastidiosa A. et G. Camus 135
- felina Buser 133
\*- Fenzliana Huter 133
\*- Fenzliana A. Kern. 132
- Festii Gáyer 132
\*- finnmarchica Willd. 133
- fissa Hoffmann 133
\*- Flueggeana Willd. 129
- foetida Schleich. 108
- foetida × helvetica 131
- foetida × herbacea 131
- foetida × purpurea 131
- foetida × reticulata 131
- Forbyana Sm. 133
- fragilior Host 66
\*- fragilis L. 66
\*- - var. angustifolia Wimm. 67
\*- - - f. glauca (Spenner) Toepffer 67
\*- - - f. viridis (Spenner) Toepffer 67
- - var. britannica B. White 127
- - var. decipiens W. Koch 67
- - var. latifolia Wimm. 67
- - var. sicula Strobl 127
\*- fragilis × pentandra 131
\*- fragilis × purpurea 132
\*- fragilis × triandra 132
\*- fragilis × viminalis 132
- Freisii A. Kern. 131
- Friesiana Anderss. 133
\*- fruticosa Döll 129
- fruticulosa A. Kern. 128
- fusca Fries 132
- fusca Jacq. 80
- fusca-maior Laest. 133
\*- Ganderi Huter 131
- gemmia Buser 133
\*- Germanorum Rouy 134
\*- glabra Scop. 112
\*- - var. angustifolia Anderss. 114
\*- - - f. lanceolata Anderss. 114
\*- - - f. oblonga Anderss. 114
\*- - var. latifolia Anderss. 114
\*- - - f. obovata Anderss. 114
\*- - f. obtusifolia Beck 114
\*- - - f. rotundifolia Anderss. 114
- - var. Mielichhoferi Anderss. 88
\*- glabra × grandifolia A. et J. Kern. 128
- glabra × hastata 132
\*- glabra × hastata × nigricans 135
- glabra × herbacea 132
- glabra × nigricans 132
- glabra × purpurea 132
- glabra × retusa 132
- glabra × Waldsteiniana 132
- glauca auct. alp. 83
- glauca L. var. sericea Trautv. et al. 83

- glauca × incana 131
\*- glaucosericea Floderus 83
\*- glaucosericea × herbacea 132
\*- glaucosericea × retusa 132
\*- glaucovillosa Hand.-Mzt. 131
- globosa A. Kern. 129
\*- Gmelini Pall. 119
\*- gnaphaloides Schleich. 131
- grandifolia Ser. 99
- - var. fagifolia Wimm. 101
- - var. lancifolia Wimm. 101
- - var. microphylla Buser 101
- - var. parva (Toepffer) Toepffer 101
- grandifolia × hastata Buser 128
- grandifolia × helvetica Treffer 128
- grandifolia × incana Kern. 128
- grandifolia × repens Buser 128
- Gremliana Schwaiger 131
- grisescens Anderss. 130
- guseniensis Wimm. 133
\*- halensis Poell. 132
\*- hastata L. 111
\*- - var. alpestris auct. 112
\*- - var. hastata 112
- - var. subalpina Anderss. 112
\*- var. vegeta Anderss. 112
\*- - - f. angustifolia Toepffer 112
\*- - - f. latifolia Toepffer 112
\*- hastata × helvetica 132
\*- hastata × herbacea 132
\*- hastata × nigricans 132
- hastata × nigricans Seem. 88
- hastata × Waldsteiniana 132
- hastata-Weigeliana Wimm. 85
\*- Heeriana Brügger 129
\*- Hegetschweileri Heer 85
- Hegetschweileri Heer 85
\*- Hegetschweileri × herbacea 132
\*- Hegetschweileri × retusa 132
- Heidenreichiana Zahn 133
- Heidenreichii Rouy 133
- Heimerlii H. Braun 130
- Heinsii Coquez 127
\*- Helix L. 133
\*- Hellwegeri Poell. 128
\*- helvetica Vill. 116
\*- - ssp. marrubifolia (Tausch) Floderus 118
\*- helvetica ssp. marrubiifolia × silesiaca 132
\*- helvetica × herbacea 132
\*- helvetica × retusa 132
\*- helvetica × Waldsteiniana 132
\*- herbacea L. 74
\*- - var. acutifolia Toepffer 76
\*- - var. fruticosa (Fries) Toepffer 76
\*- - var. macrophylla Ser. 76
\*- - var. ovalis Normann 76
\*- - var. parvifolia Toepffer 76
\*- herbacea × reticulata 132
\*- herbacea × retusa 132
\*- herbacea × serpyllifolia 132
\*- herbacea × Waldsteiniana 132
- heterophylla Host 96
\*- hexandra Ehrh. 134
- hippophaefolia Thuill. 133
- hircina J. Kern. 129
\*- Hirtei Straehler 134
- holosericea Ser. 129
\*- holosericea Willd. 131
\*- Hostii A. Kern. 130
\*- Huteri A. Kern. 132
- hybrida Vill. 91
- incana Schrank 122
- - var. angustifolia Cariot 123
- indagata A. et G. Camus 132
- intercedens Beck 128
- intermedia Host 128
\*- inticensis Huter 131
\*- intricata Huter 132

*Salix issensis Murr 132
- Jacquini Host 80
- Jacquiniana Willd. 80
- Kanderiana Ser. 129
*- Kerneri Erdinger 131
*- Khekii Woloszczak 128
- Kovatsii A. Kern. 132
- Krašanii Hayek 129
- Krausei Anderss. 129, 131
- lagopina Ausserdorfer 132
- Lambertiana Sm. 124
- lanceolata Wimm. 127
*- Lapponum L. 114
- Lapponum auct. sudet. et carpat. 118
- Lapponum L. pr. p. 116
- - var. helvetica (Vill.) Anderss. 116
- - var. marrubifolia (Tausch) Wimm. 118
*- Lapponum × myrtilloides 132
- Lapponum × silesiaca 132
- Laschiana Zahn 130
*- latifolia Forbes 130
- laurina Sm. 129
*- laxiflora A. et J. Kern. 128
- leiophylla A. et G. Camus 133
*- levifrons Poell 129
- ligustrina Host 72
*- limnogena A. Kern. 127
- limosa Wahlenbg. 116
- limosa-cinerascens Wahlbg. 130
- litigiosa A. et G. Camus 129
*- livescens Döll 129
- livida Wahlenbg. 103
- livida-aurita Wimm. 129
- livida × viminalis 133
- longifolia Lam. 118
- ludibunda A. et G. Camus 134
- Ludwigii Schkuhr 97
- lutescens Kern. 128
*- macrophylla A. Kern. 127
- Margaretae Seem. 132
*- Mariana Woloszczak 130
*- maritima Hartig 131
- Maukschii Hartig 97
- mauternensis A. Kern. 130
*- Merxmuelleri Rech. f. 129
*- Mielichhoferi Sauter 88
*- Mielichhoferi × retusa 133
*- Milzii J. Murr 128
- mollissima Ehrh. 133
- mollissima Sm. 130
- monandra Ard. 123
- montana Forb. 127
- multiformis Döll 133
- multinervis Döll 128
*- Murriana Poell 130
- Murrii Woloszczak 128
- mutabilis Schleich. 129
- myrsinifolia Salisb. 87
- myrsinites L. pr. p. 81
- - var. alpina (Scop.) Koehne 80
- - var. integrifolia Neilr. 80
- - var. Jacquiniana Koch 80
*- myrsinites × retusa Gürke 127
*- myrtilloides L. 104
*- - var. oblonga (Anderss.) Toepffer 105
*- - var. subrotunda Toepffer 105
- myrtilloides × repens 133
- myrtilloides Willd. 89
*- myrtoides Döll 133
- myrtoides Hartm. 132
*- nana Schleich. 133
- Neilreichii A. Kern. 128
- Neisseana A. Kern. 130
- neriifolia Schleich. 128
- nigricans Sm. 87
*- - var. cordato-ovata Toepffer 88
*- - var. cuneifolia (A. Mayer) Toepffer 88
*- - var. elliptica (Ser.) Toepffer 88
*- - var. lanceolata Toepffer 88
*- - var. late-lanceolata Toepffer 88

*- - var. obovata (A. Mayer) Toepffer 88
*- - var. obovato-lanceolata Toepffer 88
*- - var. ovata Toepffer 88
*- - var. ovato-lanceolata Toepffer 88
*- - var. rotundata (Forbes) Hartig 88
*- - var. subcordata Hartig 88
*- nigricans × purpurea 133
*- nigricans × repens 133
*- nigricans × retusa 133
*- nigricans × Starkeana 133
*- nigricans × Waldsteiniana 133
- nitens Gren. et Gord. 131
- nivea Ser. 116
- oeniopontana A. et J. Kern. 128
- oleaefolia Anderss. 128
- onychiophylla Anderss. 132
*- ovata Ser. 132
- pallida Forb. 128
- paludosa Link 96
- palustris Host 127
- Panekiana Fritsch 134
- parcipila Rehmann et Woloszczak 129
- parviflora Host 133
- patula Ser. 128
- Patzeana Anderss. 131
- Patzei Wimm. 129
- Paxii Woloszczak 129
- pendula Ser. pr. p. 66, 127
*- pentandra L. 65
*- - var. angustifolia G. F. W. Meyer 66
*- - var. latifolia Hartm. 66
*- - var. nana Bolle 66
- pentandra × triandra 133
*- permixta Poell. 130
- persicifolia Schleich. 66
*- petiolaris Sm. 107
- Petzoldii hort. 129
*- phylicifolia L. auct. europ. pr. p. 84, 87
*- phylicifolia (L.) Sm. 85
- - var. rhaetica Kern. 85
- phylicifolia Wulf. 112
- phylicifolia-hastata Wimm. 85
- plicata Fries 129
*- Poelliana Murr 129
- Pokornyi A. Kern. 131
- polymorpha Host pr. p. 129
- Pontederae Bell. 112
- Pontederae Vill. 111
- Pontederana Schleich. 128
*- Pontederana Willd. 130
- praecox Salisb. 91
- pratensis Scop. 123
*- propinqua A. et G. Camus 127
- proteifolia Forbes 128
- pruinosa Bess. 126
- prunifolia auct. 109
*- pseudo-Doniana Rouy 134
- pseudoglabra Schatz 133
*- puberula Döll 130
- pubescens Schleicher 102
- pumila Salisb. 74
- punctata Mielichhofer vel Sauter 88
*- purpurea L. 123
*- - ssp. Lambertiana (Sm.) Koch 124
*- - ssp. purpurea 124
*- purpurea × repens 133
*- purpurea × repens × viminalis 135
*- purpurea × silesiaca 133
*- purpurea × silesiaca × viminalis 135
*- purpurea × triandra 133
*- purpurea × viminalis 133
- purpureo-acuminata Wimm. 134
- purpureiformis Rouy 134
*- Pustariae Rouy 128
- pustariaca Huter 131
- Rakosiana Borb. 130
*- ramosissima A. et G. Camus 128
- recondita Ausserdorfer 132
*- Reichardtii A. Kern. 129
*- relicta Murr 133
*- repens L. 105
- repens L. s. str. 106

*- - ssp. angustifolia (Wulf.) Neumann 107
*- - ssp. argentea (Sm.) Neumann 106
*- - ssp. galeifolia Neumann 107
*- - ssp. repens 106
*- - ssp. rosmarinifolia (L.) Čelak. 107
- - var. argentea (Sm.) Ser. 106
- - var. rosmarinifolia (L.) Wimm. et Grab. 107
*- repens × Starkeana 133
*- repens × Starkeana × viminalis 135
*- repens × viminalis 133
*- reticulata L. 72
*- - f. sericea Gaud. 73
*- - f. villosa Trautv. 73
*- - var. angustifolia Borzi 73
*- - var. latifolia Toepffer 73
*- - - f. acutifolia Schur. 73
*- - - f. macrophylla Ser. 73
*- - - f. minor Toepffer 73
*- - - f. obovata Ser. 73
*- - - f. subcordata Toepffer 73
*- - - f. subrotunda Ser. 73
*- reticulata × retusa 133
*- reticulata × serpyllifolia 133
*- reticulata × Waldsteiniana 133
*- retusa L. 76
*- - f. angustifolia Toepffer 77
*- - f. latifolia Toepffer 77
*- - f. rotundato-ovata R. Kell. 77
*- - ssp. serpyllifolia (Scop.) Arcang. 78
*- retusa × Jacquiniana J. Kern. 127
*- retusa × Waldsteiniana 133
*- retusoides J. Kern. 127
*- Reuteri Moritzi 131
- rhaetica Rouy 128
- Richenii Murr 132
- rigida Willd. 114
- riparia Willd. 122
- Ritzii Heinis 128
- rosmarinifolia Host 122
- rosmarinifolia L. 107
- rosmarinifolia × purpurea 133
- rubescens Schrank 127
- rubra Huds. 133
- rubriformis Tourlet 134
- rugosa Ser. 96
- rugulosa Anderss. 128
- Russeliana Sm. 127
*- Salischii Seem. 131
- Scholzii Rouy 134
- Schraderiana Willd. 129
- Schraderiana Willd. 84
- Schumanniana Seem. 133
- scrobigera Woloszczak 127
*- semihastata A. et G. Camus 129
- semiorphana Murr 132
- semiretusa Beck 127
- sericea Vill. 83
- Seringeana Gaud. 129
- sericans Tausch 130
- serpyllifolia Scop. 78
*- - f. angustifolia Buser 79
*- - f. latifolia Buser 79
*- serpyllifolia × Waldsteiniana 133
- Siegertii Anderss. 133
*- silesiaca Willd. 97
*- - f. angustifolia Görz 98
*- - f. angustissima Görz 98
*- - f. capreaeformis Görz 98
*- - f. elongata Görz 99
*- - f. leopoliensis Zapalowicz 98
*- - f. silesiaca 98
*- - f. tiliifolia Zapalowicz 98
*- - f. zakopaniensis Görz 99
*- - var. subcaprea Anderss. 130
*- scandica Rouy 130
*- semimyrsinites A. et G. Camus 129
- Sonderiana Junge 129
- sordida A. Kern. 130
*- Smithiana Willd. 130
- spadicea Vill. 87

*Salix spathulata Willd. pr. p. 96
*– spathulata Willd. 129
– speciosa Host 132
– sphacelata Schleich. 127
– sphaerocephala A. Kern. 128
*– spuria Heer 131
*– spuria Willd. 132
*– Starkeana Willd. 103
*– Starkeana × viminalis 133
*– stenoclados Döll 133
*– stenotachya A. Kern. 135
– stipularis Sm. 121
*– Straehleri Seem. 134
– strepida Forb. 130
*– subaurita Anderss. 129
– subcaesia Brügg. 89
*– subcaprea Anderss. 130
– subconcolor (Ser.) Dalla Torre et Sarnth. 132
*– subalpina Forbes 131
*– subcinerea Anderss. 130
*– subglabra A. Kern. 132
– sublivida Gürke 129
*– subsericea Döll 130
– subtriandra Neilreich 132
– tenuiflora Host 72
– tenuifolia Ser. 111
*– tephrocarpa Wimm. 134
– tetrandra Fries pr. p. 127
*– Thellungii Seem. 131
– Thomasiana (Rchb.) Gürke 133
*– Thomasii Anderss. 133
– tinctoria Sm. 131
– tomentosa Host 116
– Traunsteineri A. Kern. 130
– Trevirani Spreng. 133
*– triandra L. 71
*– – ssp. concolor (Koch) Neumann 72
*– – ssp. discolor (Koch) Neumann 72
– triandra-aurita Wimm. 129
*– triandra × viminalis 133
*– Uechtritzii Rouy 135
– uliginosa Ser. 129
– ulmifolia Thuill. 91
*– undulata Ehrh. 127
– valsoreyana Guyot 132
– vandensis A. Kern. 133
*– vaudensis Schleich. 130
– velutina Schleich. 116
– venulosa auct. 108
– versifolia Ser. 129
*– versifolia Wahlenbg. 132
*– viminalis L. 118
*– – var. abbreviata Döll 120
*– – var. angustifolia (Hoffm.) Tausch 120
*– – var. latifolia Lasch 120
*– – var. parvifolia Lasch 120
– virescens Vill. 118
– vitellina L. 69
– vratislaviana A. Kern. 130
– Wagae Zalewski 133
*– Waldsteiniana Willd. 109
– Weigeliana Willd. 84
– Weinmanniana Spreng. 104
*– Wichurae Pokorny 131
– Wimmeri A. Kern. 131
*– Wimmeriana Gren. et Godr. 130
*– Woloszczakii Zalewski 134
– Wulfeniana Willd. pr. p. 112
*Santalaceae 323
*Santalales 308
*Santalum album L. 324
*– austro-caledonicum Vieill. 324
*– Freycinetianum Gaudich. 324
*– lanceolatum R. Br. 324
Salix Zedlitziana A. Kern. 131
*Sloetia sideroxylon Tejism. et Binnend. 269
Stenochasma 275
*Struthanthus 309
*Sympetalae 1

*Thesidium 323
*Thesium 324
*– alpinum L. 336
*– – var. alpinum 338
*– – var. media O. Naegeli 338
*– – var. pubescens Hegi et Brunies 338
*– – var. tenuifolium (Sauter) DC. 338
*– bavarum Schrank 329
*– – var. bavarum 330
*– – var. macrostylum (Beck) Aschers. et Graebn. 330
– comosum Roth 339
*– divaricatum Jan 333
*– Dollinerii Murb. 333
*– ebracteatum Hayne 339
*– – f. tribracteatum Madauss 339
– gallicum F. Schultz 334
*– humifusum DC. 334
– humifusum Griseb. 333
– humile Koch 333
*– hybridum Beck 340
– intermedium Schrad. 330
– linifolium Schrank 330
*– Linophyllum L. 330
– – var. fulvipes (Griesselich) Hegi 332
– – var. latifolium Bertol. 329
– – var. latifolium (Wimm.) Hegi 332
– montanum Ehrh. 329
– pratense Ehrh. var. refractum Brügger 336
*– pyrenaicum Pourr. 335
*– – var. contractum (DC.) Schinz et Thell 336
*– ramosum Hayne 334
– ramosum × Linophyllum 340
*– rostratum Mert. et Koch 339
– baldschuanica (Rgl.) Hedberg 432
– Convolvulus (L.) Webb et Moq. 429
– dumetorum (L.) Opiz 430
– heterocarpa (Beck) Janchen 432
– japonica (Houtt.) Hedberg 432
– sachalinensis (Frdr. Schmidt) Janchen 432
Toxylon 275
– Maclura Raf. 275
– pomiferum Sudw. 275
*Trema 264
*Trophis 270

*Ulmaceae 245
– Ulmeae 246
*Ulmoideae 246
*Ulmus 246
– alba Raf. 255
*– americana L. 255
– americana Marsh. 255
*– americana L. f. ascendens Slavin 255
*– – f. columnaris Rehd. 255
*– – var. pendula Ait. 255
– americana-longifolia hort. 255
– angustifolia Moench 256
– asplenifolia hort. 261
– aurea hort. 256
– Bandii hort. 256
– bataviana K. Koch 259
– belgica Burgsd. 259
*– bicornis Ung. 248
*– Braunii Heer 248
*– Bronnii Ung. 248
– campestris Juehlke 259
– campestris L. 260
– – ssp. eu-campestris Aschers. et Graebn. 256
– – ssp. montana (Stokes in With.) Aschers. et Graebn. f. maior Aschers. et Graebn. 252
– – var. genuina Aschers. 256
– – var. japonica (Sarg.) Rehd. 255
– – var. latifolia Gillek 259
– – var. latifolia (Moench) C. A. Mey. 260

– – var. parviflora (Jacq.) Loud. 255
– – var. pumila (L.) Maxim. 255
– – var. suberosa (Ehrh.) Gürke 252
– – var. suberosa (Moench.) Wahlb. 259
– – var. umbraculifera Trautv. 259
– – – f. gracilis Spaeth 259
*– carpinifolia Gled. 256
– – var. Dampieri (Wesm.) Rehd. 259
– – – f. Wredei (Juehlke) Rehd. 259
– – var. suberosa (Moench.) Rehd. 259
– – – f. propendens (C. K. Schneider) Rehd. 259
– – var. umbraculifera (Trautv.) Rehd. 259
– – – f. gracilis (Spaeth) Rehd. 259
– – – f. Koopmannii (Spaeth) Rehd. 259
*– carpinoides Goepp. 248
– chinensis Desf. 256
– chinensis Pers. 255
– ciliata Ehrh. 262
*– coritana Melville 251
– cornubiensis hort. 256
– cornuta C. David 261
– corylacea Dum. 260
– corylifolia Host. 256
– crispa Willd. 261
– cucullata hort. 257
– Davidiana Planch. var. japonica (Sarg.) Nakai 255
– densa Litw. 259
– Dippeliana C. K. Schneider 259
– – f. bataviana C. K. Schneider 260
– effusa Willd. 262
*– elliptica K. Koch 255
– exoniensis K. Koch 261
– fastigiata hort. 257
– foliacea Gilib. 256
– floridana Chapm. 255
– foliacea Gilib. 260
– fulva Michx. 255
– fungosa Dum. Cours. 256
*– glabra Huds. 260
– – f. atropurpurea (Spaeth) Rehd. 261
– – f. Camperdownii (Henry) Rehd. 261
– – f. crispa (Willd.) Rehd. 261
– – f. exoniensis (K. Koch) Rehd. 261
– – f. lutescens (Dipp.) Rehd. 262
– – f. monstrosa (C. K. Schneider) Rehd. 262
– – f. pendula (Loud.) Rehd. 262
– – f. purpurea (Dipp.) Rehd. 262
– – var. cornuta (David) Rehd. 261
– – var. montana (Stokes) Lindq. 261
– – var. scabra (Mill.) Lindq. 261
– – var. pendula (W. Mast) Loud. 260
– – var. suberosa (Moench) Gürke 257
– – – f. propendens C. K. Schneider 259
– – var. vegeta Loud. 260
– glabra-sibirica hort. 255
– glandulosa Lindl. 257
– Heyderi hort. 255
*– hollandica Mill. 259
– – f. belgica (Burgsd.) Rehd. 259
– – f. major (Sm.) Rehd. 260
– – f. pendula (W. Mast) Rehd. 260
– – f. vegeta (Loud.) Rehd. 260
– Huntingdoni hort. 260
*– japonica Sarg. 255
– Koopmannii Spaeth 259
*– laevis Pall. 262
– latifolia Moench 255
– latifolia Poederle 259
*– longifolia Ung. 248
– longifolia hort. 255
– major Hohen. 256
– major Smith 260
– manshurica Nakai 255
– microphylla Pers. 255
– modiolina Dum. Cours. 256
– mollifolia Marsh. 255
– montana Stokes 260

Ulmus montana var. atropurpurea Spaeth 261
– – var. crispa Loud. 261
– – var. fastigiata Loud. 261
– – var. horizontalis Kirchn. 262
– – var. laciniata hort. 261
– – var. pendula Kirchn. 261
– – var. pendula Loud. 262
– – – f. Camperdownii Henry 261
– – var. triserrata Lav. 261
– nana Borkh. 256
– nemorosa Borkh. 256
– nitens Moench var. Dampieri (Wesm.) Henry 259
– nuda Ehrh. 256
– monumentalis Rinzer 257
*– parviflora Jacq. 255
– pedunculata Foug. 262
– pendula Willd. 255
– planifolia hort. 256
*– plurinervia Ung. 248
– polygama Juss. 267
– pseudosuberosa Blocki 256
*– pumila L. 255
*– f. Androssowi (Litw.) Rehd. 255
*– – var. arborea Litw. 255
*– – var. pendula (Kirchn.) Rehd. 255
– – var. pinnatoramosa Henry 255
– pumila Pall. 256
– purpurea hort. 256
– racemosa Borkh. 262
– racemosa Thomas 256
– Rosseelsii hort. 256
– rubra Michx. fil. 255
*– rubra Muhl. 255
– sativa Mill. 256
– scabra Mill. 261
– – var. lutescens Dipp. 262
– – var. nana (Dipp.) C. K. Schneider f. monstrosa C. K. Schneider 262
– – var. purpurea Dipp. 262
– – var. pyramidalis Dipp. 262
– scampstoniensis hort. 256
– serrata hort. 261
– sibirica hort. 255
– Smithii Henry 260

– suberosa Moench. 259
– – var. pendula Lav. 259
– surculosa Stokes 256
– tetrandra Schkuhr 256
*– Thomasii Sarg. 256
– tiliaefolia Host 256
– tortuosa Host. 256
– tridens hort. 261
– turkestanica Regel 255
– urticaefolia Audib. 261
– vegeta Lindl. 260
– virens hort. 257
– virgata Roxb. 255
– vulgaris Pall. 256
– Webbiana Lee 256
– Wredei-aurea hort. 259
*Urera 296
*Urtica 297
*– andicola Wedd. 296
– australis Hook. f. 296
– balearica L. 297
– Bollae Kanitz 303
– cannabina L. 296
– cordifolia Moench 297
*– dioica L. 299
*– – var. androgyna Beck 301
*– – var. angustifolia (Fisch.) Ledeb. 301
*– – var. carpatica (Zapal. pro forma) 301
*– – var. elegans Chenev. 301
*– – var. hispida (DC.) Gren. et Godr. 301
*– – var. hispidula (Cariot) Hegi 301
– – var. kioviensis (Rogow.) Wedd. 303
*– – var. microphylla Hausm. 301
*– – var. mitissima Hausskn. 302
*– – var. parvifolia Wierzb. 301
*– – var. pilosa (Aschers. et Graebn.) Hegi 302
*– – var. spicata (Aschers. et Graebn.) Hegi 302
*– – var. subinermis Uechtr. 302
– gracilis Ait. 299
*– hyperborea Jacquem. 296
*– intermedia Forman. 298
*– kioviensis Rogow. 303
– maior Kanitz 299
– minor Lam. 298
– monoica Gilib. 298

– ovalifolia Stokes 298
*– pilulifera L. 297
– quadristipulata Dulac. 298
– radicans Bolla 303
*– urens L. 298
– – f. cuneifolia A. Blytt 299
*– – var. iners (Forsk.) Wedd. 299
*– – var. lanceolata Nilsson 299
*– – var. major Zabul. 299
*– – var. montana Zapal. 299
*– – var. parvula Richt. 299
*– – var. podolica Zapal. 299
*Urticaceae 296
*Urticales 245

*Viscum 309
– Abietis (Wiesb.) Fritsch 313
*– album L. 310
*– – ssp. Abietis (Wiesb.) Abromeit 313
*– – ssp. album 311
*– – ssp. austriacum (Wiesb.) Vollmann 314
– – ssp. Mali (Tubeuf) Janchen 311
– – var. Abietis Beck 313
– – var. hyposphaerospermum R. Keller f. angustifolia R. Keller 314
– – – f. latifolia R. Keller 313
– – var. laxum (Boiss. et Reut.) Fieck 314
– – var. Mali Tubeuf 311
– – var. microphyllum Casp. 314
– – var. Pini (Wiesb.) Tubeuf 314
– – var. platyspermum R. Keller 311
– – var. typicum Beck 311
– austriacum Wiesb. 314
– – var. Abietis Wiesb. 313
– – var. Pini Wiesb. 314
– laxum Boiss. et Reut. 314
– – var. Abietis (Wiesb.) Hayek 314
– – var. albescens Wiesb. 314

*Zelkova 267
*– carpinifolia (Pall.) K. Koch 267
*– serrata (Thunb.) Makino 268

## Berichtigungen

S. 70   Fig. 24 und 25. Die beiden abgebildeten Trauer-Weiden sind wahrscheinlich nicht reine *Salix babylonica*, sondern *S. alba* var. *vitellina* × *babylonica*.

S. 98   Zu *Salix silesiaca*. Fehlt in den Alpen. Die Angaben aus der Steiermark sind irrtümlich (RECHINGER 1938).

S. 117  Zu *Salix helvetica*. Das Verbreitungsgebiet der Art reicht weiter ostwärts; die Pflanze kommt z. B. noch im Glocknergebiet sowie in der Steiermark in den Seetaler-Alpen und auf der Stang-Alpe vor.

S. 119  Fig. 51. Die Kopfweide ist nicht *Salix viminalis*, sondern wohl *S. alba* oder *S. alba* × *fragilis*.

# Nachträge, Berichtigungen und Ergänzungen zum unveränderten Nachdruck der 2. Auflage von Band III/1 1957

Zusammengestellt von Priv.-Doz. Dr. Volker Melzheimer,* Marburg.

## 32. Familie. Juglandaceae

S. 3 oben: *Juglandaceae* A. RICHARD ex KUNTH, Ann. Sci. Nat. **2**, 343. 1824 (,Juglandeae'), nom. cons.
Wichtige Literatur. ABBE, E. C. 1974: Flowers and inflorescences of the „Amentiferae". Bot. Rev. **40**, 159–261. – CRONQUIST, A. 1968: The evolution and classification of flowering plants. London. – DAHLGREN, R. 1975: A system of classification of the Angiosperms. Bot. Not. **128**, 121–197. – HANS, A. S. 1970; Chromosome numbers in the *Juglandaceae*. J. Arnold Arbor. **51**, 534–539. – LEROY, J. F. 1955: Etude sur les *Juglandaceae*. A la recherche d'une conception morphologique de la fleur femelle et du fruit. Mém. Mus. Natl. Hist. Sér. B. Bot. **6**, 1–246. – MÄGDEFRAU, K. 1968: Paläobiologie der Pflanzen. Stuttgart. – STONE, D. E. & BROOME, C. R. 1971: Pollen ultrastructure: Evidence for relationship of the *Juglandaceae* and the *Rhoipteleaceae*. Pollen et Spores **13**, 5–14. – STOJAN, D. 1972: Die *Juglandales*. Mitt. Deutsch. Dendrol. Ges. **64**, 41–76. – TAKHTAJAN, A. 1973: Evolution und Ausbreitung der Blütenpflanzen. Stuttgart. – THORNE, R. F. 1974: The „Amentiferae" or Hamamelidae as an artifical group = A summary statement. Brittonia **25**, 395–405. – WHITEHEAD, D. R. 1963: Pollen morphology in the *Juglandaceae*, 1. Pollen size and pore number variation. J. Arnold Arbor. **44**, 101–110. – WHITEHEAD, 1965: Pollen morphology in the *Juglandaceae*. 2. Survey of the family. J. Arnold Arbor. **46**, 369–410.

S. 3 unten: Systematische Stellung. Die Eigenständigkeit der *Juglandales* ist allgemein nicht umstritten. Ihre Stellung im System innerhalb der Unterklasse *Hamamelididae* (entsprechend etwa den alten *Amentiferae*) wird sowohl von CRONQUIST (1968) als auch von TAKHTAJAN (1973) aufgrund vieler morphologischer Gemeinsamkeiten mit den *Fagales* und *Betulales* bekräftigt. Die jüngst diskutierte Verwandtschaft der *Juglandaceae* zu den *Anacardiaceae* aufgrund einiger ähnlicher Inhaltsstoffe und damit die Zuordnung der *Juglandaceae* zu den *Rutanae* (THORNE 1974, DAHLGREN 1975) erscheint CRONQUIST (1968) z. Zt. noch nicht gerechtfertigt, da die morphologischen Merkmale die Gemeinsamkeit mit den *Fagales* und *Betulales* innerhalb der *Hamamelididae* unterstreichen.
Ferner vertreten CRONQUIST und TAKHTAJAN gemeinsam die Ansicht, daß die Ordnung der *Juglandales* zu heterogen wäre, wenn die *Myricaceae* – wie manche Autoren vorschlagen – den *Juglandales* zugeordnet würden (s. auch Ergänzung zu S. 16).

S. 4 oben: Nach LEROY (1955) wird die Familie der *Juglandaceae* aufgrund anatomischer und morphologischer Merkmale der weiblichen Blüten und Früchte in zwei Unterfamilien aufgeteilt:
*Juglandoideae*: *Juglans, Carya, Annamocarya*
*Oreomunnoideae*: *Alfaroa, Oreomunnea, Engelhardtia, Pterocarya, Platycarya*.

S. 4 oben: Während rezent in Mitteleuropa nur noch die Gattung *Juglans* anzutreffen ist, waren während des Pliozäns z. B. im Rhein-Main-Gebiet noch verschiedene Arten der Gattungen *Carya, Engelhardtia* und *Pterocarya* vertreten (MÄGDEFRAU 1968). *Carya* und *Pterocarya* kamen noch im Holstein-Interglazial vor. (B. FRENZEL 1968 [S. 171]: Grundzüge der pleistozänen Vegetationsgeschichte Nord-Eurasiens. Wiesbaden).

S. 5 unten: Zu dem Problem der Anzahl und der Interpretation der Blütenteile (primäre und sekundäre Vorblätter, Tepalen) sowie der Ontogenie der Partialinfloreszenzen siehe ABBE (1974) und LEROY (1955).

S. 6 oben: Cytologie: Soweit die Chromosomenzahlen bisher für die einzelnen Arten der verschiedenen Gattungen bekannt sind, läßt sich ein sehr einheitlicher Chromosomensatz mit $2n = 32$ feststellen. Polyploidie konnte bisher nur an einigen Sippen von *Carya* mit $2n = 64$ beobachtet werden (HANS 1970).

## CCIV. Juglans L.

S. 6 unten: Wichtige Literatur. BODE, H.-R. 1958, Beiträge zur Kenntnis allelopathischer Erscheinungen bei einigen Juglandaceen. Planta **51**, 440–480. – CARNIEL, K. 1964: Morphologie der Pollenkörner von

---

*) Herrn Prof. Dr. Gerhard Wagenitz, Göttingen, danke ich für Anregungen, Literaturhinweise sowie für die kritische Durchsicht des Manuskripts.

*J. regia* und *J. nigra*. Öster. Bot. Zeitschr. **111**, 554–560. – KRÜSSMANN, G. 1962: Handbuch der Laubgehölze. Bd. II. Berlin. – MILLER, R. B. 1976: Wood anatomy and identification of species of *Juglans*. Bot. Gaz. **137**, 368–377. – NOACK, H. 1974: Das Portrait *Juglans regia* L. Mitt. Deutsch. Dendr. Ges. **67**, 11–13. – STONE, D. E. et al. 1964: Fine structure of the walls of *Juglans* and *Carya* pollen. Pollen et Spores **6**, 379–392.

S. 7 oben: Palynologie. Nach Anzahl und Form der Aperturen lassen sich *J. regia*, *J. cinerea* und *J. nigra* wie folgt unterscheiden (nach WHITEHEAD 1963, CARNIEL 1964):

| Art | Anzahl | und | Form der Aperturen |
|---|---|---|---|
| *J. regia* | 12–16 | | kreisrund |
| *J. nigra* | 12–23 | | elliptisch |
| *J. cinerea* | 5–11 | | kreisrund |

Das Problem der Pollengröße wird ausführlich von WHITEHEAD (1963) diskutiert. Angaben über die Exinestruktur macht STONE (1964).

S. 7 oben: Bestimmungsschlüssel. In der Darstellung von STOJAN (1972) über die *Juglandaceae* – die allerdings mehr den holzwirtschaftlichen Aspekt berücksichtigt – finden sich weitere artspezifische Merkmale als Bestimmungshilfen für kultivierte (nicht heimische) *Juglans*-Arten.

S. 9 Mitte: Abweichend von den unter ‚Ergänzungen zu S. 70 oben' gemachten Angaben sind im Text S. 9 Mitte für den Pollen von *J. regia* 8–24 Poren angegeben. Diese hohe Zahl findet sich in der Literatur jedoch nur für *J. nigra*, während für *J. regia* höchstens 16 Aperturen je Pollenkorn angegeben werden. (WHITEHEAD 1965: 9–20!).

S. 9 unten: Chromosomenzahl. $2n = 32$.

S. 9 unten: Pollen s. Ergänzung zu S. 7 oben. Untersuchungen über rassenbedingte Unterschiede bezüglich der Aperturenzahl liegen z. Zt. nicht vor.

S. 11 Mitte: Weitere Angaben zur Holzanatomie finden sich bei MILLER (1976). Darüberhinaus sei auf den anatomischen Bestimmungsschlüssel für verschiedene *Juglans*-Arten in dieser Arbeit hingewiesen.

S. 14 oben: Interessant sind die Untersuchungen von BODE (1978) über allelopathische Erscheinungen bei einigen *Juglandaceen*. Der entscheidende Inhaltsstoff ist das Juglon, das von den Blättern ausgeschieden und dann vom Regen abgewaschen wird. Nach seinen Untersuchungen sollten daher keine Tomaten- oder Tabakpflanzen in der Blattraufe von *J. nigra* oder *J. regia* kultiviert werden, denn diese Pflanzen zeigten infolge des Juglons gegenüber den Kontrollpflanzen Schädigungssymptome wie starke Epinastie der Blätter, frühzeitiges Vergilben der unteren Blätter sowie insgesamt einen deutlich schwächeren Wuchs.

S. 14/15: „*Juglans Sieboldiana* MAXIM." und „*J. cordiformis* MAXIM." Beide Namen sind jüngere Homonyme und können nach den Nomenklaturregeln nicht beibehalten werden. Da heute meist beide Arten zu einer vereinigt werden, ergibt sich folgende Nomenklatur:
*Juglans ailantifolia* CARR. var. *ailantifolia*
(Syn.: *J. sieboldiana* MAXIM. non GOEPP.)
– – var. *cordiformis* (MAK.) REHDER
(Syn.: *J. cordiformis* MAXIM. non WANGENH.)

## 33. Familie. Myricaceae

S. 16 oben: *Myricaceae* BLUME, Fl. Jav. Myric. 3. 1829 (‚*Myriceae'*); DUMORTIER, Anal. Fam. 11, 12. 1829 (‚*Myriceae'*); nom. cons.

S. 16 Mitte: Wichtige Literatur. ABBE, E. C. 1963: The male flowers and inflorescences of the *Myricaceae*. Am. J. Bot. **50**, 632. – ABBE, E. C. 1974: Flowers and inflorescences of the „*Amentiferae*". Bot. Rev. **40**, 159–261. – ABBE, L. B. 1963: Xylem anatomy of the *Myricaceae*. Am. J. Bot. **50**, 632–633. – CRONQUIST, A., 1968: The Evolution and Classification of Flowering Plants. London. – DAHLGREN, R. 1975: A system of classification of the Angiosperms. Bot. Not. **128**, 121–197. – ELLIAS, Th. S. 1971: The genera of *Myricaceae* in the Southeastern United States. J. Arnold Arb. **52**, 305–318. – HJELMQUIST, H. 1948: Studies on the floral morphology and phylogeny of the *Amentiferae*. Bot. Not. Suppl. **2**, 1–171. – MACDONALD, A. D. 1977: *Myricaceae*: Floral hypothesis for *Gale* and *Comptonia*. Canad. J. Bot. **55**, 2636–2651. – MACDONALD 1978: Organogenesis of the male inflorescence and flowers of *Myrica esculenta*. Canad. J. Bot. **56**, 2415–2423. – MACDONALD, A. D. & R. SATTLER 1973: Floral development of *Myrica*

|   |   |
|---|---|
| | *gale* and the controversy over floral concepts. Canad. J. Bot. **51**, 1965–1975. – PLANDEROVA, E. 1974: Examination of pollen grains of some species of the genus *Myrica* by ESM, and comparison with fossil pollens. Biologica **29**, 297–318. – TAKHTAJAN, A. 1973: Evolution und Ausbreitung der Blütenpflanzen. Stuttgart. |
| S. 16 unten: | Systematische Stellung. Die Diskussion sowohl um die Eigenständigkeit der *Myricaceae* als eigene Ordnung *Myricales* als auch die Stellung im System der Spermatophyta ist z. Zt. noch nicht abgeschlossen. Während die Mehrzahl der Bearbeiter von der Ordnung *Myricales* ausgehen, ordnet HJELMQUIST (1948) die *Myricaceae* der Ordnung *Juglandales* unter. Aufgrund seiner intensiven und umfangreichen Untersuchungen kommt er zu dem Ergebnis, daß es bis auf einige embryologische Befunde zwischen den beiden Familien mehr gemeinsame als trennende Merkmale gibt. Auch DAHLGREN (1975) kommt zu der Auffassung, daß die *Myricaceen* aufgrund der Inhaltsstoffe den *Juglandales* zugeordnet werden können. Bezüglich der systematischen Stellung der Ordnung *Myricales* vertritt CRONQUIST (1968) die Meinung, daß sie peripher an die *Fagales* und *Juglandales* anzuschließen wären, während TAKHTAJAN (1973) die *Myricales* wegen verschiedener morphologischer Gemeinsamkeiten in die Nähe der *Betulales*, *Casuarinales* sowie *Juglandales* stellt. |
| S. 17 oben: | Die von CHEVALIER (1901) vorgenommene Gliederung der *Myricaceae*, stellt sich unter Einziehung des Namens *Gale* (nom. illeg., ELLIAS 1971) und Subgenus *Gale* nach ELLIAS (1971) wie folgt dar: |

Fam. *Myricaceae* BLUME

Gattung *Myrica* L.

    Subgenus *Morella* (LOUR.) ENGLER

        Sektion *Cerophora* (RAF.) CHEVALIER

        Sektion *Faya* WEBB

    Subgenus *Myrica* (subg. *Gale* [DUHAM.]) ENGLER

Gattung *Comptonia* L'HERITIER ex W. AITON

|   |   |
|---|---|
| S. 17 Mitte: | Mehrere Arbeiten der letzten Jahre haben sich mit dem Blütenbau der *Myricaceae* beschäftigt: E. C. ABBE 1963 und 1974, MACDONALD & SATTLER 1973, MACDONALD 1977, 1978. ABBE deutete dabei die „Blüten" von *Myrica esculenta* als Pseudanthien, d. h. er nimmt an, daß jedes Staubblatt einer Blüte entspricht. MACDONALD & SATTLER „probierten" verschiedene Deutungsmöglichkeiten. Zumindest für *Myrica gale*, die als relativ ursprüngliche Art gilt, ist die klassische Deutung aber noch die überzeugendste. Auch die Befunde der Holzanatomie (L. B. ABBE 1963) sprechen für den relativ ursprünglichen Charakter von *Myrica gale* innerhalb der Gattung *Myrica*. |
| S. 17 unten: | Vertreter der Myricaceen sind mit fossilen Belegen seit der oberen Kreide bekannt. Verschiedene Arten waren im Gegensatz zur rezenten Verbreitung der Familie früher zahlreicher und weiter verbreitet. Die Artenzahl war während des Tertiärs in Europa sogar größer als in Amerika. (Fossile Funde weiterer *Myrica*-Arten siehe KIRCHHEIMER, F. 1942: Zur Kenntnis der Alttertiärflora von Wiesa bei Kamenz (Sachsen). Planta **32**, 418–446). |

## CCV. Myrica L.

Sp. Pl. 1024. 1753; Gen. Pl. ed. 5. 449. 1754.

### 735. Myrica gale L.

|   |   |
|---|---|
| S. 18: | Sp. Pl. **2**, 1024, 1753. Syn. *Gale palustris* (LAM.) CHEV., Monographie des Myricacées 93 (1901). Zitat ELLIAS 1971, S. 309: „Most authors have followed the selection of *M. gale* as the lectotype of *Myrica*, although HYLANDER (1945, Uppsala Univ. Arsskr. **7**, 1–388.) designated *M. cerifera* L. as the lectotype in place of *M. gale*, on the mistaken assumption that *Gale* DUHAMEL (attributed by CHEVALIER, 1901 (Mém. Soc. Natl. Sci. Nat. Math. Cherbourg **32**, 85–340 to ADANSON) was a legitimate name and that *M. gale* had thus been removed from *Myrica*." |
| | Wichtige Literatur: FISCHER, W. 1967: Beiträge zur Verbreitung, Soziologie und Ökologie von *Myrica gale* mit besonderer Berücksichtigung der Vorkommen in der Niederlausitz. Arch. Naturschutz und Landschaftsforsch. **7**, 129–151. – HÅKANSSON, A. 1955: Endospermformation in *Myrica gale* L. Bot. Not. **108**, 6–16. – HILD, J. 1960: Verschiedene Formen von *Myrica*-Beständen am unteren Niederrhein. Ber. Deutsch. Bot. Ges. **73**, 41–49. – ILLIG, H. 1965: *Myrica gale* im Kreise Luckau. Niederlausitzer Flor. Mitt. **1**, 39. – KAUSSMANN, B. und B. REIFF 1955/1957: Leitpflanzen des Rostocker Raumes: I. II. Wiss. Ztschr. Univ. Rostock, math. nat. R. **4**, 179–186. – LOSERT, H. 1969: Zur Verbreitung von *Myrica gale* im Regierungsbezirk Lüneburg. Mitt. Flor. soziol. Arbeitsgem. N. F. **14**, 32–35. |

S. 19:           Detaillierte Darstellung der Infloreszenz bei HJELMQUIST (1948).

S. 19 unten:     Pollenuntersuchungen von PLANDEROVA (1974) an einigen – auch fossilen – *Myrica*-Arten haben ergeben, daß sich hinsichtlich der Pollengröße, Größe und Art der Aperturen und der Papillenform der Sexine die einzelnen Arten eindeutig charakterisieren lassen.

S. 20:           Europäische Populationen von *Myrica gale* sind hexaploid ($2n = 48$) während die amerikanischen Populationen dodecaploid ($2n = 96$) zu sein scheinen (ELLIAS 1971).

S. 22:           Nach HÅKANSSON (1955) bildet *M. gale* ein kräftiges, wenngleich kurzlebiges Endospermgewebe. Zwischen der Bestäubung und der Embryoentwicklung liegen mehrere Wochen.

## 34. Familie. Salicaceae

S. 23 oben:      *Salicaceae* MIRBEL, Elém. Phys. Vég. Bot. **2**, 905. 1815 *('Salicineae')*, nom. cons.

S. 23 unten:     Systematische Stellung. Die Auffassung bezüglich der Abgrenzung der *Hamamelididae* als Unterklasse hat sich aufgrund der zahlreichen Untersuchungsergebnisse in den letzten Jahren stark geändert. So sind sich TAKHTAJAN (1973), CRONQUIST (1968) und DAHLGREN (1975) u. a. in der Beurteilung einig, daß die *Salicales* trotz der ‚kätzchenblütigen Infloreszenzen' nicht zu den eigentlichen *Hamamelididae* (= neuere Bezeichnung für den Kern der *Amentiferae*) zu rechnen sind. Während diese Abtrennung bereits als gesichert angesehen wird, ist nun aber das Problem der Angliederung der *Salicales* an die *Violales* innerhalb der Unterklasse *Dilleniidae* zur Zeit noch nicht endgültig gelöst. Nach CRONQUIST (1968) sind die *Salicales* hinsichtlich der Perianths als reduzierte Gruppe innerhalb der *Violales* anzusehen. TAKHTAJAN (1973) sieht über die heutigen *Idesiineae* einen Zusammenhang zwischen den *Salicaceae* und den *Flacourtiaceae*, wobei die *Flacourtiaceae* als sehr ursprüngliche Gruppe innerhalb der *Violales* angesehen werden und damit auch den eigentlichen *Dilleniales* sehr nahestehen. Nach MEEUSE (Acta Bot. Neerl. **24**, 437–457, 1975) sollten die *Salicaceae* neben den *Flacourtiaceae* oder sogar innerhalb der *Flacourtiaceae* als Tribus oder Subtribus angeordnet werden.

Im Zusammenhang damit ist auch die endgültige Bewertung der morphologischen und anatomischen Blütenmerkmale (Perianth, Gynoecium, Nektarien, Pollen) sowie der Bestäubungsart und der Fruchtverbreitung nach den Kriterien „ursprünglich-abgeleitet" heute noch völlig offen (Weiteres siehe CRONQUIST 1968, S. 212 und HJELMQUIST 1948, S. 165 f., wobei hier anzumerken ist, daß HJELMQUIST die *Salicales* noch als abgeleitete ‚*Amentiferae*' ansieht).

### CCVI. Populus L.

S. 24:           Wichtige Literatur. BEUG, H.-J. 1961: Leitfaden der Pollenbestimmung für Mitteleuropa und angrenzende Gebiete. Stuttgart. – BÖRTITZ, S. 1962: Papierchromatographische Differenzierung einiger Arten und Sorten der Gattung *Populus*. Züchter **32**, 24–33. – BUGALA, W. 1967: Taxonomy of the Euroasiatic poplars related to *Populus nigra* L. Arbor. Kórnickie **12**, 45–219. (Mit ausführlicher engl. Zusammenfassung). – GÄBLER, H. 1955: Tiere an Pappel. Die neue Brehm-Bücherei. Wittenberg. – GRAF, J. 1921: Beiträge zur Kenntnis der Gattung *Populus*. Beih. Bot. Centralbl. **38**, 405–454. – HESMER, H. (Hrsg.) 1961: Das Pappelbuch. Bonn. – JAHN, H. 1962: Der Espen – Feuerschwamm – *Phellinus tremula* – ein gefährlicher Feind der Espe. Westf. Pilzbriefe. **3**, 94–102. – KIMURA, C. 1963: On the embryo sac formation of some members of the *Salicaceae*. Sci. Rep. Tôhoku Univ. Ser. IV (Biol.) **29**, 393–398. – KRÜSSMANN, G. 1962: Handbuch der Laubgehölze. Bd. **II**. Berlin. – MÄGDEFRAU, K. 1968: Paläobiologie der Pflanzen. Stuttgart. – MEYER-UHLENRIED, K. H. 1958: Untersuchungen über die Vererbung eines anatomischen Merkmals bei Kreuzungen von Pappeln verschiedener Sektionen. Züchter **28**, 209–216. – SCHNEIDER, C. 1932: Die bisher bekannten Pappel-Bastarde. Mitt. Dendr. Gesell. **44**, 25–30. – SMITH, E. Ch. 1943: A study of cytology and speciation in the Genus *Populus* L. J. Arnold Arbor. **24**, 275–305.

S. 24 unten:     Pollen. Nach BEUG (1961) unterscheidet sich die Pollengröße (Durchmesser) der drei wichtigsten heimischen Pappelarten wie folgt (Mittelwerte, gemessen an 50 Pollenkörnern): *P. alba* 21,2 μm (Präparat 1 Jahr alt), *P. nigra* 25,5 μm (Präparat 9 Jahre alt), *P. tremula* 30,5 μm (Präparat 10 Jahre alt). Bei diesen Größenunterschieden ist jedoch die Tatsache zu berücksichtigen, daß infolge der präparativen Aufbereitung (Einbettung des Pollens in Glycerin-Gelatine) und auch mit zunehmenden Alter der Präparate die Pollenkörner leicht aufquellen und damit an Größe zunehmen können. Die Skulptur der Pollenoberfläche zeigt bei den einzelnen Arten keine auffälligen Unterschiede.

S. 25 oben: Von BUGULA (1967) ist auf der Basis umfangreicher morphologischer, phänologischer, physiologischer und genetischer Untersuchungsergebnisse eine Neuordnung der schon von GOMBOSZ (1908) vorgenommenen Sektionsgliederung vorgestellt worden. Er unterscheidet drei Subgenera mit den entsprechenden Sektionen wie folgt:

          Genus *Populus* L.

Subgenus I.  *Balsamiflua* (GRIFF.) BROWICZ
      Sektion 1. *Tsavó* (JARM.) BROWICZ
      Sektion 2. *Turanga* BUNGE
Subgenus II.  *Populus* (= Sectio *Leuce* DUBY)
      Sektion 1. *Populus* (= sectio *Albidae* DODE)
      Sektion 2. *Trepidae* DODE
Subgenus III.  *Balsamifera* BUGALA (nom. nov.) („*Eupopulus*" DODE)
      Sektion 1. *Leucoides* SPACH
      Sektion 2. *Tacamahaca* SPACH
      Sektion 3. *Aigeiros* DUBY

S. 25 Mitte: Florengeschichte. Verschiedene *Populus*-Arten (*P. latior*, *P. balsamoides*, *P. mutabilis*) sind aus der berühmten Molasseflora von Öhningen (Obermiozän) bekannt. Die beiden erstgenannten Arten entsprechen rezenten amerikanischen während *P. mutabilis* der asiatischen Art *P. euphratica* nahesteht (nach MÄGDEFRAU 1968).

S. 26 unten: Holzanatomie. Die beiden *Populus*-Sektionen *Aigeiros* und *Tacamahaca* unterscheiden sich im mittleren Durchmesser der EF-Tracheen (EF = Abkürzung für erste, im Frühjahr nach einer Vegetationsruhe angelegte Gefäße), und zwar sind die in der Sektion *Tacamahaca* um 5–10 μm größer. Ferner konnten MEYER-UHLENRIED (1958) in ihren Untersuchungen die genetische Steuerung der Größe der EF-Tracheen und die Dominanz der größeren über die kleineren EF-Tracheen nachweisen. Dadurch ist es z. B. möglich, bei entsprechenden Bastarden mit unbekannten Eltern die Beteiligung der Arten von *Populus* Sektion *Tacamahaca* wahrscheinlich zu machen oder auszuschließen.

S. 27 oben: Die Blüten der Pappeln sind anemogam, d. h. sie werden durch den Wind bestäubt (KUGLER, H. 1970: Einführung in die Blütenökologie, Stuttgart).

Inhaltsstoffe. Die fluoreszierenden Stoffe der Blattpreßsäfte sind chemisch noch weitgehend unbekannt, jedoch lassen sich mit Hilfe papierchromatographischer Untersuchungsmethoden Unterschiede zwischen den Sektionen und Arten erkennen. Innerhalb der Schwarzpappelhybriden treten aber trotz Anwendung verschiedener Fließmittel Identifizierungsschwierigkeiten auf. Bei der Gewinnung der Blattpreßsäfte spielt das Alter der Bäume keine Rolle, wohl aber, ob die Blätter von der Zweigspitze oder der Zweigmitte genommen werden (BÖRTITZ 1962).

S. 27 Mitte: Nach KIMURA (1963) kann es als gesichert angesehen werden, daß ein Embryosack vom *Polygonum*-Typ vorliegt. Der Befruchtungstyp entspricht der für die *Salicales* typischen Porogamie (KIMURA 1963) und nicht wie GRAF (1921) meinte, der Aporogamie (GRAF hatte bei *P. tremula* und *P. canadensis* angeblich Chalazogamie beobachtet).

S. 27 Mitte: Samen. Die Haare des Flugapparates der Samen werden von dem Placentagewebe gebildet. (CORNER, E. J.-H. 1976, The seeds of Dicotyledons Vol. I. London.)

S. 27 unten: Cytologie. Mit geringen Abweichungen haben alle *Populus*-Arten einen einheitlichen Chromosomensatz von 2n = 38 Chromosomen. Triploide Formen mit 2n = 57 sind von *P. alba*, *P. canescens*, *P. nigra* und *P. tremula* bekannt. Von *P. tacamahaca* und *P. tremula* sind sogar tetraploide Pflanzen gezählt worden (FEDOROV, A. [ed.] 1969, Chromosome numbers of flowering plants. - Leningrad.)

Durch TRALAU (Bot. Not. **110**, 481–483 [1957]) ist sogar eine haploide, nur strauchförmige Pflanze von *P. tremula* in Uppland-Schweden mit 2n = 19 bekannt geworden. BUIJTENEN und ENISPAR (Bot. Gaz. **121**, 60–61; 1959) entdeckten – wenn auch nur an einigen Pflanzen von *P. tremuloides* - Geschlechtschromosomen. Ausführliche Darstellung der Mitose- und Meioseuntersuchungen an verschiedenen *Populus*-Arten sowie auch an Populusbastarden siehe SMITH (1943).

S. 28 Mitte: Der Espen-Feuerschwamm *(Phellinus tremulae)* verursacht nach JAHN (1962) z. T. größere Schäden, da er auch jüngere Bäume befällt. Dieser echte Parasit zerstört das Kernholz und das ältere Splintholz, nur die äußeren Ringe des Splintholzes bleiben erhalten. Er wächst bevorzugt in den oberen Regionen und dort z. T. bevorzugt an der Unterseite von Seitenästen.

S. 28 unten: Ausführliche Darstellung der tierischen Schädlinge siehe HESMER (1951) und GÄBLER (1955).

S. 30: Bestimmungsschlüssel. Im Zusammenhang mit der Bedeutung einiger morphologischer Merkmale für die Bestimmung verschiedener *Populus*-Arten und Bastarde, sei hingewiesen auf die interessanten

Ergebnisse von KEMMER, Ch. et K. FRITZSCHE 1961: „Über den Einfluß unterschiedlicher Ernährungsbedingungen und Aciditätsgrade auf die Variabilität einiger morphologischer Merkmale an einjährigen Pappelpflanzen". (Wiss. Abh. Nr. 52. Beiträge zur Pappelforschung VI., Akademie Verlag Berlin). Danach können die z. T. wichtigen morphologischen Merkmale wie Blattstiel- und Blattrandbehaarung sowie Blattdrüsen bei Verschlechterung der Ernährungsbedingungen und zusätzlichem Fehlen von Kalk rückgebildet sein oder sogar ganz ausfallen. Auch die Blattform mit gerader, schwachkeilförmiger bis zur ausgeprägten keilförmigen Basis ist abhängig von der Acidität und dem Nährstoffangebot.

### 736 c. P. deltoides MARSH.

S. 32: Wichtige Literatur. NAGARAJ, M. 1952: Floral morphology of *P. deltoides* and *P. tremuloides*. Bot. Gaz. **114**, 222–243.

### 736 d. P. nigra L.

S. 33: In der schon erwähnten Arbeit von BUGALA (1967) unterscheidet der Autor für Eurasien drei Schwarzpappelarten zusammen mit den folgenden Subspecies und kultivierten Varietäten:

    1. *P. nigra* L. ssp. *nigra*
       *P. nigra* L. ssp. *betulifolia* W. WETTST.
       *P. nigra* L. ssp. *caudina* (TEN.) BUGALA
       *P. nigra* L. cv. '*Italica*'
    2. *P. sosnowskyi* A. GROSSH.
    3. *P. usbekistanica* Kom. ssp. *usbekistanica*
       *P. usbekistanica* Kom. ssp. *tadshikistanica* (KOM.) BUGALA
       *P. usbekistanica* Kom. cv. '*Afghanica*'

Die genannten Arten, Unterarten und Varietäten werden einzeln beschrieben und erläutert.

S. 35: *P. nigra* ssp. *pyramidalis*. Die Heimat wird von POHL (Arbor. Kórnickie **9**, 199–222) in Afghanistan vermutet. Nach BUGALA (1967) ist dies jedoch eine irrige Annahme, da sich diese und alle ähnlichen Angaben auf *P. usbekistanica* Kom. cv. '*Afghanica*' beziehen, die von der Pyramidenpappel aber deutlich verschieden ist.

### 737 c. P. tremuloides MICHX.

S. 40 unten: Wichtige Literatur s. NAGARAJ (1952), Ergänzung zu *P. deltoides* S. 32.

### 737 e. P. tomentosa CARR.

S. 41 Mitte: Nach BIALOBOK (1964, Arbor. Kornickie **9**, 5–35) ist *P. tomentosa* als hybride Form aus möglicherweise verschiedenen geographischen Rassen der *P. alba* aus Zentralasien und der *P. tremula* var. *davidiana* hervorgegangen.

S. 43 Mitte: Bastarde. Eine ausführliche und kritische Darstellung der Pappelbastarde ist von SCHNEIDER (1932) zusammengestellt worden. Ferner, wenn auch mehr unter dem botanisch angewandten Aspekt, ist auch auf HESMER (1951) zu verweisen.
Zur Identifikation der Bastarde s. Ergänzung zu S. 26 unten und MARCET (Ber. Schweiz. Bot. Ges. **66**, 5–18 [1956]). Nach MARCET ist es möglich, mit Hilfe von Austreibungsversuchen an Zweigstücken aufgrund der unterschiedlichen Austreibungszeit Zuordnungen zu bestimmten Sektionen vorzunehmen.

S. 43 unten: *P. berolinensis*. Untersuchungen und auch Angaben über das Vorkommen von *P. berolinensis* siehe JOACHIM (1956, Wiss. Abh. Dt. Akad. Landw.-Wiss. Berlin, Beiträge zur Pappelforschung I, 71–101).

## CCVII. Salix L.

S. 44: Wichtige Literatur. CHMELAR, J., 1971–1974: Bemerkungen zu den tschechoslowakischen Arten der Gattung *Salix* I.–IV. [tschech. mit dt. Zus.] Čas. Slez. Mus. v Opavě, Ser. C (Dendrologia) **10**, 1–17 (I, 1971); **11**, 1–16 (II, 1972); **12**, 1–16 (III, 1973); **23**, 97–110 (IV, 1974). – CHMELAR 1975; Generis *Salix* Iconographia. Pars. I. Species spontanae Europa crescentes. Institum Botanicae Forestalis Phytocoenologiaeque Universitatis Agriculturae et Silviculturae. Brno. – CHMELAR 1977: Taxonomic importance of capsule seed number in the genus *Salix* L. Čas. Slez. Mus. v Opavě, Ser. C (Dendrologia) **26**, 1–7. – CHMELAR 1978: Taxonomische Bedeutung der Knospenschuppen bei der Gattung *Salix* [Tschech.

mit dt. Zus.] Folia Dendrologica **4**, 5–21. – CHMELAR, J. et MEUSEL, W. 1976: Die Weiden Europas. Die Neue Brehm Bücherei. Wittenberg. – ERDTMAN, G. 1952: Pollenmorphology and plant taxonomy. Angiosperms. Stockholm. – HÅKANSSON, A. 1955: Chromosome number and meiosis in certain *Salices*. Hereditas **41**, 454–482. – KUCOWA, I. 1954: Critical revision of willow species (*Salix* L.) from glacial deposits in Poland. Acta Soc. Bot. Polon. **23**, 807–828 (7 Taf.!). – LYR, H. et BERGMANN, J. M. 1960: Zur Frage der anatomischen Unterscheidbarkeit des Holzes einige *Salix*-Arten. Ber. Deutsch. Bot. Ges. **73**, 265–276. – NEUMANN, A. et POLATSCHEK, A. 1972: Cytotaxonomischer Beitrag zur Gattung *Salix*. Ann. Naturhistor. Mus. Wien **76**, 619–633. – RECHINGER, K. H. 1963: Zur Kenntnis der europäischen *Salix*-Arten. Österr. Bot. Z. **110**, 338–341. – RECHINGER, K. H. 1964: *Salix* L. in: TUTIN, T. G. et al. 1964: Flora Europaea I. Cambridge. – RISCH, C. 1960: Die Pollenkörner der Salicaceen. Willdenowia **2**, 402–409. – SKVORTSOV, A. K. 1968: Willows of the USSR. Moskau. [russ.; mit sehr ausführlichem Literaturverzeichnis und 68 Verbreitungskarten]. – SKVORTSOV, A. K. et GOLYSCHEWA, M. D. 1966: Studien über Blattanatomie der Weiden in Beziehung zur Taxonomie der Gattung [russ. mit dt. Zus.]. Acta Bot. Acad. Scient. Hung. **12**, 125–174. – WEBER, B. 1978: Contribution à l'étude morphologique des feuilles de *Salix* L. Ber. Schweiz. Bot. Ges. **88**, 72–119.

S. 45 Mitte: Von SKVORTSOV (1968) ist eine sorgfältige taxonomische und geographische Revision der Weiden der USSR vorgelegt worden, die aber auch die mitteleuropäischen Weiden berücksichtigt. Die darin zugrunde gelegte Gliederung der Gattung *Salix* in 3 Untergattungen entspricht im wesentlichen der von RECHINGER vorgenommenen (Flora Europaea 1964). Sie weicht von der hier dargestellten (RECHINGER 1957) dadurch ab, daß die beiden Untergattungen *Humboldtiana* und *Amerina* zur Untergattung *Salix* zusammengefaßt werden. Abweichend von RECHINGER (1957, 1964) nimmt SKVORTSOV eine Umbenennung der Untergattung *Caprisalix* in *Vetrix* vor. Weitere Ausführungen über die unterschiedliche Auffassung einiger *Salix*-Sektionen siehe Ergänzung zu S. 54.

S. 45 unten: Erwähnenswerte Fossilfunde von Blättern verschiedener *Salix*-Arten sind z. B. die aus der Blätterkohle von Rott (Oligozän), aus der „Teufelsmauer" (Sandsteinfelsen der Oberkreide) bei Blankenburg (Harzvorland) und aus der Molasseflora von Öhningen, hier auch fossile Früchte (MÄGDEFRAU 1968), vgl. auch KUCOWA (1954) über Funde aus glazialen Ablagerungen.

S. 47 oben: Knospenschuppen, s. Ergänzung zu S. 49 oben.

S. 47 Mitte: Die Nervation der Blätter stellt nach CHMELAR (1975) und WEBER (1978) ein wertvolles Merkmal für die Bestimmung der Weiden dar. In der Iconographie von CHMELAR geben die einzelnen Abbildungen die durchleuchteten Blätter und deren Nervatur wieder. WEBER (1978) hat dieses Merkmal der praktischen Handhabung zugänglich gemacht. Ausgehend von der Notwendigkeit spätglaziale, subfossile Weidenblätter zu bestimmen, hat er deren Nervationstypen untersucht und numerisch verschlüsselt. Darüberhinaus hat WEBER nach dieser Methode einen Bestimmungsschlüssel für die rezenten Weiden der Schweizerischen Flora erarbeitet.

S. 48: LYR et BERGMANN (1960) untersuchten an den *Salix*-Arten *S. caprea*, *S. viminalis*, *S. cinerea*, *S. acutifolia*, *S. alba*, *S. purpurea* und *S. pentandra* die Bedeutung der Holzanatomie für die Identifizierung der *Salix*-Arten. Die Autoren kamen zu dem Ergebnis, daß sich die genannten Arten holzanatomisch nicht unterscheiden lassen. Dadurch konnten sie gleichzeitig den Nachweis erbringen, daß der von HERRMANN (1922, Vergleichende Holzanatomie der Pappeln und Baumweiden. Bot. Arch., **2**, 35–79) für einige Arten erstellte holzanatomische Bestimmungsschlüssel als unbrauchbar abzulehnen ist.

S. 49 oben: Das Hypoderm, seine Lage, Art und Umfang der Ausbildung ist nach SKVORTSOV et GOLYSCHEWA (1966) ein taxonomisch und phylogenetisch wertvolles Merkmal. Die Autoren konnten als Ergebnis ihrer Untersuchungen u. a. feststellen, daß im Blattbau und bei der Ausbildung des Hypoderms die Tendenz zu konvergenter Evolution besteht. Sie kommen dabei zu folgenden phylogenetischen Aussagen: die Untergattung *Salix* ist primitiver als die Untergattung *Caprisalix*. In der Untergattung *Caprisalix* hat die Sektion *Hastatae* die primitivere Hypodermisausbildung. Dieser ‚primitivere Hypodermistyp' ist auch bei vier oder fünf *Salix*-Sektionen der Untergattung *Chamaetia* zu beobachten, wogegen die Sektion *Chamaetia* eine stark abweichende Hypodermisausbildung aufweist. Im Zusammenhang mit weiteren morphologischen und anatomischen Befunden schließen SKVORTSOV et GOLYSCHEWA auf eine polyphyletische Entwicklung der Gattung *Salix*.

Ähnliche phylogenetische Überlegungen knüpft CHMELAR (1978) an die Beobachtung, daß die zwei Knospenschuppen bei den *Salix*-Arten der Untergattung *Humboldtiana* nur an der abaxialen Seite verwachsen sind im Gegensatz zu den sowohl an der abaxialen als auch an der adaxialen Seite verwachsenen Knospenschuppen der übrigen Arten anderer Untergattungen. Da CHMELAR außerdem bei *S tetrasperma* (Untergattung *Humboldtiana*) eine Art mit zwei völlig freien Knospenschuppen gefunden hat, stellt diese Art

S. 51 Mitte: und darüberhinaus die Untergattung *Humboldtiana* für CHMELAR den Ausgangspunkt der phylogenetischen Entwicklung innerhalb der Gattung *Salix* dar. Gleichzeitig leitet CHMELAR aus diesen Ergebnissen die Berechtigung für nur noch zwei Untergattungen innerhalb der Gattung *Salix* ab (vgl. Ergänzung zu S. 45 Mitte).

S. 51 Mitte: Pollen. Innerhalb der Gattung *Salix* sind Pollenkörner mit drei Falten weit verbreitet. Aber auch zwei-, vier- oder sechsfaltige Pollenkörner können auftreten, wobei die sechsfaltigen Pollenkörner nur bei polyploiden *Salix*-Arten vorkommen. Etwaige cytologische Zusammenhänge auch zwischen *Salix*-Arten mit zwei- oder vierfaltigen Pollenkörnern sind bisher nicht untersucht worden (RISCH 1960). Neben der Faltenanzahl je Pollenkorn ist auch die Größe der Pollenkörner ein sicheres Anzeichen für Polyploidie. So haben z. B. die diploiden ($2n = 38$) Arten *S. daphnoides*, *S. grandifolia*, *S. herbacea*, *S. humboldtiana*, *S. myrtilloides*, *S. nummularia*, *S. reticulata*, *S. silesiaca*, *S. viminalis* einen Pollendurchmesser von 20–24 μm. 33–36 μm große Pollenkörner haben dagegen die polyploiden *Salix*-Arten *S. fragilis* ($2n = 114$), *S. myrsinites* ($2n = 152$) und *S. phylicifolia* ssp. *nigricans* ($2n = 114$). Nach ERDTMAN darf jedoch nicht geschlossen werden, daß Polyploidie und Pollengröße notwendigerweise korreliert sei. Die Pollenmerkmale sind nur ausnahmsweise zur Unterscheidung von *Salix*-Arten geeignet (vgl. S. 490).

S. 51 Mitte: Samen. Nach CHMELAR (1977) ist das Merkmal der Samenanzahl je Kapsel, die aus zwei Fruchtblättern zusammengesetzt ist, von besonderer taxonomischer Bedeutung. Nach der Anzahl der Samenanlagen je Fruchtblatt unterscheidet er folgende Gruppen:

| Anzahl der Samenanlagen je Fruchtblatt | *Salix*-Arten |
|---|---|
| (5–) 6–7 (–9) | *S. caprea*, *S. cordata*, *S. phylicifolia*, *S. reticulata* u. a. |
| 3–4 | *S. purpurea*, *S. fargesii*, *S. fragilis*, *S. daphnoides* |
| 2 | *S. babylonica*, *S. cardiophylla*, *S. pierotii* |
| 1 | *S. elaeagnos* |

S. 51 Mitte: Cytologie. Wichtige Literatur: HÅKANSSON (1955); NEUMANN et POLATSCHEK (1972). Die Basiszahl für die Gattung kann mit $n = 19$ angegeben werden. Nach FEDOROV (1969) sind von den 127 gezählten *Salix*-Arten 61 Arten diploid mit $2n = 38$ und 25 tetraploid mit $2n = 76$. Verschiedene höhere somatische Chromosomenzahlen sind besonders bei *S. glauca* mit $2n = 79$; 81; 95; 102; 115; 152 und 176 gezählt worden. Weitere hochgradig polyploide Beispiele sind *S. myrsinites* mit $2n = 152$ und 190 sowie *S. callicarpaea* mit $2n = 190$.

S. 52 Mitte: Krankheiten. Wichtige Literatur. BUTIN, H. 1960: Die Krankheiten der Weide und deren Erreger. Mitt. Biol. Bundesanst. Land-Forstw. Berlin-Dahlem, H. **98**.

S. 54: Gliederung der Gattung. (s. auch Ergänzung zu S. 45 Mitte). Die Untergattung *Amerina* muß als Untergattung *Salix* (RECHINGER 1964, SKVORTSOV 1968) bezeichnet werden. Nach SKVORTSOV (1968) sind die *Salix*-Sektionen 8 und 13 (nach RECHINGER 1957) mit *Salix glaucosericea* und *S. myrtilloides* zur Untergattung *Chamaetia* zu stellen. Des weiteren faßt SKVORTSOV (1968) innerhalb der Untergattung *Vetrix* (= *Caprisalix* bei RECHINGER 1957/1964) die Arten *S. bicolor*, *S. hegetschweileri* (*Salix* Sekt. *Phylicifolia*) sowie *S. foetida* und *S. waldsteiniana* (*Salix* Sekt. *Arbusculoideae*) zur Sektion *Arbuscella* zusammen. Diese insgesamt geringen Abweichungen zwischen den Bearbeitungen von SKVORTSOV (1968) und RECHINGER (1957 u. 1964) verdeutlichen, daß die hier von RECHINGER dargestellte Gattungsgliederung wohl dem gegenwärtigen Wissenstand über die Gattung *Salix* entspricht.

S. 56: Da die Bestimmung der Weiden wegen der Formenvielfalt immer wieder schwierig ist, soll zur Ergänzung der hier vorliegenden Bestimmungsschlüssel auf einige regional erarbeitete Bestimmungsschlüssel hingewiesen werden: HEINIS, F. 1964, Zur Weidenflora des nördlichen Jura. Bauhinia **2**, 261–274. – LAUTENSCHLAGER, E. 1979: Bestimmungsschlüssel für die wildwachsenden Weiden der Schweiz. Bauhinia **6**, 331–352. – LEIDOLF, R. 1957, Bestimmungstabellen für die Weiden im Gebiet des mittleren Neckars. Jh. Ver. Vaterl. Naturk. Württemberg **112**, 211–216. – NEUMANN, A. 1955, *Salix*-Bestimmungsschlüssel für Mitteldeutschland, in: Floristische Beiträge zur geobotanischen Geländearbeit in Deutschland (II.) Wiss. Z. Univ. Halle, Math.-Nat. **4**, 755–770. – SKVORTSOV, A. K. 1976, *Salix* in: Rothmaler, et al. 1976: Exkursionsflora für die Gebiete der DDR und der BRD. Kritischer Band. Berlin.
Siehe auch Ergänzung zu S. 47 Mitte: Die Blattnervatur als Bestimmungshilfe.
Zur Bestimmung der Weidenbastarde s. Ergänzung zu S. 127.

### 741 a. Salix alba L.

S. 68:  Nach RECHINGER (1963) sind die zwei *Salix*-Arten *S. coerulea* und *S. micans* als Unterarten von *S. alba* zu bewerten.
1. *S. alba* L. ssp. *coerulea* (SM.) RECH. f., Syn.: *S. coerulea* SM., Engl. Bot. t. 2431 (1821). *S. alba* (var.): β *coerulea* KOCH, Synops., Ed. 1, 641 (1838).
Blätter im ausgewachsenen Zustand beiderseits fast ganz verkahlend, unterseits grau oder graublau. – Verbreitet im Gebiet der Art, häufig angepflanzt, gelegentlich verwildert.
2. *S. alba* L. ssp. *micans* (ANDS.) RECH. f. Syn.: *S. micans* ANDS., Kgl. Sv. Vetensk. Akad. Handl. N. F. **6**, 1:49 (1867).
Im Unterschied zu *S. alba* ssp. *alba* sind die Blätter mehr lederartig mit kurzer Blattspitze und besonders unterseits dichter, silberglänzender Behaarung; außerdem hat die subsp. *micans* deutlicher gestielte, dickere, beim Trocknen bräunlich werdende Fruchtkapseln. – Verbreitet im Südosten von Europa (Griechenland und wohl auch in angrenzenden östlichen Gebieten).

### 741 b. Salix babylonica L.

S. 71:  Chromosomenzahl n = 38 (FEDOROV, A. [ed.] 1969: Chromosome numbers of flowering plants. Leningrad).

### 746 a. S. alpina SCOP.

S. 80:  Wichtige Literatur. NEUMANN, A. 1960, *Salix alpina* SCOP. und *S. breviserrata* FLOD. in Bayern. Ber. Bayer. Bot. Ges. **33**, 103–104.

### 746 b. S. breviserrata FLOD.

S. 81:  s. Ergänzung zu S. 80.

### 748 b. S. hegetschweileri HEER.

S. 86 Mitte:  Chromosomenzahl. n = 38 (NEUMANN et POLATSFHEK 1972).

### 749 b. S. mielichhoferi SAUTER.

S. 89:  Chromosomenzahl. n = 57 (NEUMANN et POLATSCHEK 1972).

### 750. S. caesia VILL.

S. 90:  Chromosomenzahl. n = 38 (NEUMANN et POLATSCHEK 1972).

### 754. S. silesiaca WILLD.

S. 97:  Die Jahreszahl im Zitat ist fälschlich mit 1805 angegeben. Richtig ist 1806.
S. 98 unten:  Chromosomenzahl. n 19 (NEUMANN et POLATSCHEK 1972).

### 755 a. S. appendiculata VILL.

S. 100 unten:  Chromosomenzahl. n = 19 (NEUMANN et POLATSCHEK 1972).

### 755 b. S. laggeri WIMMER.

S. 102:  Flora **37**: 162 (1854). Der Name *S. pubescens* ist von KERNER erst 1865 gültig publiziert worden. Daher muß aus Prioritätsgründen der Name *S. laggeri* WIMMER (1854) an seine Stelle treten. (RECHINGER 1963). Wichtige Literatur: RECHINGER, K. H. 1947; Zwei verkannte *Salix*-Arten in den Ostalpen. Sitzungsber. Österr. Akad. Math.-Nat. Kl. Abt. 1, **156**, 499–508.
102 Mitte:  Chromosomenzahl. n = 38 (NEUMANN et POLATSCHEK 1972).

### 756. S. starkeana WILLD.

S. 103:  1806 (nicht 1805).

### 758 a. S. repens L.

S. 105: Wichtige Literatur. MANG, F. 1962: Zur Kenntnis der gegenwärtigen Vertreter der *Salix*-Sektion *Incubaceae* DUMORTIER und ihrer häufigsten Bastarde in Schleswig-Holstein, Hamburg und den angrenzenden Gebieten. Mitt. Arbeitsgem. Floristik Schleswig-Holstein u. Hamburg, **10**, 1–79.

### 759 a. S. foetida SCHLEICH. ex DC.

S. 108: Die Jahreszahl im Zitat ist fälschlich mit 1815 angegeben. Richtig ist 1805.
S. 108 unten: Chromosomenzahl. n = 19 (NEUMANN et POLATSCHEK 1972).

### 759 b. S. waldsteiniana WILLD.

S. 109: Die Jahreszahl im Zitat ist fälschlich mit 1805 angegeben. Richtig ist 1806.
S. 110 Mitte: Chromosomenzahl. n = 19 (NEUMANN et POLATSCHEK 1972).

### 761 a. S. glabra SCOP.

S. 113: Chromosomenzahl. n = 38 (NEUMANN et POLATSCHEK 1972).

### 762 b. S. helvetica VILL.

S. 116: Hist. Pl. Dauph. **3**, 783 (1789). Im Zitat S. 116 steht statt Pl. fälschlich Fl.

### 763 d. S. dasyclados WIMM.

S. 121 unten: Die Chromosomenzahl. Fälschlich mit n = 57 angegeben. Richtig ist 2n = 57 (triploid).

### 764. S. elaeagnos ssp. *angustifolia*

S. 123 oben: Chromosomenzahl n = 19 (NEUMANN et POLATSCHEK 1972).

### 765. S. purpurea ssp. *lambertiana*

S. 124 Mitte: Korrektes Zitat RECHINGER (1963): *S. purpurea* L. ssp. *lambertiana* (SM.) RECH. f. Syn.: *S. lambertiana* SM., Fl. Brit. **3**, 1041 (1804), *S. purpurea* (var.) β *Lambertiana* KOCH, Synops. ed. 1, 647 (1837).

### 766. S. daphnoides VILL.

S. 125 oben: Prosp. Pl. Dauph. 51 (1779). Da an dieser Stelle die Beschreibung gegeben wird, ist nur dieses Zitat richtig (RECHINGER 1964). Wichtige Literatur. MILOSLAV, J. 1977: On the ecology and occurrence of *Salix daphnoides* VILL. in north Moravia. (tschech. mit engl. Zus.). Acta Mus. Silesia Ser. C **26**, 49–58.

### 767. S. acutifolia WILLD.

S. 126 Mitte: Die Jahreszahl im Zitat ist fälschlich mit 1805 angegeben. Richtig ist 1806.
S. 127: Wichtige Literatur. LEMKE, W. 1960: Über das Erkennen von Weidenbastarden. Decheniana **112**, 243–249. Der Autor gibt für die häufigsten mitteleuropäischen Weidenbastarde wertvolle Erkennungshilfen.

## Reihe Fagales

S. 136 oben: Die Reihe (Ordnung) *Fagales* wird zusammen mit den *Juglandales*, *Myricales* u. a. zu der Unterklasse *Hamamelididae* (mehr oder weniger = *Amentiferae*) gerechnet. Während diese Zuordnung der *Fagales* nicht umstritten ist, bestehen doch hinsichtlich der weiteren Aufgliederung der Ordnung *Fagales* unterschiedliche Auffassungen. Während beispielsweise CRONQUIST (1968), EHRENDORFER (1978) u. DAHLGREN (1975) die Ordnung *Fagales* mit den Familien *Betulaceae*, *Fagaceae* u. a. beibehalten, stellt TAKHTAJAN (1973) neben die Ordnung *Fagales* die selbständige Ordnung *Betulales*. Embryologische Merkmale (Integument, Chalazogamie) und Fruchtmerkmale (Fruchthülle) sprechen nach TAKHTAJAN (1973) dafür, die schon von HJELMQUIST (1948) vorgeschlagene Trennung der Ordnung *Fagales* in die beiden Ordnungen *Betulales* und *Fagales* zu unterstützen. Unter dem phylogenetischen Aspekt erscheint jedoch die Trennung nicht gerechtfertigt, da Vorfahren der Betulaceen ein aus 3 Karpellen bestehendes Gynoeceum wie die Fagaceen besessen haben (MELCHIOR 1964). Dagegen ist die Auffassung, daß sich die Fagaceen und Betulaceen höchstwahrscheinlich von Vertretern der Ordnung *Hamamelidales* ableiten, gegenwärtig nicht kontrovers. Unterstützt wird diese Auffassung durch die Untersuchungen von ENDRESS (1967) an *Corylopsis* (Fam. *Hamamelidaceae*).

## 35. Familie. Betulaceae

S. 136 oben: *Betulaceae* S. F. GRAY, Nat. Arr. Brit. Pl. **2**: 222, 243. 1821 *(‚Betulideae')*, nom. cons.

S. 136: Wichtige Literatur. ABBE, E. C. 1963: Flowers and inflorescences of the „*Amentiferae*". Bot. Rev. **40**, 159–261. – CRONQUIST, A. 1968: The Evolution and Classification of Flowering Plants. London. – DAHLGREN, R. 1975: A system of classification of the Angiosperms. Bot. Not. **128**, 121–197. – EHRENDORFER, F. 1978: *Spermatophyta – Angiospermae*; in: STRASBURGER, E., Lehrbuch der Botanik. 31. Aufl., Stuttgart. – ENDRESS, P. K. 1967: Systematische Studie über die verwandtschaftlichen Beziehungen zwischen den Hamamelidaceen und Betulaceen. Bot. Jb. Syst. **87**, 383–398. – HJELMQUIST, H. 1948: Studies on the floral morphology and phylogeny of the *Amentiferae*. Bot. Not. Suppl. **2**, 1–171. – HJELMQUIST, H. 1957: Some notes on the endosperm and embryo development in *Fagales* and related orders. Bot. Not. **110**, 173–195. – HUTCHINSON, J. 1959: The families of flowering plants. Vol. I. Dicotyledons. Oxford. – MELCHIOR, H. (Hrsg.) 1964: A. Engler's Syllabus der Pflanzenfamilien. Vol. II. Berlin-Nikolassee. – SERBANESCU-JITARIU, G. 1970: Recherches morphologiques sur les microspores des représentants de la famille des *Betulaceae* de la flore Roumaine. Anal. Univ. Bucuresti, Biol. veget. **19**, 27–34. – TAKHTAJAN, A. 1973: Evolution und Ausbreitung der Blütenpflanzen. Stuttgart. – WODEHOUSE, R. P. 1959: Pollen Grains. New York. – WOODWORTH, R. 1929: Cytological studies in the *Betulaceae* I and II. Bot. Gaz. **87**, 331–363 (I.); Bot. Gaz. **88**, 383–399 (II.).

S. 139: Blütenverhältnisse. Wichtige Literatur. ABBE (1963) und HJELMQUIST (1948) (s. Ergänzung zu S. 136).

S. 139 Mitte: Für die Unterscheidung der Gattungen sind folgende Pollenmerkmale verwendbar: Porenanzahl, Form der Aperturen (kreisrund oder elliptisch), zirkulare oder irreguläre Anordnung der Aperturen, Verdikkungsleisten zwischen den Aperturen (WODEHOUSE 1959, SERBANESCU-JITARIU 1970).

S. 139 unten: Embryologie. Im Gegensatz zu den Fagaceen haben die Betulaceen nur 1 Integument und ein wohlausgebildetes Nährgewebe. Auch der Embryo mit Hypophyse und einem gut entwickelten Suspensor unterscheidet die Betulaceen von den Fagaceen (HJELMQUIST 1957).

S. 140 oben: Cytologie. Die Basiszahl für die Familie der *Betulaceae* wird mit $x = 14$ und $x = 8$ Chromosomen angegeben. Polyploidie ist relativ häufig anzutreffen, speziell bei Arten der Gattung *Betula* (WOODWORTH 1929).

S. 140 Mitte: Die Gliederung der Familie von WINKLER (1904) und ENGLER et PRANTL (1894) ist im Prinzip heute noch gültig, wenn auch von einigen Autoren wie z. B. HUTCHINSON (1959) die Unterfamilien – in gleichem Umfang – zu selbständigen Familien erhoben worden sind.

## CCVIII. Betula L.

S. 141 Mitte: Wichtige Literatur. FONTAINE, F. J. 1970: Het geslacht *Betula* (Bijdrage tot en Monografie). Belmontia **13**, 99–180. [Anmerkung: In diesem Beitrag ist der taxonomische Teil z. T. ungenügend. Die Arbeit ist daher in den problematischen Punkten wie z. B. bei *B. pubescens* und *B. pendula* eher verwirrend als klärend.] – NATHO, G. 1959: Variationsbreite und Bastardbildung bei mitteleuropäischen Birkensippen. Feddes Rep. **61**, 211–273. – NATHO, G. 1976a: Zur Fruchtmorphologie und Gliederung der Gattung *Betula* L. Gleditschia **4**, 9–21. – NATHO, G. 1976b: *Betula* L., in: ROTHMALER, W. (Hrsg.) 1976: Exkursionsflora. Kritischer Band. Berlin. – VASSILJEV, V. 1969: Birken des Urals. (Russ.) Trudy. Inst. Ekol. Rast. i Shiv. **63**, 59–140. – WALTERS, S. M. 1968: *Betula* L. in Britain. Proc. Bot. Soc. Br. Isles **7**, 179–180.

S. 141 Mitte: Nach NATHO (1976) umfaßt die Gattung heute etwa 80–100 Arten.

S. 141 unten: s. Ergänzung zu S. 162: Kreuzungen.

S. 142: Fig. 551 zeigt die Frucht und nicht den Samen.

S. 143: Gliederung der Gattung. NATHO (1976) schlägt in Anlehnung an VASSILJEV (1969) eine Aufteilung des Genus *Betula* L. in die 5 folgenden Subgenera vor:

Genus *Betula* L.
    Subgenus *Chamaebetula*, (Typus-Art: *B. nana* L.)
    Subgenus *Betulaster*,   (Typus-Art: *B. alnoides* BUCH.-HAM.)
    Subgenus *Neurobetula*, (Typus-Art: *B. costata* REGEL)
    Subgenus *Betula*,     (Typus-Art: *B. alba* L.s str. [= *B. pubescens* EHRH.])
    Subgenus *Betulenta*,   (Typus-Art: *B. lenta* L.)

S. 143: Bestimmungsschlüssel. Wichtige Literatur: NATHO 1976a und NATHO 1976b. Früchte und Fruchtschuppen sind in ihrer Gestalt artspezifisch. Sie stellen einen wesentlichen Teil des Merkmalskomplexes dar und sind daher für die Bestimmung der *Betula*-Arten sehr wichtig. Ausführliche Darstellung s. NATHO (1959a).

**768d. Betula pendula ROTH.**

S. 145: Wichtige Literatur. NATHO (1959), WALTERS (1968).

**769a. Betula pubescens EHRH.**

S. 153: Wichtige Literatur. NATHO (1959), WALTERS (1968).

S. 154: *Betula pubescens* ssp. *carpatica*; Wichtige Literatur. GARDINER, A. S. 1972: A review of the subspecies *carpatica* and *tortuosa* within the species *Betula pubescens* EHRH. Trans. Bot. Soc. Edinburgh, **41**, 451–459. – Dieser Unterart von *B. pubescens* wird von NATHO (1959) der Rang einer selbständigen Art zuerkannt (s. Ergänzung zu S. 162).

**769b. Betula tortuosa LEDEB.**

S. 156: Wichtige Literatur. GARDINER (1972, s. Ergänzung zu S. 154). – HEYNERT, H. 1962: *Betula tortuosa* LED., ein Glazialrelikt des Erzgebirges. Drudea **2**, 46–48. Obwohl NATHO (1964) die Bestimmung anerkennt, findet sich in der Exkursionsflora (ROTHMALER, W. 1976: Kritischer Band. Berlin) kein Hinweis.

**770. Betula humilis SCHRANK.**

S. 156: Wichtige Literatur. NATHO (1959).

S. 158: Verwandte Arten. *Betula fruticosa* PALL. Wichtige Literatur: NATHO, G. 1964: Was ist *Betula fruticosa* PALLAS? Wiss. Z. Humboldt-Univ. Berlin, Math-Nat. R. **13**, 481–484. NATHO vermutet hinter dieser Art einen Bastard von *B. humilis* mit *B. pubescens*. Da bereits WILLDENOW (1805, Zitat nach NATHO 1964) *B. humilis* SCHRANK und *B. fruticosa* PALLAS für identisch hielt, wäre – nach Bestätigung dieser Annahme durch weitere Untersuchungen – *B. humilis* SCHRANK ein Synonym von *B. fruticosa* PALLAS (NATHO 1964).

**771. Betula nana L.**

S. 158: Wichtige Literatur. BACHMAIER, F. 1966: Die Zwergbirke (*Betula nana* L.) ein Glazialrelikt unserer Flora und Untersuchungen über ihre Insektenfauna. Jb. Ver. z. Schutze der Alpenpfl. u. Tiere, **31**, 138–151.

S. 159: Allgemeine Verbreitung: Auch im französischen Zentralmassiv (Monts de la Margeride).

Verbreitung im Gebiet: Neufund von *B. nana* bei Traunstein (im Hochmoor Pechschnait) (MERGENTHALER, O. 1975; Hoppea **34**, 239).

S. 162: Kreuzungen. NATHO (1959) kann durch die Ergebnisse seiner Untersuchungen, die schon von GUNNARSSON (1925) vertretene Auffassung von der Hybrid-Introgression bei *B. pubescens* unterstützen. Zusammenfassend kommt NATHO (a. a. O.) zu folgenden Ergebnissen (Zitat S. 269–270): „Besonders für *B. pendula* und *B. pubescens* wird festgestellt, daß beide Arten im Untersuchungsgebiet scheinbar kontinuierlich ineinander übergehen. Nur dort, wo jede der beiden Sippen getrennt vorkommt, finden sich solche Übergangsformen gar nicht oder sehr vereinzelt. Die Analyse der Variationsbreite zeigt sowohl für die Moorbirke als auch für die Hängebirke eine verhältnismäßig geringe Schwankung. Sie ist geringer, als man im allgemeinen anzunehmen geneigt ist. Die große Variationsbreite, wie sie verschiedene Autoren beschreiben, wird durch die introgressive Hybridisation vorgetäuscht. Diese Form der Bastardierung verhindert die Ausbildung bestimmter Bastardformen; sie ruft einen Hybridschwarm hervor, der kontinuierlich beide Eltern verbindet. Damit verknüpft ist die Verwischung der ökologischen Unterschiede der Elternsippen (Hybridisation des Wohnraums). Die relative Seltenheit intermediärer Formen deutet daraufhin, daß Rückkreuzungen der Hybriden mit einem der Eltern erfolgreicher sind als Kreuzungen der Eltern.

Ganz ähnliche Verhältnisse sind bei *B. humilis* vorhanden. Allerdings treten hier außer Hybriden zwischen der Strauchbirke und *B. pendula* oder *B. pubescens* auch dreifache auf, d. h. solche, an denen alle drei Arten beteiligt sind. Die Variationsbreite von *B. humilis* bewegt sich in ähnlich engen Grenzen wie die der Baumbirken.

Zur Gliederung der Bastarde wird vorgeschlagen, die Hybriden der Baumbirken wie bisher in einer Sippe, *B. pendula* x *pubescens*, zu vereinen. Für die Bastarde der Strauchbirke mit den Baumbirken sind drei Sippen erforderlich: *B. x warnstorfii*, *B. x. zabelii* und *B. x grossii*. Die weitere Untergliederung der Hybridsippen, wie sie GROSS (1910) vorschlug, wird verworfen, da Hybridschwärme entstehen, die nicht zu gliedern sind."

S. 162 Mitte: 1. *B. nana* × *B. pubescens*; Wichtige Literatur. KENWORTHY, J. B. et al. 1972: A study of hybrids between *Betula pubescens* Ehrh. and *Betula nana* L. from Sutherland – an integrated approach. Trans. Bot. Soc. Edinburgh **41**, 517–539.

S. 163 oben: *B. pendula* × *B. pubescens*; Wichtige Literatur. EIFLER, J. 1958: Kreuzungen zwischen *Betula verrucosa* und *Betula pubescens*. Züchter **28**, 331–336. – JOHNSSON, H. et LJUNGER, A. 1962: *Betula*; in: KAPPERT, M. et RUDORF, W. (Hrsg.) 1962: Handbuch der Pflanzenzüchtung, S. 806–808. 2. Aufl., Berlin und Hamburg. – NATHO (1959). – Siehe auch Ergänzungen zu S. 162. Chromosomenzahl n = 21 (EIFLER 1958).

## CCIX. Alnus MILL.
### Gard. Dict. Abr. ed. 4 (1754).

S. 16: Wichtige Literatur. CZEREPANOV, S. 1955: Systema generis *Alnus* MILL. s. str. generumque offinium (russ.). Notulae Syst. Herb. Inst. Bot. Acad. Sci. URSS **17**, 90–105.

### 772. Alnus viridis (CHAIX) DC.

S. 165: Wichtige Literatur. WILMANNS, O. 1977: Verbreitung, Soziologie und Geschichte der Grün-Erle (*Alnus viridis* [CHAIX] DC.) im Schwarzwald. Mitt. Flor.-Soziol. Arbeitsgem. **19/20**, 323–341.

### 774a. Alnus glutinosa (L.) GAERTN.

S. 173 unten: Wichtige Literatur. MEJNAARTOWICZ, L. 1972: Studies on the variability of *Alnus glutinosa* (L.) GAERTN. populations in Poland. (poln. mit engl. Zus.) Arboretum Kórnickie **17**, 43–120.

S. 174 unten: Chromosomenzahl. WETTSTEIN et HOLZER (1958; Züchter **28**, 62–63) haben triploide und aneuploide Individuen in einer spontanen Einzelbaumnachkommenschaft von *A. glutinosa* gefunden.
Allgemeine Verbreitung: Wichtige Literatur: PEKKARI, A. 1957: De nordligaste förekomsterna av *Alnus glutinosa* i Sverige. (The nothernmost localities for *Alnus glutinosa* in Sweden). Svensk Bot. Tidskr. **51**, 344–346. – Im Bereich der „Flora Iranica" (RECHINGER et al. 1972, Betulaceae, Lfg. 96, 6. Graz) ist *A. glutinosa* durch die Unterart *A. glutinosa* ssp. *barbata* (C. A. MEYER) YALTIRIK vertreten.

S. 177 unten: Wurzelknöllchen. Wichtige Literatur: TAUBERT, H. 1956: Über den Infektionsvorgang und die Entwicklung der Knöllchen bei *Alnus glutinosa* (L.) GAERTN. Planta **48**, 135–156. – POMMER, E. H. 1956: Beiträge zur Anatomie und Biologie der Wurzelknöllchen von *Alnus glutinosa* (L.) GAERTN. Flora **143**, 603–634. POMMER konnte feststellen, daß in den jungen Wurzelknöllchen von *A. glutinosa* drei intrazellulare Knöllchendophyten, und zwar ein Aktinomyzet und zwei Fadenpilze vorliegen. Der Beweis dafür, daß isolierte Aktinomyzeten auch tatsächlich den Knöllchenerreger darstellen, konnte nicht erbracht werden. Wohl aber konnten zwei septierte Fadenpilze als Erreger der Fadenpilzknöllchen isoliert werden, und zwar *Penicillium albidum* SOPP und *Cylindrocarpon radiciola* WR. Nach TAUBERT (1956) und POMMER (a. a. O.) ist die systematische Stellung des bisher als *Actinomyces alni* PEKLO bezeichneten Endophyten zweifelhaft (s. auch SCHAEDE, R. 1962: Die pflanzlichen Symbiosen. 2. Aufl. Stuttgart).

## CCX. Carpinus L.

S. 180: Wichtige Literatur. BERGER. W. 1953: Studien zur Systematik und Geschichte der Gattung *Carpinus*. (Mit Beschreibungen einiger neuer Arten aus dem Altpliozän des Wiener Beckens). Bot. Not. **1953**, 1–47. – FIRBAS, F. et FIRBAS, I. 1958: Über die Anzahl der Keimporen der Pollenkörner von *Carpinus betulus*

L. Veröff. Inst. Rübel **34**, 45–52. – HORVAT, I. et al. 1974: Vegetation Südosteuropas. Stuttgart. – JENTYS-SZAFEROWA, J. 1958: The genus *Carpinus* in Europe in the palaeobotanical literature. Monogr. Bot. **7**, 3–59. – JENTYS-SZAFEROWA, J. 1961: Anatomical investigations on fossil fruits of the genus *Carpinus* in Poland. Acta Palaeobot. **2**, 3–33. – JENTYS-SZAFEROWA, J. 1960: Morphological investigations of the fossil *Carpinus*-nutlets from Poland. Acta Palaeobot. **1**, 3–41. – JENTYS-SZAFEROWA, J. 1975: Studies on the epidermis of recent and fossil fruits of *Carpinus* and *Ostrya* and its significance in the systematics and history of these genera. Acta Palaeobot. **16**, 3–70. – OBERDORFER, E. 1968: Studien in den Wäldern des Carpinion-Verbandes im Apennin an der Südwestgrenze des Vorkommens von *Carpinus betulus*. Feddes Repert. **77**, 65–74. – RADDE-FOMIN, O. 1932: Kurze Systematik der Gattung *Carpinus* L. Mitt. Deutsch. Dendrol. Ges. **44**, 31–33.

S. 180 unten: Nach BERGER können zur *Carpinus* Sektion *Distegocarpus* 6 rezente Arten gerechnet werden. Der hohe zahlenmäßige Unterschied kommt durch die zahlreichen erst in den letzten 30 Jahren neu erkannten chinesischen Arten zustande. (Auf S. 180 unten steht fälschlich *Degistocarpus*, richtig ist *Distegocarpus*.)

S. 182 oben: Pollen. Nach FIRBAS (1958) schwankt die Aperturenzahl zwischen 2 und 7. Am häufigsten sind Pollenkörner mit 4, seltener 3 und 5 Aperturen. Schon innerhalb eines ‚Kätzchens' schwankt die Aperturenanzahl je Pollenkorn. Vergleichende Untersuchungen von fossilem und rezentem Pollen zeigte bezüglich der Aperturenanzahl keinen Unterschied, d. h. sowohl der fossile wie der rezente Pollen zeigte ein Aperturenmaximum (60–70%) von 4 je Pollenkorn.

S. 182: Nüsse. Innerhalb der florengeschichtlichen Erforschung Mitteleuropas spielt die Gattung *Carpinus* eine bedeutende Rolle. Daher ist es erklärlich, daß dieser Aspekt bei vielen Publikationen mit im Vordergrund steht. Von besonderem Gewicht sind dabei vergleichende Untersuchungen an fossilem und rezentem Material (s. Ergänzung zu S. 182 oben: Pollen). JENTYS-SZAFEROWA (1960/1961) hat diesbezüglich die Früchte von *Carpinus betulus* und anderen Arten untersucht. Die Autorin hat ebenfalls wie FIRBAS (1958) beim Pollen keinen Unterschied zwischen fossilen und rezenten Nüssen von *Carpinus* feststellen können. Wohl aber konnte an verschiedenem fossilen Material aus der Zeit des Tertiärs eine Größenabnahme der Nüsse während bestehender Warmzeiten und eine Größenzunahme während der Kältezeiten ermittelt werden. Nuß-Material des Quartärs zeigte dagegen keine Größenschwankungen.

S. 182: Chromosomenzahl. Es gibt Populationen sowohl mit $n = 8$, 16 und 32, wobei die Hexaploiden mit $n = 32$ nicht die Regel darstellen (s. S. 182)!

S. 183: Die Bildunterschrift muß richtig lauten: Fig. 76a und b. *Carpinus betulus* L. (Aufn. TH. ARZT) a) Fruchtstand. b) Zwei männliche und ein weibl. Kätzchen.

S. 184: Florengeschichte. Ausführliche Darstellung bei BERGER (1953), JENTYS-SZAFEROWA (1958 u. a.) und MÄGDEFRAU, K. 1968: Paläobiologie der Pflanzen. Stuttgart.

**775 b. Carpinus orientalis MILL.**

S. 186: Wichtige Literatur. HORVAT (1974). In der Flora Iranica (RECHINGER et al 1972: *Corylaceae*. Lfg. 97, 2; Graz) wird eine für Turkmenien endemische Unterart *Carpinus orientalis* ssp. *macrocarpa* (WILLK.) BROWICZ beschrieben.

**CCXI. Ostrya SCOPOLI, Fl. Carn. 414. (1760), nom. cons.**

**776. Ostrya carpinifolia SCOP.**

S. 187: Wichtige Literatur. HORVAT, I. et al. 1974: Vegetation Südosteuropas. Stuttgart.

S. 188: Nüßchen. Wichtige Literatur: JENTYS-SZAFEROWA, J. 1975: Studies on the epidermis of recent and fossil fruits of *Carpinus* and *Ostrya* and its significance in the systematics and history of these genera. Acta Palaeobot. **16**, 3–70.

S. 188 oben: Chromosomenzahl $n = 8$ (FEDOROV 1969).

S. 188: Verbreitung im Gebiet. Wichtige Literatur: FERRARINI, E. et ROLLA, G. 1977: I carpineti ad *Ostrya carpinifolia* dei dintorni di Massa e di Carrara (Toscana). Webbia **32**, 197–234. – GRUBER, M. 1968: *Ostrya carpinifolia* Scop. dans le secteur préligurien. Bull. Soc. Bot. France **115**, 207–218. – HORVAT (1974). – MAURER, W. 1968: Die Hopfenbuche *(Ostrya carpinifolia)* bei Weiz. In: Weiz, Geschichte und Landschaft in Einzeldarstellungen. **9**/1, 2–24. (Der Autor behandelt die Ökologie und Verbreitung von *O. carpinifolia* im Alpenraum.)

## CCXII. Corylus L.

S. 189: Wichtige Literatur. FEDOROV, An. A. (Ed.) 1969: Chromosome Numbers of Flowering Plants. Leningrad. – KASAPLIGIL, B. 1964: A contribution to the histotaxonomy of *Corylus (Betulaceae)*. Adansonia n. ser. **4**, 43–90 [In dieser anatomischen Untersuchung werden die mittel- und südosteuropäischen Arten *C. avellana* L, *C. maxima* MILL. und *C. colurna* L. vergleichend bearbeitet.]

S. 190 Mitte: Innerhalb der Gattung kommen Chromosomenzahlen von $n = 11$ und $n = 14$ vor. Aber auch innerhalb einer Art gibt es Populationen sowohl mit $n = 11$ als auch mit $n = 14$ Chromosomen.

### 777 a. Corylus colurna L.

S. 191: Chromosomenzahl. $n = 14$ (FEDOROV 1969).

### 777 b. Corylus maxima MILL.

S. 191: Chromosomenzahl. $n = 11$ und $n = 14$ (FEDOROV 1969).

### 777 c. Corylus avellana L.

S. 191: Wichtige Literatur. FRITSCH, K. 1926: Beobachtungen über die Bestäubung und Geschlechterverteilung bei *Corylus avellana*. Ber. Deutsch. Bot. Ges. **44**, 478–483. – GEITLER, L. 1943: Fruchtformen der Hasel in Wildpopulationen. Österr. Bot. Z. **92**, 87–93. – HAGERUP, O. 1942: The morphology and biology of the *Corylus*-fruit. Biol. Medd. Kbh. **17**, Nr. 6: 1–32.

S. 193 oben: Chromosomenzahl. $n = 11$ und $n = 14$ (FEDOROV 1969).

S. 194: Florengeschichte. Wichtige Literatur: MÄGDEFRAU, K. 1968: Paläobiologie der Pflanzen. Stuttgart.

## 36. Familie. Fagaceae

DUMORTIER, Anal. Fam. Pl. 11, 12. (1829); ('Fagineae'), nom. cons.

S. 197: Wichtige Literatur. ABBE, E. C. 1974: Flowers and inflorescences of the „Amentiferae". Bot. Rev. **40**, 159–261. – BRETT, D. W. 1964: The inflorescence of *Fagus* and *Castanea*, and the evolution of the cupules of the *Fagaceae*. New Phytol. **63**, 96–118. – ERDTMAN, G. 1969: Handbock of Palynology. Copenhagen. – FEDOROV, An., A. (ed.) 1969: Chromosome numbers of flowering Plants. Leningrad. – FORMAN, L. L. 1964: *Trigonobalanus*, a new genus of *Fagaceae*, with notes on the classification of the family. Kew Bull. **17**, 381–396. – FORMAN, L. L. 1966: On the evolution of cupules in the *Fagaceae*. Kew Bull. **18**, 385–419. – HJELMQUIST, H. 1948: Studies on the floral morphology and phylogeny of the *Amentiferae*. Bot. Not. Suppl. **2**, 5–171. – HJELMQUIST, H. 1957: Some notes on the endosperm and embryo development in *Fagales* and related orders. Bot. Not. **110**, 173–195. – MÄGDEFRAU, K. 1968: Paläobiologie der Pflanzen. Stuttgart. – SERBÁNESCU-JITARI, G. 1977: Palynologische Untersuchungen in der Familie *Fagaceae*. Anal. Univ. Bucuresti, Biol. **26**, 35–47. – WODEHOUSE, R. P. 1959: Pollen grains, New York.

S. 198 oben: Weitere Abweichungen im Unterschied zu den Betulaceen sind das doppelte Integument und das Fehlen der Chalazogamie (s. Ergänzung zu S. 139 unten).

S. 198 unten: Morphologie. Problem der Kupula s. Ergänzung zu S. 199 unten.

S. 199: Blütenverhältnisse. Wichtige Literatur: ABBE (1974).

S. 199 unten: Die Evolution der Kupula der Fagaceen zeigt nach FORMAN (1964/1966) folgende generelle Tendenzen:

1. Die offene Loben- oder Klappenkupula, ein ursprünglicher Typ innerhalb der Familie, ist in allen drei Subfamilien vertreten.
2. Die verwachsene, kelchförmige Kupula ist ein abgeleiteter Typ und hat sich parallel in den Subfamilien *Castaneoideae* und *Quercoideae* entwickelt.
3. Die dreiteilige Frucht – vertreten in allen drei Subfamilien – ist wahrscheinlich als ein ursprünglicher Typ anzusehen.

Das folgende Schema der Kupulaentwicklung bei den drei Subfamilien veranschaulicht die Auffassung von der Phylogenie der Familie der *Fagaceae* nach FORMAN (1966):

Fig. 192

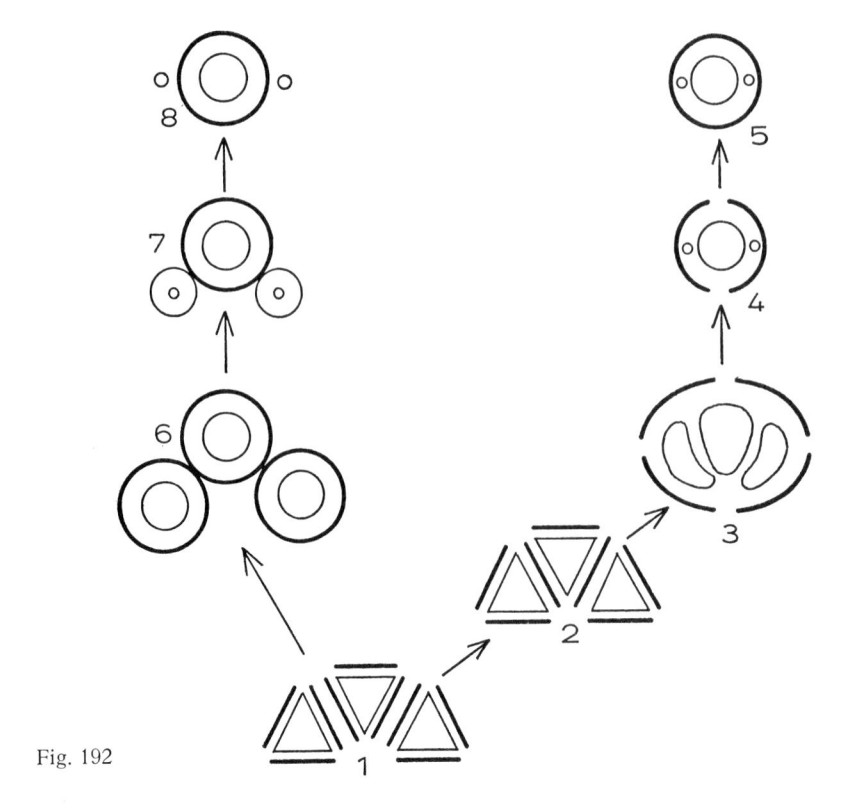

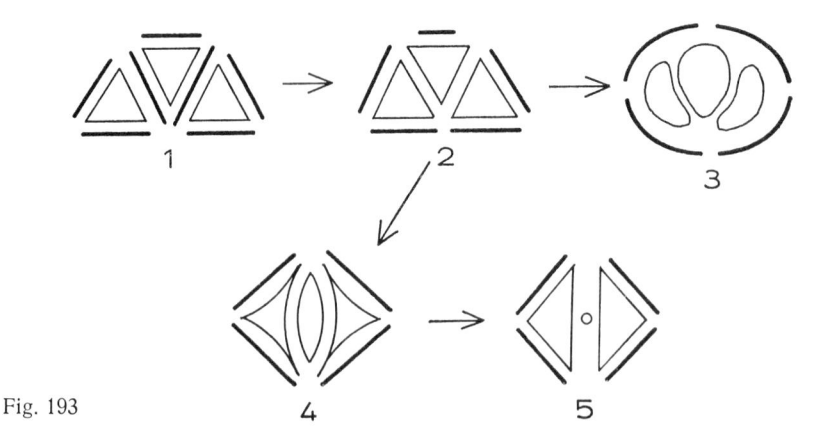

Fig. 193

Fig. 192. Evolution der Kupulae innerhalb der *Castaneoideae*. 1, Hypothetische Ausgangsform mit 3 Früchten (von einem 3 blütigen Dichasium ausgehend), jede von einer 3 klappigen Blüten-Kupula umgeben; 2, *Chrysolepis*, eine Dichasium-Kupula mit freien Klappen (5 äußeren und 2 inneren) und ebenfalls 3 Früchten; 3, *Castanea* und *Castanopsis*, eine 4 klappige Dichasium-Kupula (Klapppenränder verwachsen) mit 3 Früchten; 4, *Castanea* und *Castanopsis*, eine 2 klappige Dichasium-Kapula (Klappenränder verwachsen) mit nurmehr 1 Frucht, die beiden seitlichen Früchte sind nicht entwickelt; 5, *Castanopsis gissa*-Gruppe, eine Dichasium-Kupula (geschlossen oder offen) mit einer Frucht, Klappen mehr oder weniger fehlend, seitliche Blüten nicht entwickelt; 6, *Lithocarpus*, drei klappenlose Blüten-Kupulen, von einem Dichasium ausgehend; 7, *Lithocarpus*, einblütige Kupula, Seitenblüten und Kupulen reduziert; 8, *Lithocarpus*, einzelne Blüten-Kupula, Seitenblüten und Kupulen nicht entwickelt (im Prinzip gleich mit 5).

Fig. 193. Vergleich zwischen dreiblütigen Dichasium-Kupulae in verschiedenen Gattungen: 1, *Chrysolepis*; 2, *Trigonobalanus*; 3, *Castanea* und *Castanopsis*; 4, *Nothofagus*; 5, *Fagus*.

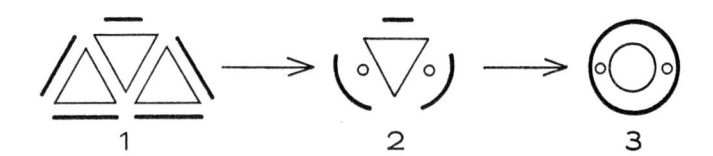

Fig. 194. Evolution der Kupula von *Quercus* ausgehend von der Kupula von *Trigonobalanus*. 1, *Tr. verticillata*, fünfklappige Kupul (adaxiale Klappe reduziert) mit 3 Früchten; 2, *Tr. doichangensis*, Kupula bestehend aus zwei schalenförmigen Klappen und einer adaxialen reduzierten Klappe, mit einer zentralen Blüte eines ursprünglich 3-blütigen Dichasiums; 3, *Quercus*, eine klappenlose, becherförmige Kupula mit einer einzelnen Frucht. Vergleiche 2 mit Abb. 1/4.

Bei der Frage nach der morphologischen Natur der Kupula kann für FORMAN (1966) von der axillären Bildung der Kupula ausgegangen werden, eine Ansicht, die auch schon von PRANTL (1887, zitiert nach FORMAN 1966) vertreten wurde.

Das besondere Problem der morphologischen Interpretation der Eichenkupula versucht FORMAN mit Hilfe der hypothetischen Kupulaentwicklung innerhalb der Gattung *Nothofagus* zu beantworten. Der Autor postuliert für die Gattung *Quercus* eine exakt parallele Evolution zu der kelchförmigen Kupula von *Nothofagus*. Fusion, Reduktion und Vereinfachung haben innerhalb der Gattung *Nothofagus* von einer langklappigen, mehrblütigen Kupula zu einer fast kelchförmigen, einblütigen Kupula bei *N. grandis* geführt. Ferner konnte an *N. grandis* gezeigt werden, daß die kontinuierlich spiralig oder zyklisch angeordneten ganzen Lamellen der Kupula ein Ergebnis lateraler Fusion am Vegetationspunkt der einzelnen Klappen und ihrer vertikalen Serien von querverlaufenden Lamellen darstellen. Die spiralig oder zyklisch angeordneten Lamellen oder Schuppen der meisten Eichenkupulen haben sicherlich denselben Ursprung. Diese Lamellen können ursprünglich tiefgeteilt gewesen sein wie z. B. bei einigen rezenten *Nothofagus*-Arten. Diesem ursprünglichen Typ der tiefgeteilten Lamellen könnten die gezähnten Lamellen der Kupula von *Trigonobalanus* (Unterfamilie *Quercoideae*) entsprechen. Abschließend stellt FORMAN (1964) fest, daß die morphologische Natur der Kupula jedoch endgültig nur in Zusammenhang mit dem anderen Hauptproblem der Evolution der Blüten und Infloreszenzen der Fagaceen gelöst werden kann.

S. 199 unten: Embryologie. Während der nucleären Endospermentwicklung setzt die Zellwandbildung relativ spät ein. Da letztendlich das zelluläre Gewebe das Endosperm nicht vollständig ausfüllt, entwickelt sich eine mehr oder weniger große Vakuole. Die Größe der Vakuole ist bei den drei Gattungen unterschiedlich und zwar bei *Quercus* klein, bei *Castanea* etwas größer und bei *Fagus* am größten. Die Embryoentwicklung geht in Abwandlung des ‚Normalfalles' bei *Quercus* und *Fagus* von einem ‚sekundären Suspensor' aus. Interessant ist ferner, daß das Meristem der Radicula bei *Quercus* und *Fagus* an jenes der Gymnospermen erinnert (HJELMQUIST 1957).

S. 199 unten: Pollen. Der Pollen der Fagaceen ist relativ einheitlich tricolporat. Bei *Fagus* können auch gelegentlich 4 Furchen auftreten. Die Exine kann glatt, fein- oder grobwarzig strukturiert sein. Die Exineschicht kann nur dünn, wie bei *Quercus* oder dick, wie bei *Fagus* und *Castanea* ausgebildet sein. (WODEHOUSE 1959 und ERDTMAN 1969).

S. 200 oben: Cytologie. Die Chromosomenzahl ist relativ einheitlich mit n = 11 und n = 12. Polyploidie spielt eine nur untergeordnete Rolle (FEDOROV 1969).

## CCXIII. Fagus L.

S. 200: Wichtige Literatur. TRALAU, H. 1962: Die spättertiären *Fagus*-Arten Europas. Bot. Not. **115**, 147–176.

S. 200 unten: Wichtige Literatur. STEENIS, C. G. G. J. van 1972: *Nothofagus*, Key Genus to Plant Geography. In: VALENTINE, D. H. (Ed.): Taxonomy, Phytogeography and Evolution. London-New work.

### 778 b. Fagus orientalis LIPSKY

S. 201: Wichtige Literatur. HORVAT, I. et al. 1974: Vegetation Südosteuropas. Stuttgart. – RECHINGER, K. H. et al. 1971: Flora Iranica; *Fagaceae*. Lfg. 77. Graz.

### 778 c. Fagus sylvatica L.

S. 201: Die korrekte Schreibweise ist *F. sylvatica*!

S. 202 unten: Chromosomenzahl. n = 11 und 12 (FEDOROV 1969).

S. 203 oben: Wichtige Literatur. LANGE, F. 1974: Morphologische Untersuchungen an der Süntelbuche (mit Verbreitungsangaben). Mitt. Deutsch. Dendrol. Ges. **67**, 24–44.

S. 204: Verbreitung im Gebiet. KLIX, W. et KRAUSCH, H.-D. 1958: Das natürliche Vorkommen der Rotbuche in der Niederlausitz. Beiträge zur Flora und Vegetation Brandenburgs. 11. Wiss. Z. Pädagog. Hochschule Potsdam. Math.-Nat. Reihe **4**, 5–27.

S. 206: Florengeschichte. Wichtige Literatur: MÄGDEFRAU (1968), TRALAU (1962).

S. 211 unten: s. Ergänzung zu S. 204: KLIX et KRAUSCH (1958).

## CCXIV. Castanea MILL.

S. 211: Wichtige Literatur. BENČAT, F. 1960: Ursprünglichkeit der Edelkastanie (*Castanea sativa* MILL.) und Revision der Nordgrenze ihres natürlichen Areals vom Westufer des Schwarzen Meeres bis zu den Südostalpen, [tschech. mit deutsch. Zusammenfassung] Acta Dendrologica Cechoslovaca, Opava, **2**, 31–70. – BENČAT, F. 1967: Entstehung, Formen und Typen der verzweigten männlichen Blütenkätzchen bei *Castanea sativa* MILL. Biologia, Bratislava **22**, 237–245. – FORMAN, L. L. 1966: Generic delimitation in the *Castaneoideae (Fagaceae)*. Kew Bull. **18**, 421–426. – HORVAT, I. et al. 1974: Vegetation Südosteuropas. Stuttgart. – LANG, W. 1969–1971: Die Edelkastanie, ihre Verbreitung und ihre Beziehung zu den naturgegebenen Grundlagen I–III. Pollichia 3. Reihe, **16**: 5–50; **17**: 81–124, **18**: 86–160.

### 779. Castanea sativa MILL.

S. 213 Mitte: Chromosomenzahl. $n = 11$ und 12 (FEDOROV, 1969).

S. 215 unten: Angaben zur Ökologie s. LANG (1969–1971).

S. 217: Blütenverhältnisse. Die Entstehung der verzweigten Blütenkätzchen ist eine relativ häufige Erscheinung. Etwa 2–5 von 1000 Kätzchen sind derart verändert (BENČAT 1967).

S. 218/219: Nach BAZZIGHER, G. (1957, Mitt. Schweiz. Anst. Forstl. Versuchsw. **33**, 23–44) hat sich *Endothia parasitica* in Süd- und Mitteleuropa rasch ausgebreitet. Dieser ursprünglich nur an der amerikanischen *C. dentata* aufgetretene Ascomycet ist zum erstenmal an *C. sativa* 1939 in Italien beobachtet worden.

## CCXV. Quercus L.

S. 220: Wichtige Literatur. BURGER, W. C. 1975: The species concept in *Quercus*. Taxon **24**, 45–50. [Prinzipielle Erörterung des biologischen und klassischen Artkonzepts am Beispiel der amerikanischen *Qu. macrocarpa*.] – HORVAT, I. et al. 1974: Vegetation Südosteuropas. Stuttgart. – KISSLING, P. 1977: Les poils de quatre espèces de chênes du Jura (*Quercus pubescens, Q. petraea, Q. robur* et *Q. cerris*). Ber. Schweiz. Bot. Ges. **87**, 1–8. – MORRIS, M. G. et PERRING, F. H. 1974: The British Oak. Cambridge. – SCHWARZ, O. 1936: Entwurf zu einem natürlichen System der Cupuliferen und der Gattung *Quercus* L. Notizbl. Bot. Gart. Mus. Berlin-Dahlem **13**, 1–22. – SCHWARZ, O. 1964: Quercus, in: TUTIN, T. G. et al. 1964: Flora Europaea **1**, 61–64. Cambridge. – SMIT, A. 1973: A scanning electron microscopical study of the pollen morphology in the genus *Quercus*. Acta Bot. Neerl. **22**, 655–665. – SPOEL-WALVIUS, M. R. van der 1963: Les caracteristiques de l'exine chez quelques espèces de *Quercus*. Acta Bot. Neerl. **12**, 525–532. – STAIRS, G. R. 1964: Microsporogenesis and embryogenesis in *Quercus*. Bot. Gaz. **125**, 115–121.

S. 220 unten: Chromosomenzahl. $n = 12$ (FEDOROV 1969). Von einigen Arten sind auch Populationen mit $n = 11$ bekannt. Polyploidie ist bisher nur von der japanischen *Qu. dentata* mit $n = 24$ bekannt.

S. 221: Pollen. Nach *Olsson* (1975) sind die Pollenkörner von *Qu. petraea* und *Qu. robur* aufgrund der Größe und der Oberflächenstrukturen nur unwesentlich verschieden. Untersuchungen von SPOEL-WALVIUS (1963) am Feinbau der Exine führten zwar zur Bildung von zwei verschiedenen Typen A und B, jedoch ist auch danach *Qu. petraea* nicht von *Qu. robur* zu unterscheiden, da beide Arten dem Typ A zuzurechnen sind. Eine weitere Eichen-Art des Typs A ist *Qu. pubescens*. Zum Typ B gehören *Qu. ilex* und *Qu. coccifera*. Die beiden Typen unterscheiden sich hauptsächlich durch die Merkmalskorrelationen von Dicke des Tectums und Größe der Scabrae sowie der Größe der Scabrae und der Größe der Columellae.

S. 221 Mitte: Gliederung der Gattung. Nach SCHWARZ (1964):
Subgenus *Erythrobalanus* (SPACH) ÖRSTED
    *Qu. rubra, Qu. palustris, Qu. coccinea, Qu. velutina.*
Subgenus *Sclerophyllodrys* O. SCHWARZ
    *Qu. coccifera, Qu. ilex*

Subgenus *Cerris* (SPACH) ÖRSTED
*Qu. macrolepis, Qu. crenata, Qu. suber*
Subgenus *Quercus* (Subgen. *Lepidobalanus* [ENDL.] ÖRSTED)
*Qu. petraea, Qu. robur, Qu. pubescens*

S. 221 Mitte: Nach KISSLING (1977) lassen sich die Haare der Blattunterseite zur Differenzierung von *Q. pubescens, Q. petraea, Q. robur*, und *Q. cerris* verwenden. Bei den Hybridformen sind die Haare heteromorph und intermediär zwischen den Elternarten.

S. 223: Wichtige Literatur. SAWADE, F. 1942: *Quercus rubra*, Roteichen und die Verwendung ihrer Früchte als Nahrungsmittel. Pharmazie **3**, 467–469. – SCHELLER, H. 1978: Bestimmungsschlüssel für die in Deutschland kultivierten Eichen-Arten. Mitt. Deutsch. Dendrol. Ges. **70**, 65–102. – SCHWERIN, Fr. v. 1932: Die drei verbreitetsten Roteichen und ihre augenfälligen Unterscheidungsmerkmale. Mitt. Deutsch. Dendrol. Ges. **44**, 33–36. (*Qu. rubra, Qu. palustris, Qu. coccinea*.)

### 780 g. Quercus cerris L.

S. 224: Wichtige Literatur. BARBERO, M., LOISEL, R. et OZENDA, P. 1972: Répartition et ecologie de *Quercus cerris* et *Quercus crenata* dans les Alpes maritimes et ligures. Bull. Soc. Bot. France **119**, 121–125. – EBERLE, G. 1955: Von der Zerreiche. Natur und Volk **85**, 109–115. – SCHWARZ, O. 1962: Die Populationen mediterraner Eichen in Mitteleuropa nördlich der Alpen-Karpaten-Schranke. Drudea **2**, 11–36.

### 781 a. Quercus crenata LAM.

S. 226: Wichtige Literatur. BARBERO et al. (1972) s. Ergänzung zu S. 224.

### 782 b.

S. 229: Gültiger Name nach „Flora Europaea": *Quercus fruticosa* BROT., Fl. Lusit. **2**, 31 (1804). Syn.: ? *Q. lusitanica* LAM., nom. ambiguum.

### 783. Quercus pubescens WILLD.

S. 229: Wichtige Literatur. KNAPP, R. 1952: Die Auffindung der Flaumeiche (*Quercus pubescens* WILLD.) in Hessen und ihre pflanzengeographische Bedeutung. Schriftenreihe Naturschutzstelle Darmstadt-Stadt **3**, 26–28. – SCHWARZ, O. 1962: Die Populationen mediterraner Eichen in Mitteleuropa nördlich der Alpen-Karpaten-Schranke. Drudea **2**, 11–36. Von den erwähnten Angaben sind jedoch nur die Fundorte im oberen Odergebiet zwischen Bielinek (Bellinchen) und Lubichow Dolny (Niederlübbichow) hier zu ergänzen.

### 784. Quercus robur L. / 785. Quercus petraea (MATT.) LIEBL.

S. 232–243: Wichtige Literatur. COUSENS, J. E. 1963: Variation of some diagnostic characters of the sessile and pedunculate oaks and their hybrids in Scotland. Watsonia **5**, 273–286. – COUSENS, J. E. 1965: The status of the pedunculate and sessile oaks in Britain. Watsonia **6**, 161–176. – KRAHL-URBAN, J. 1959: Die Eichen. Forstliche Monographie der Traubeneiche und der Stieleiche. Berlin et Hamburg: P. Parey. – OLSSON, U. 1975: On the size and microstructure of pollen grains of *Quercus robur* and *Qu. petraea (Fagaceae)*. Bot. Not. **128**, 256–264. – OLSSON, U. 1975: Oaks with subentire leaves from Skåne, Sweden. A new critical attempt to explain their origin. Bot. Not. **128**, 265–274. – OLSSON, U. 1975: Peroxydase isozymes in *Quercus petraea* and *Qu. robur*. Bot. Not. **128**, 408–411. – OLSSON, U. 1975: The structure of stellate trichomes and their taxonomic implication in some *Quercus* species *(Fagaceae)*. Bot. Not. **128**, 412–423. – RUSHTON, B. S. 1976: Pollengrain size in *Quercus robur* and *Quercus petraea*. Watsonia **11**, 137–140. – RUSHTON, B. S. 1977: Artificial hybridization between *Quercus robur* L. and *Quercus petraea* (MATT.) LIEBL. Watsonia **11**, 229–236. – RUSHTON, B. S. 1978: *Quercus robur* L. and *Quercus petraea* (MATT.) LIEBL.: a multivariate approach to the hybrid problem. 1. Data acquisition, analysis and interpretation. Watsonia **12**, 81–101. – WIGSTON, D. L. 1975: The distribution of *Quercus robur* L., *Qu. petraea* (MATT.) LIEBL. and their hybrids in south-western England. 1. The assessment of the taxonomic status of populations from leaf characters. Watsonia **10**, 345–369.

Die zahlreichen Literaturhinweise veranschaulichen das Problem der Identifizierung von *Quercus robur* und *Quercus petraea* aufgrund der sich überschneidenden Variationsbreite. COUSENS, OLSSON, RUSHTON und WIGSTON zeigen Merkmale und Methoden auf, mit deren Hilfe die einzelnen Populationen identifiziert werden können. In diesem Zusammenhang wird von den hier zitierten Autoren die Möglichkeit der introgressiven Hybridisation als Form der Bastardierung für *Quercus petraea* und *Quercus robur* diskutiert (vgl. auch Betula alba s. str., NATHO 1959, Ergänzung zu S. 162).

S. 244: *Quercus petraea* × *pubescens*; Wichtige Literatur. BAUR, K. 1961: Flaumeichenbastarde auch auf der Ostalb. Jh. Ver. vaterl. Naturkde. Württemberg **116**, 289–290. – GROSSMANN, A. et MAHR, W. 1975: Über ein Reliktvorkommen des Flaumeichen-Bastards *Quercus petraea* × *pubescens* in Unterfranken. Ber. Bayer. Bot. Ges. **46**, 127–129.

## Reihe Urticales

## 37. Familie. Ulmaceae

S. 245: Wichtige Literatur. BERG, C. C. 1977: *Urticales*, Their differentiation and systematic position. Plant Syst. Evol. Suppl. **1**, 349–374. – CHERNIK, V. V. 1975: Arrangement and reduction of perianth and androecium parts in representatives of *Ulmaceae* MIRBEL and *Celtidaceae* LINK (russ. mit engl. Zus.). Bot. Zhurn. **60**, 1561–1573. – ELIAS, T. S. 1970: The genera of *Ulmaceae* in the southeastern United States. J. Arnold Arbor. **51**, 18–40. – GRUDZINSKAYA, J. A. 1967: *Ulmaceae* and reasons for distinguishing *Celtidoideae* as a separate family *Celtidaceae* Link. (russ. mit engl. Zus.). Bot. Zhurn. **52**, 1723–1749. – LEBRETON, Ph. 1964: Elements de chimiotaxinomé botanique. II. Cas de flavonoides chez les *Urticales*; conclusions generales. Bull. Soc. Bot. France **111**, 80–93. – MEHRA, P. N. et GILL, B. S. 1974: Cytological studies in *Ulmaceae*, *Moraceae*, and *Urticaceae*. J. Arnold Arbor. **55**, 663–677.

S. 246 oben: Ein Vergleich der Blüten (Leitbündelverkauf, Morphologie) zwischen Vertretern beider Unterfamilien ergibt nach CHERNIK (1975), daß die *Ulmoideae* ursprünglicher und die *Celtidoideae* als abgeleiteter zu beurteilen sind.

S. 246 oben: Übersicht der Unterfamilien. Nach den Untersuchungen von GRUDZINSKAYA (1967) entspricht die Unterfamilie der *Celtidoideae* in den diagnostisch wichtigsten Merkmalen mehr der Familie der *Moraceae* als den *Ulmaceae*. Jedoch fehlen den *Celtidoideae* charakteristische Merkmale der Moraceen wie z. B. die milchsaftführenden Holzelemente. Aus diesen Gründen plädiert GRUDZINSKAYA für die Eigenständigkeit der *Celtidoideae* als Familie *Celtidaceae*. Darüberhinaus sollten aufgrund er morphologischen Merkmale und der genetischen Verwandtschaft die Gattungen *Zelkova* und *Hemiptelea* der Familie der *Ulmaceae* zugeordnet und aus der Familie der *Celtidaceae* ausgeschlossen werden.

## CCXVI. Ulmus L.

S. 246 unten: Wichtige Literatur. ENDTMANN J. 1967: Zur Taxonomie der mitteleuropäischen Sippen der Gattung *Ulmus*. Arch. Forstwes. **16**, 667–672 [gute Merkmalsübersicht!] – GREEN P. S. 1964: Registration of cultivar names in *Ulmus*. Arnoldia **24**, 41–80. – RICHENS, R. H. 1955: Studies on *Ulmus*: I. The range of variation of East Anglian Elms. Watsonia **3**, 138–153. – ROWE, J. W. et al. 1972: Chemotaxonomy of *Ulmus*. Phytochemistry **11**, 2513–2517.

S. 251: Cytologie. Die Chromosomenzahl ist sehr einheitlich mit n = 14. Lediglich von *U. americana* sind tetraploide Sippen bekannt (FEDOROV, A. 1969: Chromosome numbers of flowering plants. Leningrad.).

S. 252: Krankheiten. Nach HEYBROEK, H. M. (1957, Silvae Genetica **6**, 112–117) ist der Erreger des Ulmensterbens *Ceratocystis ulmi* (BUISMAN) C. MOREAU [Syn. *Ophiostoma ulmi* (BUISM.) NANNF., *Ceratostomella ulmi* BUISM., imperfekte Form *Graphium ulmi* SCHWARZ].

Züchtungen im Hinblick auf Resistenz gegen das Ulmensterben haben bisher nur zu bescheidenen Teilerfolgen geführt. Durch eine gewisse Resistenz zeichnet sich der $F_1$-Klon 'Commelin' aus. Dieser Klon ist ein Abkömmling des Klons *U. hollandica* 'Vegeta', eines Bastards von *U. carpinifolia* und *U. glabra* (HEYBROEK 1957).

### 786g. Ulmus carpinifolia GLED.

S. 256: Nach TUTIN (1964, Flora Europaea Vol. **1**, Cambridge) ist der gültige Name *Ulmus minor* MILLER, Gard. Dict. ed. 8, no. 6 (1768). Wichtige Literatur: MELVILLE, R. 1956: An early specimen of *Ulmus carpinifolia* GLEDITSCH. Kew Bull. **1**, 179–181.

### 787. Ulmus glabra HUDS.

S. 260: Wichtige Literatur. EKDAHL, J. 1941: Die Entwicklung von Embryosack und Embryo bei *Ulmus glabra* HUDS. Svensk. Bot. Tidskr. **35**, 143–156.

## 38a. Familie. Moraceae

S. 269: Wichtige Literatur. BERG, C. C. 1973: Some remarks on the classification and differentiation of *Moraceae*. Meded. Bot. Mus. Herb. Rijksuniv. Utrecht no. **386**, 1–10. – CORNER, E. J. H. 1962: The classification of *Moraceae*. Gard. Bull. Singapore **19**, 187–252. – LE COQ, C. 1963: Contribution à l'étude cyto-taxinomique des Moracées et des Urticacées. Rev. gen. Bot. **70**, 385–426. – MEHRA, P. N. et GILL, B. S. 1974: Cytological studies in *Ulmaceae*, *Moraceae* and *Urticaceae*. J. Arnold Arbor. **55**, 663–677. – VENKATARAMAN, K. 1972: Wood phenolics in the chemotaxonomy of the *Moraceae*. Phytochemistry **11**, 1571–1586.

### CCXVIIa. Morus L.

S. 269 Mitte: Die Familie der Moraceen umfaßt mehr als 50 Gattungen mit fast 1400 Arten (CORNER 1962).

S. 269 unten: Nach CORNER (a. a. O.) ist die Struktur der Infloreszenzen und nicht die Krümmung der Staubblätter das enrscheidende Merkmal für die Klassifizierung der Familie. Danach werden die *Moraceae* sensu CORNER in 4 Tribus aufgeteilt: *Ficeae*, *Olmedieae*, *Dorstenieae* (incl. *Brosimeae*) und *Moreae* (incl. *Artocarpeae*).

S. 272: Wichtige Literatur. LUBS, E. 1976: Der Maulbeerbaum, ein Kulturrelikt. Bot. Rundbr. Neubrandenburg **6**, 26–37.

### CCXIX. Ficus L.

S. 282: Wichtige Literatur. BERTSCH, A. 1975: Blüten – lockende Signale. Ravensburg. – BRADLEY, M. V. et CRANE, J. C. 1965: Supernumerary ovule development and parthenocarpy in *Ficus carica* L. var. *king*. Phytomorphology **15**, 85–92. – GALIL, J. et NEEMAN 1977: Pollen transfer and pollination in the common fig (*Ficus carica* L.). New Phytol. **79**, 173–177. – RAMÍREZ, B. W. 1974: Coevolution of *Ficus* and *Agaonidae*. Ann. Missouri Bot. Gard. **61**, 770–780.

## 38b. Familie. Cannabaceae

S. 283: Wichtige Literatur. MÜLLER, N. G. 1970: The genera of the *Cannabaceae* in the southeastern United States. J. Arnold Arbor. **51**, 185–203.

### CCXX. Humulus L.

S. 285 Mitte: Der Hopfen bildet ähnlich wie manche Vertreter der Cupressaceen „Jugend-' und „Altersblätter'. PASSECKER (1967, Ber. Deutsch. Bot. Ges. **80**, 273–278) fand in Südtirol eine Varietät mit ausschließlich ungelappten Blätter (= „Jugendblätter').

**793b. Humulus japonicus** SIEB. et ZUCC.

S. 290: Wichtige Literatur. MOTEGI, T. 1965: Some observations on sex chromosomes and sex expression in *Humulus japonicus*. Sci. Rep. Tohokn Univ. Ser. 4, **31**, 7–16.

### CCXXI. Cannabis L.

**794. Cannabis sativa** L.

S. 290: Wichtige Literatur. DAYANANDAN, P. et KAUFMANN, P. B. 1976: Trichomes of *Cannabis sativa* L. Amer. J. Bot. **63**, 578–591. – EMBODEN, W. A. 1977: A taxonomy for *Cannabis*. Taxon **26**, 110. [Dieser Artikel bezieht sich auf die Arbeit von SMALL et CRONQUIST, 1976]. – GAMAGE, J. R. et E. L. ZERKIN 1969: A comprehensive guide to the English-language literature on *Cannabis* (Marihuana). XII, 265 pp. Beloit (Wisc.): Stash Press. – HAMMOND, C. T. et MAHLBERG, P. G. 1978: Ultrastructural development of capitate glandular hairs of *Cannabis sativa* L. *(Cannabaceae)*. Amer. J. Bot. **65**, 140–151. – JOYCE,

C. R. B. et CURRY, S. H. (ed.) 1970: The botany and chemistry of *Cannabis*. London. – MOHAN RAM, H. Y. et NATH, R. 1964: The morphology and embryology of *Cannabis sativa* Linn. Phytomorphology **14**, 414–429. – SCHOLZ, H. 1957: Der wilde Hanf als Ruderalpflanze Mitteleuropas. Verh. Bot. Ver. Prov. Brandenburg **83-97**: 61–64 – SMALL, E. et CRONQUIST, A. 1976: A practial and natural taxonomy for *Cannabis*. Taxon **25**, 405–435. [Die Autoren geben u. a. einen Bestimmungsschlüssel für die Unterarten und Varietäten.]

Die Inhaltsstoffe des Hanfes (*Cannabis sativa* subsp. *indica*) werden, wie auch deren Zubereitungen, „Marihuana" genannt. Haschisch wird aus dem Harz des in Blüte stehenden indischen Hanfes (zu Stangen oder Platten gepreßt) gewonnen. Marihuana wird aus den Blüten, Blättern und Stengeln des Hanfes gewonnen (getrocknet und geschnitten). In niedrigsten Dosen kommen ihnen deutlich beruhigende und schmerzstillende Wirkungen zu. Größere Dosen erzeugen einen rauschähnlichen Zustand mit euphorischen Halluzinationen, so daß in neuester Zeit auch in Mitteleuropa die Droge eine erhebliche und verhängnisvolle Bedeutung erlangt hat. In Ostasien, den arabischen Ländern und Nordamerika sowie in Mexiko galt und gilt Marihuana als eines der verbreitetesten Rauschgifte, dessen häufiger Gebrauch zu körperlichem und charakterlichem Verfall führt.

## 39. Familie. Urticaceae

S. 297: Wichtige Literatur. BERG, C. C. 1977: *Urticales*, their differentiation and systematic position. Plant. Syst. Evol. Suppl. **1**, 349–374. – SORSA, P. et HUTTUNEN, P. 1975: On the pollen morphology of the *Urticaceae*. Ann. Bot. Fennici **12**, 165–182. – [Struktur und Größe der Aperturen sind ein charakteristisches Pollenmerkmal. Unterschiede im Bau der Exine sind nur im Elektronenmikroskop deutlich erkennbar. Da jedoch auch Zahl, Größe und Form der Aperturen bei den einzelnen Gattungen der Familie einer relativ großen Variation unterliegen, läßt sich keine Korrelation bestimmter Pollenmerkmale zur Gliederung der Familie feststellen.]

S. 297 unten: Die Familie umfaßt etwa 42 Gattungen mit etwa 700 Arten. Die *Urticaceae* werden in 5 Tribus aufgeteilt: *Urticeae*, *Procrideae*, *Boehmerieae*, *Parietarieae* und *Forskohleeae* (MELCHIOR, H. [Ed.] 1964: Syllabus der Pflanzenfamilien. Berlin-Nikolassee).

S. 297: Brennhaare. Wichtige Literatur: LENGGENHAGER, K. 1974: Neues über den Mechanismus der Nesselstiche. Ber. Schweiz. Bot. Ges. **84**, 73–80. – THURSTON, L. E. 1974: Morphology, fine structure and ontogeny of the stinging emergence of *Urtica dioica*. Amer. J. Bot. **61**, 809–817.

Nach LENGGENHAGER (1974) haben ältere Nesselstacheln an dicken Stengeln keine Endblase, sondern sind ideal spitz. Es besteht keine präformierte Bruchzone, die Bruchstelle hängt vielmehr von der Wucht der Berührung ab. Durch die basale, elastische Giftampulle wird das Gift aktiv ausgespritzt. Die im Gewebe verbleibenden Stachelenden sind mit verantwortlich für das lange Andauern des Nesselschmerzes und erklären die Schmerzverstärkung durch Kälte und das Verschwinden des Schmerzes durch Wärme im Gegensatz zur Wirkung des ‚Giftes'.

S. 301: *Urtica dioica* L. var. *androgyna* BECK.
Vorkommen in Berlin (DAPPER, H. 1967, Flora, Abt. B **157**, 97–99).

**797. Urtica kioviensis ROGOW.**

S. 303: Verbreitung im Gebiet. Sicherer Nachweis für den Elbe-Havel-Winkel von GUTTE et al. (1973, Gleditschia **1**, 95–97). Die Autoren weisen ferner daraufhin, daß für die Angabe (s. S. 303 unten) „Elbauen von Magdeburg bis Stendal" [auch von ROTHMALER verschiedentlich zitiert] kein Quellennachweis bekannt ist.

Weitere Literatur. KONCZAK, P. et al. 1968: Zur Verbreitung und Vergesellschaftung von *Urtica kioviensis* ROG. in Brandenburg. Verh. Bot. Ver. Prov. Brandenburg **105**, 108–116.

### CCXXIII. Parietaria L.

S. 304: Wichtige Literatur. TOWNSEND, C. C. 1968: *Parietaria officinalis* and *P. judaica*. Watsonia **6**, 365–370.

Der Autor setzt sich mit dem Problem der Typifizierung und der Nomenklatur ausführlich auseinander. Die Ergebnisse seien hier kurz wiedergegeben: Der Typus für *P. officinalis* L. ist der Herbarbeleg Nr.

1220,2 und der für *P. judaica* die Nr. 1220,3. des Linne-Herbars. Während *P. officinalis* im Orient und in Zentral- und Nordeuropa vorkommt fehlt sie auf den Britischen Inseln. Dagegen ist *P. judaica* auch auf den Britischen Inseln verbreitet. Im folgenden wird für *P. officinalis* und *P. judaica* die Synonymie angegeben (nach TOWNSEND 1968, S. 369):

„*Parietaria officinalis* L., Sp. Pl. 1052 (1753).
*P. erecta* MERTENS et KOCH, in RÖHLING, Deutschlands Flora ed. 3, 1, 825 (1823).
*P. officinalis* L. var. *erecta* (MERTENS et KOCH) WEDDELL, Archs. Mus. natn. Hist. nat., Paris 9, 507 (1857).
*P. officinalis* subsp. *erecta* (MERTENS et KOCH) BÉGUINOT, Nuov. G. bot. ital. 15, 341 (1908).
*Parietaria judaica* L., Fl. Palaest. 32 (1756); Amoen. Acad. 4, 466 (1759).
*P. vulgaris* HILL British Herbal 491 (1957), nomen non rite binom.
*P. ramiflora* MOENCH, Meth. 327 (1794), nomen superfluum illegitimum.
*P. assurgens* POIR., Encycl. Méth. 5, 15 (1804).
*P. punctata* WILLD., Sp. Pl. ed. 4, 4, 953 (1805).
*P. diffusa* MERTENS et KOCH in RÖHLING, Deutschlands Flora ed. 3, 1, 827 (1823).
*P. maderensis* REICHB., Flora (Regensburg) 13, 131 (1830).
*P. officinalis* L. var. *diffusa* (MERTENS et KOCH) WEDDELL, Archs. Mus. natn. Hist. nat. Paris 9, 507 (1857).
*P. officinalis* L. var. *ramiflora* ASCHERS., Fl. Brandenb. 610 (1864).
*P. officinalis* L. var. *judaica* (L.) GORT., Fl. Friul. 2, 140 (1906).
*P. officinalis* L. subsp. *judaica* (L.) BÉGUINOT, Nuov. G. bot. ital. 15, 342 (1908).
*P. officinalis* L. ‚Rasse' *ramiflora* ASCHERS. et GRAEBN., Syn. Mitteleuropa. Fl. 4, 623 (1911)."

Demnach wäre für *Parietaria erecta* (S. 305) *P. officinalis* L. und für *Parietaria ramiflora* (S. 306) *P. judaica* 'eweils der gültige Name.

S. 305: Verbreitung im Gebiet. Wichtige Literatur: BÖTTCHER, H. 1970: Das Glaskraut an einigen Fundstellen im nordöstlichen Westfalen und angrenzenden Niedersachsen. Natur und Heimat 30, 36–38. – MALENDE, B. 1960: Die Verbreitung des aufrechten Glaskrautes (*P. officinalis* L.) am unteren Main. Hess. Florist. Briefe 9, 3–4.

## Reihe Santalales

S. 308: Die gattungs- und artenreiche Reihe der *Santalales* ist hauptsächlich in den Tropen verbreitet. Sie ist durch eine fortschreitende Anpassung an parasitäre Lebensweise charakterisiert. Gleichzeitig ist eine schrittweise Reduktion des Gynoeceums und der Samenanlagen festzustellen. Die Vertreter der pantropisch verbreiteten Familien der *Olacaceae*, die wohl als die ursprünglichste Familie innerhalb der *Santalales* anzusehen ist, haben noch ein gefächertes Ovar mit bitegmischen Samenanlagen. Bei den Loranthaceen dagegen werden meist weder Placenten noch Samenanlagen ausgegliedert. Daher ist der Anschluß der *Santalales* an die *Celastrales* über die Olacaceen und deren hypothetische Ausgangsform wahrscheinlicher. Der ebenfalls diskutierte Anschluß der *Santalales* an die *Proteales* ist nach CRONQUIST (1969) nicht sehr wahrscheinlich, da lediglich die Pollenkörner mancher Olacaceen ‚proteaceoid' sind. Wichtige Literatur. KUIJT, J. 1968: Mutual affinities of Santalalean families. Brittonia 20: 136–147. – SCHAEPPI, H. et STEINDL, F. 1945: Blütenmorphologische und embryologische Untersuchungen an einigen Viscoideen. Viert. Naturf. Ges. Zürich 90: Beih. 1, 1–46.

## 40. Familie. Loranthaceae

Während MELCHIOR (1964) die beiden heimischen Vertreter *Viscum* und *Loranthus* jeweils im Rang einer Unterfamilie innerhalb der *Loranthaceae* bewertet, trennen z. B. DAHLGREN (1975) und TAKHTAJAN (1973) *Viscum* zusammen mit einigen anderen Gattungen als eigene Familie ab. (Literatur-Zitate s. Ergänzung zu S. 136.)

S. 308: Wichtige Literatur. BARLOW, B. A. et WIENS, D. 1971: The cytogeography of the Loranthaceous Mistletoes. Taxon 20, 291–312. – BARLOW, B. A. et WIENS, D. 1971: The cytogeography and relationships of the Viscaceous and Eremolepidaceous Mistletoes. Taxon 20, 313–332. – STOPP, F. 1961: Unsere Misteln. Die Neue Brehm-Bücherei. Wittenberg Lutherstadt.

## CCXXIV. Viscum L.

S. 309: Wichtige Literatur. HARMS, H. 1973: Die Mistel und ihre Verbreitung in Ostwestfalen. Mitt. Deutsch. Dendrol. Ges. **66**, 69–88 [Hier auch Angaben über die beiden anderen Unterarten]. – MIEDERS, G. 1977: Untersuchungen zur Verbreitung der Mistel an ihrer westfälischen Südgrenze. Natur u. Heimat **37**, 115–121. – PREYWISCH, K. 1972: Zur Ökologie der Laubholzmistel im Oberen Weserbergland. Decheniana **125**, 103–109. – SUKOPP, H. 1968: Zur Verbreitung der Laubholzmistel in Berlin. Berliner Naturschutzblätter **36**, 280–287. – WOLLERT, J. 1975: Zur Verbreitung und zum Wirtsspektrum der Laubholzmistel im Bereich der Malchin-Teterower Stauchmoränenlandschaft Mecklenburgs. Bot. Rundbr. **5**, 34–42.

S. 311 oben: *Viscum album* ssp. *album*. Vorkommen: HARMS (1973, Osnabrücker Naturw. Mitt. **2**, 105–134) hat bei seiner Untersuchung in Nordwestdeutschland an knapp 1000 ausgezählten Wirtspflanzen *Populus* (48%), *Malus* (24%) und *Tilia* (15%) als die häufigsten Wirte ermittelt. In West-Berlin steht dagegen *Betula* (46%) an erster Stelle, gefolgt von *Populus* (17%) und *Robinia* (13%) (SUKOPP 1968).

S. 316 Mitte: Wichtige Literatur. HATTON, R. H. S. 1965: Pollination of Mistletoe (*Viscum album* L.). Proceed. Linn. Soc. Lond. **176**, 67–76.

## CCXXV. Loranthus L.

S. 319 unten: Wichtige Literatur. STAUFFER, H. V. 1961: Beiträge zum Blütendiagramm der *Santalales* [u. a. *Loranthus*!]. Verh. Schweiz. Naturf. Ges. **141**, 123–125.

S. 321: Die Art wächst nicht nur in der heute slowenischen Südsteiermark, sondern auch im Südosten der Steiermark (MELZER 1961, Mitt. Naturw. Ver. Steiermark **91**, 89).

## 41. Familie. Santalaceae

S. 323: Wichtige Literatur. BHATNAGAR, S. P. et AGARWAL, S. 1961: Morphological and embryological studies in the family *Santalaceae* VI. *Thesium* L. Phytomorphology **11**, 273–282. – EBERLE, G. 1967: Leinblatt *(Thesium)*. Jb. Ver. Schutze Alpenpfl. u. -Tiere **32**, 60–65. – FAVARGER, C. 1966: Un nombre chromosomique de base nouveau pour le genre *Thesium*. Bull. Soc. Neuchât. Sci. Nat. **89**, 57–59. – HENDRYCH, R. 1964: Specierum palaeoarcticarum generis *Thesium* nomina et synonyma. Novit. Botan. Inst. Bot. Univ. Carol. Prag. **1964**, 7–18. – HENDRYCH 1968: Abriß der chorologischen Entwicklung der Gattung *Thesium (Santalaceae)* in der Paläoholarktis. Preslia **40**, 28–51. – HENDRYCH 1972: The natural history and systematic of the genus *Thesium* L. Acta Univ. Carol. Biol. **1970**, 293–358. [Morphologie und Phylogenie der Gattung *Thesium*, mit ausführlichem Literaturverzeichnis!] – HENDRYCH 1976: *Thesium* in Flora Europaea (1964) and today. Preslia **48**, 107–112.

S. 325 oben: Samenanlagen mit nur einem Integument. Das Perikarp der Früchte besteht aus einem parenchymatischen Epi- und Endokarp und einem steinigen Mesokarp. Das Endosperm ist stärkehaltig zuweilen aber auch ölhaltig (BHATNAGAR et AGARWAL 1961).

S. 328: Artenschlüssel. HENDRYCH (1976, S. 108).

### 802. Thesium bavarum SCHRANK

S. 329: Obwohl HENDRYCH (1969) der Meinung ist, daß *Thesium bavarum* SCHRANK als ein Synonym von *Thesium linophyllum* subsp. *montanum* (EHRHART ap. HOFFMANN) ČELAKOVSKÝ [1871, Prodrom. Fl. Böhmen **1**, 170] anzusehen ist (s. Ergänzung zu S. 330), erkennt er doch selbst (1976), wie auch alle anderen Autoren, *Thesium bavarum* weiterhin als eigene Art an.

### 803. Thesium linophyllon L.

S. 330: Wichtige Literatur. HENDRYCH, R. 1969: The outline of the taxonomy and chorology of *Thesium linophyllon*. Acta Univ. Carol. Biol. **1969**, 119–170. HENDRYCH unterscheidet hier zwei Subspecies: *Th. linophyllon* subsp. *linophyllon* und *Th. linophyllon* subsp. *montanum* (s. Ergänzung zu S. 329).

S. 331: Verbreitung von *Thesium linophyllon* L. s. auch HENDRYCH (1969).

### 804. Thesium divaricatum JAN

S. 333: Nach HENDRYCH (1964) ist *Th. divaricatum* JAN synonym zu *Th. humifusum* subsp. *divaricatum* (JAN ap. MERT et KOCH) BONNIER (1927) Fl. Com. Fr. Suis. Belg. 9: 110. Später erkennt jedoch HENDRYCH (1976) selbst *Thesium divaricatum* weiterhin als Art an.

### 805. Thesium dollineri MURB.

S. 333 Mitte: Wichtige Literatur. HENDRYCH, R. 1970: A contribution to the taxonomy and geography of *Thesium dollineri*. Acta Univ. Carol. Biol. **1970**, 359–382.

HENDRYCH unterscheidet in dieser Arbeit drei Unterarten:

1. *Th. dollineri* subsp. *dollineri*, verbreitet in der Tschechoslowakei, Österreich, Ungarn, Rumänien und Bulgarien.
2. *Th. dollineri* MURBECK subsp. *simplex* (VELENOVSKÝ) STOJANOV et STEFANOV (1933) Fl. Bulgar., ed. 2, 312., verbreitet in der Tschechoslowakei, Österreich, Ungarn, Jugoslawien, Rumänien, Bulgarien und Teilen der Sowjetunion (Moldavia, S-Ukranie).
3. *Th. dollineri* MURBECK subsp. *moesiacum* (VELENOVSKÝ) STOJANOV et STEFANOV (1933) Fl. Bulgar., ed. 2, 312., ein Endemit Ost-Bulgariens.

Von den beiden im Gebiet vorkommenden Unterarten soll subsp. *dollineri* einjährig und subsp. *simplex* dagegen mehrjährig sein.

### 806. Thesium ramosum HAYNE

S. 334: Wichtige Literatur. HENDRYCH, R. 1961: Nomenclatural remarks on *Thesium ramosum*. Taxon **10**, 20–23. Nach HENDRYCH (1961, 1964) ist *Th. arvense* HORVATOVSZKY (1774), Fl. Tyrnav. **1**, 27 (1774), der gültige Name für *Th. ramosum* HAYNE (1800).

### 807. Thesium humifusum DC.

S. 334: HENDRYCH (1964) unterscheidet zwei Unterarten: *Th. humifusum* DC. subsp. *humifusum* und *Th. humifusum* subsp. *divaricatum* (JAN ap. MERT et KOCH) BONNIER (s. Ergänzung zu S. 333, *Th. divaricatum* JAN). Auch diese Neukombination ist von HENDRYCH (1976) selbst nicht übernommen worden. Die beiden Unterarten von *Th. humifusum* treten wieder als selbständige Arten auf.

### 808. Thesium pyrenaicum POURR.

S. 335: Wichtige Literatur. HENDRYCH, R. 1969: Taxonomy and chorology of *Thesium pyrenaicum*. Acta Univ. Carol. Biol. 1969: 93–117. – HENDRYCH unterscheidet zwei Unterarten: *Th. pyrenaicum* POURR. subsp. *pyrenaicum*, verbreitet in West- und Zentraleuropa und Norditalien, und *Th. pyrenaicum* POURR. subsp. *grandiflorum* (RICHTER) HENDRYCH (1964) in Novit. botan. Inst. bot. Horti bot. Univ. Carol. Pragensis 9, verbreitet in den Ostalpen und Nordjugoslawien. Die von HENDRYCH (1964, in: TUTIN, T. G. et al.: Flora Europaea Vol. I, S. 71) selbst vorgenommene Unterscheidung von *Thesium pyrenaicum* in die beiden Unterarten „pyrenaicum" und „alpestre" ist demnach nicht mehr gültig, da nach HENDRYCH (1969) *Thesium pyrenaicum* subsp. *alpestre* als Synonym von *Thesium pyrenaicum* subsp. *pyrenaicum* anzusehen ist.

### 810. Thesium ebracteatum HAYNE

S. 339: Wichtige Literatur. HENDRYCH, R. 1969: Systematic outline of *Thesium ebracteatum*. Preslia **41**, 229 bis 240. – RIBBE, B. 1967: Zum Vorkommen von *Thesium ebracteatum* HAYNE in Mecklenburg. Arch. Freunde Naturk. Mecklenburg. **13**, 139–140.

### 811. Thesium rostratum MERT.

S. 339: Wichtige Literatur. HENDRYCH, R. 1966: A brief study of *Thesium rostratum*. Acta Univ. Carol. Biol. **1966**, 95–105.

## Reihe Aristolochiales

S. 341: Die Abgrenzung der *Aristolochiales* ist heute nicht mehr umstritten. Während MELCHIOR (1964) und auch noch TAKHTAJAN (1959) die Familien *Rafflesiaceae* und *Hydnoraceae* zu den *Aristolochiales* stellten, rechnen CRONQUIST (1969), DAHLGREN (1975) und TAKHTAJAN (1973) nur noch die *Aristolochiaceae* selbst zu der Reihe *Aristolochiales*. Ferner ist auch die Meinung über die Anordnung der *Aristolochiales* innerhalb der *Magnoliidae* zusammen mit den *Magnoliales*, *Piperales* und *Ranunculales* heute einheitlich. Aufgrund ihrer Merkmale, die sowohl ursprünglich (z. B. ätherische Ölzellen) als auch abgeleitet (z. B. Synkarpie, fehlende Petalen) sind, ist jedoch die direkte Zuordnung zu einer der genannten Ordnungen innerhalb der *Magnoliidae* zur Zeit nicht ohne weiteres möglich. Nach CRONQUIST (1969) sprechen viele Befunde für eine größere Verwandtschaft zu den *Piperales* als zu den *Magnoliales* und *Ranunculales*. Darüber hinaus ist in diesem Zusammenhang auch die Bewertung einiger „Monokotylenmerkmale wie adossiertes Vorblatt und Dreizahl der Blütenteile" noch offen. (Literaturzitate s. S. 454, Ergänzung zu S. 16, Mitte).

Wichtige Literatur. HEGNAUER, R. 1974: Chemotaxonomie der Pflanzen. Bd. III. Basel.

## 42. Familie. Aristolochiaceae

### CCXXVII. Asarum L.

S. 342: Wichtige Literatur. BUNGERT-HANSING I. 1974: *Asarum europaeum* L. Biographische und phytochemische Untersuchungen. 146 pp. Dissertation, Saarbrücken. – DAUMANN, E. 1972: Die Braune Haselwurz *(Asarum europaeum)*, ein obligater Selbstbestäuber. Preslia **44**, 24–27. – KUKKONEN I. et UOTILA P. 1977: On the taxonomy, morphology und distribution of *Asarum europaeum (Aristolochiaceae)*. Ann. Bot. Fennici **14**, 131–142. – POELT, J. 1963: Eine bemerkenswerte Haselwurz der bayrischen Flora. Ber. Bay. Bot. Ges. **36**, 71. – SCHÖNFELDER, P. 1973: *Asarum ibericum* – eine übersehene Sippe unserer Flora? Gött. Flor. Rundbriefe **7**, 25, 29. – SEYBOLD, S. 1974: Zur Unterscheidung von *Asarum europaeum* L. s. str. und *Asarum ibericum* STEV. ex WORON. Gött. Flor. Rundbriefe **8**, 50–53. [Anmerkung: Im Range einer Unterart ist *A. ibericum* synonym zu *A. europaeum* subsp. *caucasicum* (DUCH.) SÓO.] – VOGEL, S. 1978: Pilzmückenblumen als Pilzmimeten. Flora **167**, 360–398.

**812. Asarum europaeum** L.

S. 343: KUKKONEN et UOTILA (1977) haben in ihrer Revision die verschiedenen Sippen von *Asarum europaeum* als Unterarten bzw. Varietäten eingestuft. Die speziell in Süddeutschland aufgetretenen und als *A. europaeum* var. *intermedium* bezeichneten Populationen sind nun als *A. europaeum* subsp. *caucasicum* (DUCH.) Sóo anzusprechen. Der ebenfalls oft zitierte Name *A. ibericum* ist ein Synonym zu *A. europaeum* subsp. *caucasicum*. KUKKONEN et UOTILA (1977) unterscheiden insgesamt für *Asarum europaeum* folgende Unterarten bzw. Varietäten:

1. *A. europaeum* L. subsp. *europaeum* var. *europaeum*, verbreitet in Zentraleuropa bis Zentralrußland.
2. *A. europaeum* subsp. *europaeum* var. *romanicum* KUKK. et UOTILA, verbreitet im südöstlichen Europa bei Zentralrußland.
3. *A. europaeum* subsp. *caucasicum* (DUCH.) Sóo, verbreitet in den südlichen Alpen und im westlichen Kaukasus.
4. *A. europaeum* subsp. *italicum* (KUKK. et UOTILA) verbreitet in Zentral- und Nordwestitalien.

Die wichtigsten Unterscheidungskriterien sind die Blätter und zwar Form, Indumentum und das Fehlen oder Vorhandensein von Stomata und Paipillen auf der Blattoberseite. Einzelheiten können der Übersicht entnommen werden. S. 51a.

Die Chromosomenzahl wird für alle Unterarten mit $n = 13$ angegeben, die Zählungen sind jedoch noch nicht in jedem Falle eindeutig (s. HEGI S. 344 oben!).

### CCXXVIII. Aristolochia L.

S. 345: Wichtige Literatur. DAUMANN, E. 1959: Zur Kenntnis der Blütennektarien von *Aristolochia*. Preslia **31**, 359–372. – HUBER, H. 1960: Zur Abgrenzung der Gattung *Aristolochia* L. Mitt. Bot. Staatss. München **3**, 531–553.

S. 346: Blütenverhältnisse: Nach DAUMANN (1959) scheiden die Endteile der mehrzelligen Trichome (Kesselhaare) Nektar aus und zwar bei *A. clematitis* schon vor Anthesebeginn. Damit konnte DAUMANN (1959) nachweisen, daß bei diesem Typ der Gleitfallenblume (Kesselfallenblume) auch Nektar abgesondert und dem Bestäuber angeboten wird. Neben *A. clematitis* sind noch andere tropische Arten von *Aristolochia* untersucht worden.

S. 347: Bestäubungsverhältnisse. Wichtige Literatur: VOGEL, S. 1978: Pilzmückenblumen als Pilzmimeten. Flora **167**, 360–398.

Merkmale der Blattspreiten für die einzelnen Unterarten von *Asarum europaeum* und für *Asarum canadense*
(nach KUKKONEN et UOTILA 1977)

| | subsp. *europaeum* | | subsp. *italicum* | subsp. *caucasicum* | *Asarum canadense* |
| | var. *europaeum* | var. *romanicum* | | | |
|---|---|---|---|---|---|
| Form | nierenförmig | nahezu nierenförmig | herzförmig | breit-herzförmig | breit-herzförmig |
| Behaarung<br>– Oberseite | mehr oder weniger dicht | mehr oder weniger dicht | mehr oder weniger zerstreut | fehlend oder zerstreut auf den Adern | mehr oder weniger dicht |
| – Unterseite | zerstreut hauptsächlich auf den Adern | zerstreut hauptsächlich auf den Adern | hauptsächlich auf den Adern | auf den Adern | gleichmäßig verteilt |
| Anzahl der Stomata je mm$^2$<br>– Oberseite<br>– Unterseite | 67–72<br>(0,5) 1–11 (22) | nicht untersucht<br>0–1, 5 (6) | nicht untersucht<br>0 | 46–76<br>0 | 65–66<br>0 |
| Papillen der Blattunterseite | keine ev. schwache | kräftige | keine ev. schwache | kräftige | kräftige |

### 813. Aristolochia clematitis L.

S. 349: Wichtige Literatur. DAUMANN, E. 1971: Zur Bestäubungsökologie von *Aristolochia clematitis* L. Preslia **43**, 105–111.

### 814. Aristolochia rotunda L.

S. 351: Chromosomenzahl. n = 6 (FABBRI et FAGIOLI 1971 Informatore Bot. Ital. **3**., 51–55).

### 815. Aristolochia pallida WILLD.

S. 351: Chromosomenzahl. n = 4 (FABBRI et FAGIOLI 1971, Informatore Bot. Ital. **3**., 51–55).

## Reihe Polygonales

S. 352: Während die *Polygonales* von CRONQUIST (1968) und TAKHTAJAN (1973) als Abkömmlinge ursprünglicher Vertreter der *Caryophyllales* wie z. B. *Portulacaceae, Basellaceae* angesehen werden, vertritt DAHLGREN (1975) aufgrund phytochemischer und auch embryologischer Merkmale die Ansicht, daß die *Polygonales* zusammen mit den *Plumbaginales* als eine eigene Überordnung *Plumbaginanae* anzusehen sind. (Literaturzitate s. Ergänzung zu S. 16 Mitte).

## 43. Familie. Polygonaceae

S. 352: Wichtige Literatur. DOIDA, Y. 1960: Cytological studies in *Polygonum* and related genera I. Bot. Mag. Tokyo **37**, 337–340. – GALLE, P. 1977: Untersuchungen zur Blütenentwicklung der Polygonaceen. Bot. Jahrb. Syst. **98**, 449–489. – GASQUEZ, J.; COMPOINT, J. P.; BARRALIS, G.; CHADOEUF, R. et LONCHAMP, J. P. 1978: Essai de taxonomie d'une espéce adventice annuelle: *Polygonum aviculare* s. l. Ann. Amelior. Plantes **28**, 567–577. – GRAHAM, S. A. et WOOD, C. E. Jr. 1965: The genera of *Polygonaceae* in the southeastern United States. J. Arnold Arbor. **46**, 91–121. – HARALDSON, K. 1978: Anatomy and taxonomy in *Polygonaceae* subfam. *Polygonoideae* MEISN. emend. JARETZKY. Symb. Bot. Upsal. **22**: 2 (1–95): (mit sehr ausführlichem Literaturverzeichnis!) – MAEKAWA, F. 1964: On the phylogeny in the *Polygonaceae*. Journ. Jap. Bot. **39**, 14–18. – MAREK, S. 1954: Morphological and anatomical features of the fruits of genera *Polygonum* L. and *Rumex* L. and keys for their determination. Monogr. Bot. **2**, 77–161 (in polnisch, mit englischer Zusammenfassung). – ROBERTY, G. et VAUTIER, S. 1964: Les genres de Polygonacées. Boissiera **10**, 7–128. – ROTHMALER, W. 1976: Exkursionsflora. Kritischer Band. Berlin. – WEBERLING, F. 1970: Weitere Untersuchungen zur Morphologie des Unterblattes bei den Dikotylen. VI. *Polygonaceae*. Beitr. Biol. Pfl. **47**, 127–140.

Nach GALLE (1978) entstehen die Blütenhüllblätter (Tepalen) im allgemeinen in spiraliger (schraubiger) Folge. Die Spiraltendenz ist nicht nur bei fünfzähligen, sondern auch bei sechszähligen (scheinbar zweikreisigen) Perigonen feststellbar. Sie ist selbst bei zweizählig-disymmetrischen Blüten noch angedeutet. Für die Klärung verwandtschaftlicher Beziehungen innerhalb der Polygonaceen spielen daher Zahl und Stellung der Blütenorgane weniger eine Rolle als die Abfolge ihrer Entstehung bezogen auf die Abstammungsachse. Der Pollen ist relativ einheitlich 3-colporat, die Struktur der Oberfläche und die der Colpi ist jedoch sehr variabel. Nach GRAHAM et WOOD (1965) und HEDBERG (1946, s. S. 403) sind die Pollenmerkmale gut zur Gattungsabgrenzung geeignet.

HARALDSON (1978) kommt aufgrund umfangreicher anatomischer Untersuchungsergebnisse (Trichome, Epidermiszellen, Leitbündelverlauf der Blattstiele u. a.) – unterstützt durch die palynologischen (s. oben) und fruchtanatomischen (MAREK 1954) Befunde – zu dem Schluß, daß zahlreichen Artkomplexen der Rang eigener Gattungen einzuräumen ist. Insgesamt kommt HARALDSON (1978) – auch was die Anordnung der Gattungen betrifft – zu einem neuen System für die Unterfamilie *Polygonoideae*[1]) (hier nur auszugsweise wiedergegeben!):

*Polygonaceae* subfam. *Polygonoideae* MEISN. emend. JARETZKY (Gattungen, die LINNAEUS [1753] unter der Gattung *Polygonum* s. lat. zusammengefaßt hat, sind mit einem Sternchen versehen.*)

*Persicarieae* DUM.          *Calligonum* L.
* *Aconogonon* (MEISN.) REICHENB.          * *Polygonum* L. s. str.

---

[1]) Die Vertreter der zweiten Unterfamilie *Eriogonoideae* (Tragblattkomplex fast durchweg wirtelig, Ochrea fehlend, Blüten 3zählig) sind auf Nord- und Südamerika beschränkt.

*Koenigia* L.
\* *Persicaria* MILL.
\* *Bistorta* MILL.
*Cocolobeae* DUM. emend. HARALDSON
\* *Reynoutria* HOUTT. emend. NAKAI
\* *Fallopia* ADANS
*Polygoneae* emend. HARALDSON
*Atraphaxis* L.
*Pteropyrum* JAUB. et SPACH

*Polygonella* MICHX.
*Oxygonum* BURCH. ex CAMPD.
\* *Fagopyrum* MILL.
*Rumiceae* DUM.
*Rheum* L.
*Rumex* L.
*Oxyria* HILL
*Emex* CAMPD.

## CCXXIX. Rumex L.

S. 353: Wichtige Literatur. FAIRBAIRN J. W. et EL-MUHTADI, F. J. 1972: Chemotaxonomy of anthraquinones in *Rumex*. Phytochemistry **11**, 263–268. – LÖVE, A. et LÖVE, D. 1956: Cytotaxonomical conspectus of the Icelandic Flora. Acta Horti Gothob. **20**, 65–271. – LÖVE, A. et KAPOOR, B. M. 1967: New combinations in *Acetosa* and *Bucephalophora*. Taxon **16**, 519–522. – RECHINGER, K. H. 1964: *Rumex*. in: TUTIN, T. G. et al.: Flora Europaea Vol. **1**. Cambridge.

S. 355: Gliederung der Gattung. Von LÖVE (1956/1967) sind die Untergattungen *Acetosella*, *Acetosa* und *Bucephalophorus* aufgrund morphologischer und vor allem cytogenetischer Untersuchungen als eigene Gattungen von *Rumex* abgetrennt worden. Die entsprechenden Umkombinationen sind hier jedoch nicht übernommen worden, da die Eigenständigkeit dieser Gattungen z. Z. noch umstritten ist.

S. 358–360: **816a. Rumex acetosella L.**

**816b. Rumex tenuifolius** (WALLR.) LÖVE

**816c. Rumex angiocarpus** MURB.

Wichtige Literatur. HARRIS, W. 1968: A study of the variation and ecology of *Rumex acetosella* L. Ph. D. Thesis, University of Canterbury, New Zealand. – HARRIS 1969: Seed characters and organ size in the cytotaxonomy of *Rumex acetosella* L. New Zeal. Journ. Bot. **7**, 125–141. – HARRIS 1973: Leaf form and panicle height variability in *Rumex acetosella*. New Zeal. Journ. Bot. **11**, 115–144. NIJS, J. C. M. den, 1974: Biosystematic studies of the *Rumex acetosella* complex. I. Angiocarpy and chromosome numbers in France. Acta Bot. Neerl. **23**, 655–675. – NIJS, J. C. M. den 1976: Biosystematic studies of the *Rumex acetosella*-complex II. The alpine region. Acta Bat. Neerl. **25**, 417–447. – STERK, A. A., W. J. M. van der LEEUW, P. H. NIENHUIS et J. SIMONS 1969: Biotaxonomic notes on the *Rumex acetosella* complex in the Netherlands. Acta. Bot. Neerl. **18**, 597–604. – STERK, A. A. et J. C. M. DEN NIJS. 1971: Biotaxonomic notes on the *Rumex acetosella* complex in Belgium. Acta. Bot. Neerl. **20**, 100–106. – WEINERT, E. 1963: Der Formenkreis von *Rumex acetosella* L. (Subgenus *Acetosella* [MEISSN.] RECH. f.). Wiss. Z. Martin Luther Univ. Halle Witt. Math. Nat. Reihe **12**, 676–677.

Aus den Arbeiten von DEN NIJS und anderen Autoren wird deutlich, daß das Problem der Abgrenzung und der Verbreitung für die einzelnen Arten der *R. acetosella*-Komplexes nicht so ohne weiteres gelöst werden kann. Nach DEN NIJS (1976) stellt sich das Problem wie folgt dar: Eine Unterscheidung in die drei Arten des *R. acetosella*-Komplexes ist aufgrund der morphologischen Merkmale – trotz der z. T. sehr erheblichen Variationsbreite – möglich. Jedoch muß, bezogen auf die verschiedenen Ploidiestufen, festgestellt werden, daß einerseits verschiedene morphologische Merkmale (Verhältnis von Blattlänge zu Blattbreite, Angio-Gymnokarpie, Lobenanzahl der Basalblätter) über die einzelnen Ploidiestufen hinweg variieren, während einige quantitative Merkmale (Pollengröße, Antherenlänge, Fruchtgröße) den einzelnen Ploidiestufen entsprechen. So ergibt sich für zahlreiche Populationen eine morphologische Überlappung. Da z. Zt. erst Untersuchungen an Populationen von den Niederlanden, Belgien, Frankreich und den Alpen vorliegen, müssen weitere Ergebnisse abgewartet werden.

Da das Bestimmen der Arten dieses Formenkreises als Voraussetzung für geobotanisch-floristische Untersuchungen, verbunden mit ökologischen Fragestellungen, relativ wichtig ist, soll im folgenden der von WEINERT (1963, S. 677) erarbeitete Bestimmungsschlüssel wiedergegeben werden:

„Bestimmungsschlüssel der in Deutschland vorkommenden Taxa:

1. Innere Blütenhüllblätter mit der nicht ausfallenden Nuß stets fest verbunden.
   Nüsse etwa 1 mm lang und 1 mm breit
   *R. angiocarpus* MURB.

1.* Innere Blütenhüllblätter nicht mit der Nuß verbunden . . . . . . . . . . . . . . . . . . . . . 2

2. Stengel aufsteigend, mit aufrechten, meist unter der Mitte verzweigten, blühenden Ästen. Alle Blätter sehr schmal linealisch bis nahezu fadenförmig. Grundblätter bis zu 10 mal so lang wie breit, am Rande oft eingerollt. Reife Nuß 0,9 bis 1,3 mm lang, 0,6 bis 0,8 mm breit
*R. tenuifolius* (WALLR.) LÖVE

2.* Stengel aufrecht, mit von und oberhalb der Mitte sich verzweigenden Blütenästen. Blätter lanzettlich, breiter als bei der vorigen Art, flach, Reife Nuß 1, 3 bis 1,5 mm lang, deutlich länger als breit.
*R. acetosella* L. s. str.

   a) Blätter spießförmig, länglich bis lanzettlich, Basale Blattzipfel nicht handförmig geteilt.
*f. acetosella*

   b) Blätter stets spießförmig. Basale Blattzipfel handförmig zwei- bis mehrteilig, mit lanzettlichen oder linealen, oft fädlichen Zipfeln. Häufige Form.
*f. multifidus* (L.) MURB.

   c) Blätter nicht spießförmig, schmal, länglich lanzettlich oder linealisch, nach dem ganzrandigen Grunde zu verschmälert oder kurzzähnig. Seltenere Form.
*f. integrifolius* (WALLR.) MURB."

### 817. Rumex scutatus L.

S. 361: Wichtige Literatur. KORNECK, D. 1967: Der Schildampfer (*Rumex scutatus* L.) auf Bahnschotter. Hess. Flor. Briefe **16**, 17–18. – TRENTEPOHL, M. 1965: Ein Neufund des *Rumex scutatus* L. in der Rheinebene bei Darmstadt. Hess. Flor. Briefe **14**, 31–33.

### 818 a. Rumex acetosa L.

S. 362: Wichtige Literatur. RECHINGER, K. H. 1961: Notes on *Rumex acetosa* L. in the British Isles. (Beitrag zur Kenntnis von *Rumex* No. XV). Watsonia **5**, 64–66.

### 818 b. Rumex ambiguus GREN.

S. 364: Nach den Regeln der Nomenklatur ist *Rumex rugosus* CAMPD. Monogr. Rumex 113 (1819) der ältere und damit der gültige Name für *Rumex ambiguus* GREN.

### 818 d. Rumex arifolius ALL.

S. 365: Nach JANCHEN (1963, Phyton **10**, 272–274) ist für *Rumex arifolius* ALL. *Rumex alpestris* JAQUIN, Enum. stirp. Vindob. 62 (1762) aufgrund der Nomenklaturregeln als älterer und gültiger Name einzusetzen.

### 820 a. Rumex triangulivalvis (DANS.) RECH. f.

S. 367: Wichtige Literatur. MANG, F. 1964: Der weidenblättrige Sauerampfer und seine Verbreitung im Ästuar der Elbe. Die Heimat **71**, 362–364. – SUKOPP, H. et SCHOLZ, H. 1965: Neue Untersuchungen über *Rumex triangulivalvis* (DANSER) RECH. f. in Deutschland. Ber. Deutsch. Bot. Ges. **78**, 455–465.

### 820 c. Rumex longifolius DC.

S. 369 oben: Chromosomenzahl. n = 30.

### 820 d. Rumex pseudonatronatus

S. 369: Korrektes Autorenzitat nach RECHINGER (1964): *R. pseudonatronatus* BORBAS, Értek. Term. Köreb. Magyar Tud. Acad. **11** (18). 21 (1880).

### 824 a. Rumex cripus L.

S. 378: Wichtige Literatur. REICHERT, H. 1971: Morphologisch-taxonomische Beobachtungen an einer Mischpopulation der beiden Ampferarten *Rumex obtusifolius* L. und *Rumex crispus* L. (mit Bestimmungshilfen!). Faun. – flor. Not. Saarl. **4**, 17–23.

### 828. Rumex obtusifolius L.

S. 385: Wichtige Literatur. Siehe REICHERT (1971) Ergänzung zu S. 378.

**830. Rumex palustris** Sm.

S. 393: Wichtige Literatur. JØRGENSEN, P. M. 1971: *Rumex maritimus* L. og *R. palustris* SM. i Norge. Blyttia **29**, 133–139.

**831. Rumex maritimus** L.

S. 394: Wichtige Literatur. Siehe JØRGENSEN (1971) Ergänzung zu S. 393.

**832 a. Rumex ucranicus**

S. 395: Korrektes Autorenzitat nach RECHINGER (1964): *R. ucranicus* BESSER ex SPRENGEL, Novi Provent. 36 (1819). Chromosomenzahl n = 20.

S. 397 unten: *Rumex × Wrightii* (*R. conglomeratus* MURR. × *R. cuneifolius* CAMPD.) hybr. nov. Dieser neue Bastard ist aus Nord-Devon (England) von LOUSLEY (1953, Watsonia **2**, 394–397) beschrieben worden.

S. 399 oben: *Rumex × lousleyi* D. H. KENT, hybr. nov. (*R. cristatus* DC. × *R. obtusifolius* L.) Dieser neue Bastard ist aus Middlesex (England) beschrieben worden. (Watsonia **11**, 313–314, 1977).

## CCXXXI a. Rheum L.

S. 401: Wichtige Literatur. LOSINA-LOSINSKAJA, A. S. 1936: The genus *Rheum* and its species [russ. mit engl. Zusammenfassung]. Acta Inst. Bot. Acad. Sci. URSS, Ser. I, Fasc. 3, 67–141. – SCHNELLE, F. J. et SCHRATZ, E. 1964: Die Behaarung einiger *Rheum*-Arten als taxonomisch verwertbares Merkmal. Pl. Med. **12**, 448–459. – SCHRATZ, E. et SCHNELLE, F. J. 1964: Der heutige Bestand Botanischer Gärten an *Rheum*-Arten. Ber. Dtsch. Bot. Ges. **77**, 161–177.

S. 402: Bestimmungsschlüssel. Eine sichere Bestimmung ist nicht immer möglich, da sowohl *Rheum officinale* als auch *Rheum rhaponticum* und *Rheum rhabarbarum* sehr leicht miteinander bastardieren können.

**833 a. Rheum palmatum** L.

S. 402: Chromosomenzahl. n = 11 (SCHRATZ et SCHNELLE 1964)

**833 b. Rheum officinale** BAILL.

S. 402: Chromosomenzahl. n = 11 (SCHRATZ et SCHNELLE 1964)

## CCXXXI b. Polygonum L.

S. 403: Wichtige Literatur. NASU, T. 1978: Pollen morphology of *Polygonum* and *Fagopyrum* in Japan. Bull. Osaka Mus. Nat. Hist. **31**, 61–79. – PAUWELS, L. 1959: Études critiques sur quelques *Polygonum* de Belgique. Bull. Soc. Bot. Belgique **91**, 291–297. – WEBB, D. A. et CHATER, A. O. 1963: *Polygonaceae*, in: HEYWOOD, V. H. 1963: Flora Europaea Notulae Systematicae No. 2. Feddes Repert. **68**, 187–189.

**834 a. Polygonum alpinum** ALL.

S. 407: Korrektes Zitat nach FUCHS (1961): *Polygonum alpinum* ALLIONI, 1776, in Mel. Philos., Math. Soc. Royale, Turin **5** (1770–1773), 94.
Wichtige Literatur. FUCHS, H. P. 1961: Schweizerisches Vorkommen und Nomenklatur von *Polygonum alpinum* ALLIONI. Ber. Schweiz. Bot. Ges. **71**, 339–357.

**834 b. Polygonum polystachium** WALL. ex MEISN.

S. 407 unten: Wichtige Literatur. CONOLLY, A. P. 1977: Some alien species of *Polygonum* and *Reynoutria*. Watsonia **11**, 291–311. Die Autoren rekonstruieren die Verbreitung dieser Art von 1930 bis 1970 in England.

**836 a. Polygonum viviparum** L.

S. 410: Wichtige Literatur. ENGELL, K. 1973: A preliminary morphological, cytological and embryological investigation in *Polygonum viviparum*. Bot. Tidskr. **67**, 305–316. – ENGELL, 1978: Morphology and cytology of *Polygonum viviparum* in Europe. Bot. Tidskr. **72**, 113–118. – ENGELL (1973) kommt aufgrund von Chromosomenzählungen an verschiedenen Populationen aus dem westlichen Nordeuropa zu einer polyploiden Serie von 2 n = 77 (Island), 2 n = 88 (Faröer Inseln) und 2 n = 99 Grönland.

### 837a. Polygonum amphibium L.

S. 412: Wichtige Literatur. MITCHELL, R. 1968: Variation in the *Polygonum amphibium* complex and its taxonomic significance. Univ. Calif. Publ. Bot. Vol. **45**, 1–54.

### 838. Polygonum lapathifolium L.

S. 415: Wichtige Literatur. TIMSON, J. 1963: The taxonomy of *Polygonum lapathifolium* L., *P. nodosum* PERS., and *P. tomentosum* SCHRANK. Watsonia **5**, 386–395. TIMSON befürwortet aufgrund seiner morphologischen Untersuchungen an Pflanzen der verschiedensten europäischen Herkünfte, die Arten *P. nodosum* und *P. tomentosum* unter *P. lapathifolium* zusammenzufassen, wie es bereits von RECHINGER (S. 415 f.) und auch von WEBB et CHATER (1964. in: TUTIN, T. G. et al.: Flora Europaea Vol. **1**, Cambridge) vorgenommen worden ist.

### 839. Polygonum persicaria L.

Wichtige Literatur. TIMSON, J. 1965: Fruit variation in *Polygonum persicaria* L. Watsonia **6**, 106–108.

### 841. Polygonum mite SCHRANK.

S. 420: Wichtige Literatur. JANSEN, W. 1975: *Polygonum minus* HUDS. und *Polygonum mite* SCHRANK in Schleswig-Holstein. Kieler Notizen **7**, 70–75. – SCHOLZ, H. 1969: *Polygonum minus* f. *latifolium* A. BR. – eine oft mit *Polygonum mite* verwechselte Sippe. Gött. Flor. Rundbr. **3**, 67–68. – SCHOLZ 1970: Zwei seltene Berliner Pflanzen. Berl. Naturschutzbl. **14** (40), 12–16.

Nach SCHOLZ (1969, S. 15) sind folgende Unterscheidungsmerkmale für *Polygonum minus* und *P. mite* kennzeichnend:

„*P. minus* HUDS.: Fruchtperigon 2,0–2,5 mm lang. Frucht 1,5–2,0 mm lang, linsenförmig abgeflacht (selten dreikantig), stark glänzend. Staubblätter meist 5. Scheinähren lockerblütig, meist aufrecht. Blätter lineal-lanzettlich, am Grunde abgerundet, oder lanzettlich, beiderseits verschmälert (f. *latifolium* A. BR.).

*P. mite* SCHRANK: Fruchtperigon 3,0–4,0 mm lang. Frucht 2,0–3,5 mm lang, dreiseitig (selten linsenförmig abgeflacht), glänzend, an der Spitze etwas matt. Staubblätter meist 6. Scheinähren stark lockerblütig, etwas überhängend. Blätter lanzettlich, beiderseits verschmälert."

S. 421: Verbreitung im Gebiet. Nach SCHOLZ (1969) fehlt *P. mite* in den skandinavischen Ländern. Die genaue nördliche Arealgrenze ist z. Zt. unbekannt.

### 842a. Polygonum minus HUDS.

S. 421: Siehe Ergänzung zu S. 420.

### 842b. Polygonum serrulatum LAG.

S. 422: Nach den Regeln der Nomenklatur ist dem Namen *Polygonum salicifolium* BROUSS. ex WILLD., Enum. Pl. Hort. Berol. **1**, 428 (1809) Priorität einzuräumen.

### 843b. Polygonum maritimum L.

S. 422: Wichtige Literatur. BEEFTINK, W. G. 1964: *Polygonum maritimum* L. in Nederland. Gorteria **2**, 13–20.

### 843c. Polygonum aviculare L.

S. 423: Wichtige Literatur. CHRTEK, J. 1961: What is *Polygonum aviculare* L. Carol. Univ. Fac. Rer. Nat. Praga Novit. Bot. **1961**, 6–8. – 1956: Proměnlivost druhu *Polygonum aviculare* L. v ČSR. Preslia **28**, 362–368. – GRIMS, F. 1976: Zur Kenntnis und zur Verbreitung von *Polygonum aviculare* Agg. in Oberösterreich. Linzer biol. Beitr. **8**, 13–22. – SCHOLZ, H. 1958/59: Die Systematik des europäischen *Polygonum aviculare* L. I. u. II. Ber. Deutsch. Bot. Ges. **71**, 427–434; **72**: 63–72. – SCHOLZ 1960: Bestimmungsschlüssel für die Sammelart *Polygonum aviculare* L. Verh. Bot. Ver. Prov. Brandb. **98–100**, 180–182. – STYLES, B. T. 1962: The taxonomy of *Polygonum aviculare* and its allies in Britain. Watsonia **5**, 177–214.

### 843 e. Polygonum aequale LINDM.

S. 425: Nach STYLES (1962) ist der gültige Name für *P. aequale*: *P. arenastrum* BOR., Fl. Centre France, Ed. 3, **2**, 559 (1857). Dieser Name ist auch von WEBB et CHATER (1964, in: TUTIN, T. G. et al: Flora Europaea Vol. **1**, Cambridge) übernommen worden.

### 843 f. Polygonum calcatum LINDM.

S. 426: Diese Art wird von STYLES (1962) nicht als eigenständig anerkannt, da sich die für *P. calcatum* angegebenen Merkmale in die Variationsbreite von *P. arenastrum* BOR. einfügen. Dieser Meinung haben sich WEBB et CHATER (1964, Zitat s. Ergänzung zu S. 425) jedoch nicht angeschlossen.

S. 423–426: Da die Arten um *Polygonum aviculare* s. lat: *P. aviculare* L., *P. rurivagum* JORD., *P. arenastrum* BOR. und *P. calcatum* LINDM. nicht immer eindeutig determiniert werden können, soll im folgenden der Bestimmungsschlüssel von SCHOLZ (1960) angeführt werden, der darüberhinaus noch zwei weitere Arten *P. monspeliense* THIEB. und *P. neglectum* BESS. berücksichtigt. SCHOLZ, 1960, S. 181–182: „Vogelknöterich – *Polygonum aviculare* L.

1 Die größten Seitenflächen der Frucht konvex gewölbt, bauchig. Blütenhülle mindestens im unteren Drittel verwachsen. Staubblätter 5 bis 6 oder 7 bis 8 (*P. aviculare* auct. non L., *P. arenastrum* BOR.) 2

1* Seitenflächen der Frucht meist konkav gewölbt, ausgekehlt, Blütenhülle tief geteilt. Staubblätter 8 . . . . . . . . . . . . . . . . . . . . . . . . . . . . . . . . . . . . . . . . . . 3

2 Blütenhülle mindestens zur Hälfte röhrig verwachsen. Staubblätter 5 bis 6. Frucht glatt oder kaum punktiert, glänzend, schmal, 1,5 bis 2,0 mm lang. Blätter schmal, länglich. Sandige Weg- und Straßenränder, z, vor allem im O (2 n = 40) (*P. aviculare* var. *depressum* MEISSN.).
                                                                   1. *P. calcatum* LINDMAN

2* Blütenhülle weniger hoch verwachsen. Staubblätter 7 bis 8. Frucht gerieft oder punktiert, matt, bis 2,5 mm lang. Blätter verschieden gestaltet, länglich bis breitoval, bis 0,8 cm breit, meist stumpfendig (Blätter graugrün, zugespitzt, Frucht größer: Subsp. *oedocarpum* (LINDM.) Weg- und Straßenränder, g (Kosm., 2 n = 40, Bastarde mit *P. calcatum*).    2. *P. aequale* LINDMAN
(s. Ergänzung zu S. 425)

3 Frucht fast glatt, glänzend, breit mehr oder weniger 2,0 mm lang. Blätter länglich, schmal, bis 0,7 cm breit. Pflanze sparrig verzweigt. Wegränder, z (SE, 2 n = 60).    3. *P. rurivagum* JORDAN

3* Frucht gerieft, matt (*P. aviculare* L. s. str.). . . . . . . . . . . . . . . . . . 4

4 Blätter graugrün, schmal, meist zugespitzt, die der Seitentriebe oft auffällig kleiner als die der Haupttriebe. Saum der Blütenhüllblätter meist rosa. Blütenhülle kürzer als die gedrungene Frucht (Pflanze mit niederliegenden, rutenförmig verlängerten Ästen: subsp. *virgatum* (ASCH. et GRAEBN.), *P. aviculare* var. *littorale* auct.). Trockener Boden, Äcker, Küsten, v (2 n = 60, Bastarde mit *P. rurivagum*) [*P. rectum* (CHRTEK) SCHOLZ, *P. neglectum* auct. non BESSER].
                                                          4. *P. heterophyllum* LINDMAN emend.

4* Blätter gelbgrün bis dunkelgrün. Saum der Blütenhüllblätter weiß bis dunkelrot . . . . . . . 5

5 Blätter groß, bis 2,0 cm breit, meist stumpfendig, sonst wie *P. heterophyllum*. Frucht breit, bis 3,0 mm lang. Blütenhülle kürzer als die Frucht (Blütenhülle deutlich länger als die Frucht: Subsp. *eximium* [LINDM.]. Äcker, Schutt, g (Kosm. 2 n = 40, 60) [*P. aviculare* var. *vegetum* LEDEB.].
                                                              5. *P. monspeliense* THIEBAUD

5* Blätter lang und schmal, bis 0,5 cm breit, zugespitzt. Frucht länglich, schmal, bis 3,0 mm lang. Blütenhülle so lang wie die Frucht. Wuchs stets niedergestreckt. Küsten, z, auch im Binnenland? (2 n = 40) [*P. aviculare* var. *angustissimum* MEISSN.].    6. *P. neglectum* BESSER."

### 844 a. Polygonum raii BAB.

S. 426: Nach WEBB et CHATER (1964, in: TUTIN, T. G. et al.: Flora Europaea Vol. **1**, Cambridge) ist *P. raii* als Unterart von *Polygonum oxyspermum* MEYER et BUNGE anzusehen.

S. 427: Verbreitung im Gebiet. Wichtige Literatur: HANSEN, A et PEDERSEN 1959: Nye fund of *Polygonum raii* ssp. *raii*. Bot. Tidskr. **55**, 324 (Vorkommen von *P. raii* in Eiderstedt/Südschleswig!). – JUNG-JOHANN, H. E. et KOHN, H. L. 1959: *Polygonum raii* an der Westküste. Die Heimat **66**, 315–316. – SCHOLZ, H. 1958: Über ein Vorkommen des Strandknöterichs *Polygonum raii* BABINGTON in Deutschland. Ber. Deutsch. Bot. Ges. **70**, 484–488 [Der Artikel bezieht sich auf den Fund von CHRISTIANSEN auf Helgoland, s. HEGI S. 427].

### 844 b. Polygonum oxyspermum MEY. et BUNGE.

S. 428: Verbreitung im Gebiet. Wichtige Literatur: EIGNER, J. 1972: *Polygonum oxyspermum* MEYER et BUNGE neu für Schleswig-Holstein. Kieler Notizen **4**, 21–25.

### 844 c. Polygonum kitaibelianum SADL.

S. 429: Verbreitung im Gebiet. Wichtige Literatur: HYLANDER, N. 1964: Om några adventiva *Polygonum*-arter gruppen *Avicularia*. Bot. Not. **117**, 231–237 (*Polygonum Kitaibelianum, P. pulchellum*). – SCHOLZ, H. 1961: Anläßlich eines Fundes von *Polygonum kitaibelianum* SADLER in Hessen. Hess. flor. Briefe **10** (112), 17–19.

### 844 d. Polygonum pulchellum LOIS. und 844 e. Polygonum arenarium WALDST. et KIT.

S. 429: WEBB et CHATER (1963) haben *P. pulchellum* als Unterart zu *P. arenarium* gestellt: *Polygonum arenarium* WALDST. et KIT. subsp. *pulchellum* (LOIS.) WEBB et CHATER.

S. 429–432: Die folgenden *Polygonum* Arten werden in neueren Florenwerken, wie auch von WEBB (1964) in der Flora Europaea, als eigenständige Gattungen *Bilderdykia* DUMORT und *Reynoutria* HOUTT. von *Polygonum* abgetrennt, da der gekielte oder geflügelte äußere Perianthkreis in dieser Form niemals innerhalb der Gattung *Polygonum* vorhanden ist. [Inzwischen hat sich nach HOLUB (1970) herausgestellt, daß *Fallopia* ADANS. als der gültige Name für *Bilderdykia* anzusehen ist.] Die Unterscheidung von *Fallopia* und *Reynoutria* ist dagegen nicht so überzeugend, da zwischen den rhizomartig, perennierenden *Reynoutria*-Arten und den windenden, einjährigen *Fallopia*-Arten windende, perennierende, holzige asiatische Arten vermitteln. Wichtige Literatur: HOLUB, J. 1970: *Fallopia* ADANS. 1763 instead of *Bilderdykia* DUM. 1827. Folia Geobot. Phytotax. **6**, 171–177.

## CCIIIc. Fallopia ADANSON, Fam. Pl. 2: 274, 277, 557 (1763), restr. HOLUB. Syn.: *Bilderdykia* DUMORT.

### 845. Polygonum convolvulus L.

S. 429: = *Fallopia convolvulus* (L.) A. LÖVE.

### 846 a. Polygonum dumetorum L.

S. 430: = *Fallopia dumetorum* (L.) HOLUB.
Wichtige Literatur. HÖRNFELDT, B. et JANSON, O. 1972: *Polygonum dumetorum* L. funnen i Lule Lappmark. Svensk. Bot. Tidskr. **66**, 442–443. (Neufund für Lule Lappmark!).

### 846 b. Polygonum baldschuanicum REGEL

S. 432: = *Fallopia baldschuanica* (REGEL) HOLUB.
*Polygonum aubertii* L. HENRY = *Fallopia aubertii* (L. HENRY) HOLUB. Dieser in West-China beheimatete Kletterstrauch wird vielerorts häufig in Wohn- und Siedlungsgärten, aber auch in öffentlichen Grünanlagen als kräftige, schnellwachsende Kletterpflanze angepflanzt.

## CCXXXI d. Reynoutria HOUTT.

### 846 c. Polygonum cuspidatum SIEB.

S. 432: = *Reynoutria japonica* HOUTT.

### 846 d. Polygonum sachalinense FRDR. SCHMIDT

= *Reynoutria sachalinense* (FRDR. SCHMIDT) NAKAI.
Wichtige Literatur. CONOLLY, A. P. 1977: The distribution and history in the British Isles of some alien species of *Polygonum* and *Reynoutria*. Watsonia **11**, 291–311.

S. 432: Bastarde. Wichtige Literatur: TIMSON, J. 1964: A study of hybridization in *Polygonum* section *Persicaria*. J. Linn. Soc. Bot. **59**, 155–161.

S. 433 unten: *Polygonum minus* HUDS. × *P. persicaria* L.
Vorkommen in Anglesey / England nach ROBERTS (1977, Watsonia **11**, 255–256).

## CCXXXII. Fagopyrum MILL. Gard. Dict. Abridg., ed 4, 10, 1 (1754) nom. cons.

### 847. Fagopyrum vulgare HILL

S. 434: Nach WEBB (1964 in: TUTIN, T. G. et al.: Flora Europaea Vol. 1, Cambridge) ist der gültige Name für *Fagopyrum vulgare* HILL: *Fagopyrum esculentum* MOENCH, Meth. 290 (1794).
Wichtige Literatur. DE JONG, H. 1972: Buckwheat. Field Crop. Abstr. **25**, 389–396.

# Zur Pollenkunde (Palynologie) der im Band III/1 behandelten Familien

## Von Prof. Dr. Dr. h. c. Herbert Straka, Kiel*

Im Folgenden werden Kurzbeschreibungen einzelner Pollentypen gegeben sowie einige wichtige Gattungen und Arten abgebildet. Zur Florengeschichte der Baum- (und anderer) Gattungen, über die nach den Pollenanalysen im vorhandenen, hier neugedruckten Text zusammenfassend und zumeist ausreichend berichtet wurde, werden einige kurze Zusätze gemacht. Für das Alpengebiet liegt ein neues Werk vor: KRAL 1979. Für Nordwestdeutschland gibt es ein umfangreiches Werk von OVERBECK (1975).

Die pollenmorphologischen Termini sind auszugsweise im Band IV/1, S. 525–526 und ausführlich in „H. STRAKA, Pollen- und Sporenkunde. Eine Einführung in die Palynologie. Fischer, Stuttgart 1975" behandelt und in diesem Bändchen auch illustriert.

Es erschien in Neuauflage: FAEGRI, K. et IVERSEN, J., Textbook of pollen analysis. 3. Aufl. Munksgaard, Kopenhagen 1975.

### Vorbemerkung über die eiszeitlichen Refugien der im Band III/1 behandelten Laubgehölze

Siehe hierzu BASTIN 1971, BEUG 1968, 1977 und die kurze Zusammenfassung bei KRAL 1979.

Im Gegensatz zu früheren Annahmen ist im nördlichen Mittelmeerraum während der letzten Kaltzeit mit einer *Artemisia*- und Chenopodiaceen-reichen Grassteppe zu rechnen, die aber mit Baumgruppen durchsetzt war: außer *Pinus* meist auch *Quercus*, *Betula* und *Salix*, in geringer Menge auch *Abies*, *Fagus*, *Carpinus* und *Corylus*. Man kann annehmen, daß die meist nur sehr kleinen „Refugialräume" vor allem an lokal höhere Bodenfeuchtigkeit gebunden waren und mit den vorherrschenden Steppen ein Vegetationsmosaik bildeten. In den untersten Hanglagen von Gebirgen, auch der Alpen und ihres Vorlandes (zumindest im Süden), befand sich ein etwas häufigeres Vorkommen von Einzelbäumen, Baumgruppen oder kleinen Waldinseln, hier in einer Zone etwas höherer Feuchtigkeit, aber noch nicht zu großer Kälte. In Europa müssen die wichtigsten Gehölzrefugien auf der Iberischen, der Apenninen- und der Balkanhalbinsel und in den Karpaten gelegen haben. Am Alpenrand sind bisher Refugien nur im Osten und Südosten sicher nachgewiesen. Doch dürften auch andere Gebiete in Frage kommen. Nach BASTIN (1971) sollen nach Lößpollenanalysen auch in Belgien *Alnus*, *Corylus*, *Quercus* und *Carpinus* die Hocheiszeit an geschützten Stellen überdauert haben.

S. 9/10: **Juglans regia** (Abb. I/23, III/1 und 2).

Pollen suboblat, unregelmäßig 6- bis 15-pantoporat. Exine mit kleinen spinuloiden Processus. Äquatordurchmesser = 32 bis 48 μm.

Florengeschichte im Alpengebiet:

Nach ZOLLER (1961) ist der Nußbaum in den Tessintälern etwa gleichzeitig mit der Edelkastanie aufgetreten, d. h. ziemlich früh. Nach C 14-Datierungen diskutiert ZOLLER eine mögliche eisenzeitliche Einführung, entscheidet sich aber nach sprachwissenschaftlichen und archivalischen Befunden dafür, daß die Römer den Nußbaum mitgebracht haben. Ältere Funde sind in ihrer Datierung ganz unsicher (ZOLLER 1960 a). Auch im Gardaseegebiet soll *Juglans* erst durch die Römer eingeführt worden sein (BEUG 1964).

S. 19: **Myrica gale** (Abb. II/7, III/3)

Ähnlichkeiten mit dem Pollen von *Betula* und *Corylus*. Tripororat, oblat, 22 × 30 μm bzw. 24 × 31 μm. Polansicht abgerundet dreieckig, vestibulat. Sexine tectat, mit dicht und etwas unregelmäßig stehenden Spinulae, Bacula sehr dünn. Ein geringer Prozentsatz (unter 5) vom *Myrica*-Typ kommt bei *Corylus* und vom *Corylus*-Typ bei *Myrica* vor.

Florengeschichte:

*Myrica*-Pollen ist offenbar meist lokaler Herkunft aus den Randgebieten der Moore (siehe hierzu z. B. OVERBECK 1975).

---

* Herrn Dr. H. USINGER danke ich für verschiedene Hinweise.

## Pollentafel I

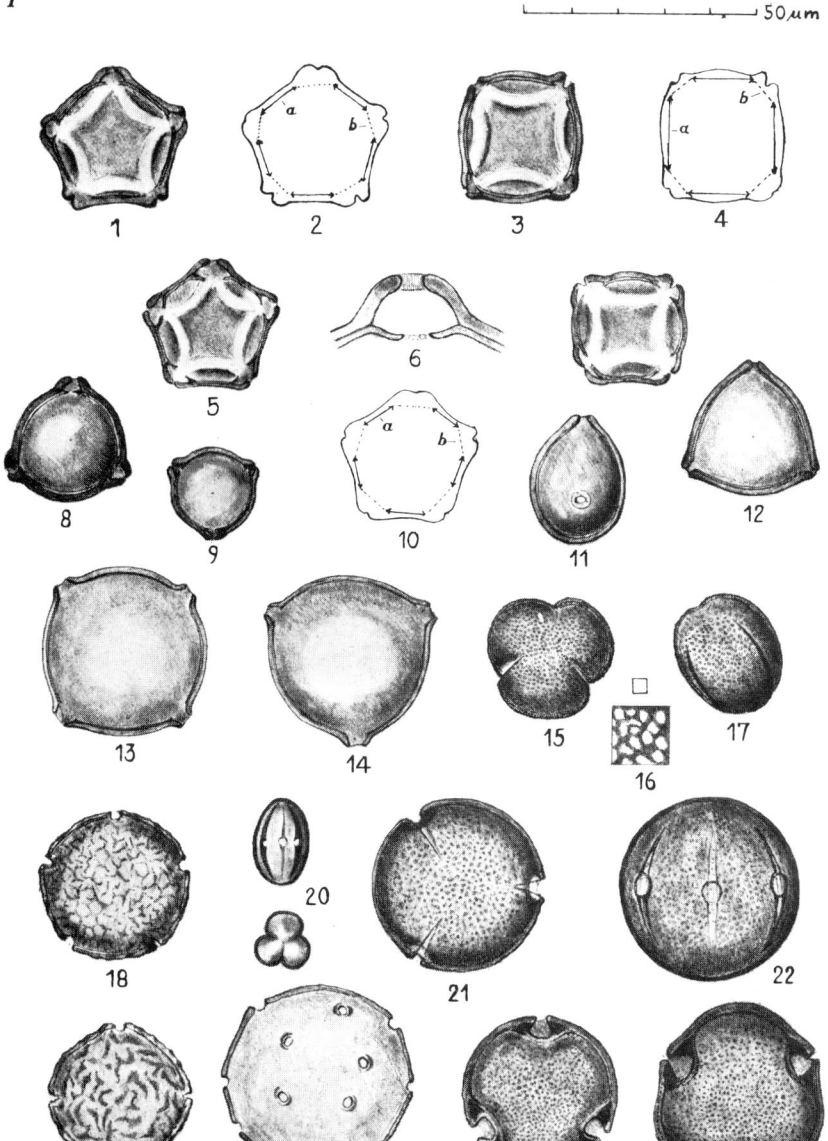

Pollen von Laubhölzern, der in mitteleuropäischen Mooren gefunden wird, zumeist P, z. T. in verschiedenen Ansichten. 1 bis 4 *Alnus glutinosa*, 5 bis 7 und 10 *Alnus incana*, 8 *Betula „alba"* s.l., 9 *Betula nana*, 11 und 12 *Corylus avellana*, (11 Ä), 13 und 14 *Carpinus betulus*, 15 bis 17 *Quercus robur* (17 etwas schräge Ä), 18 *Ulmus glabra*, 19 *Ulmus laevis* (beide Typen kommen bei allen *Ulmus*-Arten vor), 20 *Castanea sativa* (oben Ä), 21 und 22 *Fagus sylvatica* (22 Ä), 23 *Juglans regia*, 24 *Tilia cordata*, 25 *Tilia platyphyllos* (beide Typen kommen bei allen *Tilia*-Arten vor), 26 und 27 *Salix caprea* (26 Ä), 28 und 29 *Fraxinus excelsior* (29 Ä). Zeichnungen F. OVERBECK (aus OVERBECK 1958 und 1975). Vergrößerung etwa 600 ×.

Verwendete Abkürzungen: Ä = Äquatoransicht, P = Polansicht.

S. 25: **Populus**
Florengeschichte:
Bei genauer Analyse mit der Ölimmersion ist der Pappelpollen bestimmbar. Der Pollen von *Populus* cf. *tremula* wird in spät-eiszeitlichen und frühpostglazialen Ablagerungen z. T. häufig angetroffen. Es wurden auch Makroreste gefunden, die von *Populus tremula* stammen.

S. 38: **Populus tremula** (Abb. III/4)
Pollen atrem, mehr oder weniger sphäroid, 30 μm, unregelmäßig granuliert (scabros).

S. 45/51: **Salix** (Abb. I/26 und 27, III/5 bis 14)
Pollen (sphäroid-) subprolat (-prolat), tricolporoid, reticulat. Es lassen sich mehrere Typen unterscheiden (STRAKA 1952, s. a. 1975 b), doch lassen sich nur 6 mitteleuropäische Arten abtrennen:
*S. silesiaca* IAa (Abb. III/5 und 6)
*S. herbacea* IAb 1 (Abb. III/7)
*S. daphnoides* IAb 2 (Abb. III/8 und 9)
*S. glabra* IBa α
*S. pentandra* IIA (Abb. III/10 bis 13)
*S. alba* IIB (Abb. III/14)
Es bedeutet: A = Die Reticulation endet vor dem Colpus-Rand, d. h. der Colpus hat eine glatte Margo (Abb. III/6, 9 und 11). B = Die Reticulation reicht bis an den Colpus-Rand (Abb. III/14). I = Homobrochat: Maschen des Reticulums untereinander von ziemlich gleicher Größe (Abb. III/5, 7 und 8). II = Heterobrochat: Maschen des Reticulums mit sehr unterschiedlichen Größen, besonders große und besonders kleine gemischt (Abb. III/12, 13 und 14). 1 = Maschen von mehr unregelmäßigem Umriß (Abb. III/7). 2 = Maschen von ziemlich regelmäßigem Umriß (Abb. III/8). a = Maschen groß bis mittelgroß, 5-7 je Mesocolpium im Äquator (Abb. III/5). b = Maschen mittelgroß bis klein, je 7-12 im Mesocolpium im Äquator (Abb. III/7 und 8). α = Mit Flecken in den Lumina. β = ohne Flecken in den Lumina.
Die übrigen Arten gehören in 2 Gruppen (IBaβ, IBb).

S. 46: Florengeschichte von *Salix*:
Fossile Blätter von *Salix*arten sind oft gut bestimmbar und werden z. B. in eiszeitlichen Ablagerungen gefunden. Karten der eiszeitlichen (und rezenten) Verbreitung von *Salix herbacea* und *S. reticulata* (sowie auch *S. polaris*) in Europa nach Großrestfunden sind von TRALAU (1961, 1963) veröffentlicht worden. Danach hatte *S. herbacea* ihre größte Verbreitung im europäischen Tiefland während der hoch- und spätglazialen Perioden. Die mitteleuropäischen Vorkommen sind wohl als Reliktstandorte zu deuten. *S. reticulata* ist aus mehreren hochglazialen Schichten bekannt und scheint während des Spätglazials im europäischen Tiefland weit verbreitet gewesen zu sein (bis in die Jüngere Tundrenzeit). *S. polaris* kam im europäischen Tiefland nur in der Eiszeit ziemlich selten vor und starb in der Jüngeren Tundrenzeit aus. Im schleswigholsteinischen Spätglazial werden Blätter von *S. polaris* in großer Menge gefunden (USINGER mdl. Mitt.). In der Vulkaneifel erreichte die *Salix*-Pollenkurve im Spätglazial z. T. extrem hohe Werte, welche auf die Pioniervegetation auf den Tuffstaubböden nach Vulkanausbrüchen der Maare zurückgeführt werden können (STRAKA 1975 b).

S. 137: **Betulaceae**
Der Pollen ist pororat, mit Zahlen zwischen (ganz selten 1, selten 2), meist 3 bis 6, (sehr selten mehr).

S. 141/142: **Betula** (Abb. I/8 und 9, II/1 und 2, III/15 bis 17)
Pollen oblat bis suboblat, tripororat (selten tetra-, äußerst selten auch di-, penta- oder hexa-pororat), vestibulat. In Polansicht mehr oder weniger kreisrund, peritrem. Crassisexinös, tectat, auf dem Tectum ganz feine unregelmäßig angeordnete („spinuloide") Processus, Bacula sehr dünn. Es werden folgende mittlere Größen angegeben (Polachse × Äquatordurchmesser):
*B. nana* 16 × 19 μm
*B. pubescens* 19 × 25 μm
*B. tortuosa* 22 × 27 μm
*B. verrucosa* 17 × 23 μm.
Die für die Vegetationsgeschichte wichtige Abtrennung von *Betula nana* von den Baumbirken („*Betula alba* coll.") ist mehrfach auf Grund morphologischer u. a. Merkmale versucht worden (TERASMÄE 1951,

## Pollentafel II

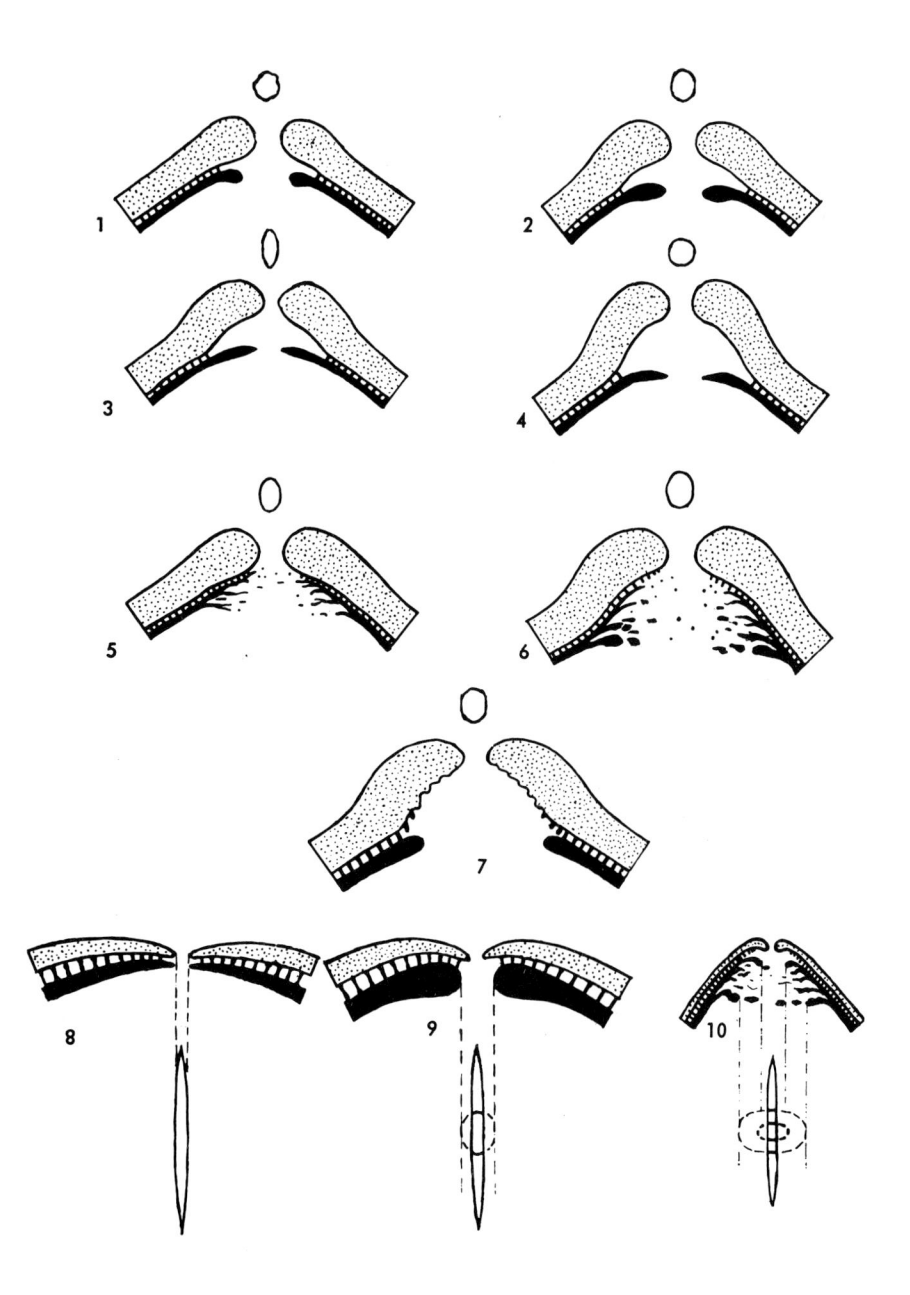

Die Aperturen in Polansicht bei *Betulaceae* (1 bis 4), *Corylaceae* (5), *Casuarinaceae* (6), *Myricaceae* (7) und *Fagaceae* (8 bis 10). *1 Betula nana, 2 B. pubescens, B. tortuosa* und *B. pendula, 3 Alnus glutinosa, 4 A. incana, 5 Corylus avellana, 6 Casuarina glauca, 7 Myrica gale, 8 Quercus robur, 9 Fagus sylvatica, 10 Trigonobalanus doichangensis* (CAM.) FORMAN. Etwa 2000 bis 3000 × vergrößert. Aus PRAGLOWSKI in ERDTMAN et al. 1963.

ERDTMAN et al. 1961, 1963, PRAGLOWSKI 1966, s. hierzu auch OVERBECK 1975), ist aber offenbar nur größenstatistisch möglich (s. hierzu BIRKS 1968). Da die Pollengröße nicht konstant ist, wie ENEROTH (1951) noch unterstellte, sondern durch Fossilisierung und Aufbereitung in bislang nicht genau bestimmbarer Weise verändert wird, wurden von USINGER (1975, 1978 a, b) Verfahren entwickelt, die von der absoluten Pollengröße unabhängig sind. Ausgewertet werden Merkmale der Pollengrößenverteilung, die von Größenveränderungen nicht beeinflußt werden (Variationskoëffizient, Schiefe u. a.). Gelingt auf diese Weise oder durch Großrestfunde der Nachweis, daß am fossilen Pollenniederschlag im wesentlichen nur 2 Arten (*Betula nana* und *B. pubescens* aggr.) beteiligt sind, so ergeben sich genauere Möglichkeiten zur Bestimmung des Komponentenverhältnisses, z. B. durch Approximation einer theoretischen Mischverteilung an die beobachtete.

S. 147/155/160: Florengeschichte von *Betula*:

USINGER (1975, 1980) hat mit Hilfe seiner größenstatistischen Methode (s. o.!) festgestellt, daß in den Pollendiagrammen aus Schleswig-Holstein alle vor-allerödzeitlichen Bewegungen der Birken-Pollenkurve auf Häufigkeitsschwankungen der Zwergbirke *(Betula nana)* zurückgehen.

Im Alpengebiet: Nach KRAL (1979) tritt die Birke wie im mitteleuropäischen Tiefland auch am nördlichen Alpenrand während der spätglazialen und frühpostglazialen Wiederbewaldung regelmäßig als typische Pionierholzart auf und erreicht teilweise sehr hohe Pollenwerte. Am südlichen Alpenrand spielt sie eine geringe Rolle, da die Kiefer dort nach ihrer Ausbreitung meist unmittelbar Wälder bildet.

Nach Großrestfunden hat TRALAU (1961, 1963) Karten der fossilen (und rezenten) Fundorte von *Betula nana* in Europa gezeichnet. Die ältesten mitteleuropäischen Funde von *Betula nana* sind in Polen in mindel-kaltzeitlichen Ablagerungen gemacht worden. In der Riß-Kaltzeit war *B. nana* in Europa weit verbreitet. Offenbar verschwand sie in der folgenden Warmzeit aus dem europäischen Tiefland. In der Würm-Kaltzeit war sie dann in den eisfreien Gebieten von England, Holland, Deutschland, Polen und Rußland verbreitet, am häufigsten und weitesten jedoch im Spätglazial, wo sie in Irland, England, Schottland, Holland, Belgien, Dänemark, Südschweden, Deutschland, Polen und Rußland vorkam. Im frühen Postglazial verschwand sie dann an den meisten Fundorten des europäischen Tieflandes. An einigen Reliktfundorten blieb sie jedoch erhalten.

S. 163: **Alnus** (Abb. I/1 bis 7 und 10, II/3 und 4, IV/1 bis 6)

Pollen oblat bis suboblat, meist penta-, seltener tetra- oder hexapororat oder -colporat (was jedoch nur in der selten zu beobachtenden Äquatoransicht zu erkennen ist, sonst kann man ihn für porat halten), vestibulat (in Polansicht deutlich zu sehen). Für diesen Pollen können als sehr typisch die von Pore zu Pore verlaufenden hellen Bogenlinien (Arcus) gelten, die auf Verdickungsleisten in der Exine zurückzuführen sind. Sexine tectat, Bacula sehr dünn, auf dem Tectum Processus, die entweder als spinuloid oder kammförmig bezeichnet werden. Artunterscheidungen scheinen bei sorgfältiger Beobachtung im Lichtmikroskop (OVERBECK 1958, ERDTMAN 1953, ERDTMAN et al. 1961) oder im Rasterelektronenmikroskop (BURRICHTER et al. 1968) möglich zu sein; es wird aber in fossilen Proben meistens nur die Gattung bestimmt und gezählt.

*Alnus glutinosa* 20 × 27 μm bzw. 22 × 28 μm (diploid) und 28 × 40 μm (tetraploid)
*Alnus incana* 18 × 25 μm
*Alnus viridis* 16 × 23 μm.

S. 172/176: Florengeschichte in Nordwestdeutschland:

Über die zeitliche Stellung der *Alnus*-Pollenkurve und die Synchronität ihrer Punkte siehe KUBITZKI et MÜNNICH 1960, KUBITZKI 1961, WIERMANN 1962 und 1965.

S. 182: **Carpinus betulus** (Abb. I/13 und 14, IV/7)

Pollen oblat, meist tetra-, häufig auch penta-, selten tripororat (ganz selten auch di- oder hexapororat), in Polansicht mehr oder weniger 3-, 4- oder 5-eckig (ganz selten 2- oder 6-eckig), goniotrem, vestibulat. Crassisexinös, Tectum mit sehr feinen unregelmäßig verstreuten Processus, „spinuloid". Bacula sehr dünn. 36 × 44 μm bzw. 29 × 37 μm.

S. 184: Florengeschichte im Alpengebiet:

Die Hainbuche ist in das Alpengebiet sehr spät eingewandert. In der Mittleren Wärmezeit ist ihr Pollen regelmäßig (wenn auch in geringen Mengen – er ist in den Pollenspektren unterrepräsentiert) am Süd- und Südostrand der Alpen zu finden. Frühestens in der Späten Wärmezeit ist ihr Pollen dagegen im nördlichen höher gelegenen Alpenvorland in geschlossener Pollenkurve vorhanden. In der Nachwärmezeit nimmt der Pollen dann zu, was oft auf anthropogene Begünstigung der Hainbuche zurückgeht (Stockausschläge).

## Pollentafel III

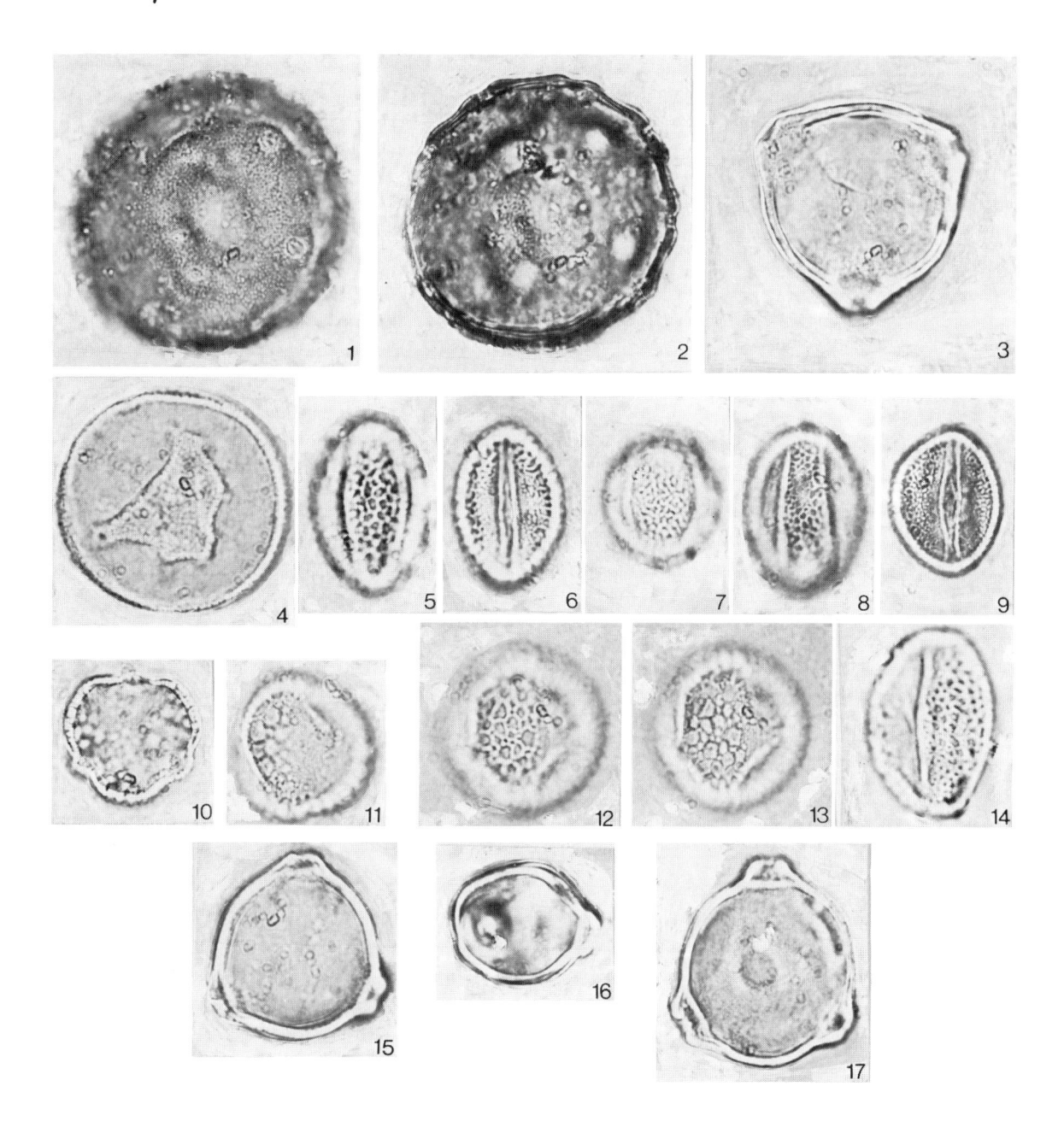

1 und 2 *Juglans regia*, P, 1 hE, vier Poren und LO-Muster, 2 oS, sieben Poren; 3 *Myrica gale*, P, oS; 4 *Populus tremula*, oS, aber mit eingedrückter Pollenoberfläche in der Mitte, dort LO-Muster; 5 und 6 *Salix silesiaca*, Ä, 5 auf das Mesocolpium, Reticulation homobrochat, Maschen groß bis mittelgroß, 6 auf den Colpus, Reticulation endet vor dem Colpusrand; 7 *Salix herbacea*, Ä auf das Mesocolpium, Reticulum homobrochat, Maschen mittelgroß bis klein, von mehr unregelmäßigem Umriß (manchmal beobachtet man die Auflösung des Reticulums in einzelne Pila); 8 und 9 *Salix daphnoides*, Ä, 8 auf das Mesocolpium, Reticulum homobrochat, Maschen mittelgroß bis klein, von ziemlich regelmäßigem Umriß, 9 auf den Colpus (oroider Bereich sichtbar), Reticulation endet vor dem Colpusrand; 10 bis 13 *Salix pentandra*, 10 P, oS, 11 bis 13 Ä, 11 auf den Colpusrand, Reticulation endet vor diesem, 12 und 13 verschieden hE (O bis L) auf das Mesocolpium, Reticulum heterobrochat; 14 *Salix alba*, Ä auf den Colpusrand, die Reticulation reicht bis an diesen, heterobrochat; 15 und 16 *Betula humilis*, 15 P, oS, 16 Ä, oS; 17 *Betula pubescens*, P, oS.

Verwendete Abkürzungen: Ä = Äquatoransicht, hE = höhere und höchste Einstellung, oS = optischer Schnitt, P = Polansicht, tE = tiefe Einstellung. Alle Abbildungen 1000× vergrößert. 100×/1,40 Öllimmersion, außer Abb. III/14: 60×/1,30 Öllimmersion. Mikrophot. H. Straka.

Florengeschichte in Nordwestdeutschland und Westeuropa:

Nach WIERMANN (1962, 1965) gab es in Nordwestdeutschland 3 bedeutende Siedlungslücken: in der späten Eisenzeit (um Chr. Geb.), eine Wüstungsperiode um 400–550 n.Chr. und im Dreißigjährigen Krieg (1618–1648). Die Verminderung des Ackerbaues in diesen Zeiten ging einher mit der Massenausbreitung der Rotbuche und der Hainbuche. Anthropogene Einflüsse werden auch für die Asynchronität der *Carpinus*-Ausbreitung in Westeuropa verantwortlich gemacht (KUBITZKI et MÜNNICH 1960). Siehe hierzu auch OVERBECK 1975.

S. 187: **Ostrya** (Abb. IV/8)

Tripororat, sonst wie *Carpinus*.

S. 189: Florengeschichte von *Ostrya*:

Wegen des gleichen Typs ist die Abtrennung des *Ostrya*-Pollens vom *Carpinus*-Pollen nicht sicher. Im Gardaseegebiet (BEUG 1964) beginnt die *Ostrya*-Kurve in Zone 9, steigt in Zone 13 (etwa 800 bis 600 v. Chr.) an und geht in Zone 14 zurück. Die Vermehrung der Hopfenbuche erfolgte infolge der Überführung der Flaumeichenwälder in Buschwälder durch Niederwaldwirtschaft.

S. 193: **Corylus avellana** (Abb. I/11 und 12, II/5, IV/9 und 10)

Suboblater Pollen, tripororat, in Polansicht mehr oder weniger dreieckig, goniotrem, nur schwach angedeutet vestibulat (Unterschied zu *Betula* und *Myrica*, Abb. II/5). Crassisexinös, Tectum mit feinen unregelmäßig stehenden Processus („spinuloid"), Bacula sehr dünn. $25 \times 31$ μm, bzw. $25 \times 30$ μm. Ähnlicher Typ bei *Myrica gale*, siehe Seite 488!

S. 194: Florengeschichte von *Corylus*:

Nach ZOLLER (1960 b) erreicht die Haselpollenkurve am nordwestlichen Alpenrand ihr absolutes Maximum vielfach erst nach dem steilen Anstieg der Eichenmischwald-Pollenkurve. ZOLLER meint, daß ausgedehnte Reinbestände der Hasel in diesem Gebiet nicht nachgewiesen werden können, jedoch auf Schutthalden, an Steilhängen und in Runsen ausgedehntere Haselbestände vorkamen. Am nordöstlichen Alpenrand war die Hasel nicht so häufig wie im Westen. Noch weniger häufig ist sie am südlichen Alpenrand gewesen, wo der boreale Haselgipfel mehr oder weniger ausfällt (bis höchstens 50%, meistens unter 20%). Der Beginn der Massenausbreitung von *Corylus* liegt in Nordwestdeutschland um etwa 6800 v.Chr.; in Süddeutschland ist er entweder gleichaltrig oder nur unwesentlich älter, in den Berner Alpen dagegen mit etwa 6000 v.Chr. jünger. Siehe hierzu KUBITZKI et MÜNNICH 1960, KUBITZKI 1961 und WIERMANN 1962 und 1965.

S. 197: **Fagaceae**

Pollen tricolpat oder tricolporat.

S. 202: **Fagus sylvatica** (Abb. I/21 und 22, II/9, IV/11 bis 13)

Pollen sphäroid, 41 μm, tricolporat, Colpi schmal, Ora kreisrund bis etwas länglich, tectat mit dichtstehenden supratectaten Spinulae, Bacula sehr dünn.

S. 206: Florengeschichte im Alpengebiet:

Eiszeitliche Refugien lagen vermutlich auf der Balkanhalbinsel und in der Provence, nicht aber am Alpenrand. In der Frühen Wärmezeit kommt die Buche schon im Raum von Laibach vor, in der Mittleren Wärmezeit breitet sie sich über den Alpenostrand in die Nordalpen, über die Donau ins Wald- und Mühlviertel sowie bis zum Böhmerwald und Bayerischen Wald aus. Offenbar aus westlich des Alpenbogens gelegenen Refugien ist die Buche im jüngeren Abschnitt der Mittleren Wärmezeit ins Schweizer Mittelland und in die Vogesen eingewandert. Infolge der Konkurrenz des Eichenmischwaldes in den östlichen Nordalpen und der Tanne im Westen erfolgte die Massenausbreitung der Buche oft sehr spät nach der Einwanderung (bis zu 3000 Jahre). Auch in den südlichen Alpenrandketten verzögert sich die Massenausbreitung der Buche; sie war wahrscheinlich durch die Tanne behindert. Eine Arealausweitung erfolgt dann in der Späten Wärmezeit. Ihre größte alpine Verbreitung erreicht die Buche im älteren Teil der Nachwärmezeit. Die Wanderwege der Buche führen ausschließlich am Alpenrand vorbei (KRAL 1979).

Florengeschichte in Nordwestdeutschland:

Nach WIERMANN (1962, 1965) ist die Ausbreitung der Buche und der Hainbuche in Nordwestdeutschland offenbar anthropogen beeinflußt (siehe unter *Carpinus*). Auch KUBITZKI (1961) stellt fest, daß die ausgesprochen starke Asynchronität in den Buchenpollenkurven am besten durch anthropogene Faktoren zu erklären ist. Siehe hierzu auch OVERBECK 1975.

## Pollentafel IV

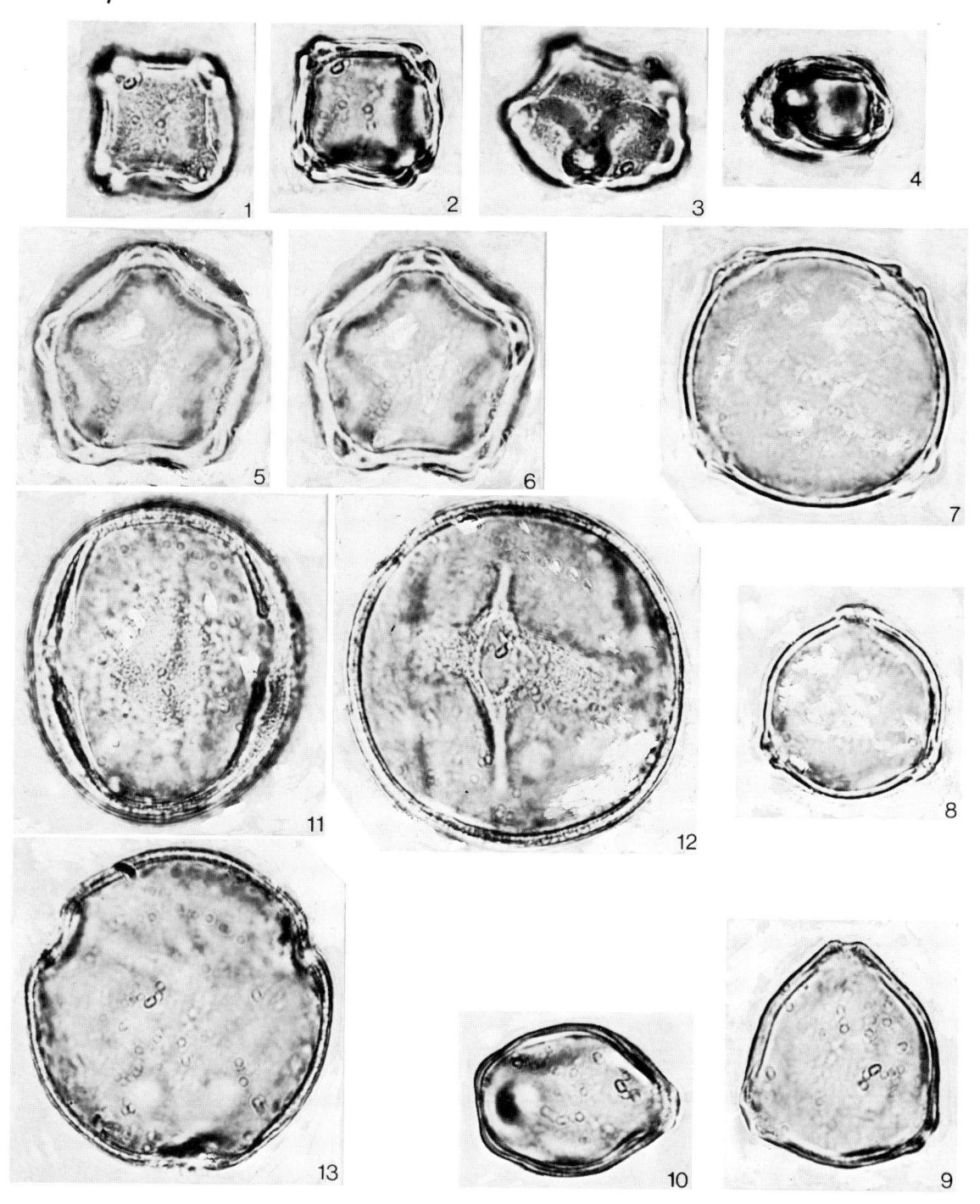

1 bis 4 *Alnus incana*, 1 und 2 P, hE auf die Oberfläche (1) und oS (2), 3 schräge Lage, Bogengänge (Arcus) besonders deutlich, 4 Ä, oS; 5 und 6 *Alnus glutinosa*, P, zwei verschiedene Höhen in der Einstellung nahe dem oS, Bogengänge; 7 *Carpinus betulus*, P, oS; 8 *Ostrya carpinifolia*, P, oS; 9 und 10 *Corylus avellana*, 9 P, oS, 10 Ä, oS; 11 bis 13 *Fagus sylvatica*, 11 und 12 Ä, 11 auf das Mesocolpium, oS der Colpi und Ora, jedoch mittlerer Bereich eingedellt und LO-Muster sichtbar, 12 auf die Apertur (Colpus mit Os), oS, 13 P, oS in Höhe der Ora.

Verwendete Abkürzungen: Ä = Äquatoransicht, hE = höhere und höchste Einstellung, oS = optischer Schnitt, P = Polansicht, tE = tiefe Einstellung. Alle Abbildungen 1000× vergrößert. 100×/1,40 Ölimmersion. Mikrophot. H. Straka.

S. 212/213: **Castanea sativa** (Abb. I/20, V/1 bis 3)
Pollen tricolporat, prolat, Endotrema in äquatorialer Richtung verlängert, Exine glatt. 18 × 11 µm.

S. 214/215: Einwanderungsgeschichte im Alpengebiet:
ZOLLER (1961) meint nach vergleichend-chorologischen Gesichtspunkten, daß die Edelkastanie ein kolchisches oder kolchisch-mauretanisches Reliktelement sei, da ihre kleinfrüchtigen Wildrassen in feuchten Küstengebirgen südlich des Schwarzen Meeres und in ähnlicher Weise in Nordafrika vorkommen. Ihr heutiges Vorkommen in Europa wäre größtenteils kulturbedingt. Im Tessin fehlt der Pollen der Kastanie praktisch völlig im Neolithikum, der Bronzezeit und offenbar auch der Eisenzeit. Nach sprachwissenschaftlichen und archivalischen Befunden haben sie erst die Römer ins Tessin gebracht. Ihr Maximum erreicht die *Castanea*-Pollenkurve um 500 n.Chr., was auf ausgedehnte Kastanienwälder in der Römerzeit hindeutet. Der folgende Rückgang geht auf den Zerfall der römischen Herrschaft in der 2. Hälfte des 6. Jahrhunderts zurück. Erst um 1000 n.Chr. breitet sich die Edelkastanienkultur wieder aus, die aber nach der Einführung des Maises wieder zurückgeht.

S. 220: **Quercus** (Abb. I/15 bis 17, II/8, V/4 bis 10)
Pollen sphäroid bis prolat, tricolpat, tectat, suprategillare Verrucae, Bacula sehr dünn. Mit BEUG (1961, siehe auch VAN CAMPO et ELHAI 1956) kann man bei den mitteleuropäischen und mediterranen Eichen-Arten 2 Typen unterscheiden:

1. *Quercus robur-pubescens*-Typ: Pollen sphäroid bis prolat (p:e = 0,91 bis 1,51), Pol sehr häufig abgeplattet, Äquatoransicht dann nahezu rechteckig, daneben aber auch elliptisch bis mehr oder weniger kreisrund. Optischer Schnitt in Polansicht rundlich, Colpi mehr oder weniger deutlich eingekerbt (anchocolpat). Häufig bilden die Colpi 2 bis 3 µm breite klaffende Spalten, die äquatorial verengt sein können. Die Faltenränder können im Äquator unterbrochen sein, so daß ein Os (eine Pore, ein Endotrema) vorgetäuscht wird. Länge der Polachse:
*Q. robur* 31–40 µm, *Q. petraea* 29–41 µm, *Q. pubescens* 27½–35½ µm, *Q. conferta* 26½–38 µm, *Q. aegilops* 23½–37½ µm, *Q. cerris* 25–36½ µm, *Q. suber* 24½–37½ µm, *Q. pseudosuber* 27½–41½ µm.

2. *Quercus ilex-coccifera*-Typ: Pollen sphäroid bis prolat (p:e = 1,00 bis 1,65). Die deutlich prolaten Pollenkörner haben meist etwas zugespitzte Pole, es kommen aber auch abgeplattete vor. Bei den prolaten Pollenkörnern sind die Colpi äquatorial nicht vorgezogen, während das bei den mehr sphäroiden Pollenkörnern der Fall ist. Diese zeigen dann in Äquatoransicht einen rhomboiden Umriß. Es gibt Übergänge. Die sphäroiden Pollenkörner zeigen in Polansicht abgeplattete Mesocolpien (sind also mehr oder weniger dreieckig) und nahezu rechtwinkelig nach innen gebogene Colpusränder. Bei den mehr prolaten Pollenkörnern ist der optische Schnitt in Polansicht dagegen mehr oder weniger kreisrund und meist nicht durch abgeplattete Mesocolpien eckig. Die Pollenkörner des *Q. ilex-coccifera*-Typs sind kleiner als die vom *Q. robur-pubescens*-Typ, auch sind ihre Skulpturelemente weniger deutlich. Der Äquatordurchmesser des *Q. ilex-coccifera*-Typs ist geringer (15 bis 25 µm), doch überschneidet er sich bei 21 bis 25 µm mit dem *Q. robur-pubescens*-Typ. In diesen Überschneidungsbereich gehören beim *Q. ilex-coccifera*-Typ vor allem die deutlich prolaten Pollenkörner, die beim *Q. robur-pubescens*-Typ niemals vorkommen. Zu Verwechslungen können nach BEUG nur die relativ wenigen deutlich sphäroiden Pollenkörner vom *Q. ilex-coccifera*-Typ Anlaß geben, deren Äquatordurchmesser größer als 21 µm ist. Von diesen Pollenkörnern mögen aber manche in Polansicht durch den eckigen optischen Schnitt eindeutig bestimmbar sein. Länge der Polachse: *Q. ilex* 21–30 µm, *Q. coccifera* 20–31 µm.

S. 229: Florengeschichte von *Q. ilex*:
Im Gardaseegebiet ist nach BEUG (1964) und GRÜGER (1968; siehe auch KÜTTEL 1979) der *Q. ilex*-Pollentyp schon im Spätglazial, offenbar schon seit dem Alleröd zu finden, dann fast in allen folgenden Proben des Pollendiagramms. BEUG rechnet mit einem Vorkommen der Steineiche im Gebiet seit dem Spätglazial.

S. 236: Florengeschichte im Alpengebiet:
Pollen vom *Q. robur-pubescens*-Typ ist am Südrand der Alpen schon sehr früh nachzuweisen. Am Gardasee tritt schon in der Bölling-Wärmeschwankung ein erster kleiner Gipfel auf; von der Alleröd-Wärmeschwankung an ist *Quercus* dann bereits durchgehend nachzuweisen (auch während der Jüngeren Tundrenzeit). Nördlich der Alpen breitet sich die Eiche in der Vorwärmezeit von Westen nach Osten unter Umgehung des Alpenbogens aus. Ein weiterer Wanderweg führte wohl auch über den Brenner. Weniger wahrscheinlich ist eine Wanderung vom Tessin nach dem Vorderrhein. In der Mittleren Wärmezeit dringt die Eiche in den Nordalpen nicht weit ins Alpeninnere, jedoch bis in die hochmontane Stufe vor. Im Süden wurde die Höhe von 1000 m von ihr wahrscheinlich nie wesentlich überschritten. Hier hinderte

## Pollentafel V

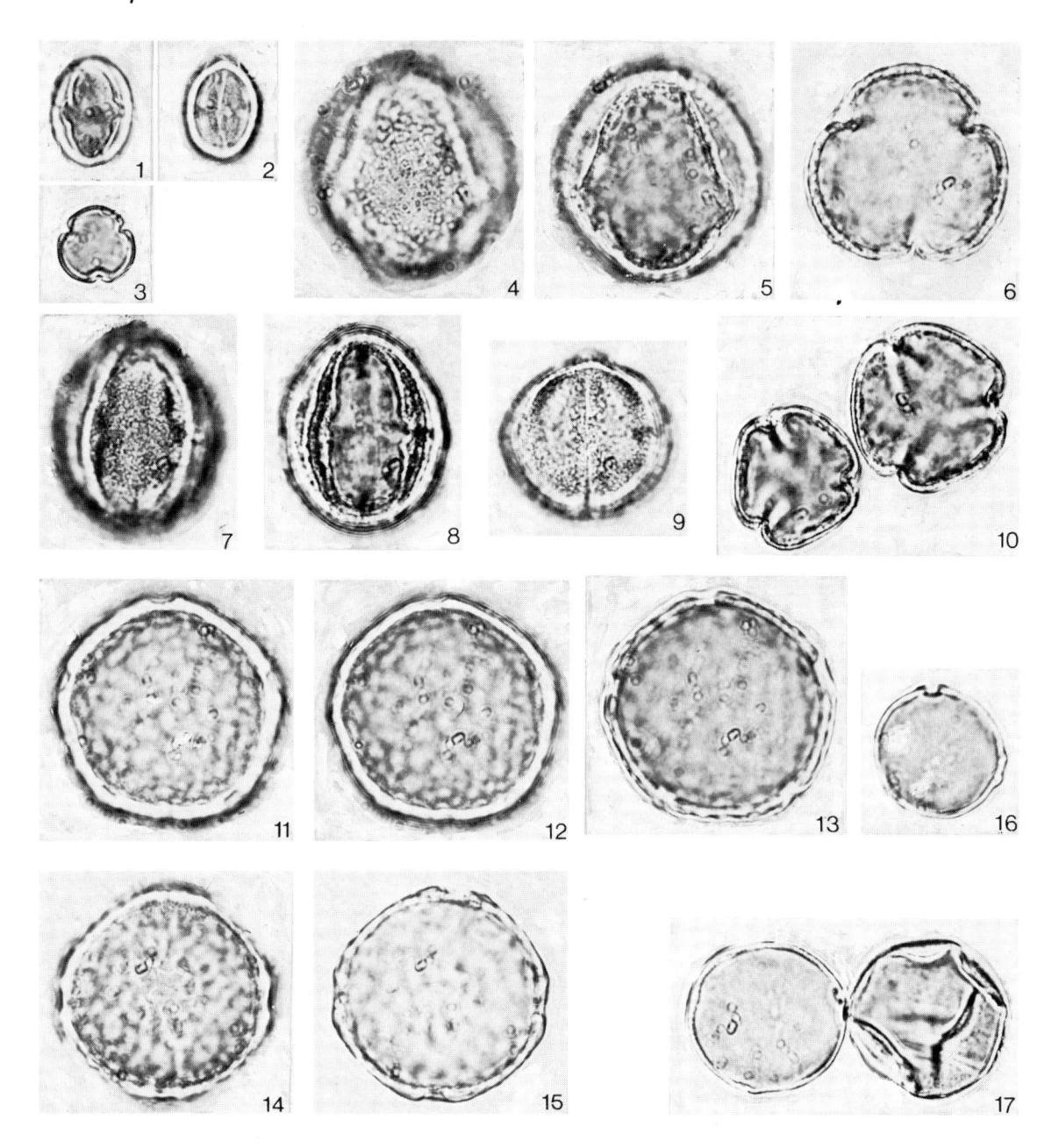

1 bis 3 *Castanea sativa*, 1 und 2 Ä, 1 auf das Mesocolpium, oS der Colpi mit Ora, 2 auf den Colpus mit Os, 3 P, oS; 4 bis 6 *Quercus robur*, 4 und 5 Ä, 4 hE, LO-Muster, 5 oS der Colpi, vorgetäuschte Ora, 6 etwas schräge P, oS; 7 bis 10 *Quercus ilex*, 7 und 8 Ä eines subprolaten Pollenkorns, 7 hE, LO-Muster, 8 oS der Colpi, rechts Os vorgetäuscht, 9 Ä eines sphäroiden Pollenkorns auf den Colpus, 10 zwei Pollenkörner in P, oS, Umriß mehr oder weniger dreieckig; 11 bis 13 *Ulmus carpinifolia*, pentaporates Pollenkorn in P, 11 hE und 12 tE, unregelmäßig gewundenes Muster („Gehirnwindungen"), 13 oS; 14 und 15 *Ulmus laevis*, tetraporates Pollenkorn in P, 14 hE mit unregelmäßig gewundenem Muster („Gehirnwindungen"), 15 oS; 16 *Humulus lupulus*, P, oS; 17 *Cannabis sativa*, zwei Pollenkörner, oS, rechtes gequetscht.

Verwendete Abkürzungen: Ä = Äquatoransicht, hE = höhere und höchste Einstellung, oS = optischer Schnitt, P = Polansicht, tE = tiefe Einstellung. Alle Abbildungen 1000× vergrößert. 100×/1,40 Ölimmersion. Mikrophot. H. Straka.

S. 247: ein Gürtel stärker schattender Arten die Ausbreitung des Eichenmischwaldes und der Hasel. Spätestens in der Späten Wärmezeit geht die Eiche stark zurück, diese Entwicklung geht in der Nachwärmezeit weiter (Verdrängung durch Buche, Tanne und Fichte). Eine vorübergehende Förderung brachte der mittelalterliche Mittelwaldbetrieb, bei dem die Eiche als Mastbaum geschont wurde.

S. 247: **Ulmus** (Abb. I/18 und 19, V/11 bis 15)
Pollen suboblat, tetra- bis penta- (sehr selten tri-) porat (bis selten -colpat, Colpus dann kurz), abgerundet 4- oder 5-eckig (selten 3-eckig). Tectat, supratectate Rillen und kompakte Riegel, die ein unregelmäßig gewundenes Muster („Gehirnwindungen") bilden. Artbestimmung im Gegensatz zu früheren Meinungen wegen übergreifender Merkmale nicht möglich. *Ulmus carpinifolia* 28 × 34 µm bzw. 27 × 32 µm, *U. glabra* (ssp. *scabra*) 30 × 38 bzw. 29 × 36 µm, *U. laevis* 25 × 30 bzw. 28 × 35 µm.

S. 248: Florengeschichte im Alpengebiet und in Mitteleuropa:
Im „Eichenmischwald" hat die Ulme eine ähnliche Geschichte wie die Eiche (siehe dort!). Die Ausbreitung der Ulme setzt schon etwas früher ein als die der Eiche. Die Eichenmischwälder waren in der Frühen und Mittleren Wärmezeit und in höheren Lagen reicher an Ulmen. Ein auffallender synchroner (3000 v.Chr.) Rückgang („Ulmenabfall" oder „Ulmenknick" in der Pollenkurve) wird von den Autoren verschieden gedeutet: 1. auf klimatische und edaphische Faktoren zurückzuführen (zuletzt HEITZ-WENIGER 1976) oder 2. anthropogen durch das Auftreten der ersten Ackerbau und Viehzucht treibenden Kulturen, und zwar infolge des Schneitelns zur Futtergewinnung (zuletzt TROELS-SMITH 1960). Es ist nicht auszuschließen, daß beide Faktoren gleichsinnig gewirkt haben. Als 3. Möglichkeit wird eine Massenepidemie erwogen, welche die Ulmen weithin vernichtet hat. Siehe hierzu auch OVERBECK 1975. Über die Zeitstellung des Ulmenabfalls in Nordwestdeutschland siehe KUBITZKI et MÜNNICH 1960, KUBITZKI 1961, WIERMANN 1962, 1965.

S. 265: **Celtis australis**
Pollen mehr oder weniger bis suboblat, tri- oder häufiger tetraporat bis hexaporat, Pore mit Anulus. Glatt, manchmal schwach rugulat mit kleinen Spinulae. Tectum sehr dick, Bacula deutlich, zerstreut. 29 × 42 µm.

Florengeschichte:
Es wurden bisher nur ganz vereinzelte fossile Pollenkörner gefunden (BEUG 1961, 1964).

S. 285: **Humulus lupulus** (Abb. V/16)
Pollen tri- (seltener tetra-) porat, kleine mehr oder weniger kreisrunde Pori, suboblat bis sphäroid (19 × 22 µm). Dünne undeutlich geschichtete Exine, Exinenoberfläche mit sehr kleinen stumpfen Processus. Zur Unterscheidung von *Cannabis* siehe dort!
Florengeschichte: ZOLLER (1961) fand, daß der *Humulus-Cannabis*-Pollentyp (zusammen mit Getreide- und Weinpollen) im Tessin sprunghaft mit der Einwanderung der Langobarden in der 2. Hälfte des 6. Jahrhunderts zunimmt, während der Kastanienpollen abnimmt. Die erstgenannten Pollentypen gehen dann um etwa 1000 n.Chr. zurück. Im Gardaseegebiet (BEUG 1964) tritt er zweimal in der Mittleren bis Späten Wärmezeit und dann regelmäßig in der Nachwärmezeit auf.

S. 291: **Cannabis sativa** (Abb. V/17)
Pollen wie bei *Humulus* aber größer: 22½ × 28 µm.
Nach GODWIN (1967 a) läßt sich *Cannabis*-Pollen abtrennen: im optischen Schnitt hat der Rand der Pore einen vollständigen inneren Anulus oder einen leeren Raum zwischen Sexine und Nexine. Dies fehlt bei *Humulus* oder ist dort viel kleiner. Bei *Cannabis* steigt das Tectum des Anulus über die allgemeine Oberfläche und wölbt sich über den Rand der Pore, welche sich nach unten und innen unter das allgemeine Niveau der inneren Wandschicht (Nexine) erstreckt. Im Gegensatz dazu steigt bei den meisten Pollenkörnern von *Humulus* (und einigen von *Cannabis*) der Umriß der Pore in Polansicht in einer sehr schwachen Abdachung über das allgemeine Niveau der äußeren Wand an.

S. 292: Florengeschichte:
GODWIN (1967a, b) findet regelmäßig und relativ viel *Cannabis*-Pollen in Ost-England seit der angelsächsischen Besiedlung (etwa ab 400 n.Chr.).

S. 298: **Urtica urens**
Pollen wie bei *U. dioica*, unwesentlich kleiner (14 × 16 µm).

## Pollentafel VI

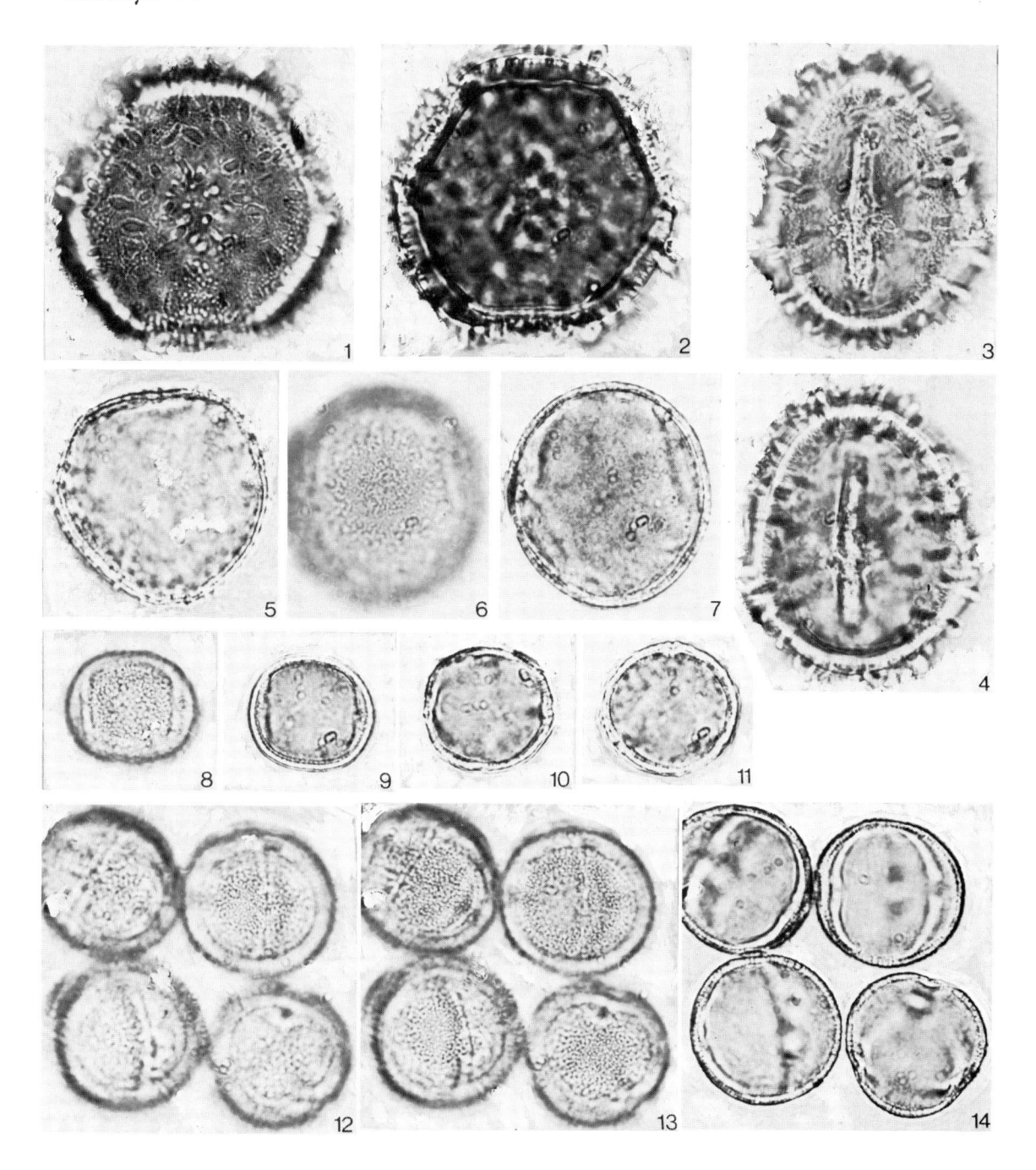

1 bis 4 *Viscum album*, 1 und 2 P, 1 hE, 2 oS, 3 und 4 Ä auf einen Colpus, 3 hE, 4 tE; 5 *Asarum europaeum*, oS; 6 und 7 *Aristolochia clematitis*, 6 hE, LO-Muster, 7 oS; 8 bis 11 *Rumex acetosa*, 8 und 9 Ä auf das Mesocolpium, 8 hE, LO-Muster, 9 oS, 10 und 11 P, oS 10 tetracolporates Pollenkorn, 11 tricolporates Pollenkorn; 12 bis 14 *Oxyria digyna*, vier Pollenkörner, 12 hE (L), 13 tE (O), 14 oS.

Verwendete Abkürzungen: Ä = Äquatoransicht, hE = höhere und höchste Einstellung, oS = optischer Schnitt, P = Polansicht, tE = tiefe Einstellung. Alle Abbildungen 1000× vergrößert. 100×/1,40 Ölimmersion. Mikrophot. H. Straka.

S. 299: **Urtica dioica**
Pollen tri- (seltener tetra-) porat, mehr oder weniger sphäroid (15 × 17½ µm), sehr dünne Exine mit undeutlicher Schichtung, Exinenoberfläche mit sehr feinen spinuloiden Processus bedeckt. Poren klein, mehr oder weniger kreisrund und mit undeutlichem Rand.

S. 302: Florengeschichte:
*Urtica*-Pollen wird vereinzelt und später gegen Ende des Postglazials häufiger in allen Pollenzonen gefunden.

S. 310: **Viscum album** (Abb. VI/1 bis 4)
Pollen tricolporat (vielleicht mehr tricolporoid), sphäroid (33 × 34 µm ohne Processus), Colpi breit, mit granuloser Membran, Ora rund, etwa 9 µm im Durchmesser, Exine ohne Processus 3 µm dick, mit locker stehenden stumpfen Spinulae (2 bis 3 µm lang).

S. 310: Florengeschichte:
Der Pollen von *Viscum album* wird von IVERSEN (1944) (zusammen mit dem von *Hedera helix* und *Ilex aquifolium*) als Klimazeiger herangezogen (siehe hierzu auch OVERBECK 1975). IVERSEN konstruiert nach den jütländischen Vorkommen eine Wärme-Grenzkurve und legt danach (zusammen mit jener für Efeu und Stechpalme) die ungefähren Mitteltemperaturen für den kältesten und den wärmsten Monat in Djursland (Jütland) fest: in der Mittleren Wärmezeit + ½ und 18°C, in der Späten Wärmezeit — 1 und 18°C und in der Nachwärmezeit bzw. der Jetztzeit 0 und 16°C. *Viscum*-Pollen wurde nur in der Mittleren und Späten Wärmezeit gefunden, fehlt aber in der Nachwärmezeit (und heute). Es ist zu vermerken, daß es sich bei diesen drei Arten um einen äußerst günstigen Fall handelt: aus den Gattungen gibt es nur je eine Art im Gebiet und diese drei Arten befinden sich hier im Grenzbereich ihres Vorkommens. TROELS-SMITH (1960) diskutiert die Möglichkeit, daß die Abnahme der Mistel darauf zurückzuführen sei, daß sie als Futterpflanze verwendet wurde. Diese Verwendung ist für historische Zeiten belegt.

S. 320: **Loranthus europaeus** (Abb. 118 in STRAKA 1975 a)
Pollen tricolpat, syncolpat, in Polansicht dreieckig, die Seiten (Mesocolpien) tief eingedrückt. Besetzt mit kleinsten Verrucae. Der markante Pollen dient als Zeiger für Balkan-Honigsorten.

S. 344: **Asarum europaeum** (Abb. VI/5)
Pollen mehr oder weniger kugelig, atrem, tectat, Bacula deutlich, Oberfläche des Tectums skulptiert, suprategillare gestauchte Clavae und Bacula, bzw. Gemmae oder Verrucae. 36 bis 51 µm.

S. 345: **Aristolochia clematitis** (Abb. VI/6 und 7)
Pollen mehr oder weniger kugelig, atrem, tectat, Baculaschicht gut ausgebildet, glatt. Exine 1 bis 1½ µm dick. 30 bis 54 µm.

S. 354: **Rumex (und Oxyria)** (Abb. VI/8 bis 14)
Tri- bis tetra-colporate, fein reticulate Pollenkörner, mehr oder weniger sphäroid. Colpi schmal, Ora undeutlich, Exine 1 bis 1½ µm dick, crassisexinös. Sexine fein reticulat, Bacula dünn. Nach ERDTMAN et al. (1961) sind die Pollenkörner von *R. acetosella* (21 × 23 µm), *R. acetosa* und *Oxyria digyna* kleiner und gehören zum „*Rumex-Oxyria*-Typ", von *R. aquaticus* (40 × 42 µm) und anderen Arten größer („*Eurumex*-Typ").

Florengeschichte:
Der *Rumex-Oxyria*-Typ ist immer in geringen Mengen in spätglazialen Abschnitten (hier wohl z. T. *Oxyria*) und gegen Ende der Nacheiszeit (als Ausdruck anthropogener Einflüsse: *Rumex* als Unkraut) gefunden worden.

S. 401: *Oxyria* siehe unter *Rumex*!

S. 403: **Polygonum**
HEDBERG (1946) unterscheidet mehrere Typen, von denen vier bei den mitteleuropäischen Arten von *Polygonum* zu finden sind.

1. Persicaria-Typ (Abb. VII/1 bis 3)
Bei *P. amphibium, P. hydropiper, P. lapathifolium, P. minus* und *P. persicaria*. Pollen poly-panto-porat, 20 bis 30 Poren, sphäroid (35 bis 60 µm), Exine dick. Sexine grob reticulat. Abweichend: *P. amphibium* (Abb. VII/4 bis 6). Pollen poly-panto-colpat, 30 Colpi, sphäroid, (65 µm), Exine etwa 4½ µm dick, Sexine etwa 3½ µm dick, grob reticulat, in den Lumina Granula oder kleine Bacula.

## Pollentafel VII

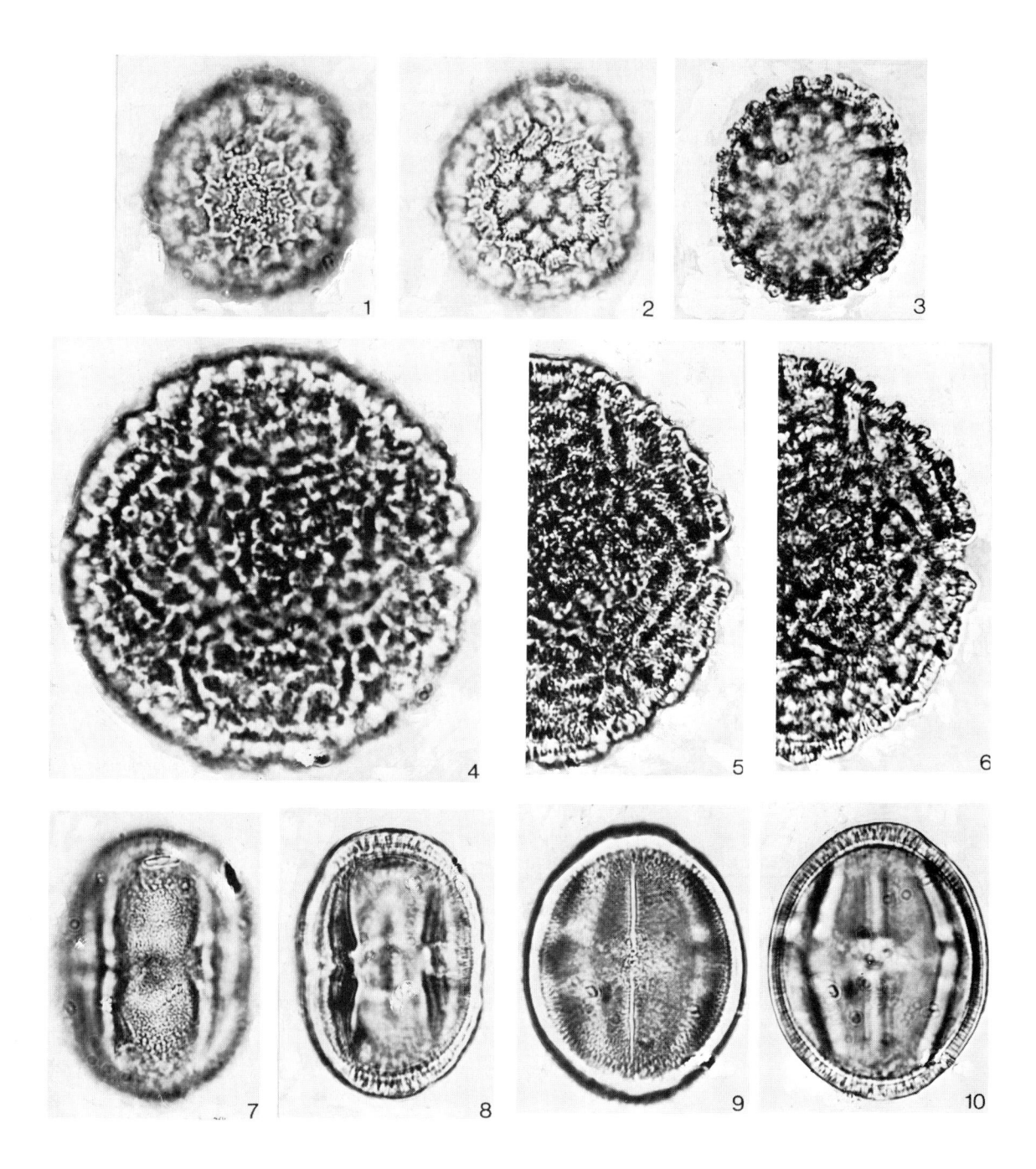

1 bis 3 *Polygonum lapathifolium* (Persicaria-Typ), 1 hE, im Zentrum eine Pore, 2 tE, grobes Netzmuster, 3 oS; 4 bis 6 *Polygonum amphibium* (abweichender Persicaria-Typ), 4 hE, 5 und 6 ein halbes Pollenkorn in tE (5) und oS (6), die Colpi sind schattenhaft als schwarze etwa 1 bis 1½ cm lange Balken unregelmäßig verstreut erkennbar; 7 bis 10 *Polygonum bistorta* (Bistorta-Typ), Ä, 7 auf das Mesocolpium hE, LO-Muster, 8 oS der Colpi mit Ora, 9 und 10 auf den Colpus mit Os, 9 hE, 10 oS.

Verwendete Abkürzungen: Ä = Äquatoransicht, hE = höhere und höchste Einstellung, oS = optischer Schnitt, P = Polansicht, tE = tiefe Einstellung. Alle Abbildungen 1000× vergrößert. 100×/1,40 Ölimmersion. Mikrophot. H. Straka.

2. Aviculare-Typ (Abb. VIII/1 bis 4)

Bei *P. aviculare*, *P. maritimum*, *P. oxyspermum*, *P. raii*. Pollen tricolporat, sphäroid bis prolat (16 bis 33 × 11 bis 25 μm, also deutlich kleiner als beim Bistorta-Typ). Colpi schmal, Ora lalongat, Exine 2 μm dick, Sexine tectat, kleine Bacula. Abweichend: *P. raii* hexa-panto-colporat, vereinzelte Pollenkörner so auch bei den anderen Arten.

3. Bistorta-Typ (Abb. VII/7 bis 10)

Bei *P. bistorta* und *P. viviparum*. Pollen tri-colporat, subprolat bis prolat (40 bis 60 × 29 bis 43 μm, also deutlich größer als beim Aviculare-Typ). Colpi schmal, Ora mehr oder weniger kreisrund oder schwach lalongat. Exine 2½ μm dick, Sexine tectat. Bacula sehr dünn am Äquator, aber zunehmend dicker und mehr oder weniger verzweigt gegen die Pole hin.

Florengeschichte: Die Pollenkörner des Bistorta-Typs aus eiszeitlichen Ablagerungen dürfen mit großer Sicherheit *P. viviparum* zugeordnet werden. Sie werden vereinzelt und in geringer Menge gefunden. Die Funde dieses Typs aus jüngeren postglazialen Ablagerungen der Späten und der Nachwärmezeit dürfen als Zeiger der Pflanze feuchter Wiesen *P. bistorta* gewertet werden.

4. Tiniaria-Typ (Abb. VIII/5 bis 9)

Bei *P. convolvulus* und *P. dumetorum*. Pollen tricolporat, sphäroid bis subprolat (21 bis 33 × 19 bis 29 μm). Colpi schmal, Ora klein, lalongat, sie bilden eine äquatoriale Ora-Zone. Exine 2 bis 3 μm dick, Sexine tectat, dünne Bacula.

S. 435/436: **Fagopyrum esculentum (F. vulgare)** (Abb. VIII/10 bis 14) **und F. tataricum**

Pollen dimorph: größer in den kurzgriffligen, kleiner in den langgriffligen Blüten. Tricolporat, prolat, etwa 60 × 35 μm in den kurzgriffligen, etwa 45 × 25 μm in den langgriffligen Blüten, Colpi schmal, eingesenkt (d. h. in Polansicht mehr oder weniger dreieckig, pleurotrem), Ora nicht sehr deutlich begrenzt, mehr oder weniger kreisrund, etwa 9 μm Durchmesser. Exine etwa 4 μm dick, crassisexinös, Sexine etwa 3½ μm dick, tectat, Tectum glatt, offenbar ramibaculat.

Florengeschichte von Fagopyrum:

Da der gleiche Pollentyp bei der Kulturpflanze *F. esculentum* und bei dem Unkraut *F. tataricum* vorkommt, bleiben alle Schlüsse mit einem Unsicherheitsfaktor behaftet. Die auf Seite 435 zitierten Pollenfunde aus der Bronzezeit sind wohl sicher *F. tataricum* zuzuordnen, wie z. B. auch jene von VISSET (1979) aus der südöstlichen Bretagne (älter als 5200 vor heute, um 2500 v. h., um 2000 v. h., also bis ins Neolithikum bzw. in die Bronzezeit zurückgehend), obwohl der Verf. dafür hält, daß sie von der Kulturart herstammen. Die römerzeitlichen Funde könnten schon eher von *F. esculentum* stammen. Jüngere Funde dürften mit großer Sicherheit *F. esculentum* zugeordnet werden. Im Tessin hat ZOLLER (1960 a, 1961) *Fagopyrum*-Pollen schon seit der 2. Hälfte des 6. Jahrhunderts nachgewiesen. In der Vulkaneifel scheint der Buchweizen schon seit der Jahrtausendwende kultiviert worden zu sein. Im 18. Jahrhundert wurde er durch die Kartoffel verdrängt. Siehe auch OVERBECK 1975.

Literatur: BASTIN, B. 1971: Recherches sur l'évolution du peuplement végétal en Belgique durant la glaciation de Würm. Acta Geogr. Lovaniensia 9. Louvain. – BEUG, H.-J. 1961: Beiträge zur postglazialen Floren- und Vegetationsgeschichte in Süddalmatien: Der See „Malo Jezero" auf Mljet. Teil II: Häufigkeit und Pollenmorphologie der nachgewiesenen Pflanzensippen. Flora 150, 632–656. – BEUG 1964: Untersuchungen zur spät- und postglazialen Vegetationsgeschichte im Gardaseegebiet unter besonderer Berücksichtigung der mediterranen Arten. Flora 154, 401–444. – BEUG 1968: Probleme der Vegetationsgeschichte in Südeuropa. Ber. dtsch. bot. Ges. 80, 682–689. – BEUG 1977: Waldgrenzen und Waldbestand in Europa während des Eiszeitalters. Göttinger Univ.-Reden 61. Göttingen. – BIRKS, H. J. B. 1968: The identification of *Betula nana* pollen. New Phytol. 67, 309–314. – BURRICHTER, E., AMELUNXEN, F., VAHL, J. GIELE, T. 1968: Pollen- und Sporenuntersuchungen mit dem Oberflächen-Rasterelektronenmikroskop. Z. Pflanzenphysiol. 59, 226–237. – ENEROTH, O. 1951: Undersökning rörande möjligheterna att i fossilt material urskilja de olika *Betula*-arternas pollen. Geol. Fören. Stockh. Förh. 73, 343–405. – ERDTMAN, G. 1953: On the difference between the pollen grains in *Alnus glutinosa* and those in *Alnus incana*. Svensk Bot. Tidskr. 47, 449–450. – ERDTMAN, G., BERGLUND, B., et PRAGLOWSKI, J. 1961: An introduction to a Scandinavian pollen flora. Uppsala. – ERDTMAN, G., PRAGLOWSKI, J. et NILSSON, S. 1963: An introduction to a Scandinavian pollen flora. II. Uppsala 1963. – GODWIN, H. 1967 a: Pollen analytic evidence for the cultivation of *Cannabis* in England. Rev. Palaeobot. Palynol. 4, 71–80. – GODWIN 1967b: The ancient cultivation of hemp. Antiquity 41, 42–50. – GRÜGER, J. 1968: Untersuchungen zur spätglazialen und frühpostglazialen Vegetationsentwicklung der Südalpen im Um-

## Pollentafel VIII

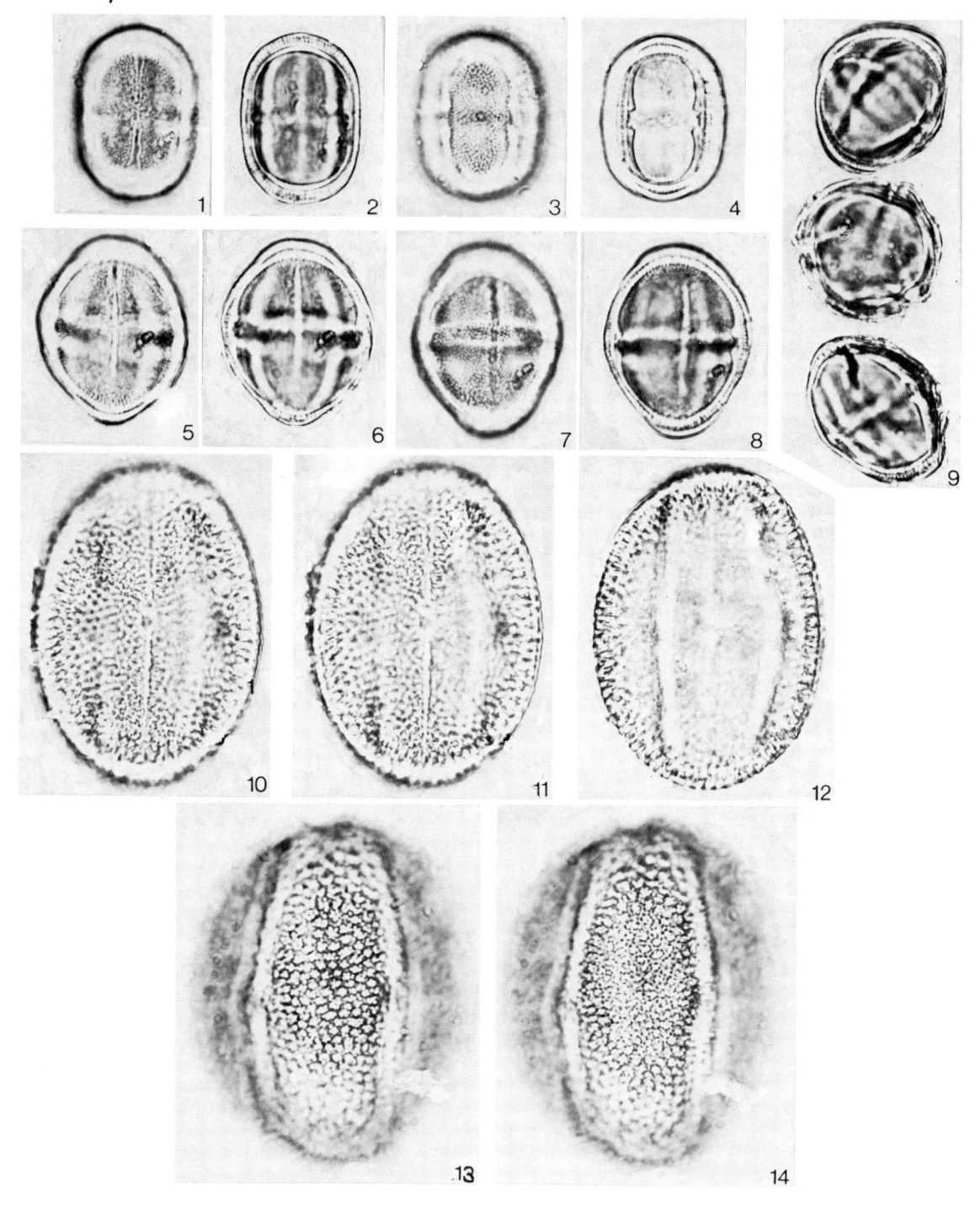

1 bis 4 *Polygonum maritimum* (Aviculare-Typ), Ä, 1 und 2 auf den Colpus mit Os, 1 hE, 2 oS, 3 und 4 auf das Mesocolpium, 3 hE, LO-Muster, oS der Colpi mit den Ora; 5 bis 9 *Polygonum convolvulus* (Tiniaria-Typ), 5 bis 8 Ä auf den Colpus mit Os (cingulorat = synclinorat, d. h. äquatoriale Ora-Zone), 5 und 7 hE, 6 und 8 oS, 9 oben schräge Ä, Mitte P, unten Ä, alle oS; 10 bis 14 *Fagopyrum esculentum*, Ä, 10 bis 12 auf den Colpus mit Os, 10 hE, 11 etwas tE, 12 oS, 13 und 14 auf ein Mesocolpium, 13 hE (L), 14 etwas tE (O).

Verwendete Abkürzungen: Ä = Äquatoransicht, hE = höhere und höchste Einstellung, oS = optischer Schnitt, P = Polansicht, tE = tiefe Einstellung. Alle Abbildungen 1000× vergrößert. 100×/1,40 Ölimmersion. Mikrophot. H. Straka.

kreis des Gardasees. Bot. Jahrb. Syst. 88, 163–199. – HEDBERG, O. 1946: Pollen morphology in the genus *Polygonum* L. s. lat. and its taxonomical significance. Svensk Bot. Tidskr. 40, 371–404. – HEITZ-WENIGER, A. 1976: Zum Problem des mittelholozänen Ulmenabfalls im Gebiet des Zürichsees (Schweiz). Bauhinia 5, 215–229. – HEITZ-WENIGER 1978: Pollenanalytische Untersuchungen an den neolithischen und spätbronzezeitlichen Seerandsiedlungen „Kleiner Hafner", „Großer Hafner" und „Alpenquai" im untersten Zürichsee (Schweiz). Bot. Jahrb. Syst. 99, 48–107. – IVERSEN, J. 1944: *Viscum, Hedera* and *Ilex* as climate indicators. Geol. Fören. Stockholm Förh. 66, 463–483. – KRAL, F. 1979: Spät- und postglaziale Waldgeschichte der Alpen auf Grund der bisherigen Pollenanalysen. Veröff. Inst. Waldbau Univ. Bodenkultur Wien. Wien. – KUBITZKI, K. 1961: Zur Synchronisierung der nordwesteuropäischen Pollendiagramme. Flora 150, 43–72. – KUBITZKI, K. et MÜNNICH, K. O. 1960: Neue C 14-Datierungen zur nacheiszeitlichen Waldgeschichte Nordwestdeutschlands. Ber. dtsch. bot. Ges. 73, 137–146. – KÜTTEL, M. 1979: Kritische Anmerkungen zu Nachweisen präborealer Klimaschwankungen. Peterm. geogr. Mitt. 79 (3), 191–193. – OVERBECK, F. 1958: Pollenanalyse quartärer Bildungen. Handb. Mikrosk. Technik II/3, 327–410. Frankfurt/M. – OVERBECK 1975: Botanisch-geologische Moorkunde unter besonderer Berücksichtigung der Moore Nordwestdeutschlands als Quellen zur Vegetations-, Klima- und Siedlungsgeschichte. Neumünster. – PRAGLOWSKI, J. 1966: On pollen size variations and the occurence of *Betula nana* in different layers of a bog. Grana palyn. 6, 528–543. – STRAKA, H. 1952: Zur Feinmorphologie des Pollens von *Salix* und *Artemisia*. Svensk bot. Tidskr. 46, 204–227. – STRAKA 1975 a: Pollen- und Sporenkunde. Eine Einführung in die Palynologie. Grundbegriffe der modernen Biologie 13. Stuttgart. – STRAKA 1975 b: Die spätquartäre Vegetationsgeschichte der Vulkaneifel. Beitr. Landespflege Rheinl.-Pfalz. Beih. 3. Oppenheim. – TERASMÄE, J. 1951: On the pollen morphology of *Betula nana* L. Svensk bot. Tidskr. 45, 358–361. – TRALAU, H. 1961: De europeiska arktiskt-montana växternas arealutveckling under kvartärperioden. Bot. Not. 114, 213–238. – TRALAU 1963: The recent and fossil distribution of some boreal and arctic montane plants in Europe. Ark. Bot. 5, 533–582. – TROELS-SMITH, J. 1960: Ivy, Mistletoe and Elm, climate indicators – fodder plants. Danm. geol. Unders. 4. R., 4,4. Kopenhagen. – USINGER, H. 1975: Pollenanalytische und stratigraphische Untersuchungen an zwei Spätglazial-Vorkommen in Schleswig-Holstein (mit besonderer Berücksichtigung der pollenanalytischen Birken-Differenzierung). Mitt. Arb.-Gem. Geobot. Schl.-Holst. Hamb. 25. Kiel. – USINGER 1978 a: Pollen- und großrestanalytische Untersuchungen zur Frage des Bölling-Interstadials und der spätglazialen Baumbirken-Einwanderung in Schleswig-Holstein. Schr. naturwiss. Ver. Schl.-Holst. 48, 41–61. – USINGER 1978 b: Bölling-Interstadial und Laacher Bimstuff in einem neuen Spätglazial-Profil aus dem Vallensgård Mose/Bornholm. Mit pollen-größenstatistischer Trennung der Birken. Danm. geol. Unders. Årb. 1977, 5–9. – USINGER 1980: Zur spät- und frühpost-glazialen Vegetationsentwicklung der schleswig-holsteinischen Geest. Nach einem Pollen (dichte) diagramm aus dem Esinger Moor. Pollen et Spores (in Vorbereitung). – VAN CAMPO, M. et ELHAI, H. 1956: Etude comparative des pollens de quelques Chênes. Application à une tourbière normande. Bull. Soc. bot. France 103, 254–260. – VISSET, L. 1979: Recherches palynologiques sur la végétation pleistocène et holocène de quelques sites du district phytogéographique de Basse-Loire. Soc. Sci. natur. Ouest France. Suppl. hors-série Bull. 1979. (Zugleich Diss.) Nantes. – WIERMANN, R. 1962: Botanisch-moorkundliche Untersuchungen in Nordfriesland. Meyniana 12, 97–146. – WIERMANN 1965: Moorkundliche und vegetationsgeschichtliche Betrachtungen zum Außendeichsmoor bei Sehestedt. Ber. dtsch. bot. Ges. 78, 269–278. – ZOLLER, H., 1960a: Pollenanalytische Untersuchungen zur Vegetationsgeschichte der insubrischen Schweiz. Denkschr. schweiz. naturf. Ges. 83/2. Zürich. – ZOLLER, H. 1960b: Die wärmezeitliche Verbreitung von Haselstrauch, Eichenmischwald, Fichte und Weißtanne in den Alpenländern. Bauhinia 1, 189–210. – ZOLLER, H. 1961: Die kulturbedingte Entwicklung der insubrischen Kastanienregion seit den Anfängen des Ackerbaus im Neolithikum. Ber. geobot. Inst. ETH, Stift. Rübel 32, 263–283.

# Handbuch der Laubgehölze

Von Dr. h. c. Gerd Krüssmann. 2., völlig neubearbeitete Auflage in drei Bänden und einem Registerband. 1976/78. 3 Textbände und 1 Registerband mit insgesamt 1585 Seiten und 528 Tafelseiten mit 2492 teils ganzseitigen Abbildungen im Text und auf 480 Schwarzweiß- und 48 Farbtafeln. Ganzleinen. Preis des Gesamtwerkes DM 738,—

# Die Nadelgehölze

Von Dr. h. c. Gerd Krüssmann. 3., neubearbeitete Auflage. 1979. 264 Seiten mit 328 Abbildungen im Text und auf 8 Farbtafeln. Ganzleinen DM 98,—

# Bibliographie zur Flora von Mitteleuropa

Von Prof. Dr. Ulrich Hamann, Bochum und Prof. Dr. Gerhard Wagenitz, Göttingen. Unter Mitwirkung mehrerer Fachkollegen. 2., ergänzte Auflage. 1977. 374 Seiten. Kartoniert DM 66,—

Die Neuauflage beinhaltet die in ganz Europa vorhandenen Laubgehölze, also auch die im frostfreien Mittelmeerraum angepflanzten Gehölzarten, ebenso wie die der Parks und Gärten der Britischen Inseln. Die Fülle des Materials, die in diesem Umfang von keinem anderen Werk zum gleichen Thema erreicht wird, ist das Ergebnis zahlreicher Studienreisen Gerd Krüssmanns.
Eine besondere Neuerung, die vor allem die fremdsprachigen Benutzer des Werkes begrüßen werden, ist die „Alphabetische Übersicht zur botanischen Terminologie" in fünf Sprachen (Deutsch, Latein, Englisch, Französisch, Niederländisch). So können Leser, die nur geringe deutsche Sprachkenntnisse haben, das Buch ebenfalls erfolgreich benutzen.
Das Schwergewicht dieser Dendrologie liegt auf der exakten, kurzgefaßten, aber alles Wesentliche enthaltenden Darstellung und auf den Hinweisen über die Verwendungsmöglichkeiten und Lebensansprüche der Laubgehölze. Für den großen Kreis der Interessenten aus allen Gebieten des Gartenbaues, der Botanik, des Forstwesens und alle naturkundlich ernsthaft interessierten Menschen wird das „Handbuch der Laubgehölze" ein wertvolles Nachschlagewerk sein und dazu beitragen, die Freude an der Vielseitigkeit dieser Pflanzengruppe vertiefen helfen.

Unter den insgesamt 1244 in diesem Buch behandelten Arten und Formen von Koniferen sind etwa 200, die der Verfasser erst in den letzten Jahren auf zahlreichen Reisen in Nordamerika, Ostasien, Nord- und Südafrika sowie in den wichtigsten europäischen Ländern gefunden und hier erstmalig beschrieben hat. Sie konnten daher in der vorigen Auflage dieses Buches sowie auch im „Handbuch der Nadelgehölze" (1972) noch nicht enthalten sein. Die meisten dieser rund 200 Arten sind bei uns winterhart und werden in Baumschulen vermehrt. Ihre Beschreibung ist daher besonders markiert. Im übrigen beschränkt sich das Buch bewußt auf die Nadelgehölze Deutschlands und der Nachbarländer sowie auf die häufigeren Koniferen des Mittelmeerraumes, um dem Baumschulpraktiker, an den es sich in erster Linie wendet, einen möglichst vollständigen Überblick über ein leicht verfügbares Pflanzen-Sortiment zu geben.

Eine Auswahl der neueren floristischen und vegetationskundlichen Literatur sowie allgemeiner Arbeiten über Geobotanik, Systematik, Morphologie, Anatomie, Cytologie, Biologie, Phytochemie, Geschichte, Namen, Verwendung und Schädlinge mitteleuropäischer Gefäßpflanzen.
„Wenn sieben Jahre nach dem Erscheinen der 1. Auflage der vorliegenden ‚Bibliographie' bereits eine zweite erscheinen kann, dann spricht das für deren Notwendigkeit. Allerdings handelt es sich nicht um eine vollständige Neubearbeitung, die angesichts der inzwischen überall gewachsenen Kenntnis von Flora und Vegetation des Gebiets eigentlich zu fordern wäre, sondern um einen ergänzten Neudruck, der dem offentsichtlichen Interesse der Benutzer entgegenkommen soll.
Die dabei vorgenommene Auswahl der neuen Veröffentlichungen berücksichtigt die Anregungen vieler Fachkollegen." S. J. CASPAR, Jena »Limnologica«

**PAUL PAREY**

## Alpenflora

**Die wichtigeren Alpenpflanzen Bayerns, Österreich und der Schweiz. Begründet von Gustav Hegi. Von der 9. bis zur 24. Auflage erneuert und herausgegeben von Prof. Dr. Hermann Merxmüller. 25., erweiterte Auflage 1977. Herausgegeben von Prof. Dr. Herbert Reisigl. 194 Seiten mit 283 farbigen Abbildungen und 34 Lichtbildern auf 43 Tafeln sowie einer Karte der Alpen und 48 Verbreitungskarten. Glanzkaschierter Einband DM 27,80**

Hegis „Alpenflora" ist der bestbekannte und zuverlässige Führer durch die blühende Bergblumenwelt. Hier sind Abbildungen und erläuternde Texte ausgezeichnet aufeinander abgestimmt und dienen in hervorragender Weise dem Bestimmen unbekannter Pflanzen. Mit den Verzeichnissen der deutschen und lateinischen Namen, Naturschutztafeln, Verbreitungskarten und einer Karte der Gesamtalpen, Schwarzweißfotos und dem mit Farbtafeln reich illustrierten Textteil steht die „Alpenflora" dem Naturfreund für jede sachbezogene Auskunft zur Verfügung. Ein unentbehrlicher Führer durch die blühende Welt der Berge.

Dank ihrer Prägnanz und unerreichten Präzision hat die „Alpenflora" ihren festen Platz im Bücherschrank und im Rucksack all jener, die über die Ästhetik hinaus tiefes Interesse an der Flora der Alpen zeigen.

## Vier Jahrzehnte miterlebte Genetik

**Von Hans Kappert. Herausgegeben von Prof. Dr. Wolfgang Horn, Freising und Prof. Dr. Günter Wricke, Hannover. 1978. 184 Seiten mit 6 Abbildungen und 13 Schemata. Glanzkaschierter Einband DM 24,—**

Hans Kappert gilt als einer der prominenten Vertreter der „klassischen" Genetik. In dem von ihm verfaßten und von seinen Schülern Horn und Wricke aus dem Nachlaß herausgegebenen Buch gibt er eine zusammenfassende Darstellung der Geschichte der Genetik von 1900 bis 1950, einer Zeit, die er unmittelbar erlebt und aktiv mitgestaltet hat.

In seinen Erinnerungen hat Kappert alle wesentlichen Richtungen der Genetik mit der ihm eigenen Objektivität erfaßt. Das Erregende der neuen, für die ganze Biologie fundamentalen Erkenntnisse, die oft schon sehr früh in einfachen Arbeitshypothesen niedergelegt und dann Stein für Stein untermauert wurden, hat auch für den jüngeren Wissenschaftler auf dem Gebiet der Genetik eine spürbare Faszination.

## GARCKE Illustrierte Flora

**Deutschland und angrenzende Gebiete. Gefäßkryptogamen und Blütenpflanzen. Begründet von August Garcke. Herausgegeben von Prof. Dr. Konrad v. Weihe, Hamburg, unter Mitarbeit von Dr. D. Fürnkranz, Wien, Dr. H. Grebe, Hannover, Studienrat E. Schenk, Mannheim, Dr. A. Seithe, Malsch-Sulzbach, Dr. D. Vogellehner, Freiburg, Prof. Dr. W. Zimmermann, Tübingen. 23., völlig neugestaltete und neu illustrierte Auflage. 1972. 1627 Seiten mit 3704 Einzelbildern in 460 Abbildungen und auf 5 Tafeln. Balacron gebunden DM 124,—**

Die Flora der Farn- und Blütenpflanzen erfaßt Wildarten, Einbürgerungen, Verwilderungen und die im Gebiet häufiger kultivierten Arten landwirtschaftlicher und forstlicher Nutzpflanzen. Auch wichtige Adventivarten wurden berücksichtigt. Erstmals sind nun im Text ausführliche Artenschlüssel enthalten. Diese, wie auch die Schlüssel der Familien und Gattungen, stützen sich in erster Linie auf systematische, differentialdiagnostische Merkmale. In den Fällen, in denen die Anwendung solcher Merkmale nicht möglich war, ist ein künstlicher Schlüssel erarbeitet worden.

Neu sind auch pflanzenphysiologische Standortangaben sowie orientierende Angaben über Boden- und Klimaansprüche. Die Beschreibung der Fundorte sowie die Drogenangaben wurden ebenfalls überarbeitet. In einem Anhang ist die in dieser Flora verwendete Terminologie alphabetisch zusammengestellt und erläutert.

In über 100 000 Exemplaren hat der „GARCKE" Schule gemacht; die zukunftsweisende Neubearbeitung wird diesen Erfolg bestätigen.

**PAUL PAREY**

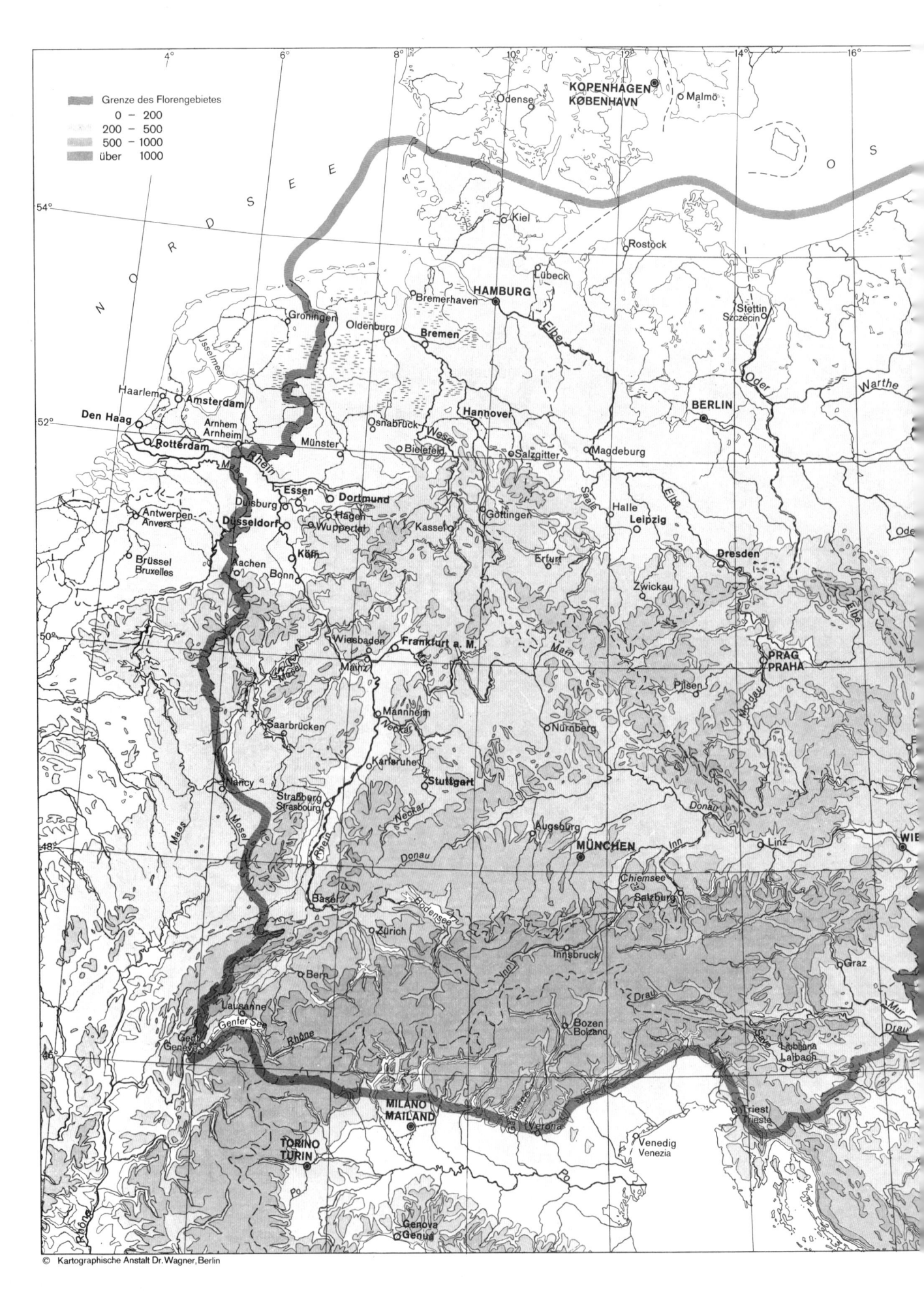

| | Grenze des Florengebietes |
|---|---|
| | 0 – 200 |
| | 200 – 500 |
| | 500 – 1000 |
| | über 1000 |

© Kartographische Anstalt Dr. Wagner, Berlin